Täter Helfer Trittbrettfahrer
NS-Belastete aus der Region Stuttgart
(Bd. 10)

Wolfgang Proske (Hg.)

Täter
Helfer
Trittbrettfahrer

10

NS-Belastete aus der Region Stuttgart

Kugelberg Verlag

In Vorbereitung für 2020:
Täter Helfer Trittbrettfahrer. NS-Belastete aus Nordschwaben (Bayern)
Band 11

Alle Rechte vorbehalten. Dieses Buch oder Teile dieses Buches dürfen nicht ohne die schriftliche Genehmigung des Verlags vervielfältigt, in Datenbanken gespeichert oder in irgendeiner Form übertragen werden.

Die Deutsche Nationalbibliothek verzeichnet diese Publikation in der Deutschen Nationalbibliografie; detaillierte bibliografische Daten sind im Internet über http://dnb.d-nb.de abrufbar.

© Kugelberg Verlag 2019
Goethestr. 34
D-89547 Gerstetten
info@kugelbergverlag.de
www.kugelbergverlag.de

Informationen zum Projekt „Täter Helfer Trittbrettfahrer" unter
www.ns-belastete.de
E-Mails an: info@ns-belastete.de

Layout und Satz: Daniel Brenner, Hannelore Zimmermann
Herstellung: Digitaldruck Leibi.de, Neu-Ulm

1. Auflage
ISBN 978-3-945893-11-1

Inhalt

7 **Am vorläufigen Ende eines Weges**
von Wolfgang Proske

27 **Kurt Alber:** „Was hätte er als Fotograf denn Schlimmes machen sollen?" Von Jörg Alber, Jan Alber und Sarah Kleinmann

50 **Dr. Rudolf Bilfinger:** Schutzbehauptungen. Karriere im Nationalsozialismus und in der Bundesrepublik, von Astrid Gehrig

82 **Karl Buck:** „Ich bin Nationalsozialist, fanatisch!" Von Hermann Wenz

104 **Dr. Friedrich Egen:** Karriere „im Osten", von Markus Roth

113 **Dr. Karl Epting:** Raubkunst und Rassenwahn, von Joo Peter

125 **Dr. Max Eyrich:** „Die Fürsorgeerziehung ist das erbbiologische Sieb dieser Jugend", von Karl-Horst Marquart

139 **Dr. Willy Frank:** Zahnarzt in Auschwitz, von Werner Renz

151 **Prof. Dr. Günter Franz:** „Ich war aus Überzeugung Nationalsozialist!" Von Wolf-Ingo Seidelmann

182 **Paul Hausser:** Offizier und Apologet der Waffen-SS, von Karsten Wilke

193 **Gottlieb Hering:** Laut Himmler „einer der fähigsten Mitarbeiter der Aktion Reinhardt", von Wolfgang Proske

208 **Wilhelm Holzwarth:** Betriebs- und Volksgemeinschaft in Bietigheim, von Christian Hofmann

233 **Eugen Hund:** „Hauptschuldiger" oder „Versuchskarnickel"? Der Opferdiskurs des Esslinger NSDAP-Kreisleiters, von Astrid Gehrig

258 **Bürgermeister Georg Kraut:** Ein exemplarischer Fall, von Peter Conzelmann

274 **Prof. Dr. Friedrich Mauz:** T4-Gutachter, von Gudrun Silberzahn-Jandt

286 **Dr. Elmar Michel:** Wirtschaftslenker im besetzten Frankreich, von Peter Pogundtke

297 **Ernst Niemann:** „Schreckgespenst" der jüdischen Bevölkerung in Württemberg, von Cornelia Rauh

319	**Hans Olpp:** Ein Leben für die SA, von Steffen Seischab
342	**Ferdinand Ostertag:** Der Brandstifter von der Bausparkasse, von Jochen Faber
354	**Albert Rapp:** „Du sollst Deinen Feind aus aller Seelenkraft hassen...", von Stefan Klemp
376	**Oskar Riegraf:** „Nach Recht und Gesetz?" Von Manuel Werner
386	**Dr. Otto Röhm:** „Nur die NSDAP kann unser innig geliebtes Vaterland retten...", von Christoph Florian
398	**Prof. Dr. Walter Saleck:** Zweifacher Direktor des Städtischen Gesundheitsamts Stuttgart, von Roland Müller
412	**Friedrich Sieburg:** Zeitlebens ein Schrittmacher der öffentlichen Meinung, von Clemens Klünemann
423	**Ewald Sternagel:** „Ein im auswärtigen Einsatz ganz vorzüglicher Polizeioffizier", von Astrid Gehrig
461	**Els Voelter:** „Herzlichst – Heil Hitler". Eine Nationalsozialistin als Unternehmerin, von Cornelia Rauh
483	**Dr. Giselher Wirsing:** Worte als Taten, von Rainer Jedlitschka
506	**Dr. Carl Wurster:** Im „Notstand, Zwangsarbeiter einzusetzen?" Von Jan Ohnemus
521	Auch nach 60 Jahren kein Ende der Arbeit. Interview mit **Jens Rommel**, Leiter der „Zentralen Stelle", von Stefan Jehle
526	Abkürzungsverzeichnis
528	Bildnachweis
529	Autorenverzeichnis
536	Personenregister
545	Ortsregister

Wolfgang Proske

Am vorläufigen Ende eines Weges

Es ist geschafft: Mit dem vorliegenden zehnten Band über NS-Belastete aus Stuttgart und die Landkreise rund um die Landeshauptstadt ist die Buchreihe „Täter Helfer Trittbrettfahrer" (THT) für das heutige Baden-Württemberg abgeschlossen. Damit haben seit 2010 insgesamt 127 Autorinnen und Autoren ihr Mammutwerk vollbracht und in 209 Artikeln NS-Belastete aus allen Regionen des Landes einschlägig untersucht. Als Herausgeber bin ich Ihnen zu Dank und Anerkennung verpflichtet.

Wer sich an diesem Projekt beteiligte, zeigte damit Haltung und Wagemut. Offiziell existiert nach all den Naziverbrechen zwar bis heute ein grundsätzlicher antifaschistischer Konsens. Doch mit dem zeitlichen Abstand zum „Dritten Reich" und unter den Bedingungen einer zunehmend nach rechts tendierenden Mitte[1] bröckelt diese Einigkeit, gerade im Detail. Es ist keineswegs unumstritten, auch die regionale Ebene des NS-Systems in den analysierenden Blick zu nehmen, und das auch noch personenbezogen. NS-Täterforscher gelten, das bleibt als Erfahrung, trotz allem auch noch im 21. Jahrhundert mancherorts als „Nestbeschmutzer", gerade wenn sie vor Ort bekannt sind, sich in ihrer Arbeit bewusst demokratisch positionieren und dann auch noch mit neuen, bisher kaum bekannten Ergebnissen aufwarten können. Vorhaltungen liegen offenbar umso näher, je massiver die bisherigen Versäumnisse in der Aufarbeitung sind. Verschärfend dürfte auch gewirkt haben, dass hinter dem Projekt THT keine tragende, durch Renommee vor dem Ressentiment schützende Institution stand bzw. steht. Stattdessen kommen „diese Büchle" aus der Provinz und noch dazu „vo dr Alb raa"![2] Da konnten Skepsis und ungläubiges Staunen, aber auch Neid und Spott wohl kaum ausbleiben. Ich danke allen Autorinnen und Autoren also dafür, dass sie den manchmal durchaus „g´hörig" blasenden Gegenwind ausgehalten haben. Und ich danke unseren Leserinnen und Lesern für Ihre Kaufentscheidung, denn kommerzieller Erfolg ist eine wichtige Voraussetzung, um solch eine Buchreihe überhaupt betreiben zu können.

In THT 1 fehlte in der ersten Auflage noch der Hinweis „erster Band". Denn zu Folgebänden kam es erst auf Initiative eines hier ungenannt bleiben wollenden Autoren. Dr. Ulrich Klemm aus Ulm, der dankenswerterweise die Bände THT 1

---

[1] Vgl. z.B. soeben die Mitte-Studie der Friedrich-Ebert-Stiftung, hier zit.n. „blick nach rechts": https://www.bnr.de/artikel/aktuell-aus-der-zivilgesellschaft/neue-mitte-studie-beunruhigende-ergebnisse: „Wenn menschenfeindliche Vorurteile, rechtspopulistische wie rechtsextreme oder neurechte Einstellungen, Misstrauen und illiberale Demokratieeinstellungen verbreitet sind, erleidet die Mitte der Gesellschaft Verlust und die Demokratie wird instabil," so der Extremismusforscher Andreas Zick.
[2] Ursprünglich hatte ich doch nur für meinen Geschichtsunterricht ein paar belastbare lokale Täterbiografien gesucht…

und THT 2 verlegte, machte rasch klar, dass mehr als zwei Bände im Verlag Klemm & Oelschläger nicht drin seien. So war es schließlich Hellmut G. Haasis (Reutlingen), der dem Band THT 3 übergangsweise in seinem Verlag Freiheitsbaum Asyl gewährte, verbunden mit der Appell, ab THT 4 einen eigenen Verlag zu begründen. Versüßt wurde die neue Perspektive durch der Vorstellung, mehr Unabhängigkeit hinsichtlich der Buchproduktion und auch der Distribution zu erlangen. Nachdem so der Kugelberg Verlag in die Welt gehoben worden war, musste ich aus dem Stand heraus eine Buchreihe managen und bei kontinuierlich steigenden Kosten auch solide finanzieren, und das anfangs noch im Nebenjob. Das alles war herausfordernd, ist aber mit einigem Glück gelungen. Hierfür bin ich vor allem den nachhaltig agierenden Mutmachern und Förderern zu Dank verpflichtet. Ohne die Zusage von Veit und Uli Feger, im Notfall „einzuspringen", hätte ich den Sprung ins kalte Wasser nicht gewagt. In technischen Fragen vom Layout bis zum Buchdruck waren Daniel Brenner und Hannelore Zimmermann immer wieder unverzichtbar. Das Endlektorat lag erneut bei Irene Nielsen, wofür ich „danke" sage. Bei meiner Frau Silvia und meiner Tochter Magdalena entschuldige ich mich für die sicher nicht einfach zu ertragende ständige gedankliche Fixierung auf außerfamiliäre Zusammenhänge.

Die Autoren haben bravourös ihre Kompetenz eingebracht und so das Projekt THT in dieser vorher kaum vorstellbaren Breite entstehen lassen. Die Sponsoren haben flankierend ermöglicht, den Autoren für jeden akzeptierten Artikel eine wenigstens symbolische Aufwandsentschädigung zukommen zu lassen. Als sehr hilfreich erwies sich, dass uns die Landeszentrale für politische Bildung, vertreten durch Sibylle Thelen, schon frühzeitig mit Rat und Tat zur Seite stand, ebenso wie 17 Landkreise und neun Städte, dazu das Regierungspräsidium Stuttgart über das baden-württembergische Ministerium für Wissenschaft, Forschung und Kunst, drei Stiftungen, mehrere Organisationen und Vereinigungen, viele Kreis- und Stadtarchive im Land sowie zahllose Gedenkarbeiterinnen und –arbeiter. Sie alle haben die Täterforschung in Land ein weiteres Stück voran gebracht.

Hilfen wurden nur akzeptiert, wenn sie keinen lenkenden Einfluss auf unsere Buchreihe zu nehmen versuchten. Denn inhaltlich galt es, verengende Wahrnehmungsmuster zu überwinden und in praktiziertem Pluralismus Stimmen aus unterschiedlichen Richtungen ebenso wie aus unterschiedlichen Milieus zuzulassen. Unter dieser Voraussetzung haben wir Autoren losgelegt, um dann am konkreten Beispiel über Qualitätsmaßstäbe zu kommunizieren und sie für alles Kommende genauer zu justieren. Die Auswahl von NS-Belasteten unterlag in allen Bänden keiner Systematik, sondern ergab sich aus den Vorschlägen der Beiträger, vor allem auch aus ihren freien Kapazitäten und ihrem Entgegenkommen, lediglich in den Umrissen und einigen wenigen grundsätzlichen und formalen Aspekten gelenkt vom Herausgeber. Das THT-Projekt entstand aus beständigem „learning by doing", vertieft durch vier Autorenseminare in Gerstetten, Lindau, Bad Urach und Rastatt. Schnell kristallisierte sich heraus, dass THT quellenorientiert und faktenbasiert zu arbeiten habe, sämtliche Aussagen belegbar sein müssten und dass beschönigende Sichtweisen bis hin zu rechter Legendenbildung in THT nichts zu suchen hätten. Letztlich gearbeitet werden konnte nur über solche Personen, zu denen in den Archiven hinreichende Quellen aufgefunden wurden. Manchmal war auch nur Literaturarbeit möglich, weil der darüber hinausgehende Aufwand nicht zu leisten war.

Mit Blick auf die Quellenlage verfolgten wir von Anfang an einen biografischen Ansatz, wie er 2009 durch die „Stuttgarter NS-Täter", herausgegeben von Hermann G. Abmayr sowie die „Führer der Provinz", herausgegeben 1997 von den Professoren Michael Kißener und Joachim Scholtyseck, vorgeschlagen wurde.[3] Unter Berücksichtigung von „Goldhagen-Debatte"[4] und Wehrmachtsausstellung[5] waren die Täter und ihre Helfershelfer demnach „lauter pflichtbewußte Leute" (Ulrich Renz) bzw. „ganz normale Männer" (Christopher Browning), die als Täter selbst- bzw. als Helfershelfer fremdbestimmt, aber immer in Übereinstimmung mit der NS-Ideologie Menschen schädigten bzw. schädigen ließen. In einer „Situation, die autoritär strukturiert und ideologisch aufgeladen" war, „homogenisierten" sie in den Worten von Harald Welzer über das „Wir-Gefühl" zur „Gruppe".[6] Vor einer de facto unverstandenen Niederlage im Ersten Weltkrieg, der als erzwungen empfundenen Demokratisierung in der Weimarer Republik und der gleichzeitigen ökonomischen Krise verstrickten sie sich immer folgenreicher in Militarismus, völkischen Ideen und schließlich den Nationalsozialismus. Nur bestürzend wenige Zeitgenossen zeigten in dieser Lage wehrhaftes Resistenzvermögen, d.h. belastbare Widerstandsfähigkeit gegen totalitäre Eingebungen, gegen die asoziale Verfolgungspolitik bzw. gegen das durchorganisierte Unrechtsregime an sich. Insofern war das weitere Geschehen in Deutschland vorprogrammiert: „Wegsehen, Dulden, Akzeptieren, Mittun und Aktivwerden sind […] Stadien auf einem Kontinuum der Veränderung von Verhältnisnormen." Harald Welzer hat so den entscheidenden „Prozess der inneren Korruption" umrissen, durch den sich der gesamte soziale „normative Referenzrahmen" des Einzelnen nach rechts und ins Autoritäre verschob.[7]

NS-Täter hatten Handlungs-, Gestaltungs- und Entscheidungsspielräume beim Mitmachen bzw. auch beim Sich-Verweigern. In allem, was sie taten, waren sie weitgehend selbstverantwortlich, denn die Machthaber haben sich eher für das

---

[3] Abmayr, Hermann G. (Hg.): Stuttgarter NS-Täter. Vom Mitläufer bis zum Massenmörder, Stuttgart 2009(1); Kißener, Michael/ Scholtyseck, Joachim (Hg.): Die Führer der Provinz. NS-Biografien aus Baden und Württemberg, Konstanz 1997(1).
[4] Goldhagen, Daniel: Hitlers willige Vollstrecker. Ganz gewöhnliche Deutsche und der Holocaust, Berlin 1996; vgl. auch Pohl, Dieter: Die Holocaustforschung und Goldhagens Thesen, in: Vierteljahrshefte für Zeitgeschichte, Jg. 45 (1997), S. 1-48.
[5] http://www.verbrechen-der-wehrmacht.de/docs/rundgang/r_keinkrieg.htm
[6] Zit. n. Abmayr 2009 (wie Anm. 1), S. 26. Vgl. Browning, Christopher: Ganz normale Männer. Das Reserve-Polizeibataillon 101 und die „Endlösung" in Polen, Reinbek 1993; Renz, Ulrich: Lauter pflichtbewußte Leute. Szenen aus NS-Prozessen, Köln 1989.
[7] Welzer, Harald: Täter. Wie aus ganz normalen Menschen Massenmörder werden, Frankfurt 2005, S. 60 + S. 263.

Große und Ganze interessiert und überließen die Details gerne dem Fußvolk. Wir Autoren haben uns in dieser Lage bewusst dafür entschieden, konkrete Personen wieder ins öffentliche Bewusstsein zu rücken. Damit wollten die meisten von uns über die Buchveröffentlichung hinaus „cum ira et studio"[8] eingreifen in die lokale politische Aufklärung. Auch das gab dem Projekt THT eine ganz typische Eigendynamik über „mainstream" und „political correctness" hinaus.

Die wichtigen Quellen zum Lokalgeschehen im Nationalsozialismus sind alles in allem viel seltener durch Kriegseinwirkung verbrannt und vernichtet worden als oft angenommen. Irgendetwas hat in oft völlig unvermuteten Zusammenhängen fast immer gleichsam im Dornröschenschlaf vor allem im Bundesarchiv und in den Staatsarchiven überdauert. Diese Quellen sind sicher verwahrt und beschützt durch engagierte Archivarinnen und Archivare, müssen allerdings jetzt nach dem Ende der Sperrfristen meist noch ins öffentliche Bewusstsein gehoben werden. Unsere wichtigste Aufgabe bestand deshalb darin, nach solchen Dokumenten zu fahnden, sie dann wissenschaftlich zu befragen und schließlich die gefundenen Fakten wahrnehmbar auf den Tisch zu legen: Was wissen wir sicher vom lokalen Geschehen in Nazideutschland? Was haben ausgewählte Täter und ihre Helfershelfer nachweisbar auf dem Kerbholz? Wurde ihr Handeln je aufgearbeitet oder wurde lediglich unter den Teppich gekehrt und anschließend vergessen? Und wie wurden bzw. werden NS-Forschungsergebnisse heute vor Ort verarbeitet und verstanden? Wie ist das mit der unter Sozialforschern allenthalben beklagten Geschichtsvergessenheit mancherorts?

Für unsere Arbeit haben sich bemerkenswert viele ältere Menschen interessiert, in deren jungen Jahren die hinreichende Aufarbeitung der NS-Zeit versäumt wurde. Sie waren dankbar, dass noch zu ihren Lebzeiten in den oft vertuschten Fällen versucht wurde, die oft übermächtige traditionelle Geschichtsklitterung zu überwinden. In teils erregten Disputen ist es insofern auch mit ihrer Hilfe gelungen, profunde Beiträge zur politischen Bildung und zur Förderung von rechtsstaatlichem Denken und Handeln zu leisten: in Meßkirch, in Bodnegg, in Ilshofen, in Crailsheim, um nur einige Brennpunkte der letzten Monate aufzuzählen. Nicht selten waren bei THT-Veranstaltungen über hundert Menschen versammelt: neben den genannten Orten auch in Waldshut-Tiengen und in Ravensburg, in Freiburg und in Biberach, in Leutkirch und in Karlsruhe. In Öhringen mussten einige, weil sie zu spät zur Buchvorstellung gekommen waren, wegen Überfüllung des Saales abgewiesen werden. All das verdeutlicht, wie sehr das THT-Anliegen in der Luft lag bzw. liegt und wie nötig es ist, so etwas auch künftig und an möglichst vielen Orten weiterhin zu versuchen. Die gute Resonanz vor allem im Süden des Landes half darüber hinweg, wenn vor allem

---

[8] Anspielung auf den Satz des Tacitus, er habe „sine ira et studio", also „ohne Zorn und Eifer" in behaupteter Neutralität vorgehen wollen. Demgegenüber sind die Ausführungen in der Buchreihe „Täter Helfer Trittbrettfahrer" grundsätzlich und bewusst als zivilgesellschaftliche Positionierung gegen rechtsextreme Geschichtsinterpretationen zu verstehen.

in Nordwürttemberg manchmal Stühle im Vortragsraum unbesetzt geblieben sind.

Widerspruch und Kritik

Alles in allem ist zu registrieren, dass, abgesehen vom vielleicht unvermeidbaren Herumkritteln an Kleinigkeiten, weniger offene Kritik an unserem Vorhaben und auch unseren Ergebnissen als erwartet festzustellen war. Die Idee, überall die Lokalgeschichte zu entmystifizieren, traf auf grundsätzliche Zustimmung, quer durch die politischen Lager von links bis halbrechts. Es bleibt die Hoffnung, dass diese Haltung sich auch künftig und in allen Fällen als nachhaltig und tragfähig erweisen wird.

Fundamentalkritik gab es eigentlich nur, wenn die NS-Belastung prominenter „Säulenheiliger" in den Fokus geriet. Das wurde von deren Anhängern grundsätzlich als Majestätsbeleidigung interpretiert und hatte manche geradezu theatralische Empörung zur Folge. Heute weiß ich, dass so etwas bei NS-Sachen wohl in Kauf genommen werden muss. Zu lernen war, dass es diesen Opponenten nicht um eine gemeinsame Suche nach Richtigkeit oder gar „Wahrheit auf Probe", wie der Nehrener Philosoph Gérard Simenon es nennen würde, geht. Ihr Vorgehen hatte vielmehr etwas grundsätzlich Destruktives an sich:

- Der Widerspruch, z.B. in den Fällen Erich Ehrlinger, Oskar Farny, Ludwig Finckh, Otto Raggenbass oder Erwin Rommel erfolgte durchgehend ohne hinreichende Auseinandersetzung mit den aufgewiesenen Fakten, immer mit viel Getöse und oft knapp an der Grenze zur üblen Nachrede. Gegen Argumente wurden „Fake News" und Emotionen gesetzt sowie alte Legenden wiederbelebt, die darauf hinausliefen, das Gespräch zu unterbinden bzw. fehlzuleiten. Man schämte sich nicht, uns pauschal „Polemik", ja „Substanzlosigkeit" zu unterstellen. Ziel war immer, den tradierten Status quo zu retten. Eine offene, regelbasierte Diskussion wird in manchen Milieus nicht gewünscht. Ihr Vorgehen ist auf autoritäre Disziplinierung angelegt.
- In zwei mir bekannt gewordenen Fällen (Fürst Ernst II. von Hohenlohe-Langenburg, Prinzessin Alexandra zu Hohenlohe-Langenburg) wurde unserem THT-Autor der Zugang zu möglichen Quellen mit fadenscheinigen Begründungen von Anfang an verwehrt. Bis zur Drucklegung dieses Buches erwies es sich darüber hinaus als unmöglich, im angrenzenden Langenburg auch nur einen Ort zu finden, wo ein einschlägiger Vortrag hätte stattfinden können. Das Beschweigen des Nationalsozialismus scheint an solchen Orten strukturell verankert und ist beschämend.
- Im Fall des ehemaligen Freiburger Erzbischofs Conrad Gröber wurde, nach hoffnungsvollen Anfängen, im weiteren Verlauf mit viel Aufwand versucht, die teilweise neuen Quellen, die weiterhin nur eine Handvoll Menschen kennen, von Vorneherein madig zu machen und die angewandte For-

schungsmethodik anzuzweifeln. Auch dahinter ging es um Pauschalabwehr von Vorwürfen, nicht um Aufklärung, Analyse oder Diskussion. Man will, so der momentane Stand, die ganze Angelegenheit als „geklärt" möglichst rasch vom Tisch haben und z.b. Conrad-Gröber-Straßen nicht umbenennen müssen.[9] Ein Ende der Auseinandersetzungen um Gröber und seine Verfehlungen im Nationalsozialismus ist nicht absehbar.

- Öfter als erwartet geschah gar nichts. THT wurde von den zuständigen Multiplikatoren und Entscheidern trotz aller Anstrengungen einfach nicht zur Kenntnis genommen, und die Öffentlichkeit vor Ort scheint das hinzunehmen. Dagegen allerdings war kein Kraut gewachsen. Uns fehlten die Kapazitäten, um entsprechend weiter- und nachzubohren. In solchen Fällen scheitern wir an zeitgeistiger Gleichgültigkeit und auch an struktureller Geschichtsvergessenheit. Zwar gilt: Was nicht ist, kann ja noch werden. Grundsätzlich aber reichen wir diese Fälle nun als „Flaschenpost" an die Nachkommenden weiter: „Geschlagen ziehen wir nach Haus, uns´re Enkel fechten´s besser aus…"[10]

Andererseits gab es aber auch beherzten Zuspruch und viel tatkräftige Hilfe. Nicht alles kann an dieser Stelle vermerkt werden. Manchmal wurde sogar darum gebeten, dieses Wirken gegen das Vergessen (noch) nicht publik zu machen. So beschränke ich mich hier auf vier durchaus bedeutsame Erfolge:

- Der Fall Wilhelm Emmerich[11] hat einigen Staub aufgewirbelt. In seiner Heimatgemeinde Tiefenbach wurde sein Name von einem Mahnmal für die Opfer (!) des Zweiten Weltkrieges in einer Kirche entfernt. Neben seinem Grab in Schwarmstedt wurde eine erklärende Tafel aufgestellt (siehe unten).
- Im Fall Anton Blaser[12] entschied die Gemeinde Bodnegg am 12. Januar 2019 einstimmig (!), sein Portrait im Sitzungssaal aus der Reihe der bisherigen Bürgermeister zu entfernen und durch einen historisch-kritischen Kurzbericht zu ersetzen. Inzwischen hat eine Bürgerversammlung mit 140 Besucher*innen (!) diesen Entscheid eindrucksvoll bestätigt und die Gründung eines kommunalgeschichtlichen Arbeitskreises auf den Weg gebracht.

---

[9] In Kauf genommen wurde sogar Ignoranz gegenüber mehrfachen sexuellen Belästigungen von Frauen durch den Erzbischof (mit der Spitze einer Denunziation seiner langjährigen Gespielin wegen ihrer jüdischen Herkunft beim NSDAP-Gauleiter Wagner). Ich bin weiterhin der Ansicht, dass es im wohlverstandenen Eigeninteresse der Katholiken läge, hier wenigstens nachträglich einen klaren Trennungsstrich zu ziehen!

[10] Zeile aus dem Lied „Wir sind des Geyers schwarzer Haufen", geschrieben um 1920 in Anlehnung an die Rhetorik in den Bauernkriegen.

[11] Vgl. Walesch-Schneller, Christiane: Wilhelm Emmerich. Handwerker des Todes, in: Proske, Wolfgang (Hg.): Täter Helfer Trittbrettfahrer (Bd. 9), NS-Belastete aus dem Süden des heutigen Baden-Württemberg, Gerstetten 2018, S. S. 59-66.

[12] Vgl. Strittmatter, Wolf-Ulrich: Anton Blaser. Oberschwäbischer Biedermann und Brandstifter, in: Proske, Wolfgang (Hg.): Täter Helfer Trittbrettfahrer, Bd. 9, NS-Belastete aus dem Süden des heutigen Baden-Württemberg, Gerstetten 2018,: 9, S. 27-43.

- Im Fall Franz Konrad hat der Gemeinderat Schwäbisch Gmünd Gelder bewilligt, damit ein Doktorand sich mit der Rolle des Oberbürgermeisters Franz Konrad[13] sowie der gesamten Stadtverwaltung im „Dritten Reich" beschäftigen kann.
- In Ilshofen hat der Gemeinderat mit einer Mehrheit von 15:5 den nach dem ehemaligen stellvertretenden Landesbauernführer SS-Obersturmbannführer Albert Schüle[14] benannten Weg umbenannt in „Elzhäuser Weg". Beispielhaft wurde den Anwohnern eine Entschädigung für mögliche Unkosten zugesagt.

Entwicklungen, Richtigstellungen, Erläuterungen

Bei der Bearbeitung der Ortsgeschichte von Breisach im Rahmen der Gründung und des Aufbaus der Gedenk- und Bildungsstätte Blaues Haus[15] wurde das Ehrengrab des Auschwitztäters SS-Unterscharführer Josef Schillinger zu einem Zeitpunkt thematisiert, als die Suche nach den jüdischen Opfern in das Archiv der Gedenkstätte Auschwitz-Birkenau (Państwowe Muzeum Auschwitz-Birkenau) führte. Wie im Beitrag über Schillinger berichtet,[16] wurde 2003 der Ehrenstatus von Schillinger durch Entfernung des Grabsteins beendet. Josef Schillinger und Wilhelm Emmerich werden in der Literatur, die die Nürnberger Prozesse, den Auschwitzprozess in Frankfurt und die Ereignisse im Konzentrationslager Auschwitz-Birkenau selbst[17] behandeln, de facto in einem Atemzug genannt. Am 23. Oktober 1943 ist es zu Widerstandshandlungen im Auskleideraum des Krematoriums II in Birkenau gekommen, als eine polnisch-jüdische Tänzerin aus Warschau, Franciszka Mann, einem SS-Polizisten seine Waffe entwenden und mehrere Schüsse abgeben konnte. Josef Schillinger überlebte den Bauchschuss nicht und Wilhelm Emmerich wurde ins Knie getroffen.

Das Auffinden einer Mitteilung im Internet über das Grab von Wilhelm Emmerich auf dem Evangelischen Friedhof in Schwarmstedt in der Lüneburger Heide veranlasste THT-Autorin Dr. Christiane Walesch-Schneller zu einer kleinen Recherche.[18] Dabei kam es auch zur Kontaktaufnahme mit der Bürgermeis-

---

[13] Vgl. Merkle, Franz: Franz Konrad. „Konzession der NSDAP an die katholische Bevölkerung von Gmünd", in: Proske, Wolfgang (Hg.): Täter Helfer Trittbrettfahrer, Bd. 8: NS-Belastete aus dem Norden des heutigen Baden-Württemberg, Gerstetten 2018, S. 245-259. Vgl. zu Konrad auch ein im Einhorn-Verlag erschienenes, leider apologetisches Buch: Müller, Ulrich: Schwäbisch Gmünd unterm Hakenkreuz, Schwäbisch Gmünd 2017.
[14] Vgl. Proske, Wolfgang: Albert Schüle. Mittelsmann zwischen Bauern und Nazis, in: Ders. (Hg.): Täter Helfer Trittbrettfahrer, Bd. 8, NS-Belastete aus dem Norden des heutigen Baden-Württemberg, Gerstetten 2018, S. 342-357.
[15] www.blaueshausbreisach.de
[16] Walesch-Schneller, Christiane: German Josef Schillinger: „Bauchschuß in Ausübung des Dienstes" – Eine gerechte Strafe. In: Proske, Wolfgang (Hg.): Täter Helfer Trittbrettfahrer, NS-Belastete aus Südbaden, Band 6, Gerstetten 2017, S. 294-299.
[17] Czech, Danuta: Kalendarium der Ereignisse im Konzentrationslager Auschwitz-Birkenau, Reinbek bei Hamburg 1989, S. 637 f.
[18] Walesch-Schneller 2018 (wie Anm. 10), S. 59-65.

terin und den Pfarrern vor Ort. Nach einer gemeinsamen Begehung des Friedhofs im Oktober 2017 gab es Beratungen in der Kirch- und der politischen Gemeinde über den weiteren Umgang mit der Täterschaft Emmerichs an diesem Ort. Das Votum des Kirchenvorstands war einstimmig und auch der Verwaltungsausschuss der Gemeinde Schwarmstedt hat für die Aufstellung einer Tafel auf dem Friedhof gestimmt. Unter großer Anteilnahme der Gemeinde wurde am Volkstrauertag 2018 eine würdevolle Veranstaltung mit zwei Teilen abgehalten. Der Gottesdienst wurde in die Friedhofkapelle verlegt, wo Christiane Walesch-Schneller auf Bitte des Pfarrers eine Power-Point-Präsentation über Emmerichs Lebenslauf und seine Täterschaft hielt. Im Anschluss an den Gottesdienst begab sich die Gemeinde zu dem Teil des allgemeinen Friedhofs, auf dem die Soldatengräber sind, um die Tafel einzuweihen. Sie informiert darüber, dass mindestens acht SS–Männer hier begraben wurden, die zur SS-Wachmannschaft des Konzentrationslagers Bergen-Belsen gehört hatten. Einige von ihnen wie Emmerich waren vorher im Konzentrationslager Auschwitz-Birkenau eingesetzt worden. Die Biografie Emmerichs ist über einen QR-Code auf der Tafel abrufbar. „Auch die Schuldigen, die hier begraben sind, mögen ihre letzte Ruhe finden, obwohl sie unaussprechliches Leid über viele Menschen und ihre Familien gebracht haben. Ihre Verbrechen sind uns Mahnung und Aufforderung, aus der Geschichte zu lernen und auch unter schwierigen Umständen stets für die Achtung der Menschenrechte und -würde einzutreten."[19]

In THT 9, S. 64, ist im Text über Wilhelm Emmerich im letzten Abschnitt die Rede vom „Ministerium für politische Befreiung Baden-Württemberg". Richtig muss es heißen: Württemberg-Baden.[20]

In THT 9 befindet sich auf S. 192 eine Fotografie, in der Hitler laut Auskunft seiner Nachkommen neben dem ehemaligen badischen Landesbauernführer Ludwig Huber das Münster von Straßburg verlässt. THT-Autor Wolf-Ulrich Strittmatter hat an dieser Darstellung erhebliche Zweifel. Er vermutet, der Mann neben Hitler sei tatsächlich Staatsminister Otto Meissner und schreibt:

„Was spricht – quellenkritisch betrachtet – gegen Huber?
- Uniform: großer Mützenadler, zweireihige Jacke, keine Hakenkreuzbinde am Arm, am linken Unterarm Rangabzeichen mit Eichenlaubkranz und Sternen, Träger einer größeren Ordensspange und des EK I, das ihm von Hindenburg im 1. WK persönlich verliehen wurde. Das alles weist auf eine Diplomatenuniform hin, die höchste Staatsbeamte trugen, während des Krieges auch in Feldgrau (vgl. Weizsäcker, Ribbentrop). Ich habe auch Bilder gefunden, da sind Weizsäcker und Meissner drauf, eben in gleicher Uniform. Auf keinen Fall ist es eine SS- oder eine Parteiuniform, die Huber ja auf den beiden anderen abgedruckten Bildern trägt.

---

[19] Zitat aus dem Text der Informationstafel auf dem Evangelischen Friedhof von Schwarmstedt.
[20] E-Mail an den Verfasser.

- Otto Meissner war Elsässer, 1880 in Bischweiler geboren und in Straßburg zur Schule gegangen. Er machte sich Hoffnungen, Reichsprotektor des besetzten Elsass zu werden, was aber die Gauleiter von Baden und der Pfalz, Wagner und Bürckel, hintertrieben. Sie wollten sich die elsässische „Beute" selbst aufteilen. Auch in seiner Rolle als Chef der Präsidialkanzlei begleitete Meissner Hitler öfters bei dessen Reisen, so auch in seine Heimat Straßburg. Ich kann mir kaum vorstellen, dass Huber neben Hitler und dem Chef des OKW Generaloberst Wilhelm Keitel (drei Wochen später zum Generalfeldmarschall befördert, s. Foto), in dieser illustren Gruppe quasi in offizieller Funktion (als abgehalfterter Bauernfunktionär?) Hitler begleiten sollte? Rechts hinter Meissner ist der kommandierende General Friedrich Dollmann zu sehen, der gerade vier Tage zuvor mit dem Ritterkreuz dekoriert worden war. Ein weiteres Bild aus dieser Straßburger Fotoreihe zeigt Meissner, deutlich erkennbar, wie er sich mit Hitler unterhält, ein anderes, wo er ihm Papiere zeigt. Außerdem war Meissner Brillenträger, was man auf beiden Straßburger Bildern sehen kann. Ebenso sieht man den Schmiss auf der linken Backe, aus seiner Zeit bei der schlagenden Verbindung, der „Alten Straßburger Burschenschaft Germania". Huber dagegen trägt auf beiden in Bd. 9 abgedruckten Bildern keine Brille, hat auch keinen Schmiss, er hat nie studiert. Fazit: Es spricht also alles dafür, dass auf diesem Foto Meissner und nicht Huber mit Hitler zusammen vor dem Straßburger Münster abgelichtet ist.
- Es gibt öfters Familienlegenden, in denen der Vater oder Großvater als besonders wichtiger Mann gesehen wird. Vielleicht hat Huber sich auch einen „Jux" erlaubt, um seine Familie zu beeindrucken? Diese Hochstapelei würde durchaus zu seiner Neigung zum Querulantentum passen."[21]

THT-Autor Frank Flechtmann, der den Artikel über Huber verfasst hat, schreibt dazu: „die zweifel des kollegen sind plausibel, ich habe das damals schon vermutet - und versucht zu überprüfen, etwa in den akten der reichskanzlei. aber letztlich erschien mir die angabe aus der familie, es handle sich um den vater, und vor allem die ähnlichkeit der person neben hitler mit den vielen familienfotos (eines wurde als beispiel in THT 9 auf seite 182 gezeigt) überzeugend. … ich bin aber nach wie vor nicht ganz sicher, falsch zu liegen…"[22]

Nach Erscheinen von THT 5 meldeten sich bei THT-Autor Dr. Wolf-Ingo Seidelmann sowohl der Urenkel des Walther Kirn als auch eine Zeitzeugin, die mit der Familie Kirn eng befreundet gewesen war. Sie konnten den im Artikel unklaren Grund für den Umzug Kirns von Schwäbisch Hall nach Südbaden erklären: Demnach lebten dessen Geschwister und Eltern bereits seit den 1920er Jahren am Bodensee. Auch Walthers Brüder und Schwestern nahmen im „Dritten Reich"

---

[21] E-Mail vom 12.11.2018.
[22] E-Mail vom 27.11.2018.

lokale Führungspositionen in der NSDAP wahr. Bruder Otto (1900-?) besaß einen Hof in Mennwangen und war dort Ortsgruppenleiter. Seine Ehefrau Betty (1905-?) leitete die NS-Frauenschaft. Walthers Schwester Gertrud (1889-1976) hatte den Eigentümer der Überlinger Münsterapotheke Paul Hähnle (1877-1925) geheiratet, einen Sohn des Reichstagsabgeordneten und Inhabers der Vereinigten Filzfabriken in Giengen, Hans Hähnle (1838-1909). Dessen Ehefrau, Pauls Mutter Lina Hähnle (1851-1941) ist heute als Begründerin des Bundes für Vogelschutz bekannt. Nach Auskunft der Zeitzeugin soll die Familie Hähnle „sehr braun" gewesen sein. Gertrud Hähnle leitete die NS-Frauenschaft in Überlingen und galt dort als überzeugte Nationalsozialistin. 1948 entnazifizierte sie die Spruchkammer Freiburg als Minderbelastete.[23]

Vom 28. Oktober bis zum 4. November 2018 folgten acht Teilnehmer*innen einer Einladung von Dr. Christiane Walesch-Schneller nach Polen. Gemeinsam wurden die ehemalige Konzentrationslager Auschwitz-Birkenau sowie Plaszow besucht. In Oświęcim fand ein Gespräch mit Dr. Wojciech Plosa, dem Leiter des Archivs des Staatlichen Museums Auschwitz-Birkenau, statt. Mehrere Bücher aus der THT-Reihe wurden für die Bibliothek überreicht.

Die THT-Reisegruppe im Herbst 2018 an der Rampe von Birkenau

Unser Leser Burkhard Korn hatte im Brief an den Herausgeber darauf hingewiesen, dass der Schwarzwaldverein einen seiner Wanderwege nach dem Arzt und Schriftsteller Ludwig Finckh (1876-1964) benenne. Finckh aber sei ungeeignet,

---

[23] E-Mail an der Verfasser.

den Schwarzwaldverein zu repräsentieren, da er – trotz aller Verdienste um den Naturschutz – ein nationalsozialistischer Rasseforscher gewesen sei. Der Schriftsteller Hermann Hesse hatte Finckh kurz nach Kriegsende als „vernagelten alten Nazi" bezeichnet.[24] Nach einem Briefwechsel teilt Mirko Bastian, der Hauptgeschäftsführer des Schwarzwaldvereins nun mit, dass es sich um ein „wichtiges Thema" handle und dass sich die Mitglieder des Präsidiums 2019 des Problems annehmen wollen. Dabei allerdings nicht nur unter Bezugnahme auf Finckh, sondern allgemein mit Blick auf die „Geschichte des Schwarzwaldvereins im Dritten Reich inkl. Vorgeschichte und nachfolgenden Kontinuitäten". Sie sei bisher „nicht aufgearbeitet". Inzwischen hat Mirko Bastian mitgeteilt, dass Mitte April 2019 ein Treffen mit dem Konstanzer Historiker und THT-Autor Prof. Jürgen Klöckler stattfinden werde, um das weitere Vorgehen abzustimmen. Vielleicht werde der Schwarzwaldverein ein Forschungsauftrag vergeben.[25]

In THT 4 hatte THT-Autor Dr. Frank Raberg sich mit dem oberschwäbischen „Bier-, Käse- und Milchzar" Oskar Farny befasst. Er stellte damals fest, dass zu Farnys letzter NS-naher Tätigkeit als Stabschef beim Kommandeur des Kriegsgefangenenwesens außer seinen eigenen Aussagen keine weiteren Unterlagen vorlägen. Nun hat unser Leser Reinhold Adler im Politischen Archiv des Auswärtigen Amtes in Berlin einen Bericht aus der Rechtsabteilung des AA aufgefunden, wonach Farny bei einer Besichtigung des Lagers Lindele bei Biberach/Riß im Jahr 1942 persönlich anwesend war (und insofern wusste, wie NS-Lager von innen aussahen). Damals seien die ersten 640 Internierten bzw. Deportierten von der Kanalinsel Jersey in Biberach eingetroffen.[26] Das Lager Lindele war schon in THT 3 erwähnt worden: 149 Juden aus Libyen und mit britischer Staatsangehörigkeit, die sich „in erbärmlichem Zustand" befanden, wurden hier seit dem 17. November 1944 mit Blick auf einen möglichen Gefangenenaustausch festgehalten, bevor sie am 4. Mai 1945 befreit und repatriiert werden konnten.[27]

Zu Julius Karg (THT 7) ist nachzutragen, dass sich beim Vortrag von Dr. Wolf-Ingo Seidelmann am 24. Oktober 2018 in Mannheim ein Verwandter Kargs zu Wort meldete. Er berichtete, dass Karg den angestrebten Führungsposten in der Rüstungsindustrie[28] tatsächlich erhielt – und zwar in Speyer, wo die Vereinigten Flugtechnischen Werke eine Fabrik unterhielten.

---

[24] Wolter, Markus: Dr. Ludwig Finckh. `Blutsbewusstein´. Der Höri-Schriftsteller und die SS, in: Proske, Wolfgang (Hg.): Täter Helfer Trittbrettfahrer, Bd. 5: NS-Belastete aus dem Bodenseeraum, Gerstetten 2016, S.101, Anm. 106.
[25] E-Mail an den Verfasser. Weiteres ist bisher nicht bekannt geworden.
[26] PAAA: 41 433.
[27] E-Mail an d. Verf. vom 19.09.2018. Zu Farny vgl. Raberg, Frank: Oskar Farny – ein bewährter Demokrat? In: Proske, Wolfgang (Hg.): Täter Helfer Trittbrettfahrer, Bd. 5: NS-Belastete aus Oberschwaben, Gerstetten 2015(1), S. 114-127; zum Lager Lindele vgl. Proske, Wolfgang: Zwei Rollen für Erwin Rommel beim Aufmarsch der Wehrmacht in Libyen und Ägypten, 1941-1943, in: Ders.: Täter Helfer Trittbrettfahrer Bd. 3: NS-Belastete aus dem östlichen Württemberg, Reutlingen 2014(1), S. 153-176, hier S. 158.
[28] Seidelmann, Wolf-Ingo: Julius Karg. Größter Korruptionsskandal im besetzten Elsass und die deutsche Nachkriegsjustiz, in: Proske, Wolfgang (Hg.): Täter Helfer Trittbrettfahrer Bd. 7: NS-Belastete aus Nordbaden + Nordschwarzwald, Gerstetten 2017, S. 160.

In THT 9 sprach THT-Herausgeber Dr. Wolfgang Proske irrtümlich von 1.241 Personen, die als Zwangsarbeiter bei der Firma Hugo Boss gearbeitet haben. Richtig ist in diesem Fall die Zahl 139. Die Zahl 1.241 bezieht sich auf die Gesamtzahl der Zwangsarbeiter in Metzingen.[29]

In THT 8 ist auf S. 85 davon die Rede, dass der 1904 geborene Hermann Bickler bei der Einführung der Wehrpflicht 41 Jahre alt war. Das stimmt nicht: richtig ist 38 Jahre.[30]

In THT 5 hatte Dr. Wolfgang Weber über Anton Plankensteiner geschrieben, den ehemaligen Landeshauptmann von Vorarlberg und späteren Kreisleiter in Neustadt an der Weinstraße. Jetzt hat Heiko Tessmann weitere Details aus dem Leben seines Urgroßvaters Plankensteiner veröffentlicht. Vgl. http://www.gedenkstaette-neustadt.de/tater/

Foto: Alexander Müller

Ein antiziganistisches Holzschild aus Gerstetten im Jahr 1932 schenkten THT-Herausgeber Dr. Wolfgang Proske (erster von links) und THT-Autor Udo Grausam (dritter von links) am 26. März 2019 dem Dokumentations- und Kulturzentrum Deutscher Sinti und Roma in Heidelberg. Das Schild war beim Abriss eines alten Schuppens aufgefunden worden. Moritz Vogel (Mitte) versprach, es künftig an hervorgehobener Stelle auszustellen.

In THT 4 hatte Dr. Wolfgang Proske zusammen mit Dr. Christian Rak über August Schlachter berichtet, den „Ofenbauer von Auschwitz", nach 1945 Architekt in

---
[29] E-Mail Rudolf Renz an d. Verf. vom 10.11.2018.
[30] E-Mail an den Verfasser.

Biberach. Bisher war lediglich bekannt, dass er im Dezember 1942 zur Bauinspektion der Waffen-SS nach Russland-Süd strafversetzt wurde und diese Dienststelle erst im Februar 1944 wieder verließ. Bei seiner Vernehmung 1965 konnte er sich an diesen Zeitabschnitt seines Lebens nicht erinnern.[31] Neue Hinweise finden sich bei Jan Erik Schulte.[32] Demnach war Schlachter innerhalb der Gruppe W („Wirtschaftliche Unternehmungen") dem aus München stammenden SS-Wirtschafter Russland Süd, Standartenführer Josef Spacil (1907-1963), zugeteilt. Schlachters Aufgabe bestand in „Stützpunktplanungen" mit Hilfe von „Frontarbeiterunternehmen". Bis zur letzten Minute wurden Unterkünfte für SS und Polizei errichtet. Häftlinge mussten hingegen ihre Unterkünfte selbst bauen, wofür sie meist nur unzureichendes Material erhielten.[33]

In THT 9 heißt es, bei der Spruchkammerverhandlung gegen Albert Schüle, den stellvertretenden Landesbauernobmann von Württemberg, sei zugunsten Schüles vorgebracht worden, er habe seinen Hof nach 1933 nicht vergrößert (THT 9, S. 354). Dem widerspricht eine Nachbarin. Schüle habe zunächst 16 Hektar Feld und Wald besessen; 1935 habe er 13 Hektar Wald hinzugekauft.[34]

THT-Autor Dr. Walter Wuttke hat ein bemerkenswertes neues Buch veröffentlicht: Familie Eckstein. Lebensschicksale einer Musiker-Sinti-Familie. Weißenhorn (Bayern): Anton H. Konrad Verlag 2018 [ISBN: 978-3-87437-588-7]. Walter Wuttke hat in THT 2 über den früheren Ulmer Amtsarzt Dr. Eduard Schefold berichtet.[35]

Diesem 10. Band liegt ein Gesamtverzeichnis aller zehn baden-württembergischen THT-Bände bei. Dadurch wird es dem Leser möglich, rasch nachzublättern und Synergieeffekte in THT besser nutzen zu können. Einzelexemplare des Gesamtverzeichnisses können beim Verlag oder in jeder guten Buchhandlung nachbestellt werden.

Die Fälle im vorliegenden THT-Band 10

Konnte man im NS-Staat eigentlich auch als Fotograf Schlimmes anrichten? Man konnte, blickt man etwa auf Hitlers Leibfotografen Heinrich Hoffmann. **Kurt Alber** spielte eine ganz ähnliche Rolle für Himmler. Es scheint geradezu ein Muss in dessen Umgebung gewesen zu sein, sich von ihm fotografieren zu lassen, um im engsten Kreis um Himmler dazuzugehören. Dass nun seine Enkel

---

[31] Vgl. Rak, Christian/ Proske, Wolfgang: August Schlachter. Der Ofenbauer von Auschwitz. In: Proske, Wolfgang (Hg.): Täter Helfer Trittbrettfahrer, Bd. 4: NS-Belastete aus Oberschwaben, Gerstetten, 2015, S. 218.
[32] Schulte, Jan Eric: Zwangsverwaltung und Vernichtung: Das Wirtschaftsimperium der SS, Oswald Pohl und das SS-Wirtschafts-Verwaltungs-Hauptamt 1933-1945, Paderborn 2001, S. 323, Anm. 321.
[33] E-Mail an den Verfasser.
[34] Telefonische Mitteilung, 17.04.2019.
[35] Wuttke, Walter: „unter Antastung von Ehre und Ansehen": Dr. Eduard Schefold, in: Proske, Wolfgang (Hg.): Täter Helfer Trittbrettfahrer, Bd. 2: NS-Belastete aus der Region Ulm/Neu-Ulm, Münster/Ulm 2013, S. 163-169.

Jan und Jörg Alber sowie die Historikerin Sarah Kleinmann beschreiben, was da im Detail abging, zeigt den prägenden Anteil eines Fotografen am Auf- und Ausbau der Propaganda aus ungewohnter Perspektive.

Juristische Verfahren gegen NS-Belastete kamen oft zu spät und endeten häufig mit erstaunlich milden Strafen. Die Biografin von **Dr. Rudolf Bilfinger**, Astrid Gehrig, zeigt minutiös auf, dass dieser mit Gestaposachen befasster Jurist und Verwaltungsexperte der SS als „Schreibtischtäter" ganz genau wusste, wovon man später Kenntnis haben durfte und woran man sich besser nicht erinnerte. Seine „reaktive Wiedereingliederung" tat das ihre und so galt Bilfinger schon bald wieder als „völlig einwandfreier Ehrenmann", der als Oberverwaltungsgerichtsrat Dienst am Verwaltungsgerichtshof Baden-Württemberg in Mannheim tun durfte.

Ähnliches Glück war dem Ingenieur **Karl Buck** nicht beschieden. Als einziger war er über volle zwölf Jahre hinweg in Nazideutschland als Lagerkommandant tätig gewesen. Doch die späteren Ermittlungen gegen ihn zogen sich über Jahre hin. Trotz dreier Todesurteile überlebte er und erfreute sich nach 1955 bis zu seinem Tode 1977 an einer Pension. Engagierte Versuche früherer Häftlinge, ihn noch zu belangen, scheiterten. Ihr Gerechtigkeitsempfinden, so der Buck-Biograf Hermann Wenz, „wurde auf eine harte Probe gestellt". Der Fall wirkt auch im Nachhinein verstörend.

Ein großer Teil der Akten der Kreishauptmannschat Radom-Land in Polen wurde kriegsbedingt vernichtet. Dennoch gibt es genügend Belege, die zeigen, dass der Jurist und Kreishauptmann **Dr. Friedrich Egen,** so Markus Roth, „radikalem Handeln gegenüber aufgeschlossen war, es in seinem Bereich entweder deckte oder gar selbst initiierte", und dabei auch gerne seine Befugnisse überschritt. Ganz im Sinne seines Vorgesetzten Hans Frank gab er einen „radikalen Ton vor, „der `oben´ aufgegriffen und im Nachhinein auf dem Verordnungswege zur allgemeinen Besatzungspraxis erhoben wurde." Ob das alles nach dem Krieg klar war, wissen wir nicht, denn er erhielt 1948 vor einem polnischen Gericht lediglich eine Strafe von zwölf Jahren. 1956 begnadigt, kehrte er vorzeitig in die Bundesrepublik zurück.

Dr. Karl Epting war nach 1945 ein im konservativen Milieu geschätzter Lehrer und Schulleiter, für den seine ehemalige Schule in Heilbronn noch 2005 eine Feier zum 100. Geburtstag veranstaltete. Wenn überhaupt, dann dürfte keine Rolle gespielt haben, was sein Biograf Joo Peter berichtet: Dass Epting von 1940 bis 1944 in Paris für die Überwachung und Zensur des französischen Schul- und Hochschulwesens zuständig war, für die Verfolgung missliebiger Lehrkräfte, vor allem aber auch für Kunstraub und „Rassenhygiene" bis hin zur Aufforderung an die Militärverwaltung, jüdische Kinder von anderen Schülern „abzusondern". Seit 1952 durfte Epting wieder unterrichten, zuerst in Stuttgart-Vaihingen. Mit

Schülern der 68er-Generation hat er sich später am Theodor-Heuss-Gymnasium Heilbronn legendäre Kämpfe geliefert.

Der Psychiater **Dr. Max Eyrich** war bereits 1934 als „Landesjugendarzt" in Württemberg „für das Fürsorgeerziehungswesen" zuständig. Trotzdem wurde er 1950 erneut zum „Landesjugendarzt" ernannt. Dass er in NS-Zeiten nach rassistischen Gesichtspunkten Jugendliche zu geborenen Verbrechern und Asozialen stempelte, die natürlich auch zu sterilisieren waren, in Zusammenarbeit mit Stähle und Mauthe in Krankenmorde verwickelt war, mit dem sog. „Zigeunerforscher" Robert Ritter kooperierte, behinderte Kinder zur Ermordung in sog. Kinderfachabteilungen einwies, und das alles laut Aktenlage immer in „inkriminierender Diktion", war für seine Nachkriegskarriere ohne Bedeutung. Karl-Horst Marquart zeigt auf, wie Eyrich dank gut funktionierender Seilschaften 1947 vom Hauptschuldigen zum Entlasteten geworden ist.

Der Fall des Zahnarztes **Dr. Willy Frank** zeigt, mit welcher Dreistigkeit mancher beschuldigte NS-Täter später grundsätzlich nichts wusste und immer nur zugab, was unbestreitbar war. Werner Renz zeigt, wie auch Frank zunächst das Unschuldslamm gab: Ja, auch er habe in Auschwitz Rampendienst geleistet, aber eigentlich sei er immer nur herumgestanden, während ärztliche Aufgaben wie die Selektion der Häftlinge von Vollmedizinern übernommen wurden. Usw. usw. Dann gelang es1964, einen früheren Häftlingszahnarzt als Zeugen ausfindig zu machen. Seine Aussage führte dazu, dass Frank doch noch zu sieben Jahren Haft verurteilt werden konnte, von denen er immerhin knapp fünf Jahre absaß.

Prof. Dr. Günther Franz war als Historiker eher Spezialist für das Mittelalter und hier insb. für die Bauernkriege. Aber da er sie als Vorläufer der nationalsozialistischen Bewegung interpretierte, durfte er sich bald zu den seinerzeit staatstragenden Intellektuellen zählen. Wolf-Ingo Seidelmann zeigt, wie tief Franz in SD-Machenschaften verwickelt war und wie er seinen Einfluss auch nach 1945 beibehalten hat. Nach 1945 ist der „Bauern-Franz" noch Rektor an der Landwirtschaftlichen Hochschule Hohenheim geworden. Über die „Wissenschaftliche Buchgesellschaft" in Darmstadt besaß er weiterhin großen Einfluss.

Als mächtigste und gleichzeitig brutalste Formation im NS-Staat gilt heute die SS. Ihr militärischer Zweig, die Waffen-SS, erwies sich im Kriegsgeschehen als besonders effizientes Werkzeug des Terrors, und der „politische Soldat" **Paul Hausser** war ihr Spitzenfunktionär. Doch nach 1945 versuchte er, ihre Rolle zu verharmlosen: An Kriegsverbrechen der SS sei die Teilgattung Waffen-SS nicht beteiligt gewesen! Bis in die 1960er Jahre hinein wurden diese „apologetischen Narrative", so sein Biograf Karsten Wilke, „mehrheitlich geglaubt". Es ist bedenklich, dass derartige Legenden noch heute wirken.

Gottlieb Hering gehört zu den bis heute nur selten wahrgenommenen NS-Mördern, weil über ihn viel zu wenig bekannt ist. Dabei war er nicht nur 1940 bis 1945 in führender Position Teil des „T4-Reinhardt-Netzwerks", sondern auch zeitweiliger Kommandant von drei Konzentrationslagern und insbesondere maßgeblicher Versuchsleiter bei der „Aktion Reinhardt" im KZ Bełżec. De facto unter seiner Leitung wurde einer der künftigen Regelabläufe des Holocaust in „learning by doing" durchgespielt. Er steht deshalb in der heutigen Geschichtsschreibung zu Unrecht im Schatten seines Schutzengels Christian Wirth. Stattdessen gehört er in die vorderste Reihe der Verantwortungsträger für den Massenmord.

Am Bietigheimer kaufmännischen Angestellten **Wilhelm Holzwarth** lässt sich der Werdegang eines lokalen Arbeitnehmerfunktionärs im Nationalsozialismus nachvollziehen. Gesellschaftliche Gleichheit aller „schaffenden" Deutschen trotz ökonomischer Ungleichheit? Beseitigung des Klassenkampfes zwischen „Arbeitern der Faust" und „Arbeitern der Stirn" durch ein „Soldatentum der Arbeit"? Derartige Propagandahülsen mögen ihm sehr verlockend erschienen sein. In der Realität fand er anderes vor, schrieb dies aber, wie sein Biograf Christian Hofmann herausarbeitet, nicht dem NS-System, sondern unzulänglichen Veranlagungen in seiner Umgebung zu.

Zehn Jahre lang konnte sich **Eugen Hund** als Kreisleiter in Esslingen halten, bevor er 1943 als Reichshauptamtsleiter in den reichsweiten NS-Apparat nach München weggelobt wurde. Doch gibt es über ihn kaum Literatur. Astrid Gehrig schafft Abhilfe. Sie zeigt, wie der „Alte Kämpfer" aus der Maschinenfabrik Esslingen in der Stadt zum „kleinen König" aufstieg, der es gewohnt war, Probleme selbst zu regeln. Nach 1945 lehnte er vehement jede individuelle Verantwortung für NS-Verbrechen ab und lamentierte lautstark über das vermeintliche Unrecht, das „die Sieger" an ihm begangen hätten.

Der parteilose **Georg Kraut** war schon 1919 Böblingens Bürgermeister geworden. Bei der Wahl 1929 wurde er mit 91% Zustimmung in seinem Amt bestätigt. Nach der Machtübertragung 1933 verstand er die Zeichen der neuen Zeit nur zu gut – und trat in die NSDAP ein. Man beließ ihn bis 1937 im Amt, wohl auch aus Mangel an zugkräftigen eigenen Alternativen. Peter Conzelmann zeichnet das Bild von Kraut zwischen Opportunismus, Schuld und Verantwortlichkeit. Er beschreibt einen Beamten in seiner Verhaltensambiguität – und damit auch, was von seiner späteren Verteidigung zu halten ist, „Schlimmeres verhindert" zu haben.

Professor **Friedrich Mauz**, sagt seine Biografin Gudrun Silberzahn-Jandt, war im Nationalsozialismus eigentlich nur ein Opportunist wie viele andere auch. Nachdem er sich mehrfach erfolglos um besser angesehene Stellen beworben hatte, fand der „ambitionierte Realist" nichts mehr dabei, als T4-Gutachter zu fungieren oder in Erbgesundheitsgerichten mitzuentscheiden und so seinen unbedingten Willen zur weiteren Karriere zu untermauern. Er verstand es aber auch, sich später trotz seiner Beteiligung an Sterilisationen und Krankenmorden als Unbeteiligter zu stilisieren. Erst nach seinem Tod wurde festgestellt, wo und wie sehr er die Würde des Menschen missachtet hatte.

Der Fall **Dr. Elmar Michel** zeigt, wie man als Nazi funktionierte, ohne innerlich zum Nazi zu werden. Peter Poguntke stellt dar, wie Michel im besetzten Frankreich Befehle ausführte, „die auf Ausplünderung und Entrechtung der Juden" abzielten. Michel wusste sehr wohl, was er getan hatte und versuchte später auch nie, diese Handlungen zu relativieren. Aber er problematisierte sein Verhalten auch nicht. Er sei einfach immer sehr tüchtig und eifrig gewesen. Auch nach 1945 konnte man sich auf ihn voll verlassen. Der spätere Aufsichtsratsvorsitzende der Salamander AG in Kornwestheim wäre wegen seines mangelhaften inneren Kompasses wohl „in jedem System" gut zurechtgekommen.

„Dass **Ernst Niemann**s flammender Antisemitismus, sein schroffes, unbeherrschtes Auftreten für die Verfolgungspraxis seiner Dienststelle gleichermaßen prägend und für die Betroffenen unheilvoll und herabwürdigend war, steht außer Frage," so Cornelia Rauh, die ein Portrait des Leiters der Devisenstelle Stuttgart von 1937 bis 1939 verfasst hat. Niemann war in der württembergischen Exekutive für die Enteignung jüdischer Emigranten verantwortlich. Nachdem sich in den frühen 1940er Jahren der „Fokus der Devisenbeschaffung in die besetzten Gebiete" verschoben hatte, arbeitete Niemann mit ähnlicher Zielsetzung in der Zweigniederlassung Riga der Notenbank Ostland. Nach 1945 wurde er vergleichsweise hart bestraft, wohl, weil er nicht nur jedwede Schuld bestritt, sondern sich auch noch beleidigend gegenüber den Gerichten verhielt. Er ist nach 1945 aus seiner Zeit gefallen.

Der SA-Funktionär **Hans Olpp** aus Kirchheim unter Teck lässt sich geradezu idealtypisch als Urgestein der SA verstehen: Formal ist der Kunstmalermeister schon seit 1922 dabei gewesen, bis zum bitteren Ende 1945. Aber auch davor greift ein Rad ins andere: Kriegsfreiwilliger und Offiziersanwärter, völkische Vereinsmitgliedschaften, Ablehnung der parlamentarischen Demokratie. Auffallend sei seine „Idealisierung von Kriegserlebnis und Kameradschaftsgeist", dazu eine „gewisse Männerbündelei" und „völlig enthemmte Rücksichtslosigkeit und Gewaltbereitschaft": das waren laut seinem Biografen Steffen Seischab Olpps Grundkonstanten. In der SA stieg er stetig auf, war zuletzt SA-Brigadeführer, aber eben nur dort. Die faktische Entmachtung der SA nahm er hin, da er in entscheidenden Momenten „den Mund hielt" (Seischab). Nach 1945 tauchte er für zweieinhalb Jahre ab und führte anschließend ein unauffälliges Leben.

Wie wurde man eigentlich „kommunaler Hardcore-Nazi", wie Jochen Faber in seinem Artikel schreibt? Und was heißt das? Der Bausparkassendirektor **Ferdinand Ostertag** in Ludwigsburg konzentrierte in seiner Person die Macht als

Ortsgruppenleiter, Vorsitzender der Gemeinderatsfraktion und als Bürgermeister. Er galt als Macher, der „Werke nicht Worte" wollte und er hatte das Händchen, in strategisch günstigen Momenten für „unbedingte Sauberkeit" einzutreten. Mit der „Partei" habe er dennoch nichts zu tun haben wollen, sagte er nach 1945. Deshalb sei er auch „erst 1937" beigetreten. „Grundsätzliche Worte" von ihm habe es „nach der ersten Gemeinderatssitzung" auch nie mehr gegeben. Es sei ihm „restlos gelungen", dass „auf dem Rathaus keine Gemeindepolitik im parteipolitischen Sinne" betrieben worden wäre. Nach 1945 brachte er Zeugenaussagen bei, wonach er „stets korrekt" gehandelt habe. So also muss man sich einen kommunalpolitischen Hardcore-Nazi vorstellen.

Am Massenmörder **Albert Rapp** aus Schorndorf lässt sich zeigen, was diesen SD-Führer im Innersten antrieb. Eigentlich gab es in seinem Leben nur den Nationalsozialismus: Einsatz an ständig wechselnden Orten, manchmal mit „positiver" Bevölkerungspolitik befasst wie der Vertreibung von 80.000 Juden und Polen bei anschließender Ansiedelung von „Volksdeutschen", genauso aber auch in „negativer" Bevölkerungspolitik tätig: Tausende Massenmorde, die er als Sonderkommandoführer verantwortete. Auffallend ist sein durch die Quellen überlieferter „extremer Übereifer", sein „herrisches" Auftreten, seine Unfähigkeit, Widerspruch zu ertragen, so sein Biograf Stefan Klemp. Dieses Verhalten rächte sich für ihn 1961, als viele Untergebene gegen ihren unbeliebten Chef bereitwillig aussagten und Rapp zu einem „lebenslänglich" verhalfen.

Der Theologe **Oskar Riegraf** aus Fellbach, Jahrgang 1911, war zu jung, um persönlich in der NSDAP noch eine größere Rolle zu spielen. Aber in der Hitlerjugend wurde er zur großen Nummer, gerade während der „Endphase" des Nationalsozialismus, so sein Biograf Manuel Werner. Während andere bereits über Friedensbekundungen gegenüber den heranrückenden Franzosen nachdachten, bewies er glühende „Treue" zu seinem Führer und ließ noch am 21. April 1945 zwei Wankelmütige erschießen. Danach stellte er ein „Freikorps Adolf Hitler" auf. Auch nach 1945 war er überzeugt, immer nach Recht und Gesetz gehandelt zu haben.

Der Böblinger Bürgermeister **Dr. Otto Röhm** gehörte zu den nicht mehr gewählten, sondern von den NS-Behörden ernannten Kommunalbeamten. Seine Karriere hatte er durch einschlägiges Engagement als Amtswalter der NSDAP gut vorbereitet. Es dauerte dennoch über vier Jahre, bis eine seiner Bewerbungen erfolgreich war. Zwar sei er nach Sichtung der verfügbaren Quellen in NS-typische Verbrechen nicht „direkt" verwickelt gewesen, wie sein Biograf Christoph Florian hervorhebt. Aber qua Amt musste er dem Regime dienen, „auch bei Handlungen, die gegen fundamentale Menschenrechte verstießen". Insofern wurde er 1949 als Belasteter eingestuft. Versuche, in den Landesdienst zurückzukehren, scheiterten. Bis 1967 leitete er bei der Stadt Stuttgart das Amt für

Zivilschutz. Röhm repräsentierte „einen radikaleren Typus des elitären, konservativen, demokratie- und republikfernen Beamten." Das hat nach 1945 nicht gestört.

Prof. Dr. Walter Saleck war vor 1945 und noch einmal danach Direktor des Stuttgarter Gesundheitsamtes. Geschmeidig nutzte er alle Möglichkeiten zum persönlichen Aufstieg. Sein Biograf Roland Müller versteht es, uns hinter die Kulissen dieses Karrierewegs blicken zu lassen. Nach 1945 als „Mitläufer" verharmlost, durfte er 1958 als 62-jähriger nochmals ran, wohl eine Belohnung für sein Festhalten an „Geist" und „Linie" im Amt. Der „Konsens des Verdrängens und Beschweigens" ermöglichte Kontinuität. Von den Verbrechen der SS hat Saleck sich nie distanziert bzw. distanzieren müssen. Es ist beklemmend, dass nur 1964 ein einsamer Protest gegen seine scheinbar makellose Karriere bekannt geworden ist.

Der im Nachkriegsdeutschland als Feuilletonist der FAZ bekannt gewordene **Friedrich Sieburg** war, so sein Biograph Clemens Klünemann, ein Trittbrettfahrer des Nationalsozialismus, offenbar getrieben von einer „Art opportunistischer Geltungssucht, für deren Befriedigung er womöglich den Pakt mit jedem System und jeder Ideologie eingegangen wäre". Am Beispiel des im Alter in Gärtringen lebenden Sieburg werde deutlich, „dass der Intellektuelle [...] nicht minder den schrillen Lockungen der Diktatur ausgesetzt [war] als die oftmals als *massa damnata* karikierte breite Bevölkerung mit ihren Alltagssorgen." Doch es galt bis in die 1960er Jahre nur als „Kavaliersdelikt", mit den Wölfen geheult zu haben.

Der Major der Schutzpolizei, **Ewald Sternagel**, 1937-1938 Offizier im Polizeipräsidium Stuttgart, wurde später zum Werkzeug des Jürgen Stroop bei der Liquidierung des Warschauer Ghettos. Dabei bewegte er sich völlig innerhalb des seinerzeit geltenden Referenzrahmens. Insofern war er, so seine Biografin Astrid Gehrig, „normal", und gleichzeitig doch verantwortlich für die Deportation und Ermordung „Tausender". Sternagel hat immer getan, was von ihm erwartet wurde, was ihn laut THT-Definition zum „Helfer" macht. Gehrig kommt zum Schluss, dies allein berge „viel mehr Schrecken als die Vorstellung, dass hier ein Täter mit gravierenden Sozialisationsdefiziten, sadistischen Neigungen oder sonstigen psychischen Störungen am Werk gewesen ist."

Eine bemerkenswerte Karriere war **Els Voelter** beschieden. Als verheiratete Frau, nach zeitgenössischem Rollenverständnis eher zuständig für Kinder, Küche und Kirche, war sie „selbständige Autoverkäuferin" und wurde zur Unternehmerin für die Herstellung von Steppdecken. Der Hinweis auf zwei Hausbesuche bzw. Übernachtungen Hitlers 1926 und 1927 bei ihr sowie eine dominante Persönlichkeit genügten, um sich mit der Drohung, nötigenfalls „maßgebenden Ortes vorstellig zu werden", letztlich durchzusetzen. Els Voelter profitierte bei „kaum kaschiertem Beuteinstinkt" massiv von Arisierungen. Nach

1945 hatte sie, so ihre Biografin Cornelia Rauh, allerdings hart zu büßen. Ohne je ein politisches Amt ausgeübt zu haben, galt sie als „Hauptschuldige". Noch ein Zeuge vor der Spruchkammer unterstellte ihr „mangelndes frauliches Denken", denn sie hatte die tradierte Geschlechterordnung gestört.

Giselher Wirsing gehörte, wie sein Biograf Rainer Jedlitschka feststellt, „ohne Zweifel zu den echten Begabungen des politischen Journalismus". Dabei gefiel er sich schon in NS-Zeiten in der Rolle eines „Ratgebers der Mächtigen". Eine Belastung aufgrund seiner Tätigkeit im „Dritten Reich" sah er später nicht. Auch die Spruchkammer sah in dem SS-Sturmbannführer lediglich einen Mitläufer. So wurde aus dem früheren „Hauptschriftleiter" von Nazi-Postillen der Chefredakteur von „Christ und Welt", was zunehmend Kritiker auf den Plan rief: „Der Weltreisende mit globaler Perspektive schloss die Augen vor dem Verbrechen in nächster Nähe und machte sich so schuldig." (Prof. Norbert Frei). Wirsing profitierte von der Polarisierung der Welt durch den Kalten Krieg, die auch ihm eine politische Amnestie bescherte.

Dr.-Ing. Carl Wurster, Wehrwirtschaftsführer und Chef der I.G. Farben in Ludwigshafen-Oppau, seit 1938 in der NSDAP, stand, so sein Biograf Jan Ohnemus, „indirekt in Verbindung sowohl mit der Vernichtung durch Arbeit als auch mit der Tötung durch Gas". Dass so ein Mann nach 1945 bei seiner Entnazifizierung von seiner Belegschaft und auch von der Gewerkschaft Chemie unterstützt wurde, dass gar ein Verfolgter des NS-Regimes sein Verteidiger vor der Spruchkammer wurde und Wurster daraufhin in seine „zweite" Karriere starten konnte, ist im Nachhinein kaum nachvollziehbar. Im Fall Wurster waren wirtschaftliche Interessen im Hinblick auf den raschen Wiederaufbau ausschlaggebend. Hier wurde Realpolitik geradezu exekutiert: Das Hemd war näher als die Hose.

Am Ende folgt ein Interview, das Stefan Jehle mit **Jens Rommel** geführt hat. Der ehemalige leitende Staatsanwalt bei der Zentralen Stelle für die Verfolgung von NS-Verbrechen in Ludwigsburg, inzwischen Richter am Bundesgerichtshof, lässt hier die Arbeit der „Zentralen Stelle" in Ludwigsburg Revue passieren und würdigt u.a. auch die THT-Arbeit der vergangenen Jahre.

Jörg Alber, Jan Alber und Sarah Kleinmann

Kurt Alber: „Was hätte er als Fotograf denn Schlimmes machen sollen?"

* 28. Mai 1908 in Ulm
† 30. Mai 1961 in Ravensburg

1930 NSDAP, SS; ab 1935 Sicherheitsdienst (SD) im Oberabschnitt Süd-West in Stuttgart; ab 1938 Sturmbannführer und Abteilungsleiter im SD-Hauptamt bzw. Reichssicherheitshauptamt in Berlin; ab 1941 Bildberichter der Kriegsberichterkompanie und ab 1943 der SS-Standarte „Kurt Eggers"; 1945-1961: Rückzug nach Baienfurt (Ldkrs. Ravensburg) und Verweigerung der Entnazifizierung

1. Einleitung

In diesem Artikel rekonstruieren wir als Enkelkinder den Werdegang unseres Großvaters Kurt Alber (1908-1961), dessen nationalsozialistische Laufbahn durch zahlreiche historische Quellen belegt ist.[1] Hierfür haben wir seit 2013 im Bundesarchiv Berlin, Koblenz (Abteilung Bildarchiv) und Freiburg (Abteilung Militärarchiv), sowie im Archiv des Dokumentationszentrums Topographie des Terrors in Berlin relevante Dokumente recherchiert.

Aufgrund der archivalischen Quellen ergibt sich folgendes Bild: Kurt Alber war kein sogenannter Mitläufer, sondern bereits in der Weimarer Republik ein überzeugter Nationalsozialist, der sich nach der bedingungslosen Kapitulation Deutschlands 1945 der Entnazifizierung entzog. Er war bereits ab 1930 freiwillig als SS-Mitglied aktiv und wurde ab 1935 in den Sicherheitsdienst des Reichsführers-SS (SD) in Stuttgart übernommen. Ab 1938 gelang ihm die Beförderung zum SS-Sturmbannführer ins Sicherheitshauptamt (SD-Hauptamt), später Reichssicherheitshauptamt (RSHA) in Berlin. 1941 trat er freiwillig der Waffen-SS bei und generierte daraufhin als Bildberichter der SS-Kriegsberichterkompanie (SS-KBK) einen Nachlass von 4.052 Negativen. Neben der Archivrecherche haben wir viel Zeit und Energie auf die innerfamiliäre Auseinandersetzung mit Kurt Albers direkten Nachkommen verwendet, d.h. mit unserem Vater (*1943) und unserer Tante (*1937).

---

[1] Sarah Kleinmann ist mit den Brüdern Jan Alber und Jörg Alber nicht verwandt. Sie hat als Historikerin und Kulturanthropologin, die zu NS-Tätern und Täterinnen arbeitet, die Recherche und Abfassung des Artikels unterstützt.

Wir versuchen im Folgenden, die Ergebnisse der Forschung mit unseren Erfahrungen im innerfamiliären Diskurs zu verbinden. Wenn unsere Ausführungen daher über die historischen Quellen hinausgehen bzw. Interpretationen und naheliegende Vermutungen darstellen, dann werden wir dies an den entsprechenden Stellen explizit kenntlich machen und verschiedene Deutungsmöglichkeiten bzgl. Kurt Albers Werdegang diskutieren.

2. Vom schwäbischen Hinterland über Stuttgart nach Berlin (1923-1938)
2.1. Die 'Kampfzeit' (1923-1933)

Kurt Alber schreibt in einer Version seines Lebenslaufs, die er am 19. März 1941 in der Gontermannstraße 24 in Berlin-Tempelhof auf einer Schreibmaschine verfasste, dass er am 28. Mai 1908 in Ulm als dritter Sohn des Kaufmanns Josef Alber und seiner Ehefrau Berta (geb. Schlatter) zur Welt kam. Er war gelernter Optiker und arbeitete offenbar in diesem Beruf, bis er 1930 arbeitslos wurde. Danach war er eigenen Angaben zufolge im Obstbau und in der Blumenzucht als „Volontär"[2] tätig. In einem späteren SS-Personalbericht wird seine vorübergehende Arbeitslosigkeit in das teleologische Denken des Nationalsozialismus eingebettet: „Verlust von Arbeitsplatz in der Kampfzeit 1930".[3] Außerdem war er zwischen 1923 und 1928 „Mitglied in verschiedenen vaterländischen Vereinigungen wie Jungdeutschland Wiking und Wehrwolf",[4] so dass er sich bereits im Alter von 15 Jahren aktiv am Aufbau nationalistischer, republikfeindlicher und paramilitärischer Wehrverbände beteiligte.

Kurt Alber trat am 1. April 1930 der NSDAP und der SA bei – also rund drei Jahre vor Beginn der NS-Herrschaft und noch vor dem Wahlerfolg der NSDAP bei den Reichstagswahlen im Herbst desselben Jahres. Die SA verließ er bald wieder und trat, eigenen Angaben zu Folge, „am 18. Oktober 1930 zu der SS über".[5] Seine Mitgliedsnummer in der NSDAP lautete 233.070; in der SS war es die 3.791.[6] Diese beiden relativ niedrigen Nummern zeigen seine frühe Mitgliedschaften an, so dass er in vielen Quellen als „alter Parteigenosse" und „alter Kämpfer" bezeichnet bzw. hervorgehoben wird.

2.2. Politische Bereitschaft und SS (1933-1935)

Ab 1933 hat sich Kurt Alber kontinuierlich innerhalb des Rangsystems der SS hochgearbeitet. Am 18. Juni 1933 wurde der SS-Mann zunächst zur „Politischen Bereitschaft Württemberg – SS-Unterkunft Reutlingen"[7] eingezogen, wo er als SS-Unterscharführer Auszubildende für die SS-Verfügungstruppe (SS-VT) unter sich hatte. Im Februar 1934 wurde er zum Stab des 1. Bataillons der 2. SS-Standarte nach Ellwangen abkommandiert. Im Oktober 1934 wurde der mittlerweile

---
[2] BArch, Bestandssignatur: VBS 286, Archivnummer: 6400000264, Dok.-Nr. 04683.
[3] BArch, Dok.-Nr. 04731.
[4] BArch, Dok.-Nr. 04682.
[5] BArch, Dok.-Nr. 04683.
[6] BArch, Dok.-Nr. 04731.
[7] BArch, Dok.-Nr. 04683.

zum SS-Oberscharführer beförderte Kurt Alber in die SS-Standarte in Reutlingen zurückversetzt, um dort abermals „SS-Rekruten"[8] auszubilden. Ab Februar 1935 baute er das „SS-Hilfswerklager in St. Georgen"[9] (Schwarzwald) mit auf. In seinem ersten überlieferten Lebenslauf, datiert auf den 17. Juli 1935, schreibt er zudem Folgendes: „Neben meiner beruflichen Arbeit habe ich sehr viel mit Photo gearbeitet, Entwickeln [sic], kopieren, vergrössern und retuschieren ist mir geläufig. In Ellwangen habe ich für den Rasse-Referenten in der dortigen SS-Kaserne eine Dunkelkammer eingerichtet".[10]

Die Politischen Bereitschaften waren als unabhängige Kräfte, die die staatliche Polizei unterstützen sollten, mit Handfeuerwaffen ausgestattet und wurden ab August 1935 in der SS-VT und Ende 1940 in der Waffen-SS zusammengefasst. Die lokalen (Junker-)Schulen bzw. Ausbildungslager der SS spielten v.a. in der Frühphase der NS-Zeit eine wichtige Rolle: „Es war [...] vorgesehen, dass hier Führer der SS unterrichtet wurden, die in allen Zweigen [...] einsetzbar waren und schon während ihrer Ausbildung die verschiedenen Tätigkeitsbereiche der gesamten SS kennen lernen sollten".[11] Der Vermittlung von theoretischem Wissen wurde allerdings „viel weniger Bedeutung beigemessen als einer mentalen Konditionierung der SS-Männer mit der NS-Ideologie".[12]

2.3. SD im OA-SW in Stuttgart (1935-1938)

Die unterschiedlichen Tätigkeiten innerhalb der o.g. paramilitärischen SS-Schulen bzw. Sonderkommandos in Württemberg ebneten Kurt Alber in der SS-Hierarchie den Weg nach oben. Am 5. August 1935 wurde er als Referent für technische Hilfsmittel in den Sicherheitsdienst des RF-SS übernommen, wo er laut eigenen Angaben beim „damaligen SD-Oberabschnitt Süd-West ein neuzeitliches Fotolabor aufbaute".[13]

Das SD-Hauptamt in Berlin war zu dieser Zeit eines der drei Hauptämter der Führungsorganisation der SS und beinhaltete, ähnlich der Organisation der Allgemeinen SS, dreizehn Oberabschnitte (OA). Einer davon war der Abschnitt Süd-West (SW) mit Sitz in Stuttgart. Auf Grundlage von Reinhard Heydrichs (1904-1942) Dekret vom 25. Juni 1934 wurde der SD zur alleinigen „nicht mit Exekutivbefugnis versehene[n] Parteinachrichtenorganisation" und stellte so den Teil der SS-Organisation dar, „dem die nachrichtenmäßige Erforschung und Überwachung der ideenmäßigen Gegner des Nationalsozialismus übertragen"[14] war. Dem SS-Nachrichtendienst kam dabei eine besondere Bedeutung

---

[8] Ebd.
[9] BArch, Dok.-Nr. 04684.
[10] BArch, Dok.-Nr. 04728.
[11] Lehnhardt, Jochen: Die Waffen-SS: Geburt einer Legende, Himmlers Krieger in der NS-Propaganda, Stuttgart 2017, S. 31.
[12] Lehnhardt 2017 (wie Anm. 11), S. 38.
[13] BArch, Dok.-Nr. 04684.
[14] Stiftung Topographie des Terrors (Hg.): Gestapo, SS und Reichssicherheitshauptamt in der Wilhelm- und Prinz-Albrecht-Strasse, Begleitband zur Dauerausstellung, 2016, S. 118-19.

bei der Etablierung des NS-Staates zu: „Entscheidend war aber, dass er sich konzeptionell eine Monopolstellung in der Juden- und Rassenpolitik der Sicherheitsorgane erarbeiten konnte".[15] In den zwei vorliegenden Personalberichten aus dieser Zeit wird Kurt Albers nationalsozialistische Weltanschauung vom Führer des SD-OA-SW zunächst kurz und knapp bezeichnet als: „alter Kämpfer, völlig klar".[16] In der darauffolgenden Stellungnahme heißt es: „Seine Haltung als SS-Mann u. Nationalsozialist ganz ausgezeichnet. Er ist ein besonders glänzender Kamerad".[17]

Am 5. September 1936 heirateten Kurt und Gertrud Anna Alber (geb. Löw) in Stuttgart-Zuffenhausen. Dieses Datum ist insofern erstaunlich, als dass das Heiratsgesuch bereits zwei Jahre zuvor, nämlich im Juni 1934, beim Rasse- und Siedlungsamt beim RF-SS in Berlin einging.[18] Grund hierfür waren vermutlich Verzögerungen in der Beschaffung des obligatorischen „großen Ariernachweises", der bei Hochzeiten von SS-Mitgliedern vorab für beide Eheleute erbracht werden und bis mindestens ins Jahr 1800 zurückreichen musste.

Kurt Albers Arbeit im OA-SW des SD in Stuttgart sollte bald so erfolgreich sein, dass er laut eigenem Lebenslauf dazu „ausersehen [wurde], das transportable Fotolabor des Reichssicherheitshauptamtes nach Italien zu begleiten, das anläßlich des Führerbesuches im April-Mai 1938 im Auftrag des Propagandaministeriums eingesetzt war".[19] Hierbei wird nicht nur sein beruflicher Aufstieg innerhalb des SD deutlich, der ihn als Begleiter der NS-Führungselite zur Dienstreise ins faschistische Italien führte, sondern auch die Relevanz von Fotografie im NS-Staat.

2.4. SD-Hauptamt und RSHA in Berlin (1939-1941)

Ende 1938 gelang Kurt Alber ein weiterer Karriereschritt. Am 1. Dezember 1938 wurde er von Stuttgart nach Berlin versetzt, wo er am 20. April 1939 als SS-Sturmbannführer zum Abteilungsleiter I 142 (Amt I: Personal und Verwaltung) des SD-Hauptamts ernannt wurde, und zwar mit Sitz im Dienstgebäude des SD in der Wilhelmstraße 102.[20] Im entsprechenden Personalbericht heißt es hierzu: „Alber hat an Stelle des nach III/3 versetzten SS-H'Stuf. Platt die Abt. I/142 übernommen und geleitet. Seine Kenntnisse und Fähigkeiten haben bereits Erfolge gezeigt".[21] Kurt Alber beschreibt seine Zuständigkeiten in dieser Position folgendermaßen: „Als beauftragter Abteilungsleiter hatte ich die Aufgabe, das Fotolabor und die Zeichenstelle neu aufzubauen und vor allen Dingen neue Arbeitsmethoden zu schaffen".[22] Im Rahmen der Forschung für den vorliegenden

---

[15] Topographie des Terrors 2016 (wie Anm. 14), S. 120.
[16] BArch, Dok.-Nr. 04735.
[17] BArch, Dok.-Nr. 04736.
[18] Vgl. BArch, Bestandssignatur: R/9361/III, Archivnummer: 1141.
[19] BArch, Dok.-Nr. 04684.
[20] BArch, Dok.-Nr. 04679.
[21] BArch, Dok.-Nr. 04731.
[22] BArch, Dok.-Nr. 04684.

Aufsatz konnten weder im Bundesarchiv noch im Archiv der Topographie des Terrors Fotos, Film- und Tonbandaufnahmen, Zeichnungen oder sonstige Quellen ausfindig gemacht werden, anhand derer sich die Funktion und Bedeutung der Bild- und Zeichenstelle(n) des SD rekonstruieren ließe.

Am 27. September 1939 wurden Gestapo, Kriminalpolizei und SD zum Reichssicherheitshauptamt (RSHA) zusammengelegt, das Reinhard Heydrich als Chef der Sicherheitspolizei und des SD unterstellt wurde. Das RSHA lenkte während des Zweiten Weltkrieges die nationalsozialistische Verfolgungspolitik im besetzten Europa. So organisierte es die Deportationen der deutschen Jüdinnen und Juden sowie der jüdischen Bevölkerung der besetzten Staaten in die Vernichtungslager.[23]

Am Ende des o.g. Lebenslaufs schreibt er noch: „Im Juni 1940 sollte ich als Bildberichterstatter der Sicherheitspolizei und des SD in die besetzten Gebiete reisen, um für Bildmaterial für das Archiv und die Presse zu sorgen. Ein heftig auftretendes Magengeschwür zwang mich jedoch einen Tag vor meiner Abreise, mich in die Klinik zu begeben, um diesen Übelstand auf operativem Wege entfernen zu lassen".[24] Kurt Alber sollte sich demzufolge als Fotograf an den vielfach dokumentierten Einsätzen der Sicherheitspolizei und des SD beteiligen, die ab 1939 für Massenmorde im besetzten Polen, im besetzten Südosteuropa und vor allem im Vernichtungskrieg gegen die UdSSR aufgestellt wurden. Hierbei handelte es sich um mobile Einsatzgruppen bzw. Einsatzkommandos, die „unter der Vorgabe der Sicherung des Hinterlandes sofort mit der Verfolgung von politischen Gegnern und Juden begann[en]".[25] Nach seiner Genesung von der Operation, bei der zwei Drittel des Magens entfernt wurden, nahm Kurt Alber ab September 1940 den Dienst innerhalb des SD im RSHA, dem Sitz der „wichtigsten Institutionen des NS-Terrors"[26], wieder auf.

3. Von Berlin an alle Fronten (1941-1945)
3.1. Die Kriegsberichterkompanie der Waffen-SS (1941)

Den vorgesehenen Dienst als Fotograf bzw. Bildberichter trat Kurt Alber erst an, nachdem er am 8. Mai 1941 in die Freiwilligen-Annahmeliste der Waffen-SS (VT-Div.) unter der laufenden Nummer 7.174 aufgenommen wurde.[27] Am 14. Mai 1941 folgte der Einzug als Unterscharführer in die SS-Kriegsberichterkompanie (SS-KBK) „Heimat" mit der Wehrnummer „Berlin VII – OB/205/1/1".[28]

Die Waffen-SS ging im November 1939 im Zuge des Überfalls auf Polen aus den bewaffneten SS-Verbänden hervor, also ungefähr zu der Zeit, in der auch das

---

[23] Vgl. Topographie des Terrors 2016 (wie Anm. 14), S. 127. Vgl. zum Personal des RSHA: Wildt, Michael: Generation des Unbedingten. Das Führungskorps des Reichssicherheitshauptamtes, Hamburg 2003.
[24] BArch, Dok.-Nr. 04684.
[25] Topographie des Terrors 2016 (wie Anm. 14), S. 346.
[26] Topographie des Terrors 2016 (wie Anm. 14), S. 10.
[27] BArch, Dok.-Nr. 4721.
[28] BArch, Dok.-Nr. 04608.

RSHA als nationalsozialistische „Institution neuen Typs" gegründet wurde. Organisatorisch war die Waffen-SS zwar dem Oberkommando der Wehrmacht (OKW) unterstellt, gleichzeitig aber „Organ der Führergewalt und Teil der SS".[29] Die Bedeutung der Waffen-SS im NS-Staat erschließt sich weniger aufgrund der vorgeblichen militärischen Notwendigkeit einer Parallelstruktur zur Wehrmacht, sondern vielmehr durch ihre wichtige ideologische und propagandistische Funktion, die „der Ausweitung der Macht der SS im Reich diente und [deren] Endziel die Schaffung einer nationalsozialistischen Volksarmee war".[30] Zur Durchsetzung der propagandistischen Interessen der Waffen-SS, die sich stets des Mythos vom treuen, unbesiegbaren und arischen Elitekrieger bediente, war die SS-Propagandakompanie (SS-PK) zuständig, die ab März 1940 zusätzlich zu den längst aktiven PK der Wehrmacht (WM-PK) aufgestellt wurde. Die SS-PK wurde später synonym als SS-KBK bezeichnet und organisierte die unabhängigen Kriegsberichterzüge, welche „den Divisionen der Waffen-SS jeweils leihweise zur Verfügung gestellt"[31] wurden. Die Gesamtheit der SS-KBK stand unter der Leitung des SS-Standartenführers Gunter d'Alquen (1910-1998) der die Interessen der SS-KBK gegenüber dem Oberkommando der Wehrmacht (OKW), dem Reichsministerium für Volksaufklärung und Propaganda (RMVP), dem Führerhauptquartier (FHQ) und der Reichspressestelle der NSDAP durchzusetzen und vom Kompetenzgerangel der verschiedenen Stellen zu profitieren wusste. Gunter d'Alquen war zudem Schriftleiter der SS-Wochenzeitschrift „Das Schwarze Korps", in der mehrere Fotos von Kurt Alber publiziert wurden.

Die einzelnen Untereinheiten der SS-KBK bestanden aus den Gruppen „Wort", „Bild", „Film", „Rundfunk", „Zeichnen", später auch „Ausland" und „Kampfpropaganda". Die Ausbildung der Berichter der Gruppe „Bild", welcher Kurt Alber ab 1941 angehörte, wurden laut einem internen Bericht der SS-PK „beherrscht von den Grundsätzen und politischen Richtlinien der SS, wodurch die Bildberichter gehalten und in der Lage sind, nicht nur ideenlos zu knipsen, sondern das Geschehen auch in seinen tieferen politischen Zusammenhängen darzustellen".[32] Das Fotomaterial wurde nicht an der Front entwickelt, sondern per effizientem Kuriersystem ins moderne Berliner „Großlabor inklusive der notwendigen Spezialisten"[33] gebracht. Auf diese Art konnten „die von der Front einlaufenden Filme innerhalb von zwölf Stunden"[34] entwickelt und veröffentlicht werden. Diese unmittelbare Kriegsberichterstattung verfolgte das Ziel, die Bevölkerung für den Krieg zu begeistern und ideologisch die Kriegskosten abzufedern, was bekanntlich in beispielloser Weise erreicht wurde. Darüber hin-

---

[29] Lehnhardt 2017 (wie Anm. 11), S.123.
[30] Ebd., S.115.
[31] Ebd., S.136.
[32] Ebd., S.171, zitiert aus: BArch Freiburg, Militärarchiv, Bestand: RS 4/1157, „Drei Jahre SS-Kriegsberichter-Abteilung. Ein Arbeitsbericht", Gunter d'Alquen, März 1943.
[33] Ebd., S.139.
[34] Ebd.

aus waren die Kriegsberichter „keineswegs nur an der Front tätig, sondern begleiteten vielmehr bis Kriegsende alle Bereiche der SS publizistisch".[35] Die zahllosen propagandistischen Erzeugnisse der de-facto SS-Nachrichtenagentur (SS-PK) wurden dabei überaus erfolgreich in nahezu allen landesweiten wie provinziellen Medien sowie im gesamten besetzen Europa platziert. So sind zwischen November 1940 und März 1943 jeden Monat durchschnittlich „ca. 400 Fotos, 58 Serien und 6 Titelbilder der SS-PK in der deutschen Presse abgedruckt worden".[36] Dazu zählen beispielsweise auch 21 Fotos in der vom SS-Hauptamt herausgegebenen antisemitischen Hetzschrift „Der Untermensch".[37] Nicht zuletzt zeitigt die NS-Propagandamaschinerie ihre Wirkung auf die Nachkriegszeit bzw. die Gegenwart: „Das von den PK produzierte Material [ist] das einzige in professioneller Qualität, mit dem die damaligen Kämpfe veranschaulicht werden können. Deshalb wird es bis heute in fast jeder Dokumentation über den Zweiten Weltkrieg verwendet".[38]

Die Übernahme Kurt Albers in die SS-KBK der Waffen-SS war zunächst von einigen bürokratischen Problemen überschattet, wie aus einem Schreiben des SS-Bildfachführers Rolf d'Alquen (1912-1993), dem Bruder Gunter d'Alquens, an die SS-KBK in Berlin vom 16. Januar 1941 hervorgeht: „Alber ist Leiter der Bildstelle des Sicherheitshauptamtes und als solcher uk gestellt. Um ihn freizubekommen, wäre es zweckmässig, wenn der Kompaniechef den SS-Gruppenführer Heydrich persönlich anschreibt und ihn darum bittet, A. für die SS-KBK freizugeben. Es wäre vielleicht angebracht, an SS-Gruppenführer Heydrich zu schreiben, dass Alber auch – soweit im Divisionsbereich Beamte des Sicherheitshauptamtes tätig sind – für diese Archivaufnahmen etc. anfertigen kann, wie dies von der SS-KBK in Paris aus Gefälligkeit für die dortige SD-Dienststelle geschehen ist. Ich erwähne in diesem Zusammenhang, dass auf der Dienststelle Albers noch 2 gute Fotografen sitzen, die wir natürlich auch gut gebrauchen könnten".[39]

Dieses Schreiben verdeutlicht, dass die SS-KBK systematisch nach Fachleuten suchte, wie z.B. Journalisten, Fotografen oder Dichtern: „Dazu ging man im In- und Ausland regelrecht auf Werbetour".[40] Die Aufnahme in die Waffen-SS war darüber hinaus an eine ausreichende sogenannte truppenmäßige Eignung gebunden, welche in seinem Fall offenbar durch das folgende Schreiben des SS-Oberführers Curt von Gottberg (1896-1945) vom Februar 1940 als nachgewiesen galt: „Ich bescheinige Ihnen gern, dass Sie während Ihrer Zugehörigkeit zur Pol. Bereitschaft in Reutlingen und Ellwangen vom 19. Juni 1934 bis 3 Februar

---

[35] Ebd., S. 131.
[36] Ebd., S. 190.
[37] Vgl. ebd., S. 131.
[38] Ebd., S. 91.
[39] BArch, Dok.-Nr. 04676.
[40] Lehnhardt 2017 (wie Anm. 11), S.149.

1935 [sic] Ihre militärische Ausbildung als Gruppen- und Zugführer erhalten haben".[41] Außerdem war er Spezialist für den Gebrauch von Fernkameras und seine Waffenausbildung beinhaltete u.a. Pistole, Gewehr, Handgranate und Granatwerfer.[42]

Das oben zitierte Schreiben von Rolf d'Alquen war der Auftakt zahlreicher Anträge und Schriftwechsel zwischen der SS-KBK, dem Ergänzungsamt der Waffen-SS und dem SD-Hauptamt mit dem Ziel, die Freistellung Kurt Albers und seine freiwillige Versetzung zur Waffen-SS zu erwirken. Auch wenn sein Rang als SS-Sturmbannführers im RSHA (entspr. Major) prinzipiell unangetastet blieb, so brachte der Wechsel zur Waffen-SS die Abstufung um zwölf Ränge zum Unterscharführer (entspr. Unteroffizier) mit sich. Folglich konnte er für sämtliche Kriegshandlungen eingesetzt werden. Offenbar gab er hierbei dem Druck des Ergänzungsamts der Waffen-SS und der SS-KBK nach, aller Wahrscheinlichkeit nach überzeugt von der nationalsozialistischen „Blitzkrieg"-Propaganda und, nicht zuletzt, um als treuer SS-Mann seinen persönlichen Beitrag zum „Endsieg" zu leisten.

3.2. Einsatz als Bildberichter (1941-1943)

Der umfassende Archivnachlass an Fotos, die in Kurt Albers Zeit als Bildberichter des SS-KBK zwischen Juni 1941 und Oktober 1943 entstanden sind, stellt ein wichtiges zeitgeschichtliches Zeugnis dar und befindet sich in Form von drei SS-PK-Fotoalben im Bestand des Bundesarchivs in Koblenz.[43] Die Fotoalben umfassen insgesamt 183 Seiten, die in der Regel mit jeweils 3-4 Negativstreifen (AGFA ISOPAN) à zehn Negativen bestückt sind. Ab Seite 169 sind die Negative dann nicht mehr als Streifen, sondern einzeln aufgeführt. Insgesamt fehlen 56 von 183 Seiten komplett bzw. sind nicht auffindbar.[44] Die Auswertung der vorhandenen, insgesamt ca. 4.052 Negative basiert auf der umfassenden Vorarbeit des Bundesarchivs Koblenz, dank derer die meisten Fotos mit entsprechenden Bildkommentaren versehen sind, d.h. Einsatzort, Datum, Personen und Inhalt.[45] Was nun folgt, ist eine Übersicht und ein Gesamteindruck des fotografischen Materials, das in Beziehung zu den vorhandenen schriftlichen Dokumenten gesetzt wird, mit dem Ziel, Kurt Albers weiteren Werdegang soweit wie möglich zu rekonstruieren.

3.2.1. Die Waffen-SS Division „Wiking": Juni-September 1941

Die wechselnden Einsätze als umherziehender Bildberichter beginnen zwischen Juni und September 1941, also während des Überfalls auf die damalige Sowjetunion, und zwar als Teil der 5. SS-Panzer-Division „Wiking". Diese setzte

---

[41] BArch, Dok.-Nr. 04698.
[42] Vgl. BArch Freiburg, Militärarchiv, Bestand: RS 16/37.
[43] BArch Koblenz, Bildarchiv, Propagandakompanien der Wehrmacht - Waffen-SS, Bild 101 III – Alber.
[44] Es fehlen die Seiten 40, 43, 48, 49, 55, 89, 97 und 101 bis 149; letztere sind vermutlich 1943 entstanden.
[45] https://my.owndrive.com/index.php/s/zDNMLM5DLzq2D4a. Die vollständige Liste der Bildunterschriften (ohne Fotos) des Bundesarchivs Koblenz kann auf diesem Link als PDF heruntergeladen werden.

sich hauptsächlich aus ausländischen Freiwilligen der Waffen-SS zusammen, und ist verantwortlich für zahlreiche Kriegsverbrechen. So wurden zwischen Juni und Juli 1941 in mindestens zwei Fällen jeweils hunderte jüdische Einwohnerinnen und Einwohner in der Nähe von Sboriw (Ukraine) ermordet.[46] In einem Beitrag der Zeitung „Völkischer Beobachter" wurde im September 1941 ein Artikel der SS-PK über die „Germanen" der SS-Division „Wiking" veröffentlicht: „Sie kamen zu uns, bedingungslos [sic] als Soldaten des deutschen Führers für das neue, große Germanien zu kämpfen. Jeder Feind Deutschlands ist ihr Feind. Der Marsch nach Osten ist ihnen ein Weg zur letzten Entscheidung".[47]

Die überlieferten Negativstreifen dieser Etappe beziehen sich auf die Seiten 1 bis 21 der SS-PK Alben und sind bezeichnend für die Art der Bildberichte Kurt Albers. Demnach können folgende Schwerpunkte definiert werden: (1) Direkte Fronteinsätze bzw. Gefechte sind nicht abgelichtet, stattdessen vereinzelte, möglicherweise gestellte Kampfhandlungen und der scheinbar unproblematische und unaufhaltsame Vormarsch in Richtung Osten. (2) Die Mehrzahl der Fotos zeigt eher alltägliche Aktivitäten, wie z.B. die Mobilisierung von Nachschub, Übungsmanöver, Waffenappelle und Freizeitaktivitäten (Lagerfeuer, Musikzug). Außerdem sind einige Momentaufnahmen entstanden, z.B. von zerstörten und intakten Kirchen, Brücken und dgl. Einige Kriegsberichter sind auf Seite 6 zu sehen, in zwei Fällen auch Kurt Alber selbst (siehe Porträtfoto dieses Artikels). (3) Oftmals sind Zivilistinnen und Zivilisten sowie Gruppen von Geflüchteten bzw. Gefangenen dokumentiert, deren Darstellung aber nicht auf die o.g. Verbrechen schließen lässt. (4) Mehrfach werden Auszeichnungen für besonderen soldatischen Einsatz im Sinne des Nationalsozialismus abgebildet, z.B. das Eiserne Kreuz, später das Ritterkreuz o.ä. (5) Zahlreiche Abbildungen zeigen hohe Funktionsträger unterschiedlicher NS-Organisationen, deren Frontvisite offenbar propagandistisch ausgeschlachtet wurde.[48] Es handelt sich zumeist um Treffen, Lagebesprechungen, Spaziergänge im Grünen oder Porträtaufnahmen, u.a. von Gunter d'Alquen, Felix Steiner (1896-1966), Hans Heinrich Lammers (1879-1962), Robert Ley (1890-1945), Albert Speer (1905-1981) und Erich Raeder (1876-1960). Auf Seite 27 erscheint zum ersten Mal der RF-SS, Heinrich Himmler (1900-1945). Kurt Albers Einsatz als Bildberichter der Division „Wiking" ging spätestens am 18. September 1941 vorläufig zu Ende, da er sich am 20. Oktober erneut ins Lazarett mit anschließendem Erholungsurlaub bis einschließlich 28. November 1941 begeben musste.[49] Der Grund geht aus dem Dokument nicht hervor.

---

[46] Zu den schweren Kriegsverbrechen und der Shoah in der besetzten UdSSR liegen zahlreiche Fallstudien vor. Vgl. hierzu als Übersicht Später, Ernst: Der dritte Weltkrieg. Die Ostfront 1941-1945, St. Ingbert 2015.
[47] Lehnhardt 2017 (wie Anm. 11), S. 363, zitiert aus: Völkischer Beobachter, „Die germanischen Kameraden", Ausgabe 246 vom 03.09.1941, S. 3.
[48] Im Folgenden werden ausschließlich der erste Vor- und der Nachname der betreffenden Personen aufgelistet. Angaben zum jeweiligen Rang und Werdegang können nachgeschlagen werden. Vgl. hierzu Ernst Klee, Das Personen-Lexikon zum Dritten Reich, Hamburg 2016.
[49] BArch, Dok.-Nr. 04661.

3.2.2. Führerhauptquartier und Staatsbegräbnis Reinhard Heydrichs: April 1942-September 1943

Die Spur verliert sich für einige Monate, bis Kurt Alber mit Wirkung zum 20. April 1942 zum Oberscharführer der SS-Kriegsberichterabteilung, E-Zug, befördert wurde.[50] Die SS-KBK ist in der Zwischenzeit von drei auf acht Kriegsberichterzüge angewachsen und wurde von nun an als SS-Kriegsberichterabteilung (SS-KBA) bezeichnet.[51] Zeitgleich gelang ihm offenbar ein erneuter beruflicher Erfolg. Der bereits erwähnte Rolf d'Alquen verfügte im April 1942 Folgendes: „Ich bitte den SS-Uscha. Alber für Aufnahmen beim Führer und Reichsführer-SS ins Führerhauptquartier am 18.4.42. in Marsch zu setzen".[52] Die entsprechenden Negative finden sich vermutlich auf den Seiten 159 und 161, und als möglicher Ort ist das Allgäu angegeben. Abgesehen von wenigen Ausnahmen sind hier Gruppenfotos oder Porträts abgebildet u.a. von Heinrich Himmler, Erich von dem Bach-Zelewski (1899-1972), Carl Oberg (1897-1965), Hans Kammler (1901-1945), Erwin Rommel (1891-1944), Otto Winkelmann (1894-1977), Erich Kempka (1910-1975), Hans Frank (1900-1946) und Fritz Katzmann (1906-1957).

Am 27. Mai 1942 ereignete sich in Prag das Attentat auf Reinhard Heydrich, der am 4. Juni den Folgen seiner Verletzungen erlag. Kurt Alber berichtet auf den Seiten 32 bis 36 ausführlich über die Trauerfeier seines ehemaligen Vorgesetzten in Hradčany bei Prag. Auf den Seiten 37 bis 39 dokumentiert er die Überführung der Leiche nach Berlin, wo am 9. Juni 1942 ein Staatsbegräbnis stattfand. Auf den Seiten 41 bis 44 sind zahlreiche hochrangige NS-Funktionäre zu sehen, u.a. Adolf Hitler (1889-1945), Hermann Göring (1893-1946), Heinrich Himmler, Joachim von Ribbentrop (1893-1946), Wilhelm Keitel (1882-1946) und Hans-Adolf Prützmann (1901-1945). Nach dem Staatsbegräbnis folgen auf den Seiten 45 bis 47 Aufnahmen verschiedener Besprechungen u.a. zwischen Sepp Dietrich (1892-1966) und Gunter d'Alquen sowie Hans-Georg von Charpentier (1902-1945). Am 22. Juni 1942 reiste Kurt Alber auf Befehl Sepp Dietrichs nach München, um „Ölgemälde des SS-Unterscharführers Krause"[53] abzulichten, die auf Seite 54 zu sehen sind. Auf dem Weg nach München legte er offenbar einen Zwischenstopp in einem oder mehreren Junkerschulen der Waffen-SS ein. Auf Seite 51 sind eine Nachrichten- und Funkstation der SS-PK zu sehen sowie Waffen-SS-Männer bei sportlichen Freizeitaktivitäten.

3.2.3. Begleitfotograf Heinrich Himmlers: Juni 1942-September 1943

Ende Juni 1942 begann Kurt Albers Zeit als Begleitfotograf des RF-SS, die sich offenbar über mehr als ein Jahr (!) erstreckte, und den Großteil der vorhandenen Fotos ausmacht. Die erste Etappe (S. 56-63) bezieht sich auf den Sommer

---

[50] BArch, Dok.-Nr. 04644.
[51] BArch Freiburg, Militärarchiv, Bestand: RS16, SS-Standarte „Kurt Eggers", online verfügbar.
[52] BArch, Dok.-Nr. 04645.
[53] BArch, Dok.-Nr. 04631

1942 in den besetzten Gebieten der damaligen UdSSR. Hauptsächlich sind Lagebesprechungen zwischen Heinrich Himmler und anderen hochrangigen NS-Funktionsträgern abgebildet, wieder in Kombination mit Visiten von Stützpunkten verschiedener Divisionen der Waffen-SS. Neben Heinrich Himmler erscheinen – oftmals im Grünen bzw. in Waldgebiet – u.a. Walter Schellenberg (1910-1952), Alfred Rosenberg (1892-1946), Kurt Daluege (1897-1946), Gottlob Berger (1896-1975), Werner Baumbach (1916-1953), Hans-Adolf Prützmann sowie zahlreiche Offiziere der Wehrmacht und Waffen-SS. Aus diesem Zeitraum liegt außerdem ein Dokument (datiert auf den 7. November 1942) vor, welches belegt, dass er Heinrich Himmler nach Dshankoj (Krim, Ukraine) begleitete: „SS-Oberscharführer Kurt Alber wurde vom Reichsführer-SS bei einem Aufenthalt in Dshankoi in meiner Gegenwart [Rolf d'Alquen, Anm. d. Verf.] mündlich mit Wirkung vom 9. November 1942 zum SS-Untersturmführer der Reserve in der Waffen-SS befördert".[54] Mit Bezug auf den o.g. Zeitraum belegt die Ereignismeldung Nr. 150 der Einsatzgruppe D (SD des RF-SS) vom 2. Januar 1942 Folgendes: „Teile der West-Krim judenfrei gemacht. Vom 16.11. bis 15.12. wurden 17645 Juden, 2504 Krimtschaken, 824 Zigeuner und 212 Kommunisten und Partisanen erschossen. Die Gesamtzahl der Exekutionen 75881".[55]

Am 12. April 1943 befand sich Kurt Alber dann in der Feldkommandostelle Hochwald des RF-SS bei Pozezdrze in Polen. Von dort aus meldete er schriftlich bei der SS-KBA in Berlin-Zehlendorf, nachträglich das Infanterie-Sturmabzeichen in Bronze erhalten zu haben: „Die nachträgliche Verleihung habe ich dem SS-Brigadeführer und Generalmajor der Waffen-SS Fritz von Scholz zu verdanken, der sich auf Grund der seinerzeit gemeinsam durchgeführten Unternehmungen bei Nordland, dafür einsetzte".[56] Diese Auszeichnung für besonderen Einsatz und Tapferkeit belegt, dass er bereits im Sommer 1941, vermutlich im Rahmen der Waffen-SS Division „Wiking", als Infanterist an bewaffneten Sturmangriffen beteiligt war. Aus einem weiteren Schreiben vom 31. Juli 1943 von Anton Kriegbaum (ab Juli 1944 Stellvertreter Gunter d'Alquens) direkt an Kurt Alber geht außerdem hervor, dass er bis mindestens August 1943 in der Feldkommandostelle Heinrich Himmlers stationiert war: „Wir haben z.Zt. in der Beschaffung der für Lautenschlager notwendigen Apparaturen und Papiere Schwierigkeiten. Es wird sich auf die Dauer [sic] nicht vermeiden lassen, daß der Reichsführer die Arbeit Lautenschlagers als ausdrücklich erwünscht bezeichnet, um damit die nötigen Dringlichkeitsstufen durchdrücken zu können. Ihre [Kurt Albers, Anm. d. Verf.] Aufgabe wäre es also, den Reichsführer-SS heute schon, ohne auf diese Dinge einzugehen, von der Wichtigkeit und von den Möglichkeiten dieser Arbeit zu überzeugen. Damit wäre für eine zukünftige Rücksprache des Kommandeurs mit dem Reichsführer schon der Boden bereitet".[57]

---

[54] BArch, Dok.-Nr. 04629.
[55] Topographie des Terrors 2016 (wie Anm. 14), S. 314 ff.
[56] BArch, Dok.-Nr. 04623. Fritz von Scholz (1896-1944).
[57] BArch, Dok.-Nr. 04622.

In Einklang mit den o.g. schriftlichen Dokumenten beziehen sich die Seiten 64 bis 174 der SS-PK-Alben auf den Zeitraum von Juni bis September 1943. Da die genauen Zeitpunkte zumeist unklar bleiben, ist im Folgenden der Einfachheit halber von Sommer 1943 die Rede. Auf den Seiten 64 und 65 ist zunächst der Besuch von Subhas Chandra Bose (1897-1945), dem Vorsitzenden des Indischen Nationalkongresses, in der Feldkommandostelle des RF-SS abgelichtet. Die Fotos zeigen verschiedene Gespräche Boses mit Heinrich Himmler, Josef Tiefenbacher und Kurt Knoblauch (1885-1952). Hervorzuheben sind außerdem die Fotos vom Besuch des Mohammed Amin al-Husseini (1893-1974, Großmufti von Jerusalem), zu dieser Zeit Präsident des Obersten Islamischen Rats, in der Feldkommandostelle des RF-SS.[58] So sind auf den Seiten 164 und 165 ca. 53 Fotos von Besprechungen zwischen al-Husseini und Heinrich Himmler, Sepp Tiefenbacher, Erich von dem Bach-Zelewski und Gottlob Berger dokumentiert.

Darüber hinaus ist anzunehmen, dass die sonstigen Bilder der Seiten 162 bis 174 ebenfalls in der Feldkommandostelle des RF-SS entstanden sind. Es handelt sich abermals um Besprechungsaufnahmen, Gruppenfotos und Porträts zahlreicher hochrangiger Nationalsozialisten, u.a. von Artur Phleps (1881-1944), Josef Dietrich, Fritz Witt (1908-1944), Maximilian von Herff (1893-1945), Friedrich Jeckeln (1895-1946), Albert Ganzenmüller (1905-1996), Friedrich Karl von Eberstein (1894-1979), Werner Best (1903-1989), Helmuth von Pannwitz (1898-1947), Ernst Sachs (1880-1956), Udo von Woyrsch (1895-1983), Ernst Kaltenbrunner (1903-1946), Matthias Kleinheisterkamp (1893-1945), Wilhelm Frick (1877-1946), Johann Ludwig Graf Schwerin von Krosigk (1887-1977), Albert Speer, Martin Bormann (1900-1945), Gertrud Scholtz-Klink (1902-1999), Paul Hausser (1880-1972) und Friedrich Rainer (1903-1947).

Auf den Negativen der Seiten 66 bis 100 finden sich (Front-)Besuche und Besprechungen Heinrich Himmlers außerhalb der Feldkommandostelle, zunächst auf dem Gebiet der UdSSR, beginnend in Brest-Litowsk in Weißrussland. Einerseits zeigen die Motive – jenseits von Kriegsverbrechen – erneut militärischen Alltag, Dienst wie Freizeit, hinter der Front. Entsprechend ist der RF-SS einmal mit Motorradmütze (S. 81) oder bei Schießübungen abgelichtet, gefolgt von Fotos, die mutmaßlich seine Ehefrau Margarete Himmler (1893-1967) und seine Tochter Gudrun (1929-2018) zeigen (S. 90). Andererseits besteht die Mehrzahl der Aufnahmen aus Gruppenfotos und Porträts zahlreicher NS-Entscheidungsträger bei Besprechungen, u.a. von Felix Kersten (1898-1960), Karl Wolff (1900-1984), Josef Kraft (1879-1945), Hanns Johst (1890-1978), Kurt Knoblauch, Gottlob Berger, Erich Ehrlinger (1910-2004), Ulrich Greifelt (1896-1949), Heinrich Müller (1900-1945), Werner Lorenz (1891-1974), Julius Schaub (1898-1967),

---

[58] Mohammed Amin al-Husseini war seit 1941 Mitglied der SS, lebte zwischen 1941 bis 1945 in Berlin und unterhielt enge Beziehungen u.a. zu Heinrich Himmler, Reinhard Heydrich und Adolf Eichmann. Er spielte eine entscheidende Rolle bei der Verbreitung des modernen (Vernichtungs-)Antisemitismus im arabischen Raum. Siehe hierzu Cüppers, Martin/Mallmann, Klaus-Michael, Halbmond und Hakenkreuz. Das Dritte Reich, die Araber und Palästina, Darmstadt 2006.

Hans Lammers, Hans-Adolf Prützmann, Herbert Backe (1896-1947) und Karl Koch (1897-1945). Auf den Seiten 91 bis 96 dokumentiert Kurt Alber dann eine längere Reise Heinrich Himmlers durch verschiedene Großstädte im Westen und Norden des Deutschen Reichs. Zu sehen sind v.a. Bombenschäden, aber auch eine Funkstation der SS-KBA sowie einige Gruppenfotos mit den Gauleitern Josef Grohé (1902-1987) und Jakob Sprenger (1884-1945). Außerdem sind Carl Oberg, Helmut Knochen (1910-2003), Erich von dem Bach-Zelewski und Arthur Nebe (1894-1945) zu erkennen.

Auf den Seiten 98 bis 100 dokumentiert Kurt Alber erneut Ziele in der besetzten Sowjetunion. So sind die Bilder auf Seite 98 offenbar in Schytomyr (Ukraine) entstanden. Sie zeigen, wie berittene Polizeieinheiten mit Hunden Partisanen jagen und gefangen nehmen. Hierbei könnte es sich um das Polizei-Bataillon 320 handeln, das bis 1944 unter dem Vorwand der „Banden- und Partisanenbekämpfung"[59] u.a. in Schytomyr im Einsatz war und unzählige Verbrechen beging, die aber aus den vorliegenden Fotos nicht hervorgehen (wie bereits erwähnt, fehlen die Seiten 101 bis 150).

Zwischen den Seiten 151 bis 158 sind wieder hauptsächlich Porträt- und Gruppenfotos, Visiten und Lagebesprechungen von Heinrich Himmler und anderen NS-Funktionären abgebildet, u.a. Heinz Reinefarth (1903-1979), Felix Steiner, Hans-Adolf Prützmann, Wilhelm Redieß (1900-1945), Rudolf Hinrich Schuldt (1901-1944), Friedrich Kranefuß (1900-1945?), Hans Kehrl (1892-1961) und Lino Masarie (1912-1944). Ab Seite 155 bis 158 erfolgen die Aufnahmen im besetzten Belgien: Auf Seite 156 ist der RF-SS mit Wehrmachtsoffizieren bei der Besichtigung Wallonischer Freiwilligenverbände der Waffen-SS zu sehen. Außerdem sind u.a. Otto Léon Degrelle (1906-1994), Karl Cerff (1907-1978), Josef Tiefenbacher, Hans Heinrich Lammers, Sepp Dietrich und Erich von dem Bach-Zelewski zu erkennen. Die letzte Etappe als Begleitfotograf des RF-SS ereignet sich offenbar im September 1943 in Berlin zwischen den Seiten 175 bis 180. Heinrich Himmler trifft im Auswärtigen Amt u.a. auf Wilhelm Stuckart (1902-1953) und Fritz Klingenberg (1912-1945). Darüber hinaus zu sehen sind u.a. Joseph Goebbels (1897-1945), Albert Speer, Wilhelm Keitel, Friedrich Jeckeln, Oswald Pohl (1892-1951), Walter Schellenberg, Karl Genzken (1885-1957), Karl Ullrich (1910-1996), Karl Wolff und Georg Bochmann (1913-1973).

Die letzten auffindbaren Seiten 182 und 183 sind im Oktober 1943 entstanden und bestehen hauptsächlich aus 26 Porträtaufnahmen des Ritterkreuzträgers Robert Alber (1906-1988) und 14 Fotos mit Familie. Robert Alber war der ältere Bruder unseres Großvaters; im folgenden Kapitel werden wir noch näher auf ihn eingehen. Auf der letzten Seite ist das „Kommando Skorzeny" inklusive Porträtaufnahmen von Otto Skorzeny (1908-1975) und Walter Schellenberg abgelichtet. Diese Aufnahmen sind wahrscheinlich im Zuge einer Dienstreise von Berlin über Stuttgart nach Ostelsheim zur „Überbringung von eiligem Kuriermaterial

---

[59] Vgl. Pohl, Dieter: Eisernes Kreuz: Orden für Massenmord, DIE ZEIT Nr. 24, 05.06.2008, online verfügbar.

im Auftrage der SS-Kriegsberichter-Abteilung"[60] entstanden, die Kurt Alber vom 14. bis 25. September 1943 durchführte. Dort befand sich zu dieser Zeit seine schwangere Frau Gertrud Alber mit Tochter im Kleinkindalter, die aufgrund alliierter Bombardements nach Ostelsheim aufs Land gezogen waren.[61]

Der SS-PK Fotobestand Kurt Albers lässt, ähnlich seiner Tätigkeit für die Bildstelle des RSHA, viele Fragen offen, die im Rahmen dieses Artikels nicht geklärt werden konnten, wie z.B. die eindeutige Bestimmung von Orten, Zeitpunkten, Personen und Hintergründen der einzelnen Fotografien. Dennoch vermittelt die Bildberichterstattung, v.a. während seiner Zeit als Begleitfotograf Heinrich Himmlers, den Eindruck, als sei trotz militärischer Rückschläge im Verlauf des Zweiten Weltkrieges ab Winter 1942 alles unter Kontrolle. Sie leistet somit einen wichtigen Beitrag zur allgemeinen NS-Durchhaltepropaganda, die in Joseph Goebbels Rede im Berliner Sportpalast im Februar 1943 einen Höhepunkt fand.

3.2.4. Die Verbreitung der Fotografien

Die Veröffentlichung von Kurt Albers Fotografien während und nach der NS-Zeit konnte für diesen Artikel nicht systematisch untersucht werden, so dass im Folgenden nur einige Beispiele erwähnt werden. Zunächst sind viele Fotos direkt über das Internetportal des Bundesbildarchivs einsehbar.[62] Darunter befinden sich zwei Fotos, die vom Allgemeinen Deutschen Nachrichtendienst (ADN), der Nachrichten- und Bildagentur der DDR, veröffentlicht wurden, und auf denen die Ritterkreuzträger Joachim Peiper (1915-1976)[63] sowie Karl Gebhardt (1897-1948)[64] porträtiert werden. Ein weiteres Beispiel ist die Veröffentlichung eines seiner Fotos in der NSDAP-Zeitung „Illustrierter Beobachter" (IB) vom Juni 1943, das den RF-SS bei der Besichtigung wallonischer Freiwilliger der Waffen-SS zeigt.[65] Außerdem erschienen von 1941 bis 1945 vierzehn Mal Aufnahmen Kurt Albers in der SS-Wochenzeitung „Das Schwarze Korps". Hierbei handelt es sich um Porträts von einzelnen SS-Männern, z.B. von Fritz von Scholz, von Freiherr Hajo von Hadeln (1910-1943) oder von Arthur Phleps.[66] Auch Fotos von den Trauerfeierlichkeiten für Reinhard Heydrich wurden publiziert.[67] Weiterhin findet sich unter der Überschrift „Um 12 Uhr sprengen SS-Pioniere" einmal eine ganze Seite nur mit seinen Fotos.[68] Im Hinblick auf seine fotografische Begleitung Himmlers ist noch ein Foto vom Jahresanfang 1943 bemerkenswert, das

---

[60] BArch, Dok.-Nr. 04618.
[61] BArch Freiburg, Militärarchiv, Bestand: RS 16/37.
[62] https://www.bild.bundesarchiv.de: Per Suchfunktion „Kurt Alber" eingeben.
[63] BArch Koblenz, Bild 183-R65485, Originaltitel: SS-Obstbfhr. Joachim Peiper, Kdr. der Pz.-Rgts.-SS-Pz. Div. Lbstd. „Adolf Hitler", erhielt das Eichenlaub am 03.02.1944.
[64] BArch Koblenz, Bild 183-S73523, Originaltitel: SS-Brigadeführer und Generalmajor der Waffen-SS Professor Dr. Gebhardt, Träger des Ritterkreuzes mit Schwertern zum Kriegsverdienstkreuz.
[65] Illustrierter Beobachter (IB), Zentralverlag der NSDAP, Franz Eher Nachf. GmbH, München 22, Folge 25 vom 24. 06.1943.
[66] Das Schwarze Korps. Zeitung der Schutzstaffeln der NSDAP – Organ der Reichsführung der SS, 12.02.1942, S. 6; ebd., 04.02.1943, S.6; ebd., 12.08.1943, S. 6; ebd., S. 2; 11/1944, S. 3.
[67] Ebd., 18.06.1942, S. 3.
[68] Ebd., 30.03.1944, S. 3.

Himmler mit Dino Alfieri (1886-1966), dem italienischen Botschafter in Berlin, in einer nicht näher benannten Feldkommandostelle zeigt.[69]

Nicht zuletzt finden viele der Fotos in historischen Ausstellungen und Dokumentationen Verwendung, wie z.B. das Porträtfoto von Walter Schellenberg[70] im Rahmen der Dauerausstellung des Dokumentationszentrums Topographie des Terrors in Berlin. Auch in der dortigen Sonderausstellung zu den antisemitisch motivierten Massenerschießungen zwischen Ostsee und Schwarzem Meer 1941-1944 wurde ein Foto von Kurt Alber verwendet, nämlich eine Aufnahme von Arthur Nebe.[71]

3.3. Die SS-Standarte `Kurt Eggers´ (1943-1945)

Das mutmaßliche Ende von Kurt Albers Zeit als SS-Fotograf geht einher mit der Umstrukturierung bzw. Aufwertung der SS-KBA zur eigenständigen SS-Standarte, der „durch einen Erlaß Hitlers im Oktober 1943 der Name 'Kurt Eggers' als Auszeichnung verliehen"[72] wurde. Die Neuausrichtung markierte die Entwicklung der bisherigen Tätigkeit als Kriegsberichter hin zur Aktiv- und Kampfpropaganda bzw. zur psychologischen Kriegsführung. Darunter fällt die Verbreitung propagandistischer bzw. manipulierter Inhalte v.a. via Rundfunkübertragungen, Lautsprecherdurchsagen und Abwurf von Flugblättern in unmittelbarer Nähe zur Front mit dem Ziel, die kurz- und mittelfristige Destabilisierung der Gegenseite v.a. durch Überläufer zu erreichen.[73]

Kurt Alber wurde laut Mitteilung an das SS-Führungshauptamt vom 28. September 1944 ab September 1943 als Bildberichter, Zugführer und Ib (Quartiermeister, siehe unten) bei insgesamt fünf Sonder- bzw. Kampfpropagandaunternehmen der SS-Standarte „Kurt Eggers" eingesetzt,[74] die sich an folgenden Abschnitten der Ost-, der Invasions- und der Südfront abspielten, und im Folgenden näher erläutert werden:[75]

September 1943 bis 18. Januar 1944: III. germanisches SS-Panzerkorps, das zu dieser Zeit an die nördliche Ostfront verlegt wurde.

19. Januar bis 7. Juni 1944: 11. SS-Freiwilligen-Panzergrenadier-Division „Nordland", die nach zahlreichen Kriegsverbrechen in Kroatien im Winter 1943-44 an der Narva-Front eingesetzt wurde. Am 14. April 1944 erhielt Kurt Alber

---

[69] Ebd., 18.02.1943, S. 6.
[70] Topographie des Terrors 2016 (wie Anm. 14), S. 117.
[71] Stiftung Denkmal für die ermordeten Juden Europas/Stiftung Topographie des Terrors (Hg.): Massenerschießungen. Der Holocaust zwischen Ostsee und Schwarzem Meer 1941-1944. Begleitband zur Ausstellung, Stiftung Topographie des Terrors 2016 (wie Anm. 14), S. 155.
[72] Seidel, Ingo (Hg.): Kampf Propaganda, Die SS-Standarte Kurt Eggers, Psychologische Kriegsführung 1943-45, Norderstedt 2012, S. 31.
[73] Vgl. ebd., S. 37-38.
[74] Vgl. ebd., S. 144 ff, wo der standardmäßige Ablauf dieser Kampfpropagandaunternehmen skizziert wird.
[75] BArch-Berlin, Dok.-Nr. 04593/4 und 04591.

schließlich das Eiserne Kreuz II. Klasse:[76] „Grundsätzlich hielt man im 'Dritten Reich' daran fest, das Eiserne Kreuz nur für 'Tapferkeit vor dem Feinde' in Kampfeinsätzen zu verleihen. Doch der Feind, das waren eben auch 'der Jude', 'der Bolschewist', der 'slawische Untermensch' und so weiter. […] Oftmals nahmen SS- und Polizeieinheiten reguläre militärische Aufgaben wahr, während Wehrmachtsoldaten ihrerseits Zivilisten und Kriegsgefangene ermordeten."[77]

8. Juni bis 19. Juni 1944: 12. SS-Panzer-Division „Hitlerjugend", die nach der Landung der Alliierten in der Normandie am 6. Juni 1944 zum Einsatz kam und u.a. für Erschießungen von Kriegsgefangenen verantwortlich war.

19. Juni bis 5. August 1944: 17. SS-Panzergrenadier-Division „Götz von Berlichingen", die nach Kämpfen gegen die Jugoslawische Volksbefreiungsarmee Anfang 1944 nach Frankreich verlegt wurde und ab Juni 1944 gegen verschiedene US-Divisionen kämpfte. Beim Rückzug Richtung Süden wurde Kurt Alber „am 28. Juli […] am Ortsausgang von Passais […] durch Jagdfliegerbeschuss am rechten Knie durch den Splitter eines 2-Zentimeter-Sprenggeschoss leicht verwundet".[78]

8. August bis 19. September 1944: Stationäre Behandlung im SS-Lazarett in Berlin, allerdings nicht aufgrund der o.g. Knieverletzung, sondern wegen eines erneuten Magenleidens. Im Befund heißt es: „Seit Anfang 1944 wieder die üblichen Beschwerden, die auf einen Ulcus hindeuten [sic]".[79] Statt dem „dringend befürwortet[en]"[80] Genesungsurlaub machte er sich aber auf den Weg zum mutmaßlich letzten Einsatz an der Südfront.

24. September 1944 bis mindestens 28. Februar 1945: Sonderunternehmen „Südstern", das im Februar 1944 in Italien mit dem Ziel aufgebaut wurde, die polnischen Einheiten im Verbund mit der alliierten Italienarmee zu schwächen bzw. zu zersetzen.[81] Einen Hinweis auf die seine Verantwortlichkeiten liefert die Stellungnahme des SS-Obersturm- und Kommandoführers von „Südstern" Hans Weidemann (1904-1975)[82] vom 29. Dezember 1944: „Alber leitet in meinem Kommando den Dienst des Ib. Er hat sich vom ersten Tage an ganz hervorragend in diesen Dienstbereich eingearbeitet und führt seitdem mit Fleiss und grosser Umsicht seinen Dienst durch. Seine charakterlichen und soldatischen Eigenschaften sind vorbildlich. Unterführer und Männer haben ein ausgezeichnetes Verhältnis zu ihm. Somit ist Unterstumführer Alber für mich ein unersätzlicher [sic] Mitarbeiter geworden, dem ich es gerne wünschen

---

[76] BArch Freiburg, Militärarchiv, Bestand: RS 16/37.
[77] Pohl, Dieter: Eisernes Kreuz: Orden für Massenmord, DIE ZEIT Nr. 24, 05.06.2008, online verfügbar.
[78] BArch-Berlin, Dok-Nr. 04613.
[79] BArch-Berlin, Dok.Nr. 04597.
[80] BArch-Berlin, Dok.Nr. 04595.
[81] Vgl. Seidel 2012 (wie Anm. 72), S. 63.
[82] Hans Weidemann war zwischen 1964 bis 1970 Mitarbeiter von Henri Nannen. Letztgenannter war ebenfalls Kriegsberichter der SS-Standarte „Kurt Eggers" und 1948 Gründer, sowie 1949-1980 Chefredakteur und Herausgeber der Zeitschrift „Stern".

möchte, dass er in Zukunft den Dienstrang eines Obersturmführers trägt".[83] Der erwähnte Dienst des Ib bezieht sich auf die Quartiermeisterabteilung,[84] die verantwortlich für die Versorgung der jeweiligen Einheit war. Das Ende der Operation „Südstern" spielte sich schließlich folgendermaßen ab: „Am 24.04.1945 trennten sich die SS-Leute von Südstern unter Hans Weidemann vom Rest des Personals [...] und versuchten einzeln über die Alpen nach Deutschland zu gelangen, wo sie dann von den Westalliierten gefangen genommen wurden".[85]

Das jüngste überlieferte Dokument ist ein Personalantrag vom 28. Februar 1945, in dem SS-Sturmbannführer Anton Kriegbaum von der SS-Standarte „Kurt Eggers" die o.g. Beförderung Kurt Albers zum Obersturmführer der Waffen-SS beim SS-Personalhauptamt beantragt. Zur Begründung schreibt er: „Gute Haltung und aufrechtes Wesen. In der Erfüllung der Dienstobliegenheiten sehr fleissig und umsichtig, dabei kameradschaftlich und anpassungsfähig. Im Benehmen gegenüber Vorgesetzten und Untergebenen korrekt".[86] Selbst in den Kriegswirren der letzten Monate vor der bedingungslosen Kapitulation Deutschlands erhielt er überaus positive Beurteilungen von seinen direkten Vorgesetzten. Die Beförderung hätte am 20. April 1945 erfolgen sollen. Laut dem letztgenannten Dokument war er bis mindestens März 1945 im Rahmen des Sonderunternehmens „Südstern" unter der Leitung Hans Weidemanns im Einsatz. Kurt Albers weiterer Verbleib konnte nicht abschließend geklärt werden. Es erscheint jedoch aufgrund der o.g. Dokumente als wahrscheinlich, dass er es schaffte, über die Alpen nach Süddeutschland zu fliehen, wo er entweder in Kriegsgefangenschaft geriet oder zunächst untertauchte.

4. Von der Front zurück ins schwäbische Hinterland (1945-heute)

Im abschließenden Teil des Aufsatzes beschäftigen wir uns mit der Nachkriegszeit. Hier werden wir genauer auf die innerfamiliären Erzählungen, insbesondere das Fehlen eines kritischen Diskurses zu Kurt Alber, eingehen. Wie zuvor bereits skizziert, stellen einige Aspekte Vermutungen dar oder basieren auf subjektiven Eindrücken.

4.1. Die bedingungslose Kapitulation (1945)

Laut der familiären Erzählungen fuhr Kurt Alber nach der bedingungslosen Kapitulation Deutschlands mit einem gestohlenen Fahrrad nach Württemberg. Hierbei kursieren unterschiedliche Versionen: Er sei aus der Tschechoslowakei geflohen, um nicht in sowjetische Kriegsgefangenschaft zu geraten; er sei zuvor aus britischer Kriegsgefangenschaft bei Hannover ausgebrochen. Bisher wissen

---

[83] BArch, Dok.Nr. 04592.
[84] BArch Freiburg (Abt. Militärarchiv), II. SS-Panzerkorps, Identifier RS 2-2, online verfügbar.
[85] Vgl. Seidel 2012 (wie Anm. 72), S. 80, nach: Hermann Schreiber, Henri Nannen. Drei Leben, München 2001, S. 171.
[86] BArch, Dok.Nr. 04590 und 04591.

wir weder, von wo aus er nach Württemberg zurückkam, noch ob er sich überhaupt in Kriegsgefangenschaft befand. Da man ihn u.a. durch die Blutgruppentätowierung am Unterarm als ehemaliges Mitglied der Waffen-SS hätte identifizieren können, ist es jedoch wahrscheinlich, dass er versuchte, sich Inhaftierung und Entnazifizierung zu entziehen und unterzutauchen.

Gesichert ist Folgendes: Kurt Alber registrierte sich am 10. Oktober 1945 bei der polizeilichen Meldebehörde in Baienfurt (Kreis Ravensburg) in der französischen Besatzungszone.[87] Seine Ehefrau Gertrud Alber und die beiden Kinder zogen allerdings etwa zum selben Zeitpunkt von Ostelsheim in die amerikanische Besatzungszone nach Stuttgart. Laut familiärer Überlieferung lag der pragmatische Grund für diese räumliche Trennung der Familie in Einkommen und Unterkunft: Gertrud Alber und die Kinder konnten in einer Wohnung in Stuttgart-Bad Cannstatt unterkommen, wo sie Arbeit als Schneiderin fand, während er zunächst auf einem Bauernhof bei Baienfurt aushalf.

Bei seiner dortigen Anmeldung im Oktober 1945 gab er an, über eine Schlafstelle bei Riedmüller am Annaberg 35 zu verfügen.[88] Zuvor wohnte er eigenen Angaben zufolge in Ludwigshafen am See im „Schlössle", ebenfalls in der französischen Besatzungszone.[89] Gertrud Alber und die Kinder besuchten ihn zwischen 1945 und 1949 gelegentlich. Laut familiärer Erzählung täuschten sie hierbei beim Übertritt in die französische Besatzungszone ein Reiseziel vor, um nicht den Besuch Kurt Albers anzumelden. Auf unsere Frage, warum unser Großvater nicht nach Stuttgart zu Besuch gekommen sei, erhielten wir die Antwort, dass er sich Sorgen gemacht habe, wegen seines Ausbruchs aus britischer Kriegsgefangenschaft nunmehr von den Amerikanern interniert zu werden.

4.2. Das Ausbleiben der Entnazifizierung (1945-1949)

Aus o.g. Anmeldung geht außerdem hervor, dass Kurt Alber nach seiner Tätigkeit auf dem Bauernhof in der Papierfabrik Baienfurt AG als Laborant angestellt war. Seit 1927 war Dr. Alfons Haug Direktor der Papierfabrik Baienfurt,[90] dem 1949/50 vom Staatskommissariat für politische Säuberung des Landes Württemberg-Hohenzollern u.a. vorgeworfen wurde, die Papierfabrik „zu einer nat.soz. Hochburg"[91] ausgebaut und „maßgeblichen Nationalsozialisten gute Stellungen im Betrieb"[92] verschafft zu haben. Gegen Haug erging zunächst eine Säuberungsentscheidung des Staatskommissariats Reutlingen; er wurde dann aber im Zuge von mehreren Spruchkammerverfahren entlastet und schließlich 1957 sogar zum Ehrenbürger Baienfurts ernannt. Ein familiäres Narrativ zu die-

---

[87] Anmeldung bei der polizeilichen Meldebehörde in Baienfurt vom 06.10.1945.
[88] Ebd.
[89] Ebd.
[90] StAL, Wü 13 T 2 Nr. 2647/185, S. 5.
[91] Ebd., S. 2-4.
[92] Ebd., S. 2.

sem Zeitabschnitt besagt, dass Alfons Haug ihm die Arbeitsstelle in seinem Unternehmen vermittelt und ihm dazu geraten habe, sich nicht entnazifizieren zu lassen, weil dies nichts bringe; unser Großvater sei diesem Rat gefolgt, dabei jedoch „schlecht beraten" gewesen.

Sein knapp zwei Jahre älterer Bruder, Robert Alber, geboren in Baienfurt, wurde am 15. März 1948 von der Spruchkammer Aalen als „Belasteter der Gruppe II" zu „18 Monaten Arbeitslager" verurteilt. Zudem wurden „25% seines Vermögens" eingezogen.[93] In der Urteilsbegründung steht: „Der Betroffene hat durch seine Tätigkeit als Standartenführer und später als Führer einer Motorgruppe […] eine entsprechende politische Verantwortung auf sich geladen. […] Bei der erheblichen Unterstützung, die der Betroffene der Partei und den NSKK angedeihen liess, konnte als Sühnemassnahme nur Arbeitslager in Frage kommen."[94] Von den amtlichen Auskunftstellen wird Robert Alber als „fanatischer Anhänger" des Nationalsozialismus bezeichnet, in dessen Familie „schon lange vor 1933 […] SA-Lieder […] von dessen Jüngsten gesungen wurden".[95] Im September bzw. Oktober 1943 wurde Robert Alber von Kurt Alber beim Tragen des Ritterkreuzes fotografisch porträtiert (inklusive Familienfotos),[96] das ihm am 7. September 1943 verliehen wurde.[97] Am 8. Mai 1945 geriet Robert Alber im Allgäu in amerikanische Kriegsgefangenschaft,[98] und blieb bis zum 27. Dezember 1947 interniert.[99] Wir gehen davon aus, dass Kurt Alber von der Internierung seines Bruders wusste. Robert Alber starb am 7. Juni 1988 in Böblingen. Bei seiner Beerdigung am 10. Juni 1988 erwiesen ihm Vertreter der Bundeswehr und der als rechtsradikal eingestuften Ordensgemeinschaft der Ritterkreuzträger (OdR) die letzte Ehre.[100]

Wir sind überzeugt davon, dass mögliche Konsequenzen der Entnazifizierung der Hauptgrund für Kurt Albers Entscheidung waren, sich in der schwäbischen Provinz zu verbergen. Das Kontrollratsgesetz Nr. 10 der Alliierten ermöglichte es nämlich, Mitglieder verbrecherischer NS-Organisationen durch ein Militäroder Okkupationsgericht verurteilen zu lassen, ohne dass die individuelle Beteiligung an Verbrechen nachgewiesen werden musste. Zu diesen NS-Organisationen zählten die SS, die Waffen-SS, der SD und auch das Personal des RSHA. Wir gehen weiterhin davon aus, dass er mindestens der Gruppe der Belasteten zugerechnet worden wäre, als Abteilungsleiter des SD im RSHA möglicherweise

---

[93] LArch Ludwigsburg, Aktenzeichen 1/38/2386a Dr. E./U., S. 1. Der öffentliche Kläger forderte die „Einreihung des Betroffenen in die Gruppe I" sowie „3 Jahre Arbeitslager". Siehe Landesarchiv Ludwigsburg, Aktenzeichen 1/38/2386a -U-, S. 6.
[94] LArch Ludwigsburg, Aktenzeichen 1/38/2386a Dr. E./U., S. 3.
[95] LArch Ludwigsburg, Aktenzeichen 1/38/2386a Wa./Bn., S. 2.
[96] BArch Koblenz, S. 167 und S. 182-183.
[97] BArch, Stammabzug 88/24/81.
[98] StAL: EL 902 1_Bü 9546 Alber, Robert.
[99] StAL: Aktenzeichen 1/38/2386a Wa./Bn., S. 1.
[100] DER SPIEGEL Nr. 44 (1997), S. 62-63, online verfügbar. Vgl. hierzu: Deutscher Bundestag, Antwort der Bundesregierung auf Kleine Anfrage, Drucksache 14/1485, 13.08.1999: „Der Bundesminister der Verteidigung hat am 5. März 1999 entschieden, die Zusammenarbeit mit der 'Ordensgemeinschaft der Ritterkreuzträger e. V.' zu beenden", online verfügbar.

auch der Gruppe der Hauptschuldigen. Er unternahm folglich alles, um einem langwierigen Spruchkammerverfahren, ggf. Zeugenaussagen gegen alte SS-Kameraden, der Internierung für längere Zeit und, nicht zuletzt, der Konfrontation mit der eigenen Verantwortung für den Vernichtungskrieg und andere NS-Verbrechen zu entgehen.[101]

Abgesehen davon steht für uns neben der juristischen die moralische Verantwortung im Vordergrund. Im Urteil gegen Adolf Eichmann (1906-1962), ebenfalls Abteilungsleiter im RSHA, vom 15. Dezember 1961 heißt es hierzu: „Die gegenständlichen Verbrechen sind ja Massenverbrechen, […] so daß die Nähe oder Entfernung des einen oder des anderen dieser vielen Verbrecher zu dem Manne, der das Opfer tatsächlich tötet, überhaupt keinen Einfluß auf den Umfang der Verantwortlichkeit haben kann. Das Verantwortlichkeitsausmaß wächst vielmehr im allgemeinen [sic!], je mehr man sich von demjenigen entfernt, der die Mordwaffe mit seinen Händen in Bewegung setzt".[102]

4.3. Das Nicht-Wissen-Wollen (1949-2019)

Am 14. Oktober 1949 veranlasste Kurt Alber eine Wohnungsummeldung beim Meldeamt in Baienfurt.[103] Am 20. August 1952 wurden erstmals nach 1945 alle vier Familienmitglieder unter derselben Adresse in der Schacherstr. 16 gemeldet.[104]

Zu diesem Zeitpunkt war die Wahrscheinlichkeit juristischer Konsequenzen bereits erheblich gesunken: So wurde beispielsweise mit dem im April 1951 verabschiedeten sogenannten Entnazifizierungsschlussgesetz zur Regelung der Rechtsverhältnisse der unter Artikel 131 des Grundgesetzes fallenden Personen allen öffentlich Bediensteten, die aufgrund eines Entnazifizierungsverfahrens als Mitläufer, minderbelastet oder entlastet galten, die Rückkehr in staatliche Anstellung ermöglicht. Diese Entscheidung erfolgte in Kombination mit zahlreichen anderen Maßnahmen, die darauf abzielten, einen Schlussstrich unter die (selbst-)kritische Aufarbeitung der NS-Zeit zu ziehen und insbesondere die Täter zu schützen.[105] Bis heute machen sich ähnliche Tendenzen auch in Auseinandersetzungen und kommunikativen Mustern innerhalb unserer Familie bemerkbar.

---

[101] Vgl. zu den Mängeln dieser Praxis Niethammer, Lutz: Die Mitläuferfabrik. Die Entnazifizierung am Beispiel Bayerns, Bonn u.a. 1982.
[102] Arendt, Hannah: Eichmann in Jerusalem – Ein Bericht von der Banalität des Bösen, München 2017, S. 364.
[103] Wohnungs-Ummeldung vom 14.10.1949.
[104] Wohnungs-Ummeldung vom 01.10.1952.
[105] Vgl. zur Handhabung von Artikel 131 auch Greve, Michael: Täter oder Gehilfen? Zum strafrechtlichen Umgang mit NS-Gewaltverbrechern in der Bundesrepublik Deutschland. In: Weckel, Ulrike/ Wolfrum, Edgar (Hg.): „Bestien" und „Befehlsempfänger". Frauen und Männer in NS-Prozessen nach 1945, Göttingen 2003, S. 194-221. Vgl. zu Württemberg exemplarisch auch Kleinmann, Sarah: „Ich fühle mich nicht schuldig" – Personal und Wahrnehmung der Gestapo nach 1945. In: Bauz, Ingrid/ Brüggemann, Sigrid/ Maier, Roland: Die Geheime Staatspolizei in Württemberg und Hohenzollern, Stuttgart 2012, S. 414-439.

Für uns als Enkel war besonders bezeichnend, dass die Bemühungen, den Lebensweg unseres Großvaters sowie seine Rolle im Nationalsozialismus zu rekonstruieren, bei den unmittelbaren Nachkommen auf völliges Unverständnis stießen. Zum einen wurde so getan, als gehe einen die langjährige SS-Karriere des eigenen Vaters nichts an. Wir wurden mehrmals gefragt, ob wir nichts Besseres zu tun hätten, ob man die Vergangenheit nicht endlich ruhen lassen könne und wozu man das alles heute überhaupt noch wissen müsse. Außerdem wurden wir mehrfach dazu aufgefordert, uns nicht mehr nach Kurt Albers Lebenslauf zu erkundigen. Hierfür stehen exemplarisch Sätze wie „Das war damals eben so" oder „Das haben damals viele gemacht", die permanent wiederholt wurden.

Zum anderen fungierte als Grundlage jeder Auseinandersetzung die selbstverständliche Annahme, dass er als Fotograf bzw. Kriegsberichter „nichts Schlimmes gemacht" haben könne, also nicht an Verbrechen beteiligt war. Die Tatsache, dass er im NS-Vernichtungskrieg gegen die UdSSR zum Bildberichter wurde, spielte hierbei im familiären Diskurs, wie auch seine nicht aufgearbeitete Tätigkeit beim SD im RSHA, keine Rolle. Zudem blieb die Definition von „schlimm" stets gänzlich unbestimmt.

Des Weiteren ist die Abwehr erstaunlich, mit der die unmittelbaren Nachkommen der Auswertung des umfangreichen Archivmaterials und der Suche nach weiteren Fotos sowie Dokumenten begegneten. So sei der komplette Nachlass Kurt Albers bei der Bombardierung der Berliner Wohnung „im Krieg verbrannt". Dies kann aber zumindest auf Dokumente aus der Nachkriegszeit (1945-61) gar nicht zutreffen. Stets wurde behauptet, dass keinerlei private oder offizielle Dokumente zu Kurt Alber im Familienbesitz vorlägen, also alles spurlos verschwunden sei. Tatsächlich sind wir bis dato, trotz intensiver Bemühungen, lediglich im Besitz einer Handvoll privater Fotos, auf denen er abgelichtet wurde, und einer Postkarte, die zudem Zufallsfunde darstellen. Ohne die engagierte Hilfe der Mitarbeiterinnen und Mitarbeiter der verschiedenen Archive und Meldebehörden und ohne unsere eigene Recherche wüssten wir also kaum etwas über den Werdegang unseres Großvaters. Entsprechend haben wir – abgesehen von vagen Andeutungen – bis heute keine Vorstellung davon, was für ein Mensch der SS-Mann im privaten Umgang war.

Schließlich wurde mehrmals gesagt, dass man von den vorhandenen Archivalien nie gewusst habe und dass diese einen, nach so langer Zeit, auch nicht mehr interessierten. Diese Aussage impliziert Verjährung unabhängig von der Beweislage. Solche Verdrängungsmechanismen, die wir als aktives Nicht-Wissen-Wollen verstehen, erschweren für uns die Aufklärung der historischen Ereignisse, Entwicklungen und Handlungsspielräume erheblich.[106]

---

[106] Vgl. hierzu auch Longerich, Peter: „Davon haben wir nichts gewusst": Die Deutschen und die Judenverfolgung 1933-1945, München 2006.

Die hier beschriebenen subjektiven Erfahrungen stellen keineswegs eine Ausnahme, sondern vielmehr die Regel innerhalb deutscher Familiengedächtnisse dar. Dies geht auch aus dem Buch „Opa war kein Nazi" hervor. Dort steht zu dem Thema Folgendes: „Gerade Geschichten in denen alles unklar ist – Zeit, Ort, Handelnde, Kausalzusammenhänge usw. – […] bieten […] die geschmeidigste Möglichkeit, die fiktive Einheitlichkeit des Familiengedächtnisses sicherzustellen. Wo nichts Konkretes gesagt wird, wo 'leer' gesprochen wird, ist das Potenzial für Einverständnis am größten. Aber dieser leere Raum hat einen Boden, der durch Loyalitätsverpflichtungen der Familienmitglieder gebildet wird, und er hat Wände, die in fraglosen Selbstverständlichkeiten bestehen […] – die Erzähler sind 'gute Menschen', die Situationen, in denen sie sich befinden, 'bedrängend' und 'gefährlich', 'Russen' sind 'böse', 'Amerikaner gut', 'Nazis' sind immer die anderen usw."[107] Oder in anderen Worten ausgedrückt: „Es ist nicht zuletzt die wahrheitsverbürgende Situation des Familiengesprächs selbst, die logische Widersprüche und sogar hanebüchenen Unsinn wie selbstverständlich erscheinen lässt".[108]

Die „wahrheitsverbürgende Situation des Familiengesprächs" spielte z.B. bezüglich der Frage, ob Kurt Alber jemals in irgendeiner Form Reue zeigte, eine zentrale Rolle. Laut familiärer Überlieferung sei die Nazizeit bzw. deren katastrophales Ende für ihn die „größte Enttäuschung seines Lebens" gewesen. Wir halten es jedoch für sehr wahrscheinlich, dass sich seine Enttäuschung weniger auf die eigene Verantwortung für die nationalsozialistischen Verbrechen bezieht, als vielmehr auf den verlorenen Krieg inklusive Zerstörung, Leid und die persönliche Endstation im Hinterland in Baienfurt. Gleichwohl wissen wir nicht, welche politischen Einstellungen er nach dem Krieg vertrat, ob er beispielsweise geschichtsrevisionistischen Vereinigungen oder einer Partei nahestand.

Weiterhin wurde in unserer Familie nie über die Folgen der NS-Zeit für das Leben und den eigenen Erziehungsstil der Nachkommen gesprochen, z.B. in Bezug auf die langjährige Trennung vom Vater oder die Sorge um seinen Verbleib. Auch der Einfluss unserer Großmutter auf seine Laufbahn oder die den Kindern vermittelten Rollenbilder blieben vollkommen unterbelichtet. Dieses Schweigen über die Folgen der NS-Verstrickung ist für die Nachkriegsgenerationen ebenfalls typisch: „Der Gedanke, dass womöglich noch die nachfolgenden Generationen an den Folgen einer solchen Belastung leiden, war erst in den Siebzigern aufgekommen".[109] Erst im Jahr 2009 ist eine umfangreiche Studie über die Generation der Kriegskinder erschienen, welche Folgendes bestätigt: „Ein Drittel der Menschen dieser Generation litt ein Leben lang unter den Folgen

---

[107] Welzer, Harald et al.: „Opa war kein Nazi": Nationalsozialismus und Holocaust im Familiengedächtnis, Frankfurt 2012, S. 200.
[108] Ebd., S. 209.
[109] DER SPIEGEL, Nr. 51 (2018), S. 109, online verfügbar.

ihrer frühen Traumatisierung",[110] die sich u.a. in der „Unfähigkeit zu trauern"[111] äußerte.

Schlussendlich deuten wir den Gesamtkomplex des resistenten Nicht-Wissen-Wollens als den „langen Schatten der Täter"[112], der immer noch über den Nachkriegsgenerationen liegt und die dringend notwendigen Aufarbeitungen in den eigenen Familien erschwert bzw. unmöglich macht. Erfreulicherweise haben in den letzten Jahren immer mehr Angehörige, vor allem der Enkelgeneration damit begonnen, die überlieferten Familienmythen und das Verdrängen oder Umdeuten historischer Wahrheiten kritisch zu hinterfragen und zu korrigieren.[113]

Kurt und Gertrud Alber lebten bis zuletzt in Baienfurt. Kurt Alber starb am 30. Mai 1961 im Alter von 53 Jahren im Krankenhaus in Ravensburg an den Folgen einer erneuten Magenoperation.

---

[110] Ebd., S.110.
[111] Ebd. Die Formulierung verweist zugleich auf eine klassische Studie zur psychischen Bewältigung des Abschieds vom Nationalsozialismus. Vgl. Mitscherlich, Alexander und Margarete: Die Unfähigkeit zu trauern. Grundlagen kollektiven Verhaltens, München 1967.
[112] Vgl. Senfft, Alexandra: Der lange Schatten der Täter: Nachkommen stellen sich ihrer NS-Familiengeschichte, München 2016.
[113] Vgl. Wrochem, Oliver von/ Eckel, Christine (Hg.): Nationalsozialistische Täterschaften, Nachwirkungen in Gesellschaft und Familie, Band 6 der Reihe Neuengammer Kolloquien, Berlin 2016.

Astrid Gehrig

Dr. Rudolf Bilfinger: Schutzbehauptungen. Karriere im Nationalsozialismus und in der Bundesrepublik

* 20. Mai 1903 in Eschenbach (Ldkrs. Göppingen)
† 5. August 1996 in Hechingen

Dr. iur., 1934 Politisches Landespolizeiamt Stuttgart, 1937 NSDAP und Hauptamt Sicherheitspolizei, Referat „Organisation und Recht". 1939 SS (zuletzt: Obersturmbannführer) und Leiter Referat I B 1 „Organisation der Sicherheitspolizei" im RSHA. 1940 Verwaltungsleiter beim BdS Krakau. 1941-1943 kommissarischer Leiter der Gruppe II A „Organisation und Recht" im RSHA. 1943 KdS Toulouse. 1944/45 Verwaltungschef beim BdS Krakau. 1953 Urteil acht Jahre Zwangsarbeit. 1953 Rückkehr, Oberverwaltungsgerichtsrat am Verwaltungsgerichtshof Baden-Württemberg in Mannheim

„Von der Existenz von Vernichtungslagern und der ungeheuerlichen Vernichtung der Juden hatte ich keine Kenntnis, ich hatte auch von keiner Seite auch nur Andeutungen darüber gehört. Ich war der Meinung, die Juden würden in die Ostgebiete verbracht und dort angesiedelt."[1] Auf diese Verteidigungslinie zog sich Rudolf Bilfinger zurück, als es in den 1960er Jahren darum ging, über die Einschaltung der von ihm de facto geleiteten RSHA-Gruppe II A in die „Endlösung" Auskunft zu geben. Zwar sei ihm aufgefallen, dass es 1944 während seines Dienstantritts beim BdS in Krakau - im Gegensatz zu seinem ersten Einsatz dort vier Jahre zuvor - „nur noch verschwindend wenige Juden" gegeben habe. Doch von ihrer systematischen Ermordung hatte er angeblich keine Ahnung, „den vollen Umfang der unvorstellbaren Vorgänge" will er erst „nach Kriegsende in amerikanischer Gefangenschaft" erfahren haben.[2] Auch in einem Verfahren 1981 gegen ihn als ehemaligen Kommandeur der Sicherheitspolizei (KdS) in Toulouse gab er an, von den „umfangreichen Deportationen von Juden nach Deutschland, insbesondere aber von ihrem Schicksal" keine Kenntnis gehabt zu haben.[3] Diese Verteidigungsstrategie hatten alle ehemaligen Sipo/SD-Spitzenfunktionäre in Frankreich verinner-

---

[1] Rudolf Bilfinger an das Amtsgericht Stuttgart, 29.03.1965, StAL: EL 317III Bü 74.
[2] Ebd.
[3] Ermittlungsverfahren gegen Dr. Rudolf Bilfinger wegen NS-Verbrechen, 12.08.1981. Ebd.

licht.[4] Als die bundesdeutsche Justiz in den 1970er Jahren endlich die Strafverfolgung gegen die in Frankreich verübten Verbrechen aufnahm, war der einzige Tatbestand, der noch nicht verjährt war, Mord.[5] Um ehemalige Kommandeure der Sicherheitspolizei (Sipo) und des Sicherheitsdienstes (SD) der SS wie Rudolf Bilfinger wegen Mordes anklagen zu können, musste die Staatsanwaltschaft den Nachweis führen, dass die Festsetzung und Deportation von Menschen entweder im Wissen um deren bevorstehende Liquidierung geschehen oder aus Grausamkeit, niedrigen Beweggründen wie Rassenhass oder Heimtücke erfolgt war. Wie seine ehemaligen KdS-Kollegen bestritt auch Bilfinger, von dem planmäßigen Judenmord gewusst zu haben. Damit konnten die an den französischen Juden verübten Taten der KdS allenfalls als Beihilfe zum Mord qualifiziert werden - und als solche fielen sie in der Regel unter die Verjährung.[6] Erst Anfang 1980 gelang es, mit Kurt Lischka (1909-1989), Herbert Hagen (1913-1999) und Ernst Heinrichsohn (1920-1994) die drei am schwersten belasteten Funktionäre, die im von Deutschland besetzten Frankreich eingesetzt waren, vor dem Kölner Landgericht wegen ihrer Beteiligung an der Deportation zehntausender Juden aus Frankreich anzuklagen und zu langen Haftstrafen zu verurteilen.[7] Doch blieben diese drei Urteile die einzigen, welche die bundesdeutsche Justiz jemals gegenüber ehemaligen Kommandeuren der Sicherheitspolizei in Frankreich (insgesamt 200 Männer) aussprachen.[8] Im Zuge dieser Ermittlungen war auch Rudolf Bilfinger als ehemaliger KdS Toulouse ins Visier der Fahnder geraten. Doch Bilfinger blieb straffrei, die Staatsanwaltschaft Stuttgart stellte 1981 ihr Ermittlungsverfahren „wegen NS-Verbrechen" ein. Zwar stand den Anklägern neues Beweismaterial zur Verfügung, doch es fehlten eindeutige Dokumente, welche „die unmittelbare Beteiligung" Bilfingers an den „Festnahmen von Juden, ihrer Überführung in das Durchgangslager Drancy bei Paris und ihrer späteren Verschleppung nach Deutschland nachweisen" konnten. Der erforderliche Nachweis „einer Beihilfe zum Mord an den deportierten Juden

---

[4] Beispiele bei Brunner, Bernhard: Ganz normale Lebensläufe. Warum die Mitwirkung an der Ermordung der französischen Juden in der Bundesrepublik kein Karrierehindernis war, in: Mallmann, Klaus-Michael/Angrick, Andrej (Hg.): Die Gestapo nach 1945. Karrieren, Konflikte, Konstruktionen, Darmstadt 2009, S. 122-135.

[5] Verbrechen wie Totschlag oder Körperverletzung mit Todesfolge waren hingegen am 08.05.1960 verjährt. Zur Verjährung von Straftaten mit einer Höchststrafe von 15 Jahren vgl. Rückerl, Adalbert: NS-Verbrechen vor Gericht, Heidelberg 1982, S. 151-156.

[6] Um hier eine Verjährung auszuschließen, mussten auch bei einer Anklage auf Beihilfe zur Tötung dem Angeklagten grausame, rassistische oder niedrige Beweggründe bzw. Heimtücke nachgewiesen werden, die ihn dazu gebracht hatten, vorsätzlich Hilfe bei der Liquidierung von Menschen geleistet zu haben. Gelang dies nicht, so waren sie als Tatgehilfen milder (als ein Täter) zu bestrafen. Straftaten mit einer Höchststrafe von 15 Jahren waren aber bereits im Mai 1960 verjährt. Brunner, Bernhard: Der Frankreich-Komplex. Die nationalsozialistischen Verbrechen in Frankreich und die Justiz der Bundesrepublik Deutschland, Frankfurt a.M. 2007, S. 329-359.

[7] STAL: EL 317 VI, Bü 348.

[8] Brunner: Frankreich-Komplex 2007 (wie Anm. 6), S. 34 ff.; Faßbender, Heinz: Der Prozess gegen Lischka, Hagen und Heinrichsohn aus der Sicht des ehemaligen Schwurgerichtsvorsitzenden, in: Klein, Anne/Wilhelm, Jürgen (Hg.): NS-Unrecht vor Kölner Gerichten nach 1945, Köln 2003, S. 177-182.

aus dem Bereich des KdS Toulouse" könne, so der Staatsanwalt, „ohne unmittelbar belastendes weiteres Dokumentenmaterial" nicht geführt werden.[9]

1981 war Bilfinger 78 Jahre alt und bereits seit 1965 im Ruhestand. Ein letztes Mal schien seine erfolgreiche Reintegration bedroht. Vermutlich hatte auch er sich zunächst darauf verlassen, dass durch den 1955 abgeschlossenen Überleitungsvertrag, der die Bundesrepublik an die Entscheidungen in alliierten Strafverfahren gegen NS-Täter band, eine erneute Strafverfolgung gegen ihn ausgeschlossen war. Bis 1966 konnten abgeschlossene Strafverfahren gegen Deutsche vor bundesrepublikanischen Gerichten grundsätzlich nicht neu verhandelt werden. Erst dann wurde es nach einem Urteil des BGH möglich, gegen diese Männer zu ermitteln, wenn die Staatsanwälte nachweisen konnten, dass der Tatbestand zuvor nicht Gegenstand des alliierten Verfahrens gewesen war.[10] Bilfinger war in Anwesenheit 1953 von einem französischen Militärgericht verurteilt worden. Nachdem der RSHA-Mann und Ex-Kommandeur der Sipo von Toulouse 1945 in amerikanische Kriegsgefangenschaft geraten war, war er im September 1946 nach Frankreich ausgeliefert worden. Dort hatte er in Untersuchungshaft gesessen und wurde Anfang der 1950er Jahre in einem Gruppenprozess gegen die Sicherheitspolizei und den SD von Toulouse vor dem Militärgericht Bordeaux angeklagt. Ein erstes Verfahren 1951 wurde zwar eingestellt,[11] in der Hauptsache jedoch wurde in einem zweiten Verfahren 1953 gegen Bilfinger und andere führende Angehörige der KdS-Dienststelle in Toulouse Klage erhoben.[12] Ihnen wurde in 13 Fällen vorgeworfen, an der „Fortführung von Verbrechen gegen Personen und Sachen, die in ihrer Gegenwart oder mit ihrem Wissen verübt wurden oder an denen sie aktiv teilgenommen hatten", beteiligt gewesen zu sein.[13] Bilfinger wurde wegen vorsätzlicher Körperverletzung von vier Franzosen sowie „Festnahme, Inhaftierung und Verschleppung" eines zehn Monate alten jüdischen Kleinkindes am 13. Juni 1953

---

[9] Ermittlungsverfahren gegen Dr. Rudolf Bilfinger wegen NS-Verbrechen, 12.08.1981. StAL: EL EL 317III Bü 74.
[10] Brunner: Lebensläufe 2009 (wie Anm. 4), S. 130.
[11] Einstellung des Verfahrens vor dem Militärgericht Bordeaux wegen des Verdachts der Beteiligung an Kriegsverbrechen u.a. gegen Bilfinger u.a. am 25.08.1951. Grund war mangelnder hinreichender Tatverdacht in zwei Tatbeständen. StAL: EL 317 VI Bü 413.
[12] Der Appellationsgerichtshof Bordeaux hatte mit Urteil vom 20.11.1951 entschieden, gegen Bilfinger und weitere ehemalige leitende Angehörige der KdS-Dienststelle Toulouse wegen ihrer Beteiligung an der „Fortführung von Verbrechen gegen Personen und Sachen, die in ihrer Gegenwart oder mit ihrem Wissen verübt wurden oder an denen sie aktiv teilgenommen hatten" erneut anzuklagen. Die neue Anklage wurde am 04.05.1953 erhoben, am 13. Juni erging das Urteil, welches am 18.06. rechtskräftig wurde. Ebd.
[13] Staatsanwaltschaft Stuttgart, Ermittlungsverfahren gegen Dr. Rudolf Bilfinger, 12.08.1981. StAL: EL 317 VI Bü 413.

zu acht Jahren Zwangsarbeit verurteilt.[14] Da seine Haft auf das Strafmaß angerechnet wurde, galt die Strafe 1953 als verbüßt.[15] Bilfinger kehrte nach Deutschland zurück[16] und wurde am 1. September 1953 als Angestellter des höheren Dienstes beim Verwaltungsgerichtshof in Stuttgart eingestellt.[17] Nicht wenige ehemalige Sipo-Funktionäre, Gestapo-Angehörige und Mitglieder der RSHA-Führungsgruppe fanden zurück in die Bürgerlichkeit, nicht selten sogar in ihre angestammten Berufe.[18] Auch Bilfingers Rückkehr in die bürgerliche Sekurität stand, nachdem seine Strafe mit der bis dahin in Frankreich verbrachten Haftzeit als verbüßt galt, kein Hindernis mehr entgegen.

Zu den 55.000 Staatsbeamten, die wegen ihres nationalsozialistischen Engagements nach dem Krieg entlassen worden waren, gehörten auch die Beamten des Reichssicherheitshauptamtes.[19] Das „131er"- Gesetz, das 1951 verabschiedet wurde, sah vor, dass alle Beamten - bis auf die in den Entnazifizierungsverfahren in die beiden höchstbelasteten Kategorien I (Hauptschuldige) und II (Belastete) Eingruppierten - als „Beamte zur Wiedereinstellung" galten, sofern sie zehn Dienstjahre nachweisen konnten. Außerdem hatten sie Anspruch auf ein Übergangsgehalt, bevor sie wieder im öffentlichen Dienst untergebracht wurden. Ausgenommen waren nur Beamte der Gestapo und Berufssoldaten der Waffen-SS. Allerdings gab es für die ehemaligen Gestapo-Beamten eine Ausnahmeregelung. Wenn diese „von Amts wegen" zur Gestapo versetzt worden waren, galt das Gesetz auch für sie.[20] Angehörige des RSHA wie Rudolf Bilfinger, der vor seiner Versetzung zur Gestapo bereits Beamter gewesen war, hatten daher gute Chancen auf eine Wiederanstellung. Bei Bilfinger reichten offensichtlich wenige Monate, die er von Januar bis April 1934 als Gerichtsassessor beim

---

[14] Übersetzung des Urteils vom 13.06.1953. StAL: EL 317 VI, Bü 347.
[15] Staatsanwaltschaft Stuttgart, Ermittlungsverfahren gegen Dr. Rudolf Bilfinger, 12.08.1981. StAL: EL 317 VI Bü 413.
[16] Bilfinger hatte erreicht, am Grenzübergang Kehl, wo die Franzosen die meisten entlassenen Kriegsverbrecher nach Deutschland überstellten, einen sogenannten „Heimkehrerausweis" (Nr. 3) ausgestellt zu bekommen. Damit hatte man ihn als „Kriegsheimkehrer" bzw. „Spätheimkehrer" anerkannt; ob Bilfinger aus diesem Status Gewinn schlug und einen entsprechenden Versorgungsantrag stellte, geht aus den Quellen nicht hervor. Bemühungen, den noch in Frankreich inhaftierten NS-Funktionären diesen Status nach ihrer Haftentlassung zu gewähren, gab es nachweislich ab Mitte der 1950er Jahre. Vgl. Brunner: Frankreich-Komplex 2007 (wie Anm. 6), S. 166.
[17] Beruflicher Werdegang, 20.12.1965, HStAS: EA 2/150 Bü 104.
[18] Siehe Brunner, Bernhard: Lebenswege der deutschen Sipo-Chefs in Frankreich nach 1945, in: Herbert, Ulrich (Hg.): Wandlungsprozesse in Westdeutschland. Belastung, Integration, Liberalisierung 1945-1980, Göttingen 2002, S. 214-242; zu den Nachkriegskarrieren der RSHA-Führungsgruppe: Wildt, Michael: Generation des Unbedingten. Das Führungskorps des Reichssicherheitshauptamtes, Hamburg 2002, S. 767-813.
[19] Zahlen bei Frei, Norbert: Vergangenheitspolitik: Die Anfänge der Bundesrepublik und die NS-Vergangenheit, S. 70 f.
[20] Gesetz zur Regelung der Rechtsverhältnisse der unter Artikel 131 des Grundgesetzes fallenden Personen. BGBl. I, 1951, S. 307-320; vgl. dazu Frei (wie Anm. 19): S. 79 f.

Oberamt Balingen tätig gewesen war, um von der 131er-Gesetzgebung zu profitieren.[21] Zudem hatte die Zentralspruchkammer Nord-Württemberg Ende November 1951 das während seiner Untersuchungshaft in Frankreich eingeleitete Entnazifizierungsverfahren gegen Bilfinger eingestellt. Man hatte keinen hinreichenden Verdacht gefunden, ihn in die Gruppe der Hauptschuldigen oder Belasteten einzureihen, lautete die Begründung.[22] Da die öffentliche Hand durch Artikel 131 Grundgesetz eine Unterbringungs- und Versorgungspflicht für die Beamten übernommen hatte, die nach 1945 wie Rudolf Bilfinger keinen Dienstherrn mehr hatten, war der Weg auch für diesen frei, um in den öffentlichen Dienst zurückzukehren.[23] Offiziell firmierte er als Oberregierungsrat z. Wv.[24], wurde aber ab 1. September 1953 im württembergischen Innenministerium zunächst nur in ein Angestelltenverhältnis übernommen.[25] Nachdem Bilfingers Unterbringungsschein nach Artikel 131 GG im Dezember 1953 vorlag, wurde er nur wenig später zum Regierungsrat ernannt und gleichzeitig erneut ins Beamtenverhältnis (auf Widerruf) gehoben. Nur ein Jahr später wurde er Beamter auf Lebenszeit, und 1956 hatte er mit der Ernennung zum Oberregierungsrat und der Besoldungsgruppe A 2b exakt denselben Beamtenstatus, den er ab 1940 als RSHA-Mann inne gehabt hatte.[26]

Als „angenehme und liebenswürdige Persönlichkeit von sicherem und jederzeit die Form wahrende Persönlichkeit" wurde Bilfinger 1956 von seinem Vorgesetzten beim Verwaltungsgerichtshof in Stuttgart geschätzt. Er sei „charakterlich völlig einwandfrei" und ein Beamter mit „ausgezeichneten juristischen

---

[21] Beruflicher Werdegang, 20.12.1965. HStAS: EA 2/150 Bü 104.
[22] Innenministerium Baden-Württemberg an Ministerpräsidenten, 07.01.1954. HStAS: EA 2/150, Bü 104. Bilfingers Ehefrau hatte im Dezember 1950 für sich und die drei Kinder Unterhaltshilfe beantragt. Da eine Antragsbearbeitung aber nur nach Vorlage eines Spruchkammerbescheids des Ehemannes erfolgen konnte, war sie die treibende Kraft hinter der Entnazifizierung ihres Mannes (in Abwesenheit). Finanzministerium Württemberg an Ilse Bilfinger, 05.12.1950. Ebd. Außer der Familie Bilfinger kamen laut einer Aufstellung des württembergischen Innenministeriums vom 05. 06.1953 u.a. auch die Ehefrau und drei Kinder von Martin Sandberger (1911-2010) für Unterstützungsmaßnahmen des Landes in Betracht. Antrag Württembergisches Innenministerium an Württembergisches Finanzministerium, 05.06.1953. Ebd.
[23] Ministerium für Heimatvertriebene und Kriegsgeschädigte Baden-Württemberg an Regierungspräsidium Nordwürttemberg, 08.12.1953. Ebd. Bilfingers Unterbringungsschein datiert vom 01.12.1953. Personalnachweis Bilfingers. Ebd.
[24] Zur Wiederverwendung.
[25] Dort arbeitete er beim Vertreter des öffentlichen Interesses (Landesanwaltschaft) beim Verwaltungsgerichtshof in Stuttgart.
[26] Beiblatt, Beruflicher Werdegang von Bilfinger, 20.12.1965. Antrag auf Ernennung zum Regierungsrat, Schreiben vom Innenministerium an Ministerpräsidenten vom 07.01.1954; Ernennungsurkunde zum Beamten auf Lebenszeit vom 18.05.1955. HStAS: EA 2/150, Bü 104. Eine Ernennung zum Oberregierungsrat bereits 1955, wie vom Innenministerium offensichtlich in Vorschlag gebracht, wurde vom Staatsministerium mit der Begründung abgelehnt, dies halte man angesichts der erst 1954 erfolgten Beförderung für „verfrüht". Staatsministerium an Innenministerium vom 07.05.1955. Ebd.

Kenntnissen und Fähigkeiten, großer praktischer Erfahrung und von unermüdlichem Fleiß".[27] Attestiert wurden dem Verwaltungsjuristen Bilfinger eine lobenswerte „Entschluß- und Urteilsfähigkeit" sowie eine sehr gute Zusammenarbeit mit den Verwaltungsbehörden und -gerichten.[28] Dieser Mann „von gereifter Lebenserfahrung" - 1956 war Bilfinger 53 Jahre alt - habe sich, so die Überzeugung des Vorgesetzten, „auch in seiner exponierten Stellung als Kommandeur der Sicherheitspolizei in Toulouse nichts […] zuschulden kommen lassen". Er halte ihn für einen „völlig einwandfreien Ehrenmann".[29] Hier wird der kollektive Abwehrreflex gegen die von den Franzosen angestrengten Verfahren und verhängten Urteile sichtbar, die in der jungen Bundesrepublik als unrechtmäßige Siegerjustiz verstanden wurden, und so ausgeprägt war, dass laut Bernhard Brunner (*1969) alle von französischen Behörden mit Strafverfolgung Bedrohten und Verurteilten verallgemeinernd und unabhängig von ihren Taten als „Opfer" angesehen wurden.[30] Dies habe zu einem „Effekt der ‚reaktiven Wiedereingliederung'" geführt, von dem bis Mitte der 1950er Jahre ein Großteil der Betroffenen profitierte und erneut ihr Auskommen finden konnten.[31] So auch Rudolf Bilfinger.

Das baden-württembergische Innenministerium, ab 1953 Bilfingers Dienstherr, interessierte die NS-Vergangenheit seines neuen Mitarbeiters nur am Rande. Diese war zwar bekannt, aber für wesentlicher erachtete man, dass Bilfinger von der Zentralspruchkammer nicht als „Haupttäter" oder „Belasteter" qualifiziert worden war. Indem man sich im Innenministerium darauf zurückzog, war für die Behörde der Weg frei, Bilfinger in der Innenverwaltung zu beschäftigen, zumal er als „131er" einen Rechtsanspruch auf „Unterbringung" hatte.[32] Dass Bilfinger nicht nur KdS in Toulouse, sondern auch als Referatsleiter im Reichssicherheitshauptamt und Verwaltungschef beim Befehlshaber der Sicherheitspolizei (BdS) in Krakau und Prag tätig gewesen war, stellte kein Einstellungshindernis dar. Aus den „Versorgungsakten" des Regierungspräsidiums Nordwürttemberg - offenbar die einzige Informationsquelle des Ministeriums - gehe hervor, dass Bilfinger weder während seiner Tätigkeit beim RSHA noch zuvor bei

---

[27] Der Vertreter des öffentlichen Interesses beim Verwaltungsgerichtshof an das Innenministerium, 20.02.1956. Ebd.
[28] Ebd.
[29] Ebd.
[30] Bilfinger, der unmittelbar nach seiner Entlassung seine Frau und drei Kinder in deren „Evakuierungort" in Öhringen wiederfand, wurde, so berichtete die örtliche Tageszeitung am 22. 06.1953, „mit vielen Blumen und Geschenken von allen Seiten empfangen". Ihm und den „180 Deutschen, die noch in Frankreich festgehalten würden", so gab die Zeitung die Meinung „der Deutschen" wider, „Unrecht" widerfahren: „Mag da und dort ein Verbrechen geschehen und eine Strafe gerecht sein - es ist das System der Willkür und des Unrechts, das uns Deutsche […] abstößt." Die Männer wurden umgehend zu „Opfern des Krieges" stilisiert. „Aus französischer Gefangenschaft zurückgekehrt". Hohenloher Zeitung Nr. 142 vom 22.06.1953. Ebd.
[31] Brunner: Frankreich-Komplex 2007 (wie Anm. 6), S. 16.
[32] Innenministerium Baden-Württemberg an Ministerpräsidenten, 07.01.1954. HStAS: EA 2/150 Bü 104.

der Württembergischen Politischen Landespolizei „Angelegenheiten der Gestapo" bearbeitet hatte; der Beamte sei ausschließlich in den dortigen Rechtsreferaten tätig gewesen. Dies aber sei kein „Ausschlusstatbestand" für den Anspruch nach Artikel 131 GG.[33] Damit erübrigten sich für die Behörde weitere Fragen.

Anschlussmöglichkeiten an den Nationalsozialismus

Der 1903 in Eschenbach im Kreis Göppingen geborene Rudolf Bilfinger stammte aus einem protestantischen Pfarrhaushalt. 1921 machte er in Heilbronn am Realgymnasium sein Abitur, anschließend absolvierte er bis 1923 bei der Dresdner Bank in Heilbronn eine Lehre zum Bankkaufmann. Nach einer ersten Anstellung bei einer Bank in Göppingen, konnte er am 1. Juli 1924 als Angestellter bei der Württembergischen Metallwarenfabrik (WMF) in Geislingen anfangen. Ab dem Sommersemester 1925 studierte Bilfinger Jura an der Universität Tübingen. Was ihn zu diesem Schritt bewogen hat, darüber geben die Quellen keinen Aufschluss. Die Aussicht auf einen sicheren Arbeitsplatz beim Staat kann es eigentlich nicht gewesen sein, denn als er im Herbst 1932 seine zweite juristische Staatsprüfung ablegte und im März 1933 zum Dr. jur. promoviert wurde, hatte sich die Kluft zwischen der Masse an Berufsanwärtern und verfügbaren Arbeitsplätzen durch die Weltwirtschaftskrise nochmals dramatisch verschärft. Diese Akademikerkrise betraf auch die Juristen. Von den rund 9.300 Referendaren und 3.500 Assessoren, die es in Preußen 1932 als Berufsanwärter gab, fanden 1931 nur 980 eine Stelle im Justizwesen, als Anwalt oder in anderen Bereichen.[34] Bilfinger ließ sich im Frühjahr 1933 als junger Rechtsanwalt in Tübingen nieder, wo zu dieser Zeit gleich drei spätere RSHA-Funktionäre als junge Studenten an der Universität ihre akademischen „Bildungsjahre" durchliefen.[35] Ob Bilfinger zu ihnen Kontakt hatte, wissen wir nicht. Auch ist nicht überliefert, was Bilfinger selber aus seiner Studentenzeit in der Weimarer Republik als politische Erfahrung mitnahm. Es gibt keinen Hinweis auf ein Engagement etwa in Freikorps, Jugendbünden oder (später) im Nationalsozialistischen Deutschen Studentenbund (NSDStB). Für ein halbes Jahr gehörte er nach der „Machtergreifung" von Juni bis Dezember 1933 in Tübingen einer Segelfliegergruppe an, die zur Motor-SA gehörte.[36] Bilfinger gab an, 1923 als 20-

---

[33] Ministerium für Heimatvertriebene und Kriegsgeschädigte Baden-Württemberg an Regierungspräsidium Nordwürttemberg, 08.12.1953. Ebd.
[34] Titze, Hartmut: Der Akademikerzyklus. Historische Untersuchungen über die Wiederkehr von Überfüllung und Mangel in akademischen Karrieren, Göttingen 1990, S. 70.
[35] Während der nationalsozialistischen „Machtergreifung" gehörten drei Studenten und spätere RSHA-Funktionäre zu den politischen Aktivisten an der Universität Tübingen: Martin Sandberger (Jura), Erich Ehrlinger (Jura) sowie Erwin Weinmann (Medizin). Vgl. Wildt: Generation 2002 (wie Anm. 18), S. 89-104. Zu Ehrlinger vgl. Stadlbauer, Peter: Vater und Sohn Ehrlinger. Politik, Weltanschauung und strafrechtliche Verfolgung zweier NS-Belasteter aus Ostwürttemberg, in: Proske, Wolfgang (Hg.): Täter Helfer Trittbrettfahrer. NS-Belastete von der Ostalb (= Bd. 1), Gerstetten 2016(2), S. 97-124.
[36] SS-Personalakten Bilfinger. BArch: R 9361-III/517263. Die Motor-SA ging 1934 im Nationalsozialistischen Kraftfahrkorps (NSKK) auf.

jähriger in Göppingen Veranstaltungen der NSDAP besucht zu haben, nach dem Hitler-Putsch im November 1923 aber sei er auf Distanz gegangen.[37] In der Tat ist Bilfingers Parteieintritt erst für den 1. Mai 1937 dokumentiert.[38] Zu diesem Zeitpunkt war die seit April 1933 geltende NSDAP-Aufnahmesperre zumindest teilweise wieder aufgehoben worden. Einen Rückschluss auf den Zeitpunkt des Aufnahmeantrags lässt das Eintrittsdatum aber nicht zu. Bilfinger selber sieht den Vollzug seiner Aufnahme im Zusammenhang mit seiner Übernahme ins Hauptamt Sicherheitspolizei im November 1937.[39] Bilfinger war demnach kein „alter Kämpfer", keiner von denen, die sich lange vor 1933 für die Partei engagiert hatten und nach dem Sieg der Bewegung ihren Anteil verlangten. Er gehörte im Frühjahr 1933 auch nicht zu den Erwerbslosen, die es bei den späteren RSHA-Führungsangehörigen auch gab.[40] Auch geben die Quellen keinen Hinweis auf sein politisches Weltanschauungsprofil oder auf einen ausgeprägten politischen Gestaltungswillen. Er war auf den ersten Blick ein „ganz normaler Akademiker" (Gerhard Paul), ehrgeizig, aber ansonsten unpolitisch.

Die „Machtergreifung" bedeutete auch für Rudolf Bilfinger einen tiefen biographischen Einschnitt. Denn im Januar 1934 bot sich für ihn die Möglichkeit, eine sichere Laufbahn in der öffentlichen Verwaltung einzuschlagen. Er wurde als Regierungsassessor beim Ober(Landrats)amt Balingen eingestellt und nach nur vier Monaten nach Stuttgart zum neugegründeten Politischen Landespolizeiamt[41] versetzt.[42] Ob sich Bilfinger eventuell aktiv um eine Versetzung zur politischen Polizei bemüht hat, wissen wir nicht. Der Wechsel vom Provinzstädtchen Balingen in die Großstadt Stuttgart hatte bestimmt seinen eigenen Reiz. Ohne Zweifel erhöhte aber die NS-Diktatur den Anpassungsdruck auf junge Akademiker, die wie Bilfinger gerade am Anfang ihrer beruflichen Laufbahn standen und diese in Deutschland unter den damaligen Bedingungen planten. Vor allem aber eröffnete der Schritt zur politischen Polizei Bilfinger während des Nationalsozialismus Aufstiegschancen, die ihm ansonsten wohl kaum möglich gewesen wären. Freilich konnte er den mit dem Einstieg in die Gestapo verbundenen Aufstiegs- und Machthorizont damals wohl kaum überblicken. Fest steht aber, dass gerade die politische Polizei, die in jeder Diktatur eine maßgebliche Rolle spielte, im Nationalsozialismus eine Aufgabenerweiterung und Strukturveränderung ohnegleichen erfuhr. Die Entscheidung Hitlers, die (staatliche) Polizei mit der SS (einer Parteiorganisation) zu vereinigen und Heinrich Himmler (1900-1945) mit ihrer Führung zu beauftragen, war „der weitaus folgenreichste

---

[37] StAL: EL 317 III, Bü 74: Dr. Rudolf Bilfinger an das Amtsgericht Stuttgart, 29.03.1965.
[38] BArch: R 9361-III/517263: SS-Personalakten Bilfinger.
[39] StAL: EL 317 III, Bü 74: Dr. Rudolf Bilfinger an das Amtsgericht Stuttgart, 29.03.1965.
[40] Vgl. Wildt: Generation (wie Anm. 18), S. 164.
[41] 1934 übernahm die Aufgaben der Politischen Polizei, soweit sie das Innenministerium übernommen hatte, das neugebildete „Politische Landespolizeiamt". Als selbständige Mittelbehörde bildete es die Zentralnachrichtensammelstelle für das ganze württembergische Staatsgebiet. 1937 wurde es in „Staatspolizeileitstelle Stuttgart" umbenannt.
[42] Dr. Rudolf Bilfinger an das Amtsgericht Stuttgart, 29.03.1965. STAL: EL 317 III, Bü 74.

Vorgang der Verselbständigung eines Teils der Reichsgewalt bei gleichzeitiger Verschmelzung von Partei- und Staatsaufgaben".[43] Für das Reichssicherheitshauptamt, in dem Bilfinger ab 1939 arbeiten sollte, galt dies in besonderer Weise. Es war keine Polizeibehörde im klassisch-administrativen Sinne mehr, sondern eine politische Institution, deren Aufgabe die „rassische Generalprävention" (Ulrich Herbert, *1951) war und die frei von allen bürokratischen Bindungen nur der NS-Politik verpflichtet war. Die von der Sicherheitspolizei ab 1936 übernommenen Aufgabengebiete wurden fortlaufend ausgeweitet, ihr Apparat dehnte sich gewaltig aus. Der personellen Besetzung der Referenten im Hauptamt der Sipo sowie der Stapoleiterstellen in den Regionen kam daher eine entscheidende Bedeutung zu. Dr. Werner Best (1903-1989), stellvertretender Leiter des Geheimen Staatspolizeiamtes (Gestapa) und dessen Justitiar, war mehr denn je als „Organisations- und Verwaltungsleiter, Personalchef und Theoretiker der Sicherheitspolizei" gefordert. Er holte ab 1936 verstärkt junge Juristen nach Berlin, um im Gestapa und im Hauptamt Sicherheitspolizei ein „zuverlässiges und exaktes Führerkorps" zu schaffen.[44] Was den Ausschlag für Bilfingers Option „Gestapo" für seine Berufswahl gab, lässt sich anhand der Quellen nicht entscheiden. War es bloßes unpolitisches Karrieredenken eines ehrgeizigen Jungakademikers, welcher in der expandierenden politischen Polizei bessere Aufstiegschancen sah als in der normalen inneren Verwaltung von Württemberg? War es also eine Entscheidung, die rein rational angesichts des bis Mitte der 1930er Jahre hinein bestehenden Überangebots an Juristen und der knappen Beamtenstellen getroffen wurde? Wir wissen es nicht. Dass Bilfinger selber nach 1945 das unpolitisch Administrative seiner beruflichen Tätigkeit herausstreichen würde, kann kaum überraschen. Seine Aufgabe im Politischen Landespolizeiamt in Stuttgart sei die eines „Hilfsberichterstatter(s)" gewesen, gab er 1965 über seine erste Stelle bei der Polizei Auskunft. Als Zuarbeiter des Behördenchefs, der gleichzeitig Berichterstatter im Innenministerium gewesen sei, habe er „ministerielle Angelegenheiten (im wesentlichen Passwesen und Ausländerpolizei)" zu bearbeiten gehabt. Offensichtlich bewährte sich der junge Jurist, denn er wurde nach einem Jahr Tätigkeit zum Regierungsrat (1. Juni 1936) ernannt.[45] Im selben Monat war Reichsführer SS Heinrich Himmler zum Chef der deutschen Polizei ernannt worden. Damit war die Entscheidung für eine Zentralisierung der Polizei gefallen.[46] Damals sprach man von der „Verreichlichung" der Polizei. So auch Bilfinger. Er sei im Zuge der „Verreichlichung der Polizei [...] in den Reichsdienst" übernommen worden.[47]

---

[43] Broszat, Martin: Der Staat Hitlers. Grundlegend und Entwicklung seiner inneren Verfassung, München 1969, S. 336; Herbert, Ulrich: Best. Biographische Studien über Radikalismus, Weltanschauung und Vernunft 1903-1989, Bonn 1996, S. 163-180.
[44] Gestapo (Best) an Reichsministerium des Innern, 21.08.1936. Zit. nach Herbert: Best 1996 (wie Anm. 43), S. 191 und 193.
[45] Dr. Rudolf Bilfinger an das Amtsgericht Stuttgart, 29.03.1965. StAL: EL 317 III, Bü 74.
[46] RGBl. I 1936, S. 487.
[47] Dr. Rudolf Bilfinger an das Amtsgericht Stuttgart, 29.03.1965. StAL: EL 317 III, Bü 74. Aufgrund des Gesetzes über Finanzmaßnahmen auf dem Gebiete der Polizei vom 19.03.1937 wurden zum 1. April u.a.

Hauptamt Sicherheitspolizei

Aus dem Landes- wurde ein Reichsbeamter. Bilfinger blieb also Staatsbediensteter, allerdings war er nun nicht mehr einer staatlichen Behörde zugeordnet, sondern einer Parteiformation, an deren Spitze mit Himmler und Heydrich keine Beamten standen. Sein neuer Arbeitsplatz war das im Juni 1936 in Berlin unter Werner Best geschaffene Hauptamt Sicherheitspolizei, eine neue Zentralinstanz, in der Geheime Staatspolizei (Gestapo) und Kriminalpolizei zusammengefasst werden sollten.[48] Dass Bilfinger ins Hauptamt versetzt wurde, hing zuvörderst mit dem Personalbedarf dieser neuen Institution zusammen. Er wurde als Volljurist dem Amt „Verwaltung und Recht" zugeteilt, welches innerhalb des Hauptamtes Sicherheitspolizei von Best geleitet wurde. Unter Best arbeitete Bilfinger als „Hilfsreferent" im „Referat V1", das unter der Leitung des aus der württembergischen Innenverwaltung stammenden Ministerialrat Karl Zindel (1894-1945)[49] stand. Wie schon zuvor in Stuttgart habe er auch in Berlin reine Verwaltungsaufgaben zu bearbeiten gehabt, schrieb Bilfinger 1965. Er erinnerte die Sachgebiete „Gesetzgebung" und „Justiziarangelegenheiten" sowie „Einziehung volks- und staatsfeindlichen Vermögens" und „Aberkennung der deutschen Staatsangehörigkeit".[50] Bemüht, die Bedeutung des Referats klein zu reden, betonte Bilfinger, dass es „federführend" lediglich in der Bearbeitung von gesetzlichen Regelungen in Sachen „Schusswaffengebrauch […], Feiertagsrecht, Brieftaubenwesen" gewesen sei; eine bloße Mitwirkung der Fachreferenten wie ihn habe es bei der allgemeinen Gesetzgebung gegeben, sofern das Hauptamt Sicherheitspolizei betroffen war. Beim „Vermögenseinzug" etwa sei sein Referat erst dann tätig geworden, wenn zuvor der Reichsminister des Inneren formal die „Volks- und Staatsfeindlichkeit" festgestellt hätte; erst dann seien die entsprechenden Anträge vom Referat V1 bearbeitet und je nach Bedeutung des Einzelfalls vom Referenten, höheren Stellen oder dem Minister selber entschieden worden.[51] Über das Sachgebiet „Organisation der Sicherheitspolizei", das ebenfalls zu dem von ihm verantworteten Referat gehörte, schwieg Bilfinger geflissentlich. Aus gutem Grund. Dass sich mit der territoria-

---

Beamte der Sicherheits-, der Kriminal- und der Schutzpolizei unmittelbare Reichsbeamte. Reichsgesetzblatt (RGBl.) I 1937, S. 653 ff.

[48] Zur Vorgeschichte und Planung des RSHA: Wildt: Generation 2002 (wie Anm. 18), S. 209-282.

[49] Zindel war ebenfalls Jurist und seit 1926 im Stuttgarter Polizeipräsidium tätig. Er avancierte nach der „Machtergreifung" zum stellvertretenden Leiter der Kriminalabteilung des Stuttgarter Polizeipräsidiums und war seit 1936 Leiter des Referates SV 1 im Hauptamt Sicherheitspolizei. 1939 bis 1941 war Zindel Gruppenleiter der Gruppe Ia (Recht) im RSHA. Vgl. https://de.wikipedia.org/wiki/Karl_Zindel (Zugriff: 12.01.2019).

[50] Dr. Rudolf Bilfinger an das Amtsgericht Stuttgart, 29.03.1965. StAL: EL 317 III, Bü 74. Dies entsprach den von Zindel verantworteten Sachgebieten innerhalb seines Referates. Geschäftsverteilungsplan des Hauptamtes Sicherheitspolizei vom 31.07.1936. BArch: R 58/840. Online abrufbar unter: https://de.wikipedia.org/wiki/Gesch%C3%A4ftsverteilungspl%C3%A4ne_des_Geheimen_Staatspolizeiamtes#Geschaeftsverteilungsplan_des_Hauptamtes_Sicherheitspolizei_vom_31._Juli_1936 (Zugriff: 12.01.2019).

[51] Dr. Rudolf Bilfinger an das Amtsgericht Stuttgart, 29.03.1965. StAL: EL 317 III, Bü 74.

len Ausdehnung des Reiches auch die Befugnisse der Sicherheitspolizei entsprechend erweitern würden, lag für die NS-Regimeführung auf der Hand. Für die organisatorische Umsetzung waren Best und das Hauptamt Sicherheitspolizei zuständig. Dies galt für die Aufstellung mobiler und später fester Polizeieinheiten beim „Anschluss" Österreichs im Frühjahr 1938 ebenso wie den Einsatz von Einheiten der Sicherheitspolizei und des SD in der Tschechoslowakei im März 1939. Nach umfangreichen Verhaftungsaktionen durch zwei Einsatzgruppen mit sieben Einsatzkommandos konnte dort bis Mai 1939 die organisatorische Umwandlung der mobilen Einheiten in stationäre Gestapo-Stellen abgeschlossen werden.[52] In einem von Best unterzeichneten Erlass, in dem die Einrichtung der Staatspolizeistellen in Prag und Brünn angeordnet wurden, welche an die Stelle der (mobilen) bisherigen Einsatzgruppen treten sollten, wird Bilfinger explizit als zuständiger Referent genannt.[53] An der Aufstellung der fünf Einsatzgruppen der Sicherheitspolizei und des SD mit insgesamt 13 Einsatzkommandos nach dem Überfall der deutschen Wehrmacht auf Polen war das Referat „Organisation und Recht" ebenfalls maßgeblich beteiligt. Werner Best und seine Mitarbeiter im Hauptamt trafen alle Vorbereitungen des Einsatzes, hier wurden Organisation und Durchführung geplant und koordiniert, von Berlin aus lenkten sie die Aktionen. Rudolf Bilfinger wurde in diesem Zusammenhang eine besondere Aufgabe übertragen. Er wurde Sonderreferent des „Unternehmens Tannenberg", der die Meldungen der Einsatzgruppen an das Hauptamt Sicherheitspolizei zu sammeln und täglich zu einem Tagesbericht zusammenzufassen hatte. Analog dem Tarnnamen für den Einsatz der Sicherheitspolizei und des SD in Polen trugen auch die Berichte den Namen: „Unternehmen Tannenberg".[54] In diesen Berichten konnte Bilfinger tagtäglich lesen, wie und gegen wen die Einsatzgruppen in Polen vorgingen. „Deutschfeindliche Polen", Kommunisten und Kleriker wurden verhaftet, polnische „Aufständische" und Geiseln erschossen. Vor allem aber wurde klar, dass sich der Auftrag der Einsatzkommandos nicht mehr nur auf die Ausschaltung der politischen und intellektuellen Führungsschicht Polens bezog. Die Berichte reden hier eine klare antisemitische Sprache. Der Einsetzung von „Judenräten" folgten die Anweisung zur Registrierung und die Vorbereitung zur „Abwanderung" in östliche, nicht von NS-Deutschland besetzte Gebiete.[55] Best und sein Team waren seit September 1939 mit der Vorbereitung „einer gigantischen Deportations- und Umsiedlungsaktion" beschäftigt.[56] „Völkische Flurbereinigung" hieß

---

[52] Vgl. Herbert: Best 1996 (wie Anm. 43), S. 235 f.
[53] BArch: Archivrat Dr. Boberach, an Staatsanwaltschaft beim Landgericht Stuttgart, 27.01.1964. StAL: EL 317 III Bü 74.
[54] Die Berichte sind im BArch Berlin im Bestand des Reichssicherheitshauptamtes überliefert und decken den Zeitraum vom 06.09. bis 05.10.1939 ab. BArch:, R 58/1082: Berichte des Sonderreferats „Tannenberg". Zu Bilfingers Tätigkeit als Sonderreferent: Wildt: Generation 2002 (wie Anm. 18), S. 429 f.; auch Boberach weist in seinem Gutachten zu Bilfinger auf diese Sonderaufgabe hin. BArch: Archivrat Dr. Boberach, an Staatsanwaltschaft beim Landgericht Stuttgart, 27.01.1964. StAL: EL 317 III Bü 74.
[55] Wildt: Generation 2002 (wie Anm. 18), S. 428-485.
[56] Herbert: Best 1996 (wie Anm. 43), S. 240-249.

das in der NS-Terminologie und bedeutete nichts anderes, als dass die Tätigkeit der Einsatzgruppen eine neue, nämlich rassistische Begründung erhielt und sie daraufhin eine neue, mörderische Dimension entwickelten. In Polen, so Michael Wildt (*1954), machten die Männer der Einsatzkommandos „die Erfahrung rassistischen Massenmords".[57] Das Sonderreferat wurde auf Befehl Reinhard Heydrichs (1904-1942) Mitte Oktober 1939 aufgelöst, nachdem Best bereits am 6. Oktober angeordnet hatte, die tägliche Berichterstattung einzustellen. Im November erging der Befehl Bests, die in Polen operierenden Einsatzgruppen aufzulösen. Aus den Führern der Einsatzgruppen wurden die neuen Befehlshaber der Sicherheitspolizei.[58]

Insgesamt zeichnet Rudolf Bilfinger in den Nachkriegsjahren von sich das Bild eines unpolitischen Assessors, der ohne sein Zutun zur Politischen Polizei erst in Stuttgart und dann als Regierungsrat zum Hauptamt der Sicherheitspolizei nach Berlin kam. Er wurde ganz einfach versetzt. Zwar führt er ins Feld, gegen seine Abordnung nach Berlin opponiert zu haben. Er wäre lieber Landesbeamter in Württemberg geblieben und habe sich deshalb bemüht, seine „Übernahme in den Reichsdienst" und die Versetzung nach Berlin „rückgängig" zu machen. Nachdem ihm vom zuständigen Personalreferenten im Hauptamt, Hans Tesmer (1901-?),[59] jedoch beschieden worden war, dass er „kraft Gesetzes in den Reichsdienst" übernommen worden sei und nun mindestens zwei Jahre bei einer „Reichszentralbehörde" tätig sein müsse, bevor er einen Antrag auf Rückversetzung stellen könne, habe er aufgegeben.[60] Eine grundsätzliche Abneigung jedoch, für die Sicherheitspolizei und das neugegründete Hauptamt zu arbeiten, ist bei ihm an keiner Stelle erkennbar. Nach Kriegsende war er bemüht, die Bedeutung des Referates V1 des Hauptamtes Sicherheitspolizei auf reine Verwaltungsakte zu reduzieren, die, wie der Jurist stets betonte, zudem auf entsprechenden Gesetzen basierten. Er sah sich als Mitarbeiter einer Behörde, der ausführte, was andere entschieden hatten. Eigenen Gestaltungsspielraum will er nicht gehabt haben. Hingegen verweist Michael Wildt auf die hohe Bedeutung, die Werner Best und Reinhard Heydrich[61] dem Amt „Recht und Verwaltung" sowohl im Hauptamt als auch später im RSHA im Hinblick auf den künftigen Aufbau einer nationalsozialistischen Polizei in konzeptioneller Hinsicht zukommen ließen.[62]

---

[57] Wildt: Generation 2002 (wie Anm. 18), S. 485.
[58] Ebd., S. 481. Zeitgleich wurde im RSHA ein Polenreferat aufgebaut (IV D 2).
[59] Vgl. die Kurzbiographie Tesmers bei Wildt: Generation 2002 (wie Anm. 18), S. 946; auch Klee, Ernst: Das Personenlexikon zum Dritten Reich. Wer war was vor und nach 1945, Frankfurt a. M. 2. Auflage 2007, S. 620.
[60] Dr. Rudolf Bilfinger an das Amtsgericht Stuttgart, 29.03.1965. StAL: EL 317 III, Bü 74.
[61] Seit 1936 Chef der Sicherheitspolizei und des SD.
[62] Wildt: Generation 2002 (wie Anm. 18), S. 288 f.

Leiter des Referates I B 1 „Organisation der Sicherheitspolizei" im RSHA

Das am 27. September 1939 - und damit nach Kriegsbeginn - gegründete Reichssicherheitshauptamt (RSHA) war als „Ministerialbehörde eingebunden in die innere Verwaltung" und gleichzeitig war es als SS-Hauptamt Teil der Partei.[63] Damit agierte es „nicht bloß als Reichsbehörde, die Erlasse herausgab in der Erwartung auf bürokratisch gründliche und verlässliche Umsetzung", so Michael Wildt. Vielmehr entfaltete das RSHA seine (mörderischen) Kräfte als „mobile, flexible Organisation", dessen Sitz zwar in Berlin war, deren „Kraft und Macht sich jedoch in den besetzten Gebieten entfaltete".[64] Das bisherige Hauptamt Sicherheitspolizei sollte nach den Vorstellungen Heydrichs in eine neue „Ministerialbehörde" RSHA umgewandelt werden. In diese Institution wurde Rudolf Bilfinger (vom Hauptamt) übernommen und im RSHA-Amt I („Verwaltung und Recht") mit der Leitung des Referats I B 1 „Organisation der Sicherheitspolizei" betraut. Mit diesem Sachgebiet hatte er ja bereits im Hauptamt Erfahrung gesammelt - allerdings hatte er dort zwei Jahre lang ohne eigene Zuständigkeit unter dem Referatsleiter Karl Zindel gearbeitet. Da Werner Best, der Leiter des Amtes I des RSHA, fast das gesamte Führungspersonal der Verwaltungsabteilung „Organisation und Recht" des Hauptamtes in das RSHA übernommen hatte, arbeiteten Zindel und Bilfinger auch weiterhin zusammen.[65]

Weil das ehemalige Verwaltungsamt bei seiner Überführung in das RSHA in zwei Gruppen (I A und I B) geteilt wurde und deshalb mit mehr Referenten besetzt werden musste und Best darüber hinaus die Besetzung der Gruppen- und Referentenleiter in „seinem" Amt I insgesamt neu ordnete - so stiegen etwa ehemalige Hauptamt-Referenten wie Karl Zindel zu Gruppenleitern im RSHA auf -, wurde der Weg frei für Männer wie Rudolf Bilfinger.[66] Dass das ehemalige Verwaltungsamt in zwei Gruppen geteilt wurde, unterstreicht die Bedeutung, die ihm von der SS-Führung zugemessen wurde. Für Bilfinger war sie die Chance, in eine Leitungsfunktion aufzusteigen. Der Hilfsreferent wurde Referatsleiter. Seinem Schritt auf der beruflichen Karriereleiter folgte im März 1940 die Ernennung zum Oberregierungsrat.[67] Erwartet wurde von Bilfinger jetzt auch, dass er wie fast alle Führungsangehörigen des RSHA-Verwaltungsamtes

---

[63] Paul, Gerhard: „Kämpfende Verwaltung". Das Amt IV des Reichssicherheitshauptamtes als Führungsinstanz der Gestapo, in: ders./Mallmann, Klaus-Michael (Hg.): Die Gestapo im Zweiten Weltkrieg. „Heimatfront" und besetztes Europa, Darmstadt 2000, S. 42-81, S. 47.
[64] Wildt: Generation 2002 (wie Anm. 18), S. 284.
[65] Geschäftsverteilungsplan des Hauptamtes Sicherheitspolizei vom 31.07.1936. BArch: R 58/840; Geschäftsverteilungsplan des Reichssicherheitshauptamtes vom 01.02.1940. Ebd.
[66] Neben Bilfinger stiegen Kurt Neifeind (1908-1944), Theodor Paeffgen (1910-1969) und Walter Renken (1905-?) zu Referatsleitern auf. Neifeind war vom SD gekommen und hatte die Leitung des Gesetzgebungsreferates, Renken das Sachgebiet I B 4 „Angelegenheiten des Abwehrbeauftragten des Reichsministers des Inneren (RMdI)" übernommen; Dr. Theodor Paeffgen kam vom Gestapa und wurde Leiter des Referats I B 2 „Organisation des SD". Vgl. Wildt: Generation 2002 (wie Anm. 18), S. 289. Karl Zindel zum Beispiel behielt das Sachgebiet „Recht" und führte es nun als eigenständige Gruppe; die neue Gruppe „Organisation" hatte 1940 indes noch keinen Gruppenleiter. Ebd.
[67] Beruflicher Werdegang Bilfingers vom 20.12.1965. HStAS: EA 2/150 Bü 104.

eine Mitgliedschaft in der SS vorweisen konnte. Wann er seine Aufnahme beantragt hat, ist in den Quellen nicht dokumentiert. Im September 1938 hatte er noch den Status eines „Bewerbers". Der Eintritt erfolgte im Folgejahr am 1. Juli im Rang eines SS-Hauptsturmführers. Am 20. April 1940, dem Geburtstag des „Führers", wurde er zum Sturmbann- und am 30. Januar 1941 zum Obersturmbannführer ernannt.[68] Dabei ist es geblieben, weitere Beförderungen bzw. Ernennungen gab es nicht.

Das Ausscheiden von Werner Best aus dem RSHA im Juni 1940 bedeutete für das gesamte RSHA eine einschneidende Zäsur; in besonderem Maße galt dies für das von Best geleitete (Verwaltungs-)Amt I. Vorübergehend übernahm der Befehlshaber der Sicherheitspolizei (BdS) in Krakau, Bruno Streckenbach (1902-1977) die Vertretung von Best. Da er zugleich BdS in Krakau blieb, solange bis im Januar 1941 sein dortiger Nachfolger feststand, pendelte Streckenbach zwischen Berlin und Krakau hin und her.[69] Bilfinger wurde in dieser Phase von September bis Dezember nach Krakau zur Dienststelle des BdS abgeordnet, um Streckenbach zu entlasten.[70] Die Organisation der BdS-Abteilungen war der der RSHA-Ämter angeglichen. Bilfinger fungierte in Krakau als Leiter des Verwaltungsamtes (Ämter I und II).[71] Um eine spezifische, nach SS-Grundsätzen gebildete Exekutive des NS-Regimes zur Verfolgung von politischen, „weltanschaulichen" und rassenbiologischen Gegnern analog zum RSHA auch in den besetzten polnischen Gebieten zu schaffen, war es wesentlich, die Polizei - und damit auch die Sicherheitspolizei und den SD - aus der Zuständigkeit staatlicher Verwaltung zu lösen. Die „Polizeiverwaltungsangelegenheiten" sollten aus der „Abteilung Innere Verwaltung" der Regierung des Generalgouvernements „herausgenommen" werden, umschrieb Rudolf Bilfinger seinen Auftrag 1940. Ziel war es, eine eigene „Polizeiabteilung" mit zwei Unterabteilungen zu bilden, die dem Höheren SS- und Polizeiführer (HSSPF) Ost unterstanden. Die Unterabteilung Sicherheitspolizei sollte vom BdS, die Unterabteilung Ordnungspolizei vom Befehlshaber der Ordnungspolizei (BdO) geleitet werden. Bilfingers Auftrag lautete, in Krakau zusammen mit einem Vertreter der Ordnungspolizei die

---

[68] SS-Personalakten Bilfinger. BArch: R 9361-III/517263.
[69] Der 1902 in Hamburg geborene Bruno Streckenbach, Führer der Einsatzgruppe I in Polen, war am 23.11.1939 zum BdS für das Gebiet des Oberbefehlshabers Ost (das spätere Generalgouvernement) mit Sitz in Krakau ernannt worden. Zuvor war Streckenbach als Chef der Hamburger Gestapo auch Inspekteur der Sicherheitspolizei (IdS) in Hamburg gewesen. Im Januar 1941 wechselte er definitiv nach Berlin ins RSHA und leitete Amt I. Inzwischen war er zum SS-Brigadeführer und Generalmajor der Polizei ernannt worden. Freiwillig meldete er sich 1943 zur Waffen-SS, übernahm 1944 als Kommandeur die 19. lettische Waffen-SS-Division und geriet im Mai 1945 in sowjetische Gefangenschaft. Er wurde zu 25 Jahren Lagerhaft verurteilt, kehrte aber bereits 1955 nach Deutschland zurück. Streckenbach starb 1997 in Hamburg. Ausführlich zu ihm: Wildt, Michael: Der Hamburger Gestapo-Chef Bruno Streckenbach. Eine nationalsozialistische Karriere, in: Bajohr, Frank/Szodrzynski, Joachim (Hg.): Hamburg in der NS-Zeit. Ergebnisse neuerer Forschungen, Hamburg 1995, S. 93-124.
[70] Wildt: Generation 2002 (wie Anm. 18), S. 292 und 296. Foedrowitz, Michael: Auf der Suche nach einer besatzungspolitischen Konzeption. Der Befehlshaber der Sicherheitspolizei und des SD im Generalgouvernement, in: Paul/Mallmann: Gestapo 2000 (wie Anm. 63), S. 340-361, S. 345.
[71] Foedrowitz: Suche 2000 (wie Anm. 70), S. 345.

Verhandlungen mit den entsprechenden Stellen des Generalgouverneurs Dr. Hans Frank (1900-1946) zu führen. Die Verhandlungen, so Bilfinger, seien damals „am Widerstand von Frank" gescheitert.[72] Der Aufbau von Sicherheitspolizei und SD auch in den eroberten Gebieten gehörte zu den Kernaufgaben von Bests Amt I. Als Leiter des RSHA-Referats „Organisation der Sicherheitspolizei" war Bilfinger dazu als Verhandlungsführer des RSHA in Krakau geradezu prädestiniert.

Anfang Dezember 1940 war Bilfinger zurück an seinem Schreibtisch in Berlin. Inzwischen hatte es im RSHA einen Personalwechsel gegeben. Mit Karl Zindel war der Gruppenleiter IA „Recht" und Bilfingers unmittelbarer Vorgesetzter Ende September 1940 aus dem Amt I ausgeschieden.[73] Dies führte zur Umstrukturierung der Gruppen. I A „Recht" und I B „Organisation" wurden (wieder) zusammengelegt und ab jetzt als II A „Organisation und Recht" mit fünf Referaten geführt. Da offiziell kein Gruppenleiter ernannt wurde, fiel Bilfinger die Aufgabe zu, diese Gruppe kommissarisch zu führen. Als (de facto) Gruppenleiter arbeiteten ihm fünf Referatsleiter und deren Mitarbeiter zu. Nach der Zusammenlegung waren von den ehemaligen Referatsleitern außer ihm nur Kurt Neifeind und Walter Renken übriggeblieben. Die beiden behielten auch unter Bilfinger ihre Posten, die drei anderen Referate wurden mit Alfred Schweder (1911-1992), Friedrich Suhr (1907-1946) und Heinz Richter (1903-1974) neu besetzt.[74] Auf der Hierarchieebene der RSHA-Ämter unterstand Bilfingers Gruppe dem Amt II „Organisation, Verwaltung und Recht", welches seit September 1940 von Dr. Hans Nockemann (1903-1941) geleitet wurde.[75] Amt I „Personal", das u.a. für die personelle Zusammenstellung der Einsatzkommandos in der Sowjetunion zuständig war, unterstand Bruno Streckenbach, dem ehemaligen BdS in Krakau. Entsprechende Einberufungsbefehle bekamen gleich zwei Amtschefs des RSHA (Amt III und V), auch Nockemann (Amtschef II) sollte ursprünglich eine Einsatzgruppe übernehmen. Von den ersten Einsatzkommandoführern kamen sieben (von 18) aus dem RSHA. Mit Friedrich Suhr (Einsatzkommando 6) und Heinz Richter (Ek 8) verlor Bilfinger zwei seiner Referatsleiter.[76] Inwieweit das zu seiner Gruppe gehörende Referat II A 1 „Organisation der Sicherheitspolizei" im Vorfeld des Einsatzes oder später bei der Überführung der mobilen in stationäre Einheiten der Sicherheitspolizei involviert war, muss offen bleiben.

---

[72] Rudolf Bilfinger an das Amtsgericht Stuttgart, 29.03.1965. StAL: EL 317 III Bü 74.
[73] Er sollte Heydrich in dessen neuer Funktion als frisch gewählter Präsident der Internationalen Kriminalpolizeilichen Kommission - eine Vorläuferorganisation von Interpol - unterstützen und wurde aus dem RSHA abgezogen. Vgl. Wildt: Generation 2002 (Anm. 18), S. 295.
[74] II A 1 „Organisation der Sicherheitspolizei und des SD": Dr. Alfred Schweder; II A 2 „Gesetzgebung": Kurt Neifeind; II A 3 „Justizangelegenheiten": Friedrich Suhr; II A 4 „Reichsverteidigungsangelegenheiten": Walter Renken; II A 5 „Verschiedenes: Feststellung Volks- und Reichsfeindlichkeit, Vermögenseinzug, Aberkennung der Staatsangehörigkeit": Heinz Richter
[75] Nockemann war BdS in den Niederlanden und IdS in Düsseldorf gewesen, bevor er im September 1940 ins RSHA kam. Ab Juni 1941 war er bei der Waffen-SS. Siehe: https://de.wikipedia.org/wiki/Hans_Nockemann (Zugriff: 14.01.2019).
[76] Wildt: Generation 2006 (wie Anm. 18), S. 549 ff.

Wannsee-Konferenz und Folgekonferenzen

Im Zusammenhang mit der Wannsee-Konferenz, die am 20. Januar 1942 stattgefunden und auf der es wegen der Definition, wer Jude sei, bereits Auseinandersetzungen zwischen dem RSHA und dem Reichsinnenministerium gegeben hatte, kam es zu drei Folgekonferenzen. Eine erste Konferenz fand am 6. März im RSHA auf Referentenebene im Referat Adolf Eichmanns (IV B 4, 1906-1962) statt. An dieser Besprechung „über die Endlösung der Judenfrage" nahm als einziger Vertreter des RSHA Rudolf Bilfinger teil. Von Eichmanns Referat war niemand anwesend. Thema war die Frage der Sterilisation von „Mischlingen" und die Behandlung von „Mischehen" zwischen einem jüdischen und einem nicht jüdischen Partner.[77] Die Teilnahme an dieser Konferenz verschwieg Bilfinger gegenüber den Strafverfolgungsbehörden. Jedoch musste er bei der Befragung 1960 zugeben, dass er an einer weiteren Folgekonferenz am 27. Oktober 1942 teilgenommen hatte. Man hatte ihm das entsprechende Protokoll vorgelegt.[78]

Heydrich, der als Chef der Sicherheitspolizei und zugleich des SD als Leiter des RSHA fungierte, hatte das RSHA von Anfang an als Nukleus einer „kämpfenden Verwaltung" gesehen, deren primäre Aufgabe die Durchsetzung eines rassistischen Neuordnungsprogramms war. Die Frage, wer Jude war, war daher für das RSHA eine ganz entscheidende. Die Bestimmungen der „Nürnberger Gesetze" ließen etwa die „Mischlinge" außen vor, das RSHA wollte diese aber den Juden gleichstellen - mit allen Konsequenzen. Dies führte zu Auseinandersetzungen vor allem mit dem Reichsinnenministerium. Da die „Nürnberger Gesetze" für die besetzten Gebiete keine Gültigkeit besaßen, glaubte das RSHA, hier eher freie Hand zu haben. Dennoch kam es auch hier zu Querelen - diesmal mit dem Ministerium für die besetzten Ostgebiete.[79] An einer Besprechung im „Ostministerium" zur Klärung des Begriffs „Jude", die nur zehn Tage nach der Wannsee-Konferenz stattgefunden hatte, nahmen aus dem RSHA einzig zwei Referenten aus Bilfingers Gruppe - Neifeind (II A 2) und Suhr (II A 3) - teil. Für die Ermittler der 1958 in Ludwigsburg eröffneten „Zentralen Stelle der Landesjustizverwaltungen zur Aufklärung von nationalsozialistischen Gewaltverbrechen" war dies ein deutlicher Hinweis, dass nicht etwa Eichmanns Referat IV B 4, sondern Bilfingers Referate für die begriffliche Bestimmung zuständig waren.[80] Dass Bilfinger persönlich Ende Januar 1942 „Richtlinien über die Behandlung der Judenfrage" an die Reichskommissariate Ostland und Ukraine verschickt

---

[77] Besprechungsprotokoll abgedruckt bei: Kempner, Robert M.W.: Eichmann und Komplizen, Stuttgart u.a. 1961, S. 168-178; zur Konferenz auch Wildt: Generation 2006 (wie Anm.), S. 639 f.
[78] Aktenvermerk Referat 6 für den Dienststellenleiter, Zentrale Stelle der Landesjustizverwaltungen Ludwigsburg, 22.02.1961. StAL: EL 317 III Bü 73.
[79] Diese auch „Ostministerium" genannte Behörde war die von Alfred Rosenberg von 1941-1945 geleitete Zentralbehörde der nationalsozialistischen Zivilverwaltung in den von der Wehrmacht besetzten Gebieten im Baltikum und der Sowjetunion.
[80] Teilnehmerliste und Protokoll über die Besprechung vom 30.01.1942. Aktenvermerk Referat 6 für den Dienststellenleiter, Zentrale Stelle der Landesjustizverwaltungen Ludwigsburg, 22.02.1961. StAL: EL 317 III Bü 73.

hatte, bestärkte sie in dieser Annahme. In den besetzten Ostgebieten seien „Massnahmen, die der endgültigen Lösung der Judenfrage und damit der Ausscheidung des Judentums dienen, in keiner Weise zu behindern", hatte Bilfinger darin kurz nach der „Wannsee-Konferenz" geschrieben. Außerdem seien die „vorhandenen Juden streng von der übrigen Bevölkerung abzusondern, solange die Maßnahmen zur „Ausscheidung des Judentums" noch nicht ergriffen worden waren.[81] In einem weiteren Schreiben des Referats II A 2 (Gesetzgebung) an Reichsminister Alfred Rosenberg (1893-1946) wurde im Mai 1942 dann folgerichtig gefordert, die Entscheidung, wer Jude war, allein den Kommandeuren der Sicherheitspolizei und des SD zu überlassen.[82] Eine Notiz in den Akten des Persönlichen Stabes des Reichsführers SS belegt überdies einen Anruf von Bilfinger im Juli 1942. Demnach berichtete Bilfinger in dem Telefonat von einer Auseinandersetzung mit dem „Ostministerium" über eine von diesem geplante Verordnung, in der der Begriff „Jude" in den besetzten Ostgebieten genau definiert werden sollte.[83] Bilfinger vertrat aufs Neue die Ansicht, dass die begriffliche Bestimmung, wer „Jude" oder „Nichtjude" sei, ausschließlich von der Sicherheitspolizei vorgenommen werden könne.[84] Hier stieß er im Stab Himmlers auf offene Ohren. Und obwohl das „Ostministerium" in seinem Entwurf bereits eine ausgeweitete Definition vorsah und die „Nürnberger Gesetze" für die besetzten Gebiete ohnehin nicht galten, enthielt die Initiative von Rosenbergs Ministerium für Himmler immer noch zu viele Bindungen. An Gottlob Berger (1896-1975), seinen Verbindungsmann zum „Ostministerium", schrieb Himmler, „er wolle sich mit einer solchen Definition nicht selber die Hände binden und verbitte sich alles Mitreden bei der Durchführung des Befehls, die besetzten Ostgebiete judenfrei zu machen".[85]

Die europaweite Lösung der „Judenfrage", als dessen Führungsinstanz sich das RSHA sah, stieß innerhalb der konkurrierenden NS-Herrschaftsinstanzen (zunächst) an Grenzen. Innerhalb des polykratischen NS-Systems befand sich das RSHA als neue Einrichtung von Beginn an in Konkurrenz zu anderen Institutionen der Partei, des Staates und der Wehrmacht. Die Auseinandersetzungen um die begriffliche Deutungshoheit des Begriffs „Jude" und um die „Mischlinge" mit „Ostministerium" bzw. Reichsinnenministerium zeigen dies. Umso mehr galt es daher für das RSHA, Vereinbarungen, Gesetze, Richtlinien oder sonstige

---

[81] Schnellbrief Bilfingers vom 29.1.1942 an Reichskommissariate Ostland und Ukraine inklusive „Richtlinien". Ebd.
[82] Schreiben Referat II A 2 an Reichsminister für die besetzten Ostgebiete, 17.5.1942. Ebd.
[83] „Entwurf einer Verordnung über die Bestimmung des Begriffs ‚Jude' in den besetzten Ostgebieten" vom 29.1.1942. Siehe Wildt: Generation 2006 (wie Anm. 18), S. 641.
[84] BArch, Archivrat Dr. Boberach, an die Staatsanwaltschaft beim Landgericht Stuttgart, 27.1.1964. StAL: EL 317 III Bü 74.
[85] Ebd. Vgl. auch Wildt: Generation 2006 (wie Anm. 18), S. 641f. Hier ist auch der Wortlaut des Schreibens von Himmler an Berger abgedruckt. Zu Berger vgl. Hoffmann, Alfred: Der „maßlose Drang, eine Rolle zu spielen": Gottlob Berger, in: Proske, Wolfgang (Hg.): Täter Helfer Trittbrettfahrer. NS-Belastete von der Ostalb (= Bd.1), Gerstetten 2016(2), S. 21-52.

Vereinbarungen, welche eine mögliche extensive Auslegung des Vernichtungsbefehls Heydrichs im Krieg gegen die Sowjetunion hätten einschränken können, möglichst zu verhindern. Ebenso sollte jegliches „Mitreden" anderer Ministerien und Parteiorganisationen unterbunden werden. Der RSHA-Beamte Bilfinger handelte daher ganz im Sinne des RSHA, wenn er auf dessen Führungsanspruch pochte. Nicht Begrenzung, sondern „Entgrenzung" war für das RSHA charakteristisch.[86] Wie Bilfinger zu behaupten, nichts vom geplanten Massenmord an den Juden gewusst zu haben, war für die Ludwigsburger Behörde, die in den 1960er Jahren die Ermittlungen gegen NS-Täter aufgenommen hatten, aufgrund der ihnen vorliegenden Dokumente aus dem RSHA nicht haltbar. Für sie stand fest, dass sich Bilfinger ab Ende 1941 „über die wahre Bedeutung der im Osten gegen die jüdische Bevölkerung geplanten und durchgeführten Maßnahmen bereits im damaligen Zeitpunkt im klaren" gewesen war.[87] Bis April 1943 fungierte Bilfinger als kommissarischer Leiter der Abteilung II A im RSHA. Während unter Heydrich die „politisch konzeptionelle Kompetenz" der Abteilung II A unverzichtbar war, änderte sich dies mit seinem Tod 1942. Zunehmend lenkte Himmler die Tätigkeiten des Amtes „in konventionelle Bahnen" und besetzte die Führungsposten mit SS-Wirtschaftern.[88] Die Auflösung der Gruppe II A 5 im April 1943 setzte hier einen logischen Schlusspunkt. Die Sachgebiete wurden auf andere Gruppen und Referate aufgeteilt. Referat II A etwa wurde dem Eichmann-Referat IV B 4 zugeschlagen.[89] Auch für Bilfinger wurde eine Anschlussverwendung gesucht.[90]

Die von ihm im Amt II A bearbeiteten „Verwaltungsrechtsangelegenheiten" seien im Frühjahr 1943 auf das Amt III (SD-Inland) übertragen worden, erinnerte Bilfinger 1955, und auch er sollte diesem Amt zugeschlagen werden. Da

---

[86] Ebd., S. 606.
[87] Die Ermittler hatten etliche Dokumente zusammengetragen, welche belegten, in welchem Umfang Bilfinger mit „Judenangelegenheiten" befasst gewesen war. Aktenvermerk Referat 6 für den Dienststellenleiter, Zentrale Stelle der Landesjustizverwaltungen Ludwigsburg, 22.02.1961. StAL: EL 317 III Bü 73.
[88] Wildt: Generation 2006 (wie Anm. 18), S. 297-300. Zitate auf S. 300.
[89] Die Ludwigsburger Ermittlungsbehörde ging im Jahr 1961 aufgrund der „ineinander übergreifenden Aufgabengebiete" von einer engen Zusammenarbeit der Referate II A 5 (Feststellung der Volks- und Staatsfeindlichkeit, Vermögenseinziehung und Aberkennung der Staatsangehörigkeit) und Adolf Eichmanns Referat B 4 im RSHA-Amt IV aus. Dass das Referat II A 5 im April 1943 dem Referat IV B 4 zugeschlagen wurde, verdeutlichte für die Ermittler diesen engen thematischen Zusammenhang. Um die These zu erhärten, dass es eine enge Zusammenarbeit der beiden Referate gegeben hatte, wurde erwogen, Adolf Eichmann in Jerusalem als Zeuge zu befragen, was aber scheiterte. Justizministerium Baden-Württemberg an Staatsanwaltschaft Stuttgart, 30.04.1962. StAL: EL 317 III Bü 73; Erwin Schüle (1913-1993) an Justizministerium Baden-Württemberg, 04.02.1964. Ebd. Hierin teilt der erste Leiter der Zentralen Stelle in Ludwigsburg mit, dass die Bemühungen seiner Behörde, die Zusammenarbeit der Gruppe II A mit dem Referat IV B 4 bei der „Endlösung" nach Umfang und Wirkung konkret festzulegen, erfolglos geblieben seien.
[90] Dies galt auch für etliche seiner Referenten. Friedrich Suhr etwa war bereits seit November 1942 beim BdS in Kiew, Alfred Schweder sogar schon seit August 1942 Verwaltungsleiter beim BdS in Krakau, Heinz Richter wurde im Januar 1943 Führer des Einsatzkommandos 8 (Einsatzgruppe B). Ebd., S. 298 f.

er „nicht dem SD unterstellt werden" wollte, habe er um eine andere Verwendung gebeten und sei daraufhin nach Frankreich als KdS abgeordnet worden.[91] Überprüfen lässt sich dies nicht. In einer „Veränderungsmeldung" vom Mai 1943 war die „Überweisung" Bilfingers an das Amt III sehr wohl vermerkt.[92] In den Nachkriegsjahren war es freilich opportun, sich als Verwaltungsjurist möglichst weit vom Sicherheitsdienst des Reichsführers SS abzugrenzen.

Kommandeur der Sicherheitspolizei (KdS) in Toulouse

Dass man Bilfinger nie zum offiziellen Gruppenleiter im RSHA ernannt hat, wirft die Frage nach dem Warum auf. Er selber führte an, dass er bei der SS „als unzuverlässig" galt, und nahm für sich in Anspruch, den „Kurs Heydrichs und Himmlers nicht bedingungslos" mitgemacht zu haben. Für Bilfinger war es demnach eine gezielte Nichtnominierung. Nach dem Ausscheiden von Werner Best und Karl Zindel sollte der Einfluss der Juristen innerhalb des RSHA seiner Wahrnehmung nach ohnehin „systematisch zurückgedrängt" werden, was die Chancen auf eine Ernennung zusätzlich verringerte.[93] Die Quellen geben hierüber keinen Aufschluss. Bilfinger verließ Berlin Ende März 1943, um seinen Dienst in Frankreich anzutreten. Es ist anzunehmen, dass er sich in Paris beim ranghöchsten SS- und Polizeiführer in Frankreich, Carl Oberg (1897-1965), zu melden hatte. Sein Einsatz in Toulouse verzögerte sich jedoch, weil zwischen Oberg und dem RSHA „Meinungsverschiedenheiten über meine Verwendung" bestanden. Dass Oberg Vorbehalte gegenüber Bilfinger vor allem deshalb hatte, weil dieser bis zu diesem Zeitpunkt noch keine leitende Funktion außerhalb des Reiches innegehabt hatte, legt eine Aussage von ihm nahe, die er im Zusammenhang mit Bilfingers Prozess in Frankreich machte.[94] Als leitender RSHA-Funktionär im fünften Kriegsjahr noch über keinerlei Erfahrung im „auswärtigen Einsatz" zu verfügen, wurde Bilfinger von seinen Kollegen in Frankreich offensichtlich als Malus ausgelegt. Er entsprach nicht dem Bild des RSHA-Akteurs im „Einsatz", der seinen „Schreibtisch überall in Europa aufstellen" konnte und „mühelos vom Büro zur Führung eines Einsatzkommandos" wechseln konnte.[95] Bilfinger tourte deshalb zunächst durch Frankreich und informierte sich „mehrere Wochen bei verschiedenen Dienststellen". Erst im Juni konnte er seine Amtsgeschäfte als KdS in Toulouse aufnehmen.[96] Zu diesem Zeitpunkt kam es auf Betreiben des RSHA ohnehin zu einem breit angelegten Personalwechsel, bei dem

---

[91] Rudolf Bilfinger: Erläuterungen zu dem Urteil des französischen Militärgerichts in Bordeaux vom 13. Juni 1953, 19.12.1955. HStAS:, EA 2/150 Bü 104.
[92] Veränderungsmeldung Nr. 171 vom 27.05.1943. BArch: R 9361-III/517263.
[93] Rudolf Bilfinger an das Amtsgericht Stuttgart, 29.03.1965. StAL: EL 317 III Bü 74.
[94] Déposition Karl Oberg vom 17.04.1951. StAL: EL 317 III Bü 74. Oberg war seit 1946 in französischem Gewahrsam, die Hauptverhandlung vor dem Pariser Militärgericht begann 1954. Oberg wurde noch im selben Jahr zum Tode verurteilt. Die Strafe wurde 1958 in lebenslange Haft umgewandelt. Vgl. Brunner: Frankreich-Komplex 2007 (wie Anm.), S. 132-161.
[95] Wildt: Generation 2002 (wie Anm. 18), S. 36 f.
[96] Rudolf Bilfinger an das Amtsgericht Stuttgart, 29.03.1965. StAL: EL 317 III Bü 74.

ein großer Teil der KdS, die als Militärverwaltungsbeamte oder von der Geheimen Feldpolizei (GFP) im Sommer 1942 auf diese Posten berufen worden waren, durch Polizeikräfte abgelöst wurden.[97] Als Bilfinger in Frankreich eintraf, hielten deutsche Truppen seit über sechs Monaten auch das bisher von Vichy kontrollierte Gebiet besetzt. Diese territoriale Ausdehnung der deutschen Besatzungsherrschaft ging einher mit einer Ausweitung des sicherheitspolizeilichen Apparates. Das Netz der KdS-Stellen wurde auf das neu besetzte Gebiet ausgedehnt und sechs neue KdS-Dienststellen am Sitz der jeweiligen Regionalpräfekten errichtet. Eine der neuen Dienststellen hatte ihren Sitz in Toulouse.[98] Bilfinger war bereits die zweite Besetzung dieses Postens.

Der erste KdS in Toulouse war SS-Hauptsturmführer Helmut Retzek (1906-1983) gewesen.[99] Retzek, seit 1940 in Frankreich im „Einsatz" und kein Mitglied der SS, war für die Dauer des Dienstes in die SS übernommen worden und hatte einen sogenannten Angleichungsdienstgrad erhalten. Er sei „Träger der SS-Uniform für die Dauer des Krieges gewesen", erklärte er 1953 vor Gericht.[100] Im Juni 1942 war er für wenige Monate als Stellvertreter des KdS Bordeaux, Hans Luther (1909-1970), abkommandiert worden, war im September in derselben Funktion zur gerade neu eingerichteten KdS-Dienststelle nach Rennes gewechselt, um im November 1942 - nachdem am 11. November deutsche Truppen die vormals freie Zone besetzt hatten - zum KdS in Toulouse ernannt zu werden. Dass Retzek eine Übergangslösung war, die dem ersten Personalbedarf während der Expansion des sicherheitspolizeilichen Apparates in Frankreich abhelfen sollte, zeigte sich rasch. Mit SS-Obersturmbannführer Rudolf Bilfinger übernahm im

---

[97] Brunner: Frankreich-Komplex 2006 (wie Anm. 6), S. 57 f; Kasten, Bernd: Zwischen Pragmatismus und exzessiver Gewalt. Die Gestapo in Frankreich 1940-1944, in: Paul, Gerhard/Mallmann, Klaus-Michael (Hg.): Die Gestapo im Zweiten Weltkrieg. „Heimatfront" und besetztes Europa, Darmstadt 2000, S. 362-382, S. 380.
[98] Diese KdS-Stellen hatten eine am BdS (Paris) orientierte Struktur von Abteilungen und Ämtern, auch bildeten sie ihrerseits meist in den Départementshauptstädten „Außenkommandos". Der KdS Toulouse war bei Amtsantritt Bilfingers zuständig für die Départements Ariège, Gers, Haute Garonne, Hautes Pyrénées, Lot, Lot-et-Garonne und Tarn, Außenstellen unterhielt die Dienststelle in Agen, Cahors, Montauban und Tarbes. Vgl. Einstellungsverfügung der Staatsanwaltschaft Stuttgart, 12.08.1981. StAL: EL 317 VI Bü 413. Zur Entstehung des sicherheitspolizeilichen Apparates und den Grundstrukturen der deutschen Besatzungsherrschaft in Frankreich: Brunner: Frankreich-Komplex 2007 (wie Anm.6), S. 33-79; Kasten: Pragmatismus 2000 (wie Anm. 96).
[99] Der 1906 geborene Kriminalbeamte war bei der Mobilisierung der Wehrmacht im Westen der Geheimen Feldpolizei (GFP) zugeteilt worden und zunächst in Belgien, anschließend in Frankreich im Einsatz. Diese GFP-Gruppen wurden mit Amtsantritt des HSSPF Oberg in Frankreich in die Sicherheitspolizei überführt. Kurzbiographie unter: https://www.wiesbadener-kurier.de/panorama/leben-und-wissen/zeitgeschichte-rheinland-pfalzischer-ministerprasident-peter-altmeier-hilft-mutmasslichem-kriegsverbrecher-helmut-retzek_18084996 (Zugriff: 07.02. 2019). Die Exekutivgewalt in Frankreich war zunächst dem Militärbefehlshaber übertragen worden, der zur sicherheitspolizeilichen Überwachung des besetzten Gebietes auf 20 territoriale Gruppen der GFP zurückgreifen konnte. Als diese in die Sicherheitspolizei überführt wurden, verstärkte dies die eigenen Exekutivkräfte. Kasten: Pragmatismus 2000 (wie Anm. 97). S. 367. Brunner gibt an, dass sich die Zahl der Exekutivkräfte der Sipo und des SD durch diese Überführung von rund 300 auf mehr als 2400 Mann erhöht hat. Vgl. ders.: Frankreich-Komplex 2007 (wie Anm. 6), S. 59.
[100] Urteilsauszug (in Übersetzung) vom 13.06.1953. StAL: EL 317 VI Bü 347.

Juni 1943 ein Mann direkt aus dem RSHA den Kommandeursposten. Retzek blieb in der Einarbeitungsphase Bilfingers noch zwei Monate dessen Stellvertreter, wurde dann aber nach Nizza beordert.[101]

Mit Bilfinger saß in Toulouse ein Jurist und Verwaltungsfachmann im Sipo-Chefsessel, dem das RSHA offensichtlich die nötige Führungskompetenz zusprach, die Lösung sicherheitspolitischer Aufgaben zutraute und davon ausging, dass er in der Lage war, mit den französischen Behörden vor Ort zusammenzuarbeiten. Die Sicherheitspolizei, analysiert Bernd Kasten (*1964), war jedoch personell unterbesetzt, um diese Herausforderungen allein zu bewältigen. Ohne effektive Unterstützung durch die französische Polizei so Kasten weiter, standen „die isolierten und überforderten Sicherheitskommandeure auf verlorenem Posten".[102] Dies setzte Kenntnisse der französischen Sprache voraus. Bilfinger verfügte nur über sein Schulfranzösisch, sein Vorgänger Retzek war ihm in diesem Punkt eindeutig überlegen.[103] Die KdS-Dienststelle in Toulouse hatte - angelehnt an den Aufbau des RSHA - sechs Abteilungen: Personal, Verwaltung, Recht, Gestapo, Kriminalpolizei und Nachrichten.[104] Als Bilfinger in Toulouse eintraf, hatte der französische Widerstand zunehmend an Kraft und militärischer Stärke gewonnen. Dabei hatten die Besetzung Südfrankreichs und die Einführung des Zwangsarbeiterdienstes wesentlichen Anteil. Das Gebiet um Toulouse, Hauptstadt des Départements Haute-Garonne, verzeichnete nach der Besetzung ebenfalls eine erhöhte Aktivität des Maquis. Wir wissen nicht, wie viele Mitarbeiter die Dienststelle Bilfingers hatte. Im Durchschnitt beschäftigte eine KdS-Dienststelle in Frankreich zwischen 50 und 100 Personen.[105] Da die Sicherheitspolizei in Südfrankreich in der Regel „unterbesetzt und überfordert" gewesen sei, versuchte sie, so Bernd Kasten, ihre Erfolglosigkeit durch „erhöhte Brutalität" wettzumachen.[106]

---

[101] Im September 1943 hatte die Wehrmacht auch das bisher von Italien kontrollierte Gebiet besetzt. Mit Alois Brunner (1912-nach 2001) schickte der BdS in Paris einen erfahrenen Spezialisten für Deportationen nach Nizza. Das Sonderkommando Brunner war für nächtliche Razzien und die Zusammenarbeit mit französischen Denunzianten berüchtigt. Vgl. Brunner: Frankreich-Komplex 2007 (wie Anm. 6), S. 71; Urteilsauszug (in Übersetzung) vom 13.06.1953. StAL: EL 317 VI Bü 347. Nach der Landung der Westalliierten an der Côte d' Azur im August 1944 und der Auflösung des KdS in Marseille wurde Retzek Führer des sogenannten „Kommando Retzek". Vornehmlich aus „Arabern und Marokkanern" bestehend, kam es gegen „französische Partisanen-Verbände" zum Einsatz. BArch Ludwigsburg: B 162/5053: KdS Toulouse.
[102] Kasten: Pragmatismus 2000 (wie Anm. 97), S. 373. Insgesamt wurden mehr als 70.000 Juden aus Frankreich verschleppt, die meisten von ihnen nach Auschwitz. Dazu grundlegend: Klarsfeld, Serge: Vichy-Auschwitz. Die „Endlösung der Judenfrage" in Frankreich, Darmstadt 2007.
[103] SS-Personalunterlagen, BArch: R 9361-III/517265; Urteilsauszug (in Übersetzung) vom 13.06.1953. StAL: EL 317 VI Bü 347; Vernehmungsprotokoll vom 22.03.1951 von Maurice Bezagu, Präfekt, HStAS: EA 2/150 Bü 104.
[104] Verfahrenseinstellung. Staatsanwaltschaft Stuttgart, vom 12.08.1981. StAL: EL 317 VI Bü 413.
[105] Kasten: Pragmatismus 2000 (wie Anm. 97), S. 373.
[106] Ebd., S. 374.

Die Befehlshaber, Inspekteure und Kommandeure der Sicherheitspolizei und des SD stellten für Jens Banach nach den Führungspositionen im RSHA „zweifellos die wichtigsten Institutionen von Sicherheitspolizei und SD" dar. Sie waren „Heydrichs Vertreter im Feld". Zwar waren in den besetzten Gebieten die Kommandeurs-Dienststellen dem BdS nachgeordnet. Es war ab 1942 in Frankreich der BdS mit Sitz in Paris, der alle besatzungspolitischen Aufgaben wahrnahm, die zentral im RSHA vorgegeben wurden. Gleichwohl sollte, so Banach, der Gestaltungsspielraum für die Kommandeure und ihre Mitarbeiter nicht unterschätzt werden.[107] Zahlreiche Verbrechen bei der Bekämpfung der Résistance gingen auf das Konto dieser Männer. Doch zu ihren vordringlichsten Aufgaben gehörte die Erfassung, Festnahme, Sammlung und Deportation der jüdischen Bevölkerung. Auf der Wannsee-Konferenz hatte man für die besetzte Zone in Frankreich die Deportation von 165.000 Juden, für die unbesetzte Zone von 700.000 Juden beschlossen. In Frankreich begann 1942 die Zeit der Massendeportationen. In der Provinz wie Toulouse sollten die Dienststellen der KdS eigenverantwortlich dafür sorgen, dass die Juden dingfest gemacht wurden. Dies geschah in einer Vielzahl von Einzelaktionen, in deren Folge ab 1943 weitere rund 35.000 Juden verhaftet wurden.[108]

Von Judendeportationen will der ehemalige KdS Bilfinger allerdings nichts gewusst haben. Zwar bestätigte er gegenüber der Staatsanwaltschaft, dass es vom BdS in Paris eine Weisung an alle KdS gegeben hatte, vorwiegend Juden zu verhaften. Während seiner Amtszeit habe es aber keine Festnahmen von Juden gegeben, nur „weil sie Juden gewesen seien". Wenn seine Dienststelle Juden verhaftet hätte, dann hätten dafür gravierende Gründe vorgelegen: entweder seien sie „Angehörige der Widerstandsbewegung" gewesen oder hätten sich an „Anschlägen gegen deutsche Truppen" beteiligt. Bilfinger will sogar dann, wenn sich der Vorwurf der Résistance-Zugehörigkeit bei einem festgenommenen Juden als Irrtum herausgestellt hatte, diesen Vorgang nicht weiter verfolgt, sondern „einfach liegen gelassen haben". Denn, so Bilfinger, seine primäre Aufgabe als KdS sei es gewesen, den französischen Widerstand zu bekämpfen und ihren Nachschub an Waffen und Ausrüstungsgegenständen abzufangen.[109]

Eine „bewußt verzögerliche" Behandlung von „Vorgängen" oder das Argument der personellen Unterbesetzung gegenüber dem BdS, so dass Festnahmen von Juden gar nicht möglich gewesen seien - Bilfingers Verteidigungslinie ist offensichtlich: Trotz seiner Funktion als KdS hat er nichts aktiv zur Verfolgung der

---

[107] Banach, Jens: Heydrichs Vertreter im Feld. Die Inspekteure, Kommandeure und Befehlshaber der Sicherheitspolizei und des SD, in: Paul/Mallmann: Gestapo 2000 (wie Anm. 63), S. 82-99, S. 82 und S. 87.
[108] Dass die Vertreter der Sipo und des SD den zu hoch angesetzten Vorgaben aus Berlin hinterher rannten, betont Bernhard Brunner. Vgl. ders.: Frankreich-Komplex 2007 (wie Anm. 6), S. 61 ff.
[109] Verfahrenseinstellung. Staatsanwaltschaft Stuttgart, vom 12.08.1981. StAL: EL 317 VI Bü 413.

Juden beigetragen, sondern im Gegenteil die angeordneten Verfolgungsmaßnahmen sogar unterlaufen. Die Beweisprobleme für die bundesrepublikanische Strafverfolgungsbehörde waren hier immens. Das lag zum einen daran, dass ein in der Registratur der KdS-Dienststelle Beschäftigter „in allerletzter(!) Stunde vor der Flucht aus Toulouse" alle Akten und Unterlagen im Hof verbrannt hatte.[110] Doch auch wenn Bilfinger mit neuen (d.h. vor dem Militärgericht Bordeaux nicht verhandelten) Dokumenten der KdS-Dienststelle konfrontiert wurde, konnte (oder wollte) er sich an die Vorgänge nicht mehr erinnern; und fehlten auf dem Schriftstück seine Unterschrift oder Paraphe, so behauptete er, von diesem nie Kenntnis gehabt zu haben. Von „umfangreichen Deportationen von Juden nach Deutschland" habe er damals rein gar nichts gewusst. Er sei davon ausgegangen, dass die von seiner Dienststelle inhaftierten Personen so lange in „Lagern" - Fresnes, Drancy und Compiègne - festgehalten würden, bis sie vor ein (ordentliches) Militärgericht gestellt werden würden.[111] Dies ist für einen ehemals hochrangigen Funktionär des RSHA, der 1943 direkt aus Berlin nach Frankreich gekommen war, eine unverfrorene Behauptung. Dennoch konnte ihm eine „direkte Beteiligung" an „den Festnahmen der Juden, ihrer Überführung in das Durchgangslager Drancy [...] und ihre spätere Verschleppung nach Deutschland" auch im Jahr 1981 nicht nachgewiesen werden.[112]

Als sich Bilfinger 1953 vor einem französischen Militärgericht hatte verantworten müssen, waren nicht die Judendeportationen Gegenstand des Verfahrens gewesen, sondern Vorfälle bei der Bekämpfung des französischen Widerstands. Bilfinger wurde als KdS verantwortlich gemacht für die Festnahme und Deportation von über 100 Personen, darunter befanden sich aber auch viele Juden. Die Anklageschrift listet eine Fülle von Foltermethoden auf, die bei den Verhören offensichtlich routinemäßig angewandt wurden, um Geständnisse zu erpressen. Dazu gehörten Schläge und Fußtritte, das Ausschlagen von Zähnen, Nahrungsentzug und das Aufhängen an den Armen. So wurde ein im August 1943 verhafteter Funker, der in Verbindung zum „Freien Frankreich" in London stand, während seiner fünf Verhöre grausam misshandelt: „an den Füßen aufgehängt, sein Hinterteil gepeitscht, bis das Blut erschien, ohne Nahrung gelassen". Unter dem Titel „Sache Sutra" führte die Anklage die Verhaftung von über 20 Franzosen im September 1943 auf, die dem Widerstand zugerechnet wurden. Sie wurden in das Gefängnis in Toulouse eingeliefert und von Mitarbeitern der Dienststelle verhört. Unter den Verhafteten befand sich der Toulouser Kaufmann Sutra, der „heftig mit Knüppel und Koppel" geschlagen, „gegen eine Wand geworfen" und „sein Kopf mehrfach in das Wasser einer Badewanne" ge-

---

[110] Aussage von Viktor Tröndle. Ebd.
[111] Verfahrenseinstellung. Staatsanwaltschaft Stuttgart, 12.08.1981. StAL: El 317 VI Bü 413.
[112] Ebd.

drückt wurde, „bis er halb erstickt war". Ein anderer Verhafteter wurde im Treppenhaus an den Armen aufgehängt und in den Rücken getreten.[113] Mit diesen Vorwürfen in der „Sache Sutra" konfrontiert, verwies Bilfinger auf das Urteil des nach Toulouse verlegten (deutschen) Militärgerichts Lyon in dieser „Sabotage-Sache". Das Urteil und das Strafmaß - fünf der Angeklagten wurden im Dezember 1943 zum Tode verurteilt, das Urteil aber in eine lange Haftstrafe umgewandelt, die übrigen ohne Urteil nach Deutschland verschleppt - gingen, so Bilfinger, somit nicht auf seine Kappe, und für die Verhöre machte er die ihm unterstehende Unterabteilung IV a verantwortlich. Überhaupt sei er als Chef bei den Verhören „sehr selten" dabei gewesen, und wenn, dann nur, um „einen persönlichen Eindruck von den festgenommenen Personen" zu gewinnen, und nicht, um selber ein Verhör zu leiten. Er bestritt, von Misshandlungen während der Verhöre gewusst zu haben, und behauptete sogar, dass er, wenn er davon Kenntnis gehabt hätte, „mit äußerster Energie gegen die Täter" vorgegangen wäre. Wieder wälzte er die Verantwortung auf andere ab, diesmal insbesondere auf den Leiter der Abteilung IV (Gestapo).[114] Dass Bilfinger permanent andere belastete, hatten auch die französischen Ankläger so gesehen. Für sie mutete die „Unwissenheit", die ein „so wichtige(r) Dienststellenleiter" für sich in Anspruch nahm, ohnehin „seltsam" an, zumal Bilfinger zugeben musste, bei den monatlichen Kommandeurstreffen des BdS in Paris teilgenommen zu haben. Dort aber wurden „Direktiven" ausgegeben sowie „Methoden und Ergebnisse verglichen".[115]

Neben den planmäßigen Deportationen von Juden wurden auch Nichtjuden in Konzentrationslager verschleppt. Dies geschah infolge des „Nacht- und Nebel-Erlasses" Hitlers von 1941, der sich gegen Regimegegner in den besetzten Staaten Westeuropas richtete. Dieser Erlass war auch im besetzten Frankreich die Grundlage für das Vorgehen gegen Personen, denen eine Verbindung zu Widerstandsgruppen oder die Beteiligung an Sabotageakten vorgeworfen wurde. Militärgerichte sollten aber nur Taten aburteilen, bei denen sofort ein Todesurteil gefällt werden konnte, alle anderen Fälle sollten bei „Nacht und Nebel" über die Grenze nach Deutschland verbracht werden, um dort vor Gericht (NSDAP-Sondergerichte) gestellt zu werden. In der Folge wurde dann aber oft anders verfahren. Beschuldigte, gegen die keine Anklage erhoben werden konnte, blieben für die Dauer des Krieges im Gewahrsam der Sicherheitspolizei. Ihr Weg endete damit bei der Gestapo, in verschiedenen Haftanstalten und in Konzentrationslagern.[116] Dies war auch der Weg, den diejenigen Personen gingen, die

---

[113] Anklageschrift der Staatsanwaltschaft beim Ständigen Militärgericht Bordeaux vom 04.05.1953. StAL: EL 317 VI Bü 347.
[114] Ebd.
[115] Urteil Appelationsgerichtshof Bordeaux vom 20.11.1951. Ebd.
[116] Siehe Gruchmann, Lothar: „Nacht- und Nebel"-Justiz. Die Mitwirkung deutscher Strafgerichte an der Bekämpfung des Widerstandes in den besetzten westeuropäischen Ländern 1942-1944, in: Vierteljahrshefte für Zeitgeschichte 29 (1981), Heft 3, S. 342-396.

vom KdS Toulouse (ohne Urteil) in die Lager Drancy (für Juden) oder Compiègne bzw. Fresnes überstellt wurden.[117]

Hier zu behaupten, sich nicht an diesen „Führererlass" zur „Verfolgung von Straftaten gegen das Reich oder die Besatzungsmacht in den besetzten Gebieten" vom 7. Dezember 1941 gehalten zu haben, wie es Bilfinger 1953 tat, ist ebenso unglaubwürdig wie zu behaupten, als RSHA-Mann nicht gewusst zu haben, welches Schicksal die nach Drancy überstellten jüdischen Menschen erwartete. Ihm sei „völlig unbekannt" gewesen, dass die Personen, die er nach Compiègne oder Drancy schickte, „in Konzentrationslager in Deutschland eingewiesen" wurden, verteidigte er sich bei seinem Prozess 1953.[118] Nur weil es in Toulouse kein Militärgericht gegeben habe, welches eigentlich für die Urteilsfindung bei Regimegegnern zuständig gewesen wäre, seien die Verdächtigen „in die von dem BdS bestimmten Lager" überführt worden, so seine Rechtfertigung. Er versicherte, über ihr weiteres Schicksal damals nichts gewusst zu haben, vielmehr sei er davon ausgegangen, dass die überstellten Personen „zumindest vorübergehend in Schutzhaft" genommen würden.[119] Noch bevor vom Oberkommando der Wehrmacht (OKW) im Dezember 1942 der berüchtigte „Bandenbekämpfungserlaß" erging, der zur Bekämpfung der Widerstandsbewegungen in allen besetzten Gebieten die Truppe verpflichtete, in „diesem Kampf ohne Einschränkung" auch gegen Frauen und Kinder alle erforderlichen Mittel anzuwenden",[120] hatten bereits im Oktober 1942 alle Sipo/SD-Kommandos in Frankreich ein Telegramm des BdS Paris erhalten. In diesem hatte er im Rahmen der „Endlösung" die Festnahme von Juden angeordnet und ausdrücklich darauf hingewiesen, dass von nun an auch Frauen, Kinder und Greise deportiert werden sollten.[121] In Bilfingers Amtszeit wurde ein jüdischer Familienvater, dem die Zugehörigkeit im Widerstandsnetz „Beryl" zum Verhängnis geworden war, in der KdS-Dienststelle verhört und misshandelt; seine

---

[117] Vernehmungsniederschrift, Staatsanwaltschaft Stuttgart, 05.03.1981. StAL: EL 317 VI Bü 346.
[118] Anklageschrift der Staatsanwaltschaft beim Ständigen Militärgericht Bordeaux vom 04.05.1953. StAL: EL 317 VI Bü 347.
[119] Vernehmungsniederschrift, Staatsanwaltschaft Stuttgart, 05.03.1981. StAL: EL 317 VI Bü 346. Dieselbe Verteidigungsstrategie verfolgte Helmuth Retzek, der 1953 zusammen mit Bilfinger vor dem Militärgericht Bordeaux angeklagt war. Vgl. Anklageschrift der Staatsanwaltschaft beim Ständigen Militärgericht Bordeaux vom 04.05.1953. StAL: EL 317 VI Bü 347. Die Behauptung, nichts von der Ermordung der Juden gewusst zu haben, wurde in mehreren Verfahren vor französischen Militärgerichten vor allem von Vertretern der Zentralen Rechtsschutzstelle zu einem zentralen Verteidigungsargument ausgebaut. Hiervon profitierte neben Bilfinger vor allem der Militärverwaltungsbeamte Hans Luther. Vgl. Brunner: Frankreich-Komplex 2007 (wie Anm. 6), S. 115-132.
[120] Chef OKW betr. Bandenbekämpfung vom 16.12.1942. Zit. nach Kasten, Bernd: „Gute Franzosen". Die französische Polizei und die deutsche Besatzungsmacht im besetzten Frankreich 1940-1944, Sigmaringen 1993, S. 203.
[121] Fernschreiben BdS Helmut Knochen (1910-2003) an alle Sipo/SD-Kommandos vom 07.10.1942. Abgedruckt in: Klarsfeld, Serge: Vichy-Auschwitz. Die Zusammenarbeit der deutschen und französischen Behörden bei der „Endlösung der Judenfrage" in Frankreich (Schriften der Hamburger Stiftung für Sozialgeschichte des 20. Jahrhunderts, Bd.9), Nördlingen 1989, S. 470.

Ehefrau und die zehn Monate alte Tochter wurden während dieser Zeit deportiert und „nach der Ankunft in einem Lager [...] in den Ofen des Krematoriums gebracht". Der Familienvater überlebte und sagte als Zeuge in Bilfingers Prozess 1953 aus. Das Militärgericht sah es als erwiesen an, dass Bilfinger für die „Festnahme und Freiheitsberaubung ('Festnahme, Inhaftierung und Verschleppung') zum Nachteil des jüdischen 10 Monate alten Kindes" verantwortlich war. Dies war einer der Anklagepunkte, in denen Bilfinger 1953 schuldig gesprochen wurde.[122] Für die französischen Ankläger stand fest: Bilfinger wälzte „alles in allem [...] jede Verantwortung für die Verschleppungen von sich auf den BdS" ab, obwohl ein KdS nachweisbar Spielräume hatte etwa bei der Einweisung der Verhafteten in „Schutzhaft I, II oder III".[123] Die Anklage qualifizierte Bilfingers Behauptung als das, was sie war: eine „Schutzbehauptung". Er selber jedoch nahm für sich in Anspruch, sich als KdS „korrekt verhalten" zu haben. Er habe sich „ganz und gar nichts vorzuwerfen", ist in der Urteilsbegründung zu lesen, denn er habe „die Kriegsgesetze und Kriegssitten sowie die humanitären Regeln nie verletzt".[124] Da er beispielsweise für seine Dienststelle Folterungen untersagt habe, hätte ihn während seiner Amtszeit keine einzige diesbezügliche Beschwerde erreicht. Auch dies entlarvte die Anklage als reine Schutzbehauptung. Niemand könne „vernünftigerweise" annehmen, dass Folteropfer oder ihre Angehörigen die Möglichkeit gehabt hätten, sich „beim Leiter des K.D.S. zu beschweren".[125]

Im Dezember 1943 wurde Bilfinger aus Toulouse abberufen und die Kommandeursstelle neu besetzt. Wir wissen nicht, ob er seinen Kommandeursposten nach so kurzer Zeit freiwillig abgab. Bilfinger war als Kommandeur der Sicherheitspolizei und des SD verantwortlich für die Organisation, die Disziplin und die Ergebnisse seiner Dienststelle gewesen. Ob er hinter den Erwartungen des RSHA und des HSSPF und des BdS in Frankreich zurückgeblieben war und dies der Grund für sein Ausscheiden war? Die Gründe für seine Abberufung im Dezember 1943 nach nur rund sechs Monaten Amtszeit kennen wir nicht. Für Bilfinger stand indes fest, dass er für die Führungsspitze der Sipo und des SD in Frankreich „viel zu weich" gewesen sei und „zu oft und zu viele Bedenken" geäußert hätte.[126] „Nicht die genügende Härte gegen die Franzosen" gezeigt zu haben, besiegelte seiner Meinung nach das Ende seiner Karriere in Frankreich.[127] Der ehemalige HSSPF Carl Oberg (1897-1965), der 1951 in Frankreich auf seinen Prozess wartete, bestätigte, dass er Bilfinger nicht auf der Höhe der von ihm verlangten Aufgaben sah. Ohne einen entsprechenden Stab an Mit-

---

[122] Verfahrenseinstellung. Staatsanwaltschaft Stuttgart, 12.08.1981. StAL: EL 317 VI Bü 413; Urteilsauszug (in Übersetzung) vom 13.06.1943. StAL: EL 317 VI Bü 347.
[123] Anklageschrift der Staatsanwaltschaft beim Ständigen Militärgericht Bordeaux vom 04.05.1953. StAL: EL 317 VI Bü 347.
[124] Ebd.
[125] Urteil Appellationsgerichtshof Bordeaux vom 20.11.1951. Ebd.
[126] Vernehmensniederschrift, Staatsanwaltschaft Stuttgart, 05.03.1981. StAL: EL 317 VI Bü 346.
[127] Bilfinger an das Amtsgericht Stuttgart, 29.03.1965. StAL: EL 317 III Bü 74.

und Zuarbeitern, wie dieser es von Berlin gewohnt war, so erinnerte Oberg eine Inspektionsreise nach Toulouse, habe sich Bilfinger außerstande gesehen, den Vorgaben des HSSPF und des BdS nachzukommen. Für den HSSPF war damit klar, dass Bilfinger für den wichtigen Posten des KdS in Toulouse - einer „région qui n'était pas calme" - eine Fehlbesetzung war. Oberg sagte aus, dass er die Abberufung Bilfingers initiiert habe.[128]

Dass das RSHA den KdS-Posten mit Dr. Friedrich Suhr[129] nachbesetzte, einem Mann mit Erfahrungen als Einsatzkommandoführer im Vernichtungskrieg gegen die Sowjetunion, könnte ein Hinweis in diese Richtung sein. So hatte der damalige französische Generalpräfekt als Zeuge 1953 zu Protokoll gegeben, mit der „Ankunft von Suhr" sei ein „neuer Zeitabschnitt der Gewalttaten" angebrochen, die „schlechter" gewesen seien als die Taten, die Bilfinger (und Retzek) nun vorgeworfen würden. Bilfinger wiederum sei „nachgiebiger" als sein Vorgänger im Amt Retzek gewesen, auch habe er mehr „Überlegung" gezeigt.[130] Bilfinger sprach zwar nicht so gut Französisch wie Retzek, der seit 1940 in Frankreich war, hob sich ansonsten aber positiv von seinem Amtsvorgänger ab. Der ehemalige Präfekt wiederum beschrieb ihn, als er 1951 von der Polizei vernommen wurde, als „douce" und „cultivé". Bilfinger habe gegenüber der Bevölkerung und der französischen Verwaltung „l'attitude la plus convenable et la plus conciliante" gezeigt.[131] Friedrich Suhr hingegen repräsentierte einen anderen Typ. Er hatte sich zuvor an der Ostfront durch äußerste Brutalität „ausgezeichnet" und übertrug die ihm bekannten Methoden der „Partisanenbekämpfung" aus dem Osten auf sein neues Zuständigkeitsgebiet.[132] Der RSHA-Angehörige Bilfinger hingegen hatte seine Tauglichkeit bislang nicht im Krieg, im „auswärtigen Einsatz", unter Beweis stellen müssen. Er war anders als Friedrich Suhr nicht mit der Führung eines Einsatzkommandos im Osten betraut worden. Für diese Aufgabe suchte das RSHA „erfahrene und in ihren Augen ausgezeichnete Männer" aus, so Michael Wildt. Keineswegs habe es sich bei den Führern der Einsatzgruppen und -kommandos um eine „Negativauslese" gehandelt, sondern im Gegenteil: hier hatte das RSHA „wichtige Leitungsfunktionen" zu vergeben.[133] Diese Einsatzgruppen jedoch stellten, so Michael Wildt, als mobile

---

[128] Déposition Karl Oberg vom 17.04.1951. StAL: EL 317 III Bü 74.
[129] Die beiden Männer kannten sich vom RSHA, wo Suhr, wie Bilfinger promovierter Jurist, kurze Zeit als Referent im Amt II A unter Bilfinger tätig gewesen war, dann von Eichmanns Referat B 4 im Amt IV übernommen wurde, bevor er im November 1942 zum BdS nach Kiew wechselte. Dort übernahm er bis August 1943 das Sonderkommando 4b (Einsatzgruppe C), anschließend bis November 1943 wurde er zum Einsatzkommandoführer (Ek 6) der Einsatzgruppe C bestimmt. Vgl. Wildt: Generation 2002 (wie Anm. 18), S. 549; Klee, Personenlexikon 2007 (wie Anm. 59), S. 616.
[130] Urteilsauszug (in Übersetzung) vom 13.06.1953. StAL: EL 317 VI Bü 347. Retzek hingegen wurde von französischer Seite als „unbeugsam" und „autoritär und leicht aufbrausend" beschrieben, der von „sich und seinen Funktionen eingenommen" gewesen sei. Ebd.
[131] Abschrift der polizeilichen Vernehmung von Maurice Bezagu vom 22.03.1951. HStAS: EA 2/150 Bü 104.
[132] Kasten: Pragmatismus 2000 (wie Anm. 96), S. 381.
[133] Ebd., S. 552 f.

Einheiten des RSHA genau jene „kämpfende Verwaltung" dar, die Heydrich gefordert hatte.[134] Bilfinger fehlte die Erfahrung des rassistischen Massenmords. Als die Einsatzgruppen in Polen und später in der Sowjetunion wüteten, saß er an seinem Schreibtisch in Berlin. Erst mit seiner Versetzung nach Toulouse 1943 musste auch er sich im „Einsatz" bewähren. Dies bedeutet freilich nicht, dass sich Bilfinger „durch philanthropische Neigungen" ausgezeichnet hätte. Auch unter ihm als KdS wurden Verdächtige routinemäßig gefoltert und in Konzentrationslager deportiert. Doch unterschieden sich diese Methoden deutlich von der hemmungslosen Brutalität, die unter seinem Nachfolger praktiziert wurde.[135]

Verwaltungschef beim BdS Krakau

Sein Einsatz in Frankreich machte sich bei Rudolf Bilfinger weder für seine Beamtenkarriere bezahlt, noch wurde er innerhalb der SS in den nächsthöheren Dienstrang befördert. Als er im Januar 1944 seinen neuen Posten als Verwaltungschef beim BdS in Krakau antrat, war er immer noch Oberregierungsrat und SS-Obersturmbannführer.[136] Bilfinger hatte dieses Amt, wie oben gesehen, bereits 1940 für einige Monate unter Bruno Streckenbach innegehabt. Streckenbach war damals der erste BdS gewesen, den Heydrich für ein neu erobertes Gebiet ernannt hatte. Streckenbachs Nachfolger als BdS im Generalgouvernement waren die Juristen Dr. Eberhard Schöngarth (1903-1946) und Walter Bierkamp (1901-1945). Bilfinger folgte im Januar 1944 auf Dr. Alfred Schweder. Die beiden Juristen kannten sich aus dem RSHA.[137]

In Polen war der Konflikt zwischen Sipo/SD, den Militärbehörden und der Zivilverwaltung um die sicherheitspolitische Gewalt nach schweren Auseinandersetzungen zugunsten des RSHA entschieden worden. Als Bilfinger 1944 zum

---

[134] Wildt: Generation 2002 (wie Anm. 18), S. 415.
[135] Kasten: Pragmatismus 2000 (wie Anm. 96), S. 377. Auch Brunner: Frankreich-Komplex 2006 (wie Anm. 6) , S. 69-75.
[136] Suhr hatte zwar denselben SS-Rang wie Bilfinger, wurde aber im November 1944, als sich die Wehrmacht und Sicherheitspolizei im Rückzug befanden, zum neuen BdS Frankreich bestimmt. Klee: Personenlexikon 2007 (wie Anm. 59), S. 616. Mit dem Ritterkreuz ausgezeichnet, avancierte er gegen Ende des Krieges im Westen noch zum SS-und Polizeiführer für das Elsass. Kasten: Pragmatismus 2000 (wie Anm. 96), S. 382. Suhr nahm sich 1946 das Leben, zu einer Verurteilung vor einem französischen Gericht ist es daher nicht gekommen.
[137] Schweder hatte 1940, als Bilfinger ab August interimsweise nach Krakau abgeordnet worden war, dessen Referat „Organisation der Sicherheitspolizei und des SD" vertreten. Nachdem Bilfinger kommissarisch die Gruppenleitung II A „Organisation und Recht" übernommen hatte, wurde Schweder der neue Referent für das Sachgebiet II A 1 „Organisation der Sicherheitspolizei und des SD". Im August 1942 war er als Verwaltungsleiter zum BdS nach Krakau kommandiert worden. Vgl. Wildt: Generation 2002 (wie Anm. 18), S. 296 und 299. Von 1943 bis 1944 war er Vertreter des Befehlshabers der Sicherheitspolizei von Lothringen in Metz und ab Februar 1945 Leiter der Staatspolizeistelle von Bremen. 1944 wurde er zum Oberregierungsrat und SS-Obersturmbannführer ernannt. Vgl. https://de.wikipedia.org/wiki/Alfred_Schweder (Zugriff: 18.01.2019) und Klee: Personenlexikon 2007 (wie Anm. 59), S. 574.

zweiten Mal nach Krakau kommandiert wurde, hatten im Generalgouvernement seit Jahren alle diesbezüglichen Befugnisse der HSSPF Ost sowie der BdS in Krakau übernommen. Als „Heydrichs Vertreter" (Jens Banach) sollte der BdS im Generalgouvernement nicht nur eine polizeiliche Behörde leiten, sondern die politische Besatzungspolitik gemäß dem Anspruch der Sicherheitspolizei und des SD aktiv mit gestalten.[138] „Terror gegen die polnische Bevölkerung und die Vernichtung der Juden waren [...] die Eckpfeiler der dortigen Besatzungspolitik bis zum Ende der Besatzungszeit im Januar 1945", so Michael Foedrowitz. Die Durchsetzung einer „unerbittlichen Strafpolitik" sei die Hauptaufgabe des BdS in Krakau gewesen, welche die innere Sicherung und Ausbeutung der Ressourcen ebenso sicherstellen sollte wie die Realisierung der „Rasse- und Vernichtungspläne der SS".[139] Dafür standen dem BdS neben vier (später fünf) Kommandeuren der Sicherheitspolizei rund 2.000 Beamte von Kripo und Gestapo sowie Angehörige des SD sowie rund 3.000 Beamte der polnischen Kriminalpolizei zur Verfügung.[140] Als Bilfinger 1944 nach Krakau kam, war mit Walter Bierkamp seit Juli 1943 der Posten des BdS erneut mit einem Juristen besetzt worden. Bierkamp war nur zwei Jahre älter als Bilfinger, im Unterschied zu diesem aber nie im RSHA beschäftigt gewesen. Seine „Verdienste" hatte er sich als Inspekteur der Sicherheitspolizei (IdS) in Düsseldorf und Führer der Einsatzgruppe D in Südrussland (Juli 1942 bis Juni 1943) erworben. Von dort wurde er unmittelbar auf den Posten des BdS kommandiert.[141] Bilfinger bezeichnete seine Aufgaben als Leiter des Amtes I/II (Verwaltung und Recht) als reine Verwaltungsvorgänge. 1944 seien dies vornehmlich gewesen: „Passwesen, Ausländerpolizei, Aufenthaltserlaubnisse und Passierscheine".[142] Während die Sachgebiete „Passwesen" und „Ausländerpolizei" bereits im Hauptamt Sicherheitspolizei existiert hatten und bei der Gründung des RSHA 1939 in die neue Gruppe „Recht" integriert wurden,[143] waren die beiden letzten Schwerpunkte von Bilfingers Arbeit neu. Flexibel hatte das RSHA hier im Generalgouvernement auf die politischen - und im Laufe des Jahres 1944 zunehmend auch militärischen - Gegebenheiten reagiert. Mit der Eroberung eines neuen Gebietes entstanden neue Referate, wurden neue Schwerpunkte innerhalb eines Amtes gesetzt. Bilfinger hatte die Passstelle für das gesamte Generalgouvernement unter sich, eine Aufgabe, die sich 1944 „mit den zahlreichen Ausländern, Staatenlosen und Personen mit ungeklärter Staatsangehörigkeit" intensivierte. Dasselbe galt für die Ausgabe von Passierscheinen, für die ebenfalls Bilfinger zuständig war. Je näher die Front rückte, desto restriktiver wurde der „Zuzug aus dem Reich" gehandhabt, den Bilfinger als vormals „stark" bezeichnete. Eine Einreiseerlaubnis von Bilfingers Amt ins Generalgouvernement zu bekommen, wurde „in Zusammenarbeit mit der Wehrmacht" immer schwieriger. Auf dem

---

[138] Banach: Vertreter 2000 (wie Anm. 106), S. 86 f.
[139] Foedrowitz: Suche 2000 (wie Anm. 70), S. 340 f.
[140] Ebd., S. 343.
[141] Kurze biographische Angaben bei Klee: Personenlexikon 2007 (wie Anm. 59), S. 49; auch bei Foedrowitz: Suche 2000 (wie Anm. 70), S. 347.
[142] Bilfinger an das Amtsgericht Stuttgart, 29.03.1965. StAL: EL 317 III Bü 74.
[143] Wildt: Generation 2002 (wie Anm. 18), S. 289.

„Verwaltungswege" hatte man die Voraussetzung für eine Erteilung so weit verschärft, dass der aufgrund der angespannten Sicherheitslage an der Ostfront unerwünschte Zuzug „verhindert" wurde. Im Laufe des Jahres 1944 habe die Sicherheitspolizei von der Wehrmacht zudem den Zollgrenzschutz übernommen, der entlang der Grenzen des Generalgouvernements Sicherungs- und Überwachungsaufgaben wahrnahm. Mit der verwaltungsmäßigen Eingliederung war ebenfalls Bilfinger als Verwaltungschef des BdS betraut.[144]

Krakau wurde im Januar 1945 geräumt, die Dienststelle des BdS aufgelöst.[145] Bilfinger wurde ins RSHA nach Berlin zurückbeordert, wo er seiner Erinnerung nach bis Anfang oder Mitte April „ohne Verwendung" blieb. Erst dann hatte man einen neuen Posten für ihn gefunden. Bilfinger wurde zum BdS in Prag kommandiert, allerdings befand sich die Dienststelle bei seiner Ankunft bereits „in voller Auflösung". „Irgend eine Tätigkeit habe ich in Prag nicht ausgeübt", gab er 1965 zu Protokoll. Zwei Tage, bevor die Wehrmacht am 8. Mai 1945 Prag räumte, geriet Bilfinger, der sich aus der Stadt abgesetzt hatte, bei Pilsen in amerikanische Gefangenschaft.[146]

Mit der exekutiven Polizei und mit „Judenangelegenheiten" will er in Krakau nichts zu tun gehabt haben.[147] Mit dieser Aussage glaubte Bilfinger 1965 die Angelegenheit ad acta legen zu können. Dass die Dienststelle von BdS Bierkamp im November 1943 maßgeblich an der Vorbereitung der „Aktion Erntedank" im Distrikt Lublin beteiligt gewesen ist, bei der rund 42.000 Juden erschossen wurden, waren genau solche „Judenangelegenheiten", von denen er nichts mitbekommen haben will, weil sie nicht in sein Ressort fielen.[148] Aus seiner Selbstgewissheit war Bilfinger im Januar 1964 aufgrund einer Strafanzeige in Stuttgart wegen „sechsmillionenfachen Judenmordes" aufgeschreckt worden.[149] Daraufhin war es zu umfangreichen Ermittlungen auch der Zentralen Stelle in Ludwigsburg gekommen, die aber keine belastbaren Ergebnisse brachten. Es erging, was Bilfingers Tätigkeit in Krakau betraf, eine Teileinstellungsverfügung.[150] Allerdings hatte zwischenzeitlich das Kammergericht in Berlin Ermittlungen gegen die Angehörigen des RSHA aufgenommen. Es wurden Verfahren gegen rund 3.000 ehemalige RSHA-Angehörige vorbereitet. Erwin Schüle (1913-1993), der Ludwigsburger Behördenleiter, gab deshalb alle Ermittlungsergebnisse gegen Bilfinger an den Generalstaatsanwalt in Berlin ab in

---

[144] Rudolf Bilfinger an das Amtsgericht Stuttgart, 29.03.1965. StAL: EL EL 317 III Bü 74.
[145] Bierkamps Abkommandierung als BdS endete am 17.1., er wurde anschließend HSSPF in Oberschlesien. Vgl. Foedrowitz: Suche 2000 (wie Anm. 70), S. 347.
[146] Rudolf Bilfinger an das Amtsgericht Stuttgart, 29.03.1965. StAL: EL EL 317 III Bü 74.
[147] Ebd.
[148] Hilberg, Raul: Die Vernichtung der europäischen Juden, Frankfurt a.M. 1990, Band 2, S. 559.
[149] Gustav Schmid an den Ministerpräsidenten des Landes Baden-Baden-Württemberg, 02.01.1964. StAL: EL 317III/73.
[150] Dr. Schüle an Justizministerium Baden-Württemberg, 04.02.1964. StAL: EL 317 III Bü 73.

der Annahme, dass „bei einer solchen systematischen Untersuchung" die bisher „nur bruchstückhaft bekannt gewordene Tätigkeit des Dr. Bilfinger im Reichssicherheitshauptamt eine umfassende Klärung erfahren könnte".[151] Es schien, als würde eine Prozesslawine gegen hochrangige Schreibtischtäter des RSHA wie Bilfinger zurollen. Doch infolge einer Strafrechtsänderung 1968 und eines Urteils des Bundesgerichtshofes ein Jahr später brach die juristische Grundlage für die meisten RSHA-Verfahren zusammen. Nun galt, dass der Tatgehilfe nur dann wie der Haupttäter bestraft werden konnte, wenn er ebenfalls aus niedrigen Beweggründen gehandelt hatte. Diese „niedrigen Beweggründe" und „besonderen persönlichen Merkmale" galt es den RSHA-Funktionären nun nachzuweisen, die nach der damaligen Rechtsprechung nicht als „Täter" - dies waren Hitler, Himmler und Heydrich -, sondern als „Gehilfen" galten. Gelang es den Nachweis zu führen, dass die „Gehilfen" von der bevorstehenden Ermordung der von ihnen deportierten Juden gewusst haben, dann konnte die Tat als heimtückisch oder grausam gelten und als Beihilfe geahndet werden. Fehlte indes dieser Nachweis, so waren die Verfahren wegen Verjährung einzustellen. Das bedeutete, dass alle nach 1960 eingeleiteten Ermittlungsverfahren gegen RSHA-Personal, in denen die Ankläger statt von Täterschaft von Mordbeihilfe (als Gehilfe) ausgegangen waren, mit einem Schlag rückwirkend verjährt waren.[152] Hiervon profitierte zweifelsohne auch Rudolf Bilfinger, denn das laufende Ermittlungsverfahren wegen seiner Tätigkeit im Sonderreferat „Tannenberg" wurde im Dezember 1968 eingestellt.[153]

Nach 1945

Nach seiner Rückkehr in die Bundesrepublik 1953 geriet Bilfinger wie gesehen mehrfach ins Visier der Staatsanwälte. Seine neue Laufbahn im Staatsdienst schien mehr als einmal bedroht zu sein. Und er hatte in der Tat eine Menge zu verlieren. Nur wenigen ehemaligen Sipo-Funktionären und RSHA-Angehörigen gelang eine derart auffällige Karriere: Bilfinger brachte es bis zum Oberverwaltungsgerichtsrat am Landesverwaltungsgerichtshof Baden-Württemberg.[154]

Der RSHA-Mann konnte seine Karriere im Nachkriegsdeutschland fortsetzen, ganz so, als ob seine Tätigkeit beim RSHA eine normale Verwaltungstätigkeit für einen Juristen und seine Tätigkeit als KdS in Toulouse bzw. als Verwaltungschef beim BdS in Krakau eine normale Kriegsteilnahme gewesen wäre. In den

---

[151] Ebd.
[152] Straftaten mit einer angedrohten Höchststrafe von 15 Jahren waren bereits am 08.05.1960 verjährt; die Ermittlungen der Berliner Staatsanwälte hatten erst 1963 begonnen und damit zu spät, um die Verjährungsfrist zu unterbrechen. Zum RSHA-Verfahren: Wildt: Generation 2002 (wie Anm. 18), S. 823-838; Weinke, Annette: Amnestie für Schreibtischtäter. Das verhinderte Verfahren gegen die Bediensteten des Reichssicherheitshauptamtes, in: Mallmann/Angrick (Hg.): Gestapo 2009 (wie Anm. 4), S. 200-220.
[153] BArch: Ludwigsburg B 162/5063.
[154] Auch sein Vorgänger als KdS in Toulouse, Helmut Retzek, fand in den Polizeidienst zurück und wurde Leiter der Wasserschutzpolizei Duisburg. Brunner: Frankreich-Komplex 2007 (wie Anm. 6), S. 184.

Personalakten Bilfingers werden letztere unter „Kriegsdienst" aufgeführt, Bilfinger selber rubrizierte sie als „auswärtigen Einsatz".[155] Da es ihm gelang, von Artikel 131 GG zu profitieren, konnte er als Oberregierungsrat z.Wv. in den Staatsdienst zurückkehren. Seine „zweite Chance" bedeutete aber nicht, dass er ein ruhiges, von jeglicher Strafverfolgung unberührtes Leben führen konnte. Als seine Vergangenheit zusätzlich durch die „Braunbuchkampagne" der DDR und durch die „Vereinigung der Verfolgten des Naziregimes" (VVN) im Jahr 1965 publik gemacht wurde, quittierte er vorzeitig und auf eigenen Wunsch den Dienst.[156] Der Präsident des Verwaltungsgerichtshofes Baden-Württemberg sagte in einem Interview im März 1965, dass sich Bilfinger zweifellos selber Gedanken gemacht habe, ob es nicht besser sei, sich durch eine Pensionierung „aus der Schußlinie" zu bringen. Bilfinger habe diese Kampagne „sehr schwer genommen" und er sei dadurch „nervlich ungeheuer […] belastet" und dienstunfähig.[157] Anfang März beantragte der 62-jährige Bilfinger die Versetzung in den Ruhestand.[158] Und noch als Ruheständler ereilte ihn 1981 eine letzte Forderung zur Ahndung seiner Straftaten. Doch ist es nie zu einer Verurteilung gekommen. Bis zuletzt hielt er an seiner Rechtfertigungsstrategie fest, von dem planmäßigen Judenmord nichts gewusst gehabt zu haben. Und bis zuletzt gelang es nicht, das Gegenteil zu beweisen.[159] Freilich bedeutete die Verfahrenseinstellung nicht, dass gegen Bilfinger zu Unrecht ermittelt worden war, sondern nur, dass er unter den Bedingungen des geltenden Rechts der BRD nicht überführt werden konnte.

---

[155] HStAS: EA 2/150 Bü 104.
[156] Braunbuch 3. Aufl. 1968, S. 90. Online unter: https://archive.org/stream/braunbuchBRD/braunbuch_djvu.txt (Zugriff: 21.01.2019). Siehe auch: https://web.achive.org/web/20101120002520/http://braunbuch.de/2-02.shtml#i05 (Zugriff: 21.01.2019).
[157] Radiointerview mit Dr. Hailer, 09.03.1965. HStAS: EA 2/150 Bü 104.
[158] Stuttgarter Zeitung und Stuttgarter Nachrichten vom 09.03.1965. StAL: EL 317 III Bü 74.
[159] Verfahrenseinstellung, Staatsanwaltschaft Stuttgart, 12.08.1981. StAL: EL 317 VI Bü 413.

Hermann Wenz

Karl Buck: „Ich bin Nationalsozialist, fanatisch!"[1]

* 17. November 1893[2] in Stuttgart
† 11. Juni 1977 in Rudersberg (heute: Rems-Murr-Kreis)

Ingenieur, 1932 Kreisleiter Welzheim, 04/1933 – 04/1945 Lagerkommandant (u.a. Heuberg, Oberer Kuhberg Ulm, Welzheim, Schirmeck-Vorbruck, Rotenfels). Dreimal zum Tode verurteilt, begnadigt, 1955 freigelassen mit Pensionsberechtigung

Der Weg zum Lagerkommandanten

Karl Buck wuchs als Sohn einer Postratsfamilie in Stuttgart auf.[3] Er besuchte nach der Elementarschule bis zur 6. Klasse[4] die Oberrealschule. Als Voraussetzung, um danach die Ingenieurschule in Esslingen besuchen zu können, absolvierte er in der Maschinenfabrik Esslingen die dafür notwendige praktische Vorbereitungszeit. Danach trat er im Oktober 1913 beim Grenadier-Regiment Nr. 119 als Einjährig-Freiwilliger ein. Da 1914 der Weltkrieg begann, hatte er im Militärdienst zu verbleiben, den er in seinem Regiment als Frontkämpfer mitmachte, zuletzt im Range eines Leutnants und Bataillonsadjutanten. Ob innerhalb dieser Militärzeit auch Beurlaubungszeiten zur zeitweisen Aufnahme des Ingenieurstudiums liegen, ist nicht überliefert, liegt aber rechnerisch nahe. Nach seinem eigenhändigen Lebenslauf legte er nach fünf Semestern 1920 die „M-Prüfung" ab, wonach er bei einer Firma Polenius & Jung in Dessau angestellt wurde, um von dort aus „für die Zurüstung einer Portlandzementfabrik nach Portugal" zu gehen. „Nach Beendigung dieser Aufgabe" siedelte er Anfang 1924 für eine Firma Salpeterwerke Gildemeister & Co. in Bremen nach Chile über. Wegen Amputation des linken Beines infolge Kriegsverletzung musste er die Stelle aufgeben, worauf er im November 1930 wieder nach Deutschland zurückkehrte und noch im Laufe des Jahres 1931 weiter in ärztlicher Behandlung war. 1920 hatte er sich verheiratet.

---

[1] Böhm, Udo/ Böttcher, Helmut u.a.: Sicherungslager Rotenfels. Ein Konzentrationslager in Deutschland, Erstfassung Ludwigsburg 1989, in der überarbeiteten und erweiterten Neuauflage, Rastatt 2015, S. 48. Dies war der regelmäßige Schlußsatz in den sonntäglichen „Ansprachen" des Kommandanten im Lager Schirmeck-Vorbruck.
[2] Nicht 1894, wie verschiedentlich behauptet; vgl. u.a. Lebenslauf im BDC, jetzt BArch Berlin.
[3] Eigenhändiger Lebenslauf, wie oben.
[4] Er besuchte nach der Grundschule die Oberrealschule bis zur 6. Klasse, d.h. nach heutiger Zählung bis Klasse 10.

Aus der Ehe war eine Tochter hervorgegangen. Wohl 1931 ließ er sich in Rudersberg nieder, 40 km ostwärts von Stuttgart, im damaligen Oberamtsbezirk Welzheim. Wahrscheinlich kannte er den ebenfalls aus Stuttgart stammenden und ebenfalls in Esslingen ausgebildeten Maschinenbauingenieur Karl Mayer (?–1940), der in Rudersberg neben seinem Brotberuf als der NS-Ortsgruppenleiter fungierte. Wenngleich es nicht gerade eine Ingenieurstätigkeit war, betrieben die Eheleute Mayer eine umfängliche Erwerbsgeflügelzucht.[5] Vielleicht orientiert am Beispiel Mayer, wurde Buck 1932 der NS-Kreisleiter für das Oberamt Welzheim. Ab 1955 sollte sich sein Schicksal erneut mit der Familie Mayer verbinden.

Lagerkommandant 1933-1940 (Heuberg, Kuhberg, Welzheim)

Keines der von Buck befehligten Lager unterstand der IKL, der „Inspektion der Konzentrationslager", vielmehr zunächst der Württembergischen Politischen Polizei (in ihren verschiedenen Ausprägungen) bzw. nach Verreichlichung der Gestapoverwaltung, im Elsass dem „Chef der Zivilverwaltung" (CdZ), dem auch für das Elsass zuständigen badischen Gauleiter und Reichsstatthalter Robert Wagner (1895-1946) sowie einem „Befehlshaber der Sicherheitspolizei" (BdS).

Auch wenn gegen Ende des Jahres 1933 die SS-Uniform als Dienstuniform eingeführt wurde, allerdings mit Polizeikragenspiegeln und speziellen Formationsaufnähern, machte dies z.B. die notdienstverpflichteten Wachleute nicht zu Mitgliedern der SS und auch nicht des SD. Diese Feinheit ist zu beachten, wenn in Häftlingsberichten einheitlich von SS-Männern die Rede ist.[6] Für das Elsass ist die genaue Handhabung noch nicht speziell eruiert. Dorthin wurden, neben anderen Kräften, im 6-wöchigen Turnus Polizeibeamte abgeordnet.[7]

Nach Gründung und Erstbelegung des KZ Heuberg (Stetten am kalten Markt) am 20. März 1933 im zum dortigen Truppenübungsplatz gehörigen Lager wird mit dem 26. März der „Kreisleiter Karl Buck" zunächst stellvertretender und mit dem 11. April 1933 dann der Kommandant[8] dieses vom Land Württemberg (auf badischem Boden) errichteten Schutzhaftlagers. Die Häftlinge kamen, neben der Mehrzahl von insgesamt 3.300 Männern aus Württemberg, auch aus Baden und elf Männer aus den beiden hohenzollerischen (preußischen) Landkreisen.[9] Mit der Verlegung des Lagers nach Ulm kamen die badischen Häftlinge in die

---

[5] Spruchkammerakte Anna Mayer, StAL EL 902/25 Bü 5142.
[6] Einzelheiten sind in dem Aufsatz des Autors „'Dich verschieß' ich wie einen Hund!': Hermann Eberle und das Polizeigefängnis Welzheim," Anm. 55 und 57, dargelegt, in: Proske, Wolfgang (Hg.): Täter Helfer Trittbrettfahrer, Bd. 1, Gerstetten 2016, Erstausgabe Ulm/Münster 2010, S. 59-86.
[7] Pflock, Andreas: Sicherungslager Schirmeck-Vorbruck, in Benz, Wolfgang/ Distel, Barbara: Der Ort des Terrors. Geschichte der Nationalsozialistischen Konzentrationslager, München 2009, Bd. 9, darin: Lager mit besonderer Bestimmung, S. 521-533. Siehe auch in früherer Fassung: Pflock, Andreas: Sicherungslager Schirmeck-Vorbruck, in: Gedenkstättenrundbrief [der Stiftung Topographie des Terrors] Nr. 133, S. 15-26 (20).
[8] Kienle, Markus: Das Konzentrationslager Heuberg bei Stetten am kalten Markt, Ulm 1998, S. 31, 34. Auf diverse Abweichungen und Ungenauigkeiten wird hier nicht eingegangen.
[9] Kienle 1998 (wie Anm. 8), S. 98.

in Baden gelegenen Lager Ankenbuck bei Donaueschingen und nach Kislau, heute Gemeinde Bad Schönborn, nördlich von Bruchsal.[10] Zum Jahresende 1933 hatte das Militär die Herausgabe der Anlage auf dem Heuberg für eigene Zwecke verlangt, so dass, nach vergeblicher Suche an anderen Orten, das „KZ" Heuberg in das Festungsbauwerk Oberer Kuhberg in Ulm verlegt wurde.

Es gibt Betroffenstimmen, dass der Kommandant Buck selbst nie Hand an einen Häftling im Sinne unmittelbarer Züchtigung gelegt habe. Dieser Aufsatz berichtet mehrfach anderes. Zudem nutzte er andere Formen demütigender, gesundheits- und lebensgefährdender Schikane, die ganzen zwölf Jahre hindurch. Und er hat, soweit er nicht selbst beteiligt war oder es angeordnet hat, wissentlich quälerische Verhältnisse zugelassen. Es würde den Umfang dieser Arbeit sprengen, alle Demütigungen und Schindereien gegenüber den Häftlingen aufzuführen; insofern ist auf bereits vorliegende Veröffentlichungen hinzuweisen.[11] Einige wenige Beispiele sollen angeführt werden:

Buck verhörte im Lager Kuhberg im Mai 1934 einen Häftling, und als ihm dessen Antwort nicht passte, schlug er diesem „die Kommandantenfaust ins Gesicht".[12] Häftling St. bekundet für Oktober 1939, also für Welzheim, Buck habe, nachdem er sich weigerte, Namen von Mitverdächtigen zu verraten, in einem Tobsuchtsanfall wahllos auf ihn eingeschlagen und ihm angekündigt, er werde „die Heimat so bald nicht wiedersehen."[13]

Typisch waren die auf körperliche und seelische Schinderei ausgelegten Empfangsrituale, zu denen das Robben durch einen Wasserkanal und das Haare-„ausrupfen" mit einer stumpfen Schere in Hockhaltung gehörte, das die Treppen Hinaufjagen und Hinunterknüppeln, die Gefährdung mittels scharfer Hunde, der Einsatz ständig mitgeführter Schlaginstrumente, das Waschen und Abbürsten in kaltem Wasser im Freien, die Schikane, angeblich schmutzige Uniformen bei kalter Jahreszeit auf der Stelle waschen und sie nass wieder anziehen zu müssen, lange Zählappelle (mit der Folge langanhaltender Blasenentzündungen) oder Appelle, in denen Tags oder Nachts Hitlerreden im Rundfunk oder Reden des Kommandanten Buck anzuhören waren, dürftige, absichtlich zu Hunger und Abmagerung führende Ernährung oder das Verwendenmüssen

---

[10] Zu Ankenbuck: Heimatgeschichtlicher Wegweiser zu Stätten des Widerstandes und der Verfolgung 1933-1945 Baden-Württemberg II, S. 131 ff., und Kienle 1998 (wie Anm. 8), S. 42 u. Anm. 108, und „Allmende": Manfred Bosch: Von der Gemeinnützigkeit zum Unrecht. Die Arbeiterkolonie Ankenbuck – ein Paradigma, 1983, S. 11-31, zu Kislau: Heimatgeschichtlicher Wegweiser Baden-Württemberg I, S. 52 ff., und Borgstedt, Angela: Das nordbadische Kislau: Konzentrationslager, Arbeitshaus und Durchgangslager für Fremdenlegionäre, aus: Benz/Distel (Hg.): Herrschaft und Gewalt, Frühe Konzentrationslager 1933-1945, Band 2, Berlin 2002, S. 217 ff.
[11] Zum Heuberg: Kienle 1998 (wie Anm. 8), zum Kuhberg Ulm: Lechner, Silvester: Das KZ Oberer Kuhberg und die NS-Zeit in der Region Ulm/Neu-Ulm, Stuttgart 1988, zu Welzheim: Schlotterbeck, Friedrich: Je dunkler die Nacht... Erinnerungen eines deutschen Arbeiters 1933-1945, Neuausgabe Stuttgart 1986, S. 111-234, und Aufsatz des Autors in THT 1 (wie Anm. 6).
[12] Lechner 1988 (wie Anm. 11), S. 47, Bericht Häftling K. aus Backnang.
[13] VVN-Archiv Baden-Württemberg, Stuttgart, D 750, Niederschrift zur Aussage des Häftlings St. aus Stuttgart.

von verrosteten und ungereinigten Essnäpfen (in denen zuvor Gewehrfett gelagert war). Der vielfach ausgegebene Kohl wurde so gekocht, daß es zu vergiftetem Essen und Schwierigkeiten für Magen und Gedärme führte.[14] Eine der eher sarkastisch aufzufassenden Demütigungen war, den Häftlingen Hakenkreuznudelsuppe zu verabreichen („man wollte uns von innen erneuern").[15] Ein beinamputierter Mann wurde mit der eigenen Beinprothese blutig geprügelt, was besonders zu bemerken ist, weil Buck selbst ja ebenfalls Prothesenträger war. Arbeit wurde im Übermaß verlangt, bei unnützem Wegebau, von dem schwach gewordene Häftlinge zurückgeschleppt werden mussten.[16] Politischen Häftlingen („Hetzern") wurde Arbeit aber gerade verweigert, von Körperbeschädigten, so dem einarmigen Kurt Schumacher (1895-1952, nach 1945 der Vorsitzende der SPD) hingegen ausdrücklich abverlangt. Treppen mussten kopfüber nach unten geputzt werden, wonach ein Wachmann das Schmutzwasser erneut über die Treppe ausgoss. Buck drohte einem jüdischen und kommunistischen Häftling, der schon geschwächt auf dem Heuberg ankam, besondere Beachtung an, weil er sich erfrechte, erst „so spät" (im September) auf dem Heuberg anzukommen. Er wurde am eiskalten Brunnen von Wachleuten abgebürstet, wurde von Buck mit fünf Tagen Arrest belegt, weil er sich nicht habe waschen lassen, wurde aus dem darauf folgenden Krankenlager die Treppe hinuntergezogen, mit dem Kopf von Stufe zu Stufe aufschlagend, und als er tot unten ankam, hieß es, „jetzt ist die Sau auch noch verreckt!"[17]

In der Festung Ulm wurden Häftlinge der untersten „Stufe", wozu die Politischen gehörten, in engen, nassen, kalten unterirdischen Gängen, die durch Schießscharten belüftet waren, beinahe „lebend begraben". Einem solchen Häftling der dritten Stufe (regelmäßig dort ohne Beschäftigung) wurde durch Verlegung in die zweite Stufe und in die Entlaßstufe samt Aushändigung der Zivilkleidung vorgegaukelt, an einem bevorstehenden Entlassungstag in die Freiheit zu kommen. Während die anderen Kandidaten vor seinen Augen entlassen wurden, wurde er wieder in die dritte Stufe verlegt in den unterirdischen Verliesen. Viele Häftlinge kamen von dort für ihr Leben gesundheitlich gezeichnet zurück; andere wurden noch entlassen, wenn absehbar war, dass sie vermutlich sterben würden. Ordnungsgemäße Krankenbehandlung war den Häftlingen nicht garantiert, weil die Vorstellung bei einem Arzt oft willkürlich hinausgezögert wurde. Namentlich zu Welzheim ist das ausführlich berichtet; auch ist von dort eine Häftlingsirreführung mit der Aussicht auf Entlassung berichtet,

---

[14] So bei Kienle 1998 (wie Anm. 8); Kupfervergiftung ist nicht ausgeschlossen.
[15] Zu den im Reich damals erzeugten NS-„Devotionalien" gehörten neben anderen mit Hakenkreuzen versehenen Alltagsgegenständen (Schuhbürsten u.a.) auch Hakenkreuznudeln (wie die Sternchen und Suppenbuchstaben). Die Reichsregierung (!) erließ im Mai 1933 eigens ein „Gesetz zum Schutz der nationalen Symbole", kurz „Reichskitschgesetz" genannt, woraufhin die Hakenkreuznudeln entschädigungslos eingezogen werden konnten und dem Lager Heuberg zum Verbrauch übergeben wurden, Davon berichtet aus eigenem Wissen auch ein damals in einem Heuberg-Ort eingesetzter Lehrer (vgl. - bisher unveröffentlicht - Roth, Elmar (Sohn): „Erinnerungen an Freudenstadt", S. 8, Kopie im Besitz des Autors).
[16] „Die Nazi's hätten ihn sonst totgeschlagen", Kienle 1998 (wie Anm. 8), S. 67.
[17] Kienle 1998 (wie Anm. 8), S. 91.

was Buck und seinem Stellvertreter Hermann Eberle (1908-1949) großes Vergnügen bereitet habe. Ebenso unterstellten sie einem Häftling, er habe „politisiert", was für einen anderen Lagerhäftling gerade (nach Provokation) zu einem Todesurteil geführt hatte. Nachdem sie ihren Spaß hatten, verkündeten sie ihm, er werde an diesem Tage nach Hause entlassen.

Kleidung durften die Häftlinge per Paket zu Hause waschen lassen, was natürlich die Angehörigen, die schon einen Ernährer entbehren mussten, noch zusätzlich finanziell belastete. Für die wenige Freizeit konnten sie sich Spiele und Bücher schicken lassen, die nach Genehmigung von Buck eventuell einzeln ausgegeben wurden.

Es wird ein Fall berichtet, in dem ein politischer (kommunistischer) Häftling sich wegen schikanöser Behandlung dreier prominenter Sozialdemokraten offen auflehnte. Diesen wurden bei ihrer Ankunft auf dem Heuberg Brennnesselsträuße in die Hand gedrückt, die sie bei der hämischen Vorstellung vor den anderen Häftlingen herumtragen mussten. Das führte dazu, dass einer der kommunistischen Häftlinge, die bekanntlich mit den Sozialdemokraten nicht befreundet waren, diesen die Sträuße demonstrativ aus der Hand riss.

Das Lager Oberer Kuhberg in Ulm bestand für eineinhalb Jahre, bis zur Auflösung Mitte Juli 1935.[18] Die letzten dreißig Häftlinge, darunter Kurt Schumacher, wurden nach Dachau verlegt. Buck wurde ab diesem Zeitpunkt der Leiter des Referates Schutzhaft in der Politischen Polizei, danach Stapoleitstelle, in Stuttgart. Seine Ulmer Wachleute wurden entlassen. Lediglich sein Stellvertreter, der als Hilfspolizist aus der SA und später der SS hervorgegangene Hermann Eberle, fand für untergeordnete Arbeiten dort ebenfalls eine Anstellung.[19]

Ab Mitte Oktober 1935 bot sich in Welzheim, wo in den Jahren zuvor das Amtsgericht aufgehoben worden war, in dessen Räumen und im über den Hof angrenzenden ehemaligen Amtsgerichtsgefängnis, die erneute Eröffnung einer der Politischen Polizei unterstehenden Haftstätte an, die bis April 1945 existierte.[20] Wenn auch die Bezeichnungen wechselten: Es war und blieb ein Polizeigefängnis, eine Art ausgelagertes Hausgefängnis, mit dem auch hier von der Öffentlichkeit benutzten Namen „KZ". Buck wurde unter Beibehaltung seiner Stuttgarter Tätigkeit der Kommandant, während Eberle zu seinem Lagerverwalter vor Ort wurde.

In den bisher für insgesamt höchstens zwölf Häftlinge genutzten Räumen brachte Buck 72 Personen unter, davon in den seitherigen Einzelzellen sechs, mit Zubauten um 180/200. Nach der Reichpogromnacht wurde es ganz eng, denn im Verwaltungsgebäude wurden bei zwei Metern Raumhöhe durch die Häftlingsschreinerei Pritschen in vier Etagen übereinander eingebaut, trotz der

---

[18] Für alles: Lechner 1988 (wie Anm. 11).
[19] Zu Eberle siehe den Aufsatz in THT 1, wie Anm. 6.
[20] 1936/37 auf das Reich übernommen.

Bedenken eines der Häftlingsschreiner. „Für die Juden sei das gerade recht", war Bucks Antwort.

Das Gefängnis sollte weiterhin für oberamtlich verhängte Haftzeiten (durchschnittlich ein Haftplatz) benutzt werden, ebenso für Disziplinarhaft des in Welzheim neu errichteten Arbeitsdienstlagers. Es ist bezeichnend für Buck, wie er nach und nach mit Halbwahrheiten und Übergriffigkeiten die Verfügungsgewalt über das ganze Gebäude an sich riss und das Oberamt (dann Landratsamt) regelrecht hinausdrängte. Aus den gewechselten Schriftsätzen, darunter „Polizeigefängnis Welzheim Kommandantur", Unterschrift Buck, kann gemutmaßt werden, welche Auseinandersetzungen es gegeben haben muss. Schließlich wurden übrige Bettstellen usw. des Gefängnisses kurzerhand auf den Kraftfahrpark der Stapoleitstelle abgefahren, von wo sie (gemeint: vom düpierten Landratsamt, H.W.) jederzeit abgeholt werden könnten."[21]

Aufgrund seiner Stuttgarter Tätigkeit war Buck nur an ein oder zwei Tagen in der Woche in Welzheim, dazu gerne auch am Sonntagmorgen, denn er lebte in „schlechten Familienverhältnissen".[22] Dann wurden Verhöre und Appelle abgehalten. Im Prinzip kannte Buck alle Häftlinge. Mit seinen Empfehlungen bestimmte er den Verbleib oder die Weiterleitung von Häftlingen in Lager wie Dachau wesentlich mit.

Sein besonderes Hobby war die Welzheimer Häftlingsschreinerei, die er nach dem Tod eines örtlichen Schreiners in dessen Räumlichkeiten unterhielt. Nach Schreinern unter den künftigen Häftlingen hielt er regelrecht Ausschau. Auch ein geeigneter Wachmann, gelernter Schreiner und SS-Mitglied, wurde von ihm auf diese Art gewonnen. Die Häftlinge verrichteten auch Arbeiten an Einsatzstellen am Ort, bauten an einem Scheinflughafen „auf guten Äckern" mit oder waren an Bauern zur Mitarbeit ausgeliehen (von denen sie dann auch heimlich Essen zugesteckt bekamen oder es ließ sonst jemand im Ort gezielt Äpfel oder Tomaten liegen, nachdem sie gesehen hatten, dass die Häftlinge im Ort in den „Misten" nach Essbarem wühlten).

Waren es ab 1933 vor allem politische Häftlinge, waren es später auch Männer, die diszipliniert werden sollten oder die vor der Weiterleitung in die klassischen Konzentrationslager, ab 1941 auch in die Arbeitserziehungslager, standen. Mit der Reichspogromnacht kamen vorübergehend Juden hinzu, und mit Eintritt in den Krieg neben Deutschen auch Ausländer, die nach und nach zunächst als Kriegsgefangene oder in dem vom „Generalbevollmächtigten für den Arbeitseinsatz", Fritz Sauckel (1894-1946), regelrecht betriebenen Menschenraub als Arbeitskräfte ins Land kamen. Viele polnische Männer kamen nach Welzheim, weil sie mit den eigens für sie erlassenen Polenstrafvorschriften in Konflikt kamen, wonach sexueller Kontakt zu einer deutschen Frau mit dem Tode bestraft

---

[21] Für alles: HStAS E 151/03 Nr. 125, Innenministerium, Abt. III Polizeiwesen, Oberamtsgefängnis Welzheim, Schriftsätze vom 03.01.1936 bis 06.02.1937,
[22] Schlotterbeck 1986 (wie Anm. 11), S. 119.

werde (kurzerhand durch Entscheid des RSHA, nicht eines Gerichtes). Zur Häftlingsgesellschaft gehörten sogar Parteimitglieder oder sonst ungetreue Regimeangehörige, denen ein Verfahren bevorstand, und nicht zuletzt auch Spitzel, die eigens auf bestimmte Häftlinge angesetzt wurden.

Wachmänner der Anfangsphase auf dem Heuberg waren SA-Männer, die auf diese Art in Arbeit kamen (auf dem Heuberg zusätzlich Ulmer Schutzpolizisten). Später kamen zu den SA-Männern sukzessive nach kürzeren und längeren Lehrgängen auch mehrere geschulte SS-Mitglieder hinzu, noch später auch kurzerhand notdienstverpflichtete Männer.[23]

Buck scheute sich nicht, seine Wachmänner wegen kleinster Versäumnisse oder Disziplinwidrigkeiten zu belangen und sie gegenseitig und sogar vor den Häftlingen herabzusetzen. Es waren immerhin erwachsene Männer. Wenn diese die vorgegebene abendliche Ausgehzeit auch nur geringfügig überschritten, hatten sie mit Ausgangssperren, sprich Bereitschaftsdiensten, sowie Straf- und Nachtwachen zu rechnen, und für alle, die Häftlinge eingeschlossen, sichtbarem Aushang ihres Verdikts am Schwarzen Brett. Myrah Adams (* 1948) nennt acht dazu erhaltene „Kommandanturbefehle" aus Ulm.[24] Für Welzheim wird berichtet, Buck habe aber umgekehrt bei guter Laune den SS-Leuten erzählt, wie er in Chile die Indios mit Peitsche und Pistole in Schach hielt.[25]

Andere der Öffentlichkeit bekannte Ereignisse aus dem Lager wie die Erhängungen vor allem von polnischen Häftlingen im örtlichen Steinbruch oder mit dem in Welzheim gezimmerten fahrbaren Galgen überall im Einzugsbereich der Stapoleitstelle liegen nach der dortigen Buck-Zeit.

Kommandeur des Sicherungslagers Schirmeck-Vorbruck im Elsass

Nach der Eroberung Frankreichs im Juni 1940 wurden die beiden Elsass-Departements faktisch wie deutsches Gebiet angesehen und die Verwaltung auf den „Chef der Zivilverwaltung", der zugleich Reichsstatthalter und Gauleiter der NSDAP für den Gau Baden in Karlsruhe war (in Person des Robert Wagner), übertragen. Unter ihm agierte der Befehlshaber der Sicherheitspolizei und des SD, der hier die Errichtung des Sicherungslagers Schirmeck-Vorbruck anordnete. Auch das Lager Schirmeck unterstand nicht der KZ-Verwaltung. Je nach Zielsetzung der Inhaftierung wurden sogar verschiedene Namen geführt, darunter auch „Arbeitserziehungslager Schirmeck." Es wird vielfach mit dem ab 1941 existenten, wenige Kilometer entfernten und bekannteren „echten" KZ Natzweiler-Struthof verwechselt.

---

[23] Kienle 1998 (wie Anm. 8), S. 31; Lehrgänge hatten mindestens die SS-Männer Eberle und Held absolviert. Zu Eberle vgl. THT 1 (wie Anm. 6), S. 68.
[24] StAL PL 502, 32, 224, zitiert nach: „Doch die Freiheit, die kommt wieder". NS-Gegner im Württembergischen Schutzhaftlager Ulm 1933-1935. Katalog zur Ausstellung in Ulm, KZ-Gedenkstätte Oberer Kuhberg 30. 06. - 13.11.1994, Haus der Geschichte Baden-Württemberg, Stuttgart 1994, Bearbeiterin Myrah Adams, S. 19, u. Anm. 42.
[25] Schlotterbeck 1986 (wie Anm. 11), S.119.

Den Elsässern sollte ihre Widerspenstigkeit gegen die Überleitung in das Deutschtum notfalls mit dieser Lagerhaft aberzogen werden, also fanden sich dort Oppositionelle oder Menschen, die der Lebensanschauung der Deutschen widersprachen: standhafte Priester, Homosexuelle, Prostituierte, ab 1942 Menschen, die nicht in die deutsche Wehrmacht wollten, zudem „Rotspanier" und andere. Kommandant wurde von Anbeginn an Karl Buck, der deshalb seine Tätigkeit in Welzheim aufgab, allerdings u.a. anfangs noch Monat für Monat zur Abrechnung und zur Kontrolle des Gefängnisses in Welzheim erschien.[26] Seine Verbundenheit mit seinem seitherigen Lager Welzheim zeigte sich auch darin, dass er „bald ganze Wagenladungen junger Elsäßer" dorthin schickte, wo diese dann zu Bauern oder Handwerkern dienstverpflichtet wurden und sein Nachfolger sie „hin und wieder übers Wochenende im Arrest" verprügeln ließ.[27] Auch in Schirmeck hing es stark von der Beurteilung des Kommandanten ab, ob einzelne Häftlinge noch in die KZ-Lager verlegt wurden.[28]

Frankreich hatte 1939 im zu Schirmeck benachbarten „La Bruche" ein Barackenlager errichtet, in das bei Ausbruch eines offenen Krieges mit Deutschland Teile der Bevölkerung aus Orten unmittelbar vor der Grenze evakuiert werden sollten.[29] Dieses Lager wurde nach und nach durch etliche Baracken ergänzt, einschließlich des späteren Baues einer Halle (mit darunter befindlichen Gefängniszellen), Festsaal genannt, die bis zu 2.000 Personen fassen konnte und in der sodann, wie zuvor auf dem Exerzierplatz, die langdauernden Sonntagsansprachen des Kommandanten stattfanden, in denen er die „Zertrümmerung und Zermürbung Eurer alten Gesinnung" ankündigte. Zu diesem Zweck würden sie jetzt einem Regime unterworfen, dessen zerstörende Wirkung „wir genau berechnet haben. Ihr werdet längere oder kürzere Zeit überstehen, aber eines Tages kommt der Zusammenbruch", und dann werde (er) handeln.[30] Er ließ es sich nicht nehmen, eine derartige einschwörende Rede auch anlässlich der Eröffnung des Gestapo-Arbeitserziehungslagers für Männer Kniebis-Ruhestein im Sommer 1941 im nahen Schwarzwald zu halten.[31]

Bei Pierre Seel heißt es: „Wenn Karl Buck keine Besucher hatte, ging er nie zu Fuß durch das Lager. Er setzte sich ans Steuer seines Citroens [...] und fuhr mit höchster Geschwindigkeit durch die Gassen. Man mußte sich auf die Seite werfen, durfte dabei allerdings nicht vergessen, den Herrn Hauptsturmführer zu grüßen. Manchmal gab es Verletzte unter den Zerstreuten oder weniger Behenden, denn der schwarze Blitz tauchte unvermittelt hinter einer Baracke auf und

---

[26] Dokumentationszentrum Ob. Kuhberg Ulm (DZOK) R 1, Bü 91, Eigenbericht Eberle v. 14.07.1945, S. 1.
[27] Schlotterbeck 1986 (wie Anm. 11), S. 143.
[28] VVN-Archiv, Ordner Heuberg 13, Brief Fr. Uloth, die nach Ravensbrück verlegt wurde.
[29] Der Name „Schirmeck-Vorbruck" ist eine Verballhornung des ursprünglichen Namen. Der Ort liegt westlich Straßburg in den Vogesen im Tal der Breusch, französisch „La Bruche". Mehrere benachbarte Orte wurden von der deutschen Besatzung mit Schirmeck zusammengefasst, und La Bruche als „Vorbruck" eingedeutscht. Der ganze Ort Schirmeck hat heute 2300 Einwohner.
[30] Böhm/Böttcher u.a. 2015 (wie Anm. 1), S. 30.
[31] StAL 902/20 Bü 25099, O. Schmalacker.

hielt nie an. Über uns tönte aus den Lautsprechern klassische Musik von Bach, Beethoven und Wagner, aber auch Militärmärsche [...]."[32]

Seit Sommer 1941 waren außer männlichen Häftlingen auch etwa 300 Frauen in einem eigenen durch Stacheldraht getrennten Lagerteil inhaftiert, bewacht von drei,[33] später vier namentlich benannten weiblichen Wachpersonen. Buck hatte bei einem privaten Aufenthalt in Rudersberg aus dem dortigen Arbeitserziehungslager für Frauen die Oberaufseherin G. wegen im Ort anstößigen und nicht mehr haltbaren Lebenswandels mitgenommen. Er sagte, „das Saufen treibe er dem Mannweib schon aus, aber ihr Temperament sei ihm für seinen Schirmecker Laden gerade recht."[34] Pierre Seel benennt als Wachpersonal „SS-Männer mit dem Totenkopf an der Mütze."[35] Zu den Wachmannschaften gehörten auch Polizisten. Laut Octave Moessner waren sie abgeordnet wegen eines Disziplinarverfahrens oder weil sie für den Militärdienst nicht geeignet waren, ab 1943 anstelle der in den Krieg eingezogenen SS-Männer.[36]

Besonders negativ tat sich die Oberaufseherin aus dem Frauenteil des Lagers hervor: „Wenn Frauen ausrissen und welche erwischt wurden, hat man sie nicht mehr erkannt, als sie wieder hereinkamen. Die Haare waren ganz vom Kopf abrasiert, das Gesicht ganz blau verschlagen von der schönen Frau Lehmann. Die hat einen Ring am Finger gehabt, einen dicken Ring, den hat sie immer hochgedreht und dann ist es losgegangen. Das ging bei uns Frauen bis ganz zum Ende des KZ."[37]

Die Häftlinge hatten in verschiedenen benachbarten Betrieben zu arbeiten, sowohl in einem unmittelbar an den Lagerzaun angrenzenden Werk wie in einem Werk im Ortsteil Wackenbach. In beiden Betrieben wurden Zubehörteile für Daimler-Benz gefertigt, wozu Anleiter aus Gaggenau abgestellt waren. Zudem gab es Arbeitskommandos in der Umgebung, so Waldarbeit, Gleisbau, Knochenarbeit im Steinbruch, und eines am Flughafen Entzheim, auf halbem Wege westlich von Straßburg. Es ist anzunehmen, dass Buck auch Hanns Trippel (1908-2001), den deutschen Betriebsführer der „Trippelwerke" in Molsheim, den okkupierten vormaligen Bugatti-Werken, kannte. Ob unter den rund 2.000 Beschäftigten in diesem Betrieb auch schon Schirmeck-Häftlinge waren, ist bisher nicht ersichtlich; im Nachfolgelager Sulz a.N. waren sie sofort dabei. Die entleihenden Betriebe hatten für jeden Häftlingsarbeitstag an die Lagerkasse zu zahlen.

---

[32] Seel, Pierre: Ich, Pierre Seel, deportiert und vergessen, Köln 1996, S. 43 f.
[33] Pflock 2009 (wie Anm. 7), S. 526, nennt die Zahl 8.
[34] StAL EL 903/5 Bü 58, Gönnenwein.
[35] Seel 1996 (wie Anm. 32), S. 40.
[36] Pflock, Andreas: Sicherungslager Schirmeck-Vorbruck, in „Gedenkstättenrundbrief" [der Stiftung Topographie des Terrors] Nr. 133, S. 15-26 (20); Zeugenaussage Moessner, Häftling in Schirmeck und in Villingendorf, Vernehmung vom 02.06.1945, in: BArch L B 162 / 21390 (wie Anm. 7), S. 594.
[37] Böhm/Böttcher u.a. 1989, wie Anm. 1, S. 75.

Ab Mai 1943 kam es im Lager Schirmeck-Vorbruck auch zu medizinischen Experimenten mit eigens herbeigeführten polnischen Häftlingen, von welchen einige nicht überlebten. Im Laufe des gleichen Jahres wurden diese Menschenversuche auf den Struthof verlegt.[38]

Buck und den damaligen Kommandanten von Natzweiler-Struthof erreichte nach der Entscheidung in Berlin aus Straßburg der Befehl, die zu diesem Zeitpunkt 107 in Schirmeck festgehaltenen Mitglieder einer Widerstandsgruppe Alliance und 35 weitere Widerstandskämpfer hinzurichten, einschließlich Vorgaben zum Procedere. In der Nacht zum 2. September 1944 wurden sie auf Lastwagen nach und nach von Schirmeck zum Struthof geschafft, von 15 SS-Männern im Gebäude beim Krematorium empfangen und an Haken aufgehängt oder erschossen. In der Dissertation des Robert Steegmann heißt es dazu: Ein Häftling aus der Küche wurde hinzugerufen, den SS-Männern Kaffee zu bringen. Es „schlug ihm ein Schwall von Hitze entgegen und er sah ihm unbekannte SS-Männer mit nacktem Oberkörper in voller Aktion. Einer fesselte die Hände der Gefangenen, ein weiterer versetzte ihnen den Todesstoß, während andere Gefangene im Krematorium aufgehängt wurden." Für die mehrere Tage dauernde Verbrennung der Leichen waren seit acht Tagen täglich 50 Liter Motorenöl aus der inzwischen im Steinbruch eingerichteten Reparaturwerkstatt von Motoren abgeschossener Flugzeuge, in der die Häftlinge zu arbeiten hatten, herangeschafft worden.[39]

Mit dem Ortsnamen Ballersdorf ist der Versuch einer größeren Gruppe jüngerer Elsässer verbunden, die Grenze zur Schweiz zu überschreiten und so dem deutschen Militärdienst zu entkommen. Buck war dabei, als 13 und mehr dieser jungen Männer, die sterben sollten, von Schirmeck zum benachbarten Struthof gebracht wurden. Die anderen Schirmecker Häftlinge konnten sich aus den Aussagen von Buck („die Sauköpfe sind gehängt worden") und dessen Untergebenen Robert Wünsch (1904-1980) und Nußberger zusammentragen, dass die „Ballersdorfer" auf dem Struthof mit Fleischhaken an Kinn und Mund aufgehängt und sie mit einer Maschinenpistole nicht erschossen, sondern ihnen in Kniehöhe die Beine zerschmettert wurden.[40]

Pierre Seel, der wegen Homosexualität in Schirmeck war, musste erleben, wie die Häftlinge im Karree anzutreten hatten, wonach auf Kommando des mit gro-

---

[38] Pflock 2009 (wie Anm. 7), S. 530.
[39] Steegmann, Robert: Das Konzentrationslager Natzweiler-Struthof und seine Außenkommandos an Rhein und Neckar 1941-1945, Berlin 2010, S. 211 ff. Vgl. auch: BArch-Außenstelle Ludwigsburg B 162/21390 (vom BArch verwaltete Akten der ZStL -Zentrale Stelle der Landesjustizverwaltungen zur Aufklärung nationalsozialistischer Verbrechen. Dort: Vernehmungsprotokoll der französischen Polizei des Dr. Poirot vom 20./22.03.1946, in deutscher Übersetzung, S. 571-585 des Konvoluts, hier S. 584. Siehe auch Riexinger, Klaus: Eugen Büttner, Stromableser und KZ-Kommandant, in: Proske, Wolfgang (Hg.): Täter Helfer Trittbrettfahrer, Bd. 8, NS-Belastete aus dem Norden des heutigen Baden-Württemberg, Gerstetten 2018, S. 110, Anm. 13.
[40] Böhm/Böttcher u.a. 2015 (wie Anm. 1), S. 52.

ßem Gefolge erschienenen Buck ein junger Mann, „sein zärtlicher Freund", herbeigeführt, entkleidet und ein Eimer auf dessen Kopf gestülpt wurde, und, nachdem laute Musikbeschallung eingeschaltet war, scharfe Hunde auf ihn gehetzt wurden: „Zuerst bissen sie ihn in den Unterleib und in die Schenkel, bevor sie ihn vor unseren Blicken verschlangen."[41] Nach Böhm/Böttcher u.a. war dies in Schirmeck nicht der einzige Fall. Der Schirmecker und später Rotenfelser Hundewärter, Untersturmführer Müller (bekannt als „Hundemüller"), wurde in Rotenfels vom Pfarrer dabei angetroffen, wie dieser soeben von einem Bluthund zwei Männer zerfleischen ließ, und dabei „vor Lachen nicht mehr stehen konnte".[42]

Der in Schirmeck inhaftierte Mathematikprofessor H. Paul Schmidt hat Buck eindringlich so charakterisiert: „In Wirklichkeit war (er) nicht normal, er lebte in einem Zustand ständiger Reizbarkeit. Die ganze Wirrnis der Gesetze und Gebräuche brachte ihn auf. Er hasste alle Menschen und wurde von allen seinen Untergebenen wie auch von seinen Vorgesetzten gleichermaßen gehasst. Nihilist in seinem tiefsten Inneren, zerbrach er unerbittlich alles, was sich ihm in den Weg zu stellen wagte. Nur langsam gewöhnte man sich an seinen stechenden Blick und an seine Donnerstimme. Gewöhnlich verließ jeder Häftling 'überzeugt' sein Arbeitszimmer, denn er bediente sich bei seinen Unterredungen 'überzeugender Argumente'. Wenn er sein Holzbein abnahm und auf den Tisch legte, war es ratsam, die Hacken zusammenzuschlagen. Ein leidenschaftlicher Redner, beschloss er alle seine Ansprachen mit dem Glaubensbekenntnis: 'Ich bin Nationalsozialist, fanatisch!' Und in der Tat, ihm war das Leben nur im Rahmen des Hitlerwahnsinns erträglich. Vier Jahre hindurch ließ er auf dem Lager eine Atmosphäre der Angst und der Qual lasten, der sich niemand entziehen konnte. Er drehte seinen Opfern den Hals um, genau wie er seinen SS-Männern die Faust ins Gesicht schlug. Unter diesen Umständen mussten seine Mitarbeiter zwangsweise zu Speichelleckern werden, die ihren Meister wie einen Gott beweihräucherten. Großsprecherisch im Siege, klappte Buck im Unglück zusammen. Erscheinen die 'Mustangs' verkriecht er sich in sein Loch wie ein Wurm. [...] Er übte auf das Lager und indirekt auf das ganze Elsass einen gewaltigen Einfluss aus. Er ist in dieser Hinsicht in die Legende eingegangen."[43]

Karl Buck hatte zunehmend auch selbst gesundheitliche Probleme, einerseits wegen seines Beinstumpfes, andererseits wegen des entzündeten anderen Beines. Da der eigentlich für Schirmeck zuständige SS-Arzt „ständig besoffen" war (Wortlaut der Übersetzung des Vernehmungsprotokolls, H.W.)[44] und die Arbeitslast einem inhaftierten Arzt und insbesondere einem als Pfleger eingesetz-

---

[41] Seel 1996 (wie Anm. 32), S. 52.
[42] Böhm/Böttcher u.a. 2015 (wie Anm. 1), S. 55 ff.
[43] Böhm/Böttcher u.a. 2015 (wie Anm. 1), S. 48.
[44] BArch-Außenstelle Ludwigsburg B 162/21390 (vom BArch verwaltete Akten der ZStL -Zentrale Stelle der Landesjustizverwaltungen zur Aufklärung nationalsozialistischer Verbrechen-, dort: Vernehmungsprotokoll des Dr. Poirot (wie Anm. 39), S. 573 oben.

ten Medizinstudenten Stoll überließ, die aber beide im Herbst entlassen wurden, wurde der seit Anfang Oktober dort inhaftierte Dr. Poirot von Buck als Arzt zugelassen. Stoll hatte noch die Idee, über den ständigen Morphium-Bedarf von Buck diesen davon abhängig zu machen. Das setzte sich über Rotenfels bis zum Ende des Lagers in Villingendorf fort. „Vor und nach der Spritze gab Buck zudem leicht nach", d.h. etwa für die Ausstellung großzügigerer Rezepte (für Medikamente, Traubenzucker oder Verbandsmaterial). Schließlich „brauchte auch der Lagerleiter Buck einen Arzt, um seine Sucht nach Morphium zu befriedigen" und seine wieder aufgebrochene Wunde am Bein „zu verbinden". Sie konnten auch durch geschicktes Einfügen von Zwischenzeilen in Rezepte weitere Medikamente beschaffen. Es gelang ihnen auch bei einer Häftlingsgruppe, die in der Gefahr stand, erhängt zu werden, durch Vertauschen von Urinen diese Personen zu retten. In Villingendorf erhielt Buck täglich Morphium, und da er das verheimlichen wollte, wurde diese Prozedur in das „Haus des Bürgermeisters" verlegt. Um die für die Beschaffung notwendige Lagerkasse zu füllen, ließ Buck sogar Häftlinge nachkommen. Dr. Poirot behandelte in Villingendorf auch die örtliche Bevölkerung mit, bei der er großes Vertrauen genoss, bis eine NS-Größe aus der Kreisstadt Rottweil von Buck strenge Reglementierung dafür verlangte.

Die Schirmeck-Nachfolgelager

Da nach der Invasion der Alliierten im Juni 1944 Frankreich von Westen her nach und nach besetzt wurde, begann für die Lager im Elsass ab August die Verlegung auf rechtsrheinisches Gebiet. Für das benachbarte Natzweiler-Struthof ging es zunächst nach Dachau und von dort zurück in die vielen Lager der neuen Natzweiler-Verwaltung,[45] für Schirmeck unmittelbar in neue Lager auf benachbartem badischem und württembergischem Gebiet. Nach der Zeugenaussage von Dr. Poirot war Buck „zum Inspektor der Konzentrationslager von Süd-West ernannt" worden,[46] vermutlich, ohne dass dies auch die rechtsrheinischen Verlagerungslager der eigenen Natzweiler-Verwaltung umfasste. „Südwest" war der Bezirk des der Gestapo übergeordneten HSSPF (Höheren SS- und Polizeiführers) für Württemberg sowie Baden einschließlich Elsass in Stuttgart.

- **Rotenfels:** Ab dem 25. August 1944 wurde in Rotenfels im Murgtal (Nord-Schwarzwald), südöstlich von Rastatt, in Baracken eines Heeresdepots, ohne Wasseranschluss, dafür mit allem Ungeziefer, eine Lagerunterkunft für zuletzt über 1.000 männliche Häftlinge eingerichtet. Für 300 der in Schirmeck inhaftierten Frauen wurden wiederum eigene Baracken hinzugebaut.[47] Gleichzeitig blieben etwa 300 Frauen zuletzt in Schirmeck sich selbst überlassen zurück, wo

---

[45] Übersicht dazu in Steegmann 2010 (wie Anm. 39), ab S. 274.
[46] BArch L, B 162/21390, Vernehmungsprotokoll, S. 576.
[47] Böhm/Böttcher u.a. 2015 (wie Anm. 1), S. 43. Dort S. 97: 1.400 Männer, 350 Frauen.

sie zuletzt bei Anwohnern Schutz suchten.[48] Die Häftlinge wurden insbesondere im Daimler-Benz-Werk im direkt benachbarten Gaggenau eingesetzt, nach der Bombardierung dieser Werke aber auch mit Trümmerräumungs- und anderen Arbeiten im Ort, wodurch auch Kontakte zur Bevölkerung zustande kamen. Buck und ein Teil der Lagerleitung quartierten sich ungeniert („hausten") im Pfarrhaus im benachbarten Ort Oberweier ein und ließen sich von drei weiblichen Häftlingen aus dem Lager versorgen.[49] Es ist bisher nicht geklärt, wo die Lagerverwaltung mit allen Abrechnungen, darunter den Verleihlöhnen für die Häftlingsarbeit, vonstatten ging, etwa in Rotenfels selbst, oder im benachbarten Baden-Baden in der dortigen Außenstelle des HSSPF Südwest,[50] oder womöglich zentral in Villingendorf.[51]

- **Erschießungen in Rotenfels:** Aus Schirmeck wurde noch eine Häftlingsgruppe britischer und amerikanischer gefangengenommener Soldaten sowie französische Priester einschließlich eines Bischofs mitgeführt, die nach besonderem Hinrichtungsbefehl in den Nächten des 25. November 1944 und des 30. November aus dem Rotenfelser Lager abtransportiert und im „Erlichwald" auf Gaggenauer Gemarkung vor Bombentrichtern erschossen wurden. Nur einem ebenfalls gefangengenommenen amerikanischen Flieger, der über Monate in der Rolle als taubstummer Franzose durchhielt, ist es zu verdanken, dass nach der Befreiung des Lagers Rotenfels dieser die fraglichen Informationen weitergeben konnte. Er selbst überlebte die Strapazen nicht, denn er verstarb noch im Mai 1945 in einem amerikanischen Lazarett.

Insgesamt wird die Zahl der Toten des Rotenfelser Lagers auf 500 bis zu eventuell 600 Personen geschätzt. Man stellte Geiseln für entwichene Häftlinge auf, stellte einen anderen Todgeweihten mit nackten Füßen auf Betonplatten, bis sämtliches Blut in den Beinen angekommen war und dieser Mann deshalb verstarb, oder verübte eine Reihe ähnlicher Misshandlungen. Nachts wurden Häftlinge abgeholt, die nie mehr gesehen wurden. Blut tropfte von Lastwagen, mit denen Häftlinge weggefahren wurden, weil man bis zur Erschießung vor Bombentrichtern nicht mehr abwarten wollte. Die Toten wurden in unzähligen Bombenkratern in den Wäldern und Fluren rund um Rotenfels begraben, ohne Registrierung. Es ist unwahrscheinlich, dass sie jemals alle gefunden werden.[52]

---

[48] Pflock 2009 (wie Anm. 7), S. 531. Die Zahl der von Pflock genannten 300 zurückgelassen Frauen erscheint hoch und müsste durch örtliche Studien erhärtet werden. Die Rotenfelser Lagergebäude sind abgerissen. An ihrer Stelle befinden sich heute die Bad Rotenfelser Kuranlagen. Allerdings ist an Ort und Stelle eine Gedenktafel aufgestellt, ebenso an der Erschießungsstelle im Erlichwald, vgl. Böhm/Böttcher u.a. 2015 (wie Anm. 1), S. 113/115.
[49] Böhm/Böttcher u.a. 2015 (wie Anm. 1), S. 50.
[50] StAL 903/4 Bü 156, Lager-Spruchkammerakte Ernst Zahnenbenz. Er will in Stuttgart, Shitomir (einem Brennpunkt der Judenausrottung in der Ukraine!) und in Baden-Baden ausschließlich Verwaltungsarbeiten getätigt haben.
[51] Böhm/Böttcher u.a. 2015 (wie Anm. 1), S. 43-84.
[52] Böhm/Böttcher u.a. 2015 (wie Anm. 1), S. 100 ff., S. 108.

- **Entlassungen der Rotenfelser Häftlinge:** Dem Rotenfelser Pfarrvikar Albert Neumaier (1912-1983) gelang es im Frühjahr 1945, nachdem er schon Kontakte zu Häftlingen in Arbeitskommandos hatte, darunter inhaftierten Pfarrern, mit Mut und großer Gefahr auch für ihn selbst Kontakt zum letzten Kommandanten Robert Wünsch aufzubauen, und diesen in seiner vielleicht schon nachgiebigeren Haltung zu stärken. Man hatte schon bemerkt, dass er, als Buck nicht mehr ständig am Ort war, etwas freier wurde. Buck, „der Alte", hatte im März schon eine für die Gefangenen bedrohliche Anordnung getroffen oder weitergereicht, die unmittelbaren Vertreter von Wünsch schon Maschinengewehre in Stellung gebracht und Handgranaten bereitgehalten, um das Leben der verbliebenen Häftlinge vor dem eigenen Abmarsch auszulöschen. Der Pfarrvikar und die in das Vertrauen gezogenen inhaftierten Pfarrer, auch ein mutiger gläubiger Wachmann waren eingeschaltet, versprachen Wünsch in angespanntester Situation, sich beim Anmarsch der französischen Armee für sein Überleben einzusetzen. Schließlich wurden für die Hunderte zu entlassenden Häftlinge in den benachbarten Murgtalorten Privatquartiere besorgt, mit großer Bereitschaft der Einwohner, während Wünsch von seiner angeblich „vorgesetzten Behörde", er nannte einen (nicht zu identifizierenden) Befehlshaber der Sicherheitspolizei, Zustimmung für eine Entlassungsüberprüfung erhielt und von Baden-Baden Gestapomitarbeiter kamen, um großzügig in den Tagen vor Ostern bis Dienstag nach Ostern Häftlinge zu entlassen. Aus unbekannten Gründen wurden die Entlassungen ab Mittwoch völlig gestoppt. Für die nicht entlassenen Häftlinge ging es murgtalaufwärts, zunächst bis Weisenbach.[53]

- **Weisenbach:** In Weisenbach wurde auf das Gelände einer der dort ansässigen Papierfabriken ab Dezember ein Kontingent von Häftlingen aus Rotenfels verlagert, um dort ebenfalls für Daimler-Benz Zulieferteile zu produzieren.[54] Auch nach Weisenbach kam die Entlassungskommission; auch hier wurde der Teil der nicht entlassenen Häftlinge „eingesperrt und am anderen Tag nach Freudenstadt in Marsch gesetzt", (ungewiss, ob mit der Bahn), zusammen mit den Rotenfelser Betroffenen, und völliger Ungewissheit über ihren Verbleib.[55] Es ist nur eine Mutmaßung, dass sie zu jenen Häftlingen zählen, die im Rahmen der Verlagerungen in den letzten Kriegstagen und -wochen ebenfalls durch das Arbeitserziehungslager Oberndorf-Aistaig „von Westen her" durchgeschleust wurden.[56]

---

[53] Böhm/Böttcher u.a. 2015 (wie Anm. 1), S. 43-84.
[54] Dokumente dazu waren nicht zu erlangen. Eine Ausarbeitung des Heimatvereines zum Kriegsende in Weisenbach führt zwar akribisch die Schäden auf, die der Ortsbevölkerung als „Leid" angetan wurden; die aber umgekehrt nach Weisenbach verpflichteten Zwangsarbeiter (mit einer Ausnahme, im Bericht eines damaligen Schülers) zählten nicht.
[55] Böhm/Böttcher u.a. 2015 (wie Anm. 1), S. 85-93.
[56] StadtA Oberndorf AF 1142, Bericht der Schutzpolizei-Dienstabteilung an den Bürgermeister vom 22.06.1945; Bericht der Württembergischen Landespolizei Kommissariat Oberndorf über das Arbeits-Erziehungslager in Oberndorf-Aistaig vom 18.05.1946. Nach neuesten dem Autor vorliegenden Hinweisen – gesicherter Häftlingstransport aus Karlsruhe im März 1945 nach Sulz – ist auch eine Verlagerung dieser nicht entlassenen Häftlinge dorthin denkbar.

- **Haslach im Kinzigtal:** Haslach ist vermutlich der einzige Ort, an dem bei Verlagerung auf die rechtsrheinische Seite Natzweiler- und Schirmeck-Häftlinge zusammentrafen, wenngleich in Haslach als Häftlingsgruppen strikt voneinander getrennt. Im Zuge der unterirdischen Verlagerung militärisch wichtiger Produktionen wurde ein in Tunneln angelegtes Hartsteinwerk unter dem Berg Urenkopf ursprünglich für eine militärische Produktion bei Fa. Mannesmann in Beschlag genommen und der unterirdische Ausbau der Stollen mit Betonfußboden zur Maschinenaufstellung begonnen. Ehemalige Natzweiler-Häftlinge wurden dafür von Dachau nach Haslach zurückverlagert. Untergebracht waren diese in einer Baracke am Sportplatz westlich des Ortes, während sich die Baustelle mehr als vier Kilometer entfernt südöstlich des Ortes befand. Zweimal täglich mussten sich die abgemagerten und abgezehrten Häftlinge durch das ganze Städtchen zu den Stollen und nach langer Arbeitszeit zurück bewegen. Nachdem im Herbst 1944 Luftangriffe das Daimler-Benz-Werk Gaggenau weitgehend lahmgelegt und zerstört hatten, wurde beschlossen, stattdessen diese Produktionen in die Haslacher Stollen zu verlegen und zusätzlich bisherige Schirmeck-Häftlinge heranzuführen. In zwei langdauernden umwegigen Bahntransporten, ohne Verpflegung und ohne Wasser, wurden zunächst 650 (andere Zahl: annähernd 700) dieser Häftlinge aus den provisorischen Verlagerungsorten um Rastatt/Rotenfels direkt in den Haslacher Tunneln untergebracht, mit nie gewechseltem Strohlager auf Holzbohlen, worunter Wasser, teils mit Fäkalien vermischt, hindurchlief. In der unterirdischen Kälte und Nässe hatten sie von Dezember bis März auszuhalten und ihrer Arbeit, dem Ausbau der Stollen nachzugehen. Die zweite Gruppe, weitere 300 Häftlinge, wurde sechs Tage später bei Ankunft in der Dunkelheit ebenfalls vom Bahnhof zum Stollen geführt, wurde aber nicht eingelassen, so dass sie zurückmarschieren und am Rathaus in der Innenstadt provisorisch die Nacht verbringen musste. Für sie wurde in der Umgebung des Sportplatzlagers an der Kinzig eine weitere Baracke gefunden und mit Stacheldraht usw. hergerichtet, wofür sich dann der Name „Lager Kinzigdamm" einbürgerte. Zu dieser zweiten Gruppe gehörte der Niederländer Henk C. Saakes.[57] Er war, als dienstverpflichteter Zivilarbeiter in einer Straßburger Bäckerei, im November 1944 von der Straßburger Gestapo wegen des Verdachtes, einen flüchtigen Landsmann beherbergt zu haben, festgenommen, brutal verhört und misshandelt, aber nicht mehr in das Lager Schirmeck verbracht worden. Vielmehr waren er und seine letzten Mithäftlinge aus Straßburg unmittelbar mit dem Zug über verschiedene Stationen – man wusste offensichtlich nicht, wohin mit ihnen – in das Gelände des Arbeitserziehungslagers Niederbühl[58] bei Rastatt verbracht worden, wo sie noch mit Häftlingen aus Schirmeck zusammentrafen. Im Stollen und mit Transporten zum Stollen hatten sie, bei wie üblich unzureichender Ernährung und ebensolchem Schuhwerk, schwere körperliche Arbeit zu leisten. Saakes berichtet aber auch,

---

[57] Saakes, Henk C.: „alle malen zal ik wenen". Stationen eines Zwangsarbeiterschicksals: Rotterdam, Straßburg, Schwarzwald und Reims, deutsche Ausgabe Konstanz 1977.
[58] Nicht durchgängig betrieben, vgl. Weinmann, Martin (Hg.); Das nationalsozialistische Lagersystem, Redaktionsstand 1949, 4. Aufl. Frankfurt/Main 2001, S. 172 u. 180.

dass er unter Regie eines Kapos bei als angenehmer empfundenen Bedingungen mit einem Lkw Transportaufgaben in der Umgebung leisten konnte. Beide Lager-Sparten hatten strikt getrennte Überwachung. Die Überwachung der Arbeit am Stollen erfolgte durch die „Organisation Todt" (OT), der die Bauleitung oblag. Es kam zu 223 Todesfällen, meist durch Unfälle, mangelhafte Ernährung und mangelhafte Gesundheitsfürsorge, 73 am Vulkanstollen, 15 am Kinzigdamm und 135 beim Lager Sportplatz. Soweit diese Toten nicht nach Kriegsende identifiziert und in die Heimat überführt werden konnten, ruhen sie in einem Ehrengrab auf dem örtlichen Friedhof.[59] Die ehemaligen Schirmeck-Häftlinge standen unter oberstem Kommando von Karl Buck, der den Lagerort persönlich beaufsichtigte und Anordnungen traf, jedoch dort nie stationär verweilte. Aus heutiger Sicht ist als weitgehend gesichert anzunehmen, dass die beabsichtigten Produktionen für Daimler-Benz nicht aufgenommen werden konnten.[60]

- Sulz am Neckar: Als der vormalige Molsheimer Unternehmer Trippel ab Oktober 1944 wegen der Verlagerungen aus dem Elsass heraus in Sulz am Neckar neu anfing, waren Schirmeck-Häftlinge von Anfang an mit dabei. Auch in Sulz kam es zu einer Verlagerung von Militärproduktion in ein Tunnelsystem, dort unter dem Tarnnamen „Gipswerke", wozu ein unter dem talbegleitenden Bergplateau „Gähnender Stein" gelegenes Hallerde-Werk (einem Düngesalz) verdrängt wurde. Schon vor dem Erscheinen der Trippel-Werke hatten dort drei andere Firmen mit dem Tunnelausbau und der Produktion von Bombentorpedos begonnen.[61] Bekannt ist, dass die ebenfalls dort tätige Firma Buntweberei Sulz schon in den Jahren zuvor mit einem Häftlings-Arbeitskommando aus dem Arbeitserziehungslager Oberndorf-Aistaig, das täglich per Eisenbahn anreiste, verstärkt wurde. Ob die Häftlinge dieses Kommandos auch im Tunnel tätig waren, ist bislang unbekannt. Ebenso ist die Frage offen, Stand 1999, ob es in Sulz auch Häftlinge aus dem Natzweiler-Lagersystem gab.[62] Henk Saakes gibt den 1. März 1945 an, an dem er mit rund 150 (die Zahlen schwanken) anderen Haslacher Häftlingen, mittels gedeckter Militärlastwagen („Planwagen") nach Sulz verbracht wurde. Nach seiner Schilderung gab es im Berg eine riesige erleuchtete Halle, gestützt mit stehengebliebenen Felssäulen, in der durch Häftlinge

---

[59] Die sich über viele Jahre hinweg ziehende Identifizierung der Toten kann hier nicht wiedergegeben werden. Die Tätigkeit des für Haslach oft genannten zeitweiligen Kommandanten Luftwaffenfeldwebel Erwin Dold (1919-2012) bezog sich nur auf den Natzweiler-Teil. In Haslach ist in Kooperation mit der Stadt eine Gedenkinitiative tätig; vgl. www. erinnerungsweg-haslach.de. Weitergehender Literatur: Heimatgeschichtlicher Wegweiser Baden-Württemberg II, S. 92 f.; Steegmann 2010 (wie Anm. 39), S. 307 f.

[60] Auskunft und Bestätigung des Leiters der Gedenkstätte, Herrn Sören Fuss, dem der Autor für mehrfache fernmündliche und schriftliche Auskünfte zu danken hat.

[61] Heimatgeschichtlicher Wegweiser Baden-Württemberg II, w.o., S. 124 ff.

[62] Vgl. Heimatgeschichtlicher Wegweiser Baden-Württemberg II, S. 125. a) Der vom Verfasser am 10.06.2005 interviewte ehemalige Aistaiger Bäcker R.W., damals 16-jähriger Schüler, erinnerte sich, wie dieses Kommando in militärischer Schrittformation an seinem Elternhaus vorbei zum Aistaiger Bahnhof eilte. b) Vgl. Wegweiser II, S. 125, eher bejahend. c) Steegmann 2010 (wie Anm. 39), S. 273-321, erwähnt in seiner akribischen Aufstellung der rechtsrheinischen Natzweiler-Außenkommandos ein Lager Sulz a.N. nicht.

zahlreiche Maschinen für die Kriegsproduktion bedient wurden. In manchen Einzelheiten seiner lange nach dem Krieg verfassten Erinnerungen vermischen sich Vorgänge aus Haslach, Sulz und vielleicht noch anderswo, vom beengten und kaum nützlichen Schuhwerk, Appellen mit menschenfeindlichen Drangsalierereien, wenn Mithäftlinge nicht Deutsch konnten, angenehmeren und unangenehmen Außenarbeitsstellen, dem für ihn „unter dem Strich" angenehmen Kapo Fritz aus Haslach und Sulz, der ihm aufgrund seines heruntergekommenen Zustandes aber auch sagte, „Holländer, du stirbst in 14 Tagen". Er gewinnt wieder Lebensmut, als er von heimlich informierten Mithäftlingen erfährt, dass die Befreiung durch alliierte Truppen alsbald zu erwarten sei.

Auf große Menschenfreundlichkeit berufen sich im Gegensatz zu den Häftlingserfahrungen Trippel[63] und einige leitende Mitarbeiter, die er alle von Molsheim mitgebracht hatte, wenn man seinen eigenen Einlassungen und den fast deckungsgleich lautenden „Persilscheinen" der ehemaligen Mitarbeiter in seiner Spruchkammerakte folgt.[64] In Molsheim seien Arbeiter so umgesetzt worden, dass sie der sonst anstehenden Einberufung entgingen, die insbesondere den jüngeren Elsässern nicht zur Wehrmacht, sondern vorzugsweise zur Waffen-SS gedroht habe. Auch die die Leumundszeugnisse ausstellenden leitenden Mitarbeiter wurden von Trippel angeblich geschützt, wegen früherer SPD-Mitgliedschaft oder wegen der jüdischen Ehefrau. Gefangene seien in Sulz genauso (gut) wie zuvor die Elsässer versorgt worden. In Molsheim habe ein eigenes Hofgut zur Verfügung gestanden. In Sulz habe er seinen eigenen Vater dafür eingesetzt, so viele Lebensmittel wie möglich herbeizuschaffen. Er habe dafür gesorgt, dass die nachts arbeitenden Gefangenen noch extra Essen bekamen, auch nicht direkt bei ihm beschäftigte, und auch die 100 Arbeitserziehungslagerhäftlinge (!) gleichermaßen versorgt wurden. Deshalb habe er größte Auseinandersetzungen mit dem „Kommandanten des Arbeitserziehungslagers"[65] auszufechten gehabt. Vermutlich sind damit die aus Haslach herbeigeführten Häftlinge gemeint.[66] In seinem letzten Wort vor der Schlussberatung der Spruchkammer sagte Trippel: „Zur Ausländerbetreuung bitte ich noch folgendes zu sagen: Diese 100 Leute, um die es sich handelte, kamen aus dem Lager Hassloch [Haslach], in dem 300 Menschen gestorben sind. Diese 100 Leute, die nach Sulz verlegt worden sind, waren so heruntergekommen, dass

---

[63] Trippel war ein „genialer Autodidakt" und Konjunkturritter, Konstrukteur u.a. von Rennwagen und militärischen Schwimmwagen und „Geldverbrenner", SS-Mitglied, über den Heinrich Himmler lange die Hand hielt. Siehe Heiber, Helmut: Reichsführer! Briefe an und von Heinrich Himmler, München/Stuttgart 1968 (Taschenbuchausgabe München 1970), S. 146, sowie IfZ MA 302 7405-7462, zit. nach Berghoff, Hartmut/Rauh-Kühne, Cornelia: Fritz K. Ein deutsches Leben im zwanzigsten Jahrhundert, Stuttgart/München 2000, S. 255 ff., u. dortige Anm. 27.
[64] Zentral-Spruchkammer Nord-Württemberg, StAL EL 902/20 Bü 80957.
[65] Zu einem angeblichen AEL in Sulz und der Person des „Kommandanten", eines örtlichen Beauftragten oder Buck selbst, ist bislang nichts bekannt. Vermutlich ist schlicht das Lager „Bitzeweg" gemeint; wie im Heimatgeschichtlichen Wegweiser II, S. 124 ff., angegeben.
[66] Diesen hatte man vorgedruckte Briefbögen des Arbeitserziehungslagers Niederbühl, maschinenschriftlich korrigiert in „Sicherungslager Haslach, Vulkansteinbruch", gegeben; vgl. Saakes 1977 (wie Anm. 57), S. 113.

sie 8 Tage nichts weiter als Griesbrei (!) essen konnten. Wenn ich ihnen nicht zusätzlich diese Verpflegung gegeben hätte, wären noch viele gestorben." Demgegenüber steht die eindeutige Feststellung von Henk Saakes zum Schluss seiner Sulzer Zeit: „Auch in Sulz waren die Rationen mehr als karg." Er wurde aufgrund seines Zustandes nach Rückkehr nach Straßburg sofort ins Krankenhaus gebracht. Trippel wurde in Rastatt zu fünf Jahren Gefängnis verurteilt (nach vorläufiger Kenntnis: auch wegen schlechter Häftlingsversorgung).[67]

Saakes datiert es auf Anfang April, als drei oder vier gedeckte Militärlastwagen mit einem Teil der Sulzer Häftlinge in einem Lager auf dem Oberndorfer Lindenhof ankamen.[68] Nach einigen Tagen ohne Beschäftigung wurden gehfähige von nicht gehfähigen Häftlingen getrennt. Ein zufälliger Bekannter, der mit der Auswahl betreut war, habe ihn lautstark gegen seine Meinung zu denen eingereiht, die „laufen" könnten. Später hörte er, die zurückgehaltenen Gehunfähigen seien erschossen worden.[69] In einem Fußmarsch wurden sie dann nach Süden getrieben, wobei er vor Villingendorf liegenblieb und er von dort aus, nach dem Einmarsch der Franzosen, von diesen Rückfahrgelegenheit nach Straßburg bekam. Er wurde dort wegen seines herabgekommenen Zustandes sofort ins Krankenhaus gesteckt.[70]

- Villingendorf (bei Rottweil): Was den Ausschlag dafür gab, dass Karl Buck gerade den kleinen Ort Villingendorf als seine Residenz ab Dezember 1944[71] für die absehbar letzten Monate auswählte, ist unbekannt. Es gibt lediglich die Vermutung des Häftlingsarztes Dr. Poirot dazu, dieser habe sich nahe Gaggenau nicht mehr sicher gefühlt. Buck mietete sich mit einem Teil des Wach- und Büropersonals im Gasthaus Kreuz ein. Sein Büro unterhielt er im Gasthaussaal. Nach kurzer Übergangslösung wurden die meisten der Häftlinge, außer einem alle aus dem Elsass, in einem Nebengebäude des Gasthauses untergebracht, andere, wie auch Wachleute, bei Privatleuten. Ab Oktober waren es laut „Heimatbuch für Villingendorf" bereits 12 bis 13 Personen, später weitere, zuletzt fünf weitere, darunter ein 15-Jähriger, die als eine Art Geiseln verhaftet wurden, weil ein Besuch von Himmler im Elsässer Ort Oberehnheim (Obernai) „verraten worden sei".[72] Tagsüber arbeiteten sie bei verschiedenen Handwerkern und Landwirten, einige auch für die „SS" im Gasthaus Kreuz selbst, so auch für die Wartung der Dienstkraftwagen und Haushalts- und Bürotätigkeiten.

Von der Tätigkeit des Kommandanten wusste man im Ort so gut wie nichts. Er unterhielt dort keinerlei Kontakte. Er muss von Zeit zu Zeit außer in Rotenfels auch in Haslach aufgetreten sein und Anordnungen getroffen haben. Von

---

[67] Saakes 1977 (wie Anm. 57), S. 140, S. 166. Zu Trippel vgl. die Ausführungen in Anmerkung 82.
[68] Saakes 1977 (wie Anm. 57), S. 145 ff., vermutlich das vorherige Arbeitsdienstlager, dann Lager polnischer Zwangsarbeiter.
[69] Eine andere Information gibt es dazu nicht; vgl. Saakes 1977 (wie Anm. 57), S. 196.
[70] Saakes 1977 (wie Anm. 57), S. 150-167.
[71] Laut Böhm/Böttcher u.a. 2015 (wie Anm. 1), S. 44, ab November.
[72] Heimatbuch für Villingendorf, hg. v. d. Gemeinde Villingendorf, Horb am Neckar 2008(1), S. 509-511.

Übernachtungen in Haslach ist nichts verzeichnet.[73] Wenn er „zur Inspektion wegging", offenbar sind diese Auswärtstermine gemeint, „nutzten die SS-Männer seine Abwesenheit dazu aus", sich im Café zu betrinken.[74] Aus Rotenfels wird für Dezember 1944 ein unliebsames Zusammentreffen mit Buck berichtet: Ein Wehrmachtsfeldwebel hatte wegen Bombenschäden am Elternhaus Heimaturlaub und konnte Häftlinge aus dem Rotenfelser Lager zur Mithilfe bekommen. Ausnahmsweise hatten die Häftlinge nicht an der Arbeitsstelle gegessen, sondern Vesperbrote von der Hausfrau im Brotbeutel ins Lager mitbekommen. An diesem Tag war Buck vor Ort, sah die ausgewölbten Brotbeutel und verlangte, dass die Brote sofort auf den Erdboden ausgeleert würden. Es kam zur heftigen Konfrontation unter beiderseitigem Griff an die Pistolentaschen, die Buck in diesem Augenblick verlor. Der Feldwebel musste aber nach Rückkehr zu seiner Einheit in Ungarn feststellen, dass Buck dies keine Ruhe gelassen und er schon den dortigen Hauptmann informiert und Bestrafung verlangt hatte.[75]

Funktionshäftlinge, die im Villingendorfer Büro mit Karteiführungen und Sekretariatsarbeit für Buck zu arbeiten hatten, ließen fast unter dessen Augen belastendes Material verschwinden oder kopierten es unter gefährlichsten Umständen, mit Aufbewahrung bei einem zuverlässigen Ortseinwohner, der es zunächst in einer Blechdose vergrub, und das anschließend den französischen Behörden als wichtiges Material übergeben werden konnte. Dazu gehörte auch die heimliche Weitergabe der Information, dass mehrere Häftlinge noch erschossen werden sollten, wonach diese Häftlinge sich mittels eines Nachschlüssels aus der Unterkunft entfernen und verbergen konnten. Das gute Einvernehmen mit den meisten Ortseinwohnern führte dazu, dass diese beim Einmarsch der französischen Truppen mit Leumundszeugnissen beschützt wurden. Einen Tag vor dem am 20. April 1945 erfolgenden Einmarsch verließ Buck den Ort so eilig in Richtung Bodensee, dass er sogar einen Teil seines Rasierzeugs einbüßte. Zuvor waren noch Papiere verbrannt worden. Zwei Ortseinwohner mussten die gesamte verbliebene Ausrüstung mit ihren Traktorengespannen „zum Bodensee" fahren, unbekannt wohin, und unbekannt, wo diese Güter verblieben sind.[76] Auch der Buck unterstehende Rotenfelser Kommandant wusste, dass er zum Kriegsende „zum Bodensee" zu gehen hatte.[77] Buck wurde schließlich am 9. Mai 1945 gefangengenommen.[78]

---

[73] Mdl. Auskunft des Leiters des Heimatmuseums in Haslach im Kinzigtal, Herrn Fuss.
[74] BArch L, B 162/21390 (wie Anm. 39), S. 579.
[75] Böhm/Böttcher u.a. 2015 (wie Anm. 1), S. 70.
[76] Heimatbuch Villingendorf, S. 509 ff. Der Tag des Abrückens von Buck aus Villingendorf ist nicht einheitlich dargestellt. Nach der Schilderung im Heimatbuch war es der 19.04., nach der Zeugenaussage Dr. Poirot, S, 581, BArch L, B 162/21390, möglicherweise bereits am 15.04. (wie Anm. 39).
[77] Böhm/Böttcher u.a. 2015 (wie Anm. 1), S. 89.
[78] Schreiben des Leiters des Kurt-Gerstein-Hauses in (Hagen)-Berchum v. 03.12.1957, Landeskirchliches Archiv der Evangelischen Kirche von Westfalen, Bielefeld, LkAEKvW Best. 5.2. Nr. 54. Als sein letzter Wohnsitz wurde „Ellienger" angegeben, ebenda, Best. 5.2.Nr. 19. Für weitere Nachforschungen gibt der Autor gerne Auskunft.

Karl Buck, dreifacher Todeskandidat 1945 bis 1955

Graham Wilson stellt in seiner Dokumentation zum ehemaligen „Konzentrationslager Welzheim"[79] fest, neben einigen anderen ehemaligen Welzheimer Wachleuten sei auch Buck 1945 für kurze Zeit zu Vernehmungen im Welzheimer Lager inhaftiert gewesen. Die Angabe ist nicht nachvollziehbar. Er wurde im Mai 1955, von Lindau ausgehend, zunächst nach Paris gebracht, wo die französische Siegermacht höherrangige deutsche NS-Täter zu Vernehmungen zusammenfasste. „Weggefährten" aus seiner Elsässer Zeit wie der Chef der Straßburger Gestapo und der badisch-elsässische Gauleiter und Reichsstatthalter Wagner wurden zum Tode verurteilt und alsbald durch Erschießen hingerichtet. Der mitverurteilte Kommandant des benachbarten KZ Natzweiler-Struthof, Friedrich Hartjenstein (1905-1954), verstarb noch vor der anstehenden Exekution. Vielleicht kam Buck zugute, dass die Ermittlungen gegen ihn sich noch jahrelang hinzogen und das letzte Todesurteil erst im Januar 1953 in Metz gesprochen wurde. Schon als die Alliierten bei Änderung der politischen Großwetterlage mit Beginn des Kalten Krieges an einen Wehrbeitrag der Deutschen an ihrer Seite dachten, stellten ehemalige deutsche Soldaten und Angehörige der Waffen-SS, mit Unterstützung der Politik bis in die neue Adenauer-Regierung hinein Forderungen an die Alliierten auf Verzicht auf Vollstreckung der zahlreichen Todesurteile, andernfalls es mit ihnen diesen deutschen Wehrbeitrag nicht gäbe. Eine große Zahl von Todesurteilen wurden von den Militärbefehlshabern, wo immer es ihnen denkbar erschien, umgewandelt und die Verurteilten früh auf freien Fuß gesetzt.[80] Die Deutschland-Verträge, die schon Jahre zuvor verabschiedungsreif waren, wurden deshalb ebenfalls bis 1955 verzögert.[81]

Die Buck-Verurteilungen sind in einer Aktenverfügung von Dezember 1961 in einem damals neu angestrengten Ermittlungsverfahren der dort zuständigen deutschen Staatsanwaltschaft wie folgt ersichtlich: „[...] daß der Beschuldigte Buck im März 1946 wegen der Teilnahme an Tötungen von französischen und englischen Häftlingen des Lagers Schirmeck vom War Crimes Court Wuppertal zum Tode verurteilt worden ist, anschließend in einem Verfahren vor dem Tribunal Général in Rastatt wegen ähnlicher Verfehlungen im Lager Schirmeck die gleiche Strafe erhalten hat und schließlich in einem dritten Verfahren im Januar 1953 vor dem französischen Militärgericht in Metz ebenfalls wegen der Tötung von Häftlingen im Sicherungslager Schirmeck nochmals zum Tode verurteilt worden ist. Die 3 genannten Todesurteile wurden später im Gnadenwege in lebenslängliches Zuchthaus und durch weitere Gnadenerweise schließlich in zeitige Zuchthausstrafen umgewandelt. Im September 1955 wurde er, nachdem

---

[79] Keller, Gerd/ Wilson, Graham: Konzentrationslager Welzheim, 2 Dokumentationen, hg. v. d. Stadt Welzheim, o.J., S. 117.
[80] Breite Darstellung in Frei, Norbert: Vergangenheitspolitik. Die Anfänge der Bundesrepublik und die NS-Vergangenheit, München 1999.
[81] BGBl. II 1955 S. 405, Abdruck in Wikipedia, mit Anmerkung zur Fassung von 1952.

er insgesamt etwa zehn Jahre Freiheitsentzug erlitten hatte, auf eine Empfehlung des gemischten Gnadenausschusses aus der Strafanstalt Werl im Gnadenwege entlassen [...]."[82] Pflock schreibt hingegen, er sei im April 1955 von Frankreich an die Bundesrepublik ausgeliefert (!) worden.[83] Dazu gibt es die mündlich bekannte Darstellung, er sei in Kehl, gegenüber Straßburg, am Entlassungstag von der VVN oder der Lagergemeinschaft der ehemaligen Häftlinge, „empfangen" worden; der genaue Ablauf wäre noch zu präzisieren. An dieser Stelle fehlt die unmittelbare Auseinandersetzung mit den Verfahrensakten, die im Falle der französischen, ohnehin für hundert Jahre grundsätzlich gesperrt, nur unter besonderen Voraussetzungen mit Genehmigung des französischen Außenministerium einsehbar wären und Gegenstand eines Dissertationsvorhabens sein könnten.[84]

1955 bis 1977

Buck begab sich nach der Freilassung nach Rudersberg.[85] „Seine" ehemaligen Häftlinge der deutschen Lager hatten sich inzwischen in der „Lagergemeinschaft Heuberg-Kuhberg-Welzheim" zusammengefunden und sogleich nach seiner Freilassung vielfache Anstrengungen unternommen, den ehemaligen Peiniger für nach ihrer Sicht noch nicht abgehandelte Straftaten auf deutschem Boden vor Gericht zu bringen. Selbst die Möglichkeit der Verhinderung der 1956 erfolgten Wiederverheiratung mit der Tochter der ehemaligen Ortsgruppenleiters- und Geflügelhoffamilie wurde ventiliert.[86] Dass ihm für seine Dienstzeiten eine Pension zuerkannt wurde, wurde als Schlag ins Gesicht empfunden; als besondere Provokation wurde es angesehen, dass er eine Spätheimkehrerpauschale von 6.000 DM kassieren wollte, welche aber abgelehnt wurde.[87]

Bei mehreren Gelegenheiten trat die Häftlingsorganisation in Rudersberg mit Verteilung eines geschickt gemachten Flugblattes gegen ihn auf, gerichtet „An

---

[82] Einstellungsverfügung Staatsanwaltschaft Stuttgart 18 Js 1537/61 vom 20.12.1961, Abschrift in Archiv DZOK Ulm. Das Rastatter Urteil ist als „Natzweiler-Prozess (2) vom 20. Februar bis 18. März .1947", ohne Textkenntnis, aufgrund der in der Öffentlichkeit bekanntgewordenen Berichte zusammengefasst, wohl maßgeblich wegen Haslach, wiedergegeben in: Eberle, Eva-Maria: Tribunal Général. Kriegsverbrecherprozesse Rastatt 1946-1950, Ottersweier 2018, Nr. 12, S. 90-95. Es ist aus dem Text nicht ersichtlich, warum in diesem Zuge (Haslach) der im Sulzer Schirmeck-Verlagerungslager verantwortlich tätige Hanns Trippel zu fünf Jahren Freiheitsstrafe wegen Schlechtversorgung der Häftlinge verurteilt wurde, jenseits der anschließenden Spruchkammerüberprüfung.
[83] Pflock (wie Anm. 7), S. 525.
[84] Zur Zugänglichkeit der britischen Akten vgl. Band 1 der Reihe, S. 80; das britische Urteil selbst ist als „Trial of Karl Buck and ten others" im Internet abrufbar.
[85] Eigene Angabe als Zeuge vor der Entschädigungskammer des LG Stuttgart v. 28.10.1955.
[86] VVN-Archiv (wie Anm. 13), Ordner Heuberg 13, Bericht eines aufmerksamen Rudersbergers an die Lagergemeinschaft vom 31.07.1956. Ein anderes Rudersberg betreffendes Thema war das Gedenken an das 1942 bis 1945 dort existierende Arbeitserziehungslager für Frauen, zu dem es ebenfalls Forderungen zum richtigen Gedenken gab; vgl. u.a. Stuttgarter Zeitung 08.11.1980 und 17.03.1982.
[87] Zudem gingen die ehemaligen Häftlinge im Gegensatz zu den deutschen Strafverfolgern davon aus, dass die von ihnen angezeigten mutmaßlichen Straftaten auf deutschem Boden von den Verurteilungen durch das britische und die französischen Gerichte nicht mit erfasst worden seien. Vgl. u.a.: Schreiben Fr. Uloth v. 17.04.1956, VVN-Archiv (wie Anm. 13), Ordner Heuberg 13. Mein besonderer Dank geht an den Archivar Volger Kucher.

alle Haushaltungen", und mit Spaziergangssonntagen im Welzheimer Wald und anschließendem gezieltem Zusammentreffen in Rudersberg. Das Flugblatt schreibt sodann, Buck meide zwar „bis jetzt noch die Öffentlichkeit". Es ließen sich aber „hohe Herren der evangelischen Kirchenleitung von ihm empfangen und bewirten"; er zeige jetzt fromme Anwandlungen.[88]

Zudem wurde ihm spöttisch-herabsetzend nachgesagt, „er züchte jetzt Hühner". Tatsächlich war zu Lebzeiten von Schwiegermutter Mayer und der Tochter, seiner späteren Ehefrau, die überkommene Erwerbsgeflügelzucht zunächst weitergeführt worden. Er soll dort, eher im Hintergrund, zu sehen gewesen sein.[89]

Für 1967 gibt es eine weitere Schilderung von Bucks Lebensumständen. Buck war im Sommer 1945 in einer Art Untersuchungshaft in Paris mit Kurt Gerstein (1905-1945), dem unglücklichen SS-Offizier, der die weitere Vergasung von Juden mit Zyklon B verhindern wollte, zusammengetroffen. Über dessen letzte Tage und die Umstände des Suizids konnte er der Gerstein-Witwe, dem französischen Gerstein-Biografen Pierre Joffroy (* 1929) und dem Leiter eines Kurt-Gerstein-Hauses (Evangelisches Bildungshaus) im Wohnhaus in Rudersberg Auskunft geben. Die Geflügelproduktion war inzwischen aufgegeben worden. Buck war gesundheitlich deutlich durch operationspflichtige Erkrankungen und andere Gebrechen beeinträchtigt. Die ganze Wohnung „habe nach Arznei gerochen." Die Auskünfte zu Gerstein aus einem kurzen Zeitraum im Sommer 1945 konnte er, jenseits der Frage, ob sie wahr waren, mit klarer Auffassungsgabe geben.[90] Im Sommer 1977 ist Buck im 84. Lebensjahr verstorben.

Sämtliche Ermittlungsverfahren bei den Staatsanwaltschaften Ulm, Stuttgart und Hechingen, zu denen auch die ehemaligen Häftlinge mit engagiert zusammengetragenen Zeugenberichten beigetragen hatten, wurden im Hinblick auf eine zuvor ohnehin verhängte Todesstrafe und in allen anderen Fällen, auch weil Tatbestände schon Gegenstand anderer Voruntersuchungen waren, wegen des Verbotes der Doppelverfolgung eingestellt. Große Irritation verursachte die Frage, ob das Doppelverfolgungsverbot auch für Verurteilungen durch ausländische Gerichte unmittelbar gelte und/oder ob der Überleitungsvertrag von 1955 hier nicht eine unerträgliche Begünstigung geschaffen habe. Im Ergebnis wurde genauso verfahren, als ob bereits eine Verurteilung zu den fraglichen Delikten erfolgt wäre. Das Gerechtigkeitsempfinden der ehemaligen Häftlinge wurde auf eine harte Probe gestellt.

---

[88] VVN-Archiv (wie Anm. 13), Ordner Heuberg 13.
[89] Zuletzt: Schreiben des Herrn D. aus einem benachbarten Ort an den Autor vom 07.10.2016; vgl. wg. „Hühnerzüchter" auch Wikipedia-Beitrag zu Karl Buck, zuletzt abgerufen 04.01.2019.
[90] Landeskirchliches Archiv Bielefeld, LkAEKvW Best. 5.2. Nr. 26 (wie Anm. 78).

Markus Roth

Dr. Friedrich Egen: Karriere „im Osten"

* 27.1.1903 in Marschalken-Zimmern
† 18.1.1974 in Stuttgart

Jurist, 1933 NSDAP, 1939 Landrat, 1939 Kreishauptmann, 1940 Vize-Gouverneur, 1943 Ministerialrat,1956 „Kameradschaft der Polenheimkehrer"

Am 25. November 1939, nur wenige Wochen nach der Besetzung Polens, kamen in Radom die neuen Herrscher der Region zusammen. Die Kreishauptleute, sie entsprachen in etwa dem deutschen Landrat, Oberbürgermeister und Stadtkommissare des neugeschaffenen Distrikts Radom versammelten sich, um ihren Vorgesetzten, dem Gouverneur des Distrikts sowie dem Generalgouverneur, von ihrer Arbeit zu berichten und um allgemeine Weisungen zu empfangen.[1]

Die versammelten Herren feierten ihre Anfangserfolge ihrer „Aufbauarbeit", die freilich nicht an den Interessen und am Wohle der Bevölkerung, sondern vielmehr einzig am Nutzen für die deutschen Besatzer und das Deutsche Reich ausgerichtet war. Es ging um antijüdische Maßnahmen, erste Vorbereitungen, die Ressourcen des eroberten Territoriums für das Reich nutzbar zu machen sowie um die Rekrutierung von Arbeitskräften und anderes mehr. Die berichtenden Kreishauptleute rühmten sich ihrer Härte und ihrer Initiativfreudigkeit – vor allem im Vorgehen gegen die Juden.

Dass sie sich über manche Anordnung womöglich hinwegsetzten und nicht auf Befehle „von oben" warteten, um tätig zu werden, begrüßte Generalgouverneur Hans Frank (1900-1946) ausdrücklich. So erklärte Frank, „daß ich mit der Art und Weise Ihrer Arbeit außerordentlich zufrieden bin und daß ich Sie, meine Herren, bitte, mit Ihrer ganzen Kraft so weiterzuarbeiten. Wenn Sie glauben, durch etwas gehindert zu sein, eine unmittelbare Aktivität zu entfalten, sind Sie in keiner Weise gebunden, ich decke Sie überall da, wo ich weiß, daß Sie aus lauterster Gesinnung Maßnahmen ergriffen haben, und wenn es Maßnahmen sind, die in anderen Auffassungszonen Schüttelfrost hervorrufen würden." Um keine Missverständnisse aufkommen zu lassen, wurde Frank noch deutlicher: „Bei den Juden nicht viel Federlesens. Eine Freude, endlich einmal die jüdische Rasse körperlich angehen zu können. Je mehr sterben, umso besser, ihn [„den" Juden] zu treffen, ist ein Sieg unseres Reiches. Die Juden sollen spüren, daß wir

---

[1] Vgl. hierzu und zum Folgenden Protokoll der Tagung der Kreishauptleute, Oberbürgermeister und Stadtkommissare des Distrikts Radom, 25.11.1939, BArch Ludwigsburg: B 162/Dok.-Slg. Polen, Ordner 344, Bl. 442-460.

gekommen sind."² Mit seiner Ansprache stellte Frank den Kreishauptleuten somit einen Freibrief für die Zukunft aus.

Die radikalen Maßnahmen und das brutale Vorgehen der Besatzer im neueroberten Territorium wurde auch von Hitler selbst nicht nur gedeckt, sondern regelrecht beflügelt. Seine drastische Vorgabe, einen „harten Volkstumskampf" in Polen auszutragen, signalisierte den NS-Funktionären, dass spätestens jetzt alle Beschränkungen, die sie nach Machtantritt der Nationalsozialisten nolens volens im Reich noch hatten hinnehmen müssen, hinfällig waren. Die Richtlinien waren zudem derart allgemein gehalten, dass sie implizit an den Ehrgeiz der neuen Herrscher im besetzten Polen appellierten, zu zeigen, was „in ihnen steckte" und Worten Taten folgen zu lassen. Der daraus folgende ungeregelte Terror hing im Ausmaß stark von den lokalen Entscheidungsträgern ab.³ Ihre Bereitwilligkeit, den Erwartungen „von oben" gerecht zu werden, stellten die Kreishauptleute von Anfang an unter Beweis.

Unter den Herren, die sich in Radom feierten und sich gegenseitig in ihrer Radikalität bestärkten, saß auch Friedrich Egen, den es aus Stuttgart ins besetzte Polen verschlagen hatte. Dem Protokoll zufolge ergriff er nicht das Wort. Dies war, wie seine Herrschaftspraxis und sein weiterer Karriereweg zeigen sollten, allenfalls eine verbale Zurückhaltung. In seinem Handeln fügte er sich nahtlos in das radikale Besatzermilieu ein.

Der Weg vom Südwesten in „den Osten"

Der Weg Friedrich Egens an die Speerspitze radikaler Ausbeutungs- und Vernichtungspolitik war bis zu seinem Dienstantritt in Radom keinesfalls absehbar oder gar vorgezeichnet. Er wurde am 27. Januar 1903 in Marschalken-Zimmern, heute ein Ortsteil von Dornhan im Landkreis Rottweil, in ein evangelisches Elternhaus geboren, in dem der Glaube eine größere Rolle gespielt zu haben scheint. Egen besuchte die evangelische Lateinschule Gaildorf und von 1917 bis 1921 das Theologische Seminar in Maulbronn und Blaubeuren, wo er auch sein Abitur ablegte. Nach der Schule versuchte er sich 1921/22 an einem Theologiestudium in Tübingen. Währenddessen war er Mitglied der Verbindung Lichtenstein. Das Theologiestudium brach er jedoch recht bald ab und wechselte zu Jura. Dieses Studium schloss er 1925 ab; er absolvierte erfolgreich die erste juristische Staatsprüfung mit gut. Während der üblichen Referendarszeit, die bis 1928 dauerte und ihn ans Amtsgericht Maulbronn, Landgericht und zur Staatsanwaltschaft Stuttgart führte, konnte Egen zudem seine Dissertation schreiben. 1926 wurde er promoviert.[4]

---

[2] Ebd., Bl. 458 f. Das vorangegangene Zitat ebenda, Bl. 460.
[3] Vgl. Browning, Christopher R.: Die Entfesselung der `Endlösung´. Nationalsozialistische Judenpolitik 1939-1942, München 2003, S. 48 f.
[4] Der Reichsminister des Innern, Vorschlag zur Ernennung des Oberregierungsrats Dr. Egen zum Vizegouverneur, 05.02.1943, BArch, ehem. Zwischenarchiv Dahlwitz-Hoppegarten: ZA V 217, Bd. 1, Bl. 113 f.; Instytut Pamięci Narodowej (IPN), SORd 170, Bl. 9 f. u. 26-29; IPN, Personenkartei.

Nach seiner großen juristischen Staatsprüfung 1928, die er mit der Note gut bestand, trat Egen in Göppingen am dortigen Oberamt als Zweiter Beamter in den Staatsdienst ein und begann bruchlos die übliche Laufbahn eines Juristen in der Verwaltung. Anders als viele andere Absolventen hatte er keine Schwierigkeiten mit dem Berufseinstieg. Bereits 1929 erfolgte seine Beförderung zum Regierungsrat. Übergangsweise fungierte Egen für einige Monate von Herbst 1932 bis März 1933 als Amtsverweser im Oberamt Vaihingen.[5]

Für Friedrich Egen war die Machtübergabe an die Nationalsozialisten Ende Januar 1933 kein Einschnitt in der Karriere. Das galt für nahezu die gesamte Verwaltungselite Württembergs.[6] Zu fürchten hatte er allem Anschein nach nichts, da er zuvor politisch nicht exponiert in Erscheinung getreten ist. Seine politische Zurückhaltung legte er nun allerdings ab und trat – wie viele andere mit ihm – im Frühjahr 1933 eilig in die NSDAP ein, in die er offiziell am 1. Mai 1933 als Mitglied Nr. 3.226.528 aufgenommen wurde. Zu der Zeit war Egen bereits Leiter des Verkehrsreferats im Württembergischen Innenministerium, wohin er im März berufen worden war. Auf diesem Posten blieb er bis Kriegsausbruch, ab 1939 als Oberregierungsrat.[7]

An der „Front der Verwaltung" im Generalgouvernement

Wie genau Friedrich Egen ins besetzte Polen kam, ist unklar. Es deutet nichts darauf hin, dass seine Vorgesetzten ihn etwa dorthin abschieben wollten, um – wie es Praxis in vielen Behörden war – einen missliebigen Beamten loszuwerden, schließlich war er gerade erst zum Oberregierungsrat befördert worden. Ob er sich aus eigener Initiative beworben oder auf normalem Weg abgeordnet worden ist, ist unbekannt. Ungeachtet dessen erwies er sich während seiner gesamten Zeit im Generalgouvernement als jemand, der ganz im Sinne der Ziele nationalsozialistischer Besatzungspolitik agierte. Hierin glich er den meisten anderen Kreishauptleuten und hochrangigen Besatzungsfunktionären – unabhängig davon, ob sie sich beworben hatten, abgeordnet oder abgeschoben worden waren.[8]

Wenige Tage nach dem deutschen Einmarsch kam Egen noch unter der Militärverwaltung als kommissarischer Oberbürgermeister nach Radom, um dort die Besatzungsverwaltung aufzubauen. Nach wenigen Tagen wurde er jedoch bereits von Fritz Schwitzgebel (1888-1957), einem hochrangigen Nationalsozialisten aus dem Saargebiet, abgelöst und wechselte als Landrat nach Sandomierz,

---

[5] Ebd.
[6] Vgl. Ruck, Michael: Kontinuität und Wandel – Westdeutsche Verwaltungseliten unter dem NS-Regime und in der alten Bundesrepublik. In: Loth, Wilfried u. Bernd-A. Rusinek (Hg.): Verwandlungspolitik. NS-Eliten in der westdeutschen Nachkriegsgesellschaft. Frankfurt a.M., New York 1998. S. 117- 142, hier S. 124.
[7] Ebd.
[8] Vgl. ausführlich dazu: Roth, Markus: Herrenmenschen. Die deutschen Kreishauptleute im besetzten Polen – Karrierewege, Herrschaftspraxis und Nachgeschichte. Göttingen 2009.

einer Kleinstadt gut 100 Kilometer südöstlich von Radom.⁹ In den ersten Tagen und Wochen deutscher Besatzungsherrschaft waren die Kreishauptleute bzw. Landräte in der Regel nur mit wenigen Mitarbeitern und kaum Polizeikräften vor Ort. Die Verbindung zu den vorgesetzten Dienststellen im Distrikt oder in der Zentrale in Krakau waren unsicher und funktionierten nicht immer. Daher verfügten sie gerade in der Anfangszeit über einen enormen Handlungsspielraum, der durch Äußerungen wie die eingangs zitierte von Hans Frank zusätzlich unterstrichen wurde.¹⁰ Wie Egen in Sandomierz dies im Einzelnen nutzte, lässt sich mit den vorhandenen Quellen nicht hinreichend sagen. Durch zu große Zurückhaltung und einen zu milden Kurs Polen und Juden gegenüber jedenfalls fiel er seinen Vorgesetzten nicht auf. Das belegt sein rascher Aufstieg in der Besatzungshierarchie: Mitte Dezember 1939 kehrte er nach Radom zurück, wo er Kreishauptmann für den Kreis Radom-Land wurde. Kurz darauf, am 1. Januar 1940, wurde Egen überdies Vizegouverneur und Chef des Amtes beim Gouverneur des Distrikts Radom und damit eine der Schlüsselpersonen für die deutsche Besatzungspraxis in der Region.¹¹ Egen oblag die Koordination der gesamten Verwaltung des Distrikts, die sich in 14 Abteilungen mit Unterabteilungen und etlichen Referaten gliederte. Er baute das Amt auf und führte es bis zum Ende der NS-Besatzungsherrschaft im Distrikt Radom.¹² 1943 wurde er dafür zum Ministerialrat befördert.

Da Egen in Personalunion Chef des Amtes und auch Kreishauptmann war, kannte er beide Ebenen der Besatzungsverwaltung gut – die „Front der Verwaltung", als die sich die Kreishauptleute betrachteten ebenso wie die Mittelinstanz des Distrikts. Dies dürfte ihm seine Arbeit als Kreishauptmann erheblich erleichtert haben, zumal er in Radom ohnehin kurze Wege zu den anderen Instanzen hatte.

Da ein Gutteil der Akten der Kreishauptmannschaft Radom-Land vernichtet wurde, lässt sich Friedrich Egens Herrschaftspraxis nur rudimentär beleuchten. Der nach dem Krieg in Polen gegen in geführte Prozess brachte nur allgemeine Vorwürfe zur Sprache und ein umfassendes Ermittlungsverfahren wurde in der Bundesrepublik wegen des Prozesses in Polen nicht geführt, so dass die Justizakten kaum helfen, Lücken zu schließen. Die Einblicke, die in Egens Praxis möglich sind, zeigen in der Regel, dass er radikalem Handeln gegenüber aufgeschlossen war, es in seinem Bereich entweder deckte oder gar selbst initiierte, auch wenn mitunter Befugnisse dabei überschritten wurden. Mitarbeiter des Arbeitsamts in seinem Kreis ließen zum Beispiel im Frühjahr 1940 Angehörige

---

⁹ Vgl. Roth 2009 (wie Anm. 8), S. 469 u. 504.
¹⁰ Vgl. ebd., S. 65-67; Musial, Bogdan: Deutsche Zivilverwaltung und Judenverfolgung im Generalgouvernement. Eine Fallstudie zum Distrikt Lublin 1939-1944. Wiesbaden 1999. S. 14 f.
¹¹ Vgl. Der Reichsminister des Innern, Vorschlag zur Ernennung des Oberregierungsrats Dr. Egen zum Vizegouverneur, 05.02.1943, BArch, ehem. Zwischenarchiv Dahlwitz-Hoppegarten, ZA V 217, Bd. 1, Bl. 113 f.
¹² Vgl. Musial 1999 (wie Anm. 10), S. 40-42; Seidel, Robert: Deutsche Besatzungspolitik in Polen. Der Distrikt Radom 1939-1945. Paderborn 2006. S. 38 f.

von Personen verhaften, die sich der Deportation zur Arbeit in Deutschland entzogen haben, und beriefen sich dabei ausdrücklich auf Kreishauptmann Egen. Ein solches Vorgehen aber wurde erst gut ein Jahr später durch den Distrikt legalisiert.[13]

Ähnlich verfuhr er in der Frage von Straflagern. Manche Kreishauptleute gingen bereits 1940 dazu über, eigene Straflager zu errichten, in die sie Menschen einwiesen, die keine oder zu geringe Kontingente in der Landwirtschaft ablieferten, deren Angehörige sich der Deportation zur Arbeit im Reich entzogen oder in anderer Weise gegen Anordnungen verstießen. Hierzu waren die Kreishauptleute jedoch nicht befugt, wurden von Seiten des Distrikts aber dennoch gedeckt. In Radom-Land ließ Egen 1941 in Kacprowice ein solches Lager errichten. Im Januar kam ein weiteres Lager in Jedlanka hinzu, in das säumige Bauern oder deren Frauen und Kinder gesperrt wurden. Der Gouverneur des Distrikts Radom erließ erst am 3. Februar 1942 eine Anordnung über die Errichtung solcher Verwaltungsstraflager, die die Kreishauptleute zu ihrer Errichtung legitimierte.[14] Daraufhin folgten weitere Lager im Kreis Radom, zum Beispiel ein Lager in Modrzejowice und eines in Zakrzówek.[15] Egen gehörte damit zu jenen Funktionären im Besatzungsapparat, die in einzelnen Bereichen vorpreschten, ohne sich um Befugnisse im Einzelnen zu kümmern, und die so einen radikalen Ton angaben, der „oben" aufgegriffen und im Nachhinein auf dem Verordnungswege zur allgemeinen Besatzungspraxis erhoben wurde.

In den ersten Monaten des Jahres 1941 überschattete die Anlage eines Truppenübungsplatzes für die Wehrmacht das Leben im Kreis Radom-Land. Kreishauptmann Egen war an der Umsetzung beteiligt, etwa indem er die Umsiedlung der Bevölkerung aus dem betreffenden Gebiet veranlassen musste. Beispielsweise befahl er den Bewohnern von 19 Dörfern, sich innerhalb von drei Monaten eine neue Bleibe zu suchen, andernfalls würden ihr gesamter Hausrat beschlagnahmt und sie würden hart bestraft. Das Projekt mündete in ein großes Chaos, was die Wehrmacht der Verwaltung anlastete. Tausende Menschen wurden obdachlos, etliche im Zuge der Vorbereitungen zur Zwangsarbeit deportiert. Egen verschärfte durch sein unerbittliches Handeln die Lage der Menschen zusätzlich, indem er die Gendarmerie, seinen Sonderdienst und die polnische Polizei anwies, Kontrollen durchzuführen und Lebensmittel bei den wegziehenden Menschen zu beschlagnahmen, da zu viel davon weggeschafft würde. In den nächsten Jahren folgte die Vertreibung aus etlichen weiteren Dörfern.[16]

---

[13] Vgl. Seidel 2006 (wie Anm. 12), S. 53.
[14] Ebd., S. 54 f.
[15] Vgl. Meducki, Stanisław: Wieś kielecka w czasie okupacji niemieckiej (1939-1945). Studium historyczno-gospodarcze, Kielce 1991, S. 224.
[16] Vgl. Seidel 2006 (wie Anm. 12), S. 192 f.

In die Verfolgung und Ermordung der Juden waren die Kreishauptleute im Generalgouvernement ebenfalls tief verstrickt. Bis zum Einsetzen der Deportationen in die Vernichtungslager ab März 1942 trieben sie die Ghettoisierung maßgeblich voran, betrieben die Zwangsarbeit von Juden, die „Arisierung" und zahlreiche weitere Verfolgungsmaßnahmen. Zwar war Egen in der Hochphase der Deportationen aus seinem Kreis zeitweise kein Kreishauptmann, als Vizegouverneur und Amtschef jedoch war er weiterhin und verantwortlicher damit befasst.[17]

Als Kreishauptmann war Egen wie viele seiner Kollegen darum bemüht, die Juden seines Kreises möglichst rasch loszuwerden. Das erwies sich als schwierig, da sich zum einen niemand bereitfand sie aufzunehmen und zum anderen durch die Vertreibung von Juden aus den eingegliederten Gebieten ihre Zahl in vielen Kreisen des Generalgouvernements noch stieg. Schon Anfang Januar wies er in einer seiner ersten Amtshandlungen die Bürgermeister an, Juden, die nach September 1939 zugezogen waren, ausfindig zu machen und auszuweisen. Dass auf das ungeordnete Agieren der Bürgermeister hin viele der betroffenen Juden und auch Polen nicht abwarteten, bis auch sie zwangsumgesiedelt würden, sondern lieber vorher wegzogen, um wenigstens das Ziel selbst wählen und mehr ihrer Sachen mitnehmen zu können, brachte Egen auf und er forderte ausführlichen Bericht der Bürgermeister.[18]

Lokale Vertreibungen führten in der Regel zu Konflikten mit Kollegen anderer Regionen und erwiesen sich ohnehin aus Sicht der Besatzer als Sackgasse. Daher schritten viele Kreishauptleute zur Ghettoisierung der Juden ihres Kreises. Im Frühjahr 1941 jedoch kam es im Kreis Radom-Land im Zuge der Anlage des Truppenübungsplatzes noch zu einer gegenteiligen Entwicklung: Die gesamte Bevölkerung von Przytyk, darunter 2.700 Juden, sowie weiterer 160 umliegender Dörfer musste das Gebiet räumen. In diesem Dekonzentrationsprozess verteilte sich die jüdische Bevölkerung Przytyks auf zahlreiche Orte.[19]

Spätestens ab Sommer 1941 registrierte die Unterabteilung Gesundheitswesen im Distrikt Radom einen deutlichen Anstieg der Fleckfiebererkrankungen. Betroffen waren vor allem die Kreise Tomaszów und Radom-Land sowie die Stadt Radom. Im Kreis Tomaszów gab es 1.159 gemeldete Fleckfieberfälle im dritten Quartal 1941. Als Ursache für die Zunahme nahm die Gesundheitsverwaltung an, Juden seien aus dem Warschauer Ghetto gekommen und hätten vor allem den nördlichen Teil des Distrikts „vagabundierend überschwemmt".[20] Kreis-

---

[17] Zur Rolle der Kreishauptleute bei der Verfolgung und Ermordung der Juden vgl. Roth 2009 (wie Anm. 8), S. 175-234.
[18] Vgl. Seidel 2006 (wie Anm. 12), S. 233 f.
[19] Vgl. Roth 2009 (wie Anm. 8), S. 189.
[20] Vgl. Präg, Werner/ Jacobmeyer, Wolfgang (Hg.): Das Diensttagebuch des deutschen Generalgouverneurs in Polen 1939-1945, Stuttgart 1975, S. 433 (Eintrag vom 18.10.1941). Zitat ebd.

hauptmann Egens Anordnung vom 22. Dezember 1941, Juden aus 40 Ortschaften in Ghettos in fünf Orten sowie in 14 weitere Orte, die komplett zu Judenbezirken erklärt wurden, umzusiedeln, war womöglich auch eine Reaktion darauf.[21] Als schließlich die Juden des Kreises Radom-Land in die Vernichtungslager deportiert wurden, war Egen nicht Kreishauptmann. Als Vizegouverneur und Amtschef des Distrikts jedoch war er qua Amt darin involviert, auch wenn die Federführung beim SS- und Polizeiführer und seinem Stab lag.

Auslieferung und Prozess

Mit der Befreiung Polens fingen die polnischen Behörden bei der Ahndung der Besatzungsverbrechen nicht bei null an, denn Informationen hierüber und über die beteiligten Täter waren längst gesammelt worden. Dies gipfelte 1943 darin, dass die Alliierten unter anderem auf Drängen der polnischen Exilregierung auf der Moskauer Konferenz beschlossen, dass die NS-Verbrecher nach dem Krieg zur Rechenschaft gezogen werden sollten. Sie sollten an dasjenige Land ausgeliefert werden, in dem sie ihre Taten begangen hatten. Die kurz darauf gegründete United Nations War Crimes Commission (UNWCC) sollte die Ermittlungen koordinieren. Das Büro für Kriegsverbrecherfragen bei der polnischen Exilregierung führte im Oktober 1943 schon über 4.000 Personen auf seiner Kriegsverbrecherliste.[22]

Mit Kriegsende und der Besetzung Deutschlands konnten die Alliierten und auch polnische Stellen die Täter nun dingfest machen, sofern sie ihrer habhaft wurden. Nach einer Übergangsphase übernahmen Einrichtungen aus der entstehenden Volksrepublik Polen die Regie. In Kreisen ehemaliger Besatzer hatte die Aussicht, in „den Osten" ausgeliefert zu werden schon in der Kriegsendphase Beunruhigung ausgelöst. Nun aber, als dies bedrohlich nahe rückte, war dies die größte, mitunter panische Angst der meisten. Zwei der ehemaligen Kreishauptleute nahmen sich wegen ihrer bevorstehenden Auslieferung sogar das Leben.[23]

Der Ausgang der Verfahren derjenigen, die tatsächlich ausgeliefert wurden, zeigt, dass ein Prozess im kommunistischen Polen nicht zwangsläufig ein Todesurteil nach sich ziehen musste. So erging es auch Friedrich Egen. Er war am 3. November 1945 von amerikanischen Soldaten im Rahmen des automatischen Arrests verhaftet worden. Seine Position als Vizegouverneur und sein Dienstrang als Ministerialrat hatten dazu geführt. Auch er zeigte sich angesichts der Aussicht auf eine Auslieferung an Polen beunruhigt.[24] Egen kam in das Civil Internment Camp in Darmstadt. Nachdem ein Freilassungsantrag gescheitert war und die notwendigen Dokumente beigebracht worden waren, stand aber

---

[21] Vgl. Młynarczyk, Jacek Andrzej: Judenmord in Zentralpolen. Der Distrikt Radom im Generalgouvernement 1939-1945, Darmstadt 2007, S. 122.
[22] Vgl. Roth 2009, wie Anm. 8, S. 311-313.
[23] Vgl. ebd., S. 315-318.
[24] Vgl. Arrest Report, 12.11.1945, IPN, SORd 170, Bl. 9.

der Auslieferung nichts mehr im Wege. Im Dezember 1946 wurde er an Polen ausgeliefert.

In den Vernehmungen stritt Egen jedwede Verantwortung für Verbrechen oder seine Beteiligung daran ab. Er habe mit der Erhebung der Kontingente in der Landwirtschaft oder der Deportation von Arbeitskräften nichts zu tun gehabt. Letzteres sei in die Zuständigkeit der Arbeitsämter gefallen. Von Exekutionen von Polen habe er dienstlich nichts erfahren und sie auch nicht gesehen. Nur aus privaten Erzählungen hätte er davon gehört.[25] Ferner war seine Parteimitgliedschaft Thema. Er sei beigetreten wegen seiner Stellung als Beamter, aus einem „moralischen Zwang" heraus, da er nach einer Entlassung nur schwer eine andere Arbeit hätte finden können.[26]

Am 31. Juli 1948 schließlich erhob die Staatsanwaltschaft am Bezirksgericht Radom Anklage gegen Egen, vor allem weil er als Vizegouverneur, der de facto die Regierungsgeschäfte des Distrikts führte, zur Leitung der Verwaltung des Generalgouvernements gehört habe. Diese begann vom Kreishauptmann an aufwärts und war Ende August 1944 zur verbrecherischen Organisation erklärt worden. Egen habe dies zugegeben, jedoch erklärt, mit den verbrecherischen Zielen gegen Polen wie sie Hans Frank am 25. November 1939 in Radom vertreten habe, nichts zu tun gehabt zu haben.[27] Ein umfangreiches Beweiserhebungsverfahren mit dem Ziel, Egen die Teilnahme an konkreten Einzelverbrechen nachzuweisen, war somit nicht notwendig. Nach nur einem Tag Verhandlung verurteilte das Bezirksgericht Egen zu zwölf Jahren Gefängnis unter Anrechnung der Untersuchungshaft. Der Oberste Gerichtshof bestätigte das Urteil in der Revisionsverhandlung.[28]

Über die Haft der Kreis- und Stadthauptleute in Polen gibt es nur sehr wenige Informationen. Während der Verbüßung der Strafe dürften sich die meisten ruhig verhalten und alles vermieden haben, was eine frühzeitige Haftentlassung hätte gefährden können. Friedrich Egen verhielt sich nach Einschätzung des Gefängnisdirektors tadellos. Mithäftlingen gegenüber, vor allem deutschen, war er verschlossen und äußerst wortkarg. Er ging Gesprächen über die Besatzungszeit oder über Politik aus dem Weg. Alles war darauf ausgerichtet, engen Kontakt zur Familie zu halten und die baldige Freilassung zu erreichen. Erst die politischen Ereignisse 1955, unter anderem die Moskau-Reise von Bundeskanzler Konrad Adenauer (1876-1967), ließen Egen eine gewisse Lethargie überwinden und wohl die Hoffnung auf Entlassung aufkeimen.[29] Von deutscher Seite wurde Egen, soweit das möglich war, während der Haft von der Rechtsschutz-

---

[25] Protokół przesłuchania, 27.06.1947, IPN, SORd 170, Bl. 47v.
[26] Protokół przesłuchania, 11.12.1947, IPN, SORd 170, Bl. 91v.
[27] Prokuratura Sądu Okręgowego w Radomiu, Akt oskarżenia przeciwko Friedrichowi Egenowi, 31.07.1948, IPN, SORd 170, Bl. 145-147.
[28] Wyrok, 28.09.1948, IPN, SORd 170, Bl. 206-208; Wyrok, 25.1.1949, ebd., Bl. 214-216.
[29] Naczelnik Centralnego Więzienia w Szczecinie, Opinia, 28.09.1955, IPN, SORd 170, Bl. 221.

stelle für Deutsche im Ausland des Hilfswerks der Evangelischen Kirche in Deutschland über einen Mittelsmann mit Geld versorgt, mit dem er sich die Rationen aufbessern konnte. Zudem unternahm die Rechtsschutzstelle den Versuch, über einen polnischen Anwalt eine Revision beim Obersten Volksgerichtshof zu erreichen. Dabei engagierte sich auch Ernst Woltje (1898-1965) für Egen, der nach eigener Darstellung in den meisten Spruchkammerverfahren und Auslieferungsverhandlungen ehemaliger Kollegen als Zeuge oder Anwalt hilfreich war.[30] Erst 1956 kehrte Egen nach Deutschland zurück, wobei die Aktivitäten der Rechtsschutzstelle keine Rolle gespielt haben dürften.

Nach der Ankunft in der Bundesrepublik schlossen sich zahlreiche Rückkehrer zur sogenannten Kameradschaft der Polenheimkehrer zusammen. Neben den ehemaligen Kreis- und Stadthauptleuten Dengel, Egen, Leist und Rupprecht stehen auf der Adressenliste der Kameradschaft der ehemalige SSPF des Distrikts Warschau, Arpad Wigand (1906-1983), der ehemalige Leiter der Außendienststelle des Kommandeurs der Sicherheitspolizei in Piotrków/Petrikau, Hermann Altmann (1898-?), und der dortige ehemalige Oberstaatsanwalt Hellmuth Holland (1906-?). Ob deren Aktivitäten über ein loses Kontakthalten hinausging und die Kameradschaft etwa eine Netzwerkfunktion für den beruflichen Wiedereinstieg übernahm, bleibt unklar.

Friedrich Egen starb am 18. Januar 1974 als Ministerialrat a.D. in Stuttgart.

---

[30] Dr. Ernst Woltje an Regierungsrat Wagner, Innenministerium Württemberg/Baden, 11.09.1950, HStA Stuttgart, EA 2/150, Bü. 268, Bl. 135 u. 135 v.; Zentrale Rechtsschutzstelle an Innenministerium Württemberg/Baden, betr.: Rechtsschutzsache Dr. Friedrich Egen, 07.05.1951, ebenda, Bl. 139; Das Hilfswerk der Evangelischen Kirche in Deutschland, Rechtsschutzstelle für Deutsche im Ausland, an Dr. Rooschütz, 24.03.1953, ebenda, Bl. 140 u. 140 v.; Dr. Ernst Woltje an das Innenministerium des Landes Württemberg-Baden, 06.06.1956, ebenda, Bl. 152 u. 152 v.

Joo Peter

Dr. Karl Epting: Raubkunst und Rassenwahn

* 17. Mai 1905 in Odumase/Britisch-Westafrika (heute: Ghana)
† 17. Februar 1979 in Hänner/Gem. Murg (Hotzenwald)

Nach 1933 Leiter des Deutschen Akademischen Austauschdienstes in Paris, 1940-1944 Leiter des Deutschen Instituts in Paris, 1952-1960 Lehrer am Hegel-Gymnasium Stuttgart-Vaihingen, 1960-1969 Direktor des Theodor-Heuss-Gymnasiums in Heilbronn

Karl Epting kam als Kind nach Württemberg. Geboren als Sohn eines protestantischen Missionars aus Basel in der britischen Kolonie Goldküste (heute: Ghana) wuchs er in der Vorschulzeit zunächst in Basel auf. Die Hohenlohe und der Schwarzwald sind die weiteren Stationen seiner Schulzeit, die evangelischen Seminare in Schönthal und Urach. Von Urach aus ist es nicht weit nach Tübingen, seinem Studienort. In dieser Zeit gerät er langsam in die völkischen Kreise. Der Sohlbergkreis, dem er sich 1930 anschließt und die bündische Jugend in Deutschland und Frankreich zusammenbringen soll, nimmt schon beim zweiten Treffen eine völkische Richtung. Karl Epting freundet sich mit dem Organisator Otto Abetz (1903-1958) an, beide dienen sich nach 1933 dem nationalsozialistischen Regime an.[1]

Karl Epting wurde nach 1933 Leiter des Deutschen Akademischen Austauschdienstes (DAAD) in Paris, den er auf stramm nationalsozialistische Linie brachte. In französischen Polizeiakten wurde Epting schon früh auffällig, als er sich für die Verbreitung antisemitischer Schriften einsetzte.[2] Im DAAD begann er auch, unter dem Pseudonym Matthias Schwabe antisemitische Schriften zu verfassen.[3]

Den Weg nach oben bahnte ihm sein Freund Otto Abetz. Der Funktionär der Hitlerjugend, der Kontakte zu rechten Kreisen in Frankreich pflegte, wurde enger Mitarbeiter des Joachim von Ribbentrop (1893-1946), trat der SS bei. Der Kriegsbeginn förderte dann bald steile Karrieren der willigen Helfer des Regimes. Abetz holte Epting in die Propagandaabteilung des Außenministe-

---

[1] Zu Abetz vgl. Blum, Eggert, Otto Abetz: Frankreichfreund in Hitlers Diensten, in: Proske, Wolfgang (Hg.): Täter Helfer Trittbrettfahrer Bd. 8, NS-Belastete aus Nordwürttemberg, Gerstetten 2018, S. 30-52.
[2] Michels, Eckart: Das Deutsche Institut in Paris 1940-1944, Stuttgart 1993, S. 31, Anm. 77.
[3] Ebd.

riums für den Frankreichfeldzug. Unter Pseudonym schrieb Epting antisemitische Schriften, die bereits ahnen lassen, wie er später im besetzten Frankreich auftreten würde. Hier Auszüge aus seinem Buch „Die französische Schule im Dienste der Volksverhetzung" aus dem Jahr 1940: „Juden, Emigranten, Volksverräter", nennt Karl Epting darin Klassiker von Heinrich Heine (1797-1856) bis Thomas Mann (1875-1955), er zählt sie zu den „Fluten der Schundliteratur", von denen sich das „junge Deutschland" in der Bücherverbrennung 1933 „gereinigt" habe.[4] Ein ganzes Kapitel lang beklagt er sich über die Wertschätzung des Juden Heinrich Heine in französischen Schulbüchern. Karl Eptings Verfolgungen lassen kaum einen bedeutenden Autor aus, bald darauf finden sich diese Namen auf der Zensurliste im besetzten Frankreich, an der er später wesentlich mitwirkte.[5] Noch 1977 schrieb Epting in seinem Buch „Gedanken eines Konservativen", die Künstler der Moderne wie die Dadaisten und Expressionisten, Ernst Toller (1893-1939) und Franz Werfel (1890-1945) würden Dekadenz und kulturellen Niedergang verkörpern.

Es kann nicht schnell genug gehen: die Gier nach Raubkunst

Es blieb nicht bei Propaganda. Bald nach der Besetzung Polens folgte der Überfall auf Frankreich. Einen Tag nach dem Einmarsch in Paris am 14. Juni kamen Epting und Abetz mit Vollmachten in die Stadt, Abetz als Ribbentrops Gesandter und Statthalter, Epting als enger Mitarbeiter.[6] Wie sich Epting seine Rolle als `Kulturbotschafter' vorstellte, setzte er gleich in die Tat um.

Schon zwei Wochen später, Anfang Juli 1940, führten Abetz und Epting die erste große Razzia durch. Roland Ray vom Institut für Zeitgeschichte schreibt: „Am 2. Juli trafen Abetz und Epting organisatorische Vorbereitungen für eine große Razzia in jüdischen Pariser Kunst- und Antiquitätengeschäften […] die Operation müsse `schlagartig in getarnter Form', am besten spät abends oder im Morgengrauen laufen".[7] Die wertvollsten Beutestücke sollten in ihre Botschaft gebracht werden. Epting übergab der Polizei eine Liste mit Firmen zum Vollzug, dabei wurde der Polizeidirektion suggeriert, dass die Genehmigung der Militärverwaltung bereits vorlag, was nicht zutraf. Als die Militärverwaltung dann erfuhr, dass nicht nur gesichtet, sondern auch massenweise Kunst weggeschafft wurde, stoppte sie am 8. Juli die Aktion. Es entwickelte sich ein wochenlanger Kleinkrieg zwischen Botschaft einerseits und Militärverwaltung andererseits. Abetz und Epting beriefen sich auf einen Führerbefehl, die Militärverwaltung in Paris verwies auf das Völkerrecht und darauf,

---

[4] Schwabe, Matthias: „Die französische Schule im Dienste der Volksverhetzung", Veröffentlichungen des Deutschen Instituts für Außenpolitische Forschung 1940.
[5] Michels 1993 (wie Anm. 2), S. 269-271.
[6] Ebd., S. 30.
[7] Ray, Roland: Annäherung an Frankreich im Dienste Hitlers?, Studien zur Zeitgeschichte, hg. v. Institut für Zeitgeschichte, Band 59, München 2000, S. 341.

dass ihr bis dato der Führerbefehl nicht schriftlich vorgelegt wurde, ließ Depots bewachen und gab Verordnungen zum Kunstschutz aus.

Bald nach der ersten Razzia Anfang Juli 1940 schickte Ribbentrop das Sonderkommando Künsberg zur Verstärkung. Epting machte intensiv von dieser Unterstützung Gebrauch. Künsberg wurde später in Russland zum berüchtigten Räuber von Kulturgut mit über 250.000 Objekten.[8]

Viele der Kunstschätze aus dem Louvre waren auf Schlösser auf dem Land ausgelagert worden, das Sonderkommando mit Künsberg und Epting spürte sie auf, doch das Oberkommando des Heeres verhinderte vorerst den Abtransport. Ungeduldig forderten Abetz und Epting Kataloge und Listen der Kunstschätze. Wie der Historiker Ray berichtet, „entriss Epting der Louvre-Direktion die zugesagten Verzeichnisse, wobei er gedroht haben soll, die Kisten in den Bergungsorten gewaltsam öffnen zu lassen".[9] Noch am selben Tag ließen sich Epting und das Sonderkommando Künsberg die Genehmigung geben, 50 verlassene jüdische Wohnungen zu durchsuchen. Bald darauf stapelten sich die Kunstwerke aus den jüdischen Wohnungen in ihrer Dienststelle, wieder ohne Genehmigung der Militärverwaltung, die Kunst aus den Wohnungen wegzuschleppen.[10] Die Militärverwaltung versuchte weiter, die großen Lager zu schützen. Stießen sie in der Stadt an Grenzen, verlegten Abetz und Epting ihre Raubzüge aufs Land, dort wurden aus Schlössern der Familie Rothschild hunderte Kisten abgeschleppt und in ihre Dienststelle geschafft, eine „Art moderne Freibeuter", wie der Kunstschutz des Heeres klagte.[11]

Bald wurde Ihnen die Raubkunst von Hermann Göring (1893-1946) und Alfred Rosenberg (1893-1946) wieder abgenommen, doch über 70 Kunstwerke behielten sie bei sich, darunter Gemälde von Renoir, Degas und einen Schreibtisch des Fürsten Metternich,[12] den Epting noch 1977 in seinem Buch „Gedanken eines Konservativen" als mutigen Antidemokraten verherrlicht, der Verfassung und Gewaltenteilung ablehne – und diesem Vorbild ein ganzes Kapitel widmet.[13]

Allein die Kunstschätze der Familie Rothschild, deren Plünderung Abetz und Epting begannen, bildeten bis zum Ende des Krieges ein Viertel der gesamten

---

[8] Hartung, Ulrike: Raubzüge in der Sowjetunion. Das Sonderkommando Künsberg 1941–1943, hg. von der Forschungsstelle Osteuropa, Bremen 1997.
[9] Ray 2000 (wie Anm. 7), S. 347.
[10] Ebd., S. 348.
[11] Ebd., S. 344.
[12] Ebd., S. 251.
[13] Epting, Karl: Gedanken eines Konservativen, Bodman 1977. Das Buch erschien im Hohenstaufen Verlag, den der NS-Dichter Gerhard Schumann begründet hatte. Zu Schumann vgl. Bosch, Manfred: „Wenn einer von uns fällt, tritt stumm der Nächste vor". In: Proske, Wolfgang (Hg.): Täter Helfer Trittbrettfahrer, Bd. 5: NS-Belastete aus dem Bodenseeraum, Gerstetten 2016, S. 219-235.

Beschlagnahmungen von über 20.000 Objekten aus Frankreich, wie Haase dokumentiert.[14] Epting besorgte später noch dem Kunstsammler Hildebrand Gurlitt (1895-1956, Sonderbeauftragter für das Führermuseum) das Visum.[15]

Die neuen Herren

Acht Wochen nach dem Einmarsch in Paris hatten sich Abetz und Epting bereits machtvoll inszeniert und etabliert. Abetz wurde von Hitler jetzt zum Botschafter ernannt, praktisch Statthalter in Frankreich, der später Pétain zu Regierungsumbildungen drängen wird, um die Deportationen besser durchführen zu können. Seine Machtbefugnisse ließ sich Otto Abetz beim Antrittsbesuch auf dem Berghof von Hitler am 3. August 1940 bestätigen: Unter anderem die politische Schlüsselrolle und Leitung von Presse und Rundfunk,[16] dazu die Machtbefugnisse seines Freundes Epting, in Frankreich Hochschulen und Verlage überwachen zu können, wie in Eptings Entwurf des Deutschen Instituts festgehalten war.[17]

Karl Epting war jetzt für das ganze Schulwesen in Frankreich zuständig. Zusammen mit der SS erstellte er Listen zur Verfolgung von Hochschulprofessoren.[18] Er zählte zu den wichtigsten Informanten des Sicherheitsdienstes. Sein Institut gab die Richtlinien zur Zensur der Schulbücher vor und arbeitete an der großen Zensurliste für das gesamte Verlagswesen wesentlich mit.

Epting hatte sich den Prachtbau der polnischen Botschaft als Sitz für sein Deutsches Institut bestätigen lassen, mit dem er herrschaftlich repräsentieren konnte, mit großem Budget und Doppelfunktion als Direktor des Instituts und Kulturreferent der Botschaft. Er achtete auf seine Weise darauf, dass die Fäden bei ihm zusammenliefen. In der selbst geschaffenen Zentrale gab es dienstags ein Arbeitstreffen mit dem Sicherheitsdienst, Vertretern der Propagandaabteilung, der Botschaft und seines Instituts, in der unter anderem die „Liste Otto" (Zensurliste benannt nach Otto Abetz) mit rund 1.000 Büchern laufend überarbeitet wurde.[19]

Epting gingen die Maßnahmen manchmal nicht weit genug. Zunächst waren nur jüdische Autoren aus Deutschland verboten. Epting drängte darauf, auch jüdische Autoren in Frankreich zu verbieten, was von der Propagandaabteilung aus praktischen Gründen abgelehnt wurde, da der Ariernachweis bei verstorbenen Autoren nur schwierig durchzuführen sei (bei den Lebenden war die Botschaft mächtig hinterher, begann das Unwesen mit Ariernachweisen,

---

[14] Haase, Günther: Kunstraub und Kunstschutz, Anton Lettenbauer Druckerei Hamburg, Hildesheim 1991, S. 78.
[15] Hoffmann, Meike/ Kuhn, Nicola: Hitlers Kunsthändler – Hildebrand Gurlitt 1895 – 1956, die Biographie, München 2016, S. 193, S. 207-211.
[16] Michels 1993 (wie Anm. 2), S. 116 ff.
[17] Ebd., S. 58.
[18] Ebd., S. 134.
[19] Michels 1993 (wie Anm. 2), S. 126-127.

später die Einführung der Judensterne und mehr).[20] Selbstbewusstes und oft auch eigenmächtiges Handeln verband die beiden Weggefährten Epting und Abetz. Epting überging mitunter auch andere Dienststellen, um die Verhaftung eines Professors zu initiieren und ein Exempel zu statuieren[21] oder griff einen Künstler, der sich über den Ariernachweis lustig machte, den er erbringen sollte, so aggressiv an, dass andere eingreifen mussten, wie Michels berichtet.[22]

Vom Kunstraub zum Holocaust

Auch nachdem Hitler bereits im September 1940 Abetz und Epting die Machtbefugnisse zum Kunstraub entzogen hatte, versuchten die beiden hier weiter mitzumischen. Finanziell gut ausgestattet, konnte Epting hohe Bestechungsgelder an Spitzel zahlen, um noch verborgene Lager zu finden – so plünderte Epting für 65.000 Franc „Judaslohn" an Spitzel eine der größten jüdischen Privatsammlungen moderner Kunst im Herbst 1940, mit vielen Werken von Picasso, Braque, Matisse und Renoir. Ein Teil ging an den Stab Rosenberg, ein Teil der „Entarteten Kunst" wurde zu Tauschzwecken in der eigenen Dienststelle gehortet.[23]

Otto Abetz und Karl Epting drängten in Paris ebenso darauf, als „Förderer der Künste" auf dem Parkett zu glänzen. Beide besaßen ein äußerst prunkvolles Stadtpalais, in dem sie Hof hielten, und dazu noch eine Milliarde Franc allein für Kulturpropaganda.[24] Jürg Altwegg schrieb in der ZEIT, Otto Abetz habe wöchentlich die redaktionellen Richtlinien für die französische Presse vorgegeben. Rund 50 Tageszeitungen und Zeitschriften seien relativ direkt überwacht worden.[25] So bestanden genug Einflussmöglichkeiten, um sich in der Presse als freundliche Kulturbotschafter feiern zu lassen, ein Mythos, den beide auch nach dem Krieg pflegten. Ihre „glänzenden" Kulturveranstaltungen mit dem Bildhauer Arno Breker (1900-1991), der Wanderausstellung „der ewige Jude" oder Gastspiele der deutschen Staatsoper mit Herbert von Karajan (1908-1989) wurden von der französischen Presse entsprechend im besten Licht dargestellt.

Schon bald arbeitete die Botschaft eng mit Adolf Eichmann (1906-1962) zusammen und Abetz zeichnete die Zustimmung zum Abtransport der Juden nach Auschwitz ab.[26] Die Dienstagsrunde in Eptings Institut machte Schule, ab 1941 traf sich eine Dienstagsrunde für die „Judenfrage", in der SS, Militärverwaltung und Botschaft ihr Vorgehen koordinierten.[27] Historiker wie Werner

---

[20] Ebd.
[21] Ebd., S. 134.
[22] Ebd., S. 127-130.
[23] Ray 2000 (wie Anm. 7), S. 353.
[24] Ebd., S. 364.
[25] Altwegg, Jürg: „Der Mythos der Resistance bröckelt", in: DIE ZEIT, 20.03.1981.
[26] Ray 2000 (wie Anm. 7), S. 355 ff.
[27] Ebd. S. 361; Klarsfeld, Serge: Vichy – Auschwitz. Die Zusammenarbeit der deutschen und französischen Behörden bei der „Endlösung der Judenfrage" in Frankreich, Nördlingen 1989(1), S. 371 ff.

Conze (1910-1986) kommen zum Schluss, dass Otto Abetz und seine Mitarbeiter nicht nur eine aktive, sondern eine treibende Kraft der Judenverfolgung bildeten und ihre Rolle in der Shoah bisher unterschätzt wurde.[28]

Tatsächlich wirken frühe Aktionen der deutschen Botschaft in Frankreich – zum Beispiel das Kollektivausbürgerungsverfahren von Juden – wie Blaupausen für das Regime in Berlin. Unterstützt wurden sie ab August 1940 von Dr. Werner Best (1903-1989), lange der dritte Mann hinter Heinrich Himmler (1900-1945) und Reinhard Heydrich (1904-1942), der nach einem Konkurrenzkampf mit Heydrich zur Wehrmacht wechselte und so zur Militärverwaltung nach Paris kam. Jetzt war er Kriegsverwaltungschef in Paris und unterstützte den scharfen, antisemitischen Kurs von Abetz und Epting. Er verstand sich gut mit Abetz und seinen Leuten, und man half sich auch nach dem Krieg, um wieder Karriere zu machen. Eine der Thesen von Werner Best lautete, man könne ein Volk ruhig auslöschen, wenn man es nur gründlich mache.[29]

Die deutsche Botschaft brachte ab August 1940 eine Vielzahl „antijüdischer Sofortmaßnahmen" auf den Weg. Geschickt gelang es Abetz und Epting, ein Grundprinzip umzukehren: die Wehrmacht lehnte im Sommer 1940 eine kollektive Verfolgung ab, forderte Einzelfallprüfung. Doch die Botschaft förderte (insbesondere gegen jüdische Bevölkerung) kollektive Verfolgung und nutzte dagegen die Einzelfallprüfung (hier eher bei politisch Verfolgten), um sich gelegentlich als Retter in der Not zu inszenieren, wenn sich Kollaborateure und Intellektuelle in Bittgängen für einzelne Kollegen einsetzten. Diese Strategie zahlte sich nach dem Krieg aus, denn im Prozess in Frankreich konnte Epting zu Einzelfällen Zeugen finden und so den Freispruch erreichen.

Die antisemitischen Sofortmaßnahmen auf Drängen der Botschaft mündeten im Oktober 1940 in die Umsetzung des „Kollektivausbürgerungsverfahrens", das der Entwicklung in Deutschland voraus ist. Erst über ein Jahr später, im November 1941, tritt in Deutschland eine Verordnung zur automatischen Ausbürgerung und Enteignung von Juden in Kraft, um die Deportationen zu beschleunigen, ausgearbeitet von Hans Globke (1898-1973),[30] später Kanzler Adenauers engster Mitarbeiter, der nach dem Krieg viele Altnazis wieder in Amt und Würden brachte.

Bis zum September 1941 blieb Hitler bei der Haltung, Deportationen der deutschen Juden erst nach Kriegsende in Angriff zu nehmen. Abetz aber

---

[28] Conze, Eckart/ Frei, Norbert/ Hayes, Peter/ Zimmermann, Mosche: Unser Buch hat einen Nerv getroffen, Diplomaten im Nationalsozialismus: die unabhängige Historikerkommission antwortet ihren Kritikern, in: Süddeutsche Zeitung, 10.12.2010.
[29] Mazower, Mark: Hitlers Imperium. Europa unter der Herrschaft des Nationalsozialismus, München 2009, S. 220, siehe auch Best, Werner: Großraumordnung und Großraumverwaltung. In: Zeitschrift für Politik. 32, 1942, S. 406–412.
[30] Wagner-Kern, Michael: Staat und Namensänderung. Die öffentlich-rechtliche Namensänderung in Deutschland im 19. und 20. Jhd. (Beiträge zur Rechtsgeschichte des 20. Jhdt., Band 35), Tübingen 2002, S. 214–222.

preschte vor. Karl Epting unterstützte ihn mit der Veranstaltung rassistischer, rassenhygienischer Vorträge und Publikationen. Ende 1940 knüpfte Epting Kontakt zu einem der schlimmsten Rassenhygienikern der NS-Zeit, lud ihn zum Vortrag nach Paris ein, förderte und publizierte ihn: Otmar von Verschuer (1896-1969), der Mentor von Josef Mengele (1911-1979). Verschuer hatte seinen Lieblingsschüler Mengele erst dazu gebracht, sich mit „Rassenhygiene" zu beschäftigen. Gemeinsam erstellten sie Gutachten zu rassenhygienischen Zwangssterilisationen und in Prozessen zur sogenannten „Rassenschande", nach den Nürnberger Gesetzen.[31] Später schickte Mengele hunderte Präparate ermordeter Häftlinge aus dem KZ Auschwitz an das Institut von Verschuer in Berlin.[32]

Im Januar 1941 hielt Verschuer seinen Vortrag in Karl Eptings Institut über „Vererbungslehre und rassische Gesetzgebung in Deutschland".[33] Die Rede lässt sich heute noch in Karl Eptings Buch „État et Santé"[34] nachlesen. Karl Epting betont im Vorwort die Nationalsozialistische Revolution in der „Rassenhygiene". Verschuer führt in seiner Rede in die Rassenideologie ein und benennt Ziele: nicht nur bei Schwachsinnigen, auch bei Erbmängeln wie Gehörlosigkeit sei Sterilisation wünschenswert, um diese Menschen von der Fortpflanzung auszuschließen. Der nationalsozialistische Staat überlasse die Fortpflanzung nicht mehr dem Einzelnen. Im deutschen Volkskörper würden jetzt Rassenfremde und Erbkranke von der Fortpflanzung ausgeschlossen. Bei der eigenen Rasse sei nicht nur Erbgesundheit, sondern auch Intelligenz ein Kriterium, ob die Fortpflanzung zu favorisieren sei. Rassentrennung sollte neben Heiratsverboten konsequent in allen gesellschaftlichen Bereichen umgesetzt werden: Wohnungen, Schulen, Berufe, Armee, Wirtschaft. Die Politik gebe jetzt die Möglichkeit, entschieden zu handeln. Einen Monat nach dem Vortrag in Eptings Institut gab es im Februar 1941 in Frankreich schon 40.000 internierte Juden.[35]

Doch Hitler blieb noch viele Monate bei seiner Haltung, erst nach dem Krieg mit den großen Deportationen zu beginnen. Anfang September 1941 waren die Internierungslager in Frankreich voll und der zuständige „Judenreferent" Carltheo Zeitschel (1893-1945) bat Otto Abetz, bei Hitler und Himmler auf Deportation in den Osten zu drängen, damit wieder Platz für neue jüdische Gefangene geschaffen werden könne.[36] Ein Schreiben an seinen Chef Abetz spiegelt wieder, wie in dieser Zeit bereits radikale Vorschläge im Sprachge-

---

[31] Müller-Hill, Benno: Tödliche Wissenschaft, Reinbek 1988, S. 39, 157 ff., zit. n. S. 158.
[32] Hesse, Hans: Augen aus Auschwitz. Ein Lehrstück über nationalsozialistischen Rassenwahn und medizinische Forschungen. Der Fall Dr. Karin Magnussen, Essen 2001, S. 74–77.
[33] Michels 1993 (wie Anm. 2), S. 249, Liste der Vorträge im Deutschen Institut mit Datum.
[34] Epting, Karl: État et Santé, Cahiers de L'Institut Allemand, Paris 1942.
[35] Ray 2000 (wie Anm. 7), S. 362.
[36] Lambauer, Barbara: Opportunistischer Antisemitismus, Der deutsche Botschafter Otto Abetz und die Judenverfolgung in Frankreich (1940-1942), Vierteljahrshefte zur Zeitgeschichte, Jahrgang 53, 2005, Heft 2.

brauch sind: Man könne doch sechs bis sieben Millionen Juden sterilisieren, „die in unserer Hand sind" und die dem „Untergang geweiht seien", gab Zeitschel seinem Chef schriftlich mit auf den Weg.[37]

Sterilisationen und gewaltsame „Entfernung" propagierte Epting öffentlich mit seinen rassenhygienischen Vortragsprogrammen und Publikationen. Die deutsche Botschaft hatte bereits im Juli 1941 die Ausstellung „Der ewige Jude" in der französischen Version eröffnet. Abetz war zwischen dem 16. und 24. September 1941 im Führerhauptquartier, wie Lambauer berichtet.[38] Er fand für den Vorschlag zum Beginn der Deportationen in den Osten bei der Führungsriege im Hauptquartier ein offenes Ohr. Schon einen Tag später, am 17. September folgte Hitlers entsprechender Befehl.[39]

1942 drängte Otto Abetz auf eine schnelle Verteilung der 400.000 Juden-sterne in Frankreich und Karl Epting forderte die Militärverwaltung auf, die jüdischen Kinder von den anderen Schülern abzusondern.[40] Gegen den Abtransport von 40.000 Juden nach Auschwitz habe er „keine Bedenken", telegrafierte Abetz am 2. Juli 1942.[41]

Viele französische Behörden halfen bei der Deportation – deshalb ist die antisemitische Propaganda Eptings, mit der die Bevölkerung vorbereitet wurde, nicht zu unterschätzen. Karl Epting förderte auch antisemitische, französische Autoren, die sich ihm als Kollaborateure andienten, so den fanatischen Antisemiten Louis-Ferdinand Céline (1894-1961). Als Ernst Jünger (1895-1998) das Deutsche Institut von Epting Dezember 1941 zum ersten Mal im Tagebuch erwähnt, beschreibt er einen manischen Céline, der zwei Stunden lang wütet, dass er die Juden ausrotten will, beschreibt an ihm wörtlich den „Genuss am Töten" und den „Trieb zum Massenmord".[42] Karl Epting präsentierte zwei Tage zuvor einen der schlimmsten Rassenhygieniker in seinem Institut, Eugen Fischer.[43]

Fischer organisierte 1937 die (auch damals illegale) Sterilisierung von 400 Kindern, die sogenannten „Rheinlandbastarde"[44] und hatte Einfluss auf das Euthanasieprogramm T4, der Ermordung von mehr als 70.000 Menschen mit

---

[37] Klarsfeld 1989 (wie Anm. 27), S. 390 (Dokument V-8).
[38] Lambauer 2005 (wie Anm. 36).
[39] Browning, Christopher: Nazi policy, Jewish workers, German killers, Cambridge 2000.
[40] Michels 1993 (wie Anm. 2), S. 127-130.
[41] Ray 2000 (wie Anm. 7), S. 355 ff, 364.
[42] Jünger, Ernst: Strahlungen, Stuttgart 1998(3); ders., Tagebücher, Paris, 07.12.1941.
[43] Michels 1993 (wie Anm. 2), S. 249, Liste der Vorträge im Deutschen Institut mit Datum. Vgl. zu Fischer Wolter, Markus: Prof. Dr. Eugen Fischer. Die Freiburger Schule des Rassenwahns, in: Proske, Wolfgang (Hg.): Täter Helfer Trittbrettfahrer, Bd. 9: NS-Belastete aus dem Süden des heutigen Baden-Württemberg, Gerstetten 2018, S. 66-91.
[44] Aly, Götz: Warum die Juden? Warum die Deutschen? Gleichheit, Neid und Rassenhass 1800–1933, Frankfurt am Main 2012, S. 124.

körperlichen, geistigen und seelischen Behinderungen.[45] Neben seinem Lehrstuhl für Anthropologie in Freiburg war Fischer 1927 bis 1942 Direktor des Kaiser-Wilhelm-Instituts für Anthropologie, menschliche Erblehre und Eugenik in Berlin, das er mit begründete. Mengeles Mentor Verschuer wurde sein Nachfolger. Bei der Bücherverbrennung 1933 trat Fischer neben Goebbels als Redner auf. Er wurde Generalarzt für rassenbiologische Fragen, Richter am Erbgesundheitsgericht und hatte weitere rassistische Aufgaben und Ämter inne.[46]

Seine Rede in Karl Eptings Institut über „Rasse und deutsche Rassengesetzgebung" vom 5. Dezember 1941 lässt sich heute im Buch „Etat et Santé" nachlesen, das Epting herausgab.[47] Fischer war ein besonders dogmatischer Rassist. Die Geschichte der Zivilisationen sei vor allem eine Geschichte der Rassen, Intelligenz und jede kulturelle Errungenschaft eine rassische Leistung. Da Frankreich es zugelassen habe, von schwarzem Blut „infiltriert" zu werden, sei es kulturell degeneriert.[48] Epting und Abetz waren von Fischer offensichtlich so begeistert, dass die Botschaft ihn sogar als Wunschkandidaten für die Präsidentschaft von Eptings Institut ins Spiel brachte,[49] und Epting es bedauerte, dass er vor dem Krieg in Frankreich mit diesem Autor wie seinen anderen rassistischen Referenten auf Ablehnung gestoßen sei.[50] Was Eugen Fischer hier bei seinem Gastgeber Epting einen Monat vor der Wannseekonferenz von sich gab, erinnert streckenweise an eine Sportpalastrede des Rassismus, die sich Stufe für Stufe steigert, am Ende den „bolschewistischen Juden" einer anderen Tierart (Spezie) zuordnet.[51] Das ganze Volk habe „das absolute Recht und die Pflicht, diesen Einfluss zu zerstören".[52]

Jetzt geht alles Schlag auf Schlag. Ein Monat später, Januar 1942, fand die Wannseekonferenz statt. Im Februar forderte Epting bereits, die jüdischen Kinder in den Schulen von den anderen zu trennen. Anfang April forderte er, die Rassenkunde den Franzosen auch in Kriegsgefangenenlagern einzutrichtern: „Die Vorträge können nicht primitiv genug sein", schreibt er dazu ans Außenministerium.[53]

Otto Abetz drängte bald auf eine Umbildung der Regierung in Vichy, um die Deportationen voranzubringen. Karl Epting brachte jetzt sein Buch mit allen

---

[45] Lösch, Niels C.: Rasse als Konstrukt. Leben und Werk Eugen Fischers, Frankfurt am Main 1997; Weingart, Peter/Kroll, Jürgen/Bayertz, Kurt: Rasse, Blut und Gene. Geschichte der Eugenik und Rassenhygiene in Deutschland, Frankfurt 2001(3).
[46] Ebd.
[47] Epting 1942 (wie Anm. 34).
[48] Turda, Marius/ Gillette, Aaron: Latin Eugenics in Comparative Perspective, London 2014, paperback version 2016, S. 217-219.
[49] Michels 1993 (wie Anm. 2), S. 102.
[50] Schneider, William H.: Quality and Quantity: The Quest for Biological Regeneration in Twentieth-Century France, Cambridge Studies in the History of Medicine, Cambridge 1990 mit Verweis auf Epting "L'institut allemand francais" Ethnie francaise (1942).
[51] Epting 1942 (wie Anm. 34), S. 106 ff.
[52] Michels 1993 (wie Anm. 2), S. 127-130.
[53] Ebd. mit Quellengabe in der Fußnote: PA-KultPol R67052 Epting an Bran 01.04.1942.

führenden „Rassenhygienikern" heraus, die er zu Vorträgen geladen hatte.[54] Die Züge in die KZ und Vernichtungslager rollten jetzt unaufhaltsam. Im Mai 1942, als Adolf Eichmann und Reinhard Heydrich nach Paris kamen, um mit Abetz und den anderen vor Ort die Deportationen zu beschleunigen, ließen sich Epting und Abetz mit einer großen Retrospektive von Arno Breker als Höhepunkt ihrer Kulturarbeit feiern - Göring und Albert Speer (1905-1981) als Sondergäste.

Doch nach der Breker-Ausstellung Mai 1942 bröckelte bereits ihre Macht in Paris. Konkurrenzkampf mit einem Hardliner, der Ribbentrop beerben wollte und der weitere Kriegsverlauf trübten ihre Perspektiven. Viele Mitarbeiter mussten an die Front, Werner Best wechselte als Statthalter nach Dänemark. Epting habilitierte sich in Berlin in Windeseile bei Franz Six (1909-1975).[55] Unmittelbar darauf kehrte er ebenso wie Abetz 1943 wieder an die alten Schalthebel nach Paris zurück, um dort aber nur noch den langsamen Zerfall ihrer Besatzerherrlichkeit zu verwalten, die mit Geißelerschießungen und Deportationen jeden Rückhalt in der Bevölkerung verlor. 1944 flüchtete Epting mit den abziehenden Truppen und den schlimmsten Kollaborateuren nach Deutschland. In Sigmaringen betreute Epting noch kurze Zeit die französische Exilregierung der Kollaborateure.

Zweite Karriere nach 1945

Nach Kriegsende kam Epting in französische Gefangenschaft. Kleine Gefälligkeiten an einzelne verfolgte Prominente in der Besatzungszeit zahlten sich jetzt aus, 1949 wurde er mit Freispruch entlassen. Wieder auf freiem Fuß, veröffentlichte Karl Epting im Greven Verlag in Köln die „Memoiren" seines Freundes Otto Abetz, der zu 20 Jahren Haft verurteilt war und noch im Gefängnis saß. Epting hatte dort recht schnell als Verlagsleiter eine neue, leitende Stellung gefunden.[56] Ebenso wie sein Weggefährte Ernst Achenbach (1909-1991), der bald in der FDP Karriere machte und Werner Best unterstützte, arbeiteten sie an der Freilassung von Otto Abetz, was schon 1952 gelang. Die Justiz war in den Anfangsjahren der Aufarbeitung nicht immer wach; das zeigt der Fall Werner Best, an den sich die französische Justiz nicht einmal erinnern konnte und auf die Auslieferung verzichtete.

Der FDP-Abgeordnete Ernst Achenbach war ehemals Stahlhelm-Mitglied, später Mitglied der NSDAP, kam 1940 mit Karl Epting und dem Juristen Friedrich Grimm in Ribbentrops Dienststelle nach Paris. Achenbach war für die Deportation von tausenden Juden aus Frankreich mit verantwortlich.[57] Nach

---

[54] Epting 1942 (wie Anm. 34).
[55] Zu Six vgl. Steinbach, Stefanie: Prof. Dr. Franz Alfred Six. Weltanschauliche Zweckforschung und exekutive Gegnerverfolgung, in: Proske, Wolfgang (Hg.): Täter Helfer Trittbrettfahrer, Bd. 7, NS-Belastete aus Nordbaden + Nordschwarzwald, Gerstetten 2017, S. 272-282.
[56] Die gelegentliche Behauptung, Epting sei Leiter des rechtsextremen Grabert-Verlags in Tübingen gewesen, stimmt nicht.
[57] Conze, Eckart/ Frei, Norbert/ Hayes, Peter/ Zimmermann, Mosche: Das Amt und die Vergangenheit. Deutsche Diplomaten im Dritten Reich und in der Bundesrepublik, München 2010, S. 19.

dem Krieg vertrat er die Witwe Ribbentrops als Anwalt, nahm Werner Best in seine Kanzlei auf und setzte sich mit ihm für eine allgemeine Amnestie für Verbrechen in der Nazizeit ein, bis Beate (*1939) und Serge Klarsfeld (*1935) ab 1971 die alten Dokumente veröffentlichten und 1975 der Skandal schließlich die Karriere von Achenbach beendete.[58]

Werner Best unterschrieb nach dem Krieg noch jahrelang eidesstattliche Versicherungen zur Entlastung hunderter alter Gestapoleute, damit sie eine Rückkehr in den Beamtendienst einklagen konnten oder Entschädigung erhielten – nach Artikel 133 des Grundgesetzes, der eigentlich zum Schutz von Naziopfern geschaffen wurde.[59] Der „Rassenhygieniker" Verschuer machte nach dem Krieg weiter Karriere und setzte sich für Josef Mengele ein, mit einer eidesstattlichen Erklärung.[60] „Rassenhygieniker" Eugen Fischer wurde 1952 Ehrenmitglied der Deutschen Gesellschaft für Anthropologie und von der CDU-Landesregierung unterstützt, die auch Epting wieder in Amt und Würden brachte.

Im selben Jahr 1952 wurde Karl Epting wieder in den Schuldienst eingestellt, zuerst in Esslingen, dann dauerhaft am Hegel-Gymnasium in Stuttgart-Vaihingen.[61] In seiner Anfangszeit als Lehrer mag Epting noch sehr um Anpassung bemüht gewesen sein, versuchte, als intellektuelle Kapazität zu glänzen, doch auch hier berichtet ein ehemaliger Schüler, der ihn ab 1954 als Lehrer erlebte, wie Epting einen Schüler ohrfeigte, bis die Nase blutete.

Wen man da vor sich hatte, war in all den Jahren kaum zu übersehen. Schon die Schüler in Vaihingen stießen auf einen Bericht, wie Epting bei den Durchsuchungen der Schlösser in Frankreich in der Besatzungszeit das Original des Versailler Vertrages fand und es stolz Hitler bringen wollte.[62] Darauf von seinen Schülern angesprochen, distanzierte sich Epting, er habe sich damals „verrannt".[63] Die Schüler spürten sein Bemühen, sich in diesen Anfangsjahren anzupassen. Ein ehemaliger Schüler aus Stuttgart erlebte ihn in der Anspannung „ständiger Selbstoptimierung". 1959 wurde Epting zum Gymnasialprofessor ernannt. Im Herbst 1960 bestätigte der damalige Ministerpräsident Kurt Georg Kiesinger (1904-1988) persönlich Eptings Beförderung zum Direktor des Theo-

---

[58] Hitlers Eliten nach 45, Episode 4: Juristen – Freispruch in eigener Sache, ARD/ SWR, Buch und Regie Sabine Mieder 2002, Passagen über die Schlüsselfigur Ernst Achenbach ab Sendeminute 10:00 und 34:10.
[59] Herbert, Ulrich: Best. Biographische Studien über Radikalismus, Weltanschauung und Vernunft. 1903–1989, Bonn 1996(3), S. 485 ff.
[60] Lösch 1997 (wie Anm. 45).
[61] Lay, Conrad: NS-Ideologe, Antisemit, THG-Direktor Karl Epting und die Lücken der Aufarbeitung, Manuskript 3.12.2018 mit Verweis auf Personalakte von Karl Epting.
[62] Unter den Publikationen, die über diese Geschichte berichteten, gehörte auch der Spiegel-Artikel vom 23.09.1953, Rubrik Internationales, Diplomatie, „Der Rudolf von Athen".
[63] Volker G., der Epting in den 50er Jahren als Lehrer in Stuttgart-Vaihingen erlebte, teilte dem Autor seine Erinnerungen schriftlich mit, Archiv Joo Peter, Zeitsprünge Heilbronn.

dor-Heuss-Gymnasiums in Heilbronn.[64] Kiesinger war wie Epting NSDAP-Mitglied und in der Propagandaabteilung des Außenministeriums tätig.[65]

In Heilbronn berichten Schüler später von cholerischen Anfällen des Direktors und Grotesken wie seinem gescheiterten Versuch, mit einem Verbot gegen Jeanshosen vorzugehen. Epting schickte einer Schülerin die Polizei ins Haus, weil sie sich samstags einmal ärztlich entschuldigen ließ. Selbst den Arzt ließ der Direktor nicht unbehelligt (die Unterrichtsbefreiung an Samstagen war vor 1933 ein Privileg jüdischer Schüler, die aus religiösen Gründen für den jüdischen Sabbat freigestellt werden konnten).[66]

An den alten Gymnasien der Stadt gärte es. Als Epting 1967 bis 1969 versuchte, kritische Schüler zu verfolgen und entfernen zu lassen, schrieben es die Schüler über Nacht in großen Graffiti an die Wand, wie die Stadtchronik berichtet: „Die autoritäre Schule ist eine Brutstätte des Faschismus" und vieles mehr.[67] Vieles der verdrängten Geschichte (auch die des Direktors Epting) war den Schülern damals gar nicht bekannt, ihre Protestaktionen entsprangen häufig nur einem Bauchgefühl der Unzufriedenheit mit dem autoritären, elitären Erbe. 1969 ging Epting in den Ruhestand. Die Schülerzeitung wünscht sich zum Abschied, der neue Rektor möge die Schule vom „Dogmatismus und fragwürdiger Ideologie" befreien, „vom undemokratischen, anachronistischen Elitedenken".[68]

Karl Epting blieb einflussreich, hielt Vorträge (Lions-Club 1972), wurde im Rotary Club geehrt, veröffentlichte 1977 das Buch „Gedanken eines Konservativen", das Widerhall in seiner Schule fand, wie in ihrer Festschrift aus dem Jahr 2000 nachzulesen ist. Einige Kerngedanken: Demokratie darf angezweifelt werden, Menschenrechte sind weniger wichtig als Pflichten, Hierarchie und Autorität müssen erhalten bleiben.[69] Den Text trug Epting bereits 1967, als er noch Rektor war, im Heilbronner Rotary-Club mit Beifall der Honoratioren der Stadt vor. Epting starb 1979 in seinem Alterswohnsitz in Hänner im Südschwarzwald, nahe der Schweizer Grenze. Im Jahr 2005 richtete ihm seine Schule in Heilbronn nochmals eine Feierstunde zum 100. Geburtstag aus.[70]

---

[64] Pressemeldung Heilbronner Stimme Sept. 1960, Stadtarchiv Heilbronn, Archivmappe zu Karl Epting.
[65] Vgl. Gassert, Philipp: Kurt Georg Kiesinger. Ein Kanzler mit nationalsozialistischer Vergangenheit? In: Proske, Wolfgang (Hg.): Täter Helfer Trittbrettfahrer, Bd.): NS-Belastete aus dem Süden des heutigen Baden-Württemberg, Gerstetten 2018, S. 237-249.
[66] Die betroffene Schülerin war Marion von Hagen, heute Verlegerin des Distelverlages.
[67] Stadtchronik Heilbronn 1964-69, Stadtarchiv Heilbronn, 2017, Chronikeintrag vom 6./7. Februar 1969.
[68] Aus der Schülerzeitung des THG 9/1969.
[69] Epting 1977 (wie Anm. 13).
[70] Vgl. Peter, Joo: Mut zur Erinnerung. Verlag Time Echo - Zeitsprünge, Stuttgart 2018, Kapitel Karl Epting. Das Buch enthält erweiterte Quellenangaben und Berichte zu Karl Epting.

Karl-Horst Marquart

Dr. Max Eyrich: „Die Fürsorgeerziehung ist das erbbiologische Sieb dieser Jugend"

* 22. März 1897 in Stetten am kalten Markt (Lkrs. Sigmaringen)
† 5. November 1962 in Stuttgart

Dr. med., Jugendpsychiater, 1933 Leiter der „Nervenärztlichen Beratungsstelle für das Fürsorgeerziehungswesen" in Württemberg (Medizinalrat in Stuttgart), 1934 Landesjugendarzt, 1940 NSDAP, 1944 Oberregierungsmedizinalrat, 1950 wieder Landesjugendarzt

Dr. Max Eyrich, geboren 1897 in Stetten am kalten Markt, das damals zu Baden gehörte, studierte Medizin in Tübingen und München. Er promovierte 1923 in Tübingen, heiratete 1924 die Assistenzärztin Hedwig Schüle (1893-1966) und war mehrere Jahre lang Assistenzarzt an der Universitätsklinik für Gemüts- und Nervenkrankheiten in Tübingen (Leiter: Prof. Dr. Robert Gaupp, 1870-1953). Ab 1929 arbeitete er als Assistenzarzt und später als Oberarzt an der „Rheinischen Provinzial-Kinderanstalt für seelisch Abnorme" in Bonn.[1] Als Facharzt für Psychiatrie und Neurologie (Jugendpsychiatrie) wurde Eyrich am 1. April 1933 Leiter der „Nervenärztlichen Beratungsstelle für das Fürsorgeerziehungswesen" in Württemberg.[2] Seine Dienststelle als Medizinalrat war bei der Württembergischen Landesfürsorgebehörde in Stuttgart, Lindenspürstraße 39. Eyrich hatte „die Jugendämter und die Anstalten der Inneren Mission, der Caritas und des Landesfürsorgeverbandes in Württemberg fachärztlich zu beraten".[3] Ab 25. Juli 1934 führte Eyrich die Bezeichnung „Landesjugendarzt", die „Nervenärztliche Beratungsstelle für

---

[1] HStAS: EA 2/150, Bü 315 (Personalakte „Dr. Max Eyrich"), Bl. 73 („Ärztlicher Werdegang"); StAS: Wü 29/3 T 1 („Grafeneck"-Prozess-Akten), Nr. 1754/01/15 (Urteil, S. 14), 1754/01/24 u. 1756/02a/09; Köhnlein, Frank: Zwischen therapeutischer Innovation und sozialer Selektion. Die Entstehung der „Kinderabteilung der Nervenklinik" in Tübingen unter Robert Gaupp und ihre Entwicklung bis 1930 als Beitrag zur Frühgeschichte universitärer Kinder- und Jugendpsychiatrie in Deutschland. Deutsche Hochschuledition, Bd. 113, Neuried 2001, S. 364-367 u. 379; Castell, Rolf/ Nedoschill, Jan/ Rupps, Madeleine/ Bussiek, Dagmar: Geschichte der Kinder- und Jugendpsychiatrie in Deutschland in den Jahren 1937 bis 1961, Göttingen 2003, S. 508-509; Klee, Ernst: Das Personenlexikon zum Dritten Reich. Wer war was vor und nach 1945, Frankfurt 2005, S. 143.
[2] HStAS: EA 2/150, Bü 315 (Personalakte „Dr. Max Eyrich"), Bl. 73 („Ärztlicher Werdegang"); HStAS: E 151/09, Bü 382, Bl. 156.
[3] StAS: Wü 29/3 T 1 („Grafeneck"-Prozess-Akten), Nr. 1754/01/15 (Urteil, S. 14).

das Fürsorgeerziehungswesen" wurde in „Der Landesjugendarzt" umbenannt.[4] Eyrich wurde Mitglied im Gaugesundheitsrat und trat 1940 in die NSDAP ein.[5]

Ernst Klee (1942-2013) bemerkt über Eyrich: „Verantwortlich für die Fürsorge im Gau Württemberg-Hohenzollern ist Medizinalrat Dr. Max Eyrich, ein Vorgänger [Prof. Dr. Hermann] Stuttes [(1909-1982)] am Tübinger ‚Jugendheim', seit 1933 Landesjugendarzt in Stuttgart. Er hält am 8. November 1938 auf dem Württembergischen Anstaltstag in Stuttgart das Grundsatzreferat ‚Fürsorgezöglinge, erbbiologisch gesehen' (1939 in der ‚Zeitschrift für Kinderforschung' nachgedruckt). Jugendpsychiater Eyrich diagnostiziert ‚aus erblicher Veranlagung geborene Verbrecher und Asoziale': ‚Was sie zusammenhält, sind Lebensweise, Sprache und soziale Minderwertigkeit – Letztere vielleicht Ergebnis einer Jahrhunderte währenden Zucht Unterwerter auf sozial negative Eigenschaften hin.' Selbstverständlich verlasse kein Schwachsinniger eine Anstalt ohne Unfruchtbarmachung. Eyrichs Kernsatz: ‚Die Fürsorgeerziehung ist ... das erbbiologische Sieb dieser Jugend.' Da verwundert es nicht, dass Eyrich 1940 bei der Erfassung von Euthanasie-Opfern in Württemberg gesichtet wird."[6]

Eyrichs Aufgaben umfassten auch seine Mitarbeit bei der Durchführung des „Gesetzes zur Verhütung erbkranken Nachwuchses".[7] In einem Brief vom 18. August 1937 an den Württembergischen Innenminister schlug er zu seiner Arbeitsentlastung folgendes Vorgehen bei der Begutachtung von Fürsorgezöglingen beim Zwangssterilisationsverfahren vor: „In solchen diagnostisch klarliegenden Fällen – es ist vor allem an die Zöglinge der Hilfs- und Schwachsinnigenschulen gedacht – könnte entweder unter Hinweis auf die vorhandenen Unterlagen auf die wiederholte Intelligenzprüfung verzichtet oder die Intelligenzprüfung den Hilfsärzten örtlicher Gesundheitsämter übertragen werden."[8]

Eyrich beantragte bei vielen Minderjährigen die Zwangssterilisation

Vom 1. April 1934 bis 31. März 1935 stellte Eyrich 236 Anträge auf Unfruchtbarmachung von Minderjährigen. Bei 192 (81,4%) der Opfer wurde als Krankheit „angeborener Schwachsinn" angegeben. In der Zeit vom 1. April 1935 bis 31. März 1936 waren es 290 Anträge, 222 (76,6%) der Betroffenen litten angeblich

---

[4] HStAS: E 151/09, Bü 382, Bl. 182 (Abschrift).
[5] HStAS: EA 2/150, Bü 315 (Personalakte „Dr. Max Eyrich"), Bl. 62; StAS: Wü 29/3 T 1 („Grafeneck"-Prozess-Akten), Nr. 1754/01/24; Klee, Ernst: Das Personenlexikon zum Dritten Reich. Wer war was vor und nach 1945, Frankfurt 2005, S. 143.
[6] Klee, Ernst: Sichten und – Vernichten. In: Die Zeit, Nr. 38 vom 11.09.1992. Internet-Text, http://www.zeit.de/1992/38/sichten-und-vernichten (gesehen am 16.04.2014). Der Vortrag Eyrichs „Fürsorgezöglinge, erbbiologisch gesehen", aus dem Ernst Klee zitiert, wurde auch veröffentlicht in: Blätter der Zentralleitung für Wohltätigkeit in Württemberg und Mitteilungen der NS-Volkswohlfahrt Gau Württemberg-Hohenzollern, Nr. 11, November 1938, S. 187-192.
[7] Wie Anm. 4, Bl. 214.
[8] Wie Anm. 4, Bl. 214.

an „angeborenem Schwachsinn".[9] In den folgenden drei Jahren beantragte Eyrich bis Ende März 1939 bei 411 Kindern und Jugendlichen die Zwangssterilisation. „Angeborener Schwachsinn" soll bei 332 (80,8 %) von ihnen vorgelegen haben.[10] Von 171 Anträgen Eyrichs auf Unfruchtbarmachung im Zeitraum 1935/1936, zu denen von Erbgesundheitsgerichten bereits ein Urteil gefällt worden war, wurde die Unfruchtbarmachung bei 145 Fällen (84,8%) beschlossen. Zwölf Anträge wurden abgelehnt, in 14 Fällen wurde das Verfahren ausgesetzt.[11] Zwischen April 1937 und Juli 1938 veranlasste Eyrich die Zwangssterilisation von 14 Minderjährigen aus dem Kreis Stuttgart-Amt, hauptsächlich Fürsorgezöglingen, die entweder taubstumm oder blind waren.[12] Unter ihnen waren drei Jugendliche der Stuttgarter Blindenanstalt „Nikolauspflege".[13]

Als Landesjugendarzt reiste Eyrich viel in Württemberg herum. Ihm stand ein Auto zur Verfügung: „Der beamteneigene Kraftwagen des Landesjugendarztes ist ein ‚Ford' Typ Eifel, 1157 ccm Hubraum, polizeiliches Kennzeichen III A 30273."[14] Eyrich erfasste und begutachtete Kinder und Jugendliche und führte sie der Zwangssterilisierung oder der „Euthanasie" zu. Dabei arbeitete er eng mit Ministerialrat Prof. Dr. Eugen Stähle (1890-1948), dem obersten Medizinalbeamten, und dessen Stellvertreter, Obermedizinalrat Dr. Otto Mauthe (1892-1974), vom Württembergischen Innenministerium sowie mit dem Städtischen Gesundheitsamt Stuttgart zusammen.[15] Zum Beispiel heißt es in einem von Mauthe verfassten und von Stähle unterschriebenen Erlass an das Staatliche Gesundheitsamt Oberndorf vom 1. September 1938: „Der Herr Landesjugendarzt hat mir berichtet, dass das Kloster Heiligenbronn, Kreis Oberndorf, seine Anstalten […] als ‚geschlossen' im Sinne des Gesetzes zur Verhütung des erbkranken Nachwuchses ansieht. […] Ich ersuche, […] das Weitere zu veranlassen, insbesondere für die Durchführung der Unfruchtbarmachung der sich in diesem Kloster etwa aufhaltenden Erbkranken besorgt zu sein."[16]

Eyrich hatte zuvor dem Württembergischen Innenminister am 10. Juni 1938 von einem Fürsorgezögling des Klosters, dem 17-jährigen Mädchen Creszentia K., berichtet, das wegen „angeborenen Schwachsinns" unfruchtbar gemacht werden sollte: „Das Mädchen entstammt einer Vagantensippe. […] Debile, moralisch minderwertige Psychopathin aus eindeutig asozialer Familie (kriminelle

---

[9] Wie Anm. 4, Bl. 188 (S. 3).
[10] HStAS: E 151/09, Bü 382, Bl. 224 zu 225 (Tätigkeitsbericht vom 01.04.1936 bis 31.03.1938, S. 7); HStAS: E 151/54, Bü 6, Bl. 164 (Tätigkeitsbericht vom 01.04.1936 bis 31.03.1938, Abschrift, S. 7); StAL, E 191, Bü 6873, o. Bl. (Tätigkeitsbericht vom 01.04.1936 bis 31.03.1938, Abschrift, S. 7); HStAS: E 151/54, Bü 6, Bl. 175 (Abschrift).
[11] Wie Anm. 4, Bl. 188 (S. 3).
[12] HStAS: E 151/52, Bü 456, Bl. 24, 25 u. 26 sowie Bü 457, Bl. 35, 40, 44, 49, 51, 54, 61, 78 u. 86.
[13] HStAS: E 151/52, Bü 457, Bl. 51, 78 u. 86.
[14] Wie Anm. 4, Bl. 284.
[15] Vgl. HStAS: E 151/09, Bü 382, Bl. 198 (Mauthe: „Mt. 17.10.36") u. o. Bl. (Lempp-Brief vom 18.01.1945).
[16] HStAS: E 151/54, Bü 6, Bl. 131.

Psychopathen)."[17] Weiterhin hatte Eyrich über das Kloster geschrieben: „Aber auch bezüglich der Blinden- und Taubstummenabteilungen dieser Anstalt wird zu überprüfen sein, ob sie als geschlossene Anstalten [...] anerkannt bleiben sollen."[18]

„Trotz aller Maßnahmen", stellte Eyrich 1944 fest und meinte damit die Zwangssterilisationen, „sieht man eine auch weiterhin sehr rege Fortpflanzung auch der eindeutig asozialen Sippen – ein schmerzlicher Tatbestand in Anbetracht der schweren Kriegsverluste an bestem Blut."[19] Zum Beweis dieser Aussage berichtete er von zwei Menschen, die er in unärztlicher und übelster Weise diffamierte: „[Er] will nun die letzte seiner Kindsmütter, die selbst geistig stark beschränkte, schmutzige, faule, erblich stark belastete Anna S., heiraten. Früherer Kommunist, wegen Diebstahl und Betrug 4-mal vorbestraft, verlogen, unehrlich, neigt zum Trinken usf. Das Paar wohnt in einem möblierten Zimmer, in dem ein wahrer Zigeunerhaushalt geführt wird. Die Frau lässt die Kinder im Dreck verkommen."[20]

In Eyrichs Gutachten ist eine „inkriminierende Diktion" festzustellen

Frank Köhnlein (* 1967) bemerkt über die „Kinderabteilung der Nervenklinik" in Tübingen in den 1920er Jahren, als dort das Ehepaar Eyrich arbeitete: „Mit Hedwig und vor allem Max Eyrich verschärfte sich [...] die selektionsideologische Ausrichtung der Kinderabteilung. [...] Die in den Gutachten verwendete Diktion verlässt nur allzu oft den Boden einer wertfreien und sachlich-nüchternen Beschreibung und erweist sich als inkriminierend, die bürgerliche Moral wird unter dem Ehepaar Eyrich klar zum Primat erhoben."[21] Eine „mitunter inkriminierende Diktion in den Krankengeschichten – vor allem bei [Prof. Dr. Werner] Villingers [(1887-1961)] Nachfolgern Max und Hedwig Eyrich" finden auch Rolf Castell et al.[22]

Frank Köhnlein kommt zu dem Schluss: „Vor allem Max Eyrich trug somit erheblich zu der unheilvollen Entwicklung der Kinder- und Jugendpsychiatrie in Südwestdeutschland in den 30er Jahren bei, wenn nicht während seiner Tübinger Jahre, so doch spätestens – in Wort und Tat – mit der Aufnahme der Tätigkeit als Landesjugendarzt in Stuttgart im Jahr 1933."[23] Weiterhin stellt er fest: „[...] dass die Kinderabteilung der Universitätsklinik für Gemüts- und Nervenkrankheiten in Tübingen mit Max Eyrich nach Werner Villinger einen zweiten einfluss-

---

[17] Ebd., Bl. 129 („Notiz!").
[18] Ebd., Bl. 129.
[19] Wie Anm. 4, Bl. 272 (S. 7).
[20] Wie Anm. 4, Bl. 272 (S. 7).
[21] Köhnlein 2001 (wie Anm. 1), S. 376.
[22] Castell u. a. 2003 (wie Anm. 1), S. 33.
[23] Köhnlein 2001 (wie Anm. 1), S. 379.

reichen Kinder- und Jugendpsychiater mit unverkennbarer separationsideologisch-rassenhygienischer Ausrichtung, einen geistig-theoretischen wie praktischen Verfechter des Minderwertigkeitsdenkens und einen willigen Vollstrecker der Erbgesundheitsgesetzgebung im Dritten Reich hervorgebracht hat."[24]

„Der Wert und die Wirksamkeit der Fürsorgeerziehung", schreibt Eyrich in einem Tätigkeitsbericht vom 6. Mai 1938, „darf daher nicht allein aus ihren wirklichen Erziehungserfolgen beurteilt werden. Ihre Wirksamkeit und ihr Wert liegen schon in der Tatsache, den Volkskörper von ungeeigneten Elementen frei zu halten. [...] Weiter ist die Fürsorgeerziehung – zusammen mit der Hilfsschule – das früheste erbbiologische Sieb für die Asozialen und Gemeinschaftsuntüchtigen. Ihr Wert für Staat und Volk wird weitgehenst danach zu beurteilen sein, wie sie diese erbbiologische Funktion erfüllt."[25]

Eyrich hat auch die Jugendhilfeeinrichtung „Wilhelmspflege" in Stuttgart-Plieningen heimgesucht. Plieningen gehörte früher zum Kreis Esslingen und wurde am 1. April 1942 nach Stuttgart eingemeindet. Einem Aufsatz in der Hauszeitschrift der „Wilhelmspflege" über die „Minderwertigen" in der NS-Zeit ist Folgendes zu entnehmen: „Mit dem Sterilisierungsgesetz vom Juli 1933, das ab 1934 in Kraft trat, begann eine unbarmherzige Jagd auf die Schwachen und Kranken. Betroffen waren auch tausende von Fürsorgezöglingen und Hilfsschülern. Eine ehemalige Bewohnerin der Wilhelmspflege erinnert sich an den Beginn dieser Verfolgung: ‚Wenn der Landesjugendarzt in die Wilhelmspflege kam, bekamen wir immer Angst, der hat in der Klasse immer nach den Dummerchen gesucht.' Tatsächlich hatte dieser Arzt den Auftrag, die so genannten Schwachsinnigen zu registrieren und auch die leichteren Fälle – eben die Hilfsschüler, wie man damals sagte – zu erfassen. Mittels eines Intelligenzfragebogens wurden die ausgewählten Schüler befragt und nach Auswertung durch den Doktor meist als ‚schwachsinnig' oder ‚ausgesprochen schwachsinnig' eingeordnet."[26]

Bei zwei Geschwistern, 16 und 18 Jahre alten Mädchen aus der Gegend von Heilbronn, die im „Erziehungsheim Wilhelmspflege" in Plieningen untergebracht waren, diagnostizierte Eyrich nach einem Intelligenztest am 13. November 1934 „angeborenen Schwachsinn".[27] Über F., das jüngere Mädchen, schrieb Eyrich: „Sie stammt aus einer bekannt asozialen Familie, in der noch mehrere Fälle von Schwachsinn festgestellt sind (Mutter beschränkt, Schwester M. ausgesprochen schwachsinnig). Die Fortpflanzungsgefahr ist umso größer, als das Mädchen von hübschem Aussehen und sehr willfährig und verführbar ist. Ihre

---

[24] Köhnlein 2001 (wie Anm. 1), S. 392.
[25] HStAS: E 151/09, Bü 382, Bl. 224 (S. 3).
[26] Anonym, „Die Minderwertigen", Teil 8, 's Wipf-Blättle (Zeitschrift in der „Wilhelmspflege", verantwortlich Wolfgang Balles), Heft Nr. 20, Januar 1990.
[27] Anonym, „Die Minderwertigen", Teil 10, 's Wipf-Blättle (Zeitschrift in der „Wilhelmspflege", verantwortlich Wolfgang Balles), Heft Nr. 22, September 1990.

Entlassung in eine Dienststelle ist in Aussicht genommen. Nach den Erwartungen der ärztlichen Wissenschaft ist mit großer Bestimmtheit im Falle der Fortpflanzung eine in ähnlicher Weise geistig minderwertige Nachkommenschaft zu erwarten. Ihre Unfruchtbarmachung ist daher statthaft und notwendig."[28]

Über die Schwester M. äußerte sich Eyrich ähnlich: „Da das Mädchen sehr willensschwach und verführbar ist, ist die Fortpflanzungsgefahr außerhalb einer Anstalt ohne weiteres gegeben. Ihre Unfruchtbarmachung ist aber auch zweckmäßig für den Fall, dass sie in einer Anstalt belassen wird."[29] Eine Beschwerde des Vaters über die beabsichtigte Unfruchtbarmachung der beiden Mädchen wurde vom Erbgesundheitsobergericht Stuttgart am 9. April 1935 zurückgewiesen. Einer der drei Mitwirkenden an dem Beschluss war Stähle. Die beiden Mädchen wurden bald danach von der Ortspolizeibehörde in Plieningen zur Sterilisation in die Städtische Frauenklinik Stuttgart eingewiesen.[30]

In einem weiteren Artikel der Geschichts-AG in der Hauszeitschrift der „Wilhelmspflege" wird über eine Frau aus Stuttgart Folgendes berichtet: „Nach über 50 Jahren besuchte Frau Anna L. (Name geändert) die Wilhelmspflege, in der sie von 1937-1940 als junges Mädchen lebte. Die Kriegszeit verbrachte sie in der Anstalt Mariaberg. Der Geschichts-AG berichtete sie von glücklichen Kindheitstagen, aber auch von traumatischen Erlebnissen. [...] Sie erinnert sich, wie sie als Fürsorgezögling in die Fänge der Nationalsozialisten geriet. Grundsätzlich galten diese Jugendlichen Hitlers Schergen als minderwertige Ballastexistenzen. Dem pseudowissenschaftlichen Test [‚Intelligenzfragebogen'] fällt sie auch prompt zum Opfer. Die ihr gestellten Fragen konnte sie aus lauter Angst kaum beantworten. Für den Landesjugendarzt und die entsprechenden Behörden war es ein klarer Fall, die Heranwachsende aus dem ‚Erbstrom auszumerzen'."[31] Der Brief Eyrichs, in dem er die Zwangssterilisation beantragt, ist als Faksimile in dem Artikel abgebildet: „Geheim! Herrn Leiter der Erziehungsanstalt in Plieningen. Ich habe heute beim Erbgesundheitsgericht in Stuttgart Antrag auf Unfruchtbarmachung der in der dortigen Anstalt untergebrachten [...], geb. [...], wegen angeborenen Schwachsinns gestellt. Medizinalrat Dr. [gez.] Eyrich"[32] Die Verhandlung vor dem Erbgesundheitsgericht Stuttgart erfolgte am 2. April 1940.[33] In dem Bericht über Frau Anna L. heißt es weiter: „1941 wurde sie [die damals ein 16-jähriges Mündel des Städtischen Wohlfahrtsamts (Jugendamts) Stuttgart war] zwangssterilisiert. Dabei hätte die heute verwitwete, 65-jährige,

---

[28] Ebd. (Das in dem Artikel erwähnte Zitat entstammt einer in der „Wilhelmspflege" vorhandenen Akte, die eine Geschichts-AG der „Wilhelmspflege" studiert hatte).
[29] Ebd. (Das in dem Artikel erwähnte Zitat entstammt einer in der „Wilhelmspflege" vorhandenen Akte, die eine Geschichts-AG der „Wilhelmspflege" studiert hatte).
[30] Akte in der „Wilhelmspflege".
[31] Anonym, „Die Minderwertigen", Teil 12, 's Wipf-Blättle (Zeitschrift in der „Wilhelmspflege", verantwortlich Wolfgang Balles), Heft Nr. 24, Mai 1991.
[32] Ebd., Faksimile (Der Brief Eyrichs entstammt einer in der „Wilhelmspflege" vorhandenen Akte).
[33] Ebd., Ladung als Faksimile (das Schreiben vom 23. März 1940 entstammt einer in der „Wilhelmspflege" vorhandenen Akte).

geistig lebhafte Frau gerne eigene Kinder gehabt. So blieb ihr nur ein langes Arbeitsleben in der papierverarbeitenden Industrie, die Verdrängung des Erbgesundheitsgerichtes und Ängste, die sie heute immer noch als vergessenes Opfer des nationalsozialistischen Terrors plagen."[34]

Über den „Arbeitseinsatz asozialer Fürsorgezöglinge" berichtete Eyrich am 11. Oktober 1940 in einem Schreiben an das Landesjugendamt in Stuttgart: „Bei einem kürzlichen Besuch in der Anstalt Buttenhausen der Gustav-Werner-Stiftung in Reutlingen habe ich festgestellt, dass der dortige Hausvater jetzt eine Anzahl seiner weiblichen Zöglinge mit einfacher Industrie-Arbeit in der Papierfabrik zum Bruderhaus in Dettingen beschäftigt. [...] Ich habe inzwischen den Betrieb Dettingen selber besichtigen können. Die Mädchen und Frauen des Bruderhauses werden in der Lumpenreisserei, unter Aufsicht einer geeigneten Helferin, beschäftigt. Im selben Saal arbeitet noch eine größere Anzahl weiblicher Arbeiterinnen aus der Umgegend. Die Arbeit ist wohl schmutzig und staubig, was aber meines Erachtens keinen Einwand gegen den Versuch bildet. Im Gegenteil ist es besser, wenn diese Arbeit von solchen ohnehin minderwertigen Menschen verrichtet wird, als dass mit ihr im Übrigen gesunde Volksgenossinnen gefährdet werden."[35]

In einem Tätigkeitsbericht über die Zeit vom 1. April 1939 bis 31. März 1941, den Eyrich am 12. Juni 1941 an den Württembergischen Innenminister sandte, steht: „Dagegen kann auf dem Gebiet der Bewahrung asozialer, mit Mitteln der Fürsorgeerziehung nicht mehr besserungsfähiger Jugendlicher von entschiedenen Fortschritten berichtet werden. Für männliche Zöglinge dieser Art besteht jetzt die Möglichkeit zur Übergabe an das Jugendschutzlager Moringen."[36]

Matthias Dahl schreibt über dieses Lager: „So genannte ,verwahrloste', verhaltensauffällige oder kriminelle ältere Jugendliche gelangten ab 1940 in Jugend-Konzentrationslager, um dort unter maximaler Ausbeutung ihrer Arbeitskraft verwahrt zu werden. [...] Auf Himmlers Initiative hin war jedoch bereits 1940 das Jugend-Konzentrationslager Moringen (Niedersachsen) für männliche Jugendliche ab 16 Jahren eingerichtet worden. [...] Das KZ hatte Modellcharakter. Unter Leitung des Arztes [Dr.] Robert Ritter [(1901-1951)] [...] wurden die Jugendlichen nach ihrem Verhalten und angeblichen rassischen Merkmalen untersucht. Darüber hinaus wurden kriminalbiologische Experimente durchgeführt."[37]

---

[34] Wie Anm. 31.
[35] HStAS: EA 2/150, Bü 315 (Personalakte „Dr. Max Eyrich"), Bl. 33.
[36] Wie Anm. 4, Bl. 256 (S. 7-8).
[37] Dahl, Matthias: Aussonderung und Vernichtung – Der Umgang mit „lebensunwerten" Kindern während des Dritten Reiches und die Rolle der Kinder- und Jugendpsychiatrie. Prax. Kinderpsychol. Kinderpsychiat. 50, 2001, S. 170-191.

Mit dem „Zigeunerforscher" Ritter arbeitete Eyrich eng zusammen

Der Psychiater Robert Ritter (1901-1951) – nicht Mitglied der NSDAP – war seit 1936 Leiter der „Rassenhygienischen und Bevölkerungsbiologischen Forschungsstelle" des Reichsgesundheitsamts und übernahm im Dezember 1941 nebenamtlich noch als wissenschaftlicher Leiter das neu eingerichtete „Kriminalbiologische Institut der Sicherheitspolizei" im Reichssicherheitshauptamt in Berlin.[38] Außerdem wurde er 1941 „zum ‚Leitenden Kriminalbiologen' in den Jugend-Konzentrationslagern Moringen und Uckermark ernannt. Durch diese Posten wurden Ritters Arbeiten möglicherweise Grundlage für die ‚Auslese' der ‚Zigeuner' während der NS-Diktatur; sein direktes Wirken in Moringen sorgte für die Überstellung aller ‚Zigeunermischlinge' aus Moringen in das Vernichtungslager Auschwitz-Birkenau".[39]

Von 1932-1936 war Ritter als Arzt in der „Kinderabteilung" (1934 umbenannt in „Klinisches Jugendheim") der Universitätsnervenklinik Tübingen unter dem Klinikchef und Ordinarius für Psychiatrie Gaupp tätig gewesen.[40] Gaupp setzte „personalpolitisch in der Person Ritters eine selektionsideologische Traditionslinie zu Werner Villinger und Max Eyrich fort".[41] Im März 1943 erteilten Ritters Mitarbeiter in der „Rassenhygienischen und Bevölkerungsbiologischen Forschungsstelle" „den Gesundheitsämtern Empfehlungen zu Zwangssterilisation und Schwangerschaftsabbrüchen bei Sinti und Roma".[42] Als NS-„Zigeunerforscher" spielte Ritter bei der Sichtung, Verfolgung und Vernichtung der Sinti und Roma eine unheilvolle Rolle.[43]

Tobias Schmidt-Degenhard (* 1981) erwähnt, dass „von Ende 1937 oder Anfang 1938 bis zum 30. September 1939 eine Tübinger Dependance der ‚Rassenhygienischen Forschungsstelle' existierte. […] Der wesentliche Arbeitsschwerpunkt dieser Zweigstelle war eine erbbiologische Bestandsaufnahme und ‚Unterschichtsforschung' unter Zuhilfenahme behördlicher und amtlicher Akten und Archivalien in der mehrheitlich jenischen Gemeinde Schlossberg im Kreis Aalen. […] Mit Ausbruch des Krieges musste die Arbeit der Tübinger Dependance eingestellt werden."[44] Völlig unbekannt war bisher, dass es eine ähnliche Forschungsstelle in Stuttgart gegeben hat. In einem Tätigkeitsbericht Eyrichs vom

---

[38] Vgl. Schmidt-Degenhard, Tobias: Vermessen und Vernichten. Der NS-„Zigeunerforscher" Robert Ritter. Tübinger Beiträge zur Universitäts- und Wissenschaftsgeschichte, Contubernium, Bd. 76, Stuttgart 2012, S. 151-155 u. 166-168.
[39] Castell u.a. 2003 (wie Anm. 1), S. 529.
[40] Castell u.a. 2003 (wie Anm. 1), S. 529; Schmidt-Degenhard 2012 (wie Anm. 38), S. 51.
[41] Schmidt-Degenhard 2012 (wie Anm. 38), S. 52.
[42] Tuckermann, Anja: „Denk nicht, wir bleiben hier!" Die Lebensgeschichte des Sinto Hugo Höllenreiner, München/Wien 2005, S. 299 (Zeittafel).
[43] Schmidt-Degenhard 2012 (wie Anm. 38), S. 156-164.
[44] Schmidt-Degenhard 2012 (wie Anm. 38), S. 154-155; vgl. Mischek, Udo: „Asozialenforschung" auf der Ostalb: Dr. Manfred Betz, in: Proske, Wolfgang (Hg.): Täter Helfer Trittbrettfahrer (= Band 3). NS-Belastete aus dem östlichen Württemberg, Reutlingen 2014, S. 52-64.

12. Juni 1941 steht: „Zu berichten ist noch, dass die Rassenhygienische Forschungsstelle des Reichsgesundheitsamtes (Leiter Dr. habil. R. Ritter) am 15.8.40 beim hiesigen Amt eine Forschungsstelle eingerichtet hat. Es werden hier umfangreiche erbbiologische Untersuchungen über die Abstammung von württembergischen Fürsorgezöglingen durchgeführt. Die Arbeiten werden von einer wissenschaftlichen Hilfsarbeiterin der Rassenhygienischen Forschungsstelle des Reichsgesundheitsamts in Berlin-Dahlem durchgeführt."[45]

Einem späteren Tätigkeitsbericht Eyrichs vom 1. April 1944 ist zu entnehmen: „Im Laufe der Jahre wurden hier teilweise in Zusammenarbeit mit der Erbbiol. Abteilung des Reichs-Gesundheitsamts (Dr. R. Ritter) eine größere Anzahl umfangreicher Sippentafeln asozialer Familien ausgearbeitet. Diese wurden zur Sicherstellung vor Luftangriffen photokopiert und verschiedenen Stellen (Schönbühl und Salzbergwerk) zur Aufbewahrung übergeben [!]."[46]

Eyrich war an der Ermordung von Kindern beteiligt

In dem Tätigkeitsbericht vom 1. April 1944 ist noch folgende Bemerkung Eyrichs zu finden: „Wir erwähnen in diesem Zusammenhang noch eine Äußerung, die wir im Personalbogen einer Hilfsschule (!) gefunden haben: ‚[…] es handelt sich um einen geistig überaus schwach befähigten, schwer schwachsinnigen (idiotischen) Knaben, der unfähig ist, die Hilfsschule zu besuchen. Auch ein Versuch ist zwecklos. Vielleicht könnte eine Anstalt ihn im Hinblick auf Dressur und Gewöhnung noch mäßig bilden. Es lohnt sich jedoch nicht! Das Beste wäre: Vernichtung […].' Dem vernünftigen Gedanken der Euthanasie Lebensunwerter ist durch solche Entgleisungen nicht zuständiger Stellen schlecht gedient [!]."[47]

Eyrich hat mehrere behinderte Kinder an ihren württembergischen Aufenthaltsorten im Rahmen der NS-„Kindereuthanasie" begutachtet und sie zur Ermordung in „Kinderfachabteilungen" eingewiesen.[48] Er war auch dafür mitverantwortlich, dass 33 Sinti-Kinder, die in einem Kinderheim in Mulfingen (Württemberg) untergebracht waren und unter seiner Aufsicht als Landesjugendarzt standen, 1944 in das Konzentrationslager Auschwitz-Birkenau deportiert und bis auf vier Kinder in der Gaskammer ermordet wurden. Zuvor hatte die Mitarbeiterin des „Zigeunerforschers" Ritter, Eva Justin (1909-1966), die Mulfinger Sinti-Kinder als Untersuchungsobjekte für eine rassenbiologisch ausgerichtete Doktorarbeit im Fach Anthropologie benutzt.[49]

---

[45] Wie Anm. 4, Bl. 256 (S. 10).
[46] Wie Anm. 4, Bl. 272 (S. 8).
[47] Wie Anm. 4, Bl. 272 (S. 6).
[48] Marquart, Karl-Horst: „Behandlung empfohlen". NS-Medizinverbrechen an Kindern und Jugendlichen in Stuttgart, Stuttgart 2015, S. 152-160 u. 236-243.
[49] Ebd., S. 290-294.

Eyrichs Dienststelle in Stuttgart wird durch Fliegerbomben zerstört

Im September 1944 wurde bei einem alliierten Luftangriff Eyrichs Dienststelle in Stuttgart, Lindenspürstraße 39, durch Fliegerbomben zerstört.[50] „Durch den Terrorangriff in der Nacht v. 12./13. September", teilte er dem Landesjugendamt am 14. September 1944 mit, „sind unsere Amtsräume im Haus des Landesfürsorgeverbands nunmehr völlig ausgebrannt. Das Haus steht zwar noch. [...] In den oberen Stöcken, so auch bei uns, ist alles Mobiliar verbrannt, die Decken sind heruntergefallen. Es steht also nur noch der Rohbau. [...] Ich werde nun das Amt bis auf weiteres von hier aus, soweit möglich, weiterführen."[51] Mit „von hier aus" meinte Eyrich sein privates Wohnhaus in Stuttgart-Sonnenberg (heutiger Stadtbezirk Möhringen, Stadtteil Sonnenberg). Die neue Dienstadresse – er ließ sich dafür einen Stempel anfertigen – seines oberhalb des Stuttgarter Talkessels gelegenen „Ausweichamt[s] hier oben" lautete: „z. Zt. Sonnenberg, Adolf-Hitler-Str. 41".[52]

Gegen Ende des „Dritten Reichs" war beabsichtigt, dass Eyrich noch dienstlich für das Städtische Gesundheitsamt Stuttgart tätig sein sollte. Aus einem Brief des kommissarischen Leiters des Städtischen Gesundheitsamts Stuttgart, Obermedizinalrat Dr. Karl Lempp (1881-1960), vom 18. Januar 1945 an den Württembergischen Innenminister geht Folgendes hervor: „Der Wehrersatzbezirksarzt in Stuttgart hat mitgeteilt, dass die Wehrmachtsärzteversorgung dringend die Einberufung des vom Osteinsatz freigegebenen Medizinalrats Dr. [Kurt] Bofinger [(1910-1993), Leiter der Abteilung „Erb- und Rassenpflege" des Städtischen Gesundheitsamts Stuttgart] erforderlich mache. Während der Zeit der Abbeorderung [Bofingers] hat die Ehefrau des Landesjugendarztes Dr. Eyrich beim Landesjugendamt die Stellvertretung ausgeübt. [...] Bei der heutigen Besprechung hat nun Frau Dr. Eyrich erklärt, dass es ihr völlig unmöglich sei, ihre frühere Tätigkeit auch nur in beschränktem Umfange aufzunehmen. [...] Ihr Mann habe sein Büro ebenfalls zu Hause eingerichtet. Sie müsse sich nun unter diesen Umständen um ihre Familie kümmern und könne nicht mehr der Abteilung Erb- und Rassenpflege des Gesundheitsamts zur Verfügung stehen. Da für die Führung und Leitung der Abteilung Erb- und Rassenpflege ein psychiatrisch vorgebildeter Arzt unbedingt für notwendig gehalten wird, so wurde bei der Unterredung auch erwähnt, ob es nicht möglich wäre, dass an Stelle von Frau Dr. Eyrich nunmehr Landesjugendarzt Dr. Eyrich die Geschäfte der Erb- und Rassenpflege neben seiner Hauptaufgabe beim Landesjugendamt führen könnte. Dadurch wäre Dr. Eyrich die Möglichkeit gegeben, seinen Dienstbetrieb in die Räume des Gesundheitsamtes Schickhardtstraße 35 zu verlegen, was sicherlich auch für ihn und seine Familie eine große Entlastung bedeuten würde. Da die

---

[50] Wie Anm. 4, Bl. 276.
[51] Wie Anm. 4, Bl. 276.
[52] Wie Anm. 4, Bl. 280.

Arbeiten bei der Abteilung Erb- und Rassenpflege auf das Äußerste eingeschränkt werden, bzw. schon eingeschränkt sind, so wird Dr. Eyrich durch die Übernahme dieser Stellvertretungsgeschäfte nur unwesentlich belastet."[53]

Zu einer Tätigkeit Eyrichs im Stuttgarter Gesundheitsamt kam es nicht mehr. Das Kriegsende nahte. Eyrich entschuldigte sich am 6. Februar 1945: „Bei meinem Ausweichamt hier oben haben sich in der Praxis gewisse Schwierigkeiten daraus ergeben, dass ich mangels Kohlen die Zentralheizung nicht, wie selbstverständlich vorgesehen, in Betrieb nehmen konnte, und dass ich aus dem gleichen Grund, und weil meine Frau ihre berufliche Tätigkeit aufgegeben hat, auch keine Hausgehilfin mehr habe."[54] Als der Krieg längst vorbei war, wurde auf Eyrichs Brief notiert: „Den 27. Sept. 1945. Die Angelegenheit kann als erledigt betrachtet werden, daher zu den Akten."[55]

Tübinger Professoren halfen bei der „Entnazifizierung"

Nach dem Krieg war Eyrich vom 26. September 1945 bis 6. Juli 1946 in amerikanischer Haft.[56] Er wird in einer Liste der amerikanischen Militärregierung Württemberg-Baden aus dem Jahr 1947 – in der auch Lempp aufgeführt ist – über „Personen, die als strafrechtlich verantwortlich angesehen werden", unter der Nr. 16 genannt.[57] Zwei Tage nach seiner Haftentlassung, am 8. Juli 1946, gab Eyrich beim Polizeirevier Stuttgart-Möhringen, das für seinen Wohnort Stuttgart-Sonnenberg zuständig war, den „Meldebogen auf Grund des Gesetzes zur Befreiung von Nationalsozialismus und Militarismus vom 5.3.1946" ab.[58]

Die Tübinger Professoren Gaupp und Dr. Ernst Kretschmer (1888-1964) halfen Eyrich mit entlastenden Schreiben bei der „Entnazifizierung".[59] Gaupp, der 1945 den Posten eines „Referenten für das Wohlfahrts- und Gesundheitswesen" der Stadt Stuttgart bekommen hatte, setzte sich dafür ein, dass Eyrich seine berufliche Karriere ungehindert nach der NS-Zeit fortsetzen konnte, so, wie er dasselbe zuvor für Lempp getan hatte.[60] Die Durchführung von Eyrichs Spruchkammerverfahren verzögerte sich jedoch. Eyrich beantragte deshalb mit Gaupps Befürwortung am 12. Juli 1946 die Durchführung eines Eilverfahrens. Gaupp

---

[53] Wie Anm. 4, o. Bl. (Lempp-Brief vom 18.01.1945).
[54] Wie Anm. 4, Bl. 280.
[55] Wie Anm. 4, Bl. 280.
[56] HStAS: EA 2/150, Bü 315 Personalakte „Dr. Max Eyrich"), Bl. 148; Köhnlein 2001 (wie Anm. 1), S. 392; Castell u.a. 2003 (wie Anm. 1), S.509.
[57] BArch: B 162/AR-Z 340/59, Bd. 1 (Akte „Werner Blankenburg"), Bl. 155-156.
[58] Wie Anm. 35, Bl. 1.
[59] HStAS: EA 2/150, Bü 315 (Personalakte „Dr. Max Eyrich"), Bl. 22, 26, 53, 148 (Beilage, Abschrift) u. Bl. ohne Nr. (Brief Kretschmers vom 16. November 1949 an die Zentralspruchkammer Nord-Württemberg); Köhnlein 2001 (wie Anm. 1), S. 394-396; Castell u. a. 2003 (wie Anm. 1), S. 509.
[60] Wie Anm. 48, S. 15-33.

schrieb: „Zur Aufrechterhaltung der öffentlichen Gesundheit ist es dringend erwünscht, dass der Antragsteller seine ärztliche Tätigkeit in vollem Umfang baldigst aufnehmen kann."[61] Ein zweiseitiges Schreiben Gaupps vom 22. Oktober 1946 an den Öffentlichen Kläger bei der Stuttgarter Spruchkammer in Vaihingen-Rohr schließt mit den Sätzen: „Ich glaube also nicht, dass man sagen kann, Dr. Eyrich sei ein ‚aktiver' PG gewesen, aber ich kann mir denken, dass er manchmal so erschien, weil er als Fürsorgearzt immer wieder auf die Gedanken gestoßen wurde, die in der Hitlerzeit eine große Rolle spielten und die mit dem Ausdruck ‚lebensunwertes Leben' amtlich gekennzeichnet waren. Dr. Eyrich ist jetzt lange Zeit in Haft gewesen. Ich habe aber nicht ermitteln können, ob dies dem Umstand zuzuschreiben war, dass er Obermedizinalrat im Innenministerium war, oder ob er unter dem Verdacht stand, bei den rassenhygienischen Bestrebungen der Nazi irgendwie mitgewirkt zu haben."[62]

Zu dem zitierten Schreiben Gaupps bemerkt Frank Köhnlein: „Insofern mutet es wie eine Verdrängungsleistung an, wenn er hier den Begriff ‚lebensunwertes Leben´ so sehr abstrahieren und mit Anführungszeichen versehen muss."[63]

Vom Hauptschuldigen zum Entlasteten

In der Klageschrift der Stuttgarter Spruchkammer in Vaihingen-Rohr vom 16. April 1947 wurde Eyrich in die Gruppe der Hauptschuldigen eingereiht. Dort wird gesagt: „Prof. Dr. Stähle erklärt am 4.10.46 an Eides statt, dass der Betr. von Anfang an in die Euthanasie-Aktion eingeweiht war und bereits 1940 sich zur Schweigepflicht verpflichtet habe. Zusammen mit Dr. Mauthe unternahm der Betr. 5 Reisen nach versch. Irrenanstalten und stellte Fragebogen aus, für die Insassen, welche für die Tötung durch Kohlenoxydgas in Frage kamen. Der Betr. trägt Mitschuld an der Verantwortlichkeit der zahlreichen Opfer, welche von 1940-42 auf diese Weise getötet wurden."[64]

Der Abschluss von Eyrichs Spruchkammerverfahren wurde weiterhin hinausgeschoben. Wahrscheinlich wollte man das Urteil im 1949 begonnenen „Grafeneck"-Prozess in Tübingen abwarten, bei dem Eyrich angeklagt wurde.[65] In der Anklageschrift des Prozesses vom 4. Januar 1949 wird festgestellt: „Dr. Eyrich hat zweifellos freiwillig sich zur Mitarbeit an der Ausfüllung der Meldebogen bereit erklärt. Er hat keine Einwendungen gegen die ihm telefonisch durch Dr. Mauthe erteilte Beauftragung erhoben und war keinem Druck ausgesetzt. […] Eine Absage hätte für ihn kaum irgendwelche nennenswerten Nachteile mit

---

[61] Wie Anm. 35, Bl. 26.
[62] HStAS: EA 2/150, Bü 315 (Personalakte „Dr. Max Eyrich"), Bl. 22; teilweise zit. in: Köhnlein 2001 (wie Anm. 1), S. 394-395.
[63] Köhnlein 2001 (wie Anm. 1), S. 395.
[64] Wie Anm. 35, Bl. 62.
[65] StAS: Wü 29/3 T 1 („Grafeneck"-Prozess-Akten), Nr. 1754/01/01 (Anklageschrift).

sich gebracht. [...] Objektiv betrachtet bedeutet die Tätigkeit Dr. Eyrichs zweifellos eine Mitwirkung an den Tötungen der Pfleglinge der von ihnen [Eyrich und Mauthe] besuchten Anstalten."[66] Eyrich wurde in dem Tübinger Prozess am 5. Juli 1949 freigesprochen (!).[67]

Der Direktor der Universitäts-Nervenklinik Tübingen, Kretschmer, teilte am 16. November 1949 der Zentralspruchkammer Nord-Württemberg in Ludwigsburg mit: „Es braucht nicht wiederholt zu werden, was im Lande Württemberg allgemein bekannt ist, dass Dr. Eyrich als langjähriger Landesjugendarzt sich allgemeinen Ansehens erfreut, und zwar ebenso durch seine gediegenen wissenschaftlichen, ärztlichen und organisatorischen Kenntnisse und Fähigkeiten, als auch durch seinen absolut zuverlässigen und ehrenhaften Charakter. Auch zu seiner politischen Beurteilung brauche ich nichts hinzuzufügen, da diese bereits vom Schwurgericht Tübingen und vor allem durch den Oberstaatsanwalt selbst in einer für Dr. Eyrich ehrenvollen Weise gründlich und endgültig gegeben wurde. [...] Ein gleichwertiger Ersatz für diesen Mann ist nicht vorhanden. Es besteht deshalb ein dringendes öffentliches Interesse, dass die formale Entnazifizierung des Herrn Dr. Eyrich schnellstens erfolgt."[68]

Am 14. Dezember 1949 verkündete die Spruchkammer des Staatskommissariats für die politische Säuberung, Land Württemberg-Hohenzollern (Eyrich war seit 1947 praktischer Arzt in Ebingen, Kreis Balingen),[69] folgenden Spruch: „Dr. med. Max Eyrich ist entlastet. Sühnemaßnahmen werden nicht angeordnet. Die Kosten des Verfahrens trägt die Staatskasse."[70]

Bei Eyrichs Spruchkammer-Verfahren wurde der folgenden Aussage eines Stuttgarter Opfers keinerlei Beachtung geschenkt. Die Ermittlungsabteilung der Spruchkammer Stuttgart hatte am 21. Juli 1947 protokolliert: „Es erscheint heute Fräulein Hedwig S., [...], und erklärt: ‚Ich wurde, da ich Hilfsschülerin und später Fürsorgezögling war, auf Grund des früh. Landesjugendarztes Dr. Max Eyrich, heute wohnhaft Stuttgart-Möhringen, Plieningerstr. 27, im Jahre 1939 unfruchtbar gemacht. Der Antrag wurde durch Dr. Eyrich in der Tübinger Chir. Klinik vollzogen, nach Angabe wegen Schwachsinn. Seit dieser Zeit bin ich wiederholt in ärztl. Behandlung gewesen und füge ein ärztl. Zeugnis bei. Durch die vorgenommene Unfruchtbarmachung muss ich heute noch einen Betrag RM

---

[66] Ebd., S. 31.
[67] StAS: Wü 29/3 T 1 („Grafeneck"-Prozess-Akten), Nr. 1754/01/15; Rüter-Ehlermann, Adelheid L./ Rüter, C. F. (Hg.): Justiz und NS-Verbrechen. Sammlung deutscher Strafurteile wegen nationalsozialistischer Tötungsverbrechen 1945-1966, Bd. 5, Lfd. Nr. 155a (Urteil im „Grafeneck"-Prozess), Amsterdam 1970, S. 89; Klee, Ernst, Das Personenlexikon zum Dritten Reich. Wer war was vor und nach 1945, Frankfurt 2005, S. 143.
[68] HStAS: EA 2/150, Bü 315 (Personalakte „Dr. Max Eyrich"), Bl. ohne Nr. (Brief Kretschmers vom 16. November 1949 an die Zentralspruchkammer Nord-Württemberg); teilweise zit. in: Köhnlein 2001 (wie Anm. 1), S. 396.
[69] Wie Anm. 35, Bl. 225.
[70] Wie Anm. 35, Bl. 148 (Beilage, Abschrift).

1475,22 bezahlen. Ich bitte, meine Angaben zu den Spruchkammerakten des betroffenen Arztes zu nehmen, um mir zu ermöglichen, dass ich diesen Betrag zurückerstattet erhalte.' Frl. Hedwig S., wohnhaft […]. [gez.] Hedwig S."[71]

Kurz nach dem Kriegsende soll Eyrich einmal gesagt haben: „Wir [er und seine Frau] waren nicht bei der Partei [das trifft nur für seine Frau zu]. – Uns Ärzte hat man 1933 brauchen können, uns kann man auch heute wieder brauchen."[72]

Ab 1. Dezember 1950 war Eyrich wieder als Landesjugendarzt tätig (!).[73] Der Antrag des Innenministers von Württemberg-Baden vom 20. November 1950, Eyrich zum Oberregierungsmedizinalrat zu ernennen und zum Landesjugendarzt zu bestellen, war vom Ministerpräsidenten genehmigt worden.[74] Damit fand ein fast nahtloser Übergang vom „Dritten Reich" in die Nachkriegszeit statt: Eyrich war schon am 25. November 1944 von Hitler zum Oberregierungsmedizinalrat ernannt worden.[75]

Auf eigenen Antrag wurde Eyrich wegen Erkrankung am 2. Juni 1961 in den Ruhestand versetzt.[76] Am 5. November 1962 starb er im Alter von 65 Jahren in Stuttgart.[77]

---

[71] Wie Anm. 35, Bl. 71.
[72] StAL, EL 902/20, Bü 76405 (Spruchkammerakte „Dr. Hedwig Eyrich"), Bl. 13 (S. 3).
[73] HStAS: EA 2/150, Bü 315 (Personalakte „Dr. Max Eyrich"), Bl. 148; Köhnlein 2001 (wie Anm. 1), S. 396; Castell u. a. 2003 (wie Anm. 1), S. 509.
[74] Wie Anm. 35, Bl. 148 u. 225.
[75] HStAS: EA 2/150, Bü 315 (Personalakte „Dr. Max Eyrich"), Bl. 15, 148 u. Bl. ohne Nr. (Original-Ernennungsurkunde); Köhnlein 2001 (wie Anm. 1), S. 392.
[76] Wie Anm. 35, Bl. 308 u. 311.
[77] HStAS: EA 2/150, Bü 315 (Personalakte „Dr. Max Eyrich"), Bl. 324 (Todesanzeige, Stuttgarter Zeitung, 9. November 1962) u. 325 (Todesanzeige); Köhnlein 2001 (wie Anm. 1), S. 396; Castell u. a. 2003 (wie Anm. 1), S. 508; Klee, Ernst: Das Personenlexikon zum Dritten Reich. Wer war was vor und nach 1945, Frankfurt 2005, S. 143.

Werner Renz
Dr. Willy Frank: Zahnarzt in Auschwitz

* 9. Februar 1903 in Regensburg
† 9. Juni 1989 in Plochingen

Zahnarzt, 1933 NSDAP, 1935 SS, 1940 Oberabschnittsarzt bei der Waffen-SS, u.a. 03/1943 – 08/1944 im KZ Auschwitz

Die unerwartete Konfrontation mit der Auschwitz-Vergangenheit

Nicht wenig überrascht muss der Bad-Cannstatter Zahnarzt Dr. Willy Frank (1903–1989) gewesen sein, als er im Herbst 1959 eine Ladung zur Vernehmung nach Ludwigsburg erhielt. Was konnte die aus Kriminalbeamten des LKA Baden-Württemberg gebildete Sonderkommission, die der 1958 gegründeten *Zentralen Stelle der Landesjustizverwaltungen zur Aufklärung der nationalsozialistischen Gewaltverbrechen*[1] zuarbeitete, von dem untadeligen Bürger Frank wollen? Er wusste doch von nichts. Gewiss: In Auschwitz war er von März 1943 bis August 1944 gewesen. Dort hatte er als Leitender Zahnarzt sich um die Zahnleiden von SS-Personal (und deren in Auschwitz wohnenden Familienangehörigen) gekümmert. Auch Häftlingszahnstationen in Auschwitz und seinen Nebenlagern hatte er zum Wohl der Lagerinsassen aufgebaut. Ihm war daran gelegen, ihnen durch Häftlingszahnärzte gute zahnärztliche Betreuung angedeihen zu lassen. Frank war in Auschwitz ein SS-Führer mit allen Vergünstigungen. Ehefrau und Kinder holte er nach Auschwitz nach. Just zu dem Zeitpunkt, in dem er nach Auschwitz versetzt wurde, war Birkenau zum Todeslager, zum fabrikmäßigen Vernichtungszentrum geworden. Vier Krematorien mit integrierten Gaskammern hatte die Lagerleitung in den ersten Monaten nach Franks Dienstantritt in Birkenau »in Betrieb« genommen. Heinrich Himmler (1900-1945) war eigens angereist, um die Mordfabriken zu besichtigen.

Als Frank im September 1959 nach Ludwigsburg zur Vernehmung fuhr, war bereits ein Ermittlungsverfahren gegen ihn anhängig. Der Bundesgerichtshof hatte im Frühjahr 1959[2] entschieden, die Untersuchung und Entscheidung in

---

[1] Siehe zur Frühgeschichte der Zentralen Stelle die grundlegende Monografie von Hofmann, Kerstin: *Ein Versuch nur – immerhin ein Versuch. Die Zentrale Stelle in Ludwigsburg unter der Leitung von Erwin Schüle und Adalbert Rückerl (1958–1984)*, Berlin 2018.
[2] FBI, FAP-1/HA-1a, Bl. 15–19 und in: *Der Auschwitz-Prozeß. Tonbandmitschnitte, Protokolle und Dokumente*. Hrsg. vom Fritz Bauer Institut und dem Staatlichen Museum Auschwitz-Birkenau. DVD-ROM, Di-

Sachen Auschwitz dem Frankfurter Landgericht zu übertragen. Die Staatsanwaltschaft beim Landgericht Frankfurt am Main leitete umgehend ein Verfahren ein. Gegen rund 100 SS-Angehörige von Auschwitz wurde zunächst ermittelt. Viel wussten die Strafverfolger über Auschwitz zu dem Zeitpunkt freilich nicht. Die deutsche Zeitgeschichtsforschung hatte sich mit Auschwitz nicht oder noch wenig befasst. Literatur lag nur spärlich vor.³ Aufschluss über das Gesamtgeschehen gaben aber die Aufzeichnungen eines Täters. 1958 waren die „Memoiren" des ersten Kommandanten von Auschwitz, Rudolf Höß (1901-1947), in der Bundesrepublik erschienen.⁴ Höß schilderte ungeschminkt das ihm von Himmler befohlene Verbrechen.

In seiner polizeilichen Vernehmung vom September 1959 gab Frank unumwunden zu, in Auschwitz gewesen zu sein. Er sei aber ausschließlich seiner dienstlichen Tätigkeit als Zahnarzt nachgegangen und habe, worauf er in seiner Vernehmung großen Wert legte, auch dafür gesorgt, dass die Häftlinge gute zahnmedizinische Behandlung erfuhren.

Frank hatte sich in den eineinhalb Jahren seiner Dienstzeit in Auschwitz einen gründlichen Überblick über das Lager und sein SS-Personal verschafft. Gut drei Dutzend SS-Führer zählte er freimütig auf, mit denen er in Auschwitz in Berührung gekommen war. Zu ihnen zählte auch Josef Mengele (1911-1979), mit dem er „auf gutem Fuß" gestanden und den er „sehr geschätzt"⁵ habe. Mit seinem unmittelbaren Vorgesetzten, SS-Standortarzt Dr. Eduard Wirths (1909-1945), habe er hingegen „dauernd Auseinandersetzungen" gehabt. Von Wirths sei ihm „immer zu freundlicher Umgang mit den mir unterstellten Häftlingen"⁶ vorgeworfen worden.

Kein Zweifel besteht, dass Frank in Auschwitz ein verantwortungsvoller Zahnarzt und kein „Unmensch" gewesen war. So traf zum Beispiel während des Auschwitz-Prozesses in Frankfurt am Main der Brief eines jüdischen, in Polen wohnenden Auschwitz-Überlebenden ein. Er bescheinigte Frank, sich um die Häftlinge gekümmert zu haben.⁷ Frank war wie nicht wenige SS-Leute in Auschwitz „menschlich" zu seiner unmittelbaren Umgebung gewesen. Seine

---

gitale Bibliothek, Bd. 101, Directmedia Publishing GmbH, Berlin 2004, 2., durchgesehene und verbesserte Aufl., Berlin 2005, 3. Aufl., Berlin 2007 (zeno.org, Bd. 007). Zitiert nach der 2. Aufl. 2005, S. 1352–1359, fortan: DVD-ROM (wie Anm. 2).

³ So die aus dem Polnischen übersetzte knappe Darstellung von Sehn, Jan: *Konzentrationslager Oswiecim-Brzezinka (Auschwitz-Birkenau). Auf Grund von Dokumenten und Beweisquellen*. Aus dem Polnischen von Rita Tertel, Warszawa 1957.

⁴ Höß, Rudolf: *Kommandant in Auschwitz. Autobiographische Aufzeichnungen von Rudolf Höß*. Eingel. und komm. von Martin Broszat, Stuttgart 1958.

⁵ Polizeiliche Vernehmung vom 18.09.1959, FBI, FAP-1/HA-14, Bl. 2109 und DVD-ROM (wie Anm. 2), S. 3687.

⁶ Ebd.

⁷ Brief von Mosze Lisek (H.-Nr. 144866) vom 04.01.1964, an das Amtsgericht Frankfurt am Main, FBI, FAP-1/BA-38 (Sonderheft-10, Willy Frank).

ihm untergebenen Häftlingsärzte und -pfleger hatten in ihm einen freundlichen, da und dort gar hilfreichen Chef. Kein Exzesstäter also, kein eigeninitiativ handelnder Mörder, der Häftlinge terrorisierte. Er unterschied sich fraglos von „gemeinen" SS-Unterführern wie Oswald Kaduk (1906-1997) oder Wilhelm Boger (1906-1977), die Gefallen daran fanden, in Auschwitz Angst und Schrecken zu verbreiten.

Frank war jedoch im Sommer 1944 ein befehlsergebener Ausführender der Vernichtungsbefehle, ein direkt Beteiligter am Massenmord. Doch von seiner Mitwirkung an der Judenvernichtung war in Ludwigsburg freilich noch nicht die Rede. Wohl war Frank „bekannt", dass „in Birkenau Vergasungen vorgekommen" waren. Von „sogen. Selektionen ist und war" ihm aber „nichts bekannt".[8] Wir wissen leider nicht, wie gut der Frank vernehmende Beamte informiert gewesen war. Nicht klar ist auch, welche Fragen er an den Beschuldigten richtete. Auffällig ist freilich bei Franks ersten Einlassungen, dass er über das Massenmordgeschehen im Sommer 1944, als innerhalb von acht Wochen 438.000 Juden aus Ungarn nach Auschwitz deportiert und über 300.000 von ihnen von der Rampe weg in den Gaskammern ermordet worden waren, keine Auskunft gab. Er muss wohl gedacht haben, dass die noch unwissenden Ermittler sein Verschweigen der historischen Wahrheit nicht aufdecken werden.

Vier Monate nach seinen Einlassungen in Ludwigsburg wurde Frank ins Stuttgarter Polizeipräsidium geladen. Aus Frankfurt am Main war Staatsanwalt Joachim Kügler (1926-2012) angereist. Der Sachbearbeiter, der seit Mitte 1959 zusammen mit seinem Kollegen Georg Friedrich Vogel (1926-2007) das Ermittlungsverfahren gegen Auschwitz-Personal führte, war besser präpariert als der Kriminalbeamte in Ludwigsburg. Frank betonte abermals, den „Ausdruck Selektion"[9] sei ihm erst seit seiner Ludwigsburger Vernehmung bekannt. Er gestand jedoch ein, von in Birkenau ankommenden Transporten gewusst zu haben. Ein Teil der Deportierten sei als „arbeitsfähig" ins Lager gekommen, ein Teil, „die Nichtarbeitsfähigen", sei vergast worden. Die „Auswahl" hätten Angehörige der Abteilung Arbeitseinsatz durchgeführt.

Der Frankfurter Strafverfolger verfügte mittlerweile über gründliche Kenntnisse. Er konfrontierte Frank mit dem Vorhalt, im Frühjahr 1944 habe SS-Standortarzt Wirths eine „Besprechung" anberaumt, an der das gesamte „medizinische" Führer-Personal von Auschwitz teilnehmen musste. Nunmehr konnte sich Frank daran erinnern, dass Wirths „auf dieser Besprechung" erklärt habe, „daß wir alle auf Grund einer Anordnung" des Amtschefs D III des SS-Wirtschafts-Verwaltungs-Hauptamts (WVHA), SS-Standartenführer Enno Lolling

---

[8] Polizeiliche Vernehmung vom 18.09.1959, FBI, FAP-1/HA-14, Bl. 2112 und DVD-ROM (wie Anm. 2), S. 3693.
[9] Staatsanwaltschaftliche Vernehmung vom 15.01.1960, FBI, FAP-1/HA-23, Bl. 3822; ebenso in: DVD-ROM (wie Anm. 2), S. 3699.

(1888-1945), „sogenannten Transportdienst, d.h. Selektion, zu machen hätten".[10] Frank will aber mit der befohlenen Einbindung der Zahnärzte in den Vernichtungsprozess nicht einverstanden gewesen sein und bei seinem direkten Vorgesetzten, dem Chef der KZ-Zahnärzte, Hermann Pook (1901-1983), die „Genehmigung erwirkt" haben, „daß die Zahnärzte in Auschwitz bei den Selektionen nicht teilnehmen mußten."[11] Frank sagte gegenüber Staatsanwalt Kügler mit aller Entschiedenheit: „Ich kann mit bestem Gewissen versichern, daß ich niemals an sogenannten Selektionen, sei es im Lager Auschwitz I, sei es in einem Nebenlager oder an der Rampe von Birkenau, teilgenommen habe."[12]

Anders ließ sich Frank Anfang Mai 1961 ein. Staatsanwalt Kügler war erneut nach Stuttgart gekommen, um Frank im Polizeipräsidium zu vernehmen. Nunmehr war von Nichtteilnahme am „Transportdienst" nicht mehr die Rede. Frank räumte ein, „den sogenannten Transportdienst auf der Rampe in unregelmäßigen Zeitabständen während eines Zeitraums von etwa 4 bis 8 Wochen gemacht" zu haben.[13] Seine Präsenz auf der Birkenauer Rampe war allerdings vollkommen harmlos. Teilnahme am „Transportdienst" hieß für Frank keineswegs Tatbeteiligung, denn „das Aussortieren der arbeitsfähigen und nicht arbeitsfähigen Häftlinge aus den jeweils angekommenen Transporten" sei „von Angehörigen des Schutzhaftlagers besorgt" worden. „Ich selbst", beteuerte er leutselig, „habe mich dabei nicht beteiligt. Ich habe nur auf der Rampe herumgestanden."[14] Darüber hinaus sei „immer ein Zahnarzt zusammen mit einem Arzt zum sogenannten Transportdienst eingeteilt" gewesen.[15] Will sagen: Über vorgebliche Arbeitsfähig- beziehungsweise -unfähigkeit haben allein die fachmännischen Allgemeinmediziner entschieden, sofern deren Beteiligung angesichts der auf der Rampe tätigen Angehörigen der Schutzhaftlagerführung und des Arbeitseinsatzes überhaupt vonnöten gewesen sei. Zum wiederholten Male gab Frank in verschiedensten Varianten sein Unbeteiligtsein zu. Er wusste wohl, dass die Strafverfolger nach einem konkreten Tatbeitrag suchten, der ihn erst überführt hätte.

Die Erforschung der Wahrheit

Mitte 1961 reichte die Staatsanwaltschaft Frankfurt am Main beim Landgericht ihren „Antrag auf Eröffnung der gerichtlichen Voruntersuchung" ein. Der Antrag, gleichsam eine Vorstufe der späteren Anklageschrift, lässt keinen Zweifel, dass die Strafverfolger Franks Beteuerungen keinen Glauben schenkten, sie als bloße Schutzbehauptungen werteten.

---

[10] Ebd., Bl. 3822 f. und DVD-ROM (wie Anm. 2), S. 3699 f.
[11] Ebd., Bl. 3823 und DVD-ROM (wie Anm. 2), S. 3700.
[12] Ebd.
[13] Staatsanwaltschaftliche Vernehmung vom 05.05.1961, FBI, FAP-1/HA-49, Bl. 8842 und DVD-ROM (wie Anm. 2), S. 3704.
[14] Ebd., Bl. 8843 und DVD-ROM (wie Anm. 2), S. 3705.
[15] Ebd.

Nach ihren Erkenntnissen hatte Frank „in Auschwitz-Birkenau in der Zeit von Frühjahr bis Herbst 1944 als SS-Hauptsturmführer und Leiter der Zahnstation in zahlreichen Fällen auf der Rampe von Birkenau nach Ankunft von jüdischen Häftlingstransporten Selektionen durchgeführt, wobei eine unbestimmte Vielzahl von Häftlingen ausgesondert und anschließend zur Vergasung in die Gaskammern transportiert wurde".[16]

Die Strafverfolgungsbehörde meinte in ihrem Voruntersuchungsantrag, Frank sei „im wesentlichen geständig".[17] Geständig war er sicherlich hinsichtlich seiner vorgeblich „unschuldigen" Anwesenheit auf der Rampe. Seine nachgewiesene Präsenz konnte er schlechterdings nicht in Abrede stellen. Beweise in Form von Aussagen von ehemaligen SS-Leuten lagen über den Rampendienst vor. Eine konkrete Tatbeteiligung bestritt er aber weiterhin vehement. Selektiert wollte er nicht haben, über Leben und Tod der Deportierten habe er nicht entschieden. Die SS-Zeugen, die Franks Einteilung zum Rampendienst bestätigten und auch zweifelsfrei darlegten, dass der Leitende SS-Zahnarzt auf dem Dienstplan gestanden hatte, machten aus Kameraderie und Korpsgeist keine Angaben über sein konkretes Verhalten auf der Rampe. Überlebende, Opferzeugen, die Frank aktiv beim Selektieren beobachtet hatten, gab es bis zu diesem Zeitpunkt des Verfahrens noch nicht.

Nach der Eröffnung der gerichtlichen Voruntersuchung vernahm Untersuchungsrichter Heinz Düx (1924-2017) Frank erneut. Die Aufgabe des Justizjuristen beim Landgericht Frankfurt am Main war, die Beweise zu sichern und weitere zu ermitteln. Düx war gründlich vorbereitet, hatte die über 50 Aktenbände genau studiert. Er lud den nunmehrigen Angeschuldigten im Oktober 1961 zur Vernehmung nach Frankfurt am Main. Frank blieb auch gegenüber Düx seiner Verteidigungsstrategie treu. Er ließ sich dahin gehend ein, sein Vorgesetzter im Wirtschafts-Verwaltungs-Hauptamt, Hermann Pook, habe nach seiner in Oranienburg schriftlich eingereichten Intervention, „die Zahnärzte praktisch vom Rampendienst entbunden".[18]

Frank laut Protokoll: „Wir wurden zwar im Dienstplan noch für den Rampendienst aufgeführt, brauchten aber nicht mehr den Selektionen als solche beizuwohnen, sondern widmeten uns den Aufgaben, die wir bei ankommenden Häftlingstransporten schon vor der offiziellen Diensteinteilung erfüllt hatten. Diese Aufgaben waren folgende: Sobald ein Häftlingstransport eintraf, ließen wir durch auf der Rampe tätige Häftlinge feststellen, wer den Beruf eines Zahn-

---

[16] Antrag der Staatsanwaltschaft Frankfurt am Main auf Eröffnung der gerichtlichen Voruntersuchung vom 12.07.1961, FBI, FAP-1/HA-52, Bl. 9474 und DVD-ROM (wie Anm. 2), S. 1534.
[17] Ebd., Bl. 9477 und S. 1539.
[18] Ebd., Bl. 10260 und S. 3715.

arztes oder Zahntechnikers hatte. Diese Feststellungen bezogen sich auf männliche und weibliche Personen."[19] Auch stellte Frank auf der Rampe „zahnärztliche Instrumente und Medikamente" für die Häftlingszahnstationen sicher. Circa „20 bis 25 mal" habe er Rampendienst gehabt, im Durchschnitt „zweimal Rampendienst" in der Woche. Sein Dienst auf der Rampe im Sommer 1944 habe sich „über einen Zeitraum von ungefähr 3 Monaten" erstreckt. Abermals betonte Frank, neben einem Zahnarzt sei „stets ein Vollmediziner vorhanden gewesen", sodass Zahnärzte in ihrer Inkompetenz gar nicht in das Geschehen hätten eingreifen müssen.[20] Frank nannte Namen von verstorbenen oder, wie im Fall Mengele, von unauffindbaren einstigen Kollegen. Auf die Nachfrage von Düx, ob er von seinen Ärztekollegen nicht zum Eingreifen und Mitmachen aufgefordert worden sei, antwortete Frank, „zum aktiven Handeln" sei er nicht aufgefordert, sondern nur als „Ersatzmann" betrachtet worden. Seine „Ersatzfunktion" sei aber „nicht praktisch geworden".[21]

Wichtig bei all seinem Leugnen einer aktiven Tatbeteiligung war jedoch Franks Eingeständnis, er habe „alle Vorgänge" in Auschwitz als „rechtswidrig" betrachtet. Deshalb habe er auch versucht, „von Auschwitz wegzukommen". Durch seinen Vorgesetzten in Auschwitz, SS-Standortarzt Wirths, sei ihm aber eröffnet worden, „daß der Dienst in Auschwitz einem Fronteinsatz gleichzusetzen sei. Zuwiderhandlungen seien als eine Fahnenflucht zu betrachten."[22]

Frank, der Nationalsozialist

Was wussten die Strafverfolger über Frank zu Beginn der Ermittlungen. Seine Angaben zu seinem NS-Werdegang waren spärlich. 1933 sei er als Student in die NSDAP und in das Nationalsozialistische Kraftfahrkorps (NSKK) eingetreten, 1935 in die Allgemeine SS. Als „Oberabschnittsarzt" habe er Polizeianwärter zahnärztlich untersucht. 1940 meldete er sich, „um als Zahnarzt verwendet zu werden",[23] zur Waffen-SS, habe bei der SS-Division „Germania" seine Ausbildung erfahren und bis Januar 1942 in der SS-Division „Wiking" den „Rußlandfeldzug" mitgemacht. Nach einem Lazarettaufenthalt sei er 1942 zur SS-Zahnstation Dachau gekommen, sodann ins SS-Lazarett Minsk, später auf die Wewelsburg. Nach seiner Station in Auschwitz von März 1943 bis August 1944 mit Kind und Kegel sei er wieder nach Dachau gekommen, schließlich an die Front in Ungarn versetzt worden. Auf seinem Rückzug sei er in amerikanische Kriegsgefangenschaft geraten und 1947 entlassen worden. Von der Spruchkammer München war er als „Mitläufer" eingestuft worden. Auschwitz-Häftlinge hatten ihn entlastet.

---

[19] Ebd. und DVD-ROM (wie Anm. 2), S. 3715 f.
[20] Ebd., Bl. 10261 und DVD-ROM (wie Anm. 2), S. 3717.
[21] Ebd., Bl. 10264 und DVD-ROM (wie Anm. 2), S. 3722.
[22] Ebd. und DVD-ROM (wie Anm. 2), S. 3723.
[23] Polizeiliche Vernehmung vom 18.09.1959, Bd. 14, Bl. 2105, DVD-ROM (wie Anm. 2), S. 3679.

Frank beschönigte seinen Werdegang nicht wenig. Erst die Auswertung seiner SS-Personalakte im Berlin Document Center führte den Frankfurter Ermittler vor Augen, welch aufrechten Nationalsozialisten sie in Frank vor sich hatten. Sein 1939 eigenhändig verfasster Lebenslauf gab klaren Aufschluss: „Am 9.2.1903 wurde ich als Sohn des damaligen Professors Wilhelm Frank und seiner Ehefrau Luci, geb. Sturm, in Regensburg geboren. Meine Kindheit verlebte ich im Haus meiner Eltern. Nach vierjährigem Besuch der Volksschule war ich weitere vier Jahre am Humanistischen Gymnasium in Regensburg. 1916 kam ich in das Bayerische Kadettenkorps nach München. 1919 habe ich als Kadett im Verbande des Detachements Schaaf an der Unternehmung gegen die Kommunisten in München (April/Mai 1919) teilgenommen. Im März 1920 und April 1920 war ich in der 7. Kompanie des Bataillons `von Krauss´ und beteiligte mich im Verbande der Bayrischen Schützenbrigade (Epp) an der Bekämpfung der Unruhen im Ruhrgebiet. 1922 trat ich als Gründungsmitglied der Ortsgruppe Regensburg der NSDAP bei. Dort war ich als Saalschutz eingeteilt und habe eine Reihe von Saalschlachten mitgemacht, in deren Verlauf ich einmal schwer verletzt wurde. Im März 1923 habe ich in München am Neuen Realgymnasium meine Reifeprüfung abgelegt. […] Am 8.11.1923 habe ich an der Versammlung im Bürgerbräukeller und am 9.11. an dem Marsch zur Feldherrnhalle teilgenommen mit den Offizieren der Kriegsschule (Kompanieführer, Reichsstatthalter Robert Wagner). […] Im Herbst 1931 beantragte ich in Regensburg, anläßlich eines Besuchs bei meinen Eltern, wieder meine Aufnahme in die NSDAP. […] Wie ich erst viel später erfuhr, ging nach Angaben des Kreisleiters mein Aufnahmeantrag verloren. […] Ich studierte […] an der Universität München Zahnheilkunde. Dort gehörte ich dem NS-Studentenbund an. Da ich von Regensburg nichts mehr hörte, ließ ich mich im April 1933 in München abermals in die NSDAP aufnehmen. Im September 1933 trat ich nach bestandenem Vorexamen in das NSKK ein. Im Dezember 1934 hatte ich mein Staatsexamen bestanden, ging nach Ulm als Assistent und heiratete am 17.12.1934. Vom NSKK bin ich im Februar 1935 ausgetreten (ich war zuletzt Scharführer), um beim Segelfliegersturm Ulm als Sturmführer Dienst zu tun. Im November 1935 habe ich mich in Stuttgart-Bad Cannstatt als Zahnarzt selbständig niedergelassen, nachdem ich im September 1935 an der Universität München zum Dr. med. dent. promoviert war. In Stuttgart bewarb ich mich um die Aufnahme in die SS und habe dort seit September 1935 als Zahnarzt im Stab des Oberabschnittsarztes Süd/West Dienst gemacht. […] Zum Staffel-Rottenführer wurde ich am 20.4.1938, zum Staffel-Unterscharführer am 9.11.1938, zum Staffel-Scharführer am 20.4.1939 befördert. […] Am 1.9.1938 erhielt ich die Genehmigung zum Tragen des Winkels für Alte Kämpfer. Das silberne Reichssportabzeichen habe ich am 17.2.1939 (Nr. 47.112) erworben."[24]

---

[24] Zitiert nach der Anklageschrift vom 16.04.1963, in: Gross, Raphael / Renz, Werner (Hg.): *Der Frankfurter Auschwitz-Prozess (1963–1965). Kommentierte Quellenedition.* Mit Abhandlungen von Sybille Steinbacher und Devin O. Pendas, mit historischen Anmerkungen von Werner Renz und juristischen Erläuterungen von Johannes Schmidt, Frankfurt am Main, New York 2013, Bd. 1, S. 462 f. Zu Franks Biografie siehe die Studie von Huber, Barbara: *Der Regensburger SS-Zahnarzt Dr. Willy Frank,* Würzburg 2009.

Der „Alte Kämpfer" Frank hatte beim Marsch auf die Feldherrnhalle seinen Mann gestanden. Schwerlich wird er sich auf der Rampe von Birkenau den Aufgaben eines guten, dem „Führer" ergebenen Nationalsozialisten entzogen haben. Doch die Beweise fehlten noch. Auch in der Anklageschrift vom April 1963 konnte die Frankfurter Staatsanwaltschaft nur allgemeine Angaben über Franks Tatbeteiligung machen. Es heißt dort: „Nachdem ihm der vorbezeichnete Befehl durch den SS-Standortarzt Dr. Wirths erteilt worden war, nahm der Angeschuldigte ebenso wie die anderen SS-Ärzte nach einem besonders aufgestellten und auf der Dienststelle des SS-Standortarztes aushängenden Dienstplan turnusmäßig am Rampendienst teil."[25]

Und: „Der Angeschuldigte mußte den Rampendienst in der gleichen Weise versehen wie die anderen SS-Ärzte, das heißt, ihm oblag die Überwachung der Selektion ankommender Transporte, die endgültige Entscheidung darüber, welche Personen in die Gaskammern zu verbringen seien, und die Überwachung des Einwerfens von Zyklon B in die Gaskammern durch die Sanitätsdienstgrade."[26]

Der Prozess und der Tatnachweis

Am 96. Verhandlungstag, am 2. Oktober 1964 trat ein Überlebender in den Zeugenstand, dessen Aussage Frank der Lüge überführte. Alex Rosenstock (1914-?) war aus Israel nach Frankfurt am Main gekommen. Nebenklagevertreter Henry Ormond (1901-1973) hatte ihn gefunden und benannt.[27] Er war im Frühjahr 1942 nach Auschwitz (Häftlings-Nr. 32.194) verbracht worden und Häftlingszahnarzt in Birkenau gewesen. Er kannte Frank gut. Vom sogenannten Männerlager BIId hatte er im Sommer 1944 einen guten Blick auf die Rampe. Vom Waschraum neben seiner Häftlingszahnstation in Block 31 aus hatte er beobachtet, wie Frank aktiv an Selektionen teilnahm. Mindestens sechs Mal will er ihn auf der Rampe gesehen haben, fünf Mal am Tage und einmal in der Nacht. Waren die Deportierten von SS-Männern und Funktionshäftlingen in zwei Kolonnen aufgeteilt worden, Männer in der einen, Frauen mit Kindern in der anderen, jeweils fünf Menschen in einer Reihe, traten die den Rampendienst versehenden SS-Führer in Aktion. Einer oder mehrere selektierten die eine Kolonne, die anderen zum Selektionsdienst eingeteilten die andere. Die aus SS-Führern bestehende Selektionskommission war mithin aufgeteilt und den beiden Kolonnen zugeordnet. Somit konnte es nicht so gewesen sein, wie Frank in seinen Vernehmungen geschildert hatte. Ein anwesender Allgemeinmediziner konnte nur bei einer der Kolonnen aktiv werden.

---

[25] Ebd., Bd. 1, S. 464.
[26] Ebd., Bd. 1, S. 465.
[27] Siehe Rauschenberger, Katharina / Renz, Werner (Hg.): *Henry Ormond – Anwalt der Opfer. Plädoyers in NS-Prozessen*. Unter Mitarbeit von Steven Schindler, Frankfurt am Main/ New York 2015.

Rosenstock hatte genau beobachtet, dass Frank „mit der Hand" in die eine oder in die andere Richtung „gedeutet"[28] hatte. Die Selektierten gingen sodann nach der Entscheidung des SS-Führers den Weg in die Gaskammer oder den Weg zur Vernichtung durch Arbeit ins Lager. Der Zeuge hatte auch den mitangeklagten Zahnarzt Willi Schatz zusammen mit Frank auf der Rampe gesehen. Doch im Fall Schatz konnte er nicht bestätigen, dass er selektiert hatte. Rosenstock war glaubwürdig, seine Aussagen glaubhaft. Die Befragung durch Franks Verteidiger Hans Laternser (1908-1969) und Fritz Steinacker (1921-2016) konnten seine Aussage nicht erschüttern. Sachlich und souverän ging der Zeuge auf die vorgetragenen Zweifel der Rechtsanwälte ein. Seine Aussage war klar, sicher und überzeugend und in großem Maße vorsichtig und zurückhaltend. Gerade der Fall Schatz zeigte dem Gericht, dass Rosenstock nicht zu leichtfertigen und unglaubhaften Aussagen neigte.

Allein die Aussage von Rosenstock überführte Frank der aktiven Teilnahme an Selektionen. Das Schwurgericht, das alle Zeugen auf Herz und Nieren prüfte und nur zweifelsfreie Aussagen verwertete, sah es nach der Aussage von Rosenstock als erwiesen an, dass Frank die Unwahrheit gesagt hatte. Franks Antwort auf die „Anschuldigungen" des Zeugen lautete Anfang Oktober 1964: „Auf der Rampe war ich zwar draußen, aber selektiert habe ich nie."[29]

Rosenstock hatte Frank nicht nur selektieren sehen. Einmal sah er ihn auch hinter den Opfern, die den Weg in die Gaskammer gingen, im Sanitätskraftwagen herfahren. „Gaskammerdienst" gehörte, wie das Gericht auch mit Blick auf andere Angeklagte feststellte, zum „Einsatz" bei „Sonderaktionen" hinzu. Im Rot-Kreuz-Wagen befand sich das Zyklon B und der SS-Mann, der das Gas in die Kammer schüttete. Der anwesende Arzt hatte das Zeichen zum Einschütten des Mordmittels zu geben und auch nach der Vergasung das Kommando zur Öffnung der Gaskammertür. Ein Mitglied des Sonderkommandos, Dov Paisikovic (1924-1988), der Frank gleichfalls gut kannte, weil der SS-Zahnarzt regelmäßig das im Krematoriumsgebäude eingeschmolzene Zahngold abholte, hatte Frank auch bei der Ankunft von Transporten im Krematorium angetroffen.[30] Was Frank getan hat, konnte der Zeuge jedoch nicht sagen. Seine Anwesenheit im Krematorium beim Eintreffen von Deportierten bezeugte er aber mit großer Sicherheit. Auch Paisikovic glaubte das Gericht und stellte im Urteil fest, Frank habe zumindest einmal „Gaskammerdienst"[31] verrichtet, mithin aktiv an einer Vergasung teilgenommen.

Weitere Zeugen, die Frank der konkreten Mitwirkung an Selektionen beschuldigten, gab es nicht. Weder der Staatsanwaltschaft noch der Nebenklagevertretung war es gelungen, weitere Überlebende zu finden.

---

[28] DVD-ROM (wie Anm. 2), S. 20191.
[29] DVD-ROM (wie Anm. 2), S. 20221.
[30] Ebd., S. 21015 f.
[31] Gross/Renz 2013 (wie Anm. 24), Bd. 2, S. 924.

In seinem „Letzten Wort" beteuerte Frank erneut seine Unschuld: „Ich habe nie bestritten, auf der Rampe gewesen zu sein, ich bestreite aber nach wie vor, jemals selektiert zu haben. Meine Aufgabe auf der Rampe sah ich in der Feststellung des zahnärztlichen Personals und des zahnärztlichen Materials. Daß dies keine Ausrede ist, die ich gebrauche, ergibt sich daraus, daß ich allein mit den auf der Rampe ausgesuchten Personen und dem dort sichergestellten Material 20 bis 25 neue Häftlingszahnstationen errichtet habe. Material dafür habe ich ausschließlich von der Rampe, Berlin hat dafür nichts geliefert."[32]

Nicht festzustellen war für das Gericht, ob der Nationalsozialist Frank, der in Anbetracht seines Werdegangs als ideologisch gefestigter Volksgenosse gelten konnte, den Massenmord in Auschwitz innerlich bejahte und die verbrecherischen Befehle der Staatsführung sich zu eigen machte. Die durchaus mögliche Verteidigungsstrategie, die Befehle Hitlers als ehernes Gesetz betrachtet zu haben, dem gegenüber unbedingter Gehorsam zu leisten war, verfolgte Frank nicht. Er meinte bereits im Vorverfahren, das Mordgeschehen als „rechtswidrig" bewertet zu haben. Auch in seinem Schlusswort behauptete er nicht, als getreuer Vasall Hitlers die Vernichtung der Juden als rechtmäßig und gesetzeskonform erachtet zu haben. Er führte aus: „Nachdem ich in Auschwitz war und gesehen hatte, was sich dort ereignet, habe ich jede Gelegenheit wahrgenommen, von dort wegzukommen. Schließlich gelang mir das auch. […] Ich habe in Auschwitz keinem Menschen etwas zuleide getan und bitte das Hohe Gericht daher um ein entsprechendes Urteil."[33]

Alle Beteuerungen halfen Frank nicht. Das Gericht hielt Rosenstock und Paisikovic für zuverlässige und glaubwürdige Zeugen. Im Urteil heißt es: „Der Angeklagte Dr. Frank hat […] an der Massenvernichtung von RSHA-Transporten[34] mitgewirkt. Er wurde nach der […] Ärztebesprechung bei Dr. Wirths im Frühjahr 1944 ebenso wie die SS-Ärzte zum sogenannten Rampendienst eingeteilt. Wenn er eingeteilt war, begab er sich wiederholt nach der Ankunft von RSHA-Transporten auf die Rampe und selektierte dort die angekommenen jüdischen Männer und Frauen über 16 Jahre, die nicht schon vorher wegen Krankheit, Gebrechlichkeit oder zu hohen Alters von den niederen SS-Dienstgraden ausgesondert worden waren. Er bestimmte mit einer Handbewegung darüber, wer von ihnen als arbeitsfähig in das Lager aufzunehmen und wer durch das Gas zu töten sei. Diesen Selektionsdienst hat er mindestens fünfmal am Tage bei fünf verschiedenen RSHA-Transporten versehen. Mindestens einmal hat er auch in der Nacht einen RSHA-Transport selektiert. Von diesen sechs Transporten sind jeweils mindestens 1000 Menschen in die Gaskammern verbracht und dort durch Zyklon B getötet worden. Der Angeklagte Dr. Frank ist auch mindestens einmal nach einer durchgeführten Selektion zu der Gaskammer hingefahren

---

[32] Ebd., S. 36644 f.
[33] Ebd., S. 36645.
[34] RSHA (Reichssicherheitshauptamt). Die von Adolf Eichmanns Referat IV B 4 des RSHA organisierten Transporte werden im Urteil »RSHA-Transporte« genannt.

und hat dort Dienst während der Tötung der in der Gaskammer eingeschlossenen Menschen gemacht, das heißt, er hat den Desinfektoren[35] das Zeichen zum Einwerfen des Gases gegeben, nachdem die Gaskammer verriegelt worden war. Dann hat er nach dem Einschütten des Zyklon B den Todeskampf der in der Gaskammer eingeschlossenen Opfer beobachtet und schließlich das Zeichen zum Öffnen der Gaskammer gegeben. Nach der Öffnung der Gaskammer hat er sich von dem Tod der Opfer überzeugt und ihre Leichen für die Verbrennung freigegeben. Der Angeklagte Dr. Frank wußte, daß die jüdischen Menschen nur wegen ihrer Abstammung als Angehörige einer sogenannten `minderwertigen Rasse´ unschuldig getötet wurden. Er war sich auch darüber im klaren, daß er durch den Selektionsdienst und den Dienst an der Gaskammer die Vernichtungsaktionen förderte."[36]

Die Frankfurter Richter bewerteten Franks Mitwirkung an der Massenvernichtung nicht als Mittäterschaft, sondern als Beihilfe. Sie qualifizierten ihn als Gehilfen, der die befohlene Tat nicht als eigene gewollt, der sie nicht gutgeheißen, der sie sich nicht zu eigen gemacht hatte. Frank hatte vielmehr nach Auffassung des Gerichts die angeordnete, von ihm durchaus als rechtswidrig betrachtete Tat als fremde Tat nur fördern und unterstützen wollen. Dass er durch seine Mitwirkung die Haupttat, den Massenmord, förderte und unterstützte, war Frank nach Ansicht des Gerichts durchaus bewusst. Das Schwurgericht hatte aber nicht feststellen können, daß Frank durch „besonderen Eifer" aufgefallen sei. „Auch war nicht ersichtlich, daß er ein eigenes persönliches Interesse an der Vernichtung der RSHA-Transporte gehabt hat. Aus seinem Verhalten im KZ Auschwitz gegenüber jüdischen Häftlingen haben sich auch keine Anhaltspunkte dafür ergeben, daß er den jüdischen Menschen gegenüber feindlich eingestellt war oder ihre Tötung für notwendig und zweckmäßig gehalten hätte."

Überlebende hatten in Frankfurt am Main wie bereits im Münchner Spruchkammerverfahren ausgesagt, Frank habe sich ihnen gegenüber „gut" und „anständig" benommen und auch Häftlingen geholfen. Er habe einmal dafür gesorgt, dass einer „seiner Häftlinge" aus dem Lagergefängnis, dem „Bunker", frei gekommen war.[37]

Durchaus in Betracht zog das Gericht die Tatsache, daß Frank „sehr früh in die NSDAP und relativ früh in die Allgemeine SS eingetreten ist und den Winkel der `Alten Kämpfer´ tragen durfte und daß er sich im Jahre 1940 freiwillig zur Waffen-SS gemeldet hat". Bei den richterlichen Feststellungen seiner „inneren Einstellung zur Massentötung der jüdischen Menschen" konnte trotz Franks so

---

[35] SS-Männer, sogenannte Sanitätsdienstgrade, die eine Ausbildung im Umgang mit Zyklon B erhalten hatten.
[36] Gross/Renz (Hg.) 2013 (wie Anm. 24), Bd. 2, S. 918 f.
[37] Ebd., S. 926. Siehe auch DVD-ROM, S. 27055 f.

früh einsetzender Gefolgschaftstreue jedoch nicht mit der erforderlichen Sicherheit festgestellt werden, dass er mit den Vernichtungsbefehlen übereinstimmte, konsensual am Massenmord mitwirkte. Ego-Dokumente, die Aufschluss über Franks „innere Tatseite" hätten geben können, fehlten dem Gericht. SS-Zeugen, die über Franks ideologische Überzeugungen hätten Auskunft geben können, schweigen.

Frank war bis Anfang Oktober 1964 ein freier Mann. Nach der Aussage von Rosenstock wurde er jedoch in Untersuchungshaft genommen. Seine am 19./20. August 1965 vom Frankfurter Schwurgericht verhängte Strafe von sieben Jahren Zuchthaus verbüßte er. Das Frankfurter Urteil wurde durch die Revisionsentscheidung des Bundesgerichtshofs vom 20. Februar 1969 rechtskräftig.[38] Anfang April 1970 kam Frank aus der Strafhaft frei.[39] Da ihm die Untersuchungshaft angerechnet worden war, hatte er mehr als zwei Drittel seiner Zuchthausstrafe verbüßt. Seine „Bestallung" als Zahnarzt war von der Landeszahnärztekammer Baden-Württemberg zurückgenommen worden. Frank wurde Vertreter eines Pharmaunternehmens und zog nach München, wo er 1989 verstarb.

---

[38] Siehe Gross/Renz (Hg.) 2013 (wie Anm. 24), Bd. 2, S. 1290–1292.
[39] Huber 2009 (wie Anm. 24), S. 135.

Wolf-Ingo Seidelmann

Prof. Dr. Günther Franz: „Ich war aus Überzeugung Nationalsozialist!"

* 23. Mai 1902 in Hamburg
† 22. Juli 1992 in Stuttgart

Aus großbürgerlichem Haus, 1922-1925 Geschichtsstudium, 1930 Habilitation, 1933 NSDAP und SA, 1935 Professor in Heidelberg, 1936 in Jena, 1941 an der Reichsuniversität Straßburg, 1935 von der SA zur SS, 1943 Hauptsturmführer, Mitarbeit im Sicherheitsdienst der SS, im „Ahnenerbe" des Rasse- und Siedlungshauptamts der SS und in der Gegnererforschung des Reichssicherheitshauptamts, 1941-1945 Kirchenaustritt, 1945-1948 untergetaucht, 1949 als Mitläufer entnazifiziert, 1957-1970 Professor an der Landwirtschaftlichen Hochschule/Universität Hohenheim, 1963-1965 dort Rektor.

Die These von der ideologiefreien Geschichtswissenschaft

Als Günther Franz, der ehemalige Rektor der Universität Hohenheim und emeritierte Professor für Agrargeschichte 1992 starb, würdigte ihn sein Nachfolger Harald Winkel (1931-2005) als „'spiritus rector' der deutschen Agrargeschichte."[1] Über Franz' Wirken im „Dritten Reich" schwieg sich der Nekrolog allerdings aus. Wolfgang Behringer (* 1956) füllte diese biografische Kenntnislücke 1998 auf dem 42. Frankfurter Historikertag dann derart gründlich, dass Michael Salewski (1938-2010), der Vorsitzende der – 1950 von Franz mitbegründeten - Ranke-Gesellschaft rückblickend von einem „Autodafé"[2] für den Verblichenen
sprach. 1999 legte Behringer noch einmal nach und führte aus, bei Günther Franz falle es „schwer, das historische Paradigma des Verstehens anzuwenden, da es hier *Grenzen des Verstehens* auf mehreren Ebenen gibt. Natürlich kann es nicht darum gehen, ein moralisches Urteil über seine Komplizenschaft in einem hochkomplexen Prozeß der *arbeitsteiligen Täterschaft* abzugeben, welche Franz selbst nach 1945 als so ehrenrührig angesehen hat, daß er mit offenkundigen Lügen und Verwirrspielen versucht hat, seine Um- und Nachwelt zu täuschen."[3]

---

[1] Winkel, Harald: Nachruf Franz, in: Zeitschrift für Agrargeschichte und Agrarsoziologie, 40 (1992), S. 259.
[2] Salewski, Michael: Die Ranke-Gesellschaft und ein halbes Jahrhundert, in: Elvert, Jürgen/Krauß, Susanne: Historische Debatten und Kontroversen im 19. und 20. Jahrhundert, Wiesbaden 2003, S. 132.
[3] Behringer, Wolfgang: Von Krieg zu Krieg. Neue Perspektiven auf das Buch von Günther Franz „Der Dreißigjährige Krieg und das deutsche Volk" (1940), in: Krusenstjern, Benigna/Medick, Hans (Hg.): Zwischen Alltag und Katastrophe. Der Dreißigjährige Krieg aus der Nähe, Göttingen 1999, S. 587. Kursiv im Orig.

Franz' Stigmatisierung vollzog sich im Kontext einer überfälligen Selbstfindung der gesamten Zunft. Allzulange hatte das vom national-konservativen Historiker und ersten Nachkriegs-Vorsitzenden des Deutschen Historikerverbands, Gerhard Ritter (1888-1967), geprägte Bild die Szene beherrscht, wonach die deutschen Historiker fast ausnahmslos Distanz zum NS-Regime gewahrt und ihre Arbeit nicht an ideologischen Kriterien, sondern an objektiven Fachstandards ausgerichtet hätten. Nun aber geriet der Ruf einer ganzen Gelehrtengeneration ins Wanken. Theodor Schieder (1908-1984) und Werner Conze (1910-1986), zwei der einflussreichsten bundesdeutschen Historiker, wurden von Götz Aly (* 1947) beschuldigt, sie hätten sich 1939 als „Vordenker der Vernichtung" betätigt und „auf ihre Weise und professionell – als gut ausgebildete Historiker eben – am Menschheitsverbrechen Holocaust mitgewirkt."[4] Die Rigidität dieser Urteile blieb umstritten. So hielt Wolfang J. Mommsen (1930-2004), ein früherer Assistent Schieders, seinen kritischen Kollegen vor, dass es leicht sei, im Nachhinein und aus der Perspektive der Gegenwart den Stab über NS-belastete Historiker zu brechen.[5] Bezogen auf Behringers vernichtendes Urteil über Günther Franz monierte Laurenz Müller in seiner Untersuchung über Franz' Habilitation, dass die Skandalisierung einzelner Historiker nur wenig zum Verstehen der Rolle der Geschichtswissenschaften im „Dritten Reich" beitrage.[6] Von einer gezielt inszenierten Kampagne gegen Franz konnte indessen keine Rede sein. Behringers Anliegen war es gewesen, die - seit langem bekannte - SS-Funktion von Günther Franz mit dessen wissenschaftlicher Tätigkeit in Einklang zu bringen. Denn nur wenn man die im „Dritten Reich" entstandenen Texte direkt auf die zeitgenössische politische Situation beziehe, so Behringer, könne „man verstehen, welche hochpolitischen Bücher und Aufsätze Günther Franz verfaßt hat."[7]

Elitäre Herkunft

Der am 23. Mai 1902 in Hamburg geborene Günther Siegfried Franz war ein Kind der Oberschicht. Sein Vater Gottlob Franz (1855-1903) hatte sich in der Webereiindustrie vom Technischen Zeichner bis zum Technischen Direktor hochgearbeitet; die Mutter Anna Luise, geb. Günther (1869-1933), entstammte einem Greizer Industriellengeschlecht, das seit 1808 eine Papierfabrik im Gölzschtal unterhielt. Nach dem Unfalltod von Gottlob Franz kehrte Anna Luise mit ihren sechs Kindern von Hamburg nach Greiz zurück. Dank einer hohen Versicherungsleistung ging es den Hinterbliebenen finanziell sehr gut. Man unter-

---

[4] Aly, Götz: Theodor Schieder, Werner Conze oder die Vorstufen der physischen Vernichtung, in: Schulze, Winfried/Oexle, Otto Gerhard (Hg.): Deutsche Historiker im Nationalsozialismus, Frankfurt/Main 1999, S. 177 und Aly, Götz/Heim, Susanne: Vordenker der Vernichtung. Auschwitz und die Pläne für eine neue europäische Ordnung, Hamburg 1991.
[5] Mommsen, Wolfgang J.: „Gestürzte Denkmäler"? Die „Fälle" Aubin, Conze, Erdmann und Schieder, in: Elvert/Krauß: wie Anm. 2, S. 109.
[6] Müller, Laurenz: Diktatur und Revolution. Reformation und Bauernkrieg in der Geschichtsschreibung des „Dritten Reiches" und der DDR, Stuttgart 2004, S. 15.
[7] Behringer: wie Anm. 3, S. 588.

hielt einiges Personal und lebte in einer Villa, die Anna Luises Bruder Felix Günther (1871-1952), dem aktuellen Inhaber der Papierfabrik, gehörte. Günther Franz besuchte ab 1908 die Bürgerschule und ab 1912 das Humanistische Gymnasium in Greiz, das er 1921 mit dem Abitur verließ. Seine Sozialisation vollzog sich in einem saturierten, von Sparsamkeit und Prüderie geprägten elitär-großbürgerlichen Umfeld, das der Monarchie treu ergeben war und Distanz zu den unteren sozialen Schichten hielt. Auch in der örtlichen Wandervogel-Bewegung, die Franz als Schüler mitbegründete, blieb die Oberschicht unter sich. Geschichte, Geografie und Literatur interessierten den jungen Schüler ganz besonders. Zwei politisierende Historiker prägten früh sein Geschichtsbild: Heinrich von Sybels (1817-1895) „Begründung des Deutschen Reiches durch Wilhelm I." war das erste historische Buch, das sich Franz selbst kaufte. Auch die „Deutsche Geschichte" des preußischen Hofhistorikers Heinrich von Treitschke (1834-1896) beeinflusste den jungen „Bücherwurm"[8] stark. Sybel und der Antisemit Treitschke waren Schüler Leopold von Rankes (1795-1886), standen dessen Postulat einer objektiven Geschichtsschreibung aber kritisch gegenüber. Beide sahen den Zweck ihres Fachs nicht zuletzt darin, tagespolitische Aufgaben zu erfüllen und das 1871 begründete Kaiserreich wissenschaftlich zu legitimieren. Später schlug Franz einen vergleichbaren Weg ein.

Franz gehörte einer Kriegsjugendgeneration an, die sich 1918 mit einer unverstandenen Niederlage, mit inneren Wirren und einer ungeliebten Republik konfrontiert sah.[9] Zunehmende Zweifel an der politischen Führungsschicht und der als sinnlos empfundene Soldatentod des Bruders Otto trugen dazu bei, dass sich Franz im Frühjahr 1918 „politisch von der Klasse zu trennen" begann und nach Alternativen zur Monarchie suchte. Nach der „Novemberrevolution" ging der Primaner „zu jeder Wahlversammlung, gleich welcher Partei."[10] Bald führte ihn sein Weg zur republikfeindlichen bündischen Jugend: 1919 übernahm er den Vorsitz im Greizer Deutschnationalen Jugendbund (DNJ). 1923 wandte er sich - unter dem Eindruck kommunistischer Unruhen in Sachsen und Thüringen stehend – der antisemitischen und national-konservativen Deutschnationalen Volkspartei (DNVP) zu.

Als Student im völkischen Milieu

Mit dem Ziel einer Wissenschaftskarriere nahm Franz im Wintersemester 1921/22 das Studium der Geschichte an der Universität Marburg auf. Ein Jahr später wechselte er nach Göttingen, das zu seiner „eigentliche[n] akademische[n] Heimat"[11] wurde. Der dort lehrende national-konservative Historiker Arnold Oskar Meyer (1877-1944), ein Bismarck-Verehrer, dessen Geschichtsbild

---

[8] Franz, Günther: Mein Leben (1982), S. 27.
[9] Gottwald, Herbert: Kap. „Die Jenaer Geschichtswissenschaft […]", in: Hoßfeld, Uwe u.a. (Hg.): Kämpferische Wissenschaft. Studien zur Universität Jena im Nationalsozialismus, Köln/Weimar/Wien 2003, S. 920.
[10] Franz: wie Anm. 8, S. 21 f.
[11] So Franz 1982 rückblickend. Franz: wie Anm. 8, S. 32.

völkisch-rassistisch und antisemitisch geprägt war, beeindruckte Franz derart stark, dass er sich fortan auf das Studium der neueren Geschichte konzentrierte. In Göttingen trat Franz der Deutsch-Akademischen Gilde bei, die damals noch zur völkisch und antisemitisch orientierten Deutschen Gildenschaft gehörte.[12] Hier lernte er, was sich für seine spätere Flucht vor den Besatzungsbehörden und für seine Entnazifizierung noch als nützlich erweisen sollte, die Juristen Ernst (1895-1984) und Fritz von Hippel (1897-1991) kennen. Im Winter 1923/24 legte Franz ein Studiensemester in München ein, das als Epizentrum der völkischen Rechten galt. „Hier waren die Vorboten des nationalsozialistischen Deutschlands deutlich präsent; die Paraden und Märsche der nationalen und völkischen Verbände des Spätherbstes 1923 erlebte Franz teilweise hautnah mit. Als Hitler im November putschte, beobachtete Franz als Zuschauer die Verhaftung der sozialdemokratischen Stadtregierung."[13] Noch beim 80-jährigen Emeritus klingt einiges von der Wirkung nach, die die Paraden paramilitärischer Verbände, abgenommen von „Kronprinz Rup[p]recht, General Ludendorff und Adolf Hitler,"[14] 1923 bei dem jungen Studenten entfalteten.

Ob das mütterliche Vermögen der Inflation von 1923 zum Opfer fiel, wissen wir nicht; Franz musste jedenfalls selbst für seinen Lebensunterhalt sorgen. 1925 promovierte er bei Meyer und verfasste eine Dissertation über „Bismarcks Nationalgefühl". Da sie von der Meinung seines Doktorvaters erheblich abwich und Meyer Franz vorwarf, er habe eine „Neigung zu überspitzten Antithesen" und zu „unzulässigen Pressungen einzelner Äußerungen"[15] Bismarcks, erhielt die Doktorarbeit zwar eine sehr gute Bewertung, eine besondere Auszeichnung blieb ihr allerdings verwehrt. Sehr enttäuscht zeigte sich Franz auch davon, dass es dem Dekan der Philosophischen Fakultät nicht gelang, seine Promotionsurkunde auf Bismarcks Geburtstag zu datieren. Im Herbst 1925 verfasste der junge Doktor eine Hausarbeit über „Klopstocks Nationalgefühl" und legte anschließend das Staatsexamen für das Lehramt in den Fächern Geschichte, Deutsch und Geografie mit der Note „gut" ab. Im April 1927 trat er dann - in Nachfolge des nach Marburg berufenen Wilhelm Mommsen (1892-1966) - die Stelle eines Assistenten am Historischen Seminar zu Göttingen an. Im September 1930 gab er diesen Posten auf und wechselte an die Universität Marburg, um sich bei Mommsen über die Geschichte des deutschen Bauernkriegs zu habilitieren.

---

[12] Franz weist in seiner Vita darauf hin, dass sich die Göttinger Gilde 1925 u.a. deshalb aufgelöst habe, weil die örtlichen Mitglieder „eine einseitige politische, d.h. völkische Festlegung ablehnten." Wie Anm. 9, S. 37.
[13] Müller: wie Anm. 6, S. 291.
[14] Franz: wie Anm. 8, S. 39.
[15] Phil. Prom. 1923-32 F, Franz, Günther, UniA Göttingen.

Vom Staat zum Volk als Träger deutscher Geschichte

Wer Franz' Weg in den Nationalsozialismus zu erklären hat, wird sich mit der Geisteshaltung seiner akademischen Lehrer in den 1920er Jahren zu beschäftigen haben. Die Mehrzahl der Historiker war national-konservativ, rückwärtsgewandt, antidemokratisch und republikfeindlich eingestellt. Die Niederlage von 1918 und die nachfolgende Revolution empfanden die im wilhelminischen Milieu sozialisierten Professoren als „nationale Traumata."[16] Mit ihren wissenschaftlichen Publikationen und politischen Äußerungen förderten sie eine Grundstimmung, die die akademische Jugend in Distanz zu liberalen Prinzipien hielt: „Der Kampf gegen die im Versailler Vertrag festgeschriebenen Ergebnisse der Niederlage gehörte zu einem Grundkonsens, den zu teilen gewissermaßen Voraussetzung einer Hochschullaufbahn war."[17] Der verlorene Krieg hatte die bislang geltenden ideologischen Grundlagen für die politisierende Historikerzunft ins Wanken gebracht. Über Generationen hinweg war von ihr die Idee des Reiches als angebliche Zielgröße deutscher Geschichte propagiert worden. Nach den Ereignissen von 1918 aber kam die vielbeschworene preußisch-autoritäre Nationalstaatsbildung als sinnvoller historischer Weg kaum mehr in Betracht. Auch aus der politischen und gesellschaftlichen Zerrissenheit der Weimarer Republik erwuchs das Verlangen nach neuer Orientierung.

Rechts- und Staatswissenschaftler forderten in den 1920er Jahren eine andere, das „Wesen des deutschen Volkes widerspiegelnde Staatsform."[18] Eine neue Rechtsordnung sollte das deutsche Recht von fremden römischen Inhalten reinigen und die Kräfte des deutschen Volkes zu neuer Größe erwecken. Die Idee einer „organischen Gemeinschaft" bildete das Gegenmodell zu der durch Parteiinteressen und Ideologien zersplitterten Gesellschaft der Weimarer Republik und zum westeuropäischen Staatstyp, der sich den liberalen Werten der Aufklärung verpflichtet sah und gerade deshalb für die deutschen Verhältnisse als unpassend empfunden wurde. Getragen von den jüngeren Vertretern des Fachs wandte sich die Geschichtswissenschaft in den 1920er Jahren der „Volksgeschichte" zu, die das „Volk" und den durch seine Kultur definierten Lebensraum als Träger der deutschen Geschichte ansah. Die traditionelle liberale Deutung historischer Prozesse, die sich an einem Staat orientierte, der über politische Grenzen definiert war, hatte einer völkischen Perspektive Platz gemacht, die im „Dritten Reich" zur Staatsdoktrin wurde: „Charakteristisch für die völkische Ideologie ist die Verabsolutierung einer diffusen und überhistorischen Ganzheit ‚Volk' zur zentralen, geschichtsbestimmenden Einheit. ‚Volk' erscheint als Urmacht der Geschichte und quasibiologischer Organismus; das eigene Volk

---

[16] Cornelißen, Christoph: Im Einsatz für die „wahre Volksgemeinschaft". Der Historiker Gerhard Ritter […], in: Hirschfeld, Gerhard/Jersak, Tobias (Hg.): Karrieren im Nationalsozialismus, Frankfurt/M. 2004, S. 324.
[17] Schönwälder, Karen: Historiker und Politik. Geschichtswissenschaft im Nationalsozialismus, Frankfurt/M./ New York 1992, S. 35.
[18] Müller: wie Anm. 6, S. 52. Der Verfasser folgt in diesem und in den folgenden beiden Absätzen Müllers Argumentation auf S. 51 ff., 64 f., 91, 294.

wird in nationalistischer Sicht überhöht. Die Grenzen zu rassistischen Auffassungen sind fließend."[19] Franz' Weltbild fügte sich nahtlos in diese Ideologie: In seiner 1925 vorgelegten Dissertation über Bismarcks Nationalgefühl ging er von einem „deutschen" Weg durch die Geschichte aus, der sich in seinem Wesen von der aufklärerisch-liberalen Entwicklung Westeuropas unterscheide. „Von hier aus", erinnerte sich Franz 1982, „mußte die Weimarer Republik als ‚undeutsch', oder doch dem deutschen Wesen, richtiger der deutschen geschichtlichen Überlieferung nicht gemäß erscheinen, später würde man gesagt haben, ‚artgemäß' sein. Man sieht, wie hier die Brücke zum Nationalsozialismus geschlagen wird."[20]

Habilitation und Privatdozent in Marburg

1930 legte Franz in Marburg seine Habilitationsschrift vor. Das daraus entstandene, 1933 publizierte Buch über den deutschen Bauernkrieg von 1525 begründete seinen wissenschaftlichen Ruhm. Im Gegensatz zur herrschenden Meinung sah Franz im Bauernkrieg weder einen sozialen noch einen konfessionellen Konflikt, sondern einen politisch motivierten Volksaufstand, der seine Gründe in der Ungleichheit zwischen dem Bauernstand und der übrigen spätmittelalterlichen Gesellschaft gehabt habe. Demnach bildete die Revolte den Höhepunkt eines länger währenden bäuerlichen Kampfes um den Erhalt des alten Rechts und gegen das Vordringen fremden römischen Rechts, das die deutschen Territorialherren dazu benutzt hätten, althergebrachte Nutzungsrechte der Dorfgemeinden zu beschneiden und sich deren Grundbesitz anzueignen. Franz vollzog in seinem Werk einen bemerkenswerten Perspektivwechsel: Bei ihm erscheint der gemeine Mann aus dem Volk nicht länger als machtloses „Objekt, sondern als ein historisch handelndes Subjekt."[21] Zwar finden sich im Buch – mit Ausnahme der nach der Machtübernahme Hitlers verfassten Einleitung - keine direkten politischen Bezüge, doch wird man Franz' wissenschaftliche Analyse im Kontext des politischen Diskurses der Weimarer Zeit lesen müssen, in der die völkische Rechte eine Rückkehr zum „germanischen Gemeinrecht" und den Aufbau eines genossenschaftlich organisierten Volksstaats forderte. Auf germanische Traditionen nahm Franz in der ersten Auflage seines Buches zwar nicht Bezug, doch bietet das Werk allerhand Anknüpfungspunkte an die NS-Ideologie. Franz gestand das 1982 selbst ein, als er schrieb, er habe seine Habilitation nicht als Nationalsozialist verfasst, sondern sei erst durch seine Auseinandersetzung mit dem Bauernkrieg zum Nationalsozialisten geworden.[22]

Die Philosophische Fakultät der Universität Marburg nahm Franz' Habilitationsschrift im März 1930 an. Nach einer Probevorlesung über Florian Geyer (um

---

[19] Schönwälder: wie Anm. 17, S. 45.
[20] Franz: wie Anm. 8, S. 70.
[21] Müller: wie Anm. 6, S. 91.
[22] Franz: wie Anm. 8, S. 76, 78, 80, 196.

1490-1525) erhielt er im Mai 1930 seine Venia legendi.[23] Am 2. Juni heiratete Franz die Studentin Annelise Eckhardt (1908-?), das dritte Kind des Witzenhausener Notars Wilhelm Eckhardt (1871-1934) und dessen Ehefrau Minna (1877-?). Annelise gab nach der Heirat ihr Studium auf; der Verbindung entsprossen vier Kinder. Über auskömmliche Einkünfte zum Unterhalt einer Familie verfügte der junge Privatdozent nicht. Ab Sommer 1930 erhielt er ein Stipendium von monatlich 115 Mark, das 1931 auf 160 Mark stieg, bald aber - im Zuge der sich zuspitzenden Wirtschaftskrise – durch die Notverordnungen des Reichskanzlers Heinrich Brüning (1885-1970) gekürzt wurde. Franz stopfte die Lücken mit den Zinserträgen aus seinem bescheidenen Vermögen und durch gelegentliche finanzielle Zuwendungen seines Onkels Felix Günther. Ergänzende Honorareinkünfte ergaben sich ab 1930 daraus, dass Franz gemeinsam mit Wilhelm Mommsen die „Deutschen Parteiprogramme", eine Quellensammlung für den Geschichtsunterricht, herausgab. Im März 1934 erhielt Franz dann in Marburg einen Lehrauftrag für Geschichte, der aus Rücksicht auf seinen Kollegen Ludwig Zimmermann (1895-1959) thematisch eingeschränkt wurde.

Der Weg in NSDAP und SA

Stadt und Universität Marburg galten seit 1920 als „Hort der Reaktion" und standen im „Ruch einer manifest antirepublikanischen Haltung. [...] Hinzu kam ein teils versteckter, teils offen auftretender Antisemitismus, der die an den meisten anderen reichsdeutschen Universitäten herrschende Judenfeindschaft noch übertraf."[24] Franz fügte sich gut in die örtlichen Verhältnisse ein. Mommsens Assistent Walther Peter Fuchs (1905-1997) bescheinigte ihm später: „Ohne sich politisch festzulegen, hat sich Franz vor der Machtergreifung stets zur Rechten und zum Antisemitismus bekannt."[25] In seinen Erinnerungen gestand Franz ein, dass er zu antisemitischen Ressentiments erzogen worden sei, die er wohl auch als 80-jähriger Emeritus noch nicht ganz abgelegt hatte: „Man sah die Skandale in Berlin in der Weimarer Zeit, an der Juden beteiligt waren (Barmat, Sklarek), sah ihre Rolle bei der Revolution von 1918, nach der die Ministerpräsidenten von Preußen, Bayern und Sachsen und zwei der Volksbeauftragten Juden waren,"[26] formulierte er noch 1982 in seiner Autobiografie.

---

[23] Personalakte Franz, StA Marburg, Bestand UniA Marburg 307d/2418, Franz, Günther.
[24] Nagel, Anne Christine: Einleitung, in: Dies. (Hg.): Die Philipps-Universität Marburg im Nationalsozialismus, Stuttgart 2000, S. 1 f., 59.
[25] Auskunft Fuchs über Günther Franz, BArch R 4901/13298. 1928 schrieb Franz, dass er „keine der vorhandenen Parteien wählen könne, da keine über den Parlamentarismus hinaus führe, den jedermann nur als Notbehelf hinnähme. Notwendig sei ein Mann, der den Mumm in den Knochen hätte, um zu einer neuen Volksgemeinschaft hinzuführen." In einem Vortrag forderte er 1928 seine Zuhörer auf, „sich der Revolution (von 1918) zu bemächtigen, sie in konservativem Sinne umzubiegen und wieder an die ursprünglichen Kräften unseres Volkes und Wesens zurückzuführen." Wenn er heute diese Rede lese, so Franz 1982 im Rückblick, dann „fällt mir die starke Ablehnung des Individualismus und Liberalismus auf, das Bekenntnis zum Staat, dem der einzelne zu dienen hat." Franz: wie Anm. 8, S. 61 f.
[26] Franz: wie Anm. 8, S. 77.

Franz' Mutation vom National-Konservativen zum Nationalsozialisten vollzog sich 1932. Zwar hatte er im Vorfeld zur Reichspräsidentenwahl von 1932 noch einen Aufruf deutscher Historiker zur Wahl Hindenburgs mitunterzeichnet und in einem Leserbrief an die Oberhessische Zeitung deren einseitige Stellungnahme zugunsten Hitlers scharf kritisiert, doch hinterließ Hitlers Auftritt am 20. April 1932 in Marburg bei Franz einen eher positiven Eindruck. Franz meinte danach, Hitlers „Streben nach einer Partei, die das ganze Volk darstellt, keinerlei Versprechungen an bestimmte Gruppen, da er Sachwalter des ganzen Volkes sein wolle, könnte man zustimmen. [...] Hitler machte auf mich den Eindruck einer starken Persönlichkeit, eines Volksführers von hohen Graden. [...] Man sieht die Notwendigkeit, daß die Nazis an die Regierung kommen."[27] Obwohl ihm Hitlers Eitelkeit missfiel, wählte Franz bei der Reichstagswahl vom November 1932 die NSDAP. Die nationalsozialistische Machtübernahme erkannte er 1933 „als notwendig an. Das parlamentarische System hatte ebenso versagt wie die Präsidialkabinette."[28] „Freilich zeigt sich bald", so Franz, „daß es nicht ein üblicher Regierungswechsel, sondern eine Revolution war, die wir miterlebten."[29] Franz glaubte nicht, dass Hitlers Regierung nur ein „kurzer Spuk" sei, sondern gab sich überzeugt, „daß die Demokratie, der Liberalismus ausgespielt hatten, daß man sich auf nähere und weitere Zukunft hin mit dem Nationalsozialismus arrangieren müsse, wenn man nicht auf die Dauer abseits stehen wolle."[30]

Franz ließ sich nun intensiv mit dem Nationalsozialismus ein: Im April 1933 trat er als Mitglied Nr. 3.217.827 der NSDAP bei; im November wurde er SA-Mann. Der Nationalsozialistische Lehrerbund (NSLB) nahm ihn im Mai 1933 auf und machte ihn zum Kassen- und Schriftleiter im Kreisbund Marburg. Im November 1933 unterschrieb Franz das „Bekenntnis der Professoren an den deutschen Universitäten und Hochschulen zu Adolf Hitler und dem nationalsozialistischen Staat."[31] Auch in seiner wissenschaftlichen Arbeit biederte sich der Historiker bei den Machthabern an: Im Herbst 1933 pries er im Vorwort seines Buchs über den deutschen Bauernkrieg Hitlers Machtergreifung als Vollendung der Ziele des Bauernkriegs von 1525. Franz handelte aus voller Überzeugung und gestand das 1982 auch ein: „Vieles in meinem Denken kam dem Nationalsozialismus entgegen. [...] Kein Zweifel, ich war aus Überzeugung Nationalsozialist und ich wollte es sein. [...] Daß dabei auch ein Teil Opportunismus mitsprach, wer möchte das leugnen. [...] Kaum der Partei beigetreten, beanspruchten wir jungen Dozenten das Recht, in der Fakultät mitzureden. Vor allem aber wollten wir bei den Neubesetzungen von Lehrstühlen mitsprechen, oder, was wichtiger war, mitgenannt werden. [...] Anstelle der alten Geheimräte sollte die junge

---

[27] Franz: wie Anm. 8, S. 63.
[28] Franz: wie Anm. 8, S. 69.
[29] Franz: wie Anm. 8, S. 65.
[30] Franz: wie Anm. 8, S. 69.
[31] Müller: wie Anm. 6, S. 295 f. Müller widerlegt hier Behringers Darstellung, der zufolge Franz bereits zu einem früheren Zeitpunkt Wahlaufrufe zugunsten Hitlers unterzeichnet habe.

Generation, natürlich auch ich selbst, zum Zuge kommen."[32] Das mag wohl stimmen, ist aber nur die halbe Wahrheit: Franz' Beteiligung an der Diskreditierung politisch missliebiger Kollegen (siehe dazu unten) wird man jedenfalls nicht als einen harmlosen Generationenkonflikt innerhalb des Wissenschaftsbetriebs werten können.

Akademischer Aufstieg – Übertritt in die SS

„Äußerer Druck kann als Motivation für Franz' Parteibeitritt also ausgeschlossen werden, dass durch diesen Schritt seine akademische Karriere beschleunigt wurde, dagegen nicht."[33] Positiv auf Franz' Fortkommen wirkte sich auch aus, dass sein Schwager Karl August Eckhardt (1901-1979) ab Oktober 1934 als Hauptreferent in der Hochschulabteilung des Reichswissenschaftsministeriums tätig war. Für Personalfragen der geschichtswissenschaftlichen Institutionen im Reich zuständig, übte Eckhardt großen Einfluss auf die Personalpolitik der Hochschulen aus. Franz' Schwager war ein alter Kämpfer, der seit 1930 in Verbindung zur NSDAP stand, 1931 der SA, 1932 der Partei und 1933 der SS beitrat. 1935 stieß er zu Himmlers persönlichem Stab und erhielt später den Totenkopfring samt Ehrendegen der SS. SS-Sturmbannführer Eckhardt war Franz Vertrauter, Mentor und Lotse im Dschungel von SS und Partei. Er half Franz auch später bei dessen Entnazifizierung. In seiner eigenen Spruchkammer-Verhandlung stellte er sich 1947 ahnungslos und gab an: „Es war mir völlig unbekannt, dass die SS als solche an den Judenverfolgungen teilgenommen, ja sie sogar organisiert hat [...und] daß die Konzentrationslager eine andere Zweckwidmung hatten, als Arbeitslager für unsoziale Elemente und Gewohnheitsverbrecher zu sein."[34] Eckhardt kam damit durch und wurde als Mitläufer entnazifiziert.

Im Oktober 1934 wurde Franz mit der Lehrstuhlvertretung des Rostocker Historikers Wilhelm Schüßler (1888-1965) beauftragt; im April 1935 erhielt er, in Nachfolge des Mediävisten Karl Hampe (1869-1936), dessen Lehrstuhl für Mittlere und Neuere Geschichte in Heidelberg. Zugleich wurde Franz als außerordentlicher Professor verbeamtet. Der Berufung vorausgegangen waren Konflikte innerhalb der Heidelberger Universität: Ursprünglich hatte die Philosophische Fakultät Hermann Aubin (1885-1969) zum Nachfolger Hampes machen wollen, doch wies „Führerrektor" Wilhelm Groh (1890-1964) „– offensichtlich aus politischen Gründen - diesen Vorschlag zurück."[35] Groh und Ernst Krieck (1882-1947), ein sehr einflussreicher nationalsozialistischer Erziehungswissenschaftler, der seit 1934 in Heidelberg lehrte, sorgten dann dafür, dass Franz zuoberst auf der neuen Vorschlagsliste der Fakultät stand. Franz selbst führte 1982 seine Berufung „sicherlich auf das Betreiben der Studentenschaft [zurück]

---

[32] Franz: wie Anm. 8, S. 70 f., 78.
[33] Müller: wie Anm. 6, S. 297.
[34] Erklärung Karl August Eckhardt v. 17.07.1947, Spruchkammerakte Eckhardt, HHStA Wiesbaden 520/27681.
[35] Kaegi, Dominic: Kap. „Philosophie", in: Eckart, Wolfgang/Sellin, Volker/Wolgast, Eike (Hg.): Die Universität Heidelberg im Nationalsozialismus, Heidelberg 2006, S. 496.

und vielleicht auch weil mein Schwager Eckhardt Referent im Ministerium war. Man wollte einen Wissenschaftler, aber zugleich einen jungen, aktiven Nationalsozialisten, wohl auch als Gegenspieler zu Willy Andreas berufen."[36] Hinter „der Studentenschaft" steckte der Heidelberger AStA-Vorsitzende Gustav Adolf Scheel (1907-1979), ein alter Kämpfer, SS-Funktionär, später dann Reichsstudentenführer bzw. Gauleiter von Salzburg, laut Franz „ein integrer Mann", der über einen „ungemein starken Einfluß in der Universität, vor allem in Berufungsfragen"[37] verfügte. Im Ergebnis, so urteilte der Historiker Dominic Kaegi (* 1963) 2006, war Franz' Berufung „offensichtlich keine Honorierung von bloßen Parteimeriten, die Franz damals auch noch kaum besaß; er war vielmehr ein gediegener Wissenschaftler und stand zudem gleichzeitig auf mehreren Berufungslisten."[38] Kaegis Meinung, dass hinter Franz' Berufung „nicht - oder jedenfalls nicht in erster Linie – die bewusste Absicht von Partei und Staat stand, die Heidelberger Geschichtswissenschaft gezielt mit nationalsozialistischer Ideologie zu durchdringen", ist nicht von der Hand zu weisen. In den Akten des Reichswissenschaftsministeriums kann man lesen, Franz sei „politisch ohne Aktivität, als Mensch schwer begeistert und schwer begeisternd, keine Führerpersönlichkeit, aber ein zuverlässiger Arbeiter, bereit die Stelle, an die er gestellt wird, nach besten Kräften auszufüllen."[39] Nicht die Partei oder der Staat benötigten den Historiker dringend zur Durchsetzung ihrer Pläne, sondern er sie.

Franz integrierte die NS-Ideologie nun zunehmend in sein wissenschaftliches Werk. 1935 publizierte er den Aufsatz „Der Reichsgedanke in der deutschen Bauernbewegung"[40], dem zwei Vorträge zugrunde lagen, die Franz 1934 vor der Bremer Wissenschaftlichen Gesellschaft und 1935 auf der Gauschulungstagung des Nationalsozialistischen Lehrerbundes gehalten hatte. Darin diagnostizierte er einen biologisch bedingten Führermangel im deutschen Bauernkrieg und verband seine rassisch begründete These mit einer völkischen Reichsvorstellung, die mit der mittelalterlichen Reichsidee der aufständischen Bauern wenig gemein hatte: „Er projiziert eine ideologische Zielgröße des Nationalsozialismus auf das Spätmittelalter. Damit war Franz an dem Punkt angelangt, an dem von NS-Historie zu sprechen ist."[41] In Heidelberg betätigte sich der junge Professor vor allem als Wissenschaftsorganisator. So rief er die „Arbeitsgemeinschaft für Landeskunde am Oberrhein" ins Leben, die an ausgewählten Dorfbei-

---

[36] Franz: wie Anm. 8, S. 84. Der Heidelberg Rektor (1931-1933) und Historiker Willy Andreas (1884-1967) galt den NS-Machthabern als „Demokrat" und war nach 1933 Repressionen ausgesetzt. Zu Krieck vgl. Hilss, Vanessa: „Einordnen nach allen Seiten hin". Der NS-Wegbereiter in der Erziehung. In: Proske, Wolfgang (Hg.): Täter Helfer Trittbrettfahrer, Bd. 7: NS-Belastete aus Nordbaden+Nordschwarzwald, Gerstetten 2017, S. 198-209.
[37] Franz: wie Anm. 8, S. 89. Zu Scheel vgl. Haase, Philipp T.: Gustav Adolf Scheel. Studentenführer, Gauleiter, Verschwörer. Ein politischer Werdegang, in: Proske, Wolfgang (Hg.): Täter Helfer Trittbrettfahrer, Bd. 8: NS-Belastete aus dem Norden des heutigen Baden-Württemberg, Gerstetten 2018, S. 295-325.
[38] Kaegi: wie Anm. 35.
[39] Vermerk Düring (undat.), BArch Berlin R 4901/13.298.
[40] Volk im Werden 3 (1935), S. 332-342.
[41] Müller: wie Anm. 6, S. 101.

spielen „Volksforschung" betrieb. Erst nach Franz' Weggang aus Heidelberg gelang 1937 die noch von ihm initiierte Gründung des - heute noch existierenden - „Instituts für fränkisch-pfälzische Landes- und Volksforschung". Als Stellvertreter des erkrankten Dekans der Philosophischen Fakultät sorgte der Heidelberger Historiker für „linientreue Berufungen."[42] Franz erwies sich hier als „kämpfender Wissenschaftler" mit rassepolitischem Auftrag, der sein privates Umfeld gern darüber informierte, dass in Heidelberg noch immer „sehr starke Kräfte des Alten"[43] vorhanden seien und sich beklagte: „In unserer Fakultät sind wir gegen die Juden und Judenversippten noch immer in der Minderheit."[44]

Franz beschränkte sein Kampffeld nicht allein auf die Universität. Mit dem Ziel, die Vertreter einer „objektivistischen Geschichtswissenschaft" auf breiter Ebene abzulösen und die Gleichschaltung in allen Institutionen seines Fachs voranzutreiben, profilierte er sich rücksichtslos bei der Demontage seiner bürgerlichen Kollegen. Wohl auch um Forschungsgelder bei Reichsbauernführer Walther Darré (1895-1953) zu generieren und Einfluss auf dessen Planungen zur Errichtung eines Reichsinstituts für Geschichte zu nehmen, trug er 1934/1935 zum ideologiekonformen Umbau zweier traditioneller geschichtswissenschaftlicher Institutionen bei: Sowohl beim Herausgeberwechsel der Historischen Zeitschrift als auch bei der Abwicklung der Historischen Reichskommission beteiligte sich Franz mit diffamierenden Angriffen auf seine älteren Fachkollegen Friedrich Meinecke (1862-1954) und Walter Goetz (1867-1958). Als „Waffe" diente der Vorwurf des Philosemitismus. So verfasste Franz 1935 einen Beitrag in Kriecks Zeitschrift „Volk im Werden", in dem er Goetz und die Historische Reichskommission beschuldigte, mit einem „weit linksstehenden, jüdisch versippten Historiker" zusammenzuarbeiten.[45] Um nachhaltige Wirkung bemüht, sandte Franz sein Pamphlet an sämtliche Ordinarien des Fachs im Reich. Meinecke wertete 1935 „den grundhäßlichen Angriff von G. Franz [...] als Document humain, nämlich vom Revers her."[46] Franz selbst sah das später ähnlich: „Nicht erst bei der Spruchkammerverhandlung in Marburg, sondern schon vor 1945 hat mir dieser Aufsatz, in dem ich mich 150prozentig gebärdete, im Fach sicherlich viel geschadet, Sympathien gekostet. Er gehört zu den dunklen Punkten, die ich selbst unentschuldbar finde und die ich nur bedauern kann."[47] In der Sache blieb Franz 1935 erfolglos: Walter Frank (1905-1945), der Präsident des Reichsinstituts für Geschichte, interessierte sich nicht für den Bauernkrieg und bot Franz weder Geld noch Einfluss an; zudem blieb die Beziehung zwischen beiden Historikern von persönlichen Spannungen geprägt.

---

[42] Wolgast, Eike: Kap. „Die Philosophische Fakultät", in: wie Anm. 35, S. 320 und ders.: Kap. „Philosophische Fakultät", in: Eckart/Sellin/Wolgast: wie Anm. 35, S. 508.
[43] Franz an Walter Peter Fuchs v. 19.06.1935, zitiert nach Müller: wie Anm. 6, S. 303.
[44] Müller: wie Anm. 43.
[45] Franz, Günther: Walter Goetz und die Historische Reichskommission, in: Volk im Werden 3 (1935), S. 320 ff.
[46] Behringer, Wolfgang: Bauern-Franz und Rassen-Günther. Die politische Geschichte des Agrarhistorikers Günther Franz (1902-1992), in: Schulze/Oexle: wie Anm. 4, S. 116.
[47] Franz: wie Anm. 8, S. 101.

In Heidelberg verstärkte Franz sein parteipolitisches Engagement. Im NS-Dozentenbund übernahm er einen Stellvertreterposten, und im SA-Sturm 1/32 tat er Dienst als Rottenführer und Schulungsmann. Im Oktober 1935 trat er von der SA zur SS über, bei der er die Mitgliedsnummer 274.121 erhielt. Ursächlich für diesen Wechsel war eine Empfehlung von Reinhard Heydrichs (1904-1942) Mitarbeiter Reinhard Höhn (1904-2000), den Franz bei seinem Schwager Eckhardt kennengelernt hatte. Höhn war Jurist und Hauptabteilungsleiter im Sicherheitsdienst der SS. Franz begründete seine Entscheidung später damit, dass die SA nach „dem Röhmputsch ihr Gesicht verloren" habe und die SS als „die Eliteeinheit der Partei, im Unterschied zur SA auch als menschlich sauber"[48] galt. Man wird aber auch annehmen dürfen, dass die SS ab Sommer 1934 bessere Zukunftsaussichten für Franz bot. Für seinen Übertritt musste er nachträglich eine Heiratsgenehmigung bei der SS einholen, für die SS-Sturmbannführer Hans Eckart (1908-?) als Leumundszeuge von Franz' Ehefrau Annelise und deren Familie auftrat.[49] In Himmlers Terrororganisation vollzog der Historiker Franz nun eine Karriere, die ihn vom SS-Unterscharführer bis zum Hauptsturmführer im Reichssicherheitshauptamt beförderte.

Ordinarius in Jena – Ziel von Intrigen

Vor der Spruchkammer Marburg trugen Franz' Anwälte 1948 vor: „Parteikreise verhinderten die Ernennung von Prof. Franz zum Ordinarius in Heidelberg und vermittelten seine Abschiebung nach Jena."[50] Tatsächlich verließ Franz Heidelberg 1936 nicht aus eigenem Antrieb. 1982 machte er seinen Heidelberger Kollegen Willy Andreas, der ihn habe loswerden wollen, und den thüringischen Landeshistoriker Wilhelm Engel (1905-1964) für seine Versetzung verantwortlich. Engel, ein Parteigänger von Walter Frank, hatte im Oktober 1935 Franz' Schwager Eckhardt innerhalb des Reichswissenschaftsministeriums als Referent für Personalfragen der geschichtswissenschaftlichen Institutionen im Deutschen Reich abgelöst und lieferte sich mit seinem Vorgänger eine erbitterte Schlacht um Kompetenzen und Macht, bei der Eckhardts Mündel Franz anscheinend in Franks und Engels Visier geriet.[51] Günther Franz übernahm jedenfalls im November 1936 kommissarisch den Jenaer Lehrstuhl seines emeritierten Vorgängers Alexander Cartellieri (1867-1955) und wurde im Mai 1937 zum ordentlichen Professor für Mittlere und Neuere Geschichte an die Friedrich-Schiller-Universität berufen. Der Zwangsversetzte meinte dazu 1982: „Von allen möglichen Universitäten, an die ich damals hätte versetzt werden können, war zweifellos Jena für mich die angenehmste. […] Ich wußte, daß sich Jena seit

---

[48] Franz: wie Anm. 8, S. 102.
[49] SS-Akte Franz, BArch Berlin, R 9361-III.
[50] Schriftsatz Rechtsanwälte Burchard/Bang, undat. (Dezember 1948), HHStA Wiesbaden 520/284.
[51] Franz: wie Anm. 8, S. 104 f.

langem um mich bemüht hatte."[52] Richtig ist jedoch, dass Franz 1935 keineswegs ein Wunschkandidat der dortigen Philosophischen Fakultät war,[53] sondern seine Berufung vor allem dem thüringischen Gauleiter Fritz Sauckel (1894-1946) verdankte.[54]

Franz kam in eine Universität, die bei der Etablierung und Popularisierung des Rassedenkens in den Wissenschaften eine Vorreiterrolle einnahm. 1930 war der Rassentheoretiker Hans F. K. Günther (1891-1968) vom thüringischen Innenminister Wilhelm Frick (1877-1946) auf einen speziell für ihn geschaffenen Lehrstuhl für Sozialanthropologie berufen worden. Nach der „Machtergreifung" setzte Sauckel diese „rassische Aufbauarbeit" fort: 1934 ernannte er den Arzt und Leiter des thüringischen Landesamts für Rassewesen, Karl Astel (1898-1945), zum Professor an der Medizinischen Fakultät der Friedrich-Schiller-Universität. Astel sorgte seinerseits dafür, dass sein Mitarbeiter Lothar Stengel von Rutkowski (1908-1992), „der Prototyp eines radikalen, rassistischen Nationalsozialisten,"[55] 1934 die Leitung der Abteilung Lehre und Forschung des Weimarischen Rasseamtes an der Universität Jena erhielt und zum Hauptstellenleiter im NS-Dozentenbund berufen wurde, was ihm einigen politischen Einfluss verschaffte. Die Personalentscheidungen dienten Sauckels selbst erklärtem Ziel, die Universität unter Betonung der Naturwissenschaften „zu einem nationalsozialistischen Stützpunkt erster Ordnung"[56] auszubauen. Dagegen stand ein konkurrierender Plan des Jenaer Rektors Wolf Meyer-Erlach (1891-1982), der die Hochschule zur „geistigen Waffenschmiede des Dritten Reiches" und zur „völkisch-politischen Universität"[57] aufbauen wollte. Der von Ernst Krieck inspirierte, vor allem auf den Ausbau der Geisteswissenschaften zielende Plan scheiterte 1938 an Sauckel und Astel.

Franz genoss in Jena keineswegs eine ungeteilte Wertschätzung. So warnte ein anonymes Pamphlet in Franz' Jenaer Personalakte vor einer „Durchbruchsschlacht des Heidelberger Kreises um Krieck […] Es wird alles ‚badisiert.' K.A. Eckhardt ist einer der Hintermänner der Durchbruchsschlacht; auch der ‚Bauernkrieger' (Franz-Jena) ist Helot der neuen Machthaber. […] Da das Bestreben, die SS möglichst in alle wichtigen Positionen zu bringen, ja bekannt ist, haben sich da ja äusserst geschickte Leute angehängt, die nichts als machthungrige

---

[52] Franz: wie Anm. 8, S. 107.
[53] Bereits 1935 hatte Franz auf einer alphabetisch geordneten Vorschlagsliste der Philosophischen Fakultät gestanden. Diese präferierte Harold Steinacker (1875-1965), den sie als extremen Vertreter des großdeutschen, nationalen und völkischen Standpunktes würdigte. Über Franz' politische Verdienste schwieg sich die Fakultät aus und betonte nur seinen Lehrerfolg. Vorschlagsbericht Philosoph. Fakultät v. 31.05.1935, UA Jena M/631.
[54] So Franz' eigene Auslassungen 1938 gegenüber dem thüringischen Gaudozentenbundführer Heiner Jörg laut Vermerk Jörg v. 10.02.1938, UA Jena D 758/Personalakte Günther Franz.
[55] Döpp, Robert: Kap. „…doch irgendwie mittendrin…", in: Hoßfeld: wie Anm. 9, S. 804.
[56] Sauckel lt. Schneider, Barbara: Erich Maschke. Im Beziehungsgeflecht von Politik und Geschichtswissenschaft, Göttingen 2016, S. 114.
[57] Hoßfeld, Uwe/John, Jürgen/Stutz, Rüdiger: Kap. „Kämpferische Wissenschaft", in: Hoßfeld: wie Anm. 9, S.62.

Nutzniesser sind."⁵⁸ Diese Denunziation war kein Einzelfall! Bis Franz Jena 1941 verließ, sah er sich hier immer wieder persönlichen Anfeindungen und Intrigen ausgesetzt, die Zweifel an seiner politischen Zuverlässigkeit zu säen versuchten. Anlass dazu bot seine frühere Herausgeberschaft mit dem als Demokraten geltenden Historiker Wilhelm Mommsen bei der Schriftenreihe „Deutsche Parteiprogramme". Die Attacken wurden aus Astels Umfeld heraus geführt: Dessen Freund und Gehilfe Lothar Stengel von Rutkowski, ein Adoptivsohn des Marburger Historikers Edmund Stengel (1879-1968), kritisierte Franz nicht nur wegen dessen „ablehnende[r] Haltung der NSDAP gegenüber vor der Machtergreifung,"⁵⁹ sondern verdammte auch dessen Buch über den Bauernkrieg, in dem er eine „klare weltanschauliche Ausrichtung im Zusammenhang mit einer rassisch gesehenen Volksgeschichte" vermisste. 1938 regte Stengel von Rutkowski bei Sauckel an, „dass bezüglich des Aufbaues einer nationalsozialistischen Hochschule in Jena der Fortgang von Prof. Franz an einen anderen Ort der Betätigung zu begrüßen, ja sogar anzustreben"⁶⁰ sei. Die Intrige des Dozentenbund-Funktionärs verfolgte das erklärte Ziel, dem Publizisten Johann von Leers (1902-1965), einem „geübten Hetzredner und Judenhasser ganz besonderer Art,"⁶¹ dem Sauckel auf Astels Wunsch hin 1936 einen geschichtlichen Lehrauftrag in Jena verschafft hatte, eben jenen Lehrstuhl zuzuschanzen, „den z.Zt. der weltanschaulich und wissenschaftlich so unerfreuliche Günther Franz innehat." Stengel von Rutkowski drängte Leers, Franz wissenschaftlich anzugreifen „und gelegentlich sowohl den Reichsbauernführer Darré als den Reichsführer-SS über seine mangelhaften Qualitäten auf[zu]klären."⁶² Auch SS-Sturmbannführer Fritz Schwalm (1910-?), der 1929/30 in Marburg studiert und Franz dort kennengelernt hatte, ließ sich offensichtlich instrumentalisieren und bescheinigte Stengel von Rutkowski, er halte Franz für einen „absoluten Konjunkturnationalsozialisten."⁶³

Die Wühlerei hatte Erfolg: Sauckel zwang 1938 den Jenaer Rektor, Franz' Berufung in den Senat der Universität zu annullieren. Franz selbst berichtete 1982: „Politisch war meine Stellung in Jena sehr eigenartig. [...] Ich erhielt ein Schulungsverbot für den Gau Thüringen, wurde aber gleichzeitig für Schulungsvorträge bei den Schulungsleitern der SS-Oberabschnitte nach Berlin geholt. Ich erhielt ebenso ein Veröffentlichungsverbot für die Parteipresse, vor allem den ‚Völkischen Beobachter', den Rosenberg herausgab, wurde aber gleichzeitig zur Mitarbeit an dem Schulungsprogramm der Ordensburgen und an dem Katalog für die Ausstellung ‚Deutsche Größe' vom Amt Rosenberg nach Berlin gebeten."⁶⁴ Letztlich aber blieb den Intrigen ein umfassender Erfolg versagt. 1938 half Franz eine Auskunft der Stuttgarter SS-Führung, wonach seine Arbeit in

---

[58] Undatierter Auszug aus einem anonymen Schreiben, UA Jena: wie Anm. 54. Im Orig. teilw. unterstr.
[59] Stengel v. Rutkowski an Franz v. 18.05.1937, UA Jena: wie Anm. 54.
[60] Stengel v. Rutkowski an Sauckel v. 11.07.1938, UA Jena: wie Anm. 54. Unterstreich. im Orig.
[61] Hamann, Annett: Kap. „Die 1945 geschlossenen NS-Institute [...]", in: Hoßfeld: wie Anm. 9, S. 211.
[62] Hamann: wie Anm. 61, S. 229.
[63] Gutachten SS-Oberabschnitt Fulda-Werra (Schwalm) v. 17.01.1938, UA Jena: wie Anm. 54.
[64] Franz: wie Anm. 8, S. 112.

Heidelberg bewiesen habe, „dass er sich ohne Schwierigkeiten zum ehrlichen Nationalsozialisten umstellen konnte" und „deshalb heute als einsatzbereiter Nationalsozialist angesprochen werden"[65] könne. 1941 wertete die NSDAP-Reichsleitung die Angelegenheit als „eine persönliche Auseinandersetzung."[66] Franz selbst führte die Attacken auf eine private Einladung bei seinem Marburger Kollegen Edmund Stengel im Jahre 1932 zurück, bei der Franz' Ehefrau Annelise „erklärt hatte, wir würden niemals Nationalsozialisten."[67]

Es ist anzunehmen, dass derlei Ränke, die sich sogar in einer - vergeblichen - Duellforderung des Günther Franz gegen Stengel von Rutkowski niederschlugen, Franz dazu bewegten, seine Linientreue in aller Öffentlichkeit zu betonen. So stellte 1940 der stellvertretende Gaudozentenführer Walter Hahland (1901-1966) fest, dass sich Franz „mit einer übertriebenen, verdächtigen Vehemenz" zum Nationalsozialismus bekannt habe: „Hier in Jena trat er in den ersten Zeiten in der Fakultät außerordentlich forsch auf und betonte bei jeder passenden und unpassenden Gelegenheit seine Zugehörigkeit zur SS. In den beiden letzten Jahren hat er sich jedoch bedeutend gemildert und sich kameradschaftlich in die Fakultät eingeordnet."[68] Ausdruck dieser anfänglichen Verunsicherung mag es gewesen sein, dass sich Franz bei einem Grußwort, das er als Vertreter des Reichsdozentenführers 1937 auf dem Erfurter Historikertag hielt, in seiner SS-Uniform präsentierte. Der Auftritt, so Franz, „hatte zwei Auswirkungen. War es unsicher, ob die Versetzung nach Jena nicht eine Strafversetzung war und ich im politischen Abseits stände, so kamen jetzt plötzlich allerlei Kollegen auf mich zu und erbaten meine Förderung. [...] Die Tagung brachte mir die Bekanntschaft mit Hermann Löffler, der Sturmführer im Rasse- und Siedlungshauptamt war, und damit meine Versetzung in dies [!] Amt."[69]

Als Wissenschaftsorganisator erfolgreich, als antisemitischer Publizist rührig

Mit seiner Berufung nach Jena übernahm Franz den Vorstand des Historischen Seminars an der Friedrich-Schiller-Universität. In dieser Rolle erwies er sich schon bald als „ein ausgezeichneter Wissenschaftsorganisator."[70] Von seinem Kollegen Erich Maschke (1900-1982) unterstützt, blieb er bis 1941 die dominante Persönlichkeit am Seminar. Zu Franz' bleibenden Leistungen gehört die - vor allem von ihm betriebene - Einrichtung einer „Anstalt [ab 1940: Institut] für geschichtliche Landeskunde" an der Universität Jena. Die Anstalt arbeitete zusammen mit der von Sauckel ins Leben gerufenen staatlichen „Thüringischen

---

[65] SS-Oberabschnitt Süd-West an NS-Dozentenbund Jena v. 28.02.1938, UA Jena: wie Anm. 54.
[66] NSDAP-Reichsleitung/Reichsdozentenführer an NS-Dozentenbund Thüringen (v. Leers) v. 25.8.1941, UA Jena: wie Anm. 54.
[67] Franz: wie Anm. 8, S. 64.
[68] Undat. Gutachten Hahland über Franz (Oktober 1940), UA Jena: wie Anm. 54.
[69] Franz: wie Anm. 8, S. 123. Zu Löffler vgl. Strittmatter, Wolf-Ulrich: Historiker im Dienste der SS, in: Proske, Wolfgang (Hg.): Täter Helfer Trittbrettfahrer, Bd. 8: NS-Belastete aus dem Norden des heutigen Baden-Württemberg, Gerstetten 2018, S. 260-278.
[70] Gottwald: in Hoßfeld: wie Anm. 9, S. 921.

Historischen Kommission", deren stellvertretenden Vorsitz Franz 1937 übernahm. Beide Institutionen entfalteten eine große publizistische Wirksamkeit, die erst nach dem Weggang von Franz und Maschke aus Jena deutlich nachließ. Franz' Leistungen wurden – wenngleich widerwillig – bald auch von seinen Kritikern anerkannt. So gab der stellvertretende Gaudozentenführer Walter Hahland 1940 folgendes Urteil über Franz ab: „Ein sehr ausgeprägtes Geltungsbedürfnis, verbunden mit einer robusten, unbändigen Arbeitskraft, die, so lange sie richtig gelenkt wird, Nutzen bringen wird. Ferner eine seltene Lust und Fähigkeit zum Organisieren. Bei einem neutralen Beobachter wird Franz zunächst wenig Sympathie erwecken, doch kann man ihm, wenn man ihn länger kennt, eine gewisse Anerkennung seiner tatsächlich beachtlichen Leistungen auf wissenschaftlichem Gebiet nicht versagen."[71] Franz' Freund Maschke würdigte 1940 dessen „kollegiale Loyalität", „die man bei seinem recht robusten und äußerlich etwas ungehobelt wirkenden Wesen nicht ohne weiteres" erwarte. Franz pflege „ein wirklich kameradschaftliches Verhältnis" zu seinen Studenten, seine „Fürsorge und Hilfsbereitschaft, u.a. auch bei wirtschaftlichen Schwierigkeiten oder beim Übergang vom Studium gehen über das übliche Maß hinaus."[72]

Franz nutzte seine Publikations-, Lehr- und Schulungstätigkeit zu einer wissenschaftlich verbrämten Legitimation der nationalsozialistischen Judendiskriminierung und -verfolgung. So referierte er im Juni 1937 vor Versammlungen des NS-Lehrerbundes und des SS-Sturms 7/47 über das Thema „Juden, wie sie waren und wie sie sind." In seinem Vortrag bezeichnete er das Judentum, die Freimaurerei, den Bolschewismus und die politische Kirche als Erbfeinde und rechtfertigte das Kennzeichnen der Juden und deren Ausschluss aus der Gesellschaft. Bereits Luther habe, so Franz, auch „die getauften Juden wegen ihrer Rassenfremdheit [ge]haßt," und „radikale Maßnahmen gegen sie"[73] gefordert. 1937 publizierte er in der von seinem Schwager Eckhardt herausgegebenen Zeitschrift „Deutsche Rechtswissenschaft" einen Aufsatz unter dem Titel „Der Jude im katholischen Kirchenrecht." Der bereits 1935 von Franz verfasste, sozusagen als „Visitenkarte" für seinen Übertritt zur SS abgelieferte Beitrag diente offenkundig einer Rechtfertigung der Nürnberger Rassengesetze. In ihm listete Franz die kirchlichen Diskriminierungen der Juden seit dem Mittelalter auf und zog am Ende den Schluss, dass die „katholische Kirche seit Jahrhunderten Gesetze gegen die Juden erlassen hat, die in den Grundbestimmungen völlig mit den Rassegesetzen des Dritten Reiches übereinstimmen, sie nur in dem folgerichtigen Ausbau verschiedentlich noch übertreffen." Es zeige sich „immer wieder, daß mit diesen Gesetzen nicht nur der Glaubensfremde, sondern auch der Andersrassige getroffen werden sollte. Es handelt sich um eine ausgesprochene Rassengesetzgebung."[74] Franz musste sich später vor der Spruchkammer

---

[71] Wie Anm. 68.
[72] Maschke an Gaudozentenführer Heiner Jörg v. 12.10.1940, UA Jena: wie Anm. 54.
[73] Zitiert nach Behringer: wie Anm. 3, S. 566.
[74] Franz, Günther: Der Jude im katholischen Kirchenrecht, in: Deutsche Rechtswissenschaft 2 (1937), S.166.

Marburg für diesen rassistischen Text verteidigen. Auf die Frage, was er bei den Judenpogromen von 1938 gedacht hätte, führte er in der mündlichen Verhandlung vom 2. Juli 1949 aus: „Hätte ich davon gewusst, hätte ich den Aufsatz nicht geschrieben. Damals war davon jedoch keine Rede."[75] Hätte die Spruchkammer damals Zugriff auf die Jenaer Akten und Zeitungen gehabt, dann wäre herausgekommen, dass Franz auf die „Reichskristallnacht" nicht mit einer Abkehr seines judenfeindlichen Kurses reagiert hatte, sondern mit dessen Intensivierung: So stellte der Historiker Uwe Hoßfeld in seiner 2003 veröffentlichten Untersuchung über die Geschichte der Universität Jena (Salana) fest: „Gipfelpunkte des völkisch-rassistischen Antisemitismus an der Salana waren die von dem Historiker Günther Franz zur ideologischen Rechtfertigung des Novemberpogroms 1938 organisierte und von ihm mit dem Vortrag ‚Die Judenfrage in der deutschen Geistesgeschichte' eröffnete Ringvorlesung ‚Deutschtum und Judentum' 1938."[76]

Ideologiekonforme Umdeutung der deutschen Geschichte

In seiner Jenaer Zeit profilierte sich Franz in zunehmendem Maße als „kämpfender Wissenschaftler", der sein Fach als Legitimationsinstrument für den NS-Staat und dessen rassistische Ideologie nutzte. Um die deutsche Geschichte von christlichen Elementen zu „reinigen", verlängerte Franz in seinen neuen Schriften zum Bauernkrieg von 1525 die Traditionslinien der bäuerlichen Revolution vom Mittelalter bis in die vorchristliche, germanische Zeit zurück. Damit konstruierte er, so 2004 der Historiker Laurenz Müller, „einen Bogen vom Germanen Widukind über den Bauernkrieg in die nationalsozialistische Gegenwart; als zentrale Verbindung dient die diffuse Vorstellung eines völkisch germanischen Reiches. […] Damit erschien der Bauernkrieg als ‚politische Revolution' für ‚Reich und Recht' einer rassisch definierten Volksgruppe. Beide Begriffe waren nun rein germanische Zielgrößen und machten aus dem Bauernkrieg eine Revolution, die sich von der nationalsozialistischen fast nur noch dadurch unterschied, dass sie infolge ihres Führermangels gescheitert war. Zugespitzt formuliert: Der Bauernkrieg wird zum ersten Versuch, Hitlers Fernziel eines „Germanischen Reiches deutscher Nation" zu verwirklichen."[77]

1940 publizierte Franz die Quellensammlung „Deutsches Bauerntum" in einer Reihe, die vom Deutschrechtlichen Institut (Leiter: Franz' Schwager Eckhardt) in Verbindung mit dem SS-Ahnenerbe herausgegeben wurde. Heinrich Himmler (1900-1945) schrieb das Geleitwort zu dem Werk, in dem Franz den volksdeutschen Gebieten jenseits der damaligen Reichsgrenze besondere Beachtung schenkte. In dieser Publikation lieferte Franz „einen Beitrag zur volksgeschichtlichen Diskussion um den ‚Lebensraum' im Osten. Nach dem ‚Anschluss' Österreichs, der Zerschlagung der Tschechoslowakei und dem am 1. September 1939

---

[75] Protokoll der Sitzung v. 02.07.1949, HHStA Wiesbaden 520/284.
[76] Hoßfeld/John/Stutz: wie Anm. 57, S. 70. Salana = Universität Jena.
[77] Müller: wie Anm. 6, S. 111, 113.

lancierten Angriff auf Polen war der Gegenwartsbezug einer solchen Formulierung eindeutig."[78] Franz selbst bestritt 1982 einen derartigen Zusammenhang. Vielmehr habe ihn der im März 1939 erfolgte Überfall auf Tschechien, „dieser Übergang zum Imperialismus, der keine natürlichen Grenzen mehr kannte, im Tiefsten erschüttert. Wir bejahten den Volkstumsgedanken, den Gedanken, alle deutschsprachigen Menschen in einem großdeutschen Reich zusammenzufassen, dachten aber dabei an ein Europa der Völker, die gerade in ihrer völkischen Geschlossenheit friedlich miteinander und nebeneinander leben sollten. Wir bejahten den Anschluß Österreichs und des Sudetenlandes, auch des Memellandes und des Korridors, dachten auch an das Elsaß. Mit dem Protektorat war aber die Verankerung des Nationalsozialismus im Volkstum für uns zerstört, ohne daß wir damals von den weitausgreifenden Herrschaftsplänen Hitlers, die erst in der Nachkriegszeit enthüllt wurden, etwas wissen konnten."[79] Wie Franz' Anschlussphantasien gewaltlos hätten realisiert werden können, legt er nicht dar.

Ebenfalls nach Ausbruch des Zweiten Weltkriegs erschien Franz' drittes Buch mit dem Titel „Der Dreißigjährige Krieg und das deutsche Volk". Seine Bedeutung ist umstritten: Während Franz 1982 darauf beharrte, dass es „kein Buch nationalsozialistischer Geschichtsschreibung"[80] sei, wertete es sein Kollege Gerhard Ritter als Beleg dafür, dass der Nationalsozialismus hier und da den Anstoß zu neuen Forschungseinrichtungen und Fragestellungen gegeben habe.[81] Der Historiker Günther Behringer kam dagegen 1999 zu dem Schluss, dass „dieses Buch keine normale wissenschaftliche Publikation" sei und dass man es missverstehen würde, wenn man nur die fachhistorische Seite betrachte. Franz habe den „Dreißigjährigen Krieg" in großer Eile und ohne Quellenstudium produziert – und zwar „als kriegswichtiges Buch zu jenem anderen großen Krieg, der gerade begonnen hatte." Franz habe mit seinem Buch „Propaganda für Hitlers Krieg" betreiben wollen, „den er als Rassenkrieg begriff."[82] Franz selbst bestritt das 1949 vor der Spruchkammer Marburg und erblickte in seinem 1940 erschienenen Werk über den Dreißigjährigen Krieg „im Grunde eine Widerlegung der nationalsozialistischen Rasselehre, [...] nämlich, indem ich nachweise, wie durch die Neu- und Umsiedlung nach dem grossen Kriege die deutschen Stämme so durchmischt wurden, dass von reinen Stämmen oder gar Rassen nicht mehr gesprochen werden kann."[83]

---

[78] Müller: wie Anm. 6, S. 110.
[79] Franz: wie Anm. 8, S. 120. Mit „Korridor" ist der 1919 geschaffene Ostseezugang Polens westlich von Danzig gemeint. Das „Protektorat" ist das nach dem Überfall auf Tschechien eingerichtete Reichsprotektorat Böhmen und Mähren.
[80] Franz: wie Anm. 8, S. 120.
[81] Cornelißen, Christoph: Gerhard Ritter. Geschichtswissenschaft und Politik im 20. Jahrhundert, Düsseldorf 2001, S. 327.
[82] Behringer: wie Anm. 3, S. 547 f.
[83] Wie Anm. 75.

Vom „Ahnenerbe" zum Sicherheitsdienst der SS im RSHA

Franz' ideologiekonforme Geschichtsdeutung war nicht die Folge eines Anpassungsdrucks von oben. 2001 urteilte der Historiker Joachim Lerchenmueller, dass Franz „weniger der Gruppe der Nicht-Verfolgten, als vielmehr jener der Verfolger zuzurechnen ist. Diese Kategorisierung stützt sich nicht auf die formale Zugehörigkeit zur NSDAP und ihren Gliederungen, [...] sondern auf seine aktive wissenschaftliche und wissenschaftspolitische Tätigkeit innerhalb des Machtapparats der SS."[84] Den Anstoß dazu gab der SS-Historiker Hermann Löffler[85] (1908-1978), der Franz 1937 auf dem Erfurter Historikertag kennengelernt und für dessen Mitarbeit im Rasse- und Siedlungshauptamt (RuSHA) gesorgt hatte. Löffler wurde dann 1938 vom RuSHA zur SS-Forschungsgemeinschaft „Das Ahnenerbe" (AE) versetzt. Beide Institutionen hatten vergleichbare Aufgaben: „Während das RuSHA den Schutzstaffeln das ‚Rüstzeug für artgemäße Lebensführung' zu verschaffen hatte, erforschte das ‚Ahnenerbe' offiziell ‚Raum, Geist und Tat des nordischen Indogermanentums.' Faktisch bedeutete das, dass die Wissenschaftler, hier wie dort, die vorgegebene These von der rassischen Überlegenheit der germanischen Völker zu belegen hatten."[86] Im Herbst 1938 erhielt Löffler von Franz Alfred Six (1909-1975), dem (faktischen) Leiter der Abteilung Inland im Sicherheitsdienst der SS, den Auftrag, ein Memorandum über „Entwicklung und Aufgaben der Geschichtswissenschaft in Deutschland" zu erstellen. Bei dessen Abfassung arbeitete Löffler mit einer Gruppe von Historikern zusammen, auf deren Material er zurückgriff. Franz spielte hier eine wichtige Rolle: Er war „der akademische Mentor dieser Gruppe [...] und fungierte auch als Gutachter und Supervisor für Forschungsprojekte."[87]

Anfang 1939 legte Löffler seine Denkschrift vor, die über Franz Alfred Six zu Reinhard Heydrich gelangte. Das Papier kritisierte, dass die Durchsetzung eines nationalsozialistischen Geschichtsbildes bislang noch nicht gelungen sei und machte dafür die personelle Besetzung von Lehrstühlen und Wissenschaftsorganisationen verantwortlich: „Das traurigste Kapitel der Zeit nach 1933 aber besteht darin, dass diese Professoren sich ‚ihre' Leute als Assistenten und Mitarbeiter heraussuchen. Und das ist zum großen Teil die *Gegenauslese* unter unserem wissenschaftlichen Nachwuchs, *biologisch und weltanschaulich.* Hier müsste die SS viel stärker als bisher eingreifen, damit endlich der für den nationalsozialistischen Staat wichtige Nachwuchs zu den Hochschulen käme."[88] Aus der Denkschrift ergab sich zwangsläufig das Programm der SD-Historiker für die

---

[84] Lerchenmueller, Joachim: Die Geschichtswissenschaft in den Planungen des Sicherheitsdienstes der SS, Der SD-Historiker Hermann Löffler und seine Denkschrift [...], Bonn 2001, S. 12 f.
[85] Vgl. Strittmatter, Wolf-Ulrich: Prof. Dr. Hermann Löffler: Historiker im Dienste der SS, in: Proske, Wolfgang (Hg.), wie Anm. 37, S. 260-278.
[86] Lerchenmueller: wie Anm. 84, S. 67.
[87] Erklärung Franz v. 17.11.1947 im Prozess gegen Six. Zitiert nach Lerchenmueller: wie Anm. 84, S. 33. Zu Six vgl. Steinbach, Stefanie: Prof. Dr. Franz Alfred Six: Weltanschauliche Zweckforschung und exekutive Gegnerverfolgung, in: Proske, Wolfgang (Hg.): Täter Helfer Trittbrettfahrer, Bd. 7: NS-Belastete aus Nordbaden + Nordschwarzwald, Gerstetten 2017, S. 272-282.
[88] Denkschrift Löfflers, zitiert nach: Lerchenmueller: wie Anm. 84, S. 212. Kursiv im Orig.

folgenden Jahre: Es beinhaltete den Entwurf eines Gesamtbildes der germanisch-deutschen Vergangenheit, das zum geistigen Besitz aller Volksgenossen werden müsse und eine entsprechende Ausbildung des akademischen Nachwuchses.

In diesem Kontext richtete Löffler innerhalb des Ahnenerbes eine „Forschungsstätte für mittlere und neuere Geschichte" ein, in der Franz das Referat I (Bauerngeschichte) bekam. Allerdings wurde Franz' Mitarbeit vom Reichsgeschäftsführer des Ahnenerbes, Wolfram Sievers (1905-1948) hintertrieben. Die Gründe dafür sind unbekannt.[89] Im Juni 1940 wechselte Franz dann als nebenamtlicher Mitarbeiter in das Reichssicherheitshauptamt. Anfangs beschäftigte er sich mit der auf Heydrichs Anweisung hin eingerichteten Hexenkartothek; während des Krieges verschob sich sein Arbeitsfeld vom historischen „Erbe" zu den Gegnern des Nationalsozialismus: Franz Six holte Günther Franz in die von ihm geleitete Abteilung „Gegnererforschung". Deren Aufgabe war „eine zweckbestimmte Überwachung der Erkenntnisse des Gegners und seines politischen Verhaltens', die man ‚zur Veranlassung der Exekutive, zur denkschriftartigen Unterrichtung von Staat und Partei [und] zur buchmässigen Veröffentlichung in wissenschaftlichen Reihen verwenden könne."[90] In Six' SD-Abteilung bereitete Franz die von Six geleiteten Tagungen (unter anderem) in der Wannseevilla vor, koordinierte die Forschungen der SD-Historiker und wachte darüber, dass diese auf „wissenschaftlich einwandfreier" Grundlage stattfanden. Zielgruppen der Abteilung „Gegnererforschung" waren Juden, Freimaurer, Kirchen, Liberale und Kommunisten.[91] Mit Beginn des Holocaust verlagerte sich der Schwerpunkt „auf den Komplex Judentum, dem alle anderen Themen untergeordnet wurden."[92] Hexen- und Freimaurerforscher, wie etwa der Leiter des Hexenprojekts, Rudolf Levin (1909-1945?), wurden von Franz auf Themen zur „Lösung der Judenfrage"[93] verpflichtet. „Unverkennbar achtete Franz allerdings darauf, daß er mit direkten Mordaktionen nicht in Kontakt kam. Er legte Wert darauf, daß die historischen Themen zur Lösung der Judenfrage nur bis zum 19. Jahrhundert reichten."[94] In seinen Erinnerungen blendete Franz das Thema Juden aus seiner SS-Tätigkeit völlig aus und bestand darauf, er habe nur dazu beitragen wollen, im „kleinen Ableger, dem Amt VII [...] die Freimaurerfrage wissenschaftlich abzuklären und Fehlentwicklungen abzublocken. Mit den übrigen Aufgaben des Reichssicherheitshauptamts hatte ich nichts zu tun und [...] verschloß auch vor Ihnen die Augen."[95]

---

[89] Lerchenmueller: wie Anm. 84, S. 34, 74-80.
[90] Behringer: wie Anm. 46, S. 120.
[91] Müller: wie Anm. 6, S. 117.
[92] Behringer: wie Anm. 3, S. 576.
[93] So Behringer: wie Anm. 46, S. 122.
[94] Behringer: wie Anm. 3, S. 587.
[95] Franz: wie Anm. 8, S. 148.

Professor mit SS-Auftrag an der Reichsuniversität Straßburg

In seiner Doppelrolle als SD-Mann und Professor, der Doktoranden und Habilitanden betreute, fielen Franz wichtige strategische Aufgaben an der Universität zu. Unter Verweis auf Hermann Löffler, der 1940 mit Franz zum SD ging, führt Lerchenmueller aus: „Die enge Verbindung von Gegnerforschung und wissenschaftlichen Abschlussarbeiten […] war weder zufällig noch selten. Der Förderung und Ausbildung des wissenschaftlichen Nachwuchses im SD lag ein System zugrunde, das ich, in Anlehnung an das in der Bundesrepublik so erfolgreich praktizierte System der Berufsausbildung, das Theorie und Praxis verbindet, als ‚duales System' bezeichnen möchte. Auf den SD angewandt heißt das, dass praktische Gegnerforschung und wissenschaftliche Ausbildung unter der Ägide des Sicherheitsdienstes verschmolzen. Die SD-Nachwuchswissenschaftler stützten sich auf Material, das der SD im Zuge seiner nachrichtendienstlichen Arbeit, bei der Verfolgung politischer Gegner und bei Kulturraub-Aktionen angesammelt hatte, werteten es für die weltanschauliche Forschung aus – und promovierten bzw. habilitierten mit den Ergebnissen an deutschen Universitäten. Letzteres war die Voraussetzung dafür, im Laufe der Zeit die historischen Abteilungen mit SS-Personal zu infiltrieren und damit die weltanschauliche Ausrichtung der Geschichtswissenschaft weiter voranzutreiben. […] Vor dem Hintergrund der aus SD-Sicht im großen und ganzen ‚erfolglosen' Gleichschaltung der Universitäten in den Jahren 1933-36 stellte das duale System den zweiten Versuch dar, die Geschichtswissenschaft personell und inhaltlich-methodisch zu erneuern."[96]

Eine besondere Rolle hierfür war der Reichsuniversität Straßburg zugedacht, die in den Plänen der SS „zu einer im Raum verankerten Kampfuniversität"[97] gemacht werden sollte, an die nur profilierte und regimetreue Historiker berufen werden durften. Robert Wagner (1895-1946), der badische Gauleiter und Chef der Zivilverwaltung im Elsass, laut Franz ein persönlich integrer Mann, dem die Elsässer nach seiner Hinrichtung „auf seinem Grabe ständig Blumen niederlegten,"[98] hatte im Juli 1940 den Historiker und alten Kämpfer Ernst Anrich (1906-2001) mit der Gründungsvorbereitung betraut. Anrich sorgte 1941 dafür, dass Franz im künftigen Zentrum der deutschen Westforschung, das „die Entthronung der Sorbonne"[99] besorgen sollte, einen maßgefertigten Lehrstuhl „für Geschichte der Reformation und des Dreißigjährigen Krieges und insbesondere zur Erforschung des deutschen Volkskörpers" bekam. Hier betreute Franz eine Reihe von Dissertationen und Habilitationen von SD-Leuten und setzte so die Strategie der SS um, die universitäre Geschichtswissenschaft zu infiltrieren und

---

[96] Lerchenmueller: wie Anm. 84, S. 99.
[97] Lerchenmueller: wie Anm. 84, S. 112.
[98] Franz: wie Anm. 8, S. 152, 141.
[99] Lerchenmueller: wie Anm. 84, S. 112.

zu übernehmen.[100] Dabei legte er Wert darauf, dass die Bewerber vor der Fakultät nicht als SS-Leute auftreten sollten, „um der Tarnung der Arbeit willen."[101] 1982 behauptete Franz, es habe im „Dritten Reich" weder „eine Lenkung der Geschichtswissenschaft auf bestimmte Themen hin [noch] eine nationalsozialistische Kaderbildung" gegeben.[102] Dass er sich damals nach Kräften bemüht hatte, genau dies zu ändern, verschwieg er geflissentlich.

Franz' Lehrerfolg an der Universität Straßburg hielt sich in Grenzen, denn kriegsbedingt gab es nur wenige Studenten. Auch zu wissenschaftlicher Arbeit ist der Historiker nach eigenem Bekunden nicht gekommen. Zur Unterstützung der kämpfenden Truppe machte er mehrere Frontreisen und belehrte Luftwaffenoffiziere über den Sinn des Kriegs und die notwendige Neuordnung Europas durch den Nationalsozialismus. Im Übrigen pflegte Franz gesellschaftlichen Umgang mit seinen Kollegen, bekam aber von deren Verbrechen nichts mit. 1982 schrieb er: „Es ist heute, wo wir über all das, was damals im Verborgenen geschah, so genau Bescheid wissen, schwer nachzuvollziehen, wie wenig der Einzelne, auch wenn er der SS angehörte, von all dem wußte. Daß [...] die grauenhaften Schädelsammlungen von Prof. [August] Hirt [1898-1945] auch beim Ahnenerbe ressortierten, war mir unbekannt. [...] Prof. [Otto] Bickenbach [1901-1971] hat mir einmal seine Versuche zur Abwehr von Gelbgas in einem Straßburger Fort gezeigt. Davon, daß er die Versuche auch in dem KZ Struthof (Natzweiler) machte, wußte ich ebenso wenig. [...] Ja, ich kann versichern, daß ich von der Existenz des KZ Struthof erst nach dem Kriege etwas erfahren habe."[103] 1982 bescheinigte sich der Ende 1943 zum SS-Hauptsturmführer beförderte Franz eine Art umfassender Ahnungslosigkeit: „Man hatte während des Krieges gerade in Straßburg gleichsam auf einer Insel gelebt. Ich hörte keine Fremdsender. Wer sie hörte, sprach nicht mit mir darüber, weil ich in der SS war. Und die SS-Leute, die wußten, was im Osten vorging, sprachen nicht mit mir darüber, weil sie mich nicht kopfscheu machen wollten. Es war eine doppelte Isolation."[104]

Untergetaucht

Im November 1944 wurde Franz zum Volkssturm eingezogen, mit dem er sich bald nach Osten über den Rhein absetzte. Da die Reichsuniversität Straßburg nach Tübingen verlegt wurde, wirkten die drei SD-Historiker Franz, Anrich und Löffler im „Arbeitskreis des Reichssicherheitshauptamts in Tübingen" mit. Eine Rekrutierung durch die Waffen-SS konnte Franz Ende 1944 abwenden. Anfang 1945 wurden er und seine beiden SS-Kollegen zur SD-Dienststelle Markkleeberg bei Leipzig versetzt, um weniger gefahrvolle Sonderaufträge für den „totalen Kriegseinsatz der deutschen Geisteswissenschaften zur Unterstützung

---

[100] Siehe dazu im Detail: Lerchenmueller: wie Anm. 84, S. 102 und passim.
[101] So zitiert Behringer einen Briefwechsel zwischen Franz und Levin. Behringer: wie Anm. 3, S. 578.
[102] Franz: wie Anm. 8, S. 124. Eine Ausnahme, so Franz, bilde nur das von Walter Frank geleitete Reichsinstitut für die Geschichte des neuen Deutschlands.
[103] Franz: wie Anm. 8, S. 148.
[104] Franz: wie Anm. 8, S. 159.

der deutschen Kriegsführung" auszuführen. Eine von Franz geleitete Gruppe, zu der Ernst Anrich und Dieter Narr (1904-1991), ein Ethnologe und hauptamtlicher SS-Sturmbannführer, gehörten, hatte eingehende Berichte zusammenzufassen und weiterzuleiten. Zudem „plante [man] jetzt noch den Druck von Erbauungsschriften für die Truppe, von Vorträgen und klassischen Stücken."[105] Ende März 1945 machte Franz seine letzte Dienstreise für die SS: In Salzburg fand unter der Leitung von Gauleiter Gustav Adolf Scheel eine Konferenz mit 10 bis 20 Professoren aus dem „befreundeten" Ausland statt. Man verabschiedete ein Thesenpapier über „die Grundsätze der europäischen Lebensgemeinschaft", das die Lebensrechte aller europäischen Völker betonte und festhielt, dass die Kriegslasten keinem Volk einseitig aufgebürdet werden dürften. Dass das - von Angst vor möglicher Siegerjustiz diktierte - Papier dem eigenen Handeln der vergangenen zwölf Jahre Hohn sprach, war Franz bewusst. Eine Mitschuld suchte er bei sich nicht. 1982 stellte er voller Pathos fest: Man „suchte sich Rechenschaft zu geben über das, was geschehen war, und seine eigene Verantwortung. Daß die Ideen, aus denen man heraus Nationalsozialist geworden war, außen- und innenpolitisch preisgegeben, verraten und geschändet worden waren, hatte man schmerzlich eingesehen. Die Idee eines nationalen Sozialismus, der Aufrichtung eines Reiches in Europa, das auf der Autonomie seiner Völker begründet war, hielt ich nach wie vor für richtig, für einen Wert, den es galt, auch in der Stunde des Untergangs für eine vielleicht doch mögliche Zukunft zu bewahren."[106]

Wegen der vorrückenden US-Armee setzte sich Franz' Gruppe zu Ostern 1945 aus Markkleeberg ab, verbrannte aber zuvor noch die Akten ihrer Dienststelle. Er selbst, so Franz, „hatte die Geheimakten, darunter Akten über Albrecht Haushofer [1903-1945], über Goebbels und seine Filmdivas [!] usw. auszusondern, ohne sie mir vorher durchzulesen. Dafür fehlte die Zeit."[107] Die wilde Flucht ging zum bayerischen Gut Laufzorn, wo SS-Standartenführer Wilhelm Spengler (1907-1961) ein Lager für rund 100 SS-Offiziere eingerichtet hatte, und führte dann weiter in ein Gebirgslager der SS bei Hall (Tirol), das unter der Leitung des Standartenführers und Massenmörders Martin Sandberger (1911-2010) stand. Auf Sandbergers Befehl, so Franz, entledigte er sich seiner SS-Uniform, später auch seiner Pistole, und begab sich mit Anrich und seinem Schwager Eckhardt zur Universität Innsbruck, wo der braune Historiker-Kollege Harold Steinacker für ihre Unterbringung sorgte. Hier verlebten die Untergetauchten „gespenstisch-idyllische Wochen", bis Frankreich die USA als Besatzungsmacht ablöste. Dies veranlasste Eckhardt und Franz, sich Mitte Juli 1945 nach Westdeutschland abzusetzen.

Um seiner drohenden Verhaftung und Internierung zu entgehen, führte Franz von 1945 bis 1949 ein „dauerndes Leben in Unsicherheit, Gefahr, ja auf der

---

[105] Franz: wie Anm. 8, S. 154.
[106] Franz: wie Anm. 8, S. 156.
[107] Franz: wie Anm. 8, S. 155.

Flucht."[108] Da seine Frau und Kinder 1944 bei Franz' Schwiegermutter im thüringischen Grenzort Wahlhausen untergekommen waren, bezog er ein illegales Quartier bei einem Verwandten in Bad Sooden-Allendorf und überquerte des Nachts zu Fuß die grüne Grenze, um sich regelmäßig mit seiner Familie zu treffen. Die Begegnungen liefen unter derart konspirativen Umständen ab, dass der jüngste Sohn erst nach der Flucht aus der Sowjetzone erfuhr, dass Franz nicht sein Onkel, sondern sein Vater war. Dem untergetauchten SS-Mann standen Helfer zur Seite: „Man stieß ja überall auf eine erstaunliche Hilfsbereitschaft."[109] So erwähnt Franz Fritz von Hippel und den Grafen Max zu Solms (1893-1968).[110] Mit Unterstützung eines Verwandten meldete sich Franz polizeilich im westfälischen Eisbergen an. In der britischen Besatzungszone wurden, anders als in der amerikanischen, keine politischen Angaben bei der Anmeldung abgefragt. Das zum Überleben notwendige Einkommen erzielte Franz als Handelsvertreter für den Betrieb eines Verwandten und – ab 1947 - als schlecht bezahlter wissenschaftlicher Hilfsarbeiter in zwei wissenschaftlichen Institutionen;[111] im Übrigen lebte Franz' Familie von ihrem Bankguthaben, das nicht der - für NS-Belastete eigentlich geltenden - Sperre unterworfen worden war. Die Währungsreform von 1948 vernichtete die angesparten Rücklagen und führte zum Umzug von Franz' Familie in den Westen. Um wieder publizieren und auskömmliche Honorareinkünfte erzielen zu können, kam der ehemalige SD-Historiker nicht mehr um seine Entnazifizierung herum.

Entnazifizierung: Vom Minderbelasteten zum Entlasteten

Im Dezember 1948 leiteten Franz' Anwälte dessen Entnazifizierungsverfahren bei der Spruchkammer Marburg ein und beantragten Franz' Einstufung als Entlasteten. Zur Begründung führten sie an, ihr Mandant habe die NSDAP „nicht wesentlich unterstützt" und sogar „aktiven Widerstand gegen die NS-Gewaltherrschaft" geleistet, was ihm mit Schikanen seitens der Partei in Heidelberg und in Jena vergolten worden sei. Auch habe Franz keinerlei aktiven Dienst in der SS getan und sei „niemals für den SD tätig gewesen."[112] Mit dem Antrag gingen Dutzende Entlastungszeugnisse bei der Kammer ein, darunter, wie Franz 1982 freimütig einräumte, eine falsche Versicherung an Eides statt durch einen Priester. Einige „Persilscheine" stammten von SS-Offizieren wie Franz' Schwager Karl August Eckhardt, Hermann Löffler oder SS-Standartenführer Walther Wüst (1901-1993), dem Leiter der SS-Forschungsgemeinschaft „Das Ahnenerbe". Sie erweckten den Eindruck, dass Franz sozusagen vor der Partei in die rettenden Arme der SS geflüchtet sei. Als „gespenstisch"[113] bezeichnete Franz später die Fahrt zu seinem inhaftierten früheren Chef, dem in Nürnberg

---

[108] Franz: wie Anm. 8, S. 167.
[109] Franz: wie Anm. 8, S. 163.
[110] Franz: wie Anm. 8, S. 166, 176.
[111] Und zwar in der von Franz' früherem Lehrer Edmund Stengel geleiteten Historischen Kommission für Hessen und in Kurt Brünings (1897-1961) Akademie für Raumforschung und Landesplanung in Hannover.
[112] Schriftsatz Rechtsanwälte Burchard/Bang, undat. (Dezember 1948), HHStA Wiesbaden 520/284.
[113] Franz: wie Anm. 8, S. 197.

als Kriegsverbrecher angeklagten SS-Brigadeführer Franz Six, mit dessen Anwalt er ein Kompensationsgeschäft abwickelte. Darin bescheinigte man sich gegenseitig, ausschließlich im Dienste der Wissenschaft tätig gewesen zu sein. Von Juden als „Forschungsobjekt" war wohlweislich nicht mehr die Rede; Six rühmte nur Franz' Verdienste auf dem Gebiet der Freimaurerei. Zusätzlich präsentierten Franz' Rechtsanwälte ein „Wissenschaftliches Gutachten über die Schriften von Günther Franz". Darin kam der Historiker Kurt von Raumer (1900-1982), Pg. ab 1937, zu dem Schluss, Franz habe sich in seinen Publikationen „nicht durch politische oder weltanschauliche Wunschziele irgendwelcher Art" beeinflussen lassen. Die komplizierte Materie eigne sich ja „auch gar nicht" für eine so vereinfachende Geschichtsauffassung, wie es die nationalsozialistische war."[114] Viele Entlastungszeugnisse stammten aus Franz' mehr oder minder politisch belasteten akademischem Umfeld. Immerhin erwähnte der politisch unbelastete Historiker Gerhard Ritter Franz' Nähe zur Partei, hieb aber sonst in die gleiche Kerbe wie von Raumer. Im April 1949 reichte der öffentliche Ankläger seine Klageschrift bei der Spruchkammer Marburg ein und forderte Franz' Einstufung als Hauptschuldigen. Zur Begründung verwies er auf Franz' formale Belastung, also auf dessen NSDAP-, SS- und SA-Mitgliedschaft, und darauf, dass Franz „in einigen Veröffentlichungen die nat.-soz. Ideologie wesentlich gestützt"[115] habe. Franz geriet stark unter Druck, als Dr. Ilse Großklaus das Wiesbadener Befreiungsministerium über die antisemitischen Angriffe informierte, die Franz 1935 gegen Walter Goetz (1867-1958) geführt hatte. Der Marburger Ankläger bat Goetz daraufhin um Auskunft, was Franz eilends nach München reisen ließ, um sich bei Goetz zu entschuldigen: „Er wischte", so Franz' bagatellisierender Bericht von 1982, „in großzügiger Weise den alten Streit mit einer Handbewegung weg, woran sich ein langes, fruchtbares Gespräch anschloß."[116] Franz behauptete später, seinen Kollegen erst nach seiner Spruchkammerverhandlung aufgesucht zu haben, doch belegt Goetz' Eidesstattliche Versicherung, dass das vorher geschehen sein muss. Goetz teilte dem öffentlichen Ankläger jedenfalls im Juni 1949 mit, Franz' Angriff sei ideologisch-politischer Natur gewesen und am Ende erfolglos geblieben, weshalb er keinen Drang nach Vergeltung verspüre. Ohnedies komme es jetzt vor allem darauf an, „wann die Träger eines solchen unreifen Idealismus zur Einsicht ihrer Irrtümer gekommen sind. Ich kann in dieser Hinsicht betr. G. Franz keine Auskunft geben, da ich den Weg seiner Anschauungen nicht kenne."[117] Daraus mag man die Botschaft lesen, dass Goetz von Franz' Einsichtsfähigkeit keineswegs überzeugt war.

Die mündliche Verhandlung fand am 2. Juli 1949 unter dem Vorsitz des Theologen und Historikers Dr. Wilhelm Schilling (1910-?) statt. Mit dieser Personalie hatte es eine Bewandtnis: Da Fritz von Hippel mit Schilling bestens bekannt

---

[114] Gutachten von Raumer v. 24.11.1948, HHStA Wiesbaden 520/284.
[115] Klageschrift vom 12.04.1949, HHStA Wiesbaden 520/284.
[116] Franz: wie Anm. 8, S. 198.
[117] Eidesstattliche Versicherung Walter Goetz v. 18.06.1949, HHStA Wiesbaden 520/284. Im Orig. teilw. unterstr.

war, hatte er Franz dazu geraten, seine Entnazifizierung nicht an seiner Meldeadresse im westfälischen Eisbergen zu beantragen, sondern dies in Marburg zu tun. Leider aber weilte der hilfreiche Jurist von Hippel Mitte 1949 in Amerika. Franz hatte offenkundig Probleme, seine Statusänderung vom SS-Offizier zum Angeklagten zu akzeptieren: So mokierte er sich 1982, dass es ein Beisitzer „nicht für nötig hielt, sich mir vorzustellen oder mir die Hand zu geben" und dass der Vorsitzende, „obgleich er doch in Geschichte promoviert haben wollte, jedes fremdsprachige Zitat [...] falsch aussprach."[118] In der Verhandlung bekam Franz Gelegenheit, seine Parteikarriere und seine Publikationen zu erläutern. Dabei hielt er eisern an der Fiktion fest, nur wissenschaftlich tätig gewesen zu sein, die NS-Rasseideologie widerlegt und das Wesen des Nationalsozialismus viel zu spät erkannt zu haben. Seinen 1941 vollzogenen, nach Kriegsende aber wieder rückgängig gemachten Kirchenaustritt[119] erklärte Franz als Folge eines von der SS-Führung auf ihn ausgeübten Drucks. Die Kammer folgte Franz' Verteidigungsstrategie in wesentlichen Teilen nicht, sondern stufte ihn als Minderbelasteten ein und erlegte ihm ein fünfjähriges Publikationsverbot auf. Die Urteilsbegründung stellte fest, Franz erscheine „nicht durchgängig als Typ des verbohrten Nationalsozialisten und SS-Führers. Er ist dem Typus nach Wissenschaftler, Gelehrter." Seine Bücher lägen zwar „in ihrem Charakter abseits einer Tendenz-Historiographie", doch habe Franz durch seine Aufsätze[120] „mit den ihm eigenen Methoden die nationalsozialistische Gewaltherrschaft wesentlich gefördert. [...] Insbesondere hat er sich unmittelbar die Gewaltmethoden durch die öffentliche Anprangerung und Denunziation des Prof. Götz [!] zu eigen gemacht; dieses Verhalten lässt sich nicht irgendwie rechtfertigen; es erscheint – bei Berücksichtigung der damaligen Verhältnisse – brutal und gewissenlos."[121]

Der Spruch zerstörte Franz' Hoffnungen auf Rückkehr in den Wissenschaftsbetrieb. Noch 1982 gab er sich überzeugt, dass Schilling auf höhere Weisung gehandelt habe. Ohnehin hielt Franz seine Entnazifizierung für ein schreiendes Unrecht, denn es werde „dem Dritten Reich immer vorgeworfen, daß es Gesetze mit rückwirkender Kraft erlassen, und daß es gegen Künstler und Schriftsteller Schreib- und Malverbote verordnet habe. Beides gilt auch für diese Form der Entnazifizierung."[122] Franz ging sofort in Berufung und versuchte es nun mit einer Mitleidsstrategie. So fügte er seinem Antrag eine Erklärung Fritz von Hippels bei, die ihm bescheinigte, seit 1945 „das Leben eines ausgesprochenen

---

[118] Franz: wie Anm. 8, S. 197 f.
[119] Sitzungsprotokoll Spruchkammer Marburg v. 02.07.1949, HHStA Wiesbaden 520/284. In Franz' SS-Akte mit Datum 12.03.1941 „gottgläubig" vermerkt (BArch R 9361-III/524.756). Im eigenhändig ausgefüllten Fragebogen v. 10.10.1949 gab Franz an, er gehöre der „ev. Luth. Kirche" an (LA NRW Duisburg NW 1056/1774.
[120] Dies betraf Franz' Aufsätze über die Historische Reichskommission (siehe Anm. 45), über die Juden im katholischen Kirchenrecht (siehe Anm. 74) und über die Geschichte der Freimaurerei, veröffentlicht 1943 in der Zeitschrift „Die Welt als Geschichte."
[121] Begründung des Spruchs v. 02.07.1949, HHStA Wiesbaden 520/284.
[122] Franz: wie Anm. 8, S. 199.

Buessers" geführt zu haben: „Ohne Beruf, heimatlos, von der Familie […] getrennt, von Ort zu Ort wandernd um das taegliche Brot für sich und die Seinen bemueht, kaempfte er gegen den Untergang."[123] Da sich die Erfolgsaussichten offenbar nicht besserten und auch der öffentliche Ankläger in Berufung ging, hielt es Franz für geboten, das Verfahren in Marburg schleunigst zu beenden. Am 5. Oktober 1949 stellte er den Antrag, die Sache unter Aufhebung des erstinstanzlichen Spruchs zur erneuten Verhandlung nach Westfalen zu überweisen. Als Begründung führte er an, dass er ja dort gemeldet und die Kammer in Marburg daher unzuständig gewesen sei. Zwei Tage später überwies die Berufungskammer Marburg das Verfahren gegen Franz nach Nordrhein-Westfalen. Dort machte man sich wenig Mühe. Franz berichtete 1982: Bei der Spruchkammer „Detmold dauerte die ganze Verhandlung kaum eine Stunde. Vorsitzender war ein Pfarrer [Wilhelm Böke aus Lemgo], Ankläger ein Dorfbürgermeister. Da, so hieß es hier, ich ein anständiger Mensch sei, könne ich nicht aus Überzeugung Nationalsozialist gewesen sein. Ich wurde gefragt, ob ich mit der Einstufung als Mitläufer einverstanden sei, zumal am darauffolgenden Sonntag eine allgemeine Amnestie erlassen würde, nach der die Mitläufer als ‚entlastet' bezeichnet würden. […] Selbstverständlich war ich damit einverstanden und der Fall war erledigt. […] Auf einem anderen Blatt steht, daß die Einstufung der Marburger Instanz im Grunde richtig war. Ich war kein ‚Hauptschuldiger', […] aber ich war auch ebenso wie Karl August kein ‚Mitläufer'".[124] Tatsächlich wurde Franz im Dezember 1949 in die Kategorie IV (Mitläufer) und kurze Zeit darauf in die Kategorie V (entlastet) eingestuft.[125] Wie der Entnazifizierungsausschuss Detmold zu seinem Urteil kam, ist den Akten leider nicht zu entnehmen.

Überlebensstrategien durch Netzwerk-Arbeit

Ab 1949 konnte Franz wieder publizieren. Um sich und seine Familie zu ernähren, aber auch um über die Ausführung wissenschaftlicher Aufträge alte Kontakte aufrechtzuerhalten, neue zu knüpfen und im akademischen Raum präsent zu bleiben, betrieb Franz in seiner Allendorfer Wohnung eine Art „Wissenschaftsfabrik."[126] Dabei nutzte er seine Verbindungen zu anderen NS-belasteten Historikern. So arbeitete Franz mit dem früheren SD-Kollegen und späteren NPD-Spitzenfunktionär Ernst Anrich zusammen, der im Jahre 1949 die Wissenschaftliche Buchgemeinschaft (WBG) gegründet hatte. In ihr erschien, nachdem Franz' bisheriger Partner, der renommierte Münchner Oldenbourg-Verlag, kein Interesse gezeigt und die Rechte freigegeben hatte, eine Neuauflage der 1933 erstmals erschienen Monografie über den Bauernkrieg. Anrich gab die WBG in der Öffentlichkeit als nationales Projekt zur Rettung der deutschen Kultur und Wissenschaft aus, verfolgte aber gleichzeitig das Ziel, alternative Beschäftigungsmöglichkeiten für sich und andere belastete Wissenschaftler zu generieren.

---

[123] Eidesstattliche Erklärung Fritz von Hippel v. 07.09.1949, HHStA Wiesbaden 520/284.
[124] Franz: wie Anm. 8, S. 198 f.
[125] Einreihungsbescheid v. 14.12.1949, LA NRW Duisburg NW 1056/1774 und Entlastungszeugnis 1945/230 v. 18.12.1949, HHStA Wiesbaden 520/284.
[126] Franz: wie Anm. 8, S. 195.

Zudem bot der Verlag „die Möglichkeit zur Auswahl der Disziplinen, Themen, Richtungen und Autoren – und damit der indirekten wissenschaftspolitischen Steuerung."[127] Eine ähnliche Strategie verfolgte die 1950 von Franz mitbegründete Ranke-Gesellschaft, die eine wissenschaftliche Zeitschrift streng konservativen Charakters herausgeben wollte. Ihr Initiator war Gustav Adolf Rein (1885-1979), ein nationalsozialistischer Hochschulpolitiker und Historiker, Rektor der Universität Hamburg von 1933 bis 1938. In der Ranke-Gesellschaft tummelten sich viele stark belastete Historiker, deren Karrieren 1945 beendet schienen. Ab 1953 gab die Ranke-Gesellschaft ein Rezensionsorgan, das „Historisch-Politische Buch" (HPB) heraus. Verlegt wurde es vom 1947 gegründeten Musterschmidt-Verlag, der auch die - vor 1945 von der SS finanzierte - Publikation der „Germanenrechte" unter der Leitung von Franz' Schwager Eckhardt fortsetzte. Das HPB entwickelte sich bald zu einer von Bibliothekaren geschätzten Orientierungs- und Entscheidungshilfe bei Neuanschaffungen. Franz, der ab 1950 auch als Vorstandsmitglied der Ranke-Gesellschaft tätig war, nahm die HPB-Schriftleitung bis 1988 wahr. Er selbst, andere SD-Wissenschaftler und ehemalige Kollegen aus der Reichsuniversität Straßburg nutzten das Rezensionsorgan, um ihre politischen Ansichten in die Öffentlichkeit zu tragen.[128]

Zweck der frühen Ranke-Gesellschaft war es, die alten Netzwerke intakt zu halten und die Geschichte unter Berufung auf Leopold von Ranke als revisionistische Waffe zu instrumentalisieren.[129] Der Kampf gegen die „lügenhaft verzerrten Geschichtsbilder von Versailles und Nürnberg" stand für die Gesellschaft lange Zeit im Vordergrund ihrer Arbeit.[130] Die innere Haltung ihrer Mitglieder erklärte der spätere Vorsitzende der Ranke-Gesellschaft, Michael Salewski, so: Die deutschen Historiker seien aus dem Krieg mit der Überzeugung zurückgekehrt, dass sie sich an der realen Politik, der braunen nämlich, die Finger nicht schmutzig gemacht hätten: „Deswegen gab es auch nichts zu bereuen. [...] Ja, ich war Nationalsozialist, aber meine Meinung habe ich weder vor 1933 noch nach 1945 ändern müssen: Das war die Quintessenz, auf die es Rein und, mit Einschränkung, auch Günther Franz brachten. [...] Von hier aus wird es verständlich, dass sich die Gründer, Mitglieder und Mitarbeiter der Ranke-Gesellschaft nicht als Verein der Ausgestoßenen, sondern ganz umgekehrt als Speerspitze der modernen Geschichtswissenschaft gesehen haben, die nach 1945 da weitermachen konnte und sollte, wo die Alliierten 1945 [sie] so unsanft unterbrochen hatten."[131]

Kw-Professur in Hohenheim

Mit Schließung der Reichsuniversität Straßburg hatte Franz seine Beamtenstellung als Professor verloren. Dieses Schicksal teilten viele Kollegen, die nach 1945 wegen ihrer politischen Belastung entlassen oder aus den abgetrennten Reichsgebieten vertrieben worden waren. Für sie wurde 1951 das Bundesgesetz „zur Regelung der Rechtsverhältnisse der unter Artikel 131 des Grundgesetzes fallenden Personen" er-

---

[127] Lerchenmueller: wie Anm. 84, S. 171.
[128] Lerchenmueller: wie Anm. 84, S. 174.
[129] So die Feststellung von Hofer, Walther: Der mißbrauchte Ranke, in: Der Monat (1955), S. 542-547.
[130] Lerchenmueller: wie Anm. 84, S. 179.
[131] Salewski: wie Anm. 2, S. 127, 134.

lassen. Demnach durften Staatsdiener, die weder als Hauptschuldige noch als Belastete entnazifiziert worden waren, wieder im öffentlichen Sektor Verwendung finden. Der Bund förderte die Reintegration der Betroffenen durch die Übernahme eines großen Teils der anfallenden Personalkosten. Zu ihrer Interessendurchsetzung hatten die „131er" zwei Verbände gegründet: den von Herbert Grabert (1901-1978) geleiteten „Notverband der Nicht-amtierenden (Amtsverdrängten) Hochschullehrer" (VNAH) und den „Verband heimatvertriebener Hochschulangehöriger," dem der in Erlangen lehrende Philosoph Hans R. G. Günther (1898-1981) vorstand. Franz engagierte sich Anfang der 1950er Jahre in Günthers Verband und übernahm vorübergehend die Leitung der Landesgruppe Hessen. Die von Franz erhoffte Rückkehr in den Staatsdienst ließ allerdings auf sich warten. Erst Ende 1956 erklärte sich das Bonner Innenministerium bereit, eine speziell für Franz eingerichtete Professur in Baden-Württemberg mitzufinanzieren. Betreiber des Vorhabens waren der Ministerialrat im Stuttgarter Kultusministerium, Franz Schad (1907-2007), und Hans Günther, der dem Rektorat der Landwirtschaftlichen Hochschule Hohenheim vier Gutachten präsentierte, die Franz' Einstellung empfahlen. Deren Verfasser waren die Historiker (1.) Ludwig Zimmermann, Franz' früherer Kollege aus Marburg, (2.) Hellmuth Rössler (1910-1968), Vorstandsmitglied der Ranke-Gesellschaft, zuvor Beiratsmitglied des NS-Instituts für die Geschichte des neuen Deutschlands, (3.) Theodor Schieder, damals unumstritten, später wegen seines im Herbst 1939 erstellten bevölkerungsgeschichtlichen Geheimgutachtens über Polen scharf kritisiert[132] und (4.) Gerhard Ritter. Letzterer bescheinigte dem früheren SD-Mann Franz, er gehöre „nicht zu denjenigen neueren Historikern, die unter allen Umständen politisch aktuell sein wollen." Franz habe sich doch „literarisch [...] erheblich weniger kompromittiert als viele andere, z.B. sein so viel diskutierter Marburger Kollege [Wilhelm] Mommsen."[133] Im Dezember 1956 durfte Franz einen Vortrag in Hohenheim halten; dann trieb das Rektorat die Sache eilig voran. Auf ein formales Berufungsverfahren wurde verzichtet; stattdessen erhielten die Senatsmitglieder die oben erwähnten Gutachten auf dem Postweg und sollten etwaige Einwände schriftlich vorbringen. Im Februar 1957 teilte das Rektoramt Hohenheim dem Stuttgarter Kultusministerium mit, der Senat habe den Berufungsvorschlag einstimmig angenommen.[134] Zum Herbst 1957 wurde Franz auf eine kw-Professur[135] in Hohenheim berufen und zum Beamten ernannt.

Die Personalie wurde nicht von allen Historikern im Lande begrüßt und löste Proteste aus.[136] Als 1958 Franz' Aufnahme in die Kommission für geschichtliche Landeskunde in Baden-Württemberg anstand, sorgten die Heidelberger Historiker Gerd Tellenbach (1903-1999) und Clemens Bauer (1899-1984) zusammen mit Paul Zinsmaier (1905-1986), dem Direktor des Generallandesarchivs Karlsruhe, für eine mehrjährige Verzögerung der umstrittenen Berufung. Auch im öffentlichen Umfeld

---

[132] Siehe Anm. 4.
[133] Ritter an Günther v. 11.12.1956, HStA S EA 3/150-576.
[134] Rektoramt Hohenheim an Kultusministerium B.-W. v. 15.02.1957, UA Hohenheim, Personalakte Franz.
[135] Kw: künftig wegfallend.
[136] Franz nennt in diesem Zusammenhang seinen Lehrstuhl-Nachfolger in Heidelberg, Fritz Ernst (1905-1963), und Gerd Tellenbach, den Franz aus seiner Heidelberger Zeit kannte. Franz: wie Anm. 8, S. 90, 207.

wurde Franz in den 1950er Jahren unangenehm mit seiner politischen Vergangenheit konfrontiert. So musste er 1958 auf Druck des Bundesministers für gesamtdeutsche Fragen, Ernst Lemmer (1898-1970), eine Rede in Coburg absagen, die der Landesverband Thüringen des Bundes der Vertriebenen im Rahmen der Feierlichkeiten zum vierhundertjährigen Jubiläum der Universität Jena organisiert hatte.[137] In Bonn befürchtete man, der SED-Propaganda in die Hände zu spielen.

In demokratischer Zeit geläutert?

Mit seiner Rolle als kämpfender Wissenschaftler im NS- und SS-Machtapparat hat sich Günther Franz öffentlich nicht auseinandergesetzt. Er verbarg seine formale Belastung nicht, doch wäre das auch sinnlos gewesen, denn seine Kollegen wussten um sie; über die Inhalte seiner Tätigkeit für Partei und SS gab Franz dagegen keine Auskunft. In einem 1981 von der Ranke-Gesellschaft veröffentlichten Vortrag über „das Geschichtsbild des Nationalsozialismus und die deutsche Geschichtswissenschaft" bestritt er jegliche Kausalität zwischen seinen Veröffentlichungen und dem Nationalsozialismus. Für seine Beschäftigung mit der Sozialgeschichte, so Franz, sei die Jugendbewegung entscheidend gewesen: „Durch sie wurde mein Volksbegriff geprägt. Die Jugendbewegung war volkhaft, nicht staatlich, sozial und antiautoritär. Gleich dem Bauernkrieg ist auch mein Buch ‚Der Dreißigjährige Krieg und das deutsche Volk' (1940) [...] ein Kapitel Volksgeschichte. Auch dieses Buch hätte ich ohne den Nationalsozialismus ebenso schreiben können und vermutlich geschrieben. Ich habe beide Bücher nach dem Kriege nahezu unverändert neu auflegen können."[138] Dass diese Trennung zwischen NS-Ideologie und dem eigenen Werk ein Konstrukt war, muss Franz bewusst gewesen sein. In seiner Autobiografie hätte er sonst wohl kaum mit unverhohlenem Stolz berichtet, ein Amerikaner habe „einmal in durchaus anerkennender Weise gesagt, mein ‚Bauernkrieg' sei das einzig genuin nationalsozialistische Werk deutscher Geschichtsschreibung, das er kenne. Und der Vorsitzende der Marburger Spruchkammer, selbst Historiker, sagte mir, daß er keinen Historiker kenne, dessen Weg von seiner Wissenschaft her so folgerichtig zum Nationalsozialismus geführt habe, wie mich."[139]

Eigenen Angaben zufolge war Franz „gewiß nach 1945 kein Nationalsozialist mehr, wünschte nicht die Rückkehr des Parteiregimes. Anders als 1918, als die Niederlage vertuscht [wurde...], war 1945 eindeutig, daß der NS unwiederbringlich untergegangen war und nach allem, was man inzwischen erfahren hat, ist dies auch gut so gewesen. Ich gehörte nicht zu denen, die nach 1945 aller dieser Verbrechen zum Trotz an der Ideologie festhielten, wie Ernst Anrich, und auch nach 1945 gegen die westliche Demokratie als uns aufgezwungenes System einen Stände- oder Führerstaat noch als Ideal verfochten."[140] Ob diese Kehrtwende innerer Einsicht folgte oder mehr dem Umstand geschuldet war, dass sich die gesellschaftliche und politische Realität – und mit ihr die beruflichen Perspektiven – unwiderruflich geändert hatten, wird kaum zu ermitteln sein. Gewiss, Günther Franz fand Worte des Bedauerns und

---

[137] UniA Hohenheim, Personalakte Franz.
[138] Franz, Günther: Das Geschichtsbild des Nationalsozialismus und die deutsche Geschichtswissenschaft, in: Hauser, Oswald (Hg.): Geschichte und Geschichtsbewußtsein, Göttingen/Zürich 1981, S. 106 f.
[139] Franz: wie Anm. 8, S. 80.
[140] Franz: wie Anm. 8, S. 200.

der Selbstkritik, zwar nicht öffentlich, aber doch in seiner privaten Autobiografie. Dort finden sich allerdings auch Ausflüchte, Verschleierungen, Abschwächungen und andere fragwürdige Bekundungen, darunter Ehrenerklärungen und Exkulpationsversuche für verurteilte Kriegsverbrecher wie Wolfram Sievers, Otto Ohlendorf (1907-1951) und Robert Wagner.[141] Diese Passagen zeigen die Grenzen der Einsichtsfähigkeit des greisen Historikers in aller Deutlichkeit auf.

Bis zu seiner Emeritierung im Jahre 1970 lehrte Günther Franz Agrargeschichte an der Universität Hohenheim. Von 1963 bis 1965 war er deren Rektor. Bis 1988 gab er das „Historisch-Politische Buch" als anerkanntes Rezensionsorgan heraus und trug im Vorstand der Ranke-Gesellschaft dazu bei, dass sie ihren Charakter als revisionistische Waffe verlor. Er betätigte sich erfolgreich auf zahlreichen Feldern der Agrargeschichte und setzte seine großen organisatorischen Fähigkeiten zum Aufbau des Hohenheimer Universitätsarchivs und des Deutschen Landwirtschaftsmuseums ein. Dennoch wird Franz seine 1957 übernommene Aufgabe nicht völlig befriedigt haben. Mit der Beschränkung seines Lehrauftrags auf die Agrargeschichte an einer Landwirtschaftlichen Hochschule waren ihm die Mittel genommen, einen prägenden Einfluss auf die deutsche Geschichtswissenschaft auszuüben. Sein Auditorium bestand meist nur aus wenigen Studenten.[142] „Ich habe auch keine Schule gebildet,"[143] bedauerte Franz 1982. Auch sein großes wissenschaftliches Oeuvre änderte nichts daran. Seine bedeutendsten Werke, die Bücher über Bismarcks Nationalgefühl und den Bauernkrieg, hatte er vor 1933 geschrieben. Anschließend nahm ihn die Legitimation des NS-Staats und seiner Ideologie in Anspruch. Den daraus für Franz' Ruf als fachlich anerkannter Wissenschaftler erwachsenen Schaden beschrieb Walther Goetz 1949 so: „Im höchsten Maße bedauerlich ist nur, daß im Reiche tätige junge Historiker, zu denen man 1935 auch Herrn G. Franz rechnen dürfte, der historischen Wissenschaft insofern verloren gegangen sind, als sie den Blick für die Ziele echter Wissenschaft verloren hatten."[144]

Der Verfasser dankt an dieser Stelle Herrn Dr. Ulrich Fellmeth vom Universitätsarchiv Hohenheim für wertvolle Hinweise und gewährte Unterstützung.

---

[141] Franz: wie Anm. 8, S. 141, 148, 153.
[142] Franz: wie Anm. 8, S. 214.
[143] Franz: wie Anm. 8, S.237. Mit diesem Titel hielt 2013 Jürgen Elvert, der Vorsitzende der Ranke-Gesellschaft, im Rahmen der „Bensheimer Gespräche" einen Vortrag über Günther Franz, der 2020 (!) veröffentlicht werden soll. Leider sind sämtliche Bemühungen des Autors gescheitert, Einblick in das Manuskript zu bekommen.
[144] Wie Anm. 117.

Karsten Wilke

Paul Hausser: Offizier und Apologet der Waffen-SS

* 7. Oktober 1880 in Brandenburg
† 21. Dezember 1972 in Ludwigsburg

SS-Obergruppenführer, Generaloberst der Waffen-SS. 1932 in Ruhestand versetzt, 1934 Ausbildung der SS-Verfügungstruppe. Komm. General Russland, Italien, Normandie. Ranghöchster Überlebender der Waffen-SS, nach 1945 aktiver Altnazi

SS-Angehörige als „Soldaten wie andere auch"

Am 21. Dezember 1972 verstarb – im Alter von 92 Jahren – der frühere SS-Oberstgruppenführer und Generaloberst der Waffen-SS Paul Hausser. Die Beisetzung des innerhalb der Klientel als „Senior" verehrten ehemaligen Kommandeurs fand eine Woche später auf dem Neuen Friedhof in Ludwigsburg statt. Glaubt man einer dem Verstorbenen wohl gesonnenen Darstellung, befanden sich unter den mehr als dreitausend Trauergästen neben Veteranen der SS-Truppen auch eine Vielzahl früherer Wehrmachtangehöriger sowie Soldaten der Bundeswehr in Uniform.[1] Die Anteilnahme bezeugt die große Popularität, die Hausser bis zu seinem Tode in soldatischen Kreisen genossen hatte, und ist nicht zuletzt als ein Ergebnis seiner jahrzehntelangen Bemühungen um eine Apologie der Waffen-SS zu verstehen.[2] Als Inspekteur der SS-Verfügungstruppe, Feldkommandeur und einer der ranghöchsten Befehlshaber hatte er wie kaum jemand anderes die Geschichte dieser militärischen Formation geprägt.[3] Hausser war zudem der Erste, der nach

---

[1] Vgl. Art. Abschied vom Senior. Bericht über die Trauerfeierlichkeit am 28.12.1972 in Ludwigsburg, in: Der Freiwillige, 19 (1973), H. 1, S. 4–5.
[2] Zur Geschichte der Waffen-SS vgl. Schulte, Jan Erik/ Lieb, Peter/ Wegner, Bernd (Hg.): Die Waffen-SS. Neue Forschungen, Paderborn u. a. 2014; Rohrkamp, René: „Weltanschaulich gefestigte Kämpfer": Die Soldaten der Waffen-SS 1939–1945, Paderborn u. a. 2010; Wegner, Bernd: Hitlers Politische Soldaten: Die Waffen-SS 1933–1945, 6. Aufl., Paderborn u. a. 1999.
[3] Vgl. Syring, Enrico: Paul Hausser. „Türöffner" und Kommandeur „seiner" Waffen-SS, in: Smelser, Ronald/ Syring, Enrico (Hg.): Die SS. Elite unter dem Totenkopf. 30 Lebensläufe, Paderborn 2000, S. 190–207; Mitcham, Samuel W.: SS-Oberst-Gruppenführer und Generaloberst der Waffen-SS Paul Hausser, in: Ueberschär, Gerd R. (Hg.): Hitlers militärische Elite, Bd. 1, Von den Anfängen des Regimes bis Kriegsbeginn, Darmstadt 1998, S. 89–101; Gingerich, Mark: Paul Hausser – Der Senior der Waffen-SS, in: Smelser, Ronald/ Syring, Enrico (Hg.): Die Militärelite des Dritten Reiches. 27 biographische Skizzen, Berlin u. Frankfurt/M. 1995, S. 223–235.

1945 begann, die Rolle der Waffen-SS im NS-System zu marginalisieren, Verbrechen zu leugnen, ideologische Hintergründe und Ansprüche[4] zu relativieren sowie ihre Angehörigen zu „Soldaten wie andere auch" zu stilisieren.[5] Unter anderem betätigte er sich als Redner und Publizist, und er engagierte sich in der „Hilfsgemeinschaft auf Gegenseitigkeit der Angehörigen der ehemaligen Waffen-SS" (HIAG). Die HIAG stellte seit den frühen 1950er Jahren die Interessenvertretung der Veteranen der Waffen-SS dar und bot ihnen einen Rahmen für die Kameradschaftspflege.[6]

Haussers militärische Laufbahn sowie seine Rolle innerhalb der SS wurden inzwischen mehrfach in kürzeren Überblicksarbeiten dargestellt. Diese konzentrieren sich jedoch auf die Zeit bis zum Ende des Zweiten Weltkrieges, folgen einem klassischen ereignis- und militärgeschichtlichem Ansatz und beabsichtigen insgesamt nicht, die Biografie des Protagonisten vor dem Hintergrund gesellschaftlicher Entwicklungen differenziert zu deuten.[7] Das Ziel dieses Beitrags besteht daher darin, Haussers Wirken vor und nach 1945 in den Blick zu nehmen und beides zusammenhängend zu analysieren.

Werdegang bis zum Ende des Zweiten Weltkrieges

Paul Hausser wurde im Jahre 1880 als Sohn eines preußischen Offiziers geboren. Im Alter von zwölf Jahren trat er in die Kadettenanstalt Köslin ein und wechselte später in die Preußische Kadettenanstalt Lichterfelde. Im Jahre 1899 wurde er als Leutnant in die königlich-preußische Armee aufgenommen. Nach mehreren Beförderungen sowie einer Zeit bei der Kriegsmarine erfolgte im Jahre 1912 die Versetzung in den Großen Generalstab. Während des Ersten Weltkrieges wechselte er mehrfach zwischen Generalstab und Feldtruppe und wurde schließlich zum Major befördert. Nach dem Waffenstillstand schloss er sich dem Freikorps „Grenzschutz Ost" an und beteiligte sich im deutsch-polnischen Grenzgebiet an Kämpfen. Mit der Auflösung des Freikorps wurde er als Berufsoffizier in das 100.000-Mann-Heer der Weimarer Republik übernommen. Im Jahre 1931, mit dem Erreichen der Altersgrenze, schied er – inzwischen zum Generalleutnant aufgestiegen – aus dem Militärdienst aus.[8] Anfang 1933 schloss Hausser sich dann dem „Stahlhelm" an, der wiederum kurz darauf in die

---

[4] Vgl. Matthäus, Jürgen/ Kwiet, Konrad/ Förster, Jürgen/ Breitman, Richard (Hg.): Ausbildungsziel Judenmord? „Weltanschauliche Erziehung" von SS, Polizei und Waffen-SS im Rahmen der „Endlösung", Frankfurt/M. 2003; Wegner 1999 (wie Anm. 2), S. 23–26.
[5] Dazu paradigmatisch vgl. Hausser, Paul: Soldaten wie andere auch. Der Weg der Waffen-SS, Osnabrück 1966.
[6] Vgl. Wilke, Karsten: Die „Hilfsgemeinschaft auf Gegenseitigkeit" (HIAG) 1950-1990. Veteranen der Waffen-SS in der Bundesrepublik, Paderborn u. a. 2011.
[7] Vgl. Syring 2000 (wie Anm. 3); Mitcham 1998 (wie Anm. 3); Gingerich 1995 (wie Anm. 3).
[8] Dazu vgl. Syring 2000 (wie Anm. 3), S. 190 f.; Mitcham 1998 (wie Anm. 3), S. 89.

Sturmabteilung (SA) eingegliedert wurde. Hier fungierte der nunmehr 52-Jährige als Standartenführer.[9] Etwa eineinhalb Jahre später trat er in die Allgemeine SS (Mitgliedsnummer 239.795) ein.[10] Im Dezember 1934 erhielt er das Kommando über die SS-Junkerschule Braunschweig, später ernannte Himmler ihn zum Inspekteur der SS-Führerschulen. Damit unterstanden ihm die Junkerschulen in Braunschweig und Tölz sowie die SS-Ärztliche Akademie in Graz. Diese Einrichtungen dienten der SS zur Ausbildung ihres Führernachwuchses.[11] Ab 1936 fungierte Hausser zudem als Amtsgruppenchef im SS-Hauptamt sowie als Inspekteur der SS-Verfügungstruppe und war somit für die militärische Ausbildung der bewaffneten SS-Einheiten – ausgenommen die Totenkopfverbände – verantwortlich.[12] Auch innerhalb der SS wurde Hausser mehrfach befördert und erhielt im Sommer 1939 den Rang eines SS-Gruppenführers.[13]

Während des Überfalls auf Polen diente Hausser im Stab einer Panzerdivision der Wehrmacht, der das SS-Regiment „Deutschland" unterstellt war. Kurz darauf erhielt er den Befehl, einen eigenständigen Kampfverband der SS aufzustellen: Aus der Zusammenlegung der SS-Totenkopfverbände und der SS-Verfügungstruppe entstand die Verfügungsdivision, welche als Keimzelle der Waffen-SS anzusehen ist,[14] der während des Zweiten Weltkrieges insgesamt etwa 900.000 Mann angehört hatten. Unter Haussers Befehl kam die Verfügungsdivision – später Division „Das Reich" – an der Westfront, auf dem Balkan und beim Überfall auf die Sowjetunion zum Einsatz. Hausser selbst erreichte hierbei den Rang eines SS-Obergruppenführers. Nach einer schweren Verwundung im Sommer 1942 war er verantwortlich für die Aufstellung des SS-Panzerkorps (später: II. SS-Panzerkorps), das zunächst im Westen stationiert blieb, nach der Niederlage von Stalingrad aber zur Stabilisierung der Heeresgruppe Süd an die Ostfront verlegt wurde.[15]

Im Februar 1943 kam es dort zu einer außergewöhnlichen Begebenheit. Hausser ordnete entgegen dem ausdrücklichen Befehl Hitlers den Ausbruch aus der bereits weitgehend von der Roten Armee umfassten ukrainischen Großstadt

---

[9] Vgl. Syring 2000 (wie Anm. 3), S. 192. Zur SA vgl. Siemens, Daniel: Stormtroopers. A New History of Hitler´s Brownshirts, New Haven 2017; Longerich, Peter: Die braunen Bataillone. Geschichte der SA, München 1989. Zur Eingliederung der vormaligen „Stahlhelm" in die SA vgl. ebd., S. 192.
[10] Vgl. Gingerich 1995 (wie Anm. 3), S 224. Zur Allgemeinen SS vgl. Hein, Bastian: Elite für Volk und Führer? Die Allgemeine SS und ihre Mitglieder 1925-1945, München 2012.
[11] Vgl. Mitcham 1998 (wie Anm. 3), S. 89 f. Zu den Junkerschulen vgl. Westemeier, Jens: Himmlers Krieger. Joachim Peiper und die Waffen-SS in Krieg und Nachkriegszeit, Paderborn u. a. 2014, S. 46–75; ders.: Die Junkerschulengeneration, in: Schulte/ Lieb/ Wegner 2014 (wie Anm. 2), S. 269–285.
[12] Vgl. Mitcham 1998 (wie Anm. 3), S. 90. Zur SS-Verfügungstruppe vgl. Wegner 1999 (wie Anm. 2), S. 97–100.
[13] Vgl. Mitcham 1998 (wie Anm. 3), S. 90.
[14] Vgl. ebd. Zur Zusammenlegung der SS-Totenkopfverbände und SS-Verfügungstruppe vgl. Schulte, Jan Erik: Zwangsarbeit und Vernichtung. Das Wirtschaftsimperium der SS. Oswald Pohl und das SS-Wirtschafts- und Verwaltungshauptamt 1933-1945, Paderborn u. a. 2001, S. 70.
[15] Vgl. Syring 2000 (wie Anm. 3), S. 197.

Charkiw an.[16] Die Vorgänge von Charkiw werden bis in die Gegenwart als Ausdruck von „Mut" und „Zivilcourage" interpretiert.[17] Der Grund dafür, dass der Ungehorsam keine ernsthaften Konsequenzen für den Kommandeur nach sich zog, wird darin gesehen, dass kurz zuvor eine ähnliche Situation in Stalingrad zu einer militärischen Katastrophe für die deutschen Truppen und ihre Verbündeten geführt hatte und wenige Wochen später die Rückeroberung Charkows – als einer der letzten militärischen Erfolge der Wehrmacht an der Ostfront – gelang.[18]

Bis zum Ende des Krieges erfolgten weitere Einsätze, etwa im Rahmen der Panzerschlacht von Kursk, in Italien und in der Normandie. An der Westfront erlebte Haussers militärische Karriere noch weitere Höhepunkte: Kurz nach der Landung der Alliierten erhielt er – als SS-General – den Oberbefehl über die 7. Armee und wurde einige Wochen später kommissarischer Oberbefehlshaber einer Heeresgruppe.[19]

Welche Motive und Umstände genau den pensionierten Offizier dazu bewogen hatten, in die SS einzutreten, lässt sich nicht ohne größeren Aufwand klären. Die vorhandenen Darstellungen erwecken jedenfalls den Eindruck, dass Haussers retrospektive Selbstdeutung, er habe sich für einen dauerhaften Ruhestand zu jung gefühlt, in der regulären Armee keine Perspektive mehr für sich gesehen und aus diesem Grund das Angebot des Himmlers angenommen, lange Zeit unkritisch gelesen wurde.[20] Ebenso wird sich nur schwer ermitteln lassen, welche Haltung er zum Nationalsozialismus insgesamt einnahm.

Syring und Gingrich beispielsweise vertreten die Auffassung, bei Hausser habe es sich um einen „erzkonservativen Nationalisten"[21] bzw. „ultrakonservativen Nationalisten"[22] gehandelt, dessen „Haltung zum Versailler Vertrag, zum Marxismus und Kommunismus sowie zu den sozialen und ökonomischen Schwierigkeiten […] sich in manchen Punkten mit den Auffassungen der Nationalsozialisten" gedeckt habe. Jedoch sei er in „keiner Weise in der nationalsozialistischen Ideologie als solcher befangen" gewesen.[23] Tatsächlich gibt die Überlieferung im Bundesarchiv jedoch nur sehr wenig Auskunft über Haussers politische Haltung.[24] Für eine differenzierte Beurteilung dieser Frage müssten weitere Quellen, insbesondere Egodokumente, herangezogen werden.

---

[16] Vgl. Mitcham 1998 (wie Anm. 3), S. 91.
[17] Vgl. ebd., S. 95.
[18] Vgl. Syring 2000 (wie Anm. 3), S. 190 u. S. 197 ff.
[19] Vgl. ebd., S. 202.
[20] Vgl. Hausser 1966 (wie Anm. 5), S. 37. Syring übernimmt diese Aussage unkritisch. Vgl. Syring 2000 (wie Anm. 3), S. 192.
[21] Ebd.
[22] Gingerich 1995 (wie Anm. 3), S. 225.
[23] Ebd.
[24] Als zentraler Bestand zu Hausser vgl. BArch, R/9361/III/529527.

Sicher ist hingegen, dass die Person Haussers ganz wesentlich in die Propaganda der SS eingebunden wurde. So berichtete die Zeitschrift „Das Schwarze Korps" mehrfach über dessen militärische Leistungen[25] und pries den Kommandeur ausdrücklich als einen Vertreter des „Typus des politischen Soldaten".[26] Auf der Titelseite einer Ausgabe aus dem Jahr 1943 ist eine Fotografie abgedruckt, die ihn stehend auf einem Panzer zeigt.[27] Die Abbildung ist umrahmt von einem antisemitischen Beitrag, der dem Kampf des durch „rassische Überlegenheit" gekennzeichneten „Abendlandes" gegen den „bolschewistischen Untermenschen" das Wort redet. In der Gesamtwirkung von Bild und Text erscheint Hausser als Repräsentant dieses Kampfes.[28]

Engagement nach 1945: Apologie der Waffen-SS

Nach Kriegsende geriet Hausser in amerikanische Gefangenschaft. Eine Anklage gegen ihn wurde jedoch weder durch die Alliierten noch zu einem späteren Zeitpunkt von der bundesdeutschen Justiz erhoben, obwohl gegen Angehörige ihm unterstellter Truppenteile sehr wohl mehrfach Strafprozesse geführt wurden.[29] Bis zu seiner Entlassung im Jahre 1948 war Hausser u. a. für einige Zeit im „War-Crimes"-Lager in Dachau sowie in Oberursel inhaftiert. Dort hatten die amerikanischen Besatzungsbehörden unter Leitung des ehemaligen Generalstabschefs des Heeres, Franz Halder, die sogenannte „Historical Division" eingerichtet.[30] Hier waren ehemalige hohe deutsche Militärs mit dem Auftrag versammelt, Studien zur Geschichte des Zweiten Weltkriegs aus deutscher Sicht anzufertigen. Hausser scheint der einzige frühere Angehörige der Waffen-SS gewesen zu sein, der in dieser Einrichtung mitwirkte.[31]

Daher überrascht es auch nicht, dass er im Nürnberger Prozess gegen die Hauptkriegsverbrecher als Zeuge geladen wurde. Haussers Auftritt vor dem Internationalen Militärtribunal (IMT) verfolgte jedoch nicht die Absicht, zu einer umfassenden Aufklärung beizutragen, sondern zielte – allerdings vergeblich – darauf, die Waffen-SS von dem Vorwurf, eine „Verbrecherische Organisation" im

---

[25] Z.B. vgl. Lerche, Karl-Gustav: Ritterkreuz für SS-Gruppenführer Hausser, in: Das Schwarze Korps, 7. Jg., Folge 37, 11.09.1941, S. 5; van der Horst, Cornelius: SS-Obergruppenführer Hausser, in: Das Schwarze Korps, 10. Jg., Folge 34, 20.08.1944, S. 6–7. Zur SS-Zeitschrift „Das Schwarze Korps" vgl. Zeck, Mario: Das Schwarze Korps: Geschichte und Gestalt des Organs der Reichsführung SS, Tübingen 2002.
[26] Vgl. van der Horst 1944 (wie Anm. 25). Grundlegend zum ideologischen Selbstverständnis der Waffen-SS vgl. Rohrkamp 2010 (wie Anm. 2); Wegner 1999 (wie Anm. 2).
[27] Vgl. Das Schwarze Korps, 9. Jg., Folge 22, 03.06.1943, S. 1.
[28] Vgl. Art. Sind sie wirklich so gesund?, in: Das Schwarze Korps, 9. Jg., Folge 22, 03.06.1943, S. 1–2.
[29] Vgl. Syring 2000 (wie Anm. 3), S. 199.
[30] Vgl. ebd. S. 202. Zur Historical Division vgl. Howell, Esther-Julia: Von den Besiegten lernen? Die kriegsgeschichtliche Kooperation der U.S. Armee und der ehemaligen Wehrmachtselite 1945–1961, Berlin 2015; Wegner, Bernd: Erschriebene Siege. Franz Halder, die „Historical Division" und die Rekonstruktion des Zweiten Weltkrieges im Geiste des Deutschen Generalstabs, in: Hansen, Ernst Willi/ Schreiber, Gerhard/ ders. (Hg.): Politischer Wandel, organisierte Gewalt und nationale Sicherheit. Beiträge zur neueren Geschichte Deutschlands und Frankreichs – Festschrift für Klaus-Jürgen Müller, München 1995, S. 287–302.
[31] Vgl. Syring 2000 (wie Anm. 3), S. 202 f.

Sinne der Anklage gebildet zu haben, zu entlasten.[32] So bestritt er die Beteiligung der Truppe an Kriegsverbrechen,[33] und er behauptete eine organisatorische Trennung zwischen den Feldeinheiten der SS einerseits sowie den Einsatzgruppen und den Totenkopfverbänden.[34]

Im Rückblick begründete Haussers Aussage vor dem IMT die Apologie der Waffen-SS als „unpolitische" und unbelastete militärische Formation, die lange Zeit kaum hinterfragt wurde.[35] Auch die Geschichtswissenschaft hat sich zunächst nicht für die Einbindung der Waffen-SS in die Kriegs- und NS-Verbrechen interessiert. Das Personalrevirement innerhalb der SS und insbesondere die Wechselbeziehungen mit den Totenkopfverbänden wurden erst seit den 1990er Jahren in den Blick genommen.[36] Stefan Hördler (*1977) betont nunmehr ausdrücklich die Häufigkeit und die Systematik des Personalaustausches, der aus der Perspektive der SS folgerichtig war.[37] Schließlich galt der Dienst in einem Konzentrationslager hier als Krieg gegen innere Feinde und wurde so mit einem Fronteinsatz gleichgesetzt.[38] In der Praxis diente das Revirement somit der Binnenintegration und gewährleistete einen Erfahrungstransfer zwischen den Teilgliederungen der SS – und damit auch eine Vergemeinschaftung der Verbrechen.[39]

Als Kommandeur der SS-Panzerdivision „Das Reich" war Hausser persönlich mit dem KZ-System in Berührung gekommen. Eine Fotoserie belegt, dass er sich mindestens einmal, im Mai 1941, im KZ-Mauthausen an einer Lager-Besichtigung durch höhere Offiziere beteiligte.[40] Dessen ungeachtet grenzte Hausser die Waffen-SS im Jahre 1951 in einer öffentlichen Erklärung von den „Greueltaten der SS" ab.[41] Und nur vier Jahre später zeichnete er sich verantwortlich für eine fünfzehnseitige Publikation mit dem Titel „Das Gesetz gem. Art. 131 des Grundgesetzes und die Waffen-SS",[42] mit der er für die Angleichung der Rentenregelungen für die früheren SS-Angehörigen mit denen der Wehrmachtssoldaten warb.[43]

---

[32] Vgl. Internationaler Militärgerichtshof (Hg.): Der Prozess gegen die Hauptkriegsverbrecher, fotomechanischer Nachdruck in 23 Bänden, Frechen o. J. [2001], Bd. 20, S. 391–452.
[33] Vgl. ebd., S. 397 ff.
[34] Vgl. ebd., S. 401.
[35] Vgl. ebd., S. 403. Dazu ausführlich vgl. Wilke 2011 (wie Anm. 6), S. 144–158.
[36] Hierzu paradigmatisch vgl. Orth, Karin: Die Konzentrationslager-SS. Sozialstrukturelle Analysen und biographische Studien, Göttingen 2001.
[37] Vgl. Hördler, Stefan: KZ-System und Waffen-SS. Genese, Interdependenzen und Verbrechen, in: Schulte/ Lieb/ Wegner 2014 (wie Anm. 2), S. 80–98.
[38] Vgl. Art. Kriegsgebiet KZ, in: Das Schwarze Korps, 5. Jg., Folge 51, 21.12.1939, S. 9–10.
[39] Vgl. Hördler 2014 (wie Anm. 37), S. 94–98.
[40] Vgl. ebd., S. 89–93.
[41] Vgl. Hausser, Paul: Die Waffen-SS antwortet, in: Wiking-Ruf. Mitteilungsblatt der ehemaligen europäischen Soldaten der Waffen-SS für Vermissten-Such- und Hilfsdienst, Nr. 2, Dez. 1951, S. 1.
[42] Vgl. Hausser, Paul: Das Gesetz gem. Art. 131 des Grundgesetzes und die Waffen-SS, Ludwigsburg 1955.
[43] Zu den Rentenregelungen für die Veteranen der Waffen-SS vgl. Wilke, Karsten, Renten für SS-Veteranen. Die „Hilfsgemeinschaft auf Gegenseitigkeit" in der frühen Bundesrepublik, in: Mittelweg 36, 24 (2015), H. 5, S. 59–71.

Bis in die 1960er Jahre wurden die apologetischen Narrative um die Waffen-SS mehrheitlich geglaubt. Nach der Verurteilung der Gesamt-SS im Prozess gegen die Hauptkriegsverbrecher zu einer „Verbrecherischen Organisation" war es den Veteranen gelungen, sich über eine grotesk überzeichnete Selbstviktimisierung als „Opfer der Siegerwillkür" zu inszenieren und die Truppe in die „Legende der sauberen Wehrmacht" einzuschreiben.[44] Die Voraussetzung hierfür bildete eine „informelle große Koalition" aus CDU und SPD, wie es der Historiker Manfred Kittel (*1962) formuliert.[45] Beide großen Parteien bemühten sich aktiv darum, die etwa 250.000 ehemaligen Angehörigen der Waffen-SS in der Bundesrepublik über Gesprächsangebote und materielle Zugeständnisse von einer möglichen Systemopposition gegen die junge Demokratie abzubringen – und nicht zuletzt auch darum, deren Wählerstimmen zu gewinnen.[46]

Die Hilfsgemeinschaft auf Gegenseitigkeit (HIAG)

Hausser war nicht der Einzige, der nach 1945 für sich in Anspruch nahm, die Interessen der früheren Angehörigen der Waffen-SS vertreten zu wollen. In Südniedersachsen beispielsweise fungierte Herbert Otto Gille (1897-1966), in den Jahren 1943 und 1944 Befehlshaber der 5. SS-Panzer-Division „Wiking", als Herausgeber der professionell aufgemachten Zeitschrift „Wiking-Ruf" sowie als Organisator bundesweiter Suchdienst-Aktivitäten für die ehemalige Waffen-SS.[47] Und bereits zum Jahreswechsel 1948/49 gründete der frühere Divisionskommandeur Otto Kumm (1909-2004) in Hamburg einen Verband der SS-Veteranen, den er als „Hilfsgemeinschaft auf Gegenseitigkeit" (HIAG) bezeichnete. In der Folgezeit entstanden im gesamten Bundesgebiet derartige Vereinigungen, in denen etwa 20.000 SS-Veteranen mit ihren Familienangehörigen organisiert waren.[48]

Bereits während der ersten Hälfte der 1950er Jahre wurden Landessprecher gewählt, und sukzessive entstanden HIAG-Landesverbände. Hausser trat in dieser Phase als entschiedener Gegner eines übergreifenden Zusammenschlusses auf und postulierte für sich selbst den Führungsanspruch:

„Über die Sprecher der Länder hinaus lehne ich eine Organisation ab, das kann eine spätere Generation machen. Wenn ich in meiner Person als Senior – und nur diese Bezeichnung erbitte ich – dann mit den Sprechern der Länder die

---

[44] Vgl. Wilke 2011 (wie Anm. 6), S. 153–158. Zur Legendenbildung um die Wehrmacht vgl. Wette, Wolfram: Die Wehrmacht. Feindbilder, Vernichtungskrieg, Legenden, Frankfurt/M. 2002, S. 197–244.
[45] Vgl. Kittel, Manfred: Die Legende von der „Zweiten Schuld". Vergangenheitsbewältigung in der Ära Adenauer, Berlin u. Frankfurt/M. 1993, S. 149.
[46] Vgl. Wilke 2011 (wie Anm. 6), S. 109–118 u. 329–339. Tauber geht von 250.000 Veteranen der Waffen-SS in der frühen Bundesrepublik aus. Vgl. Tauber, Kurt-Phillip: Beyond Eagle and Swastika. German Nationalism since 1945, Bd. 1, Middletown 1967, S. 333.
[47] Vgl. Wilke 2011 (wie Anm. 6), S. 38 ff. u. 51–56. Zu Herbert-Otto Gille vgl. Seidler, Franz W.: Herbert Gille. Der unpolitische Soldat, in: Smelser/ Syring 2000 (wie Anm. 3), S. 173–189.
[48] Vgl. Wilke 2011 (wie Anm. 6), S. 38–41.

Verbindung aufrechterhalte, ist eine einheitliche Linie gewährleistet, denn sonst denkt man, es erscheint eine neue Kameradschaft der Waffen-SS."[49]

Haussers Skepsis speiste sich aus der Befürchtung, ein übergeordneter Verband könne in der Öffentlichkeit als Nachfolgeorganisation der SS wahrgenommen werden. Daher plädierte er für den Aufbau eines allgemeinen Soldatenbundes, in dem Veteranen der Wehrmacht und der Waffen-SS zusammengeschlossen werden sollten. Damit orientierte er sich an den vielfältigen Kooperationsangeboten der Soldatenverbände, die in dieser Phase nur in Ausnahmefällen Berührungsängste gegenüber den ehemaligen Angehörigen der Waffen-SS formulierten.[50] Hausser selbst war fest in die Veteranenkultur der 1950er Jahre eingebunden, u. a. trat er als Redner und gern gesehener Gast auf zahlreichen Veranstaltungen auf. Über die öffentliche Präsenz gelang es ihm zudem, Kontakte zu führenden Politikern herzustellen, wie etwa in einem Briefwechsel mit Bundeskanzler Konrad Adenauer (1876-1967).[51] Aus Sicht Haussers war daher mit der Gründung des Dachverbandes „Verband Deutscher Soldaten" (VDS) im September 1951[52] der entscheidende Schritt zur Rehabilitierung der Waffen-SS bereits getan.

Zu seiner Enttäuschung kam es nach heftigen internen Auseinandersetzungen im Jahre 1959 dennoch zur Gründung des „Bundesverbandes der Soldaten der ehemaligen Waffen-SS e. V." – kurz HIAG-Bundesverband. Das Amt des Bundessprechers übernahm der als Kriegsheld verehrte frühere Panzer-General Kurt Meyer (1910-1961).[53] Für den „Senior" der Waffen-SS bedeute dieser Schritt eine schwere Niederlage, und in der Folgezeit zog er sich aus der Verbandsarbeit weitgehend zurück.

Apologetische Geschichtsdarstellungen zur Waffen-SS

Hausser trat anschließend zwar nicht aus der HIAG aus, betätigte sich aber fortan lediglich noch als Autor und Publizist. Bereits im Jahre 1953 hatte er den Titel „Waffen-SS im Einsatz" veröffentlicht, eine Darstellung, die er als „Erinnerungswerk auf kriegsgeschichtlicher Grundlage" verstanden wissen wollte.[54]

---

[49] Bericht über die Tagung der HIAG-Vorsitzenden, Vermisstensuchdienst- und Fürsorgereferenten in Hannover am 26./27. 07.1952, in: BArch–MA, BW 9/46.
[50] Vgl. Wilke 2011 (wie Anm. 6), S. 153 ff. Zur Veteranenkultur nach 1945 vgl.: Kühne, Thomas: Kameradschaft, Die Soldaten des nationalsozialistischen Krieges und das 20. Jahrhundert, Göttingen 2006, S. 209–279; Manig, Bert-Oliver: Die Politik der Ehre. Die Rehabilitierung der Berufssoldaten in der frühen Bundesrepublik, Göttingen 2004; Diehl, James M.: The Thanks of the Fatherland. German Veterans after the Second Word War, Chapel Hill 1993.
[51] Vgl. Adenauer an Hauser [sic!], 17.12.1952, in: BArch–MA, BW 9/343.
[52] Vgl. Rautenberg, Hans Jürgen: Zur Standortbestimmung für künftige deutsche Streitkräfte, in: Foerster, Roland G. u. a. (Hg.), Anfänge westdeutscher Sicherheitspolitik 1945-1956, Bd. 1: Von der Kapitulation bis zum Pleven-Plan, München u. Wien 1987, S. 737–879, hier S. 805.
[53] Zur Gründung des HIAG-Bundesverbandes vgl. Wilke 2011 (wie Anm. 6), S. 35–50. Zu Kurt Meyer vgl. Meyer, Kurt jun.: Geweint wird, wenn der Kopf ab ist. Annäherungen an meinen Vater – „Panzermeyer", Generalmajor der Waffen-SS, Freiburg u. a.1998.
[54] Vgl. Hausser, Paul: Waffen-SS im Einsatz, Göttingen 1953, S. 9.

Gemeinsam mit einer ähnlich ausgerichteten Arbeit,[55] einem Personenlexikon[56] sowie einem Bildband,[57] bildete der Titel eine erste „Waffen-SS-Buchreihe".[58]

Diese Arbeiten wurden nicht nur als „Bücher, die jeder besitzen muss",[59] im Umfeld der HIAG angepriesen, sondern begründete überhaupt erst die Geschichtsschreibung zur Waffen-SS.[60] Bis in die späten 1970er Jahre gelang es den organisierten Veteranen der Waffen-SS durch eine fortgesetzte Publikationstätigkeit insgesamt, das öffentlich vermittelte Bild der Truppe wesentlich mitzuprägen.[61] Im HIAG-eigenen „Munin-Verlag" entstanden unter anderem in der Regel durch frühere Kommandeure verfasste und an der klassischen Militärgeschichte orientierte Darstellungen zu einzelnen SS-Einheiten.[62] Hausser fungierte hier als Berater und Stichwortgeber.[63] Doch auch Autoren mit aufklärerischem Anspruch schätzten seine Perspektive. Der Journalist Heinz Höhne (1926-2010) beispielsweise befragte ihn für seine bekannte Studie zur SS „Der Orden unter dem Totenkopf", die in den Jahren 1966/67 erstmals in der Zeitschrift „Der Spiegel" veröffentlicht wurde, als Zeitzeugen. Die darin enthaltene Ausarbeitung zur Waffen-SS fußt ganz wesentlich auf unkritisch übernommenen Ausagen Haussers.[64]

Er selbst veröffentlichte im Jahre 1966 seine zweite Buchpublikation „Soldaten wie andere auch", mit der er vor dem Hintergrund einer politischen Debatte um die Versorgungsregelungen nochmals nachzuweisen suchte, dass es sich bei der Waffen-SS um eine „heeresgleiche" militärische Formation gehandelt habe.[65] Wenige Monate vor seinem Tode zeichnete er sich zudem verantwortlich für das Geleitwort zu einem durch die HIAG herausgegebenen repräsentativen Bildband, der die Waffen-SS als eine Eliteformation verherrlicht.[66]

---

[55] Es handelt sich um: Panzermeyer (d. i. Kurt Meyer): Grenadiere, München 1957.
[56] Vgl. Krätschmer, Ernst-Günther: Die Ritterkreuzträger der Waffen-SS, Göttingen 1955.
[57] Vgl. Kanis, Kurt u. a. (Hg.): Waffen-SS im Bild, Göttingen 1957.
[58] Vgl. Werbeanzeige, in: Wiking-Ruf 5 (1956), H. 8, S. 26.
[59] Vgl. Werbeanzeige, in: Wiking-Ruf 5 (1956), H. 9, S. 25.
[60] Zur Geschichtsschreibung durch die HIAG vgl. Wilke 2011 (wie Anm. 6), S. 398–409.
[61] Vgl. Wilke, Karsten: Die Waffen-SS. Deutungsmuster der „Hilfsgemeinschaft auf Gegenseitigkeit" (HIAG) und andere Apologien, in: Langebach, Martin / Sturm, Michael: Erinnerungsorte der extremen Rechten, Wiesbaden 2015, S. 157–175.
[62] Zur Buchproduktion des Munin-Verlags vgl. Wilke 2011 (wie Anm. 6), S. 398–405.
[63] Vgl. Hausser, Paul: Zum Geleit, in: Weidinger, Otto: Division Das Reich. Der Weg der 2. SS-Panzerdivision „Das Reich". Die Geschichte der Stammdivision der Waffen-SS, Bd. 1, 1934–1939, Osnabrück 1967, S. 9.
[64] Vgl. Höhne, Heinz: Der Orden unter dem Totenkopf. Die Geschichte der SS, Augsburg 1992, S. 404–447 sowie den entsprechenden Anmerkungsapparat auf S. 589.
[65] Vgl. Hausser 1966 (wie Anm. 5).
[66] Vgl. Hausser, Paul: Zum Geleit, in: Bundesverband der Soldaten der ehemaligen Waffen-SS e. V. (Hg.), 2. Aufl., Osnabrück 1975, S. 6. Das Geleitwort ist datiert auf Juni 1972.

Die Veröffentlichungen der HIAG prägten lange Zeit das populäre Bild der Waffen-SS.[67] Erst das Standardwerk zum Thema von Bernd Wegner (* 1949), das erstmals im Jahre 1982 erschien, wies die apologetischen Deutungen der Veteranen endgültig zurück.[68] In der rechtsextremen Szene hingegen leben die Geschichtsmythen der HIAG fort. Im Jahre 2006 – vierzig Jahre nach der Erstveröffentlichung – legte der durch die NPD betriebene „Deutsche-Stimme-Verlag" Haussers Darstellung „Soldaten wie andere auch" erneut auf.[69]

Resümee

Eine Auseinandersetzung mit der Biografie Paul Haussers läuft Gefahr, dessen Selbstbeschreibungen und Selbstdeutungen als spiritus rector der Waffen-SS, Feldherr und militärischer Ehrenmann zu reproduzieren. Der Grund hierfür ist, dass dessen Geschichtsdarstellungen und -interpretationen vielfach konkurrenzlos im Raum stehen. Die einzige Quelle, die erklärt, weshalb er nach seiner Entlassung aus der Reichswehr in die SS eintrat, ist seine Bekundung, er habe ohne jegliche politische Ambition lediglich eine günstige Gelegenheit genutzt, um weiterhin als Offizier wirken zu können.

Hausser verstand es jedoch nicht nur, seine eigene Vita als „unpolitische" Soldatenkarriere zu beschreiben, sondern wirkte darüber hinaus wesentlich daran mit, apologetische Narrative zur Waffen-SS herzustellen. In der frühen Bundesrepublik wurden diese Narrative überwiegend geglaubt. Ursächlich hierfür war die Strategie der politischen Parteien, die Veteranen der Waffen-SS über materielle Zugeständnisse und „Ehrenerklärungen" für die Demokratie zu gewinnen. Beides führte dazu, dass diese Formation trotz ihrer Verurteilung als „Verbrecherische Organisation" seit Anfang der 1950er Jahre in die „Legende von der sauberen Wehrmacht" mit eingeschrieben wurde.

Seit den 1960er Jahren wurden die Geschichtsmythen um die Waffen-SS jedoch zunehmend angezweifelt; Politik und Gesellschaft gingen zunehmend auf Distanz. Hausser hingegen wirkte bis zu seinem Tode daran mit, den „wehrmachtsgleichen" Einsatz der Truppe zu betonen, die Einbindung der Waffen-SS in die Gesamt-SS als eine bedeutungslose Formalität zu verharmlosen, die systematischen Bezüge zwischen der Waffen-SS und den Konzentrationslagern in Abrede zu stellen und Kriegsverbrechen zu leugnen.

Seit den frühen 1950er Jahren bildete die „Hilfsgemeinschaft auf Gegenseitigkeit" (HIAG) den organisatorischen Rahmen für Haussers Bemühungen um die Apologie der Waffen-SS, gleichwohl er selbst dem Aufbau dieser Vereinigung

---

[67] Vgl. Westemeier, Jens: „Soldaten wie andere auch!". Der Einfluss der SS-Veteranen auf die öffentliche Wahrnehmung der Waffen-SS, in: Schulte, Jan Erik/ Wildt, Michael (Hg.): Die SS nach 1945. Entschuldungsnarrative, populäre Mythen, europäische Erinnerungsdiskurse, Göttingen 2018, S. 269–288; Wilke 2011 (wie Anm. 6), S. 405 f.
[68] Vgl. Wegner 1999 (wie Anm. 2).
[69] Vgl. Hausser, Paul: Soldaten wie andere auch. Der Weg der Waffen-SS, 5. Aufl., Riesa 2006. Allgemein zur Rezeption der Waffen-SS im Rechtsextremismus vgl. Wilke 2015 (wie Anm. 61).

skeptisch gegenüberstand. Dennoch blieb er der HIAG Zeit seines Lebens verbunden – und wurde hierfür zuletzt als Namensgeber des „Sozialwerks Paul Hausser" geehrt.[70] Als Repräsentant der Vereinigung und Deutungsinstanz konnte er den Habitus des Offiziers sowie den daran geknüpften paternalistischen Anspruch, die Interessen der ehemaligen Untergebenen zu vertreten, auch nach 1945 aufrechterhalten.

Inzwischen hat die Forschung wichtige Erkenntnisse zur Verbrechensgeschichte der Waffen-SS herausarbeiten können und auch die Person Haussers kritisch in den Blick genommen. So werden ihm unterstellte Einheiten mit Kriegsverbrechen in Verbindung gebracht, und er selbst hatte in seiner Funktion als Offizier der Waffen-SS an einer Führung im KZ-Mauthausen teilgenommen.

---

[70] Vgl. Art. Abschied vom Senior (wie Anm. 1), S. 5.

Wolfgang Proske

Gottlieb Hering: Laut Himmler „einer der fähigsten Mitarbeiter der Aktion Reinhardt"[1]

* 2. Juni 1887 in Warmbronn/Gem. Leonberg
† 9. Oktober 1945 in Stetten/Remstal

Kriminalpolizist, Massenmörder. 1933 NSDAP, ohne persönliche SS-Mitgliedschaft zuletzt SS-Hauptsturmführer. Ab 1940 Büroleiter der „Aktion T4" (Pirna-Sonnenstein, Bernburg, Hadamar), 1942-1944 Kommandant der Konzentrationslager Belzec, Poniatowa und Risiera di San Sabba, 1943 stellvertretender Chef der „Inspektion Aktion Reinhardt"

Protegé von Christian Wirth

Zu Beginn seiner Karriere hatte der Polizist Gottlieb Hering - je nach Sichtweise - unverschämtes Glück oder auch abgrundtiefes Pech. Hätte sein Freund Christian Wirth (1885-1944) aus Balzheim[2] sich nicht so massiv für ihn verwendet, so wäre er wohl schon 1933 vorzeitig aus dem württembergischen Polizeidienst entlassen worden.

Denn der „alte Kämpfer" und Polizeigewerkschafter Wirth, der bereits 1922 der NSDAP beigetreten war, fungierte als Vorsitzender des Reichsverbands der Kriminalbeamten in Württemberg; Hering war sein Stellvertreter. Allerdings galt Hering für manchen seiner weit rechts stehenden Kollegen als SPD-Sympathisant und wurde an seiner damaligen Dienststelle in Göppingen gar „Nazi-Fresser" genannt. Einem lokalen SA-Führer hatte er ins Gesicht gesagt, lieber lasse er sich eine Kugel ins Hirn schießen als dass er Nazi werde.[3] Ob das nun stimmt oder nicht: Wäre er dieser Aussage zumindest in ihrer Tendenz treu geblieben, so wäre sein Leben in eine andere, wahrscheinlich bessere Richtung gelaufen. So aber wurde Hering auf Fürsprache Wirths sowie auf Empfehlung des Christian Mergentha-

---

[1] Die Aussage fiel vermutlich beim Besuch Himmlers am 12.02.1943 in Lublin bzw. einem der dort in der Nähe liegenden Vernichtungslager. Zit. n. Klee, Ernst: Das Personenlexikon zum Dritten Reich. Wer war was vor und nach 1945? Frankfurt 2003, S. 247. Vgl. zum Kontext auch Arad, Yitzhak: Belzec, Sobibor, Treblinka. The Operation Reinhard Death Camps, Bloomington/Indianapolis 1987, S. 167.
[2] Vgl. Rieß, Volker: Christian Wirth, in: Mallmann, Klaus-Michael/ Paul, Gerhard (Hg.): Karrieren der Gewalt. Nationalsozialistische Täterbiografien, Darmstadt 2004, S.239-251. Balzheim liegt im heutigen Alb-Donau-Kreis und ist in die Stadt Dietenheim eingemeindet.
[3] Vgl. Stäbler, Renate: Vom Schutzmann zum Nazi-Verbrecher, in: Leonberger Kreiszeitung, 18.08.2017 sowie allg. Wikipedia: Gottlieb Hering, eingesehen am 18.08.2014 sowie am 22.12.2018.

ler (1884-1980), dem damals einzigen Abgeordneten der NSDAP im württembergischen Landtag, vom Reichsstatthalter Wilhelm Murr (1888-1945) im Amt belassen und am 24. Januar 1934 ins Polizeipräsidium nach Stuttgart versetzt. Hier wurde er ab dem 19. Februar in Wirths Sonderkommission für Schwerkriminalität integriert.[4]

Man hätte somit den Eindruck gewinnen können, dass jetzt, nachdem die Nazis an der Macht waren, nichts so heiß gegessen wurde wie es gekocht worden war. Denn die neuen Herren gaben sich gegenüber „Kameraden, die früher einmal in der falschen Front" gestanden hatten,[5] durchaus großmütig, aber eben nur dann, wenn sie sich auf Gedeih und Verderb in die neuen Verhältnisse einordneten. Man erwartete von ihnen immer einen Tick mehr als einfach nur dienstliches Wohlverhalten. Auch in ihrem Privatleben müssten sie fortan „Nationalsozialisten sein": „(V)om Morgen bis zum Abend, vom Abend bis zum Morgen und wieder vom Morgen bis zum Abend."[6]

Insofern hat Hering entsprechende Winke mit dem Zaunpfahl aus gutem Grund sehr ernst genommen und avancierte nach seiner Gleichschaltung innerhalb der SS regelrecht zum Musterschüler. Er hatte gelernt, dass nur sein hundertfünfzigprozentiges Funktionieren ihm die Akzeptanz und vielleicht sogar ein gewisses „Ansehen" innerhalb der NS-Exekutive garantierte. Der Preis dafür erwies sich allerdings als sehr hoch. Als Christian Wirth es Ende 1941 zum Kommandanten des KZ Belżec brachte, wechselte mit ihm auch Hering in den „Osten" und rückte rasch zu seinem engsten Mitarbeiter auf. Herings Metamorphose zum Massenmörder von Wirths Gnaden war damit vorprogrammiert, was sich auch noch in der letzten Phase seines Lebens zeigte: Als Wirth 1944 von slowenischen Partisanen zur Strecke gebracht wurde, endete mit dem Tod seines Schutzengels auch Herings Karriere schlagartig.

Hering als Soldat und Polizist

Geboren wurde Jakob Gottlieb Hering am 2. Juni 1887 in Warmbronn.[7] Nach der Schule war Hering zuerst landwirtschaftlicher Aufseher. Von 1907-1912 wechselte er zum Militär, zeitweise nach Ulm, bis er am 1. Oktober 1912 als Schutzmann zur Stadtpolizei Heilbronn ging.[8] Am 4. Juni 1914 heiratete er seine im dritten Monat schwangere Freundin Helene Schwarz, die einen Sohn gebar.[9] Den 1. Weltkrieg verbrachte er als Soldat in Frankreich und in Flandern. Danach

---

[4] Stäbler 2017 (wie Anm. 3).
[5] Kurt Daluege, Chef der Ordnungspolizei, 28.04.1934, zit. n. „Der Deutsche Polizeibeamte" vom 15.05.1934, S. 362.
[6] Daluege 1934 (wie Anm. 5), S. 363.
[7] Standesamt Leonberg, Familienbuch Warmbronn Bd.1, S. 60. Warmbronn ist heute Ortsteil von Leonberg im Landkreis Böblingen.
[8] Alle persönlichen Angaben zu Hering, soweit nicht anders vermerkt, unter StAL; EL 51/1 I, Bü 1252 (Personalakten).
[9] https://www.holocausthistoricalsociety.org.uk/contents/aktionreinhardt/gottliebhering.html; Stäbler 2017 (wie Anm. 3).

kam er ab 1. September 1919 zur Kriminalpolizei Heilbronns, wo er ab 1. März 1920 als Fahnder eingesetzt wurde. Am 1. Januar 1923 übertrug man ihm eine Kriminaloberwachtmeisterstelle; 1925 qualifizierte er sich zum Ausbilder für junge Polizisten. Auf den Besuch der Württembergischen Polizeifachschule hin folgte am 1. März 1926 die Ernennung zum Kriminalkommissar. Hier leitete er die Sonderkommission zur Überwachung extremistischer politischer Parteien. Am 22. März 1929 versetzte man ihn als Kriminaloberkommissar zur Polizeidirektion Göppingen, am 19. Februar 1934 mit gleichem Rang in das Polizeipräsidium Stuttgart. Noch in Göppingen erkannte er die Zeichen der Zeit und wurde am 1. Mai 1933 unter der Nummer 3.239.553 Mitglied der NSDAP,[10] „sehr zum Erstaunen und Missfallen vieler Nazis in Göppingen. Er war einer von Tausenden sogenannten `Maikäfern´, die in dieser Zeit scharenweise in die Partei eintraten."[11] Ab 1. April 1937 führte er den Titel eines Kriminalbezirkssekretärs, ab 1. Juli 1938 war er Kriminalbezirksobersekretär. Von Oktober bis Dezember 1939 wurde Hering dann für sechs Wochen als Leiter an die Kripo Schwenningen abgeordnet, aber bereits Mitte Dezember von Paul Werner (1900-1970),[12] dem stellvertretenden Amtschef im RSHA, ausgewählt und zum 1. Januar 1940 zur Polizei nach Gotenhafen (heute: Gdynia/Polen) abkommandiert.

Aktion T4: Hering als Bürokrat des Krankenmordes

Bei seinem dortigen Dienstantritt erhielt er – ohne Mitgliedschaft in der SS - „feldgraue SS-Dienstkleidung". Am 1. September 1940 wurde er formal an die „Gemeinnützige Stiftung für Anstaltspflege in Berlin W.35, Tiergartenstr. 4" versetzt. Hinter dieser Anschrift verbarg sich, was heute als „Aktion T4" geläufig ist: Im Testlauf für Kommendes wurden unter diesem Kürzel über 70.000 Menschen mit geistiger und/oder körperlicher Behinderung systematisch ermordet. Zuerst war er in der „Einwandererzentralstelle" in Gotenhafen mit der Ansiedlung von „gutrassigen Volksdeutschen" aus Estland, Lettland und Bessarabien,[13] d.h. mit der Sicherung des „neuen Lebensraumes im Osten u. dessen rücksichtslose(r) Germanisierung" bzw. der Schaffung einer „neue(n) Ordnung der ethnographischen Verhältnisse" befasst.[14] Die im „Reichsgau Wartheland", d.h. dem Großraum Posen (heute Poznań) lebenden 650.000 Polen wurden vertrieben und ihr Besitz konfisziert. Bald darauf war Hering als stellvertretender Büroleiter

---

[10] StAL: EL 902/24, Spruchkammer 49, Waiblingen, Verfahrensakten.
[11] Stäbler 2017 (wie Anm. 3).
[12] Vgl. Wirth, Ingo: Paul Werner: „Das Einzelschicksal gilt nichts, wenn es um die Gemeinschaft geht", in: Proske, Wolfgang (Hg.): Täter Helfer Trittbrettfahrer, Bd. 6, NS-Belastete aus Südbaden, Gerstetten 2017, S. 371-381.
[13] Friedrich, Klaus-Peter (Bearb.): Die Verfolgung und Ermordung der europäischen Juden durch das nationalsozialistische Deutschland 1933-1945, Bd. 9: Polen: Generalgouvernement August 1941-1945, München 2014, S. 434, Anm. 18.
[14] Hitler, Adolf laut „Liebmann-Aufzeichnung", zit. n. Hofer, Walter: Der Nationalsozialismus. Dokumente 1933–1945, Frankfurt/Hamburg 1957, S. 181 sowie zit. n. Domarus, Max: Hitler - Reden und Proklamationen, Würzburg 1963, Bd. 2, S. 1383 / Rede Hitlers vor dem Reichstag, 4. Sitzung, 06.10.1939.

in der Tötungsanstalt Pirna-Sonnenstein/Sachsen mitverantwortlich für Krankenmorde.[15] Die gefälschten Todesursachen der Opfer unterschrieb er mit dem Decknamen „Greif".[16] Dann ging er als Leiter eines „Sonderstandesamtes" zur Durchführung angeblicher „Euthanasien" nach Bernburg im heutigen Sachsen-Anhalt. Zuletzt wirkte er als Bürovorsteher der hessischen Tötungsanstalt Hadamar und wickelte sie bei ihrer Auflösung ab.[17]

Hering steht anschließend auch in seinem weiteren Lebenslauf für eine ungebrochene, lange Zeit kaum durchschaute Kontinuität der „Krankenmörder" und ihrer bis 1945 andauernden Tätigkeit. Unmittelbar nach der Aktion T4 wurde Hering zu einer der treibenden Kräfte in der „Aktion Reinhardt", d.h. der systematischen Ermordung aller Juden und Roma im Generalgouvernement. Hierbei hat er sich zur Zufriedenheit seiner Vorgesetzten bewährt: Am 30. Januar 1943 ernannte man ihn im KZ Bełżec zum Kriminalinspektor und wies ihn in eine entsprechende freie Stelle bei der Kriminalpolizeileitstelle Stuttgart ein. Auf Sonderbefehl von Victor Brack (1904-1948)[18] aus der Kanzlei des Führers bzw. Himmlers vom 12. Februar 1943[19] wurde er weiterhin über seine Dienststelle in Stuttgart entsandt, die somit für seine Gehaltszahlung zuständig blieb. Im April 1943 wechselte Hering dann als Chef in das Arbeitslager Poniatowa und schließlich zu seinem letzten Dienstort, dem KZ Risiera di San Sabba im norditalienischen Triest. Von dieser Abordnung meldete er sich am 6. Oktober 1944 zurück ins Polizeipräsidium Stuttgart, wo er am 30. Juni 1945 als mutmaßlicher NS-Täter vom Dienst suspendiert wurde. Zur Entlassung aus dem Staatsdienst kam es nicht mehr, da er am 9. Oktober 1945 verstarb.

Aktion Reinhardt: Mord an Juden und Roma im Generalgouvernement

Der Massenmord im Generalgouvernement setzte nach einem Vorstoß des bereits genannten Viktor Brack ein. Brack war bis Hochsommer 1942 Oberdienstleiter T4 im Amt II der Kanzlei des Führers. Im Mai 1942 regte er im Brief an Heinrich Himmler (1900-1945) an, die „ganze Judenaktion so schnell wie nur irgend möglich durchzuführen."[20] Himmler antwortete am 19. Juni 1942 per rückwirkendem Befehl zur Ermordung aller Juden im Generalgouvernement bis zum Ende des Jahres 1942. Der SS- und Polizeiführer (SSPF) in Lublin, Odilo Globocnik (1904-1945), dankte im Brief an Himmlers Adjutanten postwendend

---

[15] Stäbler 2017 (wie Anm. 3).
[16] Mather, Monica / Stäbler, Renate: Warmbronn. Geschichte eines altwürttembergischen Fleckens, hg. vom Stadtarchiv Leonberg (= Beiträge zur Stadtgeschichte 10), Leonberg 2009, S. 223.
[17] BArch. SSO 90A (Gottlieb Hering) sowie R 178.
[18] Vgl. Friedlander, Henry: Viktor Brack – Parteimann, SS-Mann und Mordmanager, in: Smelser, Ronald/ Syring, Enrico (Hg.): Die SS: Elite unter dem Totenkopf, Paderborn 2000.
[19] Vgl. Moehrle, René: Judenverfolgung in Triest während Faschismus und Nationalsozialismus 1922-1945, Berlin 2014, S. 350.
[20] Brack an Himmler, 23.06.1942, in: Rückerl, Adalbert (Hg.): NS-Vernichtungslager im Spiegel deutscher Strafprozesse. Belzec, Sobibor, Treblinka, Chelmo, München 1977, S.120 f.

und versprach, das Menschenmögliche zu tun, damit „alle unsere geheimen Wünsche […] in Erfüllung gehen."[21]

Daraufhin wurden in einem „Blitzkrieg" (Christopher Browning)[22] von August bis November 1942 in den drei Vernichtungslagern[23] vielleicht 1,3 Millionen, vielleicht auch 1,8 Millionen Juden und Roma getötet und ihre Habe penibel verwertet.[24] Die „Aktion Reinhardt" erweist sich rückblickend als ein erster Höhepunkt der Shoah bzw., in den Worten der Roma, des „Porajmos".

Bełżec: Kommandant Hering als maßgeblicher Versuchsleiter

Für Hering eröffneten sich mit diesem Verlauf beängstigende Entfaltungsmöglichkeiten. Wichtigstes zu lösendes Problem war eine möglichst effiziente und gleichzeitig kostengünstige Vernichtung riesiger Menschenmassen. Ein erstes dafür konzipiertes Lager in Chelmno hatte sich rasch als bei weitem nicht effektiv genug erwiesen und wurde wieder geschlossen. Bełżec wurde auf der Grundlage der Erfahrungen in Chelmno errichtet, unter Berücksichtigung wichtiger neuer Erkenntnisse. So lag Bełżec besonders verkehrsgünstig. Auch wurden erstmals (?) sog. Travniki als Helfer fürs Grobe eingesetzt, ehemalige Gefangene, die sich so eine persönlich bessere Behandlung erkauften und die gleichzeitig halfen, die psychischen Belastungen der deutschen Täter zu verringern.

In Bełżec führte Hering ab Juli 1942 die Oberaufsicht über die „Transportabfertigung" der Betroffenen. Sie kann in fünf Schritte eingeteilt werden: „Ausziehen, Abgabe der Wertgegenstände und Abschneiden der Haare, die Ermordung der Opfer und der Abtransport der Leichen […]; die Erschießung alter und kranker Menschen und zuletzt die `Verwertung´ der von den Opfern mitgebrachten Wertgegenstände und der Kleidung."[25] Außerdem hielt er den allgemeinen Lagerbetrieb in Gang. Von Wirth hatte er gelernt, nur dann einzugreifen, wenn es notwendig schien, ansonsten aber den Mitarbeitern freien Lauf zu lassen.

Das Lager in Bełżec umfasste eine etwa 265 x 275 Meter große Fläche, die in zwei Bereiche eingeteilt war. Der erste Teil enthielt Verwaltungsgebäude, Unterkunftsbaracken, eine Eisenbahnrampe und ein Gleis, das in das Lager hineinführte. Im zweiten Teil befanden sich drei Gaskammern, Leichengruben, Scheiterhaufen sowie die Unterkünfte der dort arbeitenden Juden. Die einzige Verbindung zwischen beiden Lagerbereichen bildete ein Pfad, der „Schlauch" genannt wurde und von dem „Entkleidungsbereich" des ersten Lagerabschnitts

---

[21] BArch, SSO 16A, Globocnik an Wolff, 22.07.1942. Zu Globocnik vgl. Rieger, Berndt: Creator of Nazi Death Camps. The Life of Odilo Globocnik, London/Portland 2007.
[22] Browning, Christopher: Ganz normale Männer. Das Reserve-Polizei-Bataillon 101 und die `Endlösung´ in Polen, Hamburg 2007, S. 11.
[23] Die beiden anderen Lager der Aktion Reinhardt neben Bełżec waren Sobibor und Treblinka.
[24] Berger, Sara: Experten der Vernichtung. Das T4-Reinhardt-Netzwerk in den Lagern Belzec, Sobibor und Treblinka, Hamburg 2013, S. 170.
[25] Berger 2013 (wie Anm. 24), S. 109.

direkt zu den Gaskammern führte. Wer nicht in der Lage war, diesen Weg alleine zu gehen, wurde erschossen.

Die ersten „Probevergasungen" von Juden aus dem Ghetto Lublin hatten am 17. März 1942 begonnen. Ein SS-Mann erklärte den Ankommenden, sie hätten ein „Durchgangslager" erreicht. Nun müssten sie duschen und würden anschließend mit neuer Kleidung in ein Arbeitslager geschickt. Bis auf einige wenige Männer wurden dann die meisten Ankömmlinge in die als Duschräume getarnten Gaskammern getrieben. Der Mord geschah anfänglich noch mit Kohlenmonoxid aus Stahlflaschen, so wie die Täter das bei den Krankenmorden gelernt hatten. Da aber die Zahl der Betroffenen ein Vielfaches betrug, wurden regelrechte Testläufe für das Ergründen der effektivsten Technik zur Massenabschlachtung gestartet. Erfolgreich war man schließlich dank der Verwendung von Motorabgasen, wodurch die Tötungskapazität erheblich gesteigert werden konnte. Darüber hinaus fanden auch Versuche mit Blausäure statt. Das später in Auschwitz bevorzugte Insektenvertilgungsmittel Zyklon B diente in Bełżec noch zur Desinfektion der Kleidung der Leichen.[26]

Die von der Vergasung zunächst noch nicht erfassten Juden mussten die zurückgelassenen Kleider und Habseligkeiten zum Sortierplatz bringen und die während des Transports Gestorbenen aus den Zügen holen. Ein weiteres jüdisches Arbeitskommando wurde gezwungen, die in den Gaskammern ermordeten Menschen auf versteckte Wertgegenstände zu untersuchen, ihnen die Goldzähne herauszubrechen, die Haare abzuschneiden und sie schließlich in Leichengruben zu werfen. Auch diese jüdischen Häftlinge wurden von der SS nach einiger Zeit getötet und durch andere Juden aus neuen Transporten ersetzt.

Da die Leichengruben bald nicht mehr ausreichten, um all die Toten zu beseitigen, wurde mit der Verbrennung eine Methode gefunden, um die rasch anwachsenden Leichenberge zu beseitigen und den ätzenden, bis zu 15 Kilometer wahrnehmbaren Gestank zu begrenzen. Die Nazis lernten, dass die Scheiterhaufen am besten brannten, wenn man die Leichen zwischen Eisenbahnschienen, Steine und weiteres Holz mischte, danach alles mit Öl übergoss und anzündete. So ließen sich pro Tag etwa 2.000 Leichen beseitigen.

Alles in allem erlernten die Nazis die Organisation des Massenmords beim Feldversuch in Bełżec durch „learning by doing", bis hin zum Einsatz eines Lagerorchesters, das die Schreie der Opfer übertönen sollte. Es zeigte sich, dass angesichts der kaum enden wollenden Menschenmassen die Anwendung von roher Gewalt deutlich wirksamer war als die bisher angewandten „freundlichen" Täuschungstaktiken. „Vor Ort wurde das Mordsystem erfunden, getestet, nach

---

[26] Benz, Wolfgang/ Distel, Barbara (Hg.): Der Ort des Terrors – Geschichte der nationalsozialistischen Konzentrationslager, Bd. 8, München 2008, S. 348.

Problemlösungen gesucht [...]."²⁷ Bełżec war das ausschlaggebende „Versuchslager"²⁸ für die Effizienz des Massenmords. Und Hering befand sich mitten drin als der maßgebliche Versuchsleiter.

Erster Kommandant von Bełżec war zwar Christian Wirth geworden und Gottlob Hering zunächst lediglich sein Stellvertreter. Da Wirth aber oft nicht persönlich vor Ort anwesend war, wuchs Gottlob Hering rasch als der bestimmende Akteur in die alleinige operative Leitung des Lagers hinein. Bereits nach einem Monat löste er Wirth im August 1942 auch offiziell als Lagerkommandant ab, bis März 1943.²⁹

Einer der nur sieben³⁰ Überlebenden von Bełżec, Rudolf Reder (1881-1968), der vier Monate im Lager verbrachte und im November 1942 flüchten konnte,³¹ charakterisierte Gottlieb Hering aus dem Blickwinkel des Opfers folgendermaßen: „Wir wussten, dass der Lagerkommandant (Hering, W.P.) im schönsten Häuschen neben der Bahnstation Bełżec wohnte. [...] Er war ein großgewachsener Schlägertyp, breitschultrig, über 40, mit einem ordinären Gesichtsausdruck – so sieht wahrscheinlich der geborene Verbrecher aus. Ein absolutes Untier. Einmal ging die Tötungsmaschine kaputt. Er wurde davon in Kenntnis gesetzt, kam auf seinem Pferd angeritten und befahl, die Maschine zu reparieren. Er erlaubte aber nicht, die Menschen aus den stickigen Gaskammern rauszulassen – sollen sie doch noch ein paar Stunden länger ersticken und Todeskämpfe erleiden. Er kauerte sich vor Wut hin, brüllend und bebend. Obwohl er sich selten zeigte, war er der Schrecken der SS-Männer."³² Hering habe sich auch sehr brutal gegenüber Trawniki-Männern³³ gezeigt und verurteilte „einige wegen fehlenden Gehorsams und Fluchtversuchen bzw. Raub von jüdischem Eigentum zum Tode."³⁴

In Bełżec starben zwischen 467.650 – 596.200 Menschen.³⁵ Die Zahl kann nur geschätzt werden, da es keine Transportlisten gab. Die größte Opferzahl mit etwa 140.000 wurde im August 1942 erreicht. Rechnerisch wurden in dem Monat, in dem Hering formal die Kommandantur übernahm, pro Tag 4.516 Menschen getötet, womit das Lager seine höchste Effektivität erreichte. Alleine in

---

[27] Berger 2013 (wie Anm. 24), S. 49.
[28] Tregenza, Michael: Bełżec – Das vergessene Lager des Holocaust, in: Wojak, Irmtrud/ Heyes, Peter (Hg.): „Arisierung" im Nationalsozialismus. Volksgemeinschaft, Raub und Gedächtnis, Frankfurt/New York 2000, S. 241.
[29] Vgl. Gutman, Israel (Hg.): Encyclopedia of the Holocaust, Vol. 1, New York u.a. 1990, S. 179.
[30] Oertle, Jenny, Deutsches Historisches Museum Berlin, 15.05.2015 (https://www.dhm.de/lemo/kapitel/der-zweite-weltkrieg/voelkermord/vernichtungslager-belzec.html).
[31] Gutman 1990 (wie Anm. 29), S. 179.
[32] Reder, Rudolf: Bełżec, S. 63, Krakau 1999, zit. n. Benz/ Distel 2008 (wie Anm. 26), S. 349 f.
[33] Der Begriff geht zurück auf das Ausbildungslager Trawniki. Dort wurden sowjetische Kriegsgefangene insb. aus der Ukraine ausgebildet, die, um ihr Leben zu retten, darin eingewilligt hatten, auf die deutsche Seite zu wechseln.
[34] Benz/ Distel 2008 (wie Anm. 26), S. 350.
[35] Berger 2013 (wie Anm. 24), S. 254.

der Zeit seiner Kommandantentätigkeit wurden mindestens 350.000 Menschen ermordet und es wurde parallel versucht, sie zu verbrennen. Doch dies gelang nur unzureichend: Bełżec musste schließlich geschlossen werden, denn es gab schlichtweg keinen Platz mehr für Massengräber und die Verbrennung der Leichen[36] von November 1942 bis März 1943 geriet angesichts des Übermaßes an Toten immer mehr in Rückstand.[37]

Poniatowa: Sklavenarbeit bis zum Tod

Hering wurde an seinem nächsten Arbeitsplatz Poniatowa zunächst erneut Wirths Stellvertreter, diesmal als Chef der „Inspektion Einsatz Reinhardt". In dieser Funktion waren jetzt die Leitungs- und Koordinationsinstanz für die drei Vernichtungslager Bełżec, Sobibor und Treblinka sowie die Arbeitslager, die unter der Aufsicht der Kanzlei des Führers standen, vereinigt worden.

Das sog. „T4-Reinhardt-Netzwerk", dem inzwischen bis zu 121 Mitarbeiter angehörten,[38] stieg ab Dezember 1942 verstärkt in die Altsachenverwertung ein und auch in die Selektion von Arbeitskräften und den Zwangsarbeitereinsatz bzw. die Tötungsmethode „Vernichtung durch Arbeit". Das Lager Poniatowa, gelegen 36 km südwestlich von Lublin im Generalgouvernement, war ursprünglich ab September 1941 als deutsches Kriegsgefangenenlager (Stalag 359) für 24.000 gefangene Sowjetsoldaten eingerichtet worden. Die meisten von ihnen waren verhungert oder bis zum Frühjahr 1942 ermordet worden.[39] Ab Oktober 1942 wurde Poniatowa dann zum Arbeitslager für Juden. Diverse Fertigungen wurden direkt ins Lager verlegt. Der Arbeitseinsatz der Juden im Generalgouvernement ging von den Arbeitsämtern der Zivilverwaltung auf die SS- und Polizeiführer bzw. ihre Organe über. Damit siegte – kurzfristig und auf Druck der SS – der Kapitalismus: Juden wurden jetzt von ihr privaten (oder halbprivaten) Firmen gegen Zahlung von täglich fünf bzw. vier Złoty pro Häftling zur Sklavenarbeit abgestellt. Man kann sagen: Sie sollten vor ihrem Tod die Kosten für ihre Ermordung und darüber hinaus auch noch einen kleinen Profit erarbeiten.

Poniatowa diente der Textil- und Pelzverarbeitung, d.h. hier wurde möglichst profitabel verarbeitet, was den Mordopfern an persönlicher Habe abgenommen worden war. Globocnik als SSPF Lublin schloss dafür Anfang 1943 einen Vertrag mit den Többenswerken, die bisher im Warschauer Ghetto tätig gewesen waren.[40] Anfänglich 10.000, bis Mai 1943 16.000 – 18.000 Zwangsarbeiter samt Familienangehörigen wurden hierbei aus dem Warschauer Ghetto überstellt.[41] Die SS war direkt am Gewinn beteiligt. Im Juni 1943 hatte Poniatowa

---

[36] Vgl. Berger 2013 (wie Anm. 24), S. 190-193.
[37] Berger 2013 (wie Anm. 24), S, 173.
[38] Vgl. Berger 2013 (wie Anm. 24), S. 401-415.
[39] Gutman 1990 (wie Anm. 29), S. 1181 ff.
[40] Der Kaufmann Walter Többens (1909-1954) war zuvor in Bremen an Arisierungen beteiligt.
[41] Wikipedia: Walter Többens, eingesehen am 21.04.2018.

„eine wöchentliche Produktionskapazität von 38.000 Blusen, Hosen und Mänteln, 18.000 Hemden oder Wäschestücken, 6.000 Mützen, 7.200 Paar Socken, 5.000 Tornistern, 4.200 Brotbeuteln und 2.400 Koppeltraggestellen."[42] Die letzten Überbleibsel der Juden wurden so in neue Produkte verwandelt, denen man ihre Herkunft nicht länger ansah, indem die „Destruktion durch Produktion so ergänzt wurde, dass auch noch die materiellen Spuren der Opfer in neuen Produkten aufgehen und damit vollständig gelöscht" wurden.[43]

Zur finanziellen Abwicklung der Arbeitslager wurde am 12. März 1943 von Oswald Pohl (1892-1951), Leiter des SS-Wirtschafts-und Verwaltungshauptamtes (WVHA), das SS-Wirtschaftsunternehmen Ostindustrie GmbH (Osti)[44] gegründet: „Die Osti war ein Kompromiss zwischen Globocnik und Vertretern des WVHA, das bei der wirtschaftlichen Ausbeutung mitverdienen wollte."[45] Die Ostindustrie GmbH wiederum war Teil der von der SS betriebenen „Deutschen Wirtschaftsbetriebe" (DWB). Die Geschäftsführung der Osti übernahmen Globocnik sowie für den kaufmännisch-wirtschaftlichen Bereich der SS-Obersturmführer, Wirtschaftsprüfer und Steuerberater Max Horn (1904-1989).[46] In 18 Betrieben leisteten immerhin 52.000 „qualifizierte", d.h. die noch am meisten arbeitsfähigen Juden Zwangsarbeit.[47]

Hering begann seine Tätigkeit im Lager Poniatowa im April 1943, kehrte allerdings immer wieder nach Bełżec zurück, um den Abbruch des Lagers zu inspizieren. Bevor dort am 26. Juni 1943 die letzten noch lebenden Arbeitsjuden ins KZ Sobibor verbracht wurden, um sie als unerwünschte Zeugen zu liquidieren, hatte Hering sie in bester Nazimanier zu ihrer Beruhigung noch angewiesen, sich für die Zukunft eines der Arbeitslager Lublin, Trawniki oder Budzyn auszusuchen.[48] Bemerkenswert ist auch die letzte NS-Aktion in Bełżec, später kopiert auch in Sobibor und Treblinka: Um die Spuren des Massenmordes zu verwischen, wurde das Land umgepflügt, wiederaufgeforstet und auf dem Gelände ein das Geschehen verschleiernder Bauernhof angelegt. Damit wurde Himmlers Feststellung umgesetzt, dass der Völkermord an den Juden „ein niemals

---

[42] Berger 2013 (wie Anm. 24), S. 265.
[43] Assmann, Aleida: Erinnerungsräume, München 1999, S. 379.
[44] Vgl. allg. Georg, Enno: Die wirtschaftlichen Unternehmungen der SS, Stuttgart 1963, S. 90 ff.
[45] Berger 2013 (wie Anm. 24), S. 258.
[46] Max Horn, geboren in Stuttgart und seit 1933 Mitglied der NSDAP sowie der SS, war 1937 in Hamburg als Steuerberater zugelassen worden und wurde 1942 in Stuttgart Wirtschaftsprüfer bei der Industrie- und Handelskammer. In der Wehrmacht wurde er an das WVHA abgeordnet. Die Osti leitete er gemeinsam mit Globocnik ab Februar 1943 bis zu ihrer Liquidation. Danach wurde Horn Geschäftsführer des SS-Unternehmens „Deutsche Versuchsanstalt für Ernährung und Verpflegung". Aufgabe war der Anbau und die Erforschung von Gewürz- und Heilkräutern, u.a. auch im „Kräutergarten" des KZ Dachau und der „Plantage" des Außenlagers Heppenheim. Als „Mitläufer" entnazifiziert, machte er sich in der Bundesrepublik als Wirtschaftsprüfer selbständig und gründete 1966 eine eigene Wirtschaftsprüfungsgesellschaft; in Fachzeitschriften veröffentlichte er über 650 Beiträge. Horn starb in Ulm, ohne je angeklagt bzw. verurteilt worden zu sein.
[47] Moehrle 2014 (wie Anm. 19), S. 341.
[48] Berger 2013 (wie Anm. 24), S. 193.

geschriebenes und niemals zu schreibendes Ruhmesblatt unserer Geschichte" sei.[49] Alle Hinweise auf den Holocaust seien möglichst vollständig zu beseitigen.

Hering als Lagerkommandant in Poniatowa

Als Kommandant des Lagers Poniatowa war Hering Chef von 40 SS-Männern und ca. 600 meist ukrainischen Kollaborateuren. Unter seinem Kommando wurden auch in Poniatowa hunderte von Gefangenen exekutiert oder zu Tode gefoltert. Hering galt als „besonders gewalttätig und mordlüstern [...]. Hering ließ auch die nichtjüdische Ehefrau eines im Lager inhaftierten deutschen Juden, die mit Zigaretten schmuggelte, im Lager erschießen."[50]

Zwischen Hering bzw. altgedienten T4-Reinhardt-Männern einerseits und neu hinzugestoßenen SS-Männern bzw. Mitarbeitern der Firma Walter Többens kam es bald zu „Spannungen, Machtspielen und Handgreiflichkeiten [...]. Hering schlug den Werkstätten-Direktor Ernst Jahn(ke) einmal krankenhausreif und warf ihm vor, sich an Jüdinnen sowie an Gold und Wertsachen vergriffen zu haben. Jahn(ke) flüchtete später aus dem Krankenhaus; vermutlich wurde er aufgegriffen und erschossen [...]. Hering ließ mithilfe von Wirth auch den SS-Sanitätsdienstgrad Backhaus wegen seiner Beziehung zu einer jüdischen Krankenschwester, die im Krankenrevier von Poniatowa beschäftigt war, in ein Lubliner Gefängnis bringen und vor ein SS-Gericht stellen."[51]

Arbeitskräfte für Poniatowa wurden aus den Lagern Sobibor und Treblinka selektiert. Moralische Hemmschwellen im Umgang mit den Arbeitssklaven gab es kaum noch, da sich nach Belieben immer neue Arbeitskräfte unter den Neuankömmlingen in den Vernichtungslagern rekrutieren ließen. Nach etwa sechs Monaten wurden 12.000 - 14.500 Zwangsarbeiter, die sich zu diesem Zeitpunkt noch in Poniatowa befanden, am 3. und 4. November 1943 im Rahmen der „Aktion Erntefest" aus Sicherheitsgründen nach der Massenflucht bzw. dem Aufstand von Treblinka am 2. August 1943 und von Sobibor vom 14. Oktober 1943 auf Befehl des neuen SSPF Lublin, Jakob Sporrenberg (1902-1952), liquidiert.[52] Der Massenmord geschah auch dieses Mal mit ungeheurer Brutalität, orientiert ausschließlich an einem Maximum an gleichzeitigen Tötungen. Die anschließende Leichenverbrennung überließ Hering seinem langjährigen T4-Mitarbeiter Heinrich Gley (1901-1985).[53] Den Gesamtwert der bis dahin erbeuteten

---

[49] Vgl. https://www.1000dokumente.de/pdf/dok_0008_pos_de.pdf: Rede des Reichsführers SS bei der SS-Gruppenführertagung in Posen am 04.10.1943.
[50] Berger 2013 (wie Anm. 24), S. 266.
[51] Berger 2013 (wie Anm. 24), S. 266.
[52] Berger 2013 (wie Anm. 24), S. 257-260. Vgl. auch Curilla, Wolfgang: Der Judenmord in Polen und die deutsche Ordnungspolizei 1939-1945, Paderborn u.a. 2011, S. 622.
[53] Gley berichtet aus seiner Sicht über diesen Vorgang in: Arad, Yitzhak: Belzec, Sobibor, Treblinka. The Operation Reinhard Death Camps, Bloomington/Indianapolis 1987, S. 366 f. Intern rief die Aktion Kritik des wirtschaftsorientierten Flügels der SS hervor: „Durch den Entzug der jüdischen Arbeitskräfte [...]

Geldmenge errechnete Odilo Globocnik am 5. Januar 1944 auf „178 745 960,59 RM"; wahrscheinlich betrage er aber eher „das Doppelte".[54]

Für Globocnik und kurz darauf auch Wirth bzw. Hering eröffnete sich zum 13. September 1943 eine letzte Verwendungsmöglichkeit. An diesem Tag ernannte Himmler, vermutlich auf Wunsch seines „Kameraden, Freundes und Förderers",[55] des Kärntner Gauleiters, SS-Obergruppenführer Friedrich Rainer (1903-1947), Globocnik in seinem Geburtsort Triest zum neuen HSSPF.[56] Hier kannte „Globo" sich aus, und hier schien er angesichts der bevorstehenden Beraubung und Ermordung der Triester Juden der richtige Mann am richtigen Ort zu sein. „Unter Beibehaltung der Regeln des Vernichtungskrieges im Osten" wurden sämtliche Bewohner fortan „bedenkenlos" unterdrückt.[57]

Globocnik wurde bei dieser Versetzung von 22 seiner treuesten Mitarbeiter begleitet, darunter Christian Wirth. Ihnen folgten weitere ehemalige T4-Angehörige, darunter Gottlieb Hering, so dass am Schluss 78 Personen bzw. in etwa zwei Drittel der Aktivisten aus Lublin die neue von Wirth geführte „Sonderabteilung R" bildeten.[58] Mit dem „R" war weiterhin „Reinhardt" gemeint. Die Aktion Reinhardt war also in Polen lediglich unterbrochen worden. Nunmehr wurde sie andernorts fortgesetzt.

Risiera di San Sabba

Als Benito Mussolini (1883-1945) mit der „Repubblica Sociale Italiana", oft auch „Republik von Salò" genannt, ab dem 23. September 1943 ein letztes Machtrefugium zugestanden worden war, verlor der faschistische Reststaat von Deutschlands Gnaden über zwei Gebiete im Norden die Souveränität: die „Operationszone Alpenvorland" (Bozen, Trient, Belluno) sowie die „Operationszone Adriatisches Küstenland" (OZAK: Triest, Pula, Rijeka und Laibach/Ljubljana). Da beide Gebiete langfristig zur Angliederung an das Großdeutsche Reich vorgesehen waren, ging es darum, sie „judenfrei" zu machen[59] und angesichts des Kriegsverlaufes auch, die Partisanen auszulöschen. Alleine in der OZAK waren

---

war die bis dahin geleistete Auf- und Ausbauarbeit völlig wertlos geworden", schrieb Max Horn in seinen Geschäftsbericht. Die gesamte Herstellungskapazität sei „mit einem Schlage [...] beseitigt" worden." Vgl. Dok. NO-2187, zit. n. Georg 1963 (wie Anm. 44), S. 97.

[54] Odilo Globocnik an Heinrich Himmler, 05.01.1944, zit. n. Moehrle 2014 (wie Anm. 19), S. 344.
[55] Moehrle 2014 (wie Anm. 19), S. 337.
[56] BArch: Sammlung personenbezogener Unterlagen bis 1945/Datenbank, R 55/23491, Globocnik. Zu Rainer vgl. Moehrle 2014 (wie Anm. 19), S. 316 ff.
[57] Moehrle 2014 (wie Anm. 19), S. 321.
[58] Wedekind, Michael: Nationalsozialistische Besatzungs- und Annexionspolitik in Norditalien 1943 bis 1945. (= Militärgeschichtliche Studien, Band 38) München 2003, S. 310. Der Vorgang hatte Folgen, als Globocniks Nachfolger Jakob Sporrenberg sich bei Maximilian von Herff (1893-1945) vom SS-Personalhauptamt beschwerte. Weil sein Vorgänger alle wichtigen Personen mit nach Triest genommen habe, entstehe ihm nun „doppelter Arbeitsaufwand". (BArch R 19 Hauptamt Ordnungspolizei, R 19/322 OZAK 1943-44 (NS 7/125); vgl. BArch, Sammlung personenbezogener Unterlagen bis 1945/Datenbank, SSO 016A).
[59] BArch B 162/2210 (Zeuge Franz Suchomel im Fall Allers am 16.03.1962).

zuvor „jüdische Vermögenswerte von angeblich 45,6 Mio. RM, [...] über 40 Prozent des gesamten lokalen Immobilienbesitzes sowie [...] ca. 400 Privatunternehmen und Aktiengesellschaften im Besitz oder unter Kontrolle Triester Juden" errechnet worden.[60] Bis heute lassen sich über den anschließenden materiellen Reingewinn der Deutschen aus den Juden-Aktionen in der OZAK allerdings „keine konkreten Angaben machen".[61] Sicher ist nur, dass die Zone als vielversprechend genug angesehen wurde, um in ihr die Spezialisten des T4-Netzwerkes einzusetzen.

Die Risiera di San Sabba war 1898 in der Industriezone von Triest als Reisfabrik erbaut worden und bis 1929 in Betrieb. Bis 1943 fungierte sie zeitweise als Kaserne des italienischen Militärs. Mit der deutschen Besatzung wurde sie als eines von vier Polizeihaftlagern zum Stammlager „Stalag 339" sowie zum Kriegsgefangenen-Durchgangslager „Dulag Wachk 339".[62] In Triest profitierten die Nazis von der 1938 eingeführten italienischen „Rassenpolitik": Alle Juden waren bereits behördlich registriert, inklusive ihrer Berufe und Wohnorte. Bis zum 24. Februar 1945 erfolgten dann von hier aus über 70 Transporte in deutsche Vernichtungslager, zumeist nach Auschwitz.[63] Erste Festnahmen von Juden fanden am 9. Oktober 1943 statt.

Zuständig wurden drei nach regionalen Gesichtspunkten getrennte R-Abteilungen vor allem für die Verhaftung der letzten noch auf ihrem Gebiet lebenden ca. 3.500 Juden, die Konfiskation und Verwertung ihres Eigentums, die Bekämpfung von Partisanen sowie die Führung des Konzentrationslagers Risiera di San Sabba. Wegen der sich ständig verschärfenden Kriegslage wurden die T4-Männer allerdings auch zunehmend gegen Partisanen und „Politische" eingesetzt.[64] Mit der Ankunft Globocniks wurde die Risiera zum „Haft-, Durchgangs- und Exekutionslager".[65] Nach Schätzungen waren bis zu 25.000 Menschen in der Risiera di San Sabba zeitweise interniert; bis zu 5.000 Personen verloren hier ihr Leben.[66] Sie fungierte als „Dreh- und Angelpunkt der Deportation von Partisanen, Juden, Antifaschisten und anderen `Gegnern´ der deutschen Besatzer für die gesamte OZAK und Teile des von deutschen Einheiten besetzten südosteuropäischen Raums."[67] Während jüngere Juden in aller Regel bereits nach kurzem Aufenthalt deportiert wurden, wurden die älteren unter ihnen eher vor Ort ermordet.[68] Politische Gefangene wurden verhört, sadistisch

---

[60] Wedekind 2003 (wie Anm. 58), S. 363.
[61] Wedekind 2003 (wie Anm. 58), S. 369.
[62] Vgl. Fait, Francesco (Hg.): The Risiera of San Sabba, Triest 2016, S. 19 ff. Siehe auch Knittel, Susanne C.: Unheimliche Geschichte. Grafeneck, Triest und die Politik der Holocaust-Erinnerung, Bielefeld 2018, insb. S. 232-254.
[63] BArch B 162/2212.
[64] BArch B 162/2210: Aussage Franz Suchomel, Plädoyer Staatsanwaltschaft Hamburg, Fall Allers, 16.03.1962.
[65] Berger 2013 (wie Anm. 24),S. 281.
[66] Fölkel, Feruccio: La Risiera di San Sabba, Milano 1979, S. 45 f.
[67] Moehrle 2014 (wie Anm. 19), S. 356.
[68] Vgl. Wedekind 2003 (wie Anm. 58), S. 362.

gefoltert, um Informationen über weitere potenzielle Opfer zu erhalten und danach vor Ort oft bestialisch getötet. Gemäß der Forderung von Globocnik, „dass die politisch gefährliche Führung beim Gegner mit allen Mitteln brutalst vernichtet" werden müsse, wurden ihnen nach der Entkleidung in einer Garage im Innenhof der Risiera die Schädel durch Hammer- oder Stockschläge zertrümmert.[69] Etwa 2.000 Menschen wurden im Gaswagen vergast, erschossen oder stranguliert.[70] Beschlagnahmtes Raubgut wurde von jüdischen Gefangenen sortiert und eingelagert.

„In diversen Blöcken und Zimmern der Risiera wurden männliche und weibliche Gefangene verhört, geschlagen, nackt ausgezogen, festgebunden und tagelang ohne Nahrung in der gleichen Position fixiert. Ohne die Möglichkeit von Schlaf wurden Betroffene permanent schikaniert, mit Knüppeln, Gewehrkolben und Schlagringen misshandelt."[71] Allabendlich soll es in der Risiera zu Hinrichtungen gekommen sein. Die Zellen, in denen immer mehrere Verdächtigte zu warten hatten, waren winzig: „Mit einem Volumen von etwa vier Kubikmeter pro Zelle, mit zwei an der Wand befestigten Klappritschen, ohne sanitäre Anlagen, ohne Elektrizität oder Licht warteten Gefangene manchmal Tage, Wochen, zuweilen Monate auf ihre Hinrichtung. Das Essen reduzierte sich auf eine Wassersuppe am Tag. Ein Hofaufenthalt ergab sich durchschnittlich einmal pro Woche für dreißig Minuten. Ein Zelleninsasse wurde regelmäßig, aber insgesamt selten zur Entleerung der mit Exkrementen gefüllten Töpfe hinausgelassen, so dass die Insassen permanent mit deren Gestank konfrontiert waren."[72]

Im Januar 1944 installierte der bereits an anderen T4-Orten tätig gewordene Maurermeister Erwin Lambert (1909-1976) einen Verbrennungsofen, der erstmals am 4. April 1944 getestet wurde.[73] Die Asche von Leichen wurde anschließend ins Meer geworfen.[74]

Über 1.000 Juden wurden aus der Risiera nach Birkenau, Mauthausen oder Ravensbrück deportiert.[75] Nur wenige Häftlinge, vorwiegend sog. „Mischlinge", die für „wichtige" Arbeiten eingeteilt waren, verblieben für längere Zeit in Triest. Jüdische Besitztümer wurden, anders als im Generalgouvernement, nicht zugunsten der SS, sondern für die Zivilverwaltung beschlagnahmt, die dem „Obersten Kommissar" der OZAK, Gauleiter Friedrich Rainer, unterstellt

---

[69] Globocnik, Odilo, in: Schneider-Bosgard, Hanns: Bandenkampf in der Operationszone Adriatisches Küstenland, hg. von der SS-Standarte Kurt Eggers/Kommando Adria, Triest o.J., S. 3 (Vorwort), zit. n. Wedekind 2003 (wie Anm. 58), S. 373.
[70] Moehrle 2014 (wie Anm. 19), S. 359 und S. 368.
[71] Moehrle 2014 (wie Anm. 19), S. 364 f.
[72] Moehrle 2014 (wie Anm. 19), S. 364.
[73] Moehrle 2014 (wie Anm. 19), S. 360. Moehrle gibt hier in Anm. 196 das Geburtsdatum von Lambert falsch an.
[74] Berger 2013 (wie Anm. 24), S. 290; Moehrle 2014 (wie Anm. 19), S. 368. Lambert machte sich nach Kriegsende als Fliesenleger in Stuttgart selbständig.
[75] Vgl. Berger 2013 (wie Anm. 24), S. 287, S. 289-290.

war. Zuständig für die Beschlagnahme waren ausschließlich Sipo und SD. Alleine zur Verwaltung des beschlagnahmten Vermögens existierte in der Finanzabteilung des „Obersten Kommissars" eine Unterabteilung mit fünf Angestellten sowie einer Schreibkraft.[76] Den „Triester Wirtschaftskreisen" waren die Deportationen und die Verbrechen in der Risiera „grundsätzlich bekannt". Von ihrer Seite sei jedoch „kein energischer Widersprich" zu verzeichnen gewesen.[77]

Hering als Kommandant der Risiera di San Sabba und seine Amtsenthebung

Wirths Stellvertreter als Kommandant wurde wie schon in Polen erneut Hering. Er folgte übergangsweise Wirth als Leiter der gesamten Sondereinheit R nach, nachdem Wirth am 26. Mai 1944 von slowenischen Partisanen erschossen worden war. Hering war damit verantwortlich für die noch am selben Tag als Vergeltungsmaßnahme erfolgende Plünderung und Einäscherung der beiden Dörfer Beka und Ocizla unmittelbar östlich von Triest und südwestlich von Hrpelje (Herpelje).[78]

Nach der endgültigen Neubesetzung der Leitungsstelle im Juni 1944[79] durch Dietrich Allers (1910-1975), der seit 1941 Geschäftsführer der Aktion T4 gewesen war, wurde Hering wohl wegen kommunikativer Probleme aller seiner Posten enthoben.[80] Das später in Triest kursierende Gerücht, dass Hering am 9. Oktober 1944 (tatsächlich: 1945!) gestorben[81] und seine Stelle deshalb von Allers mit dem T4-erfahrenen Leichenbrenner Josef Oberhauser (1915-1979) besetzt worden sei, könnte der Grund dafür sein, dass Hering bis heute von der NS- Forschung weitgehend übersehen wurde.[82] Insbesondere angesichts seiner herausgehobenen Rolle in Belzec ist dies unverständlich.

Herings Tod

Obwohl Hering kein SS-Mitglied war, trat er immer in SS-Uniform auf, zuletzt in der Uniform eines SS-Hauptsturmführers.[83] Ob Hering nach Kriegsende tatsächlich für kurze Zeit auch noch die Kriminalpolizei in Heilbronn leitete,[84] ließ sich nicht verifizieren. Hering, der zuletzt in Fellbach lebte, starb am 9. Oktober 1945 im Warteraum des Katharinen-Hospitals in Stetten im Remstal (wo inzwischen sein Sohn lebte). Er wollte wegen einer Zahnsache einen Arzt aufsuchen, starb dann aber unter ungeklärten Umständen.

---

[76] Moehrle 2014 (wie Anm. 19), S. 372.
[77] Wedekind 2003 (wie Anm. 58), S. 393.
[78] Wedekind (wie Anm. 58). S. 310, 448 und 454.
[79] Moehrle 2014 (wie Anm. 19), S. 352.
[80] Berger 2013 (wie Anm. 24), S. 281.
[81] Vgl. Moehrle 2014 (wie Anm. 19), S. 351 lt. Aussage der Zeugen Franz Suchomel sowie Franz Wolf. Die falsche Angabe findet sich vorher schon bei Arad 1987 (wie Anm. 53), S. 400.
[82] Oberhauser ist in einem heimlich aufgezeichneten Interview in Claude Lanzmanns Film Shoah zu sehen.
[83] Ein SS-Hauptsturmführer entspricht rangmäßig einem Hauptmann der Wehrmacht.
[84] https://www.holocausthistoricalsociety.org.uk/contents/aktionreinhardt/gottliebhering.html

Gottlieb Hering: Einer der fähigsten Mitarbeiter…

Ein zunächst eingeleitetes Spruchkammerverfahren wurde am 31. August 1948 eingestellt. Laut Ermittlungsbericht vom 12. August 1948 seien beim Informationsdienst des Polizeipräsidiums Stuttgart keine Unterlagen vorhanden. Alles in allem entstehe, so der Ermittler, „der Eindruck, dass sich der Betroffene nicht besonders für den NS eingesetzt hat." Seine wegweisende Rolle als Versuchsleiter bei der Implementierung der Tötungsmethoden für den Holocaust wurde nicht durchschaut. Unberücksichtigt blieb auch, dass Hering laut Personalakte mit Schreiben des Inspekteurs der Sicherheitspolizei vom 1. Mai 1942 „in einem Sonderauftrag des Führers tätig" sei, wobei er sich „gut bewährt" habe. Somit stand einer Auszahlung der Pension an seine Witwe und zweite Frau Helene, geb. Riegraf, die er in Hadamar kennengelernt und noch kurz vor Kriegsende geheiratet hatte, nichts mehr im Wege.[85]

Hering in Bełżec im Kreise seiner Kameraden (zweiter von links)

---

[85] Das Spruchkammerverfahren der Helene Hering endete am 02.06.1947 mit „nicht betroffen".[85]

Christian Hofmann

Wilhelm Holzwarth: Betriebs- und Volksgemeinschaft in Bietigheim

*27.03.1889 in Oberderdingen
† 08.08.1961 in Bietigheim

Kaufmännischer Angestellter, 1931 NSDAP, 1932 Blockwart, 1931-1939 NSBO-Amtswalter und DAF-Betriebsobmann der DLW Bietigheim, 1933-1945 NSKOV, 1933-1945 SA (Oberscharführer), 1935-1936 NSV-Ortsgruppenamtsleiter Bietigheim, 1942 kommissarischer Leiter des Amts für Volkswohlfahrt der NSDAP-Ortsgruppe Bietigheim-Ost, 1942-1944 NSFK.

Für die Darstellung der Biographie von Wilhelm Holzwarth kann nicht nur auf die überlieferte Spruchkammerakte zurückgegriffen werden, sondern auch auf persönliche Dokumente, die sowohl das Privatleben als auch die Parteifunktionen widerspiegeln. Diese Dokumente gelangten bei Kriegsende im Zuge einer Hausdurchsuchung vor der Verhaftung von Wilhelm Holzwarth am 8. September 1945 an die amerikanische Besatzungsmacht und wurden später an die zuständige Spruchkammer Ludwigsburg übergeben.[1] Nach der Auflösung der Spruchkammer wurden die Unterlagen dem Staatsarchiv Ludwigsburg abgeliefert und stehen dort heute der Forschung zur Verfügung.[2]

Wilhelm Holzwarth wurde in Oberderdingen geboren, wuchs dort unter „kleinbäuerlichen Verhältnissen"[3] auf und besuchte die Volksschule. Das eigene Elternhaus beschrieb er als „pflichtgetreu" und „vaterländisch gesinnt"[4]. Außerdem waren die Eltern „strenggläubige Methodisten", deren Glauben sie auch zu Hause ausübten. „Aus diesem Grunde waren wir Kinder schon der Kinderstube ab (sic!) ebenfalls freikirchlich eingestellt."[5] Von 1903 bis 1905 machte er eine kaufmännische Ausbildung in seinem Heimatort. Danach war er von 1906

---

[1] Wilhelm Holzwarth berichtete in einem Schreiben an die Spruchkammer von Beschlagnahmung von Unterlagen, Wilhelm Holzwarth an Spruchkammer Ludwigsburg, 12.02.1947, Lebenslauf, StAL 902/15 Bü 9918. Es lasst sich nachvollziehen, dass es sich um die vorliegenden Dokumente handeln muss.
[2] Vgl. auch das Findbuch-Vorwort zu PL 502/19, online abrufbar: https://www2.landesarchiv-bw.de/ofs21/olf/einfueh.php?bestand=19555 [letzter Zugriff: 07.04.2018].
[3] Wilhelm Holzwarth an Spruchkammer Ludwigsburg, 12.02.1947, Lebenslauf, StAL EL 902/15 Bü 9918.
[4] Ebd.
[5] Ebd.

bis 1908 als Buchhalter einer Bank tätig. Von 1908 bis 1911 folgte eine Arbeitsstelle als Expedient bei der Firma Müller & Freyer in Ludwigsburg, die von einer zweijährigen Militärzeit unterbrochen wurde. Wilhelm Holzwarth trat am 12. Oktober 1909 freiwillig in Ludwigsburg in das 12. Kompagnie-Infanterie-Regiment Nr. 126 ein. Dort tat er bis zum 25. September 1911 seinen Dienst als „Musketier". Mit guter Führung wurde er anschließend zur Reserve des Infanterie-Regiments Nr. 121 „beurlaubt".[6] Am 3. August 1914 heiratete er Martha, geb. Nestele.[7] Bereits im Frühjahr 1914 war er zum „Gefreiten" ernannt worden und kämpfte ab dem 11. August 1914 im Feld. Im Regiment Nr. 121 war Wilhelm Holzwarth Soldat im Ersten Weltkrieg und erwarb im Jahr 1915 die württembergische silberne Verdienstmedaille und das Eiserne Kreuz II. Klasse. Seine Einsatzgebiete waren die Vogesen und Nordfrankreich. Zuletzt war er Unteroffizier der Reserve in der 1. Kompanie des Reserve-Infanterie-Regiments Nr. 121. Laut eigener Niederschrift war er ab dem 1. Oktober 1917 „wegen Reklamation meiner Vorkriegsfirma & Krankheit" beurlaubt.[8] Zudem wurde 1919 eine 50-Prozent-Kriegsbeschädigung anerkannt.

Rückblickend schrieb Wilhelm Holzwarth über den Ersten Weltkrieg in einem Fragebogen für ein Ortsgeschichtsbuch der Stadt Bietigheim: „Das Kriegsende erlebte ich in der Heimat in Wehmut über den unglücklichen Ausgang für Deutschland und doch mit Stolz & innerer Genugtuung dem Vaterlande treu gedient zu haben bis zu meiner körperlichen Unfähigkeit. Der Dolchstoss der Heimat verletzte mein nationales Empfinden tief. Den Glauben an Deutschland hatte ich jedoch nie verloren. Und so fand ich mich auch wieder in den Reihen der alten Kämpfer für das 3. Reich."[9] In der zweiten Hälfte der 1930er Jahre stilisierte Holzwarth also seine Hinwendung zum Nationalsozialismus als Erweckungserlebnis als Folge der „Dolchstoß"-Legende.

Von 1912 bis zum Februar 1923 war Holzwarth als kaufmännischer Angestellter bei der Maschinenfabrik Chr. Umbach in Bietigheim tätig. Im Februar 1923 wechselte er in die Rechtsabteilung der Germania-Linoleum-Werke, in der ersten Hälfte des 20. Jahrhunderts der größte Arbeitgeber in Bietigheim. Weshalb Wilhelm Holzwarth gerade in der wirtschaftlich schwierigen Phase nach dem Ersten Weltkrieg zu den Linoleumwerken wechselte, lässt sich heute nicht mehr nachvollziehen. Das Unternehmen stand wirtschaftlich unter enormem Druck: Die Produktion von Linoleum war auf Importrohstoffe angewiesen, die in Kriegszeiten nicht zu bekommen waren; 1922 wurde der Transport von Linoleum durch einen Streik der Eisenbahner in Württemberg lahmgelegt, auch innerhalb des Werkes kam es zu Streiks. Der Anschluss an die Märkte gestaltete

---

[6] Vgl. HStAS: M 442 Bd. 415, S. 15; HStAS: M 478 Bd. 3, S. 267.
[7] Martha Holzwarth geb. Nestele (* 05.06.1893; † 08.02.1975). Die Brüder Wilhelm und Gotthilf Holzwarth heirateten Schwestern der Familie Nestele.
[8] Vgl. HStAS: M 478 Bd. 3, S. 267; „Fragebogen für das Ortsgeschichtsbuch der Stadt Bietigheim", nach 1936, StAL: PL 502/19 Bü 127.
[9] „Fragebogen für das Ortsgeschichtsbuch der Stadt Bietigheim", nach 1936, StAL: PL 502/19 Bü 127.

sich nach dem Krieg nicht einfach, da viele Absatzmärkte im Ausland weggebrochen waren, außerdem mussten Inlandsmärkte in diesen Krisenzeiten durch möglichst preisgünstige Produkte erschlossen werden.[10]

Nicht nur seinem neuen Arbeitgeber, auch privat machten Wilhelm Holzwarth und seiner neu gegründeten Familie (zwei Söhne wurden 1915 und 1920 geboren[11]) die enormen sozialen und wirtschaftlichen Verwerfungen im Deutschen Reich nach der Niederlage im Ersten Weltkrieg zu schaffen. Ab 1921/22 zogen er und sein Bruder Gotthilf in Erwägung, nach Amerika auszuwandern und sich und ihren Familien eine neue Existenz aufzubauen. Über die näheren Beweggründe erfahren wir aus einem Brief, den Wilhelm Holzwarth an einen Kunden seines Arbeitgebers, der Maschinenfabrik Chr. Umbach, am 2. Mai 1922 nach Montevideo schrieb: „Die Verhältnisse & Zustände, die der für Deutschland so unglückliche Krieg für einen grossen Teil des deutschen Volkes gebracht hat, sind so bedrückend & erbärmlich geworden, dass man sich sehnt nach irgend einem Orte des Weltenreichs, wo die Lebensbedingungen günstigere sind als in Deutschland, auszuwandern & gestützt auf seine Arbeitskraft & Arbeitsfreudigkeit ein neues Arbeitsfeld zu finden. – Auch in meiner Brust, wie in der meines jüngeren Bruders ist unter den bedrückenden deutschen Verhältnissen das heisse Verlangen nach einem neuen Arbeitsfeld auf einer neuen Erde wach geworden, doch haben wir leider nicht das Glück jenseits des Ozeans irgend einen Menschen zu haben, an den wir uns in dieser Angelegenheit vertraulich wenden könnten."[12]

Wilhelm Holzwarth bat weiter darum, „aufgeklärt zu werden" über die Lebensverhältnisse auf dem anderen Kontinent. Die Antwort des Briefadressaten ist nicht überliefert, jedoch stellte Wilhelm Holzwarth in einem Brief ein Jahr später fest, dass er „einen mehr ab – als zusprechenden Bericht erhalten [habe], der uns wieder entmutigte."[13] Außerdem bemerkte er, dass er von verschiedenen Seiten gehört habe, dass ein „Fortkommen" nicht so „ungünstig" sei, wie angenommen und so bat er einen Auswanderer aus dem verwandtschaftlichen Umfeld ebenfalls um mögliche Unterstützung für eine Auswanderung. Von Wilhelm Holzwarth und seinem Bruder war angedacht, zunächst alleine auszuwandern und die Familien später nachzuholen. Aus welchen Gründen die Auswanderungspläne nicht weiter verfolgt worden, lässt sich nicht nachvollziehen. Es ist aber festzustellen, dass bis 1945 keine beruflichen Unwägbarkeiten die wirtschaftliche Situation von Wilhelm Holzwarth bestimmten; er war bis zu seiner

---

[10] Zur Geschichte der Germania-Linoleumwerke vgl. Schirpf, Michael: Die Geschichte des Linoleums und der Linoleumwerke Bietigheim 1899-1999. in: Archiv der Stadt Bietigheim-Bissingen (Hg.): Blätter zur Stadtgeschichte Band 15. Bietigheim-Bissingen 2001, S. 60-117, hier: S. 73 f.; Dokumentation zur Firmengeschichte „Deutsche Linoleum-Werke AG und Continentale Linoleum Union", 02.08.1929, BArch: R 8127/2703, S. 4 f.
[11] Vgl. FamReg., ohne Signatur, StABB.
[12] Wilhelm Holzwarth an Hans Schuldesfeld (Montevideo, Uruguay), 02.05.1922, StAL: PL 502/19 Bü 127.
[13] Wilhelm Holzwarth an „Herr Schmohl", 06.06.1923, StAL: PL 502/19 Bü 127.

Kündigung am 25. Juni 1945 bei den DLW tätig.[14] In Stellungnahmen zum Spruchkammerverfahren legte er seine politische Entwicklung in der Zeit der Weimarer Republik dar, die letztendlich zur Hinwendung zum Nationalsozialismus und zum Eintritt in die NSDAP führten. Selbstverständlich muss seine rückblickende Betrachtung kritisch gesehen werden, da sie im Zuge des Entnazifizierungsverfahrens aus einer Verteidigungsposition heraus entstand. Laut eigener Rückschau beschrieb sich Wilhelm Holzwarth nach dem Ersten Weltkrieg als „zunächst politisch uninteressiert": „Erst im Laufe der nachfolgenden Jahre habe ich mich in das politische Leben eingefühlt."[15] Über einen Bekannten wurde er zum Lesen der Zeitschrift „Die Hilfe" angeregt und trat schließlich zu einem nicht bekannten Zeitpunkt in die Deutsche Volkspartei (DVP) ein. Nach eigenen Angaben wählte er die Partei noch bei der Reichstagswahl am 14. September 1930 und er habe sich „bis dahin und am Wahltag selbst leidenschaftlich für die Stimmenwerbung für die DVP eingesetzt."[16] Der quantitativ große Einzug von Nationalsozialisten in den Reichstag waren für Wilhelm Holzwarth nach eigener Aussage Anlass, sich näher mit der NSDAP auseinanderzusetzen. Er legte dar, dass er sich auf Grund seiner seit 1908 bestandenen Gewerkschaftszugehörigkeit zum Deutschnationalen Handlungsgehilfen-Verband (DHV) besonders für den sozialen Teil des Programms der NSDAP interessierte. „Ich gewann allmählich die Ueberzeugung, dass es meinem sozialen Empfinden entspricht, dieser Partei beizutreten. Mein Eintritt erfolgte dann auch aus reinem Idealismus heraus […]."[17] Weiter begründete Wilhelm Holzwarth seinen Eintritt in die NSDAP folgendermaßen: „Obwohl ich persönlich selbst nicht von der seinerzeitigen zunehmenden Arbeitslosigkeit betroffen war, wollte ich doch aus sozialem Mitgefühl gegenüber meiner (sic!) Mitmenschen meinen Teil für eine so erhoffte Besserung beitragen und ihnen so […] bei dem allgemeinen Notstand meine Mithilfe nicht versagen."[18] Weiter erfolgte der Parteieintritt „im guten Glauben an eine gute und einwandfreie Sache."[19] Nach der genannten Reichstagswahl im September 1930 bekannte sich Wilhelm Holzwarth - nach eigener Aussage - zum „Gedankengut der N.S.D.A.P." und trat dafür auch öffentlich ein.[20]

Beginn der NSDAP-Karriere ab 1931

Welche Motive es auch immer gewesen sein mögen – in der zweiten Hälfte der 1930er Jahre waren es der verlorene Erste Weltkrieg und die „Dolchstoß"-Legende -, sich dem Nationalsozialismus anzuschließen: Wilhelm Holzwarth begann bereits vor der Machtübernahme 1933 eine Tätigkeit in der NSDAP. Noch vor Eintritt in die NSDAP fand am 01. Februar 1931 die Ernennung zum NSBO-

---

[14] Wilhelm Holzwarth an Spruchkammer Ludwigsburg, 12.02.1947, StAL: EL 902/15 Bü 9918.
[15] Ebd., S. 2
[16] Ebd., S. 2.
[17] Ebd., S. 2.
[18] Ebd., S. 3.
[19] Ebd., S. 3.
[20] Wilhelm Holzwarth an Reichsminister Rudolf Heß, 17.02.1941, StAL: PL 502/19 Bü 127.

Walter in den Deutschen Linoleumwerken statt. Sein Bruder Gotthilf Holzwarth (1899-1977) wurde am selben Tag zum Kreisbetriebszellenobmann ernannt.[21] Auch er war einer der wichtigsten Protagonisten der NS-Zeit in Bietigheim. Er wurde schließlich nationalsozialistischer Bürgermeister. Am 01. Dezember 1931 trat Wilhelm Holzwarth dann auch formal der NSDAP bei (Mitgliedsnummer 759.777).[22] Kurz darauf wurde er am 15. Januar 1932 von seinem Bruder Gotthilf in dessen Eigenschaft als NSBO-Betriebszellenwart der Ortsgruppe Bietigheim und des Unterbezirks Besigheim zum Betriebszellenobmann der Betriebszelle „Linoleum" ernannt.[23] Gotthilf Holzwarth selbst wurde erst am selben Datum in seiner NSBO-Funktion von der Gau-NSBO ernannt.[24] Gotthilf Holzwarth führte im Januar 1932 die „Auforganisierung" der Betriebszellen der NSBO-Ortsgruppe Bietigheim durch und war bis zu seinem Ausscheiden am 31. Dezember 1933 Kreisbetriebszellenobmann.[25] Am 22. September 1932 wurde Wilhelm Holzwarth vom NSDAP-Ortsgruppenleiter zum Blockwart ernannt. Wie das Ernennungsschreiben nahelegt, erfolgte die Berufung auch im Hinblick auf die bevorstehende Reichstagswahl am 6. November. Holzwarth sollte sich mit den Mitgliedern seines Blocks über die Vorbereitung der Wahlpropaganda „verständigen".[26]

Bereits am 25. Januar 1932 erklärte Wilhelm Holzwarth gegenüber dem Vorsitzenden des Bietigheimer Turnvereins seinen Austritt aus politischen Gründen: „Die Beschlussfassung in der Generalversammlung des Vereins am 17 ds. Mts. hinsichtlich des neutralen Eintrittsbegehrens von nationalsozialistischen Partei-Mitgliedern gibt mir, als Mitglied dieser Partei, Veranlassung, meinen Austritt […] zu erklären." Wilhelm Holzwarth war nach eigener Aussage 20 Jahre lang passives Mitglied und bedauerte „durch den unheilvollen Beschluss" aus dem Verein austreten zu müssen.[27]

Tätigkeit als NSBO/DAF-Betriebszellenobmann in den DLW

Um auf die Tätigkeit von Wilhelm Holzwarth in der Nationalsozialistischen Betriebszellenorganisation (NSBO) näher einzugehen, ist es zunächst notwendig, die Rolle des Arbeiters und der Wirtschaftsbetriebe in der Zeit des Nationalsozialismus zu beleuchten. Ziel der nationalsozialistischen Politik war die Schaf-

---

[21] Vgl. Wilhelm Holzwarth an Rudolf Heß, 17.02.1941, StAL: PL 502/19 Bü 127. Es ist somit von einer NSBO-Gründung im Jahr 1931 in Bietigheim auszugehen, auch wenn keine Originaldokumente aus diesem Jahr vorliegen. Die Angaben widersprechen sich etwas mit denen aus dem Jahr 1932, sind aber sowohl von Wilhelm als auch von Gotthilf Holzwarth beschrieben worden. Vgl. auch Ausführungen von Gotthilf Holzwarth zur „Politischen Betätigung", o. Dat. [nach 1945], StAL: EL 903/3 Bü 186.
[22] Vgl. NSDAP-Zentralkartei mit Bild BArch: R 9361-VIII Kartei/12290049.
[23] NSBO-Ortsgruppe Bietigheim, Betriebszelle „Linoleum", 15.01.1932, StAL: EL 902/15 Bü 9918.
[24] Vgl. Bestätigung zur Ernennung, 01.02.1932, Abschrift, StABB: Bh 5949.
[25] NS-Beamtengruppe Bezirk Besigheim, Tätigkeitsbericht vom Monat Januar 1932, 31.01.1932, StABB: Bh 5949; maschinenschriftliche Niederschrift über „Politische Betaetigung", o. Dat., StAL: EL 903/3 Bü 186.
[26] NSDAP-Ortsgruppe Bietigheim an Wilhelm Holzwarth, 22.09.1932, StAL: PL 502/19 Bü 127.
[27] Wilhelm Holzwarth an Friederich Setzer (Vorsitzender des Turnvereins), 25.01.1932, StAL: PL 502/19 Bü 127.

fung einer rassisch homogenen Volksgemeinschaft und einer behauptet klassenlosen Gesellschaft. Die nationalsozialistische Politik vollzieht einen Widerspruch in sich: „Der Volksgemeinschaftsgedanke behauptet die Möglichkeit der gesellschaftlichen Gleichheit aller ´schaffenden´ Deutschen auf dem Boden ihrer ökonomischen Ungleichheit."[28] Arbeitgeber und Arbeitnehmer wurden als eine Einheit, als „Betriebsgemeinschaft" aufgefasst. Ideologisch und propagandistisch gipfelte diese Vorstellung in der allumfassenden Idee von „Soldaten der Arbeit".[29] Ziel war nicht weniger als „die Überwindung des Klassengegensatzes in der gesellschaftlichen Realität."[30] Eine klassenlose Gesellschaft innerhalb der Klassengesellschaft war somit das Ziel.[31] So widersprüchlich wie das Verhältnis von Arbeitern und Unternehmern, war auch die Rolle und Funktion der NSBO. Die Gründung der NSBO erfolgte nicht durch die Parteiführung der NSDAP, sondern durch einfache Mitglieder an der Basis. Die NSDAP war in der Gewerkschaftsfrage zunächst gespalten.[32] Die Anerkennung der NSBO als nationalsozialistische Arbeitnehmerorganisation durch die Parteiführung war letztendlich dem Druck der Basis geschuldet. Die offizielle Gründung der NSBO datiert auf den 01. Januar 1931.[33]

Für die NSBO vor Ort in Bietigheim lässt sich der Aufgabenbereich näher definieren. Die Betriebszelle „Linoleum" hatte die Aufgabe in „rein werklichen Fragen in nationalsozialistischem Sinn selbstständig zu arbeiten. Das ganze Streben muss auf den Ausbau der Betriebszelle gelegt werden. Sämtliche Parteimitglieder sind sofort restlos in die Betriebszelle aufzunehmen."[34] Die Hauptaufgabe bestand aber vor allem darin, Menschen als „Sympathisierende" für die NSBO zu gewinnen, die nicht der NSDAP angehörten. Gotthilf Holzwarth als NSBO-Betriebswart und ideologischer Vordenker der örtlichen NSBO sah darin die Möglichkeit, Personen „in die Bewegung einzugliedern", die bisher keine Berührungspunkte mit der NSDAP hatten. In diesem Zusammenhang sah er den Mitgliedsbeitrag der NSDAP als Hindernis an, sich der NS-Bewegung anzuschließen. Zugleich wurde berücksichtigt, dass die angedachte offensive Mitgliederanwerbung auch „ein Machtfaktor bei kommenden Wahlen" darstellte. Tatsächlich gingen die Überlegungen in der Anfangszeit der NSDAP in Bietig-

---

[28] Kratzenberg, Volker: Arbeiter auf dem Weg zu Hitler? Die nationalsozialistische Betriebszellenorganisation. Ihre Entstehung, ihre Programmatik, ihr Scheitern 1927-1934. Frankfurt am Main 1987 (=Schumann, Hans-Gerd u.a. (Hg.): Sozialwissenschaftliche Studien Band 4) S. 24.
[29] Vgl. Kratzenberg (wie Anm. 28), S. 24.
[30] Kratzenberg (wie Anm. 28), S. 25.
[31] Vgl. Kratzenberg (wie Anm. 28), S. 26.
[32] Vgl. Mai, Gunther: Die nationalsozialistische Betriebszellenorganisation. Zum Verhältnis von Arbeiterschaft und Nationalsozialismus. in: VfZ Jahrgang 31 (1983) Heft 4, S. 576.
[33] Vgl. Kratzenberg (wie Anm. 28), S. 79.
[34] Der Betriebswart der NSBO-Ortsgruppe an die Betriebszelle „Linoleum", 18.01.1932, StAL: PL 502/19 Bü 400.

heim auf: Die meisten der insgesamt 66 Parteimitglieder vor der Machtübernahme 1933 kamen aus der NSBO.[35] Rückblickend stellte Wilhelm Holzwarth in einem Brief an Rudolf Heß (1894-1987) seine Tätigkeit für die NSBO in den DLW derart dar, dass „es nur mit vollstem Einsatz möglich [war], irgendwelchen Boden für die Bewegung zu gewinnen, unter weitgehendsten persönlichen Opfern, wie sie in der Kampfzeit allgemein aufgetreten sind."[36] Bereits im Jahr 1932 war die NSBO in Bietigheim im Vergleich zu anderen Gemeinden des organisatorischen Unterbezirks mit 69 Mitgliedern sehr gut aufgestellt, was mit Sicherheit auch auf die Arbeit von Wilhelm Holzwarth zurückzuführen ist.[37]

Im April 1933 wurde die NSBO noch den Gewerkschaften per Gesetz gleichgestellt, was Anlass zur Hoffnung gab, dass das bestehende Gewerkschaftssystem unter den neuen Machtverhältnissen beibehalten werden sollte.[38] Diese Hoffnung war allerdings trügerisch und nur von kurzer Dauer; von Seiten des NS-Regimes auch aus taktischen Gründen durchgeführt, da die Entmachtung der NSBO und der Aufbau des DAF-Apparats subtil von statten ging.[39] Anders als die reichsweite Hoffnung der NSBO, als nationalsozialistische Arbeitnehmerorganisation gar das Erbe der Gewerkschaften antreten zu können, wollte die NS-Reichsführung keinen verbandsmäßigen Zusammenschluss als Arbeitnehmervertretung zulassen. Bereits im Mai 1933 wurden die Gewerkschaften schließlich zerschlagen und unmittelbar durch die Deutsche Arbeitsfront (DAF) ersetzt.[40] Zerschlagung statt Gleichschaltung von Gewerkschaften war die Handlungsmaxime des Regimes.[41] Die neu gegründete DAF diente fortan als „Pseudogewerkschaft" mit Zwangsmitgliedschaft, die sich darum bemühte, mit sozialen Wohltaten den Verlust von gewerkschaftlichem Mitbestimmungsrecht wettzumachen.[42] Die NSBO blieb dennoch bestehen, nahm aber nur noch politisch-propagandistische Funktionen wahr. Im NSDAP-Organisationsbuch von 1937 heißt es: „Die Aufgaben und Zuständigkeit der NSBO sind in die Deutsche Arbeitsfront übergegangen."[43] Vor Ort in Bietigheim fand eine Integration der NSBO mit der DAF ebenso statt wie die personelle Kontinuität von Wilhelm Holzwarth in beiden Organisationen.[44] Im „Enz- und Metterboten" wurde ein

---

[35] Vgl. die Darstellung von Schirpf, Michael: Weimarer Republik, Nationalsozialismus, Besatzungszeit. Bietigheim 1918-1948. in: Bietigheim 789-1989. Beiträge zur Geschichte von Siedlung, Dorf und Stadt. Bietigheim-Bissingen 1989 (=Schriftenreihe des Archivs der Stadt Bietigheim-Bissingen Band 3), S. 654.
[36] Wilhelm Holzwarth an Rudolf Heß, 17.02.1941, StAL: PL 502/19 Bü 127.
[37] Vgl. „Organisationsstand Monat Februar 32", 29.02.1932, StABB: L 242.
[38] Vgl. Mai, S. 612; Kratzenberg 1987 (wie Anm. 28), S. 149; Wehler, Hans-Ulrich: Deutsche Gesellschaftsgeschichte. Vierter Band Vom Beginn des Ersten Weltkriegs bis zur Gründung der beiden deutschen Staaten 1914-1949. München 2003. S. 737.
[39] Zur Übergangsphase zwischen NSBO und DAF vgl. Kratzenberg 1987 (wie Anm. 28), S. 157 ff.
[40] Vgl. Wehler 2003 (wie Anm. 38), S. 629.
[41] Vgl. Kratzenberg 1987 (wie Anm. 28), S. 149.
[42] Vgl. Wehler 2003 (wie Anm. 38), S. 629.
[43] Der Reichsorganisationsleiter der NSDAP (Hg.): Organisationsbuch der NSDAP, München 1937(3), S. 185.
[44] Wie sich dieser organisatorische Zusammenschluss im Detail gestaltete muss vorerst offen bleiben. Der Briefkopf den Wilhelm Holzwarth verwendete lautete „NSBO/DAF". Im Organisationsbuch der

Aufruf zum Beitritt in die DAF veröffentlicht, welcher eindrucksvoll belegt, wie alternativlos und totalitär die Organisation war: „Es darf nunmehr niemand mehr geben, der nicht Mitglied der Deutschen Arbeitsfront ist oder wird, [...] da sonst Gefahr besteht, in dem künftigen Ständestaat Bürger minderen Rechts zu werden."[45] Michael Schirpf stellte in seinem Beitrag über die Geschichte der DLW aber auch fest, dass die NSDAP über die Betriebszellen bei der Betriebsratswahl im März 1933 25 Prozent der Gesamtstimmen erzielte und damit unter dem stadtweiten politischen NSDAP-Wahlergebnis von 33,9 Prozent zur Reichstagswahl im März 1933 lag.[46] Am 29. August 1933 trat der Betriebsrat der Deutschen Linoleum-Werke zurück. In seiner Eigenschaft als NSBO-Kreisleiter bat Gotthilf Holzwarth das Oberamt Besigheim darum, einen neuen Betriebsrat auf Grund einer Vorschlagsliste zu ernennen.[47] Somit wurde dieses Gremium gleichgeschaltet und schon bald durch einen sogenannten Vertrauensrat ersetzt. Der gleichgeschaltete Betriebsrat verfasste am 16. November 1933 unter der Führung von Wilhelm Holzwarth und Ulrich von Salviati (1899-1971) eine Aktennotiz an die Direktion der DLW mit der Aufforderung, Erwin Widmaier (1895-1980) aus der Export-Abteilung des Betriebs aus politischen Gründen zu entlassen. Es sei „unerträglich" [...], „dass ein Angestellter von der politischen Gesinnung des Herrn W. im hiesigen Betriebe beschäftigt wird. Wir empfehlen daher der Direktion, den gelegentlichen Abbau dieses Herrn ins Auge zu fassen. Männer, die, nachdem das deutsche Volk sich nahezu geschlossen zu dem neuen Staat bekannt hat, heute noch demselben 100%ig ablehnend gegenüberstehen und zweifellos auch noch eine versteckte Agitation gegen denselben betreiben, haben keine Berechtigung auf einen Arbeitsplatz, solang noch Tausende gut gesinnter Volksgenossen erwerbslos sind. Diese Anschauung der überwiegenden Mehrheit unserer Belegschaft deckt sich ja auch mit der Einstellung unserer Direktion, wie der Behörden." Die direkte Aufforderung zur Entlassung des Mitarbeiters war mit einer indirekten Drohung verbunden, wonach der Direktion „streng vertraulich" mitgeteilt wurde, „dass die Möglichkeit besteht, dass W. eines Tages von der politischen Polizei aus dem Betriebe heraus verhaftet wird [...]."[48] Der Mitarbeiter wurde wohl nicht entlassen.[49] Am 15. Januar 1934 gab Gotthilf Holzwarth nach seiner endgültigen Ernennung zum Bürgermeister der Stadt Bietigheim seine Posten als Kreisbetriebszellen-Obmann und als DAF-Kreisleiter an den bisherigen NSBO-Kreisgeschäftsführer Karl Reinhardt (1901-1982) ab.[50] Reinhardt war ebenfalls einer der frühen NSDAP-

---

NSDAP von 1937 heißt es dazu: „Die NSBO ist die Zusammenfassung der Politischen Leiter der NSDAP in der DAF." (S. 185)

[45] „Aufruf zum Beitritt in die Deutsche Arbeitsfront", o. Dat., StABB: Bh 5949.
[46] Vgl. Schirpf in: Blätter (wie Anm. 10) 15, S. 93; Schirpf in: Bietigheim 1989 (wie Anm. 35), S. 667.
[47] NSBO-Kreisleiter an OA Besigheim, 01.09.1933, StABB: 5949. Wer dem neuen Betriebsrat angehörte, ist nicht bekannt.
[48] Zitate stammen aus der Aktennotiz des DLW-Betriebsrats an die Direktion, 16.11.1933, StAL: EL 902/15 Bü 9918.
[49] Bericht des Entnazifizierungs-Komitees der DLW AG zum Vorstellungsverfahren Hans Stangenberger, Vorstandsmitglied der DLW, 09.05.1946, StAL: EL 902/15 Bü 22124.
[50] Vgl. Rundschreiben der NSBO-Kreisleitung, 15.01.1934, StABB: Bh 5949.

Protagonisten in Bietigheim und 1930 einer der Mitbegründer der NSDAP-Ortsgruppe und auch Ortsgruppenleiter.[51] Er war es auch, der für die Neuorganisation der DAF und den Ausbau der NSBO für einige Zeit als Werksangehöriger und Betriebsratsmitglied von der DLW beurlaubt wurde und diese verantwortlich durchführte.[52] Im Januar 1934 trat mit dem „Gesetz zur Ordnung der nationalen Arbeit"[53] eine nationalsozialistische Betriebsverfassung in Kraft, die den Führergrundsatz auf die Wirtschaft übertrug und im Sinne des Volksgemeinschaftsgedankens den Klassenkampf beseitigen sollte.[54] Das Gesetz legte die Basis zwischen den „Betriebsführern" (Unternehmern) und der „Betriebsgefolgschaft" (Arbeitnehmer). Damit einhergehend wurden die Betriebsräte durch Vertrauensräte ersetzt, welche die Betriebsführer berieten. Die Vertrauensräte wurden zwar durch die Gefolgschaft gewählt; die jeweilige Wahlliste kam aber in Absprache zwischen dem Betriebsführer und des jeweiligen NSBO-Obmanns zustande. Auch Wilhelm Holzwarth wurde am 6. April 1934 schließlich zum Vertrauensmann der DLW berufen.[55]

Propaganda der Arbeit: 1. Mai und Betriebsappelle

Kurz vor der Zerschlagung der Gewerkschaften wurde zum 1. Mai 1933 der „Tag der nationalen Arbeit" ins Leben gerufen, der fortan gesetzlicher Feiertag war. So heißt es in einer Mitteilung der NSBO an die Arbeiter der DLW propagandistisch: „Deutsche aller Stände, Stämme und Berufe reichen sich an diesem Tage die Hände, um geschlossen in die neue Zeit hineinzumarschieren. Die Arbeiter der Faust und der Stirne der D.L.W. werden hiermit in diesem Sinne aufgefordert, den Tag der nationalen Arbeit gemeinsam zu feiern."[56] Das Programm des Feiertags begann für die Arbeiter der DLW bereits um 8.00 Uhr morgens mit der Sammlung der Belegschaft auf dem Fabrikhof. Es folgten Ansprachen des Generaldirektor Ebner, des NSBO-Mitglieds und ein früher Anhänger der NSDAP, Ulrich von Salviati. Nach dem Hissen der Hakenkreuzfahne und dem Singen des Horst-Wessel-Liedes formierten sich vier Festzüge in die Bietigheimer Innenstadt; einer davon wurde von Wilhelm Holzwarth angeführt.

Wilhelm Holzwarth oblag es außerdem, Reden zu Betriebsappellen der Deutschen Linoleum-Werke zu halten, welche vor allem am 1. Mai stattfanden. Die originalen und noch vorhandenen Reden haben die DLW der Spruchkammer Ludwigsburg im Zuge des Entnazifizierungsverfahrens zur Verfügung gestellt.[57]

---

[51] Vgl. Schirpf in: Bietigheim 1989 (wie Anm. 35), S. 654.
[52] Vgl. BM Gotthilf Holzwarth an die Direktion der DLW, 06.03.1934, StABB: Bh 1/69.
[53] RGBl. 1934 Teil 1, S. 45 ff.
[54] Vgl. Spohn, Wolfgang: Zur „Betriebsverfassung" im nationalsozialistischen Deutschland. in: Gewerkschaftliche Monatshefte Nr. 35 (1984), Heft 9, S. 545–555, hier: S. 546 f. online-Zugriff: library.fes.de/gmh/main/pdf-files/gmh/1984/1984-09-a-545.pdf (letzter Zugriff: 28.02.2019).
[55] Vgl. Deutsche Linoleum-Werke an Wilhelm Holzwarth, 06.04.1934, StAL: PL 502/19 Bü 127.
[56] „Bekanntmachung über die Feier des Tages der nationalen Arbeit am 1. Mai 1933", 25.04.1933, StABB: L 242
[57] Deutsche Linoleum-Werke AG an den öffentlichen Kläger der Spruchkammer Ludwigsburg, 10.02.1948, StAL: EL 902/15 Bü 9918.

Die älteste erhaltene Ansprache vom Dezember 1934 war noch geprägt vom Rückblick auf die Machtübernahme der Nationalsozialisten im Jahr zuvor und der Vision auf einen ewig andauernden nationalsozialistischen Staat. Unter anderem heißt es: „So wie das Jahr 1933 das Jahr der Eroberung der politischen Macht war, so war das Jahr 1934 das Jahr des Behauptens und des Aufbaues."[58] Eine weitere erhaltene Ansprache zu einem Betriebsappell stand ganz im Zeichen des Gedenkens an den Hitlerputsch vom 09. November 1923. Wilhelm Holzwarth stilisierte die toten nationalsozialistischen Revolutionäre des Hitlerputsches in München als Märtyrer: „An diesem Tage wurden die ersten Blutsopfer für das Hakenkreuz und für das 3. Reich gefordert. 16 brave, heldenmütige, deutsche Männer sind an diesem 9. November 1923 im fanatischen Glauben an den Führer und seine Idee an der Feldherrnhalle von den Kugeln einer Systemregierung niedergestreckt worden. [...] Lang und hart war der Schicksalsweg, aber endlich brach doch der 30. Januar 1933 an." Die Rede endete nicht ohne die Aufforderung zum Hitlergruß, dem Spielen des Musikstücks „Vom guten Kameraden" und einer Aufforderung an die anwesende „Betriebsgefolgschaft": „Als Soldaten der Arbeit wollen wir weiterkämpfen unter dem Hakenkreuz für die Pflichterfüllung in der Betriebsgemeinschaft und in der Volksgemeinschaft und weiterkämpfen für unser neues, freies Deutschland."[59]

Exemplarisch sei noch die Feier des 1. Mai im Jahre 1935 dargestellt, zu einem Zeitpunkt also, in dem sich der nationalsozialistische Staat in Friedenszeiten konsolidiert hatte. Die Programmplanung des „Tages der nationalen Arbeit" war ganz auf den Zeitpunkt der Rede Adolf Hitlers ausgerichtet. Nichts wurde dem Zufall überlassen, vom Blumenschmuck an den Häusern bis hin zur Beflaggung: „Die Hakenkreuzfahnen müssen unbedingt vorwiegen [...]"[60]. Zur Maifeier gehörten auch zwei große Festzüge, die mit unterschiedlicher Route durch die Stadt marschierten. Beginn der Festzüge war um 11.30 Uhr um die Rede Adolf Hitlers gemeinsam anhören zu können.[61] Insgesamt wurde eine Personenstärke von 3.500 Personen gemeldet, worauf alleine 1.200 Personen auf die DLW entfielen. Zur Feier der nationalen Arbeit gehörten betriebsintern auch Betriebsfeiern und Betriebsapelle, bei denen die jeweiligen Vertrauensräte vereidigt wurden. Für die DLW stand dafür ein eigenes Zelt zur Verfügung. Die Rede, die Wilhelm Holzwarth dort hielt, hat sich erhalten. Ganz theatralisch, mit militärischer Symbolik und einem totalitären Volksgemeinschaftsgedanken aufgeladen, heißt es unter anderem: „Wäre Hitler und das 3. Reich nicht gekommen, dann verginge der heutige Tag in Ängsten und Bängen des Klassenkampfes, verärgert über sich selbst, verärgert über seinen Arbeitskameraden und verärgert über seinen Arbeitgeber; heute aber stehen wir in einer Front, ziehen an demselben Strick, haben den gleichen Willen, den gleichen Weg und das gleiche Ziel: Betriebs- und Volksgemeinschaft. [...] Durch den Sieg des Glaubens

---

[58] Rede von Wilhelm Holzwarth zum Betriebsappell am 29.12.1934, StAL: EL 902/15 Bü 9918.
[59] Die Reden finden sich alle in der Spruchkammerakte von Wilhelm Holzwarth, StAL: EL 902/15 Bü 9918.
[60] Protokoll zur Vorbereitung des 1. Mai am 23.04.1935, StABB: Bh L 256.
[61] Vgl. Mitteilung der NSDAP-Ortsgruppe Bietigheim, 26.04.1935, StABB: L 256.

und den Triumpf des Willens ist in kurzer Zeit eine Volksgemeinschaft geschmiedet worden, die jeder Unterwühlung Stand halten wird und in die auch diejenigen noch um Aufnahme bitten werden, die bislang als reutige (sic!) Schafe beiseite stehen. Das Volk gehört zusammen, denn das Schicksal der Nation ist für jeden dasselbe. Keiner von uns hat die Möglichkeit, dem gemeinsamen Schicksal zu entgehen."

Repression und soziale Wohltaten

Für Wilhelm Holzwarth war die Reichstagswahl am 29. März 1936 „im tiefsten Sinne eigentlich keine Wahl, sondern ein einmütiges Bekenntnis in der Treue zum Führer. Die verschwindende und unbedeutende Minderheit der Abseitsstehenden hat sich mit einer Schuld beladen, an der jeder ehrliche Mensch zu Grund gehen würde. Auf ihnen lastet der Fluch eines ganzen Volkes. Die Geschichte wird über sie hinweggehen."[62] Eine vermeintlich „unbedeutende Minderheit", die sich in Bietigheim nicht an der Reichstagswahl beteiligte, waren die sogenannten „Ernsten Bibelforscher", wie die „Zeugen Jehovas" seinerzeit genannt wurden. Insgesamt ist von etwa 10 Personen auszugehen, die in Bietigheim nicht zur Wahl gingen.[63] Im Juli 1936 fand eine vertrauliche Erfassung der „Ernsten Bibelforscher" auf Grund eines Runderlasses des württembergischen politischen Landespolizeiamts statt.[64] Insgesamt wurden dabei neun „Ernste Bibelforscher" erfasst. Einer dieser Personen war Friedrich Gözinger (1907-1953 für tot erklärt), der bei den DLW arbeitete. Er wurde am 3. April 1936 durch den Betriebsführer Hans Stangenberger (1894-1949) fristlos entlassen, weil er nicht an der Reichstagswahl teilnahm. Die Entlassung „wegen Verletzung Ihrer vaterländischen Pflicht", wurde von Direktor Stangenberger in Bezugnahme auf die Betriebsordnung der DLW als alternativlos dargestellt.[65] Zum Schluss wurde die Endgültigkeit der Entscheidung bekräftigt: „Gleichzeitig machen wir Sie darauf aufmerksam, dass jede Bemühungen wegen Rücksprache mit einem unserer Herren in Ihrer Entlassungsangelegenheit zwecklos sind."[66] Die Entlassung wurde Gözinger durch den Betriebsobmann Wilhelm Holzwarth mitgeteilt.[67] Dieser hatte Gözinger zuvor auch aufgefordert, zur Wahl zu gehen und auch einen Schwager aufgefordert, ihn zum Wahlgang zu bewegen.[68] Nach Ermittlungen der Spruchkammer Ludwigsburg verlangte Wilhelm Holzwarth als Mitglied des Vertrauensrats die Entlassung von Friedrich Gözinger.[69] Bei der

---

[62] Rede von Wilhelm Holzwarth zum 01.05.1936, StAL: EL 902/15 Bü 9918.
[63] Vgl. Schirpf in: Bietigheim 1989 (wie Anm. 35), S. 676 f.
[64] Vgl. Württ. polit. Landespolizeiamt an die OÄ an die Stadt Bietigheim, 02.07.1936, StABB: Bh 485.
[65] Vgl. DLW an Friedrich Gözinger, 03.04.1936, StA LB: V 3/61 Nr. 029.
[66] Ebd.
[67] Vgl. Ebd.
[68] Vgl. Ermittlungen des Ermittlers Ludwig Belser, o. Dat.; Eidesstattliche Erklärung von Erich Schmid, 24.09.1947; Protokoll der öffentlichen Sitzung der Spruchkammer, 13.05.1948, StAL: EL 902/15 Bü 9918.
[69] Ermittlungsbericht des Ermittlers Ludwig Belser und Klageschrift der Spruchkammer Ludwigsburg, StAL: EL 902/15 Bü 9918. Diese Tatsache fand mangels Beweise keine Berücksichtigung im Spruch der Spruchkammer, obwohl selbst Holzwarth in seiner öffentlichen Verhandlung der Spruchkammer einräumte, dass der Vertrauensrat eine Entlassung bei der Nichtteilnahme an der Wahl forderte.

formellen Repression gegen Friedrich Gözinger blieb es nicht. Nach der Verkündigung des Wahlergebnisses und der öffentlichen Nennung von Nichtwählern durch den Bürgermeister Gotthilf Holzwarth folgten gewalttätige Maßnahmen durch den dienstlichen Befehl eines Bietigheimer SA-Mannes, der befahl, einen Galgen oder ein Kreuz zu bauen.[70] „Nachmittags drangen SA-Männer in der Wohnung des G. ein, beleidigten ihn und schleiften ihn die Treppe hinunter."[71] Vor dem Haus standen Leute der SA und der HJ die riefen: „Heraus mit den Verrätern, sperrt sie ein und schlagt sie tot."[72] Friedrich Gözinger wurde schließlich zum Rathaus gebracht, wo er von Bürgermeister Gotthilf Holzwarth beschimpft wurde mit dem Bedauern, ihn nicht aufhängen zu können.[73]

Auf Bitte eines DAF-Gauwalters, der die Firma DLW besichtigte, skizzierte Wilhelm Holzwarth für höhere Parteifunktionäre die sozialen Wohltaten der Firma im NS-Staat. Die Denkschrift wurde durch seinen Bruder Gotthilf den Parteistellen zugeleitet mit großem Lob und dem Hinweis, „dass die DLW volles Verständnis für die heutige Zeit aufbringen und dass Führung und Gefolgschaft ein Ganzes darstellen und die Betriebsgemeinschaft tatsächlich verwirklicht ist."[74]

Wilhelm Holzwarth machte deutlich, wie nationalsozialistische Betriebspolitik in den DLW aussah: Durch den Bau der heutigen Siedlung „Sand", die für „kinderreiche und minderbemittelte Gefolgschaftsmitglieder" konzipiert wurde; durch Zuschüsse für Gefolgschaftsmitglieder, „die zu Schulungskursen oder zu Übungen in der Wehrmacht kommandiert werden"; durch eine große Betriebsbücherei, „die im Geiste des 3. Reiches gehalten ist". Nach Prüfung einer entsprechenden Bedürftigkeit konnten Frauen beim Ausscheiden aus der Firma ein Ehestandsdarlehen erhalten. Es schien selbstverständlich zu sein, dass die Gefolgschaftsmitglieder „vollzählig" in der DAF organisiert sind.[75] Anders als nach dem Krieg durch die Firma DLW dargestellt, wurden nicht nur die allernötigsten Spenden an die NSDAP abgeführt, wie für das WHW oder die Adolf-Hitler-Spende, sondern durch die Firma gab es Zuwendungen an die Leibstandarte SS Adolf Hitler, an die NSDAP des Gaues Württemberg-Hohenzollern und die NSDAP München. Die Firma DLW war ohne Zweifel schon seit ihrer Gründung ein soziales Unternehmen, das sich um die Fürsorge für die Mitarbeiter verdient machte. Diese soziale Fürsorge war im NS-Staat aber an Konformität und Loyalität mit der Volksgemeinschaft gebunden. Man war ein nationalsozi-

---

[70] Vgl. Schirpf in: Bietigheim 1989 (wie Anm. 35), S. 676 f.
[71] Aus dem Ermittlungsbericht von Ludwig Belser, o. Dat., StAL: EL 902/15 Bü 9918.
[72] Schirpf in: Bietigheim 1989 (wie Anm. 35), S. 677.
[73] Über die genaue Wortwahl von Gotthilf Holzwarth gibt es unterschiedliche Angaben. vgl. u.a.: Sämann, Christine: Das Durchgangslager in Bietigheim. Zwangsarbeit im Nationalsozialismus – Bedeutung und Funktion des Durchgangslagers für ´ausländische Arbeitskräfte´ in Bietigheim mit seinen Krankensammellagern in Pleidelsheim und Großsachsenheim. Bietigheim-Bissingen 2018 (= Schriftenreihe des Archivs der Stadt Bietigheim-Bissingen Band 12), S. 175.
[74] BM Holzwarth an Gauwalter Fritz Schulz, 08.02.1936, StABB: Bh 2005.
[75] Die Zitate entstammen alle dem „Bericht über die sozialen – und Wohlfahrtseinrichtungen der Deutsche Linoleum-Werke A.-G., Bietigheim.", 16.01.1936, StABB: Bh 2005.

alistischer Betrieb geworden, an dessen Spitze Betriebsführer Hans Stangenberger stand, als geradezu idealer „Typ des nationalsozialistischen Betriebsführers"[76]. Zu den Aufgaben von Wilhelm Holzwarth gehörte es auch, Auskunft zu geben über die „politische Zuverlässigkeit" von Mitarbeitern. So bat ihn der NSDAP-Ortsgruppenleiter Ludwigsburg-West um Auskunft über die Haltung des Arbeiters Karl Pfennig zum Nationalsozialismus.[77] Die Einschätzung von Wilhelm Holzwarth war eindeutig: Karl Pfennig war „ein entschiedener Gegner unserer Bewegung. Leider konnte sich derselbe auch zwischenzeitlich nicht so umstellen, wie man dies heute von einem deutschen Menschen erwarten kann. Von Haus aus zur Polemik veranlagt, ist er heute in betrieblichen Angelegenheiten und insbesondere in Bezug auf den Nationalsozialismus stets kritisch eingestellt. [...] Für eine Aufnahme zur Partei kann er nicht empfohlen werden [...]."[78]

Ab Mai 1938 begann der berufliche und parteiinterne Abstieg von Wilhelm Holzwarth. In einer hochrangigen Runde, bestehend aus Firmenvertretern und einem hochrangigen DAF-Mann, wurde ihm vorgeworfen, dass die Betriebsgefolgschaft der DLW kein Vertrauen mehr in ihn als Betriebsobmann besaß. Als Grund wurde Wilhelm Holzwarth gegenüber angegeben, dass er sich „einseitig auf die Seite der Betriebsführung gestellt habe",[79] anstatt „mit dem nötigen Nachdruck" die Interessen der Mitarbeiter zu vertreten. Auf Grund der Vorwürfe verlangte Wilhelm Holzwarth die Einleitung eines Untersuchungsverfahrens gegen sich selbst und die Anhörung des Vertrauensrats der DLW. Er legte am 17. Mai 1938 sein Amt als Betriebsobmann vorerst nieder. Schon sehr bald kam es zu einer klärenden Sitzung des Vertrauensrats der DLW, an der auch der Bietigheimer Bürgermeister und gleichzeitig Bruder von Wilhelm Holzwarth teilnahm. Wie die Vorwürfe konkret entstanden und welche Protagonisten dabei eine Rolle spielten, lässt sich heute einem sehr schlecht erhaltenen und schwer lesbaren Schreiben von Wilhelm Holzwarth entnehmen. Zusammengefasst waren es vor allem persönliche Befindlichkeiten einzelner Protagonisten der DLW, die auch in der örtlichen NSDAP eine Rolle spielten, sowie ein Konglomerat von Vorwürfen gegen Wilhelm Holzwarth, die u.a. auch darin bestanden, dass das Bietigheimer Werk der DLW keine Auszeichnung im Rahmen des „Leistungskampfs der deutschen Betriebe" erhielt.[80] Jedenfalls sprach der Vertrauensrat Wilhelm Holzwarth das Vertrauen aus: „Der Vertrauensrat erklärte ferner, dass er sich geschlossen hinter Sie stellt und erwartet, dass das Ihnen angetane Unrecht in aller Form wieder gut gemacht wird."[81] Auch in der Sitzung vom 1. Juni

---

[76] NSDAP Kreisleitung Ludwigsburg an NSDAP Gauleitung Württemberg-Hohenzollern, 10.02.1943, StAL: PL 501 I Bü 59.
[77] NSDAP-Ortsgruppe Ludwigsburg-West an Wilhelm Holzwarth, 29.07.1938, StAL: PL 502/19 Bü 127.
[78] Wilhelm Holzwarth an NSDAP-Ortsgruppe Ludwigsburg-West, 10.08.1938, StAL: PL 502/19 Bü 127.
[79] Wilhelm Holzwarth an DAF Gauwaltung Württemberg-Hohenzollern, 17.05.1938, StAL: PL 502/19 Bü 127.
[80] Vgl. Wilhelm Holzwarth an Ehren- und Disziplinargericht der Deutschen Arbeitsfront, 17.02.1939, StAL: PL 502/19 Bü 127.
[81] Stangenberger an Wilhelm Holzwarth, 17.05.1938, StABB: PL 502/19 Bü 127. Das Vertrauen wurde bereits vor der Sitzung vom 01.06.1938 ausgesprochen.

1938 wurde offenbar deutlich festgestellt, dass „der Vorwurf: `Sie haben fast alle wichtigen Angelegenheiten ohne Hinzuziehung des Vertrauensrates mit der Direktion erledigt´ unhaltbar und unberechtigt sei."[82] Aus den überlieferten Archivquellen ergibt sich, dass es „von amtswegen" (sic) dennoch zu einem Verfahren gegen Wilhelm Holzwarth vor dem Ehren- und Disziplinargericht der Deutschen Arbeitsfront kam.[83] Dieses Verfahren „wegen Zuwiderhandelns gegen die Bestrebungen der DAF" wurde am 6. Mai 1939 eingestellt.[84] Zurück blieb ein Wilhelm Holzwarth, der auf Grund des Verfahrens und der betrieblichen und parteilichen Verwerfungen einen gesundheitlichen Schaden erlitt und fortan nicht mehr bereit war, ein Amt für die NSDAP anzunehmen. Vom Kuraufenthalt in Bad Wildbad aus richtete Wilhelm Holzwarth ein Schreiben an Betriebsführer Hans Stangenberger. Darin heißt es unter anderem: „Die erlebte Enttäuschung wird eine dauernde Verbitterung in mir zurücklassen, denn ich empfinde die Behandlung von Stuttgart gewissermassen als Genickschuß an Stelle eines Lohnes für meine langjährige aufopfernde und aufrichtige nat. soz. Arbeit im Betrieb. Das habe ich nicht verdient als Kämpfer für Adolf Hitler."[85]

Im Oktober 1939 wurde Wilhelm Holzwarth vom NSDAP-Ortsgruppenleiter Bietigheim-Ost ein NSV-Amt angeboten, das er auf Grund der erlittenen Kränkungen zunächst nicht annahm.[86] Im Jahr 1942 wurde er aber doch kommissarischer Leiter des Amts für Volkswohlfahrt der NSDAP-Ortsgruppe Bietigheim-Ost.[87] Die geschilderte DAF-Affäre führte keineswegs dazu, dass Wilhelm Holzwarth genug vom Nationalsozialismus hatte. Wie sich zeigt, war er weiterhin überzeugter Nationalsozialist. Dies verdeutlicht eine Begebenheit, die im Februar 1941 ihren Anfang nahm. Als „Alter Kämpfer" erhielt er eine „Dienstauszeichnung" der NSDAP. Doch zunächst sollte es auf Grund von Formalitäten gar nicht dazu kommen.[88] Darüber war Wilhelm Holzwarth derart erbost, dass er annahm, dass die regionalen NSDAP-Parteistellen „gegen mich Stellung genommen haben"[89]. Er wandte sich in einem fünfseitigen Brief an Rudolf Heß als Stellvertreter Hitlers. „Mein Ausschluss von der Auszeichnung stellt für mich eine solche untragbare Härte dar, dass ich keinen anderen Weg weiss, als wie mich, [...] mich in der mir zugefügten Kränkung an den höchsten Vertreter der N. S. D. A. P. zu wenden, um mir Gerechtigkeit zu verschaffen."[90] Warum sich Wilhelm so vehement für seine eigene Auszeichnung einsetzte, wird aus dem Brief sehr deutlich: „Meine Arbeit für die Bewegung war [...] der ganze Inhalt

---

[82] DAF-Gauwaltung Württemberg-Hohenzollern an Wilhelm Holzwarth, 04.06.1938, StAL: PL 502/19 Bü 127.
[83] Vgl. Bekanntmachung des Betriebsführers Stangenberger, 10.02.1939, StAL: PL 515/50 Bü 8.
[84] Einstellungsbeschluss des Ehren- und Disziplinargerichts der Deutschen Arbeitsfront, 06.05.1939, StAL PL 502/19 Bü 127.
[85] Wilhelm Holzwarth an Hans Stangenberger, 25.05.1939, StAL: PL 502/19 Bü 127.
[86] Vgl. Wilhelm Holzwarth an Willy Schöllhammer (NSDAP-Ortsgruppenleiter Bietigheim-Ost), 26.10.1939, StAL: PL 502/19 Bü 127.
[87] Meldung der Kreisleitung Ludwigsburg, 27.04.1942, StAL PL 502/19 Bü 127.
[88] Vgl. NSDAP-Ortsgruppe Bietigheim-Ost an Wilhelm Holzwarth, 12.02.1941, StAL: PL 502/19 Bü 127.
[89] Wilhelm Holzwarth an NSDAP-Kreisleitung, 22.02.1941, StAL: PL 502/19 Bü 127.
[90] Wilhelm Holzwarth an Rudolf Heß, 17.02.1941, StAL: PL 502/19 Bü 127.

meines Lebens, um dem Führer mit ganzer Kraft dienen und ihm in schwerer Kampfzeit Anhänger zuführen zu können."[91] Eine Antwort aus Berlin ist nicht überliefert, aber Wilhelm Holzwarth bekam die NSDAP-Dienstauszeichnung im Juli 1941 ausgehändigt.[92] Im Zuge des Kriegseinsatzes seines jüngsten Sohnes setzte sich Wilhelm Holzwarth schließlich für den Kampfeinsatz an vorderster Front ein. Voller Pathos schrieb er bereits im Februar 1941 an Rudolf Heß, dass er „stolz darauf [sei], dem Führer zwei Söhne im Kampf um Grossdeutschland zur Seite stellen zu dürfen, […]".[93] Zunächst ging es darum, seinen Sohn anstatt als Fußsoldat einer motorisierten Einheit zuzuweisen, was wohl auch gelang. Zeitweise war er auch im Sanitätsdienst eingesetzt, für den er nicht ausgebildet sei und stattdessen selbst in eine „motorisierte Kampfeinheit" wollte. „Zudem", so Wilhelm Holzwarth, „ist er erst 21 Jahre alt und müsste schon deshalb in der vordersten Front als aktiver Kämpfer stehen."[94]

Im Zuge der Entnazifizierung wurde Wilhelm Holzwarth von der Spruchkammer Ludwigsburg am 13. Mai 1948 als „Minderbelasteter" eingestuft. Nach Ablauf einer einjährigen Bewährungsfrist erfolgte am 20. Juli 1949 die Einstufung als „Mitläufer". Von 1948 bis 1957 arbeitete Holzwarth weiterhin für die DLW. Am 8. August 1961 starb er in Bietigheim.

---

[91] Ebd.
[92] Vgl. NSDAP-Kreisleitung Ludwigsburg an Wilhelm Holzwarth, 18.07.1941, StAL: PL 502/19 Bü 127.
[93] Wilhelm Holzwarth an Rudolf Heß, 17.02.1941, StAL: PL 502/19 Bü 127.
[94] Wilhelm Holzwarth an Kommandeur Dr. Brun, 22.04.1941, StAL: PL 502/19 Bü 127.

Astrid Gehrig

Eugen Hund: „Hauptschuldiger" oder „Versuchskarnickel"? Der Opferdiskurs des Esslinger NSDAP-Kreisleiters

* 3. Dezember 1901 in Esslingen
† 12. März 1975 in Ostfildern-Nellingen

1925-27 und ab 1930 NSDAP, 1933-1943 Kreisleiter Esslingen, ab 02/1943 in der NSDAP-Parteikanzlei München (Reichsamtsleiter, ab 02/1945 Reichshauptamtsleiter), 1947 als „Hauptschuldiger" entnazifiziert, 1948 Entlassung aus der Internierungshaft, danach Hilfsarbeiter

„Meine Wiege stand in einem armen Haus in Esslingen in der Augustinerstraße. Dürftig war meine Jugend und durch Botengänge, als Zeitungsausträger und Hilfsarbeiter habe ich mir Geld verdient, um das Schulgeld aufbringen zu können. Auf diesem Boden wachsen keine Junker und keine Militaristen, sondern Sozialisten mit brennender Sehnsucht nach Sonne und Gerechtigkeit im Herzen."[1] Mit diesen Worten schilderte Eugen Hund, der ehemalige NSDAP-Kreisleiter von Esslingen, in der öffentlichen Verhandlung vor der Spruchkammer seine entbehrungsreiche Kindheit. Als Sohn eines städtischen Arbeiters, der krankheitsbedingt bereits früh nicht mehr ganztägig arbeiten konnte, 1901 in Esslingen geboren, hat er als Kind miterlebt, wie seine Mutter als Putz- und Waschfrau zum Familieneinkommen beitragen musste. Trotz dieser prekären finanziellen Situation war es den Eltern wichtig, ihre beiden Kinder möglichst lange zur Schule zu schicken. So besuchte Eugen Hund nach der (obligatorischen) Volksschule die Ober-Realschule in Esslingen und erwarb dort 1917 die Mittlere Reife. An einen weiteren Schulbesuch war aber nicht zu denken, hatte Hund doch bereits während der beiden letzten Schuljahre in den Sommerferien als „Junghilfsarbeiter" in der Fabrik selber das Geld verdienen müssen, das er für die Schulbücher benötigte.[2] So machte er eine dreijährige kaufmännische Lehre bei der Esslinger Firma Glasdach Eberspächer und hielt 1919 seinen Gesellenbrief in den Händen. Es folgten Beschäftigungsverhältnisse bei verschiedenen Firmen und Banken, bis Hund 1924 schließlich bei der Maschinenfabrik Esslingen unterkam und dort als

---

[1] Eugen Hund vor der Spruchkammer des Internierungslagers 76 Hohenasperg im Mai 1947. StAL 903/4 Bü 51/Teil 2.
[2] Letztes Wort des Betroffenen in der Öffentlichen Sitzung der Spruchkammer des Internierungslagers Ludwigsburg im Juli 1948. Ebd.

kaufmännischer Angestellter (Korrespondent und Hauptbuchhalter) bis 1933 tätig war.³

Mit dieser Berufskarriere war Eugen Hund ein sozialer Aufsteiger, der es aus den ärmlichen Verhältnissen einer Arbeiterfamilie zum Angestellten geschafft hatte. Dass er ab 1924 bei der Maschinenfabrik Esslingen arbeitete, dürfte für seine politische Sozialisation mitentscheidend gewesen sein, traf er doch dort auf Wilhelm Murr (1888-1945), den späteren NSDAP-Gauleiter, der wie er als kaufmännischer Angestellter in der Firma (Gießerei) arbeitete. Murr war als Lehrling noch vor seinem Eintritt bei der Maschinenfabrik in den rechtslastigen Deutschnationalen Handlungsgehilfenverband (DHV)⁴ eingetreten; für die als „rotes Nest" geltende Gießerei des Unternehmens und ihre Arbeiter war die Personalie Murr daher von Anfang an eine Provokation.⁵ Die Stimmung in der Maschinenfabrik, die als linke Bastion galt, dürfte andererseits Murrs radikale Positionen noch verstärkt haben.⁶ Dass auch Hund dem DHV angehörte, hat die erste Kontaktaufnahme mit Murr, der aus einem vergleichbaren sozialen Milieu stammte, gewiss erleichtert.⁷ Hund wurde bei der Maschinenfabrik Esslingen Mitglied des Betriebsrats und eigenen Angaben zufolge auch Vorsitzender des Angestelltenrates.⁸ Und es gibt weitere Parallelen: Im August 1925 trat Hund

---

³ Klageschrift vom 18.02.1948. Ebd.
⁴ Der DHV war der größte Angestelltenverband dieser Zeit. Seit 1929/30 verfocht die Basis eine Politik der Annäherung an die NSDAP, während die Verbandsspitze eher die Nähe zu den bürgerlichen Mittelparteien suchte. Vgl. Kocka, Jürgen: Die Angestellten in der deutschen Geschichte 1850-1980. Vom Privatbeamten zum angestellten Arbeitnehmer, Göttingen 1981, besonders S. 148-158.
⁵ Die Maschinenfabrik Esslingen ist ein besonders markantes Beispiel dafür, dass Firmen als Sammelbecken für radikale Parteien fungierten. Richard Drauz (1894-1946), der spätere Kreisleiter von Heilbronn, war hier ebenso beschäftigt wie Wilhelm Murr, Ortsgruppenleiter Otto Merker (1899-1986), der 1927 als Oberingenieur bei der MF Esslingen angestellt wurde und später u.a. Generaldirektor der Klöckner-Humboldt-Deutz AG wurde, Gauschatzmeister Anton Vogt (1891-nach 1945), Kreisleiter Adolf Bauer (Maulbronn bis 1937, dann Vaihingen/Enz) und eben Eugen Hund. Vgl. Köhle-Hezinger, Christel: Von der „Roten ME" zur „Braunen ME". Die Maschinenfabrik Esslingen als Fallbeispiel, in: Stadt Esslingen (Hg.): Esslingen 1919-1949. Von Weimar bis Bonn, Esslingen 1991, S. 27-47, S. 44. Zur DHV und seiner besonderen Rolle in Esslingen: Glück, Horst: Parteien, Wahlen und politische Kultur in einer württembergischen Industrieregion. Die Stadt Esslingen und der Mittlere Neckarraum, Esslingen 1991, S. 129.
⁶ Borst, Otto: Geschichte der Stadt Esslingen am Neckar, Esslingen 1977, S. 439; Köhle-Hezinger: „Rote ME" 1991 (wie Anm. 5), S. 44.
⁷ Seinen Eintritt in den DHV bestätigte Hund vor der Spruchkammer. Protokoll der Öffentlichen Sitzung der Spruchkammer des Internierungslagers Ludwigsburg am 20., 21. und 22.07.1948. StAL EL 903/4 Bü 51/2. Zur ideologischen Nähe von DHV und Nationalsozialismus vor 1933 vgl. Rütters, Peter: Der Deutschnationale Handlungsgehilfen-Verband (DHV) und der Nationalsozialismus, 2007. Online unter: http://www.kas.de/upload/ACDP/HPM/HPM_16_09/HPM_16_09_5.pdf (Zugriff: 14.05.2018). Kurzbiographie von Murr bei Menges, Franz: Murr, Wilhelm, in: Neue Deutsche Biographie (NDB) 18 (1997). Online unter: www.deutsche-biographie.de/gnd120681021.html#ndbcontent (Zugriff: 14.05.2018). Dass Hund und Murr richtiggehend befreundet gewesen seien, schreibt Mende. Dagegen betont Arbogast, dass sich das zunächst feindselige Verhältnis der beiden Männer erst 1933 veränderte, als Hund sich zunehmend „unterwürfig" zeigte und für dieses Verhalten mit dem Kreisleiterposten belohnt wurde. Vgl. Mende, Claudia: Eugen Hund, in: Glück 1991 (wie Anm. 5), S. 453 f. und Arbogast, Christine: Herrschaftsinstanzen der württembergischen NSDAP. Funktion, Sozialprofil und Lebenswege einer regionalen NS-Elite 1920-1960, München 1998, S. 165.
⁸ Protokoll der Öffentlichen Sitzung der Spruchkammer des Internierungslagers Ludwigsburg am 20., 21. und 22.07.1948. StAL EL 903/4 Bü 51/2.

erstmals in die NSDAP ein, nachdem das Verbot nach dem Hitler-Putsch aufgehoben worden war. Die Esslinger Ortsgruppe der neugegründeten NSDAP leitete Wilhelm Murr. Hund bekam die Mitgliedsnummer 12.862; Murr war bereits 1923 Parteimitglied geworden, 1925 trat er mit der Mitgliedsnummer 12.873 der neugegründeten NSDAP wieder bei.[9]

Dass sich die Maschinenfabrik im „Roten Esslingen"[10] dennoch immer mehr zum Sammelbecken der Nationalsozialisten entwickelte, blieb nicht unbemerkt und provozierte Kritik. In einer Arbeiterzeitung hieß es 1927, dass Wilhelm Murr dort anscheinend einen „Freibrief" habe, denn seine einzige Aufgabe bestehe darin, „Hakenkreuzler in den Betrieb zu schmuggeln".[11] Das „individuelle Ansehen der einzelnen Vertreter der Partei", so Thomas Schnabel (*1952), spielte „eine überdurchschnittlich wichtige Rolle" für die politische Entwicklung in der kleinstädtisch-ländlich geprägten Region Württemberg.[12] Wilhelm Murr in Esslingen, Christian Mergenthaler (1884-1980) in Schwäbisch Hall und Heinrich Becker in Geislingen an der Steige - ohne diese einzelnen Persönlichkeiten wäre die NSDAP in den genannten Städten vermutlich nicht so früh so erfolgreich gewesen.[13] Der Nationalsozialismus in Württemberg, so plädierte der öffentliche Kläger im Spruchkammerverfahren gegen Hund im Mai 1947, sei „in einer Zelle der Maschinenfabrik Esslingen geboren" worden. Dort seien die „Exponenten" zusammengekommen, welche „die Idee in das Land Württemberg hinaustrugen, verankerten und festlegten". Für ihn stand fest, dass Murr und Hund in „enger, kameradschaftlicher Beziehung" zueinander standen und Murr der Ansicht war, dass Hund ein „zuverlässiger Nationalsozialist" sei, der „das Kind schon schaukeln" werde.[14]

Hund jedoch trat nach nur zwei Jahren Parteizugehörigkeit 1927 wieder aus der NSDAP aus, weil sich, wie er nach Kriegsende angab, „die damalige kleine Esslinger Ortsgruppe mehr oder weniger zur Stammtischrunde entwickelt und sich nicht mit politischen Problemen befasst" habe.[15] Damit waren seine parteipolitischen Aktivitäten (zunächst) unterbrochen. Dafür konsolidierte sich Hund im privaten Bereich. Im Jahr seines Parteiaustritts heiratete er; aus dieser

---

[9] Zu Hund: BArch R 9361-VIII Kartei/12940284 (NSDAP-Mitgliederkartei); zu Murr: Scholtyseck, Joachim: „Der Mann aus dem Volk". Wilhelm Murr, Gauleiter und Reichsstatthalter in Württemberg-Hohenzollern, in: Kißener, Michael/ ders. (Hg.): Die Führer der Provinz. NS-Biographien aus Baden und Württemberg, Konstanz 1997, S. 477-502, S. 480.
[10] Köhle-Hezinger: „Rote ME" 1991 (wie Anm. 5), S. 29.
[11] Zit. nach Weinmayr, Georg: „… unerschrockenes Auftreten der Hakenkreuzler". Einer der alten Garde kramt in Erinnerungen, in: NS-Kurier vom 5./6.02.1938.
[12] Schnabel, Thomas: Württemberg zwischen Weimar und Bonn 1928-1945/46, Stuttgart u.a. 1986, S. 45.
[13] Ebd., S. 45, 83 und 183. Zu Becker und der Frühphase der NSDAP in Geislingen auch Arbogast 1998 (wie Anm. 7), S. 21 ff.
[14] Plädoyer des öffentlichen Klägers. Protokoll der öffentlichen Sitzung am 19., 20. 27. und 28.05.1947. StAL EL 903/4 Bü 51/ Teil 2.
[15] Klageschrift vom 18.02.1948. Ebd.

Ehe gingen drei Kinder hervor.[16] Wenig später, im Mai 1930, erfolgte der Wiedereintritt in die NSDAP.[17] Nach Kriegsende reklamierte Hund für sich, dass soziale Beweggründe hierfür ausschlaggebend gewesen waren. Die wirtschaftliche Notlage und die hohe Arbeitslosigkeit im Gefolge der Weltwirtschaftskrise vor Augen, war für Hund einzig die NSDAP in der Lage, hier Abhilfe zu schaffen. So hätten er und ein weiterer Angestelltenvertreter[18] „in den schwierigsten Jahren 1929/32" gemeinsam vor der Direktion der Maschinenfabrik Esslingen gestanden und „um 20,- bis 200,- Mark Abfindung" für Leute gekämpft, die entlassen werden sollten. Denn sie hätten beide gewusst, dass „diese Menschen in ein ungesichertes Leben hinausgehen mußten". Für ihn, Hund, sei klar gewesen, dass „mit Notstandsarbeiten allein die Bevölkerung auf die Dauer nicht mehr geheilt werden konnte", dass nunmehr „andere Mittel" eingesetzt werden mussten. Für Hund bedeutete dies die erneute Hinwendung zur NSDAP: „So bin ich Nationalsozialist geworden."[19]

Was letztendlich für Eugen Hund den Ausschlag für sein Engagement bei der NSDAP gegeben hat, können wir nicht wissen. Fest steht, dass die NSDAP mit ihren antikapitalistischen Ideologemen für Angestellte die Möglichkeit gab, sich in ihrer Position als Arbeitnehmer mit dieser Partei zu identifizieren. Jürgen Kocka (* 1941) hat zu Recht in diesem Zusammenhang von einer „doppelten Frontstellung" der Angestellten gesprochen: „einerseits die antiproletarische, antisozialistische Abgrenzung gegenüber den proletarischen Massen", andererseits „die Frontstellung gegen ‚oben', gegen die Mächtigen und Reichen, gegen Unternehmer und Kapital".[20] Es hat den Anschein, dass der Wunsch nach Veränderung der bestehenden Verhältnisse Hund erst in einen Berufsverband und schließlich in die NSDAP trieb.[21] Während es für den ehemaligen NS-Funktionär wichtig war, sein erstes Engagement für die NSDAP zu begründen, war

---

[16] Ebd.
[17] BArch R 9361-VIII Kartei/12940284 (NSDAP-Mitgliederkartei).
[18] Dies war nach Hunds Angaben Franz Aurnhammer gewesen, Mitglied der freien Gewerkschaft und 1933 Vorsitzender des Arbeiterrates bei der Maschinenfabrik Esslingen. Aurnhammer war bei Hunds erster Spruchkammerverhandlung einer der vier Beisitzer gewesen. Protokoll der öffentlichen Sitzung am 20., 21. und 22.07.1948, StAL EL 903/4 Bü 51/2. Zu Aurnhammer und der SPD in Esslingen:https://kipdf.com/g-e-d-e-n-k-e-n-fr-verfolgte-sozialdemokraten-und-a-n-s-t-o-s-s-fr-h-e-u-t-e_5ab014c01723dd379cc3428e.html (Zugriff: 19.06.2018).
[19] Protokoll der öffentlichen Sitzung der Spruchkammer des Internierungslagers Ludwigsburg am 20., 21. und 22.07.1948, StAL EL 903/4 Bü 51/2. Die sozialen Wurzeln des Nationalsozialismus unterstrich auch Murr immer wieder. Vgl. Scholtyseck 1997 (wie Anm. 9), S. 480.
[20] Kocka 1981 (wie Anm. 4), S. 163 ff. Zum Verhältnis Angestellten zum Nationalsozialismus vgl. den Forschungsbericht von Lenger, Friedrich: Mittelstand und Nationalsozialismus?, in: Archiv für Sozialgeschichte (AfS) 29 (1989), S. 173-198. Auch Biele Mefebue, Astrid (*1976) konstatiert, dass die Angestelltenverbände in der Weimarer Republik die Idee einer besonderen betrieblichen Funktion der Angestellten verteidigten, aufgrund derer diese sich als „privilegierte Arbeitnehmer" in Abgrenzung zu den Arbeitern betrachteten. Dies.: Die soziale Konstruktion des impliziten Arbeitsvertrages. Entwicklung und sozioökonomische Bedingungen, Göttingen 2013, S. 175-183, S. 183.
[21] Dass der Weg zur NSDAP die späteren württembergischen Kreisleiter über ganz unterschiedliche politische Orientierungen geführt hat, ohne dass ein eindeutiges Muster erkennbar wäre, hat Christine Arbogast herausgearbeitet. Einzig der frühe politische Aktivismus war eine deutlich erkennbare Gemeinsamkeit, Arbogast 1998 (wie Anm. 7), S. 140-145.

dies für die Spruchkammern nachrangig. Dass Hund seinen politischen Aktivismus als deutliches Zeichen seiner Unzufriedenheit und auch sein frühes Engagement im DHV als Möglichkeit der gesellschaftlichen und politischen Mitgestaltung gewertet wissen wollte, würdigten die für ihn zuständigen Spruchkammern (erst Hohenasperg, dann Ludwigsburg) allenfalls am Rande. Eine konkrete Auseinandersetzung über die Motive fand vor diesen Gremien nicht statt. Die Kammern hatten dem Kreisleiter konkrete Handlungen und Verhaltensweisen in Einzelfällen nachzuweisen und über seine individuelle Schuld oder Unschuld zu entscheiden. Diese Entscheidung suchten sie anhand konkreter Be- und Entlastungsnachweise zu treffen. Welche persönlichen Beweggründe einst den Weg für den Parteieintritt geebnet hatten, interessierte nicht.

Für Hund bedeutete der erneute Parteieintritt 1930 die persönliche Chance zu Machtentfaltung und Karriere. Nicht nur begann sich die Partei allmählich zur Massenbewegung zu formieren und wurde auf der politischen Bühne langsam hoffähig, was neue Ämter und Posten bedeutete, die es zu besetzen galt. Auch dürfte Hunds Mitarbeit während der „Kampfzeit" für seinen späteren Aufstieg nicht unerheblich gewesen sein. Denn trotz der Unterbrechung durfte er sich zu den Nationalsozialisten der ersten Stunde zählen. In rascher Folge wurde Hund (jüngster) NSDAP-Ratsherr im Esslinger Stadtrat (Dezember 1931 bis März 1933), NSDAP-Ortsgruppenleiter in Esslingen (Januar 1932 bis März 1933) und ab April 1933 Kreisleiter von Esslingen. Dies bedeutete aber keineswegs die sofortige Übernahme in einen hauptamtlichen Parteidienst. Seinen Lebensunterhalt bestritt Hund, der 1933 aus der Maschinenfabrik Esslingen ausgetreten war, durch die Tätigkeit als Bürgermeister in Wendlingen. Das Kreisleiteramt versah er quasi nebenher im Ehrenamt. Zweifellos bedeutete diese Ernennung zum Bürgermeister für den früheren Hauptbuchhalter einen immensen beruflichen Aufstieg. „Der kleine Mann aus der Maschinenfabrik Esslingen stand plötzlich 1933 vor der Tatsache, den Kreisleiterposten zu übernehmen", ätzte der öffentliche Kläger 1947. Da ihm jedoch die fachliche Kompetenz in Verwaltungsdingen fehlte, machte man ihn kurzerhand zum Bürgermeister, damit er sich das fehlende Know-How aneignen konnte.[22] In der NS-Presse konnte man lesen, dass die württembergische Regierung in Hund einen „zielbewussten, entschlossenen, ruhig denkenden und tüchtigen Menschen" sah, der diese Charaktereigenschaften bereits in der „Kampfzeit" unter Beweis gestellt hatte. Und nicht zuletzt war für den überzeugten Nationalsozialisten Hund die Besetzung des Bürgermeisterpostens mit „Exponenten der Freiheitsbewegung" wie ihn zwingend notwendig, damit es mittels dieser „Garanten der nationalsozialistischen Idee" gelang, die Verwaltung mit „nationalsozialistischer Gesinnung von oben bis unten und von unten bis oben [...] zu durchdringen".[23]

---

[22] Plädoyer des öffentlichen Klägers. Protokoll der öffentlichen Sitzung am 19., 20. 27. und 28.05.1947. StAL EL 903/4 Bü 51/Teil 2.
[23] Artikel „Kreisleiter Hund als Bürgermeister. Die Amtseinsetzung in Wendlingen", 07.10.1933, StAL EL 903/4 Bü 51/1.

Als „Garant der nationalsozialistischen Idee" hatte sich Hund beispielsweise im Januar 1932 bewährt, als ihm als damaliger Esslinger Ortsgruppenleiter die Leitung einer öffentlichen NSDAP-Versammlung in Denkendorf oblag. Wahlkampf, die Suche nach neuen Mitstreitern und die Gründung neuer Ortsgruppen gehörte vor dem März 1933 zu den häufigsten Tätigkeiten der aktiven Parteigenossen. In diesem Kontext ist auch die Denkendorfer Veranstaltung zu sehen. Als Hauptredner mit zwei Stunden Redezeit trat Wilhelm Murr auf, anschließend redeten ein Vertreter der Zentrumspartei und ein KPD-Mann. Als sogenannter „Saalschutz" waren ca. 60 (auswärtige) SA-Männer anwesend. Bei den Spruchkammerverhandlungen gegen Hund riefen zwei ehemalige Denkendorfer KPD-Mitglieder in Erinnerung, dass ihr Heimatdorf zu diesem Zeitpunkt als „schwarz-rote Festung" galt. Die Versammlung endete mit einer üblen Schlägerei, wobei die beiden Zeugen Hund und der SA die Schuld an der Eskalation gaben. Hätte Hund nicht „SA an die Türen" gerufen und die SA somit die Teilnehmer am Verlassen des Saales gehindert, so bezeugte Karl Bolich unter Eid, hätte es keine Schlägerei gegeben. Hund bestritt, diesen Befehl gegeben zu haben, und sah in den KPD-Anhängern die Verursacher der Prügelei. Für die Spruchkammer (2. Instanz) reichte indes die Tatsache, dass SA-Männer hinzugezogen worden waren, als Beweis dafür aus, dass „politische Gegner mundtot" gemacht werden sollten. Für sie trug Hund für alles, was während der Versammlung geschah, die Verantwortung. Zumindest eine Teilschuld gab sie ihm am juristischen Nachspiel, welches die Schlägerei hatte. Die „Hauptschuld" jedoch lag nach Ansicht der Kammer bei den Richtern, welche bereits „damals zugunsten des NS das Recht beugten".[24]

Vor Gericht verantworten musste sich aber nicht etwa der auswärtige SA-Schlägertrupp, sondern ausschließlich Denkendorfer Versammlungsteilnehmer. Von den 18 Angeklagten wurden zehn Männer verurteilt, teils zu (milden) Geldstrafen, teils zu Gefängnisstrafen. Wegen schweren Landfriedensbruchs wurde etwa der KPD-Redner Karl Bolich zu sechs Monaten Haft verurteilt, sein Bruder zu drei Monaten. Bolich kam zwar vorzeitig infolge einer Amnestie an Weihnachten 1932 wieder auf freien Fuß. Die nächste Verhaftung erfolgte aber bereits am 7. März 1933 und damit nur zwei Tage nach der März-Wahl. Nunmehr sollte er als politischer Gegner mundtot gemacht werden. Bolich war einer der ersten „Schutzhäftlinge" aus Württemberg und Hohenzollern im Konzentrationslager Heuberg. Das Entlassungsgesuch, das die Eltern an Weihnachten 1933 für ihren inhaftierten Sohn stellten, wurde abgelehnt. Bezeichnenderweise lautete die Begründung des zuständigen Ortsgruppenleiters Müller und des Kreisleiters Hund: „B [...] bedeutet eine Gefahr für die öffentliche Ruhe in Neuhausen". Davon wollte Hund in seiner Spruchkammerverhandlung freilich nichts mehr wissen. Mit den Verhaftungen politischer Gegner im März 1933 habe er - so wie die ganze Partei - aber auch rein gar nichts zu tun gehabt.[25] Genau dies

---

[24] Spruch vom 28.07.1948, StAL EL 903/4 Bü 51/Teil 2.
[25] Protokolle der öffentlichen Sitzungen der 1. und 2. Instanz, StAL EL 903/4 Bü 51, Teil 2.

behauptete freilich Wilhelm Griesinger, ehemaliger Leiter des freigewerkschaftlichen Angestelltenbundes (AfA-Bund) in Esslingen und SPD-Mitglied. Er vermutete Hund hinter seiner Verhaftung im März 1933 und der anschließenden Verbringung auf den Heuberg. Grund sei eine Denunziation gewesen, der Hund, weil sie von seinem Schwager gekommen sei, Glauben geschenkt habe. Griesinger war sich seiner Sache sehr sicher, denn er hatte die Behauptung von Hunds Verantwortlichkeit im ersten Verfahren unter Eid vorgebracht. Seine Aussage hatte insofern besonderes Gewicht, als er zeitgleich den Vorsitz der Heimatspruchkammer Esslingen innehatte.[26] Der Gewerkschaftsfunktionär hatte während der NS-Herrschaft unter den Terror- und Gewaltmaßnahmen persönlich gelitten; so kann es kaum verwundern, dass es ihm ein Anliegen war, zur Bestrafung der Verantwortlichen aktiv beizutragen. Als persönlich Betroffener sagte er gegen Hund aus. Als „kleiner König" in seinem Kreis hatte Hund Einfluss darauf, wer ins KZ oder in Schutzhaft kam, stellte der öffentliche Kläger in Hunds erstem Verfahren unmissverständlich fest. Für Wilhelm Griesingers Verbringung auf den Heuberg sei er somit „zumindest indirekt verantwortlich". Diese Einschätzung entsprach dem Tenor der ersten Verhandlung: Ein Kreisleiter war für alles, was innerhalb seines Zuständigkeitsgebietes geschah, politisch verantwortlich.[27] Die zweite Instanz indes sah es nicht als zweifelsfrei erwiesen an, dass es Hund gewesen war, der Griesingers Verhaftung in die Wege geleitet hatte. Es könne nicht ausgeschlossen werden, so die Kammer in ihrem Urteil, dass Wilhelm Murr als ehemaliger Vertreter des DHV hinter der Angelegenheit steckte. Da die Kammer aber vorrangig das „individuelle Verhalten" zu beurteilen hatte und in Griesingers Fall die Beweislage nicht ausreichend war, entschied die Kammer nach dem Grundsatz „in dubio pro reo".[28]

Als Eugen Hund das Amt des Bürgermeisters im November 1936 aufgab, hatte er eine andere Option in der Tasche: er war als Kreisleiter inzwischen hauptamtlicher Parteifunktionär geworden.[29] Damit war für Hund eine Parteikarriere als Berufsfunktionär Realität geworden. Als Angehöriger der sogenannten „überflüssigen Generation" der seit 1900 Geborenen, die „von dem legitimierenden Mythos der Fronterfahrung ausgeschlossen" geblieben war, öffnete sich hier eine ganz neue Option. Aus dieser Kriegsjugendgeneration ohne eigene Fronterfahrung, die im Deutschen Reich gleichwohl von den unmittelbaren entbehrungsreichen und politisch instabilen Nachkriegsjahren geprägt worden war, rekrutierte sich nicht zuletzt die gesamte junge Elite des Reichssicherheitshauptamtes.[30] Dieser Generation gehörte auch der 1901 geborene Eugen Hund an. Als er 1933 das Amt des Kreisleiters übernahm, war er 31 Jahre alt. Auch er machte damit seine berufliche Perspektive von den politischen Verhältnissen abhängig, so dass spätestens seit 1936 Hunds berufliche und politische

---

[26] Protokoll der öffentlichen Sitzung am 19., 20. 27. und 28.05.1947. Ebd.
[27] Ebd.
[28] Spruch vom 28.07.1948. Ebd.
[29] Klageschrift vom 18.02.1948, StAL EL 903/4 Bü 51/2.
[30] Wildt, Michael: Generation des Unbedingten. Das Führungskorps des Reichssicherheitshauptamtes, Hamburg 2002, S. 41-71.

Karrieren Hand in Hand gingen und untrennbar mit dem NS-Regime verbunden waren. Damit wurde Hund höchster hauptamtlicher Repräsentant der NSDAP auf der mittleren Ebene der Parteihierarchie. Aufgrund seines noch jungen Alters überstand Hund 1937 die Kreisreform im Gau Württemberg-Hohenzollern und die damit einhergehende Verjüngung des Kreisleiterkorps unbeschadet und konnte sich in seiner Position bis 1943 behaupten. Von der in allen Gauen vor allem in der Zeit unmittelbar nach der „Machtergreifung" zu beobachtenden hohen Fluktuation bei den Kreisleitern blieb er ausgenommen. In Württemberg wurden unter Murrs Ägide bis 1935 acht von insgesamt 62 Kreisleitern ausgewechselt.[31] Hund blieb. Später kam es in den Kriegsjahren durch Einberufungen verstärkt zu personellen Veränderungen auch in den Kreisleitungen. Hund rückte nicht ein, er war aufgrund seines Amtes „uk gestellt" (unabkömmlich). Er meldete sich aber auch nicht freiwillig.[32] Dennoch wurde er im Februar 1943 aus Esslingen abberufen und zur Parteikanzlei nach München abkommandiert. Wenig später wurde er für vier Monate nach Norwegen zur dortigen Landesgruppe der NSDAP beordert, „wo ihm angeblich die Betreuung der Reichs-Deutschen in Oslo übertragen" worden war.[33] Ab August 1943 war er zurück in München und im NSDAP-Hauptpersonalamt tätig. Wie die Spruchkammer feststellte, wurde Hund dort zunächst zum Reichsamtsleiter, dann zum Reichshauptamtsleiter befördert. Seine Tätigkeit führte ihn auch ins Ausland („West- und Süd-Ost-Staaten").[34] Damit war er einer der wenigen württembergischen Kreisleiter, dem das Kreisleiteramt als Sprungbrett für eine weitere Parteikarriere über die Gauverwaltung hinaus gedient hatte.[35]

Kreisleiter von Esslingen

Als Kreisleiter hatte Hund die „unterste hauptamtlich geführte Hoheitsdienststelle der Partei" zu leiten. Innerhalb seines Hoheitsgebietes war er für die „gesamte politische, kulturelle und wirtschaftliche Gestaltung aller Lebensäußerungen nach nationalsozialistischen Grundsätzen verantwortlich".[36] Gleichwohl beschränkte sich seine Weisungsbefugnis nicht allein auf die Parteistellen

---

[31] Insgesamt hat es in Württemberg ungefähr 80 Männer gegeben, die das Amt eines Kreisleiters bekleidet haben. Von den 64 Männern, deren Namen Christine Arbogast ermitteln konnte, war die Mehrzahl wie Hund zwischen 1892 und 1905 geboren. Die 24 Kreisleiter mit voller Amtsdauer gehörten alle den Jahrgängen zwischen 1894 und 1904 an. Vgl. Arbogast 1998 (wie Anm. 7), S. 137 f., S. 42.

[32] Die Spruchkammern werteten es in der Regel als positiv, wenn sich ein Kreisleiter gegen seine uk-Stellung gewehrt hatte bzw. erst gar nicht uk-gestellt worden war, um als Soldat seine „nationale Pflicht" zu erfüllen. Vgl. Beispiele bei Arbogast 1998 (wie Anm. 7), S. 228 f.

[33] Über die Abkommandierung Hunds nach Norwegen und die Führung des Kreises Esslingen durch den Nürtinger Kreisleiter Eugen Wahler informierte die Ortsgruppenleiter, Kreishauptamtsleiter und Kreisamtsleiter in einem Rundschreiben vom 13.04.1943, StAL EL 903/4 Bü 51/Teil 1.

[34] Klageschrift vom 18.02.1948. StAL EL 903/4 Bü 51/2. Hund bestritt dies und beharrte darauf, lediglich den Rang eines Oberbereichsleiters bekleidet zu haben. Die Spruchkammer ließ sich aber darauf nicht ein, zumal Hund in seinem ersten Verfahren bestätigt hatte, Reichshauptamtsleiter gewesen zu sein. Spruch vom 28.07.1948 und Protokoll der öffentlichen Sitzung am 20., 21. und 22. Juli 1948. Ebd.

[35] Arbogast 1998 (wie Anm. 7), S. 136.

[36] Ley, Robert (Hg.): Organisationsbuch der NSDAP, München 1997, S. 130.

(u.a. Kreisamtsleitung und ihm unterstellte Dienststellen wie Amt für Volksgesundheit oder Wirtschaftsberater sowie die Ortsgruppenleiter); ein Kreisleiter hatte etwa bei der Besetzung staatlicher Verwaltungsstellen (Landratsamt, Bürgermeister oder Polizeibehörden) ein Mitspracherecht. Häufig gehörten diese regionalen Parteikader überdies genau den NSDAP-Gliederungen wie SS, SA, HJ oder RAD an, über die sie als Kreisleiter (eigentlich) keine Weisungsbefugnis hatten. Die Einflussnahme konnte dann aber zumindest indirekt erfolgen.[37]

Hund hatte das Kreisleiteramt zunächst ehrenamtlich übernommen, während er im Hauptberuf das Amt eines Bürgermeisters versah. Als (staatlicher) Bürgermeister unterstand er dem Regierungspräsidenten bzw. dem Innenministerium, als Kreisleiter der NSDAP-Gauleitung. Das Kreisleiteramt quasi nebenher auszuüben, war offensichtlich kein Problem. Erst als es der NSDAP von 1937 an und einhergehend mit der Kreisreform finanziell möglich war, ihre Kreisleiter selbst zu bezahlen, wechselte Hund als Hauptamtlicher zur Partei. Genoss ein Kreisleiter das Vertrauen der Gauleitung, und davon ist bei Hund und Murr auszugehen, waren die Voraussetzungen für die Errichtung eines „kleinen Königreiches" durchaus gegeben. Ob sich ein Kreisleiter seiner Machtfülle bewusst wurde und wie er mit dieser umging, war individuell verschieden. Grundsätzlich konnte er in beide Richtungen wirken: er konnte die totalitären und verbrecherischen Auswüchse des Regimes abmildern, er konnte sie aber auch verschärfen.[38] Entscheidend war, so das Fazit von Barbara Fait (*1957), die „individuelle charakterliche Disposition" des Einzelnen, dessen Handlungsweise daher im Einzelfall häufig durch persönliche Gründe motiviert gewesen sei.[39] Persönliche Fähigkeiten waren für den Machterhalt und ihre Ausübung daher wesentlich; formale Befugnisse und Zuständigkeiten reichten im NS-System nicht aus. Für die Kreisleiter, deren Aufgaben ohnehin nur sehr vage definiert waren, hieß das, dass ihre Macht, „in der individuellen Umsetzung des von der Partei geforderten Terrors" lag.[40]

Parteifunktionär gewesen zu sein (Ortsgruppen- und Kreisleiter), war jedoch nur ein Teil von Hunds formaler Belastung, wegen der er sich in den Jahren 1947 und 1948 vor der Spruchkammer zu verantworten hatte. Weitere Belastungen ergaben sich aus seiner uk-Stellung, seiner Tätigkeit als Bürgermeister, der Mitgliedschaft in der SA (1930-1934) und diversen Aufsichts- und Verwaltungsräten sowie seiner Parteimitgliedschaft vor dem 1. Mai 1937. Damit galt er als formal hauptschuldig, gegen den gemäß der Bestimmungen des „Befreiungsgesetzes" bis zu zehn Jahre Arbeitslager, der vollständige Vermögenseinzug (bis

---

[37] Vgl. Fait, Barbara: Die Kreisleiter der NSDAP - nach 1945, in: Broszat, Martin/ Henke, Klaus-Dietmar/ Toller, Hans (Hg.): Von Stalingrad zur Währungsreform. Zur Sozialgeschichte des Umbruchs in Deutschland, München 1990(3), S. 213-299, S. 221 f. und Arbogast 1998 (wie Anm. 7), S. 37-57.
[38] Vgl. Fait 1990 (wie Anm. 38), S. 222.
[39] Ebd., S. 225.
[40] Ruppert, Andreas: Der Kreisleiter in Lippe. Zur Funktion einer Mittelinstanz der NSDAP zwischen Ortsgruppen und Gau, in: Lippische Mitteilungen 60 (1991), S. 199-229, S. 209.

auf einen Betrag, der für die elementarste Existenzsicherung nötig war), das Verbot jeglicher leitenden Tätigkeit und Übernahme eines öffentlichen Amtes sowie der Entzug der staatsbürgerlichen Rechte als Sühnemaßnahmen verhängt werden konnten.[41] Die Verhandlungen gegen die Kreisleiter waren, wie alle Verfahren gegen Hauptschuldige und Belastete, öffentlich. Über das Urteil entschieden der Vorsitzende und die Beisitzer in geheimer Beratung. Gegen das Urteil konnten sowohl der Betroffene als auch der öffentliche Kläger Berufung einlegen.[42] Nach rein formalen Kriterien waren alle NSDAP-Kreisleiter gleich belastet; sie unterschieden sich, was ihre formale Belastung betraf, durch zusätzliche Belastungsfaktoren wie beispielsweise Mitgliedschaften in NS-Gliederungen. So waren Hunds formale Belastungen in seinen Verfahren unstrittig, doch war die Aufgabe, über die Formalbelastungen hinaus „individuelle Tatbestände" juristisch zu bewerten, für die Kammer faktisch kaum lösbar.[43] Genau dies war den Kammern aber durch das in der amerikanischen Besatzungszone erlassenen „Gesetz zur Befreiung von Nationalsozialismus und Militarismus" vom 5. März 1946 aufgetragen worden.[44] Mit diesem Gesetz war nicht nur die Entnazifizierung in deutsche Hände übergegangen, vielmehr hatten die dazu eigens eingerichteten Spruchkammern fortan nicht mehr nur nach formalen

---

[41] Als Hauptschuldiger gemäß Art. 5 des „Befreiungsgesetzes" galt:
„1. Wer aus politischen Beweggründen Verbrechen gegen Opfer oder Gegner des Nationalsozialismus begangen hat;
2. wer im Inlande oder in den besetzten Gebieten ausländische Zivilisten oder Kriegsgefangene völkerrechtswidrig behandelt hat;
3. wer verantwortlich ist für Ausschreitungen, Plünderungen, Verschleppungen oder sonstige Gewalttaten, auch wenn sie bei der Bekämpfung von Widerstandsbewegungen begangen worden sind;
4. wer sich in einer führenden Stellung der NSDAP, einer ihrer Gliederungen oder eines angeschlossenen Verbandes oder einer anderen nationalsozialistischen oder militaristischen Organisation betätigt hat;
5. wer sich in der Regierung des Reiches, eines Landes oder in der Verwaltung der früher besetzten Gebiete in einer führenden Stellung betätigt hat, wie sie nur von führenden Nationalsozialisten oder Förderern der nationalsozialistischen Gewaltherrschaft bekleidet werden konnte;
6. wer sonst der nationalsozialistischen Gewaltherrschaft außerordentliche politische; wirtschaftliche, propagandistische oder sonstige Unterstützung gewährt hat oder wer aus seiner Verbindung mit der nationalsozialistischen Gewaltherrschaft für sich oder andere sehr erheblichen Nutzen gezogen hat;
7. wer in der Gestapo, dem SD, der SS, Geheimen Feld- oder Grenzpolizei für die nationalsozialistische Gewaltherrschaft aktiv tätig war;
8, wer sich in einem Konzentrationslager oder Arbeitslager oder in einer Haft, Heil- oder Pflegeanstalt an Tötungen, Folterungen oder sonstigen Grausamkeiten in irgendeiner Form beteiligt hat;
9. wer aus Eigennutz oder Gewinnsucht aktiv mit der Gestapo, SS, SD oder ähnlichen Organisationen zusammengearbeitet hat, indem er Gegner der nationalsozialistischen Gewaltherrschaft denunzierte oder sonst zu ihren Verfolgungen beitrug."
Gesetz zur Befreiung von Nationalsozialismus und Militarismus vom 5. März 1946. Online abrufbar unter www.verfassungen.de/de/bw/wuertt-b-befreiungsgesetz46.htm (Zugriff: 16.05.2018).
[42] Ebd., Art. 38 und 42.
[43] Klageschrift vom 18.02.1948, StAL EL 903/4 Bü 51/2.
[44] Zur Vorgeschichte, Inhalt und Folgen des im Folgenden kurz „Befreiungsgesetz" genannten Gesetzes vgl. Niethammer, Lutz: Die Mitläuferfabrik. Die Entnazifizierung am Beispiel Bayerns, Berlin und Bonn 1982, S. 260 ff. Die Spruchkammern konnten die Betroffenen in fünf verschiedene Gruppen einreihen: 1. Hauptschuldige, 2. Belastete (Aktivisten, Militaristen, Nutznießer), 3. Minderbelastete (Bewährungsgruppe), 4. Mitläufer und 5. Entlastete. An die Einstufung in eine dieser Kategorien waren Sühnemaßnahmen gekoppelt, die zwingend verhängt werden mussten.

Kriterien zu urteilen, sondern es sollte auch die individuelle Verantwortlichkeit des Betroffenen berücksichtigt werden. Für die als „Laienbürokratie in schöffengerichtlicher Verfassung" aufgebauten Spruchkammern mit einem Vorsitzenden Richter (der in der ersten Instanz nicht zwingend ein Jurist sein musste) und mindestens zwei Beisitzern war die Maßgabe, die Beurteilung des einzelnen „in gerechter Abwägung der individuellen Verantwortlichkeit und der tatsächlichen Gesamthaltung"[45] vorzunehmen, indes kaum umzusetzen. Nicht nur war die Zahl derer, die sich nach den Bestimmungen des „Befreiungsgesetzes" vor einer Spruchkammer verantworten mussten, immens.[46] Als 1948 endlich die Verhandlungen gegen das Gros der württembergischen Kreisleiter stattfanden, hatte sich der Charakter der Entnazifizierung bereits grundlegend geändert. Der anfängliche Säuberungselan, der sich noch im Wortlaut des Befreiungsgesetzes niedergeschlagen hatte, hatte in der Praxis inzwischen einer Großzügigkeit Platz gemacht, welche den Spruchkammern den Beinamen „Mitläuferfabrik" einbrachte.[47] Und in der Entstehungsphase des Kalten Krieges setzten bald auch die Besatzer andere Prioritäten. Beide Militärregierungen in Württemberg drängten daher spätestens seit Anfang 1948 auf einen raschen Abschluss der Entnazifizierung.[48] Unmut und halblaute Kritik an den Säuberungsmaßnahmen, der „Reeducation" und „Reorientation" vor allem von Amerikanern und Briten hatte es praktisch seit 1945 gegeben, seit 1947/48 gewann diese Kritik jedoch die Oberhand. Die Haltung der Bevölkerung schwenkte um auf eine kollektive Vergebung der nationalsozialistischen Sünden und eine Rehabilitierung der einstigen Nazis. Bereits vor Gründung der Bundesrepublik war, so Norbert Frei (*1955), das „‚Konzept' der weitgefassten Pardonierung" als ein „Grundgesetz des Neubeginns" durch Strafaufhebungen und Integrationsleistungen für Millionen von ehemaligen Parteigenossen in der deutschen Nachkriegsgesellschaft absolut konsensfähig.[49] Vor allem die Millionen „Entnazifizierungsgeschädigten" drängten ab 1949 auf eine restlose Liquidation der politischen Säuberung, galt diese ihnen doch geradezu als „Prüfstein für die Souveränität" der jungen Bundesrepublik.[50]

---

[45] „Befreiungsgesetz" 1946 (wie Anm. 41), Art. 2.
[46] Die Spruchkammern konzentrierten sich in der ersten Zeit nach Inkrafttreten des „Befreiungsgesetzes" auf diejenigen Personen, die nicht zur NS-Führungsschicht gehört hatten, d.h. auf einfache Parteimitglieder ohne einflussreiche Posten. Durch die Bearbeitung dieser Bagatellfälle mussten sich die schwerwiegenden Fälle fast alle erst 1948 vor einer Spruchkammer verantworten. So auch die württembergischen und bayerischen Kreisleiter. Vgl. Arbogast 1998 (wie Anm. 7), S. 203, und Fait 1990(3), wie Anm. 38, S. 213-299, S. 233.
[47] Vgl. den von Niethammer bezeichnenderweise für die zweite Auflage seines Buches gewählten Titel.
[48] Zur Entnazifizierung: Niethammer 1986 (wie Anm. 44), S. 486 ff.; Vollnhals, Clemens (Hg.): Entnazifizierung. Politische Säuberung und Rehabilitierung in den vier Besatzungszonen 1945-1949, München 1991; Henke, Klaus-Dietmar: Die Grenzen der politischen Säuberung in Deutschland nach 1945, in: Herbst, Ludolf (Hg.): Westdeutschland 1945-1955. Unterwerfung, Kontrolle, Integration, München 1986; Rauh-Kühne, Cornelia: Die Entnazifizierung und die deutsche Gesellschaft, in: AfS 35 (1995), S. 35-70.
[49] Frei, Norbert: Vergangenheitspolitik. Die Anfänge der Bundesrepublik und die NS-Vergangenheit, München 2003(2), S. 15.
[50] Ebd., S. 397.

Eugen Hund stand zweimal vor einer Spruchkammer. Das Urteil in der ersten Instanz fällte die Lagerspruchkammer Hohenasperg am 20. Mai 1947. Es lautete auf „Hauptschuldiger". Als Sühnemaßnahmen verhängte die Kammer u.a. fünfeinhalb Jahre Arbeitslager, die vollständige Einziehung des Vermögens (bis auf einen Restbetrag, der für den Lebensunterhalt notwendig war) und die Aberkennung der staatsbürgerlichen Rechte. Zudem unterlag er Wohnungs- und Aufenthaltsbeschränkungen und hatte die Verfahrenskosten zu tragen.[51] Der Minister für politische Befreiung in Württemberg kassierte dieses Urteil mit der Begründung, der Spruch und die verhängte Sühne würden der politischen Verantwortung des Betroffenen nicht gerecht, und ordnete die nochmalige Verhandlung vor einer anderen Spruchkammer an.[52] Die zweite Verhandlung vor der Lagerkammer Ludwigsburg im Juni 1948 brachte für Hund kein milderes Gesamturteil; die Einreihung in die Gruppe der „Hauptschuldigen" und sämtliche Sühnemaßnahmen wurden bestätigt.[53] Insofern profitierte Hund im Juli 1948 (noch) nicht von dem erlahmenden Säuberungselan der Spruchkammern in der amerikanischen Besatzungszone. Im Fokus der Beweisaufnahme beider Verfahren stand Hunds Wirken als Kreisleiter. Belastungen ergaben sich insbesondere durch sein Verhalten beim Wahlbetrug in Wendlingen 1933, bei der Reichspogromnacht im November 1938 und der „Denkendorfer-Haarschneide-Affäre" 1940.

„Betrugswahl"[54] in Wendlingen

Als Bürgermeister von Wendlingen war Eugen Hund zugleich Wahlvorstand für die Wahlen zum Reichstag am 12. November 1933, bei denen gleichzeitig über den (bereits im Oktober vollzogenen) Austritt Deutschlands aus dem Völkerbund abgestimmt wurde. Davon, dass nummerierte Wahlumschläge benutzt worden waren, so dass im Anschluss an die Wahl genau festgestellt werden konnte, wer mit „ja" und wer mit „nein" gestimmt hatte, wollte Hund aber vorab nichts gewusst haben, vielmehr versuchte er, die Verantwortung auf den damaligen Ortsgruppenführer abzuwälzen. Vier Zeugen bestätigten nach Kriegsende den Wahlbetrug. Die Spruchkammer schenkte vor allem dem Hauptbelastungszeugen August Däuble und seiner Frau Glauben. Diese bestätigten die Nummerierung der Kuverts und das Führen einer Namensliste, auf der die entsprechende Nummer vor der Stimmabgabe vermerkt wurde. Statt sein Kreuz

---

[51] Spruch vom 20.05.1947. StAL EL 903/4 Bü 51/Teil 2.
[52] Spruch vom 28.07.1948, ebd. Laut „Befreiungsgesetz" konnte der Betroffene wie auch der öffentliche Kläger Berufung gegen den Spruch einlegen. Hielt der öffentliche Kläger die Entscheidung der Kammer für „offensichtlich verfehlt" oder für „im Widerspruch mit den Zielen des Gesetzes" stehend, musste er sie dem Minister für politische Befreiung zur Nachprüfung vorlegen. Der Minister konnte die Entscheidung aufheben und die erneute Durchführung des Verfahrens vor einer anderen Spruchkammer anordnen. „Befreiungsgesetz", Art. 52 (wie Anm. 41). So war im Fall Hund verfahren worden.
[53] Spruch vom 20.07.1948. StAL EL 903/4 Bü 51/Teil 2. Es wurde jedoch kein Beweis einer noch stärkeren Belastung im Sinne der Kassation-Begründung gefunden. Auch fand die Zweitinstanz keine Anhaltspunkte, die zu einer anderen charakterlichen Bewertung von Eugen Hund geführt hätten.
[54] Als solche bezeichnete sie der öffentliche Kläger am 18.02.1948. Ebd.

zu machen, hatte Däuble auf seinem Wahlzettel Vers 24 aus dem 41. Kapitel des alttestamentarischen Buches Jesaja notiert: „Ihr seid nichts, euer Tun ist auch nichts, euer Wählen ist ein Gräuel!" Diesen „kräftigen und derben" „Spaß" habe er sich „mit voller Absicht" erlaubt, so der Zeuge 1948, um „daraus die etwaigen Folgen des Wahlbetruges zu ersehen". Diese ließen nicht lange auf sich warten. Schon am nächsten Tag erhielt Däuble eine Vorladung ins Rathaus. Dort angekommen, traf er auf alle „bekannten politischen Gegner des Dorfes".[55] Von einem Gendarm (Landjäger) zur Abgabe einer Schriftprobe aufgefordert, zog es Däuble vor, sofort zuzugeben, dass er derjenige gewesen war, der den Bibelspruch bei der Wahl abgegeben hatte. Ob es ihm so gelang, die anderen „10 Antifaschisten"[56] vor der demütigenden Schriftprobe zu bewahren, wissen wir nicht. August Däuble zumindest wurde auf der Stelle festgenommen und von Bürgermeister Hund über sein Vergehen aufgeklärt: „Hochverrat und Beleidigung des Führers". Das bedeutete für den Mann acht Tage Haft in Esslingen.[57] Unter der Überschrift „Volksverräter gefasst" erschien in der Esslingen Zeitung ein Artikel, in dem die Verdienste des Gendarmen gelobt wurden, dem es angeblich gelungen war, anhand der Schriftproben den Täter zu überführen.[58]

Ein weiterer Mann war in diesem Zusammenhang zu Bürgermeister Hund vorgeladen worden. Adam Looser bestätigte vor der Spruchkammer nicht nur, dass die Wahlumschläge mit Nummern versehen gewesen waren, er berichtete auch von einem handfesten Einschüchterungsversuch. Weil er damals diesen Betrug nach der Wahl in der Kleinstadt Wendlingen nicht für sich behalten, sondern weiter erzählt hatte, hatte ihm Hund gedroht, er solle sein „Maul" halten, sonst käme er dorthin zurück, von wo er gerade erst zurückgekehrt war (Heuberg). Der beschuldigte Hund wies 1948 alle Vorwürfe von sich: „Von meiner Seite ist nicht das Geringste über Unregelmäßigkeiten bei der Wahl oder die Nummerierung der Kuverts aufgefallen."[59] Für die Spruchkammer stand letztlich nicht eindeutig fest, dass Hund diesen „Betrug [...] angeordnet" hatte: „Das bewusste Wollen und die Durchführung und Anordnung durch den Betr. ist nicht erwiesen".[60] Die Lagerspruchkammer Hohenasperg hatte Hund ein Jahr zuvor noch angelastet, „diese üblen Vorgänge" seinerzeit bewusst vertuscht zu haben, und dies, obwohl in diesem Zusammenhang sogar „einzelne Nein-Sager verhaftet und festgesetzt" worden waren. Außerdem sah es die Kammer als erwiesen an, dass Hund für diesen „Wahlbetrug" als Wahlvorstand „mindestens

---

[55] Spruch vom 28.07.1948. Ebd.
[56] Klageschrift vom 18.02.1948. Ebd. In seiner Aussage hatte der Zeuge präzisiert, um wen es sich bei den ins Rathaus bestellten Männern gehandelt hat: Es waren „Kommunisten, die vom Heuberg gekommen waren". Protokoll der öffentlichen Sitzung vom 20., 21. und 22.07.1948. Ebd.
[57] Spruch vom 28.07.1948. Ebd.
[58] Klageschrift vom 18.02.1948. Ebd.
[59] Protokoll der öffentlichen Sitzung vom 20., 21. und 22.07.1948. Ebd.
[60] Spruch vom 28.07.1948. Ebd.

die formale Verantwortung" trug.⁶¹ Die Spruchkammer 1948 hingegen exkulpierte den ehemaligen Kreisleiter, indem sie daraufhin wies, dass „dererlei schmutzige Machenschaften bei Wahlen [...] im 3. Reich nichts einmaliges und aussergewöhnliches" gewesen seien, denn das „lag im System des NS".⁶²

1938 kam es im Zusammenhang mit der Wahl am 10. April in Esslingen zu ähnlichen Vorfällen. Die Wahl zum Reichstag fand gleichzeitig mit der nachträglichen Volksabstimmung über die „Wiedervereinigung Österreichs mit dem Deutschen Reich" statt. Drei „Nein-Sager" waren in Esslingen-Zell ermittelt und ins Rathaus einbestellt worden. Der damalige Scharführer der SA-Reserve, welcher vor dem Rathaus aufmarschiert war, gab 1948 zu Protokoll, dass er von einem NSDAP-Ortsgruppenleiter den Befehl bekommen hatte, „die 3 ‚Nein'-Stimmer zu stellen". Hund als zuständiger Kreisleiter habe ausrichten lassen, wenn sich dabei „einer eine fangen würde, so würde das auch nichts schaden".⁶³ Zwei der drei „Nein-Sager" wurden nach der Unterredung im Rathaus von dem SA-Trupp derart misshandelt, dass sie eigentlich ärztliche Hilfe benötigt hätten. Sie wurden aber zunächst in Esslingen mehrere Tage inhaftiert, erst danach konnte sich mit Gottlob Barth einer der Misshandelten mit gebrochenen Rippen ins Krankenhaus begeben.⁶⁴ Ganz ähnlich erging es am Wahlabend dem Landwirt Karl Weinmann aus Bernhausen. Hier kam Hund sogar persönlich, um nach den Gründen des „Neins" bei der Wahl zu fragen und ihm die entsprechende Konsequenz anzudrohen: Ausschluss aus der „Volksgemeinschaft". Er könne „nach Amerika oder nach Canaan gehen", so Hund, aber „in Deutschland" sei für ihn „kein Platz mehr. Weinmann wurde, weil er der Vorsitzende der „Hahn'schen Gemeinschaft"⁶⁵ in Bernhausen war, seiner Wahrnehmung nach im Ort ohnehin bereits „scheel angesehen". Dennoch hatte er den drei Punkte umfassenden Katalog zur individuellen „Besserung", den ihm Bürgermeister Heinrich Blanz (1892–1970) vorgelegt hatte, kategorisch abgelehnt. Weder wollte er „Radio hören" noch die NSDAP-Versammlungen besuchen oder die Partei-Feste mitmachen. Offenbar war Hund von Blanz über das Vorhaben der Mitglieder der Hahn'schen Gemeinschaft informiert, geschlossen der Wahl fernbleiben zu wollen. Um ein besseres Wahlergebnis in Bernhausen vorweisen zu können, hatte der Bürgermeister Hund darum gebeten, Karl Weinmann entsprechend zu bearbeiten.⁶⁶

---

⁶¹ Spruch vom 28.05.1947. Ebd.
⁶² Spruch vom 28.07.1948. Ebd.
⁶³ Aussage Hermann Weinmann. Protokoll der öffentlichen Sitzung vom 20., 21. und 22.07.1948. Ebd.
⁶⁴ Aussage Gottlob Barth. Ebd.
⁶⁵ Das war eine Versammlungsbewegung evangelischer Christen, die aus dem Pietismus entstanden war.
⁶⁶ Protokoll der öffentlichen Sitzung vom 20., 21. und 22.07.1948 sowie Klageschrift vom 18.02.1948, StAL EL 903/4 Bü 51/Teil 2. Der Bernhausener Bürgermeister hatte eigens besondere „Richtlinien zur Abstimmung am 10.4.1938" herausgebracht, wonach schon im Vorfeld bestimmte Personengruppen („geisteskrank" oder „politisch unzuverlässig") aus der Wahlliste zu streichen waren. Die insgesamt vier Nein-Wähler in Bernhausen gehörten alle der Hahn'schen Gemeinschaft an. Zur Österreich-Abstimmung in Bernhausen vgl. Silberzahn-Jandt, Gudrun: Vom Pfarrberg zum Hitlerplatz. Fünf Filderdörfer während des Nationalsozialismus: eine Topographie (Filderstädter Schriftenreihe zur Heimat- und Landeskunde, Bd. 9), Filderstadt 1994, S. 125 ff.

Den Kreisleitern kam qua Amt die mit dem diffusen Begriff „Menschenführung" umschriebene Aufgabe zu, alle „Volksgenossen" in ihrem Zuständigkeitsbereich umfassend zu „betreuen" und zu „erziehen". Damit eröffneten sich ihnen weitreichende Überwachungsmöglichkeiten, um die Bevölkerung möglichst vollständig zu kontrollieren. Man kümmerte sich auch um Bagatellen. So hätte es Hund beispielsweise angemessener gefunden, die monatliche Rate von fünf Reichsmark, die einem Mann als Buße wegen Beleidigung seines Bruders auferlegt worden war, nicht an die Kirchenpflege abzuführen, sondern an eine Parteieinrichtung wie die HJ. In Zukunft werde er dafür sorgen, dass „derartige unzeitgemäße Regelungen" nicht mehr anerkannt und Bußgelder „einem geeigneten Verwendungszweck" zugeführt würden, ließ er das Opfer des innerfamiliären Streits wissen.[67] Dieser Kontrollanspruch erstreckte sich aber auch darauf, Bürger zur richtigen Stimmabgabe zu bewegen und die wenigen „Nein-Sager" zu identifizieren und zu sanktionieren, oder „Volksgenossen" nach eigenem Gutdünken zu maßregeln. Eugen Hund wurde von mehreren Personen zur Last gelegt, gegen sie handgreiflich geworden zu sein. Auf eine angebliche Verleumdung seines Adjutanten im Jahr 1935 reagierte Hund, indem er den Täter hochkant aus seinem Büro hinauswarf. Der damals vor dem Dienstzimmer des Kreisleiters wartende Wilhelm Cordier gab 1947 zu Protokoll: „Ich hörte drinnen heftige Stimmen und deutlich, wie Schläge ausgeteilt wurden. Ein Mensch stöhnte. Die Tür flog auf, und heraus flog ein Volksgenosse, Mantel und Hut hinterdrein. Der Mann blutete [...] und der Kreisleiter rief mir zu: ‚Nun kommen Sie dran, wenn Sie sich nicht fügen, kann es Ihnen genau so gehen'".[68] Hund hatte kurz zuvor dafür gesorgt, dass Cordier aus der HJ ausgeschlossen worden war, und ihn im Anschluss zu einem Gespräch zu sich bestellt. Der junge Mann war der Partei insofern negativ aufgefallen, als er als „Mitglied des Ordnungsdienstes" der Stadt Stuttgart 1934 bei einem Auftritt des Bischofs der evangelischen Landeskirche Württembergs Theophil Wurm (1868-1953) die Gestapo davon abgehalten hatte, in den Saal einzudringen und den Bischof festzunehmen.[69]

Bäckermeister Paul Roos, der 1942 einen Witz weitererzählt hatte, wurde von Hund ebenfalls vorgeladen, offiziell zur Rede gestellt und ins Gesicht geschlagen. Zudem wurde ihm mit der Schließung seiner Bäckerei gedroht. Vor der Spruchkammer gab der Zeuge den Witz folgendermaßen wieder: „Einem Metzgermeister wurde der Fleisch- und Markenbestand kontrolliert und es ergaben sich Unstimmigkeiten. Die Metzgersfrau äusserte sich, sie wisse nicht, wie ein Fehlbestand möglich wäre, das müsste wohl der Hund gefressen haben."[70] In Esslingen kursierten - wie in anderen Städten auch - Gerüchte über Fress- und Saufgelage der hohen NS-Funktionäre. Kreisleiter Hund gab aufgrund seines

---

[67] Kreisleiter Hund an Pg. Paul Köhler, 17.05.1934. StAL PL 502/9 (Kreisleitung Esslingen) Nr. 44.
[68] Protokoll der öffentlichen Sitzung vom 19., 20., 27. und 28.05.1947. StAL EL 903/4 Bü 51/Teil 2.
[69] Klageschrift vom 18.02.1948. Ebd.
[70] Protokoll der öffentlichen Sitzung 19., 20., 27. und 28.05.1947. Ebd.

korpulenten Äußeren eine gute Zielscheibe ab. Hund fühlte sich durch den Witz persönlich beleidigt, hatte er doch keinerlei Zweifel darüber, dass er „das Fleisch gefressen haben sollte".[71] Als ihm ein weiteres Gerücht zu Ohren kam, dass er angeblich in einer Gaststätte im Schurwald ein „Kälberfressen organisiert und Saufereien durchgeführt" hätte, lud er den Mann, den er für den Urheber hielt, vor und schlug zu: „Ich wurde um 11 Uhr geladen und gegen 3/4 12 konnte ich mit blutunterlaufenen Augen abhauen", ließ Karl Kraus die Spruchkammer wissen.[72] Bei jeder Frage habe Hund ihm „eine runtergehauen", insgesamt „10 bis 11 mal". Hund hingegen will nur einmal zugeschlagen haben.[73] Außerdem verwies er auf gesundheitliche Probleme, die zu seiner Gewichtszunahme geführt hätten, und beklagte die damals herrschende „Hetze" gegen ihn: „Die Witze häuften sich und es ist kein Wunder, dass mir die Hand ausrutschte." Selbstsicher gab er zu Protokoll, dass es der Spruchkammer nicht möglich sei, auch nur „einen einzigen Zeugen" zu finden, der wahrheitsgemäß bekunden könne, ihn, den Kreisleiter, „ein einziges Mal auch nur angetrunken" gesehen zu haben.[74] Dies wurde ihm von Franz Aurnhammer, der in der ersten Instanz Beisitzer war und in der zweiten Instanz als Zeuge aussagte, bestätigt. In Esslingen hätten sich die Leute erzählt, Hund trinke Kaffee, aber „besoffen" habe man ihn nie gesehen. Auch gab Aurnhammer zu bedenken, dass Hund als Kreisleiter ganz andere Sanktionsmöglichkeiten zur Verfügung gestanden hätten. Statt die Gerüchte- und Witzeerzähler zu ohrfeigen bzw. ihnen „die Gosch ein[…]zuschlagen", hätte er sie der Gestapo übergeben können.[75] Dass er mit dieser Möglichkeit immerhin drohte, ist überliefert. Wieder ging es um ein Gerücht, diesmal in Oberesslingen. 1942 wurde der Unternehmer Gottlieb Holzwarth denunziert, an der Verbreitung der Aussage, dass schon viele Pfarrer gefallen seien, aber noch kein Kreisleiter, beteiligt gewesen zu sein. Nachdem sein Sohn Alfred Kreisleiter Hund mitgeteilt hatte, dass der Vater im Krieg Wichtigeres zu tun habe als dauernd „schriftliche Erklärungen und Dementis über […] in den Mund gelegte Gerüchte" abzugeben, wurden Vater und Sohn vorgeladen. Hund „schrie und tobte hinter seinem Schreibtisch" und drohte beiden mit der Einweisung ins KZ. Zu spüren bekommen hat die Macht, über die ein Kreisleiter verfügte, letztlich nur der Sohn. Ihm wurde vier Wochen nach der Unterredung der Gestellungsbefehl zugestellt. Dies war, so Alfred Holzwarth in einem Schreiben 1947 an die Spruchkammer, „zweifellos der unauffälligste Weg, unbequeme Menschen aus dem Weg zu schaffen".[76] Indem Eugen Hund die Anzeige nicht an die Gestapo weiterleitete, sondern selber „bearbeitete", demonstrierte er unmissverständliche seinen Machtanspruch und sein Selbstverständnis als letzte und ausschlaggebende Entscheidungsinstanz in seinem Kreis. Er lud die Denunzierten vor, verhörte sie, schüchterte sie ein und verwarnte sie. Schläge

---

[71] Protokoll der öffentlichen Sitzung vom 20., 21. und 22.07.1948. Ebd.
[72] Ebd.
[73] Protokoll der öffentlichen Sitzung 19., 20., 27. und 28.05.1947. Ebd.
[74] Ebd.
[75] Ebd.
[76] Gottlieb Holzwarth an Kreisleiter Hund, 06.05.1942; Alfred Holzwarth an Spruchkammer Hohenasperg, 20.04.1947. StAL EL 903/4 Bü 51/Teil 1.

und die stereotype Drohung mit dem KZ gehörten zu dieser Prozedur. Dazu brauchte er keine Gestapo, diese Fälle regelte er selbst. Es könnte immerhin sein, dass den Betroffenen auf diese Weise Schlimmeres erspart geblieben ist.

Macht und Willkür konnten Kreisleiter auch deshalb ausüben, weil sie es in der Hand hatten, Anzeigen oder Informationen weiterzuleiten oder dies eben gerade zu unterlassen. Ein wichtiges Machtmittel war die „politische Beurteilung", mit der die politische Gesinnung der „Volksgenossen" überwacht wurde. So scheiterte die geplante Übernahme der Gastwirtschaft „Kolpingheim" durch Willi Barth am Einspruch Hunds. Vom Landrat zur Stellungnahme aufgefordert, ließ Hund diesen wissen, dass der Kandidat politisch unzuverlässig sei. Als ehemaliger Angehöriger der Zentrumspartei und „gehässiger Gegner der NSDAP" sei bei Barth nicht gewährleistet, dass er „sich jederzeit rückhaltlos für den nationalsozialistischen Staat" einsetze.[77] Ebenso drohte er unverhohlen einem „politischen Redakteur" der „Esslinger Zeitung", der es gewagt hatte, einen (privaten) Theaterbesuch der Berichterstattung über eine Großveranstaltung der NSDAP vorzuziehen. Wenn ein „Angestellter der Parteipresse" es nicht „der Mühe wert" finde, sich „an nationalsozialistischen Kundgebungen zu beteiligen", so Hund an den Verlagsleiter, sei der Redakteur bald „gezwungen", sein „Brot außerhalb des Kreises Esslingen-Nürtingen zu suchen".[78] Das Risiko, sich von der NS-Norm abweichend zu verhalten, erhöhte sich in dem Maße, wie mit der Fortdauer der NS-Herrschaft und ihrer zunehmenden Radikalisierung immer mehr Verhaltensregeln erlassen wurden. Gleichzeitig erhöhte sich die Macht der Kreisleiter, diese Abweichungen zu sanktionieren.

„Reichskristallnacht" 1938

Die Strafverfolgung richtete sich in beiden Verfahren auch auf den Tatkomplex „Reichskristallnacht".[79] Eugen Hund wurde vorgeworfen, in Esslingen am 10. November die „Waisenhaus-Aktion" „verantwortlich" organisiert zu haben, bei der die Synagoge und das jüdische Waisenhaus beschädigt, Bilder, Bücher und

---

[77] Kreisleiter Hund an Landrat von Esslingen, 25.06.1940, StAL EL 903/4 Bü 51/Teil 1.
[78] Kreisleiter Hund an Verlagsleiter der Esslingen Zeitung, 13.03.1937. Ebd.
[79] Aus Protest gegen die Abschiebung von 17.000 Juden polnischer Herkunft aus Deutschland nach Polen hatte Herschel Grynspan (1921-nach 1942, vor 1945), ein 17-jähriger Jude, in Paris den deutschen Diplomaten Ernst Eduard vom Rath (1909-1938) erschossen. Als dieser an seinen Verletzungen starb, organisierten die Nationalsozialisten in München bei ihrem Traditionstreffen am 09.11.1938 den „spontanen Volkszorn". Propagandaminister Joseph Goebbels (1897-1945) hielt eine Hetzrede, anschließend wurden SA- und SS-Mitglieder im ganzen Land telefonisch informiert. SA-Kommandos rückten in den Städten an, demolierten Synagogen, Verwaltungsgebäude der jüdischen Gemeinde, Geschäfte und Privatwohnungen von Juden. Zur Bedeutung des Novemberpogroms als Radikalisierungsfaktor vgl. Herbert, Ulrich: Von der „Reichskristallnacht" zum Holocaust. Der 9. November und das Ende des „Radauantisemitismus", in: Ders.: Arbeit, Volkstum, Weltanschauung. Über Fremde und Deutsche im 20. Jahrhundert, Frankfurt a.M. 1995, S. 59-77; Barkai, Avraham: „Schicksalsjahr 1938", in: Pehle, Walter H. (Hg.): Der Judenpogrom 1938. Von der „Reichskristallnacht" zum Völkermord, Frankfurt a.M. 1988, S. 94-117. Zu Württemberg: Landeszentrale für politische Bildung (Hg.): Die Nacht als die Synagogen brannten. Texte zum 9. November 1938. Als Bausteine ausgearbeitet, Stuttgart 1998; online unter: www.lpb-bw.de/publikationen/pogrom/pogrom.htm (Zugriff: 22.05.2018).

Schriften zerrissen und verbrannt, Wertgegenstände geplündert und vieles vom Inventar zerstört worden waren. Unstrittig war, dass um die Mittagszeit des 10. November Hund vor dem bereits demolierten Waisenhaus erschienen war und die plündernde und brandschatzende Meute mit folgenden Worten ermahnt hatte, zurück an die Arbeit zu gehen: „Volksgenossen, es ist verständlich, dass ihr in eurer Erregung das Waisenhaus demoliert habt, es ist aber einer zivilisierten Nation nicht würdig, solche Sachen zu machen, geht wieder an eure Arbeit!"[80] Hund nahm für sich in Anspruch, dass er der Umsetzung des zentral organisierten „Volkszornes" in seinem „Hoheitsgebiet" nur halbherzig und im Grunde gegen seine innere Einstellung nachgekommen sei. Zwar hatte er einen entsprechenden Befehl zur Zerstörung jüdischer Einrichtungen und Geschäfte in Esslingen vom Gaupropandaamt erhalten. Er sei über diesen Befehl „ungeheuer verblüfft und empört gewesen", gab Hund zu Protokoll, und habe diese Weisung als Zumutung empfunden. Da das Amt aber Vollzugsmeldung angeordnet hatte, habe er die Angelegenheit „nicht bis zum Abend liegen lassen können". So habe er beschlossen, dass in Esslingen statt der befohlenen „Schweinereien" lediglich eine „harmlose Demonstration" auf dem Marktplatz stattfinden sollte. Für die praktische Durchführung habe sich der DAF-Obmann Emil Veil[81] einspannen lassen. Von einem gewaltsamen Vorgehen gegen das Waisenhaus und die Synagoge distanzierte sich Hund in der Verhandlung ausdrücklich, dazu habe er keine Weisung erteilt.[82] Die Zeugenvernehmung brachte dieses Bild aber ins Wanken. Der von Hund persönlich über die geplante Aktion in Kenntnis gesetzte Polizeirat Rudolf Dangel bestätigte unter Eid, dass ihm implizit bedeutet worden war, zumindest nicht sofort einzuschreiten. Ein ehemaliger Kriminalpolizist erläuterte die allgemeine Weisung für den 10. November: „Wir bleiben auf unseren Zimmern und kümmern uns um nichts."[83] Es überrascht nicht, dass in Esslingen wie überall im Land Polizei und Feuerwehr lediglich dafür sorgten, dass die Brände nicht auf angrenzende Häuser übergriffen. Für die Kammer stellte sich aber die berechtigte Frage, warum Hund die Polizei überhaupt entsprechend instruierte, es sei denn, er wusste von Anfang an, dass es zu Zerstörungen und Ausschreitungen kommen würde. Für die Annahme, dass die Kreisleitung die antisemitische Aktion sehr wohl angeordnet und von der DAF hat durchführen lassen, sprechen mehrere Zeugen. So habe der DAF-Betriebsobmann der Firma Roser, Gottlieb Schmid, bereits in den frühen Morgenstunden über einen entsprechen Befehl Bescheid gewusst und im Betrieb Werkschar, Partei- und SA-Mitglieder zusammengetrommelt, erklärte Adolf Mattes vor der Spruchkammer. Der Befehl auch an ihn habe sinngemäß gelautet: „Heute mittag [...] wird dann das Waisenhaus gestürmt und alles demoliert. Die ganze Sache muss aussehen, wie eine spontane Kundgebung der Bevölkerung. Wenn dann alles zusammengeschlagen ist, kommt der Kreisleiter

---

[80] Spruch vom 28.07.1948, StAL EL 903/4 Bü 51/Teil 2.
[81] Emil Veil, Pg. seit 1925, zunächst hauptamtlich bei der NSBO tätig, später Kreisobmann der DAF bis 1945. Bis Januar 1948 in Frankreich interniert, anschließend im Internierungslager Ludwigsburg. Als „Belasteter" im Juli 1948 zu dreieinhalb Jahren Arbeitslager verurteilt. StAL EL 317 I Zug. 1983 Nr. A 18.
[82] Protokoll der öffentlichen Sitzung vom 20., 21. und 22.07.1948. StAL EL 903/4 Bü 51/Teil 2.
[83] Ebd.

Hund, beruhigt die Leute und schickt sie nach Hause." Außerdem hieß es, dass niemand in Uniform erscheinen dürfe, „alles müsste in Zivil sein". Mattes bestätigte auch die Sachbeschädigungen und das Verbrennen der Bücher aus der Bibliothek des Waisenhauses. Programmgemäß sei dann nach einer Stunde Hund erschienen und habe eine „scheinheilige Rede" gehalten. Ein weiterer Zeuge, der damals bei den Neckarwerken beschäftigt war, sagte aus, dass er bereits am frühen Vormittag von seinem DAF-Betriebsobmann die Weisung erhalten habe, die elektrischen Anlagen des Waisenhauses vor Zerstörung zu schützen. Und der ehemalige Hausmeister des Waisenhauses bestätigte, dass dort zur Tatzeit Gas und Wasser abgestellt worden waren.[84] Für den Hauptbelastungszeugen Adolf Mattes war das Ganze „ein abgekartetes Spiel", eine „elende Heuchelei". Mit seiner Rede hatte Hund „den Schein gewahrt", es sollte so aussehen, als ob er als Parteifunktionär dem spontanen „Volkszorn" Einhalt geboten hätte.[85] Träger dieser angeblich spontanen Reaktion der Bevölkerung waren Angehörige mehrerer Esslinger Betriebe, die von ihren DAF-Betriebsobmännern mobilisiert wurden (wie die Werkschar der Firma Roser oder Mitarbeiter der Firma Duderstadt). Insgesamt sollen es einige Hundert Angehörige Esslinger Betriebe gewesen sein. Ebenso beteiligt waren hauptamtliche DAF-Funktionäre und SA-Männer.[86] Zwar hielt die Spruchkammer der 2. Instanz Hund zugute, dass die Möglichkeit einer „selbständigen" Einschaltung einer anderen NS-Gliederung wie etwa der SA nicht gänzlich ausgeschlossen werden konnte. Dennoch hielt sie Hund als Kreisleiter und „Hoheitsträger im Kreis Esslingen" für die Vorfälle „politisch voll verantwortlich".[87] Erneut zeigte sich, wie schwer es der Spruchkammer fiel, Eugen Hund über seine formalen Belastungen als Angehöriger einer „verbrecherischen Organisation" hinaus eine konkrete Tatbeteiligung nachzuweisen. Es war rund zehn Jahre nach der „Waisenhaus-Aktion" schlichtweg unmöglich, zweifelsfrei zu klären, ob, wann und wo der Kreisleiter persönlich anwesend war, wann er wem bestimmte Befehle erteilt hatte oder nicht.

---

[84] Aussagen Friedrich Lang (Hausmeister), Adolf Mattes (Firma Roser) und Wilhelm Gröber (Neckarwerke). Abschriften aus den Ermittlungs- bzw. Spruchkammerakten Hund. StAL EL 317 I Zug. 1983 Nr. A18. Gottlieb Schmid widersprach dieser Darstellung. Er habe die Männer in der Firma Roser lediglich über die Demonstration um zwölf Uhr auf dem Marktplatz gemäß dem Befehl von Eugen Veil instruiert, aber kein Wort über das Waisenhaus verloren. Schmid, der gleichzeitig NSDAP-Ortsgruppenleiter Süd (Esslingen) gewesen war, wurde in seinem Entnazifizierungsverfahren als Hauptschuldiger zu sechs Jahren Arbeitslager verurteilt. Zeuge Gottlieb Schmid: Abschrift, Auszug aus den Spruchkammerakten Hund. Ebd.
[85] Protokoll der öffentlichen Sitzung vom 20., 21. und 22.07.1948, StAL EL 903/4 Bü 51/Teil 2.
[86] Urteil des Landgerichts gegen Emil Veil und Eugen Hund vom 02.07.1953, StAL EL 317 I Zug. 1983 Nr. A18.
[87] Spruch vom 28.07.1948. StAL EL 903/4 Bü 51/Teil 2.

Die „Denkendorfer Haarschneide-Affäre" 1940

Seit November 1939 stand der Umgang mit Kriegsgefangenen unter Strafandrohung.[88] Der kriegsbedingte Arbeitskräftebedarf vor allem in der Landwirtschaft und die Beschäftigung von (polnischen) Kriegsgefangenen sowie die spätere Hereinnahme von Millionen an „schlechtrassigen Fremdvölkischen" waren für das NS-Regime ein rassenideologisches Problem, bestand damit doch die potentielle Gefahr einer unerwünschten „blutlichen Vermischung". Dass durch Heirat und Geschlechtsverkehr „artfremdes Blut [...] ins deutsche Volk getragen" wurde, musste den NS-Rassenexperten zufolge strikt unterbunden werden.[89] Der Kontakt war folglich auf das notwendige Mindestmaß zu beschränken. Kriegsgefangene gehörten nicht zur Haus-, Tisch- oder Hofgemeinschaft, daher auch nicht zur Familie, hieß es auf einem vom Reichssicherheitshauptamt (RSHA) herausgegebenen Merkblatt.[90] Diesem Ziel dienten schikanöse Vorschriften und strenge Sanktionen insbesondere für Polen und sowjetische Staatsangehörige. Je schlechter der „Rassewert" eines Volkes, desto geringer die Lebenschance des betroffenen Menschen. „Ostarbeiter" und Polen standen in dieser Rassenhierarchie ganz unten.[91] Die „Polenerlasse" vom März 1940 sprechen hier eine deutliche Sprache. Wenn man die „Polen schon hereinholte und damit aus wirtschaftlichen Gründen gegen eigene Prinzipien verstieß, musste man sie wenigstens schlecht behandeln dürfen", brachte Ulrich Herbert (*1951) die Argumentationslinie Himmlers und der SS auf den Punkt.[92] Bei einer verbotenen intimen Beziehung zu einer deutschen Frau drohte ihnen die „Sonderbehandlung". Dieser Begriff hatte im „Dritten Reich" eine unmissverständliche und eindeutige Bedeutung: es war eine „administrativ angeordnet(e) Tötung".[93] Seit Inkrafttreten dieser Erlasse waren die Staatspolizeistellen verpflichtet, im Falle des (verbotenen) Geschlechtsverkehrs eines Polen mit einer Deutschen den Polen sofort festzunehmen und für ihn beim Reichssicherheitshauptamt eine „Sonderbehandlung" zu erwirken. Den beteiligten deutschen Frauen drohte die Einweisung in ein Konzentrations- oder Arbeitslager. Die ersten Exekutionen wurden bereits im Juli 1940 - unmittelbar nach der Niederlage Frankreichs - vollstreckt.[94] Die Einhaltung dieser Vorschriften zu überwachen und

---

[88] Ergänzungsverordnung der Strafvorschriften zum „Schutz der Wehrkraft des deutschen Volkes". RGBl I, S. 2319. § 4 regelte die Sanktionen bei „verbotenem Umgang mit Kriegsgefangenen". Ein Verstoß sah Gefängnis- und in schweren Fällen Zuchthausstrafen vor. Seit Kriegsbeginn war das Strafrecht zum Schutz der „Inneren Front" durch eine Fülle von gesetzlichen Regelungen ausgeweitet worden. Dabei standen der Schutz der Wehrkraft und der Kampf gegen Kritik von innen ganz oben auf der Agenda, wobei sich dieses Kriegssonderstrafrecht vor allem durch seine extremen Sanktionsformen auszeichnete. Als Maßstab für die Sanktionen diente in der Regel das „gesunde Volksempfinden".
[89] Chef der Sicherheitspolizei und des SD, EWZ, Dienststelle West, gez. SS-Obersturmbannführer Schlutz(!), 25.02.1941, BArch R 49/74.
[90] Merkblatt „Verhalten gegenüber Kriegsgefangenen im Arbeitseinsatz" (1943), BArch R 58/397.
[91] Heinemann, Isabel: „Rasse, Siedlung, deutsches Blut. Das Rasse- & Siedlungshauptamt der SS und die rassenpolitische Neuordnung Europas, Göttingen 2003(2), S. 559 f.
[92] Herbert, Ulrich: Fremdarbeiter. Politik und Praxis des „Ausländer-Einsatzes" in der Kriegswirtschaft des Dritten Reiches, Berlin/Bonn 1986(2), S. 75.
[93] „Ausführungen", in: BArch B 162/2423.
[94] Herbert 1986 (wie Anm. 91), S. 128.

Kontakte zu unterbinden, war für die NS-Sicherheitsbehörden aber kaum möglich. Verbotener Umgang mit Ausländern und Kriegsgefangenen wurde seit Ende 1940 zum Massendelikt.[95]

Eugen Hund gab an, dass er am Morgen des 9. August 1940 von einem Gestapo-Beamten im Auftrag von Gauleiter Murr über die entsprechenden Vorkommnisse in Denkendorf informiert worden war. Offenbar hatte die Lagerzensur des Stammlagers (Stalag), in dem die polnischen Zivilarbeiter untergebracht waren, die Gestapo auf den Plan gerufen. Denn die von der Lagerverwaltung abgefangenen Briefe legten den Verdacht nahe, dass es zwischen Frauen aus Denkendorf und polnischen Zwangsarbeitern zu verbotenen sexuellen Beziehungen gekommen war. Denkendorf lag im „Hoheitsgebiet" Hunds, er wurde deshalb von der Gestapo informiert. Hund sagte nach dem Krieg aus, dass ihm die Gestapo außerdem bedeutet habe, die Initiative sei von den Frauen ausgegangen. Auch deshalb habe er sich für die Bestrafung der Polen nicht zuständig gefühlt, und schon gar nicht habe er eine solche „durch Aufhängen" gefordert. Umso mehr sah er sich gegenüber den Frauen aus Denkendorf in der Verantwortung. Rigoros setzte er hier seinen Herrschaftsanspruch durch. An ihnen sollte ein „Exempel" statuiert werden. Drei Frauen wurden am 9. August ins Rathaus in Denkendorf befohlen, wo sie von Hund im Beisein des Gestapo-Mannes befragt wurden. Hund gab an, dass die Frauen aufgrund der erdrückenden Beweislage alles zugegeben hätten. Dass unter ihnen sogar eine verheiratete Frau und Mutter war, deren Ehemann seiner Kenntnis nach Soldat war, brachte Hund besonders auf: „In dieser Empörung ließ ich mich, den Weisungen des Gauleiters entsprechend, zu den Worten hinreißen: ‚dann runter mit den Haaren'". Der Gestapo-Beamte eskortierte die Frauen zum Friseur im Ort, Hund selber war nicht zugegen, als den Frauen die Haare abgeschnitten wurden.[96]

Offensichtlich hatte die Bevölkerung Denkendorfs diese „Haarschneide-Aktion" eher abstoßend gefunden, denn wie der Augenzeuge Erwin Hamann berichtete, herrschte unter den Passanten auf der Straße vor dem Friseurgeschäft „eisiges Schweigen", aber „keine Empörung gegen die Frauen", sondern im Gegenteil: Empörung gegen „die Maßnahme". Auch der beteiligte Friseur erinnerte sich, dass die Mehrheit der Dorfbewohner die „Methode nicht einwandfrei" fand.[97]

Prompt ließ Eugen Hund einige Tage später eine Versammlung in Denkendorf abhalten, um die Bevölkerung von der Notwendig- und Rechtmäßigkeit der Aktion zu überzeugen. Dabei rief er den Denkendorfern in Erinnerung, dass das

---

[95] Ebd., S. 122.
[96] Protokoll der öffentlichen Sitzung vom 20., 21. und 22.07.1948. StAL EL 903/4 Bü 51/Teil 2. Der Ehemann der Beschuldigten war aber gar nicht „im Felde", wie Hund irrtümlich sogar noch nach Kriegsende glaubte, sondern als Landwirt tagsüber „auf dem Feld". Urteil Sondergericht vom 10.01.1941. StAL E 356i/3240.
[97] Protokoll der öffentlichen Sitzung vom 20., 21. und 22.07.1948. StAL EL 903/4 Bü 51/Teil 2.

Verbot sexueller Beziehungen auch für die rassisch als minderwertig deklarierten Kriegsgefangenen und Zwangsarbeiter aus Polen galt. Polen, die sich „an deutschen Frauen vergreifen, müßten aufgehängt werden, deutsche artvergessene Frauen müßten ins Zuchthaus", gab der Zeuge Erwin Hamann vor der Spruchkammer 1948 den Wortlaut wieder. Hart ins Gericht ging Hund mit der aus seiner Sicht viel zu passiven Haltung der Bevölkerung, sie hätte sich angesichts der Vorkommnisse „lendenlahm" gezeigt.[98] Die Spruchkammer wertete die Aussage des Zeugen als glaubwürdig. Hund habe sich in seiner Rede „mit den getroffenen Maßnahmen solidarisch erklärt und damit die Schandtaten der Gestapo und ihrer Helfershelfer gedeckt".[99] Wie Hamann weiter berichtete, habe Hund die Denkendorfer bei dieser Versammlung öffentlich aufgefordert, ihr aus nationalsozialistischer Sicht eklatantes Fehlverhalten wiedergutzumachen, indem sie die Frauen ein für allemal aus der „Dorfgemeinschaft" ausstoße.[100] Hund indes bestritt, diese Aussagen gemacht zu haben.[101] Allerdings hatte er noch 1947 die Frauen, die den Mut hatten, öffentlich im Spruchkammerverfahren gegen ihn auszusagen, als „Weiber" bezeichnet, welche während des Krieges „eine kämpfende und ringende Heimat zum Hurenhaus" gemacht hätten, und es auch zwei Jahre nach Kriegsende als richtig gefunden, diese damals „als Huren" behandelt zu haben.[102] Die Spruchkammer der ersten Instanz hatte diese Äußerung als Rechtfertigung der „brutalen Denkendorfer Maßnahmen" gewertet und unmissverständlich festgestellt, dass bei Hund nach wie vor „ein nicht zu übersehener Rückstand aus seiner nationalsozialistischen Überzeugung" vorliege. Obwohl sie Hunds wenig später vorgebrachte Beteuerung glaubhaft fand, diese verbale „Entgleisung" sei seiner „psychologischen Hochspannung" während der Verhandlung geschuldet gewesen, blieb sie bei ihrer Einschätzung und bewertete die „besondere Einzelbelastung" in diesem Fall als „mindestens beträchtlich".[103]

Im zweiten Verfahren 1948 war nur noch von Hunds Mitverantwortlichkeit für die „Ausschreitungen" in Denkendorf die Rede. Da der Kreisleiter aber weder die Anzeige bei der Gestapo erstattet hatte, noch für die Verurteilung der Denkendorfer Frauen vor dem Sondergericht Stuttgart verantwortlich gemacht werden konnte, beließ es die Kammer mit der Feststellung, Hund sei ein „willenloses Werkzeug des Gauleiters und der Gestapo" gewesen.[104]

---

[98] Aussage von Erwin Hamann. Ebd.
[99] Spruch vom 28.07.1948. Ebd.
[100] Aussage von Erwin Hamann. Ebd.
[101] Ebd. 1947 hatte Hund bereits zu diesem Vorwurf Stellung genommen und bestätigt, dass er nach einer Reise durch Siebenbürgen der Ansicht war, dass sich „unser Deutschtum […] nur dann vor einer Überfremdung bewahren könne, wenn es darauf achte, nicht weitere Belastungsanteile zu übernehmen". Protokoll der öffentlichen Sitzung vom 19., 20., 27. und 28.05.1947. Ebd.
[102] Ebd. Für diese Aussage erhielt Hund eine „ernste Verwarnung" des Vorsitzenden.
[103] Spruch vom 28.05.1947. Ebd.
[104] Spruch vom 28.07.1948. Ebd.

„Haltet das deutsche Blut rein!"[105]

Für die betroffenen Polen hatte die Meldung bei der Gestapo weitreichende Folgen. Die beiden Kriegsgefangenen Stefan Szczepaniak und Josef Graszk waren bereits seit Herbst 1939 bei Waldarbeiten in Denkendorf eingesetzt. Damit gehörten sie zu den ca. 300.000 polnischen Kriegsgefangenen, die bis Jahresende 1939 in der deutschen Landwirtschaft arbeiteten.[106] Mitte März 1940 wurden sie tagsüber einzelnen Landwirten in Denkendorf zur Arbeit in deren landwirtschaftlichen Betrieben zugeteilt. Stefan Szczepaniak arbeitete nun auf dem Hof von Wilhelm Henzler, und Josef Graszk wurde als Arbeitskraft dem Denkendorfer Schmied Krazeisen zugewiesen. In den Nächten und an den (arbeitsfreien) Sonntagnachmittagen hatten die Kriegsgefangenen im Stammlager zu sein.[107] Die NSDAP hatte im Frühjahr 1940 mit einer großen Propagandakampagne begonnen, um die Vorschriften der Polen-Erlasse zu verbreiten. Jeder deutsche Bauer, der einen Ausländer beschäftigte, erhielt ein Merkblatt, dessen Kenntnisnahme er unterschreiben musste und in dem es u.a. hieß: „Haltet das deutsche Blut rein! Das gilt für Männer wie für Frauen! So wie es als größte Schande gilt, sich mit einem Juden einzulassen, so versündigt sich jeder Deutsche, der mit einem Polen oder einer Polin intime Beziehungen unterhält. […] Verachtet die tierische Triebhaftigkeit dieser Rasse! Seid rassenbewusst und schützt eure Kinder!"[108] Diese Belehrung hatten auch alle Denkendorfer Landwirte, die einen Kriegsgefangenen beschäftigten, erhalten. Nach allem, was wir wissen, hielten sie sich aber nicht daran. Denn wie die Ermittlungen der Gestapo ergaben, duldeten oder beförderten sogar die zur Bewachung der polnischen Gefangenen eingesetzten „Wachmänner" eine „unangebracht gute Behandlung" der Polen. Dazu zählte etwa, dass die Kriegsgefangenen ihre Mahlzeiten gemeinsam mit den Familien ihres Arbeitgebers einnahmen und zwar „an einem Tisch"; dass sie häufig von deutschen Frauen ins Lager zurückbegleitet und mit größeren und kleineren Geschenken bedacht wurden.[109] Nicht nur die „laxe Pflichtauffassung"[110] der Bewacher musste dem Regime daher ein Dorn im Auge sein; die „positive" Haltung der Dorfbevölkerung gegenüber den Kriegsgefangenen insgesamt stellte für die Nationalsozialisten ein ernst zu nehmendes Problem dar. Das NS-Regime hatte mit seinen strafrechtlichen Sonderbestimmungen und „Polen-Erlassen" ganz klar einen Adressaten: nämlich die deutschen Frauen und Mädchen, die den NS-Behörden, was Volkstums- und Rassenpolitik anging, offensichtlich als unsichere Faktoren galten. Seit dem

---

[105] Merkblatt „Wie verhalten wir uns gegenüber Polen?" bei der Anordnung der NSDAP-Stabsleitung vom 15.03.1940, zit. nach Herbert 1986(2), wie Anm. 91, S. 80.
[106] Zu den Zahlen: Herbert 1986(2), wie Anm. 91, S. 68.
[107] Urteil des Sondergerichts Stuttgart gegen Elise Henzler, Lina Riempp, Emma Keller und Hans Bäurle vom 03./04.12.1940, StAL E 356i/3240.
[108] Merkblatt „Wie verhalten wir uns gegenüber Polen?" bei der Anordnung der NSDAP-Stabsleitung vom 15.03.1940, zit. nach Herbert 1986(2), wie Anm. 91, S. 80.
[109] Urteil des Sondergerichts Stuttgart gegen Elise Henzler, Lina Riempp, Emma Keller und Hans Bäurle vom 03./04.12.1940, StAL E 356i/3240.
[110] Ebd.

Winter 1939/40 hatte die Frage, wie sexueller Verkehr von deutschen Frauen mit polnischen Männern zu verhindern, mehr noch, wie er zu bestrafen sei, im Fokus aller strafrechtlichen Überlegungen der NS-Führungsspitze gestanden. Die Antwort lautete: Polnische Kriegsgefangene waren zu liquidieren, gegen die beteiligten deutschen Frauen waren exemplarische Urteile zu fällen.[111]

Auch in Denkendorf waren es Frauen, die beschuldigt wurden, mit Kriegsgefangenen einen Umgang zu pflegen, der „das gesunde Volksempfinden gröblich verletzt" hatte.[112] Deutsche Männer hingegen, die sich der sogenannten „Rassenschande" schuldig gemacht hatten, kamen in der Regel wesentlich glimpflicher davon. Mit öffentlichen Demütigungen etwa hatten sie nicht zu rechnen.[113]

Die intimen Beziehungen zur Frau seines Arbeitgebers wurden Stefan Szczepaniak zum Verhängnis. Das Verhältnis flog auf, nachdem die Kriegsge-fangenen Anfang Juli von Denkendorf an neue Einsatzorte im Kreis Horb ab-gezogen und wenig später aus der Kriegsgefangenschaft entlassen und in zivile Arbeitsverhältnisse überführt worden waren.[114] Über den Denkendorfer Hans Bäurle, der als Kurier fungierte und mit einem der „Wachmänner" des Stalag auf guten Fuß stand, gelang es mehreren Denkendorfer Frauen, „ihren" Kriegsge-fangenen Nachrichten und kleine Geschenke zukommen zu lassen. Offen-sichtlich wurden etliche dieser Briefe abgefangen. Nachdem die Lagerver-waltung die Gestapo informiert hatte, setzte sich der NS-Verfolgungsapparat in Gang.[115] Von Stefan Szczepaniak und Franz Dembinski wissen wir, dass sie im KZ Welzheim am 11. November 1941 gehängt wurden („Sonderbehand-lung").[116] Der „Schutzhäftling" Zenon Nitka verstarb im KZ Dachau.[117] Josef GraszkGGraszk

---

[111] Herbert 1986(2), wie Anm. 91, S. 79-81.
[112] Urteil des Sondergerichts Stuttgart gegen Elise Henzler, Lina Riempp, Emma Keller und Hans Bäurle vom 03./04.12.1940, StAL E 356i/3240.
[113] Vgl. König, Martin: Die „deutsche Frau und Mutter". Ideologie und Wirklichkeit, in: Specker, Hans Eugen (Hg.): Ulm im Zweiten Weltkrieg, Stuttgart 1995, S. 99-127, S. 112 ff.
[114] Die generelle Überführung der polnischen Kriegsgefangenen in „zivile" Arbeitsverhältnisse im Frühsommer 1940 änderte nichts an der weiteren Verwendung der Gefangenen an ihrem bisherigen Einsatzort, ihre Beaufsichtigung aber ging von der Wehrmacht an die Polizei über. Befehl des OKW vom 18.05.1940. Vgl. Herbert 1986(2), wie Anm. 91, S. 81.
[115] Urteil des Sondergerichts Stuttgart gegen Elise Henzler, Lina Riempp, Emma Keller und Hans Bäurle vom 03./04.12.1940,StAL E 356i/3240.
[116] Sterberegistereinträge von Stefan Szepaniak und Franz Dembinski vom 17.11.1941. Stadtverwaltung Welzheim. Protokoll der öffentlichen Sitzung vom 19., 20. 27. und 28.05.1947: Aussage Wilhelm D.; Schönhagen, Benigna: Das Gräberfeld X. Eine Dokumentation über NS-Opfer auf dem Tübinger Stadtfriedhof, Tübingen 1987, S. 64 ff.; „Nichts wie runter mit den Haaren", in: Esslinger Zeitung vom 25.08.2015; „Sie waren einfach nur menschlich", in: Cannstatter Zeitung/Untertürkheimer Zeitung vom 10.11.2011. Für wertvolle Hinweise danke ich Udo Grausam.
[117] Schriftliche Mitteilung der KZ-Gedenkstätte Dachau vom 18.05.2018. Nitka war in Denkendorf bei Gottlieb und Sophie Wörner eingesetzt. Urteil des Sondergerichts Stuttgart gegen Elise Henzler, Lina Riempp, Emma Keller und Hans Bäurle vom 03./04.12.1940, StAL E 356i/3240. Die Stapo Stuttgart hatte im August 1940 gegen den „Volksschädling" Nitka Schutzhaft angeordnet mit der Begründung: „Verkehr mit deutscher Frau". Häftlingskarteikarte Nr. 4529 KZ Buchenwald. Sein weiterer Leidensweg führte ihn über die Konzentrationslager Welzheim, Buchenwald (Februar/März 1942) und Natzweiler

Graszk wurde über die Haftanstalt Augsburg in das KZ Mauthausen eingeliefert und am 20. Oktober 1941 in das Außenlager Mauthausen-Gusen überstellt. Er überlebte dieses Lager nur sechs Monate. Am 3. Juli 1942 verstarb Graszk an „Lungen TBC".[118] Über das Schicksal der anderen Kriegsgefangenen wissen wir nichts Genaues.[119]

Die deutschen Frauen standen von vornherein unter dem Generalverdacht des „GV-Verbrechens",[120] obwohl es in mehreren Fällen nachweislich nur zu „menschliche(n) Freundlichkeiten" gegenüber den Kriegsgefangenen gekommen war, wie die Spruchkammer feststellte.[121] Hund jedoch differenzierte nicht, die öffentliche Demütigung ordnete er für alle an. Damit handelte der Kreisleiter gemäß der Vorgaben des RSHA, welches die „Wirkungen öffentlicher Diffamierungen für außerordentlich abschreckend" hielt und die Parteistellen zu entsprechenden Aktivitäten anhielt. Vorgeschlagen wurde, die Frauen mit abgeschnittenen Haaren und einem Schild um den Hals durch das Dorf zu führen.[122]

An diesen Frauen ein (abschreckendes) Exempel zu statuieren, gehörte zur Herrschaftspraxis vieler Kreisleiter.[123] So auch in Denkendorf. An drei Terminen im August 1940 wurden die betroffenen Frauen nacheinander vom ortsansässigen Friseur Alfred Sigg kahlgeschoren; mindestens nach einer dieser Aktionen folgte das Spießrutenlaufen der Frauen durch die Straßen des Dorfes.[124] Die Frauen seien „angespuckt" und „mit Steinen beworfen" worden, führte der öffentliche Kläger 1947 aus. Die Täter seien eigens zu diesem Zweck aus „ver-

---

nach Dachau. Der „Schutzhäftling" Nitka verstarb laut Todesfallanzeige des KL Dachau am 02. 09. 1942 an den Folgen einer Rippenfellentzündung. Individuelle Dokumente KZ Buchenwald und KZ Dachau. Für die Überlassung danke ich den ITS Archives Bad Arolsen.

[118] Gefangenenbuch Haftanstalt Augsburg, 1941; Überführungsliste der Häftlinge KL Mauthausen an das KL Gunsen am 20.10.1941; Totenbuch KZ Mauthausen/Gunsen. Für die Überlassung der Dokumente danke ich den ITS Archives Bad Arolsen.

[119] Laut Wilhelm Däuschle, der damals als Häftling im KZ Welzheim „Stubenältester" war, kamen von den polnischen Häftlingen in seiner Stube fünf aus Denkendorf: Zwei von ihnen wurden seiner Erinnerung nach in Welzheim gehängt, einer wurde auf dem Transport krank und verstarb und ein weiterer kam im KZ Dachau ums Leben. Seiner Aussage nach waren von insgesamt 20 bis 25 Kriegsgefangenen, die in Denkendorf im Einsatz waren, „mit Bestimmtheit nur 6 am Leben geblieben". Protokoll der öffentlichen Sitzung vom 19., 20., 27. und 28.05.1947, StAL EL 903/4 Bü 51/Teil 2.

[120] „GV-Verbrechen" = Geschlechtsverkehr-Verbrechen.

[121] Spruch vom 28.05.1947. StAL EL 903/4 Bü 51/Teil 2. Lagen „nur" freundschaftliche Kontakte zu den Polen vor, waren die Richter der Ansicht, dass die Frauen gewissermaßen unschuldig diffamiert und verurteilt worden waren. Es kam ihnen aber nicht in den Sinn, generell festzustellen, dass die Behandlung der Frauen auf jeden Fall unmenschlich war, selbst wenn sie eine sexuelle Beziehung zu einem als „rassisch minderwertig" deklarierten Polen gehabt hatten. Hier offenbart sich, dass die Richter der Spruchkammer dieselben zentralen NS-Normen verinnerlicht hatten, wie diejenigen, über die sie zu urteilen hatten.

[122] RFSSuChdDtP an die NSDAP-Leitung, 08.03.1940. Zit. nach Herbert 1986(2), wie Anm. 91, S. 80.

[123] Vgl. Arbogast 1998 (wie Anm. 7), S. 63 f.

[124] 9. (drei Frauen), 20. (zwei Frauen, ein Mann) und 30. August (drei Frauen, ein Mann) 1940. Protokoll der öffentlichen Sitzung vom 19., 20., 27. und 28.05.1947, StAL EL 903/4 Bü 51/Teil 2. Das Datum 30.08. wird bestätigt im Sondergerichtsurteil gegen Elise Henzler, Lina Riempp, Emma Keller und Hans Bäurle vom 03./04.12.1940. StAL E 356i/3240.

schiedenen Betrieben zusammengerufen" worden.[125] So berichtete die 1889 geborene Sophie Wörner, dass sie am 20. August verhaftet worden sei. Zwar vermutete sie hinter dem Ganzen eine Denunziation, weil man ihrer Familie den kriegsgefangenen Polen „nicht gönnte", konkreter Anlass, sie festzunehmen, war jedoch die Tatsache, dass sie Zenon Nitka an seinen neuen Einsatzort in Dommelsberg „Wäsche" geschickt hatte. Sophie Wörner wurde auf dem Rückweg vom Friseur „beschimpft und verspottet".[126] Bis zur Urteilsverkündung Anfang Dezember befand sie sich in Untersuchungshaft in Ludwigsburg. In seiner Sitzung vom 3./4. Dezember 1940 verurteilte sie das Sondergericht Stuttgart wegen „verbotenen Umgangs mit Kriegsgefangenen" zu zwei Jahren Zuchthaus und drei Jahren Ehrverlust. Gegen die Entscheidung eines Sondergerichts waren keine Rechtsmittel zulässig, so dass die alte Frau ihre Strafe zunächst in der Frauenstrafanstalt Aichach, anschließend in Hagenau (Elsaß) absaß. Vom Ehemann gestellte Gnadengesuche wurden abgelehnt. Sie kam erst Anfang September 1942 frei.[127]

Sophie Wörner war eine von insgesamt acht Frauen, welche aus rein politischen Gründen bestraft wurden. Ein Bemühen, Auswüchse oder Terrormaßnahmen des NS-Regimes abzumildern, ist von Hund in diesem Zusammenhang nicht überliefert. Ganz im Gegenteil: Hund setzte bei den Frauen aus Denkendorf seine Herrschaft gnadenlos durch. Er gab den „Anstoss" zur öffentlichen Diffamierung und war mit den strafrechtlichen Folgen für die betroffenen Frauen „einverstanden". Wie der öffentliche Kläger 1947 weiter ausführte, wurden die Frauen aus Denkendorf auf Veranlassung des Kreisleiters zusammen zu „17 Jahre(n) Zuchthaus, 56 Monate(n) Gefängnis" verurteilt.[128] Zu fünf Jahren Zuchthaus verurteilte das Sondergericht Stuttgart beispielsweise Elise Henzler. Sie gehörte zu der Gruppe von Denkendorfer Beschuldigten, die am 30. bzw. 31. August 1940 festgenommen worden waren. Das Urteil gegen die insgesamt

---

[125] Protokoll der öffentlichen Sitzung am 19., 20., 27. und 28.05.1947. StAL EL 903/4 Bü 51/ Teil 2.
[126] Ebd. und Protokoll der öffentlichen Sitzung am 20., 21. und 22.07.1948. Ebd.
[127] StAL, E 311/392: Sondergericht für den Oberlandesbezirksbereich Stuttgart.
[128] Protokoll der öffentlichen Sitzung vom 19., 20. 27. und 28.05.1947. StAL EL 903/4 Bü 51/Teil 2.

drei Frauen und einen Mann (der besagte Kurier) fällte Landgerichtsdirektor Alfred Bohn (*1888-?)[129] aufgrund der „Verordnung zur Ergänzung der Strafvorschriften zum Schutz der Wehrkraft des deutschen Volkes".[130] Vor allem bei Elise Henzler und ihrem „ehrlosen Treiben" sah es Bohn als zwingend an, der Anklage zu folgen und die Frau zu fünf Jahren Zuchthaus zu verurteilen. Aus „sexueller Hemmungslosigkeit" habe sie sich „häufig auf die schamloseste Weise mit dem Polen Szczepaniak" eingelassen. Dass sie dies als verheiratete Frau und Mutter getan hatte, wertete das Gericht als besonders verwerflich. „Für ihr Verhalten", so ist in der Urteilsbegründung zu lesen, „gibt es keine Entschuldigung".[131] Elise Henzler verbüßte ihre Strafe wie Sophie Wörner im elsässischen Hagenau. Nach dem Ende des NS-Regimes von den Franzosen interniert, kehrte die Frau erst 1947 nach Deutschland zurück.[132]

Entnazifizierung

Das Kriegsende erlebte Kreisleiter Hund nicht in seinem Heimatort Esslingen. Er war geflüchtet, aber nicht sehr weit gekommen. In Lauingen/Donau ergab er sich angeblich „freiwillig" den alliierten Behörden.[133] Vom sogenannten „Automatic Arrest" der Alliierten waren formal alle Nationalsozialisten in Führungspositionen betroffen, zu denen alle Amtsträger der Partei bis hinunter zu den Ortsgruppenführern zählten.[134] Auch Eugen Hund wurde entsprechend dieser Vorgabe im Mai 1945 festgesetzt und befand sich ab dem 28. August 1945 in

---

[129] Zu Bohn, Sonderrichter der ersten Stunde, vgl. Endemann, Fritz: Hermann Cuhorst und andere Sonderrichter. Justiz des Terrors und der Ausmerzung, in: Abmayr, Hermann G. (Hg.): Stuttgarter NS-Täter. Vom Mitläufer zum Massenmörder, Stuttgart 2009, S. 332-345, S. 338 f. Zum Stuttgarter Sondergericht vgl. Stilz, Eberhard (Hg.): Das Oberlandesgericht Stuttgart. 125 Jahre. 1879-2004, Villingen-Schwenningen 2004, S. 48-53; Baur, Stefan: Rechtsprechung im nationalsozialistischen Geist. Hermann Albert Cuhorst, Senatspräsident und Vorsitzender des Sondergerichts Stuttgart, in: Kißener/Scholtyseck 1997 (wie Anm. 9), S. 111-142; Schönhagen, Benigna: „Auf meine Herren, zur Schlachtbank!" Das Stuttgarter Sondergericht unter Hermann Cuhorst in: Hiller, Marlene H. (Hg.): Stuttgart im Zweiten Weltkrieg. Katalog zur Ausstellung, Gerlingen 1989, S. 223-228. Allgemein zu Justiz und Sondergerichten im Nationalsozialismus: Tagungsbericht: Nationalsozialistische Sondergerichtsbarkeit, 26.11.2004 – 27.11.2004 Recklinghausen, in: H-Soz-Kult, 05.04.2005, www.hsozkult.de/conferencereport/id/tagungsberichte-743; Arntz, Joachim/ Haferkamp, Hans-Peter / Szöllösi-Janze, Margit (Hg.): Justiz im Nationalsozialismus. Positionen und Perspektiven, Hamburg 2006; Gruchmann, Lothar: Justiz im Dritten Reich 1933-1940. Anpassung und Unterwerfung in der Ära Gürtner, München 2001(3).
[130] RGBl I, S. 2319. § 4 regelte die Sanktionen bei „verbotenem Umgang mit Kriegsgefangenen". Ein Verstoß sah Gefängnis- und in schweren Fällen Zuchthausstrafen vor. Seit Kriegsbeginn war das Strafrecht zum Schutz der „Inneren Front" durch eine Fülle von gesetzlichen Regelungen ausgeweitet worden. Dabei standen der Schutz der Wehrkraft und der Kampf gegen Kritik von innen ganz oben auf der Agenda, wobei sich dieses Kriegssonderstrafrecht vor allem durch seine extremen Sanktionsformen auszeichnete. Als Maßstab für die Sanktionen diente in der Regel das „gesunde Volksempfinden".
[131] Urteil des Sondergerichts Stuttgart gegen Elise Henzler, Lina Riempp, Emma Keller und Hans Bäurle vom 03./04.12.1940. StAL E 356i/3240.
[132] StAL E 311/394: Sondergericht für den Oberlandesbezirksbereich Stuttgart.
[133] Klageschrift vom 18.02.1948. StAL EL 903/4 Bü 51/Teil 2.
[134] Vgl. Fait 1990(3), wie Anm. 38, S. 213-299, S. 225.

Internierungslagern, zunächst in Hohenasperg, danach in Ludwigsburg.[135] Aufgrund ihrer formalen Belastung gehörten NSDAP-Kreisleiter zu den Hauptschuldigen. Durch die erstinstanzlichen Spruchkammerentscheidungen in der amerikanischen Besatzungszone wurden 13 (von 28) der ehemaligen württembergischen Kreisleiter in die Gruppe der Hauptschuldigen eingereiht.[136] Unter ihnen war Eugen Hund. Die Kammer des Internierungslagers Hohenasperg kam zu dem Ergebnis, dass „fraglos eine schwere Belastung" Hunds vorlag und „zwar nicht nur nach der rein formalen Seite hin", hatte die Kammer doch ebenso erhebliche individuelle Einzelbelastungen festgestellt.[137] Das Urteil lautete: fünfeinhalb Jahre Arbeitslager sowie u.a. Vermögenseinzug (bis auf 2000 RM), zehn Jahre lang Sonderzahlungen an einen Wiedergutmachungsfonds, Verlust des (passiven und aktiven) Wahlrechts und berufliche Beschränkungen.[138]

Der öffentliche Kläger hatte die Maximalsühne von zehn Jahren Arbeitslager gefordert und dies wie folgt begründet: „In meinem Antrag auf 10 Jahre untermauere ich, dass der Betroffene von 1933 bis 1945 Kreisleiter war, und an exponierter Stelle im Kreis Esslingen stand. Jedes Jahr seines Wirkens hat soviel Kummer und Leid heraufbeschworen, dass ein Jahr davon ausreichen würde, um 10 Jahre Arbeitslager zu rechtfertigen."[139] Für die Verteidigung war es ein wesentliches Argument, Hund als Opfer darzustellen. Sein Mandant sei „ein Verführter", doch was konnte dies zählen, wenn auch „Ausland und Inland" seinerzeit „auf Hitler hereingefallen" seien.[140] Hund selber sah sich als doppeltes Opfer: einerseits Opfer der nationalsozialistischen Machthaber, denn er sei „verraten und verkauft", sein „guter Wille" missbraucht worden; Versprechungen des Regimes, dass mit Kriegsende alles „wieder in normale Wege kommen" würde, seien nicht gehalten worden. Und andererseits als Opfer der Besatzungsmächte, denn „Unrecht, soweit ich es begangen habe, kann nicht Recht werden dadurch, dass Unrecht an mir begangen wird".[141] Noch deutlicher war Hund in einem Brief an einen Esslinger Stadtrat kurz vor seiner Spruchkammerverhandlung 1947 geworden. Darin hatte er der Kammer, die er als „Revolutions-Tribunal" bezeichnete, jedes Recht abgesprochen, über ihn zu urteilen: „Da soll Steine werfen, wer ohne Fehl ist! - Ich gehöre jedenfalls nicht dazu, wie ich auch nicht glaube, dass die heutige Generation den zeitlichen Abstand und die Gesamtschau des wahren geschichtlichen Ablaufs der letzten Jahre haben kann,

---

[135] Spruch vom 28.07.1948. StAL EL 903/4 Bü 51/Teil 2.
[136] Analog zur Anzahl der Oberämter gab es in Württemberg 62 Kreisleitungen, die durch die Kreisreform 1937 auf 37 reduziert wurden. Insgesamt waren ca. 80 Männer - mal kürzer, mal länger - Kreisleiter. Christine Arbogast konnte 64 dieser Männer namentlich ermitteln und von 47 (19 erstinstanzliche Urteile in der französischen Zone, 28 in der amerikanischen Zone) die Spruchkammerakten einsehen. Arbogast 1998 (wie Anm. 7), S. 204.
[137] Spruch vom 28.05.1947. StAL EL 903/4 Bü 51/Teil 2.
[138] Ebd.
[139] Plädoyer des öffentlichen Klägers. Ebd.
[140] Plädoyer des Verteidigers. Ebd.
[141] Letztes Wort des Betroffenen. Ebd.

die m.E. beide nötig sind, um einem wirklich gerechten Urteil über den doch mit Händen greifbaren Schwindel zu bekommen [...]. [I]ch weiß heute: ich war zu gutgläubig, zu vertrauend und zu gehorsam - Aber sind das Verbrechen?"[142] Hund fehlte bis zuletzt jede Einsicht in den Unrechtscharakter des NS-Regimes und damit auch seiner Handlungen, die er im Namen und im Dienst dieses Regimes verübt hatte. Dass er als aktiver Kreisleiter in hohem Maße mitverantwortlich war für die Errichtung und Aufrechterhaltung der NS-Terrorherrschaft, kam ihm nicht in den Sinn. Auf seine „politische Karriere" im Nationalsozialismus zurückblickend befand er 1947, dass in dieser Zeit „neben manchem Mist [...] doch auch recht viel Gutes geschaffen" wurde, das „nicht mehr aus der Welt disputiert werden" könne.[143] Auf diese Weise verharmloste Hund seine Mittäterschaft in einem Regime, welches das Unrecht zu seiner Maxime gemacht hatte, während er gleichzeitig für sich rechtsstaatliche Prinzipien einforderte, die es im NS-Staat nicht gegeben hat. Zugleich verweist sein Statement darauf, wie weit die deutsche Gesellschaft vom Nationalsozialismus durchdrungen und erfasst war, dass offenkundig nur ganz wenige über die vielen zu richten vermochten. In diesem Sinne fragte Klaus-Dietmar Henke (*1947): „Wer - außer den Emigranten und den Insassen der Lager - konnte nach dem Krieg von sich wirklich behaupten, sich zwölf Jahre lang stets von jeglichem Zugeständnis an das Regime freigehalten zu haben? [...] Und doch nur der, der dies reinen Gewissens von sich zu sagen vermochte, konnte den ersten Stein gegen die vielen tausend minder prominenten Repräsentanten und Funktionäre des überwundenen Regimes erheben."[144]

Daneben gab es Zeugnisse, welche Hund ein „anständiges" sittlich-moralisches Verhalten als Privatmensch attestierten. Diese Persilscheine wurden ihm auch von rassisch oder politisch Verfolgten ausgestellt. Er sei „als Mensch anständig" und „im menschlichen Leben human" gewesen, „besoffen" habe man ihn nie gesehen, er sei Kreisleiter „mit allen Gepflogenheiten" gewesen, „aber nie der schlimmsten", beschrieb ihn mit Franz Aurnhammer ein Opfer des Nationalsozialismus. Verglichen mit anderen Nationalsozialisten sei Hund „eine kleine Null", der seiner Meinung nach „schon genug gebüßt" hätte.[145] Oscar Braun, der Esslinger Stadtrat, beschrieb den Privatmenschen Hund als „harmlos [...] und

---

[142] Brief Hund an Oscar Braun, 25.04.1947. StAL EL 903/4 Bü 51/Teil1. Braun hatte Hund ein Entlastungsschreiben geschickt, das Hund aber nicht verwenden wollte, weil es keine eidesstattliche Erklärung war und belastende Aussagen über DAF-Kreisobmann Veil sowie Hunds Nachfolger im Amt des Kreisleiters (Eugen Wahler) enthielt, die ihm, Hund, nichts nutzen, jenen aber schaden könnten: „Ich habe mir trotz bald 2-jähriger Gefangenschaft und Internierung [...] noch jenen Anstand erhalten, der mir verbietet, einem Revolutions-Tribunal [...] Material an die Hand zu geben, das geeignet sein könnte, deutsche Männer zu belasten."
[143] Ebd.
[144] Henke, Klaus-Dietmar: Die Grenzen der politischen Säuberung in Deutschland nach 1945, in: Herbst, Ludolf (Hg.): Westdeutschland 1945-1955. Unterwerfung, Kontrolle, Integration, München 1986, S. 127-133, S. 128.
[145] Zeugenaussage von Franz Aurnhammer. Protokoll der öffentlichen Sitzung vom 20., 21. und 22.07.1948, StAL EL 903/4 Bü 51/Teil 2.

weich wie ein Kind".[146] Damit war für Hund bewiesen, dass er durchaus auch „menschlich" gehandelt hatte.[147] Selbst die Richter im Verfahren der zweiten Instanz hielten Hund zugute, dass er von den beiden in Esslingen nacheinander tätigen Kreisleitern - erst Eugen Hund, ab 1943 Eugen Wahler (*1898 - nach 1963) - „entschieden der charakterlich wertvollere Mensch" gewesen sei, der sich beispielsweise nicht an „schmutzigen Geschäften bei der Arisierung von jüdischen Betrieben beteiligt" habe.[148] In der zweiten Verhandlung wurde ihm auch sein menschliches Verhalten gegenüber einzelnen Juden bestätigt. So sagte Hunds ehemaliger Vorgesetzter in der Maschinenfabrik Esslingen, Amon Eisenbruch, zugunsten des Angeklagten aus. Nie habe sich Hund gegen ihn als Juden „gehässig" gezeigt.[149] Ein weiterer Jude bestätigte, dass sich Hund ihm und seiner Familie gegenüber „korrekt und freundlich" benommen habe und ihnen, „soweit es möglich war, beigestanden" habe.[150] Damit bestätigen die Entlastungszeugen, dass sich Kreisleiter Hund immer mal wieder der Sorgen und Nöten einzelner angenommen und sich unter Missachtung der nationalsozialistischen Vorgaben sogar manchem politischen Gegner gegenüber hilfsbereit gezeigt hatte. Offensichtlich lautete die Entlastungsstrategie, dem politisch aktiven NS-Funktionär den anständigen und moralisch integren Privatmann Hund gegenüberzustellen. Das Beispiel der jüdischen Ehefrau eines ehemaligen Klassenkameraden Hunds indes zeugt davon, wie rücksichtslos Hund den nationalsozialistischen Sanktionsapparat einzusetzen wusste. Offensichtlich ging es auf die Kappe des Kreisleiters, dass die Frau trotz gesundheitlicher Beeinträchtigung und ihres fortgeschrittenen Alters als „Hilfsarbeiterin in einer Werkzeugmaschinenfabrik" arbeiten musste. Hund habe ihm gesagt, es handle sich bei der Frage der Ehe mit einer Jüdin „um den Grundsatz ‚Blut und Boden', und ihm zur Scheidung geraten, gab Dax 1947 vor der Spruchkammer zu Protokoll. 1942 drohte Hund der Frau „ernste staatspolizeiliche Massnahmen" für den Fall an, dass sich ihr „Verhalten" den anderen Hausbewohnern gegenüber nicht verbessere. Sie lasse die von ihr als Jüdin „unbedingt zu erwartende Zurückhaltung und Rücksichtnahme" vermissen. Der Ehemann wurde ultimativ aufgefordert, auf seine Frau „einzuwirken". Hund schloss mit den Worten, dies

---

[146] Brief Oscar Braun an Hund, 21.04.1947. StAL EL 317I Zug. 1983 Nr. A 18. Braun war als Unternehmer während der NS-Zeit zwar NS-„Betriebsführer", aber nicht Mitglied in der NSDAP und als gläubiger Christ in der ev. Landeskirche engagiert (Kirchengemeinderat und seit 1937 weltliches Mitglied im Ausschuss des Beirats der Kirchenleitung sowie Vorsitzender des Vereins zur Erhaltung der kirchlichen Baudenkmäler in Esslingen. Zeugenaussage von Fabrikant Oscar Braun. Protokoll der öffentlichen Sitzung vom 20., 21. und 22.07.1948, StAL EL 903/4 Bü 51/Teil 2. Vgl. Hermle, Siegfried/Oelke, Harry (Hg.): Handbuch der deutschen evangelischen Kirchen 1918-1948: Organe-Ämter-Personen, Göttingen 2017, S. 624.
[147] Letztes Wort des Betroffenen. Protokoll der öffentlichen Sitzung vom 19., 20., 27. und 28.05.1947, StAL EL 903/4 Bü 51/Teil 2.
[148] Spruch vom 28.07.1948. Ebd.
[149] Protokoll der öffentlichen Sitzung vom 20., 21. und 22.07.1948, StAL EL 903/4 Bü 51/Teil 2.
[150] Eidesstattliche Erklärung von T. an Hund, 28.04.1947, StAL EL 317I Zug. 1983 Nr. A 18.

sei seine „letzte Warnung". Friedrich Dax blieb unbeeindruckt und ließ sich nicht scheiden. Damit war seine jüdische Ehefrau vor Verfolgung geschützt.[151] Allerdings schilderte keiner der Zeugen Situationen, in denen Hund als Retter in höchster Not jemanden vor der „Schutzhaft" bewahrt oder eine Denunziation einfach weggeworfen hätte, wie dies aus anderen Verfahren bekannt ist.[152] Als Kreisleiter verfügte man offensichtlich über diesen Ermessensspielraum. Dieser galt freilich auch in umgekehrter Richtung. Ob Anordnungen „von oben" sofort und voll umfänglich, mit Verzögerung und abgemildert oder eventuell gar nicht umgesetzt wurden, lag auch am Kreisleiter. Es lag auch an ihm, wie mit Denunziationen, die ihn direkt oder über die Ortsgruppenleiter erreichten, verfahren wurde. Dennoch war die Bereitschaft, Hund als Einzelperson zu entlasten, größer als ihn individuell zu belasten. Nur wenige Belastungszeugen hätten ihm konkrete Verfehlungen vorwerfen können, die „auf seine Person direkt zutrafen" und sich nicht auf seine „Dienststellung und Tätigkeit als Kreisleiter" bezogen, hatte Hund bereits in seinem erste Verfahren 1947 festgestellt.[153] Deutlich gab er seinem Bedauern darüber Ausdruck, dass nur ganz wenige Menschen bereit waren, vor einer Spruchkammer aufzutreten, um die moralische Integrität eines Kreisleiters wie ihn zu bezeugen. Leider würden heute „vor einer Spruchkammer nur wenige Zeugen für einen Kreisleiter" auftreten, um zu bestätigen, dass es während seiner über zehnjährigen Dienstzeit „viele Fälle" gegeben habe, „wo ich Gutes erwiesen" habe. Er selber habe „über das Gute" ebenso „wenig Buch geführt wie über das Schlimme", gab er der Spruchkammer zu bedenken. Aber über das „Gute wurden auch keine Ermittlungen angestellt".[154] Im Antrag auf Berufung vom 25. September 1948 wurden nicht weniger als 29 Entlastungszeugen namentlich aufgeführt.[155] Der Spruch vom Juli 1948 hatte demgegenüber nur acht Personen aufgeführt, welche Hund außerhalb der drei Hauptstraftatbestände „Betrugswahl", „Reichskristallnacht" und „Denkendorf" persönlich belasteten.[156] Es kann kaum verwundern, dass Belastungszeugen fast ausschließlich in eigener Sache sprachen. Denjenigen, die unter dem Terrorregime der Nationalsozialisten persönlich gelitten hatten, war es wichtig, die Verantwortlichen bestraft zu sehen. Dies hatte die Denkendorfer Frauen motiviert, gegen Hund in dessen erstem Verfahren auszusagen, und Wilhelm Griesinger darin bestärkt, im zweiten Verfahren als Belastungszeuge gegen Hund aufzutreten. Niemand jedoch trat gegen Hund auf, um ihn mit etwas zu belasten, was er nur vom Hörensagen wusste.

---

[151] Klageschrift vom 18.02.1948; Aussage Friedrich Dax und Ehefrau. Protokoll der öffentlichen Verhandlung vom 19., 20., 27. und 28.05.1947. StAL EL 903/4 Bü 51/Teil 2. NSDAP-Kreisleitung Esslingen, gez. Hund, an Fritz Dax, 17.03.1942; Friedrich Dax an Spruchkammer Esslingen, 21.04.1947.
[152] Fait 1990(3), wie Anm. 38, S. 235.
[153] Protokoll der öffentlichen Verhandlung vom 19., 20., 27. und 28.05.1947. StAL EL 903/4 Bü 51/Teil 2.
[154] Schlusswort des Betroffenen. Protokoll der öffentlichen Sitzung vom 19., 20., 27. und 28.05.1947. Ebd.
[155] Berufungsantrag, 25.09.1948. Ebd.
[156] Spruch vom 28.07.1948. Ebd.

„Versuchskarnickel"[157]

Hatte sich Hund schon bei seiner ersten Verhandlung 1947 als „Versuchskarnickel"[158] für alle nachfolgenden Kreisleiterverfahren gesehen, die in der Mehrzahl erst zwischen April und November 1948 abgewickelt wurden, musste ihn das Urteil der zweiten Instanz in diesem Eindruck bestätigen. Denn in der amerikanischen Zone hielten die Spruchkammern der zweiten Instanz nur noch fünf ehemalige Kreisleiter gegenüber 13 der ersten Instanz für Hauptschuldige. Vom allgemeinen Trend hin zu einer milderen Urteilsfindung konnte Hund also nicht profitieren. Die zweite Instanz bestätigte das erstinstanzliche Urteil. Als Hund die Forderung des öffentlichen Klägers hörte, der gerade erneut die Maximalsühne von zehn Jahren Arbeitslager gefordert hatte, reagierte er äußerst empört und verglich dies mit den Methoden des nationalsozialistischen Holocaust: „[…] wenn ich nicht in absehbarer Zeit für die Existenz meiner Familie aufkommen kann, dann muß mir mein Antrag auf Sippenhaft genehmigt werden, damit meine Familie der Not und Sorgen draußen entgehen kann oder ich muß Sie bitten, uns durch den Gasofen zu jagen."[159] Hund blieb uneinsichtig, verharrte in der Opferrolle und weigerte sich, individuelle Verantwortung für die Verbrechen, die im Namen des Nationalsozialismus begangen worden waren, zu übernehmen. Infolge einer ungerechten Siegerjustiz litt seine Familie jetzt Not, so seine Wahrnehmung. Auch weil der Name Hund belastet war, fand die Ehefrau in Esslingen keine Arbeit. Sie sei „von Betrieb zu Betrieb gegangen", aber niemand habe sie eingestellt, aus „Furcht vor gewissen Störungen im Betrieb", beklagte Eugen Hund.[160] In der Diskriminierung der Familienangehörigen aufgrund der politischen Belastung des Ehemannes und Vaters sieht etwa Barbara Fait eine zweite Dimension der politischen Abrechnung. So wie Hunds Ehefrau litten viele Frauen unter Anfeindungen und dem aufgestauten Zorn der unmittelbaren Nachkriegszeit.[161] Gegen das Urteil der zweiten Instanz vom Juli 1948 legte Hund Berufung ein mit dem Ziel, eine Eingruppierung in die Gruppe der „Belasteten" mit entsprechend reduzierten Sühnemaßnahmen zu erreichen. Zur Begründung hieß es, bei den „sogenannten individuellen Einzelbelastungen", welche das hohe „Sühnemaß" nach sich gezogen hatten, sei Hund allenfalls „gering belastet"; soweit Hund eine „Mitschuld" an den ihm zur Last gelegten Fällen trage, so habe diese mit seiner Stellung als Kreisleiter zu tun und sei eine rein formale Belastung.[162] Diesem Antrag wurde im April 1950 entsprochen. Als „Belasteter" wurden ihm nur noch vier Jahre Arbeitslager auferlegt und die Dauer der Berufsbeschränkung auf fünf Jahre verkürzt, allerdings wurde weiterhin sein Vermögen zur Wiedergutmachung eingezogen.[163]

---

[157] Letztes Wort des Betroffenen. Protokoll der öffentlichen Sitzung vom 20., 21. und 22.07.1948. Ebd.
[158] Ebd.
[159] Protokoll von der öffentlichen Sitzung vom 20., 21. und 22.07.1948. Ebd. In der amerikanischen Zone wurden die Familienangehörigen nicht mitinterniert und damit nicht mit Sippenhaft (mit)bestraft.
[160] Ebd.
[161] Vgl. Fait 1990(3), wie Anm. 38, S. 241 f.
[162] Rechtsanwälte Dr. Mandry u.a. an Berufungskammer des Interniertenlagers Ludwigsburg, 25.09.1948, StAL EL 903/4 Bü 51/Teil 2.
[163] Zentralberufskammer I Nord-Württemberg, Spruch vom 04.04.1950. Ebd.

Die Spruchkammer war nicht das einzige Tribunal, vor dem sich Hund verantworten musste. 1951 wurde gegen ihn, Emil Veil und andere ein Verfahren vor dem Landgericht Stuttgart wegen Landfriedensbruchs im Zusammenhang mit der „Reichskristallnacht" eröffnet, das für Hund und Veil mit einem (zumindest vorläufigen) Freispruch endete. Da die Staatsanwaltschaft Revision einlegte, wurde das Urteil vom Bundesgerichtshof aufgehoben und zur Wiederverhandlung an das Landgericht Stuttgart zurückverwiesen. Im zweiten Verfahren wurden schließlich im Juli 1953 beide, Hund und Veil, aus Mangel an Beweisen erneut freigesprochen.[164] Sofort ging Hund daran, diesen Freispruch für eine Wiederaufnahme seines Spruchkammerverfahrens zu nutzen, um eine noch günstigere Eingruppierung („Minderbelasteter" oder „Mitläufer") zu erreichen. Insbesondere wollte er endlich die finanzielle Belastung der Sühnemaßnahmen und die Zahlung der Restkosten[165] loswerden.[166] Inzwischen hatte jedoch die Verfassunggebende Versammlung des neu gegründeten Südweststaates mit dem Gesetz zur einheitlichen Beendigung der politischen Säuberung vom Juli 1953 die Entnazifizierungsakten geschlossen. Die Kammern stellten ihre Tätigkeit bis zum 31. Oktober 1953 ein, und neue Verfahren durften nach dem 31. Juli 1953 nicht mehr eröffnet werden. Im Juli 1953 einen Antrag auf Wiederaufnahme zu stellen, war aussichtslos. Es blieb Eugen Hund der Weg der Gnadengesuche. Ein erstes Gesuch wurde negativ beschieden. Weder wurde Hund in die Gruppe der „Mitläufer" eingestuft, noch fand der Vorschlag, ihm bei den noch ausstehenden Sühnezahlungen (1200 DM) und Kosten entgegenzukommen, im Gnadenausschuss Gehör. „Irgendwelches Abrücken von den Kernpunkten des NS ist nicht festzustellen", hieß es zur Begründung, eine „Umstellung in die Mitläufergruppe nicht vertretbar".[167] Weiterhin konnte Hund keinen „endgültigen Schluss-Strich unter die Vergangenheit" ziehen, weiterhin fühlte er sich „schlechter" behandelt als die „übrigen württembergisch-badischen Betroffenen meiner Preisklasse".[168]

1954 war dann aber auch für Hund der Weg frei für Sühnemilderungen in Form von Gnadenerweisen. In zwei Schritten wurde die Geldsühne zunächst auf die Hälfte (600 DM) reduziert und ihm schließlich ganz erlassen. Auf die Zahlung der Internierungskosten hatte man bereits im Februar 1953 verzichtet.[169] Damit reihte sich Eugen Hund ein in den Kreis der verurteilten württembergischen

---

[164] Erster Freispruch: 04.09.1951; zweiter Freispruch: 02.07.1953, StAL EL 317 I Zug. 1983 Nr. A 18. Sechs weitere württembergische Kreisleiter wurden vor ordentlichen Gerichten angeklagt, in der Reichspogromnacht Verbrechen begangen zu haben. Sie wurden alle zu Gefängnis- bzw. Zuchthausstrafen verurteilt. Vgl. Arbogast 1998 (wie Anm.7), S. 211 f.
[165] Diese setzten sich zusammen aus 406,26 DM Verpflegungskosten während seiner Internierung sowie 226,60 DM Verfahrensgebühren und Schreibgebühren, die ihm aus der verlorenen Verhandlung in der zweiten Instanz 1948 entstanden waren. Kostenberechnung vom 17.11.1952, StAL EL 903/4 Bü 51 Teil 1.
[166] Hund an Oberinspektor Stein, Stuttgart, 03.07.1953, StAL EL 317 I Zug. 1983 Nr. A 18.
[167] Gnadenausschuss, Abteilung V, 08.03.1954, StAL EL 903/4 Bü 51, Teil 1.
[168] Hund an Oberinspektor Stein, Stuttgart, 03.07.1953. Ebd.
[169] Gnadenerweis vom 19.03.1954 und Justizministerium an Hund vom 25.10.1954. Ebd.

Kreisleiter, die in der amerikanischen Besatzungszone spätestens Anfang bis Mitte der 50er Jahre auf dem Gnadenweg Erleichterungen oder den Erlass ihrer Sühnen erreichten. Kaum einer der 13 in der US-Zone als Hauptschuldige entnazifizierten württembergischen Kreisleiter blieb bei dieser ersten Einstufung.[170]

Hund wurde am 3. Dezember 1948 vorzeitig aus der Internierungshaft entlassen. Begründet wurde dies mit der sozialen Notlage der Familie (Ehefrau und drei minderjährige Kinder) und einer nicht gegebenen Fluchtgefahr.[171] Damit hatte Hund dreieinhalb Jahre in Internierungslagern zugebracht und gehörte wie die übrigen Kreisleiter zu den letzten, welche die Internierungslager verließen. Wir wissen nicht, wie desolat die persönlichen Lebensverhältnisse waren, auf die Hund nach seiner Entlassung 1948 traf. Es ist aber anzunehmen, dass es den entlassenen Kreisleitern genauso schlecht ging wie den meisten anderen auch, denn unter den Folgen des Krieges und entsprechend schlechten Lebensbedingungen litt die ganze Bevölkerung. Mit den Worten „Wir haben nichts mehr", hatte er 1947 die Situation der Familie beschrieben.[172] Durch seine lange Internierung hatte Hund über drei Jahre „verloren", die er nicht wie andere in den sozio-ökonomischen Wiederaufstieg seiner Familie hatte investieren können. Hund und seine Familie befanden sich nach seiner Entlassung 1948 vermutlich nach wie vor auf dem Armutsniveau der unmittelbaren Nachkriegszeit. 1950 arbeitete er als Hilfsarbeiter in einer „Bau-Schreinerei", die einem „politisch gleichfalls erheblich belasteten" Mann gehörte.[173] Und auch vier Jahre später hatte sich daran nichts geändert. Hund schlug sich weiterhin als Hilfsarbeiter in verschiedenen Betrieben durch.[174] Barbara Fait hat für die bayerischen Kreisleiter festgestellt, dass die Normalisierung ihrer Lebensumstände zeitversetzt erfolgte und ihre private Lebensqualität hinter der Masse der Bevölkerung um einige Jahre hinterherhinkte.[175] Dies kann vermutlich auch für Eugen Hund angenommen werden. Verglichen mit dem temporären Aufstieg zum „kleinen König"[176] von Esslingen muss er seinen niedrigen sozialen Status als schockierenden sozialen Abstieg empfunden haben. Ob sich im Laufe der Jahre auch für ihn wie für die meisten seiner bayerischen Kollegen eine „klare Tendenz zur Normalisierung" seiner Situation abzeichnete, wissen wir nicht.[177] Dass für die Mehrzahl der württembergischen Kreisleiter nach 1945 ein Leben im „sozialen Außenseitertum"[178] eher die Ausnahme als die Regel war, ist der Befund von

---

[170] Vgl. Tabelle bei Arbogast 1998 (wie Anm. 7), S. 207.
[171] Oberster Kläger Internierungslager Ludwigsburg an Vorsitzenden der Berufungskammer, 30.11.1948, StAL EL 903/4 Bü 51, Teil 2.
[172] Protokoll der öffentlichen Sitzung vom 19., 20., 27. und 28.05.1947. StAL EL 903/4 Bü 51 Teil 2.
[173] Berufungsantrag vom 04.04.1950. Ebd.
[174] Beschluss des Gnadenausschusses vom 08.03.1954. StAL EL 903/4 Bü 51 Teil 1.
[175] Fait: Kreisleiter 1990(3), wie Anm. 38, S. 298.
[176] Plädoyer des öffentlichen Klägers. Protokoll der öffentlichen Sitzung vom 19., 20., 27. und 28.05.1947. StAL EL 903/4 Bü 51 Teil 2.
[177] Ebd., S. 244.
[178] Fait: Kreisleiter 1990 (wie Anm. 38), S. 299.

Christine Arbogast. Reintegration bedeutete für viele nicht nur die Rückkehr in ihre früheren Berufe, sondern auch eine entsprechende Wiedereingliederung in ihr soziales Umfeld.[179] Von Eugen Hund ist Entsprechendes nicht überliefert. Er scheint ein unauffälliges und zurückgezogenes Leben in Nellingen, wo er ein Haus besaß, geführt zu haben. Zumindest hat er bis zu seinem Tod im Jahr 1975 keine für die Öffentlichkeit sichtbaren Spuren mehr hinterlassen.[180]

Schwetzinger Stadtwanderungen

JETZT IN ZWEITER AUFLAGE

Dieser historische Stadtführer lässt auf sechs geschichtlichen Spaziergängen durch Schwetzingen (davon einem in Plankstadt) die Geschichte des Nationalsozialismus und Freiheitsgeschichte vor Ort erkennbar werden. Er verdeutlicht, dass auch Leute aus Brühl, Hockenheim, Ketsch, Oftersheim und Plankstadt während der Badischen Revolution Freiheitsrechte erkämpften.

Zum anderen geht es um jüdisches Leben, Widerständigkeit und Zwangsarbeit zur Nazizeit und deren Bedingungen im hiesigen Bereich. Enthält des Weiteren Hintergrund-Artikel, Berichte und Materialien.

Herausgeber: Arbeitskreis Freundliches Schwetzingen – Verein für regionale Zeitgeschichte e.V. (AFS), Schwetzingen 2019, überarb., 64 Seiten - afs.ev@web.de - **Jetzt endlich wieder erhältlich!**

10,- €

---

[179] Arbogast: Herrschaftsinstanzen 1998 (wie Anm. 7), S. 250.
[180] Mende 1991 (wie Anm. 7), S. 454.

Peter Conzelmann

Bürgermeister Georg Kraut: Ein exemplarischer Fall

* 14. März 1877 in Künzelsau
† 4. Mai 1955 in Konstanz

Stadtschultheiß / Bürgermeister in Böblingen von 1919 bis 1937

Der Ausgang der Reichstagswahlen vom 5. März 1933 zementierte die Macht der NSDAP im Reich, an der Spitze deren „Führer" Adolf Hitler. Dieser war bereits nach den Reichstagswahlen im Januar desselben Jahres von Reichspräsident Paul von Hindenburg zum Reichskanzler ernannt worden. Von den März-Wahlen aus vollendete sich nun die so genannte „Machtergreifung". Die demokratischen Strukturen der „Weimarer Republik" wurden komplett zerstört, an ihre Stelle trat die nationalsozialistische Gewaltherrschaft.

Dieser Prozess, der innenpolitisch gesehen auf Diktatur sowie völlige Gleichschaltung und Unterdrückung jeder Opposition und Entrechtung vieler deutscher Staatsbürger hinauslief, vollzog sich auf den verschiedenen Ebenen in Staat und Zivilgesellschaft konsequent, aber mit unterschiedlicher Stärke und Geschwindigkeit. So standen die nationalsozialistischen Machthaber nach der von ihnen vielfach als „Revolution" bezeichneten politischen Wende unter anderem auch vor dem Problem, wie sie die zivile Verwaltung auf kommunaler Ebene für ihre Zwecke umgestalten konnten. Konkret ging es dabei auch um die Frage, wessen sie sich aus ihrer Sicht sofort entledigen mussten, wen sie weiterhin oder zumindest vorläufig brauchten sowie wen sie für ihre Ziele gewinnen oder besser gesagt: umerziehen konnten.

Klar war, dass Amtsträger, die Mitglieder linker Parteien und Organisationen waren oder die sich vor 1933 klar und offen gegen die Nazis positioniert hatten, sofort abgelöst bzw. aus den Ämtern gedrängt wurden und dabei teilweise verhaftet und in Zellen oder Lager gesteckt wurden. Und je größer und sozusagen „prominenter" die Kommune war, desto eher wurde hier vorgegangen. Es blieben aber die vielen mittleren und kleinen Kommunen, Städte und Dörfer, mit ihren Bürgermeistern, Ortsvorstehern, Amtsleuten und Verwaltungsangestellten. Die neuen Machthaber wussten, dass sie aus den eigenen Reihen (noch) nicht ausreichend fachlich versierte Kräfte aufbieten konnte. Wie sollte man mit dieser Gruppe also umgehen? Und wie stellten sich diese Führungskräfte auf lokaler Ebene selbst auf die veränderten Machtverhältnisse ein, welche Konsequenzen zogen sie bzw. ergaben sich für sie? Wie wurde die Umstellung auf die neuen Machtverhältnisse vollzogen, wie lange dauerte sie und wovon hing sie ab?[1]

Der Böblinger Bürgermeister Georg Kraut[2] ist einer dieser kommunalen Führungskräfte, an dessen Beispiel sich die Geschichte dieses Prozesses exemplarisch darstellen lässt und auch die Frage gestellt werden kann, inwieweit dieser Personenkreis in Bezug auf die Etablierung der Herrschaft Schuld auf sich geladen hat.

Herkunft und beruflicher Werdegang

Geboren im Jahr 1877 in Künzelsau in einer Familie, die über viele Generationen mit dem Handwerk des Gerbens verbunden war, absolvierte Georg Kraut nach dem Realschulabschluss eine Verwaltungsausbildung in seiner Geburtsstadt. Nach einigen Zwischenstationen erhielt er im Jahr 1905 eine Anstellung als Oberamtssekretär beim damaligen Oberamt Böblingen, wechselte jedoch schon im Jahr 1906 zur Stadt Böblingen, die ihn zum Ratsschreiber berief, eine ranghohe Position der kommunalen Verwaltung.

Der Erste Weltkrieg und seine Folgen waren der Grund, dass der Ratsschreiber Georg Kraut mit ungewöhnlichen bzw. neuen Aufgaben konfrontiert wurde. Besonders bei der immer prekärer werdenden Lebensmittelversorgung konnte er sich Meriten verdienen und seinen Ruf festigen, ein fleißiger, zupackender und effizienter Verwaltungsfachmann zu sein. Auch reklamierte er später für sich, den Impuls dafür gegeben zu haben, dass im Jahr 1915 auf einem sumpfigen Brachgelände jenseits der Gäubahn-Linie ein militärischer Übungsflugplatz eingerichtet und eine Flieger-Ersatz-Abteilung (FEA) dort stationiert wurde.

Das Ende des Ersten Weltkriegs brachte auch an der Spitze der Stadt Böblingen eine Änderung, da der bisherige Stadtschultheiß Andreas Dingler (1862-1925) in den Ruhestand ging. Der bei den Böblingern inzwischen gut bekannte und anerkannte Georg Kraut stellte sich zur Wahl und setzte sich gegen zwei Mitbewerber durch. Im Juni 1919 konnte er die Amtsgeschäfte aufnehmen.

In der auf zehn Jahre angelegten Amtszeit erlebte Georg Kraut alle Höhen und Tiefen dieser unruhigen und schwierigen Jahre. Unbestritten sind seine Verdienste, trotz enger Kassenlage einige Modernisierungsprojekte im Straßen- und Wohnungsbau sowie bei der Wasser- und Gasversorgung angepackt zu haben. Eines seiner Hauptaugenmerke galt aber der Wirtschaftsförderung, dies

---

[1] Zu diesem Fragenkomplex siehe insbesondere die breit angelegte Studie von Hubert Roser: NS-Personalpolitik und regionale Verwaltung im Konflikt – Kommunen und Landkreise in Baden und Württemberg 1933-1939, Dissertation, Mannheim 1999.
[2] Über Georg Kraut zuletzt: Conzelmann, Peter: Georg Kraut – Bürgermeister in Böblingen 1919 – 1937, Beiträge zur Böblinger Geschichte Nr. 2, Böblingen 2016.

umso mehr, da durch die anfangs sehr strikten Auflagen des Versailler Vertrages der Flugbetrieb auf dem ehemals militärischen Flugplatz zum Erliegen kam und daher auch zivile Arbeitsplätze verloren gingen. Bei der Verwertung dieses Geländes und bei den dort stehenden Hallen und Gerätschaften pochte er immer wieder auf eine möglichst wirtschaftliche Lösung für einen Nachfolgebetrieb.

Als sich die Bedingungen des Versailler Vertrages im Lauf der 1920er Jahre lockerten und das zivile Fliegen möglich und auch populär wurde, bewarb sich Georg Kraut mit großem Nachdruck und mit schlussendlichem Erfolg für Böblingen als Standort des einzurichtenden ersten Landesflughafens in Württemberg. 1925 war es soweit, und der Landesflughafen – Vorläufer des heutigen baden-württembergischen Landesflughafens in Echterdingen – konnte seinen Betrieb aufnehmen.

Im Jahr 1929 stellte sich Georg Kraut zur Wiederwahl und wurde von den Böblingern mit 91% Zustimmung für weitere zehn Jahre im Amt bestätigt. Die im gleichen Jahr einsetzende Weltwirtschaftskrise sorgte dafür, dass Georg Kraut erneut eine deprimierende Lage in seiner Stadt feststellen musste: sinkende Einnahmen und steigende Arbeitslosigkeit.

Politisch zeichnete sich in Böblingen, strukturell gesehen eine kleine Provinzstadt mit bäuerlicher und kleinbürgerlicher Bevölkerung, die gleiche Entwicklung ab wie in weiten Teilen der Republik: die gemäßigten und demokratischen Parteien verloren an Zustimmung, die radikalen Kräfte, insbesondere auf dem rechten Flügel, legten zu.[3]

In den Jahren nach 1929 musste sich Georg Kraut mit dieser neuen politischen Lage, aber auch mit recht drastischen persönlichen Anfeindungen auseinandersetzen. Ein – heute würde man ihn wohl so nennen – „Wutbürger" namens Eugen Rieger (1895-1965) hatte die Stadtverwaltung und besonders den nun neuerdings nach einer Verwaltungsreform und nach preußischem Vorbild „Bürgermeister"[4] titulierten Mann an der Rathausspitze ins Visier genommen. Mit Eingaben, vor allem aber in der Öffentlichkeit durch eine von ihm herausgegebene und „Böblinger Beobachter" genannte Gazette versuchte Rieger Stimmung zu machen. Zupass kam ihm hierbei eine sexuelle Verfehlung des verheirateten Stadtoberhaupts (eine Fahrt in angetrunkenem Zustand mit einer Servierin nach Stuttgart, wobei es bei der Rückfahrt zu Übergriffen gekommen sein soll), die nicht nur von Rieger genüsslich aufgespießt wurde, sondern auch ein gerichtliches Nachspiel hatte.[5]

---

[3] Zur Geschichte der Stadt Böblingen in dieser Zeit siehe insbesondere: Hammerschmitt, Barbara: 1919-1945: Demokratie und Diktatur, in: Böblingen - Vom Mammutzahn zum Mikrochip, hg. von Sönke Lorenz und Günter Scholz, Böblingen 2003, S. 328 ff.; detailreich: Funk, Erwin: Böblingen im Dritten Reich, Böblingen 1987.
[4] Grube, Walter: Vogteien, Ämter, Landkreise in Baden-Württemberg, Band I, Stuttgart 1975, S. 94.
[5] StAL E 180 II Bü 483, S. 103-123.

Ganz aufgeklärt wurde der Fall nie, und offensichtlich hatte Rieger Zeugen bestochen. Aber Krauts Ruf in der Öffentlichkeit wurde ramponiert. Die NSDAP griff den Fall gerne auf und konstatierte mit Genugtuung im Mai 1932 in ihrem Kampfblatt „NS-Kurier", dass bei Georg Kraut, der aus Sicht dieses Blattes „bei seinen Böblingern an sich nicht sehr beliebt"[6] sei, etwas haften blieb.

Trotz dieser unappetitlichen Affäre wurde der bis dato parteilose Georg Kraut nach dem März 1933 im Amt belassen. Nach der Machtergreifung, nach eigener Erinnerung im Juli dieses Jahres[7], trat er dann allerdings in die NSDAP ein. Er handelte hierbei wie so viele Führungskräfte, die man dann inner- und außerhalb der Nazi-Partei mit der süffisanten Bezeichnung „Märzgefallene" belegte. Und wie viele dieser späten Parteimitglieder reklamierte Georg Kraut nach dem Krieg im Entnazifizierungsverfahren, dass auf ihn erheblicher Druck ausgeübt worden sei.[8]

Die Errichtung der NS-Herrschaft auf kommunaler Ebene

Dass die Gleichschaltung und die Formierung der Beamtenschaft zu einem zuverlässigen Instrument des Regimes ab dem Sommer 1933 auch im kommunalen Bereich ein zentrales Anliegen der NSDAP war, daran konnte kein Zweifel bestehen.[9] Dabei zielte die Strategie der neuen Machthaber – wie Michael Ruck (*1954) formuliert – „darauf ab, die traditionellen Eliten nicht mit einem revolutionären Schlag zu eliminieren, sondern sie für die rasche Durchsetzung der eigenen innen- und außenpolitischen Zielsetzungen zu instrumentalisieren".[10]

Ein wichtiges Merkmal der aufkommenden NS-Herrschaft war, dass nun neben die gewachsenen Verwaltungsstrukturen in Kommunen, Kreisen und Bezirken Partei-Strukturen gestellt wurden, die nicht nur mitsprechen, sondern auch mitentscheiden konnten und vielfach die Entscheidungsprozesse auch dominieren wollten. Dieses Phänomen wurde in der Forschung „Doppelstaat" oder „dualistische Führungsstruktur" genannt.[11]

Manches lief jedoch in Württemberg etwas anders als in den anderen deutschen Ländern. So konstatiert Paul Sauer (1931-2010) einen noch bestehenden Rückhalt der kommunalen Beamten aufgrund des Wirkens von Innenminister

---

[6] StAL E 180 II Bü 483, S. 104.
[7] StAL EL 902-4 Bü 763, S. 8 a (laut Georg Kraut „…gegen erheblichen Widerstand in der Partei…"); laut Angaben seines Anwalts Dr. Lederer im Entnazifizierungsverfahren geschah der Eintritt hingegen „etwa am 1.5.1933" (Staatsarchiv Ludwigsburg, StAL EL 902-4 Bü 763, S. 47).
[8] StAL EL 902-4 Bü 763, S. 80.
[9] Hier und im Folgenden: Sauer, Paul: Auf- und Ausbau des Herrschaftssystems; Kommunalverwaltung und Partei, in: Schwarzmaier, Hansmartin/ Schaab, Meinrad/ Sauer, Paul/ Taddey, Gerhard (Hg.): Handbuch der baden-württembergischen Geschichte, Vierter Band, S. 249 ff., Stuttgart 2004.
[10] Ruck, Michael: Die Verwaltung in Baden und Württemberg unter dem Nationalsozialismus, in: Regionale Eliten zwischen Diktatur und Demokratie, hg. von Cornelia Rauh-Kühne und Michael Ruck, München 1993.
[11] Vgl. Fraenkel, Ernst: Der Doppelstaat, Recht und Justiz im Dritten Reich, Frankfurt a. M. 1984; Matzerath, Horst: Nationalsozialismus und kommunale Selbstverwaltung, Stuttgart 1970.

Schmid, „der ein ‚Hineinregieren' von Parteistellen in seinen nachgeordneten Bereich nicht zulassen wollte". Außerdem herrschte, so Sauer, in Württemberg ein ausgeprägter Korpsgeist der gut geschulten Fachbeamten in der Verwaltung[12], die in den nun auftretenden Nazi-Funktionären auf Orts- und Gau-Ebene vielfach Dilettanten am Werke sahen.

Wohin die Reise gehen sollte, wurde den kommunalen Führungskräften allerdings schon sehr bald und in aller Deutlichkeit vermittelt. Ein sehr aufschlussreiches Dokument in dieser Hinsicht stellt die Rede des Staatsrats und überzeugten Nationalsozialisten Karl Wilhelm Waldmann[13] (1889-1969) dar, die dieser auf der außerordentlichen Landesversammlung des „Vereins der Württembergischen Verwaltungsbeamten" vor Ortsvorstehern am 18. Juni 1933 hielt.[14]

Waldmann nahm in dieser Rede, die das neue Ortsvorstehergesetz zum Thema hatte und sich im sachlichen Teil im Wesentlichen um Versorgungsfragen drehte, kein Blatt vor den Mund. Einleitend führte er aus: *„Ich weiß sehr wohl, daß auch von Ihnen, meine Kollegen, in den letzten Jahren ein sehr großer Teil, vielleicht sogar die Mehrheit den Nationalsozialismus abgelehnt hat. Ich weiß, daß ein sehr beträchtlicher Teil direkt feindlich den neuen Gedanken gegenüberstand [...] Meine lieben Kollegen, diese Zeit ist vorbei. Die Beamten müssen sich mit der neuen Zeit abfinden, ob sie wollen oder nicht. Sie müssen heute das tun, was sie in all' den Jahren versäumt haben; sie müssen sich mit den Gedanken des Nationalsozialismus beschäftigen."*

Im Folgenden umreißt Waldmann sehr klar die Zielvorstellungen, mit denen sich die kommunalen Führungskräfte nun auseinanderzusetzen haben: *„Nun wird in unserem Staate der Beamte mehr als bisher der Repräsentant des Staates sein. Er muss deshalb [...] sein ganzes Leben, seine amtliche Tätigkeit sowohl als auch sein Privatleben darnach einrichten."*

Wie dieser Staat nach nationalsozialistischer Vorstellung auszusehen hat und welche Rolle hierbei den Beamten zukommt, führt Waldmann auf kurze und bündige Art vor Augen: *„Was sind eigentlich die wesentlichen Merkmale und Ziele des Nationalsozialismus? Zunächst das eine [...]: der Nationalsozialismus will den deutschen Menschen und die Form des Gemeinschaftslebens des deutschen Menschen voll und ganz erfassen. Er duldet niemand neben sich. Es herrscht das Totalitätsprinzip. [...] In der Folge wird es daher nicht nur zur Auflösung der Marxistenparteien, sondern auch zu einem Aufsaugen aller übrigen bürgerlichen Parteien kommen.*

---

[12] Sauer, op. cit., S. 251.
[13] Ausführlich zu Karl Wilhelm Waldmann siehe Roser, Anette: Beamter aus Berufung, in: Kißener, Michael/ Scholtyseck, Joachim (Hg): Die Führer der Provinz – NS-Biographien aus Baden und Württemberg, Konstanz 1997, S. 781 ff.
[14] Die Rede wurde unter dem Titel „Das neue Ortsvorstehergesetz" als Beilage der „Württembergische(n) Verwaltungszeitschrift" (1933) abgedruckt.

Wir gedenken weiter, dem deutschen Menschen das Denken in der Internationale jeder Schattierung und Prägung auszutreiben. Internationale sowohl im Sinne des Marxismus, Internationale aber genau so auch bei versuchten Bindungen des Geistes und bei den Bindungen des Kapitals und damit des Judentums […]. Der Kampf gilt in gleicher Weise dem Freimaurertum. Das merken Sie ja auch an den Fragebögen, die zur Ausfüllung hinausgegeben wurden. Es muss dem deutschen Menschen und namentlich der deutschen Beamtenschaft jede internationale Betätigung ausgetrieben werden. Auf der anderen Seite erstreben wir die Erziehung des deutschen Menschen zu einem fanatischen Nationalismus, nicht in der Art, wie es vielleicht bisher die sogenannten nationalen Kreise getan haben. Wir verstehen darunter ein fanatisches Bekenntnis zum Staat […]. Der Staat hat das Erstgeburtsrecht auf allen Gebieten. Der Staat nimmt für sich in Anspruch, führend zu sein und alle anderen Einrichtungen haben sich nach dem Bedürfnis des Staates und letzten Endes nach den Bedürfnissen des Volkes zu richten."

Dass auch die kommunale Verwaltung in Zukunft nicht mehr auf der Grundlage demokratischer Legitimation, sondern ebenfalls auf dem „Führerprinzip" stehen werde, machte Waldmann in folgender Passage deutlich: *„Dann komme ich zum Letzten: Das ist die Beseitigung des demokratisch-parlamentarischen Systems. Daß dieses schon weitgehend durchgeführt ist, wissen Sie alle aus Erfahrung. Es wird noch notwendig sein, alle die vielen Ausschüsse, Kommissionen usf. zu beseitigen. Alle […] hatten nur das eine Ziel, nämlich diejenigen, die eigentlich entscheidend sein sollten, von der Verantwortung zu befreien. Deshalb wollen wir bewußt jede Möglichkeit der Begünstigung der Verantwortungslosigkeit ausschalten und wollen bewußt das Führerprinzip mit höchster Verantwortung des Führers zum Durchbruch verhelfen."*

Waldmann gibt aber auch unumwunden zu, dass der NS-Staat auf die bisherigen Verwaltungsfachleute angewiesen ist: *„Es ist heute nicht möglich, in Deutschland 50000 Führer herauszustellen, es ist auch nicht möglich, in Württemberg 2000 herauszustellen. Ich denke dabei an die Ortsvorsteher, die heute in Amt und Würden sind. Wir können diese nicht alle ihrer Ämter entheben, darunter würde die Verwaltung leiden."*[15]

Jedoch oder gerade deswegen müsse man, so Waldmann, neben fachlicher Eignung im neuen Staat viel von den Beamten mit Führungsfunktion erwarten: *„Wir verlangen von ihm aber auch den fanatischen Willen zum vollen Einsatz seiner Person […] Wer nicht gewillt ist, sein eigenes Ich gegenüber dem Wohl des Volkes zurückzustellen, der soll es bleiben lassen, Beamter zu werden […].*

---

[15] Aufschlussreich und weiterführend in diesem Zusammenhang der Abschnitt „Die grundsätzlichen Ziele der nationalsozialistischen Beamtenpolitik" in: Mommsen, Hans: Beamtentum im Dritten Reich, Stuttgart 1966, S. 127 ff.; hier insbesondere auch S. 145: Ausführungen Hitlers über das Verhältnis von Staat und Partei auf der Reichsstatthalterkonferenz vom 01.11.1934.

Aber das Wesentliche ist der Charakter. In erster Linie ist zum Führertum ein einwandfreies Leben und Vorleben nötig. Erst wenn ein Beamter diese Voraussetzung erfüllt, dann wird er ganz von selbst getragen werden, von denen die er führen soll."

Um die praktische Umsetzung dessen, was von Staatssekretär Waldmann in dieser Rede angekündigt wurde, kümmerten sich ab Mitte der 1930er Jahre insbesondere die neu errichteten „Gauämter für Kommunalpolitik und für Beamte der NSDAP", die die Führungskräfte zu Schulungen, zum Beispiel nach Metzingen oder auf die Kapfenburg bei Aalen oder nach Kressbronn einluden.[16]

Natürlich machten sich auch alsbald die Ortsgruppen- und Kreisführer auf den Rathäusern bemerkbar. Ein Bürgermeister konnte sich fortan glücklich schätzen, wenn sich diese beiden Parteiebenen – aus persönlichen oder auch sachlichen Differenzen heraus – nicht gewogen waren und sich gegenseitig blockierten; dies eröffnete der Verwaltung dann unter Umständen gewisse Spielräume.

Ein wichtiges Datum für die Führungskräfte auf kommunaler Ebene war das schon am 7. April 1933 erlassene „Gesetz zur Wiederherstellung des Berufsbeamtentums", denn dieses gab den neuen Machthabern eine legale Möglichkeit, sich missliebiger Mitglieder der Verwaltungen, und zwar nicht nur an deren Spitze, zu entledigen. Darunter fielen in erster Linie Menschen jüdischen Glaubens, aber auch Mitglieder linker Parteien. Der sogenannte „Ariernachweis" wurde nun Voraussetzung, eine Position in der staatlichen Verwaltung zu besetzen.

Ebenfalls ein wichtiges Datum war die am 30. Januar 1935 erlassene „Deutsche Gemeindeordnung" (DGO), die die politische Autonomie der Gemeinden endgültig beseitigte. Paul Sauer fasst diesen Vorgang wie folgt zusammen: *„Nach der Deutschen Gemeindeordnung wurde das Selbstverwaltungsrecht der Gemeinden nicht nur an die Gesetze, sondern auch an die ‚Ziele der Staatsführung' (§ 1 Abs. 2 DGO) gebunden und damit deren Willen unterworfen. Der Einfluß der Partei wurde in Gestalt des Parteibeauftragten institutionalisiert, der weitgehende Mitwirkungsrechte gerade auch bei Personalentscheidungen erhielt. Der vom Staat ernannte – nicht mehr gewählte – Ortsvorsteher leitete fortan nach dem Führerprinzip die Verwaltung seiner Gemeinde ‚in voller und ausschließlicher Verantwortung' (§ 32 DGO). Die auf beratende Funktionen beschränkten Gemeinderäte wurden nicht mehr gewählt, sondern vom Beauftragten der NSDAP im Benehmen mit dem Bürgermeister auf sechs Jahre berufen. Eine nennenswert politische Funktion besaßen sie nicht mehr."*[17]

---

[16] Sauer, op. cit., S. 251.
[17] Sauer, op. cit., S. 249.

Weitermachen

Georg Kraut blieb, wie viele seiner Amtskollegen, auch nach der Machtergreifung und über das Jahr 1933 hinaus im Amt. Es war ein in Anbetracht der Tatsache, dass aus einer demokratischen Republik eine Diktatur wurde, nahezu geräuschloser Übergang.

Über die Hintergründe und persönlichen Motive Georg Krauts, weiter im Amt zu bleiben, gibt es aus den betreffenden Jahren keine schriftlichen Zeugnisse. Persönliche Dokumente wie Briefe, Tagebücher oder andere Notizen sind nicht verfügbar. Erst nach Ende des Entnazifizierungsverfahrens entstandene Dokumente[18] ergeben einigen Aufschluss.

Georg Kraut musste sich wie die allermeisten Funktionsträger in der Zeit des Nationalsozialismus der so genannten „Spruchkammer" stellen. Hierzu musste er sich Ende 1946 bzw. Anfang 1947 aus Konstanz in der französischen Besatzungszone, wo er zu diesem Zeitpunkt lebte, zurück nach Böblingen in die amerikanische Besatzungszone begeben. Hierbei ist anzumerken, dass die Amerikaner im Hinblick auf die Entnazifizierung deutlich konsequenter vorgingen als die Franzosen. Das mag der Hauptgrund gewesen sein, warum sich Georg Kraut mehrmals gegen eine Verlegung seines Verfahrens wehrte; in seinen Eingaben führte er jedoch an, dass es sehr aufwändig sei, von Konstanz nach Böblingen zu gelangen.

Manches lässt sich ergänzend auch aus Berichten erschließen, die Kraut in den Nachkriegsjahren für seinen Amtsnachfolger Wolfgang Brumme (1920–1999), verfasste, der 1948 nach zwei von den alliierten eingesetzten Amtsverwesern als erster demokratisch gewählter Bürgermeister seinen Dienst antrat.[19]

Bei den Entnazifizierungsverfahren ging es aus Sicht der Vorgeladenen – neben den moralischen Fragen der Verstrickung in ein verbrecherisches Regime, die bei den Betroffenen vielfach auf Abwehr stießen – um ganz vitale Interessen: Es drohten ihnen neben möglicher Geld- oder Freiheitsstrafen auch Kürzungen bei den Pensionsleistungen oder deren kompletter Entfall. Bei vielen Vorgeladenen ging es auch um Fortsetzung oder Ende der beruflichen Laufbahn. Daher bemühten sich – neben dem moralischen Motiv einer Zurückweisung jeder Schuld an Verbrechen – so gut wie alle Beschuldigten darum, in dem 5-stufigen Modell vom Status des „Hauptschuldigen" oder des „Belasteten" auf den Status des „Minderbelasteten", des „Mitläufers" oder gar des „Entlasteten" heruntergestuft zu werden. Vor der Spruchkammer plädierte die Anklage entsprechend

---
[18] StAL EL 902-4 Bü 763.
[19] StABB F 6 Nr. 147.

dem Rang Georg Krauts als Bürgermeister auf „Belasteter", also die zweithöchste Stufe.[20]

Wie Georg Kraut, dem ein Entzug der Pensionsleistungen drohte, in seinen Einlassungen vor der Spruchkammer immer wieder betonte, sei es ihm zum Zeitpunkt der nationalsozialistischen Machtergreifung darum gegangen, verschiedene von ihm begonnene kommunale Projekte zu einem guten Ende zu bringen. Das war allerdings ein Standardargument. Es sollte herausstreichen, dass es einem Berufsbeamten wie ihm bei der täglichen Verwaltungsarbeit allein und streng um Sachlichkeit gegangen sei.

Doch es kam, wie Kraut darstellte, selbst oder gerade auf der sachlichen Ebene laufend zu Reibungen, ja heftigen Auseinandersetzungen mit den Parteiorganen und ihren jeweiligen Führern oder den durch diese bestellten Beigeordneten. Dies sollte als Beleg für seine Nonkonformität mit dem Nazi-Regime gegenüber ausgelegt werden.

Die von Georg Kraut genannten Fälle können in den Quellen tatsächlich nachvollzogen werden. Neben einigen anderen, kleineren Vorhaben war der geplante Bau eines Freibades besonders gravierend. Mit diesem Projekt hatte sich Georg Kraut schon vor dem Jahr 1933 beschäftigt. Da er die finanzielle Lage der damals eher ärmlichen Stadt nur zu gut kannte, plädierte Kraut für eine sparsame Lösung, die in Zusammenarbeit mit der Nachbarstadt Sindelfingen zu realisieren sei. Die nationalsozialistische Parteibürokratie wollte jedoch für Böblingen ein eigenes Freibad mit großer Sportanlage errichten, aus Krauts Sicht ein viel zu teures Vorhaben.

Eine beredte Quelle hierfür ist das Protokoll einer Sitzung am 14. Juli 1937 mit den so genannten „Ratsherren", einem anstelle des bisherigen Gemeinderats installierten, nicht demokratisch gewählten und aufgrund des auch auf kommunaler Ebene praktizierten „Führerprinzips" nicht stimmberechtigten Gremium. Der Beigeordnete Karl Haas (1892-1947), vormals Böblinger NSDAP-Ortsgruppenleiter, fragt nach dem Stand der Dinge in Sachen Freibadbau. Georg Kraut weicht aus und verweist auf noch ausbleibende Gutachten sowie den Einspruch der Landesbauernschaft, da es sich beim zu erwerbenden Grundstück

---

[20] Dem oben erwähnten Karl Wilhelm Waldmann beispielsweise gelang es zwar, seine Rolle in der NS-Zeit vor der Spruchkammer kleinzureden. Waldmann, von seiner Haltung und Funktion her eindeutig ein „Hauptschuldiger", wurde zunächst bei Abschluss des Verfahrens als „Minderbelasteter" eingestuft und zu einem halben Jahr Haft auf Bewährung verurteilt; er ging in Berufung und wurde vor der Zentralspruchkammer Nord-Württemberg später sogar nur noch als „Mitläufer" eingestuft. Eine weitere Tätigkeit als Beamter blieb ihm allerdings versagt. Von 1948 bis 1950 war Waldmann als Angestellter beim Richard Boorberg Verlag tätig. Dieser Verlag war und ist auf rechtswissenschaftliche Literatur, insbesondere auf die Herausgabe von Sammlungen von Verwaltungsvorschriften, spezialisiert und ist in vielen Rathäusern heute noch als Vertrieb eines Aktenplansystems bekannt. Nach 1950 ging Waldmann in Rente, er starb 1969 in Stuttgart.

um landwirtschaftlich genutzte Flächen handelt. Haas verweist auf die Dringlichkeit des Projekts. Kraut attackiert im Verlauf der Diskussion den Beigeordneten mit der Bemerkung, er sei in der Freibad-Frage „umgefallen", außerdem seien er und der zweite Beigeordnete Ruoff „gekauft". Daraufhin verlässt Haas den Sitzungssaal, eine Entschließung kommt nicht zustande.[21]

Georg Kraut geht vor der Spruchkammer noch näher auf dieses strittige Vorhaben ein und berichtet, dass er, insbesondere durch den Beigeordneten Wilhelm Heinrich Ruoff (1890-1977), massiv unter Druck gesetzt worden sei. Dieser habe ihn in seinem Amtszimmer aufgesucht und gefordert, in der Freibadfrage endlich nachzugeben. Er habe daraufhin geantwortet, dass er lieber „freiwillig" vom Amt zurücktrete[22], als in einer Sache, die er für unvernünftig und schädlich für die Stadt halte, nachzugeben. Auch bei anderer Gelegenheit sei ihm signalisiert worden, dass „die Partei mit mir unzufrieden sei".[23] Georg Krauts Anwalt Dr. Paul Lederer (1903-?) aus Stuttgart führte als weiteren Beleg für die Schwierigkeiten, die sein Mandant mit den NSDAP-Stellen hatte, ein Schreiben des NSDAP-Kreisleiters Ernst Krohmer (1905-1940) vom September 1937 an, in welchem dieser konstatiert, dass Bürgermeister Kraut stets gegen die Partei gearbeitet habe, sich diese daher in Böblingen nur schlecht entwickeln konnte.[24]

Die Entnazifizierungsunterlagen zeigen ansonsten ein uneinheitliches Bild. Verschiedene von der Spruchkammer geladene Zeugen sagen aus, dass sich Georg Kraut im privaten Umgang stets von der NSDAP distanziert habe. Außerdem habe er 1935 an der Beerdigung des jüdischen Unternehmers und Böblinger Ehrenbürgers Lyon Sussmann (1843-1935) teilgenommen, wenn auch privat und nicht als städtischer Amtsträger, was ihm, wie eine Zeugin aussagte, dennoch einigen Ärger eingebracht habe.[25] Der Böblinger Bürgermeister Richard Müller (1880-1963) und Landrat Dr. Georg Hengstberger (1884-1952) – beide waren zum Zeitpunkt des Spruchkammerverfahrens nicht gewählte, sondern von den Alliierten eingesetzte Amtsträger – zeichnen Georg Kraut in ihren Stellungnahmen als „fleißigen und befähigten Bürgermeister von demokratischer Gesinnung", der sich als „tüchtiger, erfahrener u. pflichtbewusster Beamter gezeigt" habe.[26]

Namentlich nicht mehr identifizierbare Vertreter der wieder zugelassenen SPD hingegen sehen in Georg Kraut hingegen einen Opportunisten. Dieser habe ursprünglich durchaus eine demokratische Gesinnung gehabt, sei aber schon bald nach der Machtergreifung in die NSDAP eingetreten. Er habe sich als „eifriger Verfechter der Nazis" erwiesen und sei „am Gängelband des Kreisleiters

---

[21] Stadtgemeinde Böblingen, Auszug aus der Niederschrift über die Beratungen des Bürgermeisters mit den Ratsherren und über Entschließungen des Bürgermeisters vom 14.07.1937.
[22] StAL EL 902-4 Bü 763, S. 8 a.
[23] ebd.
[24] StAL EL 902-4 Bü 763, S. 49.
[25] StAL EL 902-4 Bü 763, S. 83.
[26] StAL EL 902-4 Bü 763, S. 4 f.

Luib" gegangen – zwei Aussagen, die allerdings nicht widerspruchsfrei formuliert sind.[27] Der Ortsvorsitzende der SPD, Karl Wilhelm Fink (1880-1950), hingegen bestätigte zumindest, dass Georg Kraut als Bürgermeister niemals von seinen Beamten oder Angestellten verlangt oder Druck ausgeübt habe, der NSDAP beizutreten.[28] Das Spruchkammerverfahren gegen Georg Kraut, der, wie erwähnt, eingangs als „Belasteter" eingestuft worden war, endete schließlich mit der Entscheidung „Mitläufer".[29]

Zwischen Anpassung und Resistenzverhalten – die Funktionseliten auf kommunaler Ebene

Georg Kraut war einer von vielen. Er war einer der zahlreichen kommunalen Beamten bzw. Verwaltungsfachleute der mittleren und unteren Ebene, die nach der sogenannten „Machtergreifung" nicht aus ihrem Amt gedrängt oder entlassen wurden. Welche Schuld am Gesamtgeschehen des verbrecherischen nationalsozialistischen Regimes traf diese Gruppe, die nach dem Krieg lange Zeit im Schatten der obersten Machtebene blieb und für die sich die wissenschaftliche Geschichtsforschung erst gegen Ende des Jahrhunderts zu interessieren begann?

Was die neuen Machthaber von ihnen verlangten, konnte den Landräten, Ortsvorstehern und Amtsleitern nicht verborgen bleiben. Die oben zitierten Ausführungen von Karl Wilhelm Waldmann sprachen es offen und direkt aus. Und selbst wenn Georg Kraut oder einer der anderen Bürgermeister nicht an der erwähnten Landesversammlung teilgenommen haben sollte: das, was Waldmann zum Ausdruck brachte, musste jedem kommunalen Beamten auch auf anderem Wege sehr schnell deutlich geworden sein.

Cornelia Rauh-Kühne und Michael Ruck bringen es auf den Punkt, wenn sie auf die Frage eingehen, was das nationalsozialistische System trotz seiner abscheulichen Züge für viele Deutsche so lange Zeit akzeptabel gemacht hatte, warum *„[...] das überaus heterogene, ‚polykratische' Machtgebilde bis zur militärischen Niederlage durchzuhalten vermochte, ohne zuvor an der Dynamik seiner inneren Widersprüche zerbrochen zu sein. In diesem Zusammenhang sind die gesellschaftlichen Eliten von besonderem Interesse: Beamten, Juristen, Diplomaten und Militärs etwa, Wissenschaftler, Lehrer und Journalisten oder Ärzte, Unternehmer, Wirtschaftsmanager und Ingenieure. Denn offenkundig ermög-*

---

[27] StAL EL 902-4 Bü 763, S. 6. Gemeint ist Max Luib, bis 1934 Kreisleiter in Böblingen. Vgl. Strittmatter, Wolf-Ulrich: Max Luib, Oberstudiendirektor: „Der Lehrer des neuen Staates muss Offizier seiner Mannschaft sein", in: Proske, Wolfgang (Hg.): Täter Helfer Trittbrettfahrer, Bd. 4, NS-Belastete aus Oberschwaben, Gerstetten 2015, S. 169-182.

[28] StAL EL 902-4 Bü 763, S. 60 und S. 82.

[29] StAL EL 902-4 Bü 763, S. 91.

lichte erst die aktive Kooperation der ‚mittleren Gruppen spezialisierter Fachleute' in den verschiedenen staatlichen und gesellschaftlichen Bereichen die Unrechtsherrschaft der nationalsozialistischen Machtelite."[30]
Auf diese gesellschaftliche Elite, auch „Funktionselite" genannt, müsse, so fordern es Rauh-Kühne und Ruck Anfang der 1990er Jahre, die Forschung ihr Augenmerk richten, um den Herrschaftsalltag zur Zeit des „Dritten Reiches" zu begreifen.[31]

Kurz: Erst Führungskräfte bzw. Funktionsträger wie Georg Kraut machten es den Nationalsozialisten möglich, ab dem Jahr 1933 ihre Herrschaft zu etablieren und im nächsten Schritt ihr menschenverachtendes Programm in die Tat umzusetzen. Die mittlere und untere Ebene sorgte mit ihrem Fachwissen, mit ihrer Erfahrung und Routine und sicherlich auch mit ihrem in den Jahren vor 1933 gewonnenen Ansehen dafür, dass die kommunalen Verwaltungen unter dem Regiment der Nationalsozialisten weiterarbeiten konnten und so den Alltag im nationalsozialistischen Deutschland stabilisierten.

Rauh-Kühne und Ruck halten jedoch auch fest, dass die Formen der Kollaboration vielfältig waren, und führen weiter aus: *„Das Handeln dieser regionalen Eliten darf nicht losgelöst vom jeweiligen sozialen Kontext betrachtet werden. Und der war in seinen Widersprüchen durchaus ambivalent: einerseits verstärkte die weitreichende Akzeptanz der NS-Herrschaft traditionelle Verhaltensmuster ‚habitueller Konformität'; andererseits eröffnete die Fortexistenz gesellschaftlicher Bereiche, die nur unvollständig nationalsozialistischen Penetrationsversuchen erlagen, auch den Mitgliedern der Funktionseliten Chancen, sich den Verhaltenszumutungen des Regimes partiell zu entziehen."*[32]

Mitmachen und das Regime stützen einerseits, Resistenz zeigen gegen den NS-Apparat, seine Funktionsträger bzw. gegen bestimmte Maßnahmen oder Entscheidungen andererseits: Beides war möglich, oft auch bei ein und derselben

---

[30] Rau-Kühne, Cornelia/ Ruck, Michael: Einleitung zu: Regionale Eliten zwischen Diktatur und Demokratie, München 1993, S. 11; hier auch eine Definition des Begriffs „Funktionselite" in der Anmerkung.
[31] Schon knapp drei Jahrzehnte zuvor hatte Hans Mommsen in seiner umfangreichen einführenden Darstellung zur bereits angeführten Quellensammlung festgehalten: „Die staatliche Verwaltung ist ein grundlegendes Element geschichtlicher Kontinuität und – das gilt auch für das Dritte Reich – die Voraussetzung jeder dauerhaften inneren wie äußeren Machtentfaltung. Ohne die Leistung und Pflichterfüllung eines staatstreuen Beamtentums wären die beträchtlichen Anfangserfolge des Dritten Reiches wie seine relativ hohe innere Stabilität nicht erklärlich. Das Beamtentum bildet neben der Reichswehr den stärksten traditionalen und stabilisierenden Faktor im Herrschaftsgefüge des Dritten Reiches" (Mommsen, op. cit., S. 13). Mommsen verweist i. d. Z. insbesondere auf: Bracher, K.D./ Sauer, W./ Schulz, G.: Die nationalsozialistische Machtergreifung. Studien zur Errichtung des totalitären Herrschaftssystems in Deutschland 1933/34 (= Schriften des Instituts für Politische Wissenschaft, Bd. 14), Köln und Opladen 1960.
[32] Rauh-Kühne, Ruck, op. cit. S. 12.

Person, oft auch zu ein und derselben Zeit, manchmal auch bei ein und demselben sachlichen Vorgang.[33]

Schuld, ob individuell oder auch kollektiv, muss daher nicht daran ermessen werden, ob ein Funktionsträger im Rahmen seiner Amtstätigkeit etwas Verbrecherisches im Sinne der Ideologie bzw. des Programms des NS-Regimes getan hat, zum Beispiel indem er an der Verhaftung oder Verschleppung jüdischer Mitbürger beteiligt gewesen wäre oder diese vorangetrieben hätte; Georg Kraut hat sich nach allem, was wir wissen, nichts dergleichen zu Schulden kommen lassen. Sie kann aber auch daran ermessen werden, dass, trotz allem und unabsichtlich, ein Beitrag geleistet wurde zur Etablierung und Festigung der NS-Herrschaft.

Gerade in dieser Hinsicht mag das Beispiel des Georg Kraut typisch bzw. symptomatisch sein. Denn Georg Kraut war ein Opportunist und in diesem Sinne ein „Helfer", aber nach dem Bild, das sich aus den vorhandenen Quellen ergibt, kein brauner Karrierist.[34] Er erfüllte die Funktion des Bürgermeisters nach den neuen, vom NS-Staat aufgestellten Regeln, wich aber der Konfrontation in der Sache nicht aus und konnte, manchmal mit Härte und Sturheit, manchmal auch mit Gewitztheit den Parteibonzen auf Orts- und Kreisebene durchaus Paroli bieten. Kritik an den Nationalsozialisten in seiner Umgebung, die er – wie er später vor der Spruchkammer zu Protokoll gab – im privaten und vertrauten Rahmen deutlich äußerte, kam wenn, dann allein in sachlichem Zusammenhang. Jede Konfrontation auf ideologischer oder moralischer Ebene vermied er. Die Episode um das Begräbnis des jüdischen Unternehmers Lyon Sussmann mag eine bedeutsame Ausnahme sein.

Die Mitgliedschaft in einer Loge

Ein bemerkenswertes Detail im Zusammenhang mit dem Ende der Amtszeit von Georg Kraut ist der Umstand, dass dieser vor seiner Wahl zum Bürgermeister im Jahr 1919 wenige Jahre Mitglied der Stuttgarter Loge „Zur aufgehenden Sonne" war. Solche Logen standen bei den Nationalsozialisten unter dem generellen Verdacht der Freimaurerei, welche, wie schon die Passage aus der Rede Karl Wilhelm Waldmanns belegt, von den neuen Machthabern nicht toleriert wurde.[35]

---

[33] Diese Widersprüchlichkeit, ganz allgemein auf das Beamtentum bezogen, beschreibt Hans Mommsen wie folgt: „Das Beamtentum war daher im gleichen Maß Gegenspieler der nationalsozialistischen Führungsgruppe wie Vollstrecker ihrer Wünsche, die es in Gesetzesbefehle und geordnete Verwaltungsanweisungen zu übersetzen verstand und deren Durchführbarkeit und Effektivität dadurch erst möglich machte. (Mommsen, op. cit., S. 15).

[34] Erwin Funk schildert Georg Kraut vorsichtig so: „Stadtschultheiß Kraut neigte in seiner politischen Einstellung eher nach links. Das Hitlerregime sagte ihm offenbar nicht zu, und der ‚neuen Zeit' stand er ablehnend gegenüber. Er war vermutlich von der Partei vorläufig nur geduldet (…)" (Funk, op. cit., S. 100 f.)

[35] Aufschlussreich zum Thema Freimaurerlogen auch Mommsen, op. cit., S. 71, S. 169 und S. 187.

Im Zuge der Erbringung des so genannten „Ariernachweises" – auf der Grundlage des „Gesetzes zur Wiederherstellung des Berufsbeamtentums" vom 7. April 1933 ein Muss für jeden Beamten – hatte Georg Kraut auch die Mitgliedschaft in der Loge anzugeben; in der für den „Ariernachweis" erforderlichen sogenannten „Stammliste" war hierfür eine explizite Rubrik vorgesehen. Eine solche „Stammliste" musste Georg Kraut im Jahr 1937 auf den neuesten Stand bringen.[36]

Zudem hatte Hermann Göring (1893-1946) als Reichsinnenminister die Überprüfung der weltanschaulichen Zuverlässigkeit staatlicher Funktionsträger angeordnet, wobei auch die Mitgliedschaft in Freimaurerlogen im Fokus stand. Entsprechende Erlasse waren von den nachgeordneten Behörden an die Landratsämter versandt worden. Auch die Kreisleiter der NSDAP waren zur Stellungnahme aufgefordert worden. Der Reichsinnenminister war über etwaige Erkenntnisse zu unterrichten. Diesen Vorgang nahm der neue, wegen seiner Gewalttätigkeit auch in den eigenen Reihen gefürchtete NS-Kreisleiter Ernst Krohmer Krauts Logenmitgliedschaft zum Anlass, insbesondere in dem bereits weiter oben erwähnten Schreiben vom September 1937 an Ministerialabteilung für Bezirks- und Körperschaftsverwaltung die „politische Unzuverlässigkeit" des Böblinger Bürgermeisters festzuhalten, wozu er auch noch einige andere Begebenheiten aufzählte. Auch fehle ihm „jede Autorität sowohl bei seinen engen Mitarbeitern als auch bei der Bevölkerung".[37]

Wenige Wochen zuvor bemühte sich Landrat Otto Meditsch (1896-1976) in einem ebenfalls an die gleiche Ministerialabteilung für Bezirks- und Körperschaftverwaltung gerichteten Schreiben aus gleichem Anlass um ein differenzierteres Bild. Neben einem Lob für Georg Krauts Tüchtigkeit verteidigt er den Böblinger Bürgermeister: *„Wenn er in Böblingen trotzdem nicht die Autorität besitzt, die er seinen Leistungen und seiner Stellung nach haben sollte, so rührt dies (...) daher, dass er keine Persönlichkeit ist, die durch sicheres und gewandtes Auftreten Eindruck zu machen und sich Respekt zu verschaffen vermag; (...) Politisch steht Bürgermeister Kraut m. E. heute durchaus auf dem Boden des nationalsozialistischen Staates. (...) Ich glaube daher, dass ihm trotz seiner früheren Zugehörigkeit zu der Freimaurerloge, die ja nun lange Zeit zurückliegt und nur von kurzer Dauer war, die Bearbeitung von Personalangelegenheiten belassen werden kann, zumal er voraussichtlich, wie bereits berichtet, in nächster Zeit in den Ruhestand eintreten wird."*[38] Dem Landrat schien es offensichtlich darauf anzukommen, dass das sich abzeichnende Ende der Amtszeit von Georg Kraut möglichst ruhig über die Bühne ging.

1937 scheint insgesamt ein signifikantes Jahr im Hinblick auf ein Anziehen der Zügel durch die nationalsozialistischen Machthaber gewesen zu sein: So stellte

---

[36] StABB A13 Nr. 1 (unterschrieben von Georg Kraut mit Datum vom 20.08.1937).
[37] StABB A13 Nr. 1 (Schreiben vom 24.09.1937).
[38] StABB A13 Nr. 1 (Schreiben vom 06.08.1937).

Roser fest, dass – nachdem im Zuge der Machtergreifung im Jahr 1933 eine ganze Reihe von Ortsvorstehern ihr Amt aufgeben mussten – die NS-Personalpolitik bis Mitte der 30er Jahr recht ruhig verlaufen sei; erst ab Mai 1937 zeichnete, so Roser, „ein plötzliches Wiederaufflammen des Personalrevirements ab". Die zu verzeichnenden Amtsenthebungen seien aber nicht allein auf die fehlende Parteimitgliedschaft der Amtsinhaber zurückzuführen gewesen; auch einige Bürgermeister mit NSDAP-Parteibuch verloren ihre Posten.[39] Die Mitgliedschaft in einer Freimaurerloge bot also willkommene Gelegenheit, gegen einen unliebsamen Amtsträger vorzugehen.

Eine Bemerkung im erwähnten Schreiben des Kreisleiters Krohmer deutet im Übrigen darauf hin, warum im Jahr 1937 der Druck auf Funktionsträger zunahm: „Nach all dem Vorgefallenen kann nicht angenommen werden, dass sich Bm. Kraut auch in Zeiten der Not und Gefahr für den nat.soz. Staat einsetzen wird."[40] Offensichtlich rechnete man in nationalsozialistischen Führungskreisen schon mit einem bald beginnenden Krieg.

Ende der Amtszeit und Abschied von Böblingen

Vier Jahre versah Georg Kraut seinen Dienst als Bürgermeister von Böblingen unter dem nationalsozialistischen Regime, vier Jahre, in denen es immer wieder zu kleineren oder größeren Auseinandersetzungen mit den nationalsozialistischen Kadern kam.

Georg Kraut scheint nach einer Zeit des Abwartens – möglicherweise entsprechend der verbreiteten Haltung einiger Deutscher, die hofften, dass es unter den Nationalsozialisten so schlimm nicht kommen werde, dass diese sich mäßigen würden – einen für sein Ausscheiden aus dem Dienst auskömmlichen Weg gesucht zu haben. Eine ernste Erkrankung, wegen der er zuvor schon einen Erholungsurlaub beantragt und erhalten hatte, lieferte den Grund für ihn, sich zum 1. November des Jahres 1937 im Alter von 60 Jahren vorzeitig in den Ruhestand verabschieden zu können.

In diesem Jahr hatten sich auch einige Konflikte, darunter die oben skizzierte Freibad-Frage, zugespitzt. Den nationalsozialistischen Funktionären schien es daher sehr recht zu sein, ihn per Vorruhestandslösung auf geräuschlose Art los zu werden. Mit Dr. Otto Röhm (1902 - 1990)[41], zuvor Regierungsrat beim Oberamt in Göppingen, stand zudem ein Mann aus ihren Reihen parat, der das Amt ganz im Sinne der Partei übernehmen konnte, was dann im März 1938 auch

---

[39] Roser, op. cit., S. 153.
[40] StABB A13 Nr. 1 (Schreiben vom 24.09.1937).
[41] Zu Dr. Otto Röhm siehe den Beitrag von Dr. Christoph Florian in diesem Band, S. 386-397.

geschah.⁴² Zuvor schon war Dr. Röhm aufgrund der krankheitsbedingten Abwesenheit Georg Krauts zum kommissarischen Amtsverweser bestimmt worden.⁴³

Georg Kraut verließ mit seiner Ehefrau Mathilde Böblingen noch im selben Jahr. Nach einer Zwischenstation in Überlingen kaufte er sich ein Haus in Konstanz und lebte dort unauffällig und unbehelligt. Sein Böblinger Wohnhaus bot er seinem Nachfolger Dr. Röhm zum Kauf an, dem es aber nicht repräsentativ genug war. Gekauft hat es schließlich die Ehefrau des Kreisleiters Krohmer, allerdings, da sie aus wohlhabendem Hause stammte, mit eigenem und nicht mit dem Geld ihres Ehemannes.

Ob Georg Kraut privaten Kontakt zu Personen aus Böblingen hielt, ist nicht nachgewiesen. Eine Ausnahme ist der zu dem Maler Fritz Steisslinger (1891-1957), der ihn in seinem Auftrag im Jahr seines Ausscheidens aus dem Dienst porträtierte.⁴⁴

Den Entnazifizierungsakten ist zu entnehmen, dass er an seinem neuen Wohnort eine Funktion als „Blockwart" für das NSV übernahm. Im Jahr 1943 wurde er außerdem Mitglied bei den Deutschen Christen. Beides ist wohl ohne Druck von außen geschehen und zeigt daher zumindest eine gewisse Ambivalenz Georg Krauts gegenüber spezifisch nationalsozialistischen Institutionen. Außerdem gab Georg Kraut an, dass er neben der für kommunale Spitzenbeamte obligatorischen Mitgliedschaft in der NSDAP in seiner Zeit als Bürgermeister auch Mitglied des Reichsluftschutzbundes (ab 1934), der Nationalsozialistischen Volkswohlfahrt NSV (ab 1934) und Fördermitglied der SS (von 1935 bis 1939) war.⁴⁵ Seine schriftlich vorliegenden Erklärungen⁴⁶ zu diesen Punkten seiner Biographie entsprechen in Vielem dem, was seine Zeitgenossen, die vor der gleichen Situation standen, ebenfalls zu ihrer Verteidigung vorbrachten: die Mitgliedschaft sei erzwungen gewesen, man habe nur eine subalterne Rolle gespielt, man habe sich getäuscht oder täuschen lassen, man habe lediglich ideelle Zwecke verfolgt usw.

Georg Kraut konnte nach dem Krieg sein Konstanzer Haus, das durch die französische Besatzungsmacht requiriert worden war, erst 1954 wieder beziehen. Im Jahr 1955 starb er in Konstanz im Alter von 78 Jahren.

---

⁴² StAL E 180 II Bü 3708. Ausführlichere Schilderungen in: Hammerschmitt, op. cit., S. 350, und Conzelmann, op. cit., S. 52.
⁴³ StABB A13 Nr. 1 (siehe Schreiben vom 21.10.1937).
⁴⁴ Das Gemälde befindet sich heute in der Städtischen Galerie Böblingen.
⁴⁵ StAL EL 902-4 Bü 763, S. 1 und S. 2; auch festgehalten in der schriftlichen Eingabe des Anwalts Dr. Lederer vor der Spruchkammer, StAL EL 902-4 Bü 763, S. 50.
⁴⁶ StAL EL 902-4 Bü 763, S. 80 ff.

Gudrun Silberzahn-Jandt

Prof. Dr. Friedrich Mauz: T4-Gutachter

* 1. Mai 1900 in Esslingen
† 7. Juli 1979 in Münster

Psychiater, T4-Gutachter, Oberfeldarzt. 1933 SA, 1937 NSDAP, Professor für Psychiatrie und Neurologie, 1934-1945 in Marburg, Gießen, Kiel und Königsberg, ab 1953 in Münster. 09/1935-01/1939 Richter am Erbgesundheitsobergericht Kassel, 1947-1953 Leiter Psychiatrisches Krankenhaus Ochsenzoll in Hamburg-Langenhorn

Friedrich Mauz war sowohl als Sachverständiger an der Zwangssterilisation beteiligt als auch Mitwirkender in Erbgesundheitsgerichten. Zudem entschied er als Gutachter der Krankenmordaktion „T4", über das Leben von einer nicht bekannten Zahl von Anstaltsbewohnerinnen und –bewohnern. Als Experte war er eingeladen bei der Planung eines dann nicht umgesetzten „Euthanasie"-Gesetzes.[1]

Er kam als drittes von sechs Kindern des praktischen Arztes Dr. med. Immanuel Mauz am 1. Mai 1900 in Esslingen am Neckar zur Welt.[2] Die Erwartungen an ihn, Karriere zu machen, waren groß, hatte die Familie doch seit Generationen stets Ärzte, Apotheker, Pfarrer und Universitätstheologen hervorgebracht.[3] Dieses bildungsbürgerliche Karrieredenken hatte auch Friedrich Mauz, der sich in dem württembergischen Pietismus verwurzelt sah, als Lebensentwurf verinnerlicht. Er strebte nicht irgendeinen Posten, sondern ausschließlich den einer Leitungsfunktion an. Dabei diente er sich zur Erreichung dieses Zieles mehr und mehr dem NS-Regime an.

Friedrich Mauz trat nach der Elementarschule in Esslingen im September 1908 in das dortige Georgii-Gymnasium ein und schloss die schulische Laufbahn erfolgreich im Frühjahr 1918 mit dem Abitur ab. Aufgrund der Zeugnislisten zeigt sich ein Bild eines zunächst sehr guten und in den höheren Klassen als guten

---

[1] Die Arbeit bezieht sich auf: Schmuhl, Hans-Walter/Silberzahn-Jandt, Gudrun (2012): Friedrich Mauz - T4-Gutachter und Militärpsychiater. In: *Der Nervenarzt* 83 (3), S. 321–328. Silberzahn-Jandt, Gudrun (2015): Esslingen am Neckar im System von Zwangssterilisation und „Euthanasie" während des Nationalsozialismus. Strukturen - Orte - Biographien Ostfildern (Esslinger Studien Schriftenreihe, 24).
[2] StadtA Esslingen: FR 437, 438. Der Vater war in erster Ehe mit Bertha Julie Friederike Weiß verheiratet, die bereits nach zwei Jahren verstarb. Aus dieser Ehe ging ein Sohn hervor, Eberhard, der 1933 verunglückte. Mit seiner zweiten Frau Ida hatte Immanuel Mauz fünf Kinder; Friedrich war das zweite Kind dieser Ehe.
[3] Universitätsarchiv Tübingen (UAT): 308/45.

Schülers. Man kann ihn aber ebenso als unauffälligen Schüler beschreiben, da er weder durch einen Eintrag einer von besonderer Begabung oder der eines negativen Verhaltens auffiel. Mit ihm besuchte Wolfgang Mülberger als Sohn des Oberbürgermeisters die gleiche Klasse und in den letzten zwei Schuljahren als einziges Mädchen Else Kienle (1900-1970).[4] Sie wurde rasch Klassenbeste und durfte als Auszeichnung für ihre Leistungen daher die Abitursrede halten.

Direkt nach der Abiturprüfung am 31. Mai 1918 wurde Mauz zum Heeresdienst eingezogen, war Kanonier beim Württembergischen Feldregiment und an die Westfront[5] abkommandiert. Sein Regiment[6] war bei der zweiten Schlacht an der Marne mit dabei, bei der unter den deutschen Soldaten zigtausende Tote zu beklagen waren. Wie ihn das prägte, hat er in keinem der überlieferten Schriften formuliert.

Im Dezember 1918 nahm Friedrich Mauz, nachdem er sich zunächst bei der Philologischen Fakultät immatrikuliert hatte, das Studium der Medizin an der Universität Tübingen auf.[7] Bereits während seiner Schulzeit war er Mitglied der Verbindung des Georgii-Gymnasiums und trug dort den Namen „Spruch".[8] In Tübingen trat er wiederum einer Verbindung bei, der nicht schlagenden Virtembergia. Sein Studium schien zunächst jedoch zweitrangig zu sein. Denn angesichts der unruhigen revolutionären Situation in Württemberg und in den Nachbarländern schloss er sich als Freiwilliger dem 800 Mann starken Tübinger Studentenbataillon an. In dieser Funktion war er im April/Mai 1919 an der gewaltsamen Unterdrückung eines Generalstreiks in Stuttgart und an der Zerschlagung der bayerischen Räterepublik beteiligt. Im März/April 1920 war er erneut dabei, als das Tübinger Studentenbataillon mobilisiert wurde, um die Rote Ruhrarmee niederzuschlagen.[9] Der Prorektor der Universität München Friedrich von Müller (1858-1941) dankte am 21. Mai 1919 im Auftrag des Senats öffentlich für diesen Einsatz. Welche Motive Friedrich Mauz zu diesem Tun leiteten, ob es der Kampf gegen die Spartakisten[10] war, die Unmöglichkeit, das Kriegende und

---

[4] Sie studierte Medizin, avancierte zur vehementen Verfechterin einer veränderten Sexualethik, setzte sich gemeinsam mit Friedrich Wolf (1888-1953) in Stuttgart für die Abschaffung des § 218 ein und betrieb offensiv Sexualaufklärung. Vgl. Kienle, Else (1989): Frauen. Aus dem Tagebuch einer Ärztin. 2. Aufl.; [Nachdr. d. Ausg. Berlin, Kiepenheuer, 1932]; Steinecke, Verena (1992): Ich musste zuerst Rebellin werden. Trotz Bedrohung und Gefahr - das gute und wunderbare Leben der Ärztin Else Kienle; Stuttgart (1). Zur Bedeutung der Generation als Wahrnehmungsmuster siehe: Jureit, Ulrike/ Wildt, Michael (Hg.) (2005): Generationen. Zur Relevanz eines wissenschaftlichen Grundbegriffs, Hamburg(1).

[5] Rauh, Philipp (2013): Der Psychiater Friedrich Mauz (1900-1979)-Eine Hochschulkarriere im 20. Jahrhundert. In: Ferdinand, Ursula/Kröner, Hans-Peter/Mamali, Ioanna (Hg.): Medizinische Fakultäten in der deutschen Hochschullandschaft 1925-1950. Heidelberg: synchron, S. 232; UAT 258/12109; BArch Berlin, R 601/1824; PK H 0427.

[6] Neeff, Hermann (1925): Das 4. Württ. Feldartillerie-Reg. Nr. 65 im Weltkrieg. Unter Mitarbeit von Richard Sapper. Stuttgart, S. 35 (Die württembergischen Regimenter im Weltkrieg 1914 - 1918).

[7] UAT: 258/12109, Universitätsmatrikel 5/35, S. 506.

[8] Archiv des Georgii-Gymnasiums Esslingen: Anmeldungs- und Zeugnisliste der Jahre 1908-1918. Kommersbuch.

[9] UA Marburg (UAMa): Friedrich Mauz, Lebenslauf, o.D. (nach 1933); BArch PK H 0427.

[10] BArch: PK H 0427. Siehe hierzu vor allem: Schmid, Manfred (1988): Die Tübinger Studentenschaft nach dem Ersten Weltkrieg, Tübingen.

die Niederlage hinzunehmen oder ein in dieser Generation etabliertes „elitäres Sendungsbewusstsein",[11] ist nicht zu klären.

Mauz setzte 1920 sein Studium der Medizin in Tübingen mit Aufenthalten in Freiburg und Würzburg fort. In Tübingen hatte er sich für die Dauer eines Jahres bei dem jüdischen Bankier Weil einquartiert, was er nach 1945 als antinationalsozialistische Haltung überhöhte.[12] In den letzten beiden Semestern 1922/23 arbeitete Mauz zunächst als studentische Hilfskraft, dann als Hilfsassistent bei Prof. Robert Gaupp (1870-1953) und dessen Oberarzt Dr. Ernst Kretschmer (1888-1964) an der Universitätsklinik für Gemüts- und Nervenkranke in Tübingen. Beide Psychiater förderten Mauz weitere Karriere und beeinflussten in ihrer wissenschaftlichen Grundannahme, insbesondere der Konstitutionslehre, die von einem Zusammenhang des körperlichen Erscheinungsbildes und Charaktereigenschaften sowie Dispositionen zu psychiatrischen Erkrankungen und Vulnerabilität ausging, wesentlich sein wissenschaftliches Theorem.

Im Dezember 1923 legte Friedrich Mauz das medizinische Staatsexamen und die Promotionsprüfung ab - seine Dissertation „Über Schizophrenie mit pyknischem Körperbau"[13] wurde mit der Note „summa cum laude" bewertet. Wenige Tage nach der Promotion, auf dem Höhepunkt der Hyperinflation, heiratete der 23-jährige Doktor der Medizin die ein Jahr jüngere Emma Thürlings. 1925 kam sein erstes Kind, der Sohn Gerhard (1925-2003) zur Welt, der sich als Gerichtsreporter des „SPIEGEL" bei den „Auschwitzprozessen" einen Namen machen sollte. Wie die junge Familie in dieser ökonomisch sehr schwierigen Zeit wirtschaftlich dastand, ist nicht bekannt. Ohnehin schrieb Mauz in keinem seiner Lebensläufe über seine private Situation. Am 1. Juli 1924 erhielt Mauz wiederum eine Stelle bei Robert Gaupp an der Universitätsklinik Tübingen, zunächst als Volontär-, dann als Assistenzarzt. Im Juni 1926 folgte Mauz seinem anderen Förderer und Freund Ernst Kretschmer nach Marburg, wo dieser zum Ordinarius und Direktor der Psychiatrischen und Nervenklinik berufen worden war. In Marburg arbeitete Mauz zunächst als Assistenz-, dann als Oberarzt und habilitierte sich als gerade noch 27-jähriger am 10. März 1928 mit einer Arbeit über „Die Prognostik der endogenen Psychosen".[14]

Damit hatte Friedrich Mauz sehr rasch und überaus erfolgreich seine Karriere als Psychiater begonnen und es schien, als ob seine Mentoren und akademischen Lehrer Gaupp und Kretschmer, denen er auch privat eng verbunden war, dies weiter unterstützen könnten. Doch sein beruflicher Aufstieg kam ins Sto-

---

[11] Rauh 2013 (wie Anm. 5), S. 233 Philipp Rauh bezieht sich hierbei auf ein Gespräch mit der Enkelin Kattrin Mauz-Rudi.
[12] UAT: 258/12109; 308/45 Hier: Im undatierten - um 1946 verfassten - Lebenslauf für die Bewerbung in Tübingen.
[13] Mauz, Friedrich (1923): Über Schizophrenie mit pyknischem Körperbau. Ein Beitrag zur klinischen Diagnostik und Prognostik. Dissertation. Berlin.
[14] Mauz, Friedrich (1930): Die Prognostik der endogenen Psychosen, Leipzig.

cken. Gründe dafür lagen nicht allein in der Politik, sondern in seinen wissenschaftlichen Werken, die als zu schmal und als wenig originell galten. Da er zudem mit der Konstitutionsforschung und der Psychotherapie wissenschaftliche Grundmaximen vertrat, die seit der Machtübernahme der Nationalsozialisten wenig Beachtung fanden, war seine Expertise nicht mehr so gefragt wie noch Ende der 1920er Jahre. Die Rassenhygiene avancierte zur Leittheorie und damit auch die erbpsychiatrische Sicht auf Krankheitsentstehung. Auch sein Lehrer Kretschmer wurde massiv kritisiert, insbesondere auch wegen seines Werks „Geniale Menschen",[15] das einen Zusammenhang von Genialität für die Menschen erkannte, die Vorfahren verschiedenster Herkunft hatten.

Friedrich Mauz nahm durchaus wahr, dass sich seine Lage verschlechtert hatte. Als „ambitionierte(r) Realist"[16] positionierte er sich nun auch politisch. Dazu gehörte, dass er am 1. November 1933 in die SA eintrat[17] - im Sanitätssturm der SA stieg er zum Oberscharführer auf,[18] auch wenn er später vorgab, nur wenige Male in der SA Dienst getan zu haben und im Mai 1939 ausgetreten zu sein. Er unterzeichnete am 11. November 1933 das „Bekenntnis der Professoren an den deutschen Universitäten und Hochschulen zu Adolf Hitler und dem nationalsozialistischen Staat".[19] Am 1. Mai 1937 - nach Aufhebung der Aufnahmesperre - wurde Friedrich Mauz Mitglied der NSDAP.[20] In seinen Lebensläufen, die er für verschiedene Bewerbungen verfasste, nannte er nun im Gegensatz zu den vorherigen sein Engagement im Studentenbataillon und versuchte sich so als „Vorkämpfer der braunen Revolution"[21] darzustellen.

Mauz bewarb sich sehr breit auf verschiedene Professuren im gesamten Deutschen Reich. 1933 war er kurz als Ordinarius in Heidelberg im Gespräch, er zog aber gegen den Chefarzt Bethels, Dr. Carl Schneider (1891-1946), den Kürzeren. Die Heidelberger Fakultät lehnte ihn gleich von vornherein ab und fand es nicht einmal wert, sich weiter mit ihm und seinem Werk zu beschäftigen: Mit seinen wissenschaftlichen Arbeiten sei er kaum „hervorgetreten". Er versuche, anthropologische Fragen „mit solchen der Psychiatrie" zu verbinden, aber auch darin sei er „nicht ursprünglich", sondern bewege sich im Fahrwasser Kretschmers, und es sei „dabei auch nicht viel Neues herausgekommen", auch „seine Betätigung als praktischer Psychiater heben ihn nicht aus der Reihe vieler Anderer heraus."[22] Dass er in Heidelberg keine Berücksichtigung fand, war ein erster Rückschlag. Eigenen Angaben zufolge bemühte er sich daraufhin erneut ver-

---

[15] Kretschmer, Ernst (1929): Geniale Menschen, Berlin.
[16] Rauh 2013 (wie Anm. 5), S. 236.
[17] UAMa: Lebenslauf, o.D. - nach 1933.
[18] BArch: R 601/1824.
[19] UAH: H 352-10, Nr. 402. Spruchkammerentscheid vom 03.10.1946.
[20] BArch: R 601/1824.
[21] Rauh 2013 (wie Anm. 5), S. 236.
[22] UAH: H – III – 587 – 1, Schreiben des Dekans der Medizinischen Fakultät Heidelberg an Badisches Kultusministerium, 12.09.1933.

geblich in Hamburg um die leitende Stelle in der Nervenabteilung des Städtischen Krankenhauses Altona.[23] Trotz dieser erneuten Ablehnung verfolgte er weiterhin die universitäre Karriere und bewarb sich weiter in insgesamt neun Berufungsverfahren:[24]: Im November 1934 war er an der Universität Marburg zum nicht beamteten außerordentlichen Professor ernannt worden, doch sein Ziel war das des Ordinarius. Etwas anderes innerhalb der Universität war für ihn nicht erstrebenswert und hätte er als eigenes Versagen gewertet. Archivalien zu seinen erfolglosen Bewerbungen konnten gefunden werden zu der Berufung in Rostock, Nachfolge Max Rosenfeld (1871-1956) im Jahr 1936,[25] in Köln zu der Nachfolge Max De Crinis (1889-1945) 1938/39[26] und Würzburg Nachfolge Martin Reichardt (1874-1966) im Jahr 1939.[27] Auch Lehrstuhlvertretungen in Gießen im Sommersemester 1936 und in Kiel im Wintersemester 1937/38 mündeten nicht in eine Berufung. Wiederholt dachte Mauz, persönlich gekränkt, daran, die Universität zu verlassen ein privates Sanatorium zu erwerben und dies zu leiten. Doch diese Alternative verfolgte er nur als Gedankenspiel wusste er doch auch um die schwierige wirtschaftliche Situation solcher Kliniken.

Friedrich Mauz war ein Privatdozent, der auf Anerkennung in Form einer Professur aus war, dessen Chancen auf einen Lehrstuhl aber mit jeder Absage und nach ausschließlichen Vertretungsprofessuren immer mehr schwanden. Er bemühte sich nun mehr und mehr seine Vita durch politische Tätigkeit im Sinne eines politischen Opportunismus zu verändern. Bereits 1935 diente sich Mauz offensiv der NS-Erbgesundheitspolitik an. Während seiner Vertretung des Gießener Lehrstuhls stellte er in mindestens drei Fällen Anzeigen zur Sterilisation.[28] Zugleich beteiligte er sich als ärztlicher Gutachter an Verfahren nach dem „Gesetz zur Verhütung erbkranken Nachwuchses". Hierbei verfolgte er vor allem eine sehr differenzierte sehr exakte medizinische Diagnostik. Nach mindestens einwöchigem Aufenthalt der Klienten in der Gießener Klinik und eingehender Beobachtung mit anschließender Diagnose formulierte er seine Gutachten sehr differenziert. Bei einem an Krampfanfällen leidenden Mann zog er sogar Kriegstagebücher heran und resümierte für diesen Mann entlastend: „Ein Anlagemoment ist sicher vorhanden; ebenso sicher ist aber auch das exogene Moment. Welches von beiden ursächlich die Führung hatte, lässt sich nicht mehr entscheiden. Da es sich um einen 45-jährigen Mann handelt, dessen 48-jährige Ehefrau bereits die Wechseljahre erreicht hat und die außereheliche Fortpflanzungsgefahr gering ist, andererseits die exogene Schädigung einwandfrei im

---

[23] UAT: 308/45.
[24] HHStAW: Abt. 520 Me Nr. 569/46.
[25] UA Rostock: Med. Fak. 426.
[26] UA Köln: Zugang 67, 197. De Crinis spielte eine Rolle bei der Planungsphase der „Euthanasieaktion", Schmuhl, Hans-Walter (2015): Die Gesellschaft Deutscher Neurologen und Psychiater im Nationalsozialismus: Berlin/Heidelberg. Zu ihm und anderen Tätern: Klee, Ernst (2016): Personenlexikon zum Dritten Reich. Wer war was vor und nach 1945. Hamburg(2).
[27] BayHStA: MK 72463.
[28] HStAD: G 29 U Nr. 1137; G 29 U Nr. 138.

Kriegsdienst erlitten ist, neige ich persönlich zu der Annahme, die Unfruchtbarmachung abzulehnen."[29] Bei einer 20-jährigen Frau konnte Mauz „angeborenen Schwachsinn" ausschließen, vielmehr sei die Ursache ihres auffälligen Verhaltens eine im Alter von sechs Jahren durchgestandene Encephalitis. „Eine Fortpflanzung ist unter eugenischem Gesichtspunkt zwar wenig wünschenswert[,] doch sind die Bedingungen für eine Sterilisation nicht gegeben,"[30] lautete seine Stellungnahme. Bei einer dritten begutachteten Patientin führte die Untersuchung aufgrund des Urteils von Mauz einer „erbliche[n] Epilepsie im Sinne des Gesetzes zur Verhütung erbkranken Nachwuchses" zu einem Sterilisationsbeschluss.[31] Mauz ließ sich im Oktober 1935 bei einem Erbgesundheitsverfahren eines Mannes aus Esslingen in einem Gutachten aus, das maßgeblich zur Sterilisation führte, obgleich er diesen Mann „nie selbst ärztlich behandelt" und ihn lediglich ab und an gesehen hatte. Seine Argumentation baute er vor allem aus Kenntnissen über die Familie und die Konstitutionslehre auf, wobei die Heredität „in erster Linie manisch-depressives Irresein in schwerer und leichterer Form" aufweise und er bei dem Betroffenen ein verändertes Erscheinungs- und Gangbild festgestellt habe. Er „hatte früher ein volles Gesicht mit lebhaften Farben, jetzt ist es ein steiles, eingefallenes asthenisches Gesicht. Ich persönlich zweifele gerade auch auf Grund des Vergleichs zwischen früher und jetzt an der Diagnose Schizophrenie nicht."[32]

Von September 1935 bis Januar 1939 war Mauz, wie auch Ernst Kretschmer, als ärztlicher Beisitzer am Erbgesundheitsobergericht Kassel tätig. In dieser Eigenschaft nahm er an 18 Revisionsverhandlungen teil, in denen kein einziger Sterilisationsbeschluss aufgehoben wurde. Mitunter urteilte das Gericht unter seiner Beteiligung über drei Einsprüche an einem Vormittag.[33] Parallel dazu wirkte er als Gutachter in Sterilisationsverfahren in der Universitätsklinik Marburg in mindestens drei weiteren Fällen mit.[34]

Seine vermehrte politische Aktivität[35] fiel auf – wurde aber von dem Vertrauensdozenten des NS-Ärzte- und des Dozentenbundes der Marburger Medizinischen Fakultät Prof. Hans Fliege (1890-1976) kritisch bewertet. Fliege formulierte Zweifel an Mauz nationalsozialistischer Gesinnung. Er zähle „wegen seiner liberalistischen Haltung und völlig ablehnenden Einstellung der Bewegung gegenüber zu der Gruppe jüngerer Dozenten", die die NSDAP „ auf das schärfte bekämpft habe." Er entwickle aber jetzt „eine ganz auffallende Geschäftigkeit,

---

[29] HStAD: G 29 U Nr. 2150.
[30] HStAD: G 29 U Nr. 1434.
[31] HStAD: G 29 U Nr. 1121.
[32] StAL: FL 30/6 I Bü 987.
[33] HStAM: 279 Kassel.
[34] HStAM: 279 Kassel Nr. 112, Nr. 855, Nr. 80.
[35] UAHH: 352-10, Nr. 402. Spruchkammerentscheid vom 03.10.1946.

um Versäumtes nachzuholen."[36] Auch mit seinem wissenschaftlichen Werk versuchte Mauz, sich mit einem Konzept der Erbpsychiatrie dem nationalsozialistischen wissenschaftlichen mainstream anzunähern, indem er die Konstitutionslehre als biologisches Messinstrument zum Erkennen von „biologisch Minderwertigen" stilisierte. Mittels solcher Verfahren sei es möglich, „die saubere Trennung des biologisch Unerwünschten von dem biologisch Erwünschten"[37] durchzuführen. Mauz bemühte sich darum, mit einer derart gestalteten Verschärfung seines Konzeptes den Schulterschluss mit der Eugenik vorzunehmen.

Am 1. April 1939 wurde er mit der Vertretung des Lehrstuhls für Psychiatrie und Neurologie an der Universität Königsberg beauftragt. Ob es erneut bei einer Vertretung bleiben sollte, war zunächst ungewiss. Am 1. September 1939 wurde er zum außerordentlichen Professor ernannt[38], was jedoch noch nicht Sicherheit bedeutete, war er in einer ähnlichen Position doch schon in Marburg gewesen. Doch nun fand er mehr Anerkennung. 1940 wurde er Dekan[39] der medizinischen Fakultät der Albertina. Im Sommer 1940 ließ sich Mauz als T4-Gutachter berufen. Dies geschah in der von der „Reichsarbeitsgemeinschaft Heil- und Pflegeanstalten" für den 15. August 1940 in der Tiergartenstraße 4 in Berlin anberaumten Sitzung, in der der Göttinger Ordinarius Prof. Gottfried Ewald (1888-1963) vehementen Protest gegen die laufende „Euthanasie"-Aktion einlegte. Bei einer staatsanwaltschaftlichen Vernehmung 1948 stritt Mauz diesen Akt schlichtweg ab. Er behauptete, er sei in der Sitzungspause gegangen und nicht von der T4-Zentrale angeworben worden[40]. In einer erneuten späteren Ermittlung im Jahr 1960 räumte er ein, bis zum Ende der Sitzung geblieben und als Gutachter verpflichtet worden zu sein. Er betonte jedoch, er habe mitgemacht, um „zu retten, was zu retten" war. Seine Mitarbeit beschrieb er als marginal und gar widerständig: Er habe insgesamt nur eine Sendung mit etwa 25 Meldebögen erhalten, diese monatelang liegen gelassen und erst, nachdem er gemahnt worden sei, zurückgeschickt und sich dabei in allen Fällen gegen die „Euthanasie" ausgesprochen.[41] In der Mitarbeiterliste der T4-Zentrale ist seine Person mit dem Hinweis vermerkt, dass er vom 2. September 1940 bis zum 29. Januar 1941 als Gutachter tätig gewesen sei.[42] Indizien, dass er nur widerstrebend mitgemacht und das Verfahren verschleppt habe, finden sich in der inter-

---

[36] Universitätsarchiv Münster (UAM): 307 c. Nr. 555; Aumüller, Gerhard (Hg.) (2001): Die Marburger Medizinische Fakultät im "Dritten Reich". München (Academia Marburgensis, 8). S. 137–138.
[37] Mauz, Friedrich (1939): Grundsätzliches zum Psychopathiebegriff. In: *Zeitschrift für Psychiatrie* 113, S. 86–97, S. 93.
[38] BArch: R 601/1824. BArch: PK H 0427, Lebenslauf v. 05.07.1944; UA Münster Bestand 8, Nr. 8713. Melde- und Personalbogen 11.05.1953.
[39] Rauh 2013 (wie Anm. 5), S. 240.
[40] BArch: B 162/18133, Vernehmung durch Staatsanwalt Richter, 31.08.1948.
[41] BArch: B 162/18133, Vernehmung durch Staatsanwalt Zinnall, 10.08.1960.
[42] BArch: R 96/I, 1.

nen Korrespondenz der T4-Zentrale nicht - im Gegensatz etwa zu Werner Villinger (1887-1961).[43]

Im Oktober 1940 wurde er zu Stellungnahmen über ein künftiges „Gesetz über Sterbehilfe"[44] gefragt, was dafür spricht, dass er großes Vertrauen der T4-Zentrale genoss und seine Expertise geschätzt wurde. Seine Habilitationsschrift über die „Prognostik der endogenen Psychosen"[45] und auch seine neueren Publikationen werden dort bekannt gewesen sein. Es ist davon auszugehen, dass man sich Hinweise zur Differentialdiagnostik der Schizophrenien, die für die Formulierung der Selektionskriterien von Bedeutung sein könnten, erhoffte. Tatsächlich nahm Mauz zum § 4 des geplanten Gesetzes Stellung. Im Entwurf hieß es, dass Menschen mit „unheilbaren Geisteskrankheiten" grundsätzlich erst nach „zweijähriger Anstaltsbeobachtung" für eine Selektion zur „Euthanasie" durch einen staatlichen „Sachverständigenausschuss" in Frage kommen, dass aber nach Anhörung des „Sachverständigenausschusses" Ausnahmen von dieser Regel zulässig sein sollten. Mauz sprach sich nun dafür aus, „bei Schizophrenie grundsätzlich keine Ausnahmen" zuzulassen, zugleich aber die „Mindestfrist" bei Schizophrenen auf fünf Jahre heraufzusetzen.[46] Dieses Votum war insofern konsequent, als Mauz' klinische Studien an über 1.000 Schizophrenen eine Fülle von Abweichungen vom Kraepelinschen Prognoseschema aufgezeigt hatten. Mauz meldete sich nur zweimal zu Wort. Er stimmte für die Heraufsetzung der Mindestfrist der Anstaltsbeobachtung Schizophrener und bezog er noch einmal Stellung zu einem Passus der geplanten Ausführungsverordnung, die wohl für den Fall, dass ein todkranker Patient um Sterbehilfe bat, eine Eilfrist von 24 Stunden für das Begutachtungs- und Entscheidungsverfahren vorsah. Mauz sprach sich gegen eine solche Frist aus, „da der Wunsch nach Euthanasie bei Patienten und Angehörigen allmählich reife."[47]

In Königsberg hatte Mauz endlich einen Ort gefunden, an dem er Gestaltungsspielraum und Macht erhielt. Er stieg rasch die Karriereleiter nach oben. Am 1. September 1941 wurde er zum ordentlichen Professor.[48] Neben den Historikern der Königsberger Albertina, die mit ihrer nationalsozialistischen Ostraumforschung dem Regime ideologisch zuarbeiteten, galt die medizinische Fakultät im Vergleich als eine mit besonders scharfem nationalsozialistischem Profil.[49]

---

[43] Holtkamp, Martin (2002): Werner Villinger (1887-1961). Die Kontinuität des Minderwertigkeitsgedankens in der Jugend- und Sozialpsychiatrie. (Abhandlungen zur Geschichte der Medizin und der Naturwissenschaften); Schmuhl, Hans-Walter (2002): Zwischen vorauseilendem Gehorsam und halbherziger Verweigerung. In: *Der Nervenarzt* 73 (11), S. 1058–1063. DOI: 10.1007/s00115-002-1427-8.
[44] Benzenhöfer, Udo (2017): Entwürfe für ein NS-"Euthanasie"-Gesetz (1939/1940). Ulm(1): (Frankfurter Studien zur Geschichte und Ethik der Medizin, Neue Folge, Band 4).
[45] Eine Abschrift von Passagen dieses Buches finden sich in BArch: R 96/I, Nr. 14.
[46] BArch: R 96/I, 2 „Meinungsäußerungen zum Gesetz", o.D. (Oktober 1940), S. 11.
[47] Ebd.
[48] BArch: R 601/1824. BArch: PK H 0427, Lebenslauf v. 05.07.1944; UA Münster: Bestand 8, Nr. 8713. Melde- und Personalbogen 11.05.1953.
[49] Rauh 2013 (wie Anm. 5), S. 240.

Während des Zweiten Weltkriegs war Friedrich Mauz zunächst einer Sanitätsstaffel zugeteilt, die während des Polenfeldzugs in Preußisch Eylau stationiert war. Danach war er als Beratender Psychiater im Wehrkreis I Königsberg tätig – in dieser Funktion stieg er bis zum Oberfeldarzt der Reserve auf.[50] Friedrich Mauz fiel auch hier nicht besonders auf. In einem Bericht vom Januar 1940 vertrat er die Ansicht, „dass in Kriegszeiten minderwertige Typen sich nicht selbst überlassen werden dürfen, auch wenn sie aus der Wehrmacht entlassen" seien. „Was die zivile Überwachung von soziologisch minderwertigen Individuen anlangt", kommentierte der Beratende Psychiater beim Heeres-Sanitätsinspekteur, Oberstarzt Prof. Dr. Otto Wuth (1885-1946), mit leichter Ironie, „so weiß offenbar Prof. Dr. Mauz nicht, welche Maßnahmen von der Staatspolizei schon eingeleitet sind, dass es Sonderabteilungen des Feldheeres und des Ersatzheeres, dass es Strafgefangenenlager der Wehrmacht, der Justizbehörde und Konzentrationslager gibt." Auch Mauz' temperamentvolles Plädoyer gegen die „sanktionierten Bordelle" stieß auf wenig Gegenliebe.[51]

Während manche der Beratenden Psychiater zur Behandlung der psychogenen Reaktionen der Soldaten die neuartige Elektrokrampftherapie anwandten,[52] lehnte Mauz dies mit der Begründung ab, diese hinterlasse kein „Engramm",[53] es fehle also die, so seine Meinung, Erinnerung an die Tortur. Die Erinnerung an diese von Medizinern durchgeführte Gewaltmaßnahme sei aber wichtig, um diejenigen, die nur eine leichte Psychose hätten oder gar eine vortäuschten, zu erkennen und damit Heilung herbeizuführen, so Mauz. Er blieb ein Verfechter der Methode der suggestiven Faradisation und machte auch die Weiterentwicklung dieses Verfahrens durch Friedrich Panse (1899-1973) - das so genannte „Pansen" - nicht mit, obwohl dieses die Rate der Todesfälle deutlich senkte.[54] Verkürzt kann die Grundidee derart zusammengefasst werden: Die Faradisation sollte schlimmer sein als das Zurückkehren an die Front. Als der Leitende Arzt im Reservelazarett III Maraunenhof 1943 „stärkere elektrische Ströme" dazu benutzte, die „Vortäuschung von Krankheitszeichen festzustellen", belehrte Mauz zwar die ihm unterstellten Fachärzte, dass dies unzulässig sei; er stellte ihnen aber zugleich frei, „dass man gewissermaßen zusätzlich zur Illustration für den Richter noch eine Elektro-Suggestiv-Behandlung nach Feststellung einer Vortäuschung anwenden könnte". Dies brachte ihm eine scharfe Rüge von Oberstabsarzt Dr. Alfred Christukat (?-1954), dem Stellvertreter Wuths, ein. Die Erfahrung habe gezeigt, dass man die besten Therapieerfolge erziele, wenn „alle disziplinierenden und moralisierenden Maßnahmen weggelassen" würden. Da die Behandlung mit stärkeren Strömen „mit gewissen Schmerzen verbunden" sei, dürfe sie nur zu diagnostischen und therapeutischen Zwecken eingesetzt werden; man laufe Gefahr, dass sie von juristischer

---

[50] UAHH: 352-10, Nr. 402 Spruchkammerentscheid 03.10.1946.
[51] BArch: RH 12-23, 677, Bericht des Beratenden Psychiaters beim Heeres-Sanitätsinspekteur, 09.02.1940.
[52] Berger, Georg (1998): Die beratenden Psychiater des deutschen Heeres 1939 bis 1945, Frankfurt, S. 115.
[53] BArch: RH 12-23, 679. Sammelbericht Nr. 3, März 1943.
[54] Berger 1998 (wie Anm. 52), S. 11.

Seite verboten würde, „wenn man sie gleicherweise als eine Art inquisitorischer Foltermaßnahme zur Erzwingung eines Geständnisses benutzte."[55]

Am 1. Juni 1944 sorgte Mauz für die Evakuierung seiner Frau und der beiden Töchter aus Ostpreußen - sie kamen bei der befreundeten Familie Hayessen in Mittelhof bei Gensungen unter. Diese Familie wurde nach dem 20. Juli 1944 verhaftet, weil der Sohn Egbert Hayessen (1913-1944) am Attentat auf Hitler beteiligt war.[56] So sei auch die Familie Mauz in das Fadenkreuz des Sicherheitsdienstes geraten - auf diese Weise versuchte Mauz nach dem Krieg, sich in die Nähe des militärischen Widerstandes zu rücken. Dem steht freilich entgegen, dass er noch im Januar 1945 vom NS-Dozentenführer der Universität Tübingen als charakterlich und politisch „einwandfrei" bewertet wurde.[57]

Anfang Februar 1945 verließ Mauz mit einem Lazarettschiff das von der Roten Armee eingeschlossene Königsberg. Er wurde als beratender Psychiater zur Sanitätsabteilung Stuttgart und dann am 15. März 1945 zu einer Armee in Holland abkommandiert. Auf dem Weg besuchte er seine Familie in Mittelhof und geriet dort am Ostersamstag 1945 in amerikanische Gefangenschaft. Bis zu seiner Entlassung am 16. Februar 1946 leitete er ein Kriegsgefangenenlazarett in Südfrankreich.[58]

Mauz wollte sich auf nun freie Stellen als Psychiater bewerben und benötigte dazu den Abschluss des Spruchkammerverfahrens, weshalb er sich um einen frühen Termin bei der Spruchkammer Melsungen bemühte. Am 3. Oktober 1946 wurde Friedrich Mauz durch die Spruchkammer Melsungen in die Gruppe der Entlasteten eingeordnet. Die Spruchkammer konnte bei ihm jegliche Nähe zum Nationalsozialismus ausschließen, nicht einmal seine Parteimitgliedschaft wurde, wie in anderen solchen Verfahren üblich, als Mitläufertum gewertet. Er behauptete von sich selbst, er habe „Nachteile infolge meiner polit. Haltung" erfahren. Die Verteidigung im Spruchkammerverfahren nahm der exzellente Redner Mauz selbst vor und präsentierte „Persilscheine" von seinen Freunden und Förderern Gaupp und Kretschmer sowie von einem Pfarrer der Bekennenden Kirche, von einem Referenten bei der Spruchkammer Esslingen, einem seiner Schüler und seinem nach Amerika ausgewanderten Bruder. Die Kammer verzichtete auf Wunsch Mauz darauf, die Entlastungszeugen einzuladen - der dies mit der weiten Anreise begründet hatte - und schenkte allein den schriftlichen Erklärungen Glauben.

Gaupp attestierte schriftlich, Mauz habe „in seiner wissenschaftlichen Arbeit sich von den Irrlehren des Nationalsozialismus (Rassentheorien, Antisemitismus, Vernichtung lebensunwerten Lebens) so wenig beeinflussen lassen, wie

---

[55] BArch: RH 12-23, 668, Christukat an Mauz, 08.10.1943.
[56] UAT: 308/45, Lebensbeschreibung.
[57] UAT: 315/21, Dozentenführer Tübingen an Rektor, 06.01.1945.
[58] UAT: 308/45 Lebensbeschreibung; 315/21 Lebenslauf, o.D. 1950er Jahre.

sein damaliger (1933) Chef Ernst Kretschmer in Marburg."[59] Kretschmer bezeugte, dass Mauz jüdische Patienten behandelt habe, eine klar antinationalsozialistische Grundgesinnung gehabt habe und ihm, der oft angegriffen worden sei, loyal zur Seite gestanden sei. Nach einer Tätigkeit in den Sterilisationsverfahren wurde er nicht gefragt- daher gab er dazu auch nichts an. Ebenso verhielt er sich zu seiner Arbeit als T4-Gutachter oder seine Beratertätigkeit im Expertengremium zur Vorbereitung des „Euthanasiegesetzes". Mauz kam auch zugute, dass die Albertina zerstört war und möglicherweise belastende Akten unwiderbringbar vernichtet worden waren.

Er konnte sich in Sicherheit wiegen. Die Spruchkammer ging gänzlich auf Mauz´ stilisiertes Bild eines Widerständlers ein und bescheinigte, er habe „nach dem Maß seiner Kräfte aktiv durch Wort und Schrift Widerstand" geleistet. Somit konnte Mauz in der Bundesrepublik Deutschland schnell weiter Karriere machen. Er hatte jetzt bei Einstellungsverfahren den Bonus eines „Ostflüchtling[s]".[60] Da zudem ein Mangel an Bewerbern um frei werdende Lehrstühle herrschte, stiegen seine Chancen. Seine Ausrichtung auf anthropologische Fragestellungen und vor allem seine Spezialisierung auf die Psychotherapie eröffneten ihm beste Möglichkeiten und passten zu einer inhaltlichen Neuorientierung der Psychiatrie. Zunächst leitete er von 1947 bis 1953 das Psychiatrische Krankenhaus Ochsenzoll in Hamburg-Langenhorn. Anschließend wurde er Ordinarius an der Universitätsnervenklinik Münster, wo er blieb, auch als er 1958 einen Ruf an die Universität Tübingen erhielt. In Münster galt er als der renommierte Vertreter der Psychotherapie und er fand innerhalb seiner Fachdisziplin große Anerkennung.

1955 wurde er zum Mitglied der Deutschen Akademie der Naturforscher Leopoldina in Halle/Saale gewählt, 1956 zum Mitglied im Ärztlichen Sachverständigenrat für Fragen der Kriegsopferversorgung des Bundesarbeitsministeriums berufen. 1957/58 war Mauz Präsident der Deutschen Gesellschaft für Psychiatrie und Nervenheilkunde und der Allgemeinen Ärztlichen Gesellschaft für Psychotherapie und hatte in dieser Doppelfunktion den Vorsitz des gemeinsamen Kongresses in Bad Nauheim 1958 inne.[61] 1972 ernannte die Deutsche Gesellschaft für Psychiatrie und Nervenheilkunde Friedrich Mauz zum Ehrenmitglied. Er starb am 7. Juli 1979.

Mauz war es gelungen, obgleich nochmals 1960 gegen ihn wegen seiner Beteiligung bei den Krankenmorden ermittelt wurde, sich als Unbeteiligter zu stilisieren, sich neu zu konstruieren. Über Jahrzehnte hinweg wurde dieses Bild ge-

---

[59] HHStAW: Abt. 520 Me Nr. 569/46. Gutachterliche Äußerung vom 26.09.1946.
[60] Mamali, Ioanna (2011): Psychiatrische und Nervenklinik Münster. Anfänge der Universitätspsychiatrie in Westfalen zur Zeit des Nationalsozialismus. Münster: Universitäts- und Landesbibliothek der Westfälischen Wilhelms-Universität, S. 118.
[61] UAT: 315/21 Lebenslauf, o.D. 1950er Jahre.

wahrt, obgleich seine Tätigkeit als T4-Gutachter spätestens mit den Forschungen von Ernst Klee 1984[62] bekannt geworden war. Erst am 24. November 2011 erkannte die Deutsche Gesellschaft für Psychiatrie, Psychotherapie und Nervenheilkunde Mauz offiziell und an prominenter Stelle im Rahmen ihres Kongresses seine Ehrenmitgliedschaft ab. Und begründete: „Entsprechend der Satzung der DGPPN vom 26.11.2009 bekennt die Fachgesellschaft sich uneingeschränkt zu `ihrer besonderen Verantwortung um die Würde und Rechte der psychisch Kranken […], die ihr aus der Beteiligung ihrer Vorläuferorganisationen an den Verbrechen des Nationalsozialismus, massenhaften Krankenmorden und Zwangssterilisierungen erwachsen.´ Vor diesem Hintergrund ist ein Aberkennen der Ehrenmitgliedschaft für Personen, die uneingeschränkt dem nationalsozialistischen Staat und dessen menschenverachtender Vernichtungspolitik dienten, nicht nur geboten, sondern zwingend. Die Fachgesellschaft duldet keine Ehrenmitglieder in ihren Reihen, die in ihrem Denken und Handeln entschieden dem für die Formulierung der Satzung zugrundeliegenden Menschenbild widersprechen sowie die Würde des Menschen, und hier insbesondere der psychisch kranken Menschen, missachten."[63]

Friedrich Mauz war sicherlich keiner der ärztlichen Vordenker und Schrittmacher der NS-„Euthanasie". Er verband mit seinem Engagement keine sozialsanitäre Utopie oder den Plan zu einer grundlegenden Umgestaltung der praktischen Psychiatrie. Man gewinnt eher den Eindruck, dass hier ein Arzt und Wissenschaftler, der es nach vielen vergeblichen Versuchen auf einen Lehrstuhl geschafft hatte, aus Opportunismus mitmachte, um die einmal erreichte berufliche Stellung nicht zu gefährden und im System weiter und ungehindert an seiner Karriere zu arbeiten.

---

[62] Klee, Ernst (1986): Was sie taten, was sie wurden: Ärzte, Juristen und andere Beteiligte am Kranken- oder Judenmord: Frankfurt, S.169.
[63] http://www.dgppn.de/fileadmin/user_upload/_medien/dokumente/mitgliederversammlungen/mv2011/2011-11-24-beschluss-ehrenmitgliedschaften.pdf Zugriff am 10.05.2012.

Peter Poguntke
Dr. Elmar Michel: Wirtschaftslenker im besetzten Frankreich

* 16. Juni 1897 in Waiblingen
† 24. Juni 1977

Jurist, im Ersten Weltkrieg „vaterländischer Hilfsdienst" in Stuttgart, November 1923 Dienstantritt staatliche Innenverwaltung Württemberg, befristete Abstellung zum Reichswirtschaftsministerium, 1926 Heirat, 1928 feste Übernahme Reichswirtschaftsministerium, 1940 NSDAP, Mitgliedschaften in der NSV, RDB, NSRB, RLB, ab 1940 Leiter Wirtschafts- und später auch Verwaltungsabteilung beim Militärbefehlshaber Frankreich. 1945-1948 amerikanische Kriegsgefangenschaft, 1949 neuerliche Festnahme, Auslieferung nach Frankreich, nach Freispruch 1954 Ministerialdirektor im Bundeswirtschaftsministerium bis 1955, dann Wechsel in die freie Wirtschaft. Generaldirektor (Vorstandsvorsitzender) und später Aufsichtsratsvorsitzender Salamander AG in Kornwestheim, Vorstandsmitglied Bundesarbeitsgemeinschaft der Mittel- und Großbetriebe des Einzelhandels sowie im Arbeitskreis für verteidigungswirtschaftliche Fragen des DIHT

Der Historiker Bernhard Brunner (*1969) hat dem „Fall Dr. Elmar Michel" in seiner Arbeit „Der Frankreich-Komplex. Die nationalsozialistischen Verbrechen und die Justiz der Bundesrepublik Deutschland"[1] ein eigenes Kapitel gewidmet. Dies tat Brunner nicht, weil Michel explizit zahlreicher Kriegsverbrechen bezichtigt worden wäre, sondern weil sein Fall aus verschiedenen anderen Blickwinkeln als hochkomplex bezeichnet und sehr differenziert betrachtet werden muss. Michel, immerhin einer der ranghöchsten deutschen Beamten im besetzten Frankreich während des Zweiten Weltkriegs, wurde 1945 zwar von den Amerikanern festgenommen und trat als Zeuge beim Nürnberger Kriegsverbrecherprozess auf, wurde aber 1948 wieder aus der Haft entlassen und verließ sein Entnazifizierungsverfahren mit der Einstufung als „Entlasteter". 1949

---

[1] Brunner, Bernhard: Der Frankreich-Komplex. Die nationalsozialistischen Verbrechen in Frankreich und die Justiz der Bundesrepublik Deutschland, Göttingen 2004 (Bd. VI Moderne Zeit. Neuere Forschungen zur Gesellschafts- und Kulturgeschichte des 19. und 20. Jahrhunderts, hg. v. Ulrich, Herbert/Raphael, Lutz), S.111 ff.

wurde Michel erneut vom amerikanischen CIC[2] festgenommen und an Frankreich ausgeliefert. Ziel, so Brunner in seiner Untersuchung, sei es gewesen, ihm den Prozess wegen „wirtschaftlicher Ausplünderung" zu machen.[3] Ein Prozess, der den französischen Behörden für den ehemaligen Leiter Wirtschaft und Verwaltung beim Militärbefehlshaber Frankreich durchaus angemessen erschien. Zustandekommen sollte das für den März 1954 terminierte Verfahren jedoch nie. Dem Angeklagten wurde gestattet, bis zum Prozessbeginn nach Deutschland auszureisen; das Verfahren selbst wurde schließlich in seiner Abwesenheit geführt. Die französische „Direction de la justice militaire", die für solche Fälle zuständig war, hatte nicht nur der bundesdeutschen Vertretung in Paris signalisiert, dass ein Erscheinen Michels nicht erwartet werde, sondern auch die Anklagevertreter angewiesen, das Verfahren fallen zu lassen.[4] Es fand letztendlich dann doch statt und endete mit einem Freispruch. Dieser Schritt war nicht nur mit Rücksichtnahme auf die sich rapide verbessernden deutsch-französischen Beziehungen erfolgt,[5] sondern auch aus eigenem französischem Interesse. Ein Verfahren gegen den obersten deutschen Wirtschaftslenker im besetzten Frankreich hätte ja auch ein Schlaglicht auf die Kollaboration französischer Behörden und Firmen und vor allem des Marionettenregimes von Vichy unter Marschall Philippe Pétain (1856-1951) geworfen, das bis November 1942 den unbesetzt gebliebenen Teil Frankreichs regierte und dabei die deutschen Anweisungen eifrig ausführte.[6] Um die Person und Funktion Michels von 1940 bis 1944 beurteilen zu können, muss deshalb zunächst die Struktur der deutschen Besatzungsherrschaft betrachtet werden, insbesondere, was den Sektor der Wirtschaft betrifft.

Hitler zerstörte als Konsequenz aus seinem gewonnenen Westfeldzug 1940 zwar die territoriale Einheit Frankreichs, in dem er neben dem besetzten Landesteil das oben erwähnte Vichy-Frankreich bestehen ließ, setzte aber insgesamt mehr auf die Kooperationsbereitschaft bzw. Kollaboration der Franzosen als auf reine Repression. So wurde mit Frankreich als einzigem besiegtem Gegner ein Waffenstillstand abgeschlossen.[7] Für die nördliche und westliche Hälfte Frankreichs wurde dabei eine Militärverwaltung unter General Otto von Stülpnagel (1878-1948)[8] eingerichtet. Diese Dienststelle des Militärbefehlshabers

---

[2] Counter Intelligence Corps, *Spionageabwehrkorps* des Heeres der USA während des Zweiten Weltkriegs.
[3] Brunner 2004 (wie Anm. 1), S. 111.
[4] Brunner 2004 (wie Anm. 1), S. 113.
[5] Brunner, S. 113: Der außenpolitische Berater von Bundeskanzler Konrad Adenauer, Herbert Blankenhorn (1904-1991), 1938-1945 Mitglied der NSDAP, hatte sich wegen des Falls Michel sogar in einer Note an den französischen Hohen Kommissar in Deutschland, André Francois-Poncet (1887-1978) gewandt und einen möglichen Prozess als „Gefahr" für das Verhältnis zwischen Paris und Bonn bezeichnet.
[6] Brunner 2004 (wie Anm. 1), S. 113.
[7] Kundrus, Birthe: Krieg und Holocaust in Europa, München 2018, hg. v. Frei, Norbert: Die Deutschen und der Nationalismus (= Band 6), S. 119.
[8] Nicht zu verwechseln mit seinem Nachfolger General Carl-Heinrich von Stülpnagel (1886-1944), der später zu einem der Drahtzieher des militärischen Widerstands gegen Hitler wird. Sein Vorgänger trat

Frankreich (MBF) unterhielt eine Wirtschaftsabteilung, der die einseitige landwirtschaftliche und industrielle Ausrichtung des Landes auf deutsche Interessen sowie die Rekrutierung von Arbeitskräften oblag. Diese ökonomische Gleichschaltung war von Anfang an als Ausbeutung ausländischer Unternehmen und Ressourcen für das finanziell stets klamme Deutsche Reich gedacht,[9] sollte aber im Fall der westeuropäischen Staaten elegant verschleiert werden. „Unsere Tendenz geht nun dahin, die europäischen Staaten mit List, Tücke und vielleicht Gewalt dahin zu bringen, ihre Waren nach Deutschland zu verkaufen und ihre Salden, wenn sie entstehen, in Berlin stehen zu lassen", formulierte der Wirtschaftsministeriale Gustav Schlotterer (1906-1989) im Juni 1940 vor deutschen Unternehmensvertretern die offizielle Strategie.[10] In der Praxis sah dieses System so aus, dass alle Exporteure der besetzten Länder (bezieht sich ausschließlich auf Westeuropa) zwar prompt bezahlt wurden, aber nicht direkt von ihren deutschen Kunden, sondern von ihren eigenen nationalen Zentralbanken in den jeweils nationalen Währungen.[11] Seitens der Zentralbank wurde die dadurch entstehende deutsche Schuld dann auf dem jeweiligen deutschen Verrechnungskonto in Berlin verbucht. Fazit: Die deutschen Kunden erhielten ihre Waren, die französischen Hersteller ihr Geld, im eigentlichen Sinne beglichen wurden die Defizite aber nie.[12] Ende 1944 schuldete Deutschland auf diesem Wege bereits rund 8,5 Mrd. RM. Frankreich war damit der größte nationale Gläubiger des Reiches.[13]

Bevor Elmar Michel am 13. Juli 1940 das Amt des Leiters der Wirtschaftsabteilung beim MBF übernahm, hatte er eine erfolgreiche Laufbahn im höheren Beamtendienst absolviert. Der promovierte Jurist mit Studium an den Universitäten Hamburg und Tübingen hatte seine Karriere im November 1923 als Justizassessor in der Stellung eines stellvertretenden Amtmannes beim Oberamt Ludwigsburg begonnen.[14] Bereits rund ein halbes Jahr später eröffnete sich ihm mit der Erlaubnis zum zunächst befristeten Übertritt ins württembergische Innenministerium eine weiterführende berufliche Chance. Ausschlaggebend dafür war eine überaus positive Personalbeurteilung seiner bisherigen Behörde: „Dr. Michel arbeitet vorzüglich; er hat sich erstaunlich rasch zurecht gefunden und

---

1942 aus Protest gegen Hitlers Forderungen zurück, verstärkte Repressalien gegen die französische Zivilbevölkerung zu veranlassen, nachdem sich wegen der schlechten Versorgungslage im Land Widerstandsakte gegen die deutschen Besatzer gehäuft hatten.

[9] 1940/41 belief sich die von der Reichsschuldenverwaltung beurkundete Reichsschuld beispielsweise auf 86,0 Mrd. RM. Vgl. Statistisches Jahrbuch 1949, S. 555, zit. n. Blaich, Fritz: Wirtschaft und Rüstung im „Dritten Reich", Düsseldorf 1987, S. 117.

[10] Zit. n. Tooze, Adam: Ökonomie der Zerstörung. Die Geschichte der Wirtschaft im Nationalsozialismus, München 2007, S. 450. Zu Schlotterer vgl. Brunecker, Frank/ Rak, Christian: Dr. Gustav Schlotterer – Verbrecher oder Widerständler? In: Proske, Wolfgang (Hg.): Täter Helfer Trittbrettfahrer, Bd. 4: NS-Belastete aus Oberschwaben, Gerstetten 2015, S. 225-239.

[11] Tooze 2007 (wie Anm. 10), S. 450.

[12] Vgl. ebd.

[13] Ebd.

[14] BArch: R 3101/PA/388, Personalakten Dr. Elmar Michel 1923-1928.

hat dies neben seinem großen Fleiß und Eifer seiner außerordentlich guten Auffassungsgabe zu verdanken."[15] Von daher ist es nicht verwunderlich, dass Michel bereits im nächsten Jahr auf der Vorschlagsliste für die „Verwendung von Landesbeamten im Reichsdienst"[16] erschien. Gesucht wurden speziell Beamte für das Reichswirtschaftsministerium, wo Michel am 1. April 1925 – zunächst ebenfalls für ein halbes Jahr befristet – seinen Dienst antrat – bei gleichzeitiger Beförderung zum Regierungsassessor. Michels beruflicher Aufwärtstrend hielt auch in Berlin an: Im Juli 1925 – also knapp nach Ablauf der Befristung – beantragte der Reichswirtschaftsminister beim Innenressort in Stuttgart die „Verlängerung der Abstellung bis Ende März 1926" mit der Begründung, Michel werde „dringend benötigt".[17] Sieben Tage später schon erhielt er die „Genehmigung zur Übersiedelung nach Berlin".[18] Bereits zuvor hatte ihm sein bisheriger Dienstherr in Stuttgart für die Zeit seiner Tätigkeit in Berlin den Titel „Regierungsrat" verliehen. Der strebsame Jurist hinterließ auch in der Reichshauptstadt offensichtlich positive Eindrücke bei seinen Vorgesetzten. So wird der Personalreferent des Reichswirtschaftsministeriums in einer Aktennotiz mit folgenden Worten zitiert: „Er hat sich […] außerordentlich lobend über Regierungsrat Dr. Michel ausgesprochen."[19]

Das Endergebnis dieser positiven Beurteilung ließ nicht lange auf sich warten. Am 5. März 1928 wurde vom Reichspräsidenten Paul von Hindenburg (1847-1934) dem Vorschlag des Reichswirtschaftsministeriums stattgegeben, Michel eine soeben frei gewordene Stelle als „ständiges Mitglied im Hauptamt, Besoldungsgruppe A2a" zuzuweisen.[20] Michels Arbeitsschwerpunkt lag zunächst beim Reichsaufsichtsamt für Privatversicherung.[21] Auch in finanzieller Hinsicht begann sich der berufliche Aufstieg für Michel auszuzahlen. Eine Gehaltsanweisung vom Februar 1933 bescheinigt ihm ein Jahresgehalt von 9917 RM einschließlich Wohnungsgeldzuschuss (1584 RM), örtlichem Sonderzuschlag (213 RM), Ministerialzulage (1020 RM) sowie Kinderzuschlag für die 1928 geborene Tochter (120 RM). Allerdings waren von diesem Gehalt 21% abzuziehen, ein Schicksal, das damals jeden Beamten traf, der mehr als 6000 RM jährlich verdiente, und das auf den Gehaltskürzungsverordnungen der Reichsregierung

---

[15] Ebd. Beurteilung des Oberamts Ludwigsburg vom 26.02.1924.
[16] Ebd., Bl. 20, Schreiben des württembergischen Innenministeriums an das Reichsarbeits- u. Ernährungsministerium v. 26.01.1925, „Verwendung von Landesbeamten im Reichsdienst".
[17] Ebd. Bl. 33, Schreiben des Reichswirtschaftsministers an das württembergische Innenministerium vom 15.07.1925.
[18] Ebd., Bl. 44, Schreiben des Reichswirtschaftsministeriums an das württembergische Innenministerium vom 24.07.1925.
[19] Ebd., Bl. 53, Aktennotiz des württembergischen Innenministeriums vom 05.07.1927 über den Besuch des Personalreferenten des Reichwirtschaftsministeriums.
[20] Ebd., Bl. 64, Niederschriftenstelle des Reichsrates vom 05.03.1928, Az. B 1477.
[21] Ebd., Bl. 63, Schreiben des Reichswirtschaftsministers an Dr. Michel vom 27.03.1928. In diesem Zeitraum sind die Einzelblätter in Michels Personalakte jeweils dreimal beziffert, zweimal handschriftlich, einmal gestempelt; die Hinweise in diesem Text beziehen sich auf die jeweils erstgenannte – handschriftlich vermerkte – Zahl.

gründete, die mit dieser Deflationspolitik die Staatsverschuldung in Grenzen halten wollte.[22]

Die Machtübernahme der Nationalsozialisten am 30. Januar 1933 änderte nichts an der Laufbahn Michels. Die routinemäßige Überprüfung seiner Person im Zuge des „Gesetzes zur Wiederherstellung des Berufsbeamtentums" vom 7. April 1933 ergab für die neuen Machthaber keinen Grund der Beanstandung. Andere Beamte im Reichswirtschaftsministerium hatten aus unterschiedlichen Gründen nicht so viel Glück, wodurch für potenzielle Nachrücker Aufstiegsmöglichkeiten entstanden. Unter ihnen befand sich auch Michel, der mit Wirkung vom 1. April 1934 zum Oberregierungsrat befördert wurde.[23] An dieser Stelle muss vermerkt werden, dass Michel seinen Aufstieg weder einem frühen Beitritt zur NSDAP verdankte – ein Weg, den ab 1933 zahlreiche andere Staatsbedienstete einschlugen –, noch einer positiven Haltung gegenüber den Nazi-Machthabern in der Öffentlichkeit oder gar einem Engagement in einer Gliederung des NS-Parteiapparats. Ganz im Gegenteil: Bei seiner Ernennung zum Ministerialrat geriet die fehlende NSDAP-Mitgliedschaft Michel zum ausgesprochenen Nachteil. Mit Schreiben vom 4. März 1937 beschwerte sich die Dienststelle des „Stellvertreters des Führers" in Gestalt des späteren Leiters der Parteikanzlei, Martin Bormann (1900-1945),[24] über diesen Sachverhalt: „Wie Ihnen bekannt ist, können Ministerialräte nach Inkrafttreten des neuen deutschen Beamtengesetzes ab 1.7.1937 nicht mehr entfernt werden, es sei denn, dass ihre politische Zuverlässigkeit in Frage steht […]. Dr. Michel ist heute 40 Jahre alt, würde also noch 25 Jahre in Ihrem Ministerium verbleiben. Er gehört aber nicht der NSDAP als Mitglied an. Mit Rücksicht darauf, dass Michel aber von meinen Parteidienststellen nicht ungünstig beurteilt wird, gebe ich der beabsichtigten Ernennung […] meine Zustimmung, insbesondere aber auch im Hinblick darauf, dass Michel im Rahmen des Vierjahresplanes besonders wichtige Aufträge im Generalreferat für Rohstofffragen zu erfüllen hat."[25]

Michels hoch eingeschätzte fachliche Eignung für Wirtschaftsfragen dürfte denn wohl auch den Ausschlag dafür gegeben haben, dass er im Juli 1940 – kurz nach seinem NSDAP-Beitritt – zum Leiter der Wirtschaftsabteilung beim

---

[22] Ebd., Bl. 148, Auszahlungsanordnung des Reichswirtschaftsministers an die Reichshauptkasse zu Dr. Elmar Michel v. 21.02.1933. In diesem Zeitraum sind die Einzelblätter von Michels Personalakte nur einfach – gestempelt – beziffert. Zum Vergleich: Ein Reichstagsabgeordneter erhielt während der NS-Zeit etwa 6000 RM im Jahr (zit. n. Proske, Wolfgang: Albert Schüle: Mittelsmann zwischen Bauern und Nazis, S. 342-357, in: Proske, Wolfgang (Hg.): Täter Helfer Trittbrettfahrer, Bd. 8: NS-Belastete aus dem Norden des heutigen Baden-Württemberg, Gerstetten 2018, unter Berufung auf Friedmann, Jan/Frohn, Axel: Kassenbuch aus dem Dritten Reich, in „Der Spiegel", 06.12.2011.

[23] Ebd., Bl. 165, Schreiben des Reichswirtschaftsministers an Dr. Elmar Michel vom 23.04.1934.

[24] Bormann war zum damaligen Zeitraum als Stabsleiter in der Dienststelle von Rudolf Heß (1894-1987) tätig. Die Dienststelle mit seinerzeit rund 1500 Mitarbeitern beschäftigte sich damit, alle neuen Gesetze auf Übereinstimmung mit dem Nationalsozialismus sowie alle zur Ernennung zum höheren Beamten vorgesehenen Personen auf politische Zuverlässigkeit zu überprüfen.

[25] BArch, R 3101, Nr. 35408, Personalakte Dr. Elmar Michel, Bl. 203, Schreiben d. Dienststelle „Stellvertreter des Führers" an den Reichswirtschaftsminister vom 04.03.1940.

Militärbefehlshaber Frankreich berufen wurde.[26] Gleichwohl wurde Michel in seiner neuen Funktion von Anfang an mit dem größten Verbrechen der Nationalsozialisten konfrontiert, dem Holocaust, in diesem Fall als erstem Schritt der Ausschaltung der Juden im Wirtschaftsleben des besetzten Frankreich. Diese Maßnahmen sollten schnell und mit derselben grausamen Konsequenz umgesetzt werden wie in den 30er Jahren im Deutschen Reich, wie in einem Aktenvermerk der deutschen Militärverwaltung vom 14. Oktober 1940 über die Behandlung jüdischer Geschäfte betont wurde: „Darüber hinaus muss der Anlass wahrgenommen werden, um nach Möglichkeit überhaupt die starke Machtstellung der Juden in der französischen Wirtschaft zu beseitigen […]."[27] Die Begründung für diese Verordnung, die weit repressiver war als die vorangegangene: „Die Erste Verordnung über Juden berührt das wirtschaftliche Leben nur insofern, als jüdische Geschäfte gekennzeichnet werden müssen. Diese Maßnahme reicht nicht aus, um bei den Verhältnissen in Frankreich das wirtschaftliche Leben vom jüdischen Einfluss zu reinigen."[28] Über die Zielrichtung der antijüdischen Maßnahmen konnte also kein Zweifel bestehen, nicht einmal beim einfachen deutschen Landser, dem durch die Kennzeichnung ja angezeigt wurde, dass er in solchen Geschäften nicht mehr kaufen durfte.[29] Erst recht muss also den militärischen Befehlshabern und den zivilen Spitzenbeamten Deutschlands klar gewesen sein, dass die antisemitische Politik des Deutschen Reiches in vollem Umfang auf Frankreich übertragen werden würde, also soziale Isolierung, gesellschaftliche Ausgrenzung sowie ökonomische Entrechtung und Ausplünderung. Von Ghettoisierung, Deportation und physischer Vernichtung der jüdischen Bevölkerung im deutschen Machtbereich war zu diesem Zeitpunkt – Herbst 1940 – noch nicht die Rede.[30]

Elmar Michel hatte in die Entrechtung und Enteignung der Juden in Frankreich also auf Grund seiner Funktion von Anfang an zwangsläufig tiefen Einblick. Wie

---

[26] Zu einem ähnlichen Urteil kommt die Historikerin und Publizistin Rita Thalmann (1926-2013) in ihrem Buch „Gleichschaltung in Frankreich 1940-1944", Hamburg 1999, S. 28: „Dr. Elmar Michel verkörpert den Typ des Technokraten, dessen später Eintritt […] in die NSDAP mehr auf berufliche Ambitionen als auf politische Überzeugungen zurückgeht." Ab August 1942 leitete Michel in Personalunion auch die Verwaltungsabteilung, nachdem der Inhaber dieser Stelle, Dr. Werner Best (1903-1989), Jurist und SS-Obergruppenführer, nach Dänemark versetzt worden war.
[27] BArch: RW 35-3.6.1.3.1, Vermerk der deutschen Militärverwaltung vom 14.10.1940 zur Zweiten Verordnung über Maßnahmen gegen Juden vom 10.10.1940.
[28] Ebd.
[29] Ebd.
[30] Planmäßige Ermordungen und Deportationen von Juden begannen zwar bereits im besiegten Polen 1939 und erreichten nach dem Angriff auf die Sowjetunion einen ersten Höhepunkt, im Fall Frankreichs war aber zunächst ein anderer Plan in den Fokus der Nationalsozialisten gerückt. So sollten alle europäischen Juden auf die afrikanische Insel Madagaskar gebracht werden, die als französische Kolonie nun zur Verfügung stand – ein irrwitziger Plan, der trotzdem eine Ernstes wie einige Zeit verfolgt wurde. Größere Transporte von Juden aus Frankreich in Konzentrationslager im Osten setzten erst 1942 ein, vgl. Kundrus (wie Anm. 7), S. 263 f.; der Entschluss zur Ermordung der Juden dürfte nach dem derzeitigen Stand der Forschung aber bereits vor dem deutschen Einmarsch in die Sowjetunion gefallen sein, vgl. Kershaw, Ian: Hitler 1936-1945, München 2002, S. 686 f.

aus einer Aktennotiz des damaligen Oberbefehlshabers des Heeres, des Generalfeldmarschalls Walther von Brauchitsch (1881-1948),[31] hervorgeht, hatte der Jurist bei einer Konferenz im Pariser Hotel Ritz Bericht zu erstatten über „geplante Maßnahmen gegen jüdische Geschäfte im besetzten Frankreich".[32] Brauchitsch erwies sich als „auf der ganzen Linie einverstanden" mit dem Vortrag, bat aber um „Beschleunigung der Maßnahmen, da man nicht weiß, ob wir Deutsche in einigen Monaten noch in der Lage sind, die von uns für richtig gehaltenen Maßnahmen gegen die Juden hier in Frankreich durchzuführen oder durchzudrücken […]."[33] Worauf die Begründung des Hitler eng verbundenen Militärs genau abzielte, darüber kann nur gemutmaßt werden, da der Aktenvermerk keine weiteren Angaben dazu enthält. Festzuhalten bleibt, dass sich Michel zumindest zu diesem Zeitpunkt nicht als treibende Kraft in der Frage der Verdrängung der Juden profilierte. Er zeigte sich lediglich in der Rolle, die er während seiner ganzen bisherigen Laufbahn eingenommen hatte, als eifriger und beflissener Technokrat im deutschen Verwaltungsapparat, der Anweisungen ausführte, ohne sie zumindest öffentlich zu hinterfragen. Die Ausschaltung der Juden aus dem französischen Wirtschaftsleben beschäftigte Michels Abteilung durchgehend die ganzen Jahre hindurch bis zum Kriegsende in Europa. Aus dem Jahr 1942 beispielsweise datiert ein ausführlicher Schriftverkehr über „Judenfragen, besondere Schwierigkeiten bei der Arisierung von Unternehmen" mit dem Beauftragten des MBF für die „Entjudung der Wirtschaft" beim Generalkommissar für Judenfragen und mit französischen Regierungsstellen.[34] Darin ging es unter anderem um die sogenannte Nichtigkeitserklärung von Geschäften mit jüdischen Firmeninhabern in bestimmten Fällen, zum Beispiel, wenn deren Vermögenswerte nicht von ihnen selbst, sondern von kommissarischen Verwaltern veräußert wurden. Jüdischen Unternehmern, die ihre Geschäfte von sich aus verkauft hatten, sollte damit die Möglichkeit genommen werden, den realen Wert ihres Besitzes durch den Verkauf an Strohmänner zu bewahren. Solche Geschäfte konnten – übrigens auch auf der Basis französischer Gesetze, die im Sommer 1941 ergangen waren – auf dieser Grundlage für „nichtig" erklärt werden.[35] Die umfangreiche Korrespondenz der MBF-Wirtschaftsabteilung umfasst über die Jahre hinweg alle Aspekte der Kontrolle der französischen Wirtschaft und der Ausschaltung der Juden in diesem Sektor. Er

---

[31] Bis zur Einrichtung der MBF-Dienststelle kümmerte sich v. Brauchitsch um die Verwaltung im deutsch besetzten Frankreich.
[32] BArch: BW35/772/Standort 22, H 3 E6, Reihe 42, Regal 3, Gefach 3, Oberbefehlshaber des Heeres, Ref. Militärverwaltung über Frankreich, Kommandostab Ia, Aktennotiz d. Besprechung bei Generalfeldmarschall v. Brauchitsch vom 16.10.1940.
[33] Ebd.
[34] BArch: BW35/773/Standort 22, Magazin H 3 E6, Reihe 42, Regal 3, Gefach 3.
[35] Ebd., Schreiben des Generalkommissariats für Judenfragen an d. MBF z.Hd. v. Dr. Michel vom 11.03.1942.

enthält Einzelheiten zur Abwicklung des oben erwähnten deutsch-französischen Zahlungsverkehrs,[36] Bestimmungen für die Ernennung von Bevollmächtigten und Verwaltern des MBF[37] und immer wieder antijüdische Erlasse und Verordnungen. Sogar noch wenige Monate vor Kriegsende – Frankreich war längst von den Alliierten zurückerobert worden – ging der MBF-Stab seiner Tätigkeit nach. So führte der verbliebene sogenannte Reststab gegenüber einer Firma Roges Rohstoffhandels GmbH, Abwicklungsstelle Frankreich, in Potsdam Klage darüber, dass wegen des „Verkaufs von Silber und Schmuckgegenständen aus Vermögen ehemals deutscher, polnischer und tschechischer Juden in Frankreich" noch keine Endrechnung erstellt worden sei, was „die Abschlussarbeiten des Verwalters und die […] Abwicklungstätigkeit des Chefs der Militärverwaltung über Gebühr verzögert."[38] Selbst das Fehlen von vier Kisten der Abteilung Finanzen, die beim überstürzten deutschen Rückzug aus Paris verlorengegangen waren, wurde bemerkt. Der Inhalt dieser Kisten bestand neben Akten über das Vermögen von Juden aus Deutschland, Polen und dem westlichen Teil der Tschechoslowakei auch aus Schmuck, Devisen und weiteren Wertsachen.[39] Als Kriegsverbrecher im eigentlichen Sinne des Wortes profilierte sich Elmar Michel während dieser ganzen Zeit auf jeden Fall nicht. Bei der Zentralstelle Ludwigsburg ist er zumindest lediglich mit einem Erkennungsmarken-Verzeichnis registriert, das für diese Betrachtung irrelevant ist.[40]

Auch als heftiger Verfechter der nationalsozialistischen Weltanschauung trat Michel nie in Erscheinung. Gerade bei seinem vorletzten Vorgesetzten als MBF, Carl-Heinrich von Stülpnagel, stellt sich in diesem Zusammenhang die Frage, ob Stülpnagel ihn in diesem Fall nicht aus dem deutschen Machtzentrum in Paris entfernt hätte. Mag der General während seiner Zeit an der Ostfront als Befehlshaber der 17. Armee auch durchaus konform mit Hitlers Form der Kriegsführung im Osten gegangen sein, so baute er doch ab 1942 als MBF eines der drei Widerstandszentren in der Wehrmacht gegen Hitler auf, neben dem Stab des Ersatzheeres unter Oberst Claus Schenk Graf von Stauffenberg (1907-1944) und dem Stab der Heeresgruppe Mitte unter General Henning von Tresckow (1901-1944).

Im „Fall Michel" treffen sich somit mehrere Fragen der Erforschung der deutschen Zeitgeschichte: die nach Kontinuität und Diskontinuität beim Übergang

---

[36] BArch: RW 35/745/Standort 22, Magazin H3 E6, Reihe 42, Regal 3, Gefach 2, Bestimmung f.d. dt.-frz. Zahlungsverkehr vom 14.11.1940.
[37] BArch: RW35/715/Standort 22, Magazin H 3 E6, Reihe 42, Regal 3, Gefach 2, Ernennungen v. MBF-Bevollmächtigten u. kommissarischen Verwaltern f. Wirtschaftsbetriebe.
[38] BArch: RW 35/1192/Standort 22, Magazin H 3 E6, Reihe 42, Regal 2, Gefach 5, Schreiben d. MBF-Reststabes (Wi VIII) an Fa. Roges vom 18.01.1945.
[39] BArch: RW 351190/Standort 22, Magazin H 3 E6, Reihe 42, Regal 2, Gefach 5, Schreiben d. MBF-Reststabes (Wi VIII) an d. Wehrmacht-Transportleitung Mitte vom 12.01.1945.
[40] Anfrage d. Verf. an die Zentrale Forschungsstelle in Ludwigsburg v. 26.04.2018; die Spruchkammerakten Michels befinden sich im StA Ludwigsburg, EL 902/20 Spruchkammer 37 – Stuttgart Verfahrensakten – Bü. 80227.

von NS-Deutschland in die Bundesrepublik, die nach unbeabsichtigter Verstrickung in die Verbrechen der Nationalsozialisten sowie die nach persönlicher Schuld und Schuld durch die ausgeübte Funktion. Die Konsequenzen seines Handelns beim MBF müssen ihm als Spitzenbeamten bewusst gewesen sein und er hat dies nach dem derzeitigen Erkenntnisstand auch nie bestritten. Von Interesse muss daher sein, wie Michel die Geschehnisse vor 1945 später reflektierte. In der jüngeren Forschung wurde ausdrücklich auf die judenfeindliche Tendenz von Michels Vorkriegsarbeiten als Miturheber und Kommentator des Reichsrabattgesetzes und des „Gesetzes zum Schutz des nationalen Einzelhandels"[41] hingewiesen.[42] Michels Ausführungen entsprachen dabei zum Teil den radikalen Ansichten der NS-HAGO,[43] die besonders heftig gegen die Kaufhäuser agitierte, die sich häufig in jüdischem Besitz befanden. In einer Stellungnahme, die Michel nach dem Zweiten Weltkrieg verfasste und die im Wirtschaftsarchiv Baden-Württemberg (WABW) erhalten blieb, begründete er dies mit seiner Aufgabe, als Nicht-NSDAP-Mitglied in der Frage der Kaufhäuser zwischen staatlichen und parteilichen Dienststellen vermitteln zu müssen: „Dies brachte mit sich, dass die Sachbearbeiter, und so auch ich [...] gelegentlich [...] nationalsozialistische Wendungen gebrauchen mussten. Aus taktischen Gründen [...] war es ferner notwendig, im Verordnungszwang gewisse Beschränkungen für die Warenhäuser und Großbetriebe anzuordnen, die harmlos waren, aber in der optischen Wirkung bei den Parteidienststellen Eindruck machten."[44]

Abermals mit den Folgen der NS-Herrschaft konfrontiert wurde Michel, nachdem er zum 1. Februar 1956 den Posten des Vorstandsvorsitzenden der Salamander AG, damals des größten europäischen Schuhherstellers, übernommen hatte. Sein Vorgänger Alex Haffner (1883-1969) hatte das Unternehmen während der NS-Zeit geführt und sich als ausgewiesener Gegner der Nationalsozialisten gezeigt. Diesem Umstand kam besondere Bedeutung zu, weil Salamander als „nicht-arische" Firma galt. So lag deren Besitz unter anderem in den Händen der jüdischen Familie Levi/Grünwald. Zudem befanden sich zahlreiche Juden im Management von Salamander. Haffner setzte sich, wie von zahlreichen Zeugen belegt, in bemerkenswertem Maße für diese Menschen ein und scheute nicht einmal die Auseinandersetzung mit der Gestapo.[45] Nach 1945 betrieb er die Entschädigung der Opfer mit demselben Engagement, selbst wenn er seinerzeit schon alles getan hatte, um entschädigungslose Zwangsenteignungen zu vermeiden und Zwangsentlassungen so lange wie möglich hinauszuschieben.[46] Michel setzte diese Politik eins zu eins fort, selbst wenn die An-

---

[41] Beide Gesetze stammen aus dem Jahr 1933.
[42] Aly, Götz: Handfeste Brauchbarkeit. Das Rabattgesetz oder die Freiheit des Feilschens, in ders.: Rasse und Klasse. Nachforschungen zum deutschen Wesen, Frankfurt/Main 2003, S. 61-63.
[43] Nationalsozialistische Handels- und Gewerbeorganisation, anfangs „Kampfbund des gewerblichen Mittelstandes".
[44] WABW: B-150, Bü 2023, Text Dr. Elmar Michel.
[45] Ebd., B-Nr. 1880, Rückerstattungsanspruch Arthur Levi und Berta Rothschild.
[46] Ebd., der Bestand B-150 enthält zahlreiche Akten solcher Fälle.

sprüche mancher Antragsteller formalrechtlich hätten abgewehrt werden können. So wurden beispielsweise einem ehemaligen jüdischen leitenden Angestellten der inzwischen in die USA ausgewandert war, auf dessen Antrag noch 25.000 DM gezahlt, obwohl dazu keine Verpflichtung der Firma bestanden hätte und dem Betreffenden bereits eine Rente zugesprochen worden war.[47]

Eher indifferent zeigte sich Elmar Michel hingegen manchmal im Umgang mit seiner persönlichen Vergangenheit, wie aus seiner im WABW erhalten gebliebenen Korrespondenz hervorgeht. Dort finden sich etliche Beispiele dafür. Seinen Ex-Kollegen bei der einstigen Wirtschaftsabteilung des MBF blieb er trotz allem verbunden und reduzierte damit deren und auch die eigene Tätigkeit auf den rein fachlichen Aspekt der Arbeit von angeblich unpolitischen Experten. In seinen Geburtstagsglückwünschen an Dr. Kurt Blanke (1900-1997) – ehemals Militärverwaltungsoberrat beim MBF – dankte er zum Beispiel für „unsere vertrauensvolle Zusammenarbeit in den schwierigen Jahren 1940-1944."[48] Und in einem Schreiben von 1971 lud er zu einem neuerlichen Treffen der ehemaligen „Paris-Stäbler" in Köln mit herzlichen Worten ein: „Damit für spätere Zeiten unser Treffen auch im Bilde als dauerhafte Erinnerung haften bleiben kann, wird gebeten, Fotoapparate mitzubringen."[49] In tagespolitischen Fragen hielt sich Michel zurück, auch wenn er die „mit Recht kritisierte Linksorientierung unserer Rundfunkanstalten"[50] bemängelte, aber auch den zeitweisen Aufstieg der NPD mit Misstrauen betrachtete: „Ich sehe darin ein durchaus ernst zu nehmendes, aber keineswegs alarmierendes Zeichen."[51] Mit dem Schweizer Anwalt und Publizisten Dr. Otto Kopp, an den sich die zuletzt genannten Zeilen richteten, verband Michel zudem ein Buchprojekt,[52] das Kopp initiiert und für das er Michels Unterstützung und Mitautorenschaft gewonnen hatte. Ein Schwerpunkt des Werkes liegt auf der Darstellung des militärischen Widerstands, in der MBF-Zentrale unter Carl-Heinrich Stülpnagel. Das Buch wurde in der deutschen Presse nicht ungünstig besprochen, der große Erfolg blieb jedoch aus, was wahrscheinlich daran lag, dass das Verständnis des dort verwendeten Begriffs „Widerstand" vielen überdehnt erschien. Der Stuttgarter Historiker Eberhard Jäckel (1929-2017) würde, klagte Michel in einem Schreiben an Kopp, gar die Ansicht als „bizarr" bezeichnen, dass die Wirtschaftsabteilung umfangreiche Abschlussberichte ihrer Tätigkeit als Vorbereitung für kommende Friedensverhandlungen ja förmlich gebraucht hätte, um eventuelle unberechtigte Ansprüche nachweisen zu können.[53] Insofern fügt sich Kopps Buch lediglich in die Rechtfertigungsliteratur ein, die nach 1945 jahrzehntelang auf den Markt kam

---

[47] Ebd., B-Nr. 1906, Entschädigung für ehemaliges Vorstandsmitglied Theodor Hirsch u.a.
[48] Ebd., B-Nr. 2061 Korrespondenz Dr. Elmar Michel.
[49] Ebd., Schreiben an Hermann Vogt, Gelsenkirchen, vom 15.03.1971.
[50] Ebd., Schreiben an Gerhard Lehmann, Hannover, vom 08.03.1971.
[51] Ebd., Schreiben an den Schweizer Anwalt und Publizisten Dr. Otto Kopp vom 23.11.1966.
[52] Kopp, Otto (Hg.): Widerstand und Erneuerung. Neue Berichte und Dokumente vom inneren Kampf gegen das Hitler-Regime, hg. und eingel. vom Otto Kopp, Stuttgart 1967.
[53] WABW: B-Nr. 2061 Korrespondenz Dr. Elmar Michel, Schreiben an Dr. Otto Kopp vom 08.01.1966.

und in unterschiedlicher Weise die NS-Verbrechen und das Agieren der Beteiligten relativierte.

Fazit:

Elmar Michel hat, wie so viele andere Beamte, Diplomaten und Militärs, ohne Zweifel das NS-System bis zum letzten Tag gestützt, ohne selbst Nationalsozialist zu sein. Sein Bekenntnis, auch kein Antisemit gewesen zu sein, darf ihm auf Grund der vorliegenden Quellen durchaus abgenommen werden.[54] Dennoch führte er in seiner Funktion in Frankreich Befehle aus, die auf Ausplünderung und Entrechtung der Juden abzielten. Dabei hat er sich – ganz korrekter Beamter – nie persönlich bereichert oder gar Schuld am Tod eines Menschen auf sich geladen. Das muss aber nicht heißen, dass ihn die moralische Frage der indirekten Schuld auf Grund seines Amtes nie beschäftigt hat. Die Quellenlage lässt zumindest den Schluss zu, dass ihm der verbrecherische Charakter des Regimes, dem er diente, durchaus bewusst war. Versuchen anderer, die eigene Schuld und Verstrickung immer wieder öffentlich zu relativieren, stand er deshalb eher reserviert gegenüber.[55] Geleugnet hat er seine Rolle nie. Eine öffentliche kritische Auseinandersetzung sucht man bei ihm allerdings auch vergebens. Bei seinem Freispruch in seinem Verfahren in Frankreich, spielten – das darf gesagt werden – in erster Linie politische Überlegungen eine große Rolle, auch seitens der Regierung in Paris. Was bleibt, ist das Bild eines eifrigen, überaus tüchtigen Bürokraten und hoch begabten Managers, der in jedem System seinen Weg machen könnte und auch gemacht hat.

---

[54] WABW: B-150, Bü 2023, Text Dr. Elmar Michel.
[55] So gibt er Dr. Otto Kopp eine sehr zurückhaltende Antwort, als dieser sich für weitere Buchprojekte ausspricht und eine offensive Werbung für „Widerstand u. Erneuerung" fordert; WABW: B-Nr. 2061 Korrespondenz Dr. Elmar Michel, Schreiben an Dr. Otto Kopp vom 12.10.1966.

Cornelia Rauh

Ernst Niemann: „Schreckgespenst" der jüdischen Bevölkerung in Württemberg

* 4. Oktober 1900 in Leipzig
† 5. Dezember 1983 in Bad Wildungen

Reichsbankrat, 1930 NSDAP, 10/1937-10/1939 Leiter der Devisenstelle Stuttgart, 07/1941-12/1944 Reichskreditkasse Riga

Unter dem Betreff „*Ernst Niemann, früherer Reichsbankrat und Leiter der Devisenstelle Stuttgart*" ging Ende Mai 1947 bei der Spruchkammer Waldeck in Korbach ein Schreiben des Ministerpräsidenten von Württemberg-Baden, Reinhold Maier (1889-1971) ein. Darin hieß es über Niemann, er sei „ein Beamter, welcher die zur Auswanderung gezwungenen jüdischen Mitbürger besonders gequält hat [...]. Es dürfte in Stuttgart zur damaligen Zeit keine Amtsstelle gegeben haben, in welcher mit gleicher Schonungslosigkeit und Voreingenommenheit gegen den jüdischen Bevölkerungsteil vorgegangen wurde." Der Leiter der Devisenstelle hätte sich „zum ausgesprochenen Schreckgespenst für die gesamte jüdische Bevölkerung in Württemberg" entwickelt. Maier, der als Anwalt die Ausreiseangelegenheiten zahlreicher zur Emigration gezwungener jüdischer Mandanten geregelt hatte, wusste aus intimer Kenntnis, wovon er sprach: Auch seine Frau und Mutter eines gemeinsamen Kindes war 1939 zur Emigration genötigt und bei der Ausreise von den Behörden drangsaliert worden. Maier beschloss seine gegen Niemann gerichtete Anzeige mit der Erklärung, „dass ich es für einen Verstoß gegen die Wiederherstellung des Rechts in Deutschland ansehen müsste, wenn ich in seinem Fall schweigen würde."[1]

Als sich der prominente Politiker zu Wort meldete, lagen der Korbacher Kammer, in deren Zuständigkeitsgebiet der Beschuldigte seit Kriegsende wohnte, bereits weitere schriftliche Zeugenaussagen etlicher jüdischer Emigranten aus England und den USA vor, außerdem ein Antrag der Israelitischen Kultusvereinigung Württemberg auf Erlass einer Haftanordnung gegen den Betroffenen.[2] Rechts-

---

[1] StAL: EL 905/2II Bü 199, Bl.45, Schreiben vom 23.05.1947 an die Heimat-Spruchkammer Niemanns in Korbach/Hessen. In seinen Erinnerungen beschrieb Maier die Verfolgungswut, mit der pflichtgetreue Zollbeamte seiner ins Exil aufbrechenden Familie noch die letzten Habseligkeiten (Kindertaschentücher!) streitig zu machen versuchten. Reinhold Maier: Bedrängte Familie. Tübingen 1962, S. 46, 51 u. 53.
[2] StAL: EL 905/2II Bü 199, Bl. 68 Liste der der Spruchkammer überlassenen Einschreiben mit Adressen.

anwalt Dr. Benno Ostertag (1892-1956), selbst Jude aus Stuttgart, der schließlich die Israelitische Kultusgemeinde juristisch im Verfahren gegen Niemann vertrat, berichtete von seinen Erfahrungen mit dem Beamten: „Wir Konsulenten gingen nur zitternd zu Niemann ins Zimmer". Die Angst vor der Gestapo sei vergleichsweise gering gewesen „gegenüber der Furcht, die die Juden vor diesem furchtbaren Menschen hatten. Ich habe viele Briefe aus Amerika bekommen", schrieb Ostertag am 29. Mai 1947, „in denen sich Leute gerade nach diesem Menschen erkundigten und ob er endlich seine verdiente Strafe erhalten habe. Hunderte Mal ist diesem Mann der Tod angewünscht [sic!] worden".[3]

Der vorliegende Beitrag beleuchtet die Berufskarriere Ernst Niemanns, vor allem sein Wirken als Leiter der Stuttgarter Devisenstelle, sowie sein langwieriges Entnazifizierungsverfahren, das 1953 mit der Einstufung als „Hauptschuldiger" endete. Ein solches Verdikt trafen die Spruchkammern nur selten und in aller Regel nur gegen Angehörige der Elite der NSDAP, nicht jedoch gegen jene der Beamtenschaft oder der Wirtschaft.[4] Es wird zu klären sein, weshalb Niemann nicht vom zunehmenden Trend der Spruchkammern zur milden Praxis zu profitieren vermochte und weshalb dem strebsamen Beamten — anders als der Mehrzahl seiner ehemaligen Berufsgenossen — auch eine berufliche Wiedereingliederung aufgrund von Artikel 131 des Grundgesetzes verwehrt blieb.

Ich stütze meine Ausführungen im Wesentlichen auf die im Bundesarchiv überlieferte Reichsbank-Personalakte Niemann,[5] auf die umfangreiche Entnazifizierungsakte im Staatsarchiv Ludwigsburg,[6] sowie Akten des Verwaltungsgerichts Kassel im Hessischen Landesarchiv Marburg.[7]

Aufstieg zum Bankdirektor in Staatsdiensten

Johannes Victor Ernst Niemann wurde 1900 als Sohn eines Buchhändlers in Leipzig geboren und wuchs mit fünf jüngeren Geschwistern in prekären Verhältnissen auf. Der Vater fiel im November 1914 als Soldat im Krieg, die Mutter starb 1918. Angeblich war Niemann noch für wenige Monate im Kriegseinsatz, 1920 gehörte er einem Freikorps an. Man gewinnt den Eindruck eines

---

[3] StAL: EL 905/2II Bü 199, Bl. 46 f., Schreiben vom 29.05.1947 an die Spruchkammer in Korbach.
[4] In der ganzen Amerikanischen Zone (Bayern, Württemberg-Baden, Hessen, Bremen) gab es bei Abschluss der Politischen Säuberung nur 1654 „Hauptschuldige", das waren 0,17 Prozent aller Personen, die vom Gesetz betroffen waren. Fürstenau, Justus: Entnazifizierung. Ein Kapitel deutscher Nachkriegsgeschichte, Neuwied/Berlin 1969, S. 228; Hoser, Paul: Entnazifizierung, publiziert am 05.02.2013; in: Historisches Lexikon Bayerns, http://www.historisches-lexikon-bayerns.de/Lexikon/Entnazifizierung (31.05.2018); Rauh-Kühne, Cornelia: Wer spät kam, den belohnte das Leben: Entnazifizierung im Kalten Krieg, in: Junker, Detlef (Hg.): Deutschland und die USA im Zeitalter des Kalten Krieges, 1945-1990. Ein Handbuch, 2 Bde., Stuttgart/München 2001, Bd. 1, S. 112-123.
[5] BArch: R 2501 Nr. 24507 Bd. 1. Für die Erhebung dieser Unterlagen, ebenso wie der Spruchkammerakte danke ich Dr. Nils Fehlhaber.
[6] StAL: EL 905/2II Bü 199.
[7] HStAM: Bestand 280 Nr. 2062; Nr. 2606; Nr. 280; Nr. 800; Nr. 1540; Nr. 1587.

typischen Vertreters der Kriegsjugendgeneration.[8] Er selbst sagte von sich: „*Ich war stets national-deutsch eingestellt, von Kind auf.*"[9] Die Schule hatte er als Einjährig-Freiwilliger mit dem Realschulabschluss verlassen, die Handelshochschule besucht und sich autodidaktisch weiter gebildet. Es folgte in einer Privatbank die Ausbildung zum Handlungsgehilfen. Damit gehörte er einer Berufsgruppe an, die für politische Radikalisierung und insbesondere für antisemitische Einstellungen besonders anfällig war.[10] 1924 begann Niemann seine Laufbahn bei der Reichsbank als „Reichsbankanwärter" in der Nebenstelle Plauen und brachte es rasch zu einem unbefristeten Beschäftigungsverhältnis. 1935 wurde er zum Reichsbankoberinspektor ernannt und — nachdem er die höhere Prüfung abgelegt hatte — ein Jahr später zum Reichsbankrat.

Sein Aufstieg in den höheren Dienst war, da Niemann nicht studiert hatte, durchaus ungewöhnlich und mit vielen Ortswechseln verbunden, die ihn Ende der 1920er Jahre von Plauen in Sachsen nach Offenburg in Baden und 1930 bereits weiter nach Halle a. d. Saale/Preußische Provinz Sachsen führten. In Offenburg trat Niemann im Vorfeld der Reichstagswahl 1930 der NSDAP bei, als deren Kassier er schon seit November 1929 fungierte. Er kandidierte in der süddeutschen Industriestadt für die Hitler-Partei zur Stadtverordnetenversammlung, verzog jedoch mit Rücksicht auf seine kranke Frau noch vor der Wahl nach Halle. Auch dort erledigte er die Aufgaben eines Rechnungsführers der NSDAP-Ortsgruppe Freiimfelde. Der zuständige Ortsgruppenleiter bescheinigte Niemann 1934 „kämpferischen Schwung", mit dem er jeden Auftrag gemeistert habe: „Gerade dort, wo es galt, die Person einzusetzen," sei Niemann „stets in der vorderen Linie" gestanden.[11] Im NS-Gau Halle-Merseburg avancierte er nach Besuch eines einwöchigen Lehrgangs des Gauamts für Beamte zum Abteilungsleiter für Beamte und außerdem zum Kreisfachschaftsleiter für öffentliche Banken. Vermutlich versprach er sich von diesem politischen Engagement einen rascheren beruflichen Aufstieg. Bereits 1935 erklärte er, Bankvorstand werden zu wollen.[12] Eine Parteikarriere strebte er wohl nicht an.

In den Jahren seines beruflichen Aufstiegs lebte der junge Bankbeamte finanziell stets über seine Verhältnisse und bezog zusätzlich zum Gehalt

---

[8] Zur Kriegsjugendgeneration: Wildt, Michael: Generation des Unbedingten. Das Führungskorps des Reichssicherheitshauptamtes, Hamburg 2002.
[9] StAL: EL 905/2II Bü 199, Bl. 358, Niemann am 09.12.1948 gegenüber der Spruchkammer.
[10] Mit weiterer Literatur: Pomplun, Jan-Philipp: Deutschnationaler Handlungsgehilfen-Verband. In: Benz, Wolfgang (Hg.): Handbuch des Antisemitismus. Judenfeindschaft in Geschichte und Gegenwart. Bd. 5, Organisationen, Institutionen, Bewegungen, München 2012, S. 197-199.
[11] BArch: R 2501 Nr. 24505, Bd. 1, Bl. 166b.
[12] BArch: R 2501 Nr. 24505, Bd. 1, Personalbogen sowie Bl. 168. Die Teilnahme an „Beamtenlagern" zählte zu den Personalentwicklungsinstrumenten des Reichswirtschaftsministeriums, dem die Devisenstellen unterstanden. Nirgendwo war der Anteil von NSDAP-Mitgliedern bei Neueinstellungen des Ministeriums ähnlich hoch wie bei den Devisenstellen (98%): Fisch, Stefan: Willkür und Regelhaftigkeit. Personal und Organisation des Reichswirtschaftsministeriums im Dritten Reich. In: Ritschl, Albrecht (Hg.): Das Reichswirtschaftsministerium in der NS-Zeit. Wirtschaftsordnung und Verbrechenskomplex, Berlin/Boston 2016, S. 18-75, S. 57-59.

kontinuierlich Unterstützungen seines Dienstherrn. Hintergrund war vermutlich die kostspielige Behandlung seiner chronisch erkrankten, nach zehnjähriger Ehe 1934 schließlich verstorbenen ersten Frau. Doch auch in zweiter Ehe mit einer deutlich jüngeren Frau, mit der er bis 1945 sieben Kinder bekam, war Niemann finanziell nie sorgenfrei. Noch dem Bankdirektor mit einem ansehnlichen Jahresgehalt von 11.000 RM[13] half 1941 seine Dienstbehörde mit Vorschusszahlungen aus. Mehrere Kredite, die Niemann an früheren Dienstorten — auch bei der Städtischen Girokasse Stuttgart — aufgenommen hatte, mussten getilgt werden. Im Februar 1941 wies der Reichsbankpräsident Niemann deshalb zurecht, *„daß mir die Kreditaufnahme bei Geldinstituten seitens leitender Beamten der Deutschen Reichsbank unerwünscht ist"*. Aber bereits wenige Monate später wurden weitere Verbindlichkeiten Niemanns bekannt und fanden erneut Niederschlag in seiner Personalakte.[14] Während seiner Abordnung zur Reichskreditkasse Riga wurde Niemann 1944 von Kollegen in Glatz verdächtigt, gemeinsam mit seiner Frau gegen die Devisenbestimmungen verstoßen und sich durch unerlaubte Geldtransfers ins Reichsgebiet bereichert zu haben. Niemanns unmittelbarem Vorgesetzten in Schweidnitz/Schlesien wurde berichtet: *„Bei der hier herrschenden Meinung über Herrn Dir. Niemann bestehen Zweifel an der Legalität der [...] Geschäfte."*[15] Trafen diese Korruptionsvorwürfe gegen Niemann zu, so handelte es sich um Dienstvergehen, die von einer bemerkenswerten Doppelmoral zeugen. Denn der gestrenge Devisenwächter wäre demzufolge selbst im Krieg zum Schieber geworden. Zur Rechenschaft gezogen wurde er hierfür jedoch nie.[16]

Die Devisenbewirtschaftung: eine „schwierige Materie" [17]

1936 wurde Niemann zum Dienst bei der „Reichsstelle für Devisenbewirtschaftung"[18] in Berlin abgeordnet. „Durch seine Energie und zielbewußte Arbeit" beim eigenständigen Aufbau des neuen Sachgebiets „Abwertungsgewinne"[19] fiel er dort rasch auf. Er habe „dem Reich schon Millionenbeträge

---

[13] StAL: EL 905/2II, Bü 199 Bl. 184-194, 185, Steuerpflichtiges Einkommen 1943, demgegenüber betrug Niemanns Einkommen 1932 noch lediglich 5.000 RM. Vgl. die Klageschrift des Spruchkammerverfahrens vom 04.11.1947.

[14] BArch: R 2501 Nr. 24505, Personalbogen Ernst Niemann. Einträge vom Februar und Mai 1941.

[15] Über Margarethe Niemann hieß es in der Personalakte ihres Mannes, ihr Benehmen erwecke den Eindruck, sie nehme es *„mit dem Ehrbegriff eines deutschen Beamten nicht allzu ernst."* BArch: R 2501 Nr. 24505, Eintrag in Niemanns Personalakte vom 27.07.1944. Zur verbreiteten Korruption im besetzten Lettland: Dean, Martin: Geplündert, verwaltet und verkauft: Die Enteignung der Juden in der besetzten Sowjetunion: In: Stengel, Katharina (Hg.): Vor der Vernichtung. Die staatliche Enteignung der Juden im Nationalsozialismus, Frankfurt a. M./New York 2007, S. 308-327, 320.

[16] Niemans Personalakte der Reichsbank lag der Spruchkammer nicht vor. Die Vorwürfe wurden daher im Entnazifizierungsverfahren nicht aktenkundig.

[17] StAL: EL 905 /2II, Bü 199, Bl. 357, Devisenberater Wilhelm Starnitzki (*1897-?), erklärte der Spruchkammer, dass kein anderer Wirtschaftsprüfer sich nebenbei in die *„schwierige Materie"* habe einarbeiten wollen.

[18] Die Bezeichnung in der Personalakte Niemanns lautet: Devisenstelle beim Reichsfinanzministerium. Gemeint sein dürfte die Aufsichtsbehörde über die Devisenstellen der Länder. Vgl. Fisch 2016 (wie Anm. 12), S. 65.

[19] *„Abwertungsgewinne"* waren definiert als *„Gewinne, die einem Inländer bei der Erfüllung von Verbind-*

gerettet", urteilte ein Vorgesetzter 1937.[20] Niemann jedoch drängte es erneut weiter. Er hatte schon zuvor versucht, sein berufliches Avancement unter Hinweis auf seinen Status als „alter Kämpfer" der NSDAP weiter zu beschleunigen und ließ auch jetzt in seinem neuen Wirkungsfeld bei der Devisenstelle keine Gelegenheit aus, um bei der Reichsbank um die nächste Beförderung nachzusuchen. Im Juni 1937 ermahnte ihn sein unmittelbarer Vorgesetzter, „nicht immer wieder wegen seines Weiterkommens zu drängen".[21]

Es scheint jedoch, als hätte man höheren Orts geradezu auf einen Mann vom Schlage Niemanns gewartet: Gewisse aktenkundig gewordene Vorgänge bildeten die Begründung, für einen sofortigen, von der Reichsbank veranlassten Personalwechsel an der Spitze der Devisenstelle Stuttgart. Dieser sollte „eine energische Persönlichkeit" zugewiesen werden, um die Interessen der Reichsbank angemessen zu vertreten.[22] Mit Zustimmung des Reichswirtschaftsministers und des Oberfinanzpräsidenten Württemberg, Ernst Peiffer (1875-1944), schlug die Reichsbankleitung vor, den Posten zum 1. Oktober 1937 mit dem knapp 37 Jahre alten Ernst Niemann zu besetzen, der es damit an die Spitze einer Behörde mit 120 Beschäftigten brachte,[23] deren Aufgabe es war, für die Einhaltung des Devisenrechts zu sorgen, eines *„selbst für Fachleute kaum noch zu durchschauenden Gestrüpps aus Gesetzen und Richtlinien sowie einer in die Tausende gehenden Zahl von ergänzenden Verordnungen und Erlassen"*, die überwiegend aus dem Reichswirtschaftsministerium kamen.[24]

Das Aufgabengebiet der jeweils bei den Landesfinanzämtern bzw. Oberfinanzpräsidenten angesiedelten Devisenstellen umfasste alle währungsrelevanten Aspekte des grenzüberschreitenden Personen-, Finanz-, Waren- und Dienstleistungsverkehrs. Sie waren 1931 im Zuge der Banken- und Finanzkrise der Ära Brüning zur Verhinderung von Kapitalflucht eingeführt worden. Die Nationalsozialisten nutzten die Devisenkontrolle jedoch als Kontroll- und Lenkungsinstrument, um die Wirtschaft *„autark"* zu machen und sie planmäßig

---

lichkeiten aus Guthaben, Krediten, Anleihen, Hypotheken, Grundschulden, Beteiligungen und anderen Vermögensanlagen, die auf eine abgewertete ausländische Währung lauten oder deren Höhe sich nach einer abgewerteten ausländischen Währung bestimmt, infolge der Abwertung anfallen." Als Gewinn galt der *„Unterschiedsbetrag zwischen dem Reichsmarkgegenwert der Verbindlichkeit in ausländischer Währung an dem Tag ihrer Entstehung und dem Reichsmarkgegenwert an dem Tage, an dem die Befreiung des Schuldners von der Verbindlichkeit in ausländischer Währung eintritt."* §2, Gesetz über Abwertungsgewinne v. 23.12.1936, RGBl. I S. 1126 f.

[20] BArch: R 2501 Nr. 24505, Bd. 1, Bl. 218.
[21] BArch: R 2501 Nr. 24505, Bd. 1 Bl. 218.
[22] BArch: R 2501 Nr. 24505, Bd. 1 Bl. 201.
[23] Im Vergleich zur Devisenstelle Hamburg mit 330 Bediensteten (1937) und der Devisenstelle Frankfurt mit 200 Bediensteten (1939) war die Stuttgarter Devisenstelle weniger bedeutend, was dem Rang der jeweiligen Stadt im deutschen Außenhandel entsprach. Vgl. Bajohr, Frank: Arisierung in Hamburg 1997, S. 191; Meinl, Susanne/ Zwilling, Jutta: Legalisierter Raub. Die Ausplünderung der Juden im Nationalsozialismus durch die Reichsfinanzverwaltung in Hessen, Frankfurt a.M., New York 2004, S. 424.
[24] Franke, Christoph: Die Rolle der Devisenstellen bei der Enteignung der Juden. In: Stengel, Katharina (Hg.): Vor der Vernichtung. Die staatliche Enteignung der Juden im Nationalsozialismus, Frankfurt a. M./New York 2007, S. 80-93, S. 81.

auf einen Krieg vorzubereiten: Devisen — die aufgrund des rückläufigen Exports der vom Weltmarkt abgekoppelten deutschen Wirtschaft ohnedies spärlich zuflossen — sollten dem Import rüstungswichtiger Rohstoffe vorbehalten sein. Deshalb wurde staatlich geregelt, welche Güter aus dem Ausland beschafft und wofür Devisen verwendet werden durften. Eine gesetzliche Anmeldepflicht für Auslandsguthaben und Deviseneinnahmen wurde eingeführt, und der Umtausch von Reichsmark, sowie Wertgegenständen kontinuierlich erschwert.

Der Geschäftsverteilungsplan der Devisenstelle Stuttgart[25] sah 1938 drei Abteilungen unterhalb der Leitungsebene vor:
Abteilung „I. Waren- und Dienstleistungsverkehr",
Abteilung „II. Kapitalverkehr" und
Abteilung „III. Strafsachen- und Prüfungsangelegenheiten".

Innerhalb dieser Organisationseinheiten gab es Mitarbeiter für folgende breit gefächerte Aufgabenfelder: Die devisenrechtliche Kontrolle des Kapitalverkehrs mit dem Ausland, Bürgschaften und Sicherheitsleistungen, die Verwaltung *„deutschen Besitzes"* im Ausland, der Verkehr mit Grundstücken und Grundpfandrechten, der Transfer von Erbschaften aus dem Ausland, Nachlassauseinandersetzungen, die Freigabe von Sperrguthaben ausgewanderter Personen, Warenverkehrspatente, Lizenzen, devisenrechtliche Aspekte des Versicherungs- und Wertpapierverkehrs, die Überwachung von Devisenmeldeverfahren, des Reiseverkehrs, von Studienaufenthalten im Ausland, die Reglementierung von Auswanderungen und Rückwanderungen, Devisenstrafsachen, Ermittlungsverfahren, Sicherungsmaßnahmen, sowie schließlich Devisenprüfungen, für die der Devisenstelle zwölf Devisenprüfer zur Verfügung standen.[26] Mit fünf verschiedenen Sachgebieten war davon Abteilung *„II Kapitalverkehr"* am umfangreichsten und personalstärksten. Abteilung III mit den Sachgebieten *„Devisenstrafsachen, einschließlich Ermittlungsverfahren, Sicherungsmaßnahmen nach §37a Devisengesetz"* und *„Devisenprüfungen, Auswertung der Devisenprüfung, Prüfung im Zusatzausfuhrverfahren"* stachen insofern heraus, als ihnen – oberhalb der Sachgebietsleiter-Ebene – der Leiter der

---

[25] HStAS: E 383 b Bü 316, Bl. 110-113, der Personalakte eines 1938 bis 1943 bei der Devisenstelle beschäftigten Kaufmännischen Angestellten liegen drei Geschäftsverteilungspläne bei, und zwar mit Datum 01.01. und 01.08.1938, sowie 15.08.1942. Offenbar gab es mindestens bis 1940 keine reichseinheitlichen Bestimmungen zu Organisation und Geschäftsverteilung der Devisenstellen, so dass Struktur und Arbeitsorganisation *„je nach den örtlichen Möglichkeiten und Notwendigkeiten"* von den Verantwortlichen entschieden wurden. Konsequenz waren mitunter selbst behördenintern unterschiedliche Rechtsauffassungen über die Umsetzung des Devisengesetzes. Vgl. Franke, Christoph: Legalisiertes Unrecht. Devisenbewirtschaftung und Judenverfolgung am Beispiel des Oberfinanzpräsidiums Hannover 1931-1945, Hannover 2011, S. 317, sowie S. 232, 221.

[26] HStAS: E 383 b Bü 316, Bl. 107; Entwurf eines Dienstzeugnisses vom 27.01.1943 für einen Reichsbankangestellten, der im Verlauf der Jahre all diese Aufgaben wahrgenommen hatte. Zur wirtschaftspolitischen Einordnung: Banken, Ralf: Die wirtschaftspolitische Achillesferse des „Dritten Reiches": Das Reichswirtschaftsministerium und die NS-Außenwirtschaftspolitik 1933-1939. In: Ritschl (Hg.) 2016 (wie Anm. 12), S. 111-232, 155-160.

Devisenstelle als Gruppenleiter vorstand. Zu den Leitungsaufgaben des Direktors gehörten neben Organisation, Haushalt und Personalangelegenheiten die Entscheidung devisenrechtlich zweifelhafter Anträge, die Entscheidung über Beschwerden, die Fühlungnahme mit Behörden und Vertretungen von Handel und Gewerbe sowie dem Gauwirtschaftsberater der NSDAP und schließlich die Zeichnung „aller Berichte an die Reichsstelle, an den Reichs- und Preuss. Wirtschaftsminister, sowie an den Reichsminister der Finanzen" und bestimmter Schreiben an Reichs- und Landesbehörden.[27]

Dass sich die Devisenbewirtschaftung und der dazu errichtete ausufernde Kontroll- und Lenkungsapparat als effektives Instrument zur Erfassung und Verstaatlichung jüdischer Vermögen und zugleich als Schrittmacher der Zwangsenteignung von Unternehmen mit jüdischen Inhabern [28] eigneten, war vermutlich Resultat eines Lernprozesses, den die beteiligten Institutionen während mehrerer Devisenkrisen des Reichs bis 1935/36 durchliefen.[29] Die Auswanderungswelle jüdischer Bürger, die auf die „Machtergreifung" und erste, drastische Verfolgungsmaßnahmen, wie den April-Boykott 1933 und die Entlassung jüdischer Beamter gefolgt war, hatte das Devisenproblem verschärft und — aus Perspektive der Wirtschafts- und Währungspolitiker — nach bürokratischen Gegenmaßnahmen verlangt.[30] Für Emigrationswillige bildeten wirtschaftlich und währungspolitisch begründete Devisenbestimmungen ein Hindernis. Regimevertreter, deren oberste Priorität die „Lösung der Judenfrage" war, konnten das nicht gutheißen. Doch spielte sich seit 1937 eine Vorgehensweise ein, die Emigranten über Mitnahmebeschränkungen und drastische Einschränkungen des Währungstransfers fast vollständig enteignete. Mit dieser Praxis konnten sich Wirtschafts- und Währungspolitiker ebenso wie die Verfechter einer jüdischen Zwangsauswanderung gleichermaßen arrangieren.
Beteiligt an der Verschärfung der Devisenbestimmungen und ihrer rigiden Auslegung waren in erster Linie das Reichswirtschaftsministerium, das Reichsfinanzministerium, die Reichsbank und das Devisenfahndungsamt, das am 1. August 1936 von Hermann Göring als Leiter des kurz zuvor gegründeten

---

[27] HStAS: E 383 b Bü 316, BL. 110-113, Geschäftsverteilungsplan der Devisenstelle Stuttgart, Stand 01.01.1938.
[28] Bajohr 1997 (wie Anm. 23), S. 189.
[29] Im August 1935 hatte Hjalmar Schacht, der zugleich als Reichswirtschaftsminister und Reichsbankpräsident fungierte, zu einer Chefbesprechung geladen, an der u.a. auch Reichsfinanzminister Schwerin von Krosigk und SD-Chef Heydrich teilnahmen. Verhandelt wurde über koordiniertes Vorgehen, um „durch gesetzgeberische Maßnahmen [...] den „Einfluß der Juden restlos auszurotten" (Heydrich), zit. n. Wildt, Michael (Hg.): Die Judenpolitik des SD 1935-1938. Eine Dokumentation, München 1995, Dokument 3, S. 70-73, Zitat S. 73.
[30] Zugleich allerdings profitierte der deutsche Fiskus vom wachsenden Aufkommen an Reichsfluchtsteuer. Seit Mai 1934 wurden bereits kleinere Vermögen ab 50.000 RM (zuvor 200.000 RM) mit der 25-prozentigen Steuer belegt, die jeder Ausreisende zu entrichten hatte, von der – aufgrund des Verfolgungsdrucks – praktisch aber vor allem Juden betroffen waren. Die Zahlung der Reichsfluchtsteuer berechtigte nicht, das besteuerte Vermögen ins Ausland mitzunehmen. Dem Transfer standen vielmehr die kontinuierlich verschärften Devisenbestimmungen im Weg. Hilberg, Raul: Die Vernichtung der europäischen Juden. (Zuerst engl. 1961), 10. Aufl. Frankfurt 2007, 3 Bde., Bd. 1, S. 140-145; Meinl/Zwilling 2004 (wie Anm. 23), S. 298-301.

„Rohstoff- und Devisenstabs" ins Leben gerufen worden war. An der Spitze des zentralen Devisenfahndungsamts, dem — in sachlicher Hinsicht — alle Zoll- und Devisenfahndungsstellen, sowie Landesfinanzämter/Oberfinanzpräsidenten im Reich unterstellt waren,[31] agierte SD-Chef Reinhard Heydrich (1904-1942), der sich bereits im Sommer 1935 gegenüber Ministern und dem Stellvertreter des Führers für die „Bereinigung der Judenfrage [...] in Gesetzesform" ausgesprochen hatte.[32]

1936 ergoss sich „eine wahre Flut von Bestimmungen" über Emigrationswillige, ebenso wie bald auch über jüdische Unternehmer.[33] Eine deutliche Verschärfung trat durch eine Änderung des Devisengesetzes vom 4. Februar 1935 ein. Dessen §37a räumte den Devisenstellen künftig die Befugnis zur Verhängung von „Sicherungsanordnungen" ein. Schon bei bloßem Verdacht auf Kapitalflucht konnte Betroffenen das Verfügungsrecht über ihr Eigentum entzogen und ein Treuhänder eingesetzt werden. Auch sonstige sichernde Anordnungen, etwa der Einzug von Reisepässen, die Blockierung der Ausreise, ja sogar die Verhaftung der Betroffenen konnten „zur Verhinderung der beabsichtigten Vermögensverschiebung" angeordnet werden.[34] Damit erhielten die Devisenstellen ein höchst effizientes Instrument, um *„jüdische Emigranten schon vor ihrer Auswanderung zu kontrollieren und ihr Vermögen zu beschlagnahmen."*[35] Nach Urteil von Rechtsanwalt Dr. Ostertag, eines akkulturierten Juden, der seit 1921 in der Stuttgarter Innenstadt eine Kanzlei unterhielt, viele jüdische Mandanten vertrat und nach NS-Terminologie mit einer „deutschblütigen Frau in „Misch-ehe" lebte, war *„die Auswanderung eines Ariers [...] von der eines Juden ver-schieden wie Tag und Nacht."*[36] Auf der einen Seite habe die Reichsregierung die Auswanderung der Juden gewollt, so Ostertag, auf der anderen sei sie auf alle mögliche Weise erschwert worden. Insbesondere seit der Pogromnacht am 9./10. November 1938 hätten die Juden *„in einer Angstpsychose gelebt. Viele Leute [...] lebten in einer ewigen Angst um ihr Leben."*[37] Und die Devisenstelle Stuttgart verschärfte deren Sorgen und Nöte.

Als Ausführungsorgan von Reichsbank, Reichsministerien und Sicherheitsdienst vertikal in eine funktionierende Verwaltungshierarchie integriert und horizontal mit den lokalen Finanzämtern, den Zollfahndungsämtern, den Gau-Parteistellen, Industrie- und Handelskammern und anderen Einrichtungen bestens

---

[31] Banken, Ralf: Das nationalsozialistische Devisenrecht als Steuerungs- und Diskriminierungsinstrument 1933–1945. In: Johannes Bähr/ Ralf Banken (Hg.): Wirtschaftssteuerung durch Recht im Nationalsozialismus. Studien zur Entwicklung des Wirtschaftsrechts im Interventionsstaat des „Dritten Reichs", Frank-furt a.M. 2006, S. 121–236, S. 199 f.
[32] Wildt (Hg.) (wie Anm. 29), Dokument 3, S. 70-73, Zitat S. 73.
[33] Banken 2006 (wie Anm. 31), S. 210.
[34] RGBl 1935 I, S. 105-118; RGBl 1936 I, S. 1000f. Gesetz zur Änderung des Gesetzes über die Devisenbewirtschaftung vom 01.12.1936. Vgl. Bajohr 1997 (wie Anm. 23), S. 193.
[35] Banken 2006, (wie Anm. 31), S. 199.
[36] StAL: EL 905/2II Bü 199, Bl. 353, Protokoll der öffentlichen Spruchkammersitzung am 08./09.12.1948. Der Zielkonflikt zwischen Vertreibungspolitik gegenüber der jüdischen Bevölkerung und der Devisenpolitik wird in der Forschung vielfach hervorgehoben.
[37] StAL: EL 905/2II Bü 199, Bl. 353, Protokoll der öffentlichen Spruchkammersitzung am 08./09.12.1948.

vernetzt, nahmen die Devisenstellen seit 1937 eine Schlüsselstellung im Prozess der fiskalischen Enteignung der jüdischen Bevölkerung wahr, der die Politik der Zwangsvertreibung und die Deviseninteressen des Reichs miteinander in Einklang bringen sollte. Wie im Einzelfall zu verfahren war, lag dabei weitestgehend im Ermessen des Leiters der Devisenstelle. Als Reichsbankrat Ernst Niemann im Oktober 1937 seinen neuen Posten im Haus der Allianz in der Stuttgarter Uhlandstraße antrat, gelangte er in ein Amt mit beträchtlicher Machtfülle und großem Handlungsspielraum, *„der ihm erlaubte, im Rahmen des Gesetzes so ziemlich alles zu tun, was er für erforderlich hielt."*[38] Zuvor war die Devisenstelle gemeinsam von Regierungsrat Dr. Anton Jäger als Jurist und von Reichsbankrat Walter Benath als Finanzfachmann geleitet worden.[39] In dieser Zeit, so erinnerte sich 1947 der ehemalige Leiter des Auswandererreferats, der Waiblinger Otto Eschenweck (1896 - ?), seien „die bei der Dienststelle vorsprechenden Antragsteller in sachdienlicher Weise und menschlicher Form beraten" worden.[40] Auch Ostertag bestätigte die erträglichen Verhältnisse vor Niemanns Zeit, wenngleich auch schon damals „einem Juden alles doppelt schlecht ausgelegt" worden sei. Gleichwohl hielt Ostertag fest: *„Wir konnten uns in Stuttgart im allgemeinen nicht beklagen".* Bis 1937/38 habe sich auch die Gestapo noch *„nicht so sehr um die Juden bekümmert".*[41] Dass die Exklusionspolitik zuvor nicht den von den Rassepolitikern erstrebten Erfolg[42] gezeigt hatte, geht auch aus einem Lagebricht des SD-Oberabschnitts Südwest von 1937 hervor: *„Das württembergische Judentum",* hieß es darin, *„war in seiner großen Mehrheit schon immer assimilatorisch eingestellt, und nur ganz langsam vollzieht sich der Übergang zu einem absolut jüdischen Bewußtsein."* Daran seien *„ohne Zweifel die lange Ansässigkeit vieler jüdischer Familien und die der günstigen wirtschaftlichen Struktur des Landes entsprechende gute finanzielle Verankerung schuld, nicht zuletzt aber auch die Mentalität des schwäbischen Menschen, der leicht geneigt ist, jüdischen Einflüsterungen von ‚ungerechten Unterdrückungen' sein Ohr zu schenken."*[43]

---

[38] STAL: EL 905/2II Bü 199, Bl. 707, sowie Bl. 94 u. 129, Schreiben vom 27.08.1947 an Niemanns Anwalt, verfasst von Oberregierungsrat Dr. Anton Jäger, Tübingen, der bis zu seiner Versetzung zur Behörde des Oberfinanzpräsidenten im September 1937- angeblich wegen politischer Unzuverlässigkeit - als juristischer Leiter der Devisenstelle Stuttgart fungiert hatte. Auch andernorts wurden jedoch Oberregierungsräte zum Oberfinanzpräsidenten versetzt, um an die Spitze der Devisenstelle einem Reichsbankrat Platz zu machen. Vgl. Franke 2011 (wie Anm. 25), S. 223.
[39] Benath wurde zur Reichsbank nach Berlin abberufen. BArch: R 2501 Nr. 24505, Bd. 1, Bl. 218a.
[40] StAL: EL 905/2II Bü 199, Bl. 130, Zeugenaussage am 16.09.1947 gegenüber dem Öffentlichen Kläger.
[41] StAL: EL 905/2II Bü 199, Protokoll der öffentlichen Sitzung am 08./09.12.1948, Bl. 353 f.
[42] Bereits im November 1933 beriet das Württembergische Innenministerium *„zum Stand der Judenfrage"* und erörterte mögliche *„Lösungen". „Die physische Ausrottung – Programe"* [sic!] wurden noch verworfen, aber immerhin als eine von vier Optionen explizit aufgeführt, neben fortschreitender Assimilierung, die aber vehement abgelehnt wurde. Ferner wurden genannt: *„Verpflanzung der gesamten Judenschaft in andere Staaten"* nach Beispiel des Lausanner Vertrags, und die pragmatischste *„Lösung"*: die *„Zuweisung der deutschen Juden in eine besondere staatsbürgerliche Daseinsform, die der einer nationalen Minderheit ähnlich ist."* Kulka, Otto D. / Jäckel, Eberhard (Hg.): Die Juden in den geheimen NS-Stimmungsberichten 1933-1945. Düsseldorf 2004, Dok. Nr. 25, S. 59-63.
[43] Kulka/Jäckel 2004 (wie Anm. 42), Dok. Nr. 298, Lagebericht des SD-Oberabschnitts Süd-West II 112 von 1937, S. 255 f.

Ein „Mensch, der ganz allgemein wenig Rücksichten kannte"[44]

Mit solchen Verhältnissen aufzuräumen, war Ernst Niemann, als er von Berlin nach Stuttgart wechselte, offenbar ein Anliegen. Reinhold Maier schrieb 1947 an die Spruchkammer: *„Im Gegensatz zu seinem Amtsvorgänger, Regierungsrat Dr. Jaeger, welcher die Erlasse und Gesetze mit tunlichster Sachlichkeit und Milde anwandte, zog mit dem Amtsantritt von Herrn Niemann in Stuttgart die schärfste Tonart gegen die Juden ein."*[45] Bald nach seinem Dienstantritt sei der neue Behördenchef *„überall als ein großer Judenhasser bekannt und gefürchtet"* gewesen, der jeden, der nicht ‚arischer Abstammung' war, von vornherein als jemanden betrachtete, der die Gesetze umgehen und brechen wollte. Ausreisewillige, die bei ihm vorsprachen und Anwälte, die deren Interessen vertraten, wurden von Niemann in gemeiner, herabwürdigender Weise abgekanzelt, buchstäblich vor die Tür gesetzt und als *„Judenknechte", „verfluchter Hund", „Saujude", „Verbrecher"* und *„Schieber"* beleidigt. Anwalt Ostertag sagte aus: *„Wir Konsulenten gingen nur zitternd zu Niemann ins Zimmer."*[46] *„Ich musste oft zur Gestapo und habe nicht die Angst gehabt, wenn ich ins Hotel Silber* [die Gestapo-Dienststelle in Stuttgart] *ging, als wenn ich in die Devisenstelle kam. Ich hatte Herzbeklemmungen, wenn ich hinging."* Niemann habe die Auffassung vertreten, *„das Vermögen der Juden gehört dem Deutschen Reich, es gehört dem Juden nur noch formell."* Noch acht Jahre nach Ende des NS-Regimes erklärte Ostertag: *„Wenn ich nachts aufwache, denke ich mit Schauern an den Betroffenen und kann nicht mehr einschlafen".*[47] Der Laichinger Textilfabrikant Alfred R. Kandler (1900-1974, vormals Kahn), dessen Vermögen 1938 unter Sicherungsanordnung gestellt und einem Mitglied der Stuttgarter NS-Gauleitung zugeschanzt worden war, schrieb in seinem Lebensbericht über Niemann: *„Ein besonders unangenehmer Mensch. [...] Wenn ich je im Leben einem Sch...kerl begegnet bin, dann war er es".*[48]

Auch der 1938 nach England emigrierte Rechtsanwalt Dr. Erwin Mainzer berichtete, *„bei der Gestapo anständiger behandelt worden"* zu sein, als bei Niemann.[49] ‚Deutschen' Anwälten und Beratern machte Niemann Vorhaltungen: *„Schämen sie sich eigentlich nicht, [...] Juden zu vertreten?"* und drohte, ihre

---

[44] StAL: EL 905/2II, Bü 199, Bl. 480, S. 1-10, Charakterisierung Niemanns durch einen Beschluss des Oberlandesgerichts Stuttgart, 02.02.1950.
[45] StAL: EL 905/2II Bü 199, Bl.45, Schreiben des Ministerpräsidenten des Landes Württemberg-Baden, Reinhold Maier, vom 23.05.1947 an die Heimat-Spruchkammer Niemanns in Korbach/Hessen.
[46] Vgl. ferner die Aussagen der ehemaligen Anwälte Ludwig Ottenheimer, Robert Perlen und Herbert Schatzki sowie des Auswanderers Carl Levi, siehe StAL: EL 905/2II Bü 199, Bl. 46 f.; 354 (Ostertag) Bl. 682-684 (Ottenheimer), Bl. 95 (Perlen), Bl. 32 f. (Schatzki) und Bl. 30 f. (Levi).
[47] StAL EL 905/2II Bü 199, Bl. 353 f., Protokoll der öffentlichen Sitzung am 08./09.12.1948; sowie Protokoll des Berufungsverfahrens am 17.03.1953, ebd. Bü 199, Bl. 758-768, S. 6-8.
[48] Kandler, Alfred R.: In der Höhle des Löwen. Lebensbericht eines schwäbisch-jüdischen Textilunternehmers, Stuttgart 2010, S. 140. Zur Korruption, die die „Arisierung" jüdischen Eigentums in Württemberg begleitete: Rauh, Cornelia: Des Gauleiters „Arisierungshyänen". Korruption in der NS-Parteiführung Württembergs. In: Högerle, Heinz/ Müller, Peter/ Ulmer, Martin (Hg.): Wirtschaftliche Ausplünderung der jüdischen Bevölkerung in Württemberg und Hohenzollern, Hechingen 2019 (im Erscheinen).
[49] StAL: EL 905/2II, Bü 199, Bl. 488/3.

Anträge würden nicht mehr bearbeitet. Hausdurchsuchungen durch die Gestapo sollten die Berufsehre solcher ‚Judenhelfer' schädigen und wurden von den Betroffenen als „Denkzettel" verstanden, sich von ihren jüdischen Mandanten zu trennen. Devisenberater Wilhelm Starnitzki wurde durch Niemann vorgehalten, er hätte seine *„Berufskenntnisse zum Vorteil der Juden benutzt [...], das Deutsche Recht"* dürfe *„auf Juden überhaupt nicht angewendet werden".*[50] Starnitzki analysierte: Unter Niemann sei *„das bisherige Achtungsverhältnis zwischen Mandatar und Behörde [...] bewusst untergraben"* worden: *„Wenn man glaubte, eine Schwierigkeit überwunden und mit der Reichsdevisenstelle in Ordnung gebracht zu haben",* habe sich *„Herr Niemann eingeschaltet und ist mit neuen Forderungen gekommen."* Sein Ziel sei offenkundig *„die Rechtlosigkeit der Auswanderer"* gewesen, *„zu welchem Zwecke er es meisterlich verstand, die Schwierigkeiten so zu häufen, dass die Devisenberater über kurz oder lang ihre Mandate lösten".* Vor unmissverständlichen Drohungen und anderen Maßnahmen, *„die für ein normales Rechtsempfinden nur zu oft empörend und beschämend waren",* sei der Leiter der Devisenstelle nicht zurückgeschreckt. Beschwerden beim Oberfinanzpräsidenten blieben erfolglos: *„Es gab damals tatsächlich keine Stelle, die den ungleichen Kampf gegen Niemann und seine unsichtbaren und unbekannten Hintermänner aufnehmen wollte."*[51] Ein ehemaliger Mitarbeiter der Devisenstelle, dem ein hoher Parteirang offenbar eine Sonderstellung gegenüber dem Behördenleiter verschaffte, mit dem er sich auch sogleich anlegte, charakterisierte ihn als Typus des „berüchtigten Kasernenfeldwebels" und als „maßlos ehrgeizig": *„Niemand auf der Devisenstelle war da, der diesem Niemann widersprach!"*[52] Als sich Rechtsanwalt Dr. Erwin Mainzer beim Präsidenten der Anwaltskammer, dem Gauführer der NS-Juristen, Eugen Glück, wegen Behinderung der Interessenwahrung für seine Klienten beschwerte, erwiderte der NS-Funktionär dem jüdischen Anwalt, er wisse, *„dass Niemann ein Schwein sei".*[53]

Seinen Dienststellenleitern und Sachbearbeitern misstraute der herrische, barsch und unkonziliant auftretende Chef, missbilligte den verständnisvollen *„Ton"* ihrer Verhandlungen mit ratsuchenden Emigranten, mischte sich überall ein, so dass *„einerlei, ob Jude oder Nichtjude"* jedermann froh gewesen sei, *„mit*

---

[50] StAL: EL 905/2II, Bü 199, Bl. 758-768, S. 4, Aussage des Metzinger Rechtsanwalts Giessenhofer, laut Protokoll des Berufungsverfahrens am 17.03.1953. Im gleichen Sinne äußerten sich Oberamtsrichterin Dr. Ilse Beisswanger, Schreiben vom 07.12.1948 an die Zentral-Spruchkammer Ludwigsburg, Bl. 327 und Devisenberater Wilhelm Starnitzki laut Protokoll des Berufungsverfahrens, Bl. 758-768, S. 6.
[51] StAL: EL 905 2II, Bü 199, Bl. 144-147, Zitat 145, Aussage Wilhelm Starnitzkis am 08./09.12.1948 vor der Zentralspruchkammer; über eine vergebliche Beschwerde beim Oberfinanzpräsidenten berichtete auch RA Giessenhofer. Protokoll des Berufungsverfahrens am 17.03.1953, ebd., Bl. 758-768, S. 4.
[52] StAL: EL 905/2II, Bü 199, Bl. 70 f., Schriftliche Aussage des seit 1938 in der Abteilung „Kapitalverkehr" beschäftigten Mitarbeiters Alexander Schwarz vom Juli 1947 an die Spruchkammer Korbach/Hessen.
[53] StAL: EL 905/2II Bü 199, Bl. 480/2, Eidesstattliche Versicherung von Dr. Erwin Mainzer vom 20.09.1949, Glück (1897-1945) war zugleich Gauamtsleiter, gehörte also zur Entourage um Gauleiter Murr. Vgl.: Roser, Hubert: Wilhelm Murr. Reichsstatthalter und NSDAP-Gauleiter in Württemberg-Hohenzollern 1888-1945, in: Taddey, Gerhard/Fischer, Joachim (Hg.): Lebensbilder aus Baden-Württemberg, Bd. 19, Stuttgart 1998, S. 488-522, S. 512.

*Niemann möglichst wenig zu tun zu haben".*⁵⁴ In Stuttgart trat Niemann mit dem Anspruch an, für Sauberkeit in der Verwaltung sorgen zu wollen. Kaum im Amt, deckte er auf, dass ein Sachbearbeiter der Auswandererabteilung jahrelang emigrationswillige Juden gegen Geldgeschenke beraten hatte, wie sie Gesetzeslücken nutzen konnten, um wenigstens Teile ihres Vermögens ins Ausland zu bringen. Wegen Bestechlichkeit im Amt wurde der Mitarbeiter im September 1938 vom Landgericht Stuttgart zu vier Jahren Zuchthaus verurteilt, die er überwiegend im Konzentrationslager verbringen musste.⁵⁵

Es war jedoch nicht nur dieser Coup, der Niemanns Ansehen in der Devisenstelle prägen sollte. Weil ihm *„die Kunst der Menschenführung"* gefehlt habe, sei *„die Atmosphäre freundschaftlicher Zusammenarbeit ziemlich gestört"* worden, urteilte sein Stellvertreter, Bankoberinspektor Walter Schaubel (1899-?), der Niemann *„unzweifelhaft"* als *„fähigen überaus arbeitsamen Dienst-stellenleiter"* charakterisierte, der nie propagandistisch für die NSDAP einge-treten sei und seine Personalpolitik einzig nach Leistungskriterien ausgerichtet habe.⁵⁶ Auch andere Zeugen waren sich einig, dass Niemann in der Devi-senstelle nicht als Parteiaktivist auftrat, jedoch *„maßlos ehrgeizig"* und *„über-eifrig"* war, nach Ostertag: *„[...] ein Beamter im Sinne Berlins",* der diejenigen, die sein Amt aufsuchten, explizit wissen ließ: *„Ich weiss, ich bin der gehassteste Mensch. Aber ich bin stolz darauf, denn ich bringe dem Reich die meisten Devisen ein."*⁵⁷

Noch in seinem Spruchkammerverfahren verteidigte sich Niemann, er sei *„sehr darauf aus [gewesen], sich aus der Auswanderung ergebende devisenwirtschaftliche Schäden zu vermeiden".*⁵⁸ Dass Niemann glaubte, höheren Orts mit seiner scharfen Amtsführung zu überzeugen, unterstrich er im März 1939 mit einem weiteren Beförderungsgesuch. Er äußerte die *„Bitte um Übertragung einer Stelle als Direktor einer Reichsbanknebenstelle"* an den Präsidenten des Reichsbank-Direktoriums: *„Ich hoffe durch meine Tätigkeit in den letzten Jahren meine Geeignetheit für verantwortliche Posten auch im Dienst der Reichsbank selbst bewiesen zu haben."* Tatsächlich wurde Niemann nach nur zwei Jahren in der Leitung der Devisenstelle Stuttgart ab 1. Oktober 1939 zum Direktor der Reichsbank-Nebenstelle Glatz/Schlesien befördert.

---

[54] StAL: EL 905/2II Bü 199, Bl. 130, Aussage des Leiters der Auswandererabteilung, Otto Eschenweck, am 16.09.1947. sowie des jungen Beamten Bernhard Hillemann, ebd., Bl. 362.

[55] StAL: EL 905/2II Bü 199. Bl. 370, laut Begründung des Spruchs vom 08./09.12.1948 gegen Ernst Niemann enthielt das Urteil des Landgerichts vom 23.09.1938 keinen Beweis, dass durch den Sachbearbeiter *„ein Jude widerrechtlich Vermögen ins Ausland verbrachte".*

[56] StAL: EL 905/2II Bü 199, Bl. 362.Aussage vor dem Öffentlichen Kläger am 16.09.1947.

[57] StAL: EL 905/2II Bü 199, Bl. 130, Otto Eschenweck am 16.09.1947, sowie RA Ostertag, Protokoll der öffentlichen Spruchkammerverhandlung am 08./09.12.1948 und Klageschrift des Öffentlichen Klägers der Spruchkammer Stuttgart, v. 04.11.1947, ebd., Bl. 184-194, Bl. 194 sowie Israelitische Kultusvereinigung, ebd., Bl. 20.

[58] StAL: EL 905/2II Bü 199, Bl. 353, Protokoll der öffentlichen Spruchkammersitzung am 08./09.12.1948.

Nach einer kurzen Probezeit erhielt seine Personalakte den Vermerk, Niemann sei *„nach Maßgabe seiner Führung, dienstlichen Leistungen und Fähigkeiten zu der beabsichtigten Ernennung unbedenklich* [zu] *empfehlen."*[59] Am 1. Mai 1942 wurde ihm auf Vorschlag des Präsidenten der Reichsbank das Kriegsverdienstkreuz 2. Klasse verliehen.[60] 1941 war er - kriegshalber – für sechs Monate zur Reichskreditkasse Brüssel abgeordnet, es folgte ab Juli 1941 bis Ende 1944 eine weitere Abordnung zur Reichskreditkasse in Riga.[61] Dass Niemann auch dort ein gefürchteter Vorgesetzter blieb, dokumentiert seine Personalakte: Am 14. Mai 1942 trägt sie den Vermerk: *„Versprechen zur Selbstbeherrschung"* abgenommen. Zuvor hatte die Hauptverwaltung der Reichskreditkassen die Personalabteilung der Reichsbank informiert, dass *„mehrfach sowohl in Brüssel als in Riga Klagen aus dem Kreise der Mitarbeiter und Untergebenen vorgebracht worden sind."* Leider könne Niemann *„nicht aus seiner Haut heraus".*[62]

Über sein berufliches Wirken in den besetzten Gebieten ist wenig bekannt. Jedenfalls befand sich Niemann samt seiner Familie bereits in Riga, als Ende 1941 mehr als tausend aus Stuttgart deportierte württembergische Juden dort eintrafen, von denen die meisten nach kurzem Aufenthalt in einem Konzentrationslager von Einsatzgruppen der SS ausgeraubt und ermordet wurden.[63] Manche fielen dem Holocaust zum Opfer, weil ihre Ausreiseanträge von den involvierten Behörden dilatorisch behandelt oder abgelehnt worden waren. Vieles spricht dafür, dass Niemann nach ihrer Ermordung mit der Verwertung ihres letzten Eigentums befasst war. Jedenfalls war seine Dienststelle bis August 1942 für die Annahme *„jüdischer Wertgegenstände"* zuständig, die auch von lettischen Opfern und Deportierten aus anderen Reichsregionen stammten.[64]

---

[59] BArch: R 2501 Nr. 24505, Bd. 1, Bl. 242, Niemanns Personalakte enthält den reservierten Vermerk: Es würde vom Reichswirtschaftsministerium *„nicht verstanden werden, wenn bereits jetzt wieder ein Wechsel in der Leitung der dortigen Devisenstelle eintreten würde. Sie müssen sich deshalb noch gedulden. Ihre Wiederverwendung im Reichsbankdienst wird aber im Auge behalten."* Die Affäre mit einer Kantinenpächterin seiner Behörde beschleunigte Niemanns Versetzung dann jedoch nicht. RA Ostertag laut Protokoll der Öffentlichen Sitzung der Spruchkammer am 22.09.1949 siehe StAL: EL 905/2II Bü 199, S. 4.

[60] BArch: R 2501 Nr. 24507, Bd.1, Bl. 298.

[61] BArch: R 2501 Nr. 24507, Bd.1, Personalblatt, seit 01.04.1943 lautete die Bezeichnung von Niemanns Dienststelle: Zweigniederlassung Riga der Notenbank Ostland.

[62] BArch: R 2501 Nr. 24507, Bd.1, Bl. 296 und 297, hier unter dem Betreff: *„Nicht einwandfreie Beurteilung des Dir. e. Rbnst. Niemann, Glatz, z .Zt. Reichskreditkasse Riga."*

[63] Nur 43 der im November 1941 nach Riga deportierten 1.013 Menschen, überlebten. Vgl.: Scheffler, Wolfgang/ Schulle, Diana (Bearb.): Buch der Erinnerung. Die im Baltikum deportierten deutschen, österreichischen und tschechoslowakischen Juden, herausgegeben vom Volksbund Deutsche Kriegsgräberfürsorge e.V. in Verbindung mit der Stiftung „Neue Synagoge Berlin - Centrum Judaicum" und der Gedenkstätte „Haus der Wannsee-Konferenz", Berlin 2003, Bd. 2, S. 573-602, 597.

[64] Banken, Ralf: Edelmetallmangel und Großraubwirtschaft. Die Entwicklung des deutschen Edelmetallsektors im „Dritten Reich" 1933-1945, Berlin 2009, S. 552, Anm. 1157.

Nur Durchführungsstelle?

Was Niemanns selbstherrliches Wirken für die Verfolgungsopfer bedeutete, geht aus rund zwei Dutzend Zeugenaussagen und eidesstattlichen Erklärungen württembergischer Juden aus der Nachkriegszeit hervor. Die Israelitische Kultusvereinigung trug sie für die Anklage im Spruchkammerverfahren gegen ihren verhassten Peiniger zusammen.[65] Nach Benno Ostertag sah *„die ganze Welt auf dieses Verfahren". „Tausende von Juden, die der Betroffene in maßloser Weise geplagt hat"*, nähmen daran Anteil.[66] In den Berichten war von grundloser Verhängung von Sicherungsanordnungen auch gegen Juden ohne jede Aus-wanderungsabsicht und – möglichkeit die Rede. Benno Ostertag warf Niemann vor, für deren finanzielle Not verantwortlich zu sein. Da der Anwalt selbst be-troffen war, wusste er, wovon er sprach: *„Bis zum Schluß des Krieges wurde uns alles gesperrt, die Devisenstelle hat diese Beträge nach Berlin gezahlt, heute kann niemand über sein Geld verfügen, man bekommt keinen Pfennig heraus. Wenn ich heute wegsterbe, ist meine Familie im Unglück drin und Sie sind schuld daran!"*, warf er Niemann in der erstinstanzlichen Verhandlung der Spruchkammer vor.[67]

Weitere Vorwürfe betrafen den willkürlichen Entzug von Reisepässen oder die grundlose Verhängung von Sicherungshaft. Ziel von Zahlungswünschen der Devisenstelle waren in solchen Fällen meist im Ausland lebende Verwandte der Inhaftierten, weil der deutsche Staat Anspruch auf das Auslandsvermögen — nicht nur von Emigranten, sondern auch ihrer im Ausland lebenden Familienangehörigen — erhob.[68] Ständig habe Niemann gegenüber den Ratsuchenden seiner Behörde mit KZ gedroht, und die von ihm verlangten, „übermäßigen" Abgaben, seien *„viel höher"* gewesen, *„als sie in ähnlichen Fällen von anderen Devisenstellen gefordert wurden".*[69]

Auch der Laichinger Textilfabrikant Alfred R. Kandler (vormals Kahn), war überzeugt, dass die Stuttgarter Devisenstelle *„in unzähligen Fällen"* Entscheidungen traf, *„die weit über das erforderliche Maß hinausgingen."*[70] Andere Zeugen berichteten über die grundlose Beschlagnahme wertvollen Umzugsguts oder über Quertreibereien gegen *„in größter Freundschaft"* geführte Verkaufsverhandlungen eines zur ‚Arisierung' anstehenden Betriebs.[71]

---

[65] StAL: EL 905/2II, Bü 199. Bl. 25f., 68 f., im März 1947 erging in der in New York erscheinenden deutschjüdischen Zeitung „Aufbau", eine Aufforderung, Beweismaterial (*„Einzelheiten, nicht allgemeine Beschuldigungen"*) gegen Niemann beizubringen.
[66] StAL: EL 905/ 2II Bü 199, Spruchkammerverhandlung am 08./09.12.1948, Bl. 351.
[67] StAL: EL 905/ 2II Bü 199, Spruchkammerverhandlung am 08./09.12.1948, Bl. 362.
[68] StAL: EL 905/ 2II Bü 199, Bl. 184-194, eine kompakte Zusammenfassung zur Behandlung von Auswanderungsfällen durch Niemann bietet die Klageschrift des Öffentlichen Klägers, vom 04.11.1947,
[69] StAL: EL 905/2II Bü 199, Bl. 480/2, Zeugenaussage RA Dr. Erwin Mainzer am 20.09.1949.
[70] Kandler (wie Anm. 48), S. 140.
[71] StAL: EL 905/ 2II Bü 199, Bl. 480/2, RA Mainzer zu Quertreibereien Niemanns beim Besitzwechsel der Ledergroßhandelsfirma Rothschild und Wild, Stuttgart.

"Einer der schlimmsten Fälle, soweit er die Devisenstelle und die Gauwirtschaftsstelle der Handelskammer" anging, betraf nach Beobachtung von Anwalt Ostertag die Besitzer der Papierfabrik Fleischer in Eislingen, vier Unternehmer aus zwei Generationen mit ihren Familien.[72] Die Begehrlichkeiten der Devisenstelle richteten sich hier unter anderem auf ein englisches Tochterunternehmen in der Grafschaft Kent. Zugleich kämpften verschiedene, politisch einflussreiche Interessenten um die „Arisierung" des Eislinger Betriebs. Ein Kollege Ostertags, Dr. Walter Molt, sprach von einem *„wahren Arisierungs-Roman"*. Zu den Akteuren zählten außer Niemann vor allem der Präsident der Württembergischen Industrie- und Handelskammer, Zigarettenpapierfabrikant Fritz Kiehn (1885-1980) aus Trossingen und sein Gegenspieler, der Fürther Großunternehmer Gustav Schickedanz (1895-1977). Beide waren „alte Kämpfer". Daneben waren Gauleiter Murr, der fränkische Gauleiter Julius Streicher, der württembergische Gauwirtschaftsberater und sein Stellvertreter, sowie dubiose Bankiers involviert. Die Leidtragenden waren die Unternehmer Fleischer und ihre Angehörigen, die massiven Pressionen ausgesetzt wurden und schließlich vollständig ausgeplündert das Land verlassen mussten.

Für Rechtsanwalt Ostertag bestand kein Zweifel, dass der antisemitische Devisenstellenleiter die Hauptverantwortung für diese Vorgänge trug, wie Ostertag generell Niemann für die radikale Umsetzung des Devisengesetzes in Stuttgart verantwortlich machte: *„Bei all seinen Sicherungsanordnungen"* sei dieser *„weit über das hinaus*[gegangen]*, was vom Reichswirtschaftsministerium angeordnet war."* Württemberg sei, *„was Verschärfungen anbetrifft, immer an der Spitze marschiert"* und Ostertag mutmaßte, *„dass Berlin viele Anordnungen Niemanns nachträglich allgemein einführte."*[73]

Die Forschung hat jedoch gezeigt, dass eine Tendenz zur *„Radikalisierung von unten"* mit ganz ähnlichen schikanösen Praktiken wie Niemann sie in Stuttgart zu verantworten hatte, auch in Hamburg und weiteren Oberfinanzpräsidien zu beobachten war, die — bei genauerem Hinsehen — seitens des Devisenfahndungsamtes zentral stimuliert war: Dieses wertete die Erkenntnisse der lokalen Devisenfahndungsstellen systematisch aus. Amtskundig gewordene Versuche, bestehende Vorschriften zu unterlaufen, hatten daher kontinuierliche „Änderungsvorschlägen der einschlägigen Gesetze, Verordnungen und Erlasse" zur Folge.[74] Auch lässt sich für einzelne, zufällig überlieferte Vorgänge zeigen, dass

---

[72] StAL: EL 905/2II, Bü 199 Bl. 40-43, Bl. 107-111, Eidesstattliche Erklärung Fleischers vom 28.04.1947 und Hermann Carl Fleischers vom 14.08.1947. Zum Folgenden ausführlich: Berghoff, Hartmut/ Rauh, Cornelia: The Respectable Career of Fritz K.: The Making and Remaking of a Provincial Nazi Leader. New York 2015. Kapitel 6 (überarbeitete und ergänzte Fassung von Dies.: Fritz K. Ein deutsches Leben im 20. Jahrhundert, München 2000).

[73] StAL: EL 905/ 2II Bü 199, Bl. 46f., sowie Protokoll der öffentlichen Sitzung der Spruchkammer am 08./09.12.1948, Bl. 46 f., 353.

[74] Bajohr, 1997 (wie Anm. 23), S. 189-216; Füllberg-Stolberg, Claus: Sozialer Tod – Bürgerlicher Tod – Finanztod. Finanzverwaltung und Judenverfolgung im Nationalsozialismus. In: Stengel (Hg.) 2007 (wie Anm. 15), S. 50-54; Banken 2016 (wie Anm. 26), S. 157.

Niemann sich in Zweifelsfällen Handlungsanweisungen vom Reichswirtschaftsministerium einholte.[75] Deshalb sind Zweifel angebracht, ob Niemann eine solche Vorreiterfunktion Württembergs in der Devisenpolitik zuzuschreiben ist, ja ob sie überhaupt existierte.

Allerdings wies die Umsetzung der Devisen- und Außenhandelsvorschriften regional — und mitunter selbst behördenintern — unübersehbar große Unterschiede auf. *„Eine erhebliche Rolle"* spielte, *„der menschliche Faktor", […] „wer die jeweilige Behörde führte, wie er und seine Mitarbeiter ihre Arbeit begriffen und welche persönlichen Einstellungen und politischen Grundüberzeugungen bestanden."*[76]

Dass Niemanns flammender Antisemitismus, sein schroffes, unbeherrschtes Auftreten für die Verfolgungspraxis seiner Dienststelle gleichermaßen prägend und für die Betroffenen unheilvoll und herabwürdigend war, steht außer Frage. Seine menschlichen Defizite wie sein rassistisches Weltbild erklären, weshalb Niemann nach 1945 alle Vorwürfe auf sich zog, während von den Opfern der Ausplünderung weder seinem Vorgänger noch seinem Nachfolger als Leiter der Stuttgarter Devisenstelle Vorhaltungen gemacht wurden: *„Herrn Dr. Jäger und Herrn Ullrich wirft niemand etwas vor",* stellte Anwalt Ostertag ausdrücklich im Spruchkammerverfahren gegen Niemann fest.[77] Eine solche Sicht entsprach der allgemeinen Wahrnehmung: Die Devisenstellen und ihr Personal galten den Zeitgenossen als Institutionen des „Normenstaats"[78] und wurden bis zu Frank Bajohrs wegweisender Studie über Hamburg als Verfolgungsorgane übersehen.[79] Zurecht machte Christoph Franke jedoch darauf aufmerksam, dass *„auch korrekte und konzessionsbereite Behördenmitarbeiter an der Verdrängung und Ausplünderung der jüdischen Bevölkerung und dem Entzug ihrer zivilisatorischen Rechte mit[wirkten]."*[80]

Eine gewisse Rolle für Niemanns Image dürfte auch der Zeitfaktor gespielt haben. Niemanns Stuttgarter Dienstjahre waren auf jene Zeit begrenzt, in der die Hochphase der reichsweit unnachsichtig voran getriebenen fiskalischen Ausplünderung der Juden stattfand. Sie fiel zusammen mit der forcierten Gangart des Reichswirtschaftsministeriums wie des Vierjahresplans, *„bevor im Jahr 1940 das ‚Judenproblem' in der Tätigkeit der Devisenstellen im Deutschen Reich deutlich an Relevanz zu verlieren begann und sich der Fokus der Devi-*

---

[75] Dies betraf, wie aus Akten der Reichskreditgesellschaft hervorgeht, die „Arisierung" der Sapt AG, Stuttgart Ende 1938. BA R 8136/3620. Vgl. Rauh 2019 (wie Anm. 48).
[76] Franke 2011 (wie Anm. 25), S. 317.
[77] StAL: EL 905/ 2II Bü 199, Bl. 361, Protokoll der öffentlichen Sitzung der Spruchkammer am 08./09.12.1948.
[78] Die Analyse des NS-Staats als „Doppelstaat", in dem „Maßnahmenstaat" und „Normenstaat" koexistierten und dynamisierten, stammt von dem zwangsemigrierten Politikwissenschaftler Ernst Fraenkel: Ders.: The Dual State (1941). Rückübersetzt ins Deutsche erstmals 1974. Neuausgabe: Fraenkel, Ernst: Der Doppelstaat, 2., durchges. Auflage, hg. von Alexander von Brünneck, Hamburg 2001.
[79] Bajohr 1997 (wie Anm. 23); Franke 2011 (wie Anm. 25), S. 317, 319.
[80] Franke 2011 (wie Anm. 25), S. 221.

senbeschaffung in die besetzten Gebiete verschob." [81]

Wie ging nun der ehemalige NS-Karrierebeamte in der Nachkriegszeit mit den aus aller Welt gegen ihn vorgebrachten Vorwürfen um? Und wieso zog sich sein Spruchkammerverfahren über mehr als sechs Jahre hin? Ernst Niemann war seit Kriegsende in Bad Wildungen in Hessen-Waldeck unter der Berufsangabe „Bankdirektor" gemeldet und reklamierte nun einen Opferstatus als gesundheitlich schwer angeschlagener Versorger einer neunköpfigen vertriebenen *„Flüchtlingsfamilie"*. Bis es den Entnazifizierungsbehörden gelang, ihn in Stuttgart, dem Ort seiner Verfolgertätigkeit, zur Verantwortung zu ziehen, vergingen Jahre, in denen er 1947 vorübergehend einige Monate in Internierungshaft saß, dann wegen Haftunfähigkeit entlassen und schließlich zur Verhandlung zwangsvorgeführt wurde. Das Protokoll dieser Sitzung dokumentiert, dass der einst so herrische Beamte nun – wie viele NS-Täter – lebhaft seine Selbstviktimisierung betrieb. Er bestritt jede Verantwortung für den „Finanztod" der württembergischen Juden, verlor über den Holocaust keine Silbe und beteuerte: *„Ich habe immer nur an die devisenwirtschaftlichen Notwendigkeiten gedacht und meine Pflichten immer ernst genommen."* [82]

Niemann verstieg sich zu der Behauptung, *„keinem Menschen Unrecht zugefügt"* zu haben, und tat, als sei Antisemitismus für ihn ein Fremdwort.[83] *„Ich habe niemand jemals so behandelt, wie ich behandelt werde",* beschwerte er sich.[84] Was seine Haltung zum Nationalsozialismus anbelangte, so habe er stets *„nur im guten Glauben gehandelt."* Die Ungerechtigkeiten hätten *„nicht in der Auslegung des Devisengesetzes* [gelegen]*, sondern in den politischen Ausnahmebestimmungen gegen die Juden". „Auf keinen Fall"* sei sein *„Verhalten zu einzelnen Antragstellern durch irgendwelche Vorurteile rassischer Art bestimmt gewesen,"* behauptete er in Gegenwart von Zeugen, die ausgesagt hatten, einst von ihm mit Häme und Respektlosigkeit behandelt, ja brachial angerempelt worden zu sein.

Er betonte, *„alles aufgrund des Gesetzes und der vom Ministerium gegebenen Erlasse"* getan zu haben: *„Wir waren nur Durchführungsstelle."* Das alles mündete in die Feststellung: *„Wenn man mir die Erlassung von Sicherungsanordnungen zum Vorwurf macht, muß man alle Beamten bei den Devisenstellen zur Verantwortung ziehen."* [85] Damit hatte Niemann zweifellos einen wunden Punkt

---

[81] Franke 2011 (wie Anm. 25), S. 318; Loose, Ingo: Das Reichswirtschaftsministerium und die nationalsozialistische Judenverfolgung 1933-1945. In: Ritschl (wie Anm. 12), S. 357-532, S. 370-454.
[82] StAL: EL 905/ 2I, Bü 199, Bl. 363, Protokoll der öffentlichen Sitzung der Spruchkammer am 08./09.12.1948.
[83] StAL: EL 905/ 2II Bü 199, Bl. 363 und Bl. 239-241, Brief Ernst Niemanns an die Zentralspruchkammer v. 16.10.1948.
[84] StAL: EL 905/ 2II Bü 199, Bl. 352, Protokoll der öffentlichen Sitzung der Spruchkammer am 08./09.12.1948.
[85] StAL: EL 905/ 2II Bü 199, Bl. 363 und Bl. 239-241, Protokoll der öffentlichen Sitzung am 08./09.12.1948 und Brief Ernst Niemanns an die Zentralspruchkammer vom 16.10.1948.

getroffen, denn am *"gesetzlichen Unrecht"* der reibungslosen Ausplünderung der Juden hatten sich in Württemberg wie in anderen Finanzdistrikten des Reichs die zuständigen Beamten nahezu ausnahmslos beteiligt, ohne dass das rechtlich oder politisch geahndet worden wäre. Man musste nur die Berufsbiografien der von der Kammer geladenen Zeugen und Sachverständigen betrachten, um zu erkennen, dass Männer, deren Verantwortungsbereich dem von Niemann glich, die politische Säuberung ohne große Probleme durchlaufen hatten. Dies galt für Niemanns Vorgänger, Regierungsdirektor Dr. Anton Jäger, der jetzt der Regierung Württemberg-Hohenzollerns angehörte,[86] ebenso wie für Niemanns Nachfolger im Amt, Walter Ullrich, der — als "Mitläufer" entnazifiziert — inzwischen Direktor der Landeszentralbank war.

Alle Sachverständigen betonten die Gesetzesförmigkeit der Praxis ihrer Institutionen, der Devisenstellen, und sie bezweifelten, dass es tatsächlich unter Niemanns Leitung zum Rechtsbruch gekommen sei. Der einstige Leiter der Devisenstelle Würzburg, Dr. Hans Pade (1901-?), der als Sachverständiger geladen war, erklärte: *"Das Devisengesetz selbst war für uns ja nicht maßgebend, wir hatten unsere Erläuterungen, wir hatten Runderlasse, allgemeine Erlasse und vertrauliche Erlasse, nach denen wir handeln mußten."* Walter Ullrich ergänzte: *"Die vertraulichen Erlasse waren die Dienstanweisungen an die Devisenstelle selbst. [...] [Sie] enthielten, wie man die Runderlasse anzuwenden hatte und in welcher Form man zu entscheiden hatte."* Ein ehemaliger Sachbearbeiter in Stuttgart schließlich äußerte: *"Die allgemeinen Erlasse konnte man überall kaufen, dann gab es noch die allgemeinen vertraulichen Erlasse, die nicht veröffentlicht wurden. Es kam vor, daß in diesen ungefähr das Gegenteil stand von dem, was veröffentlicht wurde."*[87]

Die Experten legten also den Schluss nahe, dass alle von jüdischen Opfern gegen Niemann bezeugten Erpressungs- und Gewaltmaßnahmen vom NS-Staat zugelassen, wenn nicht gewollt, waren. Die immer wieder betonte *"Gesetzesförmigkeit dieses Unrechts wirkte"*, wie Christoph Franke zutreffend beobachtet hat, *"legitimitätsstiftend für die Täter"*.[88] Solche subtilen juristischen Überlegungen stellte die Zentralspruchkammer Nordwürttemberg-Nordbaden aber nicht an. Aufgrund der zahlreichen Belastungszeugnisse schien der Fall Niemann klar: Am 9. Dezember 1948 erklärte die Kammer ihn zum Hauptschuldigen mit härtest möglichen Sanktionen. Wegen Verfahrensfehlern erlangte der Spruch jedoch keine Rechtskraft. Die Zentral-Berufungskammer verwies das Verfahren im Juli 1949 zur erneuten Verhandlung zurück an die Vorinstanz.[89]

---

[86] StAL: EL 905/ 2II Bü 199, Bl. 360, über ihn sagte ein Sachbearbeiter des Auswanderer-Referats aus: *"Dr. Jäger war, obwohl er der SA angehörte, kein Nazi. [...] Dr. Jäger war außerdem ein sehr bedeutender Jurist [...]. In internen Dienstbesprechungen habe er "immer wieder darauf hingewiesen, daß Ja die Juden geplagt genug seien und wir als Dienststelle deshalb den Leuten nicht noch mehr Schwierigkeiten machen sollen."* Denselben Tenor hatten Aussagen mehrerer Anwälte.
[87] StAL: EL 905/ 2II Bü 199, Bl. 360.
[88] Franke 2011 (wie Anm. 25), S. 319.
[89] StAL: EL 905/2II, Bü 199, Bl. 458.

Niemann setzte nun alles daran, die Ansetzung neuer Verhandlungstermine zu verhindern oder Sitzungen platzen zu lassen. Während drei Jahren wurde von der Zentralspruchkammer sechsmal zur Verhandlung des Falls geladen, reisten Belastungszeugen aus den USA und aus England und Experten aus der näheren Umgebung an, ohne dass der Betroffene, der — ohne amtsärztliches Attest — vorgab, verhandlungsunfähig zu sein, zur Stelle war. Niemann dürfte sich von dieser Verzögerung seines Verfahrens erhofft haben, am Ende ungeschoren davon zu kommen. Es gab ja zahlreiche Beispiele politisch schwer belasteter Personen, die im Berufungsverfahren herabgestuft worden waren. Angehörige der bürgerlichen Leistungselite wurden bestenfalls vorübergehend von der politischen Säuberung erfasst. Als „Hauptschuldige" und „Belastete" gingen üblicherweise nur Parteiaktivisten und hohe Funktionäre, - die NS-Elite - aus den Verfahren hervor, und zu dieser Gruppe hatte Niemann nicht gehört.[90] Je länger sich das Verfahren hinzog, desto wahrscheinlicher wurde seine Einstellung. Für Benno Ostertag hätte die Einstellung dieses Spruchkammerverfahrens *„ein Fiasko der gesamten Entnazifizierung"* und gewiss auch eine schwere persönliche Niederlage bedeutet.[91] Als das Verfahren sich immer mehr hinauszögerte, strengte er parallel ein Strafverfahren gegen Niemann an. Neun Fälle von Inhaftierung im Rahmen von Sicherungsanordnungen gegen Juden wollte er als „versuchte Erpressung", teils „in Tateinheit mit Freiheitsberaubung im Amt" geahndet wissen. Die 3. Strafkammer des Landgerichts Stuttgart lehnte jedoch am 22. Dezember 1950 die Eröffnung eines Verfahrens ab.[92]

Damit schien Niemann —auch ohne dass sein Entnazifizierungsverfahren abgeschlossen war — in seinem persönlichen Umfeld rehabilitiert: Der Bürgermeister von Bad Wildungen schrieb an das Stuttgarter Innenministerium, nun dürfte auch für das Entnazifizierungsverfahren *„nur eine Einstellung in Frage kommen [...]. Menschlich sollte man einen Mann, der, wie das Gerichtsverfahren erwiesen hat, sich nichts Strafbares hat zuschulden kommen lassen, endlich in Ruhe und in geordnete Verhältnisse kommen lassen."*[93] Das entsprach zu Beginn der 1950er Jahre dem Zeitgeist, als die meisten Deutschen einen Schlussstrich unter die NS-Vergangenheit machen wollten.[94]

Niemann selbst sah sich längst nur noch als Opfer: Dass man seinen Fall - im Unterschied zu vielen politischen Delikten, die durch das 1. Straffreiheitsgesetz 1949 amnestiert worden waren[95] - 1952 noch immer nicht eingestellt hatte, ja

---

[90] Hoser 2013 (wie Anm. 4); Rauh-Kühne 2001 (wie Anm. 4).
[91] Ostertag laut Protokoll der öffentlichen Sitzung am 22.09.1949 STAL EL 905/2II, Bü 199, S. 4.
[92] StAL: EL 905/2II Bü 199, Bl. 663, Beschluss der 3. Strafkammer des Landgerichts Stuttgart vom 22.12.1950. Dies war kein Einzelfall. Mehrere Klagen wegen räuberischer Erpressung gegen ‚Arisierungs-Beteiligte' scheiterten, weil den Beschuldigten in der Regel der Vorsatz zum Rechtsbruch nicht nachgewiesen werden konnte. Vgl. Berghoff/ Rauh 2015 (wie Anm. 72), S. 213.
[93] StAL: EL 905/2II Bü 199, Bl. 689, Schreiben von Bürgermeister Spelsberg an das Württemberg-Badische Innenministerium, 27.10.1951.
[94] Vgl. Frei, Norbert: Vergangenheitspolitik. Die Anfänge der Bundesrepublik und die NS-Vergangenheit. München 1996.
[95] In Nordwürttemberg-Nordbaden war am 03.04.1950 das Gesetz Nr. 1078 zum Abschluss der politi-

dass man ihn 1950 erneut in Untersuchungshaft hatte nehmen lassen, um sein Erscheinen zur Spruchkammerverhandlung sicherzustellen, veranlasste ihn, zu einem Beschwerdebrief an den Bundeskanzler. Erneut stilisierte er sich zum unschuldig verfolgten, schwer leidenden Flüchtlings-Familienvater und versicherte Adenauer: *„Ich bin kein Kommunist und kenne auch die Fehler der Vergangenheit, aber meinen Sie wirklich"*, fragte er rhetorisch, *„dass man angesichts solcher Erfahrungen von einem Rechtsstaat sprechen kann?"* Er zeigte sich *„überzeugt, dass sich das deutsche Volk wieder einen solchen schaffen wird"* und mahnte allen Ernstes: *„Es liegt an Ihnen und Ihrer Regierung, dass sich nicht die Überzeugung ausbreitet, vor allem in der heranwachsenden Generation, was jetzt geschehe, sei kein geeigneter Weg dazu."*[96]

Aber die Zentralspruchkammer blieb hartnäckig. Die Kammer wollte eine Verfahrenseinstellung, die als Rehabilitierung eines „Judenhassers" hätte interpretiert werden können, unter allen Umständen vermeiden. Am 24. September 1952 wurde in 7. Sitzung — zum 7. Mal in Abwesenheit des Betroffenen — über den Fall Niemann entschieden. Von der so komplexen devisenrechtlichen Seite des Falles wurde vollständig abgesehen, die Rechtsmaterie schien die Spruchkammer zu überfordern, obwohl ihr erfahrenes Personal wie der ehemalige Reichsbankdirektor Karl Blessing (1900-1971) angehörte. Sie stützte ihren Spruch allein auf das antisemitische Verhalten des Betroffenen und befand: Wer wie Niemann *„mit dem ihm nachgewiesenen verwerflichen Verhalten die jüdischen Gesuchsteller und Auswanderer und deren Bevollmächtigte und Vertreter behandelt hat"*, habe *„in gleicher Weise, wie der Gesetzgeber selbst der NS-Gewaltherrschaft ausserordentliche Unterstützung gewährt"*. Wie schon vier Jahre zuvor wurde Niemann zum „Hauptschuldigen" erklärt. Sein Berufungsantrag blieb erfolglos. Mit Beschluss der Zentralen Berufungskammer am 13. März 1953 wurde das Urteil rechtskräftig und eines der langwierigsten und wohl auch ungewöhnlichsten Entnazifizierungsverfahren abgeschlossen.[97] Die Einstufung des Reichsbankbeamten als *„Hauptschuldiger"* übertraf an Schärfe selbst die Entnazifizierungsbescheide der für die *„Arisierungspolitik"* in Württemberg maßgeblich verantwortlichen NS-Funktionäre: Weder der von jüdischen Unternehmern gefürchtete radikal antisemitische Gauwirtschaftsberater, noch sein korrupter Stellvertreter, der sich an *„arisierten Unternehmen"* bereichert hatte, wurden von der Zentralspruchkammer ähnlich hart angefasst wie Niemann, ein Befund, der befremdet und wohl nur mit Niemanns Obstruktion des Entnazifizierungsverfahrens zu erklären ist, die als Beweis für fehlende Schuldeinsicht interpretiert wurde.[98]

---

schen Befreiung in Kraft getreten. Es sah vor, alle Entnazifizierungsverfahren, bei denen kein hinreichender Verdacht bestand, dass der Betroffene Hauptschuldiger oder Belasteter ist, umgehend einzustellen. Regierungsblatt für Württemberg-Baden 1950, S. 30; vgl. Frei1996 (wie Anm. 94), Kap. I.

[96] StAL: EL 905/2II Bü 199, Bl. 638ff, Schreiben von „Bankdirektor z.Zt. a. D." Ernst Niemann vom 22.01.1952 an Bundeskanzler Konrad Adenauer.

[97] StAL: EL 905/2II Bü 199, Bl. 767, Begründung des Spruchs der Zentralen Berufungsspruchkammer Württemberg vom 17.03.1953.

[98] Beide wurden lediglich zu „Belasteten" erklärt. Vgl. zu Gauwirtschaftsberater Walther Reihle: StAL: EL

Damit lag die Kammer mit Sicherheit richtig, denn der zuvor wegen gesundheitlicher Einschränkungen stets verhandlungsunfähige Niemann entfaltete, sobald das Urteil Rechtskraft erlangt hatte, rege Aktivitäten, um mit juristischen Mitteln und Gnadengesuchen gegen die Konsequenzen des Spruchs vorzugehen. In langen Schriftsätzen breitete er jetzt seine Auffassungen aus. Und auch nachdem Ministerpräsident Gebhard Müller ihn zum 1. Juni 1955 auf dem Gnadenweg zum „Belasteten" herabgestuft hatte, schrieb Niemann an das Verwaltungsgericht Kassel: *„Der Stuttgarter Spruch stellt auch in der abgemilderten Form Unrecht dar."*[99] Bei anderer Gelegenheit belehrte Niemann das Ver-waltungsgericht: *„Das öffentliche Interesse verlangt stets..., daß den Grund-sätzen des Rechtsstaates Geltung verschafft wird."* Und er verlangte bei dieser Gelegenheit von der Bezeichnung als ‚früherer Bankdirektor' abzusehen *und die mir zustehende Bezeichnung zu verwenden, ob Sie dabei dem Sprachgebrauch folgen und mich als Bankdirektor a.D. bezeichnen oder als Direktor einer Reichsbanknebenstelle a.D. überlasse ich Ihrer Entscheidung."* Niemann wies *„ergebenst darauf hin, daß die Bezeichnung als ‚früherer Bankdirektor' nach meiner Ansicht die Verwirkung der Bezeichnung durch eine strafbare Handlung und nachfolgende disziplinarische Ahndung vermuten läßt, also beleidigend ist. Ich darf dabei als bekannt voraussetzen, daß, nach bekannten Grundsätzen, den Entnazifizierungsmaßnahmen jeder Charakter von strafrechtlichen Maßnahmen fehlen soll."*[100]

Berufliche Perspektiven oder ein Rechtsanspruch auf Versorgungsbezüge nach §131 GG, sowie ein Anspruch auf Versorgung nach dem Armenrecht[101] oder auf Lastenausgleichszahlungen für Vertriebene blieben Niemann auch als „Belasteter" vorenthalten. Was ihm in den kommenden Jahrzehnten gewährt wurde, erhielt er auf dem Gnadenwege. Seine juristischen Auseinandersetzungen um die Gewährung der vollen Versorgungsbezüge verlor Niemann ausnahmslos.[102] Der kränkelnde Mann, der mit seiner großen Familie weiterhin in Bad Willdungen (Nordhessen) lebte, wurde Ende des Jahres 1957 für dienstunfähig erklärt und blieb beruflich wie politisch kaltgestellt. Er scheint in den kommenden Jahrzehnten — außer von den allmählich gnadenhalber gewährten Versorgungsbezügen — vom Arbeitseinkommen seiner Frau, den Kindergeldzah-

---

902/20 Bü 80828; zum Stellvertretenden Gauwirtschaftsberater Fritz Bernlöhr: StAL: EL 902/3 Bü 4013. Zu beider Rolle im Prozess der Beraubung württembergischer Juden: Rauh, „Arisierungshyänen" (wie Anm. 48).
[99] HStAM 280 Nr. 800, Schreiben Niemanns v. 30.07.1955 an das Verwaltungsgericht Kassel.
[100] HStAM 280 Nr. 800, Schreiben Niemanns vom 29.12.1955 an das Verwaltungsgericht Kassel.
[101] 1954/55 klagte Niemann erfolglos durch mehrere Instanzen gegen das Land Hessen, das ihm mit Hinweis auf seine Einstufung als Hauptschuldiger einen Unterbringungsschein für die Aufnahme ins Armenrecht verwehrte. HStAM 280 Nr. 800.
[102] HStAM 280 Nr. 2606. Zurückweisung eines Revisionsantrags Niemanns gegen das Urteil des Hessischen Verwaltungsgerichtshof vom 29.10.1963. Zum 01.05.1958 erfolgte im Gnadenweg die Gewährung einer stets widerruflichen Unterhaltsbeihilfe bis zur Höhe von 75% des am 08.05.1945 erdienten Ruhegehalts. Später wurde das bis zum 31.03.1951 erdiente Ruhegehalt zugrunde gelegt. Ein neuerlicher Gnadenerlass zum 01.04.1962 änderte diese gnadenweise Versorgung in einen Rechtsanspruch in gleicher Höhe ab.

lungen für sieben Kinder und von anderweitiger öffentlicher Unterstützung gelebt zu haben. Einer Erwerbstätigkeit ging er, soweit aus den überlieferten Akten ersichtlich, bis zu seinem Tod im Alter von 83 Jahren nicht mehr nach. Doch trat er immer wieder prozessierend gegen Behörden von Bund, Land und Kommune in Erscheinung. Vereinzelt tauchte der Vorwurf des *„Querulanten"* gegen ihn auf.[103] Ob Niemann sich jemals noch mit seiner NS-Vergangenheit und seinem persönlichen Anteil an den Vermögensverlusten und Nöten vieler Opfer auseinandergesetzt hat, ließ sich nicht ermitteln. Eine nach 1945 geborene Tochter, zu der ein Kontakt hergestellt werden konnte, lehnte Auskünfte über ihren Vater ab.

---

[103] Klagefälle Niemanns beim Verwaltungsgericht Kassel aus den Jahren 1954-1969 in: HStAM: Bestand 280 Nr. 2062; Nr. 2606; Nr. 280; Nr. 800; Nr. 1540; Nr. 1587. Sowie abgewiesene Klage beim Bundesverwaltungsgericht: BVErwG, 21.10.1966-BVerwG VI C 74/63.
https://www.jurion.de/urteile/bverwg/1966-10-21/bverwg-vi-c-74_63/ (Zugriff: 26.02.2018). Ernst Niemann starb, wie einer mittlerweile gelöschten genealogischen Internetseite zu entnehmen war, am 05.12.1983 in Bad Wildungen.

Steffen Seischab

Hans Olpp: Ein Leben für die SA

* 31. März 1897 in Stuttgart-Heslach
† 30. Juni 1985 in Kirchheim u.T.

Kunstmalermeister, 1922 Gründer der SA in Kirchheim unter Teck, danach - mit Unterbrechung 1924-27 - steile SA-Karriere. Ab 1934 hauptberuflicher Funktionär. 1938 Beteiligung am Ludwigsburger Synagogenbrand. Ordnete im März 1945 die Erschießung von fünf sowjetrussischen Zwangsarbeitern an.

Am 14. Februar 1948 wurde im Plieninger Gasthaus „Zur Post" ein Kunstmaler namens Hans-Joachim Kolb verhaftet.[1] Anzeige erstattet hatte der aus russischer Kriegsgefangenschaft zurückgekehrte Mann der Wirtin Schott; er kannte den Maler von Ötlingen, woher er stammte. Was weder Schotts Frau noch die anderen Plieninger wussten, die mit dem nach Kriegsende 1945 zugezogenen Neubürger zu tun hatten, war ihm wohlbekannt: dieser Mann mit dem gepflegten Vollbart war vor 1945 nicht nur Kunstmaler gewesen, und er hieß auch anders. Bei dem Dauermieter in der „Post" handelte es sich um den bei Kriegsende untergetauchten SA-Führer Hans Olpp aus Kirchheim unter Teck. Damit endete ein mehr als zweieinhalbjähriges Versteckspiel, und die juristische Aufarbeitung eines über 20 Jahre eng mit der SA verknüpften politischen Lebens begann.

Tatsächlich lässt sich Olpps Lebensweg von der Entwicklung der nationalsozialistischen „Sturmabteilung", der er im November 1922 beitrat, kaum scheiden. Er hat das Schicksal dieser paramilitärischen Organisation von ihren ersten Anfängen bis in die letzten Kriegstage 1945 geteilt, Höhen und Tiefen miterlebt, Aufmärsche organisiert, Mitglieder rekrutiert und SA-Einheiten aufgebaut, NS-Veranstaltungen begleitet und Straßenterror ausgeübt, 1923 Waffen für den Hitlerputsch gesammelt, nach der Machtübernahme zehn Jahre später politische Gegner drangsaliert und ins KZ verbringen lassen, die Entmachtung der SA im NS-Staat 1934 mit Glück und Geschick überlebt, weiter Karriere gemacht, sich im November 1938 an der Zerstörung der Ludwigsburger Synagoge beteiligt, es im Krieg bis in den Stab der Obersten SA-Führung in München geschafft und sich Ende März 1945 als Volkssturmkommandant eines Kriegsverbrechens schuldig gemacht, bei dem fünf russische Zwangsarbeiter von Hitlerjungen wegen Plünderns erschossen wurden. Es gab also hinreichend Gründe für Olpp,

---

[1] Aktenvermerk des öffentlichen Klägers der Spruchkammer LB Schramm vom 12.3.1948, in: StAL EL 903/5 Bü 340.

sich nach der Kapitulation 1945 als „Hans-Joachim Kolb" jahrelang auf den Fildern zu verstecken.

Wie erklärt sich diese extreme Bindung Olpps an die SA? Bis zu welchem Punkt reichte die Übereinstimmung zwischen ihm und der Organisation, der er angehörte? Welche Kompromisse hat er im Laufe der Zeit gemacht, um dabei bleiben zu können? Hat es eine persönliche Sollbruchstelle bei Olpp gegeben, die ihn zum Austritt bewegt hätte, oder war seine Loyalität bedingungslos? Und wie ging Hans Olpp mit dem katastrophalen Scheitern seines „Lebensprojekts" nach 1945 um? Diesen Fragen möchte die folgende Betrachtung nachgehen.

Hinführung

Die politische Biografie Hans Olpps beginnt, wie bei vielen späteren SA-Männern, mit dem Ersten Weltkrieg und dessen Folgen. Am 31. März 1897 in Stuttgart-Heslach als eines von sechs Kindern des Malermeisters Jakob-Ludwig Olpp geboren, der sich 1899 in Kirchheim unter Teck niederließ und dort ein Malergeschäft (Ecke Notzinger/Seestraße) gründete,[2] absolvierte Hans Olpp die Schulzeit in Kirchheim und schloss sie 1911 mit der Mittleren Reife auf dem Realgymnasium ab.[3] Anschließend ging der künstlerisch begabte Zögling im Betrieb des Vaters in die Lehre, die er 1914 abschloss. Wäre nicht der Krieg gekommen, wäre Hans Olpps weitere Biografie vorgezeichnet gewesen: Mitarbeit in der elterlichen Firma bis zur Übernahme in nächster Generation. So sollte es zwar in den 1920ern auch kommen, aber dazwischen schob sich als Zäsur das Erlebnis des Ersten Weltkriegs.

Bereits 1914 meldete sich der damals Siebzehnjährige als Kriegsfreiwilliger zum Militär. Sein erster Fronteinsatz führte ihn vom 3. März 1915 bis 28. Januar 1916 nach Russland,[4] danach kam er an die Westfront.[5] Eine Granatsplitterverletzung am linken Schienbein und leichte Weichteilsplitterverletzungen am Gesäß waren der gesundheitliche Preis, den er für seinen Kriegseinsatz bezahlte.[6] Im März 1917 mit dem Eisernen Kreuz II. Klasse und im September 1918 mit der Württembergischen Militär-Verdienstmedaille in Silber ausgezeichnet,[7] stieg Hans

---

[2] http://www.olpp-color.de/chronik.htm (12.03.2019)
[3] Die biografischen Angaben zu Hans Olpp sind, soweit nicht anders angegeben, folgenden Quellen entnommen: a) zwei Vernehmungsprotokolle Olpps unmittelbar nach seiner Verhaftung vom 03.03.1948, b) Aktenvermerk des öffentlichen Klägers der Spruchkammer LB Schramm vom 12.03.1948, c) Aktenvermerk für den öffentlichen Kläger o.D., d) Ermittlungsbericht der Spruchkammer LB zu Hans Olpp vom 17.03.1948, e) Vernehmungsprotokoll durch die Landespolizei Ludwigsburg vom 02.04.1948, f) Lebenslauf Olpps o.D. (wohl Anfang Mai 1948), g) politischer Lebenslauf Olpps in zwei identischen Versionen vom 05. und 07.05.1948. Alles in: StAL EL 903/5 Bü 340 (a,b,d,f,g) und/oder EL 905/4 Bü 1991 (a,c,d,g) sowie EL 317 VI Bü 1202 (e).
[4] 03.-20.06.1915 Kr.L.Abt. 10; 01.07.1915-27.01.1916 Württ. Feldartillerieregiment Nr. 29. 4. Ersatzbataillon.
[5] 28.01.1916-Kriegsende Württ. Feldartillerieregiment Nr. 2 und 238 L.M.K.
[6] Gutachten des Gesundheitsamts Nürtingen vom 14.06.1949, in: StAL EL 317 VI Bü 1206.
[7] 31.03.1917 EK II. Klasse, 15.09.1918 Württ. Silberne Militär-Verdienstmedaille.

Olpp im Lauf der Jahre über den Unteroffizier bis zum Offiziersanwärter auf. Das Kriegsende 1918 erlebte Olpp an der belgisch-französischen Grenze, von wo sein Regiment am 11. November den mehr als 1.000 km langen Rückmarsch antrat und am 5. Januar 1919 Ludwigsburg erreichte und aufgelöst wurde. Am 23. Januar wurde Olpp aus der Armee entlassen und kehrte nach Kirchheim zurück, wo er seine Ausbildung fortsetzte und 1921 die Meisterprüfung als Dekorations- und Kirchenmaler ablegte.

Dass Olpp künstlerisch-musisch ungewöhnlich begabt war, zeigt nicht nur der Umstand, dass er sich mit Landschaftsbildern, die er mit dem – 1945 unter anderen Umständen reaktivierten – Künstlernamen „Hans-Joachim Kolb" signierte, etwas dazuverdiente,[8] sondern auch, dass er nach bestandener Meisterprüfung kurzzeitig (1921/22) die Stuttgarter Hochschule für Musik besuchte. Den beruflichen wie familiären Mittelpunkt bildete aber das elterliche Malergeschäft in Kirchheim, das Hans Olpp und sein viereinhalb Jahre jüngerer Bruder Walter (*1901) zunächst gemeinsam mit dem Vater führten und, nachdem auch Walter die Meisterprüfung abgelegt hatte, 1928 schließlich übernahmen.[9] Das weiterhin unter dem Namen des Vaters firmierende Geschäft wurde jetzt ins Zentrum, in die Schlossstraße 12, verlegt. 1925 heiratete Hans Olpp Mathilde Hahn, die Tochter eines Kirchheimer Feilenhauermeisters. Mit ihr sollte er zwei Kinder bekommen.[10]

In die aktive Politik trat Hans Olpp unmittelbar nach Kriegsende, im Jahr 1919, mit dem Beitritt zum Deutschvölkischen Schutz- und Trutzbund (DVSTB) ein, einer aus dem Alldeutschen Verband des Kaiserreichs hervorgegangenen, völkisch-nationalistisch ausgerichteten Organisation, die bis zum Aufstieg der Nationalsozialisten das wichtigste Sammelbecken der Rechten in Württemberg bildete.[11] Ihre Mitglieder einte der wütende Protest gegen die „Schmach von Versailles", für die man nicht nur die alliierten Siegermächte, sondern auch die Linke und die politischen Repräsentanten der jungen deutschen Republik verantwortlich machte, ebenso wie die einhellige Ablehnung der parlamentarischen Demokratie als Regierungsform. In diesem Verband fand Olpp seine politische Heimat, und dort blieb er bis 1922, als der DVSTB durch eine neue, dynamischere Kraft im rechten Spektrum überflügelt wurde: die NSDAP.

Eintritt (1922/23)

Als Hans Olpp im November 1922 in die SA eintrat, hatte diese paramilitärische Organisation der Nationalsozialisten schon reichsweit große Aufmerksamkeit erlangt. Der am 12. November 1920 als „Turn- und Sportabteilung" der NSDAP

---

[8] Zeugenvernehmung Olpps durch die Landespolizei LB, Protokoll 02.04.1948, in: StAL EL 317 VI Bü 1202.
[9] SA-Fragebogen vom 15.03.1942, in: StAL EL 903/5 Bü 340; http://www.olpp-color.de/chronik.htm (12.03.2019): dort wohl irrtümlich 1924 als Datum der Betriebsübergabe.
[10] Die Tochter Margarete (*1926) und den Sohn Hansjörg (*1934).
[11] Genuneit, Jürgen: Völkische Radikale in Stuttgart, Stuttgart 1982, S. 44 ff.

gegründete Verband war von Hitler seit der Erlangung diktatorischer Machtbefugnisse im Parteiapparat im Juli 1921 systematisch zu einer Privatarmee ausgebaut worden, für die vor allem ehemalige Weltkriegssoldaten und Mitglieder nunmehr aufgelöster Wehrverbände wie Freikorps und Einwohnerwehren rekrutiert werden sollten. Am 5. Oktober 1921 in „Sturmabteilung" (SA) umbenannt, spielten die „braunen Bataillone" (Longerich) für das Bestreben der Nationalsozialisten, Tatkraft und Stärke zu demonstrieren und so die Führungsposition im rechten Lager zu erobern, eine entscheidende Rolle. Einen ersten Höhepunkt erreichte diese Strategie auf dem „Deutschen Tag" völkisch-rechtsradikaler Verbände in Nürnberg am 13.-15. Oktober 1922. Obwohl die Veranstaltung vom DVSTB organisiert wurde, zog nicht er, sondern Hitlers SA mit gezielten Gewaltaktionen gegen linke Gegendemonstranten das Hauptaugenmerk der Versammelten auf sich. Die Hitlerbewegung zeigte sich hier als kraftvolle, entschlossene Gruppierung, die am ehesten in der Lage sein würde, in Deutschland einen gewaltsamen Umsturz des politischen Systems zu bewerkstelligen. Danach liefen ganze Ortsgruppen des DVSTB zur NSDAP über. Nach Mussolinis erfolgreichem „Marsch auf Rom" Ende Oktober 1922 erhielt die SA noch mehr Zustrom durch all diejenigen, die in der gegenwärtigen, von politischer und wirtschaftlicher Instabilität geprägten Situation einen günstigen Moment für einen faschistischen Putsch auch in Deutschland sahen.

Zu diesem Zeitpunkt trat Hans Olpp in die SA und deren politische Dachorganisation, die NSDAP, mit der Mitgliedsnummer 26.134 ein.[12] Tatsächlich war für ihn von Anfang an die Bedeutung der Partei gegenüber der SA zweitrangig. Von Parteipolitik hielt Olpp nicht viel, während für ihn die SA als Organisation nicht des Wortes, sondern der Tat die Willenskraft, Gewaltsamkeit und Geschlossenheit verkörperte, von der er sich die politische Zukunft versprach. Ohne Zweifel spielte hier die Idealisierung von Kriegserlebnis und Kameradschaftsgeist, aber auch eine gewisse Männerbündelei und das klare Bekenntnis zur Gewalt als legitimem Mittel eine Rolle. Für den Parteimenschen hatte man aus dieser Perspektive nur Verachtung übrig; und es sollte Hans Olpp bis zum Schluss mit Stolz erfüllen, in seiner Heimat Kirchheim im November 1922 mit einigen Gleichgesinnten unter dem Namen „Sturmtrupp Teck" die erste SA-Einheit der Region ins Leben gerufen zu haben.

In Württemberg existierten seit Anfang 1922 einzelne SA-Verbände. Es sollte allerdings bis zur Jahreswende 1922/23 dauern, bis eine einheitliche Organisations- und Kommandostruktur gebildet wurde.[13] Hektische Aktivität zeigte man

---

[12] Lebenslauf Hans Olpps vom 05.05.1948, in: StAL EL 905/4 Bü 1991 u.ö. Im Urteil der Berufungsspruchkammer Ludwigsburg vom 11.11.1948 wird, auf Grundlage eines SA-Personalbogens Olpps vom 15.03.1942, abweichend der 27.03.1923 als Datum des Partei- und SA-Eintritts genannt (beides in: StAL EL 903/5 Bü 340). Möglicherweise bezieht sich dieses Datum auf die Gründung der Ortsgruppe Kirchheim, oder aber Hans Olpp hat sich seit November 1922 in der NS-Bewegung engagiert, ist aber formal erst im Frühjahr 1923 eingetreten.
[13] Genuneit 1982 (wie Anm. 11), S. 104 f.

im Dezember 1922, als an drei aufeinanderfolgenden Tagen (9.-11.12.) NS-Veranstaltungen in Geislingen/Steige, Stuttgart und Göppingen mit großem SA-Aufgebot begleitet wurden. An allen drei Abenden kam es zu heftigen Auseinandersetzungen mit den Kommunisten, die die Veranstaltungen sprengen wollten; am letzten Tag in Göppingen eskalierte die Gewalt zu einer blutigen Schlägerei, der legendären „Schlacht im Walfischkeller". Da die Nazis für diese Veranstaltungen alle verfügbaren Kräfte mobilisierten (für die Versammlung in Geislingen wurden sogar SA-Leute aus München hinbeordert), ist anzunehmen, dass auch Hans Olpp mit seinem neugegründeten „Sturmtrupp Teck" mit von der Partie war.

Überhaupt nahm Kirchheim in den strategischen Planungen der württembergischen SA-Führung fortan eine wichtige Rolle ein - nicht zuletzt dank des großen Engagements des örtlichen Verbands. Nachdem die württembergische Regierung am 12. Dezember 1922 unter dem Eindruck der blutigen Exzesse vom Vorabend in Göppingen alle öffentlichen NSDAP-Veranstaltungen verboten und sich der Landtag in einer zweitägigen Debatte am 18./19.12. ausführlich mit den NS-Übergriffen befasst hatte, musste das oberste Ziel der Nationalsozialisten nunmehr darin liegen, aus der verschärften öffentlichen Beobachtung herauszukommen, wollten sie ihre Putschpläne ungehindert fortsetzen. Dazu wählte man eine zweigleisige Strategie: nach außen hin die Demonstration von Ordnung und Disziplin, um das Image des randalierenden Krawallhaufens loszuwerden, und zugleich gezielte Aufrüstung und paramilitärische Übungen, um sich auf den Ernstfall vorzubereiten.

Trotzdem konnte man nicht verhindern, dass die Landesregierung am 24. April 1923 die SA verbieten ließ. Dennoch wurde bereits fünf Tage später, am 29. April, in Kirchheim unter Teck ein Landestreffen der württembergischen NSDAP und - kaum getarnten - SA mit militärischer Geländeübung abgehalten, auf dem beschlossen wurde, die SA unter dem Decknamen einer „Wander- und Sportabteilung" weiter bestehen zu lassen und sie gleichzeitig zu reorganisieren.[14] Der offenkundig überforderte SA-Landeschef Keim wurde durch den Hauptmann Ludwig Steyrer ersetzt. Gastgeber dieses Treffens war Hans Olpps „Sturmtrupp Teck", was zeigt, wie sehr er schon kurz nach seinem Eintritt in die SA sich zu engagieren bereit war und in die Führungsebene des Landesverbands vorrückte. Um die Organisation zu festigen, entstanden jetzt auch neben Kirchheim[15] in Owen, Oberlenningen und Bissingen unter Teck NSDAP-Ortsgruppen, deren harter Kern über Olpps SA-Einheit rekrutiert wurde.

---

[14] Schwäbische Tagwacht Nr. 206 vom 04.09.1923, Korrespondenz in BA NS 26/297.
[15] Leiter der Kirchheimer NSDAP-Ortsgruppe war ein ansonsten nicht näher bekannter Fabrikant namens Otto Rauth. Die Machtverhältnisse zwischen Partei und SA fielen aber eindeutig zugunsten letzterer aus.

Noch ein weiteres Mal sollte Kirchheim in dieser Zeit der Schauplatz eines zentralen NS-Spektakels werden. Nachdem an Pfingsten 1923 auf dem Truppenübungsplatz Münsingen unter Beteiligung von Reichswehrsoldaten eine großangelegte Wehrsportübung abgehalten worden war (an der sicher auch Olpp teilgenommen hatte),[16] trommelten die württembergischen Nazis alle verfügbaren Kräfte für das Wochenende vom 23./24. Juni 1923 zu einer großangelegten Sonnwendfeier auf der Teck zusammen. Gastgeber für die rund 3.500 Personen, die aus nah und fern zu diesem Massenspektakel anreisten, war wiederum Hans Olpps „Sturmtrupp Teck". Tatsächlich hinterließ dieses Schauspiel, bei dem die NS-Bewegung nicht nur Macht und Stärke, sondern auch Ordnung und Disziplin zu demonstrieren suchte, großen Eindruck. Worum es eigentlich ging, geht aus der Abschlussresolution der versammelten Nationalsozialisten hervor: „Die NSDAP, Land Württemberg, hat durch ihre am 23. Juni 1923 in Kirchheim u. T. abgehaltene Sonnwendfeier vor aller Welt bewiesen, dass sie entgegen allen böswilligen Verleumdungen der gegnerischen Parteien und ihrer Presse im öffentlichen Leben einen Faktor der Ruhe und Ordnung bedeutet. Umso mehr widerspricht das noch immer bestehende Verbot der öffentlichen Versammlungen der Partei jeder Gerechtigkeit und der Achtung vor den durch die Verfassung jedem Staatsbürger verbürgten Rechte. Namens der Gerechtigkeit und der Achtung vor den Staatsbürgerrechten fordert die NSDAP, Land Württemberg, die sofortige Aufhebung dieses ungesetzlichen Verbots."[17]

Diese Strategie ging auch auf. Am 19. Juli 1923 lud der württembergische Innenminister Eugen Bolz (1881-1945, Zentrum) die Chefs rechtsgerichteter Verbände in Stuttgart zu einem Gespräch ein, um sich ihrer Unterstützung im Falle eines kommunistischen Aufstands zu versichern.[18] Dieses Angebot nahmen die Rechten natürlich gerne an, und so wurde nur zwei Tage später, am 21. Juli, das NS-Versammlungsverbot in Württemberg aufgehoben. Die SA blieb allerdings verboten. In der Folge wurden vom Innenministerium Freiwillige für die neue Hilfspolizei registriert, vorzugsweise ehemalige Reserveoffiziere, und an sie Waffen für den Ernstfall ausgegeben. Wie Hans Olpps Bruder Walter, der seine Waffe in der Esslinger Polizeikaserne ausgehändigt bekam, rückblickend zu Recht urteilte, „wurde damit bewusst der Bock zum Gärtner gemacht".[19]

Nunmehr liefen auch bei der Kirchheimer SA die Putschvorbereitungen auf Hochtouren. Eine am 19. Juli 1923 von Hans Olpp für die SA-Landesleitung zusammengestellte geheime Liste über den Personal-, Fahrzeug- und Waffenbestand des Kirchheimer SA-Sturmtrupps Teck führt einen Personalbestand von insgesamt 28 Mann, davon sechs ehemalige Soldaten und 22 ungedient, zwei

---

[16] Genuneit 1982 (wie Anm. 11), S. 107.
[17] Teckbote Nr. 145 vom Montag, 25.06.1923, S. 3.
[18] Neben den Nazis waren der Deutschvölkische Schutz- und Trutzbund, der Nationalverband Deutscher Offiziere, der Verband national gesinnter Soldaten und die DNVP-nahe Bismarckjugend eingeladen.
[19] Vernehmung vom 23.07.1947, in: StAL EL 902/18 Bü 7847.

LKWs, drei Motorräder, neun Fahrräder, 30 Gummiknüppel, drei Schlagringe, fünf Gewehre und Karabiner, 2000 Schuss Munition und zwölf Seitengewehre auf.[20] Am 14. Juli 1923 hatte man eine Felddienstübung, am 18.7. einen Appell abgehalten. Auch wenn dieses Waffenarsenal schwerlich ausgereicht haben dürfte, um einen nationalsozialistischen Putsch im Reich auch in der Region Kirchheim nachhaltig zu unterstützen, so zeugt es doch von der grimmigen Entschlossenheit der dortigen SA-Mitglieder unter Führung Olpps, mit aller Gewalt für den politischen Umsturz in Deutschland zu kämpfen, sobald die Zeit dafür gekommen war. Man wartete nur noch auf das Signal zum Losschlagen aus München.

Dummerweise geriet die von Olpp erstellte Liste in die Hände der Polizei, als diese am 7. August 1923 die Landesgeschäftsstelle der Partei, die SA-Zentrale und die Wohnungen führender NS-Funktionäre durchsuchte. Anlass der Aktion war die Tatsache gewesen, dass die SA als „Wander- und Sportabteilung" trotz Verbots fortexistierte, ja sogar personell weiter ausgebaut und aufgerüstet wurde. Auch Olpps Wohnung in Kirchheim wurde durchsucht und er verhört. Man fand einen Gummiknüppel, einen Schlagring und eine Pistole, für die Olpp allerdings einen Waffenschein hatte. Ein Haftbefehl erging jedoch nicht, und das als Sammelprozess geführte Gerichtsverfahren begann schleppend, da erst noch weitere Ermittlungen abgeschlossen werden mussten.[21]

Auch dem aufmerksamen politischen Gegner auf der radikalen Linken blieb diese Entwicklung nicht verborgen. Nicht zufällig wählte die württembergische KP Kirchheim unter Teck zu einem der Schauplätze des antifaschistischen Aktionstags am 29. Juli 1923 im Land.[22] Um elf Uhr versammelten sich dort auf dem Rossmarkt Mitglieder der KP-Unterbezirke Esslingen, Göppingen und Ebingen „zu einer machtvollen Kundgebung gegen den mörderischen Faschismus."[23]

Auch wenn die Kundgebung nicht ganz so „machtvoll" ausgefallen sein dürfte, wie von den Veranstaltern angekündigt, war sie doch Wasser auf die Mühlen der Kirchheimer Nazis um Olpp, die in ihrer Propaganda wirkungsvoll mit der Angst vor einem unmittelbar bevorstehenden kommunistischen Umsturz operierten. Nachdem es im Oktober 1923 dann in Sachsen und Thüringen tatsächlich zu einem solchen Versuch gekommen war, sah die Münchner Parteizentrale die Zeit zum Losschlagen gekommen. Am Abend des 8. November löste Hitler im Bürgerbräukeller den Staatsstreichplan der Nationalsozialisten aus; ein Signal, auf das man auch in Kirchheim sehnlichst gewartet hatte.

---

[20] In: StAL E 350a Bü 3466.
[21] Die Unterlagen des als Sammelverfahren geführten Prozesses in: StAL E 350a Bü 3466. Dort v.a. die Polizeiberichte zu den Ergebnissen der Durchsuchung von Olpps Wohnung und seiner anschließenden Befragung vom 04. und 29.08.1923 sowie der summarische Bericht vom 03.10.1923.
[22] Süddeutsche Arbeiterzeitung vom 26.07.1923, in HStAS E 130a Bü 221.
[23] Ebda.

Krise und Bewährung (1924-33)

Das Scheitern des Putschversuchs in München vom 8./9. November 1923 traf die Kirchheimer Nationalsozialisten hart. Da der württembergische Reichswehrkommandeur Walther Reinhardt (1872-1930) alle Nachrichtenverbindungen von und nach Bayern hatte unterbrechen lassen, sickerten nur Gerüchte durch; einige Unentwegte wie der Esslinger SA-Mann Oskar Dirlewanger (1895-1945) versuchten, sich auf eigene Faust nach München durchzuschlagen, kamen aber nicht weit.[24] In Kirchheim und Umgebung hielt man sich bereit, aber auch von der württembergischen SA-Landesleitung kamen keine Befehle, weil ihre Zentrale im Sögesko-Werk des Fabrikanten Erwin Becker in der Stuttgarter Reinsburgstraße 21 bereits in den frühen Morgenstunden des 9. November von der Polizei besetzt, durchsucht, das dortige Waffenlager ausgehoben und die SA-Führer Steyrer und Rauser verhaftet worden waren. Durchgeführt wurde die Aktion von dem im Polizeidienst tätigen ehemaligen, zuvor ausgeschlossenen SA-Führer Paul Schlotter, der mit den nötigen Interna vertraut war.[25]

Nachdem sich auch die Kirchheimer SA über das Scheitern des Putschs klar geworden war, stellte man auf sofortigen Rückzug um. Einige Nazis sollen sich in Hütten auf der Alb solange versteckt haben, bis der erste Pulverdampf verraucht und die Lage wieder übersichtlich geworden war. Am 21. November 1923 wurde die NSDAP im Land verboten, am 23.11. die Geschäftsräume der Landeszentrale in Stuttgart durchsucht und geschlossen.[26]

Dennoch reagierte der Staat nur sehr mild auf diesen Anschlag auf seine Existenz von rechts. Bester Beleg ist der Abschluss des im August 1923 aufgenommenen Verfahrens gegen Hans Olpp und andere wegen Umgehung des SA-Verbots und unerlaubten Waffenbesitzes (letzteres konnte man Olpp nicht nachweisen) am 18. Januar 1924, unmittelbar nach dem Putschversuch der Nationalsozialisten. Obwohl dem Gericht völlig klar gewesen sein dürfte, wofür Hans Olpp und Genossen im Sommer 1923 Waffen gesammelt und eine „Wander- und Sportabteilung" gebildet hatten, verhängte die 1. Strafkammer des Landgerichts Ulm gegen Olpp nur ein Bußgeld von lächerlichen 50 Goldmark wegen Bildung militärischer Formationen.[27] Ein deutliches Zeichen dafür, dass das Gericht auf dem rechten Auge blind war. In einem Verfahren gegen Kommunisten hätte das Urteil sicher anders gelautet.

Trotz der milden Behandlung durch Polizei und Justiz war die Zeit unmittelbar nach dem gescheiterten Staatsstreich die wohl gefährlichste, existenzbedrohendste für die NS-Bewegung in Württemberg. Viele Mitglieder sprangen jetzt ab, weil sie die Chance auf einen Umsturz vertan sahen und Hitler, der zudem

---

[24] Mende, Claudia: Oskar Dirlewanger. In: Esslingen von Weimar bis Bonn 1919-1949. Sigmaringen 1991, S. 450.
[25] Genuneit 1982 (wie Anm. 11), S. 194.
[26] Genuneit 1982 (wie Anm. 11), S. 196.
[27] Die Unterlagen des als Sammelverfahren geführten Prozesses in: StAL E 350a Bü 3466.

von ehemaligen Putschgenossen wie Ludendorff heftig kritisiert wurde, ein Comeback nicht mehr zutrauten. Um nicht völlig der Auflösung anheimzufallen, bildeten die wenigen Getreuen Auffangorganisationen wie die im März 1924 gegründete Nationalsozialistische Freiheitsbewegung (NSFB) mit dem kurzfristigen Ziel, bereits zu den 4. Mai 1924 angekündigten Reichs- und Landtagswahlen wieder Präsenz zu zeigen. Führer der NSFB in Württemberg wurde Christian Mergenthaler (1884-1980).

Hans Olpp schloss sich bereits im Februar 1924 der Deutschvölkischen Freiheitspartei (DVFP) an, einer bereits seit 1922 bestehenden rechtsradikalen Splitterpartei, die sich nunmehr zum Unterschlupf für ehemalige NSDAP-Mitglieder entwickelte. Zur Reichstagswahl vom 7. Dezember 1924 ging die DVFP unter der Bezeichnung „Völkischer Block" eine Listenvereinigung mit der NSFB und anderen NSDAP-Ersatzorganisationen ein. Dass Olpp unmittelbar nach der Schlappe des 9. November in diese Partei eintrat, zeigt, dass er nach wie vor an den Sieg der nationalsozialistischen Sache glaubte, auch wenn deren Chancen jetzt so schlecht standen wie nie.

Mit seinem klaren Bekenntnis stand Olpp nicht allein. Vor allem im Nachbarort Owen hielt ein harter Kern von Nazis dem jetzt inhaftierten und wegen Hochverrats angeklagten Führer auch weiterhin unerschütterlich die Treue. In die Landsberger Festung übersandten die Owener Hitler einen Korb Kirschen, ein gebackenes Hakenkreuz und einen Rosenstrauß.[28] Freuen konnten sich die standhaften Nationalsozialisten über die Ergebnisse der Reichstagswahl vom 4. Mai: 14,8 % in Kirchheim und sogar 53,1 % in Owen - im Vergleich zum Landesdurchschnitt von 4,2 % ein sensationelles Ergebnis.

Dennoch konnte das gute Abschneiden nicht über die schweren inneren Probleme der NS-Bewegung in den Jahren 1924-28 hinwegtäuschen. Obwohl Hitler am 27. Februar 1925, zwei Monate nach seiner Haftentlassung, die NSDAP wieder gründen konnte, dachte die Ersatzorganisation NSFB jetzt nicht an Selbstaufgabe und Wiederverschmelzung mit der zu neuem Leben erweckten Mutter, sondern beharrte zunächst auf Eigenständigkeit. Erst auf einer Gautagung vom 7./8. Mai 1927 gelang es der württembergischen NSDAP und Gauleiter Eugen Munder (1899-1952), den NSFB-Landesverband unter Mergenthaler zur Rückkehr zu bewegen. Nun war auch für Hans Olpp der Zeitpunkt gekommen zurückzukehren. Sein erneuter NSDAP- und SA-Eintritt, diesmal in den „Sturm 10 Metzingen", weil es keinen eigenständigen Kirchheimer SA-Trupp mehr gab,

---

[28] Seischab, Steffen: „Owen war die Kommandozentrale". Zur Entstehungsgeschichte des Nationalsozialismus in Owen nach 1922. In: Ders.: Land um Teck und Neuffen zwischen Nazis und Kommunisten, Frickenhausen 2017, S. 23-29.

datiert vom 21. November 1927; von der Partei erhielt er die neue Mitgliedsnummer 70.835.[29] Im selben Jahr finden wir ihn als Teilnehmer auf dem Reichsparteitag der NSDAP.

Obwohl so die äußere Einheit wieder hergestellt war, sollten die württembergische Partei und SA noch einige Zeit brauchen, um sich zu stabilisieren. 1927/28 zerlegte sich die Landesspitze durch einen Streit zwischen Gauleiter Munder sowie Gau-SA-Führer Gundlach auf der einen und Kassenwart Essich auf der anderen Seite selbst. Die Folge war der Rückzug aller Beteiligten von ihren Ämtern.[30] Nachfolger wurde auf Anweisung Hitlers der bisherige Gaupropagandaleiter Wilhelm Murr (1888-1945), neuer SA-Führer W. Etter, Kassenwart Anton Vogt. Murr, ebenso misstrauisch wie machtbewusst, installierte jetzt rasch enge Vertraute und Weggefährten an zentralen Stellen des Parteiapparats. Der SA gegenüber blieb Murr aber kritisch eingestellt: er fürchtete einen Staat im Staate der NS-Organisation, zumal nicht wenige SA-Führer ihr Selbstbewusstsein als „Alte Kämpfer" demonstrativ zur Schau trugen und Männer des Parteiapparats als Bürokraten mit Verachtung straften.

Dieser Kurs Murrs stieß bei den Kirchheimer Nationalsozialisten um Hans Olpp auf heftige Kritik. 1929 sollen von der dortigen NSDAP-Ortsgruppe einige Zeit lang Beitragszahlungen an die Parteizentrale verweigert worden sein.[31] Erst als erkennbar war, dass die Ära Murr keine Episode blieb, gab man diese Art des Widerstands auf; seit dem 1. August 1929 zahlte Hans Olpp wieder seine Beiträge.[32] Mit der Berufung Dietrichs von Jagow (1892-1945) zum Brigadeführer der württembergischen SA Anfang 1930 gelang es Murr denn auch, die Landes-SA zu disziplinieren.[33]

Auf Reichsebene wiederholte sich der Konflikt zwischen Partei und SA im Sommer 1930, bis er ebenfalls zugunsten des Parteiapparats entschieden wurde. Nachdem im August der Oberste SA-Führer Franz Pfeffer von Salomon (1888-1968) erfolglos vordere Plätze für SA-Größen auf der NSDAP-Liste für die Reichstagswahl vom 30. September 1930 gefordert hatte und nach seinem Rücktritt

---

[29] Politischer Lebenslauf Hans Olpps vom 05.05.1948, in: StAL EL 903/5 Bü 340 und EL 905/4 Bü 1991. Der SA-Personalbogen vom 15.3.1942 (in: StAL EL 903/4 Bü 340) nennt ein früheres SA-Eintrittsdatum, den 10.05.1927. Dass der SA-Eintritt vor dem Parteieintritt erfolgte, ist aber unwahrscheinlich; in der Regel erfolgten beide Eintritte parallel.
[30] Genuneit 1982 (wie Anm. 11), S. 140.
[31] Urteil der Berufungsspruchkammer Ludwigsburg vom 11.11.1948, in: StAL EL 905/4 Bü 1991; Aussage des ehemaligen Schatzmeisters der NSDAP Württemberg, Anton Vogt, vom 22.08.1948, in: StAL EL 903/5 Bü 340.
[32] Diese Unterbrechung der Beitragszahlung, die Hans Olpp rückblickend wohl irrtümlicherweise auf 1930/31 datiert, war der Grund, warum er später nicht das Goldene Parteiabzeichen erhalten sollte (Politischer Lebenslauf vom 05.05.1948, in: StAL EL 903/5 Bü 340 und EL 905/4 Bü 1991). An der offenen Meuterei der Stuttgarter SA und SS gegenüber Gauleiter Murr haben sich die Kirchheimer also wohl nicht mehr beteiligt.
[33] Genuneit 1982 (wie Anm. 11), S. 150 f.

der OSAF-Stellvertreter Walther Stennes (1895-1983) kurzerhand die Berliner Gaugeschäftsführung von SA-Leuten besetzen ließ, um dem Machtanspruch der SA Nachdruck zu verleihen, schaltete sich Hitler ein. Am 2. September ließ er die Oberste SA-Führung absetzen und zog die Leitung vorübergehend an sich, bis er sie am 5. Januar 1931 Ernst Röhm (1887-1934) übergab.

Wie Hans Olpp sich in diesen schweren Auseinandersetzungen positioniert hat, ist nicht bekannt. Vor einem völligen Bruch scheute er aber zurück. Da die Brüder Hans und Walter Olpp Anhänger des Strasser-Flügels in der NS-Bewegung waren,[34] werden sie beobachtet haben, wie sich sein Vorbild Gregor Strasser (1892-1934) in dieser Situation verhielt. Und obwohl dieser den Kurs, den die Partei jetzt nahm, durchaus kritisierte, blieb er, im Unterschied zu seinem Bruder Otto Strasser (1897-1974), im Apparat und vermied die offene Konfrontation. Wiewohl Gregor Strasser Murrs Kurs kritisch gegenüberstand, billigte er doch dessen Vorgehen im Machtkampf an der Spitze des württembergischen Landesverbands.[35]

Dass Olpp jetzt still hielt, sollte sich bald auszahlen. Am 1. Dezember 1930 wurde er erneut in den Rang eines SA-Sturmführers (Sturm 66 und 24/126) befördert, ab dem 1. August 1932 leitete Olpp wieder einen eigenen Kirchheimer Sturmbann (III/125), seit dem 1. Dezember 1932 als Sturmbannführer. Nur zwei Monate später, am 30. Januar 1933, dem Datum der Ernennung Hitlers zum Reichskanzler, schien die nationalsozialistische Bewegung - und mit ihr Hans Olpp - am Ziel. Das, woran nach dem Scheitern vom 9. November 1923 zunächst nur wenige Unentwegte wie er geglaubt hatten, war nun Wirklichkeit geworden: Hitler und die Nationalsozialisten an der Macht.

Durchbruch und Aufstieg (1933-34)

Die nationalsozialistische Machtübernahme 1933 erlebte Hans Olpp in bürgerlicher Hinsicht als Malermeister und Geschäftsinhaber, in politischer als SA-Sturmbannführer in Kirchheim. In letzterer Funktion begleitete er nunmehr sämtliche Schritte auf dem Weg in die Diktatur aktiv: aggressive NS-Propaganda, Übernahme der lokalen Gewalt, Ausschaltung und Verhaftung politischer Gegner, Gleichschaltung. Mit seinem Bruder Walter veranlasste er die Einlieferung von einem Dutzend Kirchheimer Linken ins KZ,[36] am 5. Mai 1933 zog er als NSDAP-Fraktionschef in den Gemeinderat ein, am 12. Mai wurde er stellvertretender Ratsvorsitzender und Bürgermeister.[37] Ohne die Brüder Hans und Walter Olpp ging in Kirchheim nichts.

---

[34] Erklärung Walter Olpps im Zeugenvernehmungsprotokoll vom 04.06.1948, in: StAL EL 902/18 Bü 5652.
[35] Genuneit 1982 (wie Anm. 11), S. 150 f.
[36] Kilian, Rainer: Vom Ersten Weltkrieg bis zur Jahrtausendwende. In: Ders. (Hg.): Kirchheim unter Teck. Kirchheim 2006, S. 699.
[37] Kilian 2006 (wie Anm. 36), S. 695.

Dieser Zustand sollte allerdings bald sein Ende finden. Bereits im Dezember 1932 hatte Gauleiter Murr, dem das Selbstbewusstsein der Kirchheimer Nationalsozialisten schon länger suspekt war, mit Eugen Wahler (*1898) einen Vertrauten auf den Posten des dortigen NSDAP-Kreisleiters gehievt, sehr zum Unmut der örtlichen Partei und SA. Wahler, der erst 1931 in die Partei eingetreten war, wurde von den Kirchheimer „Alten Kämpfern" als das erkannt, was er war: ein Karrierist, der seinen raschen Aufstieg der Nähe zum Machtzentrum verdankte, zudem noch einer mit äußerst problematischem, von rauschenden Festen, Alkoholexzessen und Frauengeschichten begleiteten Lebenswandel. Infolgedessen bildete sich innerhalb der Kirchheimer Ortsgruppe eine regelrechte Opposition gegen Wahler um Hans Olpps Bruder Walter als Kern, die diesen umgehend loszuwerden trachtete. Dabei scheute man kein Mittel: Walter Olpp schrieb Briefe an Murr und die Parteileitung in München, in denen er Wahlers Verhalten als Verrat an den Idealen der nationalsozialistischen Bewegung denunzierte.[38] Dieses Vorgehen war natürlich völlig naiv, weil es die wahren Machtverhältnisse absolut verkannte: dass Murr Wahler installiert hatte, um die selbstbewussten Kirchheimer Nazis seiner Kontrolle zu unterwerfen, war offensichtlich; warum also hätte er einer Beschwerde Walter Olpps gegen seinen Mann nachgeben sollen? Walter Olpp focht das aber nicht an. Er sah sich im Recht und ging den parteiinternen Instanzenweg immer höher bis zum Obersten Parteigericht in München, wo er schließlich am 22. Juni 1936 vom Vorwurf der Verleumdung freigesprochen wurde. Allerdings: auch wenn er sich nunmehr moralisch rehabilitiert sah, war Walter Olpp zu diesem Zeitpunkt politisch längst erledigt. Von nun an verfolgte ihn der glühende Hass Wahlers, und alle Hoffnungen auf eine glänzende Karriere im nationalsozialistischen Staat, auf den Walter Olpp doch so lange hingearbeitet hatte, waren zerschlagen.

Anders Hans Olpp. Auch ihm stieß es übel auf, mit Eugen Wahler eine charakterlich zweifelhafte Figur vorgesetzt zu bekommen, die sich beim Kampf der NS-Bewegung um die Macht nur geringe Verdienste erworben hatte. Mit solchen Menschen zu arbeiten, war für ihn, der seit zehn Jahren unermüdlich für die nationalsozialistische Sache gekämpft hatte, eine Zumutung. Aber anders als seinem Bruder Walter war es Hans Olpp völlig klar, dass man machtbewusste Funktionärstypen wie Wahler im neuen Staat nicht einfach ignorieren konnte. Einen Kampf gegen sie konnte man nicht gewinnen; besser war es, sie zu umgehen, zum Beispiel, indem man sich versetzen ließ.

Die Gelegenheit bot sich im Februar 1934. Am 10. September 1933 zum Obersturmbannführer befördert, nutzte Hans Olpp seine hervorragenden Kontakte zur SA-Gauführung, um sich auf einen höheren Posten wegzubewerben. Am 15. Februar 1934 erhielt er hauptamtlich die Führung der SA-Standarte 13 (239)

---

[38] Seischab, Steffen: Nationalsozialistische Frondeure? In: Ders. 2017 (wie Anm. 28), S. 57-64.

in Reutlingen übertragen. Als äußerliches Symbol seines Aufstiegs erhielt Olpp am 5. Mai 1934 am Ende eines SA-Führer-Lehrgangs die Tyr-Rune verliehen.[39]

Damit erwies sich Hans Olpp bei entscheidenden NS-internen Konflikten als pragmatisch agierender Kopf, dem es wichtiger war, zu überleben und sich weiter nach vorne arbeiten zu können, als sich in aussichtlos scheinenden Prinzipienkämpfen mit übermächtigen Gegnern zu verzetteln.

Überleben im Röhm-Putsch, weiter nach oben (1934 ff.)

Noch einmal, in der „Nacht der langen Messer" vom 30. Juni 1934, sollte die Situation für Hans Olpp existenziell bedrohlich werden. Nachdem das Regime nunmehr innerlich gefestigt schien, machte Hitler sich daran, die SA als eigenständigen Machtfaktor im NS-Staat zu eliminieren. Unter dem Vorwurf der Homosexualität ließ er den SA-Stabschef Ernst Röhm verhaften und hinrichten und in der gleichen Nacht weitere aktuelle und ehemalige unliebsame Rivalen um die Macht beseitigen. Auch der von den Olpps einst verehrte Gregor Strasser wurde jetzt umgebracht.

Vermutlich über das Gerücht, dass sie Strasser-Anhänger gewesen seien, gerieten auch Hans und Walter Olpp ins Visier der Verfolgung. Das Haus der Familie in der Kirchheimer Schlossstraße 12 wurde von der SS durchsucht; die Brüder sollen aber durch den vorherigen Anruf eines SS-Führers gewarnt worden sein.[40] Hans Olpp wurde in Reutlingen durch den Standartenführer Reinhard verhaftet, konnte aber nach eigenen Angaben freikommen, „nachdem ich Reinhard mein Ehrenwort gegeben hatte, dass ich nichts unternehme und keine Befehlsgewalt mehr ausübe".[41] Anschließend sei er zu seiner Familie nach Kirchheim gefahren.

Diesem Schwur, sich aus NS-internen Auseinandersetzungen fortan herauszuhalten, scheint Hans Olpp im Wesentlichen treu geblieben zu sein. Noch einmal wird er durch eine vom Gaugericht der Partei am 6. Mai 1935 ausgesprochene Verwarnung aktenkundig, deren Inhalt allerdings nicht bekannt ist.[42] Dessen ungeachtet machte er aber gleich darauf weiter steil Karriere, so dass es sich um keinen schwerwiegenden Vorwurf gehandelt haben kann.

Zum 1. Juli 1935 wechselte Hans Olpp nach Waldsee zur SA-Reservestandarte 124, die er ab dem 9. November 1936 kommandierte. Von dort ging es am 1. April 1937 zur SA-Standarte 123 nach Ludwigsburg, Olpps erste hauptamtliche

---

[39] Der Lehrgang auf der Reichsführerschule in München dauerte vom 03.04.-05.05.1934, einen zweiten absolvierte er vom 19.04.-27.06.1936.
[40] Kilian 2006 (wie Anm. 36), S. 699.
[41] Vernehmungsprotokoll Hans Olpps vom 03.03.1948, in: StAL EL 905/4 Bü 1991.
[42] Die Verwarnung wurde durch Amnestie erlassen (SA-Personalfragebogen vom 15.03.1942, in: EL 903/5 Bü 340).

Stelle. Die Voraussetzungen waren bei Amtsantritt alles andere als günstig. Der bisherige Standartenführer Motsch war abgelöst worden, und dessen ehemalige Mitarbeiter beäugten den neuen Chef skeptisch. Olpp griff aber gleich zu Beginn hart durch und entfernte den lautesten Kritiker Kurt Rohde.[43] Den Ludwigsburger SA-Leuten galt er aber, ebenso wie wahrscheinlich vorher in Reutlingen und Waldsee, als von außen vorgesetzt. Olpp hat sich davon aber nicht beeindrucken lassen und zielstrebig seinen Aufstieg weiter betrieben. Als hauptamtlicher Funktionär holte er seine Familie nach; willens, vorerst eine Weile dort zu bleiben.

Synagogenbrand (1938)

Trotz der steilen Karriere Olpps ließ sich aber nicht verkennen, dass die SA seit ihrer Enthauptung im Juni 1934 immer macht- und zahnloser wurde. Aus dem einst starken Arm der NS-Bewegung, der in der Kampfzeit geholfen hatte, wichtige Siege zu erfechten, war ein zwar zahlenmäßig inflationär angeschwollener Verband geworden, der aber im Wesentlichen den drögen Alltag verwaltete, dem sich die NS-Massenorganisationen Mitte der 1930er Jahre ausgesetzt sahen. Wichtig waren natürlich die Aufmärsche und, angesichts der laufenden Kriegsvorbereitungen, die Wehrsportübungen, auch zu vereinzelten Aktionen und Kampagnen wurde die SA herangezogen, so bei antisemitischen Ausschreitungen, wo sie noch einmal ihren ursprünglichen Charakter als gewalttätige Kampf- und Terrorgruppe demonstrieren konnte, diesmal allerdings gegen völlig wehr- und hilflose Opfer der menschenverachtenden NS-Rassenpolitik.

Einen unrühmlichen Höhepunkt erlebte die SA als antisemitisches Werkzeug während des Pogroms vom 9. November 1938. Während dieser „Reichskristallnacht" kam Ludwigsburg als Standort einer israelitischen Kultusgemeinde mit Synagoge für die organisierte Judenverfolgung in Württemberg eine wichtige Rolle zu, was bedeutete, dass Hans Olpp mit seiner SA-Standarte 123 hier aktiv werden musste.[44] Die städtische Synagoge war in der Nacht vom 9. auf den 10. November seltsamerweise noch unversehrt geblieben, wohl weil der Befehl zur Brandstiftung nicht durchgekommen war, sodass sich am Morgen des 10. November erst einmal führende Ludwigsburger Nationalsozialisten zur Beratung trafen, wie die „spontanen Maßnahmen gegen die Juden ablaufen könnten". Nachdem man von Heydrichs Anweisungen Kenntnis genommen hatte, gingen die Nazis zur Aktion über. Noch im Laufe des Vormittags wurden alle jüdischen Männer der Stadt verhaftet und mit der Ausräumung der Synagoge begonnen. An der Ausräumaktion beteiligten sich neben SD-Kreisleiter Heinrich Broezel, NSDAP-Ortsgruppenleiter und Bürgermeister Ferdinand Ostertag sowie einigen Hitlerjungen und weiteren Personen Hans Olpp mit seinen SA-Leuten. Zwi-

---

[43] Aussage Kurt Rohde vom 18 12.1948, in: StAL EL 317 VI Bü 1202.
[44] Das Folgende nach den Akten des Synagogenbrandprozesses vor dem Landgericht Stuttgart 1946 ff., in: StAL EL 317 VI Bü 1201-1206, und der Darstellung von Joachim Hahn: Jüdisches Leben in Ludwigsburg. Karlsruhe 1998, S. 230 ff.

schen 13.15 und 13.30 Uhr erfolgte dann die Brandstiftung. Um das Feuer anzufachen, wurde das obere runde Fenster der Synagoge von innen eingeschlagen. Im Inneren vergossen einige Personen unter Leitung eines SA-Sturmführers Benzin. In wenigen Minuten stand das gesamte Gebäude in Flammen, die Brandruine wurde am 14. November gesprengt und die Reste abgetragen.

Mit der Beteiligung an dieser Aktion hat sich Hans Olpp eindeutig moralisch kompromittiert und schwere Schuld auf sich geladen. Auch wenn ihm nach 1945 „eine Beteiligung aktiver Art an dem Synagogenbrand" juristisch nicht nachgewiesen werden konnte[45], ist sie doch mehr als wahrscheinlich und ein Zeichen dafür, dass er auf seinem Weg die Stufen der SA-Karriereleiter hinauf sich immer mehr von grundlegenden ethisch-zivilisatorischen Normen entfernt hat. Bereits der Anfang der 1920er Jahre als SA-Mann in Kirchheim offen bekundete unbedingte Wille zur Gewalt zeugt von einer gefährlichen Enthemmung, die jetzt ihre unseligen Früchte tragen sollte. Auch wenn die Gewaltausübung hier von oben angeordnet war, fehlte ihm hier jegliche kritische Distanz. Aber auch hierzu sollte es im Krieg noch eine Steigerung geben.

Kriegsverbrechen (1945)

Den Kriegsausbruch erlebte Hans Olpp an seinem Einsatz- und Wohnort Ludwigsburg. Seit dem 30. Januar 1939 Ratsherr, zählte er zu den NS-Granden der Stadt. Mit seiner SA-Standarte residierte Olpp in einem von einer verbotenen Freimaurerloge beschlagnahmten Haus in der Asperger Straße 37.

Nach Kriegsbeginn wurde Olpp als Pionier zum Infanterieregiment 390 eingezogen, mit dem er den Frankreichfeldzug erlebte, zunächst als Feldwebel und Fahnenjunker, seit 1. April 1940 zum Leutnant befördert und im Juli 1940 mit einer Spange zum EK II ausgezeichnet. Ab dem 10. Oktober 1940 auf Antrag der Obersten SA-Führung uk-gestellt, kehrte Olpp nach Württemberg zurück, wo er im November die stellvertretende Stabsführung der SA-Gruppe Südwest in Stuttgart übernahm und zum Oberführer befördert wurde. 1942 wurde er in den Stab der OSAF nach München geholt, wo er nach eigenem Bekunden im Personalhauptamt als Spezialist für Parteiwesen und Büro-Organisation tätig war und sich um das Ersatzwesen der Panzergrenadierdivision Feldherrnhalle kümmerte. 1943 soll er es sogar als Verbindungsoffizier bis ins Führer-Hauptquartier geschafft haben.[46] Kriegsbedingter Personalmangel beförderte jetzt seinen Aufstieg. In München bezog Olpp eine Wohnung in der Karlstraße 5; die Familie war in Ludwigsburg geblieben. Nach den Fliegerangriffen auf München 1944 kam er als Führer der Ausweichstelle der OSAF nach Schliersee.

---

[45] So Olpps Rechtsanwalt Dr. Schlecht in einem Schreiben an die Strafkammer Stuttgart vom 23.08.1948, in: StAL EL 317 VI Bü 1202.
[46] Vgl. den Bericht „Nicht öffentlich" im Teckboten vom 08.11.2014.

In den letzten Kriegsmonaten zum SA-Brigadeführer aufgestiegen, wurde Hans Olpp Ende 1944 als Verbindungsmann der SA-Gruppe Mainfranken nach Würzburg entsandt, wo er im Februar/März 1945 das Kommando des Volkssturmbataillons Veitshöchheim übernahm.[47] Schon allein das zeigt, dass für Hans Olpp ein Aufgeben nicht denkbar war. Im Gegenteil: angesichts seiner glänzenden SA-Laufbahn versprach er sich von einem raschen Kriegsende nichts Gutes. Zudem machten in NS-Führungskreisen Gräuelgerüchte die Runde, was die Alliierten mit ihnen nach dem Sieg anstellen würden. Das mag erklären, dass er mithilfe des Volkssturms bis zum bitteren Ende kämpfen wollte.

Nicht erklärt das die von Hans Olpp angeordnete Erschießung von fünf sowjetrussischen Kriegsgefangenen, die sich in Rieneck (Main-Spessart-Kreis) an Lebensmitteln aus einem bombardierten Güterzug bedient hatten. Die fünf Männer wurden von Soldaten aufgegriffen und wegen Plünderns am 29. März 1945 auf Anweisung Olpps ohne Befragung und Gerichtsurteil von fünf abkommandierten Hitlerjungen beim Rienecker Steinbruch an der Sternhecke hingerichtet und namenlos verscharrt. Ihre Gräber hatten sie zuvor selbst ausheben müssen.[48] Olpp hatte zwar kurzzeitig erwogen, die fünf Sowjetrussen mit Lagerhaft davonkommen zu lassen, sich dann aber umentschieden, weil Wehrmachtssoldaten anwesend waren. Ihnen gegenüber auf einem ordentlichen Verfahren zu bestehen, dazu besaß er wohl nicht die moralische Kraft.

Dieses für den weiteren Kriegsverlauf völlig unerhebliche Verbrechen an wehrlosen Opfern war im Unterschied zum Ludwigsburger Synagogenbrand nicht von oben angeordnet, sondern auf Hans Olpps eigenen Befehl hin unter Missachtung grundlegender Rechtsvorschriften geschehen. Auch hier hat er wieder nach 1945 jegliche Beteiligung abgestritten,[49] was jedoch angesichts gegenteiliger Aussagen von Tatzeugen wenig glaubwürdig erscheint. Nimmt man den Vorfall vom 29. März 1945 in Rieneck als das, was er war, ein ebenso grausames wie unsinniges Kriegsverbrechen, so erscheint er in Hans Olpps Biografie als neuer absoluter Tiefpunkt. Kurz darauf war der Krieg zu Ende.

---

[47] Vgl, die Vernehmung Olpps vom 13.01.1950 in: StA WÜ Staatsanwaltschaft Würzburg 447 I. Die Ernennung zum Brigadeführer wird im SA-Fragebogen vom 15.03.1942 erst auf den 30.01.1945 datiert, Olpp selbst legt sie im Protokoll vom 03.03.1948 sogar noch später auf den 20.04.1945 (beides in: StAL 903/5 Bü 340 und EL 905/4 Bü 1991).
[48] Vgl. die Prozessakten in: StA WÜ Staatsanwaltschaft Würzburg 447 I und II, sowie die Zeitungsberichte „Nicht öffentlich" im Teckboten vom 08.11.2014 und „Fünf verdrängte Morde von Rieneck" in der Main-Post vom 07.12.2014 (aktualisiert am 13.01.2015). Nach eigener Aussage war Olpp zusammen mit Gaupropagandaamtsleiter Dr. Werner Fischer wegen einer anderen Angelegenheit, der Genehmigung einer Schutzzone um ein Wehrmachtslazarett, nach Rieneck gefahren und dort zufällig mit der Situation konfrontiert worden (Vernehmungsprotokoll vom 13.01.1950, in: ebda. Bü 447 I).
[49] Vernehmungsprotokoll vom 13.01.1950, in: StA WÜ Staatsanwaltschaft Würzburg 447 I. Demnach habe er vor der Erschießung der Russen den Ort verlassen und diese weder angewiesen noch überhaupt davon gewusst.

Unterschlupf (1945-48)

Bei Kriegsende mit den Resten seines Volkssturmkommandos in die Alpen nach Ruhpolding zurückgezogen, brach für Hans Olpp in den letzten Tagen vor der Kapitulation am 8. Mai 1945 eine Welt zusammen. Nach mehr als 22 Jahren Engagement für die nationalsozialistische Sache zerfiel das Regime, für das er bis zuletzt gekämpft hatte, plötzlich in rasender Geschwindigkeit. Seine politische Heimat, die SA, in der er Freunde und Gleichgesinnte gefunden hatte und der er seinen Aufstieg vom Kirchheimer Malermeister bis zum Brigadeführer verdankte, war in Auflösung begriffen. Die Mitglieder der OSAF-Führung setzten sich ab in der Hoffnung, von den vorrückenden Alliierten unerkannt irgendwo untertauchen zu können.

Auch Hans Olpp wählte diesen Weg. Nach dem Einmarsch der Amerikaner in Ruhpolding ließ er sich auf dem Bürgermeisteramt einen falschen Personalausweis auf seinen früheren Künstlernamen Hans-Joachim Kolb ausstellen. Die echten Papiere hatte er vorher vernichtet; als einzige Legitimation zeigte Olpp einen wohl allein zum Zweck der Tarnung aufbewahrten, an sein früheres Pseudonym adressierten Brief eines ehemaligen Käufers seiner Landschaftsbilder

vor. Sein Geburtsdatum verlegte Olpp um sieben Jahre auf 1890 zurück, weil das Gerücht umlief, dass alle Männer unter 60 Jahren inhaftiert würden.

Mit dem falschen Ausweis ausgestattet, machte sich Olpp „in einer SA-Hose, einem Pullover und Regenumhang" auf den Rückmarsch in die Heimat, nachdem er zunächst einige Wochen auf einem zwischen Ruhpolding und Inzell gelegenen Gehöft die Lage beobachtet hatte. Am 26. Mai ging er mit einigen versprengten Soldaten, unterbrochen durch Aufenthalte bei Bauern, denen man gegen Verpflegung bei der Ernte half, zurück nach Württemberg, wo er Ende Juli zunächst kurzzeitig bei einem Bekannten in Cannstatt unterkam. Am 1. August 1945 bezog Olpp in Plieningen im Gasthof zur Post in der Poststraße 4 ein Zimmer. Dort schaffte er das Kunststück, bis zum 14. Februar 1948 mehr als zweieinhalb Jahre lang unerkannt unter falschem Namen zu leben. Seine Familie, die im September 1945 von Ludwigsburg nach Kirchheim zur Schwiegermutter zurückgekehrt war, informierte Olpp durch eine Postkarte von seinem Verbleib. Fortan besuchte seine Frau ihn ab und zu in Plieningen und brachte ihm das Nötigste mit - auch Malutensilien, denn Olpp besann sich wieder auf seine künstlerischen Fertigkeiten und verdiente sich seinen Lebensunterhalt unter anderem mit Landschaftsbildern.

Am 18. April 1946 gab Olpp unter seinem Decknamen einen falschen Entnazifizierungsmeldebogen ab, in dem er sämtliche Mitgliedschaften in NS-Organisationen verschwieg. Folgerichtig erhielt er am 10. April 1947 per Postkarte einen Bescheid der Spruchkammer Stuttgart, dass er vom Gesetz nicht betroffen und damit entlastet sei.[50]

Damit schien Olpp-Kolb in seinem Unterschlupf fürs erste sicher zu sein, bis eben am 14. Februar 1948 der Ehemann der Gastwirtin aus der Kriegsgefangenschaft zurückkehrte und als gebürtiger Ötlinger ihn erkannte und anzeigte. Am 3. März 1948 wurde er verhaftet und in die Arrestanstalt des Ludwigsburger Internierungslagers 77 verbracht. Nun war die Zeit des Versteckspiels vorbei.

Justiz (1948-51)

Nunmehr in Haft, wurde Olpp zunächst mit zwei juristischen Verfahren konfrontiert: einem erneuten, diesmal auf den richtigen Angaben beruhenden Entnazifizierungsprozess sowie einer Anklage vor dem Landgericht Stuttgart wegen Meldebogenfälschung und der mutmaßlichen Beteiligung am Ludwigsburger Synagogenbrand 1938. Von der Erschießung der russischen Zwangsarbeiter in Rieneck Ende März 1945 wusste man damals noch nichts.

Zum Synagogenbrand hatte das Landgericht Stuttgart bereits Ende 1946 auf eine Anzeige der Polizeidirektion Ludwigsburg vom 21. Dezember 1946 hin ein Verfahren gegen Olpp und Ferdinand Ostertag als Hauptangeklagte eröffnet.

---

[50] Beides in: StAL EL 903/5 Bü 340.

Während man Olpp entweder gefallen oder in französischer Kriegsgefangenschaft wähnte und auf eine Klärung der Verhältnisse wartete[51], konnte der Prozess gegen Ostertag bereits angegangen werden. Nach umfangreichen Vorermittlungen beantragte die Staatsanwaltschaft am 9. Dezember 1947 Untersuchungshaft für Ostertag, was am 7. Januar 1948 durch das Gericht bewilligt wurde.[52]

Im März 1948 stieß der aufgegriffene Hans Olpp hinzu. Nach mehreren Verhören beantragte die Staatsanwaltschaft am 26.4. Untersuchungshaft für den bereits im Internierungslager Inhaftierten.[53] Olpp bestritt seine Mitwirkung am Synagogenbrand vehement[54], konnte aber das Gericht nicht davon überzeugen, zumal zahlreiche Belastungszeugen das Gegenteil aussagten.[55] Am Schluss der Verhandlung vom 7./8. Juni 1948 verurteilte ihn die 3. Strafkammer des Landgerichts Stuttgart wegen Beihilfe zur schweren Brandstiftung, Falschbeurkundung und Urkundenfälschung zu zwei Jahren Zuchthaus, den Mitangeklagten Ostertag zu neun Monaten Gefängnis wegen Beihilfe zur schweren Brandstiftung.[56]

Gegen das Urteil beantragten sowohl die Verteidigung (Freispruch) als auch die Staatsanwaltschaft (Täterschaft) Revision.[57] Olpps Anwalt betonte, dass man seinem Mandanten eine aktive Beihilfe nicht nachweisen könne, und monierte, dass dieser als Nicht-Ludwigsburger, dem die Einheimischen jetzt bequem die Schuld in die Schuhe schieben könnten, gravierende Nachteile im Verfahren erlitten habe.[58] Dieser Argumentation folgte das mit der Revision beauftragte Oberlandesgericht nicht, hob aber dennoch in seinem Spruch vom 29. Oktober 1948 den Entscheid der Vorinstanz auf und gab ihn zur erneuten Urteilsfindung ans Stuttgarter Landgericht zurück.[59] Dieses entschied am 14. Januar 1949 auf eine Strafe von einem Jahr und vier Monaten Gefängnis für Hans Olpp.[60]

---

[51] Aktenvermerk der Polizeidirektion LB vom 22.03.1947, in: StAL EL 317 VI Bü 1201.
[52] Beides in: in: StAL EL 317 VI Bü 1201.
[53] Antrag der Staatsanwaltschaft S auf Haftbefehl vom 26.04.1948, in: StAL EL 317 VI Bü 1202.
[54] Ebda.
[55] Vgl. das Zeugenvernehmungsprotokoll vom 07./08.06.1948, in: StAL EL 317 VI Bü 1201.
[56] Das Urteil in: StAL EL 317 VI Bü 1201.
[57] Revisionsanträge von RA Dr. Schlecht für Ostertag vom 12.06.1948 und RA Dr. R. Pfander vom 14.06.1948 für Olpp; Revisionsantrag der Staatsanwaltschaft Stuttgart vom 12.06.1948, in: StAL EL 317 VI Bü 1201.
[58] Außerdem beantragte Olpps Anwalt eine vorübergehende Aufhebung des Haftbefehls, was aber abgelehnt wurde: Antrag RA Dr. Schlecht vom 28.07.1948, Bescheid vom 05.08.1948, Ergänzungsschreiben Dr. Schlecht vom 23.08.1948, dito vom 02.09.1948; alles in: StAL EL 317 VI Bü 1202.
[59] Das Urteil des OLG in: StAL EL 317 VI Bü 1201.
[60] In: ebda. Die Strafe gegen den Mitangeklagten Ostertag wurde sieben Monate später durch Erlass des Justizministeriums vom 15.08.1949 in eine in Raten zu zahlende Geldbuße von 1.000,- DM mit drei Jahren Bewährungsfrist umgewandelt: Schreiben des Oberstaatsanwalts an die 3. Strafkammer des Landgerichts Stuttgart vom 31.01.1950, in: StAL EL 317 VI Bü 1203.

Parallel dazu lief Olpps Entnazifizierungsverfahren vor der Spruchkammer Ludwigsburg.[61] Die Anklage hatte hier auf Hauptschuldiger, die Verteidigung auf Minderbelasteter plädiert. Die Kammer folgte in ihrem Spruch vom 30. August 1948 dem Antrag der Anklage und verurteilte Olpp zu zwei Jahren Arbeitslager (unter Anrechnung der Internierungshaft) mit Vermögenseinzug (bis auf eine Restsumme von 3.000 DM) und Einbehaltung von 15 % des Monatseinkommens.[62] Auch hier beantragten Verteidigung und Anklage Berufung. Die nächsthöhere Instanz reduzierte mit Urteil vom 11. November 1948 das Strafmaß auf ein Jahr Arbeitslager sowie 30 % Vermögenseinzug, mindestens jedoch 800 DM.

Damit standen Hans Olpp nach Abschluss beider Verfahren Mitte Januar 1949 noch knapp anderthalb Jahre Haft bevor, aufgeteilt in eine erste, bis 3. März 1949 dauernde Phase Arbeitslager, an die sich 16 Monate normale Haft, zu verbüßen im Landesgefängnis Heilbronn, anschlossen.

Faktisch wurden daraus aber nur noch die anderthalb Monate Lagerhaft. Obwohl der am 3. März 1949 aus dem Arbeitslager Entlassene eigentlich bis zum 2. Juni 1949 die zweite Haftstrafe anzutreten hatte[63], verhinderte dies ein aus einem verschleppten Infekt sich entwickelndes chronisches Augenleiden, dessen tiefere Ursache wohl eine Hirnentzündung war. Infolgedessen wurde auf wiederholte Anträge von Olpps Rechtsanwalt der Haftantritt solange hinausgezögert,[64] bis diesem schließlich durch das Gesetz über die Gewährung von Straffreiheit vom 31. Dezember 1949 die Reststrafe erlassen wurde.[65]

Seiner Freiheit konnte sich Olpp aber nicht lange erfreuen, denn nun kam von Seiten des Landgerichts Würzburg ein drittes Verfahren wegen der Erschießung der fünf russischen Zwangsarbeiter in Rieneck bei Kriegsende auf ihn zu.[66] Hier hatte man bereits im August 1946 mit den Ermittlungen begonnen, dann aber mehr als drei Jahre lang vergeblich nach einem unbekannten Brigadeführer Öls oder Ölsner gesucht, der natürlich nicht gefunden werden konnte. Erst im November 1949 erhielt die Würzburger Staatsanwaltschaft von Olpps ehemaligem Fahrer den entscheidenden Hinweis, dass es sich bei der gesuchten Person um Hans Olpp handeln könne, und beantragte kurz darauf Haftbefehl. Seit dem 13. Januar 1950 saß Olpp also wieder in Untersuchungshaft, jetzt in Würzburg. Die neuerliche Verhaftung hatte ihn völlig unvorbereitet getroffen. Umso schlimmer war deren Wirkung. Verzweiflung und Erschöpfung brachen sich

---

[61] Die Akten in: StAL EL 903/5 Bü 340.
[62] Außerdem sollte Olpps Berufstätigkeit für eine Dauer von zehn Jahren Einschränkungen unterliegen.
[63] Aufnahmeersuchen in das Landesgefängnis Heilbronn vom 26.03.1949, in: StAL EL 317 VI Bü 1205.
[64] Die Korrespondenz in: StAL EL 317 VI Bü 1205.
[65] Verfügung der Staatsanwaltschaft Stuttgart (Oberstaatsanwalt) vom 30.01.1950, in: StAL EL 317 VI Bü 1206.
[66] Die Akten hierzu in: StA Würzburg Staatsanwaltschaft WÜ 447 I und II. Vgl. auch den Bericht „Nicht öffentlich" im Teckboten vom 08.11.2014.

jetzt Bahn, die gesundheitlichen Probleme verschärften sich. Trotzdem wurde er von einem ärztlichen Gutachter für haftfähig erklärt. Am 1. Juni 1950 erhob die Würzburger Staatsanwaltschaft Anklage, am 23. August 1950 erging das Urteil des Schwurgerichts: fünf Jahre Zuchthaus wegen Totschlags.[67] Ein Revisionsantrag von Olpps Rechtsanwalt scheiterte, ebenso ein erstes Gnadengesuch vom 16. November 1950. Damit endete auch eine am 9. Oktober gegen eine Kaution von 10.000 DM bewilligte vorläufige Haftverschonung: am 2. Dezember 1950 musste Hans Olpp in der Landesstrafanstalt Schwäbisch Hall seine Haftstrafe antreten.

Daraufhin mobilisierte Olpps Familie alle verfügbaren Kanäle, um den Ehemann und Bruder freizubekommen. Auf ihre Aufforderung hin stellten jetzt viele Kirchheimer ihrem inhaftierten Mitbürger positive Leumundszeugnisse aus. Kirchheims Stadtamtmann Schweikert schrieb am 15. Oktober 1951: „Soweit sein Wirken für die NSDAP in die Zeit des hiesigen Aufenthaltes fällt, wird jeder gerecht Denkende Herrn Olpp bestätigen müssen, dass er gegenüber politischen Gegnern weder gewalttätig, noch unduldsam war. Wo sich Härten ergaben, versuchte er auszugleichen, so gut er konnte. Ich glaube bestimmt, dass die Öffentlichkeit keinen Anstoß an seiner Begnadigung nehmen würde und möchte eine solche von hier aus aufs Wärmste empfehlen." Tatsächlich nahm auch ein großer Teil der „Öffentlichkeit keinen Anstoß an seiner Begnadigung": das Gros der Deutschen wünschte einen raschen Abschluss der NS-Verfahren. Der Entnazifizierung war man längst überdrüssig geworden, und auch Kriegsverbrecherprozesse wurden als „Siegerjustiz" mit großem Misstrauen begleitet.

Die Bemühungen von Olpps Angehörigen hatten Erfolg: Am 7. Dezember 1951 wurde Hans Olpp mit Wirkung zum 20.12. und unter Auflage einer bis Neujahr 1955 geltenden Bewährungsfrist durch das bayerische Justizministerium begnadigt. Damit waren alle drei Verfahren gegen ihn abgeschlossen; die Vergangenheit abschließen konnte man aber nicht so leicht. Ein Vierteljahrhundert „Leben für die SA" hatte tiefe Spuren hinterlassen; und der da Ende 1951 in seine Heimatstadt zurückkam, um wieder ins Malergeschäft einzusteigen und kurz darauf mit einem Bekannten in Neu-Ulm eine eigene Firma zu gründen, war nicht mehr derselbe, der er einst gewesen war. Das zweite Leben, das Hans Olpp jetzt führen sollte, war ein völlig anderes, wesentlich unscheinbareres; und wenn die Vergangenheit schon nicht vergehen würde, so wollte man doch

---

[67] Die U-Haft von sieben Monaten und zehn Tagen wurde angerechnet. Damit hielt sich das Gericht an das vom § 212 StGB vorgegebene Mindeststrafmaß, während die Staatsanwaltschaft 15 Jahre beantragt hatte. Besondere Strafmilderung im Sinne von § 213 StGB sah man nicht gegeben, denn: „Der Angeklagte handelte ohne Anweisung und ohne dienstliche Befugnis […]. Ganz abgesehen davon, dass es eines Gerichtsverfahrens bedurft hätte […], hat der Angeklagte den Gefangenen offensichtlich überhaupt keine Chance zur Verteidigung gegen die erhobenen Vorwürfe gegeben." Vier der fünf Hitlerjungen gingen straffrei aus, da sie zum Tatzeitpunkt noch minderjährig waren, der älteste erhielt drei Jahre Arbeitslager, wurde aber im Rahmen einer Jugendamnestie vorzeitig freigelassen. Das Urteil ist ediert in: Justiz und NS-Verbrechen Bd. VII. Amsterdam 1971, Nr. 232, S. 269-273.

nicht dauernd daran erinnert werden. Am 30. Juni 1985 ist Hans Olpp im Alter von 88 Jahren in seiner Heimatstadt Kirchheim gestorben. Die Aufarbeitung seiner einst führenden Rolle in der SA und NS-Bewegung konnte erst danach beginnen.[68]

Epilog

Wer Hans Olpps zwei Leben vor und nach 1945 miteinander vergleicht, ist nur auf den ersten Blick erstaunt über deren offenkundige Gegensätzlichkeit. Vor dem Zusammenbruch bietet sich das Bild eines Manns, der sich frühzeitig einer radikalen politischen Bewegung anschloss, in deren paramilitärischem Arm er Gemeinschaft und Kameraderie fand, Stärke suchte, Macht demonstrieren und Gewalt ausleben konnte, in der er etwas galt, sich entwickeln, aufsteigen, kommandieren durfte, die ihm in einer Zeit der Verwirrung und Orientierungslosigkeit Halt, Bestätigung, Schutz, Geschlossenheit bot. Sicherer Machtinstinkt, strategisch geschicktes Verhalten bei kritischen Situationen, Pflege wertvoller Beziehungen führten, mit etwas Glück, Hans Olpp im Lauf der Zeit immer weiter nach oben. Das Bewusstsein eigenen „Heldentums" als SA-Mann der ersten Stunde mag hier ein Übriges getan haben, aber blind für politische Realitäten machte es Hans Olpp im Unterschied zu seinem Bruder Walter nicht. Die Machtkämpfe zwischen SA und Partei hat er alle überlebt und im entscheidenden Moment den Mund zu halten und sich Verbündete zu schaffen gewusst.

Dennoch wäre es falsch, ihn auf die Figur des umsichtigen, klug planenden Karrieristen zu reduzieren. Wie sein Bruder Walter, war auch Hans Olpp in gewisser Hinsicht blind, aber an einer anderen Stelle. Seine Blindheit betraf die eigene völlig enthemmte Rücksichtslosigkeit und Gewaltbereitschaft im politischen Kampf, gepaart mit bedingungsloser Loyalität nach oben. Diese Charakterschwäche hatte sich bereits in den ersten Saalschlachten und Wehrsportübungen der frühen 1920er Jahre angekündigt und fand ihren absurden Endpunkt in der angeordneten Erschießung der fünf sowjetrussischen Zwangsarbeiter am 29. März 1945. Hier fehlten Hans Olpp zu jeder Zeit der Instinkt, sich vor falschen, schädlichen Einflüssen zu schützen, und die Fähigkeit, Distanz zu Ideologie und Praxis des NS-Staates aufzubauen, grundlegende ethische Probleme, die sein Engagement an hoher Stelle mit entsprechend weitreichender Verantwortlichkeit mit sich brachte, zu erkennen, ja vielleicht sogar von „oben" unabhängige Positionen zu beziehen.

---

[68] Im Wesentlichen verlief die Auseinandersetzung mit Olpps Rolle in SA, NS-Bewegung und -Staat thematisch und zeitlich dreigeteilt: Eröffnet wurde sie mit einem bereits kurz nach seinem Tod, 1986, in der Schriftenreihe des Stadtarchivs veröffentlichten Aufsatz des Kirchheimer Archivleiters Rainer Kilian über „Kirchheim unter Teck auf dem Weg ins Dritte Reich" zu den Anfängen von NSDAP und SA in der Stadt. 1998 untersuchte Joachim Hahn in seiner Studie über „Jüdisches Leben in Ludwigsburg" die Hintergründe des Synagogenbrands. 2012 schließlich löste eine Rienecker Bürgerinitiative mit ihrem Plan einer Gedenktafel für die am 29.03.1945 ermordeten Zwangsarbeiter eine heftige Diskussion im dortigen Gemeinderat aus, deren Ausläufer auch Kirchheim erreichten.

Dies war Hans Olpp nicht möglich, da er Politik nicht als Verstandesangelegenheit betrieb, sondern für eine Glaubenssache hielt: in dieser simplifizierten Welt politischer Theologie gab es nur das Bekenntnis zum Wahren und die Bekämpfung des Falschen, bei strikter Unterordnung unter einen „Führer", der die göttliche Vorsehung für sich reklamierte. Teil dieses Kampfs zu sein, hat Hans Olpp mit Sinn und Befriedigung erfüllt und ihn gegenüber den tatsächlichen Verhältnissen blind werden lassen. Eben diese Tatsachen prasselten aber seit dem Zusammenbruch 1945 auf ihn ein. Alles, was ihm vorher etwas bedeutet hatte, war entwertet; und es spricht nicht nur für Hans Olpps Schläue, sondern auch für seinen Willen zur Verdrängung und Realitätsverweigerung, dass er jetzt unter falschem Namen abtauchte und es für zweieinhalb Jahre blieb. Mochte es ihm auch eine gewisse Befriedigung verschaffen, der Nachkriegsjustiz ein Schnippchen zu schlagen; zugleich war ein solches Verhalten doch Ausdruck der Weigerung, sich mit der eigenen Vergangenheit auseinanderzusetzen. Bequemer schien es da, sich an die Zeit vor dem Eintritt in die SA zu erinnern und wieder Kunstmaler zu werden.

Diese Flucht hat rein äußerlich auf die Dauer nicht funktioniert. Nach der Verhaftung schien es so, als müsse Hans Olpp jetzt mit der Vergangenheit reinen Tisch machen, wurde er doch nunmehr zwangsweise von Amts wegen mit ihr konfrontiert. Tatsächlich aber lässt sich Olpps Verteidigungsstrategie, jegliche Verantwortung am Ludwigsburger Synagogenbrand und an der Hinrichtung von Rieneck zu leugnen, auch als Fortsetzung seiner Flucht vor der Auseinandersetzung mit dem Vergangenen lesen[69], dessen abruptes Ende er immer noch als tiefen existenziellen Schock empfunden haben mag.

In seinem Bemühen, der Last der Vergangenheit zu entgehen, wurde Hans Olpp durch die Entwicklung der Nachkriegsjustiz noch unterstützt. Natürlich sollte es seit seiner Verhaftung im Frühjahr 1948 noch fast drei Jahre dauern, bis das Thema Strafverfolgung sich definitiv erledigt hatte; aber den Großteil seiner Energie in dieser Zeit verwendete Olpp für die Bekämpfung der von ihm als tendenziös und unrechtmäßig abgelehnten Verfahren und Widerlegung der Vorwürfe. Je länger die Prozesse dauerten, umso mehr sollte sich diese seine Sichtweise mit derjenigen eines Großteils der deutschen Bevölkerung decken. Als Ende 1951 das letzte Verfahren vor dem Landgericht Würzburg in Sachen Rieneck geschlossen wurde, war man allgemein der Meinung, es „reiche" jetzt und Hans Olpp sei lange genug durch die Mühlen der Justiz gedreht worden. Mag sein, dass damit juristisch-formal mit der Vergangenheit abgeschlossen wurde. Aber die seelische Bürde sollte damit nicht abgeschüttelt sein. An ihr hat Hans Olpp weiter getragen, und sie beschäftigt uns auch heute noch.

---

[69] Vgl. sein für die damalige Stimmung nicht untypisches Urteil über das Entnazifizierungsgesetz kurz nach der Verhaftung: „Das Gesetz stammt nach meinem Ermessen nicht vom deutschen Volk, sondern ist durch die Macht des Siegers diktiert worden" (Vernehmungsprotokoll vom 03.03.1948, in: StAL EL 903/5 Bü 340 bzw. EL 905/5 Bü 1991).

Jochen Faber

Ferdinand Ostertag: Der Brandstifter von der Bausparkasse

* 8. Juli 1902 in Neuenstadt am Kocher
† 24. Mai 1984 in Stuttgart-Bad Cannstatt

Ausbildung für den Notardienst, verschiedene Posten bei der Bausparkasse GdF Wüstenrot (während der NS-Diktatur Direktor), zeitweise Ortsgruppenleiter der NSDAP in Ludwigsburg, Vorsitzender der Gemeinderatsfraktion, ehrenamtlicher Bürgermeister, Soldat (zuletzt: Oberleutnant), verurteilt wegen Beihilfe zur Synagogen-Brandstiftung, bei Wüstenrot nicht wieder eingestellt, nach 1945 Abteilungsdirektor bei der Leonberger Bausparkasse

„Es wird beantragt, den Betroffenen in die Gruppe der Hauptschuldigen einzureihen".[1] (August 1947)
„Der Betroffene ist Belasteter."[2] (Juni 1948)
„Der Betroffene ist Minderbelasteter."[3] (Juni 1949)

Was war das für ein Trümmerfeld, in das er aus amerikanischer Kriegsgefangenschaft zurückkehrte: Deutschland, zugrunde gerichtet von ihm und seinesgleichen. In seiner eigenen Wahrnehmung hatte er alles erdenkliche Gute für dieses Land getan. Das Bild, das er von sich selbst zeichnete, zeigte einen fortschrittlichen, pflichtbewussten, korrekten, fairen, selbstlosen Mann, einen Diener des Gemeinwohls. Und eben Deutschlands. Um das er sich besonders in der Stadt bemühte, in die sein Lebensweg ihn geführt hatte: Als Direktor der Bausparkasse GdF Wüstenrot, als Fraktionsvorsitzender der NSDAP im Gemeinderat, als ehrenamtlicher Bürgermeister in Ludwigsburg. Und dann eben als Wehrmacht-Soldat von 1939 an, in Deutschland, in Rumänien, Bulgarien, der Ukraine, in einem amerikanischen Gefangenenlager in Frankreich, im Internierungslager.[4] Und kurzzeitig sogar in Haft, rechtskräftig verurteilt 1948 wegen Beihilfe zur schweren Brandstiftung vom 10. November 1938, als örtliche Nazis die Ludwigsburger Synagoge in Brand steckten.[5]

---
[1] StAL: EL 903/1 Bü 513: Klageschrift an die Spruchkammer des Internierungslagers 72 vom 19.08.1947.
[2] StAL: EL 903/1 Bü 513: Spruch der Spruchkammer des Internierungslagers 72 „auf Grund des Gesetzes zur Befreiung von Nationalsozialismus und Militarismus" vom 30.06.1948.
[3] StAL: EL 903/1 Bü 513: Spruch der Spruchkammer des Internierungslagers 72 vom 09.06.1949 nach Einspruch von Ostertag gegen den vorangehenden Spruch.
[4] StAL: EL 903/1 Bü 513: Lebenslauf aus Ferdinand Ostertags Verteidigungsschrift für die Spruchkammer des Interniertenlagers 72, Ludwigsburg vom 03.02.1947.
[5] StAL: EL 903/1 Bü 513: Urteil des Oberlandesgerichts Stuttgart vom 17.11.1948.

Über die Quellen

Was ich über Ferdinand Ostertag an Informationen zusammentragen konnte, stammt überwiegend aus drei Quellen: Die Gemeinderatsprotokolle der Stadt Ludwigsburg und einige ergänzende Personalakten geben wieder, was in seiner kommunalpolitisch aktiven Zeit innerhalb des Apparats notiert wurde, in dem er eine der dominierenden Figuren war. Die in Bruchstücken erhaltenen Akten der Bausparkasse GdF Wüstenrot im Wirtschaftsarchiv Baden-Württemberg zeigen einzelne Unterlagen, überwiegend aus den NS-Jahren, als Ostertag einer der Direktoren wurde, wie auch aus der anschließenden Zeit. Im Staatsarchiv Ludwigsburg schließlich sind Akten einzusehen, die aus dem Spruchkammerverfahren gegen Ostertag stammen.[6]

Bauernsohn, Direktor, überzeugter Nazi

Über Ostertags Werdegang zum kommunalen Hardcore-Nazi bin ich vor allem auf ihn selbst als Quelle angewiesen. Bis 1930, so gibt er an,[7] habe er „keinerlei politische Betätigung" betrieben. Er sei am Bodensee, wo er auf dem Bauernhof seiner streng evangelischen Eltern aufwuchs, Mitglied im „Christlichen Verein junger Männer" gewesen, nach Abkehr von der Kirche von 1920 bis 1929 „Angehöriger der Bündischen Jugend innerhalb des Alt-Wandervogel-Bundes und des Wandervogel-Kronacher-Bundes". Während einer Ausbildung für den württembergischen Notariatsdienst habe er sich „auf den Gebieten der Lebensreform, der Kultur- und Sozialpolitik" engagiert und sei „Anhänger der Bodenreformbewegung […] und der Freiwirtschaftsbewegung" gewesen. In der gerade entstehenden Weimarer Republik und der immer stärker industrialisierten Gesellschaft versuchten diese „Bewegungen", Deutschtum und Naturverbundenheit zu stärken und Gestaltungsraum für bürgerliche Schichten zu entwickeln.

Über seine religiöse Orientierung gab Ostertag später folgende Auskunft: In den Formblättern zum „Nachweis der arischen Abstammung" für sich selbst und seine Ehefrau Helene trug er unter „Konfession" ein: deutschgläubig.[8] Diese „Bewegung" mit ihrem „arisch-nordischen" Glaubenskonstrukt und einer „arteigenen Frömmigkeit" versuchte in den Nazijahren, verschiedene freikirchliche Strömungen zu einer nationalen Umformung christlicher Ansätze zu machen.

Ostertag war also von anti-moderner Ideologie angezogen, die das Deutschtum und die Deutschen entscheidend höher einschätzte als Menschen anderer

---

[6] WABW: B 90/180.Schreiben der GdF Wüstenrot an Ostertag vom 26.10.1949.
[7] StAL, EL 903/1 Bü 513 „Verteidigungsschrift" vom 03.02.1947 für die Spruchkammer-Verhandlung.
[8] StadtA Ludwigsburg: PL 11/Aktenzeichen 1121. Zum Begriff deutsch- bzw. gottgläubig vgl. Proske, Wolfgang: „Nationalsozialismus und Gottgläubigkeit", in: MIZ (Materialien und Informationen zur Zeit. Politisches Magazin für Konfessionslose und AtheistINNEN, Heft 2/18, S. 29-33 sowie „Gottgläubigkeit, Deutschgläubigkeit, Freie Religion", ebd., in: Heft 3/18, S. 33-37.

Herkunft. Er hasste, was er unter „Bolschewismus und Marxismus" verstand. Soziale Bekenntnisse bezogen sich bei ihm stets nur auf deutsche Menschen. „Zum Wohle der Stadt, der Einwohnerschaft und des Vaterlandes"[9] setzte er sich gerne ein – solange es um die „Volksgemeinschaft" ging.[10]

Die „Gemeinschaft der Freunde"

Dass solch ein junger Mann sein berufliches Glück bei der Bausparkasse GdF Wüstenrot suchte, überrascht nicht. Die „Gemeinschaft der Freunde" im kleinen Örtchen Wüstenrot bei Heilbronn hatte eine sozialromantisch geprägte Grundhaltung: Aus tiefer Überzeugung bezeichneten sich die GdF-Gründer als „auf Grundlage praktischen Tat-Christentums und praktischer Bodenreform aufgebaute gemeinnützige Arbeits- und Lebensgemeinschaft zur Schaffung erleichterter Daseins- und Wohn-Möglichkeiten" und schmückten sich mit Parolen wie „Werke nicht Worte" oder „Taten nicht Tinte".[11]

Bei der Personalauswahl setzte das junge Unternehmen auf moderne Methoden. Ferdinand Ostertag wurde von einem Gutachter befragt und bewertet, als er sich bei der GdF bewarb. Dieser urteilte: „Er besitzt eine gute Allgemeinbildung und Intelligenz, er ist in seiner Art selbständig, er ist geistig sehr rege, klug, klar, logisch denk- und konzentrationsfähig. […] Er will vorwärts kommen und wird sich deshalb Mühe geben, seine Pflicht recht zu erfüllen und Gutes zu leisten. […] Schulmeisterliche Neigungen müssen in Kauf genommen werden […]."[12]

So kam Ferdinand Ostertag zunächst nach Wüstenrot und später, als die GdF wuchs und einen besser vernetzten Standort benötigte, nach Ludwigsburg.[13] Bald, nachdem die Nazis die Macht im Land übernommen hatten, feuerte der Aufsichtsrat der Bausparkasse seine beiden Direktoren mit christlich-bürgerlichem Hintergrund, wie der NS-Kurier vom 18. Juli 1933 meldete.[14] Als einer der drei künftigen Betriebsleiter wurde Ferdinand Ostertag, bis dahin Prokurist in der Kreditabteilung, berufen. „Meiner Ansicht nach war Ostertag Hitler und seiner Lehre fanatisch verschworen", gab der aus dem Amt gedrängte Direktor Hermann Schuon später zu Protokoll.[15]

---

[9] StadtA LB, Protokollbücher des Gemeinderats, 09. 01.1936.
[10] StadtA LB, Protokollbücher des Gemeinderats, 27.04.1936.
[11] WABW: B 90 Briefbogen-Inhalt der GdF von 1921.
[12] WABW: B 90/ Bü 1411. Aus „Charakterbeurteilung H. Ferdinand Ostertag", von R. Barth, Degerloch, im Auftrag der GdF Wüstenrot, datiert vom 31.03.1926.
[13] Stadtbibliothek Ludwigsburg D 76.1. Firmendaten nach „Wüstenrot – eine Idee setzt sich durch", 1965 herausgegeben von der Bausparkasse Gemeinschaft der Freunde Wüstenrot, Ludwigsburg, ohne Verlag.
[14] WABW: B 90/180.
[15] StAL: EL 903/1 Bü 513, Schreiben von Dr. Hermann Schuon an die Spruchkammer des Interniertenlagers vom 18.04.1947.

Plötzlich Ortsgruppenleiter

Wie er in die aktive Kommunalpolitik kam, beschrieb Ostertag in seiner Verteidigungsschrift für die Spruchkammer – also in voller Absicht, nach dem Scheitern der Nazi-Tyrannei möglichst unbeteiligt auszusehen: „Als 1929 die politischen Kämpfe innerhalb des deutschen Volkes mehr und mehr zunahmen, die wirtschaftliche Notlage sich sehr steigerte und die Arbeitslosigkeit des Volkes katastrophale Formen annahm, trat ich aus meiner politischen Abseitsstellung heraus und suchte als junger Mensch nach richtiger politischer Erkenntnis. Infolge meiner jahrelangen ernsthaften Beschäftigung mit der Siedlungsbewegung, der Bodenreform, der Freiwirtschaft, den Problemen der zinslosen Geldwirtschaft, überhaupt der sozialen Gestaltung des Zusammenlebens der Menschen eines Volkes, suchte ich innerhalb der verschiedenen Parteien durch Studium von Schriften, der Programme und durch den erstmaligen Besuch von öffentlichen Versammlungen nach einem Wege.

In dem Programm der NSDAP […] sah ich meine Anschauungen über die erwähnten Probleme am besten verwirklicht. Insbesondere glaubte ich, dass die NSDAP berufen sei, eine Synthese zu bilden zwischen den einzelnen parteipolitischen Dogmen und dass es ihr endlich gelingen wird, den zersetzenden politischen Kampf innerhalb des deutschen Volkes durch friedliche Mittel zu überwinden. Persönliche oder wirtschaftliche Gründe spielten bei meinem Parteieintritt keinerlei Rolle, da ich schon damals eine recht gut bezahlte Prokuristenstelle innehatte, bei meinem jugendlichen Alter also beruflich schon sehr viel erreicht hatte. Nur meine Verantwortung dem Volke gegenüber drängte mich zu diesem Schritt."[16]

Seine Angaben zum Geld sind fragwürdig: In einer Eingabe vom Oktober 1932 an den GdF-Vorstand beklagte Ostertag eine dramatische finanzielle Notlage, durch die er infolge Hausbaus und Wirtschaftskrise geraten sei.[17] Es kann nur vermutet werden, dass diese Misere durch seinen oben beschriebenen Aufstieg an die Unternehmensleitung behoben wurde. Erhebliche finanzielle Zuwendungen aus dem politischen Engagement sind nicht belegt.

Wie er ein ehrenamtlicher Funktionär der NSDAP wurde, beschrieb Ferdinand Ostertag voller inhaltlicher Auslassungen. Er sei im August 1930 zum ersten Mal in einer Mitgliederversammlung der Ludwigsburger Ortsgruppe gewesen, die „infolge persönlicher Differenzen" stattgefunden habe. Über die Differenzen selbst schrieb er nichts, wohl aber, wie unerschrocken er aufgetreten sei: Er „übte scharfe Kritik und trat für unbedingte Sauberkeit ein". Daher habe ihn der Gauleiter vom Fleck weg mit der Leitung eines Untersuchungs- und Schlichtungsausschusses beauftragt.

---

[16] StAL: EL 903/1 Bü 513, „Verteidigungsschrift" vom 03.02.1947 für die Spruchkammer-Verhandlung.
[17] WABW: Bestand B 90/180, „An den Vorstand", 26.10.1932.

In der Folgezeit „erfuhr ich, dass ich als Ortsgruppen- und Bezirksleiter eingesetzt werden sollte. Das Letztere lehnte ich ab, da ich nie in der Partei in irgendeiner (!) Form hauptamtlich tätig werden wollte. Die Übernahme der Ortsgruppe dagegen sagte ich für kurze Zeit zu." Seinem eigenen Wunsch zufolge sei er im Juni 1934 „von dem Amte des Ortsgruppenleiters" entbunden worden. Was er in dieser für Deutschland so dramatischen Zeit von fast vier Jahren an der Spitze der Ludwigsburger NSDAP getrieben hat, erwähnte Ostertag mit keinem Wort.

Seinen Eintritt in die SA-Reserve im Dezember 1930 stellte Ostertag als quasi automatisch für Parteimitglieder dar, „die keinen aktiven SA-Dienst leisten konnten oder wollten". Er habe kaum Funktionen übernommen, eine Zeit lang sei er „als Sozialreferent eingesetzt" worden.

Der zielstrebige und aktive Mann, den der Gutachter einst für die Bausparkasse beschrieben hatte, stellte sich im Nachhinein als sehr initiativlos dar – auch im SD, dem Sicherheitsdienst des Reichsführers der SS und damit einer parteiinternen Überwachungs- und Unterdrückungsorganisation: Ein „mir seit vielen Jahren persönlich bekannter SD-Führer aus Stuttgart" habe ihn gebeten, „Vertrauensmann" in der Bausparkasse zu werden, deren Direktor er war. „Darüber hinaus bat er mich, ihm von Fall zu Fall auf Anfrage Auskünfte zu erteilen und Berichte über die Wirkung erlassener Gesetze, Verordnungen und Durchführungsbestimmungen von Partei und Staat zu senden." Ostertags Begründung wäscht ihn, für die Leser*innen von 1947, von jeder möglichen Schuld rein: „Ich konnte durch meine persönliche Zurverfügungstellung verhindern, dass eine dritte, mir dann nicht bekannte Person als Vertrauensmann im Betriebe eingesetzt wurde. So habe ich für die Angestellten der Firma und die Firma selbst erreicht, dass unkontrollierbare Einflüsse ferngehalten werden konnten." Darüber hinaus habe er so die Möglichkeit gehabt, „berechtigte und notwendige Kritik zu erlassenen Gesetzen und so weiter zu üben und die Berichte hierüber unmittelbar an die hierfür zuständige Stelle zu bringen."

Es versteht sich, dass Ostertags Selbstdarstellung auch seine Mitgliedschaft in der SS als Akt der politischen Distanzierung beschreibt: Um aus der SA ausscheiden zu können und nur bis zu seiner Einberufung zum Kriegsdienst sei er in der SS gewesen.

Der starke Nazi im Ludwigsburger Rathaus

Ferdinand Ostertag scheint den Schwerpunkt seiner politischen Karriere nicht in den Strukturen der NSDAP und ihrer Organisationen gesehen zu haben, sondern in der Kommunalpolitik: „Die kommunalpolitische Betätigung bei der Stadtgemeinde Ludwigsburg war während meiner gesamten politischen Wirksamkeit meine Hauptbeschäftigung." Im Dezember 1931 wurde Ostertag für die NSDAP in den Gemeinderat gewählt. Er wurde deren Fraktionsvorsitzender; später war er als ehrenamtlicher Bürgermeister für einige Jahre der wichtigste

Nazi im Rathaus – Oberbürgermeister Karl Frank (1900-1974) war nach eigener Aussage bis 1933 Mitglied der Demokratischen Partei und trat der NSDAP „erst 1937"[18] bei.

In seiner „Verteidigungsschrift" tönte Ostertag: „Ich legte immer größten Wert auf eine peinlich saubere Verwaltungsführung, losgelöst von rein parteipolitischen Gesichtspunkten." Allerdings sind über Abläufe während der Nazi-Herrschaft Berichte erhalten, die ein anderes Bild zeichnen. Ein Beispiel war der Fall des Gasgeldeinziehers Heinrich Haist (1908-1993), dem im März 1937 Unterschlagung von bar eingesammelten Gasgebühren vorgeworfen wurde. Ostertag und der ehrenamtliche Beigeordnete Dr. Richard Arnold (1902-1980, im Hauptberuf ebenfalls bei der GdF Wüstenrot), verheimlichten die Situation dem Direktor des Gaswerks und dem Oberbürgermeister. Als die Sache bekannt wurde, vermerkt das Protokoll: „Stadtrat Dr. Arnold erwidert, die Angelegenheit sei für ihn und zweifellos auch für Bürgermeister Ostertag sehr peinlich. Sie hätten aber aus Parteiräson heraus gehandelt, da sie den Haist in der Partei als zuverlässigen Mann kennengelernt hätten."[19]

Ostertag als Scharfmacher

Der moderate Saubermann, als den Ferdinand Ostertag sich nach dem Ende des NS-Systems präsentieren wollte, passt auch in spektakuläreren Situationen nicht zur Aktenlage. Prägnant ist das Protokoll der Gemeinderatssitzung vom 4. Mai 1933: „Hierauf ergreift Stadtrat Ostertag namens der NSDAP das Wort. Er sagt, hier kurz wiedergegeben, etwa folgendes: Zunächst einige sachliche Feststellungen: Die Finanzgebarung der Stadtgemeinde Ludwigsburg ist durch die Arbeit der Systemparteien und die herrschende Arbeitslosigkeit einseitig beeinträchtigt. […] Diejenigen, die bisher in diesem Saale Ludwigsburgs Geschicke vertreten haben, mögen noch so guten Willens gewesen sein, zustande gebracht haben sie nichts. Sie haben uns ein Chaos hinterlassen, für das sie genauso gut verantwortlich sind wie ihre systemtreuen Vertreter in den Länderregierungen und im Reich. Wir sind nicht gewillt, mit den Vertretern der Marxisten im Gemeinderat auch nur eine Minute zu verhandeln. Nachdem einer der sozialdemokratischen Stadträte auf unseren Druck hin zurückgetreten ist, müssen wir auch von Herrn Tischendorf[20] erwarten, dass er unverzüglich diesen Saal verlässt. Darauf müssen wir bestehen, nachdem die Zeitung, die dieser Mann vertreten hat, uns und die nationale Sache jahrelang mit Schmutz beworfen hat. Stadtrat Tischendorf spricht die Worte: ›Da möchte ich aber vorher noch um das Wort bitten.‹ Sonderkommissar Stadtrat Motsch[21] gibt daraufhin an ei-

---

[18] StAL: EL 903/1 Bü 513: Protokoll der öffentlichen Sitzung der Zentral-Spruchkammer am 08./09.06.1949.
[19] StadtA LB: Ratsprotokolle der Stadt Ludwigsburg von 1937.
[20] Alfred Tischendorf (1899-1964) war Fraktionsvorsitzender der SPD und Herausgeber der sozialdemokratischen Zeitung „Neckarpost".
[21] Otto Motsch (1899-1951).

nen im Zuschauerraum anwesenden in Uniform befindlichen Nationalsozialisten den Befehl: ›Führen Sie den Mann ab.‹ In Begleitung von zwei uniformierten Nationalsozialisten verlässt Tischendorf den Sitzungssaal.

Stadtrat Ostertag teilt dann noch mit, dass seine Fraktion dafür Sorge trage, dass kein Marxist in irgendeine Abteilung des Gemeinderats einziehe oder sonst einen Einfluss auf die Stadtverwaltung ausüben könne. Sie werde auch nicht dulden, dass die Stadtverwaltung oder ein Beamter mit Marxisten Fühlung aufnehme und aufrechterhalte. Dies sei seine Fraktion dem arbeitenden deutschen Volke schuldig und sie werde auch den Kampf zur Verachtung des marxistischen Gedankenguts auf dem Rathaus weiter- und durchführen. [...]

Im Fürsorgewesen würden die Nationalsozialisten zeigen, dass sie Sozialisten, nicht aber Marxisten seien. [...] Unterstützt werde alles, was in Schulen, Vereinen und Kirchen auf die kulturelle Neugeburt des deutschen Volkes hinziele. Die NSDAP erhoffe für die Zukunft eine gedeihliche Zusammenarbeit des Gemeinderats mit der Beamten- und Bürgerschaft, damit die Erneuerung unseres Volkes in rassischer, kultureller und wirtschaftlicher Beziehung durch Schaffung eines deutschen Staates der nationalen Freiheit, Ehre und der sozialen Gerechtigkeit erreicht werde."[22]

Natürlich hatte Ferdinand Ostertag das später alles gar nicht so gemeint: „Ich bitte, die Tatsache zu beachten, dass es die erste Gemeinderatssitzung nach 1933 war und ich als Fraktionsführer des NS verpflichtet war, einige grundsätzliche Worte zu sagen. Ich möchte betonen, dass ich später ähnliche Ausführungen nie mehr gemacht habe. Es war mein Bestreben, dass auf dem Rathaus keine Gemeindepolitik in parteipolitischem Sinne herrsche, was mir restlos gelungen ist."[23]

Dabei fiel der angeblich unparteiliche NSDAP-Mann 1933 häufiger stark agitatorisch auf. Die Ludwigsburger Zeitung berichtet, vor jener Reichstagswahl im November, bei der nur die NSDAP wählbar war, habe Ostertag gefordert, „dass Ludwigsburg an der Spitze von ganz Württemberg marschieren muss. [...] Ludwigsburg war schon bisher ein starkes Bollwerk der nationalsozialistischen Bewegung und immer ein Vorbild für das ganze Land. [...] Wenn jeder seine Pflicht tut, wird Ludwigsburg auch morgen seinen Platz behaupten." [24]

---

[22] StadtA LB: Ratsprotokolle der Stadt Ludwigsburg von 1933.
[23] StAL: EL 903/1 Bü 513: Protokoll der Spruchkammer-Verhandlung vom 30.06.1948.
[24] Ludwigsburger Zeitung, 11.11.1933; zitiert nach Sting, Albert: Geschichte der Stadt Ludwigsburg, Band II, Ungeheuer + Ulmer, Ludwigsburg, 2004.

Ostertag und „die Judenfrage"

In seiner kommunalen Tätigkeit war die Ausgrenzung von Menschen jüdischer Herkunft ein markanter Zug. Als Oberbürgermeister Karl Frank im Juli 1935 im Stadtbad ein Schild aufhängen ließ: „Personen nichtarischer Abstammung wird nahegelegt, das Stadtbad nicht zu benutzen", gab Ferdinand Ostertag zu Protokoll, dass ihn dieser Hinweis „sehr gefreut habe, nur wünsche er die Worte ›Personen nichtarischer Abstammung‹ abzuändern in ›Juden‹."[25]

Im September desselben Jahres diskutierten die Ratsherren, dass hinsichtlich der „`Judenfrage´ wohl am besten eine reichseinheitliche Regelung abgewartet werde. [...] Direktor Ostertag ist überzeugt, dass nach den Äußerungen, die auf dem Reichsparteitag in Nürnberg fielen, die `Judenfrage´ nunmehr mit aller Brutalität geregelt werde. Er hält es für notwendig, dass die Ortsgruppen, Zellenleiter und so weiter über die Stellenleiter der Stadtverwaltung darüber berichten, wer noch in Verbindung mit Juden steht."[26]

Im Februar 1937 ging es um den Pferdemarkt: „Bürgermeister Ostertag empfiehlt, die Juden vom Markt auszuschließen und ihnen auch keinen besonderen Platz anzuweisen. Durch eine solche Maßnahme würden sich die arischen Händler mehr und mehr einfinden."[27]

Ebenfalls aufschlussreich ist der Protokolleintrag aus der „Beratung mit den Verwaltungsbeiräten" im Ludwigsburger Rathaus vom 22. November 1938, also knapp zwei Wochen, nachdem die örtliche Synagoge unter Mitwirkung Ostertags angezündet worden war (siehe unten):

„Bürgermeister Ostertag bringt vor:

1. der Kohlenhändler Ernst Metzger (1891-1946) beziehungsweise seine Frau hätten anlässlich einer Sammlung für das Winterhilfswerk in letzter Zeit die politischen Leiter als „Häuseranzünder" bezeichnet und sie mit Bettlern verglichen. Ihr Verhalten beweise, dass sie nicht rückhaltlos auf dem Boden des Dritten Reiches stehen.

2. Inhaber der Firma Bender & Kraft hätten, nachdem die Schaufenster an dem jüdischen Kaufhaus Grumach, dessen Haus die Firma vor kurzem gekauft hat, durch die in Folge des Mords an dem Gesandtschaftsrat vom Rath empörte Volksmenge eingeschlagen waren, sich geäußert: ›So eine Saubande‹. Ferner hätten sie mit ihrem Rechtsanwalt erwogen, die Rechnung für die Schaufenster der Kreisleitung zu übersenden. Dabei hätten sie sich bis zu einem gewissen

---

[25] StadtA LB: Ratsprotokolle der Stadt Ludwigsburg von 1935.
[26] StadtA LB: Ratsprotokolle der Stadt Ludwigsburg von 1935.
[27] StadtA LB: Ratsprotokolle der Stadt Ludwigsburg von 1937.

Grad schützend vor die Juden gestellt. Ferner hätten sie bis in die letzte Zeit engen Geschäftsverkehr mit Juden unterhalten.

Bürgermeister Ostertag beantragt: mit beiden Firmen bis auf weiteres seitens der Stadt alle Geschäftsverbindungen abzubrechen. Der Oberbürgermeister verfügt dem Antrag entsprechend."[28]

Fünf Tage später zwangen „so an die 150 SA-Männer in Zivil" den Kohlenhändler Ernst Metzger und den Landwirt Eugen Buhl (1901-1993), unter Schreien wie „Verräter, Judenknecht, pfui" durch die Stadt zu ziehen.[29]

Die Brandstiftung in der Ludwigsburger Synagoge

In der Nacht vom 9. auf den 10. November steckten Nazis im Deutschen Reich fast alle Synagogen in Brand – in Ludwigsburg aber nicht. Hier bemerkten Partei- und Staatsfunktionäre am Morgen des Donnerstags, was sie verpasst hatten und organisierten die Verhaftung von Männern jüdischer Herkunft wie auch die nachträgliche Brandstiftung der Synagoge. Sicher ist: Ferdinand Ostertag war dort. Über sein Verhalten und seine Haltung gehen Berichte und Interpretationen auseinander.

Am 8. Juni 1948 verurteilte das Stuttgarter Landgericht ihn wegen seiner Beteiligung an der Brandstiftung, am 17. November desselben Jahres bestätigte das Oberlandesgericht Stuttgart das Urteil. Der frühere Bausparkassendirektor wurde zu neun Monaten Haft verurteilt.[30] Das Gericht beschrieb den Ablauf der Dinge nach seinen Erkenntnissen (in die viele Angaben Ostertags Eingang gefunden hatten, obwohl es auch anderslautende Zeugenaussagen gab): „Der Angeklagte Ostertag, welcher […] der allgemeine Vertreter des damals erkrankten Oberbürgermeisters der Stadt Ludwigsburg, außerdem SA-Obersturmführer und ehrenamtlicher Vertrauensmann des SD war, […] rechnete damit, dass es auch hier zu Ausschreitungen gegen die Juden kommen und die Synagoge in Brand gesteckt werde. […] Bei der Polizei erfuhr der Angeklagte Ostertag, dass sie den Befehl hatte, nicht einzugreifen, solange keine Gefahr für Menschen und die umliegenden Gebäude bestünde.

Er begab sich sodann noch am selben Vormittag selbst zur Synagoge. Dort traf er den Kriminalinspektor Stahl an, der den dienstlichen Auftrag hatte, Gegenstände aus der Sakristei der Synagoge sicherzustellen und war ihm hierbei behilflich. Vor der Synagoge war ein großer Menschenauflauf, auch lagen Gewänder und eine Menge Papiere herum. Mehrere junge Leute waren in die Synagoge eingedrungen. Der Angeklagte Ostertag stellte sich, nachdem er sich eine Zeit lang bei der Synagoge aufgehalten hatte, auf der gegenüberliegenden

---

[28] StadtA LB: Ratsprotokolle der Stadt Ludwigsburg von 1938.
[29] Nicht datierte Niederschrift von Emma Metzger, zitiert nach Sting 2004 (wie Anm. 23).
[30] StAL: EL 903/1 Bü 513: Revisionsurteil des Oberlandesgerichts vom 17.11.1948.

Straßenseite auf, um den weiteren Verlauf zu beobachten. Als die Inbrandsetzung der Synagoge im Gange war, benachrichtigte er durch seinen Fahrer den Feuerwehrführer Heuss, der nach kurzer Zeit um 13.47 Uhr mit der Feuerwehr am Platz erschien, zunächst die Nachbarhäuser schützte und später auch in die brennende Synagoge spritzen ließ, aber nicht mehr verhindern konnte, dass sie völlig ausbrannte […]."

Verurteilt wurde Ostertag schließlich nicht, weil er an dem gesamten Ablauf beteiligt und durch seine Funktionen insgesamt verantwortlich gewesen wäre, sondern, weil er die Feuerwehr nicht früher gerufen habe. Das Gericht würdigte anhand seiner eigenen Aussagen sogar, dass er „die Tat zwar innerlich missbilligte und nicht wollte", doch habe er „zwar ohne Tätervorsatz, jedoch in dem Bewusstsein, durch [seine] Untätigkeit die Brandstiftung zu fördern, jedes Eingreifen zur Verhinderung oder Löschung des Brandes unterlassen".

Nach der Brandstiftung in Ludwigsburg fuhr Ostertag als „politischer Leiter" mit anderen Aktiven und Funktionären ins rund 20 Kilometer entfernte Freudental, wo der NSDAP-Ortsgruppenleiter, der Lehrer Ludwig Bauer, zunächst die örtliche Synagoge in Brand stecken wollte. Wegen der direkten Nähe anderer Gebäude wurde das Gotteshaus nicht angezündet, jedoch wurde die Ausstattung geplündert und über Stunden hinweg wurden Jüdinnen und Juden schwer misshandelt und erniedrigt. Die Beteiligung an diesen rechtswidrigen Aktionen dokumentierte das Landgericht Heilbronn am 22. September 1951,[31] doch wurde Ostertag wegen dieser Vorfälle rechtlich nicht weiter belangt.

Die verhafteten Juden von Ludwigsburg

Im Verlauf des 10. November 1938 wurden in Ludwigsburg zahlreiche jüdische Männer verhaftet, unter ihnen der Arzt Dr. Walter Pintus (1880-1938). Die meisten der Männer wurden anschließend in verschiedene Konzentrationslager verfrachtet – zunächst nur für kürzere Zeiten. Am Abend waren die Verhafteten im Flur des Amtsgefängnisses, dem so genannten Blockhaus. Einer von ihnen gab 1946 zu Protokoll: „Vor diesem Abtransport wurden wir mit den Gesichtern zur Wand im Blockhaus hingestellt, wobei die SS mit gezogenen Revolvern hinter uns stand. Plötzlich ging die Türe auf, die Bewachungsmannschaft rief Heil Hitler. Unter diesen Begrüßungsrufen konnten wir annehmen, dass Ortsgruppenleiter Ostertag den Raum betreten hatte. Er kam dann an mir vorbei und ich erkannte ihn, da er 1933 mich meiner Stellung als Vertrauensarzt der Angestelltenversicherung enthoben hatte.

Plötzlich rief er ‹Ah, da steht ja auch der Pintus, den nehmt allein, den lege ich euch besonders ans Herz.› Der Kommandoführer machte eine Notiz und wir wurden abgeführt. Während die Ludwigsburger Juden in das Konzentrationslager Welzheim gebracht wurden, kam Dr. Pintus durch diesen Einzelbefehl in

---

[31] HStAS: EA 4/403 Bü 53.

das Konzentrationslager nach Dachau und wurde dort zum Selbstmord gezwungen. Den Vorgang kenne ich aus späteren Äußerungen des jüdischen Religionslehrers Metzger von Ludwigsburg, welcher vom Konzentrationslager Welzheim später nach Dachau überführt wurde."[32]

In späteren Verhandlungen bestritt Ostertag nicht, im Amtsgefängnis gewesen zu sein, wohl aber den in Ludwigsburg bekannten Arzt Dr. Pintus überhaupt gekannt zu haben oder gar eine Bemerkung über ihn gemacht zu haben.[33]

Die „Judenvilla" für den Oberbürgermeister

Ferdinand Ostertag war, eindeutig belegt, treibende Kraft einer kaltblütigen „Arisierung". Die Ludwigsburger Zeitung meldet am 13. Mai 1939: „Eine Dienstwohnung für den Stadtvorstand". Im Gemeinderat hatte der immobilienerfahrene ehrenamtliche Bürgermeister das Projekt vorangebracht. Der erfolgreiche und weltläufige jüdische Fabrikant Hans Frischauer (1883-1942) war vor den vielfältigen Attacken der Nazis in seine tschechische Heimat geflüchtet, die Tochter war in England, Ehefrau Meta (1895-1942) und die beiden Söhne Robert (1922-1942) und Wolfgang (1929-1942) folgten dem Vater ins vermeintlich sichere Böhmen. Ostertag hatte den Preis für das elegante Stadthaus so weit nach unten gedrückt, dass sich „die Stadt dieses Objekt zu einem so günstigen Preis nicht entgehen lassen durfte".[34] Während die vier Mitglieder der Familie Frischauer in Prag ins Ghetto gezwungen und schließlich in Izbica ermordet wurden, bezog die Familie von Oberbürgermeister Karl Frank das großzügige Gebäude mit seiner nahezu toskanisch-friedlichen Ausstrahlung.

Nach dem Ende der NS-Herrschaft musste die Stadt das Gebäude an die überlebende Tochter Gertrud (1921-2016) zurückgeben. Sie kaufte es dann zu einem regulären Preis und vermietet es seither an das Deutsch-Französische Institut, die erste gemeinsame Einrichtung dieser beiden Länder, die anstelle der angeblichen „Erbfeindschaft" eine grundlegende Annäherung auf den Weg bringen sollte und soll.[35]

Das NS-Regime war am Ende – und Ostertag?

Als Ferdinand Ostertag 1939 in den Krieg eingezogen wurde, den die NSDAP entfacht hatte, blieb seine Stellung als Direktor der GdF erhalten. Erst am 29. Juni 1945 wurde er durch Anweisung der Militärregierung Ludwigsburg von der Bausparkasse entlassen.[36] Nach Entlassung aus amerikanischer Kriegsgefangenschaft wurde er in Lagern für NS-Funktionäre interniert, ab Januar 1947

---

[32] StAL, EL 903/1 Bü 513 JS/72/1853: Aussage von Ludwig Elsas vom 30.11.1946.
[33] StAL EL 903/1 Bü 513: Anlage zum Protokoll der Spruchkammer-Verhandlung vom 30.06.1948
[34] StadtA LB, Ludwigsburger Zeitung vom 13.05.1939.
[35] „Zu Besuch bei verfolgten Nachbarn", Stolperstein-Initiative Ludwigsburg, S. 15-18; INFO & IDEE Medien Verlag Ludwigsburg, Oktober 2010.
[36] WABW: B 90/180: Zeugnis der GdF für Ferdinand Ostertag vom 10.11.1949.

in Ludwigsburg. Er konnte mehrere Zeugenaussagen anführen, wonach er stets korrekt gehandelt habe und auch einen Beschäftigten mit jüdischer Abstammung in der GdF Wüstenrot geschützt habe. Im Juli 1948 kam er frei.

Ferdinand Ostertag hätte gerne bei der Bausparkasse GdF Wüstenrot seine Arbeit fortgesetzt, wo der seinerzeit aus dem Amt gedrängte Direktor Hermann Schuon wieder die Leitung übernommen hatte. Doch ein Vertreter des Unternehmens schrieb ihm: „Ich bedaure, Ihnen mitteilen zu müssen, dass der Aufsichtsrat geschlossen die Auffassung vertrat, dass Ihre Wiederbeschäftigung bei der GdF aus einer Reihe von Gründen nicht in Frage kommen kann. Maßgebend war, dass Sie der prononcierte Vertreter des Nationalsozialismus in der GdF waren und dass es für das Unternehmen, das weithin als Hochburg des Nationalsozialismus angesprochen war, nicht tragbar ist, Sie wieder einzustellen."[37]

Ab März 1950 arbeitete Ferdinand Ostertag für die Leonberger Bausparkasse,[38] wo er den Rang eines Abteilungsdirektors erreichte. Im vielfach zerstörten Deutschland gab es erheblichen Bedarf an Aufbau und auch für Bausparkassen ein großes Betätigungsfeld.

---

[37] WABW, B90/180: Schreiben vom 26.10.1949.
[38] WABW, B90/180: Schreiben des Aufsichtsrats der GdF Wüstenrot vom 09.03.1950.

Stefan Klemp

Albert Rapp: „Du sollst Deinen Feind aus aller Seelenkraft hassen..."

* 16.11.1908 in Schorndorf
† 1975

Bautechniker, Jurist, Alter Kämpfer der NSDAP und SA, hauptamtlicher Referent beim SD-Hauptabschnitt Baden in Karlsruhe, SD-Hauptamt Berlin, Chef des SD-Leitabschnitts in Posen im „Warthegau", SS-Standartenführer, Führer des Sonderkommandos 7a der Einsatzgruppe B, Inspekteur der Sicherheitspolizei und des SD in Braunschweig, Gruppenleiter im Reichssicherheitshauptamt in Berlin; Redakteur

„Borck sagte mir, Rapp lege alle Juden in der Umgebung um."[1] Die Aussage eines Kameraden bringt das Wirken von Albert Rapp als Führer des Sonderkommandos 7a auf den Punkt. Mit seiner Truppe ermordete Albert Rapp im Jahr 1942 laut Gericht direkt 1.180 Menschen. Insgesamt war er für die Tötung von 3.000 Menschen durch das Sonderkommando 7a, darunter Juden, Kommunisten, Partisanenverdächtige, Gegner des NS-Regimes, „Zigeuner" und Behinderte, verantwortlich.

Ausbildung und Beruf als Jurist hatte er schon mit dem politischem Engagement verbunden, das die Grundlage für seine Tätigkeit als Massenmörder bildete. Während des Studiums gehörte er zur SD-Kaderschmiede an der Universität Tübingen. Lange vor 1933 hatte er rechtsextremen Vereinigungen, der „Nationalsozialistischen Freiheitsbewegung" und dem „Bund Oberland", angehört. Zusammen mit seinen Kameraden nahm er an Straßenschlachten mit politischen Gegnern in Tübingen teil.

Nach 1933 arbeitete er an verschiedenen Stationen hauptamtlich für den Sicherheitsdienst (SD) der SS. Rapp verwirklichte das Idealbild des Führungskorps der Sicherheitspolizei und des SD, das sich sowohl im auswärtigen Einsatz als auch in der Schreibstube bewähren sollte. Mit bürokratischer Gründlichkeit setzte er in NS-Ideologie um. Für den SD-Inland erledigte er Alltagsarbeit. Im Ausland - 1939/40 in Posen in Polen und 1942-1943 an der Ostfront - beteiligte er sich direkt am nationalsozialistischen Massenmord. 1939 hatte Albert Rapp

---

[1] Landesarchiv Nordrhein-Westfalen Abt. Westfalen (LA NRW W): Q 234, Nr. 1896, Aussage Eduard Spengler vom 15.03.1962, Bl. 28.

an der Umsiedlung von 80.000 Menschen aus dem Warthegau ins Generalgouvernement mitgewirkt. Von Februar 1942 bis Januar 1943 war er Führer des Sonderkommandos 7a in der Sowjetunion. Am 29. März 1965 wurde er vom Landgericht Essen zu lebenslanger Haft verurteilt.[2]

Ausbildung

Albert Rapp, geboren am 16. November 1908 in Schorndorf, besuchte dort von 1915 bis 1918 die Volksschule, danach die Real- und Lateinschule. 1924 machte er die mittlere Reife.[3] Seine Eltern hatten ihn evangelisch-religiös erzogen. Mit elf Jahren gehörte er zunächst der Jungschar des CVJM und dann den christlichen Pfadfindern an. Politisch hätten seine Eltern die liberale Demokratische Partei unterstützt, sagte Rapp nach 1945. Er machte ein Praktikum als Schreiner und war Gehilfe in einem Architektenbüro. 1925/26 absolvierte er zwei Semester an der Höheren Bauschule in Stuttgart, wo er ein Bautechnikerexamen bestand. 1928 machte er in Schwäbisch Gmünd Abitur mit der Durchschnittsnote „befriedigend".

Politisch aktiv war er 1923 in einer deutschnationalen Jugendgruppe, die Beziehungen zur schwarzen Reichswehr unterhielt und Wehrsportübungen machte. 1924 trat er in die „Nationalsozialistische Freiheitsbewegung" in Württemberg unter Christian Mergenthaler (1884-1980) und Pfarrer Steeger ein. Im Freikorps „Bund Oberland" setzte er seine Wehrsportübungen fort. Von 1928 bis 1933 studierte er in München und Tübingen Rechtswissenschaften. In München gehörte er der schlagenden Burschenschaft Alemannia an. In Tübingen trat er 1931 in NSDAP und SA ein. Dort bestand er 1933 das Referendarexamen mit „ausreichend". In der Tübinger SA lernte er seine späteren Weggefährten Erich Ehrlinger (1910-2004), Martin Sandberger (1911-2010), Eugen Steimle (1909-1987), Erwin (1909-?) und Ernst Weinmann (1907-1947) kennen – allesamt wie Rapp ab 1939 am nationalsozialistischen Massenmord beteiligt.[4] Die Uni Tübingen „war offensichtlich nicht vor einem Rückfall in die Barbarei geschützt. Die Schutzschicht der Zivilisation kann auch bei einer altehrwürdigen Universität sehr dünn sein. Forschung und Wissenschaft schützen offensichtlich nicht vor

---

[2] Klee, Ernst: Das Personenlexikon zum Dritten Reich. Wer war was vor und nach 1945, Frankfurt 2003, S. 479.

[3] LA NRW W, Q 234, Nr. 1896, Vernehmungen Albert Rapp ab 26.03.1963; Vgl. Justiz und NS-Verbrechen. Sammlung Deutscher Strafurteile wegen nationalsozialistischer Tötungsverbrechen, Band XX, Nr. 588, S. 715-815, auch für folgende Angaben. Mit dem weiter unten genannten „Pfarrer Steeger" meinte Rapp möglicherweise der Friedrichshafener DC-Pfarrer Dr. Carl Steger (1889-1954). Vgl. Dietrich, Hans-Eberhard: Dr. Carl Steger: Ein Gott, ein Christus, eine Nation. Als „Deutscher Christ" in Württemberg, in: Proske, Wolfgang (Hg.): Täter Helfer Trittbrettfahrer (Bd. 5), NS-Belastete aus dem Bodenseeraum, Gerstetten 2016, S. 257-271.

[4] Zu Ehrlinger vgl. Stadelbauer, Peter: Vater und Sohn Ehrlinger. Politik, Weltanschauung und strafrechtliche Verfolgung zweier NS-Belasteter aus Ostwürttemberg, in: Proske, Wolfgang (Hg.): Täter Helfer Trittbrettfahrer. NS-Belastete von der Ostalb (= Bd. 1), Gerstetten 2016(2), S. 87-124. Zu Eugen Steimle vgl. Herrmann, Georg: Der Barras. Erinnerungen an den Massenmörder, in: Proske, Wolfgang (Hg.): Täter Helfer Trittbrettfahrer. NS-Belastete aus Oberschwaben, Bd. 4, Gerstetten 2015, S. 281-292.

ungeheuerlichen Abweichungen von der Zivilisation."[5] 1936 bestand Rapp das Assessorexamen mit befriedigend.

SD Inland

In Karlsruhe trat Albert Rapp 1936 als hauptamtlicher Mitarbeiter in den SD ein, gleichzeitig wechselte er von der SA in die SS. Er interessierte sich insbesondere für die Verwaltung und für öffentliches Recht. Als Abteilungsleiter der Abteilung II/2 „Lebensgebiete" bearbeitete er die Referate II/21 (Kunst, Wissenschaft und Erziehung), II/22 (Recht und Verwaltung) sowie Wirtschaft (II/23). Aufgabe war die nachrichtendienstliche Erforschung und Überwachung potenzieller Gegner. Menschen wurden beobachtet und bespitzelt. In ganz Deutschland sammelte der SD Material zur Gegnerbekämpfung und um die Stimmung der Bevölkerung zu erkunden. 1937 übernahm SS-Untersturmführer Rapp den Unterabschnitt Karlsruhe und war damit Leiter der Abteilungen I (Personal und Verwaltung) und II (Gegner und Lebensgebiete).

Während seiner Referendarzeit als Jurist habe er Kommunisten und Sozialdemokraten in politischen Strafverfahren verteidigt, behauptete Rapp nach 1945. Im Rahmen der nachrichtendienstlichen Tätigkeit in Karlsruhe habe er die Beamtenschaft mit Hilfe eines Fragebogens in einer Kartei erfasst.[6] Für ihn habe nicht nur Suche nach Gegnern, sondern die Beurteilung der Eignung der Bespitzelten im Vordergrund gestanden. Angeblich wollte er Fachkräfte für den SD rekrutieren, rechtfertigte er sein Wirken. In der gleichen Weise habe er in den Bereichen Justiz und Kultur geforscht. Rapp distanzierte sich nach 1945 vom System: „Das führte dann vielfach dazu, dass die Erörterungen sich wiederum in so ‚kleinkarierten' Momenten erschöpften, wie beispielsweise, wie viel Geld Personen für die NSV gespendet hatten und wie oft sie in den letzten Jahren an der Fronleichnamsprozession teilgenommen hätten. Gegen diese Tendenzen habe ich versucht SD-seitig Bremsen zu ziehen", behauptete er in einer Vernehmung des Jahres 1963. „Aus meiner Berliner Tätigkeit kann ich mich noch entsinnen, dass ich auf die Vorgänge der sogenannten „Kristallnacht" sofort mit eingehenden Berichten reagiert habe, die die negativen Auswirkungen dieser Ausschreitungen klar aufzeigten."[7] Ende 1937 war Rapp zum SD-Oberabschnitt Ost in Berlin als Leiter der Hauptabteilung II mit den Abteilungen II/1 (Gegner – Kirchen, Juden, Freimaurer) und II/2 (Lebensgebiete) berufen worden. Sein Vorgesetzter in Berlin war SS-Oberführer Erich Naumann (1905-1951). Anfang 1939 wurde Rapp zum SD-Hauptamt in Berlin versetzt. Im April 1939 heiratete er. Aus der Ehe gingen drei Söhne hervor, geboren 1941, 1942 und 1943.

---

[5] Wiesing, Urban: Die Universität Tübingen im Nationalsozialismus, vgl. http://www.nationalsozialismus.uni-tuebingen.de vom 26.07.2010, zit. n. damals.de (eingesehen am 17.02.2019).
[6] LA NRW W, Q 234, Nr. 1896, Vernehmung Rapp vom 01.04.1963, S. 24 f.
[7] Ebenda, S. 27.

1939 Polen

Im September 1939 wurde Rapp vom SD-Hauptamt zum Befehlshaber der Sicherheitspolizei und des SD (BdS) nach Posen (heute: Poznań) abgeordnet. Nachdem er zunächst unter Naumann bei der Einsatzgruppe VI eingesetzt war, wurde Rapp anschließend Chef des SD-Leitabschnitts Posen. Dabei wurde sein Aufgabenfeld deutlich erweitert. Für den Höheren SS- und Polizeiführer (HSSPF) Wilhelm Koppe (1896-1975) und den Inspekteur der Sicherheitspolizei (IdS) Ernst Damzog (1882-1945) in Zusammenarbeit mit Gauleiter Arthur Greiser (1897-1946) organisierte Rapp die „Umsiedlung" von Juden und Polen ins Generalgouvernement. Die Bewohner sollten vertrieben werden, um Deutsche aus dem Baltikum und Wolhynien im Warthegau anzusiedeln.

Koppe ernannte Rapp zum Beauftragten für die Umsiedlung. Mit Hilfe von Deutschpolen erstellte der SD Namenslisten solcher Polen, die vertrieben werden sollten. Ein Kriterium war eine „deutschfeindliche" Einstellung. Die praktische Umsetzung der Vertreibung war die Aufgabe der Ordnungspolizei unter ihrem Inspekteur Oskar Knofe (1888-1978). Männer des Dortmunder Polizeibataillons 61 erledigten die „Drecksarbeit" im Raum Posen. Sie führten Razzien, Hausdurchsuchungen, das Zusammentreiben und die Bewachung der Transporte durch. Es gab Übergriffe und Todesfälle.[8] Auch seine Beteiligung an diesen Verbrechen verharmloste Rapp nach 1945. „Da von den örtlichen Dienststellen in der Provinz Posen und der Ordnungspolizei nicht immer alle Voraussetzungen für ein gutes Überstehen der Transporte und der ersten Tage im Generalgouvernement geschaffen wurden, [...], veranlasste ich, daß vom RSHA einige SS-Führer zum SD-Leitabschnitt in meiner Eigenschaft als teilweise für die Umsiedlung zuständiger Dienststelle abgeordnet wurden." Er habe für die Abstellung von Missständen gesorgt. Es sei vorgekommen, dass von der Polizei in den Häusern, aus welchen Familien zu evakuieren waren, ganz andere Personen mitgenommen worden waren, als in den Listen verzeichnet waren.[9]

1940 – 1942: SD Inland, danach Sonderkommando 7a

Nach der Beteiligung an der Vertreibung von 80.000 Menschen aus dem Warthegau kehrte er aus Posen in die Heimat zurück und übernahm im April 1940 die Führung des SD-Leitabschnitts in München. Anfang 1942 ging er wieder in den „auswärtigen Einsatz". Der Chef der Sicherheitspolizei und des SD, Reinhard Heydrich (1904-1942), hatte seinen Einsatzgruppen mit ihren Einsatz- und Sonderkommandos vor dem Abmarsch in die Sowjetunion den Plan bekanntgegeben, sämtliche Juden zu vernichten.[10] Auch Zigeuner und geistig behinderte Menschen, im NS-Jargon „Geisteskranke", Tartaren und Armenier soll-

---

[8] Klemp, Stefan: Freispruch für das „Mord-Bataillon". Die NS-Ordnungspolizei und die Nachkriegsjustiz, Münster 1998, S. 39 ff.
[9] NRW W, Q 234, Nr. 1896, Vernehmung Rapp vom 26.03.1963, S. 14.
[10] Justiz und NS-Verbrechen, Nr. 588, S. 725.

ten als „lebensunwertes Leben" oder „rassisch minderwertig" verfolgt und vernichtet werden. Zum Sonderkommando 7a gehörten Beamte der Kripo und Gestapo, Angehörige des SD sowie Männer der Waffen-SS. Es war insofern ein Sonderfall, weil ihm vermutlich keine Schutzpolizisten der Berliner Polizeibataillone 9 und 3 zugeteilt wurden. Das Kommando umfasste rund 100 Mann. Darunter 15 Beamte der Sicherheitspolizei (Gestapo und Kripo), 10 Männer des SD, 20 Fahrer, 15 eingezogene Reservisten der Waffen-SS, fünf Verwaltungsbeamte, fünf Dolmetscher und ein Zug aktiver, junger Waffen-SS Männer (30 Mann).

Spätestens ab Herbst 1941 haben sämtliche Sonderkommandos und Einsatzkommandos die Vernichtung der Juden in der Sowjetunion so umfassend wie möglich durchgeführt.[11] Das Sonderkommando 7a hatte von Juni bis August 1941 unter seinem ersten Kommandeur Dr. Walter Blume (1906-1974) in Wilna und in Weißrussland über 1.000 Juden und Kommunisten ermordet. Danach, im September 1941, übernahm Rapps Kommilitone Eugen Steimle das Kommando.

Die Einsatzgruppe B war nach dem Überfall auf die Sowjetunion über Posen bis Warschau marschiert. Es sollte im Bereich des Armee-Oberkommandos 9 (AOK 9) im „rückwärtigen Heeresgebiet" eingesetzt werden. Das war der Mittelabschnitt der Ostfront, nördlich der Straße Warschau-Minsk-Smolensk, die weiter nach Moskau führte. Das Sonderkommando 7a überfiel die Orte Suwalki, Wilna, Wilejka, Minsk, Polozk, Witebsk und Gorodok am Loswida-See. Unter dem Kommando von Steimle marschierte die Truppe nach Welish. Danach ging das Kommando über Wjasma, Sytschewka, Rshew bis nach Kalinin. Hier lungerten die Polizisten und Waffen-SS-Männer bis Mitte Dezember 1941 herum.

Der Führer der Einsatzgruppe B, SS-Oberführer Erich Naumann, befahl Anfang 1942, das Sonderkommando 7a sollte nach den „Strapazen" des Jahres 1941 Urlaub machen. Die Männer sollten sich erholen, um im Frühjahr wieder einsatzfähig zu sein. Als Standort bestimmte er Klincy in Russland.[12] Klincy liegt 225 Kilometer südlich von Smolensk. Mit dem Begriff „Strapazen" hatte Naumann nicht die Tötungseinsätze gemeint, sondern er bezog sich auf den Rückmarsch von Kalinin in Richtung Westen Mitte November 1941, als das Kommando im russischen Winter von der sowjetischen Gegenoffensive überrascht worden war. Die Polizeiführung hatte wie ihre Kameraden von der Reichswehr angenommen, sie könnten Russland mal eben erobern. An den russischen Winter hatten die weitsichtigen Offiziere nicht gedacht. Die Polizisten hatten keine warmen Socken eingepackt, es fehlte an Winterkleidung. Als die Männer im Januar 1942 in Gomel ankamen, „froren sie sich den Arsch ab". SS-Hauptsturmführer Kurt Matschke (1908 – nach 1966) übernahm in Gomel vertretungsweise die Führung. Er schickte zwei Männer zur Quartierbeschaffung nach Klincy.[13]

---

[11] Justiz und NS-Verbrechen, Nr. 588, S. 725.
[12] Justiz und NS-Verbrechen, Bd. XXIII, Nr. 620, S. 150.
[13] LA NRW W, Q 234, Nr. 3200, Anklageschrift gegen Matschke und Spengler, Bl. 44.

Die Verlegung betrieb er ganz in Ruhe. Schließlich sollten die Männer Urlaub machen.[14] Das hatte Naumann Rapp bei seiner Einweisung mitgeteilt. Als SS-Obersturmbannführer Rapp Anfang Februar 1942 nach Gomel kam, um das Sonderkommando 7a zu übernehmen, war er erschüttert. Sicherheitspolizisten soffen und feierten Orgien mit einheimischen Frauen. Er machte Matschke heftige Vorwürfe, weil das Kommando untätig in „Etappe" herumliege. Rapp befahl die sofortige Verlegung nach Klincy.

Die Fahrt musste mit der Eisenbahn erfolgen. Die Straßen waren verschneit und unpassierbar, der Boden war vereist und tief gefroren. Es war bitterkalt, viel kälter als in Deutschland. Der größte Teil der Kraftfahrzeuge musste mit den Fahrern in Klincy zurückbleiben.[15] Rapp ließ die Verlegung trotzdem auf Biegen und Brechen durchziehen.[16] Der Großteil des Kommandos fuhr umständlich mit der Bahn nach Klincy. Dort kam der Hauptteil des Sonderkommandos 7a am 21. Februar 1942 an.

Rapp (erster von links) im russischen Winter

---

[14] Justiz und NS-Verbrechen, Nr. 620, S. 150.
[15] Justiz und NS-Verbrechen, Nr. 588, S. 728.
[16] LA NRW W, Q 234, Nr. 3200, Bl. 45.

Als der SS-Untersturmführer Eduard Spengler aus einem eigenmächtig verlängerten Heimaturlaub nach Gomel zurückkehrte und der Großteil der Truppe gerade nach Klincy abgerückt war, beschwerten sich die zurückgebliebenen Fahrer bei ihm über Albert Rapp und die entgangenen Urlaubstage.[17] Albert Rapp hatte alle Kommandoangehörigen verärgert, weil er durch den Urlaubsentzug kollektiv bestrafte. Doch Rapp setzte seinen Willen mit unnachgiebiger Härte durch. Er war äußerst streng, hielt auf Abstand und besaß praktisch keine Kontakte zu seinen Kameraden und Untergebenen. Er fiel durch extremen Übereifer auf und er duldete absolut keinen Widerspruch.[18]

In Klincy befahl er seinen Männern, ein neues Quartier zu besorgen. Die Unterkunft, die das Vorkommando ausgesucht hatte, gefiel ihm nicht.[19] Ein neues Quartier wurde innerhalb weniger Tage eingerichtet. Das Sonderkommando 7a bezog einen großen, dreigeschossigen Steinbau in der Werdlowa-Straße, zwischen der Krassnaja-Straße und der Puschkinskajastraße. Rapp hatte in der 1. Etage ein Einzelzimmer, neben der Schreibstube. Das Haus war nicht zerstört und teils mit fließendem Wasser, Zentralheizung und elektrischer Beleuchtung ausgestattet. Eduard Spengler und sein Freund Waldemar Borck bekamen ein Zimmer im Nebenflügel. Das Zimmer war in Ordnung, aber mit der Bequemlichkeit war es vorbei. Rapp belegte für das Kommando zusätzlich einige Räume im örtlichen Gefängnis, und er unterstellte sich einen Teil des russischen Ordnungsdienstes. Die russischen Hilfspolizisten wurden als Kundschafter und Dolmetscher verwendet.

Rücksichtslos trieb Rapp die Polizisten für die „Aktionen" tagelang über weite Entfernungen in den russischen Winter. Weil sie mit Fahrzeugen nicht durchkamen, zogen die Polizeibeamten mit Schlitten los. Das Kommando sollte Juden, Zigeuner und „Geisteskranke" aufspüren und vernichten. Befehle erhielt Rapp dafür nicht. Er handelte eigenständig.[20] Er wusste oder glaubte zu wissen, worum es ging und was von ihm erwartet wurde. Der Dortmunder Kriminalbeamte Eduard Spengler erinnerte sich: „Schon sofort bei meiner Ankunft hatte ich bemerkt, daß die Leute alle ziemlich gedrückter Stimmung waren. Ich erkundigte mich nun bei Borck über die näheren Umstände und insbesondere über den neuen Chef. Borck sagte mir, daß die Leute ziemlich am meutern wären, weil sie durch Rapp um ihre Hoffnung betrogen worden seien, in Klincy eine Ruhestellung zu beziehen. Rapp sei sehr herrisch und anmaßend gewesen. Man dürfe nichts sagen, sonst fahre einem Rapp sofort übers Maul. Außerdem veranstaltete er laufend in der Umgebung von Klincy Exekutionen."[21]

---

[17] Justiz und NS-Verbrechen, Nr. 620, S. 151.
[18] Justiz und NS-Verbrechen, Nr. 588, S. 732.
[19] Justiz und NS-Verbrechen, Nr. 620, S. 151.
[20] Justiz und NS-Verbrechen, Nr. 588, S. 732.
[21] LA NRW W Q 234, Nr. 1896, Vernehmung Spengler 15.03.1962, Bl. 27.

Massenexekution(en)

Von der Eiseskälte des russischen Winters ließ Rapp sich nicht stoppen. Er wollte die Juden so vollständig wie möglich vernichten.[22] Diese Vernichtung stellte er in anfeuernden Ansprachen dem Kommando als erstrebenswerte Aufgabe vor. Die Juden bezeichnete er ebenso wie die Zigeuner als „niedrige, heruntergekommene, asoziale, verseuchte und verdreckte Völker", die ausgerottet werden müssten. Die Deutschen seien demgegenüber Herrenmenschen, die SS die Elite des Führers.[23] Er hat niemand geschont oder gar Mitleid gezeigt.

Schon wenige Tage nach der Ankunft in Klincy ließ Rapp 200 Juden in Mglin erschießen, 50 Kilometer nordöstlich von Klincy.[24] Dabei prallte eine Kugel vom aufgehäuften Eis zurück und tötete den Oberscharführer Hermann Glockmann. Er wurde mit militärischen Ehren bestattet, so wie ein Soldat, der bei Kampfhandlungen ums Leben kam. Glockmann war während des Aufenthaltes in Klincy der einzige Todesfall des Kommandos. Er war „Alter Kämpfer" der NSDAP und Angehöriger der Leibstandarte SS Adolf Hitler.[25] Zum Ablauf der Exekution sagte der Grenzpolizeibeamte Karl Sonntag 1963 aus: „[…] Ebenso wie der Angeschuldigte Tormann kann ich mich daran entsinnen, daß bei der Erschießung, bei der Glockmann zu Tode gekommen ist, die Frauen und Kinder unter den Erschießungsopfern die Zahl der Männer ganz erheblich überwogen. Diese Erschießung war in ihrem Ablauf darum ganz besonders schrecklich. Wie ich bereits im vergangenen Jahre […] geschildert habe, leide ich unter dieser Erschießung darum auch heute noch ganz besonders und sie ist mir bis in die letzte Zeit noch häufig vor Augen getreten. Die Erschießung der vielen Kinder kann ich nie vergessen. […] In ihrer unmittelbaren Nähe hatten die SS-Reservisten des Oberscharführers Glockmann ihr Maschinengewehr aufgebaut und schossen von Zeit zu Zeit zur Warnung einige Schuss über die am Boden liegenden Opfer hinweg. […] Die größte Erschießung, die in der Nachkommandozeit unter Matschke in Klincy noch erfolgte, war die Erschießung der Zigeunersippe. Sie erfolgte außer der Reihe. Zu der Sippe gehörten Männer, Frauen und Kinder jeden Alters…"

Nach Mglin befahl Rapp die Erschießung von vierzig behinderten Menschen in Trubtschewsk, rund 100 Kilometer südöstlich von Klincy. Etwa 80 Mann des SK 7a nahmen an der Mordaktion teil. Auf dem Weg dorthin ließ er ein Teilkommando unter Kurt Matschke in Starodub zurück, wo es 200 Juden erschoss.[26] Bald darauf befahl Albert Rapp seinen Männern die Vorbereitung einer Judenaktion in Klincy. Er selbst fuhr mit einem Pkw durch die Gegend und suchte einen abgelegenen Ort am Stadtrand als Tatort aus. Für die bevorstehende Er-

---

[22] Justiz und NS-Verbrechen, Nr. 588, S. 732.
[23] Justiz und NS-Verbrechen, Nr. 588, S. 732.
[24] Justiz und NS-Verbrechen, Nr. 588, S. 748.
[25] LA NRW W, Q 234, Nr. 1488, Bl. 3ff.
[26] Justiz und NS-Verbrechen, Nr. 588, S. 745 ff.

schießung brauchte das Sonderkommando 7a unbedingt große und tiefe Gruben. Aber der Boden im Raum Klincy war so hart gefroren, dass keine Chance bestand, sie auf herkömmliche Weise mit Hacke und Spaten auszuheben. Die Sicherheitspolizisten hätten den gefrorenen Boden sprengen müssen, um ihn aufzulockern. Da sie nicht über genügend Sprengstoff verfügten, übernahm ein Feuerwerker der Wehrmacht diese Aufgabe. Gemeinsam mit den Polizisten stellten sie ein Sprengkommando zusammen. Nach getaner Sprengarbeit befahl Rapp russischen Bürgern, eine rechteckige Grube auszuheben, mehrere Meter lang und breit.

Rapp erklärte dem Kommando auch den Sinn des Einsatzes. Am Vorabend der Aktion setzte er im Speisesaal der Unterkunft eine Versammlung an. Er kündigte eine Erschießungsaktion für den nächsten Tag an, wies auf einen Führerbefehl zur Vernichtung der Juden hin und sagte, am kommenden Tag werde „eine große Sache steigen". Eine kleine Wache sollte in der Unterkunft bleiben.[27] Teilnehmen sollte das ganze Kommando, also auch der Waffen-SS-Zug, der eigentlich zur 2. Kompanie des 14. Waffen-SS-Infanterieregiments gehörte und unter dem Kommando von SS-Untersturmführer Alfred Tempfer (1921-1944) stand. Eugen Steimle, der erste Kommandeur des Sonderkommandos 7a, hatte den jungen Rekruten der Waffen-SS die Teilnahme an Erschießungen von Frauen und Kinder als Schützen verboten. Dafür hatte Albert Rapp kein Verständnis: „Wie ich oben bereits erwähnte, sollten wir Waffen-SS-Leute an diesem Tage entgegen den früher gegebenen Befehlen und der bis dahin ständigen Übung auch als Schützen mitmachen. Diese Änderung beruhte auf Befehlen von Rapp."[28]

Dazu hielt er eine gesonderte Ansprache in der Unterkunft: „Speziell hinsichtlich der Vernichtung der Juden sprach er uns aktive Waffen-SS-Soldaten als Elite an und sagte, daß diese Aufgabe für uns eine Ehre sei. Damit begründete er, daß wir nunmehr auch mitschießen müßten. Den Kernsatz einer dieser Ansprachen habe ich noch heute wörtlich im Gedächtnis. Er lautete: „Du sollst Deinen Feind aus aller Seelenkraft hassen, erst dann kannst Du ihn siegreich bekämpfen." Rapp sagte in dieser Ansprache, das sei ein russisches Prinzip, das wir unbedingt übernehmen und auf die Vernichtung der Juden anwenden müssten. Rapps Prinzip war, jeden, der zu seinen Anschauungen im Widerspruch stand, rücksichtslos zu vernichten."[29]

Die Aktion fand Mitte März 1942 statt. Am frühen Morgen des Einsatztages mussten die Männer antreten. Mit dabei waren auch die Angehörigen des einheimischen Ordnungsdienstes. Sie hatten die notwendige Ortskenntnis und wussten, wo Juden wohnten. Vor dem Ausrücken hielt Rapp eine weitere kernige Ansprache. Das Sonderkommando 7a bildete mehrere Teilkommandos,

---

[27] Justiz und NS-Verbrechen, Nr. 620, S. 162.
[28] LA NRW W, Q 234, Nr. 1896, Vernehmung Gustav R., 13.03.1964, Bl. 13.
[29] Ebenda, Bl. 14.

denen jeweils einige ortskundige Hilfspolizisten zugeteilt wurden. Gemeinsam suchten sie Häuser und Wohnungen, in denen Juden lebten. Sie donnerten mit Fäusten, Gewehrkolben und Füßen gegen die Haus- und Eingangstüren, warteten aber nicht ab, bis jemand öffnete, sondern traten die meisten Türen gleich ein. Die Männer des SK 7a trieben die jüdischen Bewohner der Reihe nach unsanft aus ihren Wohnungen auf die Straßen. Lkws standen bereit, um die 400 Menschen abzutransportieren.

Eine Gruppe der Waffen-SS holte etwa 30 Juden mit einem Lkw aus einem Gebäude ab. Sie fuhren mit den Gefangenen zur Exekutionsstätte. Mit dabei war Gustav R. aus Berlin. Der 22jährige war Kradmelder. Das hieß, er brachte Befehle der Vorgesetzten mit dem Motorrad zum Kommando, und dessen Meldungen zu den vorgesetzten Stellen. Das war im russischen Winter eine fürchterliche Aufgabe. Es war nicht nur eiskalt, sondern auch gefährlich. Bei der Aktion in Klincy saß Gustav R. zusammen mit zwei Kameraden hinten auf der Ladefläche eines Lastwagens. Sie sollten die 30 jüdischen Gefangenen bewachen. Vor und hinter dem Lkw fuhren Polizeibeamte des SK 7a in Pkws mit. Bei der Ankunft an der Erschießungsstätte sah er, dass hier schon vorher Erschießungen stattgefunden hatten. Gliedmaßen ragten aus dem gefrorenen Boden heraus. Zwei Männer der Waffen-SS standen auf dem LKW am Ende der Ladefläche. Gustav R. stand unten und sollte aufpassen. Die SS-Angehörigen auf der Ladefläche klappten die Plane hoch und wollten gerade die Klappe herunterlassen, als zwei junge Männer plötzlich nach vorne stürmten und die zum Ausstieg bereit stehenden Juden so heftig nachstießen, dass sie gegen die zwei Männer der Waffen-SS und mit ihnen zusammen vom Lkw fielen. Die beiden jungen Russen sprangen vom Wagen und liefen in den nahegelegenen Wald. Die Verwirrung durch den Überraschungsangriff half ihnen. Sie hätten als „partisanenverdächtige Russen" mit den Juden erschossen werden sollen. Die drei Männer der Waffen-SS brauchten einen Moment, bis sie sich wieder sortiert hatten. Dann nahmen sie die Verfolgung auf. Sie liefen einige Kilometer hinter den Flüchtenden her.

Nachdem die übrigen Opfer in der Nähe der Grube angekommen waren, mussten sie sich etwa 50 Meter von der Erschießungsstätte entfernt auf den Boden setzen und warten. Bei den jüdischen Familien überwog die Zahl der Frauen und Kinder. Viele Männer waren zur Roten Armee einberufen worden. Die Opfer mussten sich vor der Erschießung trotz großer Kälte ausziehen. Ein Teil der Juden musste die Oberbekleidung abgeben, andere mussten sich ganz ausziehen. Alles wurde nach Geld und Wertsachen durchsucht. Die Opfer wurden entwürdigenden Leibesvisitationen unterzogen. Sie konnten das Massengrab von ihrem Aufenthaltsort aus erkennen. Sie wussten genau, was ihnen bevorstand.

Junge Männer der Waffen-SS bewachten sie. Der Tatort wurde abgesperrt, um Fluchtversuche zu verhindern und um Schaulustige fernzuhalten. Dazu wurde eine Postenkette aufgebaut, an der auch Soldaten der Wehrmacht und Geheime Feldpolizei beteiligt waren.[30] An der Grube standen fünf bis zehn Männer des SK 7a, die als Schützen eingeteilt waren. Unter ihnen befand sich ein Unterscharführer des Waffen-SS-Zuges, der sich freiwillig gemeldet hatte. Direkt an der Grube standen auch mehrere Kommandoangehörige, die mit Maschinenpistolen „Nachschüsse" auf Opfer abgeben sollten, die nicht tödlich getroffen worden waren. Kommandochef Rapp leitete die Aktion vom Grubenrand aus. Männer der Waffen-SS führten jeweils zehn Juden durch ein Spalier des einheimischen russischen Ordnungsdienstes zur Grube. Frauen trugen ihre Kleinkinder und Säuglinge. Sicherheitspolizisten nahmen ihnen die Kinder weg. Die Schützen standen bereit, die Pistolen im Anschlag. Bei den Erwachsenen griffen sie sich jeweils ein Opfer am Arm. Sie hielten dem Opfer die schussbereite Pistole in den Rücken und führten es so schnell wie möglich an den Grubenrand. Dort töteten Polizisten die Menschen per Genickschuss. Die Schützen hielten die Mündung der Pistole so, dass der Schuss zwischen den beiden Nackensehnen des Opfers eindrang und bis zum Schädelansatz schräg nach oben wieder austrat. Das Geschoss sollte möglichst an der Stirn wieder austreten, damit das Gehirn in ganzer Länge getroffen wurde. Im Normalfall spritzten Hirn und Blut aus der Schussaustrittswunde, oft auf die Uniformen der Schützen. Schon nach einigen Minuten waren die Polizisten des Exekutionskommandos mit Blut und Hirnmasse bespritzt. Unmittelbar nach dem Schuss trat oder stieß der Schütze das Opfer in die Grube. Kleinkinder und Säuglinge töteten sie teilweise anders. Manche Kinder legten sie flach mit dem Gesicht auf den Boden. Dann drückte der Schütze ab und trat das Opfer mit dem Fuß in die Grube. Andere Kleinkinder hoben sie an einem Arm hoch, schossen ihnen dann ins Genick und warfen sie anschließend wie ein Stück Holz ins Massengrab. Diese umständliche Methode dauerte Rapp zu lange. Ihm war kalt. Er lief permanent am Grubenrand hin und her und trieb die Männer zur Eile an.

Fast alle Erschießungen des SK 7a liefen auf diese Weise ab. Jeder Schütze sollte ein Magazin mit sechs bis acht Schuss abgeben und dann abgelöst werden. Leergeschossene Magazine wurden aber auch nachgefüllt und den Schützen wieder zurückgegeben. Einige Kommandoangehörige schossen länger, während andere ausgetauscht wurden. Ältere Offiziere der Wehrmacht, Angehörige eines in Klincy stationierten Landesschützenbataillons und Landwirtschaftsführer, standen in einiger Entfernung und sahen sich das Gemetzel an. Bei ihnen standen Eduard Spengler und der SS-Führer Alfred Tempfer. Die Soldaten fragten sich, warum die Wehrmacht eine Erschießung von Frauen und Kindern unterstützte. Wehrmachtsoffiziere fragten Spengler, wer die Schützen waren. Sie wollten wissen, wie das chaotische Vorgehen der betrunkenen Polizisten auf die Opfer wirkte, ob diese gleich tot seien und ob sie Schmerzen hätten. Sie fragten auch nach dem Grund für die Erschießung von Frauen und Kin-

---

[30] Justiz und NS-Verbrechen, Nr. 588, S. 754, auch für folgende Angaben.

dern. Sie waren empört, und einige beschweren sich lautstark über die Erschießung. Sie bezeichneten Spengler und seine Kameraden als „Henker".[31] Spengler verteidigte sich und seine Truppe, sie führten wie die Wehrmacht nur Befehle aus. Es entwickelte sich ein handfester Streit. Rapp bekam die Auseinandersetzung mit. Er wurde nervös. Er ging aber nicht dazwischen, sondern machte der Diskussion ein Ende, indem er Spengler und Tempfer zum Massengrab befahl, wo sie „Nachschüsse" abgeben mussten. Alfred Tempfer war zu diesem Zeitpunkt 21 Jahre alt.

Bei dieser Erschießung gaben die von Rapp zur Eile angetriebenen und teilweise betrunkenen Schützen noch mehr nicht sofort tödlich wirkende Genickschüsse ab als bei anderen Massenerschießungen. Viele der Opfer in dem Haufen in der Grube bewegten sich noch, weil Angehörige des Exekutionskommandos schlecht gezielt hatten. „Der Stapel der wirr in der Grube gehäuften Opfer blieb in Bewegung."[32] Ein Mensch kam aus der Masse der Verletzten und Leichen hoch und erhob flehend die Arme. Kommandoangehörige gaben „Nachschüsse" ab. Eine Untersuchung, ob die Opfer tatsächlich tot waren, fand nicht statt. Die Polizisten hatten überwiegend Juden ermordet und 30 Zigeuner. Nach der Exekution erhielten die Kommandoangehörigen noch mehr Schnaps. Der Alkohol sollte den nicht so hartgesottenen Polizisten dabei helfen, die Eindrücke der Abschlachtung zu vergessen.

Die drei Männer der Waffen-SS kehrten ohne die Flüchtige von der Verfolgungsjagd zurück. Im Wald hatten sie ihre Magazine leer geschossen. „Ich entsinne mich jetzt, daß Rapp nach der gelungenen Flucht der partisanenverdächtigen jungen Männer uns sogar noch eine zweite Ansprache gehalten hat. Rapp hatte den Verdacht, wir hätten aus Mangel an Härte neben den Flüchtenden her geschossen. Die Grundtendenz seiner Ansprachen war, daß wir viel radikaler sein müssten und bei der Vernichtung der Juden und Reichsfeinde keine Hemmungen haben dürften."[33] Die drei SS-Männer wurden für ihre Nachlässigkeit bestraft. Rapp wertete die Flucht der zwei Russen als ein schweres Dienstvergehen. Zur Strafe mussten sie acht Tage Sonderdienste leisten, zum Beispiel Nachtwache im Zweistundenwechsel. Albert Rapp untersagte ihnen das Betreten des Soldatenheims. Außerdem durften sie nicht mehr an Absperrungen bei solchen Aktionen teilnehmen, weil Rapp sie für unzuverlässig hielt. Sie bekamen stattdessen „unangenehme" Arbeiten in der Unterkunft zugewiesen. Dazu gehörte das Spalten von Birkenholz in der wachfreien Zeit. Dieses Holz wurde als Heizmaterial für die großen Öfen in der Unterkunft benötigt. Das Kommando setzte für solche Arbeiten im Normalfall Juden und Gefängnisinsassen ein. Die Angehörigen der Waffen-SS empfanden die Strafe als entehrend.

---

[31] Ebenda, S. 755.
[32] Justiz und NS-Verbrechen, Nr. 620, S. 164.
[33] LA NRW W, Q 234, Nr. 1896, Vernehmung Gustav R., 13.03.1964, Bl. 13.

Gustav R. bewertete die Situation und seine Teilnahme an den Mordaktionen nach 1945 so: „Wir Angehörigen des Waffen-SS-Zuges Tempfer standen den Erschießungen von Zivilpersonen ablehnend gegenüber. Als Soldaten widerte uns das an. Die Spannung zu den SD-Leuten wurde daher im Laufe der Zeit immer stärker. Wir waren bei der Waffen-SS bereits so auf absoluten Gehorsam gedrillt, daß unser eigener Persönlichkeitswert bereits restlos ausgeknüppelt war. Wir waren Befehlsmarionetten. Aufgrund dieser Ausbildung stand für uns einfach fest, daß die Nichtausführung eines Befehls für uns schlimmste Konsequenzen haben würde. Darum haben wir auch nicht gewagt aufzumucken. Das heißt aber nicht, daß wir freiwillig den Befehlen gefolgt wären."[34] Auf Vorhalt der Kriminalbeamten bestätigte er, dass ein Kamerad der Waffen-SS sich sogar freiwillig zu Erschießungen gemeldet hatte. Dieser sei eine Ausnahme gewesen. Gustav R. distanzierte sich: „Die SD-Führer und Beamten des SK 7a benahmen sich vielfach so unsoldatisch, daß man sich als Soldat nur schämen konnte, zu so einem Haufen zu gehören."[35]

Das Wirken im Osten hinterließ auch beim Kommandoführer selbst Spuren: „Ende März/Anfang April erzählte mir Rapp einmal in größerem Kreise, daß er mit dem Aufgabenbereich des Sonderkommandos in Klincy nicht mehr recht zufrieden sei. Dabei gebrauchte er die Worte, er möchte dahin, wo er hingehöre, nämlich in den Bereich des 9. AOK." April 1942 habe es in Klincy eine Art Abschiedsfest gegeben. „Wie ich aber gehört habe, muß es auf diesem Fest fürchterlich zugegangen sein, da erhebliche Mengen Alkohol zur Verfügung standen. Rapp bekam seine Schießtour und soll mit seiner Pistole wild in der Gegend herumgeschossen haben."[36] Im Sommer 1942 hatte Rapp nach erheblichem Alkoholgenuss mit seiner Dienstpistole die Unterkunft seiner Einheit unter Feuer genommen. Seine Untergebenen mussten in Deckung gehen, um nicht getroffen zu werden.[37]

Nicht nur in dieser Hinsicht war Rapp selbst in den Sumpf geraten, den er anfangs bei seinem Kommando beklagt hatte. Er selbst trank nicht nur reichlich Alkohol, sondern zumindest in einem Fall hatte er verbotenen Kontakt zu einer russischen Prostituierten.[38]

In Klincy hatte das Sonderkommando 7a vom 21. Februar bis 20. April 1942 gemordet. Danach zog es weiter und beteiligte sich unter anderem an tatsächlichen Aktionen gegen Partisanen. Weiterhin wurden Menschen getötet.

---

[34] Ebenda, Bl. 18.
[35] Ebenda, Bl. 21.
[36] LA NRW W, Q 234, Nr. 1896, Vernehmung Spengler, 15.03.1962, Bl. 29.
[37] Justiz und NS-Verbrechen, Nr. 588, S. 723.
[38] Mallmann, Klaus-Michael: Lebenslänglich. Wie die Beweiskette gegen Albert Rapp geschmiedet wurde, in: Mallmann, Klaus-Michael/Angrick, Andrej (Hg.): Die Gestapo nach 1945. Karrieren, Konflikte, Konstruktionen, Darmstadt 2009, S. 264.

Bilanz

Im Tätigkeits- und Lagebericht der Einsatzgruppe B vom 1. September 1942 heißt es, das Sonderkommando 7 a habe 6.281 Menschen „sonderbehandelt".[39] Auf dem Weg dorthin hatte das Kommando mehrere Zwischenberichte geliefert. Von Juni bis Mitte November 1941 hatte es 1.517 „Sonderbehandelte" gemeldet. Bis zur Übernahme durch Rapp im Februar 1942 waren es 1.581 Getötete. Vom 6. bis 30. März 1942 ermordete das SK 7a in Klincy unter Rapps Befehl 1.657 Menschen (1.585 Juden, 45 „Zigeuner" und 27 „Partisanen"). Das waren mehr Tote in vier Wochen als in den sieben Monaten von Juni 1941 bis zur Übernahme des Kommandos durch Rapp im Februar 1942.[40] In der zweiten Augusthälfte 1942 meldete das Kommando 124 Morde (überwiegend Juden, aber auch „Zigeuner", „Geisteskranke", „Kommunisten", „Bandenzugehörige und Helfer" sowie „Kriminelle". 89 Ermordete in der zweiten Septemberhälfte gehörten dem gleichen Personenkreis an. Von Mitte November bis Mitte Dezember 1942 meldete das SK 7a 160 Morde (14 Juden, 97 „Banditen", fünf „Geisteskranke", 44 „sonstige Reichsfeinde". Von Dezember 1941 bis September 1942 hat das SK 7a 4.764 Menschen erschossen, überwiegend in Rapps Zeit als Kommandoführer.[41] Von Mitte November bis Mitte Dezember 1942 meldete das Kommando 160 Ermordete. Damit stieg die Gesamtopferzahl des Kommandos auf 6788.[42] Das SK 7a hatte in Klincy mit Ausnahme von Glockmann keine Verluste, keinen Kampfeinsatz, keinen Vermissten, keinen Verwundeten.

Das Sonderkommando 7a fällt innerhalb der Einsatzgruppen leicht aus dem Rahmen, weil seine Opferzahlen hinter denen anderer Einsatz- und Sonderkommandos der Einsatzgruppe B zurückbleiben.[43] Bis November 1941 hatte die Einsatzgruppe B 45.467 Menschen ermordet, das Sonderkommando 7a 1.517. Die Opferzahl der Einsatzgruppe B lag am 31. August 1942 bei 126.194 – davon 6.788 des SK 7a.[44]

In der Anfangszeit soll der Chef der Einsatzgruppe B, Arthur Nebe (1894-1945), dem Führer des SK 7a, Dr. Walter Blume, Inaktivität vorgeworfen haben.[45] Blumes Verhalten war widersprüchlich, weil er einerseits Mordaktionen befahl und an ihnen teilnahm, sie ihm andererseits aber zuwider waren.[46] Bei einer Exekution soll ihm schlecht geworden sein. Obwohl Blume den Judenmord an sich

---

[39] Justiz und NS-Verbrechen, Nr. 620, S. 152.
[40] Curilla, Wolfgang: Die deutsche Ordnungspolizei und der Holocaust im Baltikum und in Weißrußland 1941-1944, Paderborn 2006, S. 846 f.
[41] Justiz und NS-Verbrechen, Nr. 620, S. 148, 152 f.
[42] Mallmann 2009 (wie Anm. 38), S. 257.
[43] Mallmann 2009 (wie Anm. 38), S. 263.
[44] Gerlach, Christian: Die Einsatzgruppe B, in: Klein, Peter (Hg.): Die Einsatzgruppen in der besetzten Sowjetunion 1941/42. Die Tätigkeits- und Lageberichte des Chefs der Sicherheitspolizei und des SD, Berlin 1997, S. 62.
[45] Curilla 2006 (wie Anm. 40), S. 844.
[46] Ingrao, Christian: Hitlers Elite. Die Wegbereiter des nationalsozialistischen Massenmords, Bonn 2012, S. 283 f.

billigte, soll er bei der Durchführung mit seinen Untergebenen, den Tätern, verständnisvoll umgegangen sein angesichts der belastenden Aufgabe, während Rapp überhaupt keine Rücksichtnahme auf die Befindlichkeiten seiner Männer nahm.[47]

Nach dem Abzug aus Klincy am 20. April 1942 habe das Schwergewicht der Tätigkeit des Sonderkommandos auf militärischem Gebiet der Sicherung und Befriedung des Raumes hinter der Front gelegen", behauptete Rapp.[48] Er schränkte ein: „Das schließt allerdings nicht aus, dass in Einzelfällen doch noch aufgegriffene Juden und Zigeuner exekutiert worden sind, mindestens aber sind in dieser Zeit keine besonderen Aktionen mit dem speziellen Ziele der Exekution von Angehörigen dieser Rassegruppen durchgeführt worden." Am 28. Januar 1943 wurde Rapp bei einem Partisanenunternehmen bei Gorjuny durch einen Granatsplitter am linken Unterarm verwundet. Er kam ins Lazarett in Smolensk und wurde in die Heimat zurückversetzt.[49]

SD Inland 1943 - Kriegsende

Von Frühjahr 1943 bis Oktober 1944 war Albert Rapp Inspekteur der Sicherheitspolizei (IdS) in Braunschweig. Im Oktober 1944 wurde er zum Hauptamt VI des Reichssicherheitshauptamts nach Berlin versetzt, zum SD-Auslandsnachrichtendienst. Der SD hatte nach dem 20. Juli 1944 die Aufgaben des militärischen Geheimdienstes von Admiral Wilhelm Canaris (1887-1945) übernommen. Rapp war auch für die „Aktion Zeppelin" zuständig. In den Ostgebieten und in Gefangenenlagern wurden Agenten angeworben und hinter der Front eingesetzt. Zu den Aufgaben gehörten Befragungen von Kriegsgefangenen. Diese Arbeit machte Rapp bis Kriegsende. Am 20. April 1945 wurde er noch zum SS-Standartenführer ernannt.

Nach dem 20. April 1945 verließ er Berlin zusammen mit SS-Gruppenführer Otto Ohlendorf (1907-1951). Sie gingen in Richtung Flensburg zum Stab von Karl Dönitz (1891-1980), dem Nachfolger Hitlers. Dort will Rapp eine Ausarbeitung über ein gemeinsames Vorgehen mit den Westalliierten gegen Russland geschrieben haben, die Dönitz den Engländern übergab.[50] Von Flensburg-Mürwik aus ging Rapp aufs Land und tauchte unter. Unter dem Falschnamen Alfred Ruppert lebte er zusammen mit seiner ehemaligen Sekretärin im Amt VI des RSHA, Maria Hesse. Neue Papiere erhielt er in Burgdorf bei Hannover. Danach lebte das Paar in Verden an der Aller. Er hatte gelegentlich Kontakt zu seiner Frau, hielt sich von ihr und seiner Familie aber fern.

---

[47] Ebd., S. 303 f.
[48] LA NRW W, Q 234, Nr. 1896, Vernehmung Rapp vom 11.04.1963, S. 47 f.
[49] Justiz und NS-Verbrechen, Nr. 588, S. 723.
[50] LA NRW W, Q 234, Nr. 1896, Vernehmung Rapp vom 29.03.1963, S. 22.

Er lebte im Dorf Scharnhorst bei Verden/Aller. Rapp arbeitete dort als Landhelfer und Pilzsammler. Die Pilze verkaufte er auf Märkten. 1948 trennte er sich von Maria Hesse. Er nahm eine Berufstätigkeit im Buchhandel und Verlagswesen im Bereich Norden, Bielefeld, Osnabrück auf. Dann wurde er als freier Mitarbeiter für den Verlag Ernst Heyer in Essen tätig. Rapp spezialisierte sich auf die Herausgabe und Redaktion von Zeitschriften für Innenarchitektur. Er hatte Verbindungen zu verschiedenen Architekten, war Berater für den Verband Deutscher Innenarchitekten. In Essen hatte er seinen zweiten Wohnsitz. Dort hielt er sich überwiegend auf. Seine Zeitschrift „Innenarchitektur" hatte auch Korrespondenten in Israel. Die journalistische Tätigkeit übte er bis zur Festnahme am 21. Februar 1961 in Essen aus.

Ermittlungen

Albert Rapp war den Ermittlern zunächst durch die Lappen gegangen, sowohl den Alliierten als auch der bundesdeutschen Justiz.[51] Verurteilt worden waren lediglich seine Vorgänger beim Sonderkommando 7a, Walter Blume und Eugen Steimle. Beide wurden im Nürnberger Einsatzgruppenprozess zum Tode verurteilt, 1951 begnadigt und dann entlassen. 1960 lasen Ermittler der Zentralen Stelle in Ludwigsburg in einem Dokument, dass das SK 7a im März 1942 unter dem Befehl von Albert Rapp 1.657 Menschen ermordet hatte. Die Zentrale Stelle ging der Sache nach. Sie fragte bei der Wehrmachtsauskunftsstelle in Berlin an und erhielt von dort die Mitteilung, Rapp sei vermisst. Aber die Fahnder erhielten die Adresse der Ehefrau. Sie hatte „eine zeitlang vom Versorgungsamt eine Rente nach dem Bundesversorgungsgesetz erhalten, weil ihr Ehemann vermisst sein sollte."[52] Das 1950 in Kraft getretene Bundesversorgungsgesetz regelte die Versorgung von Opfern des Krieges. Ob Frau Rapp nur eine Hinterbliebenenrente für ihren vermisst gemeldeten Mann erhielt oder auch eine Kriegsopferrente für die Verwundung ihres Mannes, geht aus den Unterlagen nicht hervor. Martha Rapp stellte den Antrag auf Kriegsopferversorgung, obwohl sie wusste, dass ihr Mann noch lebte.[53] Unklar ist, wie lange sie eine Kriegsopferrente für ihren kriminellen Mann bezog. Sie war kein Einzelfall.[54] Es kann sein, dass sie neben der Opferrente eine reguläre Witwenrente erhielt.

Schließlich fanden die Ermittler heraus, dass Rapp unter falschem Namen in Essen lebte und arbeitete. Die Essener Kripo verhaftete Rapp am 21. Februar 1961. Am Folgetag erließ das Amtsgericht Essen Haftbefehl wegen Mordes. Am 16. März begann die gerichtliche Voruntersuchung gegen Rapp unter der Leitung des Landgerichtsrates Rudolf Isphording. Er arbeitete mit großem Engagement, beauftragte das LKA Nordrhein-Westfalen mit den Ermittlungen. Die Polizei

---

[51] Mallmann 2009 (wie Anm. 38), S. 259-265, auch für folgende Angaben.
[52] BArch Ludwigsburg, B 162/3572, S. 56 ff.
[53] Mallmann 2009 (wie Anm. 38), S. 258 f., S. 265.
[54] Hölzl, Martin/Klemp, Stefan: Die Neufassung des § 1a Bundesversorgungsgesetz (BVG): Streichung von Kriegsopferrenten für NS-Täter – Schlussbericht, hg. vom Bundesministerium für Arbeit und Soziales, Forschungsbericht 472, Bonn 2016.

fand 160 Personen. Die Fahnder suchten in Archiven, Isphording beobachtete Parallelverfahren. Der Richter schuf die Grundlage für die erfolgreichen Folgeverfahren gegen andere Angehörige des Sonderkommandos 7a, die zum Teil nach 1945 wieder Karriere bei der Polizei machten. Isphording hatte nicht nur eine erfolgreiche Strategie, sondern auch Glück. Viele Angehörige des Sonderkommandos sagten bereitwillig gegen ihren ehemaligen Chef aus, weil er sich bei ihnen sehr unbeliebt gemacht hatte.

Albert Rapp machte in den ersten richterlichen Vernehmungen des Jahres 1963 ausführliche Angaben zur Person, zu seiner Ausbildung und zu seinem beruflichen Werdegang nach 1933. So lange es um die Tätigkeiten für den SD im Inland ging, waren die Aussagen trotz der Verharmlosung seines geheimen Wirkens für den SD im Inland relativ ergiebig. Anfangs sprach er auch über Erschießungen. Im April 1963 vernahm Untersuchungsrichter Rudolf Isphording den Beschuldigten Rapp mehrere Tage lang. Am 11. April fragte er Rapp nach der Zahl der Erschießungen, für die er verantwortlich war. Rapp sagte, „dass der Schwerpunkt der in der Zeit meiner Führung vom SK 7a durchgeführten Erschießungen im Raume Klincy lag".[55] Unter den im Lagebericht vom SK 7a für die Zeit vom 16. bis 31. August 1942 angegebenen „Festgenommenen" waren Juden, Zigeuner, Kommunisten, Bandenzugehörige und Helfer sowie Geisteskranke. Rapp stufte die Zusammensetzung der Menschen so ein, dass „die Mehrzahl der Gesamtzahl von 124 Personen sich also aus rassisch und biologisch unliebsamen Personen zusammensetzt".[56] Sie wurden erschossen und sie gehörten also für Rapp zu den Menschen, die erschossen werden mussten.

Der Jurist Rapp erkannte seine aussichtslose Lage. Er erfuhr, dass der Bundesgerichtshof das Urteil gegen den ehemaligen Chef des Einsatzkommandos 9, Dr. Alfred Filbert (1905-1990), anerkannt hatte. Das Landgericht Berlin hatte Filbert am 22. Juni 1962 zu lebenslangem Zuchthaus verurteilt. Spätestens jetzt wurden ihm die strafrechtlichen Konsequenzen seiner Taten bewusst. Am 16. April unternahm Rapp in der Zelle einen Selbstmordversuch. Er hatte einen Metalldraht vom Bett abmontiert und in sein Herz gestoßen.[57] Der Verletzte wurde ins Krankenhaus des Gerichtsgefängnisses in Düsseldorf-Derendorf eingeliefert. Als er am 21. Mai 1963 wieder vernommen werden sollte, verweigerte er die Aussage.[58] Später machte er in einigen Punkten Angaben, um sich zu entlasten. Er behauptete, dass seine Untergebenen durchaus selbstständig handelten: „Die Truppführer brauchten nicht in jedem Fall eine spezielle Anweisung. Sie wussten, worum es ging, denn sie haben ja schon Exekutionen vor

---

[55] LA NRW W, Q 234, Nr. 1896, Vernehmung Rapp vom 11.04.1963, Bl. 47.
[56] Ebenda, Bl. 48 f.
[57] LA NRW W, Q 234, Nr. 1896, Aktenvermerke vom 22., 23.04.1963.
[58] Ebd., Bl. 53.

meiner Zeit durchgeführt." Tatsächlich hatte er Kurt Matschke im Fall der Exekution in Starodub zurückgelassen, um die dort lebenden Juden zu erschießen. Organisation und Durchführung überließ er Matschke.[59]

Das Gericht urteilte klar und deutlich: „Der Angeklagte hat die Kommandoangehörigen zu unbarmherziger Ausrottung der sogenannten „potentiellen Gegner" angefeuert."[60] Er handelte als Mörder, weil er bei den Taten aus niedrigen Beweggründen tötete. Rapp wurde wegen gemeinschaftlichen Mordes an eintausendeinhundertachtzig Menschen, begangen durch zehn selbständige Taten, zu lebenslangem Zuchthaus verurteilt. Es war ein klares Urteil, das wie einige andere gegen Kommandeure von Einsatzgruppen oder Einsatzkommandos als Modell für Verfahren gegen Offiziere von Polizeibataillonen hätte dienen können.

Aus heutiger Sicht wirft das Urteil Fragen auf. Wenn der Einsatzzweck der Einsatzgruppen ab Herbst 1941 die Vernichtung der Juden, Zigeuner und „Geisteskranken" in Russland war und die Kommandos dieses Ziel in der Folgezeit rücksichtslos umsetzten: Unterscheiden sich diese Taten strafrechtlich vom Dienst in Konzentrations- und Vernichtungslagern?

Nach dem Urteil des Münchner Landgerichts gegen den Aufseher des Vernichtungslagers Sobibor, John Demjanjuk (1920-2012), im Jahr 2011, wurde zunächst gegen andere Aufseher von Vernichtungslagern spät ermittelt. Noch lebende Männer von Einsatzgruppen konnten die Verfolgungsbehörden nicht finden. Zuletzt standen im Jahr 2018 Wachmänner aus Konzentrationslagern vor Gericht, in Münster zum Beispiel ein Aufseher des Lagers Stutthof.[61] Der Prozess wurde wegen Verhandlungsunfähigkeit des Angeklagten ausgesetzt.

In der öffentlichen Berichterstattung über die „letzten NS-Prozesse" der Jahre 2018 und 2019 wird regelmäßig behauptet, dass erst der Demjanjuk-Prozess die Rechtsgrundlage für die neuen Prozesse geschaffen habe. Bis dahin seien solche Verfahren nicht möglich gewesen. Das ist eine Falschaussage. Tatsächlich haben deutsche Gerichte bereits in den 1960er Jahren Aufseher verschiedener Vernichtungslager (u.a. Chelmno) auf der Rechtsgrundlage verurteilt, wonach der Dienst in einem Vernichtungslager strafbar ist. Ein Aufsatz des Ludwigsburger Staatsanwaltes Thilo Kurz belegt, dass der Bundesgerichtshof bereits im Jahre 1964 die Verurteilung von Angehörigen des Lagerpersonals in Chelmno allein wegen ihres Dienstes in diesem Vernichtungslager für rechtens

---

[59] Anders Ingrao 2012 (wie Anm. 46), S. 280, 302.
[60] Justiz und NS-Verbrechen, Nr. 588 S. 739.
[61] Das Stutthof-Verfahren in Münster wurde im Dezember 2018 wegen Verhandlungsunfähigkeit des Beklagten unterbrochen.

erklärt hat.[62] Hier drängt sich vielmehr die Frage auf, warum 40 Jahre lang solche Verfahren nicht geführt worden sind. Naheliegend ist der Verdacht, dass die Falschaussage dazu dient, die Versäumnisse der Justiz bei der Verfolgung von NS-Tätern zu vertuschen. Und wenn ein Mann wie Albert Rapp 1965 wegen Massenmord verurteilt werden konnte, warum sind dann nicht auch Kommandeure von Polizeibataillonen wie Ewald Sternagel (1898-1975) entsprechend angeklagt und verurteilt worden?[63]

Die Strafverschonung der Ordnungspolizei betrifft zehntausende mutmaßliche Täter. Die Einsatzgruppen der Sicherheitspolizei hatten mit rund 3.000 Männern einen kleinen Personalbestand. Demgegenüber verfügten die über 100 Polizeibataillone der Ordnungspolizei anfangs über 50.000 Männer, später mit den fremdvölkischen Schutzmannschaftsbataillonen über noch mehr Personal. Hinzu kommt, dass ein Polizeibataillon mit 500 Männern die Einsatzgruppen verstärkte. Diese Polizeieinheiten haben viel mehr Menschen ermordet als die Einsatzgruppen.[64] Darüber hinaus haben sie Ghettos und Konzentrationslager bewacht, an der Bekämpfung von Aufständen in Vernichtungslagern teilgenommen, Gaswagen gefahren, Deportationszüge bewacht und Massenerschießungen wie die „Aktion Erntefest" am 3. und 4. November 1943 organisiert. Offiziere der Schutzpolizei haben Ghettoräumungen und die „Aktion Erntefest" Anfang November 1943 befehligt. Die Villa ten Hompel in Münster hat errechnet, dass 62 Prozent der Opfer des Holocaust auf das Konto der Ordnungspolizei gehen. Trotzdem wurden nach 1945 in der Bundesrepublik nur sehr wenige Schutzpolizisten verurteilt.

Die Justiz hat gegen Schutzpolizisten und Mannschaftsdienstgrade der Einsatzgruppen nicht ermittelt, Verfahren eingestellt und nicht angeklagt. Für die Justiz waren sie keine Überzeugungstäter und keine Mörder. Staatsanwälte argumentierten: Wenn wir schon „normale" Angehörige von Einsatzgruppen nicht belangen, wie können wir dann Schutzpolizisten bestrafen? Diese wurden als „letzte Befehlsempfänger" verschont. Die Zentralstelle bei der Staatsanwaltschaft Dortmund zur Bearbeitung von NS-Verbrechen stellte ein Ermittlungsverfahren gegen Angehörige der 1. Kompanie des Polizeibataillons 3, die mit dem Einsatzkommando 8 eingesetzt gewesen waren, am 28. Juni 1967 mit folgender Begründung ein: „Der Schuldvorwurf gegen die [...] an den Erschießungen beteiligten Angehörigen der 1. Kompanie ist jedoch verhältnismäßig gering. [...] Diese Entscheidung entspricht umso mehr der Billigkeit, als in den anderen Verfahren gegen Angehörige des Einsatzkommandos 8 gegen weit stärker belastete Beteiligte keine Anklage erhoben wird bzw. keine Verurteilung

---

[62] Kurz, Thilo: Paradigmenwechsel bei der Strafverfolgung des Personals in den deutschen Vernichtungslagern? In: Zeitschrift für internationale Strafrechtsdogmatik, Zis 3/2013, www.zis-online.com.
[63] Vgl. zu Sternagel den Beitrag von Gehrig, Astrid: Ewald Sternagel: „Ein im auswärtigen Einsatz ganz vorzüglicher Polizeioffizier" in diesem Band, S. 423-460.
[64] Klemp, Stefan: Nicht ermittelt. Polizeibataillone und die Nachkriegsjustiz, Essen 2011(2), S. 542 ff. Die Opferzahl liegt bei über 600.000 Erschossenen.

ausgesprochen worden ist." Interessant ist in diesem Zusammenhang, dass die Anklagebehörde im gleichen Vermerk festgestellt hatte, dass es sogar im Einsatzkommando 8 möglich war, die Beteiligung an Mordaktionen zu verweigern.[65] Der SS-Obersturmführer Adolf Harnischmacher (1910-?) hatte vor der ersten Massenschießung eines Teilkommandos des Einsatzkommandos 8 in Mogilew gesagt, das „edle deutsche Blut dürfe durch die Vernichtung dieses Untermenschentums nicht leiden". Wer sich nicht an der Ermordung beteiligen wollte, brauchte nicht an den Aktionen teilzunehmen. Zwei Beschuldigte erwirkten bei ihren vorgesetzten Leutnanten, dass sie nach der ersten Erschießungsaktion, an der sie als Absperrposten mitgewirkt hatten, von weiteren Aktionen freigestellt wurden.[66]

Die Argumentation des Untersuchungsrichters im Fall Rapp war zwar ähnlich wie bei der Zentralstelle Dortmund zum Polizeibataillon 3, aber der Richter hatte die Bestrafung des Kommandochefs zum Ziel, während die Dortmunder Behörde auf eine pauschale Entlastung aus war.[67] Der Untersuchungsrichter im Fall Rapp machte einen „Deal". Die Mannschaften sagten aus, dafür bekamen sie den subjektiv angenommenen Befehlsnotstand und blieben straffrei. In anderen Fällen wurden auch höherrangige Sicherheitspolizisten milde bestraft. Während Rapp zu einer lebenslangen Haftstrafe verurteilt wurde, erhielt der Chef des Einsatzkommandos 8 nur zehn Jahre Haft.

Die engagierten Ermittlungen des Untersuchungsrichters Isphording in Essen und der Zentralstelle Dortmund als Anklagebehörde gegen das Sonderkommando 7a führten zu einigen Verurteilungen. Kurt Matschke erhielt fünf Jahre, Eduard Spengler vier Jahre, Franz Tormann drei Jahre Zuchthaus. Friedrich Meyer (1912-?, „Keine Feier ohne Meyer") und Claus Hüser (1909-?) wurden zu jeweils zwei Jahren und Eberhard Stanke (1913-?) zu zwei Jahren und sechs Monaten Zuchthaus verurteilt. Die sechs Unterführer des Sonderkommandos 7a wurden zwar nur wegen Beihilfe zum Mord verurteilt, trotzdem hatte das Sonderkommando 7a die höchste Strafquote aller Einsatzkommandos.[68] Im Nürnberger Einsatzgruppenprozess waren Walter Blume und Eugen Steimle verurteilt worden. Damit war das SK 7a ein Ausnahmefall. Die Zentralstelle Dortmund hatte fünf Verfahren gegen das Sonderkommando 7a geführt, davon wurde nur eins eingestellt. Gegen das Einsatzkommando 8 liefen in Dortmund vier Verfahren. Davon führte eins zur Verurteilung des Beschuldigten.

Der Fall Rapp macht deutlich, dass bei diesen Tätergruppen eine strafrechtliche Ahndung möglich war. Aber die Zentralstelle bei der Staatsanwaltschaft in Dortmund hat in den 1960er – 1980er Jahre die übergroße Mehrzahl der Verfahren gegen Einheiten der Ordnungspolizei eingestellt, zum Teil durch eine

---

[65] Klemp 2004 (wie Anm. 649), S. 91 f.
[66] Ebenda, Bl. 52 f.
[67] Vgl. Mallmann 2009 (wie Anm. 38), S. 262.
[68] Mallmann 2009 (wie Anm. 38), S. 265 f.

automatisierte Gewährung des Befehlsnotstandes.[69] Trotz der hohen Verurteilungsquote im Fall des Sonderkommandos 7a gilt das mit Einschränkungen auch für Verfahren gegen Einsatzgruppen und Sonderkommandos. Gegen sie wurde etwa ein Drittel der Verfahren eingestellt, bei Polizeibataillonen waren es rund 80 Prozent.[70]

Der Fall Rapp dokumentiert erneut den Widerspruch, den die Frage „wie konnten ganz normale Männer zu Mördern werden?" in sich birgt. Nur wer vorsätzlich grausam oder heimtückisch tötet, ist strafrechtlich ein Mörder. Wenn die „ganz normalen Männer" nicht aus Überzeugung töteten, sondern nur auf Befehl und aufgrund der Situation und der Organisation, der sie angehörten, dann waren sie auch keine Mörder. Um das Verhalten von Polizisten beurteilen zu können, müsste man ihre Überzeugungen, Einstellungen und Motive kennen. Man müsste wissen, wie diese Männer zur Polizei gekommen sind und warum sie mitgemacht haben. Es ist zweifelhaft, ob das bei den Mannschaftsdienstgraden durchweg möglich ist, allerdings gibt es Quellen dazu, die noch nicht systematisch ausgewertet worden sind. An der Spitze von Polizeibataillonen und von Sonderkommandos der Einsatzgruppen standen in der Regel Menschen wie Albert Rapp, die aus Überzeugung töteten. Wie viele dieser Akteure gab es und welchen Einfluss hatten sie auf die normalen Männer? Welche Einstellungen und Überzeugungen hatten die Mannschaftsdienstgrade?

Der Fall Rapp verdeutlicht, dass nach wie vor Forschungsbedarf besteht. Der Anteil der verschiedenen Tätergruppen in den Mordkommandos ist bis heute nicht herausgearbeitet worden.[71] Das Kernproblem liegt genau an dieser Stelle. Zur Frage, welche Einstellungen „ganz normale Männer" hatten, ein Zitat aus dem Tagebuch eines vermeintlich ganz normalen Mannes zu einer Aktion des Einsatzkommandos 8: „31.1. Pioniere sprengen Erdlöcher für zu erschießende Juden. 10 Juden (männlich) wurden abgeführt, zum Dreckaufwerfen und Ausschaufeln des Loches. Russischer Sicherheitsdienst und die Soldaten von uns bewachen das Getto; keiner kann raus oder wird erschossen. Heute Nachmittag werden von den 900 Juden die Hälfte erschossen, Männer, Frauen und Kinder durcheinander. Die Fleißigsten bleiben noch zur Arbeitsleistung; 7 Mann. Heute früh Jammern und Wehklagen in den Häusern; nehmen gegenseitig schon Abschied voneinander, als sie ihr Viertel umstellt sehen. Es ist 15 Uhr. Seit einer Stunde werden alle noch hier wohnenden Juden – 962 Personen -, Frauen, Greise und Kinder erschossen (1400 sind bereits vor einiger Zeit erschossen worden). <u>Endlich</u>. Ein Kommando von 20 Stapos vollzieht die Aktion. 2 Mann schießen immer in Abwechslung. Die Juden gehen im Gänsemarsch durch zwei verschiedene Holzbuden (in der Nähe der Grube) um in der ersten die Wertsa-

---

[69] Hölzl/Klemp 2016 (wie Anm. 54), S. 126 ff., 128, 134.
[70] Klemp 2004 (wie Anm. 64), 2. Auflage, Essen 2011, S. 470.
[71] Vgl. Klemp, Stefan: Vernichtung. Die deutsche Ordnungspolizei und der Judenmord im Warschauer Ghetto 1940-43, Münster 2013.

chen und in der zweiten die Kopftücher, Pelze, Stiefel abzulegen. Von dort einem Pfädchen durch den Schnee nach zur Grube, in die sie hintereinander hineinsteigen und der Reihe nach von hinten im Liegen erschossen werden.

Zwei Feldgendarmen legen die Leichen in der Grube dicht nebeneinander. Herzzerreissende Schreie sind zu hören. Wer entlaufen will, wird direkt an Ort und Stelle erschossen. Zuerst kommen die Kinder dran, dann Greise und Frauen. Haus für Haus wird so geräumt, derweil jeder Fluchtversuch von unseren Posten vereitelt wird. Wer sich irgendwie weigert mitzugehen, wird zuerst mit Gummiknüppel bearbeitet. Verborgene Kinder werden gefunden. Es spielen sich laut Aussagen von beteiligten Kameraden tolle Szenen ab. In drei Stunden ist wegen einbrechender Dunkelheit die Aktion noch nicht beendet. Über Nacht verstärkte Wachen im Ghetto. Morgen wohl Beendigung der Aktion. In Tscherwen, ein größerer Nachbarort, werden morgen von demselben Kommando 1.200 Juden erledigt. So wird die Pest ausgerottet. Vom Fenster meiner Arbeitsstelle ist das Ghetto auf 500 m zu sehen und Schreie und Schüsse wahrnehmbar. Schade, daß <u>ich</u> nicht dabei bin. 20 Uhr. Juden versuchen auszubrechen; es fallen viele Gewehrschüsse. Abends – Tanz!! Im Volkshaus!

In der Nacht wurden noch 19 flüchtende Juden (auch Frauen und Kinder) erschossen. Es halten sich noch etwa 100 Menschen in den Häusern noch verborgen, die zum Teil sich unter dem Fußboden befinden, oder sich eingegraben haben. Werden heute alle gesucht. 12,50 Löhnung. Die restlichen Juden werden aus den unmöglichsten Verstecken herausgeholt und erschossen. Ganz wenige sind nicht auffindbar und anscheinend entkommen."[72]

Angehörige des Sonderkommandos 7a (Rapp: Nummer 4)

---

[72] Tagebuchaufzeichnung des kaufmännischen Angestellten Paul Hohn (Beiakte 6 Js 692/48 StA Mönchengladbach), in: LA NRW W, Q 234, 45 Js 35/64 gegen Kamper, Einsatzkommando 8, Verfahrensakte ohne Seitenzählung.

Manuel Werner

Oskar Riegraf : „Nach Recht und Gesetz"?[1]

* 19. August 1911 in Fellbach
† unbekannt

1930-1933 Studium der evangelischen Theologie in Tübingen, 1933-1938 Leiter der „Gebietsführerschule Wilhelm Neth" der HJ auf der Solitude, 1938-1939 Leiter des HJ-Banns 436 Hohenneuffen, 1939-1943 Wehrmacht (zuletzt: Oberleutnant), ab 1943 hauptamtlicher Mitarbeiter im „Gau Württemberg-Hohenzollern", in der Ulmer und Stuttgarter NSDAP-Kreisleitung, designierter Kreisleiter von Schwäbisch Hall

Meßstetten, 21. April 1945, ein Tag nach „Führers Geburtstag" und neun Tage bevor Adolf Hitler sich in seinem „Führerbunker" erschoss. Der Krieg ist so gut wie zu Ende. Am Vortag war die französische Armee in die Kreisstadt Balingen eingerückt. „Eine unübersehbare Masse von zurückflutenden Truppen"[2], müde, hungrig, meist ohne Fahrzeuge oder schwerere Waffen, flüchtete die Alb herauf über Meßstetten weiter Richtung Donau oder Bodensee. Die in Meßstetten am 18. April einquartierte SS-Einheit war bereits tags darauf, das Lazarett der „Organisation Todt" (OT) wiederum einen Tag danach abgerückt.

„Nach uns die Sintflut!"

An „Führers Geburtstag" hatten Schreibkräfte des Rathauses einen meterhohen Berg an Akten mitsamt den Hitlerbildern aus den Räumen des Rathauses verbrannt: Bestände der Meßstetter Ortsgruppe der NSDAP und andere kompromittierende Schriftstücke. Weitere Rathaus-Akten trugen die Schreibkräfte in die Bäckerei Berger, um sie dort im Backofen zu vernichten. Die Anweisungen hierzu kamen von Bürgermeister Willi Abel (1903-?). Ein späterer Bürgermeister schrieb: „Am späten Abend des 20. April war der Meßstetter Volkssturm noch vor das Rathaus berufen worden, wo den Männern von den Nazibonzen zur Auflage gemacht wurde, noch jetzt in der Nacht eine Panzer-Sperre zwischen Meßstetten und Lautlingen zu bauen. Während alle die Schurken oben im war-

---

[1] Für Hinweise und Einblicke in Dokumente danke ich Karl Ast (Meßstetten), Margret Fuchs (Nürtingen), Dr. Andreas Zekorn (Kreisarchiv Zollernalbkreis), Stefanie Leisentritt (Bad Urach) und Reinhard Tietzen (Stadtarchiv Nürtingen).
[2] Schempp, Pauline: Kurze Notizen aus der ereignisvollen Zeit der Übernahme 1945 von Pauline Schempp, geb. Gerstenecker (Ölmüller-Pauline), wohl von 1945, zur Verfügung gestellt von Karl Ast

men Rathaus ihr Freß- und Saufgelage abhielten, sollten die Volkssturmmänner draußen in Nacht und Kälte Bäume fällen und eine Panzersperre bauen. Der Ort sollte verteidigt und damit systematisch sinnloser Vernichtung preisgegeben werden. Die Verbrecher aber, die das anordneten, wollten fliehen und ihr eigenes kostbares Leben in Sicherheit bringen. Sie handelten nach dem Spruch: „Nach uns die Sintflut!"[3] Auch die „Wehrmacht" mit Generalstab inklusive des im Gasthof zum Schwanen einquartierten Generals und der Feldgendarmerie sowie auswärtige Nazigrößen hatten das Dorf dann am 21. April vormittags fluchtartig verlassen. Als um die Mittagszeit zuletzt auch der Balinger Kreisleiter Oskar Uhland und der Meßstetter Bürgermeister Willi Abel mit dem Auto zunächst Richtung Winterlingen das Weite gesucht hatten, wirkt das Dorf nach all den turbulenten Fluchtbewegungen wie ausgestorben.

„Die Rache ist süß, heute Nacht werdet ihr es erfahren"

Um 14 Uhr kommt ein französischer Panzerspähwagen aus Richtung Hossingen angefahren, dreht aber sofort ab Richtung Hartheim. Teile der Bevölkerung hissen nun Bettlaken, die als weiße Fahnen fungieren. Sie hängen am Kirchturm, am Rathaus, am „Gasthaus zum Lamm Martin Stengel" wie auch beim Friseur Gerstenäcker. Die verbliebenen Bürger Meßstettens signalisieren damit, dass sie ihre Gemeinde kampflos übergeben wollten. Einige französische Panzer dringen um 16 Uhr aus Richtung Unterdigisheim in Meßstetten ein, wenden

Gasthaus zum Lamm, ca. 1940

---

[3] Schreiben des damaligen Bürgermeisters Wilhelm Fischer (?) an Landrat Wahl in Balingen vom 29.11.1945, StAL EL 317 III Bü 157.

sich dann aber Richtung Hartheim, nachdem sie am Friedhof von sechzehn deutschen Soldaten eines Spähtrupps unter Führung eines Oberleutnants beschossen wurden. Dorfbewohner fordern den Spähtrupp teils vehement auf, wieder abzuziehen, damit das Dorf nicht von der alliierten Luftwaffe niedergebombt oder von Panzern und Artillerie zusammengeschossen wird, was bei Widerstand befürchtet wurde. Zusätzlich gehen einige Männer des Dorfes mit weißen Fahnen der vermuteten Stoßrichtung der französischen Armee Richtung Unterdigisheim/Hartheim entgegen, finden sie aber nicht, weil Meßstetten nicht in der Hauptstoßrichtung der französischen Panzerspitzen lag. Am Nachmittag fahren zwei VW-Kübelwagen aus der Richtung des Truppenübungsplatzes in den Ort, sieben vermummte Soldaten steigen aus. Einer davon ruft: „Die Rache ist süß, heute Nacht werdet ihr es erfahren". Zu nachtschlafener Zeit hallen Rufe „Tod den Verrätern!" durch Meßstetten. Noch vor Mitternacht fallen zwei Schüsse, dann noch einmal ein oder zwei Schüsse, kurze Zeit später fünf bis sechs weitere.[4] Auf der Treppe zum Rathaus liegt Friedrich Maier (1875-1945), der von 1919 bis 1944 gewählter Bürgermeister des Ortes war. Tot. Erschossen. Im Rathaus liegt die Leiche von Martin Stengel, (1877-1945), Gemeinderatsmitglied, Landwirt und Wirt des Gasthauses zum Lamm, heute Dorfkrug. Ebenfalls erschossen.

Einige Zeit später werden drei Panzerfäuste abgefeuert. Zwei ihrer Geschosse schlagen im „Gasthaus zum Lamm Martin Stengel" ein, die eine im Wohnzimmer – sie explodiert nicht, die andere detoniert im Schlafzimmer. Der Schwager von Martin Stengel wird dadurch leicht verletzt. In dem Stockwerk, auf das die Panzerfäuste abgeschossen wurden, befand sich auch seine Frau und ein kleines Kind. Die Vermummten fahren wieder davon. Doch die Bewohner haben Angst, dass sie wieder kommen.

Die Opfer

Der erschossene Altbürgermeister Friedrich Maier wurde am 14. November 1875 in Meßstetten geboren. Als die NSDAP an die Macht gekommen war, wurde er 1934 als untauglich für sein Amt befunden. Ihm wurde nahegelegt, seinen Ruhestand zu beantragen. Insbesondere die NSDAP-Kreisleitung betrieb dieses Vorhaben. Friedrich Maier wehrte sich im Gegensatz zu anderen Bürgermeistern der unmittelbaren Umgebung ganze zehn Jahre lang erfolgreich dagegen. Im Oktober 1943 lehnte die NSDAP-Kreisleitung Balingen-Hechingen jede weitere Zusammenarbeit mit ihm ab. Willi Abel, der bislang seit dem 1. Dezember 1933 Bürgermeister von Strümpfelbach war, wurde am 29. April 1944 in das Amt des Bürgermeisters eingesetzt.[5] Über Martin Stengel ist im Ort kaum

---

[4] Schussanzahl nach dem Haftbefehl vom 26.08.1968 und den Angaben von Heinrich Eppler, Friedrich Noth, Johann Georg Narr und Gottlieb Kästler sowie nach der Zeugenvernehmung von Ulrich Abel, wohl um Anfang September 1953, StAL EL 317 III Bü 157.
[5] Notizen von Stefanie Leisentritt aus den Bürgermeisterakten von Meßstetten, StAS, Wü 65/4 T 4 Nr. 179; Gemeinderats-Protokolle, Signatur: Ga Meßstetten T1-37; Stefanie Leisentritt *in litt.;* Spruchkammerakten Willi Abel, StAS Wü 13 T 2.

mehr etwas in Erinnerung. Doch infolge unterschiedlicher Dachziegel des „Dorfkrugs" - wie das „Gasthaus zum Lamm Martin Stengel" heute heißt - kann man noch die Abkürzung „M ST" für „Martin Stengel" erkennen.

Suche nach den Schuldigen

Die Identifizierung des vermummten Haupttäters gestaltete sich anfangs schwierig. Zunächst verdächtigen Meßstetter Bürger ihren Bürgermeister Will Abel und Kreisleiter Oskar Uhland der Tat. Doch Willi Abel konnte nachweisen, dass er am fraglichen Tag zusammen mit Oskar Uhland um 12.30 Uhr von Meßstetten nach Winterlingen fuhr und danach nach Wangen im Allgäu.

Zudem standen Willi Abels Sohn Ulrich Abel (1928-?) und Willi Roth (1928-?) unter dem Verdacht, das Hissen der weißen Fahnen und die Entfernung von Panzersperren durch Meßstetter Volkssturmmänner weiter gemeldet zu haben. Ulrich Abel wurde bezichtigt, „am Nachmittag des 21. April 1945 einem Sohn des Straßenwarts Roth im Tal ein Blatt Papier gegeben […] mit dem Auftrag, ihm darauf die Namen derjenigen Meßstetter Bürger zu schreiben, die weiße Fahnen gehisst hatten […]. Ulrich Abel war auch bei den Erschießungen auf dem Rathaus zugegen […]."[6]

„Dringend tatverdächtig, vorsätzlich und mit Überlegung zwei Menschen getötet zu haben"

Der Verdacht richtete sich danach auf den „Kreisleiter aus Nürtingen". Unter dieser Apostrophierung war in Meßstetten Oskar Riegraf (1911-?) in Erinnerung.[7] Oskar Riegraf, der schließlich die Tat zugab, war seinerzeit in Wirklichkeit designierter Kreisleiter von Schwäbisch Hall, hauptamtlicher Mitarbeiter im „Gau Württemberg-Hohenzollern" und in der Stuttgarter NSDAP-Kreisleitung, zuvor Oberbannführer des HJ-Banns Hohenneuffen. Für den „Gau Württemberg-Hohenzollern" stellte Oskar Riegraf zur Zeit der Tat auf dem nahe gelegenen Truppenübungsplatz auf dem Heuberg ein „Freikorps Adolf Hitler" auf und bildete es aus. Seine Frau und seine Kinder hatte er in Meßstetten bei Emilie Eppler in der Österreicher Straße 155 einquartieren lassen.[8] Zuvor hatte Familie Riegraf ab 1938 in Nürtingen gewohnt.

Der damalige Oberleutnant Friedrich Diener sagte 1947 aus, dass Oskar Riegraf als Ausbildungspersonal zur Bildung des Freikorps Adolf Hitler, ihn selbst eingeschlossen, „50 fronterfahrene Wehrmachtsangehörige" zugeteilt wurden. Trotz seines amputierten Beines war Diener an jenem Nachmittag am 21. April bis zur völligen Erschöpfung durch schlechtes Wetter von Meßstetten zu Riegraf

---

[6] Schreiben des damaligen Bürgermeisters Fischer an Landrat Wahl in Balingen vom 04.12.1945, StAL EL 317 III Bü 157. Bei dem genannten Sohn des Straßenwarts Roth handelte es sich um Willi Roth.
[7] Nichtöffentlicher Beschluss in der Beratung der Gemeinde Meßstetten vom 01.05.1945, Gemeinderats-Protokolle, Signatur: Ga Meßstetten T1-37.
[8] Oskar Riegraf war verheiratet mit Charlotte, geborene Esdar (1909-?).

auf den Heuberg geeilt, bevor Riegraf daraufhin in den Ort einfuhr. In seiner Vernehmung stellte Friedrich Diener es so dar, als sei Grund seines Gewaltmarsches von über zwölf Kilometern die Sorge um seine eigene Frau und die von Oskar Riegraf gewesen. „Dies war der einzige Grund", so Diener, „den für mich sehr beschwerlichen Marsch auf den Heuberg zu Riegraf anzutreten, nicht etwa eine weisse Fahne, die gehisst worden wäre." Riegraf „fuhr mit 2 Volkswagen und 6 Mann nach Meßstetten [...]. Daß er 2 Bürger erschossen hat, habe ich nachher durch Berichte erfahren. Vielleicht 1 Stunde nach der Rückkehr des Riegraf auf den Heuberg bin ich mit meiner Frau und meinem Kind mit dem Kraftwagen nach Brandt, Vorarlberg gefahren."[9]

Für die Staatsanwaltschaft war nach zahlreichen Vernehmungen klar, dass Oskar Riegraf „den 68 Jahre alten Gemeinderat Martin Stengel erschossen [...] und den 70 Jahre alten Altbürgermeister Friedrich Maier" hat „erschießen lassen".[10] „Zu dieser Zeit waren die franz(ösischen) Truppen bereits über den Heuberg hinaus ins Donautal vorgestossen und für jedermann war damals klar, dass eine weitere Verteidigung des Heubergs und weitere Opfer an Gut und Blut aussichtslos waren. Auf Veranlassung eines Oberleutnants Diener, der ihm berichtet hatte, dass bereits franz(ösische) Panzer durch Meßstetten gefahren seien und die Bevölkerung die weissen Fahnen gehisst habe, begab sich der Beschuldigte am späten Abend des 21.5.1945 nach Meßstetten, um seine Frau und Kinder zu holen und die für das Hissen der weissen Fahren Verantwortlichen zur Rechenschaft zu ziehen."[11] Gemäß Beschluss des Amtsgerichts Balingen vom 10. Mai 1947 war „Oskar Karl Riegraf [...] in Untersuchungshaft zu nehmen, weil er dringend verdächtig ist, [...] vorsätzlich und mit Überlegung zwei Menschen getötet zu haben". Riegraf habe erklärt, „ein Standgericht zu bilden, ohne hierfür von oberer Stelle angehalten zu sein, und Ruhe und Ordnung zu schaffen [...]. Der Angeklagte nahm die Erschießung der alten und angesehenen Männer ohne Rechtsgrund und in einer jedem Gefühl der Menschlichkeit hohnsprechenden Weise vor [...]. Bei der zu erwartenden schweren Bestrafung des Beschuldigten ist Fluchtverdacht begründet."[12]

Aussage des damaligen Gendarms Johann Georg Narr

Der damalige Gendarm der Reserve in Meßstetten, Johann Georg Narr (um 1885-?), sagte im Oktober 1945 aus: Vor dem Rathauseingang standen „zwei mit Maschinenpistolen bewaffnete Posten [...] und ein weiterer vor der Türe des Vorzimmers. Im weiteren Verlauf von etwa ½ Stunde wurden weitere Meßstetter Bürger hereingebracht u.a. Altbürgermeister Meier, die Gemeinderäte Bosch

---

[9] Vorladungsprotokoll zur Vernehmung von Friedrich Diener des Amtsgerichts Schorndorf unter Oberlandesgerichtsrat Hartmann und Justizassistent Palmer vom 26.06.1947, StAL EL 317 III Bü 157.
[10] Schreiben der Staatsanwaltschaft Hechingen an den Generalstaatsanwalt in Tübingen vom 22.05.1947, StAL EL 317 III_Bü 157.
[11] StAL EL 317 III_Bü 157.
[12] StAL EL 317 III_Bü 157.

und Stengel."¹³ Letztere seien angewiesen worden, „am Tisch Platz zu nehmen". Zwei Posten bewachten die im Vorzimmer versammelten Bürger. Der „führende Soldat erklärte dann, im Auftrag des Führers als Standgericht vom Freikorps Adolf Hitler zu kommen, um festzustellen, wer in Meßstetten weiße Fahnen gehißt habe." Dem Gemeinderat Bosch habe „der angebliche Standrichter seine 08 Pistole vor die Brust" gehalten und gesagt, „Bosch habe zwei Minuten Bedenkzeit. Dabei schaute der Richter auf die Uhr und als die zwei Minuten beinahe vorbei waren, sagte er: ‚Bedenkzeit bald aus! Antwort!' Im letzten Augenblick erhob sich Bosch und erklärte, daß er in seinem Laden von der Kundschaft gehört habe, bei dem Friseur Gerstenecker und Lammwirt Stengel habe man weiße Fahnen gehißt. Sodann fragte der Richter¹⁴ Stengel, wer bei ihm die weiße Fahne gehißt habe. Er antwortete, daß dies seine Frauen gemacht hätten, während er mit Herrichten von Futter beschäftigt gewesen sei, er habe die weiße Fahne gleich wieder beseitigt, als er sie gesehen habe. Der Richter erklärte hierauf, daß der Gemeinderat Stengel dafür verantwortlich sei und schoß ihn im gleichen Augenblick mit zwei bis 3 Schuß nieder, so daß er über seinem Stuhl hinunterfiel.

Anschließend wandte sich der Richter an Altbürgermeister Maier mit gleicher Frage und Bedenkzeit. Als Maier antwortete nicht zu wissen, wer weiße Fahnen gehißt habe, erklärte der Richter, daß er als Geisel mitgenommen werde. Altbürgermeister Maier wurde sogleich hinausgeführt und vor der Rathaustreppe durch zwei bis drei Schüsse erschossen. Hernach kamen die Soldaten wieder herein und der Richter forderte mich auf, ihm das Haus des Lammwirts und Gemeinderats Stengel zu zeigen, was ich zunächst ablehnte. Erst als mir die Pistole vor die Brust gehalten wurde, schickte ich mich an, das Haus zu zeigen. Ich wurde von dem Richter und zwei Soldaten begleitet. Unterwegs wurde ich dann auch nach dem Haus des Friseurs Gerstenecker gefragt und als ich es gezeigt hatte, blieb ein Soldat dort stehen. Auf dem weiteren Weg nach dem Haus des Stengel beobachtete ich, wie der Richter links und der andere Soldat rechts neben mir gingen. Der Soldat hatte drei Panzerfäuste auf der Schulter und eine Maschinenpistole um den Hals hängen. Beim Hause des Gemeinderats Stengel angelangt, wies mich der Richter an, etwas unterhalb des Hauses stehen zu bleiben und befahl den einen Soldaten, mich zu überwachen.

Ich gewann von dem Posten etwas Abstand und er forderte mich auf, näher zu ihm heranzukommen. Im gleichen Augenblick ergriff ich die Flucht. Ich hörte noch, daß mir ‚Halt' nachgerufen wurde und gleichzeitig wurde mir wahrscheinlich von dem Richter nachgeschossen [...]. Als ich einige Sekunden später dem Wald hinter der Säge zulief, hörte ich nacheinander zwei bis drei Panzerfäuste abschießen. Ich vermute, daß eine davon mir nachgeschossen

---

[13] Martin Stengel, Gemeinderat und Landwirt, wohnhaft Ebingerstraße 195.
[14] Bei dem hier als „führender Soldat" und „Richter" Bezeichneten handelte es sich um Oskar Riegraf.

wurde. Zwei wurden nach dem ersten Stock des Hauses Stengel geschossen, welche das Haus schwer beschädigten [...].

Der angebliche Richter und ein Teil der Soldaten trugen dunkle in das Graue gehende Jacken. Sie hatten Kappen auf, welche nur die Augen, Nase und den Mund frei ließen. Den Richter kann ich wie folgt beschreiben: Er ist etwa 1,70 m groß, schlanke Gestalt, schmales Gesicht und trug eine Brille. Alter etwas 35 Jahre. Er hatte eine gute Kommandosprache."[15]

Oskar Riegraf: „Was hier geschieht, geschieht nach Recht und Gesetz"

Im Internierten-Krankenhaus 2 in Karlsruhe gab Oskar Riegraf am 29. April 1947 die Tat zu: „Ich war mir nunmehr darüber im Klaren, dass ich die Schuldigen hierfür suchen und zur Rechenschaft ziehen müsse [...]. Dieser Befehl, der durch die Presse veröffentlicht worden war, lautete dahin, daß in jedem Haus, das eine weisse Fahne zeigte, sämtliche männlichen Bewohner zu erhängen seien und das Haus niederzubrennen sei [...]. Aus diesen Erwägungen heraus und in meiner Eigenschaft als Offizier entschloß ich mich, aufs Rathaus zu gehen und die Vorkommnisse im Dorf zu untersuchen [...]. Es mag etwa 23 Uhr gewesen sein, als alle versammelt waren. Ausser dem Bürgermeister, dem Gastwirt und dem Polizisten werden noch etwa 10 Männer im Rathaus anwesend gewesen sein [...]. Den anwesenden Bürgern erklärte ich: ‚Was hier geschieht, geschieht nach Recht und Gesetz. Sie kennen alle den Befehl, dass keine weiße Fahne gehisst werden darf und dass derjenige, der dies trotzdem tut, sein Leben verwirkt hat".

Als der Bürgermeister gesagt habe, dass er gewusst habe, dass die weiße Flagge gehisst werden solle, „überkam mich eine solche Erregung, dass ich nur noch herausstieß: 'Erschießen!' Ich zog meine Pistole heraus und richtete sie auf die Brust des Bürgermeisters und gab 2 oder 3 Schüsse auf ihn ab. Dieser stöhnte kurz auf und fiel nach vorne über auf den Tisch. Daraufhin habe ich den Gastwirt [...] gefragt, ob es stimme, dass auch auf seinem Haus die weiße Fahne gehisst worden sei [...]. Ich ließ ihn vor das Rathaus führen, warum kann ich nicht sagen und gab zwein meiner Leute den Befehl, aus kurzer Entfernung aus dem Sturmgewehr mehrere Schüsse auf ihn abzugeben. Diese führten den Befehl aus und gaben 5 oder 6 Schuss auf den Mann ab [...]. Ich nahm darauf den Polizisten mit und forderte ihn auf, mir das Haus zu zeigen von dem Gastwirt [...]. Ich hatte an sich vorgehabt, die Familie des Gastwirts durch den Polizeidiener wecken zu lassen und ihr zu sagen, dass ihr Vater erschossen worden sei, weil er die weiße Fahne auf seinem Hause gehisst habe und dass ich nach meinem Befehl jetzt ihr Haus abbrennen müsste, dass ich das aber nicht tun wolle, mit Rücksicht auf die Frauen und Kinder [...]. Ich befahl dem einen meiner Begleiter, der eine Panzerfaust bei sich hatte, dieselbe über das Dach der

---

[15] Zeugenvernehmung von Johann Georg Narr, StAL EL 317 III_Bü 157.

Scheuer des Gasthauses hinweg abzufeuern, was dieser auch tat. Soweit ich feststellen konnte, wurde das Haus nicht getroffen."[16]

Wie konnte es dazu kommen?

Oskar Riegraf war das, was man früher einen „glühenden Nationalsozialisten" nannte. Er war nicht nur ein Rädchen im Getriebe, das sich mit den anderen mitdrehte, nein, er trieb aus eigenem Antrieb und Fanatismus die braune Maschinerie an. War er im Falle dieser Erschießungen ein bloßer Vollstrecker? Oder handelte er selbstständig als „Weltanschauungstäter" einer „Schreckensherrschaft"? Was trieb ihn an? Schon seit 1930 war er NSDAP-Parteimitglied – und dadurch sogenannter „Alter Kämpfer" - und zusätzlich aktiv für die NSDAP tätig, in der er Karriere machte, Ehrenzeichen und Dienstauszeichnungen erhielt. Von Herbst 1930 bis Ende des Sommersemesters 1933 studierte Oskar Riegraf Theologie im Evangelischen Stift Tübingen. Nach dem Sommersemester 1933 arbeitete er hauptamtlich als Funktionär der NSDAP.

Ab 1930 war er „Gauredner" der NSDAP. So trat er im Sommer 1930 in der Nürtinger Gaststätte „Gambrinus" mit anschließender Saalschlacht und bei einer Protest-Kundgebung der sogenannten „nationalen Bevölkerung Stuttgarts" am 27. Juni 1931 in der Liederhalle auf.[17] Wegen eines verbotenen Umzugs in Kirchheim unter Teck am 5. Juli 1931 mit Präsentation der NSDAP-Flagge wurde der HJ-Führer Riegraf zu drei Monaten Gefängnis verurteilt, die er jedoch nicht absitzen musste.

Am 1. Mai 1933 stand Oskar Riegraf neben Gauleiter Wilhelm Murr (1888-1945), dem damaligen württembergischen Staatspräsidenten und gleichzeitigen Innen- und Wirtschaftsminister, vor der Neuen Aula in Tübingen.[18] Ab 13. August 1933[19] war Oskar Riegraf bis 1938 Leiter der „Gebietsführerschule Wilhelm Neth" der HJ auf der Solitude. Damit begann seine Karriere als hauptamtlicher Funktionär der NSDAP.

„Alles Leben ist von Gott und er ist mit den stärkeren Bataillonen!", schrieb Oskar Riegraf am 3. „Brachet" 1935 an Stiftsephorus und Rektor Karl Fezer (1891-1960). Karl Fezer, der im Mai 1933 in die NSDAP eintrat, hatte Riegraf von Studienbeginn an gefördert, aber auch zu seiner eigenen Besserstellung unter den Nationalsozialisten verwendet.[20] Mit „Brachet" ersetzten die Nationalsozialisten den Namen „Juli".

---

[16] Auszugsweise Abschrift aus der Vernehmungsniederschrift des Oskar Karl Riegraf, StAL EL 317 III Bü 157. Die Reihenfolge der Erschossenen verwechselte Riegraf.
[17] Plakat-Datenbank der Bibliothek für Zeitgeschichte in der Württembergischen Landesbibliothek, Signatur 3.6/13, auf dem Plakat ist fälschlicherweise der Vorname „Otto" statt „Oskar" gedruckt.
[18] Bildersammlung des Evangelischen Stift, C 1 - Bildersammlung (1630-2004), AEvST-C001-C-1-396.
[19] Nach anderer Quelle unklar, ob ab Sommer 1935 oder ab 1933.
[20] StAL PL 704/Bü5, zitiert nach Lächele, Rainer: Hitlerjugend und Kampfbund gegen den Faschismus: Politisches Engagement im Tübinger Stift am Ende der Weimarer Republik, in: Hermle, Siegfried (Hg.):

Im Februar 1938 wurde Riegraf Führer des „HJ-Banns 436 Hohenneuffen". Daher zog er nach Nürtingen, wo er auch als Stadtrat fungierte. im November 1938 wurde ihm zur Beförderung zum HJ-Oberbannführer gratuliert. Am 25. November 1938 war der frühere „Stiftler" Oskar Riegraf Anstifter schwerer Misshandlungen der Nürtinger NSDAP-Formationen gegenüber dem Oberlenninger Pfarrer und früheren „Stiftler" Julius von Jan (1897-1964), nachdem dieser in seiner Predigt vom 16. November 1938 mutig die Novemberpogrome der NSDAP verurteilt hatte. In einer Rede putschte er mehrere hundert Beteiligte vor der dortigen Turnhalle gegen Julius von Jan auf.

Nach freiwilliger Meldung zur Wehrmacht im Jahr 1939 wurde Riegraf 1942 zum Oberleutnant befördert und nahm unter anderem am „Russlandfeldzug" teil. Wohl ab Juli 1943 arbeitete er in der Kreisleitung Ulm und ab Februar 1944 in der Kreisleitung Stuttgart.

Vom Juni 1944 bis zum 20. Februar 1945 war er NSDAP-„Kreisleiter" – oder „Kreisamtsleiter" - von Stuttgart. Ab März 1945 arbeitete er sich als neuer „Kreisleiter" von Schwäbisch Hall ein. Doch der dortige „Kreisleiter" Bosch blieb wider Erwarten und ab 31. März 1945 war Riegraf deswegen erneut in Stuttgart tätig. Am 1. April 1945 fuhr er auf den Heuberg[21] als Leiter des aufzubauenden Freikorps Adolf Hitler.[22]

Eine Abschrift aus der „Zeitung vom 14. April 1945 der Hohenzollerischen Blätter" in den Ermittlungsakten gegen Oskar Riegraf beinhaltet den dort publizierten Befehl des Reichsführer[s] SS Himmler: „Jedes Dorf und jede Stadt werden mit allen Mitteln verteidigt und gehalten. Jeder für die Verteidigung eines Ortes verantwortliche deutsche Mann, der gegen diese selbstverständliche nationale Pflicht verstößt, verliert Ehre und Leben."

Eine weitere Abschrift einer „Bekanntmachung des Reichsverteidigungsministers" der „Hohenzollerische[n] Blätter" vom 14. April 1945 enthält die Mitteilung, dass „mit dem Tode bestraft" werde, „wer eine weiße Fahne zeigt. Die Familie der Schuldigen hat außerdem noch drakonische Strafen zu erwarten." Die Bekanntmachung war gezeichnet von Wilhelm Murr, „Gauleiter und Reichsverteidigungskommissar".[23]

Im Dienst an Volk und Kirche, Theologiestudium im Nationalsozialismus, Erinnerungen, Darst,, Dokumente u. Reflexionen zum Tübinger Stift 1930 - 1950, Stuttgart 1988, S. 174 und Anmerkung 52.

[21] StAL EL 317 III_Bü 157: Nationalsozialistische Gewaltverbrechen, Akte 317 III Oskar Riegraf , AZ der Staatsanwaltschaft 2 (19, 816) Js 220/62, stichwortartige Auflistung eines 15-seitigen Protokolls mit Beilagen über den Werdegang Riegrafs; Beschluss des Amtsgerichts Balingen vom 10.05.1947.

[22] Notizen von Reinhard Tietzen nach StAL PL 704 Nachlass Riegraf, StAL EL 903/6 Bü 1372; Karteikarte El 903/6 Bü 1372, PL 704, Spruchkammerakte E. Walter, Nr. 10, 21A, Spruchkammerakte E. Haderer, Nr. 54 und weiteren.

[23] Bekanntmachung des Reichsverteidigungsministers der „Hohenzollerische[n] Blätter" vom 14.04.1945, in EL 317 III Bü 157.

Vor Vollstreckung des Haftbefehls entwichen

Das Amtsgericht Balingen erließ am 10. Mai 1947 Haftbefehl gegen Oskar Riegraf „wegen 2 Verbrechen des Mords. Die Zulieferung des Riegraf von Karslruhe hierher ist in die Wege geleitet".[24] Zu jener Zeit befand sich Riegraf im Interniertenhospital Nr. 2 der „7th Army [...] Stat. 5 A San.Pers.Gren. Kaserne" in der Moltkestraße 12.[25] Doch ein Polizist, der ihn überführen sollte, musste aus formalen Gründen unverrichteter Dinge zurückkehren. Oskar Riegraf gelang dann vor Vollstreckung des Haftbefehls „am 12.6.1947"[26] die Flucht aus dem Interniertenkrankenhaus. Im „Falle einer Wiederergreifung" sei er in das „Interniertenlager 74 Ludwigsburg-Ossweil zu überführen".[27] Er wurde „steckbrieflich verfolgt".[28]

Erfolglose Fahndung der Behörden der Bundesrepublik

1962 übernahm die Staatsanwaltschaft Stuttgart das „Ermittlungsverfahren wegen NS-Gewaltverbrechen [...] wegen Totschlags" von der „Staatsanwaltschaft bei dem Landgericht Hechingen". Das LKA wurde eingeschaltet.[29] Oskar Riegraf wurde „im deutschen Fahndungsbuch Nr. 138 zur Festnahme ausgeschrieben", wobei ein Schwager von Riegraf dies mitbekommen haben könnte.[30] Klaus Harpprecht (1927-2016) schreibt 2014, dass Riegraf es ein Jahr nach seiner Flucht aus dem Internierten-Krankenhaus „ohne Schwierigkeiten zuwege" brachte, „mit falschen Papieren und ein bisschen Geld versorgt [...], nach Kanada auszureisen: auf der Nordschiene der Nazi-Emigration [...]. Jahrzehnte später stellte ich bei Rotweingesprächen mit Nürtinger Handwerkern fest, dass sie über das Geschick des Oberbannführers informiert waren. Die Frau hatte sich von Riegraf scheiden (oder ihn für tot erklären) lassen. Sie und die Kinder erlangten die Einwanderung nach Kanada. Drüben heiratete sie den Exmann unter der falschen Identität, die er sich zugelegt hatte. Seine Nürtinger Spezis berichteten, dass er sich als Buchhalter mühselig durchschlage und unter Heimweh leide."[31]

---

[24] Staatsanwaltschaft Hechingen an den Generalstaatsanwalt beim OLG Tübingen vom 22.05.1947, StAL EL 317 III Bü 157.
[25] Steckbrief vom 30.01.1948; Schreiben der Staatsanwaltschaft Hechingen vom 21.01.1948 an das Ministerium für politische Befreiung Württemberg-Baden, beide in StAL EL 317 III Bü 157.
[26] Schreiben der Landesversicherungsanstalt Württemberg an die Staatsanwaltschaft Hechingen vom 02.06.1948.
[27] StAL EL 317 III Bü 157.
[28] StAL EL 317 III Bü 157.
[29] Schreiben des Gerichtsassessors Kaiser vom 18.05.1962 an das LKA Baden-Württemberg, StAL EL 317 III Bü 157.
[30] Schreiben von Kommissar Hampel vom LKA Baden-Württemberg vom 13.09.1962 an die Staatsanwaltschaft Stuttgart, StAL EL 317 III Bü 157.
[31] Harpprecht, KLaus: Schräges Licht. Erinnerungen ans Überleben und Leben, Frankfurt am Main 2014, S. 41 f.

Christoph Florian

Dr. Otto Röhm: „Nur die NSDAP kann unser innig geliebtes Vaterland retten..."

* 25. März 1902 in Dettingen unter Teck (Landkreis Esslingen)
† 13. September 1990

Dr. jur., Bürgermeister der Stadt Böblingen, 1933-1945 Mitglied der NSDAP

Die Kommunalverwaltungen unter der Leitung der Bürgermeister spielten eine zentrale Rolle bei der Umsetzung der nationalsozialistischen Zielsetzungen auf lokaler Ebene und dem dauerhaften Funktionieren der NS-Gewaltherrschaft.[1] Ohne die von den Gemeinden geführten Meldekarteien und Personenstandsregister wären beispielsweise die Judenverfolgung oder Euthanasie in diesem Ausmaß kaum durchführbar gewesen. Für das vertiefte Verständnis der Funktionsmechanismen des Regimes ist es daher notwendig, den „Beitrag" der Kommunen dazu genauer zu betrachten. Eine Möglichkeit des Zugangs bietet die exemplarische Untersuchung von Biographien zentraler Akteure der kommunalen Verwaltung wie eben der Bürgermeister. Deshalb soll hier als Fallbeispiel die Biographie des Böblinger Bürgermeisters Otto Röhm (1902-1990) skizziert und eingeordnet werden.[2]

Die Beamten der administrativen (Bezirksverwaltung) und der kommunalen Ebene (Gemeindeverwaltung, Bürgermeister) sind sozial in den traditionellen Eliten, zu denen u.a. auch Juristen, Ärzte oder auch Beamten allgemein gehörten, zu verorten.[3] Bei ihnen fand das NS-Regime besondere Unterstützung.

Insbesondere in Württemberg verhielten sich die Beamten der Bezirksverwaltung und der Kommunen laut dem Zeithistoriker Hubert Roser jeweils „*systemloyal*", wählten vor 1933 liberal bis konservativ und verstanden sich in erster Linie als Fachbeamte, welche über dem „*Parteienhader*" standen[4]. Zur Republik und zur Demokratie pflegten sie in der Mehrheit ein distanziertes Verhältnis. Diese „*'gemäßigte' Einstellung trug eine gefährliche Ambivalenz in sich*" und

---

[1] Vgl. Fleiter, Rüdiger: Kommunen und NS-Verfolgungspolitik, in: Aus Politik und Zeitgeschichte (14-15/2007) S. 35-40 (bes. 35).
[2] Reguläre Amtszeit als Bürgermeister von Böblingen: 1938-1945.
[3] Zum Folg.: Roser, Hubert: NS-Personalpolitik und regionale Verwaltung im Konflikt – Kommunen und Landkreise in Baden und Württemberg 1933-1939. [Mannheim] 1999, zugl. Diss. Univ. Mannheim 1996, S. 18, 24.
[4] Zum Folg.: Roser (wie Anm. 3), S. 166 f.

erwies sich bei der Machtübernahme durch die Nationalsozialisten „*für das republikanische System als geradezu tödlich*" so Roser. Zahlreiche der „*'unpolitischen Fachbeamten'*", traten - weniger aus Überzeugung für den Nationalsozialismus als wegen der „*offenkundige[n] Bankrotterklärung der Republik*" - der NSDAP bei und beteiligten sich am Aufbau der nationalsozialistischen Diktatur.

Die württembergische Kommunalverwaltung zeichnete sich – wie schon angedeutet – durch die Besonderheit aus, dass bei den Bürgermeistern der fachliche Aspekt gegenüber dem politischen eine – verglichen mit den anderen deutschen Ländern – besonders große Rolle spielte. Man spricht bei solchen sachorientierten Gemeindeoberhäuptern auch von „*Fachbürgermeister[n]*".[5] Der Politikwissenschaftler Hans-Georg Wehling (*1938) bezeichnete daher die damalige württembergische Kommunalverwaltung als eine „*unpolitische Verwaltung*".[6]

Zu dieser sozialen Gruppierung mit ihren skizzierten Besonderheiten zählte auch der Böblinger Bürgermeister Otto Röhm. Er wurde in das geschilderte Verwaltungsmilieu am 25. März 1902 in Dettingen unter Teck (bei Kirchheim unter Teck) als Sohn des Schultheißen (Bürgermeisters) Gottlob Röhm (1862-1924)[7] gewissermaßen hineingeboren. Nachdem Röhm kurz die Volksschule Dettingen (1908-1909)[8] besucht hatte, wechselte er auf das Realgymnasium Kirchheim/Teck, das er mit dem sogenannten Einjährigen-Zeugnis 1917 verließ.[9] Im gleichen Jahr begann er eine Ausbildung zum Verwaltungspraktikanten (mittlerer Verwaltungsbeamter) bei seinem Vater auf dem Schultheißenamt Dettingen.[10] Nachdem er bis 1920 als Lehrling gearbeitet hatte, folgten Tätigkeiten bei kommunalen Verwaltungsbehörden als Gehilfe.[11] Nach Absolvierung der Mittleren Verwaltungsdienstprüfung im Jahr 1924, arbeitete er bei weiteren kommunalen und auch staatlichen Behörden.

---

[5] Roser (wie Anm. 3), S. 72.
[6] Wehling, Hans-Georg: Zur Geschichte der kommunalen Selbstverwaltung im deutschen Südwesten, in: Kommunalpolitik in Baden-Württemberg, hg. v. Theodor Pfizer u. Hans-Georg Wehling (Schriften zur politischen Landeskunde Baden-Württembergs 11) 3. überarb. u. erw. Aufl. Stuttgart 2000, S. 23-38 (31).
[7] Angabe Sterbedatum Vater (17.01.1924) in Schreiben Röhm an Innenministerium v. 07.01.1926, HStAS EA 2/150 B 1362. - Abweichung bei Stammliste 08.07.1933, ebd., dort 1923 falsch als Todesjahr des Vaters angegeben.
[8] Schreiben Röhm an Gauleitung NSDAP S. 2 v. 11.07.1933, HStAS EA 2/150 Bü 1362 [186]; jedoch abweichende Angabe (1908-1910) bei Stammliste v. 23.12.1935, ebd.
[9] Schreiben Röhm an Gauleitung NSDAP S. 2 v. 11.07.1933, HStAS EA 2/150 Bü 1362. Das Zeugnis beurkundete den sechsjährigen Besuch einer höheren Schule, ermöglichte die Ableistung eines verkürzten einjährigen freiwilligen Militärdienstes statt des längeren Pflichtdienstes und eröffnete den Weg zur Offizierslaufbahn, dazu Urabe, Masashi: Funktion und Geschichte des deutschen Schulzeugnisses. Bad Heilbrunn 2009, Diss. Univ. Hiroshima 2006/2007, S. 53 f.
[10] Schreiben Röhm an Gauleitung NSDAP S. 2 v. 11.07.1933, HStAS EA 2/150 Bü 1362.
[11] Zum Folg.: Stammliste v. 08.07.1933, HStAS EA 2/150 Bü 1362.

Als Externer holte Röhm 1926-1927 am Realgymnasium Kirchheim/Teck das Abitur nach.[12] Es folgte von 1927 bis 1930 ein Studium der Rechts- und Wirtschaftswissenschaften an der Universität Tübingen. Die universitäre Ausbildung schloss er 1931 mit einer Abhandlung über die „Abgrenzung zwischen Minderjährigenfürsorge und Fürsorgeerziehung §§ 55 und 63 RJWG" ab, mit der er zum Dr. jur. promoviert wurde.[13] Daran anknüpfend absolvierte er von 1930 bis 1933 ein Referendariat.[14] Sein erstes juristisches Staatsexamen legte er 1930, das zweite 1933 ab.[15] Vielleicht hatte Röhm das Studium auch wegen der schwierigen Zugangsbedingungen zum gehobenen Verwaltungsdienst absolviert. Seit Beginn der 1920er Jahre war der Zugang wegen Überfüllung der Laufbahn und wegen der schlechten Wirtschaftslage zunehmend eingeschränkt und 1931/33 ganz gesperrt worden.[16]

Röhm entstammte einem konservativen Milieu, neigte politisch jedoch weiter nach rechts.[17] Laut eigenen Angaben in einem Bewerbungsschreiben an die Gauleitung der NSDAP (Württemberg-Hohenzollern) um einen Bürgermeisterposten hat er sich seit seinem 19. Lebensjahr mit Politik beschäftigt.[18] Er bemerkte dazu: *„Bald stand für mich fest, dass nur diese Partei [Anm.: die NSDAP] unser innig geliebtes Vaterland retten konnte."* Nach späteren, vom zuständigen Kreisleiter bestätigten, Angaben, hatte er sich im Oktober 1923 bei der Ortsgruppe der NSDAP in Kirchheim/Teck angemeldet, die Aufnahme wurde aber nicht vollzogen.[19]

Bei dem Putsch Hitlers in München am 8./9. November 1923 will Röhm des Weiteren den Auftrag übernommen haben, einen *„etwaigen Alarm- bzw. Marschbefehl [sic], der an einem geheimen Punkt in Stuttgart hätte ausgegeben werden sollen, nach hier [Anm.: Kirchheim/Teck] zu übermitteln."*[20] Die württembergische NSDAP hatte sich im Lauf des Jahres 1923 konspirativ auf einen Bürgerkrieg oder Staatsstreich vorbereitet, die Bemühungen waren auf Unterstützung möglicher Aktionen in München sowie für einen Marsch nach Berlin ausgerichtet.[21] Zur Vorbereitung hatten die Nationalsozialisten militärische Übungen u. a. auch in Kirchheim/Teck abgehalten.

---

[12] Zum Folg.: Stammliste v. 08.07.1933, HStAS EA 2/150 Bü 1362.
[13] Abschrift Promotionszeugnis v. 18.08.1931, HStAS EA 2/150 Bü 1362.
[14] Stammliste v. 08.07.1933, HStAS EA 2/150 Bü 1362.
[15] Personal-Nachweisung v. 06.01.1937, HStAS EA 2/150 Bü 1362.
[16] Roser (wie Anm. 3) S. 76.
[17] Zur politischen Einstellung der württembergischen Kommunalbeamten s. Roser (wie Anm. 3) S. 167.
[18] Zum Folg.: Schreiben Röhm an Gauleitung NSDAP, S. 7 f v. 11.07.1933, HStAS EA 2/150 Bü 1362.
[19] Stammliste v. 08.07.1933, HStAS EA 2/150 Bü 1362; Bestätigung der Aussage Röhms durch Schreiben Kreisleiter Kirchheim/Teck v. 14.07.1933, ebd. – Zu den Aktivitäten der NSDAP am Anfang der 1920er Jahre s. Frasch, Werner: Aus Geschichte und Gegenwart einer Stadt und ihrer Bewohner. Kirchheim/Teck [1985], S. 687 ff.
[20] Schreiben Röhm an Gauleitung NSDAP, S. 7 v. 11.07.1933, HStAS EA 2/150 Bü 1362.
[21] Zum Folg.: Genuneit, Jürgen: Völkische Radikale in Stuttgart. Zur Vorgeschichte und Frühphase der NSDAP 1890-1925. Stuttgart 1982, S. 190 ff.

Nach dem Scheitern des Putsches strebte Otto Röhm weiterhin den Beitritt zur NSDAP an, wobei er nach eigenen Angaben trotz schon eingereichten Antrags auf Parteimitgliedschaft und Leistung der Beitragszahlung keine Mitgliedskarte erhalten hätte.[22] Spätere Angaben aus dem Jahr 1938 weichen von der Aussage ab. Demnach hätte er wegen der Ereignisse am 9. November 1923 seinen Aufnahmeantrag nicht weiterverfolgt.[23]

Als Röhm 1925/26 beim Oberamt Ehingen beschäftigt gewesen war, versuchte er nach eigener Aussage, in der Oberamtsstadt eine Ortsgruppe der NSDAP aufzubauen, was jedoch wegen der starken Stellung der Zentrumspartei gescheitert war.[24] Danach zog er sich zurück, da ihm wegen des Studiums und des Referendariats – so Röhm – keine Zeit mehr für Betätigung geblieben wäre und auch die Geldmittel gefehlt hatten.[25] Offenbar dürfte er auch auf Rücksicht auf seine Karriere – die NSDAP war nach dem Putsch verboten worden – von weiteren Aktivitäten für die Partei abgesehen haben.[26]

Doch blieb Röhm seinem Milieu verhaftet, denn während des Studiums verkehrte er offensichtlich in den rechtsnationalen Studentenkreisen Tübingens.[27] Nach der Machtergreifung der Nationalsozialisten meldete sich Otto Röhm im April des gleichen Jahres zur NSDAP und zum Motorsturm S M 5/125 als Anwärter zur SA an, von der er sich später, ab August 1934 beurlauben ließ.[28] Am 1. Mai 1933 erfolgte der formelle Eintritt in die Partei.[29] Röhms Engagement spiegelt sich in der Übernahme der Funktion eines Politischen Leiters (Amtswalter) der NSDAP im Januar 1934 wieder, auf die er bei Ernennung zum ordentlichen Bürgermeister in Böblingen am 25. März 1938 verzichtete.[30] Die Politischen Leiter waren mit der *„politischen Überwachung, propagandistischen Ausrichtung und weltanschaulichen Schulung der in der NSDAP organisierten Bevölkerung"* betraut.[31] Im NSDAP-Kreisverband Göppingen war er tätig gewesen als Fachschaftsleiter der Fachschaft 13 (allgemeine Länderverwaltung), bei der Schulung beim Amt für Beamte sowie als theoretischer Schulungsleiter im Amt für Schulung bei der Kreisleitung.[32] Daneben war er Mitglied der NS-Volkswohlfahrt (NSV) sowie des „Bundes deutscher nationalsozialistischer Juristen

---

[22] Schreiben Röhm an Gauleitung NSDAP, S. 8 v. 11.07.1933, HStAS EA 2/150 Bü 1362.
[23] Stammliste v. 28.04.1938, HStAS EA 2/150 Bü 1362.
[24] Schreiben Röhm an Gauleitung NSDAP, S. 8 v. 11.07.1933, HStAS EA 2/150 Bü 1362. – Zur Dienstzeit im Oberamt Ehingen s. Personalbogen v. 17.08.1950, ebd.
[25] Schreiben Röhm an Gauleitung NSDAP, S. 8 v. 11.07.1933, HStAS EA 2/150 Bü 1362.
[26] Zu Maßnahmen der württembergischen Regierung gegen die NSDAP nach Scheitern des Hitlerputsches, Genuneit (wie Anm. 21) S. 194 f; Verbot der NSDAP am 21.11.1923, ebd., S. 196.
[27] Schreiben Gaugeschäftsführer BNSDJ an Dr. Hans Freiherr von Watter (1903-1945), Ministerialabteilung für Bezirks- und Körperschaftsverwaltung, HStAS EA 2/150 Bü 1362.
[28] Schreiben Röhm an Gauleitung NSDAP, S. 8 v. 11.07.1933, HStAS EA 2/150 Bü 1362. – Beurlaubung: Stammliste v. 31.12.1935, ebd.
[29] Schreiben Röhm an Landrat, v. 22.03.1938, Stadtarchiv Böblingen (künftig: StAB) A 13 Nr. 2.
[30] Stammliste v. 28.04.1938, HStAS EA 2/150 Bü 1362.
[31] Dreßen, Willi: Politische Leiter, in: Enzyklopädie des Nationalsozialismus, hg. v. Wolfgang Benz, Hermann Graml u. Hermann Weiß. 5. Aufl. München 2007, S. 708.
[32] So Röhm in Schreiben an Landrat v. 22.03.1938, StAB A 13 Nr. 2.

(BNSDJ)".³³ Als Hinweis auf Röhms starke Identifizierung mit der NS-Ideologie ist auch sein Austritt aus der Evangelischen Kirche im Jahr 1937 zu werten.³⁴

Röhms Karriereziel war – hier wirkte sicher das Vorbild seines Vaters – das Amt des Bürgermeisters. Als er im Sommer 1933 seine Ausbildung beendet hatte, bemühte er sich umgehend um eine solche Stelle.³⁵ So bewarb er sich am 18. Juli 1933 bei der Gauleitung der NSDAP um eine *„Ortsvorsteherstelle"* (Bürgermeisterstelle).³⁶ Unter den Orten, bei denen er sich dann direkt bewarb, waren Isny und Oberndorf. Beide mal scheiterte er. Der Ortsgruppenleiter Ernst Münzing (1888-1967) und der Gemeinderat von Isny sollen der Meinung gewesen sein, dass Röhm für den Posten in Isny nicht geeignet sei, *„da er materialistische Auffassungen vertrete und auch sonst keinen guten Eindruck auf sie gemacht habe."*³⁷ In Oberndorf hatten ihn Gemeinderat und Oberamt mit Zustimmung der Ortsgruppe und Kreisleitung der NSDAP vorgeschlagen, wie die Zeitung Schwäbischer Merkur am 12. August 1933 vermeldete, doch auch hier blieb ihm der Erfolg versagt.³⁸ Insgesamt hat er sich 1933 um 15 Bürgermeisterstellen beworben.³⁹ Darunter waren auch größere Kommunen wie Göppingen, Schorndorf und Waiblingen. Doch trotz Empfehlungsschreiben der NSDAP an die zuständige „Ministerialabteilung für Bezirks- und Körperschaftsverwaltung" im Innenministerium jedes Mal vergeblich.⁴⁰

Zugleich bewarb sich Röhm hartnäckig um eine Anstellung in der staatlichen Verwaltung.⁴¹ Schließlich hatte er Erfolg und konnte am 11. November 1933 in den Staatsdienst bzw. die Bezirksverwaltung eintreten. Obwohl in der Verwaltung Bedenken wegen der Prüfungsnote in den beiden Staatsprüfungen bestanden, jeweils ausreichend, wurde er in Hinblick auf sein *„vorgerücktes Alter"* und seiner bisherigen Tätigkeit im mittleren Verwaltungsdienst übernommen.

Im November 1933 trat er als Gerichtsassessor (Beamter des höheren Dienstes auf Probe) seinen Dienst bei der Oberamtsverwaltung Maulbronn an.⁴² Er übte kurzfristig in den Oberämtern Rottweil und Spaichingen (1936) jeweils die Amtsverweserschaft für den Oberamtmann aus.⁴³ Am 1. August 1936 erfolgte die Ernennung zum Regierungsrat.⁴⁴ In Maulbronn eckte Otto Röhm bei der

---

[33] Schreiben Gaugeschäftsführer BNSDJ an Hans von Watter, HStAS EA 2/150 Bü 1362. – BNSDJ seit 1936: „Nationalsozialistischer Rechtswahrerbund". – Zur Mitgliedschaft in NSV, s. Stammliste v. 23.12.1935, ebd.
[34] Laut Stammliste v. 28.04.1938, HStAS EA 2/150 Bü 1362.
[35] (Ausbildungsende) Personal-Nachweisung v. 06.01.1937, HStAS EA 2/150 Bü 1362; Schreiben Röhm an Gauleitung NSDAP v. 11.07.1933, ebd.
[36] HStAS EA 2/150 Bü 1362.
[37] Vorbemerkung zu Antrag (Innenministerium), v. 30.10.1933, HStAS EA 2/150 Bü 1362.
[38] Abschrift Zeitungsmeldung v. 12.08.1933 in: HStAS EA 2/150 Bü 1362.
[39] Zum Folg.: Handschriftliche Zusammenstellung, v. 17.11.1933, HStAS EA 2/150 Bü 1362.
[40] Schreiben v. 18.07.1933, HStAS EA 2/150 Bü 1362.
[41] Zum Folg.: Ministerieller Erlass an Oberamt Maulbronn, v. 11.11.1933, HStAS EA 2/150 Bü 1362.
[42] Personalbogen v. 02.02.1950, HStAS EA 2/150 Bü 1362.
[43] Personal-Nachweisung v. 06.01.1937, HStAS EA 2/150 Bü 1362.
[44] Schreiben Reichsstatthalter an Innenminister, v. 01.09.1936, HStAS EA 2/150 Bü 1362.

NSDAP an, als er eine Geldsammlung der Fliegerortsgruppe Vaihingen-Enz im Oberamt unter Hinweis auf dessen wirtschaftliche Probleme unterband.[45] In einem Rechtfertigungsschreiben erklärte er: *„Den Vorwurf, den Führergedanken sabotiert zu haben, weise ich strengstens zurück."* Er schrieb vielmehr: *„Eine Hintergehung dieses Prinzips lag und liegt mir völlig ferne, denn ich bin selbst viel zu sehr mit ihm verbunden."*

Röhm scheint aber auch davor immer wieder Zusammenstöße mit verschiedenen Personen gehabt zu haben. Denn als er sich 1933 eifrig um einen Bürgermeisterposten bewarb, schrieb ein Bekannter aus Tübinger Studienzeiten namens Hermann Kohler in seiner Funktion als Gaugeschäftsführer des BNSDJ an die zuständige Abteilung im Innenministerium und äußerte seine Bedenken, dass Röhm *„eines der grösseren oder mittleren Ämter"* bekäme.[46] Er begründete es mit dessen in der Vergangenheit ablehnenden Haltung gegenüber der NSDAP. Er hätte den *„Standpunkt des vornehmen Gebildeten deutschnationaler Prägung"* eingenommen. Dem Sinne nach soll Röhm gesagt haben: *„[...] dass die NSDAP eine proletarische Angelegenheit sei, bei der sich ein gebildeter Mensch nicht wohlfühlen könne und bei der zwischen Kommunismus und Nationalsozialismus kein großer Unterschied sei."* Überhaupt enthält das Schreiben heftige Angriffe gegen Röhm. Er wird als Opportunist und Karrierist charakterisiert und zu denen gezählt, *„die sich mit geschickter Wendigkeit heute plötzlich als alte Nationalsozialisten bezeichnen, die sie nie waren."*

Als um 1937 in einer zweiten Welle zahlreiche Bürgermeister, die z. T. schon vor 1933 ihre Positionen erlangt hatten, aus ihren Ämtern gedrängt wurden, eröffnete sich für Röhm, seit 1936 beim Oberamt Göppingen beschäftigt, eine neuerliche Chance auf ein Bürgermeisteramt.[47] Zu diesem Zeitpunkt hatte der bisherige Böblinger Bürgermeister Georg Kraut (1877-1955) sein Amt nach einer Reihe von Konflikten mit den Orts- und Kreisinstanzen der NSDAP im Zuge einer Vorruhestandsregelung aufgegeben.[48]

Nachdem der Böblinger Kreisleiter Ernst Krohmer (1905-1940) seine Zustimmung gegeben hatte, wurde Röhm am 4. Oktober des genannten Jahres zum kommissarischen Verwalter eingesetzt.[49] Am 25. März 1938 erfolgte dann die endgültige Ernennung zum Bürgermeister.[50] Das Procedere erfolgte nach den Bestimmungen der Deutschen Gemeindeordnung von 1935, wonach (im Falle Böblingens) der NSDAP-Kreisleiter nach Beratung mit dem Gemeinderat drei Kandidaten vorschlug, von denen die Aufsichtsbehörde (in Württemberg das

---

[45] Zum Folg.: Schreiben Röhm an Oberamt Maulbronn, v. 11.05.1934, HStAS EA 2/150 Bü 1362.
[46] Zum Folg.: Schreiben Gaugeschäftsführer BNSDJ an Hans von Watter, HStAS EA 2/150 Bü 1362.
[47] Roser (wie Anm. 3) S. 153; Stammliste v. 28.04.1938, HStAS EA 2/150 Bü 1362.
[48] Zu Georg Kraut: Conzelmann, Peter: Georg Kraut. Bürgermeister in Böblingen 1919-1937 (Beiträge zur Böblinger Geschichte 2) Böblingen 2016 sowie den Beitrag in diesem Band, S. 258-273.
[49] Schreiben Krohmers v. 20.09.1937, StAB A 13 Nr. 2; Schreiben Röhm an Landrat v. 04.10.1937, ebd. – Krohmer Kreisleiter Böblingen: 1938-1940.
[50] Schreiben Röhm an Landrat v. 28.04.1938, StAB A 13 Nr. 2.

Innenministerium) der oberen Aufsichtsbehörde einen auswählte, der dann von der Gemeinde (bzw. den Beigeordneten) auf zwölf Jahre zum Bürgermeister ernannt wurde.[51] Für den Amtsinhaber galt eine Probezeit von einem Jahr.

Böblingen war damals eine mittelgroße Stadt mit rund 10.000 Einwohnern. Die Zahlen täuschen über dessen tatsächliche Bedeutung hinweg.[52] Auf seiner Gemarkung lag der 1925 eröffnete Landesflughafen Stuttgart-Böblingen. Dazu hatte das im Einzugsbereich der Landeshauptstadt gelegene Böblingen große wirtschaftliche Bedeutung, beherbergte es doch überregional bedeutende Unternehmen wie die Firma Leichtflugzeugbau Klemm oder die Textilfirma „Trikotfabrik Maier und Cie." (Hautana).[53] Dazu wurde die Stadt ab 1936 zu einem Militärstandort ausgebaut. Ein Militärflughafen ersetzte seit 1939 den Zivilflughafen.[54] Die dazugehörigen Kasernenbauten wurden ab 1938 bezogen.[55] Zugleich wurden 1936/38 Kasernen für Panzerstreitkräfte erbaut und 1938 gleichfalls bezogen.[56] Böblingen hatte also strategische Bedeutung und entsprechend wichtig war das Bürgermeisteramt. Aus diesen Tatsachen heraus werden sich besondere Herausforderungen an ein Stadtoberhaupt gestellt haben.

Die Rolle eines Bürgermeisters in einer Stadt des nationalsozialistischen Deutschlands wurde von Kreisleiter Krohmer bei der Amtseinführung Röhms deutlich umrissen: *„'Die Stadt Böblingen', sprach anschließend der Kreisleiter, 'steht am Anfang einer Entwicklung, deren Ausmaß heute noch nicht zu übersehen ist.[57] Diese Entwicklung fordert die Verantwortung des Mannes, der die Führung der Stadt in Händen hält. Wohl ist der Bürgermeister heute nicht mehr wie früher der Spielball in der Hand der Ratsherren, die ihrerseits wiederum die Exponenten ihrer Parteien waren. Das erleichtert zwar die Arbeit, vermindert aber nicht das Maß der Verantwortung. Darum muß herausgestellt werden: Bürgermeister sein, heißt Führer der Gemeinde sein! Deshalb muß ein Bürgermeister zuerst Nationalsozialist sein. Nur als Nationalsozialist kann er der Gemeinde die Marschrichtung geben, in der sie in die kommende Zeit schreitet.'"*

---

[51] Zum Folg.: Deutsche Gemeindeordnung (1935) § 41, 44, 45, Reichsgesetzblatt 1935, S. 49-64 (54 f). – Zustimmungspflichtig war genauer die „Ministerialabteilung für Bezirks- und Körperschaftsverwaltung"; s. deren Zustimmung zum Personalvorschlag Röhm in Schreiben an Landrat, v. 18.03.1938, StAB A 13 Nr. 2.

[52] Auf besondere Bedeutung Böblingens weist Schreiben des Landrats v. 13.04.1939 hin, HStAS EA 2/150 Bü 1362.

[53] Vor dem Zweiten Weltkrieg wurde Klemm der größte Industriebetrieb in Böblingen, Scholz, Günter: Der Böblinger Luftpionier Hanns Klemm und sein Werk, in: Böblingen - vom Mammutzahn zum Mikrochip (Gemeinde im Wandel 14). Böblingen 2003, S. 386-388 (387); bis in die 1930er Jahre war Hautana der größte Arbeitgeber in Böblingen. Scholz, Günter: Die Industrialisierung in Böblingen, in: Böblingen 2003 (wie oben), S. 287-307 (298 f).

[54] Dorn, Wolf-Dieter: Böblingen als Flieger- und Garnisonstadt seit 1915, in: Böblingen 2003 (wie Anm. 53), S. 374-385 (380).

[55] Funk, Erwin: Fliegerstadt und Garnison, Böblingen 1974, S. 86.

[56] Dorn (wie Anm. 54) S. 380.

[57] Zum Folg.: Funk, Erwin: Böblingen im Dritten Reich und in der Besatzungszeit, Bd. 2. Böblingen 1987, S. 103.

Die von Krohmer formulierten Forderungen an den Bürgermeister machen deutlich, dass vom Regime ein „politischer Bürgermeister" gewünscht wurde. Und angesichts der Dominanz der NSDAP und der Machtfülle der Kreisleiter („*'kleine Könige' der Partei'*), musste ein Amtsinhaber diesen gerecht werden.[58] War doch seine Ernennung von der Zustimmung des Kreisleiters abhängig und musste er sich in seiner Amtsführung an den von der NSDAP gegebenen Rahmen ausrichten.[59] Eine Existenz als unpolitischer „Fachbürgermeister", wie es sich sein Vorgänger Kraut noch vorgestellt hatte, erscheint bei diesem erwarteten Profil und den herrschenden Machtverhältnissen schwer vorstellbar.

Über die einzelnen Maßnahmen Otto Röhms in Böblingen ist wenig überliefert. War doch die Rathausregistratur 1943 durch einen Luftangriff zerstört worden. Einen Schwerpunkt bildete offensichtlich die Wohnungspolitik. Es fehlten damals in Böblingen rund 800 Wohnungen.[60] Deswegen hat Otto Röhm 1939 ein städtisches Wohnungsamt einrichten lassen und eine Wohnungsordnung erlassen. Ein wichtiges durchgeführtes Projekt war der Bau der Siedlung „Krumme Landen" (1939). Ein weiteres zentrales Bauprojekt, das neue Schwimmbad, wegen dem der Amtsvorgänger Kraut die härtesten Auseinandersetzungen mit der Partei geführt hatte, konnte jedoch wegen des Kriegsausbruchs nicht realisiert werden.[61]

Damals war die NSDAP in Böblingen von heftigen Auseinandersetzungen zwischen der örtlichen Parteileitung und Kreisleiter Ernst Krohmer geprägt.[62] Letzterer hatte auch mit seinen eigenen Mitarbeitern Probleme und war bei der Bevölkerung gefürchtet. Auch der damalige Landrat Kurt Raunecker (1898-1940) stand auf Seiten der Gegner Krohmers. Er beabsichtigte Röhm gegen den unbeliebten Kreisleiter in Stellung zu bringen. Als Ernst Krohmer im November 1940 aus unbekannten Gründen Selbstmord verübt hatte, wurden die Machtverhältnisse in Böblingen undeutlich.[63] Doch da war Röhm schon (Juni 1940) zur Wehrmacht eingezogen und nicht mehr in Böblingen.[64]

Röhm erscheint nach Rauneckers Aussage als wenig profilierte Persönlichkeit. So sagte der Landrat zu dem Beigeordneten Friedrich Nissler (1895-1959): „*'Der Bürgermeister Röhm [...] sei noch zu unselbstständig und zu sehr abhängig*

---

[58] Roser (wie Anm. 3) S. 112.
[59] Zur Abhängigkeit der Bürgermeister von der Partei, vgl. Matzerath, Horst: Nationalsozialismus und Selbstverwaltung (Schriftenreihe des Vereins für Kommunalwissenschaft 29). Stuttgart u.a. 1970, S. 252; Zum „*Druck, dauernd politische Loyalität beweisen zu müssen*", ebd. S. 255 f.
[60] Zum Folg.: Funk 1987 (wie Anm. 57) S. 110.
[61] Florian, Christoph: Der lange Weg zum Badevergnügen: Das Böblinger Freibad am Hexenbuckel und seine Geschichte, Amtsblatt Böblingen, Nr. 30 / 26.07.2013, S. 10.
[62] Zum Folg.: Hammerschmitt, Barbara: 1919-1945: Demokratie und Diktatur, in: Böblingen (2003), S. 328-361 (348, 350).
[63] Ebd., S. 350. – Raunecker, Landrat von Böblingen 1938-1939, war im Oktober 1939 vom Landratsamt Böblingen abkommandiert worden und seit dem 10.05.1940 Oberkriegsverwaltungsrat in Frankreich. Er beging ebenfalls im November 1940 Selbstmord, Angerbauer, Wolfram: Die Amtsvorsteher der Oberämter, Bezirksämter und Landratsämter in Baden-Württemberg 1810-1972. Stuttgart 1996, S. 451.
[64] Schreiben Röhm an Landratsamt, v. 05.06.1940, StAB A 13 Nr. 2.

von der Partei. Ich, als alter Parteigenosse und Kenner der Verhältnisse des Kreises Böblingen, könne Röhm daher am ehesten der Partei gegenüber den Rücken steifen [...] wie wir überhaupt dem gewalttätigen Kreisleiter Krohmer gegenüber unter allen Umständen zusammenhalten müssten."[65]

In der Folge kam es tatsächlich zu Differenzen zwischen Röhm und Kreisleiter Krohmer. Nach dem Krieg schrieb Röhm einen Brief an den damaligen Böblinger Landrat Georg Hengstberger (1884-1952), in dem er um dessen Hilfe bei dem Widerspruch gegen das Spruchkammerurteil bat, dass er häufiger Auseinandersetzungen mit dem Kreisleiter gehabt habe.[66] Nach Röhms Meinung hatte Krohmer die Ernennung zum ordentlichen Bürgermeister verhältnismäßig lange herausgezögert. Erst unter dem Druck des bevorstehenden Einzugs des Panzerregiments 8 im Jahr 1938 soll Krohmer – so Röhm – der Ernennung zugestimmt haben. Röhm hatte dem Kreisleiter nach eigenen Angaben in diesem Zusammenhang gesagt, dass er sich *"[...] von ihm nicht als Laufjunge behandeln [lasse]."* Weiter schrieb Röhm nach dem Krieg, dass er oft *"mit dem Kreisleiter Hühnchen gerupft, [sic] oder einen Strauß auszufechten hatte."* Tatsächlich hatte Krohmer noch zur Einsetzung Röhms als Amtsverweser diesen als möglichen Kandidaten für das Bürgermeisteramt bezeichnet, so hat der Kreisleiter dann in einem Schreiben an den Landrat im November 1937 sich für eine weitere kommissarische Amtsführung ausgesprochen und auch Röhm nicht als Kandidaten vorgeschlagen.[67] Es handelte sich dabei um im nationalsozialistischen Herrschaftssystem zwischen Verwaltung und Partei häufiger vorkommende Kompetenzstreitigkeiten und Machtrivalitäten.[68] Sie hatten nichts mit Widerstand gegen das Regime zu tun.

Mit Rauneckers seit 1939 als Amtsverweser (Amtsvertreter) amtierenden Nachfolger Willy Ritter (1899 - nach 1994) hatte Bürgermeister Röhm offenbar ein schlechteres Verhältnis.[69] Während der alte Landrat Röhm offenbar als potenziellen Verbündeten betrachtet hatte, hielt Ritter ihn für inkompetent.[70] In einem Schreiben an die „Ministerialabteilung für Bezirks- und Körperschaftsverwaltung" wegen Röhms Antrag auf Besoldungserhöhung schrieb er beinahe etwas boshaft: *"Es besteht daher für mich keine Veranlassung, das beiliegende Gesuch zu unterstützen, umsoweniger [sic], als die Verwaltung der Stadt Böblingen unter der Führung von Bürgermeister Dr. Röhm bis jetzt keinesfalls den Erwartungen entsprochen und die Leistungen aufzuweisen hat, die man von ei-*

---

[65] Hammerschmitt (wie Anm. 62) S. 350.
[66] Zum Folg.: Schreiben Röhm an Hengstberger vom 17.03.1950, StAB A 13 Nr. 2. – Hengstberger, Landrat von Böblingen, 1946-1952.
[67] Schreiben Krohmer an Landrat, vom 22.11.1937, StAB 13 Nr. 2. – Einsetzung zum Amtsverweser erwähnt im Schreiben Krohmer an Landrat, v. 20.09.1937, ebd.
[68] Vgl. Roser (wie Anm. 3) S. 309.
[69] Amtsverweser Landrat Böblingen 1939-1941.
[70] Zum Folg.: Schreiben Landrat an „Ministerialabteilung für Bezirks- und Körperschaftsverwaltung" v. 03.03.1941, StAB A 13 Nr. 2.

ner Stadtverwaltung mit ähnlichen Verhältnissen, wie sie in Böblingen vorliegen, erwarten kann."* Ob die Sicht Ritters berechtigt oder nicht berechtigt war, lässt sich aufgrund der schlechten Quellensituation nicht beantworten. Doch ist sie ein weiterer Beleg für die erheblichen Spannungen in Administration und Partei in Böblingen in der NS-Zeit.

Otto Röhm selbst stellte seine Position in Böblingen nach dem Krieg als parteifern dar. Das oben erwähnte Schreiben an Hengstberger ist ein Schlüsseldokument der Argumentation Röhms in der Nachkriegszeit. Er trennte dabei strikt zwischen Verwaltung und Partei: *„In Böblingen war ich in der Partei nicht tätig, auch nicht in meiner Gliederung; bei Parteiveranstaltungen u[nd] Wehrmachtsfeierlichkeiten trat ich wohl in Parteiuniform auf, ich war ja damals noch nicht Offizier. Ich glaube aus diesem Verhalten kann man mir keinen Vorwurf machen, [...]"*[71] Er betonte, dass er *„in Böbl[ingen] parteipolitisch nicht hervorgetreten"* wäre. Angesichts des oben geschilderten nationalsozialistischen Anforderungsprofils an einen Bürgermeister sowie den vom Staat gestellten Verpflichtungen an eine Kommune ist ein unpolitisches, auf das Sachliche ausgerichtetes Wirken Röhms in Böblingen jedoch schwer vorstellbar. Qua Amt war er verpflichtet, dem Regime zu dienen, auch bei Handlungen, die gegen fundamentale Menschenrechte verstießen.

Röhms Tätigkeit als ordentlicher Bürgermeister von Böblingen war nur von kurzer Dauer. Im Juni 1940 wurde er zur Wehrmacht einberufen.[72] Formal war Röhm noch Bürgermeister, tatsächlich übernahm Friedrich Niessler als Stellvertreter die Amtsgeschäfte.[73] Damit war Röhm aus dem Spiel. Die Einberufung ist nicht ganz leicht einzuordnen. Röhm hatte das Bürgermeisteramt mit aller Macht angestrebt, zielstrebig das Ziel verfolgt und Umwege gehen müssen. Jetzt hatte er das Amt gewissermaßen verloren. Andererseits kam die Einberufung von Bürgermeistern bei den Jahrgängen ab 1900 häufiger vor.[74] Zudem gab es bei Röhm eine Neigung zum Militärischen, hatte er doch, nach eigener Aussage, schon 1924 versucht, in das Infanterieregiment 14 in Tübingen einzutreten, was sich jedoch wegen Veränderungen der allgemeinen Rahmenbedingungen zerschlagen hatte.[75] Ab dem 2. Juni 1940 gehörte er dem Gebirgsartillerieregiment 118 an.[76] Es folgte dann die Heeresküstenartillerieabteilung 145 ab Juli 1941. Mit dieser Einheit geriet er am 25. August 1944 in russische Kriegsgefangenschaft, in der er bis zum Dezember 1949 blieb.

---

[71] Zum Folg.: Schreiben Röhm an Hengstberger, 17.03.1950, StAB A 13 Nr. 2.
[72] Schreiben Röhm an Landrat, v. 05.06.1940, StAB A 13 Nr. 2.
[73] Hammerschmitt (wie Anm. 62) S. 350.
[74] Nach Roser (wie Anm. 3) S. 151 kam dies häufig vor.
[75] Schreiben Röhm an Gauleitung NSDAP, S. 3 v. 11.07.1933, HStAS EA 2/150 Bü 1362.
[76] Zum Folg.: Personalbogen v. 02.02.1950, HStAS EA 2/150 Bü 1362.

Zum 27. Dezember 1949 wurde Otto Röhm offiziell aus der Kriegsgefangenschaft entlassen.[77] Im Spruchkammerverfahren wurde das Verfahren laut Beschluss vom 31. Dezember 1949 eingestellt. Er wurde als *„Betroffener"* (nicht entlastet) klassifiziert und fiel in die Klasse II. der Anlage Teil A zum Befreiungsgesetz.[78] Diese Klasse umfasste *„die Personen, die auf Grund widerlegbarer Vermutung in die Gruppe der Belasteten einzureihen sind"*. Unter „Betroffener" ist hier derjenige zu verstehen, dessen Rolle im NS-Regime im Rahmen des Spruchkammerverfahrens geprüft wurde. Rechtliche Grundlage für die Einstellung war die *„Verordnung zur Durchführung der Weihnachtsamnestie vom 5. Februar 1947"*. Otto Röhm erhielt weder eine Haftstrafe noch eine Geldstrafe.

Röhm wollte dennoch gegen die Einstufung durch das Spruchkammerurteil vorgehen, da sie nach seiner Meinung hinderlich für eine Einstellung in den Landesdienst war.[79] Er wandte sich daher, in dem schon zitierten Schreiben, an Georg Hengstberger, den er um eine eidesstattliche Erklärung zu seinen Gunsten bat. Für den nachfolgenden August ist eine Korrespondenz der beiden wegen eines Termins zu einem Treffen nachweisbar.[80] In den Akten des Landesarchivs gibt es allerdings keinen Hinweis, dass das Verfahren daraufhin wiederaufgenommen wurde.

Nach seiner Entlassung aus der Kriegsgefangenschaft fasste Röhm beruflich schnell wieder Fuß. Vom April bis Oktober 1950 arbeitete er bei der Öffentlichen Bausparkasse Württemberg in Stuttgart.[81] Versuche, in den Landesdienst zurückzukehren, scheiterten. Eine Bewerbung um eine Verwaltungsgerichtsratsstelle beim Verwaltungsgericht Stuttgart war erfolglos.[82] Ab dem 1. Dezember 1950 war Röhm dann als Richter bei dem Friedensgericht der Stadt Stuttgart tätig.[83] Im Jahr 1953 wechselte er das Fachgebiet und machte einen beruflichen Aufstieg als Leiter des Amtes für Verteidigungslasten der Stadt Stuttgart.[84] Von 1962 bis 1967 leitete er dann das neugebildete Amt für Zivilschutz. Laut seinem Nachruf im Stuttgarter Amtsblatt fielen in seine Amtszeit *„die Grundsatzplanungen des Zivilschutzes, der Aufbau des Warndienstes und der Beginn der Organisation und der Aufstellung des Katastrophenschutzes"* in Stuttgart. Im Jahr 1967 trat Otto Röhm in den Ruhestand. Am 13. September 1990 ist er schließlich verstorben.[85]

Röhm war – so viel nach Sichtung der verfügbaren Quellen erkennbar ist – nicht direkt in NS-Verbrechen verwickelt. Jedoch trägt er als Inhaber einer führenden

---

[77] Personalbogen v. 02.02.1950, HStAS EA 2/150 Bü 1362.
[78] Abschrift Einstellungsbeschluss v. 31.12.1949, HStAS EA 2/150 Bü 1362. Wortlaut des Gesetzes in: Regierungsblatt der Regierung Württemberg-Baden (1946), S. 71-92.
[79] Zum Folg.: Schreiben Röhm an Hengstberger, v. 17.03.1950, StAB A 13 Nr. 2.
[80] Schreiben Hengstberger und Röhm, v. 08.08.1950, 10.08.1950, StAB A 13 Nr. 2.
[81] Personalbogen v. 17.08.1950, HStAS EA 2/150 Bü 1362.
[82] Bewerbung im 28.10.1950, Absage 22.12.1950, HStAS EA 2/150 Bü 1362.
[83] Schreiben Landesversicherungsamt an Innenministerium v. 07.06.1951, HStAS EA 2/150 Bü 1362.
[84] Zum Folg.: Amtsblatt Stuttgart v. 20.09.1990, S. 11.
[85] Traueranzeige in Teckboten v. 15.09.1990, S. 28.

Position in einer Kommunalverwaltung einen höheren Grad an Mitverantwortung an den nationalsozialistischen Verbrechen. War doch die kommunale Verwaltung eine Stütze des Regimes. Er entspricht damit allem Anschein nach dem Typus des Fachbeamten, der dem jeweiligen Vorgesetzten treu diente und somit die oben erwähnte „Systemtreue" zeigte. Mit dieser Einstellung konnte er nach dem Krieg eine neue Karriere in der Kommunalverwaltung beginnen.

Trotz der typischen Merkmale passt Otto Röhm nicht ganz in das oben thematisierte Raster des vor allem fachlich orientierten liberal-konservativen württembergischen Kommunalbeamten. So war seine politische Einstellung in den 1920er Jahren zumindest zeitweise rechtsradikal. Dies geht über eine strikte Orientierung am Fachlichen hinaus und passt nicht zu einer staatstragenden neutralen Gesinnung. Auch wenn er sich nach dem Hitlerputsch spätestens 1925/26 von der NSDAP zurückzog, blieb er doch deutschnationalen bzw. völkischen (Studenten-)Kreisen verpflichtet. Röhm gehörte damit allem Anschein nach zu dem kleinen Teil der Beamten in der Staats- und Kommunalverwaltung, der schon vor 1933 den Nationalsozialismus aktiv unterstützte.[86] Er repräsentiert damit einen radikaleren Typus des elitären, konservativen, demokratie- und republikfernen Beamten.

Die beiden Böblinger Bürgermeister der NS-Zeit Kraut und Röhm sind, was ihr Verhalten in der NS-Zeit bzw. ihr Verhältnis zum NS-Regime betrifft, als Helfer einzuschätzen. Doch gibt es Unterschiede zwischen ihnen. Diese betreffen weniger die Amtsführung, als die Einstellung zur nationalsozialistischen Ideologie. Der einer älteren Generation angehörende Kraut kann zu dem Typus des letztendlich unpolitischen „Fachbürgermeisters" gezählt werden, der sich der Sache und seinem Dienstherrn verpflichtet gesehen hat und versucht hat, sich anzupassen. Doch letztendlich musste er einsehen, dass seine Vorstellung von korrekter Amtsführung und die Anforderungen des nationalsozialistischen Regimes nicht zusammenpassten. Der Nachfolger Otto Röhm, fachlich bestens qualifiziert, hingegen reklamierte für sich, ein überzeugter Nationalsozialist zu sein. Auch er wurde in der württembergischen Verwaltungstradition sozialisiert, doch hing er schon als junger Mensch radikalen nationalistischen z. T. neuartigen totalitären Ideologien an. So wurde Böblingen in seiner NS-Zeit von Vertretern zweier verschiedener „politischer" (Bürgermeister-)Generationen regiert.

---

[86] Vgl. Roser (wie Anm. 3) S. 307.

Roland Müller

Prof. Dr. Walter Saleck: Zweifacher Direktor des Städtischen Gesundheitsamts Stuttgart

* 22. Juli 1896 in Stuttgart
† 27. August 1976 in Stuttgart

Arzt; 1933 NSDAP und SA, 1935 SS, Leiter des Städtischen Gesundheitsamts Stuttgart 1938-1945 und 1958-1962

Bereits Karl-Ernst Marquart (*1941) hat in seiner Arbeit über NS-Medizinverbrechen an Kindern und Jugendlichen in Stuttgart die Lebens- und Karrierestationen von Walter Saleck, Leiter des Städtischen Gesundheitsamts von 1938 bis 1945 sowie von 1958 bis 1962, benannt und auch auf Gedächtnisverlust der Gesundheitsverwaltung hingewiesen.[1] Dass Saleck und sein Agieren wenig hervortreten, mag der Quellenlage mit geschuldet sein, vor allem aber der Person selbst. Deshalb und erst recht der Kontinuitäten wegen ist es notwendig, die Geschichte des Amts einzubeziehen.[2]

Herkommen und Ausbildung

Walter Saleck wurde am 22. Juli 1896 in Stuttgart geboren als Sohn von Julie und Richard Saleck, Kaufmann bei der Farbenfabrik Siegle. Nach dem Abitur meldete er sich freiwillig als Krankenpfleger, erhielt im Herbst 1916 eine Ausbildung an der Waffe und war anschließend Sanitätssoldat. Im August 1917 schwer verwundet, konnte Saleck im Sommersemester 1918 ein Medizinstudium aufnehmen.[3] Im Juni 1921 legte er die ärztliche Prüfung mit der Note gut ab; die Promotionsurkunde datiert vom 29. Dezember 1921.[4] Im Frühjahr 1919 zog Saleck „mit dem Tübinger Studentenbataillon nach Stuttgart zur Bekämpfung spartakistischer Unruhen".[5] Er hatte sich der nichtschlagenden, christlich orientierten Verbindung Nicaria angeschlossen; dort gab es „eine linke und eine

---

[1] Marquart, Karl-Horst: „Behandlung empfohlen". NS-Medizinverbrechen an Kindern und Jugendlichen in Stuttgart, Stuttgart 2015.
[2] Vgl. auch Müller, Roland: Verwaltung zwischen Ausgrenzen und Ausmerzen. NS-Sozial-, Gesundheitspolitik und Zwangssterilisation in Stuttgart. In: Krankenmord im Nationalsozialismus. Grafeneck und die „Euthanasie" in Südwestdeutschland, Stuttgart 2001, S. 13-26. Angesichts der gebotenen Kürze plane ich eine Studie zur Geschichte des Amts.
[3] Universitätsarchiv Tübingen (UAT) 126/563 Personalakten.
[4] UAT 258/15770 Studentenakte.
[5] Stadtarchiv Stuttgart (StadtAS) Bestand 212/1 Nr. 264 (Personalakte): Lebenslauf und Stammliste, 11.08.1934.

rechte Gruppe".[6] Von der Regierung anlässlich eines Generalstreiks alarmiert, rückten Tübinger Verbindungen am 1. April mit rund 750 Mann in Stuttgart ein und trugen dazu bei, dass der Streik nach einer Woche und 16 Toten zusammenbrach.[7] Noch vor Abschluss der Promotion erhielt Saleck eine Assistenten-Stelle am Physiologischen Institut, zu Jahresbeginn 1924 wechselte er ans Hygienische Institut. Obwohl er 1925 die Staatsprüfung ablegte, strebte er offenbar eine wissenschaftliche Karriere an. 1927 legte er eine Habilitationsschrift „Über den C-Vitamingehalt von frischer und von gefrorener roher Winterkuhmilch" vor; am 21. Februar 1928 verlieh ihm die Universität Tübingen die Lehrbefähigung für Hygiene und Bakteriologie.[8] Nach der Ernennung zum außerordentlichen Professor am 19. Juli 1933 zum „Normaltermin" fünf Jahre nach der Habilitation schien ein Ruf auf einen Lehrstuhl nur eine Frage der Zeit.[9]

Doch zum 1. November 1934 wechselte Saleck ans Gesundheitsamt der Stadt Stuttgart. Völlig überraschend war dieser Schritt nicht. Denn der Amtsleiter, Prof. Dr. Alfred Gastpar (1873-1944), selbst Hygieniker, hatte Saleck schon nach der Habilitation eine besser dotierte Stadtarztstelle angeboten.[10]

Politisches Karrieredesign

Der Machtantritt der Nationalsozialisten beeinflusste die Karrieremuster junger Akademiker. Auch Saleck trat zum 1. Mai 1933 der NSDAP bei und zum 1. November 1933 der SA, die ihn seit April 1934 als Mitglied des Stabs der SA-Gruppe Südwest führte.[11] Aber er erkannte bald, wo die stärkeren Bataillone saßen – gerade für Ärzte, und wechselte im Frühjahr 1935 zur SS. Nach der Ernennung zum SS-Untersturmführer (9. November 1935) war er als Oberabschnittsarzt zuständig für das SS-Sanitätswesen in Württemberg, eine herausgehobene Position und eine besondere Anerkennung.[12]

Saleck äußerte sich 1948 zu seinen Beweggründen, zum letztmöglichen Termin, „dem 30. April 1933", der NSDAP beizutreten. Sein Standpunkt, ein Arzt dürfe keiner Partei angehören, damit Menschen aller Parteien unvoreingenommen Hilfe suchten, hätte sich nicht mehr halten lassen; „die Parteien verschwanden nacheinander, und es blieb nur die eine Partei übrig […]. Hinzu kamen die bekannten Erfolge der neuen Staatsführung bei der Beseitigung der Arbeitslosigkeit etc." Freilich waren Ende April weder die anderen Parteien „verschwunden" noch angebliche Erfolge sichtbar.

---

[6] Mundinger, Eugen: Erinnerungen an Tübingen 1919 bis 1923. In: Die Suche hat nie aufgehört. Die Tübinger Nicaria 1893 bis 1983. Hg. Ulrich Karl Gohl und Christoph Weismann, Tübingen 1983, S. 60.
[7] Schmid, Manfred: Die Tübinger Studentenschaft nach dem Ersten Weltkrieg 1918-1923, Tübingen 1988, S. 90 ff.
[8] UAT 126/563 Personalakten betr. Saleck W.S. Privatdozent für Hygiene und Bakteriologie an der medizinischen Fakultät, Lehrberechtigung 21.02.1928.
[9] UAT 125/159, Nr. 92 (Fakultät).
[10] Ebd. und UAT 126/563. Vgl. StAL EL 902/20 Bü. 67492/90: Schriftsatz zum Lebenslauf, 22.09.1948.
[11] UAT 126/563; StadtAS 212/ Nr. 264 /1: Lebenslauf anl. Eintritt bei der Stadt, 11.08.1934.
[12] Daten der SS-Personalakte, zit. nach Spruchkammerakte StAL EL 902/20 Nr. 67492.

Taktisch klug antizipierte Saleck Vorhaltungen: „Du bist ja nicht nur bescheidenes Mitglied der Partei geblieben, sondern du hast ja Vorträge ‚hauptsächlich rassenhygienischen Inhalts' gehalten und du bist der SA und schließlich auch gar noch der SS beigetreten".[13] Der junge Professor wollte SA wie SS naiv „auf Aufforderung" beigetreten sein und sich dort nur medizinisch betätigt haben. In seinen Vorträgen über Fragen der Vererbungslehre, Ehegesundheit und Eheberatung hätte er niemals „über Fremdrassen (Juden, Zigeuner etc.) [!] oder über Euthanasie" gesprochen.

Im Februar 1934 hatte Saleck wohl nicht zufällig einen Lehrauftrag für Rassenhygiene beantragt. Als Empfehlung führte er einschlägige Vorlesungen seit 1928 an, ebenso einen Auftrag von Mergenthalers Kultministerium, im Wintersemester 1933/34 Vorträge an der Landwirtschaftlichen Hochschule Hohenheim zu halten, sowie Vorträge in Partei, SA, SS und als Gauredner des NS-Lehrerbunds.[14]

In der Bewerbung auf die zugesagte Stadtarztstelle erwähnte Saleck auch die Funktion eines Ortsgruppenleiters der Gesellschaft für Rassenhygiene in Tübingen.[15] Mit dem später als „Zigeunerforscher" berüchtigten Robert Ritter (1901-1951) betreute er eine Eheberatungsstelle, deren Dienste er im März 1934 der Tübinger Stadtverwaltung anbot, um im Sinn des „Führers und der nationalsozialistischen Auffassung von Familie und Staat am Neuaufbau unseres Volkskörpers mitarbeiten".[16] An die Zusammenarbeit konnten beide anknüpfen, als 1940 die von Ritter geleitete Rassenhygienische und Bevölkerungsbiologische Forschungsstelle des Reichsgesundheitsamts in Stuttgart ein Projekt über die Abstammung württembergischer Fürsorgezöglinge durchführte.[17]

Der 37-jährige Wissenschaftler erkannte also seine Karrierechancen, entfaltete binnen kurzem zahlreiche Aktivitäten, vernetzte sich in NS-Organisationen und identifizierte sich mit den Anforderungen. Dazu bedurfte es keiner antisemitischen Tiraden - gerade die Erhebungen in Ehe und Familie schufen die Voraussetzungen für eine „erbärztliche Durchmusterung" der Bevölkerung.[18]

Die Umschaltung des Gesundheitswesens der Stadt Stuttgart

Das „Gesetz zur Verhütung erbkranken Nachwuchses" vom 14. Juli 1933 erfüllte die Wünsche vieler Ärzte und wirkte integrierend. Man sah darüber hinweg,

---

[13] Vgl. StadtAS 212/1 Nr. 264: Personalbogen vom 31.03.1938. Bezeichnenderweise erwähnte er 1938 die Mitgliedschaft in der SA nicht mehr. Auch die Zentralspruchkammer nahm ihm solche Naivität nicht ab; vgl. StAL EL 902/20 Bü. 67492: Spruch vom 28.12.1948.
[14] UAT 126/563, 15.02.1934, Saleck an Rektoramt.
[15] StadtAS 212/1 Nr. 264/32: 18.03.1935, Saleck an Personalamt.
[16] Zit. nach Schmidt-Degenhardt, Tobias: Vermessen und Vernichten. Der NS-„Zigeunerforscher" Robert Ritter, Stuttgart 2012, S. 59.
[17] Marquart 2015 (wie Anm. 1), S. 60 f.
[18] Formulierung bei Schmidt-Degenhard 2012 (wie Anm. 16) S. 59.

dass es über frühere Vorstellungen hinausging und vage formulierte Diagnosen umfasste, die mit sozialbiologischen Wertungen verschmolzen.[19] Das Gesetz wirkte auch als Katalysator für eine Vereinheitlichung der Gesundheitsverwaltung.[20] Allerdings scheiterte eine Zentralisierung unter dem Dach der NSDAP ebenso wie eine vollständige Verreichlichung an der Kostenfrage und am Widerstand von kommunaler Seite. Das am 3. Juli 1934 verabschiedete „Gesetz zur Vereinheitlichung des Gesundheitswesens" sah dann im Regelfall staatliche Gesundheitsämter mit staatlichem Amtsarzt vor; kommunale Ämter konnten in Ausnahmefällen anerkannt und nur selten die Leiter Kommunalbeamte bleiben – so in Stuttgart als einziger Kommune Württembergs.[21]

Tatsächlich stand Stuttgart mit an der Spitze der Entwicklung. OB Dr. Karl Strölin (1890-1963) hatte noch als Staatskommissar den „Alten Kämpfer" Friedrich Ettwein (1886-1937), einen evangelischen Pfarrer, zum Referenten für das Wohlfahrts- und Gesundheitswesen bestellt. Dieser widmete sich einer Verschärfung der Sozialpolitik bis hin zur Planung eines „Beschäftigungslagers" für sogenannte Asoziale.[22] Die Umschaltung des Gesundheitsamts, das im Zuge des allgemeinen Ausbaus der Gesundheitsverwaltung 1928 geschaffen worden war, war das Werk des angesehenen Amtsleiters Prof. Dr. Alfred Gastpar, seit 1899 im Dienst der Stadt. Im März 1934 erfolgte die Umbenennung in „Städtisches Gesundheitsamt – Amt für Rassenpflege und Bevölkerungspolitik".[23] Denn es ging, so im Verwaltungsbericht 1933, „um den Fortbestand des deutschen Volkes überhaupt". Deshalb sei „das Individuum als solches eben nicht Selbstzweck, sondern es ist eben ein Mittel zur Erhaltung der Art, zur Fortpflanzung und Emporzüchtung von Familie, Sippe und Volk".[24]

Am Anfang der Erfassung stand die Untersuchung der ersten Bewerber um ein Ehestandsdarlehen. Von den jeweils ca. 500 Männern und Frauen wurden 8,7 % wegen Vorstrafen und mangelnder politischer Zuverlässigkeit sowie 2,1 % wegen Krankheit abgelehnt. Ausdrücklich wurde „nicht bloß" die gesundheitliche

---

[19] Zur Vorgeschichte Vossen, Johannes: Gesundheitsämter im Nationalsozialismus. Rassenhygiene und offene Gesundheitsfürsorge in Westfalen 1900-1950, Essen 2001; Benzenhöfer, Udo: Zur Genese des Gesetzes zur Verhütung erbkranken Nachwuchses, Münster 2006. Zur Zwangssterilisierung siehe Bock, Gisela: Zwangssterilisierung und Nationalsozialismus. Studien zu Frauenpolitik und Rassenpolitik, Opladen 1986; Schmuhl, Hans-Walter: Rassenhygiene, Nationalsozialismus und „Euthanasie"". Von der Verhütung zur Vernichtung „lebensunwerten Lebens" 1890-1945, Göttingen 1987.
[20] Dazu Vossen 2001 (wie Anm. 19) S. 206-222.
[21] In der „Hauptstadt der Bewegung" erfolgte die Anerkennung erst September 1936; in Augsburg kam es zu einem „Kampf um das städtische Gesundheitsamt"; siehe Christians, Annemone: Amtsgewalt und Volksgesundheit. Das öffentliche Gesundheitswesen im nationalsozialistischen München, Göttingen 2013, S. 45 und Gotto, Bernhard: Nationalsozialistische Kommunalpolitik. Administrative Normalität und Systemstabilisierung durch die Augsburger Stadtverwaltung 1933-1945, München 2009, S. 169; zu preußische Kommunen Vossen 2001 (wie Anm. 19) S. 220 f.
[22] Müller, Roland: Stuttgart zur Zeit des Nationalsozialismus, Stuttgart 1988, S. 83 ff.
[23] Mitteilungsblatt des Bürgermeisteramts Nr. 9, 21.03.1934, S. 43.
[24] Verwaltungsbericht 1933, S. 26 f.

Eignung untersucht, sondern ausdrücklich „eine erbbiologische Bestandsaufnahme" als Vorstufe zu einer Erfassung der Gesamtbevölkerung vorgenommen.[25] Gastpar nutzte die Daten auch zu einer Studie über Rassemerkmale.[26]

Zum 1. Januar 1934 trat das „Erbgesundheitsgesetz" in Kraft. Die Statistik wies für 1934 die Sterilisation von 77 Frauen und 73 Männern aus, bei jeweils 26 Frauen und Männern hatte das Erbgesundheitsgericht die Anträge angelehnt. In den Folgejahren stieg die Zahl der Sterilisationen von 199 (1935) auf 350 (1936) und 319 (1937).[27] Im Bericht des stellvertretenden Amtsleiters Dr. Karl Lempp (1881-1960) für 1935 hieß es, die „erbkranke Bevölkerung" verhalte sich einsichtig.[28] Tatsächlich wurden in den ersten beiden Jahren bei 39 Sterilisierungen Gewalt angewendet und 43 Zwangsabtreibungen vorgenommen; der erste Todesfall ereignete sich im Mai 1934.[29] Marquart hat zahlreiche von Lempp und Saleck unterzeichnete „Gutachten" zu Zwangssterilisation und Zwangsabtreibung zitiert. Obgleich diese häufig von untergebenen Ärzten entworfen worden sind, steht die Verantwortung außer Frage.[30]

Gastpar hielt nach kurzer Frist „die Eignung des städt(ischen) Gesundheitsamts für die Durchführung der gesundheitspolitischen Ziele des nationalsozialistischen Staates einwandfrei bewiesen".[31] Er hob die Schaffung einer Abteilung für Erb- und Rassenpflege hervor, die mit der Anlage einer Erbkartei sowie von „Sippentafeln in den Fällen der Sterilisation, Ehrenpatenschaften und Ehetauglichkeit" begonnen hatte.[32] Gastpar lobte hier die Zusammenarbeit mit dem Standesamt; in der Fürsorge wirkten Gesundheitsamt und Wohlfahrtsamt zusammen bei der Unterscheidung „zwischen völkisch höherwertigen, durchschnittlichen und minderwertigen Volksgenossen". Die „Gesunderhaltung des Volkes" sah Gastpar mehr noch gefährdet durch „jene dunklen Existenzen, die das Material [sic!] für Dirnen, Zuhälter und ähnliche Asoziale stellen", als durch Patienten mit Erbkrankheiten. Kein Wunder, dass Gastpar im März 1936 Mitarbeiter des rassenpolitischen Amts der NSDAP wurde und zum 1. Mai 1937 die Mitgliedschaft in der NSDAP beantragte.

---

[25] Ebd., S. 27.
[26] StadtAS 202 Nr. 1936: Statist. Notizen zum Vortrag; vgl. Schwäbischer Merkur 25.02.1934, S.3. Immerhin konstatierte Gastpar in einem Vortrag 1934 über „Rasseprobleme" auch Differenzen unter den Wissenschaftlern und warnte bei einem Vortrag „Der Stadtrandsiedler vom erbbiologischen Gesichtspunkt" am 17.02.1937: „Und sind wir froh, dass nur der Spruch des Erbgesundheitsgerichts diese Entscheidung zu fällen hat [...]. Ganz abwegig ist aber die Gleichsetzung von erbkrank mit minderwertig."
[27] Vgl. Müller 2001 (wie Anm. 2), S. 24.
[28] HStAS E 151/53 Bü 162, 11.03.1936.
[29] Nach Müller 1988 (wie Anm. 22), S. 90 f. Zur Rolle Lempps v.a. anhand von Einzelfällen Marquart 2015 (wie Anm. 1), S. 34 ff.
[30] Marquart 2015 (wie Anm. 1), passim.
[31] StadtAS 127/2 Nr. 319, Gastpar an Ettwein, 18.05.1936.
[32] StadtAS 24 Nr. 108: Ns. Beratung mit Wohlfahrtsbeiräten, 09.09.1935, § 46.

Das Gesundheitsamt erlebte in dieser Phase eine enorme Entwicklung: Die Ausgaben stiegen von 388.000 RM im Jahr 1933 auf 1,129 Mio. RM 1937, das Personal wuchs von 67 Personen, darunter neun Ärzte und vier Zahnärzte, auf 183 Personen mit 21 Ärzten und sieben Zahnärzten. Saleck kam also in ein Amt, das sich in einem Akt der Selbstmobilisierung eindeutig positioniert hatte und einem ehrgeizigen Arzt eine Perspektive bieten konnte.

Systeminterne Konflikte - Salecks Berufung zum Gesundheitsamtsleiter

Mitte 1934 erfuhr Gastpar, dass Saleck eine Oberarztstelle in Greifswald angeboten worden war. Er sicherte dem schon 1928 Umworbenen bei der Neuorganisation zum 1. April 1935 eine Stadtarztstelle als Leiter der Abteilung für Bakteriologie und Hygiene zu.[33] Zunächst trat Saleck als Bezirksarzt ein; diesen oblagen in ihrem Sprengel schul- und impfärztliche Aufgaben, die ärztliche Mitwirkung an der Mutter- und Säuglingspflege und auch die Untersuchung der HJ. Interimistisch übernahm Saleck außerdem die stellvertretende Leitung des Polizeiärztlichen Dienstes.[34]

Logischer Nachfolger Gastpars, der zum 1. Juni 1938 die Altersgrenze erreichte, wäre der 57-jährige Stellvertreter und Leiter der Abteilung Kinderheime Karl Lempp gewesen, seit 1907 im Dienst der Stadt. Dieser hatte jedoch 1935 seinen Verzicht erklärt, angeblich wegen des Neubaus der Kinderklinik.[35] In Abstimmung mit Ettwein baute Gastpar Saleck als potenziellen Nachfolger auf. Neben der Erfahrung als Bezirksarzt konnte Saleck 1938 Tätigkeiten als Gerichtsarzt, als Leiter des Laboratoriums und auch der Abteilung für Erb- und Rassenpflege vorweisen.

Die Stadt suchte, bei einem großstädtischen Gesundheitsamt naheliegend, erneut einen Hygieniker; sie setzte die Staatsprüfung voraus sowie Verwaltungserfahrung. Saleck und vier weitere Bewerber erfüllten die Anforderungen, nicht aber Dr. Karl Ludwig Lechler (1899-1943), Obervertrauensarzt bei der Landesversicherungsanstalt, Gauamtsleiter für Rassenpolitik, bis Mitte 1936 Kreisleiter in Herrenberg und Pg. seit 1930; alle anderen Bewerber waren der NSDAP 1933 beigetreten.

Die Stadt favorisierte Saleck, dem der inzwischen verstorbene Ettwein anlässlich eines auswärtigen Angebots angeblich Zusicherungen gegeben hatte. Auch der Führer des SS-Oberabschnitts, SS-Gruppenführer Kurt Kaul (1890-1944), trat für „seinen" Oberabschnittsarzt ein.[36] Hingegen standen laut Kreisärzteführer Dr. Kötzle (1873-?) „die Kreisleiter, Gauamtsleiter und sämtliche SA-

---

[33] StadtAS 212/1 Nr. 264/10: Saleck an Gastpar, 11.08.1934. Außerdem wollte ihn Gastpar als Nachfolger an der TH Stuttgart vorschlagen.
[34] StadtAS 212/1 Nr. 264/33: Gastpar über 4 (Ettwein) an 3 (Locher), 19.03.1935.
[35] Ebd. /6 zu 88: Stellungnahme Gastpar über Mayer (4) an Locher (3), 09.03.1938; hier das Folgende.
[36] Ebd. /60.64.75.

Führer" hinter Lechler und Gauärzteführer Dr. Eugen Stähle (1890-1948), zuständiger Ministerialrat im Innenministerium, erklärte: „Die Stadt brauche gerade als Amtsvorstand einen Menschenführer und Gesundheitspolitiker wie Dr. Lechler, der die Grundsätze der nationalsozialistischen Rassenpflege zur Geltung bringe". Er räumte ein, dass er aufgrund einer Weisung „von SS-Obergruppenführer Ministerialdirektor im Reichsinnenministerium Dr. Gütt" jedoch offiziell für Saleck eintreten müsse.[37]

Das Patt sollte der gar nicht zuständige Gauleiter Reichstatthalter Murr auflösen. Dieser versicherte Strölin Ende März 1938, Lechler zum Rückzug veranlassen zu wollen. Doch offenbar drängten die alten Parteigenossen Murr, seinen Gauamtsleiter nicht fallen zu lassen.[38] Aber Ende Mai traf die schriftliche Zustimmung zur Bestellung Salecks im Rathaus ein. Zur Kompensation wurde Lechler als Stuttgarter Ratsherr berufen.[39] Und Saleck musste seinen Stuttgarter Lehrauftrag für Rassenhygiene an Lechler abtreten.[40]

Strölin behauptete 1948, Stellungnahmen aus der SS wären ihm unbekannt; er habe allein nach sachlichen Gesichtspunkten entschieden. Hingegen hätte sich Murr für einen „Vertreter des Rassepolitischen Amtes der Partei" eingesetzt.[41] Strölin, der bei wichtigen Positionen den Primat fachlicher Eignung betonte, war zwar deshalb mehrfach in Konflikt mit Murr geraten. Hier aber hatte der Gauleiter den Favoriten der Stadt – und der SS - auf den Schild gehoben. Der Vorgang ist ein weiterer Beleg dafür, dass und wie Strölin nach 1945 an der Legende vom Widerstand der Verwaltung gegen eine Clique um Murr strickte, selbst um den Preis glatter Lügen - unter Eid.

Medizinaldirektor – und weitere Karrieresprünge?

Saleck war zumal dank der Unterstützung seines Vorgängers bestens eingeführt, genoss das Vertrauen der Stadtspitze, des Gauleiters und, wie er formulierte, seines „Chefs bei der SS".[42] Mit der Amtsübernahme trat er anstelle Gastpars auch in Sonderaufgaben ein, etwa beim Erbgesundheitsgericht Stuttgart. Und das DRK wartete im Herbst 1938 mit der Beförderung vom DRK-Oberstführer zum DRK-Generalführer auf, die SS mit der Ernennung zum Sturmbannführer.[43]

---

[37] StadtAS 24 Nr. 27: Ns. Beiräte für ärztliche Personalangelegenheiten 21.03.1938. Gemeint ist hier Dr. Arthur Gütt (1891-1949).
[38] StadtAS 212/1 Nr. 264/88-11: 21.03.1938: Murrs Adjutant Gutbrod ersucht, endgültige Besetzung zurückzustellen.
[39] Ebd. /88-41, 24.05.1938: Murr an Strölin.
[40] Ebd. /94, 26.07.1938 Saleck an Rektor TH.
[41] StAL EL 902/20 Nr. 67492.
[42] StadtAS 212/1 Nr. 264/94 (wie Anm. 40).
[43] Ebd. / /90-1: 16.06.1938, Landgerichtspräsident Rieger an Erbgesundheitsgericht Stuttgart; /99: 20.09.1938 Saleck an 30: durch Befehl Reichsführers SS vom 11.09.1938 befördert; /100, 05.09.1938: Geschäftsführender Präsident des DRK, Grawitz, an Saleck.

Das Stuttgarter Gesundheitswesen war im Reich anerkannt. Vorbild waren u.a. der Aufbau eines hauptamtlichen schulärztlichen Dienstes schon vor dem Ersten Weltkrieg und einer Kindererholungsfürsorge mit Landheimen. Die gesundheitliche Kinderfürsorge seit dem Säuglingsalter in Verbindung mit der Mütterberatung sowie der Ausbau der Kinderheime unter Lempp galten als Hauptgrund dafür, dass die Säuglingssterblichkeit in Stuttgart unter dem Durchschnitt im Reich und der anderen Großstädte lag. Mit der Eingliederung der Tuberkulosefürsorge unter Dr. Eugen Schrag (1876-1966) im Jahr 1928, der Einrichtung einer sportärztlichen Beratungsstelle und weiterer volkshygienische Aufgaben stellte sich das Amt den Aufgaben im Kontext der Modernisierung und Professionalisierung des Gesundheitswesens.

Hier knüpfte Saleck an; als wichtige Aufgaben nannte er die Schaffung gesunder Wohnverhältnisse, die Bekämpfung von Rauch, Ruß und Staub, die Einrichtung von Bädern und Sportanlagen zur „vorbeugenden Gesundheitsfürsorge", die Sorge um sauberes Wasser bzw. die Beseitigung der Abwässer sowie um eine gesunde Ernährung. Doch die Umwelthygiene könne „nur auf der lückenlosen Berücksichtigung der erbbiologischen Gegebenheiten des einzelnen Menschen aufbauen".[44]

Kaum im Amt beklagte Saleck, dass sein Stellvertreter und zwei Abteilungsleiter mehr verdienten, die freilich weit mehr Dienstjahre hatten.[45] Er verwies auch auf den besser bezahlten Leiter des damals in der Tat kleineren Münchner Gesundheitsamts.[46] Doch die Aufsichtsbehörde verweigerte eine Verbesserung des Besoldungsdienstalters und die Erhöhung von Zulagen. Ging es allein ums Geld? Es gibt keine Hinweise, dass sich die Ablehnung der Berufung in Parteikreisen ausgewirkt oder Handlungsspielräume gefehlt hätten. Erwähnenswert mag sein, dass der Vorgänger Gastpar aufgrund von Personalmangel nach Kriegsbeginn wieder im Amt tätig war.

Jedenfalls erhielt Saleck auswärtige Angebote. Anfang Juni 1940 bot ihm Reichsgesundheitsführer Leonardo Conti (1900-1945), der 1938 zu seinen Gunsten interveniert hatte, die Leitung des Sachgebiets Wasser-, Abwasser-, Luft- und Bodenhygiene im Reichsinnenministerium an. Er nannte dies im Hinblick auf die neuen Ost- und Westgebiete des Reiches sowie die Kolonien besonders wichtig. Das Angebot setzte Saleck geradezu ultimativ ein: „Er rackere sich Tag und Nacht sowohl für sein Amt als auch für seine Tätigkeit als Angehöriger des SS-Oberabschnitts Südwest und als DRK-Generalführer und Stellvertreters des DRK-Landesführers V ab". Er wollte nur bleiben, wenn seine Zulage

---

[44] StadtAS 212/1 Nr. 264: Manuskript „Die hygienischen Einrichtungen in der Großstadt".
[45] Vgl. StadtAS 24 Nr. 27: Ns. Beiräte für ärztliche Personalangelegenheiten 19.08.1938, § 7; 212/1 Nr. 264, Teilakte 90, 1939-1940.
[46] Christians 2013 (wie Anm. 21), S. 330 f. nennt das Münchner Amt einen „Nachzügler", der erst in den Kriegsjahren eine tragende Rolle in der städtischen Infrastruktur erlangte.

von 2.000 auf 6.000 RM erhöht und sein Besoldungsdienstalter angehoben würden.[47] Stadt und Aufsichtsbehörde fanden einen Weg, um die Forderung zu erfüllen. Saleck blieb und avancierte am 9. November 1940 zum SS-Obersturmbannführer.

Conti verfolgte seit 1940 das Ziel, die Leiter der kommunalen Gesundheitsämter als Beigeordnete zu installieren; im Mai 1942 erwirkte er einen Erlass, wonach dies der Regelfall sein sollte. Strölin lehnte das Ansinnen von Anfang an ab, während Münchens Oberbürgermeister Karl Fiehler (1895-1969), Leiter des Hauptamts für Kommunalpolitik der NSDAP, dem das dortige Gesundheitsamt direkt zugeordnet war, zunächst für Großstädte über 300.000 Einwohner zustimmte.[48] Conti drohte Stuttgart, Saleck anderweitig zu verwenden, ja sogar das kommunale Gesundheitsamt zu verstaatlichen. Strölin beharrte dennoch, offenbar mit Unterstützung des Reichsstatthalters, auf seinem Standpunkt. Er bestritt Conti eine Entscheidungskompetenz; in Stuttgart genieße das Gesundheitswesen große Bedeutung und das Amt könne seine Aufgaben ungehindert erfüllen.[49] Saleck teilte die Position des ihm gesonnenen Reichsgesundheitsführers - selbstverständlich „unter Ausschaltung meiner eigenen Person ganz objektiv". Unter Verweis auf Frankfurt, Köln, Königsberg und Berlin argumentierte er mit der Stellung des Stuttgarter Amts im Kreis der Großstädte.[50] Wohl der allgemeinen Entwicklung geschuldet, blieb es bei den seitherigen Strukturen.

Saleck im Kriegseinsatz

Der Krieg brachte neue Betätigungsfelder, die Saleck zugleich Anerkennung eintrugen. So inspizierte er nach Kriegsbeginn 1939 im Auftrag des geschäftsführenden Präsidenten des DRK, SS-Brigadeführer Ernst Robert Grawitz (1899-1945), an der Westfront die dortigen Maßnahmen des Roten Kreuzes.[51] Ebenfalls in seiner Eigenschaft als stellvertretender DRK-Landesführer nahm Saleck im März 1940 an einer Tagung der DRK-Landesspitzen in Lodz teil. Kurz nach Contis Angebot zum Wechsel nach Berlin ersuchte er um Freigabe für die Wehrmacht; sein Stellvertreter Lempp könne das Amt übernehmen. Die Vorgesetzten sahen dies anders und nach dem Sieg über Frankreich keinerlei Notwendigkeit. Dieses Gesuch, der Kontakt mit Berlin sowie ein gleichzeitig angetretener längerer Urlaub legen nahe, dass Saleck neue Perspektiven sondierte. Ende Juni 1940 bot sich eine neue Gelegenheit. Saleck wirkte, erneut im Auftrag des DRK, längere Zeit in einer Sonderkommission der Waffenstillstandskommission an der Rückführung von in Frankreich internierten Deutschen ins Reich mit.

---

[47] StadtAS 212/1 Nr. 264/90-14: 16.11.40, AV Locher.
[48] Christians 2013 (wie Anm. 21) S. 55 ff. Hier auch das Folgende. Aufgrund der Beziehungen von Fiehler und Strölin kann eine unvollständige Stuttgarter Überlieferung via München ergänzt werden. Christians nennt als Stuttgarter OB irrtümlich den 1911-1933 amtierenden Lautenschlager (S. 56 Anm. 153, S. 58 Anm. 162).
[49] StadtAS 212/1 Nr. 264/132: 29.10.1942: Strölin an RStH, z. Hd. Waldmann. Vgl. zum Konflikt neben Christians 2013 (wie Anm. 21) auch Gotto 2009 (wie Anm. 21), S. 203.
[50] Ebd. /121.122: Schriftwechsel Locher – Saleck, März/April 1942.
[51] Ebd.: Saleck an Strölin, 05.09.1939. Der folgende Abschnitt nach Personalakte.

Am 30. Mai 1941 erhielt Saleck den sofortigen Einberufungsbefehl. Die Stadt erfuhr, dass ihn Stähle als abkömmlich bezeichnet hatte, und monierte vergeblich, Lempp wäre mit den Kinderheimen ebenso überlastet wie die übrigen Ärzte. Die Einberufung stand zweifellos im Zusammenhang mit dem Überfall auf die Sowjetunion, wo Saleck in der Heeresgruppe Süd als Hygieniker in der Seuchenbekämpfung tätig war. Der Stabsarzt schwärmte im Herbst 1942 vom Hochgefühl, „bei einem Vormarsch riesigen Ausmaßes und beispielloser Geschwindigkeit und Schlagkraft mitmachen zu dürfen"; er hatte inzwischen die Ostmedaille und die Spange zum EK II erworben. Und hatte Glück, nach der Niederlage im Osten als Hygieniker zum Stab des Oberbefehlshaber West versetzt zu werden. Dort wurde er im November 1944 zum Oberfeldarzt ernannt und mit dem Kriegsverdienstkreuz mit Schwertern I. Klasse ausgezeichnet. Er hatte dort, so der Vorgesetzte in exkulpierender Absicht, „nicht nur die hygienischen Verhältnisse der Truppen und Besatzungsarmeen zu überwachen, sondern auch für die Civilbevölkerung [!] zu sorgen".[52] Das war freilich selbstverständlich; Epidemien hätten für die Besatzer selbst massive Probleme heraufbeschworen.

Internierung und Interim

Saleck gelangte offenbar in einem geordneten Rückzug nach Stuttgart. Er wurde am 3. Juli 1945 verhaftet und bis zum 14. Juni 1947 interniert. Im Lager konnte sich der erfahrene Hygieniker nützlich machen; die Spruchkammer wertete dies als Beteiligung am Wiederaufbau positiv.[53] Im Entnazifizierungsverfahren brachte Saleck die üblichen Zeugnisse aus der Ärzteschaft, von Mitarbeitern und Vorgesetzten bei, die ihm ausgezeichnete sachorientierte Arbeit ohne Ansehen von Person und Parteimitgliedschaft attestierten. Bemerkenswert ist eher, dass wie in anderen Fällen Strölin Berufung und Tätigkeit Salecks für seine Legende vom Kampf gegen die Gauleitung instrumentalisieren und sich ebenso wie der Beigeordnete Mayer sowie der frühere Vorsitzende des Erbgesundheitsgerichts mit Saleck zugleich selbst entlasten durften. Während der Öffentliche Kläger ihn als Hauptschuldigen anklagte, stufte die Spruchkammer Saleck am 10. August 1948 als Minderbelasteten ein; sie hatte keine Bedenken gegen eine sofortige Wiederaufnahme der ärztlichen Tätigkeit.[54] Sowohl Anklage als auch Verteidigung legten Berufung ein. Laut Spruch vom 28. Dezember 1948 war Saleck „an sich Minderbelasteter"; die Kammer wies ihn aber „ohne Nachverfahren sofort der Gruppe der Mitläufer" zu, sah auch von Sühnemaßnahmen und Bewährungsfrist ab – ein typisches Beispiel der „Mitläuferfabrik" (Niethammer).

Zu diesem Zeitpunkt standen die maßgeblichen vormaligen Stadtärzte wieder in städtischen Diensten, nachdem zunächst sämtliche Amtsärzte mit NS-

---

[52] StAL EL 902/20 Nr. 67492: Eidesstattliche Erklärung Dr. med. Walther Haubenreißer, 25.12.1948.
[53] Ebd.: Spruch Zentralspruchkammer, 28.12.1948.
[54] Vgl. dazu mit ausführlichen Zitaten Marquart 2015 (wie Anm. 1), S. 75 ff.

Parteibuch auf Anordnung der US-Militärregierung entlassen worden waren. Zweifellos stellten sich bei der ärztlichen Versorgung in einer erheblich zerstörten Großstadt wichtige Aufgaben. Ihnen stand ein erheblicher Personalmangel gegenüber, auch hervorgerufen durch die hohe Zahl von 60 Prozent NSDAP-Parteigenossen unter Ärzten und Krankenausangestellten in der Stadt. Referent Robert Eugen Gaupp (1870-1953) klagte, dass fachlich gleichwertiger Ersatz kaum zu finden sei und dass er bei der Militärregierung keine Unterscheidung zwischen aktiven Nazis und „Mitläufern" durchsetzen konnte.[55] Dennoch gelang es, einige der entlassenen Ärzte unter Vorbehalt zu beschäftigen. Darunter war der nach Salecks Einberufung als Amtsleiter fungierende Lempp, der 1946 aufgrund von Ermittlungen zu Krankenmorden nochmals einige Monate inhaftiert wurde.[56] Die Stadtärzte Dr. Maria Schiller (1893-1963, Pg. seit 1933) und Dr. Eugen Schrag, der sich erst 1937 um die Parteimitgliedschaft bemüht hatte, nahmen Anfang 1946 ihre Tätigkeit wieder auf.[57] Voraussetzung für eine Wiedereinstellung bei der Stadt war Einstufung im Spruchkammerverfahren nicht höher als Gruppe 4 (Mitläufer) – die im Berufungsverfahren nahezu zur Regel wurde.

Der 1936 emeritierte Tübinger Psychiater Prof. Dr. Gaupp hatte im Juni 1945 die Leitung des Gesundheits- und Wohlfahrtsreferats auf Bitten von OB Dr. Arnulf Klett (1905-1974), eines Bundesbruders, übernommen. Eine bemerkenswerte Personalie, war doch Gaupp als engagierter Befürworter einer Zwangssterilisierung bekannt; der NSDAP war er allerdings nicht beigetreten.[58] Im Zuge der Konsolidierung nach der ersten Wahl von Gemeinderat und Oberbürgermeister erfolgte am 26. Juli 1946 die Wahl der Referenten. Gegen den Willen Gaupps wurde das Referat getrennt; Gaupp behielt das Wohlfahrtsreferat.[59] Der kurz zuvor bestellte Leiter des Gesundheitsamts, Dr. Dr. Otto Weiß (1901-?), wurde in Personalunion Gesundheitsreferent, war jedoch durch Krankheit stark eingeschränkt; er schied Mitte 1949 endgültig aus dem Dienst.[60]

Die „Linie Gastpar – Lempp" und Salecks zweite Karriere

Die Einstufung als „Mitläufer" ebnete Saleck den Weg zurück ins Gesundheitsamt. 1949 war jene Position frei, für die ihn seinerzeit Gastpar angeworben hatte, die Stelle des Leiters des medizinisch-hygienischen Laboratoriums. Die

---

[55] StadtAS 212/2 Nr. 174/19 zu 64: Kleine Denkschrift, 26.04.1946. Vgl. Drollinger, Kuno: Der Wiederaufbau der städtischen Verwaltung. In: Stuttgart in den ersten Nachkriegsjahren. Hrsg. Edgar Lersch, Heinz H. Poker und Paul Sauer, Stuttgart 1995, S. 112 sowie die Beiträge von Robert Jütte (Gesundheitswesen) und Bernhard Neidiger (Entnazifizierung).
[56] Vgl. dazu Marquart 2015 (wie Anm. 1), S. 15 ff.
[57] Vgl. StadtAS 212/1 Nr. 314: Dr. Maria Schiller; 212/1 Nr. 552: Dr. Eugen Schrag.
[58] Gaupp, Robert: Die Unfruchtbarmachung geistig und sittlich Kranker und Minderwertiger. Erweitertes Referat, erstattet auf der Jahresversammlung des Deutschen Vereins für Psychiatrie am 3. September 1925 in Kassel, Berlin 1925. Vgl. auch Schmidt-Degenhard 2012 (wie Anm. 16), S. 65.
[59] StadtAS 24 Nr. 126: Ns. Gemeinderat 19.03.1948, § 43 nö. Gaupp gewann die Wahl gegen den Kandidaten der CDU, worauf die CDU-Fraktion unter Protest auszog. In der Folge resignierte Gaupp.
[60] Stuttgarter Zeitung Nr. 142, 17.08.1949.

Verwaltung schlug Saleck vor, der Gemeinderat wählte ihn bei zwei Enthaltungen.[61] In einer Phase des Auf- und Ausbaus der öffentlichen Verwaltung in der Nachkriegszeit konnte sich ein ausgewiesener Hygieniker profilieren.[62] So erwarb Saleck bei einer Typhusepidemie 1952/53 Anerkennung; das Laboratorium galt als eines der modernsten, die Frage ausreichender, gesunder Wohnungen blieb eine der drängendsten in der Großstadt in der Zeit des „Wirtschaftswunders".

Zum 1. Mai 1958 trat der 62-jährige Saleck erneut an die Spitze des Gesundheitsamts. Anders als 1938 hatte er keine Konkurrenz. Die Verwaltung schlug ohne Ausschreibung Saleck vor, der sich voll bewährt habe und in hohem Maß die Anforderungen erfülle. Die Gemeinderäte zeigten sich über das Verfahren irritiert, waren aber mit dem Personalvorschlag einverstanden.[63]

Dass Saleck der seit 1921 im Amt tätigen Dr. Maria Schiller nachfolgte, entbehrte nicht einer pikanten Note. Schiller, zum 1.Mai 1933 der NSDAP beigetreten, wurde dennoch aus Partei und SA als kinderlose „Doppelverdienerin" sowie politisch unzuverlässig angegriffen. Gastpar hielt aber für Fragen der Familienfürsorge und Eheberatung eine verheiratete Frau für erforderlich; Beförderung und Verbeamtung blieben hingegen Schiller versagt. Dass sie 1942 doch noch zur Stadtärztin ernannt wurde, führte sie im Spruchkammerverfahren auch darauf zurück, dass ihr „damaliger Chef – ein SS-Arzt – eingezogen" und von Lempp vertreten wurde, dem „dieser SS-Mann vorgesetzt" worden sei.[64] Man kann solche Diskurse post festum nicht auflösen. Jedenfalls war „dieser SS-Mann" während ihrer achtjährigen Amtszeit wieder an prominenter Stelle im Amt tätig. Schiller lobte Saleck bei ihrem Abschied nicht nur als Fachmann, sondern hatte ihn „seit Jahrzehnten auch als Menschen kennen und schätzen gelernt". Maßgeblich war dabei, dass Saleck „genau wie ich aus dem Geist lebt, den Prof. Gastpar und Prof. Lempp diesem ihrem Amt mitgeteilt hatten."[65]

Diesen Geist hatte schon neun Jahre zuvor Dr. Eugen Schrag anlässlich der Neubesetzung nach dem Ausscheiden von Weiß beschworen. Der Tuberkulose-Spezialist, seit 1928 im Amt und seit 1949 dessen stellvertretender Leiter, empfahl damals die Kollegin Schiller; sie setze die „von Gastpar – Lempp vorgezeichnete Linie" fort. „Geist" und „Linie" waren von persönlichen Beziehungen wie von Professionalität gekennzeichnet. Schrag nannte Gastpar seinen väterlichen Freund; dieser wiederum war mit Lempp befreundet. Beide hätten, so Schrag, ein Amt aufgebaut, das anderen Großstädten zum Vorbild gedient und den

---

[61] StadtAS 212/1 Nr. 264//154.155, 14.03.1949 und Folgende. Die neuerliche Verbeamtung ermöglichte Art. 131 GG im Jahre 1951; 1956 erlangte er nach einer Änderung der Ausführungsbestimmungen die frühere Besoldungsstufe als Amtsleiter.
[62] In dieser Zeit nahm Saleck wieder eine Lehrtätigkeit der TH Stuttgart auf; vgl. StadtAS 212/1 Nr.264/90-39, 16.5.1955: Pöpel, Institut für Gesundheitstechnik der TH, an OBM.
[63] StadtAS 24 Nr. 324: Ns. Sozialausschuss 20.01.1958, § 19 nö; 27.01.1958, § 29 nö.
[64] StAL EL 902/20 Nr. 83620, Schiller an Befreiungsministerium, 06.05.1947. Schiller war nicht betroffen.
[65] StadtAS 202 Nr. 1862: 30.04.1958.

Aufbau des öffentlichen Gesundheitsdienstes insgesamt gefördert habe. Auch während der Weißschen Jahre seien die Abteilungen „gesund" geblieben.[66] In gleicher Weise rühmte auch Schiller die „kongenialen" Männer Gastpar und Lempp, die sich ärztlich und menschlich auf das Vorzüglichste ergänzt hätten, als Glücksfall.[67] Zur Kontinuitätslinie gehörte im Übrigen, dass Lempp über das Erreichen der Altersgrenze hinaus im Amt tätig war und Gaupp 1949 offiziell mit einer Geschichte des städtischen Gesundheitswesens beauftragt wurde.

Saleck, von Gastpar geholt und gefördert, hatte sich schließlich in diese „Linie" einreihen können. Bei der Verabschiedung Ende Oktober 1962 nannte OB Klett Salecks Lebensweg einen Spiegel der wechselvollen Geschichte der ersten Hälfte des Jahrhunderts und formulierte so verunglückt wie bezeichnend: „Wie vielen anderen Fällen, so ging die Auswirkung des Dritten Reiches auch an Ihnen durch die durch die Militärregierung verfügte Entlassung (…) nicht vorüber."[68] Wenn nur die Auswirkung, nicht aber das zugrunde liegende Handeln selbst erwähnenswert war, dann stand der Verleihung des Bundesverdienstkreuzes auf Vorschlag der Stadt 1964 nichts im Wege.[69]

Zumindest ein nichtöffentlicher Protest wurde aktenkundig. Als Saleck Anfang 1964 auf Vorschlag der Stadt zum ehrenamtlichen Vorstand der privaten Charlotten-Augenklinik gewählt wurde, verließ der frühere Oberkirchenrat Wilhelm Pressel (1895-1986) unter Protest den Ausschuss. Pressel, eine durchaus schillernde Persönlichkeit, vor 1933 Mitglied der NSDAP und der Deutschen Christen, wandte sich aber bald ab und wurde 1935 ausgeschlossen. Als Tübinger Studentenpfarrer vor 1933 kannte er Saleck, dem er dann in Stuttgart „als Angehöriger der SS, in deren schwarzer Uniform" begegnete. Ohne Saleck persönlich Verbrechen zu unterstellen, warf er seinem Bundesbruder Klett moralisches Versagen vor, wenn dieser, wie die Spruchkammer, von rein formalen Belastungen rede und sich auf spätere berufliche Verdienste berufe, zumal von Saleck weder eine Verurteilung der Verbrechen der SS bekannt noch von der Stadt bei Übernahme in den Dienst verlangt worden sei.[70]

Fazit

Die Karriere Salecks weist typische Merkmale der Stuttgarter Personalpolitik jener Jahre auf. Stuttgart ist ein Beispiel für Kollaboration der alten Verwaltungseliten, zumal der neue OB Verwaltungserfahrung besaß. Zwar traten an die

---

[66] StadtAS 212/1 Nr. 552/97: 13.10.1949, Schrag an Personalreferent Berger.
[67] StadtAS 202 Nr. 1862: Manuskript „Die Leistungen der württembergischen Sozialhygiene seit 1900", 09.02.1952.
[68] Amtsblatt 44, 02.11.1962, S. 11.
[69] StadtAS 212/1 Nr. 264/249: Der Personalreferent teilte dem Regierungspräsidium mit, Saleck sei 1935 der Allgemeinen SS beigetreten und habe die Ausbildung der SS-Sanitätsmannschaft geleitet, sich aber politisch nicht hervorgetan.
[70] StadtAS 191 Nr. 1593, Teilakte. Zu Pressel vgl. Wischnath, Johannes Michael: Wilhelm Pressel (1895-1986). In: Lächele, Rainer/ Thierfelder, Jörg (Hg.): Wir konnten uns nicht entziehen. 30 Porträts zu Kirche und Nationalsozialismus in Württemberg, Stuttgart 1998, S. 299–310.

Stelle einiger wichtiger Referenten, die geräuschlos in den Ruhestand versetzt wurden, alte Nationalsozialisten. Sie waren indes anschlussfähig für den Verwaltungsapparat - wie ein Pfarrer als Wohlfahrts- und Gesundheitsreferent. Die Amtsleiter blieben fast durchweg im Amt.

Im Gesundheitsamt erfolgte eine bemerkenswerte Selbstmobilisierung bei der Umsetzung erbbiologischer wie sozialrassistischer Konzeptionen. Der seit 1899 als Stadtarzt tätige Gastpar richtete das als vorbildlich geltende Amt auf Ziele und Ansprüche der Nationalsozialisten aus und setzte erkennbare Akzente. Saleck, der sich 1933/34 zielbewusst vernetzt und engagiert hatte, begegnet im weiteren Verlauf hingegen eher als ein primär an seiner Karriere orientierter Funktionär.

In der NS-geführten Stuttgarter Stadtverwaltung galt bei wichtigen Positionen der Primat der Fachlichkeit. Dies führte im polykratischen System zwar zu immanenten Rivalitäten. Entgegen einer nach 1945 von Repräsentanten der Verwaltung verbreiteten Legende handelte es sich aber nicht um einen grundsätzlichen Dissens, wenn etwa der „Alte Kämpfer" Lechler gegen das von der Stadt und der SS protegierte „Maiveilchen" Saleck den Kürzeren zog. Im Gegenteil wirkte die Entscheidung zugunsten des in der Tat besser qualifizierten SS-Protagonisten für das Leistungsvermögen und –image der Verwaltung systemstabilisierend und für das Korps der Verwaltungsbeamten integrierend. Professionalität war in Verbindung mit einem persönlichen Netzwerk die Voraussetzung für Kontinuitätslinien über 1933 und auch 1945 hinaus, dann begünstigt von einem verbreiteten Konsens des Verdrängens und Beschweigens.

Clemens Klünemann

Friedrich Sieburg: Zeitlebens ein Schrittmacher der öffentlichen Meinung

* 18. Mai 1893 in Altena (heute: Nordrhein-Westfalen)
† 19. Juli 1964 in Gärtringen (heute: Landkreis Böblingen)

Publizist. Studium der Geschichte, Philosophie, Literaturwissenschaft in Heidelberg, dort in Nähe des George-Kreises. Lebensthema: Frankreich und sein Verhältnis zu seinem deutschen Nachbarn. 1929 *Gott in Frankreich?* Ab 1939 diplomatischer Dienst in Brüssel und Paris. Propagandist des NS-Regimes. Bei Kriegsende mit den Kollaborateuren in Sigmaringen. Zweite journalistische Karriere, zunächst 'Die Gegenwart', schließlich Feuilleton 'Frankfurter Allgemeinen Zeitung'. Wohnte in Gärtringen

Versuchungen eines aparten Intellektuellen

„Hier, in dieser douce France, ist mein Charakter hart geworden. Frankreich selbst hat meine Erziehung zum Kämpfer und zum Nationalsozialisten in die Hand genommen."[1] Nach diesem Bekenntnis scheint kein Zweifel mehr über die Gesinnung Friedrich Sieburgs bestehen zu müssen, zumal diese markigen Worte aus dem März 1941, geäußert während eines Vortrags in Paris, in den zeitlichen Kontext seiner Bewerbung um die Mitgliedschaft in der NSDAP fallen. Sieburgs Verhältnis zum Nationalsozialismus ist jedoch weitaus komplexer, als sein martialisches Bekenntnis von 1941 vermuten lässt – oder manches frühere Zeitzeugnis, wie beispielsweise Rudolf Leonhards (1889-1953) Aufsatz von 1933, der auf Sieburgs Buch *Gott in Frankreich?* anspielt, das 1930, also bereits ein Jahr nach der deutschen Ausgabe, in Frankreich unter dem Titel *Dieu est-il français ?* erschienen war.[2] In Sieburgs Äußerungen zum Nationalsozialismus vermischt sich eher der Jargon des Parteiideologen[3] mit einem unmittelbar nach dem

---

[1] Sieburg, Friedrich: France d'hier et de demain. Préambule de Bernard Grasset. Causerie donnée le 22 mars 1941 sous les auspices du groupe „Collaboration" à la Maison de la Chimie, Groupe Collaboration, Paris 1941, S. 11.

[2] Leonhard, Rudolf M.: Sieburg ou Dieu est-il Nazi? In der Pariser Wochenzeitung 'Monde' vom 22.04.1933.

[3] „[...]les idées les plus humanitaires sont toujours celles qui sont les moins humaines, et il est préférable d'être d'abord l'homme de son pays avant d'être celui de l'univers." Friedrich Sieburg, *France d'hier et de demain*, a.a.O.

Krieg dann auch unverhohlen eingestandenen Opportunismus.[4] Überdies ist Sieburgs Parteimitgliedschaft keinesfalls eindeutig belegt;[5] seine schroffe Hommage an den Nationalsozialismus ist die einzige in dieser Eindeutigkeit und ragt aus einem Meer von Uneindeutigkeiten heraus, die durchaus auch als verteckte Kritik am nationalsozialistischen Regime gelesen werden kann. Was den Vorwurf des Antisemitismus angeht, so ist es problematisch, diesen auf beleg- und belastbare Äußerungen Sieburgs zu stützen. Es gibt ein Interview vom 16. Juli 1942 mit einem Journalisten der Zeitung *L'Appel*, in dem Sieburg sich abfällig über Heinrich Heine (1797-1856) äußert, der den Franzosen ein falsches Deutschlandbild vermittelt habe: „car […] il possède les faiblesses énormes de sa race: c'est un Juif."[6] – dass dieser Satz „zum Dümmsten gehört, was er im Verlauf seines Lebens von sich gegeben hat"[7,] ist allerdings ein sehr mildes Urteil, denn ein solcher Gebrauch des Wortes 'race' im Jahr der Wannseekonferenz zeugt nicht gerade von Distanz zur NS-Ideologie. Darüber hinaus darf man sich füglich fragen, ob Sieburgs Artikel in der *Frankfurter Zeitung* vom 3. April 1933, also unmittelbar nach den Boykottaufrufen gegen Geschäfte, deren Inhaber Juden waren, nur ein unwilliges Einschwenken auf die Linie des Parteijargons war oder nicht eher eine Prägung eben dieses Jargons: Auch in Frankreich, berichtet der Pariser Korrespondent, denke man über die „legale Ausschaltung der Juden" nach und fange an zu begreifen, „dass es in Deutschland tatsächlich so etwas wie eine Judenfrage gibt."[8]

Was also macht diesen „aparten Intellektuellen und Schriftsteller" (Harro Zimmermann, *1949) zu einem Trittbrettfahrer oder Helfer, gar Täter? Sprach er nicht *pro domo*, als er in einem Brief vom Januar 1960 an Friedrich Wilhelm Oelze (1891-1978) über Gottfried Benn (1886-1956) schrieb, dass dessen Kunst „über alle diese jammervollen Versuche, einen grossen Dichter in politische Vorwürfe zu verstricken", ihn – Sieburg – gelehrt hätten, „die Grollenden und die Hämischen zu bedauern"?[9] Bei der Beschäftigung mit Friedrich Sieburg unter der Fragestellung seines Verhältnisses zum Nationalsozialismus geht es keinesfalls um einen hämischen Vorwurf der Verstrickung, sondern zunächst um die nüchterne Feststellung der Tatsache, dass er sich während der deutschen Besetzung Frankreichs bewusst und gewollt in den engen Kreis um Otto Abetz (1903-1958) begeben hat, der im Palais de Beauharnais, der deutschen Botschaft in der Pariser Rue de Lille, die Enteignung und Deportation in Frankreich lebender Juden veranlasste. Dabei war Sieburg, im Gegensatz zu

---

[4] 'J'ai bien profité du nazisme' lautet der Titel eines Interviews von Géo Kelber mit Friedrich Sieburg, das am 08.08.1946 in der Zeitschrift *Gavroche* veröffentlicht wurde.
[5] Vgl. Nickel, Gunther: 'Der Fall Sieburg: Warum die NS-Mitgliederkartei zweifelhaft ist', in: FAZ vom 21. 01. 2014/http://www.faz.net/aktuell/feuilleton/aufarbeitung-der-fall-sieburg-warum-die-ns-mitglieder-kartei-zweifelhaft-ist-1146084.html.
[6] Heine „leidet unter den außergewöhnlichen Schwächen seiner Rasse: Denn er ist Jude." 'L'Appel' vom 16.07.1942.
[7] Deinet, Klaus: Friedrich Sieburg. Ein Leben zwischen Frankreich und Deutschland, Berlin 2014, S. 493.
[8] In: Zimmermann, Harro. Friedrich Sieburg. Ästhet und Provokateur, Göttingen 2015, S. 191.
[9] In: Zimmermann 2015, wie Anm. 8, S. 380.

Abetz, eine Beteiligung an diesen Verbrechen oder überhaupt eine konkrete Täterschaft nie nachzuweisen. Angesichts seiner schillernden Karriere vor 1933 und nach 1945, vor allem aber während der NS-Zeit, während derer er von den Granden wie den Spitzeln der nationalsozialistischen Partei immer misstrauisch beäugt wurde, stellt sich die Frage, ob auf ihn nicht wie auf kaum einen anderen der in den Nationalsozialismus Verstrickten die Kategorie des Trittbrettfahrers zutrifft: Sieburgs Hauptmotiv war offenbar eine Art opportunistische Geltungssucht, für deren Befriedigung er womöglich den Pakt mit jedem System und jeder Ideologie eingegangen wäre, darin übrigens nicht unähnlich dem genialisch-opportunistischen Gustaf Gründgens (1899-1963), dem Klaus Mann (1906-1949) in seinem Roman *Mephisto* auf die Schliche zu kommen suchte. Bei Sieburg lassen sich die Ursprünge dieser Geltungssucht bis in seine Studentenzeit in Heidelberg, ja bis in die komplexe Beziehung zu seinem Vater zurückverfolgen. Was den Vergleich mit Gründgens übrigens einmal mehr nahelegt, ist, dass beide mit einem künstlerisch-literarischen Talent gesegnet waren, das es ihnen zu anderen Zeiten und unter anderen Umständen wohl ermöglicht hätte, zum Grandseigneur ihrer jeweiligen Zunft zu werden; ihre jeweilige späte Karriere in der jungen Bundesrepublik ist somit nicht nur ein Beleg für die personelle Kontinuität von der Diktatur zur Demokratie, sondern auch dafür, dass der Intellektuelle nicht minder den schrillen Lockungen der Diktatur ausgesetzt ist als die oftmals als *massa damnata* karikierte breite Bevölkerung mit ihren Alltagssorgen.

Vor allem: Sehnsucht nach Anerkennung in Kindheit und Jugend

Einfacher Leute Kind zu sein[10] liest sich in vielen Biographien geradezu wie die Prophezeiung eines großen Lebens: je einfacher die Herkunft, desto ausladender die Lebensspanne! Aufschlussreicher ist wohl die eher nüchterne Feststellung, dass Friedrich Sieburg in eine Familie der Mittelschicht geboren wurde, die im wilhelminischen Kaiserreich „zwischen den Normhorizonten des Bildungs- und des Wirtschaftsbürgertums ihre Prosperitätschance erblickt"[11]. Der Vater war Beamter in der Eisenbahnverwaltung und später, ab 1904, als die Familie vom westfälischen Altena nach Düsseldorf umzieht, leitender Angestellter in einem Stahlwerksverbund, und die Mutter gehörte dem Bildungsbürgertum an; viel mehr ist über sie nicht bekannt, und der Sohn gibt auch wenig über sie preis – dafür um so mehr über den Vater: In einem Brief, den Friedrich Sieburg mit 20 Jahren an seinen fünfzehn Jahre älteren Stiefbruder schrieb, ist die Rede von „ekelerregenden Auftritten" und der „krankhaften Art" des Vaters und von der „schlecht verhüllten Feindschaft zwischen Papa und mir."[12] Und noch 1950 arbeitet sich der Sohn in einem Essay

---

[10] „Er war einfacher Leute Kind" beginnt Klaus Deinet das zweite Kapitel seines Sieburg-Buches (wie Anm. 7), S. 17.
[11] In: Zimmermann 2015 (wie Anm. 8), S. 19.
[12] In: Zimmermann 2015 (wie Anm. 8), S. 20.

unter dem Titel *Der Trost zu altern* an dem seit 20 Jahren verstorbenen Vater ab.

Diese problematische Vaterbeziehung, ja diese mangelnde Anerkennung durch den Vater ist es wohl, die Friedrich Sieburg zeit seines Lebens um Beachtung hat ringen lassen und die jede tatsächliche oder lediglich empfundene Missachtung seiner Person zum Ansporn machte, 'jetzt erst recht' auf sich aufmerksam zu machen. Eine solche Verweigerung von Anerkennung war die Enttäuschung, die der Student während seiner Heidelberger Jahre erfuhr, als er geradezu demütig an Stefan George (1868-1933) die Frage richtet, ob er noch „würdig […] sei, vor diesem großen Antlitz zu weilen und in dieser Luft zu leben."[13] 'Diese Luft', das war der George-Kreis, der sich um den als Führer verehrten Dichter und um die Idee des 'Geheimen Deutschland' geschart hatte – und der einem strengen (Männer-)Orden glich, zu dessen höheren Weihen man nur nach schweren Prüfungen gelangte. Der Heidelberger Student der Philosophie und Geschichte wurde indes für zu leicht befunden, und zwar vom Meister selbst: „Ich habe nie wirklich Vertrauen zu ihm gehabt. Ich habe stets als Grundzüge seines Wesens eine gefährliche Schauspielerhaftigkeit und eine innere Zugehörigkeit zum Vierten Stand erkannt."[14]

Sein ganzes Leben lang hat Sieburg diese (allerdings sorgfältig verschwiegene) Ablehnung beschäftigt, die ihm wie die Vertreibung aus dem Paradies vorgekommen war[15]; es war indes die ihm von George bescheinigte Schauspielerhaftigkeit, die ihn noch nicht sofort, aber bald nach einem weiteren, nicht minder schmerzhaften Initiationserlebnis endlich so etwas wie Erfolg erfahren ließ: Es war der Erste Weltkrieg, der Sieburg zum ersten Mal mit Frankreich in Berührung kommen und so sein Lebensthema entdecken ließ. Aus seinen Briefen aus den Schützengräben im Westen klingt zwar oft der übliche Landserjargon, aber in dessen Zynismus („Und Tote liegen da, prächtige Engländer in schönen praktischen Anzügen zu zehnen auf einem Haufen, und deutsche Infanteristen, viel gestorbener als die Feinde"[16]) mischt sich zunehmend ein expressionistischer Ton („Täglich rührt Gott eisig an unseren Stirnen")[17], den Sieburg in den ersten Nachkriegsjahren beibehalten wird, in denen er nach Abschluss seiner Dissertation (unter dem Titel *Die Grade der lyrischen Formung*) als Journalist für verschiedene Zeitungen arbeitet,

---

[13] Brief Friedrich Sieburgs an Stefan George vom 25.09.1912, in: Aurnhammer, Achim et al. (Hg.): Stefan George und sein Kreis. Ein Handbuch, Berlin/Boston 2016, S. 1645.

[14] In: Salin, Edgar: Um Stefan George. Erinnerung und Zeugnis, Düsseldorf/München 1954, S. 12 ff.

[15] „Zu Heidelberg wäre noch viel zu sagen", schrieb Friedrich Sieburg 1963 (!) an Karl August Horst (1913-1973); „Es war ein klassischer Augenblick, den ich dort erlebte. […] Ich denke heute fast mit Tränen an diese Situationen, die unreproduzierbar sind und kein Deutscher je wieder erleben wird […] Ich versichere Ihnen: es war das Paradies, und wer in ihm verweilt hat, dem kommt die Welt seitdem oft farblos und trocken vor, als sei sie aus Asche gemacht." Horst, Karl August: Innerer Dialog. Friedrich Sieburg wäre achtzig geworden, FAZ vom 19.05.1973."

[16] Brief an Benno Reifenberg (1892-1970) vom 21.02.1915, in: Deinet 2014 (wie Anm. 7), S. 52.

[17] Brief an Benno Reifenberg vom 21. November 1915, in: Deinet 2014 (wie Anm. 7), S. 53.

unter anderem in Kopenhagen – bevor er nach Frankreich zurückkehrt. Seine Tätigkeit ab 1926 als Pariser Korrespondent der Frankfurter Zeitung bezeichnet er im Nachhinein als die „schönsten Jahre".

In Paris – als Journalist und als Schriftsteller

In Paris wird Sieburg „zu einem der meistgefragten deutschen Journalisten"[18], in Paris erlebt und kommentiert er die von den Außenministern Stresemann und Briand ins Werk gesetzte deutsch-französische Wiederannäherung – und hier wird er schließlich in seinem eleganten Appartement an der Place du Panthéon zu jener „Persönlichkeit, sublim und lukullisch, gepflegt und opulent", als die er Gottfried Benn noch 30 Jahre später erschien.[19] Dass zu Sieburgs Pariser Freundeskreis auch Rudolf Leonard und Walter Hasenclever (1890-1940), Walter Mehring (1896-1981) und Kurt Tucholsky (1890-1935) gehörten, zeigt, dass in seinem künftigen Werdegang noch 'alles offen' war: Nichts deutet in den frühen Pariser Jahren auf den künftigen Propagandisten des Nationalsozialismus hin – was nicht zuletzt Tucholskys Lob für Sieburgs wirkmächtiges Frankreich-Buch bestätigt.[20]

In diesen von einem zweijährigen London-Aufenthalt unterbrochenen Jahren entstand eben dieses Buch, mit dem Sieburg noch heute in Deutschland wie in Frankreich am ehesten in Verbindung gebracht wird: *Gott in Frankreich?* Friedrich Sieburgs Stimme hatte umso mehr Gewicht, als er als ausgesprochener Kenner Frankreichs galt: Aus seiner Feder hatte eine Polemik wie die, dass Frankreich eine „Tyrannei der eigenen Auffassung von Zivilisation"[21] betreibe, fatale Folgen für das 'geistige Locarno'[22], dessen Ende Sieburg ja bereits verkündet, um nicht zu sagen: herbeigesehnt hatte. Franz Schonauer (1920-1989) bezeichnet *Gott in Frankreich?* als eine „Laudation auf »La douce France«"[23] – aber gibt es dafür nicht zu viel Häme gegenüber einem Land, das Friedrich Sieburg schätzt, bewundert, genießt – und über das er sich gleichzeitig mokiert? Oder wie soll man die Persiflage auf die *levée en masse* im Kapitel 'Ein Volk in Waffen' verstehen? Und die beißende Ironie über

---

[18] Deinet 2014 (wie Anm. 7), S. 87.
[19] Gottfried Benn in einem Brief an Friedrich Sieburg vom 02.07.1952, in: Benn, Gottfried: Ausgewählte Briefe, Frankfurt/Main 1986, S. 153.
[20] „Sein Buch über Frankreich ist übrigens sehr fleißig und gar nicht übel. Ein paar sehr gute Kapitel sind darin." Kurt Tucholsky in einem Brief vom 02.03.1930 in: ders., Gesamtausgabe Band 19, Reinbek b. Hamburg 2005, S. 205. Zum Bruch mit diesem Freundeskreis vgl. o. Anm. 2.
[21] Sieburg, Friedrich: Es werde Deutschland, Frankfurt/Main 1933, S. 291.
[22] Der Begriff, auch in seiner französischen Version („Locarno intellectuel") geht auf eine Forderung Heinrich Manns während seines Paris-Aufenthalts 1927 zurück; vgl. Bock, Hans Manfred: Kulturelle Wegbereiter politischer Konfliktlösung. Mittler zwischen Deutschland und Frankreich in der ersten Hälfte des 20. Jahrhunderts, Tübingen 2005, S. 365.
[23] Schonauer, Franz: 'Der Schöngeist als Kollaborateur oder: Wer war Friedrich Sieburg?', in: Corino, Karl (Hg.): Intellektuelle im Bann des Nationalsozialismus, Hamburg 1980, S. 112.

französische Bescheidenheit[24] zeugt doch wohl eher von einem sehr ambivalenten Verhältnis zu diesem Land. Friedrich Sieburg hatte sich ja zunächst von Frankreichs ruhmreicher Vergangenheit und imposanter Gegenwart ebenso blenden wie vom französischen *art de vivre* beeindrucken lassen, der einem im Wilhelminismus sozialisierten jungen Deutschen wie eine Befreiung erscheinen musste; darin erging es ihm wie einigen anderen Frankophilen seiner Generation, die sich nach 1918 in deutsch-französischen Jugendbegegnungen des 'Sohlbergkreises' und des 'Deutsch-französischen Studienkomitees' für eine Aussöhnung zwischen beiden Völkern und ein geistiges Locarno engagierten – und die, wie Otto Abetz oder Karl Epting (1905-1979), ab 1933 ganz andere Ideale entdeckten und ab 1940 von einer deutsch-französischen Zusammenarbeit in einem von Nazi-Deutschland beherrschten Europa schwadronierten.

Bei Friedrich Sieburg ist dieser Schwenk von koketter Frankophilie zu düsterraunendem Deutsch-Nationalismus ebenfalls ab 1933 festzustellen: In seinem im Jahr der nationalsozialistischen 'Machtergreifung' erschienenen Buch *Es werde Deutschland* zeichnet er das Bild eines jungen, dynamischen Landes im Aufbruch. Wenn er als Motivation für dieses Buch den „Glauben an mein Volk" nennt und von der „vergehenden liberalen Welt"[25] spricht, begibt er sich in gefährliche Nähe zur NS-Propagandasprache; gleichzeitig aber grenzt sich Friedrich Sieburg, der ja genau zehn Jahre später in Paris sein flammendes Bekenntnis zum Nationalsozialismus ablegen wird, von dessen Rassismus ab und betont, „daß die Rasse nichts mit der Nation zu tun hat und mit ihr in keinen Zusammenhang zu bringen ist."[26] Gleichzeitig schlägt Sieburg, der in Paris genussvoll den Lebensstil der *haute bourgeoisie* imitierte, einen antibürgerlichen Ton an, der ihm zweifellos bei manchem plebejischem Parteigenossen Sympathien einbrachte, in Wirklichkeit aber kaum verhohlen die eigene Zerrissenheit thematisierte.[27] Wer nicht so genau zwischen den Zeilen las, der konnte hinter der Ablehnung des Bürgertums eine Zurückweisung, ja Überwindung dessen entdecken, was ihm noch wenige Jahre zuvor als Leitstern galt: An die Stelle der Bewunderung der französischen Zivilisation trat ab 1933 – fast möchte man sagen: pünktlich – der Stolz darauf, „daß der Versuch, Deutschland durch Versailles tödlich zu schwächen, endgültig mißlungen, ja in das Gegenteil, nämlich eine äußerste deutsche Anspannung mit entsprechenden Großleistungen umgeschlagen sei."[28]

---

[24] „An der Spitze der Zivilisation zu marschieren oder, deutlicher gesagt, diese mit der in Frankreich heimischen Gesittung gleichzusetzen, ist die bescheidenste Forderung der Franzosen." Sieburg, Friedrich: Gott in Frankreich?, Frankfurt/Main 1929, S. 202.
[25] Vgl. F. Sieburgs Tagebucheintrag vom 14.12.1944, in dem er sich auf die Entstehungszeit von *Es werde Deutschland* bezieht (in: Klaus Deinet, a.a.O. S. 249 ff.).
[26] „Zum Prinzip der Rasse greifen heißt sich der Verpflichtung entziehen, die im Wesen der Nation liegt." Sieburg 1933 (wie Anm. 21), S. 275.
[27] In *Es werde Deutschland* mokiert sich Sieburg über die „Genügsamkeit und Selbstzufriedenheit" des französischen Bürgertums und stellt ihm (1933!) die „Dynamik" Deutschlands entgegen (Sieburg 1933, wie Anm. 21, S. 72).
[28] Sieburg 1933 (wie Anm. 21), S. 62.

Sieburgs Lobeshymnen auf deutsche „Großleistungen" ersetzten fortan den bisweilen auch mokanten Ton gegenüber Frankreich, der in *Gott in Frankreich?* auch angeklungen war. Dieser hatte übrigens nicht verhindert, dass Sieburg begeisterte französische Leser fand – allen voran seinen französischen Verleger Bernard Grasset (1881-1955): Sie lasen in Sieburgs vergifteten Lob für das provinzielle Frankreich[29] eine Kritik der französischen III. Republik – die ihnen selbst zuwider war und mit der sie brechen wollten, weshalb viele von ihnen den deutschen Angriff vom Mai 1940 begrüßten und die folgende Kollaboration quasi als logische Folge des Untergangs ihrer Republik und Demokratie betrachteten. Das Staunen über das sich als jugendlich und revolutionär gebende Deutschland der Nationalsozialisten erfasste übrigens nicht nur die französischen Gegner der Republik, sondern auch – und dies gerade im Zeichen der 'seltsamen Niederlage' des Sommers 1940 – einige derer, die dessen ungeachtet keine Sekunde zögerten, Frankreich und seine Republik gegen die deutsche Invasion zu verteidigen.[30]

Dass auch von französischer Seite nicht nur sein Frankreichbuch, sondern auch einzelne Aspekte seiner Hommage an das NS-Regime in *Es werde Deutschland* geteilt wurden, mag Friedrich Sieburg darin bestärkt haben, seine selbstgewählte Aufgabe und Position als Vermittler zwischen Deutschland und Frankreich auch unter den Bedingungen nationalsozialistischer Außenpolitik weiterzuführen. Umso verstörender muss es auf ihn gewirkt haben, dass dieses Buch, das wohl in erster Linie als ein Nachhall seines Kontaktes mit dem George-Kreis und den Ideen von einem 'Geheimen Deutschland' gesehen werden muss, von der nationalsozialistischen Zensur verboten wurde – wohl wegen der oben zitierten Passage zum Begriff der Rasse im Kontext von 'Stamm und Nation'.

Zwischen Opportunismus und (sehr) versteckter Regimekritik – die Robespierre-Biographie von 1935

Es ist wahrscheinlich diese erste persönliche Erfahrung mit dem autoritären Regime, die Friedrich Sieburg bewogen hat, nun auf vorsichtige Distanz zu den Machthabern zu gehen und statt des politischen Essays das Genre der Biographie zu wählen: „Der gefährlichste Mensch ist derjenige, der nur eine einzige Idee hat. Robespierre ist ein solcher Mensch", heißt es in seiner Robespierre-Biographie,[31] aber dass mit der Porträtierung des Protagonisten der Schreckensherrschaft von 1794 ein anderer gemeint war, konnte schon damals

---

[29] Vgl. das Kapitel 'Provinz Paris' in Sieburg 1933 (wie Anm. 21), S. 117 ff.
[30] So schreibt der von den Deutschen 1944 ermordete Historiker Marc Bloch (1886-1944) in seinem Buch *Die seltsame Niederlage* von 1940: „Was aber in uns besiegt wurde, und das müssen wir den Mut haben uns einzugestehen, ist just unsere geliebte Kleinstadt. [...] Genau das ist es, was gegenüber der berühmten „Dynamik" eines geschäftigen Deutschland unter die Räder gekommen ist. Wir müssen unser altes Erbe den Erfordernissen einer neuen Ära anpassen." Bloch, Marc: Die seltsame Niederlage: Frankreich 1940. Der Historiker als Zeuge, S. Fischer Verlag 1992, S. 204; das Buch erschien 1990 in den Éditions Gallimard unter dem Titel *L'étrange défaite. Témoignage écrit en 1940*.
[31] Hier und im Folgenden wird zitiert aus der 1958 in der Deutschen Verlagsanstalt (Stuttgart) erschienenen Ausgabe der Robespierre-Biographie Friedrich Sieburgs; hier S. 121.

denen klar sein, die zwischen den Zeilen zu lesen wussten.[32] Sieburg begab sich somit in vorsichtige Opposition – quasi in eine Opposition, die nur wenige merken sollten!

Sieburgs biographische Beschäftigung mit dem *spiritus rector* von Terror und Guillotine bietet ihm die Möglichkeit, seine bereits seit 1933 erprobte Technik der Zweigleisigkeit zu perfektionieren – die ihm mithin in der Zukunft noch sehr nützlich sein sollte. Seine publizistische Tätigkeit in der 'Frankfurter Zeitung' nutzt er, um Hitlers angeblichen Friedenswillen zu preisen, der am 21. Mai 1935 davon gesprochen hatte, dass Deutschland auf das Elsaß und Lothringen möglicherweise verzichten werde. Hitler habe durch seine „Wendungen, mit denen er den Frieden gefeiert und den Krieg verdammte, an das Herz des Volkes – auch in Frankreich – gerührt",[33] kommentierte Sieburg, und zwei Jahre später, anlässlich der Pariser Weltausstellung, liest man aus seiner Feder über den deutschen Pavillon, dieser sei „von unserem Volk und seinem Führer als Symbol der Arbeit in Frieden, Freiheit und Ehre entworfen"[34] worden. Gleichzeitig arbeitet Sieburg an seiner Robespierre-Biographie, die ihm offensichtlich dazu dient auszuloten, inwiefern die kritische Betrachtung eines Gewaltherrschers auf das zeitgenössische Regimes bezogen werden kann, ohne dass der Verfasser 'aus der Deckung kommen' muss. Die Deckung: Das sind die hymnischen Artikel über den Friedenskanzler Hitler und der von Sieburg übernommene Parteijargon, mit dem er es der NS-Propaganda 'recht machen' wollte – eine Reflexion dieser opportunistisch-anbiedernden Selbstverleugnung findet dann in der Verfremdung der revolutionären Verhältnisse im Paris der Revolution statt: „Es ist schwer, es dem Unbestechlichen recht zu machen [...] Lobt man Robespierre, ist man ein Schmeichler, tadelt man ihn, so ist man ein Verschwörer gegen das Vaterland. Auf der ganzen Welt gibt es kein Mittel, ihn zufriedenzustellen und sein immer waches Misstrauen zu entwaffnen, außer dem einen und letzten, sich hinrichten zu lassen."[35] Und auch Sieburgs Gegenüberstellung von Frankreich und Deutschland, wie er sie wenige Jahre zuvor unverblümt und letztlich mit klarer Parteinahme für das 'neue Deutschland' in *Es werde Deutschland* geäußert hatte, wird jetzt, wo das Regime auf brutale Weise jegliches Abweichen von der Parteilinie verfolgt, nur noch verschlüsselt möglich: Ist nicht sein Bedauern für die 'armen Robespierre-Menschen' letztlich Ausdruck der Einsicht darin, worauf sich Deutschland und die Deutschen mit Hitler eingelassen haben? Ist nicht das Lob der „glücklichen Danton-Menschen"[36] ein Bekenntnis zur *douce France*, für die er bis dato nur herablassenden Spott übrig hatte?

---

[32] „Robespierre ist heute innerhalb des Machtbereichs der Reichskulturkammer als literarisches Thema große Mode, weil das Thema Hitler noch nicht frei ist", kommentierte Ernst Jünger (1895-1998) 1936 in der Zeitschrift 'Das Neue Tagebuch', vgl. NTB 4(1936), S. 215.
[33] Zimmermann 2015 (wie Anm. 8), S. 208.
[34] Zimmermann 2015 (wie Anm. 8), S. 222.
[35] Sieburg 1958 (wie Anm. 31), S. 87.
[36] Sieburg 1958 (wie Anm. 31), S. 94.

Sieburg perfektioniert immer mehr sein Doppelleben: In der Öffentlichkeit ist er der mondäne Star der deutschen Auslandspresse, der sich ungeniert immer mehr zum verlängerten Arm des Reichspropagandaministeriums macht – in Wirklichkeit lebt er zunehmend im Zustand „exaltierter Verzweiflung": Diese Formulierung geht auf Carl Zuckmayer (1896-1977) zurück, der Friedrich Sieburg Ende 1938 in Paris traf und dessen Schilderung dieses zwiespältigen Menschen ausführlich zitiert zu werden lohnt, zeigt sie doch den zutiefst zerrissenen Charakter Sieburgs, der mit dem Begriff Opportunismus nur annähernd beschrieben ist: „Im Dezember des Jahres 1938 fand der bekannte Besuch des Herrn von Ribbentrop in Paris statt, bei dem ein langfristiger 'Freundschaftspakt' zwischen Deutschland und Frankreich abgeschlossen und wieder einmal 'peace for our time' verkündet wurde. In der Nacht nach dem offiziellen Empfang der deutschen Delegation durch die französische Regierung, bei dem der Pakt gefeiert wurde und Freundschaftsreden gehalten, traf ich mit Sieburg in einem Pariser Café zusammen, wir sassen allein in einer unbelauschten Ecke und tranken Cognac. Sieburg, der noch im Frack war – unmittelbar von dem Regierungsempfang kommend, über den er für die nächste Ausgabe der Frankfurter zu schreiben hatte, – befand sich in einem Zustand von exaltierter Verzweiflung wie ich ihn nie gesehen hatte. 'Man sollte sich umbringen, bevor man umgebracht wird – man sollte sich totsaufen – Morphium nehmen – wozu lebt man noch hier.' – Er schilderte mir mit einem ungeheuren Ausbruch von Ekel und Scham und Abscheu die Atmosphäre dieses 'Verbrüderungs'Empfangs [...] 'C'est la guerre', murmelte er immer wieder – 'C'est la guerre'. Nie habe ich eine so ab-gründige, diabolische, und begabt er-zählte Darstellung der Vorverhängnisse dieses Kriegs und seiner Schrittmacher erlebt. [...] Tatsächlich habe ich ihn nie wiedergesehen. Aber am übernächsten Tag kaufte ich mir an der Etoile die Frankfurter Zeitung – und las das Ergebnis dieser Nacht. Ein Leitartikel, in dem die deutsch-französische Verbrüderung in den glühendsten Farben gepriesen und als 'endgültig' bezeichnet wurde."[37]

„Tatsächlich habe ich ihn nie wiedergesehen"– Es gibt ein Photo aus dem Jahr 1955, das ihn – Zuckmayer – gemeinsam mit Theodor Heuss (1884-1963) und Friedrich Sieburg auf einem Empfang in Bonn zeigt: Die Herren in Fliege und schwarzem Dreiteiler amüsieren sich offenbar prächtig.[38] Zehn Jahre nach dem Kriegsende war Sieburg längst im Kreise derer angekommen, die im kulturellen Leben der Bundesrepublik Rang und Namen hatten, und liest man vor diesem Hintergrund die Äußerungen Sieburgs aus einem Gespräch, das er 1963 mit dem Journalisten Hans Daiber (1927-2013) führte, zeigt sich eine gewisse Kontinuität der Selbstverleugnung – allerdings wird diese offenbar keinesfalls

---

[37] Zuckmayer, Carl: Geheimreport, hg. von Gunther Nickel und Johanna Schön, München 2004, S. 85 f; dieses Buch beinhaltet Aufzeichnungen über deutsche Schriftsteller und Publizisten, die Zuckmayer in den Jahren 1943 und1944 für den amerikanischen Geheimdienst 'Office of Strategic Services' verfasste.
[38] https://www.welt.de/kultur/literarischewelt/article147473948/Der-letzte-konservative-Literaturpapst.html.

reflektiert, denn der Intellektuelle Sieburg projiziert sein eigenes zwiespältiges Verhalten während seiner Pariser Jahre auf das Nachkriegsdeutschland, für das er nicht viel mehr als überhebliche Geringschätzung empfindet: „So lebe ich nun [1963; C.K.] in Deutschland, in einem Lande, das unter einer derartigen Selbstverleugnung leidet, daß man praktisch nicht mehr atmen kann."[39] Die Selbstverleugnung, die ihm das NS-Regime abverlangt hatte, hatte ihm indes offenbar genug Luft zum Atmen gelassen, um „den Völkerbund, den angelsächsischen Kapitalismus, das Evangelium der Volksfront, die jüdischen, kommunistischen, freimaurerischen Kräfte" als die eigentlichen Feinde Frankreichs auszumachen;[40] wie eine ganze Generation litt Sieburg offenbar unter einer kollektiven Amnesie, welche nach 1945 die persönlichen Verstrickungen in die Verbrechen des Nationalsozialismus als *quantité négligeable* abtat. Waren diese Verstrickungen etwa deshalb, weil sie 'nur' rhetorischer Art waren, weniger schwerwiegend? So sah und sieht es mancher Zeitgenosse.

Nachleben: Friedrich Sieburgs Verstrickungen im Urteil mancher Zeitgenossen

In seinen 'zweiten Pariser Jahren', als er sich nicht mehr als Korrespondent der liberalen Frankfurter Zeitung, sondern „[i]n Ottos Gefolge"[41] in Paris aufhielt, machte Friedrich Sieburg keinen Hehl aus seiner Zustimmung zum Nationalsozialismus, wie die eingangs zitierte Wendung unmissverständlich zeigt. Kurz nach Sieburgs Tod wurde auch von kritischen Geistern selbst ein so eindeutiges Bekenntnis zu einer Diktatur, die ihr wahres Gesicht – kriegerische Aggression verbunden mit dem Völkermord nicht nur an den Juden – längst gezeigt hatte, beschwichtigend relativiert: „Es ist klar, daß Sieburg kein harter Nazi gewesen ist", urteilte Hans Daiber 1967[42] und erläuterte: „Er war kein Wolf, er war ein Fuchs, der manchmal mit den Wölfen geheult hat". Mit den Wölfen geheult zu haben galt also in den 1960er Jahren als eine Art Kavaliersdelikt, und sich angesichts der eigenen Verstrickungen – und seien sie auch 'nur' rhetorisch gewesen – zu rechtfertigen, galt als 'unter der Würde' derer, die es geschafft hatten, nach kurzer Karenz eine neue wichtige Rolle in der öffentlichen Meinungsbildung zu spielen.[43] So erklärt sich wohl, dass erst anlässlich des 100. Geburtstags Friedrich Sieburgs kritische Würdigungen dieses zweifellos begnadeten Stilisten und Journalisten erschienen,[44] die eben nicht dieses sprachliche

---

[39] Daiber, Hans: Vor Deutschland wird gewarnt. 17 exemplarische Lebensläufe, Gütersloh 1967, S. 154 f.
[40] Sieburg 1941 (wie Anm. 1).
[41] So lautet die entsprechende Kapitelüberschrift in Klaus Deinets Sieburg-Biographie 2014 über die Jahre 1940-1943 (vgl. Anm. 7); mit Otto ist Otto Abetz gemeint.
[42] Vgl. Deinet 1967 (wie Anm. 39), S. 151.
[43] „Soviel ich weiß, hat Sieburg nie auf politische Vorwürfe geantwortet. Er fand es unter seiner Würde, sich zu `rechtfertigen´." Daiber 1967 (wie Anm. 39), S. 152.
[44] Stellvertretend genannt sei hier folgende Studie von Tilmann Krause: Mit Frankreich gegen das deutsche Sonderbewusstsein: Friedrich Sieburgs Wege und Wandlungen in diesem Jahrhundert, Akademie-Verlag, Berlin 1993. vgl. bereits zehn Jahre zuvor Harpprecht, Klaus (Hg.): Friedrich Sieburg – Abmarsch in die Barbarei. Gedanken über Deutschland, Stuttgart 1983.

Talent gegen die ebenso unbezweifelbaren Verstrickungen aufwogen und Letztere angesichts des Ersteren relativierten.

Sieburgs Anbiederungen an das Regime sind womöglich erklärbar – als Ausdruck seines Opportunismus; aber 1941 dem Nationalsozialismus gehuldigt zu haben, um nach dem Untergang des Regimes das Schicksal der von Deutschen ermordeten Juden auf eben diese Deutschen zu beziehen und keine fünf Jahre nach dem Untergang des Nationalsozialismus, Goethe zitierend und verfälschend, zu schreiben: „Verpflanzt und zerstreut in alle Welt müssen die Deutschen werden, um die Masse des Guten ganz und zum Heile aller Nationen zu entwickeln, die in ihnen liegt"[45] – dies zeugt von einer Unverfrorenheit, die viel über Friedrich Sieburg aussagt und über seine Unfähigkeit, der Wahrheit ins Auge zu sehen. Dies teilte er mit vielen seiner Generation, die als opportunistische Trittbrettfahrer mitgemacht hatten und viel zu lange als sogenannte Mitläufer verharmlost wurden. Dies sollte nicht aus dem Blickwinkel geraten, wenn Friedrich Sieburg 50 Jahre nach seinem Tod als Zeuge seines Jahrhunderts aufgerufen wird, „für das er eigentlich nicht gemacht war" (Klaus Deinet) und – durchaus zurecht! - als „Ästhet und Provokateur" (Harro Zimmermann) charakterisiert wird.

---

[45] Friedrich Sieburg in: 'Die Gegenwart' vom 01.09.1949; vgl. Harpprecht,1983 (wie Anm. 44), S. 189; in einem Gespräch mit Friedrich Müller am 14.12.1808 hatte Goethe geäußert: „Verpflanzt und zerstreut wie die Juden in alle Welt müssen die Deutschen werden, um die Masse des Guten ganz und zum Heile aller Nationen zu entwickeln, die in ihnen liegt." vgl. Borchmeyer, Dieter: Was ist deutsch? Die Suche einer Nation nach sich selbst, Berlin 2017, S. 354.

Astrid Gehrig
Ewald Sternagel: „Ein im auswärtigen Einsatz ganz vorzüglicher Polizeioffizier"

* 19. Februar 1898 in Kalthof/Königsberg
† 1. Dezember 1975 in Kaiserslautern

1920 Schutzpolizei, 1932 NSDAP, 1940 Major der Schutzpolizei, 1940 Kommandeur des Polizeibataillons 22, 1942 Kommandant I. Bataillon des Polizeiregiments 22, 1943 Leiter des Einsatzstabs von SS- und Polizeiführer Jürgen Stroop bei der Liquidierung des Warschauer Ghettos, 1943 Leiter Einsatzstab „Bandenbekämpfung" in drei „Schutzgebieten" des Distrikts Radom, 1944 Kommandeur II. Bataillon des Polizei-Freiwilligen-Regiments 5 „Kroatien", 1950 als „Entlasteter" entnazifiziert

„Ich schloß mich der nationalsozialistischen Partei Ende 1932 an, weil ich der Überzeugung war, daß nur mit Hilfe dieser Partei die (sic!) Masse der deutschen Bevölkerung die Möglichkeit gegeben wurde, den Menschen wieder Arbeit und Brot zu geben", begründete Ewald Sternagel 1969 gegenüber der Staatsanwaltschaft Hamburg seinen Parteieintritt. Diese Rechtfertigung entsprach einem Stereotyp, mit der Angeklagte und Zeugen gegenüber Ermittlungsbehörden und Spruchkammern versuchten, ihren Eintritt für die NSDAP zu begründen. Die wirtschaftliche Notlage Deutschlands vor Augen, war für Sternagel einzig die NSDAP in der Lage, Abhilfe zu schaffen.[1] Im Jahr des Parteieintritts war der 1898 geborene Sternagel 34 Jahre alt und bildete an der Polizeischule in Brandenburg/Havel Polizeianwärter aus. Als Polizeibeamter auf Lebenszeit musste zumindest er sich keine Sorgen um Arbeitsplatz und Lebensunterhalt machen.[2] Ein individuelles Motiv für seinen Parteieintritt lieferte Sternagel nicht. Bei der Vernehmung 1969 sind zwar durchaus (eventuell taktisch motivierte) Tendenzen der Distanzierung zum Nationalsozialismus erkennbar,[3] bemerkenswert aber ist, dass er von der

---

[1] Zu den stereotypen Verteidigungsmustern der Angeklagten vor den Spruchkammern: Niethammer, Lutz: Die Mitläuferfabrik. Die Entnazifizierung am Beispiel Bayerns, Berlin/Bonn 1982, S. 610.
[2] Sternagels Vereidigung auf die Preußische (21.07.) und die Reichsverfassung (09.09.) erfolgte bei der Schutzpolizei Erfurt im Jahr 1921. BArch Berlin R 19/689.
[3] Vieles von dem, was die Partei in der Zeit vor der „Machtergreifung" versprochen und als besonders wichtig herausgestellt hätte, sei nach 1933 „nicht mehr durchgeführt" worden. Deshalb wäre er der NSDAP zu einem späteren Zeitpunkt nicht mehr beigetreten (Vernehmung Sternagels durch die Staatsanwaltschaft Hamburg, 03.07.1969. BArch Ludwigsburg B 162/16036). Dies war jedoch eine reine

antisemitischen Grundhaltung, die in großen Teilen der deutschen Bevölkerung des Deutschen Reiches während der NS-Zeit vorherrschte, nicht abrückte. Dass den Juden in Deutschland ab 1933 Schritt für Schritt grundlegende Rechte entzogen und sie etwa aus dem Berufs- und Geschäftsleben verdrängt wurden, fand auch noch 1969 Sternhagels Zustimmung. „Ich bin auch heute noch der Ansicht, daß der jüdische Anteil in bestimmten Berufsgruppen in der damaligen Zeit zu groß und beherrschend war. Deshalb hielt ich die nationalsozialistischen Maßnahmen zur Eindämmung dieses Einflusses, etwa die Förderung der jüdischen Auswanderung, für gerechtfertigt." Die „offensichtlich verbrecherischen Maßnahmen, die sich gegen das Leben der jüdischen Menschen richteten", habe er hingegen bereits damals abgelehnt, wie er in der Vernehmung betonte. Von „Judenvernichtungsmaßnahmen" will er erstmalig in Riga/Lettland erfahren haben.[4]

Sternagel war während des Nationalsozialismus Teil der grün uniformierten Ordnungspolizei, die vom Ordnungsamt des Kurt Daluege (1897-1946) geführt wurde und seit 1936 Himmler als Reichsführer SS und Chef der Deutschen Polizei unterstand. Trotz einer Vielzahl von eindeutigen Spuren blieb die Tätergruppe der Ordnungspolizisten lange übersehen. Erst die Ergebnisse der Holocaust-Forscher Christopher R. Browning (* 1944) und Konrad Kwiet (* 1941) in den 1990er Jahren beendeten diese Nichtbeachtung. Die Verwicklung der „grünen" Polizei in den Holocaust haben seitdem etliche Untersuchungen zu einzelnen Polizeibataillonen belegt. Der Trend hin zum „Fußvolk der Endlösung"[5] und damit zu den Direkttätern - im Unterschied zu den „Weltanschauungseliten" im Reichssicherheitshauptamt, den Schreibtischtätern und Funktionseliten, aber auch im Unterschied zu den Kerntruppen des NS-Vernichtungsapparates und Befehlshabern der „Endlösung" wie KZ-Kommandeuren, Einsatzgruppenchefs, HSSPF und SSPF - bedeutet, dass sich der Blick der Holocaust-For-

---

Schutzbehauptung. Mit dem sogenannten Berufsbeamtengesetz (BBG) hatte sich das NS-Regime bereits Anfang April 1933 ein Instrument für die pseudo-legale Säuberung der Verwaltungen von politisch missliebigen Beamten geschaffen. Als Nicht-Pg. hätte er zu gegenwärtigen gehabt, dass sich die verschiedenen Bestimmungen des nationalsozialistischen Säuberungsgesetzes auch auf ihn hätten anwenden lassen. Vgl. Gesetz zur Wiederherstellung des Berufsbeamtentums vom 07.04.1933, RGBl. I, S. 175 f. Entwürfe und eingehende Entstehungsgeschichte bei Hans Mommsen: Beamtenpolitik im Dritten Reich. Mit ausgewählten Quellen zur nationalsozialistischen Beamtenpolitik, Stuttgart 1966. - Mit dem Parteieintritt hatte er einer Entlassung vorgebeugt. Im Fragebogen zur Durchführung des BBG konnte Sternagel vermerken, dass er seit 1920 Beamter war, eine arische Abstammung bis in die Generation der Großeltern nachweisen konnte, im Ersten Weltkrieg „an der Front für das Deutsche Reich" gekämpft hatte und Mitglied der NSDAP war. Fragebogen, eingegangen beim Personalamt der Schutzpolizei am 09.08.1933. BArch Berlin R 19/689.
[4] Vernehmung Sternagels durch die Staatsanwaltschaft Hamburg, 03.07.1969. BArch Ludwigsburg B 162/16036.
[5] Mallmann, Klaus-Michael: Vom Fußvolk der „Endlösung". Ordnungspolizei, Ostkrieg und Judenmord, in: Tel Aviver Jahrbuch für deutsche Geschichte XXVI (1997), S. 355-391.

schung auf die Masse der „gewöhnlichen" Täter in den Polizeibataillonen richtete.[6] Sternagel war ab 1940 als Kommandeur eines Polizeibataillons in den besetzten Ostgebieten. Außerdem hatte er als Chef des Einsatzstabes von SSPF Jürgen Stroop (1895-1952) bei der Liquidierung des Warschauer Ghettos im April/Mai 1943 eine Schlüsselrolle inne, und mit der Gesamtführung aller Polizeikräfte in den drei (durch Partisanentätigkeit besonders gefährdeten) Schutzgebieten im Distrikt Radom im Generalgouvernement oblag ihm ab August 1943 eine weitere Führungsaufgabe. Er gehörte sicherlich nicht zum „Fußvolk", aber auch nicht zur obersten Kommandoebene der Polizei - wie der Befehlshaber (BdO) und Kommandeure der Ordnungspolizei (KdO), der SS- und Polizeiführer (SSPF) und Höheren SS- und Polizeiführer (HSSPF) -, war aber als Bataillonskommandeur und Chef von zwei Einsatzstäben in verantwortungsvoller Position für die operative Planung zuständig.

Laufbahnpolizist aus der Weimarer Republik

Sternagel wurde am 19. Februar 1898 als Sohn eines Architekten („Garnison-Neubaumeister") in Kalthof bei Königsberg geboren. Bis Ostern 1916 war er Schüler des Realgymnasiums in Gera, das er mit der Untersekunda und einer zusätzlichen Prüfung, die den Zugang in die Obersekunda beinhaltete (Reife für Obersekunda), abschloss. Der junge Mann verließ die Schule also ohne Abitur.[7] Nach wenigen Monaten als Volontär in einer Maschinenfabrik in Gera-Diebschwitz wurde er im November 1916 zum Infanterie-Regiment 96 eingezogen. Bis November 1918 kämpfte Sternagel in Frankreich und wurde am 28. Januar 1919 im Rang eines Vizefeldwebels entlassen. Zuvor war er im Sommer 1918 „wegen Tapferkeit vor dem Feinde" mit dem Eisernen Kreuz II. Klasse ausgezeichnet und zum Offiziersanwärter ernannt worden.[8] Dies bedeutete, dass er ab September einen Offiziersaspiranten-Lehrgang im „Warthelager" besuchte, den er aber nicht mehr abschließen konnte. Jäh beenden das Kriegsende und der Waffenstillstand im November Sternagels Träume von einer Beförderung

---

[6] Browning, Christopher R.: Ganz normale Männer. Das Reserve-Polizeibataillon 101 und die „Endlösung" in Polen, Hamburg 1993; Kwiet, Konrad: Auftakt zum Holocaust. Ein Polizeibataillon im Osteinsatz, in: Benz, Wolfgang u.a. (Hg.): Der Nationalsozialismus. Studien zur Ideologie und Herrschaft, Frankfurt/Main 1993, S. 191-208; Goldhagen, Daniel Jonah: Hitlers willige Vollstrecker. Ganz gewöhnliche Deutsche und der Holocaust, Berlin 1996; Angrick, Andrej u.a.: „Da hätte man schon ein Tagebuch führen müssen". Das Polizeibataillon 322 und die Judenmorde im Bereich der Heeresgruppe Mitte während des Sommers und Herbstes 1941, in: Grabitz, Helge u.a. (Hg.): Die Normalität des Verbrechens. Bilanz und Perspektiven der Forschung zu den nationalsozialistischen Gewaltverbrechen. Festschrift für Wolfgang Scheffler zum 65. Geburtstag, Berlin 1994, S. 325-385. Ein guter Überblick über den Forschungsstand bei: Paul, Gerhard: Von Psychopathen, Technokraten des Terrors und ganz gewöhnlichen Deutschen. Die Täter der Shoah im Spiegel der Forschung, in ders. (Hg.): Die Täter der Shoah. Fanatische Nationalsozialisten oder ganz normale Deutsche? Göttingen 2002, S. 13-90, sowie Mallmann 1997 (wie Anm. 5) und Matthäus, Jürgen: What about the „Ordinary Men"? The German Order Police and the Holocaust in the Occupied Soviet Union, in: Holocaust and Genocide Studies 10 (1996), S. 135-150.
[7] Vermerk des Reichsministers des Inneren vom 25.04.1940 in Zusammenhang mit der Beförderung Sternagels in die Planstelle eines Majors. BArch Berlin ZM 1429 A. 13.
[8] Vorlagezettel Hauptamt Ordnungspolizei November 1944. BArch Berlin R 19/689.

zum Leutnant der Reserve. Der 21-jährige Sternagel kehrte nach Gera zurück und meldete sich nur wenige Tage nach seiner Entlassung aus dem Militär als Freiwilliger beim Hessisch-Thüringischen Waldeckschen Freikorps.[9] Dieser Freiwilligenverband wurde u.a. zum Schutz der Nationalversammlung in Weimar eingesetzt, er war an der „Bekämpfung der Räterepublik Eisner" in München beteiligt und sollte an Ostern 1919 gegen die Blaue Armee (Haller Armee) an der deutsch-polnischen Grenze („Grenzschutz Ost") in Position gehen. Da dieser Einsatz abgesagt wurde, beorderte man das bereits nach Oberschlesien verlegte Korps zurück nach München. Als es gemäß der Bestimmungen des Versailler Vertrages im Sommer aufgelöst wurde, kam Ewald Sternagel bei der konsequent gegenrevolutionären Marine-Brigade Ehrhardt unter. Der Befehl an diese Brigade, die Reichshauptstadt zu besetzen, löste den sogenannten Kapp-Lüttwitz-Putsch (März 1920) aus. Die Flucht der Reichsregierung, der sofort ausgerufene Generalstreik und die Verweigerung von Beamtenschaft und Reichswehr ließen den Umsturzversuch schon nach wenigen Tagen zusammenbrechen.[10] Sternagel war auch hier dabei.[11]

Nach der definitiven Auflösung der Brigade am 31. Mai 1920 wurde Sternagel in den Polizeidienst übernommen.[12] Für ihn wie für viele andere Männer, denen die militärische Laufbahn durch die drastische Reduzierung der Armee versperrt war, bot sich der Polizeidienst als Alternative. Als Polizeiwachtmeister trat

---

[9] Diese bewaffneten Freiwilligenverbände außerhalb des Heeres bestanden größtenteils aus demobilisierten Soldaten. Die Freikorps sollten nach dem Reichsgesetz über die Volkswehr vom 12.12.1918 Sicherheit und Ordnung gewährleisten und etablierten sich rasch als innenpolitischer Machtfaktor. So hatten sie wesentlichen Anteil an der Niederschlagung der Spartakisten in Berlin (Januar 1919) und der Räterepublik in München (Mai 1919), kämpften aber auch im sogenannten Grenzschutz Ost und im Ruhrgebiet. Nach den Bestimmungen des Versailler Vertrags mussten im Sommer 1919 alle Freikorps aufgelöst werden; einige Kontingente wurden daraufhin in die vorläufige Reichswehr überführt, die übrigen gingen bis Mitte 1920 in legale, halblegale und illegale paramilitärische Verbände über. Vgl. Rüdiger Bergien: Republikschützer oder Terroristen? Die Freikorpsbewegung in Deutschland nach dem Ersten Weltkrieg. In: Militärgeschichte, Heft 3/2008, S. 14-17.

[10] Dieses Freikorps hatte entscheidenden Anteil an der Niederschlagung der Münchner Räterepublik und befand sich im Sommer 1919 im Rahmen des „Grenzschutzes Ost" ebenfalls in Oberschlesien. Ob es außer Sternagel noch weitere Soldaten gegeben hat, die von dem Hessisch-thüringischen Waldeckschen Freikorps kommend bei der Brigade Ehrhardt unterkamen, muss offen bleiben. Zur Marine-Brigade: https://www.historisches-lexikon-bayerns.de/Lexikon/Brigade_Ehrhardt,_1919/20 (Zugriff: 13.09.2018). Als Blaue oder Haller Armee wurden die polnischen Streitkräfte bezeichnet, die während des Ersten Weltkrieges im Juni 1917 in Frankreich gebildet wurden und auf Seiten der Entente kämpften. Vgl: Reder, Eva: Haller-Armee, in: Benz, Wolfgang (Hg.): Handbuch des Antisemitismus. Judenfeindschaft in Geschichte und Gegenwart, Band 5: Organisationen, Institutionen, Bewegungen, Berlin/Boston 2012, S. 299-301.

[11] Gesuch Sternagels um Neufestsetzung des Besoldungsdienstalters, 05.03.1937. BArch Berlin ZM 1429 A. 13.

[12] Ein Personalbogen der Polizei Suhl aus dem Jahr 1928 datiert das Ende von Sternagels Militärzeit richtig auf den 31.05.1920, dem Tag also, an dem die Marine-Brigade offiziell aufgelöst war. BArch Berlin R 19/689.

er am 5. Juni 1920 in den Dienst der Schutzpolizei Erfurt.[13] Sternagel war aufgrund seiner Front- und paramilitärischen Erfahrung sofort als Wachtmeister (und damit im mittleren Beamtendienst mit all seinen Aufstiegsmöglichkeiten) eingestellt worden. Das reguläre Ausbildungsprogramm für angehende Wachtmeister in einer preußischen Provinz hingegen hätte einen einjährigen Lehrgang vorgesehen, der an einer der neu von 1920 bis 1926 errichteten Polizeischulen zu absolvieren war. Sternagel konnte diesen ersten Abschnitt überspringen. Anschließend galt aber auch für ihn das preußische Ausbildungsprogramm für Schutzpolizisten.[14] Das eigentliche Karrieresprungbrett war ein einjähriger Polizei-Offiziersanwärter-Lehrgang an der zentralen Höheren Polizeischule in Preußen, an dem Sternagel 1926/27 teilnahm.[15] Sternagel wurde als „offener, klarer Kopf von leichter Auffassungsfähigkeit" beschrieben, dem sein Vorgesetzter bescheinigte, „ diensteifrig" zu sein und „immer bestrebt, besseres (!) zu leisten".[16] Trotz dieser Vorschusslorbeeren waren Sternagels Leistungen in den meisten Fächern nur „genügend", das Gesamturteil lautete „genügend veranlagt". Bei insgesamt 83 erfolgreichen Teilnehmern landete er auf Position 68. Wichtiger als Noten und Platzierung war für den „diensteifrigen" Erfurter Polizisten indes etwas anderes. Mit der bestandenen Prüfung wurde er zur Beförderung zum Polizeileutnant „für würdig" befunden.[17] Im April 1928 erfolgte die Beförderung zum Leutnant, zwei Jahre später die zum Oberleutnant.[18]

Eingesetzt wurde er zunächst im Bereitschaftsdienst und anschließend in der Revierpolizei. Stationen waren Suhl (1926) und Berlin/Prenzlauer Berg (1929), wobei ihm „ruhiges, sicheres Auftreten und ausreichend entschlusskräftiges

---

[13] Sternagel selber sprach von einem Eintritt in die „Schutzpolizei". Diese Formationen wurden Ende 1919 in den meisten deutschen Ländern aufgestellt und waren Mitte 1920 einsatzbereit. Sie waren als paramilitärische Polizeitruppe geplant und größtenteils vom Reich finanziert. Vor allem wegen französischer Proteste wurden diese Polizeitruppen noch im selben Jahr wieder aufgelöst und u.a. in Preußen, Sachsen und Württemberg mit den Schutzmannschaften zur Schutzpolizei zusammengeführt. So ist zu erklären, dass im Schreiben der Schutzpolizei Erfurt, mit dem Sternagel zur Teilnahme an einem Offiziersanwärter-Lehrgang vorgeschlagen wurde, der Eintritt in die staatliche Schutzpolizei auf den 07.10.1920 datiert wird. Siehe: Gesuch Sternagels zur Neufestsetzung des Besoldungsdienstalters vom 05.03.1937. BArch Berlin ZM 1429 A. 13; Vorschlag Offiziersanwärter-Lehrgang vom 12.03.1926. BArch Berlin R 19/689.

[14] Zum Schul- und Ausbildungswesen bei der Polizei vor 1933: Harten, Hans-Christian: Die weltanschauliche Schulung der Polizei im Nationalsozialismus, Paderborn u.a. 2018, S. 26-39. Um zum Oberwachtmeister aufzusteigen, war wiederum ein Lehrgang vorgesehen, den Sternagel an der Polizeischule Berg nach vier Monaten im Mai 1925 erfolgreich abschloss. Die Beförderung folgte auf dem Fuße. Personalbogen Schutzpolizei Suhl, 15.12.1928. BArch Berlin R 19/689.

[15] Der Lehrgang war zweigeteilt. Dem eigentlichen zehnmonatigen Offizierslehrgang an der Höheren Preußischen Polizeischule Eiche (bei Potsdam) war ein zwei- bis dreimonatiger Lehrgang an der Preußischen Polizeischule für Leibesübungen in Spandau vorgeschaltet. Vgl. Sternagels Zeugnisse der beiden Schulen. Ebd.

[16] Vorschlag über die Teilnahme an einem Pol.-Offiziersanwärter-Lehrgang, 12.03.1926. BArch Berlin R 19/689.

[17] Zeugnis der Preußischen Höheren Polizeischule Eiche vom 25.09.1927. Ebd.

[18] Vorschlag zur Ernennung des Hauptmanns der Schutzpolizei Sternagel zum Major, 27.05.1940. BArch Berlin ZM 1429 A. 13.

Handeln" attestiert wurden.[19] Ein weiterer Lehrgang 1931 an der Polizeischule für Leibesübungen in Spandau qualifizierte ihn zum Übungsleiter.[20] Seine nächsten beruflichen Stationen waren die Polizeischule Brandenburg, wo der inzwischen 33-Jährige von Januar 1931 bis Juni 1934 als Ausbildungsoffizier (Sport) tätig war, sowie anschließend bis 1937 bei der Revierpolizei in Kassel, wo er rasch zum „Vorsteher eines Außenreviers" avancierte.[21]

Insgesamt fallen die dienstlichen Beurteilungen Sternagels gemischt aus. Während sein Fachwissen als eher durchschnittlich beschrieben wird, werden sein taktvolles Auftreten seinen Vorgesetzten gegenüber und sein bestimmtes und ruhiges Auftreten gegenüber der Bevölkerung gelobt. Charakterliche Defizite wurden schonungslos offen gelegt. Es wurde „vermehrter Diensteifer" angemahnt und bemängelt, dass Sternagel sehr ehrgeizig sei und ein „stark ausgeprägtes Selbstbewusstsein" besitze, was zu einer „gewisse(n) Überheblichkeit seinen Kameraden gegenüber" geführt habe, von Sternagel aber „mit Erfolg bekämpft" werde.[22] Er sei ein „sehr ehrgeiziger und gewissenhafter Offizier mit ausgeprägtem Selbstbewusstsein und gefestigtem Charakter", war auch in einer Beurteilung des Kommandeurs der Schutzpolizei Kassel vom 1. August 1935 zu lesen, eines Offiziers, der es verstehe, den ihm unterstellten Beamten „das nationalsozialistische Gedankengut zu vermitteln und sie zu Manneszucht und letzter Einsatzbereitschaft für unseren Führer zu erziehen". Auch verstehe er es, dem „Ansehen des Staates" durch „sorgfältige und zweckmäßige Durchführung der Gesetze und Verwaltungsanordnungen [...] Geltung zu verschaffen". Eine Beförderung zum nächsthöheren Dienstgrad wurde daher uneingeschränkt befürwortet.[23] Am 1. April 1936 wurde Sternagel zum Hauptmann befördert, die Ernennungen sollten am 20. April, dem Geburtstag Hitlers, „in würdiger Form" bekanntgegeben werden.[24] Sechs Jahre nach der letzten Beförderung hatte Sternagel die nächste Stufe erreicht. Da jedoch die meisten seiner Lehrgangskollegen diese Beförderung bereits ein Jahr früher erreicht hatten und Sternagel darin eine ungerechtfertigte Benachteiligung sah, bedurfte es einer energischen Intervention von seiner Seite, um tatsächlich eine Neufestsetzung seines Besoldungsdienstalters zu erreichen. Sternagel wurde sein ur-

---

[19] Polizeipräsident Berlin, Kommando der Schutzpolizei, Pol.-Insp. Prenzlauer Berg, Beurteilung Sternagels vom 16.08.1929. BArch Berlin R 19/689.
[20] Teilnehmerschein vom 28.03.1931. Ebd.
[21] Beurteilung Sternagels, Polizeischule Brandenburg, vom 01.08.1932; Beurteilung Sternagels, Kommando der Schutzpolizei Kassel, 26.03.1935. Ebd.
[22] Ebd.
[23] Beurteilung, Kommandeur der Schutzpolizei Kassel, 01.08.1935. Ebd.
[24] Schreiben des Reichs- und Preußischen Ministers des Inneren vom 15.04.1936. BArch Berlin ZM 1429 A.13.

sprünglicher Platz in der Dienstalterliste wieder zugesprochen, sein Rangdienstalter auf den 25. April 1935 - und damit ein Jahr früher als bisher - festgesetzt.[25]

Karriere in der Schutzpolizei: Vom Wachtmeister zum Major

Ewald Sternagel hatte ohne höhere Schulbildung den Aufstieg in das polizeiliche Offizierskorps geschafft. Zwar war er als Wachtmeister 1920 in die Anfänge der Beamtenlaufbahn (Beamter auf Widerruf) gehoben worden, die soziale Sicherheit einer festen, verbeamteten Stellung erreichte Sternagel aber erst zehn Jahre später. 1930 wurde er in ein Beamtenverhältnis auf Lebenszeit übernommen.[26] Er profitierte vom Preußischen Polizeibeamtengesetz, welches 1927 eine Anstellung auf Lebenszeit überhaupt erst möglich machte. Zuvor waren Schutzpolizisten nach zwölf Jahren unter Anrechnung ihrer Militärdienstzeit aus dem Dienst ausgeschieden.[27] Sternagel war in der Weimarer Republik Polizist geworden. Das unterschied ihn von den Männern, die erst nach der NS-Machtergreifung diesen Beruf wählten, und erst recht von der großen Gruppe derjenigen wehrpflichtigen (Ordnungs-)Polizisten, welche im Krieg anstelle zur Wehrmacht zur Polizei eingezogen wurden und nicht über vorangegangene Erfahrungen als Polizisten verfügten.

Im Jahr der „Machtergreifung" war Ewald Sternagel 35 Jahre alt, seit 13 Jahren Berufspolizist, seit drei Jahren verheiratet, er war „Arier" sowie NSDAP-Parteimitglied. Über Sternagels politische Orientierung oder Wahlverhalten während der Weimarer Republik ist fast nichts bekannt. Ein einziges Dokument gibt ein wenig Aufschluss. Als er 1937 einen Antrag auf Neufestsetzung seines Besol-

---

[25] Er beklagte, dass er 1935 lediglich wegen des von ihm nicht zu verantwortenden zu späten Eintreffens des „Nachweises der deutschblütigen Abstammung" von der Ernennung zum Hauptmann zurückgestellt worden war. Sternagel zog dabei eine Linie von den angeblichen Benachteiligungen aus der Weimarer Republik bis zum heutigen Tag. Das zuständige Hauptamt der Ordnungspolizei wies alle Behauptungen als unbegründet zurück. Für die Zurückstellung vom 7. Offiziersanwärter-Lehrgang seien sachliche Gründe ausschlaggebend gewesen, weshalb Sternagel erst für den 8. Lehrgang berücksichtigt werden konnte. Eine Benachteiligung wegen der „nationalen Betätigung in der Systemzeit" konnte das Amt nicht erkennen. Außerdem wurde Sternagel belehrt, dass er für das nicht rechtzeitige Vorlegen der Heiratsurkunde seiner Eltern selber verantwortlich war. Diese und andere Dokumente wurden von Beamten, die zur Beförderung anstanden, angefordert, um ihre „arische" Abstammung nachzuweisen. Für seine verspätete Ernennung zum Hauptmann der Schutzpolizei trug daher Sternagel die „Alleinschuld". Der Dienstherr zeigte sich aber kulant und gestand Sternagel aufgrund seiner ansonsten „günstig lautenden Beurteilungen" ein Rangdienstalter gemäß des (verpassten) Beförderungstermins vom April 1935 zu. Reichsführer SS usw., O-Kdo.P. (2a), 09.06.1937. BArch Berlin ZM 1429 A.13.
[26] Fragebogen zum Anlegen eines Polizeidienstpasses, 06.03.1941. HStAS E151/21 Bü 1406. Nach Kriegsende erinnerte Sternagel ein früheres Datum. Er sei 1927 „Polizeioffizier und lebenslänglich angestellt" worden, so Sternagel in seinem Bewerbungsschreiben um Wiedereinstellung 1950. Sternagel an württembergisches Innenministerium, 27.09.1950. Ebd.
[27] Vgl. Naas, Stefan: Die Entstehung des Preußischen Polizeiverwaltungsgesetzes von 1931. Ein Beitrag zur Geschichte des Polizeirechts in der Weimarer Republik, Tübingen 2003, S. 192 ff.

dungsdienstalters stellte, betonte er seine „nationale Betätigung" in der „Systemzeit"; diese Betätigung sei der Grund, dass er bei früheren Beförderungen nicht berücksichtigt worden sei. Gegen die „wiederholten Zurücksetzungen" habe er sich damals nicht gewehrt, so Sternagel 1937, weil sie ihm wegen seiner „inneren Einstellung zum damaligen Staat" nachvollziehbar und plausibel erschienen. Für ihn lag auf der Hand, dass ihm seine Zugehörigkeit zur Ehrhardt-Brigade als Makel ausgelegt wurde, weshalb er erst Ende 1926 zum (achten) Offiziersanwärter-Lehrgang zugelassen wurde. Und dass er erst im Dezember 1930 zum Oberleutnant befördert wurde, während die meisten seiner Lehrgangskollegen diesen Rang bereits im April erreicht hatten, führte Sternagel wiederum zurück auf eine Beschwerde der „Republikanischen Beschwerdestelle"[28] gegen ihn wegen „zu scharfen Einschreitens gegen Angehörige des Reichsbanners"[29].

Es kam zu einer gerichtlichen Verhandlung, in der sich Sternagel als verantwortlicher Zugführer der 1. Bereitschaft der Polizeiinspektion Prenzlauer Berg zu verantworten hatte. Das Verfahren wurde eingestellt, weil Sternagel sein beanstandetes Handeln „an Hand von Dienstanweisungen" rechtfertigte. Er nahm zudem für sich in Anspruch, mit seinen Aussagen maßgeblich dazu beigetragen zu haben, dass 1929 der „nationalsozialistische Redner Studenkowsky freigesprochen wurde; Studenkowsky war vor dem Oberlandesgericht Meiningen angeklagt wegen „Vergehens gegen das Republikschutzgesetz". Sternagel behauptete, Polizeidirektor Dr. Ihremann, sein Vorgesetzter in Suhl, habe seinerzeit die Anklage veranlasst; Sternagel vermutete in diesem Vorfall ein mögliches Motiv für seine Zurückstellung.[30] Sternagel hatte sich laut seiner Schilderung nicht nur bereits während der „Kampfzeit der Bewegung" für die politisch richtige Sache eingesetzt, sondern hierfür auch stillschweigend Nachteile in Kauf genommen.[31] Weitere Belege für eine „nationale Betätigung" in den Jahren vor 1933 gibt es nicht; auch fehlen Hinweise auf eine antijüdische Einstellung oder antijüdischer Aktionen Sternagels.

In den überlieferten Behördenakten Sternagels aus der Weimarer Republik sind keine Übergriffe irgendwelcher antisemitischer Gruppierungen gegen Juden aktenkundig; folglich fehlen auch alle Hinweise auf eine Reaktion der Polizei auf

---

[28] Der von Alfred Falk (1896-1951) geleitete Verein „Republikanische Beschwerdestelle e.V." existierte von 1924 bis 1933. Er hatte sich die Überwachung, Einhaltung und Förderung der republikanischen Verfassung zum Ziel gesetzt und war deshalb Ziel fortlaufender Angriffe von rechts. Vgl. zu diesem privaten Verfassungsschutz: https://www.ifz-muenchen.de/heftarchiv/1987_1_3_jung.pdf (Zugriff: 15.09.2018).
[29] Das „Reichsbanner Schwarz-Rot-Gold, Bund aktiver Demokraten e.V." wurde 1924 in Magdeburg gegründet und 1933 verboten. Nach Kriegsende neu gegründet, besteht der Verein bis heute. Vgl.https://reichsbanner.de/reichsbanner-heute/verein/ (Zugriff: 18.09.2018)
[30] Gesuch Sternagels um Neufestsetzung seines Besoldungsdienstalters, 05.03.1937. BArch Berlin ZM 1429 A.13
[31] Ebd.

diese Art von Gewalttätigkeiten nichtstaatlicher Organisationen.[32] Sternagel hatte seine Polizei-Laufbahn in der Weimarer Republik begonnen, er war also an rechtsstaatliche Normen gewöhnt. Inwieweit bei ihm aus dem Kaiserreich tradiertes autoritäres Obrigkeitsdenken vorherrschte, ist nicht abzuschätzen.[33] Dass die Wahl des Polizeiberufs in aller Regel eine „spezifische Mentalität" voraussetzt, welche den Wunsch nach Ordnung ebenso umfasst wie die „Reduzierung komplexer Sachverhalte auf die Kategorien ‚falsch' und ‚richtig'", das betont Jürgen Matthäus (*1959).[34] In der Weimarer Republik war eine „nach militärischen Prinzipien organisierte, von ehemaligen Heeres-Offizieren geführte und ausgebildete Schutzpolizei" entstanden.[35] Auch wenn das Bild einer primär militärisch geprägten Polizei nicht ganz zutrifft, war der Widerspruch zwischen der militärischen Ausbildung und dem neuen Anspruch einer bürgernahen republikanischen Polizei für die Zeit der Weimarer Republik dennoch prägend.[36]

Dass Ewald Sternagel dem nationalsozialistischen Staat bejahend gegenüberstand, kann als sicher gelten. Damit unterschied er sich nicht vom großen Teil der Bevölkerung des Deutschen Reiches. Das Regime konnte sich insbesondere in der Zeit zwischen 1936 (Olympische Spiele in Berlin) und dem Höhepunkt der militärischen Erfolge der Wehrmacht im Jahr 1942 auf die Unterstützung eines großen Teils der deutschen Bevölkerung stützen. Zu dieser „Zustimmungsdiktatur" (Götz Aly, *1947) gehörte auch, dass die „schleichende Ausgrenzung der Juden aus dem öffentlichen Leben" und die „Vernichtung ihrer wirtschaftlichen Existenz" kaum Proteste hervorriefen bzw. im Gegenteil häufig geduldet oder begrüßt wurden.[37] Sternagel machte aus seiner grundlegenden Akzeptanz der NS-Rassenpolitik sogar noch bei seiner staatsanwaltschaftlichen Vernehmung im Jahr 1969 keinen Hehl.[38] Dies bedeutet aber nicht automatisch, dass sich Sternagel – und mit ihm weite Teile der deutschen Bevölkerung – an gewalttäti-

---

[32] Zur nicht zu unterschätzenden Kontinuitätslinie von Übergriffen nichtstaatlicher Schlägertrupps oder sonstiger antisemitischer Gruppierungen zu den häufig staatlich geduldeten oder auch staatlich unterstützten Gewalttätigkeiten nichtstaatlicher Organisationen während der NS-Zeit siehe Nolzen, Armin: „Totaler Antisemitismus". Die Gewalt der NSDAP gegen Juden 1933-1938/39, in: Schmiechen-Ackermann, Detlef (Hg.): „Volksgemeinschaft". Mythos, wirkungsmächtige Verheißung oder soziale Realität im „Dritten Reich"? Zwischenbilanz einer kontroversen Debatte, Paderborn 2012, S. 179-198.
[33] Vgl. Westermann, Edward: „Ordinary Men" or „Ideological Soldiers"? Police Battalion 310 in Russia 1942, in: German Studies Review 21 (1998), S. 41-68, besonders S. 43-45; Leßmann, Peter: Die preußische Schutzpolizei in der Weimarer Republik. Streifendienst und Straßenschlacht, Düsseldorf 1989.
[34] Matthäus, Jürgen: Die Beteiligung der Ordnungspolizei am Holocaust, in: Kaiser, Wolf (Hg.): Täter im Vernichtungskrieg. Der Überfall auf die Sowjetunion und der Völkermord an den Juden, Berlin 2002, S. 166-185, S. 171.
[35] Harten 2018 (wie Anm. 14), S. 27.
[36] Ebd., S. 28.
[37] Bajohr, Frank: Über die Entwicklung eines schlechten Gewissens. Die deutsche Bevölkerung und die Deportationen 1941-1945, in: Kundrus, Birthe/ Meyer, Beate (Hg.): Die Deportationen der Juden aus Deutschland. Pläne – Praxis – Reaktionen, 1938-1945, Göttingen 2004, S. 180-195, S. 181.
[38] Vernehmung Sternagels durch die Staatsanwaltschaft Hamburg, 03.07.1969. BArch Ludwigsburg B 162/16036.

gen Ausschreitungen gegen Juden beteiligten. Denn mitnichten folgen aus politischen Einstellungen automatisch politisch motivierte Handlungen.[39] In vielen Fällen ist es angesichts der Verabschiedung antisemitischer Verordnungen oder bei gewalttätigen Übergriffen gegen jüdische Deutsche bei einer Mischung „aus Verlegenheit, Gleichgültigkeit, abgestumpfter Subordination" geblieben.[40]

Sternagel besaß seit Dezember 1932 das Parteibuch der NSDAP; ein Eintritt in die SS kam aber nicht zustande. 1941 hieß es, dass die Aufnahme in die Schutzstaffel beantragt sei,[41] doch noch im Juli 1944 war keine SS-Mitgliedschaft vermerkt.[42] Dabei scheint es geblieben zu sein. Solch eine Nicht-Aufnahme war jedoch keine Ausnahme. Von den Offizieren im Polizeidienst waren 1941 zwar 66 Prozent Parteimitglied, aber nur 30 Prozent waren auch SS-Mitglied.[43] Auch war Sternagel weder vor noch nach 1933 in einer anderen relevanten NS-Organisation (SA, SS usw.) Mitglied, noch hatte er in der NSDAP irgendein Amt.[44] Er engagierte sich in einer beruflichen Interessenvertretung. So war er 1928 in die „Vereinigung Preußischer Polizeioffiziere e.V."[45] eingetreten; nach dem „Preußenschlag" im Juli 1932, mit dem Reichspräsident Paul von Hindenburg (1847-1934) die letzte wesentliche Regierungsbeteiligung der Sozialdemokratie in der Weimarer Republik per Notverordnung beendete, trat er vorsichtshalber der nationalsozialistischen Beamten-Arbeitsgemeinschaft bei, welche - wie alle anderen Polizeiverbände - zum 1. September 1933 in den „Kameradschaftsbund deutscher Polizeibeamter" überführt wurde. Dieser NS-Organisation gehörte

---

[39] Vgl. Ash, Mitchell G.: American and German Perspectives on the Goldhagen Debate. History, Identity and the Media, in: Holocaust and Genocide Studies 11 (1997), S. 396-411, S. 398 (hier plädiert Ash für die Trennung von „attitudes" und „actions").

[40] Storjohann, Uwe: Hauptsache Überleben. Eine Jugend im Krieg 1936-1945, Hamburg 1993, S. 100. Zur schrittweisen Durchsetzung der antisemitischen Konsensfiktion: Kühl, Stefan: Ganz normale Organisationen. Zur Soziologie des Holocaust, Berlin 2014, S. 105-108.

[41] Polizeipräsident, Kommando der Schutzpolizei, Stuttgart, Beurteilung Sternagels, 06.08.1941. BArch Berlin R 19/689.

[42] Beurteilungsnotiz des KdO im Distrikt Radom, 22.07.1944. Ebd.

[43] Vgl. Buchheim, Hans: Die Aufnahme von Polizeiangehörigen in die SS und die Angleichung ihrer SS-Dienstgrade an ihre Beamtenränge (Dienstgradangleichung) in der Zeit des Dritten Reiches, in: Gutachten des Instituts für Zeitgeschichte, Bd. 2, Stuttgart 1966, S. 172-181.

[44] Reichsminister des Inneren, Pol. O-Kdo. P II, Entwurf des Vorschlags zur Ernennung des Hauptmanns Sternagel zum Major, 27.05.1940. BArch Berlin ZM 1429 A. 13.

[45] Der nach seinem Vorsitzenden Ernst Schrader auch „Schrader-Verband" genannte „Verband Preußischer Polizeibeamter e. V." entwickelte sich während der 1920er Jahre von einer Interessenvertretung kommunaler Polizeibeamter hin zur Einheitsorganisation aller Polizisten im Lande Preußen. Durch seine demokratische Ausrichtung und den hohen Organisationsgrad nahm er bis zu seiner Zerschlagung durch die Nationalsozialisten 1933 einen herausragenden Platz unter den Polizeigewerkschaften der Weimarer Republik ein. Nach der Machtübernahme der Nationalsozialisten sukzessive gleichgeschaltet, wurde der Verein 1935 endgültig aus dem Vereinsregister gelöscht. Vgl. Leßmann 1989 (wie Anm. 33).

Sternagel zumindest noch im August 1935 an; in den Jahren danach ist von einer solchen Mitgliedschaft keine Rede mehr.[46] Dies muss nicht bedeuten, dass er ausgetreten ist; eine solche Mitgliedschaft wurde in dem standardisierten Fragenkatalog zur Beurteilung von Polizeioffizieren einfach nicht mehr abgefragt. Festzuhalten bleibt: Sternagel hatte seine Position im neuen Staat so gut wie möglich abgesichert. Denn noch Anfang 1934 hatte Kurt Daluege, zunächst Befehlshaber der preußischen Polizei und anschließend Chef der Ordnungspolizei, auf einer Führerstabstagung des „Kameradschaftsbundes" an die bei der „Machtergreifung" auftauchende Frage erinnert, ob der neue Staat nicht grundsätzlich eine ganz neue Polizei aus SA- und SS-Männern aufbauen sollte.[47] Dieser Vorschlag wurde abschlägig beschieden. Bei der „Gleichschaltung" auch der Polizeiverbände mischten die neuen Machthaber bereits Bestehendes mit Neuem. Sternagel blieb.

Polizeioffizier in Stuttgart, in der „Ostmark" und im Sudetenland

Mit Wirkung vom 1. Februar 1937 wechselte Sternagel aus der Polizeiverwaltung Kassel in den württembergischen Landesdienst und wurde dem Polizeipräsidium Stuttgart zugeteilt.[48] Hierfür waren persönliche Gründe ausschlaggebend, stammte Sternagels Ehefrau doch aus Württemberg; sie war mit dem ersten gemeinsamen Kind schwanger.[49] Der Hauptmann wurde zunächst als Luftschutzoffizier, anschließend als „Führer" einer Schutzpolizei-Hundertschaft eingesetzt.[50] In der ersten Beurteilung des neuen Dienstherrn aus Stuttgart wurde darauf abgehoben, dass Sternagel „stramm" und „soldatisch" auftrete, sein Wille „ausgeprägt" und er ein „überzeugter Nationalsozialist" sei. Er sei nicht nur ein „alter Parteigenosse", sondern verstehe es auch, „als Vorgesetzter und Kamerad nationalsozialistisches Gedankengut in richtiger Form zu vermitteln".[51] Dazu hatte man den Hauptmann der Schutzpolizei erstmals im Mai 1937 von Stuttgart aus zu einem mehrtägigen „weltanschaulichen Schulungslehrgang"

---

[46] Erklärung Sternagels vom 30.08.1935. BArch Berlin R 19/689. Dass diese nationalsozialistische Einheitsvertretung der Polizei von Anfang an auch „nationalerzieherische" Aufgaben hatte, unterstreicht Hans-Christian Harten, in: Ders. 2018 (wie Anm. 14), S. 172 ff.
[47] Matthäus, Jürgen: An vorderster Front. Voraussetzungen für die Beteiligung der Ordnungspolizei an der Shoah, in: Paul, Gerhard: Die Täter der Shoah. Fanatische Nationalsozialisten oder ganz normale Deutsche? 2002, S. 137-166, S. 142 f.
[48] Reichs- und Preußischer Minister des Inneren, Pol. O-Kdo. P., 16.01.1937. BArch Berlin R 19/689.
[49] Gesuch Sternagels an das württembergische Innenministerium, 27.09.1950. HStAS Stuttgart E 151/21 Bü 1406. Der Sohn kam im August 1937 auf die Welt. Beurteilung Sternagels vom 10.09.1937. BArch Berlin R 19/689. Aus der Ehe gingen insgesamt vier Kinder hervor. 1939 und 1943 kamen zwei Töchter zur Welt, und 1947 bekam das Paar ein weiteres Kind.
[50] Erst nachdem Himmler 1936 zum Chef der Deutschen Polizei ernannt worden war, kam es zu einer dauerhaften Aufstellung großer militärischer Formationen wie den Polizeihundertschaften. Mit dem Eintritt in die Ordnungspolizei wurden junge Männer vom Wehrdienst freigestellt, so dass der Beruf des Polizisten für viele eine willkommene Alternative darstellte. Bei Kriegsbeginn hatte die Ordnungspolizei eine Stärke von 131.000 Mann. Vgl. Browning 1996 (wie Anm. 6), S. 23 ff.
[51] Polizeipräsident, Kommando der Schutzpolizei, Stuttgart, 10.09.1937. BArch Berlin R 19/689.

nach Berlin geschickt.[52] Dies scheint jedoch die einzige gezielte Indoktrinationsbemühung des Regimes für den Polizeioffizier gewesen zu sein.[53] Dass Sternagel über Jahre in Radios und Zeitungen die NS-Propaganda gehört und gelesen hat und als Polizeibeamter (und Ausbilder) sehr wahrscheinlich Dienstversammlungen und interne Schulungen besuchen musste, sollte nicht unterschätzt werden. Daneben erfolgte die „weltanschauliche Erziehung" der Ordnungspolizei auch über Zeitschriften und Periodika sowie einschlägige Buchveröffentlichungen.[54] Das bedeutet: Sternagel wurde wie der Rest der Bevölkerung von „rassistischer und antisemitischer Propaganda" überschwemmt. Diese „unablässige Propagandaflut", so Christopher Browning, dürfte die „allgemeinen Vorstellungen von der rassischen Überlegenheit der Deutschen" und eine „gewisse Abneigung gegen die Juden" deutlich verstärkt haben.[55] Gleichwohl ist man sich in der Forschung aber weitgehend einig, dass sowohl weltanschauliche Belehrungen als auch speziell für Polizisten konzipiertes Propagandamaterial einen relativ geringen Einfluss auf die Überzeugungen der Polizisten hatten.[56] In den Stunden der „weltanschaulichen Schulung" wurde keine „Gehirnwäsche" betrieben, und es ging nicht um ein „Eintrichtern von Glaubenssätzen", wie Jürgen Matthäus betont. Vielmehr wurden dort über das „Judentum" bekannte Vorurteile zugespitzt, aber eben keine neuen Lehrsätze aufgestellt. Bewusst ließ man Interpretations- und Entscheidungsspielräume.[57] Wichtig war im Ergebnis nur, dass Polizisten auch sehr weitreichende antisemitische Maßnahmen in ihren dienstlichen Handlungsrahmen einzupassen wussten.[58]

In Stuttgart konnte sich Sternagel als Lehrkraft bewähren. Als „Führer" einer Ausbildungshundertschaft eingesetzt, wurde er als ein „wertvoller und überall geschätzter und geachteter Offizier" bezeichnet, der sich „gut und sicher" in die

---

[52] Teilnahmebescheinigung vom 03.07.1937. Ebd.
[53] Generell wurde erst nach der Ernennung Himmlers zum Chef der deutschen Polizei durch Hitler 1936 ein System der weltanschaulichen Schulung speziell für die Polizei errichtet, das sich eng an die in der SS inzwischen etablierte Schulung anlehnte. Die ersten Schulungsmaßnahmen gab es 1937. Vgl. Harten 2018 (wie Anm. 14), besonders das Kapitel II „Weltanschauliche Schulung der Ordnungspolizei". Der nächste Lehrgang, an dem Sternagel von September bis November 1942 in Dresden teilnahm, war ein Taktiklehrgang für Regimentskommandeure. Hier ging es weniger um weltanschauliche Schulung als vielmehr um Grundsätze des „neuzeitlichen Infanteriegefechts und der Partisanenbekämpfung". Siehe: Kommando der Schutzpolizei, Stuttgart, Beurteilung Sternagels vom 27.04.1943. BArch Berlin R 19/689.
[54] Vgl. Kühl 2014 (wie Anm. 40), S. 111 ff.
[55] Browning 1996 (wie Anm. 6), S. 240 f. Vgl. Matthäus, Jürgen: Die „Judenfrage" als Schulungsthema von SS und Polizei. „Inneres Erlebnis" und Handlungslegitimation, in: ders./ Kwiet, Konrad u.a.: Ausbildungsziel Judenmord? „Weltanschauliche Erziehung" von SS, Polizei und Waffen-SS im Rahmen der „Endlösung", Frankfurt/Main 2003, S. 35-86.
[56] Browning 1996 (wie Anm. 6), S. 231 ff.; Goldhagen 1996 (wie Anm. 6), S. 221; Matthäus 2003 (wie Anm. 55), S. 681 ff.; Angrick, Andrej: Besatzungspolitik und Massenmord: Die Einsatzgruppe D in der südlichen Sowjetunion 1941, Hamburg 2003, S. 386 ff.
[57] Matthäus u.a.: Einleitung, in ders./ Kwiet 2003 (wie Anm. 55), S. 14 f.
[58] So argumentiert Kühl 2014 (wie Anm. 40), S. 114.

„ihm fremden Verhältnisse" eingearbeitet habe.[59] Der weiteren Karriere schien nichts im Wege zu stehen. Dafür spricht, dass die Beförderung in den nächsthöheren Rang eines Majors bereits in Sichtweite war, hatte ihn doch auch der Inspekteur der Ordnungspolizei (IdS) für Baden und Württemberg nach nur neun Monaten im Dienst der württembergischen Polizeiverwaltung mit den Worten gelobt: „Macht vorzüglichen Eindruck. Eignet sich in jeder Hinsicht zur Beförderung".[60] Doch der Hauptmann der Schutzpolizei musste sich bis 1940 gedulden.

Als Sternagel 1937 in Stuttgart seinen Dienst antrat, hatte die Schutzpolizei und somit auch er die Judenpolitik der Nationalsozialisten bereits vier Jahre mitgetragen. Dies bedeutete konkret, „den im Reich lebenden Juden jenen Schutz zu verweigern, der ihnen als deutschen Staatsbürgern [...] zunächst formalrechtlich zustand", weil eine solche Haltung den antisemitischen Zielsetzungen des Regimes widersprach. Bevor die „reguläre Polizei selbst aktiv wurde", so pointiert Jürgen Matthäus, habe sie gelernt, „untätig dabeizustehen, wenn geltendes Recht beständig und in wachsendem Umfang ausgehöhlt" wurde. So half die Polizei, antijüdische Gewalt zum „Kavaliersdelikt" zu machen, indem sie gegen den NS-Terror, der sich gegen jüdische Deutsche richtete, entweder halbherzig oder in der Regel gar nicht einschritt.[61] Michael Wildt (* 1954) spricht von einer „mehr oder weniger verborgenen Komplizenschaft" der staatlichen Sicherheitsbehörden mit antisemitischen Aktivisten, durch welche die Juden der Gewalt preisgegeben wurden. Diese Politik „von unten" sei, so Wildt, ebenso „notwendig wie die Erlasse, Gesetze und Maßnahmen ‚von oben'" gewesen, um die nationalsozialistische „Volksgemeinschaft" herzustellen, in der sich eine antisemitische Grundhaltung ausbildete.[62] Bezeichnenderweise fehlt in den behördlichen Dokumenten, die für Sternagel überliefert sind, für dieses allgemeine polizeiliche Verhalten jeglicher Hinweis. Offensichtlich war dies nicht mehr notwendig, war die antisemitische Grundhaltung doch Konsens. Dass gesetzwidrige Übergriffe gegen Juden von staatlichen Organisationen geduldet wurden, war polizeilicher Alltag. Stefan Kühl (* 1966) spricht in diesem Zusammenhang von der „antisemitischen Konsensfiktion".[63] Antijüdische Praxis wurde die nicht mehr hinterfragte Norm, abweichendes Verhalten die Ausnahme.[64]

Im März 1938 startete Sternagels Karriere im sogenannten auswärtigen Einsatz. Denn bei der Besetzung Österreichs - und später des Sudetenlandes und der „Rest-Tschechei" - hatte das Regime größere, geschlossene Polizeiverbände für

---

[59] Polizeipräsident, Kommando der Schutzpolizei, Stuttgart, 10.09.1937. BArch Berlin R19/689.
[60] Zusatz des IdO vom 27.09.1937. Ebd.
[61] Matthäus 2002 (wie Anm. 47), S. 141 f.
[62] Wildt, Michael: Volksgemeinschaft als Selbstermächtigung. Gewalt gegen Juden in der Provinz 1919-1939, Hamburg 2007, S. 372.
[63] Kühl 2014 (wie Anm. 40), S. 102 f.
[64] Vgl. Matthäus 2002 (wie Anm. 34), S. 149.

notwendig gehalten.[65] Sternagel war als „Führer einer Hundertschaft" eingesetzt und leistete seinen Beitrag während des „Einsatzes der Deutschen Truppenpolizei in Deutsch-Österreich". Seine Männer hinterließen durch „ihr straffes Auftreten und ihre gute Disziplin" einen „günstigen" Eindruck. Sternagel hatte seine Untergebenen fest im Griff. Mitte April 1938 wurde er nach Innsbruck („Schutzgebiet Tirol") abkommandiert, wo er bis Juni eine „Werbestelle" der deutschen Schutzpolizei leitete.[66] Ab Oktober 1938 folgte ein entsprechender Einsatz im Sudetenland, wo Sternagel dem Befehlshaber der Ordnungspolizei (BdO) „Nordmähren" unterstand.[67] Der Hauptmann war, wie es offiziell hieß, „aus Anlaß der Wiedervereinigung des Sudetenlandes mit dem Deutschen Reich" als Hundertschaftsführer beim Polizeiregiment 2 im Dienst.[68] Abermals konnte sich Sternagel auszeichnen. „Ein im auswärtigen Einsatz ganz vorzüglicher Polizeioffizier", befand der BdO.[69] Damit war Sternagel vor Kriegsbeginn zweimal am Einmarsch in Nachbarstaaten beteiligt. Worin genau die Aufgabe seiner Hundertschaft bestanden hat, muss hier offen bleiben. Wir wissen, dass beim Einmarsch in Nachbarstaaten die sogenannten sicherheitspolizeilichen und nachrichtendienstlichen Belange von den Einsatzgruppen wahrgenommen wurden. Konzipiert als mobile Kommandos des SD, war die Hauptaufgabe dieser Einheiten die „Bekämpfung aller reichs- und deutsch-feindlichen Elemente rückwärts der fechtenden Truppe".[70] Doch bestanden „mobile Mordkommandos" des Reinhard Heydrich (1904-1942) nur zu einem geringen Teil aus Angehörigen des Sicherheitsdienstes, die Masse der Mannschaftsdienstgrade wurde von Ordnungspolizei und Waffen-SS gestellt.[71] Teile der Ordnungspolizei operierten daher von Anfang an „als Leihgaben unter fremden Firmenschild" - nämlich des Reichssicherheitshauptamtes (RSHA) Heydrichs.[72] Ob dies auch für die Einsätze der Hundertschaften Sternagels galt, bleibt offen. Zu-

---

[65] Zu den Polizeiverbänden, die in Marsch gesetzt wurden, vgl. http://www.lexikon-der-wehrmacht.de/Zusatz/SS/Ordnungspolizei-R.htm (Zugriff: 19.09.2018); siehe Mallmann 1997 (wie Anm. 5), S. 364.
[66] Polizeigruppe Innsbruck, Abteilungskommandeur Major Korn, Beurteilung Sternagels, 21.04.1938. Ebd.
[67] Die ersten Befehlshaber der Ordnungspolizei (Nordmähren und Nordböhmen) wurden 1938 im Sudetenland errichtet, aber Ende 1938 wieder aufgelöst bzw. durch Inspekteure der Ordnungspolizei (IdS) ersetzt. Da der Annexion die Schaffung des Reichsgaus Sudetenland folgte, orientierte man sich an der im Reichsgebiet üblichen Bezeichnung des Inspekteurs der Ordnungspolizei.
[68] Kommando der Schutzpolizei Stuttgart, 14.12.1938. HStAS Stuttgart E 151/21 Bü 1406.
[69] BdO „Nordmähren", 17.12.1938. BArch Berlin R 19/689.
[70] Paul, Gerhard: Ganz normale Akademiker. Eine Fallstudie zur regionalen staatspolizeilichen Funktionselite, in: ders./ Mallmann Klaus-Michael: Die Gestapo. Mythos und Realität, Darmstadt 2003, S. 236-254, S. 247.
[71] Zur Struktur und Zusammensetzung der Einsatzgruppen: Krausnick, Helmut/ Wilhelm, Hans-Heinrich: Die Truppe des Weltanschauungskrieges. Die Einsatzgruppen der Sicherheitspolizei und des SD 1938-1942, Stuttgart 1981, S. 141 ff; Hilberg, Raul: Die Vernichtung der europäischen Juden, Bd. 2, Frankfurt/Main 1990, S. 300 ff; Wilhelm, Hans-Heinrich: Die Einsatzgruppe A der Sicherheitspolizei und des SD 1941/42, Frankfurt/Main u.a. 1996, S. 11 f., 78 ff., 219 ff., 368 ff. Zur Ordnungspolizei unter Kurt Daluege gehörten Schutzpolizei, Gendarmerie, Luftschutz- und Feuerschutzpolizei; Gestapo und Kripo gehörten zur Sicherheitspolizei unter Reinhard Heydrich.
[72] Mallmann 1997 (wie Anm. 5), S. 364.

rück in Stuttgart wurde Sternagel im Jahr 1939 als Abschnittskommandeur eingesetzt. Auch auf dieser Position erfüllte er alle Erwartungen. Sein Vorgesetzter, Oberstleutnant und Kommandeur der Schutzpolizei Stuttgart, Albert Loose, attestierte ihm nunmehr die Eignung, ein „kleineres oder mittleres Polizeikommando einer staatlichen Polizeiverwaltung" zu führen.[73] Dieses Votum wiederholte ein Jahr später sein Nachfolger im Amt, Oberst Ferdinand Heske (1892-1958). Gelobt wurden nicht nur Sternagels „vorzügliche(n) Leistungen", sondern auch sein „sehr gutes taktisches Verständnis" und seine „sehr gute(n) Führereigenschaft". Dies qualifizierte Sternagel zur „vorzugsweisen Beförderung", wie Heske formulierte.[74]

Kommandeur des Polizeibataillons 22

Diese Empfehlung zeigte Wirkung. Am 20. Mai 1940 wurde Sternagel (noch als Hauptmann) als Kommandeur zum Polizeibataillon 22 in Thorn („Reichsgau Danzig-Westpreußen", heute: Toruń/Polen) abkommandiert, wo er Major Otto Bunge (1895-1982) ablöste.[75] Fast zeitgleich erfolgte seine Ernennung zum Major.[76] Von den mit Kriegsbeginn ab September 1939 aus den verschiedenen Polizeihundertschaften und Ausbildungsabteilungen aufgestellten 21 Polizeibataillonen wurden 13 den Wehrmachtverbänden bzw. den Einsatzgruppen zugeteilt, die in Polen einmarschierten.[77] Eines dieser Bataillone war das Polizeibataillon 22, das im Oktober 1939 aus Polizeibeamten und Reservisten aus Mecklenburg und Pommern in Schneidemühl aufgestellt worden war und ab dem 1. November im „Reichsgau Danzig-Westpreußen" und damit im vom NS-Staat annektierten westlichen Teil Polens operierte. Heimatstandort des Bataillons war Stettin. Zu den Aufgaben des Bataillons gehörten u.a. der polizeiliche Objektschutz, die Bewachung inhaftierter polnischer Widerstandskämpfer und Juden, Razzien und das gezielte Durchkämmen von Waldstücken nach Partisanen und Munitionslagern.[78]

---

[73] Beurteilung Sternagels, 06.09.1939. BArch Berlin R19/689.
[74] Kommando der Schutzpolizei Stuttgart, Heske, 19.03.1940. Ebd. Zu Heske: https://sv.wikipedia.org/wiki/Ferdinand_Heske (Zugriff: 19.09.2018). Heske war 1940 als KdO in Radom/Polen im Einsatz. Siehe auch Curilla, Wolfgang: Der Judenmord in Polen und die deutsche Ordnungspolizei 1939-1945, Paderborn u.a. 2011, S. 425.
[75] Vermerk des Reichsführers SS usw., O-Kdo. P II (2a), Berlin, an HSSPF, BdO u.a., 20.05.1940. BArch Berlin ZM 1429 A. 13; vgl. Curilla 2011 (wie Anm. 74), S. 326.
[76] Reichsführer SS und Chef der Deutschen Polizei, O-Kdo. P II, an u.a. HSSPF und BdO Münster und Stuttgart, 20.05.1940; Ernennung zum Major: Reichsminister des Inneren, Pol. O-Kdo. P. II, 30.05.1940 an u.a. Reichsstatthalter in Hamburg und Stuttgart. BArch Berlin R19/689. Als Major verdiente er knapp 8.000 RM im Jahr und gehörte damit zu den zehn Prozent Spitzenverdienern im „Dritten Reich". Vgl. zu den Angaben zum Gehalt von Ordnungspolizisten während des Nationalsozialismus Kühl 2014 (wie Anm. 40), S. 175 ff.
[77] Browning 1996 (wie Anm. 6), S. 26.
[78] Curilla 2011 (wie Anm. 74), S. 325 f. Vgl. zum Polizeibataillon 22 auch https://www.forum-der-wehrmacht.de/index.php?thread/40639-reserve-polizeibataillon-22-2-kompanie/ (Zugriff: 29.09.2018).

Versprengte polnische Soldaten gefangen zu nehmen, feindliches Kriegsgerät zu bergen und in jeglicher Hinsicht für „Sicherheit und Ordnung" in dem neu ins Reich eingegliederten Gebiet zu sorgen, waren polizeiliche Aufgaben, die dem Erwartungshorizont des Schutzpolizisten Ewald Sternagel entsprochen haben. Vermutlich konnte er sich aufgrund der früheren Aufträge in Österreich und im Sudetenland ohnehin eine ungefähre Vorstellung von seinem Einsatz im besetzten Westpolen machen. Von der Polizei wurde aber nach der Besetzung Polens nicht nur die Sicherung der eroberten Gebiete erwartet, sondern auch ihre Beteiligung an der von der NS-Führung angeordneten „Bevölkerungsverschiebung". In den dem Deutschen Reich zugeschlagenen Gebieten sollten jüdische und nichtjüdische Polen vertrieben werden, um Platz zu machen für deutschstämmige Umsiedler aus den von der Sowjetunion okkupierten Gebieten Ostpolens.[79] Auch Sternagels Bataillon war an diesen Umsiedlungen beteiligt. Im Mai 1940 nahm es Hunderte sogenannter Kongresspolen fest und transportierte sie in ein Sammellager. Seine Polizisten sperrten bei Razzien der Gestapo in Thorn Straßenzüge ab und sorgten für den persönlichen Schutz der Gestapo-Beamten, wenn diese in die Häuser eindrangen und jüdische wie nichtjüdische Polen herausholten.[80] Ob diese Beteiligung an antijüdischen bzw. rassistischen Maßnahmen im Rahmen der nationalsozialistischen Besatzungspolitik in Polen für Sternagel etwas qualitativ Neues war, wissen wir nicht. Eventuell hat Sternagel solche Einsätze bereits in Österreich und im Sudetenland geleitet. Aufträge hingegen wie die Sicherung der Eisenbahnlinie anlässlich eines Frontbesuchs Hitlers und Mussolinis oder der Einsatz gegen versprengte Soldaten im Gebiet der Tucheler Heide konnte Sternagel mühelos in seinen herkömmlichen „polizeilichen Referenzrahmen"[81] einfügen.[82]

Bereits im Juli 1940 wurde das Bataillon nach Stettin (heute: Szczecin/Polen) zurückverlegt, wo die „Einheit umorganisiert bzw. neu aufgefüllt" wurde, wie Sternagel erinnert.[83] Um die Personal-Abgaben (etwa der kasernierten Landespolizei) an die Wehrmacht auszugleichen und um den gestiegenen Kräftebedarf in den annektierten Gebieten sicherzustellen, wurden die Polizeibataillone neu aufgestellt. (Polizei-)Reservisten älterer Jahrgänge bildeten nun den Mannschaftsbestand der Reserve-Polizeibataillone; Offiziere und Unteroffiziere der

---

[79] Siehe zur Gestaltung und Umsetzung der Pläne zur Bevölkerungsverschiebung besonders Aly, Götz/Heim, Susanne: Vordenker der Vernichtung. Auschwitz und die deutschen Pläne für eine neue europäische Ordnung, 2. Aufl. Frankfurt/Main 2013; zur NS-Germanisierungspolitik in Polen: Wolf, Gerhard: Ideologie und Herrschaftsrationalität. Nationalsozialistische Germanisierungspolitik in Polen, Hamburg 2012.
[80] Curilla 2011 (wie Anm. 74), S. 325 f.
[81] Welzer, Harald: Täter. Wie aus ganz normalen Menschen Massenmörder werden, 7. Aufl. Frankfurt/Main 2016, S. 80.
[82] Stellungnahme des BdO „Ostland" Georg Jedicke o.D. (vermutlich 1942). HStAS Stuttgart E 151/21 Bü 1406; Curilla, Wolfgang: Die deutsche Ordnungspolizei und der Holocaust im Baltikum und in Weißrussland 1941-1944, Paderborn u.a. 2006, S. 244.
[83] Aussage Sternagel bei der Vernehmung der Staatsanwaltschaft Hamburg beim Landgericht Hamburg, 03.07.1969. BArch 162/16036; Curilla 2011 (wie Anm. 74), S. 326.

vormaligen Polizeibataillone wurden auf die neuen Einheiten verteilt.[84] Das bisherige Polizeibataillon 22 wurde in „Reserve-Polizeibataillon 22" umbenannt. Bis September 1941 blieb Sternagel mit seinem Bataillon in Stettin, wo man die „weitere Ausbildung" (der Reservisten) betrieb, die Ausrüstung ergänzte und „die Einheit voll motorisiert" wurde.[85] In der Beurteilung des Kommandeurs der Schutzpolizei Stettin, Sternagels direktem Vorgesetzten, vom August 1941 ist zu lesen: „Major Sternagel ist ein Offizier, wie man ihn sich wünscht". Auch der Inspekteur der Ordnungspolizei in Stettin formulierte kurz und bündig: „Energisch, ruhig und selbstsicher".[86] Ein Blick in Sternagels Polizeidienstpass zeigt, dass er zudem im November 1940 an einem mehrtägigen „Sondereinsatz" im „Warthegau" und Ende August 1941 an einem zehntägigen „Sondereinsatz" im Generalgouvernement teilnahm.[87]

Einsatz in Lettland (September 1941 bis Januar 1942)

Sternagels Bataillon wurde am 14. September 1941 nach Lettland verlegt, die drei Kompanien auf die Standorte Mitau (heute: Jelgava), Riga und Frauenburg (heute: Saldus) verteilt.[88] Sternagel hatte sich beim BdO Ostland, Generalmajor Georg Jedicke (1887-1969),[89] zu melden.[90] Jedicke unterstand dem „HSSPF Russland Nord" Friedrich Jeckeln (1895-1946),[91] den Sternagel 1969 als „Blut-

---

[84] Browning 1996 (wie Anm. 6), S. 25 ff; Mallmann 1997 (wie Anm. 5), S. 364 f. Zum Bataillon 45: Welzer 2016 (wie Anm. 81), S. 91.
[85] Aussage Sternagel bei der Vernehmung durch die Staatsanwaltschaft Hamburg beim Landgericht Hamburg, 03.07.1969. BArch Ludwigsburg 162/16036; Aussage Sternagels vor einer Sonderkommission Hamburg, 10.12.1964. BArch Ludwigsburg B 162/3067.
[86] Beurteilung Sternagels durch den Kommandeur der Schutzpolizei Stuttgart, 07.08.1941. BArch Berlin R 19/689.
[87] Polizeidienstpass. Hauptstaatsarchiv Stuttgart E 151/21 Bü 1406.
[88] Zeugenaussage August Kossel, ehemaliger Angehöriger des Reserve-Polizeibataillons 22, 3. Kompanie, vor der Sonderkommission Hamburg, 18.11.1965. BArch Ludwigsburg B162/3067. Das Datum der Verlegung wird durch eine weitere Zeugenaussage bestätigt. Aussage von Willi Bielig vor der Sonderkommission Hamburg vom 27.06.1968. Ebd.
[89] Georg Jedicke, Generalleutnant der Polizei, 1906-1920 Berufssoldat, seit 1920 Polizeidienst, 1930 Eintritt in die NSDAP, 1939-1941 BdO in Wiesbaden, dann BdO in Königsberg, 1941-1943 BdO Ostland mit Sitz in Riga, 1943 wegen Krankheit verabschiedet, 1945-1947 in US-Kriegsgefangenschaft. Vernehmungsprotokoll Georg Jedicke vom 21.11.1946 durch US-Militär. Vgl. https://www.ifz-muenchen.de/archiv/zs/zs-0944.pdf (Zugriff: 22.09.2018); siehe auch Uhl, Matthias u.a.: Verhört! Die Befragungen deutscher Generale und Offiziere durch die sowjetischen Geheimdienste 1945-1952, Berlin 2015. Hier finden sich verschiedene Verhörprotokolle von Friedrich Jeckeln, in denen er Jedicke als seinen Stellvertreter bezeichnet. Vgl. S. 241. Siehe auch Klee, Ernst: Das Personenlexikon zum Dritten Reich. Wer war was vor und nach 1945, 2. Aufl. Frankfurt/Main 2007, S. 285 f.
[90] Aussage Sternagels vor der Sonderkommission Hamburg, 10.12.1964. BArch Ludwigsburg B 162/3067.
[91] Jeckeln verließ im Frühjahr 1941 als General der Polizei und SS-Obergruppenführer das Reichsgebiet und machte Karriere in den von Deutschen besetzten Gebieten der Sowjetunion, zunächst als HSSPF Russland-Süd, anschließend als HSSPF Ostland (Baltikum und Teile Weißrusslands) und Russland-Nord. Zu Jeckelns Biographie siehe Köhler, Thomas: Himmlers Weltanschauungselite: Die Höheren SS- und Polizeiführer West, in: Schulte, Wolfgang (Hg.): Die Polizei im NS-Staat. Beiträge eines internationalen Symposiums an der Deutschen Hochschule der Polizei in Münster, Frankfurt/Main 2009, S. 51-79, hier S. 59-62; Klee 2007 (wie Anm. 89), S. 285. Zu Jeckelns Verantwortung an den Massenmorden an Juden: Welzer 2016 (wie Anm. 81), S. 134 f., 144 f., 166. Soeben Wenzl, Gerhard: Friedrich Jeckeln: Ein Mann

säufer" bezeichnete.[92] Jeckeln hatte 1941 als „HSSPF Russland Süd" die großen Mordaktionen in der Schlucht von Babij Jar organisiert und dazu auch die ihm unterstellten Polizei- und Waffen-SS-Einheiten hinzugezogen.[93]

Im „Rassengenozid" des Ostkrieges ist es sinnvoll, so Klaus-Michael Mallmann (*1948), zwei Vernichtungswellen voneinander zu unterscheiden. Die erste Vernichtungswelle, die noch nicht auf die vollständige Liquidierung aller zu Feinden erklärten Menschen zielte, begann unmittelbar nach dem Überfall auf die Sowjetunion im Juni 1941, als im Windschatten der vorrückenden Heeresgruppen fünf Einsatzgruppen, drei SS-Brigaden und neun Polizeibataillone mitmarschierten. Die Polizeibataillone wurden den drei HSSPF in Russland (Nord, Mitte, Süd) zugeteilt, wobei die anschließende direkte Beteiligung der Ordnungspolizei an Massenexekutionen russischer Juden im Zuständigkeitsbereich der HSSPF Nord, Mitte und Süd im Sommer und Herbst 1941 unstrittig ist.[94] Allein Jeckeln befehligte als „HSSPF Russland Süd" fünf Polizeibataillone, wobei vor allem die Bataillone 45 und 314 im Sommer 1941 eine „tödliche Schneise" durch die Sowjetunion zogen.[95] In einem einzigen Monat (August 1941) wurden von den Jeckeln unterstellten Formationen über 44.000 Menschen, meist Juden, ermordet. Diese „gigantische Mordquote" war nur möglich unter Beteiligung aller Jeckeln unterstellten Formationen; dies waren neben seiner Stabskompanie, der Waffen-SS und den einheimische Hilfstruppen vor allem die Bataillone der Ordnungspolizei.[96] Ende 1941 operierten schon 26 Polizeibataillone auf sowjetischem Territorium; das entsprach über 12.000 Männern.[97]

Mit Jeckeln als „HSSPF Russland Nord" hatte es Ewald Sternagel somit mit einem „Vorreiter" der Ausweitung des Judenmords auf prinzipiell alle Juden (unabhängig von Alter, Geschlecht, Arbeitskraft oder Qualifikation) zu tun.[98] In der Hierarchieebene darunter waren die BdO angesiedelt, über welche das „Hauptamt Ordnungspolizei im RSHA" direkt auf die Polizeibataillone zugreifen konn-

---

fürs Grobe, in: Proske, Wolfgang (Hg.): Täter Helfer Trittbrettfahrer, Bd. 9: NS-Belastete aus dem Süden des heutigen Baden-Württemberg, Gerstetten 2018, S. 207-221.
[92] Vermerk der Staatsanwaltschaft beim Landgericht Lüneburg, 25.04.1969. BArch Ludwigsburg B 162/5504.
[93] Welzer 2016 (wie Anm. 81), S. 165-173.
[94] Browning 1996 (wie Anm. 6), S. 45 f.; Mallmann 1997 (wie Anm. 5). Vgl. auch Hoffmann, Alfred: „Bei den Erschießungen die Form zu wahren versucht": Werner Schmidt-Hammer, in: Proske, Wolfgang (Hg.): Täter Helfer Trittbrettfahrer, Bd. 3. NS-Belastete aus dem östlichen Württemberg, Gerstetten 2016, S. 190. Demnach begann die „Endlösung der Judenfrage" am 24.06.1941 und nicht erst ein paar Tage später, wie Browning nahelegt.
[95] Browning 1996 (wie Anm. 6), S. 29-46, bes. S. 38; Mallmann 1997 (wie Anm. 5) , S. 370 ff.
[96] Mallmann 1997 (wie Anm. 5), S. 371.
[97] Ebd., S. 368.
[98] Erst Ende August 1941 war eine wachsende Tendenz zur Totalvernichtung aller Juden erkennbar; zuvor hatte man in den eroberten Gebieten nur die männlichen Juden im wehrfähigen Alter exekutiert, die übrigen ghettoisiert und zur Zwangsarbeit gepresst. Vgl. Mallmann 1997 (wie Anm. 5), S. 370.

te.[99] Für Sternagel und sein Reserve-Polizeibataillon 22 war BdO Georg Jedicke mit Dienstsitz in Riga zuständig. Parallel zu diesem Dienstweg hatte Heinrich Himmler sowohl im Reich als auch in den besetzten Gebieten ihm unmittelbar unterstellte regionale Statthalter installiert: auf der obersten Ebene waren dies die Höheren SS- und Polizeiführer (HSSPF), auf der Ebene darunter die SS- und Polizeiführer (SSPF). So konnten alle Aktivitäten der in einer Region eingesetzten SS-Verbände, der Sicherheitspolizei, des SD und der Ordnungspolizei und der ihnen unmittelbar unterstellten nicht-deutschen Hilfstruppen koordiniert werden.[100] Über die HSSPF und die SSPF konnte Himmler direkt, am primären Dienstweg vorbei, auf die in den Distrikten stationierten Polizeieinheiten zugreifen. Diese beiden parallelen Befehlswege galten auch für Sternagels Reserve-Polizeibataillon 22, das sich aus drei Kompanien zu je 100 bis 120 Mann, einem Bataillonsstab, einer Kraftfahrzeugstaffel und einem Nachrichtenzug zusammensetzte. Sternagel war mit seinem Stab und dem Nachrichtenzug in Mitau stationiert.[101] Er sagte nach Kriegsende aus, die Aufgabe des Bataillons sei der „überlagernde(n) Polizeischutz" für Lettland gewesen.[102] Dazu zählte er das Auffinden (und die Ausschaltung) versprengter russischer Soldaten und die Bekämpfung einer eventuellen Partisanenbewegung.[103] Die zweite Kompanie, in Riga im „Villenviertel Kaiserwald" stationiert, habe beispielsweise den Auftrag gehabt, Gebäude gegen Einbrüche zu schützen, so Sternagel nach 1945. Polizeilicher Objektschutz und Bewachungen entsprachen ebenso dem, was ein Schutzpolizist an Aufgaben gewohnt war, wie die Suche nach versprengten (feindlichen) Soldaten und deren „Ausschaltung" in einer Kriegssituation.[104]

Sternagels Aufgabenbeschreibung des Polizeibataillons 22 in Lettland und im „Reichsgau Danzig Westpreußen" ähneln sich auffallend. Er war offensichtlich bemüht, durch die Betonung eines generellen „ordnungspolizeilichen Schutzes" gegenüber den Ermittlungsbehörden den Anschein von „normalen" polizeilichen Einsätzen zu vermitteln. So wollte er auch glauben machen, dass Maßnahmen gegen Juden oder andere als Feinde definierte Zivilisten nicht in seinen Zuständigkeitsbereich gefallen seien. Im Gegenteil: Sternagel behauptete

---

[99] Im Deutsche Reich unterstanden dem Hauptamt sogenannte Inspekteure der Ordnungspolizei (IdO), in den besetzten Gebieten (Reichskommissariate und Generalgouvernement) Befehlshaber der Ordnungspolizei (BdO). Siehe Best, Werner: Die deutsche Polizei, Darmstadt 1940, S. 68. Die Kommandeure der Ordnungspolizei wiederum waren auf der Ebene der Distrikte angesiedelt. Diesen wiederum nachgeordnet waren die Kommandeure der Schutzpolizei und der Gendarmerie. Zu diesem Befehlsweg vgl. Mallmann 1997 (wie Anm. 5), S. 367.
[100] Zu den Intentionen zur Einrichtung der HSSPF und SSPF: ebd., S. 366.
[101] Die erste Kompanie unterstand Oberleutnant Winkler und war in Frauenburg stationiert, die zweite Oberleutnant Hense (Riga) und die dritte wurde von Oberleutnant Dietrich befehligt. Die 3. Kompanie war ebenso wie der Bataillonsstab und der Nachrichtenzug in Mitau stationiert. Aussage Sternagels vor einer Sonderkommission Hamburg, 10.12.1964. BArch Ludwigsburg B 162/3067.
[102] Ebd.
[103] Vernehmung Sternagels durch die Staatsanwaltschaft beim Landgericht Hamburg, 03.07.1969. BArch Ludwigsburg B 162/17090.
[104] Aussage Sternagels vor einer Sonderkommission in Hamburg, 10.12.1964. BArch Ludwigsburg B 162/3067.

zu seinen Gunsten, eine Anfrage des SD, ein „Exekutionskommando zu stellen zur Liquidierung einer ‚herumstreunenden Zigeunerbande'", mit dem Hinweis abgelehnt zu haben, dass seine ihm unterstellten Einheiten nur „ordnungspolizeiliche Aufgaben" durchzuführen hätten.[105]

Dass für die vorgesehene Liquidierung des Rigaer Ghettos Ende November 1941 HSSPF Friedrich Jeckeln weitere Verstärkung für Wachaufgaben angefordert hatte und dass die dritte Kompanie unter dem Kommando von Oberleutnant Emil Dietrich deshalb am 29. November 1941 von Mitau nach Riga verlegt wurde, um einen Sonderauftrag (die Absperrung um eine Exekutionsstätte) auszuführen, will Sternagel erst nachträglich erfahren haben. Während der Aktion sei er auf einer „Dienstfahrt" und nicht vor Ort gewesen.[106] Von der Verwendung auch der 2. Kompanie war bei ihm gar nicht die Rede. Der Befehl von BdO Jedicke sei direkt an Emil Dietrich gegangen, denn laut Sternagel konnte der BdO über diese Kompanie des Reserve-Polizeibataillons 22 als eigene „Einsatzreserve" verfügen; seine Zustimmung als Kommandeur musste nicht eingeholt werden. Absperrungen aller Art – auch die anlässlich einer großen Exekution, die „bei Riga durchgeführt werden mußte" – seien eine legitime „ordnungspolizeiliche Aufgabe" der Schutzpolizei gewesen, so Sternagel noch im Jahr 1965.[107] Zwar gab er zu, seinerzeit nach seiner Rückkehr zum Bataillon gehört zu haben, dass sich die Opfer - „Männer, Frauen und Kinder" - nackt ausziehen mussten und durch „Genickschuss" getötet wurden. Bei den Opfern habe es sich seines Wissens um „einen Eisenbahntransport mit Juden aus dem Reichsgebiet" gehandelt, die direkt nach der Ankunft durch „ein Spalier, welches von lett(ischer) Polizei gestellt wurde, an die Exekutionsstätte getrieben und dort erschossen wurden".[108] Angehörige der dritten Kompanie bezeugten den von Sternagel geschilderten Ablauf der Aktion. Bis auf die erste Gruppe des ersten Zuges, die für die innere Absperrung eingeteilt war, sei die komplette dritte Kompanie für die äußere Absperrung eingesetzt worden.[109] Damit stand diese Tötungsaktion in direktem Zusammenhang mit den Erschießungen von über 25.000 Bewohnern des Rigaer Ghettos im Wald von Rumbula im Winter 1941,

---

[105] Zeugenaussage Sternagels in der Voruntersuchung gegen Rosenstock u.a., 15.10.1965. Ebd.
[106] Aussage Sternagels vor der Sonderkommission Hamburg, 10.12.1964. BArch Ludwigsburg B 162/3067. Zum Einsatz bei der Liquidierung des Ghettos kamen die z.b.V. Kompanie Herbert Furck des BdO sowie die 2. und die 3. Kompanie des Reserve-Polizeibataillons 22. Während alle anderen Einheiten ohnehin in Riga stationiert waren, musste die 3. Kompanie erst nach Riga in Marsch gesetzt werden. Angrick, Andrej/ Klein, Peter: Die „Endlösung in Riga. Ausbeutung und Vernichtung 1941-1944, Darmstadt 2006, S. 153.
[107] Aussage Sternagels vor dem Untersuchungsrichter Landgericht Hannover, z. Zt. Lüchow, 15.10.1965. BArch Ludwigsburg B 162/3067.
[108] Aussage Sternagels vor der Sonderkommission Hamburg, 10.12.1964. Ebd.
[109] Zeugenaussage August Kossel, ehemaliger Angehöriger des Reserve-Polizeibataillons 22, 3. Kompanie, vor der Sonderkommission Hamburg, 18.11.1965. BArch Ludwigsburg B162/3067. Kossel war für den inneren Absperrungsriegel eingeteilt, um Unbefugten den Zutritt zu verweigern und insbesondere die Flucht von den Gruben unmöglich zu machen; er berichtete weiter, dass die „Erschießungsaktion" bis in die späten Nachmittagsstunden dauerte. Er schätzte die Zahl der jüdischen Opfer auf tausend, die von je zwei „Schießern" an zwei Gruben per Genickschuss ermordet wurden.

bei denen auch tausend deutsche Juden, die mit dem ersten Deportationszug aus Berlin zum Zeitpunkt der Erschießungen in Riga ankamen, ermordet wurden.[110]

Eine „Judenaktion" war ein arbeitsteiliger Prozess: Teile der Mannschaften räumten die Häuser, andere trieben die Menschen zu den Sammelplätzen, wieder andere begleiteten die Marschkolonnen, einige schossen, einige hoben die Gruben aus, andere schütteten diese hinterher wieder zu. In diesem Prozess sorgten Sternagels Kompanien für die Absperrung und passten auf, dass niemand floh. Diese Arbeitsteilung erlaubte es einem Polizisten wie etwa Alfred Kossel, den eigenen Beitrag zu minimieren. Er räumte zwar ein, an einer „Erschießungsaktion [...] ausschließlich gegen Juden" teilgenommen zu haben, betonte aber, dass er sich „in keiner Weise an diesen Tötungshandlungen" beteiligt habe. Er hatte in unmittelbarer Nähe der Gruben gestanden, die Opfer gesehen; der Eindruck, „der sich mir bei der Erschießungsaktion darbot, war furchtbar."[111] Ganz ähnlich argumentierte Sternagel. Die ihm unterstellten Polizisten haben in Lettland abgesperrt, aber nicht getötet: „Von meiner Einheit war sicher niemand zur Exekution eingeteilt", war sich Sternagel sicher.[112] Und er selber sei bei Maßnahmen gegen Juden überhaupt nicht eingesetzt gewesen: „Ich habe an keinen Vernichtungsmassnahmen teilgenommen und war auch nicht Zeuge solcher Verbrechen."[113] Ob dies den Tatsachen entsprach, lässt sich nicht mehr feststellen. Seinem Bataillon Anweisungen zum Absperren zu geben, war für Sternagel kein Tatbeitrag im arbeitsteiligen Vernichtungsprozess.

Die Tötungsaktionen im Baltikum im Dezember 1941 markierten mit ihrer totalen Liquidierungspraxis den Beginn der zweiten Vernichtungswelle, die 1942 auf das gesamte besetzte Gebiet ausgedehnt wurde und 1943 ihren Abschluss fand. Ghettos wie das von Riga (Dezember 1941) oder Warschau (April 1943) wurden ganz oder teilweise geräumt und ihre Bewohner, wenn sie nicht sofort vor Ort ermordet wurden, in die Vernichtungslager abtransportiert.[114] Bataillonskommandeur Sternagel verwies in diesem Zusammenhang auf die Befehlskette, mit dem der HSSPF Jeckeln bzw. BdO Jedicke direkt auf die im Raum Riga stationierten Polizeibataillone zugreifen konnte und dies im Falle der 3. Kompanie auch getan habe. Doch selbst wenn der BdO den Befehl nicht unmittelbar, sondern über ihn als Kommandeur erteilt hätte, wäre ihm auch nichts anderes übrig geblieben als die Absperrung durchzuführen. Denn, so Sternagels Standpunkt, eine Absperrung sei eine „ordnungspolitische Aufgabe" gewesen. Die Beteiligung des Polizeibataillons 22 an der Erschießungsaktion in Riga

---

[110] Zur Tötungsaktion in den Wäldern von Rumbula bei Riga siehe Angrick/ Klein 2006 (wie Anm. 106), S. 152 ff.
[111] Zeugenaussage August Kossel, ehemaliger Angehöriger des Reserve-Polizeibataillons 22, 3. Kompanie, vor der Sonderkommission Hamburg, 18.11.1965. BArch Ludwigsburg B162/3067.
[112] Aussage Sternagels in der Voruntersuchung gegen Rosenstock u.a. vom 15.10.1965. Ebd.
[113] Aussage Sternagels vor der Sonderkommission Hamburg, 10.12.1964. Ebd.
[114] Mallmann 1997 (wie Anm. 5), S. 372.

stellte Sternagel als eine über die Befehlskette legitimierte reguläre polizeiliche Maßnahme dar. Zu keinem Zeitpunkt wollte Sternagel in seiner Arbeit einen Tatbeitrag sehen.

An der sowjetischen Nordwestfront und „Kampfeinsatz im Distrikt Lublin"

Ab Mitte Januar 1942 befand sich das Reserve-Polizeibataillon 22 im unmittelbaren Fronteinsatz. Die Niederlage der Wehrmacht vor Moskau im Dezember 1941 und die daraufhin forcierte sowjetische Winteroffensive machte es zur Stabilisierung der Front (Nord und Mitte) notwendig, Truppenteile aus dem Westen zu verlegen, Reservisten zu mobilisieren und auf Polizeibataillone zurückzugreifen. Sternagels Bataillon bildete zusammen mit den Bataillonen 53 und 319 das Polizei-Regiment Nord, welches dem HSSPF Russland Nord (Friedrich Jeckeln) unterstellt war; das Regiment operierte zunächst mit der 81., später mit der 18. Infanterie-Division.[115] In „schwere Abwehrkämpfe" im Frontgebiet südlich des Ilmensees (russisch Ilmen osero, bis April 1942) und im Gebiet um Staraja-Russa (bis August/September 1942) verwickelt, musste das Bataillon große Verluste hinnehmen.[116] Sternagel bewährte sich abermals als Kommandeur. Sein Bataillon habe „Hervorragendes" geleistet, obwohl es für diesen Kampfeinsatz „unzulänglich vorbereitet und ausgerüstet" war. Im Stab des Polizeiregiments Nord führte man dies auf Sternagels „unerschütterliche Ruhe" und sein „zielbewußtes klares Handeln" zurück, welches motivierend gewirkt und seinen Männern das nötige Zutrauen gegeben habe.[117] Positive Beurteilungen von HSSPF Jeckeln und BdO Jedicke machten den Weg frei für eine wahre Ordens- und Auszeichnungsflut. Ewald Sternagel, seit dem Ersten Weltkrieg bereits im Besitz des Eisernen Kreuz II. Klasse, wurde im Laufe des Jahres 1942 mit der „Ostmedaille" (Winterschlacht 1941/42), dem Kriegsverdienstkreuz II. Klasse mit Schwertern (Januar)[118], der Spange zum Eisernen Kreuz II. Klasse (März) sowie dem Eisernen Kreuz I. Klasse (Oktober), ausgezeichnet".[119]

Im August 1942 endete Sternagels Tätigkeit als Kommandeur des Reserve-Polizeibataillons 22; er wurde an seinen Heimatstandort Stuttgart zurückbeordert.[120] Der Polizeimajor wurde zunächst zum sechswöchigen neunten Taktiklehrgang für Polizeioffiziere nach Dresden geschickt. Auf dem Lehrplan standen „Geländebesprechungen […], Grundsätze des neuzeitlichen Infanteriegefechts

---

[115] Polizeidienstpass Sternagels. HStAS Stuttgart E 151/21 Bü 1406.
[116] Klemp, Stefan: Nicht ermittelt. Polizeibataillone und die Nachkriegsjustiz, Essen 2005, S. 120.
[117] Beurteilung Sternagels, Ehem. Pol. Regt. Nord, Kommandeur, 15.02.1943. HStAS Stuttgart E 151/21 Bü 1406.
[118] Hierfür hatte ihn der BdO Ostland, Jedicke, vorgeschlagen. Ebd.
[119] Vorlagezettel „Ernennung des Majors d. SchP. Sternagel, Ewald zum Oberstleutnant der Schutzpolizei", Hauptamt Ordnungspolizei Berlin, November 1944. BArch Berlin R 19/689.
[120] Als sein Nachfolger wurde Dr. Heinrich Kupetz, Major der Schutzpolizei von der Polizeiverwaltung Hamburg, zur Meldung beim BdO in Königsberg in Marsch gesetzt. Schreiben Reichsführer SS und Chef der Deutschen Polizei, O-Kdo. II P II (2a) vom 19.08.1942. Ebd.; Klemp 2005 (wie Anm. 116), S. 120.

und Partisanenbekämpfung". Sternagel war ein nur mäßiger Schüler. Bemängelt wurden sein "etwas zu großes Selbstbewusstsein" und seine Unfähigkeit, "einer Veränderung der Lage schnell genug [...] folgen" zu können. Bis zum 7. November 1942, dem letzten Kurstag, hatte er sich lediglich "befriedigende Kenntnisse" erworben.[121] Nur eine Woche später stand die nächste Verwendung Sternagels fest. Er wurde Kommandeur des I. (Bataillons) des Polizeiregiments 22 und hatte sich laut Befehl des BdO in Krakau (Generalgouvernement) unverzüglich zum Kommandeur der Schutzpolizei in Lublin in Marsch zu setzen.[122] Das Regiment 22 hatte seinen Sitz in Warschau, das 1. Bataillon bestand aus dem bisherigen Reserve-Polizeibataillon 41.[123] In Lublin wurde das 1. Bataillon kurzfristig dem Polizei-Regiment 25 zur Verfügung gestellt.[124] Sternagel sei in einer "recht bewegten Zeit" zum "Reg. 25" gestoßen, hieß es in einem Schreiben des BdO für den Distrikt Lublin, aber er habe sich "bestens bewährt". Dank "ständig schärferen Methoden in der Kampfführung" und "rücksichtslose(r) Bekämpfung" der "Unruheherde" in seinem Zuständigkeitsgebiet sei er in der "Banditenbekämpfung" erfolgreich gewesen.[125] Das Bataillon 41 (später das 1. Bataillon des Polizeiregiments 22) war ab Juni 1942, vor und während der Kommandantur Sternagels, im Distrikt Lublin für das Absperren von Exekutionsstätten eingeteilt und an "Aussiedlungen" sowie Erschießungsaktionen beteiligt.[126]

Wie die sicherheitspolizeiliche "Befriedung der neu zu besetzenden Gebiete" aussehen sollte, hatte Reinhard Heydrich in seinem Befehl vom 2. Juli 1941 über die Aufgaben der Einsatzgruppen dargelegt. Neben den Funktionären und Kommissaren (der KPdSU und des Komsomol) waren alle "Juden in Partei- und

---

[121] Beurteilung Sternagels durch Polizei-Lehr-Bataillon Hellgrau bei Dresden, Oberstleutnant der Schutzpolizei gez. Wirth, 07.11.1942. BArch Berlin R 19/689.
[122] Fernschreiben Reichsführer SS und Chef der deutschen Polizei an BdO in Stuttgart u.a., 14.11.1942, und Zusatz vom 26.11.1942. Ebd. Der verstärkte Einsatz der Polizeiverbände im sogenannten „Bandenkampf" und an der Front führte im Sommer 1942 zur Aufstellung großer motorisierter Polizeiregimenter. Im Juli 1942 gab es 25 dieser Regimenter, die ab Februar 1943 SS-Polizeiregimenter hießen. Siehe http://www.lexikon-der-wehrmacht.de/Gliederungen/Polizei-Regimenter/Gliederung.htm (Zugriff: 24.09.2018). Sternagel löste am 14.11.1942 Major Johannes Lüters ab, der zur Ausbildungsleitung des BdO Hamburg versetzt wurde. Fernschreiben Reichsführer SS und Chef der Deutschen Polizei an BdO in Stuttgart u.a., 14.11.1942. BArch Berlin R 19/689.
[123] Zum Reserve-Polizeibataillon 41: Curilla 2011 (wie Anm. 74), S. 600-623.
[124] Kommandeur des für den Distrikt Lublin zuständigen Polizeiregiments 25 war zu diesem Zeitpunkt Hermann Kintrup, der in Personalunion auch Kommandeur der Ordnungspolizei (KdO) im Distrikt Lublin war. Als KdO unterstand er wiederum unmittelbar den Weisungen des übergeordneten SSPF Odilo Globocnik (1904-1945).
[125] Beurteilung Sternagels durch Kommando der Schutzpolizei, Stuttgart, 27.04.1943, das die Beurteilung des BdO aufgreift. BArch Berlin R 19/689.
[126] Ermittlungsstand des Verfahrens zur Beteiligung von Angehörigen des Polizeibataillons 41 an Judenvernichtungsmaßnahmen in Lublin und Kielce, Staatsanwaltschaft beim Landgericht Lüneburg, 30.04.1969. BArch Ludwigsburg B 162/5504; Curilla: Judenmord 2011 (wie Anm. 74), S. 603 ff.

Staatsstellungen" sowie alle „sonstigen radikalen Elemente (Saboteure, Propagandeure, Heckenschützen, Attentäter, Hetzer usw.)" zu liquidieren.[127] Dieser Zielsetzung folgte auch die Ordnungspolizei. Wer vor Ort aber letztlich zu töten sei, überließ Heydrich den Führern der Einsatzgruppen, so Michael Wildt: „Die Kommandanten erhielten keineswegs eine detaillierte Anweisung, was in einer jeweils gegebenen Situation zu tun sei, sondern der Befehl stellte vielmehr einen Auftrag zum Handeln dar, eine Ermächtigung, im Sinn des Befehls vor Ort eine adäquate Entscheidung zu fällen."[128] Das bedeutete, dass es im Ermessensspielraum der lokalen bzw. regionalen Akteure der „sicherheitspolitischen Befriedung" auch im Distrikt Lublin lag zu entscheiden, wer diese „Banditen" waren, die es auszuschalten galt. Hinzu kam, dass „Befriedung" und „Bandenkampf" nicht nur besatzungspolitische Anordnungen waren, sondern als militärischer Einsatz galten und daher geeignet waren, Erschießungen en gros oder das Niederbrennen ganzer Dörfer als Kriegsnotwendigkeit auszugeben.

Der Beginn des Vernichtungskrieges gegen die Sowjetunion markierte, so Jürgen Matthäus, die „fast vollständige Verschmelzung antisemitischer, antibolschewistischer und rassistischer Propagandaparolen". Daraus entstand ein diffuses Feindbild, mit dem besatzungspolitisches Handeln - und eben auch der Massenmord an den Juden - legitimiert wurde.[129] Aufgrund von Sternagels Sozialisation beim Militär verwundert es nicht, dass es für ihn eine zentrale Aufgabe war, seinen „Kampf an der Ostfront" in einen militärisch-polizeilichen Erwartungshorizont einzuordnen. Erleichtert wurde dies durch die Gleichsetzung von Juden mit Partisanen, welche von der NS-Führung bereits mit Beginn des Polenfeldzugs vorgenommen wurde und mit Beginn des Vernichtungskrieges gegen die Sowjetunion verschärft wurde. „Wo der Partisan ist, ist der Jude, und wo der Jude ist, ist der Partisan", erklärte Heinrich Himmler.[130] Zunehmend wurden „Partisanen" mit „Banditen" gleichgesetzt.[131] Diese Gleichsetzung spielte bei den im Osten operierenden Polizisten eine zentrale Rolle, denn so konnte die Bekämpfung und Ausschaltung des Gegners als „normale" polizeiliche Aufgabe interpretiert werden.[132] Opfer der Erschießungsaktionen des Polizeibataillons 41 im Distrikt Lublin unter Sternagels Führung waren insbesondere Juden,

---

[127] Einsatzbefehl Heydrichs an die HSSPF in der Sowjetunion, 02.07.1941, abgedruckt in Longerich, Peter (Hg.): Die Ermordung der europäischen Juden. Eine umfassende Dokumentation des Holocaust 1941-1945, München 1989, S. 116-118.
[128] Wildt, Michael: Generation des Unbedingten. Das Führungskorps des Reichssicherheitshauptamtes, Hamburg 2003, S. 561.
[129] Matthäus 2002 (wie Anm. 34), S. 152.
[130] Vgl. Manoschek, Walter: „Wo der Partisan ist, ist der Jude, und wo der Jude ist, ist der Partisan". Die Wehrmacht und die Shoah, in: Paul, Gerhard (Hg.): Die Täter der Shoah. Fanatische Nationalsozialisten oder ganz normale Deutsche? Göttingen 2002, S. 167-186, hier S. 167 ff.
[131] Kühl 2014 (wie Anm. 40), S. 279.
[132] Siehe Matthäus 2002 (wie Anm. 34), S. 151-158; Kühl 2014 (wie Anm. 40), S. 269-295; Mallmann, Klaus-Michael: Der Einstieg in den Genozid. Das Lübecker Polizeibataillon 307 und das Massaker in Brest-Litowsk Anfang Juli 1941, in: Archiv für Polizeigeschichte 10 (1999), S. 82-88.

aber auch „Banditen", Bolschewisten, polnische Partisanen und „Banditenbegünstiger".[133] Mit Beginn des Jahres 1943 verzeichnete die Sicherheitspolizei im Distrikt Lublin in der Tat eine veränderte Sicherheitslage durch einen signifikanten Anstieg der Partisanentätigkeit.[134] Genau in dieser „bewegten" Anfangsphase war Sternagel dort im Einsatz. Dieser Diktion folgend notierte er in seinem Polizeidienstpass, dass er sich im Distrikt Lublin drei Monate lang im „Kampfeinsatz" befunden habe.[135]

Ghettoliquidierung Warschau

Bis zum 9. März 1943 operierte das 1. Bataillon des Polizeiregiments 22 unter dem Dach des Polizeiregiments 25 in Lublin.[136] Anschließend wurde es nach Warschau zurückverlegt, in unmittelbarer Nähe des Ghettos stationiert und mit der Ghettobewachung beauftragt.[137] Ein Bewachungsauftrag entsprach zunächst einer gewohnten polizeilichen Aufgabe. Dies hat vermutlich auch Sternagel so gesehen. In der Folge jedoch waren er und seine Männer an der Ghettoräumung, an der Deportation und an Massenerschießungen vor Ort beteiligt. Zwar waren Sternagels Schutzpolizisten bei der Ghettoliquidierung zu einem großen Teil zum Absperrdienst eingeteilt, um jedweden Fluchtversuch unmöglich zu machen; Offiziere und Mannschaftsdienstgrade gehörten jetzt aber nachweislich auch zu den Einsatzkräften im Ghetto selber. Im Schnitt waren laut Wolfgang Curilla (* 1942) von Sternagels 1. Bataillon drei Offiziere und 94 Mann während der Ghettoliquidierung eingesetzt. Sie riegelten Straßenzüge ab, durchsuchten Häuser nach Juden und hatten die Aufgabe, die „Bunker" ausfindig zu machen, welche die Juden als Versteck nutzen, und die Menschen dort

---

[133] Curilla 2011 (wie Anm. 74), S. 604 ff. „Banditenbegünstiger" waren der Unterstützung von Partisanen verdächtigte nichtjüdische Polen oder Russen.

[134] Im Januar 1942 hatte es nur 42 Überfälle gegeben, im Juli hingegen waren es bereits 1.400 und im März 1943 2.300. Zur Entwicklung der Sicherheitslage im Jahr 1942 und 1943 im Distrikt Lublin: Berenstein, Tatiana: Widerstand und Vernichtung der jüdischen Bevölkerung im Distrikt Lublin, Lublin 1997, S. 46. Zu einer echten Gefahr für die deutschen Besatzer wurde die Partisanenbewegung erst im Jahr 1943, so auch Birn, Bettina: Die höheren SS- und Polizeiführer. Himmlers Vertreter im Reich und in den besetzten Gebieten, Düsseldorf 1986, S. 167 ff. Gegen diese Art von Notlüge protestierte Sternagels Vorgänger, Major Johannes Lüters, gegenüber dem Kommandeur der Schutzpolizei (KdO). Dauernd in den offiziellen Verlautbarungen zu behaupten, dass bei der Erschießung von Juden diese „bei der Flucht" erschossen worden seien, obwohl allen die wahren Tatsachen bekannt seien, stieß ihm sauer auf. Vgl. Kühl 2014 (wie Anm. 44), S. 285. Die Staatsanwaltschaft Lüneburg nahm auch mit seiner Weigerung gegenüber SSPF Globocnik zusammenhing als Bataillonskommandeur auch mit seiner Weigerung gegenüber SSPF Globocnik zusammenhing, gefangene Juden zu erschießen. BArch Ludwigsburg B 162/ 5504. Das Verfahren gegen Lüters wurde im Juli 1967 eingestellt. Ltd. Oberstaatsanwalt Landgericht Hamburg an Zentrale Stelle der Justizverwaltungen, 17.07.1967.

[135] Polizeidienstausweis. HStAS Stuttgart E 151/21 Bü 41406.

[136] Beurteilung Sternagels vom 27.04.1943. BArch Berlin R 19/689.

[137] Curilla 2011 (wie Anm. 74), S. 606.

herauszuholen.[138] Die direkte Beteiligung des Polizeibataillons 41 an der Tötung der rund 7.000 im Ghetto erschossenen Juden sowie den in den Bunkern und bei den Bränden ums Leben gekommenen Juden (5.000 bis 6.000 Menschen) kann als sicher gelten. Das Bataillon ist auch für den Tod der Juden mitverantwortlich zu machen, die in die Vernichtungslager Treblinka und Majdanek deportiert wurden (ca. 8.000 Menschen).[139] Die Staatsanwaltschaft Hamburg beschuldigte Ewald Sternagel, im Zeitraum zwischen dem 19. April und dem 16. Mai 1943 „gemeinschaftlich mit anderen aus niedrigen Beweggründen, teils grausam und teils mit gemeingefährlichen Mitteln" Menschen getötet zu haben. Die Behörde ging von „ungefähr 19.000, mindestens aber 9.000" Opfern aus. Konkret wurde Sternagel vorgeworfen, als „Leiter des zentralen Befehlsstandes" die Ghettoliquidierung gesamtverantwortlich koordiniert zu haben. Dadurch war er direkt mitverantwortlich, dass knapp 7.000 Juden nach Treblinka deportiert und dort ermordet wurden; weitere 7.000 Personen wurden vor Ort im Ghetto erschossen und ca. 5.000 bis 6.000 Juden sind „beim Vernichten der Häuser lebendig verbrannt [...] oder erstickt", andere „mittels Sprengungen getötet" worden.[140]

Der Ablauf der 28 Tage dauernden Räumung des Ghettos, der Deportation und Ermordung seiner Bewohner im April und Mai 1943 ist gut dokumentiert - nicht zuletzt durch den Bericht des HSSPF Jürgen Stroop mit dem Titel „Es gibt keinen jüdischen Wohnbezirk in Warschau mehr".[141] Danach deportierten und erschossen die eingesetzten Truppen (u.a. zwei SS-Ausbildungsbataillone aus Warschau, polnische Polizei, Sicherheitspolizei und zwei Bataillone des Polizeiregiments 22[142]) insgesamt 56.065 Juden. Davon seien rund 7.000 Juden im Ghetto selbst getötet worden, knapp ebenso viele Juden wurden ins Vernichtungslager Treblinka II deportiert und dort ermordet. Über das Schicksal der übrigen rund 42.000 Juden bestehen zwar unterschiedliche Angaben, fest jedoch steht, dass sie vom Umschlagplatz Warschau in andere Lager (Trawniki, Poniatowa, Lager Alter Flughafen bei Lublin) deportiert wurden.[143]

In einer ersten Vernehmung 1960 gab Sternagel an, dass er mit seinem Bataillon vom BdO ausschließlich mit der Sicherstellung der äußeren Absperrung des Ghettos beauftragt worden war. An Erschießungen, so Sternagel, „habe ich

---

[138] Vgl. ebd., S. 610 f.; höhere Zahlen bei Klemp, Stefan: Vernichtung. Die deutsche Ordnungspolizei und der Judenmord im Warschauer Ghetto 1940-1943, Münster 2013, S. 148. Zeugenaussagen von Angehörigen des 1. Bataillons bei Scheffler, Wolfgang/ Grabitz, Helge: Der Ghetto-Aufstand Warschau 1943 aus der Sicht der Täter und Opfer in Aussagen vor deutschen Gerichten, München 1993, S. 260-285.
[139] Curilla 2011 (wie Anm. 74) , S. 611, S. 620.
[140] Antrag der Staatsanwaltschaft Hamburg auf Eröffnung einer gerichtlichen Voruntersuchung gegen Dr. Ludwig Hahn und Ewald Sternagel, 15.02.1972. BArch Ludwigsburg B 162/17090.
[141] Stroop-Bericht „Es gibt keinen jüdischen Wohnbezirk in Warschau mehr", München 1960/1972; Scheffler/ Grabitz 1993 (wie Anm. 138); Curilla 2011 (wie Anm. 74), S. 606-621.
[142] Dies waren das 1. Bataillon (= Reserve-Polizeibataillon 41) und das 3. Bataillon (= Reserve-Polizeibataillon 53).
[143] Curilla 2011 (wie Anm. 74) , S. 615-620.

nicht teilgenommen oder solche persönlich gesehen".[144] Dies entsprach nicht den Tatsachen. Doch Sternagel war darauf bedacht, nur Informationen preiszugeben, die für ihn keine strafrechtlichen Folgen hatten. Und in der Tat brachte ihm seine Falschaussage fünf Jahre Ruhe vor jeglicher Strafverfolgung.

Erst 1965 wurde Haftbefehl gegen ihn erlassen und u.a. wegen Fluchtgefahr Untersuchungshaft angeordnet. Erstmalig wurde er jetzt der „Beihilfe zum Mord" in „mindestens 19.000 Fällen" beschuldigt.[145] Ob er tatsächlich in Haft genommen wurde, ist unklar. Allerdings dauerte es bis Anfang November 1972, bis die gerichtliche Vorverhandlung gegen Sternagel, Dr. Hahn und andere Offiziere des Polizeiregiments 22 eröffnet wurde.[146] Die Ermittlungsbehörde warf ihm vor, an der Durchführung des Holocaust beteiligt gewesen zu sein. Sie sah es als erwiesen an, dass er als Chef des Einsatzstabes von SS-Brigadeführer Jürgen Stroop[147] ab dem 20. April 1943 alle eingesetzten Polizeikräfte und Teile der Wehrmacht befehligte und vermutete, dass er auch die Befehlsgewalt über beide SS-Ausbildungsbataillone innehatte.[148] „Truppenübergreifend", so auch Stefan Klemp (* 1964), habe Sternagel die Stoßtrupps aufgestellt und den Einsatz während der gesamten Aktion geleitet.[149] Ein Angehöriger des Polizeibataillons 53 belastete Sternagel persönlich. Seine Aussage, Sternagel habe die aufgegriffenen Juden, die man zu seinem Befehlsstand brachte, einzeln durch die anwesenden fünf bis zehn „Melder" im Hof des Judenratsgebäudes erschießen lassen, wog schwer. Der Zeuge, der selber als „Melder" (zwischen Sternagel und Stroop) fungiert hat, nahm für sich in Anspruch, sich vor diesen regelmäßigen Erschießungsaktionen gedrückt zu haben, indem er sich rasch um einen neuen Auftrag bemühte, bevor der Befehl zum Schießen gekommen sei.[150] Die Staatsanwaltschaft warf Sternagel vor, die Erschießungen durch die „Melder" aus „niedrigen [...] Beweggründen" angeordnet zu haben. Hinter den Tötungsanweisungen „aus rassischer Ablehnung und zur Förderung seiner Karriere" er-

---

[144] Aussage Sternagels vom 05.01.1960, zit. nach Scheffler/ Grabitz 1993 (wie Anm. 138), S. 260 ff.
[145] Begründung des Haftbefehls vom 29.04.1965 durch das Amtsgericht Hamburg. Zit. nach Klemp 2013 (wie Anm. 138), S. 183 f.
[146] Landgericht Hamburg, Untersuchungsrichter, an Landesstab der Polizei Israel, Untersuchungsstelle für NS-Verbrechen, 18.12.1972. BArch Ludwigsburg B 162/17090.
[147] Zu Stroop: Tabellarische Aufstellung der SS-Dienstlaufbahn Stroops (1932-1944). LA Saarbrücken E 241. Birn 1986 (wie Anm. 134), S. 347; Klee 2007 (wie Anm. 89), S. 609 f.
[148] Antrag der Staatsanwaltschaft Hamburg auf Eröffnung einer gerichtlichen Voruntersuchung gegen Dr. Ludwig Hahn, Ewald Sternagel u.a., 15.02.1972. BArch Ludwigsburg B 162/17090.
[149] Klemp 2013 (wie Anm. 138), S. 147.
[150] Ebd., S. 149; Antrag der Staatsanwaltschaft Hamburg auf Eröffnung einer gerichtlichen Voruntersuchung gegen Dr. Ludwig Hahn, Ewald Sternagel u.a., 15.02.1972. BArch Ludwigsburg B 162/17090.

kannten die Staatsanwälte einen klaren „Täterwillen" und damit eigene Interessen und einen eigenen Antrieb.[151] Indem sie von einem Handlungs- und Improvisationsspielraum vor Ort ausgingen, war die entlastende Selbstdarstellung Sternagels als bloßer Befehlsempfänger nicht länger haltbar.[152]

Ein durchgängiges Schema von Handlungen bei Judenerschießungen oder Ghettoräumungen lasse sich nur bedingt feststellen, schreibt Andrej Angrick (*1962) in seiner Darstellung der Einsatzgruppe D; viele Initiativen hingen „von der Persönlichkeit und Motivation des jeweiligen Funktionsträgers ab".[153] Wenn es zutrifft, dass selbst in militärischen und paramilitärischen Gewaltkontexten Menschen immer noch über „unterschiedliche Freiheitsgrade für ihr eigenes Tun" verfügen und funktionale Prozesse desto effizienter ablaufen, je mehr die beteiligten Menschen „Raum für eigene Deutungen und Handlungen [...] im Rahmen der gegebenen Aufgabe" haben, dann muss von der Möglichkeit individuellen Handelns ausgegangen werden. Vor diesem Hintergrund wird auch verständlich, warum die Befehle an Einsatzgruppen, Sonderkommandos usw. ein überaus hohes Maß an Auslegungsspielraum hatten. Es hatten die Männer vor Ort, die Praktiker, zu entscheiden, wer in einer bestimmten Situation „Partisan", „Bandit" oder „Jude" war.[154] Diese entscheidungsoffenen Anweisungen öffneten stets auch die Möglichkeit zu besonders brutalem Morden.[155] Stroop, so Stefan Klemp, habe „möglicherweise [...] nach einem ,Praktiker'" gesucht, denn er selber hatte zu dem Zeitpunkt, als er die Position des SSPF von Ferdinand von Sammern-Frankenegg (1897-1944) übernahm, keinerlei Erfahrung mit Massenerschießungen, Ghettoräumungen und Deportationen.[156] Über diese verfügten beide Kommandeure der eingesetzten Polizeibataillone 41 und 53. Vielleicht hatte sich Sternagel als Praktiker genau im richtigen Moment empfohlen, um zwischen Kommandoebene (Stroop) und Mannschaften zu vermitteln. Im Unterschied zu seinem Kollegen vom Bataillon 53, Major Karl Schöppe, hatte Sternagel Fronterfahrung und war „über die Ermordung der Juden hinreichend orientiert". Major Karl Schöppe hingegen hatte keine Erfahrung im Osten, er war vor seiner Tätigkeit in Warschau Adjutant des HSSPF in Den Haag gewesen.[157] Vielleicht war das der entscheidende Pluspunkt für Sternagel. Im arbeitsteiligen Prozess der Durchführung der Ghetto-Liquidie-

---

[151] Ebd.
[152] Im Fall des mit angeklagten Dr. Hahn erkannte die Staatsanwaltschaft auf „Weltanschauungstäter". Hahn habe die Judenvernichtung als eine „zwar unangenehme, aber erforderliche Gemeinschaftsaufgabe der SS anerkannt". Das bedeutete, dass Hahn genau wusste und wollte, was er tat. Der Vorwurf lautete deshalb auf „Mittäter" und nicht auf „Gehilfe" (überzeugungsloser Befehlsempfänger). Ebd.
[153] Angrick 2003 (wie Anm. 56), S. 9.
[154] Welzer 2016 (wie Anm. 81), S. 45.
[155] Lüdtke, Alf: „Fehlgreifen in der Wahl der Mittel". Optionen im Alltag militärischen Handelns, in: Mittelweg 36 I/2003, S. 61-75.
[156] Klemp 2013 (wie Anm. 138), S. 146 ff; ähnlich Scheffler/ Grabitz 1993 (wie Anm. 138), S. 134-154.
[157] Ebd., S. 148.

rung war es Sternagel, der von Jürgen Stroop am 20. April 1943 mit der Gesamtkoordination des Einsatzes beauftragt wurde. Bis zum 16. Mai war er es, der kommandierte und befahl, die Einsatzkräfte koordinierte, die täglichen Einsatzpläne erarbeitete und modifizierte. Seinen ihm unterstellten Männern übertrug er das Absperren und Bewachen der äußeren Ghettomauer, das Gefangennehmen, Prügeln und Erschießen der Juden sowie das Inbrandsetzen der Gebäude. Wenn es „aber zur Klärung einzelner Lagen" erforderlich war, übernahm Sternagel „die Führung eingesetzter Stoßtrupps" kurzerhand selber. Er tauschte seinen Befehlsstand immer dann, wenn es die Situation verlangte, mit der direkten Aktion in den Ghettostraßen, wie Jürgen Stroop lobend hervorhob.[158] Noch am letzten Tag der Aktion, am 16. Mai, seien „180 Juden, Banditen und Untermenschen vernichtet" worden, wie Stroop per Fernschreiben an den HSSPF Ost, Friedrich-Wilhelm Krüger (1894-1945), meldete.[159]

Sternagel selber bezeichnete seinen Einsatz in Warschau als Beteiligung an „Säuberungskämpfe(n)", die gemeinsam mit „Truppen der Wehrmacht und Waffen-SS" gegen einen gemeinsamen Feind geführt wurden: dieser Feind waren „Banden im ehemaligen jüdischen Wohnbezirk in Warschau".[160] Es waren demnach keine Juden, die liquidiert wurden, sondern „Banden". Damit passte sich für Sternagel auch dieser mörderische Einsatz mit Tausenden von Toten in den ihm wohl bekannten militärisch-polizeilichen Handlungskontext ein. Die Existenz von „Banden" rechtfertigte entschlossenes polizeiliches Durchgreifen.

Hingegen brauchte der SSPF für den Distrikt Warschau (seit Juni 1943), Jürgen Stroop, keinen „Bandenkampf" als Legitimation für den Mord an unschuldigen Männern, Frauen und Kindern. Für ihn waren ausschließlich rassenpolitische Ideale ausschlaggebend, er sprach beschönigend von „Bereinigung" des ehemaligen „jüdischen Wohnbezirks" in Warschau.[161] „Bereinigung", dies war allen Beteiligten klar, bedeutete die Liquidierung der Ghettos nach dem „Tabula rasa"-Prinzip, welches bei der zweiten Vernichtungswelle konsequent von Anfang an zur Anwendung kam.[162] Sternagel hatte sich zum wiederholten Mal im „Fronteinsatz" an herausgehobener Position bewährt.[163] Da er „wesentlich zum Erfolg der Großaktion" in Warschau beigetragen hatte, schlug ihn Stroop noch

---

[158] Kurze Begründung und Stellungnahme des Zwischenvorgesetzten (Stroop), warum er Sternagel für das Kriegsverdienstkreuz 1. Klasse mit Schwertern vorschlug, vom 17.05.1943. HStAS Stuttgart E 151/21 Bü 1406.
[159] Abschrift Fernschreiben Stroop an Krüger, 16.05.1943. BArch Ludwigsburg B 162/17090. Angaben zu Krüger bei Birn 1986 (wie Anm. 134), S. 339 f.
[160] Polizeidienstpass. HStAS Stuttgart E 151/21 Bü 1406.
[161] Vorschlagsliste für Verleihung des Kriegsverdienstkreuzes 1. Klasse mit Schwertern sowie kurze Begründung und Stellungnahme des Zwischenvorgesetzten (Stroop), warum er Sternagel vorschlug, vom 17.05.1943. HStAS Stuttgart E 151/21 Bü 1406.
[162] Mallmann 1997 (wie Anm. 5), S. 372.
[163] Hauptamt Ordnungspolizei, Vorlagezettel vom November 1944. BArch Berlin R 19/689.

im Mai 1943 für das Kriegsverdienstkreuz I. Klasse mit Schwertern vor.[164] Zur Frage seiner Eignung für den nächsthöheren Dienstgrad wollte und konnte sich Sternagels Heimatdienststelle, die Polizeiverwaltung in Stuttgart, zu diesem Zeitpunkt allerdings nicht äußern. Der Polizeioffizier sei in der relevanten Berichtszeit nicht am Heimatstandort verwendet worden, hieß es lapidar.[165] Damit war die Entscheidung über einen Aufstieg in den Rang eines Oberstleutnants zunächst einmal vertagt.

„Bandenbekämpfung" im Distrikt Radom (Generalgouvernement)

Sternagels I. Bataillon (des Polizeiregiments 22) blieb bis zum 9. Juni in Warschau und wurde anschließend im Distrikt Radom eingesetzt. Den drei Kompanien wurden drei verschiedene Standorte zugewiesen: Konskie (1. Kompanie), Jedrzejow (2. Kompanie) und Konskie bzw. Kielce (3. Kompanie).[166] Damit blieb Sternagel im Generalgouvernement, operierte nun aber im Bereich des neu eingerichteten Schutzgebietes III mit den Kreisen Jedrzejow und Konskie.[167] Angesichts einer steigenden Partisanentätigkeit und der sich dadurch dramatisch verschlechternden Sicherheitslage im Distrikt Radom sah sich der KdO zu einer Reorganisation seines Apparates genötigt. Die besonders gefährdeten Gebiete in seinem Distrikt erklärte Oberst Paul Baehren (1893-1958) am 9. Juni 1943 zu sogenannten Schutzgebieten und verfügte die Stationierung zusätzlicher Polizeikräfte.[168] In diesem Zusammenhang wurde auch Sternagels Bataillon nach

---

[164] Kurze Begründung und Stellungnahme des Zwischenvorgesetzten (Stroop), warum er Sternagel für das Kriegsverdienstkreuz 1. Klasse mit Schwertern vorschlug, vom 17.05.1943. HStAS Stuttgart E 151/21 Bü 1406. Stroop selber erhielt für seinen Einsatz das Eiserne Kreuz 1. Klasse, die beteiligten Kommandeure bekamen Kriegsverdienstkreuze mit oder ohne Schwerter verliehen. Sogenannte Nahkampfspangen wurden an besonders verdienstvolle Mitglieder der Mannschaften verliehen. Vgl. Scheffler/ Grabitz 1993 (wie Anm. 138), S. 154. Unter den Ausgezeichneten war auch Major Karl Schöppe. Curilla 2011 (wie Anm. 74) , S. 615.
[165] Kommando der Schutzpolizei Stuttgart, 27.04.1943. HStAS Stuttgart E 151/21 Bü 1406.
[166] Vermerk der Staatsanwaltschaft beim Landgericht Lüneburg zum Verfahren 2aJs 416767: Beteiligung von Angehörigen des Polizei-Bataillons 41 an Judenvernichtungsmaßnahmen im Raum Lublin sowie Kielce-Radom-Konskie vom 30.04.1969. BArch Ludwigsburg B 162/5504.
[167] Als sich 1943 die Sicherheitslage im Distrikt Radom angesichts der steigenden Partisanentätigkeit signifikant verschlechterte, erklärte der amtierende KdO Radom, Oberst der Schutzpolizei Paul Baehren, am 09.06.1943 die durch Partisanen gefährdeten Gebiete zu Schutzgebieten und stationierte dort zusätzliche Polizeikräfte. Unterstand das Schutzgebiet III Sternagel als Kommandeur des I. Bataillons des Polizeiregiments 22, so waren für die beiden anderen Schutzgebiete im Distrikt Radom die Kommandeure der Bataillone II des Polizeiregiments 22 und III des Polizeiregiments 17 zuständig. Damit stationierte man in jedem Schutzgebiet ein (zusätzliches) Polizeibataillon, nämlich das I. und II. Bataillon/Polizeiregiment 22 und das III. Bataillon /Polizeiregiment 17. Die Gesamtführung hatte zunächst der Kommandeur der Gendarmerie Radom, Oberstleutnant der Gendarmerie Werner Kühn; er installierte seinen Einsatzstab in Kielce. Alle verfügbaren Polizeikräfte (Gendarmerie in den ländlichen Gebieten, Schutzpolizei in den drei kreisfreien Städten, polnische Polizei und die Polizeibataillone sollten in erster Linie gegen die Partisanengruppen eingesetzt werden. Dem Einsatzstab standen außerdem als Reserve die 3. Kompanie des I. motorisierten Gendarmeriebataillons und ein Zug des Polizei-Wachbataillons „Dresden" zur Verfügung. Ab August 1943 leitete Major der Schutzpolizei Ewald Sternagel den Einsatzstab. Vgl. Seidel, Robert: Deutsche Besatzungspolitik in Polen. Der Distrikt Radom 1939-1945, Paderborn u.a. 2006, S. 75-80.
[168] Instruktion KdO Radom vom 09.06.1943. Siehe Seidel: Besatzungspolitik 2006 (wie Anm. 165), S. 79.

Radom in Marsch gesetzt. Die Tätigkeit der einzelnen Polizeistützpunkte innerhalb der Schutzgebiete bestand zunächst in verstärktem Streifendienst sowie Haus-, Personen- und Fahrzeugkontrollen. Von der Schusswaffe war explizit „rücksichtslos" Gebrauch zu machen.[169] Als Ewald Sternagel im August 1943 zusätzlich die Leitung des Einsatzstabes und damit die „Führung der Bandenbekämpfung" übernahm, standen ihm dafür die drei Polizeibataillone, ein ukrainisches Polizeibataillon[170] und die Gendarmerie aus sechs Landkreisen zur Verfügung.[171] Zu diesem Zeitpunkt war im Distrikt Radom die Judenvernichtung in vollem Gang. Nachdem in einer ersten Phase von August bis November 1942 die großen Ghettos liquidiert und die jüdischen Menschen in die Vernichtungslager geschafft worden waren, war Anfang 1943 die zweite Phase des Massenmords eingeleitet worden. Bis zum Herbst 1943 räumten SS und Polizei die noch bestehenden „Rest- und Arbeitsghettos". Die Juden wurden entweder sofort erschossen oder in die Vernichtungslager deportiert. Von den ca. 360.000 Juden, die Mitte 1942 im Distrikt Radom lebten, haben die erste Phase des Massenmords nur knapp 30.000 überlebt. Als Sternagel das Kommando übernahm, löste man im Sommer und Herbst 1943 die letzten Ghettos auf. Für nicht arbeitsfähige Juden (Kinder, Alte und viele Frauen) bedeutete dies das Todesurteil.[172] Ab jetzt konnten Juden im Distrikt Radom nur noch in Zwangsarbeiter- oder Werkslagern (der Rüstungsindustrie) oder im Untergrund leben.

Der Warschauer Ghettoaufstand vom 19. April 1943 hatte die NS-Führung alarmiert, denn zum ersten Mal hatten sich jüdische Opfer erhoben und Widerstand geleistet. Die Ghettos im Generalgouvernement galten nun als Sicherheitsrisiko.[173] Inwieweit auch Sternagels Bataillon in Ghettoliquidierungen im Distrikt Radom involviert waren, wissen wir nicht. Der massive Anstieg der Partisanentätigkeit seit der Jahreswende 1942/43 und das Aufspüren geflüchteter Juden,

---

[169] Ebd.
[170] Die sogenannten Trawnikis waren nichtdeutsche Hilfstruppen. Im Generalgouvernement waren Anfang 1943 neben 14.000 Ordnungspolizisten und 2.200 Sicherheitspolizisten 15.000 nichtdeutsche Männer, aus Osteuropa - meist aus der Ukraine, aber auch aus Polen, Lettland, Litauen und Estland - im Einsatz. Vgl. Pohl, Dieter: „Ukrainische Hilfskräfte" beim Mord an den Juden, in: Paul, Gerhard (Hg.): Die Täter der Shoah. Fanatische Nationalsozialisten oder ganz normale Deutsche? Göttingen 2002, S. 187-205.
[171] Schreiben Sternagels an das württembergische Innenministerium wegen Wiedereinstellung, 27.09.1950. HstAS Stuttgart E 151/21 Bü 1406.
[172] Seidel 2006 (wie Anm. 167), S. 336-339.
[173] So wurde etwa am 25.06.1943 das „Arbeitsghetto" in Tschenstochau liquidiert. In diesem hatte sich eine jüdische Widerstandsbewegung gebildet, was Polizei und Zivilverwaltung auf den Plan rief. Eine von Einheiten der Schutzpolizei durchgeführte Durchsuchungsaktion diente dem Auffinden von jüdischen Widerstandsnestern; daran schloss sich am Folgetag eine große Razzia an. An diesen beiden Tagen erschoss die Polizei mehrere hundert Juden; die etwa 4.000 Überlebenden wurden in ein (Rüstungs)Werkslager in der Stadt verbracht. Ebd., S. 345 f. Bei der Staatsanwaltschaft Lüneburg waren in den 1960er Jahren zwei „Tschenstochau-Verfahren" gegen Degenhardt u.a. anhängig. BArch Berlin R162/5504. Paul Degenhardt (ca. 1896-?) war Leiter des Schutzpolizeikommandos Tschenstochau und hatte den zweitägigen Einsatz geleitet. Er wurde 1966 zu lebenslanger Haft verurteilt. Vgl. Seidel 2006 (wie Anm. 167), S. 377.

die versuchten, den Deportationen in die Vernichtungslager zu entgehen, ließen sich für die nationalsozialistischen Akteure mühelos verbinden: „Judenjagd" wurde einfach in den Rahmen einer größeren „Antipartisanenaktion" eingebettet.[174] Schätzungen gehen davon aus, dass in den Wäldern des Distriktes Radom 14.000 Juden ermordet wurden.[175] Verschiedene Zeugen sagten nach Kriegsende aus, dass Teile des unter Sternagels Kommando stehenden 1. Bataillons des SS-Polizeiregiments 22 im November 1943 zu einem Sondereinsatz nach Lublin abkommandiert wurden. Bei diesem als „Aktion Erntefest" bekannten Einsatz im Lager Trawniki, bei dem etwa 10.000 bis 12.000 Menschen getötet wurden, waren Sternagels Männer - jedenfalls nach den Aussagen der meisten Bataillonsangehörigen - mit der Absperrung des Geländes befasst. Einzig Johannes Barth (1. Zug / 1. Kompanie), dessen Kompanie zwar ebenfalls vorrangig mit dem Absperren beauftragt war, erinnerte sich etwas deutlicher. „Die Schützen waren Polizisten unseres Bataillons", gab er zu Protokoll, aber er habe nie erfahren, „welche Züge innerhalb unseres Bataillons zum Erschießungskommando" gehört hätten. Das Morden dauerte seiner Erinnerung nach drei Tage. Barth will erfahren haben, „dass etwa 35 000 Juden erschossen wurden". Dass die Schützen aus seiner Kompanie gekommen seien, sagte ein Bataillonsmitglied der 2. Kompanie aus. Vor der Abfahrt von Jedrzejow habe ein Hauptmann denjenigen, die sich bei dem Einsatz bewährten, hohe Auszeichnungen („Kriegsverdienstkreuz mit Schwertern, ja selbst EKs") in Aussicht gestellt. Die meisten Befragten aber hatten beträchtliche Erinnerungslücken, sie erinnerten sich weder an Einsatzorte, Einsatzaufgaben noch an präzise Daten.[176]

Sternagel selber gab an, von etwa Ende September 1943 bis Ende Januar 1944 wegen Krankheit (Herzprobleme), Kuraufenthalt und Urlaub vom Bataillon abwesend gewesen zu sein.[177] Von den Massenerschießungen bei Lublin im November 1943 und der Beteiligung von Einheiten seines Bataillons will Sternagel

---

[174] Vgl. mit Beispielen Seidel 2006 (wie Anm. 167), S. 349 ff. Zu den „Judenjagden" während der „Aktion Reinhardt" vgl. Browning, Christopher R.: „Judenjagd". Die Schlussphase der „Endlösung" in Polen, in: Matthäus, Jürgen/ Mallmann, Klaus-Michael (Hg.): Deutsche, Juden, Völkermord. Der Holocaust als Geschichte und Gegenwart, Darmstadt 2006, S. 177-189, S. 177 ff.
[175] Krakowski, Shmuel: The War of the Doomed. Jewish Armed Resistance in Poland 1942-1944, New York 1984, S. 11.
[176] Zeugenaussagen im Verfahren um die Beteiligung von Angehörigen des Polizeibataillons 41 an Judenvernichtungsmaßnahmen. Vermerk der Staatsanwaltschaft beim Landgericht Lüneburg, 30.04.1969. BArch Ludwigsburg B 162/5504. Zur Zahl von ca. 10.000 Opfern vgl. Curilla 2011 (wie Anm. 74) , S. 622; Böhler, Jochen: Totentanz. Die Ermittlungen zur „Aktion Erntefest", in: Mallmann, Klaus-Michael/ Angrick, Andrej (Hg.): Die Gestapo nach 1945. Karrieren, Konflikte, Konstruktionen, Darmstadt 2009, S. 235-254, S. 238 f.; Klemp 2005 (wie Anm. 116), S. 123. Die hohe Opferzahl und die lange Dauer des Einsatzes, die der Zeuge Barth erinnert, läßt vermuten, dass das Bataillon am Folgetag (04.11.1943) auch an der Vernichtung von ca. 14.000 Juden in Poniatowa teilnahm. Vgl. Curilla 2006 (wie Anm. 74), S. 622.
[177] Aussage Sternagels bei der Staatsanwaltschaft beim Landgericht Lüneburg, 24.04.1969. BArch Ludwigsburg B162/5504.

„nie etwas gehört" haben und machte dafür das „Stillschweigegebot"[178] verantwortlich, das den Beteiligten auferlegt worden war. Auch von „Umsiedlungen" will er lediglich vom Hörensagen Kenntnis haben, wobei seiner Meinung nach ausschließlich „polnische Dörfer" geräumt und die Bewohner „an anderen Orten angesiedelt" wurden. Die polnische Bevölkerung hatte Platz zu machen für „Bessarabiendeutsche oder andere Auslandsdeutsche", so Sternagel, der damit das umfassende Programm zur Germanisierung des Ostens zumindest andeutete. Konterkariert wurden diese „Umsiedlungen" laut Sternagel jedoch durch die Tatsache, dass die wehrfähigen, „jüngeren Männer in die Wälder gingen und sich den Banden anschlossen".[179] Damit fielen sie in seine Zuständigkeit. Denn nach Abschluss der „Aktion Reinhardt" im Distrikt Radom änderte sich die Aufgabe der Ordnungspolizei. Nachdem Hitler Ende Juni 1943 das Generalgouvernement zum „Bandenkampfgebiet" erklärt und Generalgouverneur Hans Frank (1900-1945) Anfang Oktober den Erlass „zur Bekämpfung von Angriffen gegen das deutsche Aufbauwerk im GG" herausgegeben hatte, stellte die Polizei die Hauptkräfte in einem erbarmungslosen Anti-Partisanenkrieg.[180] Robert Seidel hat in seiner Untersuchung über die deutsche Besatzungspolitik im Distrikt Radom die zahllosen Verbrechen herausgearbeitet, welche von Gendarmerieeinheiten, Polizeibataillonen und „Bandenjagdkommandos" an der Zivilbevölkerung und den untergetauchten Juden begangen wurden.[181] Konkrete und strafrechtlich relevante Belastungen als Kommandeur des I. Bataillons (des Polizeiregiments 22) wurden Sternagel von der Staatsanwaltschaft Lüneburg aber nicht nachgewiesen.[182]

Dass ein Polizist in den besetzten polnischen Gebieten verpflichtet war, seine Waffe „im Kampf gegen Verbrecherbanden" gegen „Verbrechergesindel und Untermenschentum" einzusetzen, hatte der HSSPF Ost (Generalgouvernement) den Polizeiverbänden bereits im Oktober 1940 eingebläut.[183] Ein Jahr später durften Juden nur noch in sogenannten Judenwohnbezirken leben; wer dagegen verstieß, wurde erschossen.[184] Eine „weite Auslegung des Schießbefehls" und ein „direktes Vorgehen der Polizei gegen flüchtige Juden", so Martin

---

[178] Ein solches hat Sternagel auch selber am 17.11.1942 unterschrieben. Stillschweigen war demnach zu halten über „die besonderen Aufgaben, die während meinem Einsatz in den Ostgebieten zur Durchführung kamen". HStAS Stuttgart E 151/21 Bü 1406.
[179] Aussage Sternagels bei der Staatsanwaltschaft beim Landgericht Lüneburg, 24.04.1969. BArch Ludwigsburg B 162/5504.
[180] Pohl, Dieter: Nationalsozialistische Judenverfolgung in Ostgalizien 1941-1944. Organisation und Durchführung eines staatlichen Massenverbrechens, 2. Aufl. München 1997, S. 349 f.; Schenk, Dieter: Hans Frank. Hitlers Kronjurist und Generalgouverneur, Frankfurt/Main 2006, S. 297.
[181] Seidel 2006 (wie Anm. 167), S. 348 ff.; vgl. auch Curilla 2011 (wie Anm. 74), S. 622.
[182] BArch Ludwigsburg B 162/5506.
[183] HSSPF Ost an BdS Krakau, 30.10.1940, zit. nach Mallmann, Klaus Michael: „… Mißgeburten, die nicht auf diese Welt gehören". Die deutsche Ordnungspolizei in Polen, 1939-1941, in: Ders./ Musial, Bogdan (Hg.): Genesis des Genozids. Polen 1939-1941, Darmstadt 2004, S. 71-89, S. 76 f.
[184] Polizeiverordnung über die Bildung von Judenwohnbezirken in den Distrikten Warschau und Lublin vom 28.10.1942, abgedruckt in: Friedrich, Klaus-Peter (Hg.): Polen. Generalgouvernement August 1941-1945, München 2014, S. 92 f.

Broszat (1926-1989) und Werner Präg, führten in der Regel dazu, dass Juden „direkt erschossen wurden".[185] Gewaltanwendung gegen Juden und Partisanen, gegen „Verbrechergesindel" und „Untermenschentum" war für Sternagel und die anderen Polizisten durch entsprechende Gesetzte, Verordnungen oder Einsatzrichtlinien formal gedeckt. Verstieß ein Jude gegen geltende Regeln, so war ein Polizist verpflichtet, diesen Regelverstoß zu ahnden. So konnten Polizisten sich selber und auch andere davon überzeugen, dass ihre Einsätze gegen Juden schon irgendwie „in den Rahmen ihres polizeilichen Erwartungshorizontes" passten.[186] Dazu kam, dass die Entrechtung der Juden spätestens mit Beginn des Zweiten Weltkriegs so weit fortgeschritten war, dass es für sie eigentlich keine rechtliche Instanz mehr gab, an die sie sich wenden konnten, wenn sie sich unrechtmäßig behandelt fühlten. Vergriff sich ein Polizist oder Angehöriger der Zivilverwaltung in den besetzten Gebieten entgegen geltendem Recht an Juden, musste er nicht mit einer strafrechtlichen Verfolgung rechnen.[187] Juden waren in der Tat vogelfrei.

Ab dem 9. Juli 1944 kam das 1. Bataillon des Polizeiregiments 22 unter Ewald Sternagel zum Fronteinsatz in den Raum Bialystok bei Grodno, wo es nach wenigen Tagen aufgerieben wurde.[188] Sternagel wurde durch Granatsplitter an Arm und Bein verwundet und meldete sich erst Mitte September von Danzig als „wieder voll einsatzfähig" beim Hauptamt der Ordnungspolizei in Berlin zurück, wobei er den Wunsch äußerte, bei der Waffen-SS Verwendung zu finden.[189] Es wurde anders entschieden. Sternagel wurde als Kommandeur zum II. Bataillon des Polizei-Freiwilligen-Regiments 5 „Kroatien" abgeordnet.[190] Anfang November 1944 trat er an der Drau-Front in Kroatien seinen Dienst an.[191]

Seit 1940 war Sternagel Major der Schutzpolizei, aber sein Einsatz im Osten hatte sich nicht durch eine Beförderung in den nächsthöheren Dienstrang bezahlt gemacht. Trotz der zahlreichen Auszeichnungen blieb er bis zuletzt im Rang eines Majors. Seine Beförderung zum Oberstleutnant scheiterte nicht zuletzt an einer zurückhaltenden Beurteilung durch den KdO Radom, Paul Baehren. Dieser hatte Sternagel für seinen Einsatz im Distrikt Radom nur „durchschnittliche Leistungen" attestiert, denn er hätte „zeitweise mehr Tatkraft und Wendigkeit entwickeln können". Deshalb schien er Baehren zur Beförderung

---

[185] Broszat, Martin/ Präg, Werner: Grundzüge der Besatzungspolitik und Judenverfolgung, der Verwaltung und Polizeiorganisation im Generalgouvernement. Mit besonderer Berücksichtigung des Distrikts Lublin und der Beteiligung der Ordnungspolizei, München 1967, S. 45.
[186] Kühl 2014 (wie Anm. 40), S. 280.
[187] Zum Ausmaß, in dem Juden Opfer von sonderrechtlicher Prinzipien im NS-Staat geworden sind, siehe: Majer, Dietmut: „Fremdvölkische" im Dritten Reich, Boppard a. Rhein 1981, S. 147 ff.
[188] Curilla 2011 (wie Anm. 74), S. 623.
[189] Aktennotiz vom 12.10.1944 über Sternagels Verwundung; Fernschreiben vom 19.09.1944 vom BdO Danzig an das Hauptamt der Ordnungspolizei Berlin. BArch Berlin ZM 1429 A.13.
[190] Verfügung Chef der Ordnungspolizei vom 07.10.1944. Ebd.
[191] Bewerbungsschreiben Sternagel um Wiedereinstellung in die württembergische Polizei an das württembergische Innenministerium, 27.09.1950. HStAS E 151/21 Bü 1406.

„noch nicht völlig geeignet".[192] Ob die Tatsache, dass Sternagel kein Mitglied der SS, dafür aber noch immer Mitglied einer evangelischen Landeskirche war, eine Rolle gespielt hat, wissen wir nicht.[193]

Kriegsende und Nachkriegszeit

Sternagel führte das Regiment 5 bis Ende April 1945. In Klagenfurt erlebte er den Zusammenbruch des NS-Regimes, kam zunächst in britische, dann in amerikanische Kriegsgefangenschaft. Im August 1945, so schreibt Sternagel, sei er aus US-Gefangenschaft nach Stuttgart entlassen worden. Er schlug sich zu seiner Frau und den inzwischen vier Kindern nach Zasenbeck (Kreis Gifhorn) durch.[194] Um sich und seine Familie über Wasser zu halten, arbeitete Sternagel in Zasenbeck bei einem Bewachungsunternehmen. Sein Verdienst reichte für die sechsköpfige Familie aber nicht, so dass die Ehefrau gezwungen war, dazuzuverdienen.[195] Somit stand in diesen ersten Nachkriegsjahren bei Sternagel die Sicherung seiner materiellen Lage im Vordergrund. Der Wunsch, in die finanziell abgesicherte Beamtenlaufbahn zurückzukehren, wird vor diesem Hintergrund verständlich. Bis zum 8. Mai 1945 hatte er als Beamter im öffentlichen Dienst gestanden, war im August 1945 in Stuttgart aus der Schutzpolizei entlassen worden und verdiente sich seitdem seinen Lebensunterhalt als Angestellter bei einem Sicherheitsdienst. Ob es bereits vor 1950 Versuche gegeben hat, seine Wiedereinstellung als Polizeibeamter zu erreichen, wissen wir nicht. Wahrscheinlicher jedoch ist, dass er den Ausgang seines Entnazifizierungsverfahrens abwarten wollte. Dies war im Mai 1950 der Fall. Als sich Sternagel vier Monate später beim württembergischen Innenminister für den Polizeidienst bewarb, konnte er sich auf einen Säuberungsentscheid stützen, der ihn in die Gruppe V der Entlasteten eingestuft hatte.[196] Dazu kam, dass das Nürnberger Tribunal lediglich die Geheime Staatspolizei und die SS zu „verbrecherischen Organisationen" erklärt hatte, nicht aber die Ordnungspolizei.[197] Den günstigen Säuberungsbescheid in der Tasche und in dem Bewusstsein, keiner „verbrecherischen Organisation" angehört zu haben, bewarb sich Sternagel voller Selbst-

---

[192] Beurteilungsnotiz des KdO im Distrikt Radom, 22.07.1944. BArch Berlin R 19/689.
[193] Zur Nicht-Zugehörigkeit zur SS: Beurteilungsnotiz, ebd., sowie Vorlagezettel Hauptamt der Ordnungspolizei, November 1944: „Glaubensrichtung: ev.". Ebd.
[194] Sternagels Familie hatte sich bereits 1944 nach Freiburg im Breisgau zu Sternagels Schwiegereltern in Sicherheit gebracht, wurde dort aber im November ausgebombt. Nach einem kurzen Aufenthalt in einer Behelfsunterkunft in Jübar in der Altmark (heute: Sachsen-Anhalt) floh die Familie vor der anrückenden Roten Armee nach Westen und kam in Zasenbeck im Kreis Gifhorn unter. Bewerbungsschreiben Sternagel um Wiedereinstellung in die württembergische Polizei an das württembergische Innenministerium, 27.09.1950. HStAS E 151/21 Bü 1406.
[195] Ebd.
[196] Zur Begründung hieß es: „Aus dem Widerstreben des Betroffenen, in die SS einzutreten, ist zu entnehmen, dass er sich nach anfänglicher Überzeugung für die Richtigkeit der nationalsozialistischen Politik nach einigen Jahren innerlich von dieser Ideologie abgesetzt hat." Begründung des Spruchkammerentscheids vom 23.05.1950. Niedersächsisches Landesarchiv Nds 171 Lüneburg Nr. 89357.
[197] Vgl. zu dem „Entlastungsunternehmen", welches die Ordnungspolizei erfolgreich aus der Schusslinie brachte: Mallmann 1997 (wie Anm. 5), S. 356-359.

bewusstsein im Herbst 1950 um eine Wiederanstellung in der württembergischen Polizei. Er zeichnete von sich das Bild eines loyalen Karrierepolizisten, der es vom Wachtmeister bis zum Major gebracht hatte. Besonders stellte er seinen jahrelangen „Einsatz im Bandenkampf" im Generalgouvernement heraus, durch den er sich „erhebliche Erfahrung in der Organisation, Ausbildung und Einsatz" von Polizeieinheiten „zur Bekämpfung von Sabotagetrupps und sogenannten Partisanen" erworben habe. Sternagel ging davon aus, dass die „Bekämpfung von Sabotagetrupps" auch in der jungen Bundesrepublik zu den hoheitlichen Aufgaben der Polizei gehört; für dieses Aufgabengebiet empfahl er sich als Fachmann. Deutlich wird, dass für Sternagel Partisanen- und Bandenbekämpfung zu den üblichen polizeilichen und soldatischen Tätigkeiten zählten, die während des Krieges im Rahmen der bestehenden Gesetze erfolgten. Über die von Heinrich Himmler - in verschärfter Form seit dem Überfall auf die Sowjetunion - vorgebrachte Gleichsetzung von Juden mit Partisanen bzw. „Banditen" verlor Sternagel kein Wort; ebenso wenig über die Tatsache, dass die Begriffe des „Partisanen" und des „Banditen" extensiv ausgelegt werden konnten und die Einsätze gegen Juden entsprechend „umdefiniert" wurden: Um die Einsätze gegen Juden zu rechtfertigen, wurde auf das Partisanentum verwiesen. Mit diesem Etikettenschwindel konnten Polizisten die Tötungen von Juden als polizeiliche Aufgabe ausgeben, deren Ausführung von ihnen erwartet werden konnte. Diese Gleichsetzung hatte Sternagel verinnerlicht - über den Zusammenbruch des NS-Regimes hinaus. Jetzt diente der auf den ersten Blick unverdächtiger wirkende Begriff „Bandenbekämpfung" dazu, seinen Einsatz im Osten zu beschönigen. Dazu bedurfte es der Distanzierung von jeglicher Verstrickung in den Holocaust.

Der Wiedereintritt in den Polizeidienst gelang nicht. Noch Ende der 1960er Jahre betrieb Sternagel in Lüchow, seinem Wohnsitz nach Zasenbeck, einen „Kiosk mit Tabak- und Süsswaren".[198] Erst im Januar 1960 erfolgte die erste Vernehmung zu seiner Rolle bei der Vernichtung des Warschauer Ghettos. Da er glaubhaft vorbrachte, lediglich für den äußeren Absperrdienst verantwortlich gewesen zu sein, blieb die Vernehmung für ihn zunächst folgenlos.[199] 1965 stellte das Amtsgericht Hamburg Haftbefehl gegen ihn aus, allerdings dauerte es bis 1972, bis die gerichtliche Voruntersuchung gegen ihn eröffnet wurde. Ob Sternagel in diesem Zeitraum je inhaftiert war, ist unklar. Sternagels Anwalt erreichte,

---

[198] Vermerk der Staatsanwaltschaft beim Landgericht Lüneburg zu Sternagel, 25.04.1969. BArch Ludwigsburg B 162/5504. Siehe: http://www.akpool.de/ansichtskarten/227898-ansichtskarte-postkarte-luechow-hann-erfrischungshalle-inh-ewald-sternagel (Zugriff: 27.09.2018).
[199] Antrag auf Eröffnung der gerichtlichen Voruntersuchung gegen Dr. Hahn, Sternagel u.a. vom 15.02.1972. BArch Ludwigsburg B 162/5504. Vgl. Klemp 2013 (wie Anm. 138), S. 183.

dass sein Mandant als dauerhaft verhandlungsunfähig eingestuft und der Haftbefehl im März 1973 außer Kraft gesetzt wurde.[200] Sternagels letzter Wohnort war Cölbe bei Marburg. Er starb 1975 in Kaiserslautern.[201]

Weder aus der (unvollständig gebliebenen) Rekonstruktion der Taten noch aus den Vernehmungen Sternagels sind eindeutige Rückschlüsse auf Sternagels Motive möglich. Wo „Massenmord zum Dienstalltag" wurde, so Jürgen Matthäus, seien die „Ursachen individueller Täterschaft kaum noch zu ermitteln".[202] Die ausgewerteten Unterlagen zeichnen von Sternagel weder das Bild eines fanatischen NS-Weltanschauungskriegers noch das eines Sadisten. Um seine Taten zu begehen, musste er offensichtlich keine Merkmale von sadistischen oder narzisstisch gestörten Persönlichkeiten haben. Auch lassen sich weder aufgrund seiner soziodemographischen Merkmale noch seiner individuellen Voraussetzungen besondere Auffälligkeiten erkennen. Er war nach allem, was wir wissen, „normal". Trotzdem erteilte er die Befehle zum Töten, war verantwortlich für Mord und Deportation Tausender.

Noch Jahrzehnte später bei den Vernehmungen war ihm sein Handeln plausibel. Auch hatte er keine Schwierigkeiten, die eigene Person als ungebrochen wahrzunehmen - den Fachmann Sternagel für die „Bandenbekämpfung" gab es vor und nach 1945. Sein mörderisches Tun hat Sternagel in sein Lebenskonzept integriert, Schuldgefühle, Reue oder Unverständnis gegenüber dem, was er getan hat, finden sich in den Vernehmungsprotokollen nicht. Sowohl die Selbstwahrnehmung Sternagels, als er seinen Beitrag zum Holocaust leistete, als auch der Interpretationsrahmen, in den er seine Handlungen einzuordnen imstande war, sind wesentlich für die Beantwortung der Frage, wie er tun konnte, was er getan hat. Die Quellen legen nahe, dass die Einordnung seines Handelns in einen polizeilich-professionellen Bezugsrahmen, so wie es Sternagel vornahm, den Weg frei machte zur Beteiligung an Ghettoliquidierung, Deportationen sowie Massenerschießungen von Juden.

Harald Welzer (*1958) spricht von der „partikularen Moral des Nationalsozialismus", in dessen Rahmen das „Töten von Menschen als ‚gut' gelten konnte, weil

---

[200] BArch Ludwigsburg B 162/17090. Das Verfahren gegen die anderen Beschuldigten (Dr. Hahn und weitere 13 Personen) wurde 1977 eingestellt. Hahn, der ehemalige Kommandeur der Sicherheitspolizei in Warschau wurde vom Hamburger Landgericht am 04.07.1975 wegen seiner Beteiligung an den Deportationen aus dem Warschauer Ghetto im Sommer 1942 zu lebenslanger Haft verurteilt; wegen seiner Beteiligung an Morden im Pawiak-Gestapo Gefängnis war er bereits zwei Jahre zuvor zu zwölf Jahren Freiheitsentzug verurteilt worden. Im Hinblick auf diese beiden Urteile wurde das Verfahren wegen der Ereignisse im April/Mai 1943 im Warschauer Ghetto gegen ihn eingestellt. Siehe Scheffler/Grabitz 1993 (wie Anm. 138), S. 396 f.
[201] Auskunft Stadtverwaltung Kaiserslautern vom 04.09.2018.
[202] Matthäus 2002 (wie Anm. 34), S. 157.

es dem übergeordneten Wohl der Volksgemeinschaft diente".[203] Die Ungeheuerlichkeit des Nationalsozialismus, so Welzer weiter, liegt in der Umsetzung der Behauptung, dass „Menschen radikal und unüberbrückbar ungleich" seien. Erst im Kontext einer nationalsozialistischen Moral, welche die Erniedrigung und Verfolgung anderer Menschen nicht verurteilte, sondern forderte, und die zuletzt auch vorsah, dass es notwendig und gut sei, zu töten, wird das situative Handeln der Täter rekonstruierbar. Die Verschiebung des normativen Rahmens bedeutete, dass Handlungen während des „Dritten Reiches" „normal" waren, die nach Maßgabe einer universalistischen Moral verboten sind. Töten wurde so im Nationalsozialismus zum „gesellschaftlich integrierten Handeln".[204] Dies bedeutet weder eine Verharmlosung oder Beschönigung des Massenmords noch eine Exkulpation der Täter. Es ist allerdings wichtig, das Vorhandensein unterschiedlicher Moralkonzepte zur Kenntnis zu nehmen, will man dem Handeln der Täter näher kommen. Der Befund, Sternagel hat als psychisch normaler Mensch, Schutzpolizist und Kommandeur eines Polizeibataillons einfach getan, was von ihm erwartet wurde und was er in seinen polizeilichen Bezugsrahmen einordnen konnte, birgt daher viel mehr Schrecken als die Vorstellung, dass hier ein Täter mit gravierenden Sozialisationsdefiziten, sadistischen Neigungen oder sonstigen psychischen Störungen am Werk gewesen ist.

---

[203] Welzer 2016 (wie Anm. 81), S. 37. Die Staatsanwaltschaft beim Landgericht Hamburg hielt beim SS- und Polizeiführer Warschau, Dr. Ludwig Hahn, den Verdacht für begründet, er habe „die Judenvernichtung als eine zwar unangenehme […], aber erforderliche Gemeinschaftsaufgabe der SS" gehalten. Antrag auf Eröffnung der gerichtlichen Voruntersuchung gegen Sternagel, Hahn u.a., 15.02.1972. BArch Ludwigsburg B 162/17090.

[204] Welzer 2016 (wie Anm. 81), S. 37. Zu Recht betont Welzer, dass zwischen dem Zeitpunkt der Tat und dem der Rechtfertigung dieser Wechsel des Referenzrahmens stattgefunden hat und Vernichtungstäter in der Regel nach einem Referenzrahmen be- oder verurteilt werden, der nicht in Kraft war, als sie ihre Taten begangen haben. Sie töteten in der „prinzipiellen Übereinstimmung mit einer sozialen Umwelt, die von ihnen erwartete, dass sie die als notwendig erachtete Tötungsarbeit übernehmen würden. Die Ungeheuerlichkeit des NS-Projekts, so Welzer, war nicht nur die „radikale Neudefinition dessen, wer zum Universum der allgemeinen Verbindlichkeit zu zählen ist und wer nicht, sondern vor allem die praktische, für jeden sichtbare Umsetzung. Ebd., S. 248.

Cornelia Rauh

Els Voelter[1]: „Herzlichst – Heil Hitler".
Eine Nationalsozialistin als Unternehmerin

Werner Plumpe
zum 13. November 2019

* 20. Februar 1895 als Els(e) Schwab in Straßburg (Elsass)[2]
† 4. März 1977 als Els Bundschu in Deggingen (Kreis Göppingen)

1925 erstes weibliches NSDAP-Mitglied im Gau Württemberg (Nr. 3.753), bis 1945 ohne politisches Amt; 1934-1938 selbständige Autoverkäuferin; 1939-1945 „Betriebsführerin" und Komplementärin der „arisierten" Ideal Steppdecken-Fabrik Voelter & Co. K.G. Stuttgart-Untertürkheim, 1941-1945 Hauptaktionärin und Mitglied im Aufsichtsrat der „arisierten" Rohtex A.G. für Textilrohstoffe Stuttgart-Untertürkheim; 1942-1945 „Betriebsführerin" und Komplementärin der „arisierten" Ideal-Steppdeckenfabrik, Rotterdam, früher N. V. van Cleeff & Co's.; 1944-1945 Hauptaktionärin der N.V. Importen Export – Maatschappij v/H J.H. Rozendaal, Enschede; ab 1949 mithelfende Ehefrau im Handwerksbetrieb ihres zweiten Ehemanns

Jenseits historischer Fachdebatten wecken Beiträge über ‚Frauen im Nationalsozialismus' noch immer Vorstellungen von „Mutterkult", der „deutschen Frau" als „Hüterin der Reinheit des Blutes und des Volkes"[3] oder auch von weiblichen Unterdrückungs-, Leid- und Opfererfahrungen[4]. Erfahrungsgeschichtlich orientierte Studien zeichnen jedoch ein anderes Bild. Mittlerweile steht fest, dass die

---

[1] Soweit nicht anders vermerkt, basieren die folgenden Sachverhalte auf der umfangreichen, im Staatsarchiv Ludwigsburg überlieferten Spruchkammerakte von Els Voelter: StAL EL 902/20 Bü 95250. Ein Duplikat befindet sich in der Spruchkammerakte des Stuttgarter Kreiswirtschaftsberaters und Stellvertretenden Gauwirtschaftsberaters Friedrich Bernlöhr: StAL EL 902/3 Bü 4013.
[2] Im Elsass wurde der Vorname Else mit stummem e am Ende gesprochen. Els Voelter behielt die Kurzform später auch im schriftlichen Verkehr bei.
[3] Vgl. etwa die Wikipedia-Artikel „Frauen in der Zeit des Nationalsozialismus": https://de.wikipedia.org/wiki/Frauen_in_der_Zeit_des_Nationalsozialismus#Frauen_in_der_NSDAP_und_der_Politik (Zugriff: 22.03.2019) oder zu „Bund Deutscher Mädel": https://de.wikipedia.org/wiki/Bund_Deutscher_M%C3%A4del (Zugriff: 22.03.2019). Zur Unhaltbarkeit dieser Klischeevorstellungen dagegen unlängst: Kosubek, Katja: „Genauso konsequent sozialistisch wie national". Alte Kämpferinnen der NSDAP vor 1933. Eine Quellenedition 36 autobiographischer Essays der Theodore-Abel-Collection, Göttingen 2017; sowie die Einführung der Herausgeber in: Latzel, Klaus/ Mailänder, Elissa/ Maubach, Franka (Hg.): Geschlechterbeziehungen und „Volksgemeinschaft", Göttingen 2018, S. 9-26.
[4] Dazu kritisch: Süß, Dietmar (Hg.): Deutschland im Luftkrieg. Geschichte und Erinnerung, München 2007; Ders., Tod aus der Luft. Kriegsgesellschaft und Luftkrieg in Deutschland und England, München 2011, S. 331 ff., S. 501 ff.; sowie Steinbacher, Sybille: Differenz der Geschlechter? Chancen und Schranken für die

Mehrheit der Frauen durch die NS-Ideologie so erfolgreich mobilisiert und integriert wurde, dass sie „den Nationalsozialismus ebenso zu ihrer Sache machten, wie die Männer".[5] Dabei bot die nationalsozialistische „Volksgemeinschaft" „arischen" und „politisch zuverlässigen" Frauen ungeahnte Partizipations- und Aufstiegsmöglichkeiten.

Zahlreiche politisch-soziale Handlungsfelder, in denen sich Frauen 1933-1945 — oft um persönlicher Vorteile und Profilierung willen — für die Politik des NS-Staats engagierten, sind mittlerweile erforscht: Sie reichen von Routinehandlungen des ärztlichen - und Pflegepersonals bei Zwangssterilisationen bis zur Mitwirkung am Krankenmord, von Kriegs- und Luftschutzdienstleistungen der Wehrmachthelferinnen bis zur Mitwirkung von Studentinnen an der „Umvolkungspolitik" im „nationalsozialistischen Osten", von Verwaltungsaufgaben bei der fiskalischen Beraubung der europäischen Juden bis zur Ersteigerung „jüdischer" Wertgegenstände und Haushaltsartikel, von der Übernahme von Aufsichtsfunktionen in Konzentrations- und Vernichtungslagern bis zu Exzesstaten weiblicher Aufseherinnen und Ehefrauen des KZ-Führungspersonals gegen wehrlose Insassen dieser Einrichtungen.[6]

Jedoch fällt auf, dass über Frauen in der Wirtschaft des Nationalsozialismus und ihre Involvierung in deren verbrecherische Seiten nichts bekannt ist. Geschäftsfrauen, die es im Krieg und auch zuvor in kleinen und mittleren Betrieben in größerer Zahl gegeben haben muss,[7] schon weil sie nach dem Krieg vereinzelt als Inhaftierte in Internierungslagern aufgeführt wurden,[8] sind weder aus der Unternehmens- noch der Wirtschaftsgeschichte des Nationalsozialismus bekannt.[9] „Betriebsführer", „Gefolgschaftsführer" und Vertreter nationalsozialistischer Wirtschaftsorganisationen werden ausschließlich männlich imaginiert.

„Volksgenossinnen", in: Bajohr, Frank/ Wildt, Michael (Hg.), Volksgemeinschaft. Neue Forschungen zur Gesellschaft des Nationalsozialismus, Frankfurt 2009, S. 94-104, S. 101.

[5] Steinbacher 2009 (vgl. Anm. 4), S. 96 f.

[6] Lower, Wendy: Hitlers Helferinnen. Deutsche Frauen im Holocaust. Aus dem Englischen von Andreas Wirthensohn, (zuerst unter dem Titel: Hitler's Furies. German Women in the Nazi Killing Fields, Boston/New York 2013), hier zitiert nach der deutschen Lizenzausgabe der Bundeszentrale für politische Bildung, Bonn 2014, S. 188.

[7] Christiane Eifert hat gezeigt, dass der Anteil von Frauen unter den selbständigen Unternehmern 1925 17,9% betrug, 1939 geringfügig auf 16,9% zurückging und 1950 auf 18,6% stieg. Einschließlich angestellter Unternehmerinnen dürfte der Anteil von Frauen unter den Unternehmern bei 25 % gelegen haben. Dies.: Deutsche Unternehmerinnen im 20. Jahrhundert, München 2011, S. 38, Tab. 38. Das politische Verhalten von Unternehmerinnen spielt in dieser Studie keine Rolle.

[8] Im Lager 77 in Ludwigsburg, dem einzigen Frauen-Internierungslager für die Länder Württemberg-Baden und Hessen, wurden im Mai 1947 816 Frauen festgehalten. Bei 5 Internierten handelte es sich um „Geschäftsfrauen". Meyer, Kathrin: Entnazifizierung von Frauen. Die Internierungslager der US-Zone Deutschlands 1945-1952, Berlin 2004, Tabelle 15 und 16, S. 212 f.

[9] In Forschungsbilanzen über Unternehmer und NS-Verbrechen wird keine einzige Frau erwähnt. Vgl. Lillteicher, Jürgen (Hg.): Profiteure des NS-Systems? Deutsche Unternehmen und das „Dritte Reich", Berlin 2006; Osterloh, Jörg/ Wixforth, Harald (Hg.): Unternehmer und NS-Verbrechen. Wirtschaftseliten im „Dritten Reich" und in der Bundesrepublik Deutschland, Frankfurt a. M. 2014. Im Personenverzeichnis von Christoph Kreutzmüllers Dissertation, die sich auf „arisierte" kleine und mittlere Unternehmen

Was die Mitwirkung an der Vernichtung der jüdischen Gewerbetätigkeit anbelangt, ist es, wie Sybille Steinbacher schreibt, in der Tat „evident, dass Frauen [...] als begünstigte Privatpersonen in den Genuss der finanziellen Erträge aus den ‚Arisierungen' kamen."[10] Doch wem stünden in diesem Zusammenhang nicht eher berufslose Ehefrauen und mithelfende weibliche Familienangehörige vor Augen als selbständig handelnde Geschäftsfrauen? Unter den „Ariseuren" dominierten „ehemalige Angestellte, die sich selbständig machen wollten, Nachwuchskaufleute, [...] Umsteiger, Seiteneinsteiger und Branchenneulinge, [...] NSDAP-Mitglieder und –Funktionäre, die ihre politischen Verbindungen zur persönlichen Bereicherung nutzen wollten".[11] Es liegt nahe, hierunter auch Existenzgründerinnen zu vermuten, denen der „Ausverkauf" jüdischer Gewerbebetriebe den Schritt in die berufliche Selbständigkeit ermöglichte. Ob die Umstände ihrer Geschäftsgründung ebenso obskur waren, der Aufstieg vergleichbar steil ausfiel und dementsprechend nach 1945 der Absturz ähnlich jäh verlief, wie im Falle Els Voelters, um die es im Weiteren geht[12], mag dahingestellt bleiben.

Els Voelter, in den 1930ern eine alleinstehende, geschiedene, berufstätige Frau mit „Goldenem Parteiabzeichen" und „Beziehungen zu den höchsten Parteistellen", bestritt, bevor sie es durch Übernahme mehrerer Steppdeckenfabriken und von Aktien eines Textil-Großunternehmens aus jüdischem Besitz zur Unternehmerin brachte, ihren auskömmlichen Lebensunterhalt als selbständige Händlerin der Daimler-Benz-Niederlassung in Stuttgart, wo sie vor allem Autos an Parteikreise vermittelte.[13] Dies war eine Tätigkeit, „die sie für eine Frau weit herausstellte".[14] Freunde und Begleiter attestierten Voelter, einer „höheren Beamtentochter" ohne kaufmännische Prägung, ein „ungewöhnlich arbeitsfreudiger Mensch" zu sein, mit „einem starken Schaffensdrang".[15] Die aus England

---

konzentriert, werden beiläufig etliche Frauen sowohl auf der Täter- wie auf der Opferseite des „Arisierungsprozesses" erwähnt. Ders.: Ausverkauf. Die Vernichtung der jüdischen Gewerbetätigkeit in Berlin 1930-1945, Berlin 2012. Vgl. S. 93, 307, 355.

[10] Steinbacher 2009 (vgl. Anm. 4), S. 102.
[11] Bajohr, Frank: „Arisierung" in Hamburg. Die Verdrängung der jüdischen Unternehmer 1933-45. Hamburg 1998, S. 315. Zugleich erbrachte Bajohrs Fallstudie, dass beim Erwerb jüdischer Unternehmen nicht immer Bereicherungsabsichten im Spiel waren. Die Hamburger Befunde dürften grosso modo auf andere Reichsgebiete, jedenfalls auf Großstädte, übertragbar sein. Ebenda, S. 318.
[12] Voelters Herkunft aus sozial exklusiven völkischen Kreisen Stuttgarts lenkte bereits in den frühen 1980ern die Aufmerksamkeit von Lokalhistorikern auf diese Frau, ohne dass jedoch ihre wirtschaftlichen Aktivitäten ausgeleuchtet wurden. Vgl. Genuneit, Jürgen: Stuttgart im Dritten Reich. Völkische Radikale in Stuttgart. Zur Vorgeschichte und Frühphase der NSDAP 1890-1925. Eine Ausstellung des Projekts Zeitgeschichte „Kultur unterm Turm", Stuttgart 1982, S. 87, 90. Für diesen Hinweis danke ich Dr. Roland Müller.
[13] Nach Feststellung der Spruchkammer betrug Els Voelters monatliches Einkommen als Autoverkäuferin bis 1938 ca. 700 – 800 RM.
[14] Zeugnis Hertha Badensteins, ehemalige Directrice des Modehauses L. M. Bernheimer, Ulm, vom 25.09.1949.
[15] Begründung des Spruchs vom 11.01.1947. Brief von Dr. Ruth Schütt, Inhaberin der Firma F.A. Schütt, Pforzheim, 25.01.1947. Zum überproportional hohen Anteil von Unternehmertöchtern und Unternehmer-Ehefrauen unter Unternehmerinnen: Eifert 2011 (wie Anm. 7), S. 41.

stammende Witwe eines Fabrikanten schrieb ihrer Freundin 1947 in das Internierungslager: „Du bist eine Geschäftsfrau, als Organisatorin hervorragend begabt. Mancher Mann könnte Dich um diese Talente beneiden."[16] Auch die ehemalige Directrice eines Ulmer Modehauses lobte, sie besitze „für eine Frau […] einmalige, überragende Fähigkeiten."[17]

Els Voelter hatte einen großen, national und kulturell bunt gemischten Bekanntenkreis, verkehrte seit den 1920ern unter Automobilisten, bei Schönheitswettbewerben und ähnlichen geselligen Veranstaltungen und kannte nach 1933 „irgendwie alle Parteigrößen".[18] Auch jüdische Kunden kauften bei ihr. Als finanziell selbständige, couragierte Frau und „begeisterte Automobilsportlerin" am Steuer eleganter Wagen[19] führte sie — in den Jahren vor wie nach der nationalsozialistischen Machtübernahme — ein emanzipiertes Leben.

Gegenüber lokalen Amts- und Parteistellen, bei SS und Gestapo intervenierte sie, seitdem die NSDAP an der Macht war, bis zum desaströsen Ende des Regimes immer wieder, ohne ein Blatt vor den Mund zu nehmen. Sie trat unerschrocken für ihre eigenen Interessen ein, genoss es jedoch auch, ihre Beziehungen für Hilfesuchende aller Art — Freunde, Bekannte und selbst Fremde — spielen zu lassen. Die Gewandtheit und „bestrickende Liebenswürdigkeit", mit der sie auftrat, hinterließen regelmäßig „einen starken Eindruck".[20] Nach 1945 bezeugten etliche rassisch Verfolgte, Kommunisten, Logenbrüder, in Misskredit geratene Künstler und ehemalige Zwangsarbeiterinnen, Deutsche und Holländer, von Voelter aus bedrängter Lage gerettet worden zu sein.[21]

Els Voelter, geborene Schwab, war als Generalstochter[22] im Elsass aufgewachsen und „national erzogen".[23] Im Alter von 20 Jahren hatte sie den drei Jahre älteren Rittmeister Richard Voelter (* 7.3.1892 Ravensburg) geheiratet, Sohn eines Stuttgarter Oberstaatsanwalts. „Sie gehörte", wie die Spruchkammer 1947 feststellte, „also nach Herkunft und Heirat den ersten Stuttgarter Offiziers- und Beamtenfamilien an."[24] Damals, so erinnerte sie sich 1947, „hatte ich nur Interesse für nette Wohnung, Kleidung u. Kochen u. Einmachen, sowie Sport."[25]

---

[16] Brief von Dr. Ruth Schütt.
[17] Zeugnis Hertha Badensteins.
[18] Begründung des Spruchs vom 11.01.1947.
[19] Aussage des Daimler-Benz-Direktors Rolf P. Georg Staelin.
[20] Antrag des Öffentlichen Klägers vom 08.01.1948 auf Eröffnung des Berufungsverfahrens.
[21] Die Spruchkammerakte Voelters enthält zahlreiche sehr substantiierte Entlastungszeugnisse. Zu ihrem Eintreten gegen SS-Männer, die das Haus ihres Freundes, des jüdischen Augenarztes Dr. Robert Krailsheimer stürmten: Ruess, Susanne: Stuttgarter jüdische Ärzte während des Nationalsozialismus, Würzburg 2009, S. 174, mit fehlerhafter Schreibweise von Voelters Namen.
[22] Voelters Vater war Generalmajor a. D. Adolf Schwab * 26.7.1869, Wiblingen, + 26.11.1940, Ditzenbach. Er hatte 1916 bis 1918 als Kommandeur des 9. Württembergischen Infanterie-Regiments Nr. 127 fungiert. Am 06.11.1918 erhielt er den Orden Pour le Mérit. Siehe: HStaM M 703 R190N23.
[23] Aussage des Onkels von Els Voelter, Oberst Tobias, 1949 im Spruchkammerverfahren seiner Nichte.
[24] Begründung des Spruchs gegen Els Voelter vom 11.01.1947.
[25] Stellungnahme Voelters „Zum Spruch vom 11.2.1947", verfasst im Frauengefängnis Gotteszell.

Doch Kriegsniederlage, Revolution und Inflation unterminierten die soziale Stellung des Bürgertums.[26] Das Familienvermögen der Schwabs war infolge der erzwungenen Abtretung des Elsass verloren gegangen, Versorgungsansprüche zehrte die Inflation auf.[27] Richard Voelter trat als „technischer Kaufmann" eine schlecht dotierte Stelle als „Reklamechef" bei Daimler-Benz an.[28] „Aus dem Nichts und Elend" mussten sich die Eheleute eine neue Existenz gründen.[29] Els eröffnete in der Wohnung in der Silberburgstraße ein kleines Aussteuer- und Wäschegeschäft, das sie als Versandhandel betrieb, „um von meinem Mann unabhängig zu sein", wie sie später erklärte: „Er und seine Eltern ließen mich fühlen, dass wir im Elsass unser Vermögen nach Kriegsende 1918 verloren hatten, und ich erhielt kein Taschengeld u. nichts zur Kleidung."[30] Ein Verwandter gab an, Els hätte aus den Einnahmen des Aussteuergeschäfts das Familieneinkommen bestritten und die „gesellschaftlichen Verpflichtungen" finanziert.[31]

Über die Gründe, weshalb die junge Frau sich von der NSDAP angezogen fühlte, machte man sich in ihrer Umgebung Gedanken. Ein späterer Spruchkammerzeuge vermutete „mangelnde frauliche Denkweise" als Motiv, weshalb sie sich zur Partei hingezogen fühlte.[32] Der nach zeitgenössischen Vorstellungen naheliegenden Vermutung, ihr gleichfalls national gestimmter Ehemann, der ebenfalls „Alter Kämpfer" war, könnte Els zum Parteibeitritt motiviert haben, widersprachen mehrere Beobachterinnen und Bekannte.[33] Nach Erinnerung einer langjährigen Hausangestellten war unter den Eheleuten „*sie* bei weitem die fanatischere Nationalsozialistin […] und die Ehe, die dann 1931 aus Verschulden ihres Ehemanns geschieden wurde, schon damals nicht mehr harmonisch".[34]

Wenn man den Einträgen in der Mitgliedskartei der NSDAP glauben darf, trat Richard Voelter tatsächlich erst einige Wochen nach seiner Ehefrau in die NSDAP ein. Ihm sagte – im Unterschied zu seiner Frau – auch niemand nach, im Sinne der Partei missioniert zu haben. Nach seiner Scheidung heiratete er eine

---

[26] Zur kontroversen Diskussion um „Zerfall und Wiedergeburt" des Bürgertums nach 1918 mit weiterer Literatur: Schulz, Andreas: Lebenswelt und Kultur des Bürgertums im 19. und 20. Jahrhundert, München 2005, S. 29-36; Rauh, Cornelia: Bürgerliche Kontinuitäten? Ein Vergleich deutsch-deutscher Selbstbilder und Realitäten seit 1945, in: Historische Zeitschrift 287, 2008, S. 341-362.
[27] Nach nicht nachprüfbaren Behauptungen Els Voelters verlor ihre 1918 aus dem Elsass ausgewiesene Familie ein Vermögen im Wert von 5 Mio. Mark. Geschäftskorrespondenz der Ideal-Steppdeckenfabrik, Brief vom 23.09.1940. ZAK 3485 Bd. 1 Nr. 2371.
[28] Aussage ihres Onkels, Oberst Tobias, im Entnazifizierungsverfahren.
[29] Undatiertes Entlastungszeugnis von Dr. Robert Krailsheimer.
[30] Els Voelter: „Zum Spruch vom 11.1.1947. Begründung zur Berufung."
[31] Aussage von Oberst Tobias, 1949.
[32] StAL 905/4 Bü 1055. Handakte des öffentlichen Klägers: Aussage des Entlastungszeugen Professor Hans Hildebrandt.
[33] Im Spruchkammerverfahren Richard Voelters erklärte ein Zeuge, dass dieser es seiner damaligen Frau zu verdanken habe, dass er als „alter Kämpfer" firmiere und als politisch belastet gelte. StAL EL 902/20 Bü 1895.
[34] Begründung des Spruchs gegen Els Voelter vom 11.01.1947.

Frau aus dem kommunistischen Stuttgarter Arbeitermilieu.[35] Nichts spricht dafür, dass Els Voelter nur im Schlepptau ihres Mannes politisiert worden wäre.

Bereits als Adolf Hitler 1926/27 „bei Frau Dr. [sic!] Voelter" logierte[36], „vergötterte" sie den „Führer"[37] und ließ sich in ihrer Begeisterung offenbar auch durch die Skepsis ihrer Eltern gegenüber dem „ungebildeten Gefreiten"[38] in ihrer Bewunderung für Hitler und Begeisterung für dessen Partei nicht irritieren.[39]

Offenbar in Anspielung auf die von den Nationalsozialisten propagierte „Volksgemeinschaft" machte Brita Fazer (1901-1979), eine aus Finnland stammende Fabrikantentochter, den „Kastengeist" im deutschen Bürgertum für die Hinwendung ihrer Freundin zur NSDAP verantwortlich. Fazer, die in Stuttgart mit einem jüdischen Arzt in „Mischehe" lebte, war in Helsingfors aufgewachsen. Das verschaffte ihr bereits in den 1920ern einen distanzierten Blick auf die deutsche Gesellschaft.[40] Els habe sich nicht damit abfinden wollen, „dass eine Doktorsfrau vielleicht nicht am gleichen Tisch mit der Metzgerfrau sowieso sitzen konnte, während wieder diese sich für eine Büglerin zu fein vorkam". Keineswegs sei es üblich gewesen, dass „jeder jedem" die Hand reichte, „egal ob es ein Arbeiter oder ein ‚gebildeter' Mensch war, erinnerte sie nach dem Krieg: Selbst „im sehr demokratischen Württemberg" sei derlei nicht Sitte gewesen. Els, die für solche Statusdemonstrationen nichts übrig gehabt hätte, sei „eine unverbesserliche Idealistin."[41] Mit weniger schmeichelhaften Worten fällte jene andere, aus England stammende Freundin ihr politisches Urteil über Els, deren unternehmerischen Talente sie sehr bewunderte. In politischen Fragen aber sah sie Els „auf der Stufe eines Backfisches" zurückgeblieben: „Nur so ist Dein Glaube an Adolf Hitler verständlich", schrieb sie ihr 1947.[42] Dass Voelter behauptete, „nie nationalsozialistische Schriften u. Bücher" gelesen zu haben, „weil sie mir zu engstirnig u. dogmatisch waren", mag als Entlastungsargument

---

[35] Das Spruchkammerverfahren gegen den schwer kriegsbeschädigten ehemaligen Wehrmachtsoffizier Richard Voelter wurde im Dezember 1947 im Rahmen der Weihnachtsamnestie eingestellt. Er war 1932 erneut in die NSDAP eingetreten. Ein Amt hatte er nicht ausgeübt. StAL EL 902/20 Bü 1895.

[36] Zwei Besuche, und zwar am Vortag des —mit einer Torte mit „37 Kerzen und Blumen" zelebrierten Geburtstags von Hitler, am 19.04.1926, sowie am 11.05.1927 sind im Tagebuch Josef Goebbels dokumentiert: Fröhlich, Elke (Hg.): Die Tagebücher von Joseph Goebbels. Im Auftrag des Instituts für Zeitgeschichte und mit Unterstützung des Staatlichen Archivdienstes Russlands, Teil I: Aufzeichnungen 1923-1941, Bd. 1, 2, Dezember 1925-Mai 1928, München 2004, S. 75-77 u. 219 f.

[37] Am 27.07.1933 hatte Els' Freundin Brita Fazer in einem Brief auf den von Els „vergötterten Führer" angespielt und geschrieben: „Es gibt wohl kaum jemanden der sich mit solcher Hingebung die Beine für ihn ausreißt wie Du."

[38] Els Voelter, „Zum Spruch vom 11.1.1947. Begründung zur Berufung."

[39] Ihren unerschütterlichen Glauben an den „Führer" teilte Voelter, seitdem der Nationalsozialismus an der Macht war, mit immer weiteren Kreisen der Bevölkerung. Die meisten ausländischen Beobachter reagierten darauf mit Unverständnis. Vgl. Bajohr, Frank/ Strupp, Christoph (Hg.): Fremde Blicke auf das „Dritte Reich". Berichte ausländischer Diplomaten über Herrschaft und Gesellschaft in Deutschland 1933-1945, Göttingen 2011; Süß, Dietmar: „Ein Volk, ein Reich, ein Führer". Die deutsche Gesellschaft im Dritten Reich, München 2017, S. 49.

[40] Brita Fazer war Ehefrau des mit Richard und Els Voelter befreundeten jüdischen Augenarztes Dr. Robert Krailsheimer. Vgl. Ruess 2009 (wie Anm. 21), S. 163-175, S. 174.

[41] Erklärung von Brita Fazer vom 02.08.1946.

[42] Dr. Ruth Schütt in Firma F. A. Schütt, Pforzheim, vom 25.01.1947.

gedacht gewesen sein, bestätigt aber gerade deshalb den Vorhalt politische Naivität.

Els Voelter war, was auch ihr Onkel vor der Spruchkammer bestätigte, eine durchsetzungsstarke, geltungssüchtige Frau.[43] In Stuttgart galt sie als „eine sehr große Nazi."[44] Sie begriff, wie sehr Erfolg im NS-Staat auf politischen Verbindungen und persönlicher Einflussnahme basierte. Diese Systembedingungen kamen ihrem Naturell entgegen: Seitdem die Nationalsozialisten an der Macht waren, renommierte sie unentwegt mit ihren Beziehungen und Verdiensten als „Alte Kämpferin". Die aus den Kriegsjahren überlieferte Geschäftskorrespondenz der Ideal-Steppdeckenfabrik Voelter KG, vormals Straus,[45] ist hierfür eine aufschlussreiche Quelle, lag jedoch der Spruchkammer seinerzeit nicht vor.[46] Voelters Briefe dokumentieren eindrücklich ihr Geschäftsgebaren: ihre Instrumentalisierung politischer Verbindungen und die Mischung aus weiblicher Koketterie und autoritärem Drohpotential, mit der sie ihre Interessen durchzusetzen verstand.

Symptomatisch für ihr Auftreten war ein – angeblich von ihrem Vater, Generalmajor a. D. Adolf Schwab stammender, jedoch gewiss von ihr verfasster – Geschäftsbrief vom Oktober 1939, der auf angebliche Vertragsverstöße antwortete, die Voelter gegenüber der Vermieterin der Ideal-Steppdeckenfabrik begangen haben sollte: „Ich bin erstaunt über den Ton, den Sie meiner Tochter gegenüber anschlagen, welche ältestes weibliches Mitglied der NSDAP in Württemberg und Inhaberin des goldenen Ehrenzeichens ist," hieß es an den Anwalt der Gegenseite gewandt: „Als Nationalsozialist und SS-Mann wäre es Ihre Pflicht, alles zu tun, um entstandene Schwierigkeiten sachlich zu beheben und mitzuhelfen, anstatt einer Frau und Parteigenossin, die sich die größte Mühe gibt, ihren Betrieb im Interesse ihrer Gefolgschaft aufrecht zu erhalten und einen Musterbetrieb im Sinne des Führers zu organisieren, unberechtigte Vorwürfe zu machen und ihr die gerade jetzt besonders notwendige Lebenskraft und Frische zu rauben." Das Schreiben mündete in die Androhung, „maßgebenden Orts vorstellig zu werden", was keine leere Drohung blieb. Voelter beschwerte sich bei der Gauleitung und teilte ihrem Kommanditisten befriedigt

---

[43] Aussage von Oberst Tobias.
[44] Aussage von Daimler-Benz-Direktor Staelin sowie der Directrice der Ideal-Steppdeckenfabrik, Anne Roos.
[45] Zur Geschichte der 1906 von Manfred Straus mitbegründeten Ideal-Steppdeckenfabrik Straus GmbH, die personell und kapitalmäßig mit der transnational tätigen Bettfedernfabrik S. L. Straus & Cie. Untertürkheim (früher Cannstatt) verbunden war: Toury, Jacob: Jüdische Textilunternehmer in Baden-Württemberg 1683-1938. Unter Mitwirkung von Eva C. Toury und Peter Zimmermann, Tübingen 1984, S. 201. Vgl. auch ein aus dem Jahr 1933 stammendes Firmenporträt: http://www.wirtemberg.de/ideal-steppdecken.htm (Zugriff: 28.03.2019).
[46] In Kopie befindet sich der Briefwechsel weitgehend vollständig in Akten des Ausgleichsamts Zollernalbkreis: ZAK 3485 Bd. 1 Nr. 2371.

mit: „Ich glaube, dass Herrn Rechtsanwalt S. damit gründlich gedient ist und dass ihn sein Brief ca. RM 2-3000.- kosten wird."[47]

Aber wie war Els Voelter, die nach Zeugenaussagen weder ausreichendes Kapital noch „die geringsten Fachkenntnisse" für die Leitung eines Unternehmens wie der Ideal-Steppdeckenfabrik besaß, zur „Betriebsführerin" mit derlei Sorgen geworden?[48] Die Umstände, unter denen die ebenso gewandte, wie durchsetzungsstarke „Alte Kämpferin" zunächst in das Fabrikkontor eines mittelgroßen Stuttgarter Bettwarenherstellers einzog, um wenig später zur Mehrheitsaktionärin im Aufsichtsrat der einstmals internationalen Sapt AG, Stuttgart-Untertürkheim[49] (umfirmiert in Rohtex AG) zu werden, werfen ein grelles Schlaglicht auf die „Landsknechtskameraderie"[50] mit welcher die „Arisierung" im Gau Württemberg vonstatten ging.[51] Auf geradezu groteske Weise beleuchtet das Beispiel jedoch auch die Emanzipationschancen, die einige wenige Frauen im Nationalsozialismus für sich erkannten und — in Voelters Falle zulasten entrechteter Juden – nutzen konnten.

Im Laufe des Jahres 1938 hatten die Schwierigkeiten „jüdischer Unternehmen" permanent und von allen Seiten zugenommen. Rohstoff- und Devisen-Überwachungsstellen, Finanzbehörden, DAF, NSDAP-Gauwirtschaftsberater und die halbamtliche „Württembergische Industrie- und Handels-Beratungs-Vermittlungs GmbH"[52], schließlich oft genug auch die „arische" Konkurrenz drängten die Inhaber traditionsreicher Familienunternehmen, die der „Arisierung" bis dahin die Stirn geboten hatten, zum Verkauf. Seit Sommer 1938 sollte — auf Geheiß von Gauleiter Wilhelm Murr (1888-1945) — die Gelegenheit genutzt werden, „seine alten Kämpfer [...] in die Wirtschaft einzuschalten".[53] Die Inhaber der „Ideal-Steppdeckenfabrik Straus GmbH", Manfred Straus (*10.12.1878 in Cannstatt) und sein Sohn Hans (*1907), hatten eine ehemalige Angestellte und ihren Ehemann als vertrauenswürdige Kaufinteressenten gewonnen.[54] Beide hatten Branchenkenntnisse, waren indessen nicht Mitglieder der NSDAP. Zu ihrem Bekanntenkreis zählte Els Voelter. Um für das „Arisierungsvorhaben" die

---

[47] Geschäftskorrespondenz der Ideal-Steppdeckenfabrik, Briefe vom 13.10.1939, 17.10.1939, und 18.10.1939. ZAK 3485 Bd. 1 Nr. 2371.
[48] Aussagen der Directrice der „Ideal", sowie des Daimler-Benz-Direktors Staelin vor der Spruchkammer.
[49] Die Sapt AG gehörte zum Firmenbesitz der internationalen Unternehmerdynastie Walter Wolf mit Ursprung in Stuttgart. http://www.wirtemberg.de/wolf-und-soehne-1929.htm (Zugriff: 28.03.2019).
[50] Genschel, Helmut: Die Verdrängung der Juden aus der Wirtschaft im Dritten Reich. Göttingen 1966, S. 247 f.
[51] Rauh, Cornelia: Des Gauleiters „Arisierungshyänen". Korruption und Selbstbereicherung der Parteielite Württembergs, in: Högerle, Heinz/ Müller, Peter/ Ulmer, Martin (Hg.): Wirtschaftliche Ausplünderung der jüdischen Bevölkerung in Württemberg und Hohenzollern, Hechingen 2019 (im Erscheinen).
[52] Ebenda; sowie: Berghoff, Hartmut/ Rauh, Cornelia: The Respectable Career of Fritz K. The Making and Remaking of a Provincial Nazi Leader. Übersetzt von Casey Butterfield. Oxford 2015, S. 103.
[53] Rauh 2019 (wie Anm. 51), S. 402.
[54] Konstellationen, in denen „gutwillige" Käufer vormals „jüdische Unternehmen" „arisierten", machten nach Frank Bajohrs Ergebnissen in Hamburg immerhin ca. 20 Prozent aller „Arisierungsfälle" aus. Ders. 1998 (wie Anm. 11), S. 318.

erforderliche Zustimmung von Gauleitung und Wirtschaftsministerium zu erhalten, sollte die „Alte Kämpferin" mit 51 Prozent des nominell 100.000 RM betragenden Gesellschaftskapitals beteiligt und zur dritten Geschäftsführerin der „Ideal" gemacht werden.[55] Am 8. Dezember 1938 wurde der Vertrag in der Kanzlei von Notar Eugen Glück (1897-1945)[56] beglaubigt. Hans Straus (1907-?), der wie viele wohlhabende Juden während des Pogroms vom 9./10. in Haft genommen worden war,[57] kam — dank Voelters Fürsprache bei der Gestapo — zur Vertragsunterzeichnung aus dem Konzentrationslager Welzheim frei.[58]

Mit Jahresbeginn 1939 wurde jedoch Els Voelter, an deren „Fortkommen" sich „der Reichsstatthalter" persönlich interessiert zeigte, von der DAF zur *alleinigen* „kommissarischen Betriebsführerin" der Ideal" bestellt. Ende März 1939 lehnte das Württembergische Wirtschaftsministerium den „Arisierungsvertrag" mit dem branchenkundigen Ehepaar B. ab. Die Begründung lautete, dass die vorgesehene Art der Führung des Unternehmens und das notwendige Betriebskapital keine Gewähr für eine gedeihliche Entwicklung böte. Für Straus' Wunschkäufer bedeutete dies das Ende ihrer Ambitionen, während Voelter nun auf eigene Faust die „Arisierung" der „Ideal" betrieb.

Betreut vom versierten Kreiswirtschaftsberater der NSDAP, Fritz Bernlöhr, suchte Voelter sich daraufhin einen kapitalkräftigen Teilhaber, mit dem sie — trotz beschränkter eigener Mittel —sogleich Ausbaupläne verfolgen konnte. Sie fand ihn in Max Stocker (1881-1968), Senior und Mitbegründer des Ebinger Trikotwarenherstellers Rehfuß & Stocker. Auch Stocker war nicht Mitglied der NSDAP.[59] Er suchte nach einer rentablen Kapitalanlage, brachte den benötigten Branchengeruch mit, wollte jedoch mit dem operativen Geschäft der „Ideal" möglichst wenig zu tun haben. Für Voelter, die nicht ins zweite Glied zurücktreten wollte, war er der ideale Teilhaber. Dank der Protektion durch die Partei fiel der neue Vertrag für sie sehr günstig aus,[60] deutlich vorteilhafter als der abgelehnte GmbH-Vertrag mit den Eheleuten B. Am 12. Oktober 1939 wurde das Unternehmen in das Handelsregister von Stuttgart-Untertürkheim eingetragen.[61] Bis zur Totalzerstörung des Betrieb bei einem Luftangriff handelte es sich für

---

[55] Zeugenaussagen des Ehemanns B. und des Direktors der Schwäbischen Bank, Lindner im Spruchkammerverfahren.
[56] Notar Glück war zugleich Leiter des Gaurechtsamts der NSDAP. Vgl. Rauh 2019 (wie Anm. 51).
[57] Die Anordnung, vornehmlich wohlhabende Juden in Konzentrationslager einzuliefern, hatte SD-Chef Reinhard Heydrich erteilt und galt reichsweit. Vgl. Berghoff/Rauh 2015 (wie Anm. 52), S. 114.
[58] Aussagen Voelters in ihrem Berufungsverfahren, sowie Straus' in seinem Restitutionsverfahren.
[59] Vgl. Spruchkammerakte Max Stocker, StASig Wü 13 T 2 Nr. 673/059.
[60] Der Vertrag über die Ideal-Steppdecken-Fabrik Voelter & Co. K. G. wurde am 31.05.1939 abgeschlossen. Er sah eine Geschäftseinlage Voelters in Höhe von 35.000 RM vor, die teils aus eigenem, teils aus Kapital ihrer Familie bestritt. Max Stockers Einlage war dreimal so hoch und betrug 115.000 RM. Außerdem gewährte er ein zinsloses Darlehen in Höhe von 75.000 RM zur Finanzierung der Bauarbeiten.
[61] Aussagen von Stockers Wirtschaftsberater Starnitzki, sowie des ausgebooteten „Arisierungsinteressenten" B.

Voelter um ein extrem lohnendes Geschäft: Denn neben ihrem Gehalt erwirtschaftete sie mit ihrer Einlage in Höhe von 35.000 RM jährlich durchschnittlich einen Gewinn in Höhe von 38.743 RM, also mehr als 100 Prozent.[62]

Welchen Erlös in dieser Konstellation die jüdischen Eigentümer schließlich noch für ihr Unternehmen erzielten, ließ sich in der Nachkriegszeit nicht mehr feststellen. Unstrittig war, dass von den Käufern nur ein Teilbetrag des wahren Werts gezahlt wurde und dass Manfred und Hans Straus keinen Pfennig ausbezahlt erhielten, weil der Kaufpreis auf ein Sperrkonto floss.[63] Über die Inventur des Warenlagers berichtete Voelter in aller Ausführlichkeit an Stocker: „Sollte ich [...] bei der Arbeit mit dem Juden Differenzen bekommen, so hat mir die Arbeitsfront Herrn D. angeboten, der große Erfahrung auf diesem Gebiet hat u. viele Entjudungen gemacht hat. Er ist alter Pg, robust mit den Juden, Steuersachverständiger u. Wirtschaftsprüfer. Bisher habe ich [...] Herrn Straus [...] angedeutet, es würde sich dann ziemlich verschärfen!"[64] Die Drohungen taten die erwünschte Wirkung, denn nach Abschluss der Bewertung berichtete sie: „Ich habe mit dem Juden gehandelt u. bin zufrieden mit dem Ergebnis, wir haben die Restposten sehr billig bekommen[...]. Ungefähr die Hälfte des ganzen Stofflagers habe ich als ‚nicht gangbare Ware' aussortiert u. verlange dafür Preisnachlass."[65] Unüberhörbar spricht aus dieser Diktion die Antisemitin, die an anderer Stelle über einen ihrer Vertreter schrieb, er sehe „wie ein 100% Jude" aus."[66]

Die zahlreichen, mit „Herzlichst Heil Hitler" unterzeichneten, Geschäftsbriefe, die Voelter während des Krieges nach Ebingen sandte, enthielten detaillierte Schilderungen der vom Krieg geprägten betrieblichen Vorgänge.[67] Sie dokumentieren darüber hinaus das dicht gesponnene Beziehungsnetz der „Alten Kämpferin" und ihre mit den Kriegserfolgen der Wehrmacht ausgreifenden Aktivitäten und Zukunftspläne, die sie in den Augen gestandener Wirtschaftsbürger als „Phantastin" erscheinen ließen.[68] Voelter führte zur Beförderung ihrer Geschäfte wiederholt Gespräche mit Reichsstatthalter Wilhelm Murr und dem

---

[62] Spruch vom 11.01.1947, Begründung, S.12 f.
[63] Juden wurde nur die Erstattung von zwei Drittel der festgestellten Werte zugebilligt. Der Goodwill ihres Unternehmens wurde auch den Unternehmern Straus vorenthalten. So schätzte die Spruchkammer die von Voelter und Stocker bezahlte Kaufsumme auf 30.000 bis 40.000 RM, während der wahre Firmenwert von Sachverständigen auf 140.000 RM geschätzt wurde. Vom Erlös gingen weitere 10.000 RM für die „Herrichtung für neue Geschäftsräume" ab und für die DAF nochmals 15.000 RM, vorgeblich zur Errichtung eines „Unterstützungsfonds zu Gunsten der Belegschaft". Der geringe Rest floss auf ein „Arisierungssperrkonto" und verfiel, nachdem Hans Straus im Sommer 1939 mittelos nach England ausgewandert war und seine Eltern im Dezember 1941 nach Riga deportiert und dort ermordet worden waren, schließlich dem deutschen Fiskus.
[64] Geschäftskorrespondenz der Ideal-Steppdeckenfabrik, Brief vom 04.07.1939. ZAK 3485 Bd. 1 Nr. 2371.
[65] Ebenda, Brief vom 14.07.1939.
[66] Ebenda, Brief vom 23.07.1939.
[67] Die mittelständische Perspektive auf die Kriegswirtschaft und der kaum kaschierte Beuteinstinkt der Verfasserin machen Voelters Briefe zu einer ungewöhnlichen Quelle, deren Wert noch dadurch erhöht wird, dass hin und wieder auch Antwortbriefe Stockers überliefert sind.
[68] Im Kontext der Entnazifizierung geäußertes Urteil des Direktors der Schwäbischen Bank, Lindner.

badischen Ministerpräsidenten Walter Köhler (1897-1989) sowie zahlreichen weiteren Parteistellen. Sie konsultierte den Vorstandsvorsitzenden der Daimler-Benz-AG Wilhelm Kissel (1885-1942), verhandelte mit Bankiers, Wirtschaftsführern, Repräsentanten von Reichsstellen und Wirtschaftsfachgruppen, Wehrmachtsbeschaffungsstellen, Auskämm-Kommissionen, Vertretern der Arbeitsfront, des Reichstreuhänders der Arbeit und Parteiführern. Sprichwörtlich umgarnte sie „die Frau Reichsstatthalter" und empfing immer wieder politische Prominenz in ihrem Betrieb. Bei umkämpften Geschäften legte sie, um Eindruck zu machen, — Empfehlungsschreiben vor oder flocht im Gespräch Bemerkungen über „die alte treue Freundschaft mit Herrn Direktor Werlin [Daimler Benz], dem Freund unseres Führers," ein, der ihr bei anderer Gelegenheit „eine sehr schöne Äußerung unseres Führers über mich überbrachte".[69] Mit solchen Praktiken erzielte sie bemerkenswerte geschäftliche Erfolge, die ihr die Anerkennung ihres Kommanditisten und ihrem Betrieb Rohstoffe, Arbeitskräfte, Aufträge, ein volles Lager und auskömmlichen Absatz sicherten.[70]

Im Juli 1941 wurde die „Ideal-Steppdeckenfabrik" mit dem „Leistungsabzeichen für Volksgesundheit" ausgezeichnet und im Mai 1943 erhielt die Firma das „Gaudiplom für hervorragende Leistungen". Voelter kündigte daraufhin an: „An die Hauswand kommt nun das große schwarze Eisenschild u. auf die Briefbögen die Prägung."[71] Der Betrieb profitierte im Krieg sehr von Materialzuteilungen sowie Aufträgen von Wehrmacht, SS und der Organisation Todt. Voller Stolz berichtete seine Komplementärin an Stocker, wie gut die Geschäfte liefen und dass Fritz Bernlöhr (1907-?) ihr bei amtlichen Stellen in Berlin „mit großer Energie und Einsatz überall die Türen "öffnete. Eine kriegsbedingte Stilllegung habe er verhindert mit der Drohung, er werde mit Frau Voelter „als einer der ältesten Parteigenossinnen des Reichs zum Stellvertreter des Führers gehen". „Das half!", kommentierte sie zufrieden.[72]

Die Beraubung der württembergischen Juden und die militärische Expansion im Westen hatten auch Bernlöhrs Karriere neue Impulse vermittelt, mit dem Voelter immer in engster Tuchfühlung blieb.[73] Beider Verhältnis wurde als symbiotisch geschildert, wobei nicht klar wurde, wer von beiden es darauf anlegte, den anderen zum Vehikel der eigenen Interessen zu machen. Bernlöhrs Funktion für Voelter changierte jedenfalls zwischen parteiamtlichem Wirtschaftsberater und privatem Ratgeber. Zeitweilig war der um zwölf Jahre jüngere, verheiratete Mann auch jugendlicher Liebhaber. In der Nachkriegszeit charakterisier-

---

[69] Ebenda, Brief an Max Stocker vom 12.06.1941 u. 29.12.1942.
[70] Ebenda, Vgl. besonders die Briefe vom 04.07.1939, 23.04.1940, 31.05.1940, 22.10.1940, 18.03.1941, 08.05.1941.
[71] Ebenda, Briefe vom 07.07.1941 u. 07.05.1943.
[72] Ebenda, Brief vom 04.10.1939.
[73] Noch als sie bereits zwei Jahre die Leitung der „Ideal" innehatte, schrieb sie an Stocker: „Wie Sie wissen, geht ja kein wichtiger Brief oder Fragebogen heraus, ohne dass ich ihn von Herrn Bernlöhr prüfen lasse, […] spät abends […], auf seinem Partei-Büro." Brief vom 28.03.1941. ZAK 3485 Bd. 1 Nr. 2371.

ten mehrere Zeuginnen den Machertypen Bernlöhr als Voelters „bösen Schatten".[74] Voelters Unternehmungen der ersten Kriegshälfte profitierten jedenfalls deutlich von Bernlöhrs Machtzuwachs, der vom ehrenamtlichen Kreiswirtschaftsberater zu einem Multifunktionär aufstieg und dafür auch mit lukrativen Posten in der Wirtschaft belohnt wurde.[75] Seit Mai 1938 vertrat er den Gauwirtschaftsberater im Aufsichtsrat der Sapt AG, einer global vernetzten Textilrohstoff-Handelsgesellschaft. Diese befand sich vollständig im Eigentum der jüdischen Familie Wolf, die zum Stuttgarter Großbürgertum gezählt hatte, deren Mitglieder jedoch alle bereits in die Schweiz emigriert waren.[76]

1940 ernannte Wilhelm Murr Bernlöhr zum „Sonderbeauftragten des Reichsstatthalters für die wirtschaftlichen Interessen Württembergs in Holland". Zugleich fungierte Murrs Allzweckwaffe als „Zwangsabwickler" der Sapt AG. Die Hälfte von deren Aktien, Wertpapiere über 1,2 Mio. RM, lagen freilich in einem Schweizer Banksafe und konnten den Eigentümern nicht einfach, wie es sonst Praxis war, zum Zwecke der „Arisierung" geraubt werden. Immerhin zeigte der Eigentümer, Walter Wolf, sich — anders als noch 1938 — zum Verkauf seines Aktienpakets bereit. Angesichts der Gefährdung der neutralen Schweiz plante Wolf mit seiner Frau weiter in die USA auszuwandern. Doch nur gegen Devisen konnten die Aktien der Stuttgarter Sapt ‚heim ins Reich' gebracht werden. Die chronische Devisenknappheit des Reiches machten die Aufgabe heikel, doch schließlich fand die Reichskreditgesellschaft eine Lösung.[77] Die staatseigene Bank interessierte die „Generalverwaltung des vormaligen preußischen Königshauses", die im Ausland über ein größeres Dollarguthaben verfügte, für eine Beteiligung an der Sapt. Auf der Suche nach weiteren Kaufinteressenten kam aus Sicht der Gauwirtschaftsberatung nur ein Württembergisches Käuferkonsortium in Frage. Es war Bernlöhr, der daraufhin „Hitlers älteste Parteigenossin in Württemberg" als Großaktionärin der Sapt ins Spiel brachte und im längst „arisierten" Aufsichtsrat der Sapt und bei der Reichskreditgesellschaft den Boden für ihre Beteiligung bereitete.

Beim Reichsstatthalter, auf den auch andere Interessenten einwirkten, sprach Voelter mehrfach persönlich vor und berichtete anschließend an Stocker: „Es sind für mich harte, nervenaufreibende Kämpfe, aber es steht alles in unserem

---

[74] Aussage von Zeugin F.
[75] Vgl. Rauh 2019 (wie Anm. 51), S. 409-413.
[76] Jacob Toury bezeichnet die Unternehmer Wolf als „Persönlichkeiten im Weltwirtschaftsformat". Das Unternehmen, das sie Ende des 19. Jahrhunderts aufgebaut und 1906 an den Standort Untertürkheim verlegt hatten, unterhielt vor dem Ersten Weltkrieg Filialen bzw. Zweigniederlassungen in Shanghai, Bombay, Boston, Monza, Rouen und ein Büro und eine Spinnerei (Aldiswil) in der Schweiz. Die Filialen in Shanghai und in der Schweiz bestanden auch nach 1933. Letztere firmierte als Sapt Zürich und hielt 50 % der Aktien der Stuttgarter Sapt AG, die wiederum mehrere — für die Autarkiewirtschaft des ‚Dritten Reichs' bedeutsame — Kunstwollfabriken in Württemberg besaß. Toury 1984 (wie Anm. 45), S. 201 f.; Vgl. W. Wolf & Söhne im STUTTGARTER GOLDENEN FIRMENBUCH von 1929 (Zugriff: 28.03.2019) sowie: StAL FL 300/34 II Bü 1348.
[77] „Sapt Entjudung I, II": BArch R 8136/3620 und R 8136/3384.

Sinne sehr günstig."[78] Am 28. März 1941 erfuhr Stocker, dass Voelter sich erstmals mit dem Aufsichtsratsvorsitzenden der Sapt, Abraham Frowein (1878-1957), und Vertretern der Reichskreditbank zu Kaufverhandlungen getroffen habe. Es sei ihr eröffnet worden, „dass die wichtige Auslandssache geklappt hat. Das Weitere wird sich in den nächsten Wochen ergeben."[79]

Die Beteiligungsverhältnisse des „arisierten" Unternehmens sahen schließlich vor, dass Voelter zum Kurs von 50 Prozent des Nennwerts Aktien über nominal 960.000 RM (= 40 Prozent des Grundkapitals) übernahm und Bernlöhr weitere Aktien für nominal 250.000 RM (10,416 Prozent des Grundkapitals). Der Firmenname wurde geändert in Rohtex AG. Gemeinsam übte das merkwürdige „Gespann Bernlöhr-Voelter"[80] damit im Aufsichtsrat der Rohtex die Stimmenmehrheit aus, vermutlich hatte Murr dies zur Bedingung gemacht. Die restlichen Papiere verteilten sich auf drei Tranchen: 30 % gingen in den Besitz der „vormals Königlich preußischen Vermögensverwaltung" an die Hohenzollern, 10 % entfielen auf einen Kreis leitender Angestellter des Unternehmens und 9,583 % (230.000) behielt einstweilen die Reichskreditgesellschaft. Die Zusammensetzung der „Ariseure" reichte somit vom Hochadel über leitende Manager bis zu kleinbürgerlichen Parvenüs und bestätigte damit den Forschungsbefund, wonach es sich bei der „Arisierung jüdischen Eigentums" um ein „breites gesellschaftliches Phänomen" handelte, an dem das Gros der „Volksgemeinschaft" auf die ein oder andere Art beteiligt war.[81]

Voelter, deren bescheidene eigene Mittel 1939 in die „Ideal-Steppdeckenfabrik" geflossen waren, mobilisierte erneut Verwandte und Freunde und nahm einen Kredit auf, um sich an der Rohtex zu beteiligen. Bei 10 Personen, unter anderem — mit 70.000 RM — ihrer Mutter, akquirierte sie eine Gesamtsumme von 199.000 RM. Von der Spruchkammer mussten sich Voelter und Bernlöhr später vorrechnen lassen, dass sie gemeinsam „einen Wert von mindestens ca. 1,2 Mill. RM erworben", dafür jedoch – einschließlich Krediten — nur 450.000 RM aufgewendet hätten. Hinzu kamen 240.000 RM, die Bernlöhr als „Abwickler" dem Firmenvermögen der Sapt entzogen und Voelter zugeschoben hatte. Die Spekulationen aller Mitglieder des Stuttgarter Käuferkonsortiums zielten, wie die Spruchkammer später analysierte, auf ein „Bombengeschäft".[82]

---

[78] Brief Voelters an Stocker vom 14.11.1940. Der Beteiligung Bernlöhrs und Voelters an der Sapt/Rohtex AG gingen hinter den Kulissen in der Gauleitung heftige Diadochenkämpfe voraus, weil auch andere Gauamtsleiter „Arisierungspläne" mit der Sapt verfolgten Vgl. Rauh 2019 (wie Anm. 51), S. 412. Stocker kommentierte Voelters Andeutungen: „Es ist mir einfach unverständlich, dass Leute mit derselben Gesinnung sich gegenseitig nicht mehr Verständnis entgegenbringen." Brief Stockers vom 18.11.1940. ZAK 3485 Bd. 1 Nr. 2371.
[79] Ebenda, Brief vom 28.03.1941.
[80] Klageschrift des Öffentlichen Klägers im Berufungsverfahren, S. 23.
[81] Bajohr, Frank: Interessenkartell, personale Netzwerke und Kompetenzausweitung. Die Beteiligten bei der „Arisierung" und Konfiszierung jüdischen Vermögens, in: Hirschfeld, Gerhard/ Jersak, Tobias (Hg.): Karrieren im Nationalsozialismus. Funktionseliten zwischen Mitwirkung und Distanz, Frankfurt/New York 2004, S. 45-56; Rauh 2019 (wie Anm. 51), S. 397 f. und 414.
[82] Spruch vom 11.01.1947, Begründung, S. 25.

Voelter und Bernlöhr waren, als sie die Aktienmehrheit der Rohtex in Händen hielten, jedoch längst nicht saturiert. Els Voelter hatte — bevor der „Westfeldzug" zu Ende war — begonnen, über „Arisierungsgelegenheiten" und die Möglichkeit einer Niederlassung der „Ideal" im Elsass nachzudenken. Trotz großer Skepsis ihres Kommanditisten verfolgte sie diese Idee weiter und wurde auch auf ihren Erkundungstouren durch das Elsass von Bernlöhr begleitet. Begeistert berichtete sie nach Ebingen von den großartigen Einkaufsmöglichkeiten, von verwaisten Maschinen aus „aufgelösten" jüdischen Unternehmen und erwähnte „10 Französinnen zusätzlich als Arbeitskräfte" für die „Ideal".[83] Wenige Monate nach ihrem „außerordentlichen Schachzug"[84] bei der Sapt, schien es, als wenn Voelter im Elsass einen noch größeren Coup landen könnte: „Hartmann et Fils" in Munster, „der schönste Betrieb, der im Elsass überhaupt zu haben ist und [...] auf 8 Millionen geschätzt", schwärmte sie Stocker vor.[85] Der Ebinger Industrielle, bis dahin von Voelters Elsass-Plänen wenig angetan, reagierte elektrisiert und gab sofort eine schriftliche Zusicherung: „Wenn es hier Gelegenheit für mich geben würde, [...] so wäre ich gern bereit, mitzumachen."[86] Doch obwohl Voelter mitteilte, sie habe von Ministerpräsident Köhler „eine bindende Zusage bekommen", und trotz Bernlöhrs Unterstützung und des an Köhler gerichteten Empfehlungsschreibens eines „Blutordensträgers und Führers der Blutfahne vom 9. November 23", gab Köhler einem Konkurrenten aus dem eigenen Gau den Zuschlag.[87]

Erneut profitierte Voelter jedoch von Bernlöhrs Hilfestellung, der sich als „Sonderbeauftragter" auch in den Niederlanden im Parteiauftrag um „Arisierungsmöglichkeiten" für verdiente Parteigenossen ‚kümmerte'. In Begleitung ihres Beraters und Beschützers stellte sich Voelter im Juni 1942 in der Firma N. V. Van Cleeff & Co's Magazijnen en Fabrieken van Bedartikelen vor und erklärte, „mit sofortiger Wirkung" übernehme sie die Leitung des Unternehmens.[88] Die NAGU, eine Abwicklungs- und Verkaufsgesellschaft hatte Voelter mit der „Entjudung" der holländischen Wirtschaft betraut und zur Treuhänderin des Rotterdamer Betriebs ernannt.[89] Mit einem Kredit bezahlte Voelter den Kaufpreis der

---

[83] Briefe Voelters vom 30.09.1940, 19.05.1941 und 16.06.1941, sowie Entgegnungen Stockers vom 19.05. und 21.06.1941. Stocker gab — unmittelbar nach Beginn des Krieges gegen Russland — zu bedenken, „das Ende des Krieges" sei „noch nicht abzusehen". ZAK 3485 Bd. 1 Nr. 2371.
[84] Klageschrift des Öffentlichen Klägers im Berufungsverfahren, S. 23.
[85] Brief Voelters vom 27.09.1941. ZAK 3485 Bd. 1 Nr. 2371. Die protestantische Familie Hartmann stammte ursprünglich aus Baden. Sie hatte 1871 für den Verbleib in Frankreich optiert und war nach der deutschen Annexion emigriert. 1889 kehrte der Erbe André Hartmann zurück. Er baute später die im Ersten Weltkrieg total zerstörte Fabrik wieder auf. Die Hintergründe der Übernahmepläne für das Unternehmen im Jahr 1941 ließen sich im Rahmen des vorliegenden Beitrags nicht erhellen. Vgl.: http://old.geneamunster.fr/?l a-famille-Hartmann (Zugriff: 28.03.2019).
[86] Brief vom 25.09.1941. ZAK 3485 Bd. 1 Nr. 2371.
[87] Ebenda, Briefe vom 26.09. 29.09. und 30.09.1941
[88] Aussage des Belastungszeugen Salomon van Cleeff vom 15.09.1949; Angaben Voelters. Zum Verfolgungsschicksal der Familie van Cleeff: Kok, Auke/ Michielsen, Dodo: De Redding van de familie Van Cleeff. De oorlog en het leven daarna, Amsterdam 2015.
[89] Kaufvertrag Els Voelters mit der N.V. Nederlandsche Mantschappij voor afwikkeling van ondarnemingen, Den Haag, vom 13.05.1942. ZAK 3485 Bd. 1 Nr. 2371. Zur NAGU: Gilles, Frank: Deutsche Bank,

Aktien, und am 31. Dezember 1942 wurde die „Rotterdamer Ideal-Steppdeckenfabrik Voelter & Co, vormals N. V. van Cleeff & Co. Magazijnen en Fabrieken van Bedartikelen, Rotterdam" errichtet. Voelter war auch in diesem Unternehmen die persönlich haftende Gesellschafterin, Stocker und „Generaldirektor Fritz Bernlöhr" figurierten als Kommanditisten.[90]

Als hätte sie mit diesen Engagements nicht schon hohe, vom Kriegserfolg abhängige Geschäftsrisiken übernommen, beteiligte Voelter sich noch Anfang 1944 an der Übernahme der Aktienmehrheit eines weiteren „arisierten" holländischen Unternehmens durch die Rohtex: der N.V. Importen Export – Maatschappij v/H J.H. Rozendahl, Enschede. Warnungen vor ihren Auslandsinvestments und den möglichen Folgen einer Kriegsniederlage schlug Els Voelter in den Wind. Einem Angestellten der „Ideal" erklärte sie: „Der Führer lässt mich nicht im Stich."[91] Die von Ehrgeiz und Unternehmungsdrang getriebene Geschäftsfrau amtierte nun als „Ringführerin für Süddeutschland und Holland" in der Selbstverwaltung der Wirtschaft und erhielt „riesige" neue Aufträge" für die von ihr betreuten Betriebe.[92] 1943 übernahm sie darüber hinaus Verantwortung als „Gaufachbeauftragte der Fachgruppe Steppdecken in der Wirtschaftsgruppe Textilindustrie" mit der Aufgabe, drei kleinere Fabriken mit Aufträgen zu versehen und über Betriebsauskämmungen zu entscheiden.[93]

Aber immer häufiger berichteten ihre Briefe an Stocker von bedrohlichen Kriegsauswirkungen. Am 21. August 1943 schrieb sie: „Die verheerende Not in den bombengeschädigten Gebieten hat dazu geführt, dass unser gesamtes Warenlager beschlagnahmt worden ist." Am 27. November 1943 ging die Ideal Steppdeckenfabrik bei einem Luftangriff auf Untertürkheim in Flammen auf. Bernlöhr war mittlerweile zur Wehrmacht eingezogen worden. Voelter musste sich für den von der Fachgruppe „genehmigten und befohlenen sofortigen Wiederaufbau" ihres Betriebs alleine auf die Suche machen. Schließlich nahm sie im Schulhaus von Gosbach im Kreis Göppingen erneut die Produktion auf.[94] Weil fortgesetzte feindliche Luftangriffe jedoch den Bewohnern auf die Stimmung schlugen, fuhr Voelter in Begleitung des Ortsgruppenleiters und eines Dritten im August 1944 zur Gauleitung, wo das Trio jedoch nur von einem Stellvertreter Murrs empfangen wurde. Verstimmt hörte Gauamtsleiter Otto Hill (1894-1967) sich Berichte an, wonach die Parteistellen „bis oben hinauf volksfremd geworden" seien und offenbar „den Kopf in den Stand" steckten. Es „ginge keinesfalls so weiter, sonst käme der Zusammenbruch", malte Voelter

---

Dresdner Bank – Erlöse aus Raub, Enteignung und Zwangsarbeit 1933-1945, in: 1999, Heft 15, 2000, S. 64-116, S. 76.
[90] Alle Verträge sind in der Geschäftskorrespondenz der Ideal mit Stocker überliefert. ZAK 3485 Bd. 1 Nr. 2371.
[91] Klageschrift des Öffentlichen Klägers im Berufungsverfahren, S. 24.
[92] Brief vom 07.05.1943. ZAK 3485 Bd. 1 Nr. 2371.
[93] Ebenda Brief vom 21.09.1943; sowie Els Voelter, „Zum Spruch vom 11.01.1947". StAL EL 902/20 Bü 95250.
[94] Briefe vom 01.12.1943; 21.03.1944, 22.03.1944, 13.09.1944. ZAK 3485 Bd. 1 Nr. 2371.

aus.⁹⁵ Kurz darauf erlitt sie einen gesundheitlichen Zusammenbruch.⁹⁶ Auch die Rohtex war bereits total zerstört und die holländischen Betriebe wurden akut von alliierten Invasionsverbänden bedroht, als Voelter den längst pessimistisch gestimmten Max Stocker beschwichtigte: „Ich bin fest überzeugt, dass wir […] uns wieder freikämpfen werden. Denn die Führung ist eine andere als wir sie 1918 hatten und unser Führer ist von der Vorsehung dazu bestimmt, seine Aufgabe zu vollenden."⁹⁷ In ihrem letzten Brief als „Betriebsführerin" bilanzierte sie mit Blick auf Rotterdam, wo sie vollständig ausgeplünderte, ´lahm-gelegte´ Fabrikräume zurückgelassen hatte: „Es ist alles dem zuständigen Kriegsschadenamt angemeldet worden, so dass eigentlich kein Schaden verbleibt, da es sich ja nur um Mieträume handelte."⁹⁸

Die Indifferenz, die Voelter angesichts der unbeschreiblichen, von ihr mitverschuldeten, Katastrophe zeigte, galt auch dem Schicksal des Seniorchefs der „Ideal", Manfred Straus. Voelter hatte ihn, solange er in der Firma beschäftigt war, respektvoll behandelt, ihm ein eigenes Büro gewährt und ein ordentliches Geschäftsführergehalt bezahlt. In ihren Rechtfertigungsschriften der Nachkriegszeit war gar von „Freundschaft" mit Straus die Rede.⁹⁹ Am 27. September 1941 erwähnte Voelter in einem als „vertraulich" gekennzeichneten Brief an Stocker: „Herr Manfred S. ist seit der Bedingung mit dem gelben Stern zu Hause geblieben." Bernlöhr erkundige sich eben in Berlin, „ob für die in der Industrie Beschäftigten eine Ausnahme gemacht werden kann."¹⁰⁰

Danach wurde der Voreigentümer ihres Unternehmens in Voelters Korrespondenz nicht mehr erwähnt, auch nicht, als Straus bald darauf — am 1. Dezember 1941 mit seiner Frau und 1.013 anderen Juden aus Stuttgart — in Richtung Osten deportiert wurde.¹⁰¹ Voelters Aufmerksamkeit verlegte sich auf ihre neuen Projekte. Bald ‚kämpfte' sie bei neuen Parteistellen für die „Rückstellung" des Direktors van Cleeff und anderer holländischer Juden von der Deportation.¹⁰² Voelters widersprüchliches, von ideologisch legitimierter Rücksichtslosigkeit einerseits und pragmatischer Hilfsbereitschaft andererseits gekennzeichnetes

---

⁹⁵ Aussage von Voelters Begleitern, Wilhelm Erhardt und Karl Hausch aus Gosbach, vor der Spruchkammer. Zu Hill vgl. Raberg, Frank: Schlüsselfigur des Finanz- und Wirtschaftssektors in Württemberg: Otto Hill, in: Proske, Wolfgang (Hg.): Täter Helfer Trittbrettfahrer, Bd. 3: NS-Belastete aus dem östlichen Württemberg, Gerstetten 2016, S. 88-97.
⁹⁶ Brief vom 13.09.1944. ZAK 3485 Bd. 1 Nr. 2371.
⁹⁷ Brief vom 13.09.1944. Ebenda.
⁹⁸ Brief vom 25.01.1945. Ebenda.
⁹⁹ Els Voelter: „Zum Spruch vom 11.01.1947". StAL EL 902/20 Bü 95250.
¹⁰⁰ Brief vom 27.09.1941. Handschriftlich trägt der Brief Voelters einen z.T. unleserlichen Vermerk: „So ist es die beste Lösung, daß er … bleibt." ZAK 3485 Bd. 1 Nr. 2371.
¹⁰¹ Korrespondenz Oktober 1941 bis Januar 1945. Ebenda. Zeugenaussagen zufolge sollen sich Manfred und Alice Straus unter Voelters Schutz vor Deportation sicher gewähnt haben. Die aus Stuttgart nach Riga verschleppten Menschen sollen dort durch Massenerschießungen an offenen Gruben ermordet worden sein. In Stuttgart kursierten nach Kriegsende Gerüchte, wonach die Opfer bei lebendigem Leib begraben worden seien. Der Wahrheitsgehalt dieser – gegen Voelter ins Feld geführten – grausamen Details war für die Spruchfindung ohne Bedeutung. StAL EL 902/20 Bü 95250.
¹⁰² Els Voelter: „Zum Spruch vom 11.1.1947". StAL EL 902/20 Bü 95250.

Verhalten gab ihrer Umgebung „Rätsel" auf. Die Direktrice der „Ideal-Steppdeckenfabrik", Anne Roos, erklärte, sie habe „nie verstehen [können], dass eine Frau, welche eine solche fanatische Nazi war, zu Juden und Halbjuden freundschaftliche Beziehungen unterhalten hat."[103] Daimler-Direktor (Rolf P.) Georg Staelin (1913-1985), der nach nationalsozialistischem Verständnis ein solcher „Halbjude" war, erinnerte sich an eine Begegnung, nachdem seine jüdische Mutter in das KZ Theresienstadt deportiert worden war. Voelter habe „ihren eleganten Mercedeswagen gestoppt", sei ausgestiegen und habe „mit weinenden Augen mir ihr Beileid ausgesprochen". Aber auch wenn sie fraglos „Gutes an rassisch Verfolgten getan" habe, waren es Staelins Überzeugung zufolge moralisch zweifelhafte Beweggründe, die Voelters Handeln im Guten wie im Schlechten motivierten: Er hielt sie für „sehr geldgierig", und notorisch geltungsbedürftig: „Sie wollte [...] den rassisch Verfolgten zeigen, [...] welchen Einfluss sie hatte und welche Grösse sie heute ist."[104] Letztlich blieb ihm Voelter „ein wahres Rätsel".

Der Zusammenbruch des Nationalsozialismus, der — von den amerikanischen Besatzern verordnet — auch die mühsame Wiederherstellung der seit 1933 zerstörten Eigentumsordnung mit sich brachte,[105] bedeutete für Voelter das Ende ihrer emanzipierten und privilegierten Existenz. Die Spruchkammer Stuttgart unter Leitung des Stuttgarter Rechtsanwalts Dr. Walter Molt (*1887-1949), eines ehemaligen Verfolgten des Nationalsozialismus,[106] stellte sehr umfangreiche Ermittlungen an und erwog gründlich, wie die widersprüchlichen Handlungsweisen der prominenten Nationalsozialistin und Geschäftsfrau rechtlich zu bewerten und die über sie kursierenden Gerüchte zu beurteilen seien. Die aus Laienrichtern zusammengesetzte Kammer konzedierte: „Die Fama" übertreibe, wenn die Betroffene „zur täglichen Gesellschafterin der Frau Murr gemacht" werde. Doch sei Voelter an solcher „Legendenbildung" nicht unschuldig. Ihre Renommiersucht hätte dazu geführt, „dass der Name ,Els Voelter' in Württemberg geradezu zum Begriff des unkontrollierbaren Einflusses auf sämtliche Parteistellen und Parteileute geworden" sei. Diese Seite der Tyrannei habe „die Betroffene ganz besonders gepflegt, gefördert und sich ihrer zu guten und schlechten Taten bedient."[107]

Die Kammer sah es als erwiesen an, dass Voelter in den 1920er Jahren von der „romantischen" Idee des nationalen Sozialismus angezogen war und später

---

[103] Aussage der Directrice der Ideal, Roos. Ebenda.
[104] Aussage von Daimler-Benz-Direktor Georg Staelin.
[105] Zur Restitution: Lillteicher, Jürgen: Raub, Recht und Restitution. Die Rückerstattung jüdischen Eigentums in der frühen Bundesrepublik, Göttingen 2007; Goschler, Constantin / Lillteicher, Jürgen (Hg.): „Arisierung" und Restitution. Die Rückerstattung jüdischen Eigentums in Deutschland und Österreich nach 1945 und 1989, Göttingen 2002.
[106] In der Nachkriegszeit richtete Molt Überlegungen zum Wiederaufbau der Rechtspflege an Ministerpräsident Reinhold Maier. Vgl.: StAL EL 350 I Bü 39363 (Personalakte Molts), sowie HStAS Q 1/B Bü 301 (Nachlass Maier), Ausführungen Molts vom 14.12.1945.
[107] Spruch vom 11.1.1947, Begründung, S. 6 f.

ihre soziale Gesinnung in der Praxis gegenüber ihrer Belegschaft gezeigt und „die in ihren Betrieb abkommandierten Fremdarbeiter gut und anständig behandelt" hatte. Doch erachteten Voelters Richter dies nur als Ausdruck eines „typisch nationalsozialistischen ‚Sozialismus' patriarchalischen Gepräges". Ihr Eintreten für Verfolgte wurde teils kluger Berechnung zugeschrieben, teils ihren menschlichen Regungen, „vor allem [aus] echt weiblichem Herzen heraus".[108] Als Entlastungsgrund im Sinne des „Befreiungsgesetzes"[109] wertete die Kammer dies jedoch nicht, stellte vielmehr klar: „Mit „Antinationalsozialismus" habe dies „rein gar nichts zu tun," was schon die Tatsache erhelle, dass sie „in derselben Zeit, in der sie so Gutes an einzelnen Opfern des Nationalsozialismus tat, mit der grössten Kaltblütigkeit und Skrupellosigkeit mithalf, die Juden auszuplündern."[110] Obwohl sie kein politisches Amt ausgeübt hatte, wurde Voelter in die Gruppe der „Hauptschuldigen" eingestuft. Die 52-jährige, die sich seit August 1945 in Haft befand, sollte weitere drei Jahre Arbeitslager verbüßen, angerechnet wurde lediglich ein halbes Jahr politischer Haft. Ihr Vermögen sollte als Beitrag zur Wiedergutmachung vollständig eingezogen werden. Berufs- und Einkommensbeschränkungen für die Dauer von zehn Jahren kamen hinzu, ebenso Wohnungs- und Aufenthaltsbeschränkungen und das Verbot, einen Kraftwagen zu halten.[111]

Voelter, die ein halbes Jahr in „automatical arrest" und anschließend über ein Jahr in Untersuchungshaft gehalten worden war, befand sich mittlerweile in Internierungshaft.[112] Vom erstinstanzlichen Urteil zeigte sie sich erschüttert: „[...] denn ich habe es wirklich nicht verdient, mit Kriegsverbrechern und Mördern der KZ-Lager in dieselbe Gruppe eingestuft zu werden". Sie beantragte Revision — ebenso wie der Öffentliche Kläger, der eine Erhöhung der „Arbeitslagersühne" verlangte. „Um der Menschlichkeit willen" bat sie flehentlich um „Milde und Gnade", vor allem aber um „einstwilige Haftentlassung" und versprach „aufrichtige Reue". Ihre Arbeitslager-Strafe wolle sie „willig" annehmen, „um Busse (sic!) zu tun."[113]

Während die von der amerikanischen Besatzungsmacht verordnete Entnazifizierung in der deutschen Gesellschaft rasch an Rückhalt verlor und die Spruchkammern mehr und mehr zu „Mitläuferfabriken" wurden, profitierte Els Voelter

---

[108] Ebenda, S. 29.
[109] Vgl. Art. 39.4 Gesetz Nr. 104 zur Befreiung von Nationalsozialismus und Militarismus vom 05.03.1946: http://www.verfassungen.de/bw/wuerttemberg-baden/befreiungsgesetz46.htm (Zugriff: 28.03. 2019); vgl. Schulze, Erich: Gesetz zur Befreiung von Nationalsozialismus und Militarismus - mit den Ausführungsvorschriften und Formularen, München 1946.
[110] Spruchbegründung vom 11.1.1947, S. 29.
[111] Erstinstanzlicher Spruch gegen Els Voelter vom 11.01.1947.
[112] 16,5 Monate war Voelter ihren Angaben zufolge in Zellenhaft mit seltenem Hofgang untergebracht, davon ein Jahr in U-Haft in „Einzelhaft in dunkler Zelle". Els Voelter, „Zum Spruch vom 11.1.1947". Stockers Wirtschaftsberater, der Voelter in Biberach im Gefängnis aufsuchte, traf sie dort demoralisiert an. Undatiertes Schreiben „Auseinandersetzung mit Frau Voelter". ZAK 3485 Bd. 1 Nr. 2371.
[113] Els Voelter, „Zum Spruch vom 11.1.1947".

nicht vom allgemeinen Trend zur Rehabilitation.[114] Sie verbrachte weitere 20 Monate im „Internierungslager 77" in Ludwigsburg, wo sie tatsächlich auch mit KZ-Aufseherinnen, Gestapo-Agentinnen, Denunziantinnen, Amtsträgerinnen der NS-Frauenschaft und verschiedenen Chargen weiblicher SS-Angehöriger inhaftiert war.[115] Vor allem letztere waren häufig erstinstanzlich ebenfalls zu „Hauptschuldigen" erklärt und zu Arbeitslagerstrafen verurteilt worden.[116] Erst als der Abschluss der Entnazifizierung angekündigt worden war und Ende April 1948 die Lager geleert wurden, kamen – ebenso wie Voelter - auch sie frei.[117] Bis schließlich ein rechtskräftiger Spruch gegen Els Voelter zustande kam, vergingen nochmals 20 Monate. In dieser Zeit heiratete sie den Schreinermeister Georg Bundschu (1892-?) aus Gosbach. Ihr neuer Ehemann hatte wie Els Voelter eine Vergangenheit als „alter Kämpfer" und hatte, weil er ehemaliger NS-Ortsgruppenleiter und SA-Truppführer war, ebenfalls drei Jahre in Ludwigsburg in Internierungshaft verbracht.[118]

In ihrem Verfahren vor der Zentral-Berufungskammer Nordwürttemberg machte sich der sonst bei Berufungen übliche „Wille zur Entschuldung"[119] kaum bemerkbar. Nach vier Verhandlungstagen stellte die Kammer am 3. Januar 1950 fest, dass die Berufung der Betroffenen unbegründet sei, stufte sie zwar in die Gruppe II der „Belasteten" herab, doch noch immer lauteten die Sühnemaßnahmen auf vollständigen Vermögenseinzug, achtjähriges Berufsverbot und eine Arbeitslagersühne von drei Jahren. Diese galt jetzt als verbüßt.[120] Die Betroffene hatte die Kosten der erlittenen Internierungshaft zu tragen, ebenso den Großteil der Verfahrenskosten. Bei einem Streitwert von 200.000 DM war das keine Petitesse — jedenfalls mehr als die inzwischen mittellose Voelter je aufzubringen im Stande sein würde. Restitutionsansprüche von Hans Straus ebenso wie der Familie van Cleeff mussten daher von Voelters Kommanditist Stocker sowie vom Land Baden-Württemberg beglichen werden. Bei Voelter war nichts mehr

---

[114] Vgl. Niethammer, Lutz: Die Mitläuferfabrik. Die Entnazifizierung am Beispiel Bayerns, Berlin/Bonn 1982; Rauh-Kühne, Cornelia: Wer spät kam, den belohnte das Leben: Entnazifizierung im Kalten Krieg, in: Junker, Detlef (Hg.): Deutschland und die USA im Zeitalter des Kalten Krieges, 1945-1990. Ein Handbuch, 2 Bde., Stuttgart/München 2001, Bd. 1, 112-123; dies.: Die Entnazifizierung und die deutsche Gesellschaft, in: Archiv für Sozialgeschichte 35, 1995, S. 35-70.
[115] Im Lager 77 waren Ende Februar 1947 1.115 Frauen aus der gesamten amerikanischen Zone inhaftiert. 37% der Internierten hatten ein Amt in der NS-Frauenschaft von der Reichsebene bis hinab zur Ortsgruppe ausgeübt, jedoch 43,7 % in der SS. Die übrigen verteilten sich auf sonstige Organisationen. Meyer 2004 (wie Anm. 8), S. 100 und Tab. 15, 212.
[116] In der US-Zone waren bis zum 30.04.1948 insgesamt 7.768 Personen zu Arbeitslagerstrafen verurteilt worden. Von ihnen waren 1.119 Personen als Hauptschuldige eingestuft worden. Der Frauenanteil lässt sich nicht exakt beziffern, war jedoch minimal. Vgl. Meyer 2004 (wie Anm. 8), S. 208.
[117] Meyer 2004 (wie Anm. 8), S. 207.
[118] STAL EL 903/1 Bü 40. Georg Bundschu (*7.12.1892) wurde aufgrund einer Denunziation als „Belasteter" eingestuft. 1951 wurde der Spruch aufgehoben und das Verfahren eingestellt, nachdem die belastende Aussage zurückgezogen worden war.
[119] Meyer 2004 (wie Anm. 8), 203, vgl.: Rauh-Kühne 2001 (wie Anm. 114).
[120] Spruch vom 03.01.1950. Nur 2,3 % aller Betroffenen, gegen die in der amerikanischen Zone ein Verfahren durchgeführt worden war, wurden schließlich zu Belasteten" erklärt, 0,17 % blieben „Hauptschuldige" Vgl. Meyer 2004 (wie Anm. 8), S. 209.

zu holen, auch Erbschaften, die ihr in der Folgezeit zufielen, wurden konfisziert.[121]

War ihre lange Haft und die rigorose Bestrafung durch die Spruchkammer angemessen und verhältnismäßig? Oder waren „Neid und Missgunst" gegen eine Frau mit überragenden Fähigkeiten im Spiel?[122] Kathrin Meyer, die die Spruchpraxis im Frauen-Internierungslager 77 untersucht hat, fand heraus, dass Frauen, die „von einer traditionellen weiblichen Geschlechterrolle abwichen", indem sie „eine Karriere anstrebten, Macht und körperliche Gewalt ausübten", von den Kammern in höhere Belastungsgruppen eingestuft und schwerer bestraft wurden als Männer."[123] Geschlechterstereotype tauchten auch im Verfahren gegen Els Voelter immer wieder auf, etwa wenn ein Zeuge „mangelnde frauliche Denkweise" hinter Voelters Anhängerschaft zur NSDAP vermutete[124] oder wenn der Öffentliche Kläger vortrug, dass es „in ihrer enttäuschenden kinderlosen Ehe mit dem ehem. Rittmeister Dr. Voelter begründet" liege und „psychologisch verständlich" sei, dass die Betroffene „auf diese verwerfliche Bahn geraten" sei[125] oder wenn die Kammer Voelters Eintreten für Verfolgte ihren weiblichen Herzensregungen zuschrieb, statt sie als politischen Dissens und als Entlastungsargument zu werten. Der Eindruck, dass Voelter die Härte des Befreiungsgesetzes und der Internierungsrichtlinien bei weitem nicht so rigide zu spüren bekommen hätte, wäre sie ein mit demselben „Schaffensdrang" ausgestatteter nationalsozialistischer Geschäfts*mann* gewesen, drängt sich auf. Denn viele „aktive und skrupellose Ariseure",[126] welche die Vernichtung der jüdischen Gewerbetätigkeit zum eigenen Vorteil genutzt hatten, wurden, als der erste Säuberungselan nachgelassen hatte, von den Spruchkammern mit größter Nachsicht beurteilt und konnten ihre Unternehmerkarriere fortsetzen. Steuernachlässe und öffentliche Darlehen ebneten ihnen den Weg, die fälligen Restitutionszahlungen zu leisten und ihre Unternehmen wieder auf- und auszubauen.[127]

---

[121] Brief von Wirtschaftsberater Starnitzki an Stocker, 18.10.1949. ZAK 3485 Bd. 1 Nr. 2371.
[122] Schreiben Hertha Badesteins an die Zentral-Berufungskammer Nordwürttemberg, 25.09.1949. StAL EL 902/20 Bü 95250.
[123] Meyer 2004 (wie Anm. 8), S. 239.
[124] StAL 905/4 Bü 1055. Handakte des öffentlichen Klägers: Aussage des Entlastungszeugen Professor Hans Hildebrandt.
[125] Klageschrift des Öffentlichen Klägers im Berufungsverfahren. StAL EL 902/20 Bü 95250.
[126] Bajohr zufolge machte diese Gruppe 40% aller von ihm für Hamburg untersuchten Fälle aus. Bajohr 1998 (wie Anm. 11), S. 317.
[127] Vgl. den Fall des — in der französischen Besatzungszone entnazifizierten — Trossinger Zigarettenpapierfabrikanten und prominenten nationalsozialistischen Multifunktionärs Fritz Kiehn, Mitglied im Freundeskreis Reichsführer SS und persönlicher Bekannter Heinrich Himmlers. Obwohl auch er sich in großem Umfang an „Arisierungen" beteiligt hatte, wurde er nach dreieinhalbjähriger Internierungshaft 1949 zum „Minderbelasteten" erklärt. In seinem Fall äußerte der Kreisuntersuchungsausschuss Verständnis, dass Kiehns Geschäftsinteressen auf dem Spiel standen, als er 'jüdische Unternehmen' weit unter Wert kaufte. Ein Vermögenszugriff fand nicht statt, im Gegenteil: Kiehn erhielt in der Nachkriegszeit großzügige Darlehen der Landesregierung von Württemberg-Hohenzollern. Berghoff/Rauh 2015 (wie Anm. 52), Kap. 6, 10 u. 11.

Paradebeispiel dieses weit verbreiteten Musters war der Fürther Großkaufmann Gustav Schickedanz (1895-1977), der es zur Ikone des westdeutschen Wirtschaftswunders bringen sollte. Der Chef des Versandgroßhandels Quelle war der NSDAP 1932 beigetreten und hatte dank seiner „hervorragenden Beziehungen zur NSDAP-Gauleitung" „den größten Teil seines privaten wie Geschäftseigentums durch ‚Arisierung' jüdischen Eigentums erworben".[128] Das verhinderte indessen nicht, dass die Nürnberger Berufungskammer ihn Ende März 1949 zum „Mitläufer" erklärte mit einer geringen Geldstrafe von 2.000 DM. Verständnisvoll hatte der Öffentliche Kläger vermerkt, dass Schickedanz „eine Reihe edler, von Nächstenliebe, Herzensbildung und Herzensgüte zeugender Taten vollbracht" habe und „menschlich als eine Persönlichkeit von hohen Qualitäten" gelten müsse. Beim Erwerb jüdischen Besitzes habe er „nicht zuletzt das Schicksal seiner Unternehmungen" im Auge gehabt.[129] Schickedanz wurde ebenfalls in der amerikanischen Besatzungszone, jedoch in Bayern entnazifiziert.

Doch auch ein Vergleich von Voelters Spruchkammerurteil mit dem Stuttgarter Spruch gegen ihren einstigen „Schatten" und Berater Bernlöhr zeigt, wie verschieden die Beurteilung ausfiel, wenn es galt, einen Mann mit vergleichbarem Belastungsprofil zu „entnazifizieren": Der einstige Rohtex-Generaldirektor, vormals Stuttgarter Kreiswirtschaftsberater und Stellvertretender Gauwirtschaftsberater, ein „Frontmann der Gauleitung" und persönlicher Profiteur in Sachen „Arisierung",[130] befand sich nach zweijähriger Internierung längst wieder auf freiem Fuß, als Voelter noch lange nicht freikam. Am 1. April 1949 fällte die Zentralspruchkammer Nordwürttemberg ihren rechtskräftig gewordenen Spruch, wonach Bernlöhr „Belasteter" war und zu Sühnemaßnahmen verurteilt wurde, die durchweg gemäßigter ausfielen als Voelters.[131]

Els Voelter, die in den 1920ern vermutlich auch deswegen der nationalsozialistischen Partei beigetreten war, weil es sie gedrängt hatte, „aus tradierten Geschlechtermustern aus[zu]brechen",[132] musste nicht nur für ihr politisches Fehlverhalten und ihre „Nutznießerschaft" büßen. Alles deutet darauf hin, dass die erfolgreiche Geschäftsfrau nun auch die Quittung dafür bekam, dass sie seinerzeit einer Partei mit „überwältigendem Männerüberschuss" beigetreten war[133]

---

[128] 1949 stammten vom Gesamtbesitz Schickedanz' in Höhe von 9.331.735 DM über 7 Millionen aus jüdischem Besitz. Zinke, Peter: „Er drohte wieder mit der Gauleitung". Gustav Schickedanz und die Arisierung, in: Jahrbuch des Nürnberger Instituts für NS-Forschung und Jüdische Geschichte, Nürnberg 2008, 63-80.
[129] Zitiert nach: Schöllgen, Gregor: Gustav Schickedanz. Biographie eines Revolutionärs, Berlin 2010, S. 71, 205. Es handelt sich um eine apologetische Würdigung des Fürther Unternehmers. Vgl.: Rauh, Cornelia: Angewandte Geschichte" als Apologetik-Agentur? Wie Erlanger Forscher Unternehmensgeschichte „kapitalisieren", in: Zeitschrift für Unternehmensgeschichte/Journal of Business History, 2011, S. 102-115.
[130] Rauh 2019 (wie Anm. 51).
[131] StAL EL 902/3 Bü 4013.
[132] Kosubek 2017 (wie Anm. 3), S. 279.
[133] Falter, Jürgen: Was wissen wir über die NSDAP-Mitglieder? Ein Blick auf den Forschungsstand, in: Ders. (Hg.): Junge Kämpfer, alte Opportunisten. Die Mitglieder der NSDAP 1919-1945, Frankfurt/New York 2016, S. 89-120, 118.

und als wirtschaftlich erfolgreiche Unternehmerin und einflussreiche Verbandsrepräsentantin der Gaufachgruppe einmal mehr die Geschlechterordnung gestört hatte.[134]

Nach Jahren aufreibender, zur massenhaften Rehabilitation geratener Entnazifizierungstätigkeit musste Els Voelter für die Zentrale Berufungskammer so etwas wie die ideale „Betroffene" sein: Konsequent angewandt, würden in ihrem Fall die Sühnemaßnahmen des „Befreiungsgesetzes" die überkommene Eigentumsordnung und Geschlechterordnung wieder herstellen, und zwar ohne — wie das bei Unternehmern sonst der Fall war — dass Familienbetriebe oder Belegschaften oder ganze Industriegemeinden Schaden drohte und ohne dass die Besatzungsmacht oder die Öffentlichkeit sich empörten. Die prominente, aus „besseren Kreisen" stammende Hitler-Anbeterin und „Nutznießerin" war in der Nachkriegsgesellschaft eine ideale Projektionsfläche kollektiver Schuldabwehr. So ließ sich leichter verdrängen, dass zeitweilig auch in Stuttgart die Mehrzahl der Bewohner die Begeisterung für Hitler geteilt und die „Volksgenossen" „dem Führer entgegengearbeitet"[135] hatten. Nur so war es möglich, dass sich auch in Württemberg die „Arisierung" zu einem „breiten, gesamtgesellschaftlichen Phänomen", „einem wahren ‚Bereicherungswettlauf'", hatte entwickeln können.[136]

Els Voelter lebte nach ihrer Freilassung aus Internierungshaft — den tradierten Geschlechterrollen gemäß — als Hausfrau und mithelfende Ehefrau eines kleinen Schreinerhandwerkbetriebs in Gosbach. 1963 und noch wiederholt bis 1973 versuchte sie für die im Krieg erlittenen Vermögensschäden „ihrer Unternehmen" ein Überbrückungsdarlehen nach dem Reparationsschädengesetz (RepG) zu erlangen – ohne Erfolg.[137] Das Ausgleichsamt Göppingen lehnte ihre Anträge ab mit dem Hinweis, dass „Darlehen bei Verlusten an Wirtschaftsgütern, die in Ausnutzung von Maßnahmen der nationalsozialistischen Gewaltherrschaft erworben worden sind, nicht gewährt werden."[138] Els Voelter starb mittellos am 4. März 1977 in einem Caritas-Pflegeheim in Deggingen. Ihr Nachlass war überschuldet.[139]

---

[134] Portraits einzelner Unternehmerinnen in Zeitungen und Zeitschriften verbreiteten zählebige Rollenklischees: Christiane Eifert zufolge tendierten sie in der Nachkriegszeit, wie in den Weimarer Jahren dazu, ihre erfolgreichen Protagonistinnen als Inkarnation einer „gestörten Geschlechterordnung" zu beschreiben. Eifert 2011 (wie Anm. 7), S. 177.
[135] Kershaw, Ian: Hitler 1889–1936, Stuttgart 1998, S. 27 und S. 663; sowie zur Attraktivität der nationalsozialistischen „Volksgemeinschaft": Schmiechen-Ackermann, Detlef u.a. (Hg.): Der Ort der „Volksgemeinschaft in der deutschen Gesellschaftsgeschichte, Paderborn 2018.
[136] Finger, Jürgen / Keller, Sven/ Wirsching, Andreas: Dr. Oetker und der Nationalsozialismus. Geschichte eines Familienunternehmens 1933-1945, München 2013, S. 209 f.
[137] Gesetz zur Abgeltung von Reparations-, Restitutions-, Zerstörungs- und [...] von Darlehen an Reparations-, Restitutions- und Rückerstattungsgeschädigte vom 04.06.1960, in: Bundesanzeiger vom 24.09.1960, 12 (1960) Nr. 185, S. 1 f.
[138] Schreiben des Ausgleichsamts Göppingen 18.01.1963 ZAK 3485 Bd. 1 Nr. 2371; sowie Els Bundschus vom 19.01.1973. ZAK 3485 Bd. 1 Nr. 2371.
[139] ZAK 3485 Bd. 1 Nr. 2371.

Rainer Jedlitschka

Giselher Wirsing: Worte als Taten

* 15. April 1907 in Schweinfurt
† 23. September 1975 in Stuttgart

Dr. rer. pol., Journalist und Publizist, ab 1929 Mitarbeiter der Zeitschrift „Die Tat", 1933 deren Mitherausgeber, 1939-1944 Herausgeber der Nachfolge-zeitschrift „Das XX. Jahrhundert", 1933 bei den „Münchner Neueste Nachrichten", 1938 deren Chefredakteur, 1938 Aufnahme in die SS als Hauptsturm-führer, später Sturmbannführer, 1940 Eintritt in die NSDAP, 1943 Hauptschriftleiter „Signal", 1954-1970 Chefredakteur von „Christ und Welt"

Giselher Wirsing gehörte ohne Zweifel zu den echten Begabungen des politischen Journalismus.[1] So hat er allein dreizehn selbständige Bücher, unzählige tagespolitische und Leitartikel sowie mehrere Denkschriften verfasst. Auch war er Herausgeber verschiedener Publikationen. Aus dem Kreis um die Zeitschrift „Die Tat" und der Gedankenwelt der sogenannten „Konservativen Revolution"[2] der Weimarer Republik kommend machte er nach Hitlers Machtergreifung schnell Karriere. So war er bis 1941 politischer Redakteur und Hauptschriftleiter der „Münchner Neuesten Nachrichten", gab von 1939 bis 1944  die Zeitschrift „Das XX. Jahrhundert" heraus. 1942 ging er als Kriegsberichterstatter zur Wehrmacht und war von 1943 an Chefredakteur der vom Oberkommando der Wehrmacht herausgegebenen Auslandsillustrierten „Signal". Bereits 1938 war Wirsing als Hauptsturmführer in die SS aufgenommen und 1940 zum SS-Sturmbannführer befördert worden. Im gleichen Jahr erfolgte der Eintritt in die NSDAP.

---

[1] So urteilt rückblickend der Nachfolger Wirsings in der Funktion des Chefredakteurs von „Christ und Welt", Ulrich Frank-Planitz. (Ders.: Die Zeit, die wir beschrieben haben. Zur Geschichte der Wochenzeitung „Christ und Welt", in: Heck, Bruno (Hg.): Widerstand, Kirche, Staat. Eugen Gerstenmaier zum 70. Geburtstag, Berlin 1976, S. 146-169, S. 154).
[2] Der zunächst zeitgenössische Begriff einer „konservativen Revolution" ist von Armin Mohler erstmals 1950 in die wissenschaftliche Diskussion eingeführt worden (Mohler, Armin: Die Konservative Revolution in Deutschland 1918-1932. Ein Handbuch. Hauptband und Ergänzungsband (mit Korrigenda) in einem Band, Darmstadt ⁴1994) und hat viele weitere Studien angeregt, vgl. zusammenfassend Schildt, Axel: Konservatismus in Deutschland. Von den Anfängen im 18. Jahrhundert bis zur Gegenwart, München 1998, S. 157 ff. Der Begriff wurde dabei zur Bezeichnung einer in der Weimarer Republik bedeutend gewordenen geistig-politischen Bewegung, die sich sowohl von den liberaldemokratischen Ideen von 1789 und des 19. Jahrhunderts als auch von bloßer Restauration und Reaktion abzugrenzen suchte.

Obwohl Wirsing zu Hitlers Spitzenjournalisten gehört hatte, konnte er - nach Internierung und Entnazifizierung - von 1954 bis 1970 das einflussreiche evangelische Wochenblatt „Christ und Welt" als Chefredakteur leiten. Dabei profitierte er vom antikommunistischen Gründungskonsens der Bundesrepublik, die angesichts des neuen Feindes alte Sünden vergessen wollte. Allerdings sah er sich immer wieder öffentlichen Anfeindungen aufgrund seiner Rolle während des „Dritten Reiches" ausgesetzt.

Wirsings Karriere ist einerseits durch eine enorme Schnelligkeit und Zielstrebigkeit gekennzeichnet, was von seiner oft gerühmten außerordentlichen Begabung und seinem Ehrgeiz zeugt. Andererseits ist diese auch bedingt durch eine sehr weitgehende Anpassungsbereitschaft an unterschiedliche politische Systeme und seinem willfährigen Bestreben, „immer auf der Seite der Sieger" zu stehen, wie es Armin Mohler (1920-2003) in einem wenig schmeichelhaften Nachruf ausdrückte.[3]

Der „Tat"-Kreis und die Person Wirsings sind schon verschiedentlich Gegenstand der Forschung gewesen.[4] In dem hier gesteckten Rahmen sollen neben einer biographischen Skizze einige in der Forschung bisher weniger untersuchte Aspekte unter Verwendung archivalischer Quellen und Zeitzeugenberichten beleuchtet werden. Auch soll dem geographischen Zuschnitt des Sammelbandes folgend Wirsings Zeit nach 1954, die er als Chefredakteur der Wochenzeitung „Christ und Welt" in Stuttgart verbrachte, Berücksichtigung finden.[5]

Von der bündischen Jugend zum „Tat"-Kreis. Herkunft und Werdegang

Hans Karl Theodor Wirsing wurde am 15. April 1907 als zweites Kind des Chemikers und Fabrikbesitzers Dr. Friedrich Wirsing und dessen Frau Pauline, in Schweinfurt geboren.[6] Den Vornamen Giselher führte er erst ab den späten

---

[3] Mohler, Armin: Deutsche Nachkriegspresse und Vergangenheitsbewältigung. Erinnerungen an Giselher Wirsing, in: Criticon 5 (1975), S. 245-250, S. 246.

[4] Zur „Tat" und „Tat"-Kreis v.a. Sontheimer, Kurt: Der Tatkreis, in: VfZ 7 (1959), S. 229-260; Fritzsche, Klaus: Politische Romantik und Gegenrevolution: Fluchtwege in der Krise der bürgerlichen Gesellschaft: das Beispiel des „Tat"-Kreises, Frankfurt a.M. 1976. Zu Wirsing kritisch aus konservativer Sicht Mohler, Armin: Deutsche Nachkriegspresse; aus linker Perspektive Köhler, Otto: Ein stets williger Mitarbeiter des SD - Vom Eichmann-Kollegen zu ‚Christ und Welt': Giselher Wirsing, in: Ders.: Unheimliche Publizisten. Die verdrängte Vergangenheit der Medienmacher, München 1995. S. 290-327; Frei, Norbert: Giselher Wirsing, in: Frei, Norbert/Schmitz, Johannes (Hg.): Journalismus im Dritten Reich, München 1989, S. 173-181; Pöpping, Dagmar: Giselher Wirsings „Zwischeneuropa". Ein deutsches Föderationsmodell zwischen Ost und West, in: Blomert, Reinhard u.a. (Hg.): Heidelberger Sozial- und Staatswissenschaften. Das Institut für Sozial- und Staatswissenschaften zwischen 1918 und 1958, Marburg 1997, S. 349-368; Tändler, Maik: Giselher Wirsing, in: Frei, Norbert (Hg.): Wie bürgerlich war der Nationalsozialismus? Neue Perspektiven auf das Bürgertum im „Dritten Reich" und danach, Göttingen 2018, 351-368. Aus journalistischer Sicht Löbbert, Raoul: Vergangenheitsbewältigung. Der Nazi von „Christ und Welt", in: „Christ & Welt". Beilage zur Wochenzeitung „Die Zeit" 36/2012 vom 30.08.2012, S. 3-4.

[5] Der Verfasser arbeitet zur Zeit an einer Dissertation über den Journalisten und Publizisten Giselher Wirsing.

[6] StadtA Schweinfurt, Geburtsregister von 1907, Eintrag Nr. 169. Eltern Andreas Friedrich Wirsing, geboren am 18.02.1869 in Schweinfurt; gestorben am 19.04.1945 ebd. und Pauline Wirsing, geb. Kraus, geboren am 20.09.1873 in Schweinfurt, gestorben 1960 ebd.. Heirat des Paares am 09.12.1895.

1920er Jahren. Er entstammt einer alteingesessenen Schweinfurter Familie. „Meine Familie lebt seit fast 400 Jahren in dieser fränkischen Stadt" schrieb er später voller Stolz in seinem Lebenslauf.[7] Im 19. Jahrhundert war sein Großvater, der Fabrikant Theodor Wirsing zu einigem Wohlstand gekommen.[8] Sein Sohn, der Chemiker Dr. Friedrich Wirsing heiratete 1895 Pauline Kraus und wurde 1902 Mitinhaber der „Seifen- und Lichterfabrik Gottlob Kraus" seines Schwiegervaters.[9] Wirsings Mutter Pauline ließ ein Jahr nach der Geburt des Sohnes auf dem elterlichen Grund in einem Villengebiet am Hang des Mainufers ein dem Status der Familie gemäßes, hochherrschaftliches Wohnhaus errichten. Für den Entwurf des Bauvorhabens konnte der berühmte Architekt Theodor Fischer aus München gewonnen werden. In dem Haus, in welchem der Junge aufwachsen sollte, gab es einen großen und kleinen Salon, ein Lesekabinett für den Hausherrn und ein Damenzimmer. Auch Gärtnerzimmer, Bügel-, Wasch-, Vorrats- und Abstellräume sowie ein Weinkeller waren vorhanden.[10] Die Wirsings zählten also ohne Zweifel zur wohlhabenden und angesehenen Honoratiorenschicht der fränkischen Stadt. Im Jahr 1924 wurde Wirsings Vater sogar der Ehrentitel „Kommerzienrat" verliehen, eine Auszeichnung für verdiente Persönlichkeiten der Wirtschaft.[11]

Der junge Wirsing erlebte Jugend- und Schulzeit in diesem großbürgerlichen Elternhaus ohne die materiellen Sorgen vieler seiner Altersgenossen. Von 1913 bis 1916 besuchte er die Volksschule seiner Heimatstadt. Der begabte Schüler erbrachte durchwegs nur sehr gute und gute Leistungen und zeichnete sich besonders in Fleiß, Betragen und Lesen aus.[12] Seine wendige Intelligenz und sein Ehrgeiz sollten ihn sein ganzes Leben begleiten und in verschiedensten Lebenslagen ihre Dienste leisten.

Schwester Elisabeth Wirsing, geboren 09.01.1899 in Schweinfurt, StadtA Schweinfurt, Bestand „Einwohnermeldebureau", „Hauptregistratur".

[7] Handgeschriebener Lebenslauf Giselher Wirsings vom 12.07.1938, BArch (ehemals BDC), SSO, Giselher Wirsing.

[8] Christian Karl Theodor Wirsing (1836-1895), verheiratet mit der Benedikta Wirsing, geb. Freiin von der Tann (1841-1917); StadtA Schweinfurt, Bestand „Einwohnermeldebureau", „Hauptregistratur". Zur Fabrik der Wirsings vgl. Schwarzer, Oskar/Schwarzer, Doris: Schweinfurt von der „fruchtbaren Markung" zur Chancenregion: eine Sozial-, Wirtschafts- und Sparkassengeschichte, Stuttgart 2002, S. 38 ff.

[9] Die Firma besteht bis heute: GEKA – Gottlob Kraus, Chemikalien „GK"-Seifen- und Glycerin-Fabrik GmbH/Schweinfurt. Unterlagen zur Fabrik im 19. und 20. Jahrhundert ist in den Beständen des StadtA Schweinfurt vorhanden.

[10] In der sogenannten „Wirsing-Villa" (Alte Bahnhofstraße 27) ist heute das Arbeitsgericht Würzburg-Kammer Schweinfurt untergebracht. Zur Baugeschichte vgl. den Prospekt des Landesbauamtes zur Sanierung der Wirsing-Villa, Schweinfurt 1985, außerdem die entsprechende Beschreibung des Bauobjektes im Ausstellungskatalog von Nerdinger, Winfried: Theodor Fischer. Architekt und Städtebauer 1862-1938. Ausstellung der Architektursammlung der Technischen Universität München und des Münchner Stadtmuseums in Verbindung mit dem Württembergischen Kunstverein, Berlin 1988, S. 248.

[11] BayHStA München, MWi 5486. Von 1880 bis 1928 konnten bayerische Wirtschaftsführer zu Kommerzienräten ernannt werden. Für viele war das attraktiver als ein Adelsprädikat. Zu diesem prestigeträchtigen Amt musste man vorgeschlagen werden, es fand ein Gutachterverfahren sowie eine Bewertung durch verschiedene Ämter und Ministerien statt, vgl. Krauss, Marita (Hg.): Die bayerischen Kommerzienräte. Eine deutsche Wirtschaftselite von 1880-1928, München 2016.

[12] Schülerbogen Karl Theodor Wirsing, StadtA Schweinfurt, Schulamt, Schülerbogen, Jahrgang 1907.

Zum Schuljahr 1916/17 wechselte Wirsing auf das humanistische Gymnasium der Stadt.[13] Zwar besaß das humanistische Gymnasium seit der Jahrhundertwende nicht mehr das Zugangsmonopol zum Studium an einer Universität, es galt aber immer noch als Grundlage für eine Anwartschaft im höheren Staatsdienst sowie in den freien Berufen.[14] Wirsings Vater wählte für seinen Sohn den Weg des deutschen Bildungsbürgers. Doch der Schüler gefiel sich in der Rolle des Rebellen, „kleidete sich jugendbewegt wandersmännisch, tat in der Schule nicht gut, war ein Wortführer, aber kein Klassenbester, sondern ein Aufrührer, mußte die Unterprima wiederholen und raubte mit seinen Provokationen seiner Mutter den Schlaf."[15]

Es ist aufschlussreich für Wirsings Geisteshaltung, dass er wahrscheinlich bereits als fünfzehnjähriger Schüler im Januar 1923 in den „Bund Oberland" eintrat.[16] Der straff paramilitärisch organisierte Bund war 1921 als Nachfolgeorganisation des „Freikorps Oberland" gegründet worden und sollte nach dessen Auflösung als Auffangbecken seiner Mitglieder dienen.[17] Dieser Entschluss passt zum militärischen und antirepublikanischen Geist seiner Schulerziehung sowie den Erfahrungen der unruhigen Umbruchsphase nach dem Ersten Weltkrieg. Jugendliche Hybris mag hinzugekommen sein. Auch wenn die Quellen über ein weitergehendes Engagement des jungen Wirsing in dieser Vereinigung schweigen[18], so legt der Entschluss zum Eintritt Zeugnis ab von der Geisteshaltung des Schülers. Wirsing war bereit, seine jugendliche Begeisterung in den Dienst der Verachtung der neuen Republik zu stellen. Diese Haltung wird auch seine späteren Artikel in der „Tat" programmatisch durchziehen. Mit

---

[13] Jahresbericht über das Königlich Humanistische Gymnasium Schweinfurt für das Schuljahr 1916/17, Schweinfurt 1917, S. 14.

[14] Albisetti, James C./Lundgreen, Peter: Höhere Knabenschulen, in: Berg, Christa (Hg.): Handbuch der deutschen Bildungsgeschichte, Bd. IV: 1870-1918. Von der Reichsgründung bis zum Ende des Ersten Weltkriegs, München 1991, S. 228-278, S. 249.

[15] So erinnert sich Wirsings Tochter in Erzählungen ihrer Großmutter über ihren Vater, Brief Sibylle Wirsings an den Verf. vom 16.09.2003.

[16] Zwar ist in Wirsings SS-Personalakte vermerkt, er sei von Anfang 1923 bis zu dessen Auflösung Mitglied im „F r e i k o r p s"(eigene Sperrung)‚Oberland' gewesen (BArch (ehemals BDC), SSO, Giselher Wirsing), aber da zu jener Zeit die Freikorps auf alliierten Befehl hin bereits aufgelöst worden waren, muss der „Bund Oberland" gemeint sein. Vgl. dazu Thoß, Bruno: Freikorps Oberland, 1919-1921, publiziert am 10.09.2012; in: Historisches Lexikon Bayerns, URL: <http://www.historisches-lexikon-bayerns.de/Lexikon/Freikorps_Oberland,_1919-1921> (01.03.2019).

[17] Wie in anderen Verbänden sammelten sich hier ehemalige Freikorpsangehörige und auch Kriegsveteranen, die nicht in der neuen, auf 100.000 Mann beschränkten Reichswehr untergekommen waren; vgl. Kuron, Hans-Jürgen: Freikorps und Bund Oberland, Erlangen 1960, S. 131 ff.

[18] Belegt ist lediglich seine Mitgliedschaft von Januar 1923 bis zur Auflösung des Bundes und dies nur durch seine SS-Personalakte; BArch (ehemals BDC), SSO, Giselher Wirsing. Der dortige Vermerk ist sicher zum großen Teil dadurch zu erklären, dass Wirsing bei der Aufnahme in die SS der Eindruck früher nationaler und soldatischer Prägung opportun erschien. Allerdings scheint Wirsings spätere Aussage vor der Spruchkammer, dass er damals als „Pennäler" „lediglich einmal Mitglied einer Jugendgruppe ‚Oberland'" gewesen sei, doch sehr beschwichtigend und auf Entlastung seiner politischen Vergangenheit bedacht; vgl. Anlage 2 zum Protokoll der öffentlichen Sitzung der Lagerspruchkammer Garmisch-Partenkirchen vom 27.04.1948 im Verfahren gegen Wirsing, StAM, Spruchkammern Karton 1988/1989 Wirsing, Giselher.

Ablegung der Reifeprüfung am 25. März 1926 endete Wirsings Schulzeit in seiner Heimatstadt.[19]

Auf Wunsch des Vaters, der eine solide Ausbildung seines Sohnes wünschte, die gegebenenfalls auch einen Eintritt in das väterliche Unternehmen ermöglichen könnte[20], nahm Wirsing zum Sommerhalbjahr 1926 an der Staatswissenschaftlichen Fakultät der Universität München das Studium der Staatswissenschaften auf.[21] Nach dem Wintersemester 1926/27 wechselte er für zwei Semester an die Universität Königsberg.[22] Zweimal weilte er zu längeren Besuchen in Riga, wo er sich jedoch nicht an der dortigen Universität einschrieb.[23] Anschliessend immatrikulierte er sich zum Sommersemester 1928 in Berlin.[24] Zum Sommersemester 1929 wechselte er schließlich an die Universität in Heidelberg, wo er sich als Student der Nationalökonomie mit Nebenfach Jura einschrieb und das Studium im August 1929 als Diplom-Volkswirt abschloss.[25] Von Frühjahr 1929 bis Frühjahr 1932 war er Universitätsassistent am dortigen Institut für Sozial- und Staatswissenschaften, das von Alfred Weber (1868-1958) und Wirsings Lehrer Brinkmann geleitet wurde.[26] 1931/33 promovierte er bei Professor Carl Brinkmann (1885-1954) zum Dr. rer. pol.[27] Die Veröffentlichung seiner Dissertation unter dem Titel „Zwischeneuropa und die deutsche Zukunft" in der Reihe der „Tat"-Schriften bei Eugen Diederichs (1867-1930) 1932 machte Wirsing schlagartig bekannt. Er entwickelte darin die Vorstellung eines unter deut-

---

[19] Jahresbericht des Humanistischen Gymnasiums Schweinfurt 1929/30, zusammenfassend für die Jahre 1922-1929, S. 10; StadtA Schweinfurt, Z 162.
[20] So die Aussage der Tochter Sibylle Wirsing gegenüber dem Verfasser vom 16.09.2003.
[21] UA München Stud-Kartei I (Wirsing).
[22] Handgeschriebener Lebenslauf Giselher Wirsings vom 12.07.1938; BArch (ehemals BDC), SSO, Giselher Wirsing; Wirsing zog am 25.04.1927 von Schweinfurt nach Königsberg, StadtA Schweinfurt, „Einwohnermeldebureau".
[23] Vielleicht besuchte er einige Lehrveranstaltungen an der dortigen Universität. Das würde die Erwähnung Rigas als Studienort in seinem Lebenslauf von 1938 erklären. Aufenthalte Wirsings in Riga: 10.08.1927-13.09.1927, auf der Rückkehr von Estland einreisend 14.10.1927-28.10.1927 sowie vom 26.09.1929 bis 01.10.1929; Unterlagen aus dem „Adress Bureau" in Riga, Latvijas Valsts Vestures Arhivs, Riga; schriftliche Auskunft des Staatsarchivs in Riga an den Verfasser vom 10.05.2002.
[24] Wirsing kam von Königsberg und trug sich am 15.05.1928 in die Berliner Matrikel (Matrikelnr. 7054/118, Rektorat) zum Studium rer.pol. ein; HU Berlin, Universitätsarchiv, Matrikel, 7054/118 (Rektoratsjahr).
[25] UA Heidelberg Rep. 29/711.
[26] Zeitraum seiner Anstellung: 01.04.1929 – 31.03.1932; Schreiben des Arbeitsamtes München vom 05.12.1947 an die Geschäftsstelle des öffentlichen Klägers bei der Spruchkammer des Internierungs-Lagers Moosburg, StAM, SpkA 1988/1989 Wirsing.
[27] Wirsing war in Heidelberg vom 21.05.1929 bis zum Ende des Sommersemester 1930 immatrikuliert; UA Heidelberg StudA 1930/40 Karl Giselher Wirsing. Dort erhielt er am 01.08.1929 den Titel eines Diplom-Volkswirts verliehen, UA Heidelberg H-IV-789/4, legte am 27.07.1931 die mündliche Doktorprüfung ab und wurde am 19.04.1933 zum Dr. rer. pol. promoviert. Die Dissertation trägt den Titel „Zwischeneuropa. Ein Beitrag zur nationalstaatlichen Entwicklung nach dem Kriege", UA Heidelberg H-IV-757/28. Ein weiterer Studienaufenthalt Wirsings in Wien nach der Station Berlin und vor Heidelberg, wie in Wirsings Lebenslauf von 1938 (handgeschriebener Lebenslauf Giselher Wirsings vom 12.07.1938, BArch (ehemals BDC), SSO, Giselher Wirsing) genannt, lässt sich in den österreichischen Inskriptionsunterlagen nicht belegen; Mitteilung des Archivs der Universität Wien an den Verfasser vom 04.03. 2002. Außerdem hat Wirsing bei späteren Gelegenheiten lediglich die vier Städte München, Königsberg, Berlin und Heidelberg als seine Studienorte genannt, vgl. FIAT Interrogation EP 254-82, 18. Jan 1946, by Maj E Tilley, BAOR, S. 1, PRO FO 1031/91.

scher Führung stehenden mitteleuropäischen Großraumes. Unter „Zwischeneuropa" verstand er den Bereich zwischen Deutschland und der Sowjetunion, also die baltischen Staaten, Polen, die Tschechoslowakei, Ungarn, Jugoslawien, Bulgarien und Rumänien. In diesen südosteuropäischen Ländern sah er einen agrarisch geprägten, ökonomisch bedeutsamen Raum, der als Grundlage für die Abkehr des ständisch-autoritär erneuerten Großdeutschlands vom „materialistischen Westen" dienen sollte.[28] In Heidelberg heiratete er 1932 auch Ellen Rösler, die er in Königsberg kennengelernt hatte. Aus dieser Ehe stammen zwei Töchter.[29]

Früh war Wirsing mit dem örtlichen Wandervogel in Berührung gekommen. Bereits als Schüler war er dem „Jungnationalen Bund", Ortsgruppe Schweinfurt beigetreten. Später fand Wirsing Aufnahme in der Deutschen Hochschulgilde „Werdandi" zu München. Bereits ein Jahr danach wurde er, mittlerweile in Königsberg und in der Gilde „Skuld", Mitglied des dreiköpfigen Führerringes der „Deutsch-Akademischen Gildenschaft", verantwortlich für die Bereiche Grenzlandarbeit, Großdeutsche Gildenschaft und Jugendbünde. Anfang 1929 wurde er zum Leiter der „Großdeutschen Gildenschaft" bestimmt, legte dieses Amt aber schon bald nieder, da er aus beruflichen Gründen nach Heidelberg wechselte.[30]

Wirsings Geburtsname ist Hans Karl Theodor, was alle offiziellen Dokumente belegen.[31] Wann genau er den zusätzlichen Vornamen Giselher annahm, lässt sich aus den vorhandenen Quellen nicht eindeutig rekonstruieren. Der Namenswechsel wird vermutlich im Zusammenhang des Beitritts des Gymnasiasten zum „JuNaBu" stattgefunden haben. Belegt ist er ab 1928, denn in den Immatrikulationsakten der Universitäten von München und Berlin taucht lediglich sein Geburtsname auf, in Heidelberg dann auch zusätzlich der neue Vorname, seine Diplomurkunde der Universität Heidelberg vom 1. August 1929 schließlich ist auf den Namen „Karl Giselher Wirsing" ausgestellt.[32] Außerdem spricht für diese Annahme, dass die ersten Aufsätze Wirsings, die ab Anfang

---

[28] Wirsing, Giselher: Zwischeneuropa und die deutsche Zukunft, Jena 1932, S. 42 ff., 235 ff.
[29] Ellen Theophile Hilde Wirsing, geb. Rösler; geboren 27.08.1904 in Schucha, Transkaukasien; Tochter von Oskar Rösler, Gymnasialprofessor in Libau/Lettland und Amalie Rösler, geb. Flemming; StadtA Schweinfurt, Bestand „Einwohnermeldebureau", „Hauptregistratur"; Marie-Luise Wirsing, geboren am 10.03.1934; Sybille Wirsing, geboren am 27.05.1936; StadtA Schweinfurt, Bestand „Einwohnermeldebureau", „Hauptregistratur". Die Tochter Sybille ergriff später den Beruf ihres Vaters und lebt heute als Journalistin in Berlin.
[30] Nach Kellershohn, Helmut: Im „Dienst an der nationalsozialistischen Revolution". Die Deutsche Gildenschaft und ihr Verhältnis zum Nationalsozialismus, in: Jahrbuch des Archivs der deutschen Jugendbewegung, Band 19 (1999-2004), Schwalbach/Taunus 2004, S. 255-292, S. 282/Anm. 42.
[31] StadtA Schweinfurt, Geburtsregister von 1907, Eintrag Nr. 169; siehe auch die Schulakten, die Einträge des Einwohnermeldeamtes Schweinfurt und München, sowie die Immatrikulationsunterlagen der von ihm besuchten Universitäten; StadtA Schweinfurt, Z 162: Schülerbogen, Jahrgang 1907 und Jahresberichte des Königlich Humanistischen Gymnasiums für die Studienjahre 1916/17 ff.; vgl. die oben genannten Bestände der Universitätsarchive.
[32] Urkunde im UA Heidelberg, UA Heidelberg H-IV-789/4.

1928 erscheinen, bereits mit dem Vornamen Giselher gezeichnet sind, wie auch alle späteren Artikel und Bücher.[33]

All das legt nun die Vermutung nahe, dass es sich um eine Anrede unter Eingeweihten und ideologisch Gleichgesinnten, um einen Bundesnamen handelt. Für einen solchen Zusammenhang spricht auch die Herkunft des Namens aus der deutschen Mythologie, dem in dieser Zeit stark rezipierten Sagenkreis des „Nibelungenliedes". So erscheint es nicht verwunderlich, dass der Schüler und spätere Student Karl Theodor, während der Gymnasialzeit bereits „bündisch" engagiert, den Namen des jüngsten Bruders des Königs Gunther von Burgund als Vornamen wählte.

Die in einem namentlich nicht gezeichneten Artikel des „Spiegel" aus dem Jahr 1952 aufgestellte Behauptung, Wirsings Geburtsname sei Max Emanuel gewesen und er habe diesen „königlich-bayrischen" Vornamen später mit dem „teutschen Giselher" vertauscht,[34] ist also nachweislich falsch.[35] Wohl aufgrund der vermeintlichen Schlüssigkeit dieser anschaulichen Beschreibung des Namenswechsels wurde diese Behauptung aber ohne weitere Prüfung von der Forschung übernommen.[36]

Im April 1930 wird Wirsing Mitarbeiter der Zeitschrift „Die TAT", von Eugen Diederichs als „wissenschaftliche Ergänzung" den „Praktikern" seiner Zeitschrift zur Seite gestellt.[37] Im Oktober 1929 hatte Hans Zehrer (1899-1966) die Schriftleitung der seit 1909 bestehenden und seit 1912 von Diederichs herausgegebenen Zeitschrift übernommen. Unter ihm entwickelte sie sich zu einer sehr einflussreichen „unabhängigen Monatsschrift zur Gestaltung neuer Wirklichkeit", wie der programmatische Untertitel in der Ägide Zehrers lautete. Die Auflage stieg von knapp 1.000 Exemplaren im Jahr 1929 auf fast 30.000 während der Zeit der Präsidialkabinette im Jahr 1932.[38] Dabei wandte sie sich von ihrer Programmatik her vornehmlich an die nationalistische Intelligenz, propagierte den „Kampf gegen Versailles und Weimar" und zählte zu den einflussreichsten

---

[33] Der erste Aufsatz Wirsings datiert vom Januar 1928: Wirsing, Giselher: Im Kampf um die Preußenkasse, in: Zeitungsdienst des Reichs-Landbundes, Nr. 4, Berlin, 24.01.1928.
[34] „Intelligenz hat Seltenheitswert", in: Der Spiegel, 30.04.1952, Nr. 18, S. 31-33, S. 31.
[35] StadtA Schweinfurt, Geburtsregister von 1907, Eintrag Nr. 169.
[36] Vgl. etwa Frei, Norbert: Giselher Wirsing, in: Frei, Norbert/Schmitz, Johannes (Hg.): Journalismus im Dritten Reich, München ³1999, S. 173-181, S. 173; Soukup, Uwe: Ich bin nun mal Deutscher. Sebastian Haffner. Eine Biographie, Berlin 2001, S. 321/Anm. 9; Tändler, Maik: Giselher Wirsing, in: Frei, Norbert (Hg.): Wie bürgerlich war der Nationalsozialismus? Neue Perspektiven auf das Bürgertum im »Dritten Reich« und danach, Göttingen 2018, S. 351-368.
[37] Dietze, Klaus: Eugen Diederichs als Zeitschriftenverleger, Würzburg 1940, S. 144 f.
[38] Vgl. Schmidt, Klaus Werner: Die Tat (1909-1939), in: Fischer, Heinz-Dietrich (Hrsg.): Deutsche Zeitschriften des 17.-20. Jahrhunderts, Pullach bei München, 1979, S. 349-363. Die Angaben über die Auflagenhöhe differieren etwas in der Forschung, aber alle Autoren sind sich einig, dass eine beachtliche Steigerung der Auflage in kurzer Zeit stattgefunden habe, welche auf das veränderte Konzept der Zeitschrift unter Zehrer zurückzuführen sei. Vgl. Kruip, Gudrun: Das „Welt"-„Bild" des Axel Springer Verlages. Journalismus zwischen westlichen Werten und deutschen Denktraditionen, München 1999, S. 98/Anm. 115, mit den verschiedenen Belegen aus der Forschung.

Kampforganen einer autoritären Neuordnung von Politik und Wirtschaft. Allerdings hatte sie nur bedingte Ausstrahlung auf die organisierten Massenbewegungen und ist zu Recht als ein „Selbstverständigungsorgan der Bildungseliten" charakterisiert worden.[39] Der sogenannte „Tat"-Kreis war eine Redaktionsgemeinschaft, die neben Zehrer (Pseudonym Hans Thomas) aus dem Wirtschaftsredakteur Ferdinand Friedrich Zimmermann (1898-1967) Pseudonym Ferdinand Fried), dem Soziologen Ernst Willhelm Eschmann (1904-1987) Pseudonym Leopold Dingräve) und Giselher Wirsing bestand. Dieser entwickelte in Verbindung mit den wirtschaftspolitischen Ansichten des Tatkreises das neue außenpolitische Programm der Zeitschrift.[40] Der „Tat"-Kreis setzte gegen Ende der Weimarer Republik politisch auf das Bündnis einer „Querfront" bestehend aus Reichswehr unter General Kurt von Schleicher (1882-1934), Gewerkschaften und dem „linken" Flügel der NSDAP. Diese wurde nach Hitlers Machtübernahme obsolet.

Star-Journalist im „Dritten Reich" - Opportunismus und späte Zweifel

Auf Druck der neuen Machthaber musste Zehrer seine Herausgeberschaft im Sommer 1933 abgeben. Ihm folgte Wirsing nach, der sein neues Konzept im Herbst 1933 vorstellte: „Die Tat wird sich in Zukunft neben zusammenfassenden Frontberichten über das nationalsozialistische Aufbauwerk um die Klärung der gesamtdeutschen Lebensfragen bemühen, die unser Volk heute bewegen."[41] Nachdem die Auflagenhöhe der „Tat" aber laufend abnahm, wurde sie schließlich eingestellt und ab 1939 in eine neue Zeitschrift mit dem Namen „Das XX. Jahrhundert" überführt, die nach Wirsings Aussage „interessanter und moderner" gewesen sei und die er bis zu ihrer Einstellung im Jahr 1944 zusammen mit Eschmann herausgab.[42]

Gleichzeitig arbeitete er von 1938 bis 1941 als Hauptschriftleiter der auflagenstarken und renommierten „Münchner Neuesten Nachrichten", wo er bereits seit 1933, vom Reichsführer SS Heinrich Himmler protegiert, das Ressort Innenpolitik geleitet hatte.[43] Wirsing wurde von der Redaktion attestiert, dass er sich immer für die Zeitung und deren Mitarbeiter, auch gegenüber staatlichen Stellen, eingesetzt habe.[44] So half er z.B. dem Moskau-Korrespon-

---

[39] Hanke, Edith/Hübinger, Gangolf: Von der 'Tat'-Gemeinde zum 'Tat'-Kreis. Die Entwicklung einer Kulturzeitschrift, in: Hübinger, Gangolf (Hg.): Versammlungsort moderner Geister. Der Eugen Diederichs Verlag - Aufbruch ins Jahrhundert der Extreme, München 1996, S. 299-334, S. 300, Zitat S. 321.
[40] Sontheimer, Kurt: Der Tatkreis, in: VfZ 7 (1959), S. 229-260, S. 233.
[41] Die Tat 25 (1933/34), H. 6 (Sept. 1933), S. 512. Das erste Heft nach dem Wechsel der Schriftleitung, d.h. unter Wirsings Chefredaktion war dann das Oktoberheft 1933.
[42] Wirsing im Gespräch gegenüber Klaus Fritzsche am 27.07.1967, Privatarchiv Prof. Dr. Klaus Fritzsche, Gießen.
[43] Im Oktober 1933 sei er „auf Vorschlag des Reichsführer SS" von SS Sturmbannführer Leo F. Hausleiter zunächst als „Chefpolitiker" an die 'Münchner Neueste Nachrichten' berufen worden, mit deren „Neuaufbau" er dann in den folgenden Jahren befasst gewesen sei; Handschriftlicher Lebenslauf Giselher Wirsings vom 12.07.1938; BArch, (ehemals BDC), SSO, Wirsing, Giselher.
[44] Vgl. die Aussage von Wolfgang Höpker vom 15.04.1947 in Wirsings Spruchkammerverfahren; StAM, Spruchkammern Karton 1988/1989 Wirsing, Giselher.

denten der Zeitung Klaus Mehnert (1906-1984), der beim Regime in Ungnade gefallen und durch die Gestapo verhaftet worden war.[45]

Wirsing stand nach eigenen Angaben seit Herbst 1932 „in einem freien Mitarbeiterverhältnis zur SS" und war spätestens ab Mai 1936 „ehrenamtlicher" Mitarbeiter des SS-Sicherheitsdienstes SD.[46] Am 11. September 1938 trat er dann auch offiziell der SS bei. Als „Führer im SD-Gruppenamt" hatte er den Rang eines SS-Hauptsturmführers inne. In einem Empfehlungsschreiben für diesen Posten stand: „Dr. Wirsing hat sich im Laufe der Zusammenarbeit mit dem SD als williger, fleißiger und außerordentlich wertvoller Mitarbeiter erwiesen."[47] 1940 wurde er zum SS-Sturmbannführer befördert.[48]

Die Ernennung zum SS-Sturmbannführer hing wahrscheinlich mit der bevorstehenden Berufung zum Chefredakteur der MNN zusammen. Wirsing selbst erklärte später, dass er anlässlich der Münchner Konferenz von einem SS-Mann angesprochen worden sei, weshalb er bei dieser Gelegenheit ohne Uniform erscheine, worauf er entgegnet habe, keine zu besitzen. Dies sei der Anlass für die Aufnahme in die Elite-Formation gewesen. Er habe die Uniform auch nur ein einziges Mal getragen.[49] Diese Ausführungen klingen um eine Entlastung ex post bemüht und sind wenig glaubhaft. Es ist vielmehr anzunehmen, wie auch Margret Boveri (1900-1975) vermutet, dass es Wirsing opportun erschien, bei dieser Elitevereinigung des neuen Staates und damit nahe an den Schalthebeln der Macht zu sein.[50]

Erst relativ spät, mit Wirkung ab 1. Juli 1940, wurde er in die NSDAP aufgenommen.[51] Dies war schlicht durch einen Fehler der Bürokratie im „Braunen Haus" verursacht. Es hatte nichts mit einer angeblichen Hinhaltetaktik zu tun, wie er später glauben machen wollte.[52] Vielmehr ging die Initiative von Wirsing aus, der sich im Juni 1941 in einem Schreiben an den zuständigen Oberbefehlsleiter der NSDAP München-Obermenzing. Dr. Anton Lingg (1902-?), beschwerte, dass sein Parteieintritt so verschleppt worden sei. Statt bereits im Jahre 1938, wie ihm ursprünglich von der SS mitgeteilt, sei er noch immer nicht Parteigenosse, er bitte daher um rasche Erledigung, „da es auf die Dauer ja schlechter-

---

[45] Mehnert schrieb später dazu: „Da sich Giselher Wirsing auch noch selbst bei Reinhard Heydrich, dem jungen, aber allmächtigen Chef des ‚Sicherheitsdienstes' (SD), der kurz zuvor von München nach Berlin versetzt worden war, für mich verwendete, kam ich wieder frei [...]"; Mehnert, Klaus: Ein Deutscher in der Welt. Erinnerungen 1906-1981, Stuttgart 1981, S. 203.
[46] BArch, (ehemals BDC), SSO, Wirsing, Giselher, SS-Personalbogen Wirsings vom 12.08.1938.
[47] BArch, (ehemals BDC), SSO, Wirsing, Giselher, Personalbericht für SS-Anwärter, o.D. (September 1938).
[48] BArch, (ehemals BDC), SSO, Wirsing, Giselher.
[49] StAM, Spruchkammern Karton 1988/1989 Wirsing, Giselher; Protokoll der öffentlichen Sitzung der Lager-Spruchkammer Garmisch-Partenkirchen gegen Wirsing, vom 27.04.1948, Anlage 3.
[50] Boveri, Margaret: Der Verrat im 20. Jahrhundert, Bd. II., Hamburg 1956, S. 11.
[51] Mitteilung des Reichsschatzmeisters der NSDAP an Herbert Radtke, Gau München, dass Wirsing mit Wirkung vom 01.07.1940 unter der Nr. 8 283 061 bei der Ortsgruppe München in die Partei aufgenommen wurde; BArch (ehemals BDC), PK, Wirsing, Giselher.
[52] StAM, Spruchkammern Karton 1988/1989 Wirsing, Giselher; Protokoll der öffentlichen Sitzung der Lager-Spruchkammer Garmisch-Partenkirchen gegen Wirsing, vom 27.04.1948, S. 3.

dings ein unmöglicher Zustand ist, dass ein SS-Sturmbannführer seine Parteizugehörigkeit nicht in Ordnung hat."[53]

Bekannt wurde Wirsing u.a. durch seine antisemitischen und antibritischen Propagandaschriften „Engländer, Juden und Araber in Palästina" (1938) und „Hundert Familien beherrschen das Empire" (1940). 1942 erschien sein 460 Seiten starker Bestseller „Der maßlose Kontinent - Roosevelts Kampf um die Weltherrschaft", eine detaillierte Untersuchung der imperialen Ambitionen Amerikas unter Roosevelt. Wirsing schrieb, Roosevelt verfolge eine Außenpolitik, die Amerikas Handelsinteressen auf Kosten anderer Nationen fördere, während Roosevelt selbst sich nur zu leicht von den jüdischen Beratern lenken lasse, die seine Regierung beherrschten. Beeindruckt von Wirsings Analysen notierte sich Joseph Goebbels (1987-1945) am 11. März 1942 in seinem Tagebuch: „Ich finde abends ein paar Stunden Zeit, in dem neuen Buch von Wirsing: ‚Der maßlose Kontinent' zu lesen. Wirsing gibt hier eine Darstellung des amerikanischen Lebens, der amerikanischen Wirtschaft, Kultur und Politik. Das Material, das er hier zusammenträgt, ist wahrhaft erschütternd. Roosevelt ist einer der schwersten Schädlinge der modernen Kultur und Zivilisation. Wenn es uns gelänge, die Feindseite, die sich aus Bolschewismus, Plutokratie und Kulturlosigkeit zusammensetzt, endgültig zu schlagen, dann würde die Welt der dunkelsten Finsternis entgegengehen."[54]

Anfang 1942 meldete sich Wirsing zur Wehrmacht und kam als Kriegsberichter zu den Propagandakompanien. Er wurde dem an der Ostfront operierenden 56. Panzerkorps zugeteilt. Ende des Jahres erkrankte er schwer an Gelbsucht und kehrte daher nach Berlin zurück.[55] Seine Erfahrungen konnte er bei seiner Tätigkeit als Chefredakteur der Propaganda-illustrierten „Signal" weiter einsetzen, deren Schriftleitung er nach der deutschen Niederlage von Stalingrad erhielt.[56]

In der Spätphase des „Dritten Reiches" kamen Wirsing zunehmend Zweifel, ob die Sache gut ausgehen würde, wie sie sich etwa in seinem Buch „Das Zeitalter des Ikaros" (1944) niederschlugen. „Wir Europäer stehen genau an der Stelle, wo ungeahnter Aufstieg steil nach oben führt, der Abgrund aber jäh und unerbittlich in die Tiefe zieht. Uns, des Ikaros Nachfahren und Jünger." Die Sammlung von Essays kreisen um den Begriff Europa und um das Verhältnis von Macht und Recht.[57]

---

[53] Brief Wirsings an Dr. Lingg vom 06.06.1941; BArch (ehemals BDC), PK, Wirsing, Giselher, 15.04.1907; dort auch weiterer Schriftwechsel zu Wirsings Parteiaufnahme.
[54] Fröhlich, Elke (Hg.): Die Tagebücher von Joseph Goebbels, Teil II: Januar-März 1942, München 1994, S. 455.
[55] BArch, ehem. NS-Archiv des MfS, ZB II 5005, A. 1.
[56] Rutz, Rainer: „Signal". Eine deutsche Auslandsillustrierte als Propagandainstrument im Zweiten Weltkrieg. Klartext, Essen 2007, S. 138-147.
[57] Wirsing, Giselher: Das Zeitalter des Ikaros. Von Gesetz und Grenzen unseres Jahrhunderts, Jena 1944, Zitat S. 8.

Auch die im Auftrag des SS-Brigadeführers Walter Schellenberg (1910-1952) verfassten sogenannten „Egmont"-Berichte sind in diesen Zusammenhang einzuordnen.[58] Ab Herbst 1944 erstellte Wirsing für Schellenberg, der auch Chef des militärischen Auslands-Nachrichtendienstes war und ein enges Verhältnis zu Himmler aufgebaut hatte, schonungslose Analysen der außen- und militärpolitischen Lage, mit deren Hilfe Schellenberg versuchte, Himmler für einen Separatfrieden mit den Westalliierten zu gewinnen. Wirsings intensive Reisetätigkeit (Stockholm, Kopenhagen, Madrid, Rom, Paris, Lissabon) steht auch in diesem Zusammenhang.[59]

Spät, aber immerhin, wurde Wirsing vor einem Bild des Hieronymus Bosch (1450-1516) der fatale Charakter des NS-Regimes klar. Er umschrieb vielleicht wirklich die eigene Situation, als er im Sommer 1944 in einem Aufsatz über das Gemälde „Die Dornenkrönung Christi" in seiner Zeitschrift „Das XX. Jahrhundert" einen Menschen erkennt, „der in das Geschehen, das sich um ihn abspielt, unlösbar verstrickt ist" und in dessen Blick sich „die tiefen Zweifel über den inneren Sinn dessen mischen, was sich durch seine Mitwirkung und Mitbeteiligung hier vollzieht."[60] Wirsing behauptete später, die Zeitschrift sei aufgrund seines Aufsatzes verboten worden. Dies war jedoch eine Legende: Nach dem ehemaligen Verlagsdirektor Dr. Alfred Salat sei das „Das XX. Jahrhundert" nicht aufgrund dem „Dritten Reich" entgegenstehender Tendenzen, sondern im Zuge des totalen Kriegseinsatzes aus Papierersparnisgründen, wie alle deutschen Zeitschriften, eingestellt worden.[61]

1944 traute Wirsing dem NS-Regime kein weiteres Jahr mehr zu, schaffte seine Frau und seine Kinder vom okkupierten Polen nach dem sicheren Bayern und bereitete selbst in Berlin seine Flucht vor, die ihn zusammen mit der „Signal"-Redaktion nach Bayern führte.[62] Nach Norbert Frei und Johannes Schmitz lässt sich Wirsing trotz seiner schnellen Karriere nach 1933 und seiner Mitgliedschaft in SS und SD nicht zu der Gruppe der überzeugten Nationalsozialisten zählen. Vielmehr hätte Wirsing eine so weitgehende Anpassungsbereitschaft gezeigt, um an der Macht des Regimes teilzuhaben und seinem Selbstbild als politischem Berater gerecht werden zu können. Die großen Schnittmengen zwi-

---

[58] Die Berichte verdanken ihren Namen dem von Wirsing gewählten Motto aus Goethes Drama ‚Egmont': „Nicht dem Könige widersetzt man sich; man stellt sich nur dem Könige entgegen, der einen falschen Weg zu wandeln die ersten unglücklichen Schritte macht.", Egmont zu Alba, zitiert von Wirsing im Verhör; FIAT interrogation report vom 18.01.1946, in: IfZ OMGUS Polad 753/29. Die Originale dieser Berichte sind offenbar verschollen oder vernichtet worden, Wirsing sagte in einem Verhör vom Januar 1946, „Oberursel" (= der CIC) besitze zwei der Berichte. Seine Exemplare habe seine Sekretärin verbrannt; IfZ, OMGUS Polad 753/29, S. 9. Das Bundesarchiv in Koblenz und in Berlin und das Auswärtige Amt in Bonn haben keine Unterlagen zu den Egmont-Berichten.
[59] In: IfZ, OMGUS Polad 753/29.
[60] Wirsing, Giselher: Hieronymus Bosch. Ein Kapitel über den Kampf mit den Dämonen, in: Das XX. Jahrhundert 6 (1944), S. 172-180, Zitat S. 179.
[61] StAM, Spruchkammern Karton 1988/1989 Wirsing, Giselher; Schreiben des öffentlichen Klägers an den Berufungssenat Weilheim der Berufungskammer für Oberbayern vom 29.05.1948, S. 4.
[62] Brief Sibylle Wirsings an den Verf. vom 16.09.2003; Rutz, Rainer: „Signal". Eine deutsche Auslandsillustrierte als Propagandainstrument im Zweiten Weltkrieg, Essen 2007, S. 393 ff.

schen Wirsings Weltbild und der nationalsozialistischen Ideologie erlaubten es ihm, auch ohne „Freiraum zwischen den Zeilen" schreiben zu können, „was er meinte".[63] Wirsings Zielvorstellung war ein unter deutscher Herrschaft erneuertes Mitteleuropa. In seiner Publizistik kämpfte er gegen den „Westen", gegen die britischen und amerikanischen „Plutokratien", die für die Zerstörung einer kulturellen Identität verantwortlich seien. Dabei passte er sich den offiziellen Sprachregelungen an, die Grundzüge der Argumentation aber entsprachen seiner eigenen Überzeugung. Dass er ab und an gegen die Sprachregelungen und die inhaltliche Linie der Nationalsozialisten verstieß, ist nach Frei und Schmitz nicht als Widerstand zu werten, sondern als Versuch, das Regime an seinem Wissen teilhaben zu lassen und Entscheidungen in seinem Sinne zu beeinflussen.

Bewusst ambivalent gehaltene Publikationen wie sein Bosch-Aufsatz oder seines „Zeitalter des Ikaros" sollten es ihm ermöglichen, sich im Fall einer Niederlage Deutschlands mit den Siegern arrangieren zu können. Auch schuf er sich ein Beziehungsnetz, das ihm nach 1945 half, seine Karriere weiterzuführen, z.B. mit Hilfe des guten Leumunds Klaus Mehnert.

Internierung und Spruchkammerverfahren

Am 1. Juni 1945 um elf Uhr wurde Giselher Wirsing in Bad Tölz durch das Counter Intelligence Corps (CIC) verhaftet. Aufgrund seiner SS-Mitgliedschaft fiel er in den „automatischen Arrest".[64] Es sollte beinahe drei Jahre dauern, bis er Mitte April 1948 wieder aus der Internierungshaft durch Amerikaner und Briten entlassen wurde.[65]

Zunächst kam Wirsing nach Freising. Am 25. Juli 1945 wurde er weiter in das amerikanische Internierungslager und Vernehmungszentrum in Oberursel im Taunus überstellt.[66] Das später „Camp King" benannte Lager war ein Verhörzentrum für hochrangige Nationalsozialisten, Geheimdienstler und Militärs wie General Reinhard Gehlen (1902-1979), Hjalmar Schacht (1877-1970), Hanna Reitsch (1912-1979), Albert Speer (1905-1981), Feldmarschall Albert Kesselring (1885-1960) und Admiral Karl Dönitz (1891-1980). Robert Kempner (1899-1993) führte hier Vernehmungen von zahlreichen NS-Größen durch, deren Ergebnisse er später als Ankläger bei den Nürnberger Prozessen nutzte.[67] Von dort wurde Wirsing Ende Dezember 1945 an die Briten in das Verhörzentrum Schloss Krans-

---

[63] Frei, Norbert/Schmitz, Johannes: Journalismus im Dritten Reich, München ³1999, S. 177.
[64] Detention Report vom 01.06.1945, StAM, Spruchkammern Karton 1988/1989 Wirsing, Giselher.
[65] StAM, Spruchkammerakten Karton 2350 Wirsing, Giselher (Interniertenakten); Entlassungsschein für Zivilpersonen vom 17.04.1948.
[66] NA RG 226, Stockholm papers, Aktenvermerk vom 08.08.1945.
[67] Kopp, Manfred: Im Labyrinth der Schuld. US Army Interrogation Center in Oberursel, 1945–195 2, in: Jahrbuch Hochtaunuskreis 2010, Frankfurt am Main 2009, S. 232–244.

berg bei Frankfurt überstellt, wo er bis Juli 1946 verblieb.[68] Dieses zweite große Verhörlager der Briten erhielt den wenig schmeichelhaften Namen „Mülleimer" (dustbin). Die Alliierten versammelten hier die technische und ökonomische Führung des „Dritten Reiches", u.a. den Ex-Reichsbankpräsidenten Hjalmar Schacht, den Raketenkonstrukteur Wernher von Braun (1912-1977) und den Architekten und Rüstungsorganisator Albert Speer.[69] Nachdem hier seine Vernehmungen beendet worden waren, verlegten ihn die Briten weiter in das „berüchtigte britische Spezial-Internierungslager"[70] Bad Nenndorf, wohin der MI 5 „besonders wichtige Internierte verlegt [hatte], vor allem solche, die verdächtigt wurden, Spionage betrieben zu haben, oder von denen man sich für den Geheimdienst nützliche Informationen versprach".[71] Im Spruchkammerverfahren berichtete Wirsing, in englischer Haft im „Zuchthaus" Nenndorf „Furchtbares erlebt zu haben."[72] Von Bad Nenndorf wurde er am 17. Januar 1947 in das britische Internierungslager nach Fallingbostel verlegt, wo er bis zum 18. Juni 1947 verblieb.[73] Nach kurzen weiteren Stationen in Eselheide (23. Juni 1947 - 18. Juli 1947)[74] und Darmstadt (18. Juli 1947 - 8. August 1947)[75] kam er schließlich wieder zu den Amerikanern in das Internierungslager in Moosburg.[76]

Wirsing pflegte auch während der Internierungszeit sein Selbstverständnis als Ratgeber der Mächtigen und konnte keine persönliche Belastung erkennen. Entrüstet schrieb er seinem Freund Mehnert im Sommer 1947: „Es ist ja so abgeschmackt und grotesk mich durch das obwaltende automatische System zum ‚Nazi' stempeln zu wollen, nachdem jeder weiss, dass ich es nicht war und auch nicht mit den Wölfen heulte. Dass die Leute mich bis zu einem gewissen Grad respektierten und mir bis in den Krieg hinein einen gewissen Spielraum

---

[68] PRO FO 1031/91; IfZ, OMGUS Polad 753-29; First Preliminary Report on Giselher Wirsing, 18.01.1946, S. 2: "Late in December 45 MISC transferred WIRSING to DUSTBIN for examination by the office of U.S. Political Advisor, after he had been interrogated by CIC and 3 AG for seven months".
[69] Vgl. Brechtken, Magnus: Albert Speer. Eine deutsche Karriere, München 2017, S. 297.
[70] Hachmeister, Lutz: Ein deutsches Nachrichten Magazin. Der frühe „Spiegel" und sein NS-Personal, in: Hachmeister, Lutz/Siering, Friedemann: Die Herren Journalisten. Die Elite der deutschen Presse nach 1945, München 2002, S. 87-120, S. 100.
[71] Wember, Heiner: Umerziehung im Lager. Internierung und Bestrafung von Nationalsozialisten in der britischen Besatzungszone Deutschlands, Essen 1991, S. 96.
[72] Protokoll der öffentlichen Sitzung der Lager-Spruchkammer Garmisch-Partenkirchen vom 27.04.1948, Anlage 8; StAM, Spruchkammern Karton 1988/1989 Wirsing, Giselher. Zum Lager und den Misshandlungen, die durch ein englisches Gerichtsverfahren im Frühjahr 1947 öffentlich wurden. Vgl. Wember, Heiner: Umerziehung im Lager. Internierung und Bestrafung von Nationalsozialisten in der britischen Besatzungszone Deutschlands, Essen 1991, S. 87, 96 ff.
[73] Beleg für Datum und Aufenthaltsort in: StAM, Karteikarte der Verwaltung des Interniertenkrankenhauses Garmisch-Partenkirchen zu Giselher Wirsing.
[74] Wirsing kam am 23.06.1947 „ex Nenndorf/Fallingbostel" nach Eselheide; Angaben in: CI Questionnaire, Internierungslager Eselheide vom 25.06.1947, StAM, Spruchkammern Karton 1988/1989 Wirsing, Giselher.
[75] Beleg für Datum und Aufenthaltsort in: StAM, Karteikarte der Verwaltung des Interniertenkrankenhauses Garmisch-Partenkirchen zu Giselher Wirsing.
[76] Beleg für Datum und Aufenthaltsort in: StAM, Karteikarte der Verwaltung des Internierungslagers Moosburg zu Giselher Wirsing.

ließen, war ja wohl gerade die Folge davon, dass man in mir so etwas wie eine Autorität sah, die man gewähren ließ."[77]

Ende November 1947 bis Mitte Januar 1948 wurde Wirsing von Moosburg nach Nürnberg überstellt. Hier sollte er im Zusammenhang der Nürnberger Prozesse vernommen werden.[78] Dabei ging es u.a. um die Rolle Otto Dietrichs (1897-1952) während der NS-Zeit. Während des Verhörs machte sich Wirsings angestaute Frustration und Empörung Luft, indem er dem amerikanischen Vernehmungsoffizier klagte, er sei „an 20 verschiedenen Orten" gewesen, Vernehmungen hätten v.a. in Oberursel stattgefunden und im „englischen Gefängnis in Nenndorf", er sei anschließend „in verschiedenen Lagern herumgezerrt" worden, bis er schließlich in Moosburg angelangt sei. Wütend fuhr er fort: „Gerade wo es soweit war, dass ich den Zinnober hinter mich bringe, kam ich nach Nürnberg". Er, Wirsing, wolle rasch nach Moosburg zurück, weil er dort mit seinem Spruchkammerverfahren so weit sei, dass er hoffe, „diese Sache" bald hinter sich zu haben.[79] Am 17. Januar 1948 wieder zurück in Moosburg[80] schrieb Wirsing an seinen Freund Mehnert, er hoffe, bis April „die Odyssee" endlich hinter sich zu haben. Er werde wegen eines „mykotischen Ekzems" demnächst ins Hospital nach Garmisch verlegt. Aus dem Interniertenkrankenhaus in Garmisch wird Wirsing am 17. April 1948 nach Bad Heilbrunn entlassen.[81]

Nun musste sich Wirsing seinem Spruchkammerverfahren stellen. Auf dieses hatte sich Wirsing während seiner Internierungszeit lange und intensiv und im Austausch auch mit seinem Rechtsbeistand Dr. Oskar Möhring aus Gräfelfing vorbereitet. Sein Verfahren wurde schließlich auf den 27. April 1948 vor der Lagerspruchkammer in Garmisch-Partenkirchen festgesetzt.[82] Insgesamt 34 eidesstattliche Erklärungen hatte Wirsing gesammelt, manche kamen für das Berufungsverfahren hinzu bzw. wurden von denselben Personen nochmals zu Protokoll gegeben. Unter den Zeugen finden sich ehemalige Kollegen und Weggefährten wie Peter Diederichs, der ehemalige deutsche Botschafter in Tunis und Rom, Dr. Rudolf Rahn (1900-1975),[83] der ehemalige deutsche Bot-

---

[77] Brief Wirsings aus dem Lager Darmstadt an Mehnert vom 06.08.1947; HStA Stuttgart, Q 1/30 Nachlass Klaus Mehnert, Bü 2.
[78] Beleg für Datum und Aufenthaltsort in: StAM, Karteikarte der Verwaltung des Internierungslagers Moosburg zu Giselher Wirsing. Hier wurde er am 10.12.1947 durch Dr. R.M.W. Kempner vernommen, IfZ, ZS 1594_1.
[79] Wirsing in der Vernehmung vom 18.12.1947 durch Werner Lewald in Nürnberg, NA, M1019 – records of the U.S. Nuernberg War Crimes Trials, interrogations, 1946-1949, RG 238, S. 256-273, hier S. 258.
[80] Beleg für Datum und Aufenthaltsort in: StAM, Karteikarte der Verwaltung des Internierungslagers Moosburg zu Giselher Wirsing.
[81] StAM, Spruchkammerakten Karton 2350 Wirsing, Giselher (Interniertenakten); Entlassungsschein für Zivilpersonen vom 17.04.1948, Diagnose nach: StAM, Karteikarte der Verwaltung des Interniertenkrankenhauses Garmisch-Partenkirchen zu Giselher Wirsing.
[82] Ladung der Lager-Spruchkammer Garmisch-Partenkirchen zum Termin der Verhandlung; StAM, Spruchkammern Karton 1988/1989 Wirsing, Giselher; Az.: W 84/B 55-108/48.
[83] Zu Rahn vgl. Proske, Wolfgang: Dr. Rudolf Rahn: Das „Schriftliche als taktische Schwingung eines politischen Willens", in: Ders. (Hg.): Täter Helfer Trittbrettfahrer, Bd. 9, NS-Belastete aus dem Süden des heutigen Baden-Württemberg, Gerstetten 2019, S. 319-337.

schafter in Washington, Dr. Hans Heinrich Dieckhoff (1884-1952), Walter Schellenberg, Franz Alfred Six (1909-1975),[84] der Diplomat Karl Georg Pfleiderer (1899-1957) oder Personen, denen Wirsing geholfen hatte, wie der jüdische Redakteur Dr. Fritz Jaffe oder Klaus Mehnert.[85]

Aufschlussreich für Wirsings Sicht der Dinge ist bereits sein Meldebogen vom August 1947. Hinter der Frage, in welche Gruppe des Befreiungsgesetzes er sich selbst eingliedere, vermerkte er zunächst „IV" (Mitläufer), strich dies aber später und korrigierte es nach „V" (entlastet).[86] Eine Belastung durch seine Tätigkeit während der Zeit des „Dritten Reiches" konnte er nicht erkennen. Um seine formale Belastung zu relativieren, bemerkte er am Ende des Formulars: „Ich habe in der SS nachweislich keinerlei Tätigkeit ausgeübt, nie Dienst getan und erhielt den SS-Rang als reinen Titel".[87] Der öffentliche Kläger führte hingegen in seinem Plädoyer aus, dass Wirsing als leitender Schriftsteller und Journalist in die Gruppe der Aktivisten falle. Eine Widerlegung der präsumtiven Belastung nach Gruppe II sei ihm trotz der vorgelegten Erklärungen und Zeugenaussagen nicht gelungen. Sarkastisch resümierte er, dass Wirsing, der habe beweisen wollen, ein Gegner des Regimes gewesen zu sein, „viel geschwommen sei und wo er gegen den Strom geschwommen sei, habe er getaucht."[88]

Dennoch reihte ihn die Spruchkammer Wirsing am 27. April 1948 aufgrund seines „Eintreten[s] für Verfolgte des Hitlerregimes" in die Gruppe IV der „Mitläufer" ein.[89] Der öffentliche Kläger legte gegen diesen „absolut widersinnigen Spruch", einen „Mann vom Format des Giselher Wirsing" als „Mitläufer" einzustufen, entrüstet Berufung ein. Wirsing müsse in die Kategorie der „Hauptschuldigen" eingereiht werden.[90] Auch der Journalist Ernst Müller-Meiningen jr. (1908-2006) griff das Urteil scharf an: „Wirsing und tausend andere sind nun eben einmal *nicht* mitgelaufen". Im Zuge der laufenden Spruchkammerverfahren finde mittlerweile eine „Verniedlichung der gesamten NS-Elite zu ,Mitläufern'" statt.[91] Es erscheint im Rückblick vermessen, offenbart aber zugleich wiederum viel über Wirsings Sicht der Dinge, dass auch er zusammen mit seinem Anwalt Berufung

---

[84] Zu Six vgl. Steinbach, Stefanie: Prof. Dr. Franz Alfred Six: Weltanschauliche Zweckforschung und exekutive Gegnerverfolgung, in: Proske, Wolfgang (Hg.): Täter Helfer Trittbrettfahrer, Bd. 7, NS-Belastete aus Nordbaden + Nordschwarzwald, Gerstetten 2017, S. 272-282.

[85] Erklärungen in Wirsings Spruchkammerakt; StAM, Spruchkammern Karton 1988/1989 Wirsing, Giselher.

[86] StAM, Spruchkammern Karton 1988/1989 Wirsing, Giselher.

[87] StAM, Spruchkammern Karton 1988/1989 Wirsing, Giselher. Dies scheint keine reine Schutzbehauptung gewesen zu sein. In einem Schreiben des Staatsanwalts Hans Sachs vom Office of Chief of Counsel for War Crimes in Nürnberg vom 05.02.1948 an das Ministerium für Sonderaufgaben wird „nach Auskunft des Document Centers in Berlin" neben Wirsings SS-Eintrittsdatum (11.09.1938 unter Nr. 310.062) auch mitgeteilt, dass er „kein hauptamtlicher SS-Mann" gewesen sei.

[88] StAM, Spruchkammern Karton 1988/1989 Wirsing, Giselher; Protokoll der öffentlichen Sitzung der Lager-Spruchkammer Garmisch-Partenkirchen gegen Wirsing, vom 27.04.1948, Zitat auf Anlage 14.

[89] Protokoll der öffentlichen Sitzung der Lagerspruchkammer Garmisch-Partenkirchen vom 27.04.1948, in der Begründung, S. 1; StAM, Spruchkammern Karton 1988/1989 Wirsing, Giselher.

[90] Berufung des öffentlichen Klägers vom 18.05.1948 mit Begründung vom 29.05.1948, Zitate S. 2; StAM, Spruchkammern Karton 1988/1989 Wirsing, Giselher.

[91] Müller-Meiningen, Ernst: Lief Herr Wirsing mit? In: Süddeutsche Zeitung vom 07.05.1948, S. 3.

gegen den Spruch einlegte. Als Argument führte er seinen angeblichen Widerstand gegen das Regime, die erlittenen Nachteile und seinen Einsatz für Verfolgte an. Als einen „Mitläufer" empfand sich Wirsing nicht, als „entlastet" im Sinne des Gesetzes wollte er angesehen werden.[92]

Gegenüber der Berufungskammer räumte Wirsings Anwalt Anfang 1950 zwar ein, man könne unterschiedlicher Ansicht über die Richtigkeit von Wirsings Analysen sein, „aber das hat nichts mehr mit Nationalsozialismus und Befreiungsgesetz zu tun, sondern steht auf einer völlig anderen Ebene."[93] Das Berufungsverfahren in München begann am 15. Februar 1950.[94] Als erster Entlastungszeuge bestätigte der Bundestagsabgeordnete Generalkonsul a.D., Dr. Karl Georg Pfleiderer, die unbedingt feindliche Haltung des Betroffenen gegen das Regime. Wirsing habe dafür gesorgt, dass entgegen Hitlers Befehl die ‚Politik der verbrannten Erde' in Norwegen nicht durchgeführt worden sei." Und der ehemalige Gesandte in Rom, Dr. Rudolf Rahn, sagte aus, Wirsing sei an der Rettung des Papstes vor einem deutschen Entführungskomplott beteiligt gewesen.[95] Mit Rahn scheint es nach dem Krieg einen engeren Kontakt gegeben zu haben. So konnte aufgrund von Wirsings gutem Kontakt zu Peter Diederichs Rahns Autobiographie „Ruheloses Leben" 1949 im Eugen Diederichs Verlag erscheinen.[96]

Immerhin konnte Wirsing sein Ziel einer vollständigen Entlastung nicht erreichen. Nachdem der öffentliche Kläger seinen Antrag während des Verfahrens auf „Minderbelastet" (III) geändert hatte, stufte ihn die Berufungskammer München schließlich am 20. Mai 1950 endgültig als „Mitläufer" ein und belegte ihn mit 500 DM „Sühne", nachdem ihm die erste Instanz in Garmisch aufgrund seines SS-Ranges und seiner SD-Mitarbeit 2.000 DM auferlegt hatte. Aufgrund eines Gnadengesuchs seines Rechtsanwaltes Oskar Möhring vom 27. April 1950 an den Minister für politische Befreiung wurde diese schließlich auf 250 DM ermäßigt.[97] Die Berufungskammer sah es u.a. als entlastend an, dass Wirsing, der „wohl zu keiner Zeit ein überzeugter Nationalsozialist" gewesen sei, die Rassenlehre der Nazis abgelehnt habe. Auch habe er Verfolgten wie etwa dem jüdischen Mitarbeiter Dr. Jaffe geholfen.[98]

---

[92] Schriftsatz von Wirsings Anwalt Oskar Möhring vom 15.06.1948 an die Berufungskammer; StAM, Spruchkammern Karton 1988/1989 Wirsing, Giselher.
[93] StAM, Spruchkammern Karton 1988/1989 Wirsing, Giselher, Schriftsatz Dr. Möhrings an die Berufungskammer München vom 24.01.1950, S. 6.
[94] Berufungskammer München, I. Senat Br.REG Nr. 813/49, StAM, Spruchkammern Karton 1988/1989 Wirsing, Giselher.
[95] Protokoll der öffentlichen Sitzung der Berufungskammer München vom 14.02.1950, S. 1 und vom 15.02.1950, S. 2; am 16.02.1950 titelte daher die Abendzeitung „Rettete Wirsing den Vatikan?"
[96] Ulf Diederichs in einem Schreiben an den Verfasser vom 11.09.2002.
[97] Henke, Klaus-Dietmar: Die Grenzen der politischen Säuberung in Deutschland nach 1945, in: Herbst, Ludolf (Hg.): Westdeutschland 1945-1955, München 1986, S. 127-133; BayHStA MSo 1919; Vorgang auch in StAWü, Spruchkammer Schweinfurt-Stadt 3193.
[98] Spruch der Berufungskammer vom 20.02.1950, Zitat in der Begründung, S. 1; StAM, Spruchkammern Karton 1988/1989 Wirsing, Giselher.

Wirsings Spruchkammerverfahren stellt ein Musterbeispiel für die Fragwürdigkeit der „Entnazifizierung" jener späten Phase dar. Belastete konnten auf gesellschaftliche Solidarität gegen die als Abrechnung und Bestrafung denunzierten alliierten Maßnahmen rechnen und zudem ab Sommer 1947 vom neuen globalpolitischen Klima des aufkommenden „Kalten Krieges".

„Schritt aus dem Nichts" - Neuanfang in der Bundesrepublik

Es sagt viel über Wirsings Selbstverständnis, aber auch über seine immer noch vorhandene Energie aus, dass er, obwohl er knapp drei Jahre in amerikanischen und britischen Interniierungslagern verbrachte, offensichtlich nie daran dachte, sich opportunerweise beruflich umzuorientieren. Hätte er doch die Möglichkeit gehabt, nach dem Tod des Vaters in dessen Unternehmen, der GEKA Seifenfabrik in Schweinfurt einzutreten. Ein entsprechendes Angebot erreichte ihn in britischer Haft im Juli 1946.[99] Er lehnte offenbar ab. Sah er doch seine Berufung darin, journalistisch und publizistisch zu wirken. Zudem glaubte er, dass er mit seinen Fähigkeiten und seiner Erfahrung gebraucht werde.

So vertraute er im August 1947 – vom Lager in Darmstadt aus - dem Freund Mehnert an, er verspüre den „brennenden Wunsch, endlich wieder ungestört arbeiten zu können". Wenn er auch nicht glaube, wie er realistisch einschätzte, schon bald wieder in der Öffentlichkeit zu erscheinen. Darauf komme es aber auch gar nicht an: „Die Verwirrung ist so groß, dass diejenigen, die etwas zu sagen haben, es schließlich auch sagen werden."[100]

Nach Abschluss seiner Entnazifizierung beendete er auch sein bereits in der Gefangenschaft begonnenes Bekenntniswerk „Schritt aus dem Nichts", das 1951 erschien und - wie im Untertitel formuliert – „Perspektiven am Ende der Revolutionen" für die deutsche und europäische Zukunft entwickeln wollte. Es ist seine Interpretation der jüngsten deutschen Geschichte als dämonischer Endphase der utopischen Epoche. Die Vorstellung von der „Machbarkeit der Welt" habe zu Utopien und Chiliasmus geführt, rationale Planungen gesteigert zum Rassenwahn des Nationalsozialismus und zum ökonomischen Klassenwahn des Bolschewismus. Er konstatierte nun die Situation einer „Schutthalde" der Utopien und Ideologien und rief auf zu nüchternem Lebenswillen ohne Programmatik, zu einem Lebensstil der „Kooperation" und Rückkehr zur Religion.[101]

Aufgrund der vielen noch zu präsenten Vergangenheit des Autors wurde Wirsings Buch in der Öffentlichkeit allerdings „weithin totgeschwiegen".[102] Wirsing

---

[99] PRO FO 1031/92, S. 41f., Paras 137-145; second report on examination of Giselher Wirsing's recent correspondence, 10.07.1946.
[100] HStA Stuttgart, Q 1/30 Nachlass Klaus Mehnert, Bü 2; Brief Wirsings an Mehnert vom 06.08.1947.
[101] Wirsing, Giselher: Schritt aus dem Nichts. Perspektiven am Ende der Revolutionen, Düsseldorf 1951, S. 195 ff., 215 ff.
[102] Mehnert, Klaus: Am Sarge Giselher Wirsings, in: Indo Asia 18 (1976), S. 4-6, Zitat S. 5.

klagte im Frühjahr 1952 gegenüber seinem Freund Eschmann, dass nur einige zustimmende, „aber im Grunde nichtssagenden Besprechungen" vorlägen.[103] Peter Diederichs konstatierte Anfang 1956, der Absatz des Buches sei „nahezu zum Erliegen" gekommen.[104]

1954 wurde Wirsing auf Vermittlung und in der Nachfolge Klaus Mehnerts Chefredakteur der Wochenzeitung „Christ und Welt", an deren Gründung 1948 er bereits beteiligt gewesen war und in der er zunächst anonym publiziert hatte. Prägende Figur bei der Gründung war Oberkirchenrat Eugen Gerstenmaier (1906-1986), damals Leiter des Evangelischen Hilfswerks und später Bundestagspräsident. Unter Wirsings Führung wurde „Christ und Welt" die auflagenstärkste westdeutsche Wochenzeitung.[105]

Es erscheint aus heutiger Sicht nur schwer nachzuvollziehen, dass ein derart belasteter Journalist Chefredakteur einer christlichen Zeitung werden konnte. Der Journalist Klaus Harpprecht (1927-2016) erklärte später lakonisch die Notwendigkeit einer zweiten Chance auch für durch ihre Vergangenheit belastete Journalisten: „Wirsing war ein Mann mit schlimmer Vergangenheit, ja, aber er war auch hochintelligent – und diese Eigenschaft ist damals wie heute selten. Und so stand es ja um die Publizistik der frühen Bundesrepublik: Hätte man in jenen Jahren eine Zeitung machen wollen mit Redakteuren, die alle eine weiße Weste hatten, wären die Seiten wohl ziemlich leer gewesen."[106]

Personelle Enthüllungen blieben in den 1950er und 60er Jahren überwiegend folgenlos. So konnte auch Wirsing, obwohl seine Belastung als SS- und SD-Mitglied immer wieder diskutiert wurde, bis 1970 Chefredakteur von „Christ und Welt" bleiben. Norbert Frei und Johannes Schmitz fassen die dahinter stehende Mentalität treffend zusammen: „Die inzwischen weitverbreitete Überzeugung, die demokratische Zuverlässigkeit bereits genügend unter Beweis gestellt zu haben, untermischt auch mit zunehmender moralischer Dickfelligkeit, machte das Feld frei für einen alles einebnenden Pragmatismus."[107]

Während seiner Zeit in Stuttgart wandte sich Wirsing eher praktischen Fragen wie Forschungs-, Bildungs- und Entwicklungspolitik zu, die er vor ihrem geistesgeschichtlichen Hintergrund zu beantworten suchte. So warb er als einer der ersten deutschen Journalisten für Entwicklungshilfe, gab einen der entscheidenden Anstöße zur Gründung der „Stiftung Volkswagenwerk" und veröffentlichte die aufsehenerregenden Artikel von Georg Picht (1913-1982) über die

---

[103] Brief Wirsings an Eschmann vom 14.04.1952, DLA Marbach, Nachlass Ernst Wilhelm Eschmann.
[104] Brief Peter Diederichs an Wirsing vom 18.01.1956, Archiv des Eugen Diederichs Verlages, München, Ordner „Autorenkorrespondenz 1956".
[105] Frank-Planitz 1976 (wie Anm. 1), S. 146-169; Glocke, Nicole: Peter Jochen Winters. Ein Leben als politischer Journalist im 20. Jahrhundert, Berlin 2016, S. 65.
[106] Harpprecht, Klaus: Das Blatt der Bekehrten, in: Christ und Welt. Beilage der Zeit. Ausgabe 36/2012.
[107] Frei, Norbert/Schmitz, Johannes: Journalismus im Dritten Reich, München ³1999, S. 196.

kommende Bildungskatastrophe.[108] Er unternahm auch wieder lange Studienreisen, vor-wiegend nach Asien, wo ihn vor allem die Entwicklung Indiens interessierte, und nach Afrika. Die Erträge dieser Reisen legte er wieder in Büchern nieder.[109] Im Auftrag der Deutsch-Indischen Gesellschaft gab Wirsing, der als bedeutender Indien-Kenner galt, seit 1959 die vierteljährlich erscheinende Zeitschrift „Indo-Asia" heraus. Seine zweite Frau Gisela Döhrn (1909-1996, Pseudonym Gisela Bonn) war Mitherausgeberin. Sie veröffentlichte mit ihm zusammen außerdem etliche Länderberichte zu Asien und Afrika.[110]

Wirsing hatte Angst davor, in der politischen Diskussion keine große Rolle mehr zu spielen, von seiner Vergangenheit eingeholt zu werden. Darum zog er sich auf das Feld der Weltpolitik zurück und entdeckte seine Leidenschaft für Entwicklungsländer. Zuhause stilisierte er sich zum Experten, dessen Rat hören musste, wer weltpolitische Zusammenhänge verstehen wollte.[111]

1970 übergab Wirsing die Chefredaktion an den halb so alten Frank-Ulrich Planitz und verabschiedete sich von seinen Lesern. Er wolle sich von den Aufgaben der Leitung einer Zeitung entlasten, um sich wieder mehr auf das konzentrieren zu können, was ihm wesentlich sei, „die Darstellung der grossen weltpolitischen Zusammenhänge und der geistigen Strömungen unserer Epoche."[112]

Passend zu dieser Ankündigung beschloss Wirsing die lange Reihe seiner weltpolitischen Bücher mit dem Titel „Der abwendbare Untergang", der allerdings erst posthum erschien.[113] Wirsing entwarf darin ein Gemälde der weltweiten Problemlagen und Lösungsmöglichkeiten seiner Gegenwart. Eine besondere Gefahr erkannte er in der Krise der Gefälligkeitsdemokratie. Am Ende stand die Mahnung zur lebensnotwendigen Umkehr der Gesinnung: „Wie definieren wir ‚Abwendung'? Mit der Erkenntnis, dass uns die Willensfreiheit belas-

---

[108] Große Kracht, Klaus: „Schmissiges Christentum". Die Wochenzeitung Christ und Welt in der Nachkriegszeit, in: Grunewald, Michael (Hg.): Das evangelische Intellektuellenmilieu in Deutschland, seine Presse und seine Netzwerke, Bern 2008, S. 505-531; Petzinna, Berthold, Die Zeitung „Christ und Welt". Ein Engagement Georg von Holtzbrincks, in: Zeckert, Patricia F.: (Hg.): Flachware 3. Fußnoten der Leipziger Buchwissenschaft, Leipzig 2013, S. 75-105; Wirsing, Giselher: Zwanzig Jahre Zeitungsgeschichte. Vom Informationsblatt zur führenden Wochenzeitung, in: „Christ und Welt" 21 vom 14.06.1968, S. 25-28.
[109] Wirsing, Giselher: Die Rückkehr des mondo-mogo. Afrika von morgen, Düsseldorf 1954. Ders.: Die Menschenlawine. Der Bevölkerungszuwachs als weltpolitisches Problem, Stuttgart 1956. Ders.: Indien. Asiens gefährliche Jahre, Düsseldorf/Köln 1968.
[110] Franke, Martina: Hoffnungsträger und Sorgenkind Südasien. Westdeutsche Betrachtungen und Begegnungen zwischen 1947 und 1973, Heidelberg 2017 [https://doi.org/10.11588/xabooks.177.230], S. 63 f.
[111] Zu Wirsings Eitelkeit und seiner Suche nach Nähe zu den Mächtigen vgl. Glocke, Nicole: Peter Jochen Winters. Ein Leben als politischer Journalist im 20. Jahrhundert, Berlin 2016, S. 70.
[112] Wirsing, Giselher: Lieber Leser! In: „Christ und Welt" 27 vom 03.07.1970.
[113] Wirsing, Giselher: Der abwendbare Untergang. Die Herausforderung an Menschen und Mächte, Köln 1975.

sen ist, Fehlentwicklungen zu korrigieren."[114] Am 23. September 1975 starb Wirsing im Alter von 68 Jahren in Stuttgart.

Schatten der Vergangenheit

Nach dem Untergang des „Dritten Reiches" war es um den ehemaligen Starautor Wirsing in der Öffentlichkeit zunächst ruhig geworden. Nachdem aber bereits Wirsings Spruchkammerverfahren einige Aufmerksamkeit in den Medien gefunden hatte,[115] musste sich Wirsing auch nach erfolgter Entnazifizierung bis zu seinem Tod immer wieder mit öffentlicher Kritik aufgrund seiner Rolle während des „Dritten Reiches" auseinandersetzen. Dafür sollen hier nur zwei Beispiele genannt werden.

Zum einen die sich von 1952 bis 1967 hinziehende Auseinandersetzung mit dem „Spiegel", der immer wieder kritische, zuweilen polemische Artikel zur Person Wirsings publizierte. Darin wurden ihm zunächst seine Wendehalsigkeit und insbesondere sein angeblicher Opportunismus gegenüber den Amerikanern nach der Niederlage vorgeworfen.[116] 1967 nahm der Spiegel-Kolumnist Otto Köhler (*1935) Wirsings 60. Geburtstag zum Anlass für einen Angriff auf den Jubilar, der darin gipfelte, Wirsing habe mit seinen früheren Texten Auschwitz gerechtfertigt.[117]

Zum anderen der Streit um Wirsing im Bayerischen Rundfunk im Sommer 1955. Er hatte an der Fernsehsendung „Internationaler Frühschoppen" unter Werner Höfer (1913-1997) teilgenommen. In einer daraufhin einberufenen Sitzung des Rundfunkrates bezeichnete der DGB-Landesvorsitzende Max Wönner (1896-1960) Wirsing als „Ausbund an Charakterlosigkeit". Wer sich „so geirrt" habe wie Wirsing, so der Beauftragte der bayerischen Bischöfe, Pfarrer Dr. Max Rössler (1911-1992), sollte so viel Takt haben, heute zu schweigen.[118] Schließlich wurde die Sendung mit der Begründung, dass Wirsing im Dienste des Nationalsozialismus propagandistisch tätig gewesen sei - am 25. Juli 1955 durch die Intendanz des Bayerischen Rundfunks bis auf weiteres abgesetzt.[119]

---

[114] Wirsing, Giselher: Der abwendbare Untergang, Düsseldorf 1975, S. 433.
[115] Zum Beispiel „Nazipublizist als Mitläufer", in: SZ vom 01.05.1948, S. 3; „Ich gebe zu...". Wirsing vor der Spruchkammer, in: Abendzeitung vom 15.02.1950; „Chefredakteur der „MNN" als Mitläufer eingestuft. Öffentlicher Kläger legt wegen parteiischen Verhaltens der Kammer Berufung ein", in: Hochland-Bote 34 vom 30.04.1948.
[116] „Intelligenz hat Seltenheitswert", in: Der Spiegel vom 30.04.1952, S. 31-33.
[117] Köhler, Otto: C+W, in: Der Spiegel vom 24.04.1967, S. 71; vgl. außerdem zum andauernden Streit mit dem „Spiegel": „Giselher Wirsing", in: Der Spiegel vom 25.11.1959; „Wirsings Klage.„Christ und Welt", Bausch-Briefe und DER SPIEGEL", in: Der Spiegel vom 30.01.1963, Nr. 5, S. 14; „Lieber Spiegel-Leser!", in: Der Spiegel vom 17.06.1964, S. 36-40; „Zwei Weltkriege – ein Schuldiger. Giselher Wirsing über die englische Deutschland-Politik", in: Der Spiegel vom 02.09.1964, S. 44; vgl. dazu auch Wirsings Replik „Spiegelfechtereien", in: Christ und Welt vom 05.05.1967 sowie seinen Leserbrief „Der Maßlose Kontinent", in: Der Spiegel vom 22.05.1967, S. 22, 24.
[118] Protokoll der 135. Sitzung des Rundfunkrates des Bayerischen Rundfunks am 05.08.1955, S. 10, 12; BayHStA, NL Müller-Meiningen 30.
[119] BR, Historisches Archiv, GR/19; die Kontroverse fand auch reichlich Niederschlag in der zeitgenössischen Presse: „Das bayerische Fernsehen verzichtet auf Mitwirkung Wirsings", FAZ vom 30.07.1955;

Wirsing sah sich bei allen Vorwürfen und Angriffen auf seine Person zu Unrecht an den Pranger gestellt. Er versuchte, sein Verhalten während des „Dritten Reiches" zu verteidigen mit dem Verweis auf die allgemeine situative Bedingtheit publizistischer Arbeit. Zum ersten Mal drückt sich diese Haltung vor der Spruchkammer in Garmisch-Partenkirchen im Frühjahr 1948 aus. Er gestand damals ein, „in der Bewertung dieser oder jener Tatsache" „geirrt" zu haben. Aber er beanspruche „das Recht des freien Mannes", „dass er Irrtümern unterliegen kann, die er selbst wieder zu korrigieren hat, wenn er ein Charakter ist".[120] Öffentlich artikulierte Wirsing seine Sicht der Dinge z.B. Anfang 1952 in einem Zeitungsporträt Carl Schmitts (1888-1985), auch taucht diese Argumentation bei späteren Angriffen immer wieder auf: Aus eigener Betroffenheit heraus solidarisierte er sich mit Schmitt, dem der aus seiner Sicht ungerechtfertigte Vorwurf des Opportunismus gemacht werde. Diese Kritik sei ein „widerwärtiges deutsches Laster": „In Deutschland wird nämlich das Merkwürdige von einem politischen Denker verlangt, dass er in völlig gewandelten Situationen noch immer einen Standpunkt vertreten soll, der zu einer ganz anderen Zeitlage passte. Das ist unsere neue Nationaldummheit geworden".[121] Seinen Kritikern hielt er entgegen, dass sie nicht aus der jeweiligen Zeitsituation heraus urteilten, dass „vielmehr fälschlicherweise vorausgesetzt wird, man habe zum Zeitpunkt X immer schon wissen können, was fünf Jahre später geschieht". Überhaupt hätte man nicht über die Informationen verfügt, die man heute besitze. Gegen die „Verzerrung der Perspektive" anzugehen sei für jemanden, der beteiligt war, angesichts der Verbrechen der Nationalsozialisten „ein hoffnungsloses Unternehmen".[122]

An eine zunehmende Verzweiflung Wirsings erinnert sich Peter Jochen Winters (*1934). Dieser habe ihn 1964 einmal mitternachts angerufen und gedroht, sich zu erschießen, da er die andauernden Angriffe und Hetzartikel gegen seine Person nicht mehr ertrage. Winters habe ihn aber davon abhalten können.[123]

Resümee - Die Schuld des Schreibens und des Schweigens

Als Mitglied des „Tat"-Kreises nach 1930 kometenhaft zu Ansehen und Ruhm gelangt, stellte sich Wirsing nach 1933 dem Regime zur Verfügung, das in seinen Augen eine historische Funktion erfüllte. Der Weltreisende mit globaler Perspektive schloss die Augen vor dem Verbrechen in nächster Nähe und mach-

---

„Giselher Wirsing im Fernsehen unerwünscht", „Der Volkswille" vom 09.08.1955; „Gegen Entgleisungen im Fernsehen", Abendzeitung vom 06./07.08.1955; „Gestörter Frühschoppen", Oberbayerisches Volksblatt, Rosenheim vom 09.08.1955; „Krach um Wirsing", Frankenpost, Hof/Saale vom 09.08.1955; „Kontra Wirsing", Nachtdepesche, Berlin vom 06.08.1955; „Frühschoppen mit Wirsing", Der Kurier, Berlin vom 06.08.1955; „Ein Virtuose der Schreibmaschine. Wandlungen eines Chefredakteurs – Ein beachtlicher Protest", Vorwärts vom 26.08.1955.
[120] Protokoll der öffentlichen Sitzung der Berufungskammer München vom 14.02.1950; StAM, Spruchkammern Karton 1988/1989 Wirsing, Giselher.
[121] Wirsing, Giselher: Carl Schmitt – zwischen gestern und morgen (Serie ‚Denker der Zeit'), in: „Christ und Welt" 5 (1952) vom 24.01.1952, S. 8.
[122] Brief Wirsings an Klaus Fritzsche vom 16.08.1967, S. 4; Privatarchiv Prof. Dr. Klaus Fritzsche, Gießen.
[123] Glocke 2016 (wie Anm. 111), S. 79.

te sich so schuldig. Er übernahm die Chefredaktion der „Münchner Neuesten Nachrichten" und leitete zuletzt die Illustrierte „Signal", die Europa ein weltoffen-freisinniges Großdeutschland vorgaukelte.

Es gab kaum ein Wort von Versagen oder Trauer, von Tätern oder Opfern – geschweige denn von persönlicher Schuld. Das eigene Handeln und die Mitverantwortung an einer historischen Entwicklung lösten sich im metaphysischen Bezirk in Nebel auf. Geheimnisvoll-dämonische Mächte und Gesetze der Geschichte seien am Werke gewesen. Nachträglich hatte sich Wirsing seine Sicht der Dinge zurechtgelegt, die in der Überzeugung gipfelte, dem Regime widerstanden zu haben. „Und von mir wird behauptet, ich wäre ein Nazi gewesen", habe er im Ton der Empörung bei einer der letzten Begegnungen gesagt, so berichtet es seine jüngere Tochter Sibylle Wirsing.[124]

Eine angemessene Beurteilung von Journalisten und Publizisten, die im „Dritten Reich" schrieben und nach 1945 weiterarbeiteten, ist dennoch nicht leicht. Es ist sehr einfach, sie mit Zitatsammlungen aus früheren Zeiten anzugreifen oder ihnen zumindest Kurzsichtigkeit nachzuweisen. Ein Journalist, der den Mut und die Intelligenz besitzt, eigenwillige und originelle politische Gedanken zu formulieren, verliert an Glaubwürdigkeit, wenn er etwa zu Beginn des „Dritten Reiches" das Regime Hitlers verkannte und glaubte, als Berater der Mächtigen Einfluss nehmen zu können und nach 1945 wieder in seinem alten Beruf Analysen der politischen Zukunft zu geben versucht.

Selbstverständlich können Publizisten, die ohne Unterbrechung schrieben und redigierten, nicht auf „Innere Emigration" pochen, mit der Auslese skandalträchtiger Zitate wird man ihnen aber auch nicht gerecht. Denn im Brennpunkt der Journalisten stellt sich die gesamte Gesellschaft in ihrer Verstrickung dar. Damit weitet sich der Blick vom Einzelfall auf die Gruppe der belasteten Journalisten insgesamt, die nach 1945 weiterschrieben und verantwortungsvolle Positionen in der Nachkriegspresse besetzen konnten. Die „Stunde Null" ist eine Legende. Die Bundesrepublik bekam zwar nach dem Ende des „Dritten Reiches" eine freie Presse, aber weder ein neues Publikum noch ganz viele neue Journalisten.

Norbert Frei hat sich intensiv mit „Hitlers Eliten nach 1945" befasst. Wie er bilanziert, weichen sowohl die These von der „Stunde Null" als auch die Annahme einer ungebrochenen Kontinuität der NS-Eliten in der Bundesrepublik inzwischen einem differenzierteren Bild in der Forschung. Keineswegs war die Integration eine von vornherein ausgemachte Sache. Auch dürfen die politischen Säuberungen nach dem Krieg nicht unterschätzt werden. Die anschließende Polarisierung der Welt durch den Kalten Krieg hat den ehemaligen NS-Eliten eine unerwartete politische Amnestie beschert. Dass die Bundesrepublik Deutschland trotz dieser Belastung ein demokratischer Rechtsstaat wurde, ist

---

[124] Brief Sibylle Wirsings an den Verf. vom 16.09.2003.

eine beachtliche Leistung. Eine Erfolgsgeschichte im Umgang mit der Vergangenheit, so betont Norbert Frei aber auch, wird die deutsche Nachkriegsentwicklung deshalb aber keineswegs.[125]

Wie ist die Person Giselher Wirsings nun abschließend zu beurteilen? Mit seiner Unterstützung des Regimes als Journalist und Publizist hat er in jedem Fall Schuld auf sich geladen, und diese später nicht kritisch reflektiert. Zwar kann es nicht Aufgabe des Historikers sein, sich zum Richter über ein Leben aufzuschwingen. Ebenso wenig zielführend ist es jedoch auch, jenen „kostenlosen Bekennermut" an den Tag zu legen, der sich, so Norbert Frei, der historischen Reflexion gerne in den Weg stellt: „Ich weiß nicht, wie ich mich verhalten hätte". In der Tat kann man das nicht wissen. Doch das heißt ja nicht, dass wir nicht wüssten, wie wir uns hätten verhalten sollen.

Wirsing (li.) und Dr. Rudolf Rahn (re.) 1950 vor der Berufungskammer

---

[125] Frei, Norbert: Hitlers Eliten nach 1945 – eine Bilanz, in: Frei, Norbert (Hg.): Karrieren im Zweilicht. Hitlers Eliten nach 1945, Frankfurt a.M. 2001, S. 303-336.

Jan Ohnemus

Dr.-Ing. Carl Wurster: Im „Notstand, Zwangsarbeiter einzusetzen?"

* 2. Dezember 1900 in Stuttgart
† 14. Dezember 1974 in Frankenthal (Pfalz)

Dr.-Ing., Chemiker, Wehrwirtschaftsführer der BASF Ludwigshafen und Oppau, 1938-1945 NSDAP, angeblich nichts gewusst vom Verwendungszweck des Zyklon B, nach 1945 freigesprochen

Am 20. August 1947 trat die Belegschaft der Badischen *Anilin- & Soda-Fabrik (I.G. Farbenindustrie AG in „Auflösung")* in einen einstündigen Streik, um gegen die Anklage von *Carl Wurster* im Nürnberger I.G.-Farben-Prozess zu protestieren.[1] *Wurster* war von 1938 bis 1945 für die I.G. Farbenindustrie AG unter anderem als „Betriebsführer"[2] für die Werke in Ludwigshafen und Oppau tätig. Nach der Besetzung des Werkes durch die US-Armee wurde er zunächst einige Wochen interniert und leitete danach den Wiederaufbau der Fabriken. Im Zusammenhang mit seiner Anklage als Kriegsverbrecher in Nürnberg und dem Solidaritätsstreik, verwies die *Industriegewerkschaft Chemie*, welche in der BASF schnell wieder einflussreich wurde, auf das hohe Ansehen, welches Wurster als „sozialer und gerechter Mensch" in der Belegschaft genoss.[3]

Diese Parteinahme von Gewerkschaft und Mitarbeitern für einen Mann, der seit 1938 in der NSDAP war, im Vorstand der I.G. Farbenindustrie AG saß und der 1941 zum „Wehrwirtschaftsführer" ernannt wurde, ist überraschend. Denn auch in Ludwigshafen waren die Reste der organisierten Arbeiterbewegung für die alliierten Besatzungsmächte eigentlich ein wichtiger Bündnispartner in Fragen der Entnazifizierung vor allem des Wirtschaftslebens gewesen.[4]

---

[1] Vgl. Braun, Günter: SchichtWechsel. Arbeit und Gewerkschaft in der Chemie-Stadt Ludwigshafen, Hannover[2] 1999, S.118.
[2] Im Sinne des Gesetzes zur „Ordnung der nationalen Arbeit" vom 20. Januar 1934. Auszugsweise abgedruckt in: Kühnl, Reinhard: Der deutsche Faschismus in Quellen und Dokumenten, Köln[7] 2000, S.226-228.
[3] Vgl. Braun 1999 (wie Anm. 1), S.118.
[4] Vgl. Braun 1999 (wie Anm. 1), S.122.

Doch nicht nur Gewerkschaft und Belegschaft unterstützten *Wurster*. Auch bekannte Persönlichkeiten, wie der sozialdemokratische Emigrant und Mitglied des Parlamentarischen Rates *Friedrich Wilhelm Wagner* (1894-1971) stellten sich vor ihn. Darüber hinaus übernahm *Wagner* zusammen mit *Dr. Wolfgang Heintzeler* (1908-nach 1985) die Verteidigung *Wursters* im Nürnberger I.G.-Farben-Prozess. Die beiden Anwälte erreichten einen Freispruch für ihren Mandanten, womit *Wurster* seine „zweite" Karriere unmittelbar fortsetzen konnte. Er kehrte als Manager an seine alte Wirkungsstätte in Ludwigshafen zurück und ihm wurden hohe Ehrungen der Bundesrepublik, der Stadt Ludwigshafen und verschiedener Universitäten zu teil.

Als Wurster 1955 das *Große Verdienstkreuz mit Stern* verliehen wurde, regten sich, anders als bei seinem Kollegen *Heinrich Bütefisch* (1894-1969),[5] dem diese Ehrung 1964 zuteilwerden sollte, keine Proteste. Passt demnach eine Biografie von *Carl Wurster* überhaupt in eine Reihe, die sich der NS-Täterforschung verpflichtet hat? Ja! Denn wir wissen heute zu viel über die Verflechtung von Privatwirtschaft und Nationalsozialismus und über die fatale Zusammenarbeit von faschistischem Machtapparat und der I.G. Farbenindustrie AG, um über *Wurster*, der als Vorstandsmitglied eine tragende Rolle in diesem Konzern innehatte, einfach hinwegzugehen.

Dies gilt auch, obwohl der Nürnberger I.G.-Farben-Prozess gegen *Wurster* 1948 mit einem Freispruch endete. Auf dieses Urteil wird zwar in verschiedener apologetischer Literatur[6] verwiesen, juristische Unschuld ist jedoch keine Kategorie, die den Historiker bindet. Vielmehr ist es Aufgabe der Geschichtswissenschaft, auch vergangene Rechtsprechung historisch einzuordnen und zu hinterfragen. Dies gilt insbesondere bei Verfahren, die in außergewöhnlichen gesellschaftlichen und politischen Rahmenbedingungen stattfanden.

Wurster, die I.G. Farbenindustrie AG und der Nationalsozialismus

Carl Wurster wurde am 2. Dezember 1900 als fünfter Sohn eines Stadtpolizeirats in Stuttgart geboren. Ab 1906 besuchte er das humanistische Eberhard-Ludwigs-Gymnasium in Stuttgart und schloss dieses im Juli 1918 mit dem Abitur ab.[7] Nach seinem Abschluss und wenige Monate vor dem Kriegsende, meldete er sich freiwillig für den Wehrdienst und wurde dem Feldartillerie-Regiment Nr. 13. zugeteilt. Nach dem Ersten Weltkrieg begab sich *Wurster* zurück nach Stuttgart und nahm ein Chemiestudium auf. 1919 soll er sich einer antikommunisti-

---

[5] Vgl. http://www.wollheim-memorial.de/de/heinrich_buetefisch_18941969 (Z.a.a. 24.04.2019).
[6] Beispielsweise: Heintzeler, Wolfgang: Was war mit der IG Farben? Der Nürnberger Prozess und der Fernsehfilm „Väter und Söhne", Herford 1987.
[7] Damm, Veit: Carl Wurster, Chemiker und Manager. Beruflicher Aufstieg und unternehmerisches Wirken in der BASF und in der I.G. Farbenindustrie AG. 1924-1953, Magisterarbeit Dresden 2000, S.3. Damm bezieht sich auf Lebensläufe von Wurster, die im BASF Unternehmensarchiv liegen.

schen Einwohnerwehr, dem 5. Stuttgarter Sicherungs-Reservebataillon angeschlossen haben.[8] Bereits 1921 schloss er sein Studium mit Auszeichnung ab. Zwei Jahre später wurde er zum Dr.-Ing. am Institut für *Anorganische Chemie und Chemische Technologie* der TH Stuttgart promoviert.[9] Als promovierter Chemiker fand *Wurster* 1924 eine Anstellung in der *Badische Anilin- & Soda-Fabrik* (BASF), für die er bereits während den Semesterferien gearbeitet hatte, um sein Studium zu finanzieren.

Ende 1923, also kurz bevor *Wurster* seine Arbeit für die BASF aufnahm, entfaltet die Währungsreform der Reichsregierung ihre Wirkung und es gelang die galoppierende Inflation zu beenden. Dies führte jedoch auch zu einer Rezession, die in der chemischen Industrie eine Debatte um die Neuordnung der bislang bestehenden Kartellbeziehungen belebte. *Carl Bosch* (1874-1940), der Vorstandsvorsitzende der BASF konnte sich innerhalb der *Interessensgemeinschaft Farben* mit seinen Vorstellungen zur Gründung einer gemeinsamen Aktiengesellschaft durchsetzen.[10] Am 28. Oktober 1925 verkündete er das Ende der Fusionsverhandlungen,[11] sodass am 2. Dezember 1925 die sechs bislang selbstständigen Unternehmen *BASF, Bayer, Hoechst, Agfa, Weiler-ter Meer* und *Griesheim-Elektron* einen Vertrag unterschrieben, der ihren Zusammenschluss in einer Aktiengesellschaft regelte.[12] Die I.G. Farbenindustrie AG war entstanden. Der Konzern umfasste 41 Produktionsstätten, die nach Betriebsgemeinschaften gegliedert wurde. Die Führung des Unternehmens übernahm ein Vorstand, der sich aus den ehemaligen Vorständen der einzelnen Firmen zusammensetzte und durch einen Aufsichtsrat kontrolliert werden sollte. Obwohl der aus dem Bayer-Konzern stammende *Carl Duisberg* (1861-1935) als Vorsitzender des Aufsichtsrates über eine wichtige Machtposition verfügte, wurde der neue Konzern von *Bosch* und der Betriebsgemeinschaft Oberrhein, die sich im Wesentlichen aus den Werken der ehemaligen BASF zusammensetzte, dominiert. Es ist daher nicht verwunderlich, dass ein Großteil des Kapitalstocks der I.G. Farben dazu genutzt wurde, Projekte der ehemaligen BASF weiterzuentwickeln und zu finanzieren. Allen voran sind hier die Leuna-Werke zu nennen, in denen Treibstoffe durch die Hydrierung von Kohle im großtechnischen Maßstab syn-

---

[8] Vgl. www.wollheim-memorial.de/de/carl_wurster_19001974 (z.a.a. 28.03.2019).
[9] Vgl. Heine, Jens Ulrich: Verstand & Schicksal. Die Männer der I.G. Farbenindustrie A.G. in 161 Kurzbiographien, Weinheim 1990, S. 175-177. Aufgrund apologetischer Tendenzen mit Vorsicht heranzuziehen.
[10] Zur Vorgeschichte und den vielschichtigen Verflechtungen in der Chemieindustrie und die fatale Orientierung auf die Kriegswirtschaft, vor allem der BASF bereits während des Ersten Weltkrieges, vgl. Roth, Karl-Heinz: Die Geschichte der I.G. Farbenindustrie AG von der Gründung bis zum Ende der Weimarer Republik, Frankfurt am Main 2009. Vgl. www.wollheim-memorial.de/de/ig_farben.
[11] Vgl. Johnson, Jeffery Allan: Die Macht der Synthese (1900-1925) in: Abelshauser, Werner (Hg.): Die BASF. Eine Unternehmensgeschichte, München 2002, S. 117-221, S. 218-219.
[12] Vgl. Roth 2009 (wie Anm. 10), S. 12.

thetisiert wurden und in die zwischen 1925 und 1929 etwa 256 Mio. RM flossen.[13] Für die I.G Farben lohnte sich diese gewaltige Investition zunächst nicht, da die synthetischen Treibstoffe nicht konkurrenzfähig waren. Die Nettoverluste betrugen Ende 1929 etwa 85,2 Mio. RM und belasteten den Konzern stark.

Durch die Dominanz der „Oberrhein Gruppe" innerhalb der I.G. Farben besaß *Wurster* gute Vorrausetzungen, um auch in der neu gegründeten Aktiengesellschaft beruflich aufzusteigen. Ihm gelang es, einige seiner Arbeiten patentieren zu lassen und technisch rentable Verfahrensweisen zu entwickeln. 1926 übernahm er die Leitung des anorganischen Labors und der Versuchsbetriebe am Standort Ludwigshafen. Ebenfalls in Ludwigshafen wurde ihm 1930 die Leitung des anorganischen Betriebs übertragen.[14]

Während *Wurster* diese ersten Karriereschritte tat, entwickelte sich die NSDAP zur Massenpartei, die ihren Stimmanteil an den Reichstagswahlen stetig ausbauen konnte. Als die NSDAP in den Novemberwahlen 1932 etwa 2 Millionen Stimmen verlor und die Partei unter starkem finanziellem Druck stand, suchte Adolf Hitler (1889-1945), der bereits zum Reichskanzler ernannt worden war, den Kontakt zu wichtigen Industriellen, legte seine wirtschaftspolitischen Vorstellungen dar und bat auf dieser Grundlage für den Wahlkampf im März 1933 um Spenden. Auf Veranlassung *Boschs* entsprach die I.G. Farben dieser Bitte und stellte mit 400.000 RM die mit Abstand größte Einzelspende aller Industriellen für den Wahlkampf Hitlers bereit.[15] Im gleichen Jahr übernahm *Wurster* den Vorsitz der Anorganischen Fabrikations-Kommission. 1934 wurde er Prokurist in der Anorganischen Abteilung.[16] In dieser Leitungsposition waren *Wurster* etwa 800 Mitarbeiter unterstellt.[17]

Mit den neuen Machthabern arrangierte sich die I.G. Farben schnell. Im Juni 1933 beteiligte sich der Konzern mit nahezu einer Million RM an der „Adolf-Hitler-Spende der deutschen Wirtschaft".[18] Zusammen mit zahlreichen anderen kleineren Schenkungen an verschiedene Organisationen der NSDAP spendete die I.G Farben 1933 etwa 1,8 Mio. RM.[19] Diese Spenden sollten sich rasch auszahlen. Bereits im Dezember 1933 wurde ein „Benzinvertrag" zwischen dem Konzern und dem Reich geschlossen, der die I.G. Farben dazu verpflichtet die

---

[13] Stokes, Raymond G.: Von der I.G. Farbenindustrie AG bis zur Neugründung der BASF (1925-1952), in: Abelshauser, Werner (Hg.): Die BASF. Eine Unternehmensgeschichte, München 2002, S. 221-358, S. 236-237.
[14] Vgl. Damm 2000 (wie Anm. 7), S. 8 u. S. 12.
[15] Vgl. Ruschig, Ulrich: Chemiker an der Heimatfront. Die I.G. Farben, die deutsche Chemie und der Nationalsozialismus, Oldenburg(2) 1987, S.17.
[16] Vgl. Becker, Klaus-Jürgen: Demokratische Konsolidierung und Wirtschaftswunder Leben in Ludwigshafen 1948-1965, in: Mörz, Stefan u. ders. (Hg.): Geschichte der Stadt Ludwigshafen am Rhein, Bd. 2, Ludwigshafen am Rhein 2003, S. 504-642, S. 507.
[17] Vgl. Damm 2000 (wie Anm. 7), S. 12.
[18] Stokes 2002 (wie Anm. 13), S. 264.
[19] Radandt, Hans: Fall 6. Ausgewählte Dokumente und Urteil des IG-Farben-Prozesses, Berlin (Ost) 1970, S. 24.

bislang unrentable Produktion in den Leuna-Werken von 300.000 Jahrestonnen auf 350.000 zu steigern. Im Gegenzug verpflichtete sich das Reich alle Kapazitäten, welche die I.G. Farben nicht auf dem freien Markt absetzten konnte, zu einem Preis abzunehmen, der nach Steuern und Abschreibungen ein Gewinn von 5% des Kapitaleinsatzes garantierte.[20] Diese staatlichen Garantien ermöglichten der I.G. Farben weitere Investitionen zu tätigen und die bislang angefallenen Verluste wieder hereinzuholen.

Der Konzern wurde durch den „Benzinvertrag" eng in die Autarkiebestrebungen des Reiches eingebunden. Da wirtschaftliche Autarkie eine Vorrausetzung für einen weiteren Krieg darstellte, war es zur aktiven Kriegsvorbereitung nur noch ein kleiner Schritt, der spätestens 1935 erfolgte. Auf Initiative von *Carl Krauch* (1887-1968)[21] gründete die I.G. Farben 1935 mit der *Vermittlungsstelle W*, ein Büro welches Kontakte zur Militärbürokratie pflegen sollte, um die wirtschaftlichen Interessen des Konzerns bei der Vergabe von Rüstungsaufträgen und Autarkieprojekten zu wahren.[22]

Mit der Gründung der Vierjahresplanbehörde unter *Hermann Göring* (1893-1946) wurde das Tempo der Wiederaufrüstung im militärischen und wirtschaftlichen Bereich von Seiten des Regimes weiter erhöht. *Krauch* und einige seiner Mitarbeiter aus der *Vermittlungsstelle W* wechselten in die von *Göring* geleitete Behörde und übernahmen dort wichtige Funktionen. *Krauch* selbst saß weiterhin im I.G. Farbenvorstand und leitete in Görings Behörde die Abteilung III *Forschung und Entwicklung*.[23] In dieser Funktion ließ sich *Krauch* von verschiedenen Managern der I.G. Farben beraten. Auch *Wurster* wurde hier ab 1936 regelmäßig hinzugezogen.[24]

Ende 1937 stand im I.G. Farbenwerk in Ludwigshafen ein Generationenwechsel an. *Wilhelm Gaus* (1876-1953) und *Otto Seidel*, die beide im Vorstand der I.G. Farben saßen, gingen in den Ruhestand. Bei der Neubesetzung ihrer Positionen wurden auch die im Zusammenhang mit dem Vierjahresplan besonders vielversprechenden Arbeitsfelder berücksichtigt. Mit *Otto Ambros* (1901-1990) rückte ein Fachmann für die synthetische Kautschukproduktion nach. Auch die chemischen Grundstoffe, *Wursters* Fachgebiet waren, hatten für die Autarkiebestrebungen eine hohe Bedeutung. Wie stark die Beförderung letztlich mit der strategischen Ausrichtung auf die Kriegsindustrie zusammenhing, ist nicht zu ermitteln. Sicher ist, dass *Wurster* und *Ambros* ab Januar stellvertretende und ab April 1938 ordentliche Mitglieder im I.G. Farbenvorstand und technische Leiter des Werkes in Ludwigshafen wurden.[25] *Wurster* wurde darüber hinaus

---

[20] Vgl. Stokes 2002 (wie Anm. 13), S. 266.
[21] Vgl. Carl Krauch: www.wollheim-memorial.de/de/carl_krauch_18871968 (z.a.a. 13.04.2019).
[22] Vgl. Stokes 2002 (wie Anm. 13), S. 271.
[23] Vgl. Perry, Hans-Joachim: Zwischen Krieg, Wiederaufbau und Demontagen. Die BASF 1939 bis 1952/53, Veröffentlichungen des Stadtarchiv Ludwigshafen am Rhein Bd. 38, Ludwigshafen 2009, S. 37-38.
[24] Vgl. ebd., S. 44-45.
[25] Vgl. Damm 2000 (wie Anm. 7), S. 22.

"Betriebsführer" der Werke Ludwigshafen und Oppau, was einen deutlichen Karrieresprung darstellte. Statt 800 hatte *Wurster* nun 25.000 Mitarbeiter zu "führen".

Hatte die I.G. Farben schon während des Vierjahresplans eine enge Verbindung zum faschistischen Staat und seinen Institutionen aufgebaut, wurden diese mit den direkten Vorbereitungen zur Mobilmachung noch einmal enger. Ausdruck dieser Entwicklung war auch die Ernennung von *Krauch* zum *Generalbevollmächtigten für Sonderfragen der chemischen Erzeugung* im August 1938, was ihn zum Verantwortlichen für den Ausbau der Produktionskapazitäten von Spreng- und Kampfstoffen sowie deren Vorprodukte machte. Dies schloss auch Mineralöl, synthetisches Kautschuk und Leichtmetalle mit ein.[26] Mit einem Mann der I.G. Farben an einer so wichtigen Schaltstelle der Rüstungsproduktion ging der Konzern endgültig eine Symbiose mit dem Regime ein. Gleichzeitig wurden die letzten jüdischen Mitglieder im Aufsichtsrat entlassen und nahezu alle Vorstandsmitglieder traten bis 1938 in die NSDAP ein.

Trotz der vereinzelten Hilfe die I.G. Farbenfunktionäre ihren seit 1933 bedrängten jüdischen Kollegen leisteten, wurde dem Regime ab 1938 auch bei seinen rassistischen und antisemitischen Maßnahmen zugearbeitet. So veranlasste *Wurster* für die Werke Ludwigshafen und Oppau in einer Direktionssitzung am 30. Mai 1938, dass bei Neueinstellungen von Akademiker, Angestellten und Arbeitern explizit auf die "Arierfrage" geachtet werden muss.[27]

Neben der symbiotischen Integration in die Kriegswirtschaft, dem Eintritt fast aller wichtigen Funktionäre in die NSDAP oder einer ihrer Gliederungen und der Entfernung der jüdischen Kollegen, begann 1938 ein weiterer wichtiger Handlungsstrang. Im Zusammenhang mit der Expansion des Dritten Reiches boten sich auch für die I.G. Farben ungeahnte Möglichkeiten zur Landnahme. Dieser Prozess begann mit dem "Anschluss" Österreichs und der Zerschlagung der Tschechoslowakei und verlief seit dem Überfall auf Polen 1939 synchron mit den deutschen Eroberungen im zweiten Weltkrieg. *Karl-Heinz Roth* (*1942) weist zurecht daraufhin, dass die skrupellose Expansionspolitik der I.G Farben einer strategisch durchdachten Systematik folgte, die eine europaweite Nachkriegsplanung beinhaltete. Das Ziel dieser Planung war eine Monopolstellung in den "Produktionssparten Farbstoffe, Leichtmetalle, Sprengstoffe, Stickstoffsynthese, anorganische Chemikalien, organische Zwischenprodukte, Kunststoffe, Arzneimittel und Photographika"[28] zu erlangen. Auch *Wurster* be-

---

[26] Vgl. ebd., S.25. Vgl. auch Perry 2009 (wie Anm. 23), S. 37.
[27] Vgl. Hörner, Stefan: "Die in Auschwitz sterben müssen, haben andere auf dem Gewissen…". Projektion, Rezeption und Realität der I.G. Farbenindustrie AG. im Nürnberger Prozeß, Berlin 2010, S. 63.
[28] Roth, Karl Heinz: Die I.G. Farbenindustrie AG im Zweiten Weltkrieg, Frankfurt am Main 2012, S.1. Vgl. www.wollheim-memorial.de/files/1000/original/pdf_Karl_Heinz_Roth_Die_IG_Farben_Industrie_AG_im_Zweiten_Weltkrieg.pdf (z.a.a. 15.04.2019).

teiligte sich sowohl an Planungen für einen „kommenden europäischen Großwirtschaftsraum"[29] unter deutscher Hegemonie, als auch an der räuberischen Expansion seines Konzerns in von Deutschland besetzten Gebieten.

Raub und Zwangsarbeit

Diese Art der Expansion der I.G. Farben begann in Österreich. Hier übernahm der Konzern die *Stickstoffwerke Skoda Wetzler AG* und entließen die jüdischen Manger und Angestellten.[30] Fast zeitgleich half die I.G. Farben durch das Anfeuern der „Sudetenkrise" bei der Destabilisierung der Tschechoslowakei. Über den „Kaufmännischen Ausschuss" der I.G. Farben, den *Georg von Schnitzler* (1884-1962) leitete, wurden sudetendeutsche Zeitungen finanziert und durch das Büro von *Hermann Schmitz* (1881-1960) das sudetendeutsche Freikorps mit 100.000 RM unterstützt.[31] Nach dem Einmarsch ins Sudetenland begann ein Wettlauf um wertvolle Industrieanlagen. Im Fokus der I.G. Farben standen hier vor allem die Werke des *Aussiger Vereins*, die sich der Konzern am 7. Dezember 1938 durch Drohungen und Einschüchterungen gegenüber den Anteilseignern weit unter dem Wert einverleibte.[32] Bei beiden Übernahmen machte die I.G. Farben auch mit dem Hinweis auf die Beteiligungen jüdischer Unternehmer Druck und profitierte damit von den antisemitischen Maßnahmen des Regimes.

Mit dem Überfall auf Polen, über den führende I.G. Farbenfunktionäre und als Werksleiter auch *Wurster* im Vorfeld informiert waren,[33] nahm die räuberische Expansion der I.G. Farben eine neue Qualität an. Während die Wehrmacht in Polen einfiel und die polnische Armee rasch besiegte, machte sich der Konzern daran, ihren Teil der Beute zu sichern. Obwohl die I.G. Farben nicht die einzigen Interessenten an den polnischen Chemiebetrieben und deren Vermögen waren, gelang es ihr, zwei Mitarbeiter als „Treuhänder" für die drei größten Teerfarbenfabriken des Landes einsetzen zu lassen und Tatsachen im Sinne des Konzerns zu schaffen. An dem Raub polnischer Chemiebetriebe beteiligte sich auch *Wurster*, der zusammen mit einem Vertreter des *Reichsamts für Wirtschaftsausbau* kleinere Produktionsstätten besichtigte und Empfehlungen für die „sinnvolle" Weiternutzung gab. Neben der Schließung und der Integration in die Strukturen der I.G. Farben wurde auch die Möglichkeit der Demontage in Betracht gezogen.[34] Auch im besetzten Elsass und in Lothringen nahm *Wurster*

---

[29] Damm 2000 (wie Anm. 7), S.33-34. Damm verweist in diesem Zusammenhang auf: Wurster, Carl: Denkschrift zur Schwefelversorgung Deutschlands, Ludwigshafen 1941.
[30] Vgl. www.wollheim-memorial.de/de/raub_in_den_eroberten_gebieten (z.a.a. 30.04.2019).
[31] Vgl. Vgl. Jeffreys, Diarmuid: Weltkonzern und Kriegskartell. Das zerstörerische Werk der IG Farben, München 2001, S. 365-366. Jeffreys Buch ist sehr flüssig geschrieben, die Darstellung hat neben der teilweise psychologisierenden Fixierung auf Personen auch einige formale Schwächen. Sie enthält z. B. Flüchtigkeitsfehler in den Jahresdaten (vgl. S. 392-393) oder auf S. 322 führt eine Fußnote ins Leere, S. 363-364.
[32] Vgl. Jeffreys 2001 (wie Anm. 31).
[33] Vgl. ebd., S. 373-374.
[34] Vgl. ebd., S. 377-378.

eine Bestandsaufnahme vor und führte Verhandlungen, um die dortigen Chemiebetriebe im Sinne der I.G. Farben zu nutzen und damit in die deutsche Kriegswirtschaft zu integrieren.[35]

Wie schon in der Phase der Wiederaufrüstung, war *Krauch* auch in den ersten Kriegsjahren der wichtigste Schnittpunkt zwischen I.G. Farben und der faschistischen Kriegswirtschaft. Nachdem *Carl Bosch* am 26. April 1940 starb, wechselte *Krauch* aus dem Vorstand der I.G. Farben in den Aufsichtsrat und wurde *Boschs* Nachfolger als Vorsitzender. Im Rahmen seiner behördlichen Tätigkeiten als *Generalbevollmächtigter für Sonderfragen der chemischen Erzeugung* und als Leiter der *Reichsstelle für Wirtschaftsausbau* legte *Krauch* die Dringlichkeitsstufen für die verschiedenen Projekte fest und war somit für die Zuteilung von Ressourcen und für die seit Kriegsbeginn immer knapper werdenden Arbeitskräfte verantwortlich.[36]

Dem Mangel an Arbeitskräften hatte man in der Chemieindustrie schon vor dem Kriegsbeginn mit einer Erhöhung der Wochenarbeitszeit auf 56 Stunden begegnen wollen. Außerdem war die Freizügigkeit der Lohnabhängigen beschnitten worden, sodass diese nicht auf besser bezahlte Arbeitsplätze wechseln konnten.[37] Mit dem Kriegsausbruch und der damit verbundenen Einziehung zahlreicher Arbeiter zur Wehrmacht reichten diese Maßnahmen bei weitem nicht mehr aus. Auch der Versuch, verstärkt Frauen zur Arbeit in der Chemieindustrie einzusetzen, konnte diese Lücke nicht schließen. Deshalb versuchte man aus den annektierten, besetzten oder verbündeten Gebieten auf mehr oder weniger freiwilliger Basis Zivilarbeiter anzuwerben.

Als auch diese Maßnahmen nicht ausreichten um den Arbeitskräftemangel der deutschen Chemieindustrie zu beheben, wurde ab 1940 auch auf direkte Zwangsarbeit zurückgegriffen. In Ludwigshafen äußerte sich diese durch den Einsatz von etwa 500 belgischen Kriegsgefangenen, die am 21. Juni 1940 im Werk eintrafen.[38] Wie die anderen Betriebsgemeinschaften der I.G. Farben auch bemühte sich die Oberrhein-Gruppe von nun an um immer weitere Zuteilungen von Arbeitskräften. Dazu traten die Betriebsdirektionen eigeninitiativ mit den verschiedenen Behörden und Institutionen, die über Arbeitskräfte verfügen konnten, in Kontakt. Die Zuständigkeiten und die Verfügbarkeit von Arbeitskräften variierte mit dem Kriegsverlauf, doch die Verantwortlichen bei der I.G. Farben professionalisierten ihr Vorgehen und legten bei der Jagd nach Arbeitskräften große Energie und Kreativität an den Tag.[39] Dies hing auch damit

---

[35] Vgl. Radandt 1970 (wie Anm. 19), S. 252.
[36] Vgl. Roth 2012 (wie Anm. 28), S. 10.
[37] Vgl. ebd., S.32.
[38] Vgl. Stokes 2002 (wie Anm. 13), S. 312.
[39] Vgl. Roth 2012 (wie Anm. 28), S. 32-33.

zusammen, dass der von *Fritz ter Meer* (1884-1967)[40] geleitete *Technische Ausschuss* (TEA), der für die Verteilung der Investitionen innerhalb der I.G. Farben zuständig war, vor einer Mittelzuteilung prüfte, ob die einzelnen Werke über ausreichend Arbeitskräfte verfügten, um die geplanten Investitionen auch umsetzen zu können.[41]

Raymond Stokes, der in der BASF-Unternehmensgeschichte von 2002 den heiklen Zeitraum von 1925-1952 bearbeitet hat, schildert diese Phase der Rekrutierung von Arbeitskräften unter mehr oder minder direktem Zwang sehr abstrakt. So ist es das „Management", welches sich kurz nach dem Eintreffen der belgischen Kriegsgefangenen an das Arbeitsamt wendet und weiter Arbeitskräfte anfordert.[42] Es ist wichtig festzuhalten, dass *Wurster* als „Betriebsführer" letztlich für die Werke in Ludwigshafen-Oppau und die dort eingesetzten Arbeitskräfte verantwortlich war.

In *Wursters* Verantwortungsbereich stieg die Zahl der ausländischen Arbeitskräfte, die unter unterschiedlich starkem Zwang zur Arbeit herangezogen wurden, schnell. Im Juni 1941, ein Jahr nach der Ankunft der belgischen Kriegsgefangenen, waren bereits 4.000 ausländische Arbeiter in Ludwigshafen beschäftigt. Unter ihnen befanden sich neben dienstverpflichteten Slowaken, Italienern, Franzosen und Rumänen auch etwa 1.350 polnische Kriegsgefangene.[43] Im gleichen Jahr wurde *Wurster* zum Mitglied des *Wehrwirtschaftsrates der Reichswirtschaftskammer* und zum „Wehrwirtschaftsführer" ernannt. Zu diesem Zeitpunkt wurde seine Zusammenarbeit mit *Krauch*, wohl auch um die nötigen Arbeitskräfte für seine Werke zu rekrutieren, immer enger.[44]

Ganz unfruchtbar können diese Kontakte nicht gewesen sein, da es *Wurster* in Zeiten eines immer größer werdenden Arbeitskräftemangels gelang, die Belegschaft um etwa ein Viertel zu vergrößern. Von 1942 bis Anfang 1944 stieg die Anzahl der Beschäftigten in den Werken Ludwigshafen und Oppau von 27.497 auf 34.403 an.[45] Diese Steigerung war nur durch den vermehrten Einsatz von ausländischen Zivil- und Zwangsarbeitern möglich. Ein Sprung ist hier Anfang 1943 zu verzeichnen. Zu diesem Zeitpunkt stellten die insgesamt 12.000 ausländischen Arbeitskräfte fast ein Drittel der Gesamtbelegschaft. Darunter bildeten die „Ostarbeiter", die im Zuge des Vernichtungskriegs gegen die Sowjetunion unter deutsche Kontrolle gerieten, mit 2.511 die größte Gruppe. Gemäß der NS-Rassenideologie wurde den „Ostarbeitern", unter denen sich überdurchschnittlich viele Frauen befanden, eine deutlich schlechtere Behandlung

---

[40] Fritz ter Meer: http://www.wollheim-memorial.de/de/fritz_friedrich_hermann_ter_meer_18841967 (z.a.a. 30.04.2019).
[41] Vgl. Roth 2012 (wie Anm. 28), S. 34.
[42] Vgl. Stokes 2002 (wie Anm. 13), S. 312.
[43] Vgl. ebd., S.312-313.
[44] Vgl. Eintrag von Carl Wurster: http://www.wollheim-memorial.de/de/carl_wurster_19001974. (z.a.a. am 30.04.2019).
[45] Vgl. Stokes 2002 (wie Anm. 13), S. 322.

zuteil als Westeuropäern.[46] Dies wirkte sich auf die Verpflegung, die medizinische Versorgung, auf Härte und Häufigkeit von Bestrafungen, das Benutzen von Luftschutzanlagen und auf die Form der Unterbringung aus.

Gemäß der rassistischen Unterscheidungen wurden um alle Werke der I.G. Farben ein differenziertes Lagersystem errichtet, welches vom Gemeinschaftslager für deutsche und westeuropäische Zivilarbeiter über Zwangsarbeits- und Wehrmachtsstrafgefangenenlager bis zum KZ-Außenlager reichte.[47]

Auch in Ludwigshafen war diese rassistische Differenzierung zu beobachten. Bis 1944 sollen die verschiedenen Lager um die Werke für 14.000 Personen ausgelegt gewesen sein.[48] Zur Disziplinierung arbeitete der seit 1938 mit erweiterten Befugnissen ausgestattete Werkschutz eng mit der Gestapo zusammen. Weiter gab es Gefängnisblöcke in einzelnen Lagern und ab 1943 auch ein eigenes „Arbeitserziehungslager" für straffällig gewordene Beschäftigte. In letzter Konsequenz bedrohte auch die Überstellung in ein Konzentrationslager jeden Fremd- bzw. Zwangsarbeiter. Auch durch diese Repression gelang es, in Ludwigshafen und Oppau bis 1943 die Produktionsniveaus von kriegswichtigen Gütern erheblich auszuweiten. Je nach Produktionslinie und abhängig vom Erfolg des alliierten Bombenkrieges ging der Ausstoß beider Werke erst ab 1944 spürbar zurück.[49] Wohl auch für diese „Leistung", die Produktion kriegswichtiger Güter durch erzwungene Arbeit aufrechtzuerhalten, wurde *Wurster* 1943 das Kriegsverdienstkreuz 1. Klasse verliehen.

Die I.G. Auschwitz und Zyklon B

Roth geht von insgesamt etwa 11.600 Zwangsarbeitern aus, die im I.G. Farbenwerk in Auschwitz und den zugehörigen oberschlesischen Bergbaugebieten als arbeitsunfähig aussortiert, zurück ins Stammlager überstellt und dort in den Gaskammern mit Zyklon B ermordet wurden.[50] Sowohl mit der Vernichtung durch Arbeit, als auch mit der Tötung durch Gas stand *Wurster* indirekt in Verbindung.

Die I.G. Farben und die *Degussa* hielten jeweils 42,4% der Aktien der *Deutsche Gesellschaft für Schädlingsbekämpfung m.b.H.* (Degesch), welche das Zyklon B herstellte, mit dem in deutschen Vernichtungslagern gemordet wurde.[51] Aufgrund dieser Beteiligung hatte die I.G. Farben Anspruch auf vier von elf Aufsichtsratsmandaten und drei Sitze im Firmenvorstand. Die Sitze im Aufsichtsrat

---

[46] Vgl. ebd., S.323.
[47] Vgl. Roth 2012 (wie Anm. 28), S. 36-37.
[48] Vgl. Stokes 2002 (wie Anm. 13), S. 325.
[49] Vgl. ebd. S.317-322.
[50] Vgl. Roth 2012 (wie Anm. 28), S. 48.
[51] Vgl. ebd., S.49.

nahmen die I.G. Farbenvorstände *Wurster, Heinreich Hörlein* (1882-1954) und *Wilhelm Mann* (1894-1992) wahr.[52]

Die Manager der I.G. Farben waren dabei zwar nicht direkt für das operative Geschäft verantwortlich, da ihre Aufsichtsratsmandate eher eine Kontrollfunktion hatten. Dennoch hätte den Genannten der Anstieg der Zyklon-B-Lieferungen an die Vernichtungslager auffallen können. Dass die Dividende, die an die I.G. Farben für ihre Beteiligung an der Degesch zurückfloss, 1942 fast doppelt so hoch war wie in den Jahren 1940 und 1941, wurde zweifelsohne wahrgenommen.[53] Die weit wichtigere Verbindungslinie von *Wurster* nach Auschwitz stellte jedoch das I.G. Farbenwerk in Auschwitz-Monowitz selbst dar. So war die Geschichte dieses I.G. Farbenstandorts eng mit Ludwigshafen und der Oberrhein-Gruppe verbunden.

Neben der Kohlehydrierung war synthetischer Kautschuk das zweite große Investitionsprojekt der I.G. Farben. Ähnlich wie bei dem synthetischen Benzin, gab es auch für „Buna" eine Vereinbarung zwischen Regime und I.G. Farben, die eine Ausweitung der Produktionskapazitäten und eine Abnahme zu einem garantierten Preis vorsahen. Ab 1940 trieb der Konzern den Aufbau neuer Buna-Anlagen mit Hochdruck voran. Entgegen den Wünschen von Raumplanungs- und Rüstungsbehörden, setzte die I.G Farben Ludwigshafen als dritten Standort für die Buna-Produktion durch.[54] Da Ludwighafen als anfällig für Luftangriffe galt, sollte ein weiteres Buna-Werk im annektierten Osten, der als „luftkriegssicher" galt, aufgebaut werden.[55]

Im November 1940 fiel dann die Entscheidung in Auschwitz-Monowitz ein neues Werk zu errichten, in dem Buna und synthetisches Flugzeugbenzin produziert werden sollte. Wie wichtig die Nähe zum Konzentrationslager Auschwitz für die Standortentscheidung war und ob von Anfang an der Plan bestand, KZ-Häftlinge zur Zwangsarbeit heranzuziehen, wurde in der geschichtswissenschaftlichen Forschung eingehend diskutiert.[56] Da zu diesem Zeitpunkt in den Stammwerken der I.G. Farben bereits mit Zwangsarbeitern produziert wurde und angesichts der Tatsache, dass im I.G. Farbenwerk in Auschwitz im weiteren Verlauf definitiv Vernichtung durch Arbeit stattfand, wirken die teilweise apologetische Tendenzen in dieser Debatte sehr befremdlich. *Stokes* irrt sich, wenn er meint: „Die Antwort auf diese Frage ist die Voraussetzung für jedes Urteil über die Verantwortung von I.G.-Farben-Managern für die Verbrechen des Dritten Reiches."[57] Ob die Häftlinge im Vorfeld als Zwangsarbeiter mit einkalkuliert

---

[52] Vgl. Jeffreys 2001 (wie Anm. 31), S. 486.
[53] Vgl. Ebd.
[54] Vgl. Roth 2012 (wie Anm. 28), S. 19.
[55] Vgl. ebd.
[56] Vgl. Stokes 2002 (wie Anm. 13), S. 302-308.
[57] Vgl. ebd., S. 306.

wurden oder ob sich dieser Gedanke erst mit der Zeit entwickelte, ist für die Bewertung der folgenden Verbrechen zweitrangig.

Geplant wurde das Werk in Auschwitz direkt von der Konzernspitze, wobei die Zentren der katalytischen Hochdruckchemie, also Ludwigshafen, Oppau und Leuna für die Umsetzung verantwortlich waren.[58] An erster Stelle war *Otto Ambros*, *Walther Dürrfeld* (1899-1967) und *Heinrich Bütefisch* für den Bau und den Betrieb des I.G. Farbenwerkes in Auschwitz zuständig. Dabei darf nicht vergessen werden, dass das Werk Ludwigshafen als Bauherr auftrat und damit der Kreis der Verantwortlichen größer war als die genannten Personen. Dies äußerte sich beispielsweise, wenn im Rahmen der engen Kooperation zwischen der I.G. Farben und der SS finanzielle Mittel bereitgestellt werden mussten. So geschehen, als im Dezember 1941 beschlossen wurde, eine Million RM aus dem Wohnungsbauprogramm des Werkes Ludwigshafen zu entnehmen, um damit den Ausbau des Stammlagers in Auschwitz zu unterstützen.[59]

Es ist nicht davon auszugehen, dass eine solche Entscheidung an *Wurster* als dem „Betriebsführer" vorbei getroffen wurde. Gleichzeitig verdeutlicht dieses Beispiel, wie sehr die I.G. Farben als Konzern hinter dem Werk in Auschwitz und der Kooperation mit der SS stand. Die Folgen dieser Zusammenarbeit war fürchterlich. Verschiedene Schätzungen gehen von etwa 30.000 Menschen aus, die im Rahmen der Zwangsarbeit für das I.G Farbenwerk in Auschwitz ihr Leben verloren.[60]

Wiederaufbau und Entnazifizierung der BASF

Entgegen zahlreicher anderer Verantwortungsträger setzte sich *Wurster* nicht ab, als sich die amerikanische Besetzung abzeichnete. Er hielt, soweit nach den Luftangriffen noch möglich, die Produktion aufrecht und kam dem Befehl, das Werk und seine Rohstoffreserven zu zerstören, nicht nach. Aus einem Brief vom 22. März 1945, den *Wurster* an *Krauch* schrieb, geht hervor, dass er die Möglichkeit in Betracht zog, von den Amerikanern als Werksleiter ausgeschaltet zu werden.[61] Am Tag darauf rückte die US-Armee tatsächlich im Werk ein und nahm *Wurster* am 25. März 1945 vorläufig fest. Entgegen seiner Befürchtung wurde er jedoch bereits am 9. April erneut zum Direktor des Werkes ernannt und leitete seitdem den Wiederaufbau.[62] Eine der wichtigsten Aufgaben war dabei die Suche nach Arbeitskräften und das Organisieren der erforderlichen Papiere.

---

[58] Vgl. Roth 2012 (wie Anm. 28), S. 29.
[59] Vgl. Schmaltz, Florian: Die IG Farbenindustrie und der Ausbau des Konzentrationslagers Auschwitz 1941 – 1942, in: Sozial.Geschichte 21, 2006 S. 33-67, S. 58.
[60] Vgl. Wagner, Bernd: IG Auschwitz. Zwangsarbeit und Vernichtung von Häftlingen des Lagers Monowitz 1941–945. München 2000, S. 282.
[61] Vgl. Damm 2000 (wie Anm. 7), S. 44.
[62] Vgl. Stokes 2002 (wie Anm. 13), S. 334.

Dies gelang erstaunlich schnell. Als im Juli 1945 die französische Besatzungszone eingerichtet wurde, arbeiten bereits wieder 9.000 Menschen in den Werken Ludwigshafen und Oppau.[63]

Im Februar 1946 veranlasste die amerikanische Militärregierung bei den nun zuständigen französischen Besatzungsbehörden die erneute Festnahme *Wursters*. Dieser wurde daraufhin etwa sechs Wochen in einem Lager bei Altschweier, einem Ort in der Nähe Baden-Badens, interniert und verhört. Nachdem er entlassen wurde, hegte er die Hoffnung, dass ihm eine erneute Verhaftung und ein Prozess erspart bliebe.[64] Mit einem Blick auf die Entnazifizierungspraxis der französischen Behörden in Ludwigshafen und der BASF war diese Hoffnung sicherlich nicht unbegründet.

Von Anfang an bestand ein Spannungsfeld zwischen konsequenter politischer Säuberung auf der einen und dem raschen Wiederaufbau sowie der Entfaltung des wirtschaftlichen Potentials des mit Abstand größten Industriebetriebs in der französischen Besatzungszone auf der anderen Seite.[65] Die Bilanz der Entnazifizierung sah auch in Rheinland-Pfalz ernüchternd aus. Bis 1950 wurden 300.000 Verfahren durchgeführt, was einer Überprüfung von etwa 11% der Bevölkerung entsprach. Hiervon wurden nur 440 als „Belastete" und nur fünf als „Hauptschuldige" eingestuft. Im Gegensatz hierzu konnte sich die wirtschaftliche Wiederaufbauleitung sehen lassen. Bereits Mitte 1948 betrug die Chemieproduktion der gesamten französischen Zone wieder etwa 90% des Vorkriegsstandes.[66]

Der I.G.-Farben-Prozess

Am 27. August 1947 begann mit der Eröffnungsrede des Hauptanklägers *Telford Taylor* (1908-1998) der Prozess gegen 24 Manager der I.G. Farben vor dem amerikanischen Militärgerichtshof in Nürnberg. Das Kontrollratsgesetz Nr. 10 vom 20. Dezember 1945 gab die Strafbestände vor, die den Angeklagten individuell nachgewiesen werden sollten:

- Vorbereitung und Führung eines Angriffskrieges
- Plünderung und Raub in den von Deutschland annektierten und besetzten Ländern
- Zwangsarbeit und Massenmord
- Mitgliedschaft in der zur verbrecherischen Organisation erklärten SS
- Gemeinsame Verschwörung gegen den Frieden

---

[63] Vgl. ebd., S. 471-472.
[64] Vgl. Damm 2000 (wie Anm. 7), S. 53.
[65] Vgl. Becker 2003 (wie Anm. 16), S. 434.
[66] Vgl. ebd., S. 472.

Um diese Tatbestände individuell nachzuweisen, reichte die zehnköpfige Anklagegruppe 2.282 Dokumente und 419 eidesstattliche Erklärungen ein.[67] Weiter führte sie 87 Zeugen auf, von denen etliche vor Gericht aussagten und sich, obwohl sie Unvorstellbares erlebt hatten, einem Kreuzverhör durch die Anwälte der Angeklagten stellten.

Obwohl sich die Anklage schon seit Dezember 1946 akribisch auf den Prozess vorbereitet hatte und ihre Vertreter teilweise schon vor Kriegsende im Rahmen ihrer Tätigkeiten für verschiedene amerikanische Behörden mit der I.G. Farben vertraut waren,[68] stießen sie während des Prozesses auf zwei Probleme, die auch mit hohem Engagement nicht zu lösen waren. Zunächst wird mit Recht immer wieder auf die politische Großwetterlage des „Kalten Krieges" verwiesen, der mit Machtübernahme der Kommunisten in der Tschechoslowakei und der Berlin-Blockade erste Höhepunkte erreichte. Zweitens war es den „Technikern" der I.G. Farben gelungen, eine einheitliche Prozessstrategie durchzusetzen. *Fritz ter Meer* entwickelte hier ein Aussagenarrativ, das relativierte, beschönigte und vor allem die Verantwortung auf die behördlichen Strukturen abwälzte. Die Verteidigung kreierte so einen Notstand, in dem die I.G. Farben gezwungen gewesen sei, sich an Rüstungsprojekten zu beteiligen und zum Beispiel Zwangsarbeiter einzusetzen.[69]

Auch *Wurster* und seine Verteidiger setzten auf diese Prozessstrategie. Durch umfangreiche Schriftsätze, welche sich vorrangig mit dem Anklagepunkt 3 beschäftigten und durch mündliche Erklärungen *Wursters* in der Hauptverhandlung sollten die Anklagen entkräftet werden.[70] Aus heutiger Perspektive ist es erstaunlich, wie gut die Strategie der Verteidigung aufging. Das Gericht zog Anklagepunkt 1 und 5 zusammen und sprach alle Angeklagten frei. In Punkt 2 wurden zwar 9 Angeklagte verurteilt, *Wurster* war jedoch nicht darunter. Das Gericht sah es als nicht erwiesen an, dass *Wursters* Gutachten über die polnischen Industrieanlagen ursächlich für deren Raub waren.[71] Da Wurster nie in der SS gewesen war, blieb nur noch der Punkt 3, der Versklavung und Massenmord beinhaltete. Zunächst folgte das Gericht der Darstellung *Wursters*, wonach dieser nichts über den Verwendungszeck des Zyklon B in den Konzentrationslagern gewusst hatte, um ihm danach den „Notstand" für die in Ludwigshafen eingesetzten Zwangsarbeiter zu zubilligen.[72]

---

[67] Vgl. Roth, Karl Heinz: Case VI. Der Nürnberger Prozess gegen I.G. Farben, Frankfurt am Main 2008, S. 8. Vgl. www.wollheim-memorial.de/files/990/original/pdf_Karl_Heinz_Roth_Case_VI._Der_Nuernberger_Prozess_gegen_IG_Farben.pdf (z.a.a. 30.04.2019).
[68] Vgl. ebd., S. 3.
[69] Vgl. ebd., S. 9-10.
[70] Vgl. Hörner 2010 (wie Anm. 27), S. 93.
[71] Vgl. Radandt 1970 (wie Anm. 19), S. 252.
[72] Vgl. ebd., S. 254-256 u. S. 277-279.

Doch nicht nur aus heutiger Perspektive erscheint dieses Urteil fragwürdig. Einer der drei Stimmberechtigten Richter *Paul Macarus Hebert* gab zu Anklagepunkt 3 ein Minderheitenvotum ab, und wies im Dezember 1948 mit Recht darauf hin, dass die Werksleiter im gesamten I.G. Farbenkomplex die Beschaffung und Ausbeutung von Zwangsarbeitern eigeninitiativ organisierten.[73] Letztlich blieb die Einschätzung *Heberts* für den weiteren Verlauf unbedeutend. Und auch die Mehrheitsmeinung des Gerichtes wurde schnell von der Geschichte überholt. Spätestens ab 1951 waren alle Angeklagten vorzeitig aus der Haft entlassen und in vielen Fällen in die Vorstände und Aufsichtsräte der Industrie zurückgekehrt.

Wurster begleitete die Ausgliederung der BASF aus der Vermögensmasse der I.G. Farben und wurde 1952 Vorstandsvorsitzender der neuen Gesellschaft. Am 12. Mai 1965 schied er als Vorstandsvorsitzender mit Erreichen der Altersgrenze aus und übernahm den Vorsitz des Aufsichtsrates. Im gleichen Jahr wurde er Ehrenbürger der Stadt Ludwighafen. *Wurster* starb am 14. Dezember 1974 in Frankenthal.[74]

Den Zusammenhalt der alten I.G. Farbenkollegen schien auch der Prozess nicht gebrochen zu haben. So lud *Wurster* am 6. Februar 1959 alle ehemaligen I.G. Farbenvorstände zu einem Bankett. Dieser Einladung folgten unter anderem die wegen Massenmord und Versklavung verurteilten *Otto Ambros*, *Fritz ter Meer* und *Carl Krauch*.[75]

---

[73] Vgl. Roth 2008 (wie Anm. 67), S. 18.
[74] Vgl. Becker 2003 (wie Anm. 16), S. 507.
[75] Platthaus, Andreas: Rezension zu: Diarmuid Jeffreys: Weltkonzern und Kriegskartell. Das zerstörerische Werk der IG Farben, München 2001, in: FAZ vom 15.06.2011. Vgl. www.faz.net/aktuell/feuilleton/buecher/rezensionen/sachbuch/diarmuid-jeffreys-weltkonzern-und-kriegskartell-der-suendenfall-der-deutschen-chemie-1657336.html (Z.a.a. 11.04.2019).

Stefan Jehle

Auch nach 60 Jahren kein Ende der Arbeit. Interview mit Jens Rommel, Leiter der „Zentralen Stelle"

„Die Ermittler von Ludwigsburg": So nannte sich eine Ausstellung im Jahr 2004. Bis zu 120 Personen arbeiteten in früheren Jahrzehnten in der einzigartigen Justizbehörde, nur ein paar Meter entfernt vom Ludwigsburger Barockschloss. Die Einrichtung, die sich laut offiziellem Titel „Zentrale Stelle der Landesjustizverwaltungen zur Aufklärung nationalsozialistischer Verbrechen" nennt, hat keine Vorbilder in der deutschen Geschichte. Hier wurden Vorarbeiten geleistet zu den Frankfurter Auschwitz-Prozessen in den 60er Jahren – oder auch mitgewirkt an der Verurteilung der KZ-Aufseher John Demjanjuk (1920-2012) und Oskar Gröning (1921-2018), und Mosaike zusammengefügt für die Aufklärung Tausender NS-Verbrechen. Auch mehr als 70 Jahre nach Kriegsende ist die Tätigkeit der „Zentralen Stelle" – wie sie oft abgekürzt wird – nicht beendet. Der Karlsruher Journalist Stefan Jehle unterhielt sich mit Jens Rommel, dem „Chef der NS-Verfolger", im Amt seit Oktober 2015,[1] aus Anlass des 60-jährigen Bestehens der „Zentralen Stelle". Am 1. Dezember 1958 wurde die Einrichtung der Justizminister aller deutschen Bundesländer ins Leben gerufen.

Frage: Die letzten drei bis vier Jahre ist für Kinogänger zu dem Thema der staatsanwaltschaftlichen Verfolgung von NS-Tätern ja einiges geboten gewesen...

Rommel: Ja, etwa in den Filmen „Der Staat gegen Fritz Bauer", „Im Labyrinth des Schweigens" oder „Die Akte General". Da ging es in erster Linie um den hessischen Generalstaatsanwalt Fritz Bauer, der insbesondere die ersten Frankfurter Auschwitzprozesse 1963 bis 1965 in Gang gebracht hatte.[2]

Es gab in jüngerer Zeit jetzt auch die vermutlich letzten Prozesse. Werden nochmals neue Anklagen kommen?

Rommel: Derzeit sind vier Personen in Deutschland angeklagt, die in Konzentrationslagern Dienst getan haben sollen. Der Jüngste, der derzeit für

---

[1] Im März 2019 wurde bekannt, dass Jens Rommel die „Zentrale Stelle" in Ludwigsburg verlässt, um Richter am Bundesgerichtshof zu werden (Stuttgarter Zeitung, 15.03.2019).
[2] Fritz Bauer, 1903 (Stuttgart) – 1968 (Frankfurt). Im ersten Auschwitzprozess waren 22 Täter aus dem KZ Auschwitz angeklagt.

uns in Betracht kommt, ist 91 Jahre alt: Die letzten Taten waren im Mai 1945. Wenn wir wollen, dass die Leute 18 Jahre alt und damit für ihr Handeln verantwortlich waren, dann bringt uns das ins Geburtsjahr 1927. Im Moment haben wir 91- bis 99-Jährige im Blick, und jedes Jahr fällt uns sozusagen der älteste Jahrgang weg.

Warum gibt es überhaupt jetzt noch so späte Prozesse?

Rommel: Das ist in einer Entwicklung der Rechtsprechung begründet, ausgelöst durch das Verfahren John Demjanjuk. Neu bewertet für die Konzentrationslager wurde es vor allem im Prozess gegen Oskar Gröning, den so genannten Buchhalter von Auschwitz. Dahinter steht eine grundsätzliche Frage: ab wann ist ein Einzelner mitverantwortlich, wenn der Staat Verbrechen begeht? Wo fängt die persönliche strafrechtliche Schuld des Einzelnen an? Bei Oskar Gröning wurde neu bewertet, dass er allein schon durch seinen Dienst bei der SS diese Maschinerie in Auschwitz am Laufen gehalten hat. Er war sozusagen ein Rädchen in der Maschinerie.

Das ist ein grundlegend neuer rechtlicher Ansatz…

Rommel: Nach 2011, mit dem Urteil gegen den SS-Helfer Demjanjuk, hatte die Zentrale Stelle zuerst die Lager Auschwitz und Majdanek[3] überprüft. 2013 haben wir dann 30 Verfahren zu mutmaßlichem Personal aus dem KZ Auschwitz abgegeben an die Staatsanwaltschaft des jeweiligen Wohnortes, weil der Tatort ja außerhalb Deutschlands liegt. Gröning war dann einer derjenigen, die angeklagt worden sind. Mit diesem neuen Ansatz kommen für uns viel mehr Personen in Betracht.

Wie viele der 30 Verfahren kamen zur Anklage?

Rommel: Nur fünf der Verfahren haben es zu Gericht geschafft. Die anderen 25 wurden eingestellt, weil die Beschuldigten entweder in der Zwischenzeit verstorben sind oder nicht mehr verhandlungsfähig waren. Von den fünf, die angeklagt wurden, sind auch nur zwei verurteilt worden – nämlich Oskar Gröning und Reinhold Hanning.[4] In den Folgejahren, nach 2013, hat die Zentrale Stelle jedes Jahr im Schnitt etwa 30 Verfahren an Staatsanwaltschaften weitergegeben; 2017 waren es 28.

Wer ist derzeit noch angeklagt?

Rommel: Insgesamt sind gerade vier Personen angeklagt vor deutschen Gerichten. Das ist einer in Mannheim, der in Auschwitz gewesen sein soll; einer in Frankfurt aus dem Lager Majdanek (bei Lublin/Polen) und zwei in Münster,

---

[3] Das KZ Majdanek befand sich bei Lublin/Polen.
[4] Reinhold Hanning, 1921 (Helpup/Oerlinghausen) – 2017 (Lage), verurteilt 2016 wegen Beihilfe zum Mord in mindestens 170.000 Fällen. Wegen seines Todes wurde das Urteil nicht rechtskräftig.

die in Stutthof (bei Danzig) gewesen sein sollen – bei einem dieser Fälle in Münster begann die Hauptverhandlung jetzt im November 2018.

Die Einrichtung der Zentrale Stelle wurde früher öffentlich anders wahrgenommen als heute. Da gibt es Beispiele, dass die Ludwigsburger vor Ort oft mit Ablehnung reagiert haben. Und dann gab es den Fall mit der Beerdigung eines SS-Mannes…

Rommel: Ja, Sepp Dietrich.[5] Der Trauerzug ist hier gegenüber in der Schorndorfer Straße zum Neuen Friedhof gegangen, und wechselte auf Höhe der Zentrale Stelle – offenbar bewusst – die Straßenseite. Es gab auch abwertende Aussagen von örtlichen Politikern. Das wäre aber vermutlich auch in jeder anderen deutschen Stadt, nicht nur in Ludwigsburg, so gewesen. Das war einfach der Geist Ende der 50er, Anfang der 60er Jahre, als viele tatsächlich ein Ende machen wollten mit diesen Strafverfahren. Man wollte lieber nach vorne schauen als ständig in die Vergangenheit.

Aber wenn die eigenen Landsleute das aufarbeiten, ist das was anderes als Siegerjustiz…

Rommel: Ja, natürlich. Aber das war so in dieser Zeit. Bei den eigenen Landsleuten sprach man dann auch gerne von den Nestbeschmutzern. Wobei ja dann komischerweise die Aufklärer die Beschmutzer waren und nicht die Mörder. Das lässt sich auch an Kleinigkeiten festmachen, dass sich die Taxifahrer zum Beispiel geweigert hatten, unsere Adresse hier in der Schorndorfer Straße anzufahren. Weil hier die Kameraden verfolgt würden, wie es hieß. Man musste dann das benachbarte Krankenhaus als Adresse angeben, um ans Ziel zu kommen.

Die Zentrale Stelle besteht im Dezember seit 60 Jahren. Können Sie kurz deren Werdegang beschreiben?

Rommel: Das ist keine einheitliche Entwicklung. Die Zentrale Stelle war eine Nachwirkung des Ulmer Einsatzgruppenprozesses und hatte im Dezember 1958 in etwa in der Größenordnung angefangen, wie wir sie heute auch wieder haben. Der Grundgedanke war, pro Bundesland ein Ermittler – also anfangs zehn oder elf. Heute sind wir acht Ermittler.[6]

---

[5] Sepp Dietrich, 1892 (Hawangen/Unterallgäu) – 1966 (Ludwigsburg), SS-Oberst-Gruppenführer und Generaloberst der Waffen-SS, auch nach 1945 überzeugter Anhänger des Nationalsozialismus.

[6] In Ulm wurde 1958 gegen zehn Gestapo-, SD- und Ordnungspolizeiangehörige des Einsatzkommandos Tilsit verhandelt, das 1941 mehr als 5.500 jüdische Kinder, Frauen und Männer im litauisch-deutschen Grenzgebiet ermordet hatte.

Wie war die Entwicklung in der Zeit dazwischen?

Rommel: Ende der 60er Jahre war das ganz anders, nachdem sich der Bundestag dazu durchgerungen hatte, die Verjährungsfrist für Mord hinauszuschieben. Da war dann auch die Zentrale Stelle massiv verstärkt worden: auf 49 Ermittler bei insgesamt 120 Beschäftigten. Seit dieser Zeit geht der Personalbestand, in Wellenbewegungen, wieder zurück. Letztlich ist das natürlich auch dem Umstand geschuldet, dass nicht mehr so viele Beteiligte leben.

Wie macht das mit den Ermittlern persönlich, wenn sie mit diesen ungeheuerlich wirkenden Taten konfrontiert werden?

Rommel: Wir arbeiten heute ganz überwiegend, nahezu ausschließlich mit Papier, mit dem Ziel, anhand von Quellen eine Anwesenheit oder eine bestimmte Funktion in einem Lager zu belegen. Dazu müssen wir viele Mosaiksteinchen zusammentragen; heute arbeiten wir natürlich auch mit Sachverständigen, die das Gesamtgeschehen beschreiben können. Insofern haben wir da heute etwas mehr Distanz als frühere Generationen von Ermittlern. Für mich persönlich ist es dann auch so, dass diese Schwarz-Weiß-Fotos und das vergilbte Papier auch ein bisschen Abstand schaffen, das Geschehen etwas weiter weg in die Geschichte entrücken. Wenn ich aber etwa Listen zu Deportationszügen vor mir habe, wird mir immer wieder bewusst, dass hinter der Zahl von 1.200 Deportierten dieses einen Transports einzelne Menschen stehen.

Wie wird die Zentrale Stelle heute öffentlich, und besonders in den Medien wahrgenommen?

Rommel: Da hat sich doch vieles gewandelt. Bei den Medien werden wir heute von neutral bis sehr wohlwollend beobachtet und bewertet mit unserer Tätigkeit. Da ist deutlich ein Stimmungsumschwung merkbar - auch durch einen Generationswechsel. Einige ausländische Medien berichten zuweilen eher erstaunt, dass wir diese Aufgabe immer noch wahrnehmen. Im Land selber ist eine große Unterstützung für die weiter laufenden Bemühungen spürbar.

Wenn Sie diese Stelle der Zentrale Stelle ausfüllen, und aktuelle Entwicklung in Europa anschauen, mit Rechtspopulismus, mit rechtsextremistischen Strömungen: kann so etwas wieder passieren?

Rommel: Als Beamter der Justizverwaltung kann ich mich nur zu den Dingen äußern, mit denen ich beauftragt bin. Was Deutschland angeht, bin ich persönlich der Überzeugung, dass das Grundgesetz und auch die Nachkriegsgesellschaft die Lehren aus der Diktatur gezogen haben. Und ich hoffe, dass das auch in der öffentlichen Diskussion gelingt. Aus meiner Sicht haben auch die Strafprozesse zu den NS-Tätern, und die gesellschaftliche Auseinandersetzung dazu beigetragen, dass die Verbrechen unbestreitbar sind. Ich hoffe auch, dass sich diese Wahrnehmung weiterhin durchsetzt.

Wie geht es künftig weiter mit der Zentrale Stelle?

Rommel: Schon Mitte der 90er Jahre hatte sich in Ludwigsburg ein Förderverein gegründet, der dafür wirbt, zu dokumentieren, was hier erarbeitet worden ist – als einem Ort, wo geforscht wird und die Information als Bildung weitergegeben werden kann. Ziel sind drei Säulen, die es im Kern schon gibt: Das Bundesarchiv ist seit dem Jahr 2000 hier, im Gebäude selber, mit einer eigenen Außenstelle vertreten und kümmert sich um die früheren Ermittlungsakten – also ihren Schutz und die Erschließung, damit sie für Interessierte zugänglich werden. Es gibt im Gebäude auch eine Forschungsstelle der Uni Stuttgart. Und auch das Bildungsangebot ist am Entstehen: Einmal pro Woche bietet ein Archivpädagoge für Schulklassen verschiedene Module an. Privatleuten und Besuchergruppen steht eine kleine Ausstellung im Torhaus vor dem Gebäude der Zentrale Stelle offen.

Es ist die Rede von Umwandlung der Zentralen Stelle. Was bedeutet das?

Rommel: Es gibt einen Beschluss der Justizminister der Länder, wonach hier ein Gedenkort entstehen soll, mit Dokumentation, Forschung und Information. Offen gelassen sind der Zeitpunkt und das genaue Konzept. Getragen wird unsere Einrichtung von allen 16 Landesjustizministern. Baden-Württemberg hat dabei die Federführung und auch die Fachaufsicht; sowohl in der Sache als auch bei Personalfragen werden wir vom Justizministerium in Stuttgart gut betreut.

Seit 2010 erscheint die Buchreihe „Täter Helfer Trittbrettfahrer" über NS-Belastete in Baden-Württemberg. Kennen Sie diese Bücher? Wie beurteilen Sie deren Wert - als Teil einer regional orientierten Geschichtsschreibung - für die nachträgliche Aufklärung der Öffentlichkeit über Verfolgung und Beteiligte der NS-Verbrechen im Südwesten?

Rommel: Die Buchreihe ist mir tatsächlich schon vor meiner Zeit in Ludwigsburg bekannt gewesen. Als ich bei der Staatsanwaltschaft Ravensburg gearbeitet habe, wurde der Band zu Oberschwaben[7] vorgestellt – mit für mich damals überraschenden Erkenntnissen. Der Blick auf die einzelnen Beteiligten scheint mir für ein breites Publikum gewinnbringend: Ausgehend von Personen der jeweiligen Gegend können sich die Leser und Leserinnen über unterschiedliche Abstufungen der Mitwirkung unterrichten und sich selbst ein Urteil bilden, inwieweit von Tätern, Helfern, Trittbrettfahrern oder Nichtbelasteten auszugehen ist. Für die strafrechtliche Verantwortung bleiben die Kategorien der Täterschaft und Beihilfe aus dem Strafgesetzbuch maßgeblich, die aus rechtsstaatlichen Gründen eine klare Grenzziehung erfordern.

---

[7] Proske, Wolfgang (Hg.): Täter Helfer Trittbrettfahrer Bd. 4: NS-Belastete aus Oberschwaben, Gerstetten 2015.

Abkürzungsverzeichnis

ADAC Allgemeiner Deutscher Automobil-Club e.V., **ADN** Allgemeiner Deutscher Nachrichtendienst, **AE** SS-Forschungsgemeinschaft „Das Ahnenerbe", **AEL** Arbeitserziehungslager, **AfA-Bund** freigewerkschaftlicher Angestelltenbund, **AfS** Archiv für Sozialgeschichte, **Aktion T4** Deckname für Krankenmorde, **Aktion R** Aktion Reinhardt, **Anm.** Anmerkung, **AOFAA (auch AOFA):** Archives de l'occupation française en Allemagne et Autriche, **AOK** Armeeoberkommando, **AVB** Angestelltenbund, **BArch** Bundesarchiv, **BArch L** Bundesarchiv Ludwigsburg, **BASF** Badische Anilin- & Soda-Fabrik, **BayHStA** Bayerisches Hauptstaatsarchiv München, **BBG** Berufsbeamtengesetz, **BdO** Befehlshaber der Ordnungspolizei, **BdS** Befehlshaber der Sicherheitspolizei, **BGBl.** Bundesgesetzblatt, **BGH** Bundesgerichtshof, **BNSDJ** Bund deutscher nationalsozialistischer Juristen, **CCFA** Commandement en Chef Français en Allemagne, **CDJC** Archives du Centre de documenation juive contemporaine, **CdZ** Chef der Zivilverwaltung, **CIC** Counter Intelligence Corps, **CVJM** Christlicher Verein Junger Männer, **DAAD** Deutscher Akademischer Austauschdienst, **DAF** Deutsche Arbeitsfront, **DDR** Deutsche Demokratische Republik, **Degesch** Deutsche Gesellschaft für Schädlingsbekämpfung, **Degussa** Deutsche Gold- und Silberscheideanstalt, **DGO** Deutsche Gemeindeordnung, **DHV** Deutscher Handlungsgehilfenverband, **DIHT** Deutscher Industrie- und Handelstag, **DLA** Deutsches Literaturarchiv, **DLW** Deutsche Linoleum-Werke, **DNJ** Deutschnationaler Jugendbund, **DNVP** Deutschnationale Volkspartei, **DP** displaced person, **DRK** Deutsches Rotes Kreuz **Dulag** Durchgangslager, **DVFP** Deutschvölkische Freiheitspartei, **DVP** Deutsche Volkspartei, **DVSTB** Deutschvölkischer Schutz- und Trutzbund, **DWB** Deutsche Wirtschaftsbetriebe, **EG** Einsatzgruppe, **Ek** Einsatzkommando, **EK II** Eisernes Kreuz, II. Klasse, **FAZ** Frankfurter Allgemeine Zeitung, **FEA** Flieger-Ersatz-Abteilung, **FHQ** Führerhauptquartier, **GdF** Gemeinschaft der Freunde, **geb.** geborene/geborener, **Gestapa** Geheimes Staatspolizeiamt, **Gestapo** Geheime Staatspolizei, **GFP** Geheime Feldpolizei, **GG** Generalgouvernement oder Grundgesetz, **GmbH** Gesellschaft mit beschränkter Haftung, **GWU** Geschichte in Wissenschaft und Unterricht, **Hg.** Herausgeber, **HHStA(W)** Hessisches Hauptstaatsarchiv Wiesbaden, **HIAG** Hilfsgemeinschaft auf Gegenseitigkeit der Angehörigen der ehemaligen Waffen-SS, **HJ** Hitlerjugend, **HPB** das „Historisch-Politische Buch", **HSSPF** Höherer SS- und Polizeiführer, **HStAD** Hessisches Staatsarchiv Darmstadt, **HStAS** Hauptstaatsarchiv Stuttgart, **IB** Illustrierter Beobachter, **IdS** Inspekteur der Sicherheitspolizei, **IfZ** Institut für Zeitgeschichte, München, **IKL** Inspektion der Konzentrationslager, **IMT** Internationales Militärtribunal, **Kap.** Kapitel, **KdO** Kommandeur der Ordnungspolizei, **KdS** Kommandeur der Sicherheitspolizei, **km** Kilometer, **Kripo** Kriminalpolizei, **KZ** Konzentrationslager, **LA** Landesarchiv, **LKA** Landeskriminalamt, **MBF** Militärbefehlshaber, **MF (auch: ME)** Maschinenfabrik Esslingen, **MI 5** Military Intelligence, Sektion 5 (heute Security Service), **MNN** Münchner Neueste Nachrichten, **NDB** Neue

Deutsche Biografie, **NPD** Nationaldemokratische Partei Deutschlands, **NS** Nationalsozialismus, **NS-HAGO** Nationalsozialistische Handels- und Gewerbeorganisation, anfangs „Kampfbund des gewerblichen Mittelstandes", **NSBO** Nationalsozialistische Betriebszellenorganisation, **NSDAP** Nationalsozialistische Arbeiterpartei, **NSDStB** Nationalsozialistischer Deutscher Studentenbund, **NSFB** Nationalsozialistische Freiheitsbewegung, **NSFK** Nationalsozialistischer Fliegerkorps, **NSKK** Nationalsozialistisches Kraftfahrkorps, **NSLB** Nationalsozialistischer Lehrerbund, **NSRB** Nationalsozialistischer Rechtswahrerbund, **NSV** Nationalsozialistische Volkswohlfahrt, **OA** Oberamt oder Oberabschnitt, **OdR** Ordensgemeinschaft der Ritterkreuzträger, **OKW** Oberkommando der Wehrmacht, **OLG** Oberlandesgericht, **Orig.** Original, **OSAF** Oberste SA-Führung, **Osti GmbH** Ostindustrie GmbH, **OT oder O.T.** Organisation Todt, **OZAK** Operationszone Adriatisches Küstenland, **PAAA** Politisches Archiv des Auswärtigen Amtes, **Pg.** Parteigenosse (der NSDAP), **RAD** Reichsarbeitsdienst, **RDB** Reichsbund Deutscher Beamter, **RepG** Reparationsschädengesetz, **RFSSuChdDtP** Reichsführer SS und Chef der Deutschen Polizei, **RGBl.** Reichsgesetzblatt, **RJWG** Reichsgesetz für Jugendwohlfahrt, **RLB** Reichsluftschutzbund, **RM** Reichsmark, **RMVP** Reichsministerium für Volksaufklärung und Propaganda, **RSHA** Reichssicherheitshauptamt, **RuSH** Rasse- und Siedlungshauptamt, **SA** „Sturmabteilung", **SchP** Schutzpolizei, **SD** „Sicherheitsdienst" der SS, **Sipo** „Sicherheitspolizei", **SK** Sonderkommando, **Sonderabteilung R** Aktion Reinhardt in der OZAK, **SPD** Sozialdemokratische Partei Deutschlands, **SS** „Schutzstaffel", **SS-KBA** SS-Kriegsberichterabteilung, **SS-KBK** SS-Kriegsberichterkompanie, **SSPF** SS- und Polizeiführer, **SS-PK** SS-Propagandakompanie, **SS-VT** SS-Verfügungstruppe, **StA** Staatsarchiv oder Staatsanwaltschaft, **StAB** Stadtarchiv Böblingen, **StABB** Stadtarchiv Bietigheim-Bissingen oder Stadtarchiv Böblingen, **StAL** Staatsarchiv Ludwigsburg, **StA LB** Stadtarchiv Ludwigsburg, **StAM** Staatsarchiv München, **StA Sig** Staatsarchiv Sigmaringen, **StAWü** Staatsarchiv Würzburg, **StadtA,StArch** Stadtarchiv, **StadtAS** Stadtarchiv Stuttgart, **Stalag** Stammlager, **StPO** Strafprozessordnung, **SW** Südwest, **SZ** Süddeutsche Zeitung, **T4** vgl. Aktion T4, **TEA** Technischer Ausschuss der BASF, **teilw.** teilweise, **TH** Technische Hochschule, **TWS** Technische Werke der Stadt Stuttgart, **u.a.** unter anderem, **UAH** Universitätsarchiv Heidelberg, **UAM** Universitätsarchiv Münster, **UAMa** Universitätsarchiv Marburg, **UAT** Universitätsarchiv Tübingen, **UdSSR** Union der Sozialistischen Sowjetrepubliken, **uk** unabkömmlich, **UniA** Universitätsarchiv, **unterstr.** unterstrichen, **UNWCC** United Nations War Crimes Commission, **VDS** Verband Deutscher Soldaten, **VfZ** Vierteljahrshefte für Zeitgeschichte, **VVN** Vereinigung der Verfolgten des Naziregimes, **WABW** Wirtschaftsarchiv Baden-Württemberg, **WBG** Wissenschaftliche Buchgesellschaft, **WHVA** SS-Wirtschafts- und Hauptverwaltungsamt, **WHW** Winterhilfswerk, **WMF** Württembergische Metallwarenfabrik, **z.a.a.** zuletzt aufgerufen am, **ZAK** Zollernalbkreis, **ZStL** Zentrale Stelle der Landesjustizverwaltungen zur Aufklärung nationalsozialistischer Verbrechen Ludwigsburg, **z.Wv.** zur Wiederverwendung

Abbildungsverzeichnis

Alber: BArch VBS 286, 6400000264, Dok.-Nr. 004586
Bilfinger: HStAS EA 2/150 Bü 104
Buck: KZ-Gedenkstätte Vulkan, Haslach im Kinzigtal
Epting: StadtA Heilbronn CC BY SA 3.0
Eyrich: HStAS EA 2/150, Bü 315
Frank: Schindler-Foto-Report (Ausschnitt)
Franz: BArch R 9361/III/46.583
Hausser: BArch R/9361/III/529527
Held: BArch RS C 207, Bild 1843 ff
Hering: BArch R/9361/VIII/10380912
Holzwarth: StAL PL 502/19 Bü 127 (Portrait); StadtA Bietigheim-Bissingen, ohne Signatur (Rede in den Deutschen Linoleumwerken)
Hund: StadtA Esslingen, Fslg. 2115
Kraut: Gemälde von Fritz Steisslinger (1891-1957), Ausschnitt, Städtische Galerie Böblingen
Mauz: Bildarchiv Foto Marburg Fmb24281_21
Michel: BArch 3101/35409 (aus dem Jahr 1938)
Niemann: BArch R 2501 Nr. 24507 Bd. 1
Olpp: StadtA Würzburg, Staatsanwaltschaft Würzburg Bü 447 I (Portrait); StAL EL 317 VI Bü 1202 (gefälschter Personalausweis)
Ostertag: StAL EL 903/1, Bü 513
Rapp: LA NRW W: Q 234, Nr. 3210 (sämtliche Fotos)
Riegraf: StAL EL 317 III Bü 157-0165-1
Röhm: StadtA Böblingen, E 2/7
Saleck: StadtA Stuttgart/Foto Illenberger_212/1 Nr. 264
Sternagel: BArch R 19/689
Voelter: BArch R 9361-VIII Kartei 24090859
Wirsing: Econ Verlag (ca. 1970, Portrait); Fosch/Süddeutsche Zeitung Photo (02/1950, Bild-ID: 00067281, Wirsing und Rahn, Berufskammer München)
Wurster: StadtA Ludwigshafen

Autorinnen und Autoren

Prof. Dr. Jan Alber
*1973, Dr. phil., Studium der Fächer Englisch, Politikwissenschaft, Philosophie und Pädagogik an der Albert-Ludwigs-Universität Freiburg und der University of Reading (UK), Promotion im Fach Englisch (2005), Humboldt-Stipendiat (2011), Habilitation und Venia für das Fach Englische Philologie (2013), Marie-Curie Stipendiat am Aarhus Institute of Advanced Studies in Dänemark (2014-2016), Ruf an die RWTH Aachen (2016).
Co-Bearbeiter von Kurt **Alber**

Jörg Alber
*1978, M.Sc., nach Schulabschluss in Bietigheim-Bissingen (Landkreis Ludwigsburg) freiwilliges soziales Jahr und Beteiligung an verschiedenen politischen und sozialen Projekten in Deutschland und Spanien, ab 2009 Studium an der Hochschule für Technik und Wirtschaft Berlin im Bereich Erneuerbare Energien, seit 2016 Promotion am Institut für experimentelle Strömungsmechanik der TU Berlin im Bereich Windkraft mit Schwerpunkt aerodynamische Rotorblattentwicklung.
Co-Bearbeiter von Kurt **Alber**

Peter Conzelmann, M.A.
*1957 in Stuttgart, Studium der Fächer Geschichte und Germanistik an der Universität Konstanz, seit 2006 Leiter des Amtes für Kultur der Stadt Böblingen.
Bearbeiter von Georg **Kraut**

Jochen Faber
*1960, Journalist, Filmemacher, Inhaber eines Büros für Kommunikation und Medien. Aktiv im Ludwigsburger „Arbeitskreis Dialog Synagogenplatz". Autor des Films „Das Geheimnis der Orangenkisten – Ludwigsburg und die Zentrale Stelle zur Aufklärung von NS-Verbrechen".
Bearbeiter von Ferdinand **Ostertag**

Dr. Christoph Florian
*1965, Dr. phil., Studium der Mittelalterlichen und Neueren Geschichte sowie Politikwissenschaft an der Universität Tübingen, Tätigkeit am Landesarchiv Baden-Württemberg, Abteilung Kreisbeschreibung 2001-2009, Leitung des Stadtarchivs Böblingen seit 2009, Veröffentlichungen zu lokal- und landesgeschichtlichen Themen.
Bearbeiter von Dr. Otto **Röhm**

Dr. Astrid Gehrig
*1964, Ausbildung zur Hotelfachfrau, Studium der Neueren Geschichte, Neueren deutschen Literatur und Kunstgeschichte an der Universität Tübingen, Promotion 1996 bei Prof. Dr. Dieter Langewiesche, Universität Tübingen. Veröffentlichungen zur NS-und Nachkriegsgeschichte, zuletzt „Im Dienste der nationalsozialistischen Volkstumspolitik in Lothringen. Auf den Spuren meines Großvaters", Münster 2014 und „Kriegsgefangenenlager Tuttlingen 1945-1952, in: Lager Mühlau 1942 bis 1955, hg. von der Stadt Tuttlingen 2014, S. 57-146; „Schreiben, wie mir's um Herz ist". Lebenswirklichkeit und Verfolgungsschicksal von Anna Hess im Spiegel ihrer Briefe 1937-1943, Münster 2017.
Bearbeiterin von Dr. Rudolf **Bilfinger**, Eugen **Hund**, Ewald **Sternagel**

Christian Hofmann
*1996, Fachangestellter für Medien- und Informationsdienste Fachrichtung Archiv. Ausbildung am Stadtarchiv Bietigheim-Bissingen 2012-2015. Besuch eines sozialwissenschaftlichen Gymnasiums in Stuttgart mit dem Abschluss der Fachhochschulreife 2015-2017. Federführende Recherche für die Initiative Stolpersteine in Bietigheim-Bissingen. Forschungen und Veröffentlichungen zur NS-Geschichte der ehem. Landesfürsorgeanstalt Markgröningen. Mitglied im Arbeitskreis Mahnmal der Behinderteneinrichtung Markgröningen. Ehrenamtliche Erschließung von Erbgesundheitsakten am Staatsarchiv Ludwigsburg. Forschungsprojekte über die Opfer der NS-„Euthanasie" aus Korntal-Münchingen und dem Landkreis Calw.
Bearbeiter von Gotthilf **Holzwarth**

Rainer Jedlitschka, M.A.
*1972, Studium der Geschichte und Germanistik (Lehramt an Gymnasien und M.A.) an der LMU München, Stipendiat der Studienstiftung des deutschen Volkes, 2000 Visiting Scholar am Department of History der UC Berkeley, 2003-2005 Referendariat für den Höheren Archivdienst an der Bayerischen Archivschule in München, seit 2005 am Staatsarchiv Augsburg beschäftigt, 2012 Archivoberrat; Lehrbeauftragter an der Bayerischen Archivschule und an der Universität Augsburg (Europäische Regionalgeschichte sowie Bayerische und Schwäbische Landesgeschichte). Veröffentlichungen zu archivischen Themen (Quellen zur Wiedergutmachung nationalsozialistischen Unrechts im Staatsarchiv Augsburg, in: Peter Fassl (Hg.): Geschichte und Kultur der Juden in Schwaben. Raub und Rückgabe jüdischen Eigentums. 27. Tagung zur Geschichte und Kultur der Juden in Schwaben in Zusammenarbeit mit der Schwabenakademie Irsee am 20./21.11.2015 in Irsee (erscheint 2019)) und zur Bayerischen Landesgeschichte (Rudolf Dörr. Der Gentleman unter den Regierungspräsidenten, in: Marita Krauss/Rainer Jedlitschka (Hg.): Verwaltungselite und Region. Die Regierungspräsidenten von Schwaben 1817-2017, München 2017, S. 245-256).
Bearbeiter von Giselher **Wirsing**

Stefan Jehle
*1962, freier Journalist in Karlsruhe. Nach Studium der Politik- und Verwaltungswissenschaft an der Universität Konstanz sowie einer Tätigkeit im Umweltbereich Aufbaustudium der Regionalwissenschaft an der damaligen Universität Karlsruhe (dem heutigen KIT). Seit 20 Jahren ist er hauptberuflich als Journalist tätig, seit 2010 zudem mit zahlreichen Beiträgen zur Landesgeschichte im Südwesten auf dem Portal Landeskunde Online www.landeskunde-baden-wuerttemberg.de der Landeszentrale für politische Bildung Ba-Wue vertreten.
Befragender Journalist beim Interview mit Jens **Rommel**

Dr. Sarah Kleinmann
*1981, Dr. rer. soc., Studium der Empirischen Kulturwissenschaft, Politikwissenschaft und Neuen Geschichte an der Eberhard Karls Universität Tübingen, Magisterarbeit zur Erinnerung an NS-Zwangsarbeit auf der Schwäbischen Alb (veröffentlicht 2010 im Verlag der Tübinger Vereinigung für Volkskunde), 2012-2015 Promotionsstipendiatin der Hans-Böckler-Stiftung, Dissertation „Nationalsozialistische Täterinnen und Täter in Ausstellungen. Eine Analyse in Deutschland und Österreich" (veröffentlicht 2017 im Verlag der Tübinger Vereinigung für Volkskunde). Seit September 2015 wissenschaftliche Mitarbeiterin am Institut für Sächsische Geschichte und Volkskunde in Dresden mit den Forschungsschwerpunkten Grenzforschung, Erinnerungskultur und Geschichtspolitik zum Nationalsozialismus sowie Kriminalitäs-/Devianz-forschung.
Co-Bearbeiterin von Kurt **Alber**

Dr. Stefan Klemp
*1964, Studium und Promotion in Münster, Redakteur in Dortmund, Tätigkeiten für das Simon Wiesenthal Center Los Angeles, die Villa ten Hompel in Münster und die Gedenkstätte Steinwache in Dortmund. Seit 2016 beim Stadtarchiv Dortmund im Rahmen der Neugestaltung des Lernorts Polizeigefängnis Steinwache beschäftigt. Autor diverser Publikationen, unter anderem: KZ-Arzt Aribert Heim, Vernichtung, Nicht ermittelt sowie zwei Studien über die Einsätze von Polizeibataillonen beim Massaker von Lidice und bei der Aktion Erntefest.
Bearbeiter von Albert **Rapp**

Prof. Dr. Clemens Klünemann
*1962, Honorarprofessor am Institut für Kulturmanagement an der Pädagogischen Hochschule Ludwigsburg. Studierte Romanistik, Germanistik, Gräzistik und Theologie an den Universitäten Münster, Louvain-la-Neuve und Toulouse. Von 1993 bis 1998 DAAD-Lektor an der Université de Saint-Étienne, ab 1998 an einem Öhringer Gymnasium. 2004 bis 2007 Vertretung der Professur für Französisch an der PH Ludwigsburg. Langjähriger Mitarbeiter in den Feuilletons verschiedener überregionaler Zeitungen, unter anderem „Frankfurter Allgemeine Zeitung" und „Die Zeit".
Bearbeiter von Friedrich **Sieburg**

Dr. Karl-Horst Marquart, M.P.H.
*1941, Dr. med., Medizinstudium in Heidelberg und Kiel. Ab 1970 wissenschaftlicher Mitarbeiter in der medizinischen Grundlagenforschung in München (GSF – Forschungszentrum für Umwelt und Gesundheit). 1987-2011 ärztliche Tätigkeit am Gesundheitsamt der Landeshauptstadt Stuttgart. Mitarbeit bei den Stuttgarter Stolperstein-Initiativen, Mitglied der Arbeitsgruppe „Umgang der Ärztekammer mit der NS-Vergangenheit" der Bezirksärztekammer Nordwürttemberg und Mitglied im bundesweiten Arbeitskreis zur Erforschung der nationalsozialistischen „Euthanasie" und Zwangssterilisation. Publikationen über NS-„Kindereuthanasie" und Zwangssterilisation in Stuttgart.
Bearbeiter von Dr. Max **Eyrich**

Prof. Dr. Roland Müller
*1955, nach Promotion („Stuttgart zur Zeit des Nationalsozialismus", 1988) und Archivreferendariat von 1989-1996 beim Landesarchiv Baden-Württemberg (Hauptstaatsarchiv Stuttgart, Staatsarchiv Ludwigsburg); seit 1996 Direktor des Stadtarchivs Stuttgart; Honorarprofessor am Historischen Institut der Universität Stuttgart und Mitglied der Kommission für geschichtliche Landeskunde.
Bearbeiter von Prof. Dr. Walter **Saleck**

Jan Ohnemus
*1989, 2010 bis 2015 Studium der Neueren und Neusten Geschichte und Volkswirtschaftslehre in Freiburg, 2015 Studium „Global History" in Heidelberg, Masterabschluss 2018. Seit 2018 wissenschaftlicher Mitarbeiter der Industriegewerkschaft Bergbau, Chemie, Energie.
Bearbeiter von Dr. Carl **Wurster**

Joachim (Joo) Peter,
*1966, Studium an der Kunstakademie Stuttgart und Hochschule für Film und Fernsehen Potsdam Babelsberg, freier Autor, Fotograf, Künstler, Kunsterzieher.
Bearbeiter von Dr. Karl **Epting**

Dr. Peter Poguntke
*1957 in München. Studium der Neueren und Mittelalterlichen Geschichte sowie Politologie. Zehn Jahre Journalist bei der „Süddeutschen Zeitung", zwei Jahre beim Bayerischen Rundfunk, anschließend 14 Jahre in der Unternehmenskommunikation der heutigen Daimler AG. Seit 2006 freier Journalist und Wissenschaftler mit Lehrauftrag an der Uni Stuttgart. Promotion 2008 mit der Arbeit „Gleichgeschaltet. Rotkreuzgemeinschaften im Nationalsozialismus". Veröffentlichungen u.a. „Braune Feldzeichen", eine Untersuchung über Straßenumbenennungen 1933 und Rückbenennungen 1945 sowie der historische Stadtführer „Stuttgart 1933 bis 1945".
Bearbeiter von Dr. Elmar **Michel**

Dr. Wolfgang Proske, Dipl.-Soz.
*1954 in Kelheim/Donau, Dr. phil., 1977-2017 Lehrer an Tagesschulen, 2009-2019 Geschichtslehrer am Abendgymnasium Ostwürttemberg. Studium in Regensburg, Aachen und Bremen; Diplom und Promotion bei Prof. Dr. Imanuel Geiss. War Entwicklungshelfer beim Deutschen Entwicklungsdienst in Mochudi/Botswana, war Leiter der Deutschen Schule Tripolis/Libyen. Seit 2010 Herausgeber der Reihe „Täter Helfer Trittbrettfahrer", seit 2014 Geschäftsführer des Kugelberg Verlags. 2019 Rahel-Straus-Preis.
Bearbeiter von Gottlieb **Hering**

Prof. Dr. Cornelia Rauh
*1957 (früher: Cornelia Rauh-Kühne), lehrt seit 2005 als Professorin für Deutsche und Europäische Zeitgeschichte an der Gottfried Wilhelm Leibnitz Universität Hannover. 1988 bis 2001 war sie Wissenschaftliche Mitarbeiterin an der Eberhard-Karls-Universität Tübingen.
Bearbeiterin von Ernst **Niemann**, Els **Voelter**

Werner Renz, M.A.
*1950, Studium der Germanistik, Linguistik und Philosophie an der Goethe-Universität Frankfurt am Main. Von 1995 bis 2016 wissenschaftlicher Mitarbeiter am Fritz Bauer Institut, Leiter von Archiv und Bibliothek des Fritz Bauer Instituts. Neuere Veröffentlichungen: Raphael Gross, Werner Renz (Hg.): *Der Frankfurter Auschwitz-Prozess (1963–1965). Kommentierte Quellenedition.* Mit Abhandlungen von Sybille Steinbacher und Devin O. Pendas, mit historischen Anmerkungen von Werner Renz und juristischen Erläuterungen von Johannes Schmidt. 2 Bde. Frankfurt am Main, New York: Campus Verlag, 2013. Werner Renz (Hg.): *„Von Gott und der Welt verlassen". Fritz Bauers Briefe an Thomas Harlan.* Mit Einführungen und Anmerkungen von Werner Renz und Jean-Pierre Stephan. Frankfurt am Main, New York: Campus Verlag, 2015; Werner Renz: *Fritz Bauer und das Versagen der Justiz. Nazi-Prozesse und ihre „Tragödie".* Hamburg: Europäische Verlagsanstalt, 2015; Werner Renz: *Auschwitz vor Gericht. Fritz Bauers Vermächtnis und seine Missachtung.* Hamburg: Europäische Verlagsanstalt, 2018.
Bearbeiter von Dr. Willy **Frank**

Dr. Markus Roth
*1972, Dr. phil., Studium der Germanistik, Westslavischen Philologie (Polnisch) sowie Neueren und Neuesten Geschichte in Münster. Promotion an der Universität Jena. 2008-2012 wissenschaftlicher Mitarbeiter am Herder-Institut Marburg, seit 2008 Mitarbeiter an der Arbeitsstelle Holocaustliteratur an der Universität Gießen, seit 2010 zugleich stellvertretender Leiter der Arbeitsstelle Holocaustliteratur. Ressortleiter Geschichte beim „Wissenschaftlichen Literaturanzeiger" (www.wla-on-line.de). Publikationen zur deutschen Besatzungspolitik in Polen und zur Verfolgung und Ermordung der Juden, zuletzt (Mitherausgeber): Friedrich Kellner, „Vernebelt, verdunkelt sind alle Hirne", Tagebücher

1939-1945, Göttingen 2011; (mit Andrea Löw) Das Warschauer Getto. Alltag und Widerstand im Angesicht der Vernichtung, München 2013; (Mitherausgeber) Konrad Heiden: Eine Nacht im November 1938. Ein zeitgenössischer Bericht, Göttingen 2013.
Bearbeiter von Dr. Friedrich **Egen**

Dr. Wolf-Ingo Seidelmann
*1950 in Radebeul, Dr. oec., 1974-1981 Studium der Altorientalistik und der Volkswirtschaftslehre in Tübingen, 1981 Diplom-Examen als Volkswirt, 1982-1986 Assistent am Lehrstuhl für Wirtschafts-, Sozial- und Agrargeschichte an der Universität Stuttgart-Hohenheim, 1985 dort Promotion, ab 1986 in der Wirtschaft tätig, zuletzt Hauptgeschäftsführer einer deutschen Industrie- und Handelskammer. Veröffentlichungen zur baden-württembergischen Wirtschafts- und Verkehrsgeschichte.
Bearbeiter von Prof. Dr. Günther **Franz**

Dr. Steffen Seischab
*1969, Historiker und Gymnasiallehrer, Veröffentlichungen zur Regionalgeschichte des Altkreises Nürtingen-Kirchheim/Teck 1918-49, zuletzt „Land um Teck und Neuffen zwischen Nazis und Kommunisten" (2017).
Bearbeiter von Hans **Olpp**

Dr. Gudrun Silberzahn-Jandt
*1960 in Heilbronn, Dr. rer. soc., Kulturwissenschaftlerin, Studium in Freiburg und Tübingen, Krankenschwester, Referentin beim Caritasverband der Diözese Rottenburg-Stuttgart, Forschungen zu Regionalgeschichte, gender studies, NS-Geschichte.
Bearbeiterin von Prof. Dr. Friedrich **Mauz**

Hermann Wenz
*1947 im Kreis Freudenstadt, Sozialarbeiter i. R., lebt in Herdecke/Ruhr, befasst sich als Ruheständler insb. mit dem Nachweis der Gestapo-Arbeitserziehungslager Kniebis-Ruhestein und Oberndorf-Aistaig im ehem. Württemberg.
Bearbeiter von Karl **Buck**

Manuel Werner
*1958 in Tübingen, Realschullehrer i. R., ehrenamtlich derzeit tätig in: Gedenkinitiative Nürtingen, AK Sinti/Roma und Kirchen Baden-Württemberg, AHOI Nürtingen (gegen Armut, Hoffnungslosigkeit, Ohnmacht und Ignoranz), Solifonds Perspektiven für Menschen aus „sicheren Herkunftsstaaten" in Osteuropa, Kultur für Alle Nürtingen; Publikationen u.a.: Cannstatt – Neuffen – New York. Das Schicksal einer jüdischen Familie in Württemberg. Mit den Lebenserinnerungen von Walter Marx, Nürtingen/Frickenhausen 2005; Juden in Nürtingen in der Zeit des Nationalsozialismus, Nürtingen/Frickenhausen 1998; Die Juden in Hechingen als religiöse Gemeinde, in: Zeitschrift für Hohenzollerische

Geschichte 107, Band 20 (1984), S. 103-213, und 108, Band 21 (1985). Auszeichnungen: Ei der Heckschnärre 2016, Diakonie-Journalisten Sonderpreis Flucht und Migration 2015.
Bearbeiter von Oskar **Riegraf**

Dr. Karsten Wilke
*1971 in Bad Oeynhausen, Historiker, Studium der Geschichte und der Literaturwissenschaft an den Universitäten Bielefeld und Groningen (Niederlande). Promotion an der Universität Bielefeld 2011 über die „Hilfsgemeinschaft auf Gegenseitigkeit der Angehörigen der ehemaligen Waffen-SS" (HIAG). Wissenschaftlicher Mitarbeiter am Institut für Geschichte, Ethik und Philosophie der Medizin an der Medizinischen Hochschule Hannover, Tätigkeit als selbstständiger Historiker. Veröffentlichungen zur Geschichte des Nationalsozialismus, zur Geschichte der Bundesrepublik Deutschland sowie zur Diakonie- und Krankenhausgeschichte.
Bearbeiter von Paul **Hausser**

Personenregister

Abel, Ulrich 379
Abel, Willi 376ff
Abetz, Dr. Otto 113ff,413f,417
Abmayr, Hermann G. 8
Achenbach, Ernst 122f
Adams, Myrah 88
Adenauer, Dr. Konrad 111,118,189,316
Adler, Reinhold 17
Alber, Berta, geb. Schlatter 28
Alber, Gertrud Anna, geb. Löw 30,40,44,149
Alber, Prof. Dr. Jan 19,27-49
Alber, Jörg 19,27-49
Alber, Josef 28
Alber, Kurt 19,27-49
Alber, Robert 40,45
Alfieri, Dino 41
Allers, Dietrich 206
Andreas, Prof. Dr. Willy 159,162
d'Alquen, Gunter 32f,36f
d'Alquen, Rolf 33f,36f
Altmann, Hermann 112
Altwegg, Jürg 117
Aly, Dr. Götz 152,431
Ambros, Otto 510,516,520
Angrick, Dr. Andrej 450
Anrich, Dr. Ernst 171ff
Arbogast, Dr. Christine 257
Arnold, Dr. Richard 347
Astel, Prof. Dr. Karl 163
Aubin, Prof. Dr. Hermann 159
Aurnhammer, Franz 238,251
Bach-Zelewski, Erich v. d. 36,38f
Backe, Herbert 39
Backhaus, Sanitätsdienstgrad 202
Baehren, Paul 452,456
Bäurle, Hans 246
Bajohr, Prof. Dr. Frank 312
Banach, Dr. Jens 71,78
Barmat, Julius 157
Barth, Gottlob 236
Barth, Johannes 454
Barth, Willi 239
Bastian, Mirko 16f
Bauer, Prof. Dr. Clemens 179
Bauer, Dr. Fritz 521
Bauer, Ludwig 351

Baumbach, Werner 37
Bayern, Prinz Rupprecht v. 154
Becker, Erwin 326
Becker, Heinrich 225
Behringer, Prof. Dr. 151,168
Benath, Walter 305
Benn, Gottfried 413,416
Berger, Gottlob 37ff,66
Bernlöhr, Fritz 469,471ff
Best, Dr. Werner 38,58ff,118,122f
Bickenbach, Prof. Dr. Otto 172
Bickler, Hermann 18
Bierkamp, Walter 77,79
Bilfinger, Dr. Rudolf 20,50-81
Bismarck, Fürst Otto v. 154f,181
Blanke, Dr. Kurt 295
Blanz, Heinrich 236
Blaser, Anton 12
Blessing, Karl 316
Blume, Dr. Walter 358,367,369,373
Bochmann, Josef 40
Böhm, Udo 92,99
Böke, Wilhelm 176
Böttcher, Helmut 92
Bofinger, Dr. Kurt 134
Boger, Wilhelm 141
Bohn, Alfred 249
Bolich, Karl 228
Bolz, Eugen 324
Borck 354
Borck, Waldemar 360
Bormann, Martin 38,
Bosch, Gemeinderat 380f
Bosch, Kreisleiter 384
Bosch, Hieronymus 493
Bosch, Carl 508,513
Bose, Subhas Chandra 38
Boveri, Margret 491
Brack, Victor 196
Braque, Georges 117
Brauchitsch, Walther v. 292
Braun, Oscar 251
Braun, Wernher v. 495
Breker, Arno 117,122
Briand, Aristide 416
Brinkmann, Prof. Dr. Carl 487
Broezel, Heinrich 332
Broszat, Prof. Dr. Martin 456
Browning, Prof. Dr. Christopher 9,197,

424,434
Brüning, Heinrich   157
Brumme, Wolfgang   265
Brunner, Bernhard   286
Bürckel, Josef   14
Buck, Karl   20,82-103
Bütefisch, Heinrich   507,516
Buhl, Eugen   350
Bundschu, Georg   479
Bunge, Otto   437
Burgund, Gunther v.   499
Canaris, Wilhelm   368
Cartellieri, Prof. Dr. Alexander   162
Castell, Prof. Dr. Rolf   128
Céline, Louis-Ferdinand   120
Cerff, Karl   39
Charpentier, Hans-Georg v.   36
Christukat, Dr. Alfred   282
Conti, Dr. Leonardo   405f
Conze, Prof. Dr. Werner   117,152
Conzelmann, Peter   22,258-273
Cordier, Wilhelm   237
Curilla, Wolfgang   447
Däuble, August   234
Dahl, Matthias   131
Daiber, Hans   420f
Daluege, Kurt   37,424
Damzog, Ernst   357
Dangel, Rudolf   240
Danton, Georges   419
Darré, Walther   161,164
Dax, Friedrich   252
De Crinis, Prof. Dr. Max   278
Degas, Edgar   115
Degrelle, Otto Léon   39
Deinet, Klaus   422
Dembinski, Franz   246
Demjanjuk, John   371,521f
Dengel, Oskar Rudolf   112
Dieckhoff, Dr. Hans Heinrich   496
Diederichs, Eugen   487,489,498
Diederichs, Peter   496,498,500
Diener, Friedrich   379f
Dietrich, Emil   442
Dietrich, Otto   496
Dietrich, Sepp (Josef)   36,38f,523
Dingler, Andreas   259
Dirlewanger, Oskar   326
Döhrn, Gisela   501
Dönitz, Karl   368,494

Dollmann, Friedrich   15
Dürrfeld, Walther   516
Düx, Heinz   143f
Duisberg, Carl   508
Eberle, Hermann   86
Eberstein, Friedrich Karl v.   38
Ebner, Generaldirektor   216
Eckardt, Karl August   159,161ff
Eckardt, Minna   156
Eckardt, Wilhelm   156
Eckart, Hans   162
Eckstein, Familie   19
Egen, Dr. Friedrich   20,104-112
Ehrhardt, Hermann   426,430
Ehrlinger, Erich   11,39,355
Eichmann, Adolf   46,65,117,122
Eisenbruch, Amon   252
Emmerich, Wilhelm   12ff
Engel, Prof. Dr. Wilhelm   162
Epp, Franz Ritter v.   145
Eppler, Emilie   379
Epting, Dr. Karl   20,113-124,417
Eschenweck, Otto   305
Eschmann, Ernst Wilhelm   490,500
Essich, Kassenwart   328
Etter, W.   328
Ettwein, Friedrich   401,403
Ewald, Prof. Dr. Gottfried   280
Eyrich, Hedwig   128
Eyrich, Dr. Max   21,125-138
Faber, Jochen   23,342-353
Fait, Barbara   231,254,256
Farny, Oskar   11,17
Fazer, Brita   466
Fellmeth, Dr. Ulrich   181
Fezer, Prof. Dr. Karl   383
Fiehler, Karl   406
Filbert, Dr. Alfred   370
Finckh, Dr. Ludwig   11,16f
Fink, Karl Wilhelm   268
Fischer, Prof. Dr. Eugen   120f,123
Fischer, Theodor   485
Flechtmann, Frank   15
Fleischer, Papierfabrik   311
Florian, Dr. Christoph   24,386-397
Foedrowitz, Michael   78
Frank, Dr. Hans   20,36,64,104f,107,455
Frank, Karl   347,349,352
Frank, Luci, geb. Sturm   144
Frank, Prof. Dr. Walter   161f

Frank, Wilhelm 144
Frank, Dr. Willy 21,139-150
Franke, Christoph 312,314
Franz, Anna Luise, geb. Günther 152
Franz, Annelise, geb. Eckardt 156,162, 164,173
Franz, Gottlob, 152
Franz, Prof. Dr. Günther 21,151-181
Franz, Otto 153
Frei, Prof. Dr. Norbert 26,233,493,500,504f
Frick, Wilhelm 38,163
Frischauer, Gertrud 352
Frischauer, Hans 352
Frischauer, Meta 352
Frischauer, Robert 352
Frischauer, Wolfgang 352
Frowein, Abraham 473
Fuchs, Prof. Dr. Walther Peter 157
Ganzenmüller, Albert 38
Gastpar, Prof. Dr. Alfred 399,401ff
Gaupp, Prof. Dr. Robert 125,132,136, 276,283,408
Gaus, Wilhelm 510
Gebhardt, Karl 40
Gehrig, Dr. Astrid 20,22,25,50-81,223-257,423-460
Gehlen, Reinhard 494
Genzken, Karl 40
George, Stefan 415
Gerstein, Kurt 103
Gerstenäcker, Friseur 377,381
Gerstenmaier, Dr. Eugen 500
Geyer, Florian 156
Gille, Herbert Otto 188
Gingerich, Mark 185
Gley, Heinrich 202
Globke, Dr. Hans 118
Globocnik, Odilo 196,200,203f
Glockmann, Hermann 361,367
Glück, Eugen 307,469
Goebbels, Dr. Joseph 40,121,173,492
Göring, Hermann 36,115,122,271,510
Goetz, Prof. Dr. Walter 161,175f,181
Gözinger, Friedrich 218f
Goldhagen, Prof. Dr. Daniel 9
Gottberg, Curt v. 34
Grabert, Dr. Herbert 178
Grasset, Bernard 418
Graszk, Josef 245,247
Grausam, Udo 18

Grawitz, Ernst Robert 406
Greifelt, Ulrich 39
Greiser, Arthur 357
Griesinger, Wilhelm 229,253
Grimm, Friedrich 122
Gröber, Dr. Conrad 11
Gröning, Oskar 521f
Groh, Prof. Dr. Wilhelm 159
Grohé, Josef 39
Großklaus, Dr. Ilse 175
Gründgens, Gustav 414
Günther, Felix 153,157
Günther, Prof. Dr. Franz F.K. 163,178f
Gütt, Dr. Arthur 404
Gundlach, SA-Führer 328
Gurlitt, Hildebrand 116
Haase, Günther 116
Haasis, Hellmut G. 8
Hadeln, Frhr. Hajo v. 41
Hähnle, Gertrud, geb. Kirn 15f
Hähnle, Hans, 15
Hähnle, Lina 15
Hähnle, Paul 15
Haffner, Alex 294
Hagen, Herbert 51
Hahland, Walter 165
Hahn, Dr. Ludwig 449
Haist, Heinrich 347
Halder, Franz 186
Hamann, Erwin 243f
Hampe, Prof. Dr. Karl 159
Harnischmacher, Adolf 373
Harpprecht, Klaus 385,500
Hartjenstein, Friedrich 101
Haas, Karl 266f
Hanning, Reinhold 522
Hasenclever, Walter 416
Haug, Dr. Alfons 45
Haushofer, Albrecht 173
Hausser, Paul 21,38,182-192
Hayessen, Egbert 283
Hebert, Paul Macarus 519
Heine, Heinrich 114
Heinrichsohn, Ernst 51
Heintzeler, Dr. Wolfgang 507
Hengstberger, Dr. Georg 267,394ff
Henke, Klaus-Dieter 251
Henzler, Elise 248
Henzler, Wilhelm 245
Herbert, Prof. Dr. Ulrich 58,242

Herff, Maximilian v. 38
Hering, Gottlieb 21,193-207
Hering, Helene, geb. Schwarz 194
Hering, Helene, geb. Riegraf 207
Heske, Ferdinand 437
Heß, Rudolf 214,221f
Hesse, Hermann 16
Hesse, Maria 368
Heuss, Feuerwehrführer 351
Heuss, Theodor 420
Heydrich, Reinhard 21f,29,31,33,36,41,59, 61f,65,67f,71,77f,80,118,122,161,169,332, 357,436,445f
Hill, Otto 475
Himmler, Gudrun 39
Himmler, Heinrich 36ff,57ff,80,99,118f, 131,139f,162,167,185,193,196,201ff,384, 424,441,446,458,490,493
Himmler, Margarethe 39
Hindenburg, Paul v. 157,258,289,432
Hippel, Prof. Dr. Ernst v. 154
Hippel, Prof. Dr. Fritz v. 154,173,175
Hirt, Prof. Dr. August 172
Hitler, Adolf 14f,25,36,57,73,80,105,116f, 119f,123,130,147,154,156ff,184,217, 221,250,258,277,283,287,293,299,325f, 329,331,344,368,376,379,381,388,419, 428,438,461,466,470,483f,504,509
Höfer, Werner 502
Höhn, Dr. Reinhard 161
Höhne, Heinz 190
Hördler, Dr. Stefan 187
Hörlein, Heinrich 515
Höß, Rudolf 140
Hoffmann, Heinrich 19
Hofmann, Christian 22,208-222
Hohenlohe-Langenburg, Fürst Ernst II. v. 11
Hohenlohe-Langenburg, Prinzessin Alexandra zu 11
Holland, Hellmuth 112
Holzwarth, Alfred 238
Holzwarth, Gotthilf 210,212f,215,219f
Holzwarth, Gottlieb 238
Holzwarth, Martha, geb. Nestele 209
Holzwarth, Wilhelm 22,208-222
Horn, Max 201
Hoßfeld, Prof. Dr. Uwe 166f
Huber, Ludwig 14f
Hüser, Claus 373

Hund, Eugen 22,223-257
al-Husseini, Mohammed Amin 38
Ihremann, Dr., Polizeidirektor 430
Isphording, Rudolf 369f
Jäckel, Prof. Dr. Eberhard 295
Jäger, Dr. Anton 305f,312,314
Jaffe, Dr. Fritz 496,498
Jagow, Dietrich v. 328
Jahn(ke), Ernst 202
Jan, Julius v. 384
Jeckeln, Friedrich 38,40,439,442,444
Jedicke, Georg 439,442,444
Jedlitschka, Rainer 26,483-505
Jehle, Stefan 26,521-525
Joffroy, Pierre 103
Johst, Hanns 39
Jünger, Ernst 120
Justin, Dr. Eva 133
Kaduk, Oswald 141
Kaegi, Dominik 160
Kaltenbrunner, Ernst 38
Kammler, Hans 36
Kandler, Alfred R. 306,310
Kapp, Wolfgang 426
Karajan, Herbert v. 117
Karg, Julius 17
Kasten, Dr. Bernd 70f
Katzmann, Fritz 36
Kaul, Kurt 403
Kehrl, Hans 39
Keitel, Wilhelm 15,36,40
Kempka, Erich 36
Kempner, Robert 494
Kersten, Felix 39
Kesselring, Albert 494
Kien, Fritz 311
Kienle, Else 275
Kiesinger, Kurt-Georg 123f
Kirn, Betty 15
Kirn, Otto 15
Kirn, Walther 15
Kissel, Wilhelm 471
Kißener, Prof. Dr. Michael 9
Kittel, Prof. Dr. Manfred 188
Klarsfeld, Beate 123
Klarsfeld, Serge 123
Klee, Ernst 126,285
Kleinheisterkamp, Matthias 38
Kleinmann, Dr. Sarah 19, 27-49
Klemm, Dr. Ulrich 7

Klemp, Dr. Stefan 24,354-375,449f
Klett, Dr. Arnulf 408,410
Klingenberg, Fritz 40
Klöckler, Prof. Dr. Jürgen 17
Klünemann, Prof. Dr. Clemens 25,412-422
Knoblauch, Kurt 38f
Knochen, Dr. Helmut 39
Knofe, Oskar 357
Koch, Karl 39
Kocka, Prof. Dr. Jürgen 226
Köhler, Otto 502
Köhler, Walter 471,474
Köhnlein, Dr. Frank 128,136
Kötzle, Dr. 403
Kohler, Hermann 391
Konrad, Franz 12
Kopp, Dr. Otto 295
Koppe, Wilhelm 357
Korn, Burkhard 16
Kossel, Alfred 443
Kraft, Josef 39
Kranefuß, Friedrich 39
Krauch, Carl 510,513f,517,520
Kraus, Karl 238
Krause, Unterscharführer 36
Kraut, Georg 22,258-273,391,393
Kraut, Mathilde 272
Krazeisen, Schmied 245
Kretschmer, Dr. Ernst 135,137,276f, 279,284
Krieck, Prof. Dr. Ernst 159,161,163
Kriegbaum, Anton 37,43
Krohmer, Ernst 267,271ff,391
Krüger, Friedrich Wilhelm 451
Kügler, Joachim 141f
Kühl, Prof. Dr. Stefan 435
Künsberg, Eberhard v. 115
Kumm, Otto 188
Kurz, Thilo 371
Kwiet, Prof. Dr. Konrad 424
Lambauer, Dr. Barbara 120
Lambert, Erwin 205
Lammers, Hans Heinrich 36,39
Laternser, Dr. Hans 147
Lautenschlager 38
Lechler, Dr. Karl Ludwig 403f,411
Lederer, Dr. Paul 267
Leers, Dr. Johann v. 164
Lehmann, Frau 90
Leist, Ludwig 112

Lemmer, Ernst 179
Lempp, Dr. Karl 134,402f,406ff
Leonhard, Rudolf 412,416
Lerchenmüller, Dr. Joachim 168,170
Levi/Grünwald, Familie 294
Levin, Rudolf 170
Ley, Robert 36
Lingg, Dr. Anton 491
Lischka, Kurt 51
Löffler, Prof. Dr. Hermann 165,168ff
Lolling, Enno 141
Loose, Albert 437
Looser, Adam 235
Lorenz, Werner 39
Ludendorff, Erich 154,327
Lüttwitz, Walther v. 426
Luib, Max 268
Luther, Hans 69
Luther, Dr. Martin 166
Maier, Friedrich 378,380f
Maier, Dr. Reinhold 297,306
Mainzer, Dr. Erwin 307
Mallmann, Prof. Dr. Klaus-Michael 440
Mann, Franciska 13
Mann, Klaus 414
Mann, Thomas 114
Mann, Wilhelm 515
Marquart, Dr. Karl-Horst 21,125-138, 398,402
Masarie, Lino 39
Maschke, Prof. Dr. Erich 165f
Matisse, Henri 117
Matschke, Kurt 358f,361,371,373
Mattes, Adolf 240f
Matthäus, Dr. Jürgen 431,434f,446,459
Mauthe, Dr. Otto 21,127,136f
Mauz, Emma, geb. Thürlings 276
Mauz, Prof. Dr. Friedrich 22,274-285
Mauz, Gerhard 276
Mauz, Dr. Immanuel 274
Mayer, Karl 83
Mayer, Beigeordneter 407
Mayer, Schwiegermutter 103
Mayer, Tochter 103
Meditsch, Otto 271
Mehnert, Prof. Dr. Klaus 490,494ff
Mehring, Walter 416
Meinecke, Prof. Dr. Friedrich 161
Meissner, Otto 14

Mengele, Dr. Josef 119,121,123,140,144
Mergenthaler, Christian 193f,225,327, 355,400
Metternich, Klemens Wenzel Lothar v. 115
Metzger, Religionslehrer 352
Metzger, Ernst 349f
Meyer („Keine Feier ohne Meyer") 373
Meyer, Prof. Dr. Arnold Oskar 153f
Meyer, Kathrin 480
Meyer. Kurt 189
Meyer-Erlach, Prof. Dr. Wolf 163
Michel, Dr. Elmar 23,286-296
Michels, Eckart 117
Möhring, Dr. Oskar 496,498
Moessner, Octave 90
Mohler, Armin 484
Molt, Dr. Walter 311,477
Mommsen, Prof. Dr. Wilhelm 154f, 163,179
Mommsen, Prof. Dr. Wolfgang J. 152
Motsch, Otto 332,347
Mülberger, Wolfgang 275
Müller („Hundemüller") 92
Müller, Ortsgruppenleiter 228
Müller, Friedrich v. 275
Müller, Gebhard 317
Müller, Heinrich 39
Müller, Dr. Laurenz 152,167
Müller, Richard 267
Müller, Prof. Dr. Roland 25,398-411
Müller-Meiningen jr., Ernst 497
Münzing, Ernst 390
Munder, Eugen 327f
Murr, Frau 477
Murr, Wilhelm 194,224f,228f,243, 311,328ff,383f,404,468,470,472f, 475
Mussolini, Benito 203,322,438
Narr, Dieter 172
Narr, Johann Georg 380
Naumann, Erich 356ff
Nebe, Arthur 39,41,367
Neifeind, Kurt 64f
Neumaier, Albert 94
Niemann, Ernst 23,297-318
Niethammer, Prof. Dr. Lutz 407
Nissler, Friedrich 394f
Nitka, Zenon 247f
Nockemann, Dr. Hans 64

Nußberger 91
Oberg, Carl 36,39,68,76
Oberhauser, Josef 206
Oelze, Friedrich Wilhelm 413
Ohlendorf, Dr. Otto 181,368
Ohnemus, Jan 26,506-520
Olpp, Hans 23,319-341
Olpp, Mathilde, geb. Han 321
Olpp, Walter 321,324,329ff
Ostertag, Dr. Benno 298,305f,310ff
Ostertag, Ferdinand 23,332,336f,342-353
Pade, Dr. Hans 314
Paisikovic, Dov 147
Pannwitz, Helmuth 38
Panse, Prof. Dr. Friedrich 282
Paul, Prof. Dr. Gerhard 57
Peiffer, Ernst 301
Peiper, Joachim 40
Pétain, Philippe 287
Peter, Joo 20,113-124
Pfeffer von Salomon, Franz 328
Pfennig, Karl 220
Pfleiderer, Karl Georg 496,498
Pflock, Andreas 101
Phleps, Artur 38,41
Picasso, Pablo 117
Pintus, Dr. Walter 351f
Planitz, Frank-Ulrich 501
Plankensteiner, Anton 18
Platt, Hauptsturmführer 30
Plosa, Dr. Wojciech 16
Plumpe, Prof. Dr. Werner 461
Poguntke, Dr. Peter 23, 286-296
Pohl, Oswald 40,201
Poirot, Dr. 92f,99
Pook, Hermann 142f
Präg, Werner 456
Pressel, Wilhelm 410
Proske, Dr. Wolfgang 7,17f,193-207
Prützmann, Hans-Adolf 36f,39
Raberg, Dr. Frank 17
Raeder, Erich 36
Raggenbas, Otto 11
Rahn, Dr. Rudolf 496,498
Rainer, Friedrich 38,203,206
Rak, Dr. Christian 18
Ranke, Prof. Dr. Leopold v. 153,178
Rapp, Albert 24,354-375

Rapp, Martha 369
Rauh(-Kühne), Prof. Dr. Cornelia 23,25, 268f,297-318,461-482
Raumer, Dr. Kurt v. 174
Raunecker, Kurt 393
Rauser, SA-Führer 326
Ray, Roland 114
Reder, Rudolf 199
Redieß, Wilhelm 39
Reichardt, Prof. Dr. Martin 278
Rein, Prof. Dr. Gustav Adolf 177
Reinefarth, Heinz 39
Reinhard, Standartenführer 331
Reinhardt, Karl 215
Reinhardt, Walther 326
Reitsch, Hanna 494
Renken, Walter 64
Renoir, Pierre-Auguste 115,117
Renz. Ulrich 9
Renz, Werner 21,139-150
Retzek, Helmut 69,76
Ribbentrop, Joachim v. 14,36,113ff, 122,420
Richter, Heinz 64
Riedmüller 44
Rieger, Eugen 260
Riegraf, Oskar 24,376-386
Ritter, Prof. Dr. Gerhard 152,168,174,179
Ritter, Dr. Robert 21,131ff,400
Ritter, Willy 394f
Robespierre, Maximilien de 418f
Röhm, Ernst 329,331
Röhm, Gotthold 387
Röhm, Dr. Otto 24,272f,386-397
Rohde, Kurt 332
Roessler, Dr. Hellmuth 179
Rössler, Dr. Max 502
Rommel, Erwin 11,36
Rommel, Jens 26,521-525
Roos, Anne 477
Roos, Paul 237
Roosevelt, Franklin D. 492
Rosenberg, Alfred 37,66,115,117,164
Rosenfeld, Prof. Dr. Max 278
Rosenstock, Alex 146ff
Roser, Dr. Hubert 271,386f
Roth, Dr. Karl-Heinz 511,515
Roth, Dr. Markus 20,104-112
Roth, Willi 379
Rothschild, Familie 115

Ruck, Prof. Dr. Michael 261,268f
Ruoff, Wilhelm Heinrich 267
Rupprecht, Dr. Hermann 112
Saakes, Henk C. 96ff
Sachs, Ernst 38
Salat, Dr. Alfred 493
Saleck, Julie 398
Saleck, Richard 398
Saleck, Prof. Dr. Walter 25,398-411
Salewski, Prof. Dr. Michael 151,178
Salviati, Ulrich v. 215f
Sammern-Frankenegg, Ferdinand v. 450
Sandberger, Dr. Martin 173,355
Sauckel, Fritz 87,162ff
Sauer, Dr. Paul 261f,264
Schacht, Hjalmar 494f
Schad, Franz 179
Schatz, Willi 147
Schaub, Julius 39
Schaubel, Walter 308
Scheel, Gustav Adolf 160,172
Schefold, Dr. Eduard 19
Schellenberg, Walter 37,40f,493,496
Schickedanz, Gustav 311,481
Schieder, Prof. Dr. Theodor 152,179
Schiller, Dr. Maria 408ff
Schilling, Dr. Wilhelm 175f
Schillinger, Josef 13
Schirpf, Michael 215
Schlachter, August 18f
Schleicher, Kurt v. 490
Schlotter, Paul 326
Schlotterer, Dr. Gustav 288
Schmid, Gottlieb 240
Schmid, Dr. Jonathan 262
Schmidt, Prof. H. Paul 92
Schmidt-Degenhard, Tobias 132
Schmitt, Prof. Dr. Carl 503
Schmitz, Hermann 512
Schmitz, Johannes 493,500
Schnabel, Dr. Thomas 225
Schneider, Prof. Dr. Carl 277
Schnitzler, Georg v. 512
Schöngarth, Dr. Eberhard 77
Schöppe, Karl 450
Scholtyseck, Prof. Dr. Joachim 9
Scholtz-Klink, Gertrud 38
Scholz, Fritz v. 37,41
Schonauer, Franz 416
Schott, Wirtin 319

Schrag, Dr. Eugen 405,408f
Schüle, Albert 13,19
Schüle, Erwin 80
Schüßler, Prof. Dr. Wilhelm 159
Schuldt, Rudolf Hinrich 39
Schulte, Dr. Jan Erik 19
Schumacher, Dr. Kurt 85f
Schuon, Hermann 344,353
Schwab, Adolf 467
Schwalm, Fritz 164
Schweder, Alfred 64,77
Schweikart, Stadtamtmann 339
Schwerin von Krosigk, Johann Ludwig Graf 38
Schwitzgebel, Fritz 106
Seel, Pierre 89ff
Seidel, Otto 510
Seidel, Robert 455
Seidelmann, Dr. Wolf-Ingo 15,17,21,151-181
Seischab, Dr. Steffen 23,319-341
Sieburg, Friedrich 25,412-422
Sievers, Dr. Wolfram 169,181
Sigg, Alfred 248
Silberzahn-Jandt, Dr. Gudrun 22,274-285
Six, Prof. Dr. Franz Alfred 122,169f,174,496
Sklarek, Max, Leo und Willi 157
Skorzeny, Otto 40
zu Solms, Graf Max v. 173
Sonntag, Karl 361
Spacil, Josef 19
Speer, Albert 36,38,40,122,494f
Spengler, Eduard 360,364f,373
Spengler, Dr. Wilhelm 173
Sporrenberg, Jakob 202
Sprenger, Jakob 39
Stähle, Prof. Dr. Eugen 21,127,130,136, 404,407
Staelin, Georg (Rolf P.) 477
Stahl, Kriminalinspektor 350
Stangenberger, Hans 218,220f
Stanke, Eberhard 373
Starnitzki, Wilhelm 307
Stauffenberg, Claus Schenk Graf v. 293
Steegmann, Dr. Robert 91
Steimle, Eugen 355,358,362,369,373
Steinacker, Fritz 147
Steinacker, Harold 173
Steinbacher, Prof. Dr. Sybille 463
Steiner, Felix 36,39

Steisslinger, Fritz 273
Stengel, Prof. Dr. Edmund 163f
Stengel von Rutkowski, Dr. Lothar 163ff
Stengel, Martin 378ff
Stennes, Walther 329
Sternagel, Ewald 25,372,423-460
Steyrer, Ludwig 323,326
Stocker, Max 469ff
Stokes, Raymond 514,516
Stoll, Medizinstudent 92
Strasser, Gregor 329,331
Strasser, Otto 329
Straus, Hans 468ff
Straus, Manfred 467f,470,476
Streckenbach, Bruno 63f,77
Streicher, Julius 311
Stresemann, Gustav 416
Strittmatter, Wolf-Ulrich 14
Strölin, Dr. Karl 401,404,406f
Stroop, Jürgen 25,423,425,448ff
Stuckart, Wilhelm 39
Studenkowsky, Redner 430
Stülpnagel, Carl-Heinrich v. 293,295
Stülpnagel, Otto v. 287
Stutte, Prof. Dr. Hermann 126
Suhr, Dr. Friedrich 64f,76
Sussmann, Lyon 267,270
Sutra, Kaufmann 72f
Sybels, Prof. Dr. Heinrich v. 153
Syring, Dr. Enrico 185
Szczepaniak, Stefan 245,249
Taylor, Telford 518
Tellenbach, Prof. Dr. Gerd 179
Tempfer, Alfred 362,364,366
ter Meer, Fritz 508,513,519f
Tesmer, Hans 61
Tessmann, Heiko 18
Thelen, Sibylle 8
Tiefenbacher, Josef 38f
Tischendorf, Alfred 347
Többens, Walter 200,202
Toller, Ernst 114
Tormann, Franz 361,373
Treitschke, Prof. Dr. Heinrich v. 153
Tresckow, Henning v. 293
Trippel, Hanns 90,97f
Tucholsky, Kurt 416
Uhland, Oskar 377,379
Ullrich, Karl 40
Ullrich, Walter 312,314

van Cleef, Direktor 461,474ff
Veil, Emil 240,255
Verschuer, Otmar Frhr. v. 119,121,123
Villinger, Prof. Dr. Werner 128,132,281
Voelter, Els 25,461-482
Voelter, Richard 464f,480
Vogel, Georg Friedrich 141
Vogel, Moritz 18
Vogt, Anton 328
Wagner, Friedrich Wilhelm 507
Wagner, Robert 14,83,88,101,145,171,181
Wahler, Eugen 252,330
Waldmann, Karl Wilhelm 262ff
Walesch-Schneller, Dr. Christiane 13f,16
Weber, Prof. Dr. Alfred 487
Weber, Dr. Wolfgang 18
Wegner, Prof. Dr. Bernd 191
Wehling, Prof. Dr. Hans-Georg 387
Weidemann, Hans 43
Weil, Bankier 276
Weinmann, Ernst 355
Weinmann, Erwin 355
Weinmann, Karl 236
Weiß, Dr. Dr. Otto 408ff
Weizsäcker, Ernst v. 14
Welzer, Prof. Dr. Harald 9,48,459f
Wenz, Hermann 20,82-103
Werfel, Franz 114
Werlin, Jakob 471
Werner, Manuel 24,376-386
Werner, Paul 195
Widmaier, Erwin 215
Wigand, Arpad 112
Wildt, Prof. Dr. Michael 61f,77,435,446
Wilke, Dr. Karsten 21,182-192
Wilson, Graham 100
Winkel, Prof. Dr. Harald 151
Winkelmann, Otto 36
Winters, Peter Jochen 503
Wirsing, Ellen, geb. Rösler 488
Wirsing, Dr. Friedrich 484
Wirsing, Dr. Giselher (Hans Carl Theodor) 26,483-505
Wirsing, Pauline, geb. Kraus 484
Wirsing, Sibylle 504
Wirsing, Theodor 485
Wirth, Christian 22,193f,199,202f,206
Wirths, Dr. Eduard 140ff
Witt, Fritz 38
Wönner, Max 502

Wörner, Sophie 248
Wolf, Walter 472
Wolff, Karl 39f
Woltje, Ernst 112
Woyrsch, Udo v. 38
Wünsch, Robert 91,94f
Wüst, Walther 174
Wurm, Theophil 237
Wurster, Dr.-Ing. Carl 26,506-520
Wuth, Prof. Dr. Otto 282
Wuttke, Dr. Walter 19
Zehrer, Hans (Hans Thomas) 489
Zeitschel, Carltheo 119f
Zimmermann, Ferdinand Friedrich 490
Zimmermann, Harro 413,422
Zimmermann, Prof. Dr. Ludwig 157,179
Zindel, Karl 59,62,64,68
Zinsmaier, Prof. Dr. Paul 179
Zuckmayer, Carl 420

Ortsregister

Aalen 45,132,264
  Kapfenburg 264
Aichach 248
Allendorf siehe Bad-Sooden-Allendorf
Altena 412,414
Altschweier 517
Ankenbuck 84
Augsburg 247
Auschwitz 13f,16,18,21,117,119,133, 139ff,204,502,515ff,521f
  Birkenau 13f,16,132,139,141ff,205
  Monowitz 516
Babij Jar (Babyn Jar/Ukraine Бабин Яр) 440
Bad Heilbrunn 496
Bad Nauheim 284
Bad Nenndorf 495f
Bad Schönborn 84
Bad Sooden-Allendorf 173,176
Bad Tölz 184,494
Bad Urach 113
Bad Waldsee 331f
Bad Wildbad 221
Bad Wildungen 297,313,315,317
Baden-Baden 94f,517
Baienfurt 27,44ff
  Annaberg 44
  Schacherstr. 46
Balingen 54,57,137,376ff,380,385
Ballersdorf 91
Balzheim 193
Basel/Schweiz 113
Beka/Kroatien 206
Belluno/Italien 203
Bełżec/Polen 22,193f,196ff
Bergen-Belsen 14
Berlin 17,27ff,59,61f,64,76,79f,91, 119,121,132,147,164,195,222,280, 288f,300,306,311,354,356,368ff, 388,406,427,431,456,487,492
  Dahlem 133
  Lichterfelde 183
  Prenzlauer Berg 427,430
  Spandau 428
  Tempelhof 28
  Zehlendorf 37
    Gontermannstr. 28
    Tiergartenstr. 195,280
    Wilhelmstr. 30
Bernburg 193,196
Bernhausen 236
Besigheim 212,215
Bethel 277
Bialystok/Polen 456
Biberach/Riß 10,17f
Bielefeld 369
Bietigheim 208f,212ff
Birkenau (siehe Auschwitz)
Bischweiler/Frankreich 14
Bissingen 323
Blaubeuren 105
Bodnegg 10,12
Böblingen 22,24,45,258f,265,386f, 389,392ff,412
Bonn 125,179f,420
Bordeaux/Frankreich 52,69,72
Bozen (Bolzano/Italien) 203
Brandenburg 182,423,428
Brandt/Österreich 380
Braunschweig 184,354,368
Breisach 13
Bremen 82
Brest-Litowsk/Weißrussland (Брэст) 39
Bruchsal 84
Brünn/Tschechoslowakei (Brno) 60
Brüssel/Belgien 309,412
Budzyn/Polen 201
Burgdorf 368
Buttenhausen 131
Charkiw (Харків) 185
Chelmno siehe Kulmhof
Coburg 179
Cölbe 459
Compiègne/Frankreich 72,74

Crailsheim 10
Dachau 86f,93,96,144,186,247,351
Danzig (Gdansk/Polen) 456,523
Darmstadt 21,110,495,499
Deggingen 461,482
Den Haag/Niedrelande 450
Denkendorf 228,234,242ff
Dessau 82
Detmold 176
Dettingen 131
Dettingen u.T. 386f
Dommelsberg 248
Donaueschingen 84
Dornhan 105
Dortmund 360,372f
Drancy/Frankreich 51,72,74
Dresden 444
Dshankoj/Krim (Ukraine) 37
Düsseldorf 78,414
Ebingen 137,325,469f,474
Ehingen 389
Eisbergen 173
Eislingen 311
Ellwangen 28,34
Enschede/Niederlande 461,475
Entzheim 90
Erfurt 168,427
Eschenbach 50,56
Eselheide 495
Essen 354,369
Esslingen 22,82f,123,129,223,225ff, 274,279,283,324ff
  Augustinerstr. 223
  Marktplatz 240
Fallingbostel 495
Fellbach 24,206,376
Flensburg 368
  Mürwik 368
Frankenthal 506,520
Frankfurt/Main 13,140ff,406,416, 495,521f
Frauenburg (Saldus/Lettland) 439
Freiburg 10,16,27,120
Freiimfelde 299
Freising 494

Fresnes/Frankreich 72,74
Freudenstadt 95
Fürth 311
Gärtringen 25,412
Gaggenau 90,93,96,99
Gaildorf 105
Garmisch-Partenkirchen 496,498,503
Geislingen/Steige 56,225,323
Gensungen 283
Gera 425f
  Diebschwitz 425
Gerstetten 18
Giengen 15
Gießen 274,278
Gifhorn 457
Glatz 300,309
Göppingen 56f,106,193,195,272, 323,325,389ff,461,475,482
Göttingen 153ff
Gomel/Weissrussland (Го́мель) 358,360
Gorjuny/Russland (Горюны) 368
Gorodok (Horodok)/Ukraine (Городок) 358
Gosbach 475,479,482
Gotenhafen (heute Gdynia/Polen) 195
Gräfelfing 496
Graz/Österreich 184
Greifswald 403
Greiz 152f
Grodno/Weissrussland (Hrodna Гродна) 456
Hadamar 193,196,207
Hänner 113,124
Hagenau/Frankreich 248f
Hall/Österreich 173
Halle/Saale 284,299
Hamburg 51f,188,274,278,284,288, 311f,423,448,458
  Altona 278
  Langenhorn 274,284
Hannover 44,368
Hartheim 377f

Haslach 95ff
Hechingen 50,103,378,385
Heidelberg 18, 151,159ff,174,278, 412,414,487f
Heilbronn 20,56,113,124,129,194f, 206,338,344,351
Helsingfors (Helsinki/Finnland) 466
Herrenberg 403
Hohenasperg 227,234f,249f
Horb 246
Hossingen 377
Hradčany/Tschechoslowakei 36
Hrpelje/Kroatien 206
Ilshofen 10,13
Innsbruck/Österreich 173,436
Innzell 336
Isny 390
Izbica/Polen 352
Jedlanka/Polen 108
Jędrzejów/Polen 452,454
Jena 151,162,165,174,180
Jerusalem/Palästina 38
Kacprowice/Polen 108
Kaiserslautern 423,459
Kalinin/Russland (heute: Twer Тверь) 358
Kalthof 423,425
Karlsruhe 10,88,179,354,356,385
  Moltkestr. 385
Kassel 274,279,298,317,428,433
Kehl 101
Kiel 274,278
Kielce/Polen 452
Kirchheim u.T. 23,319,321ff,383, 387f
  Notzingerstr. 320
  Rossmarkt 325
  Schlossstr. 321,331
  Seestr. 320
Kislau 84
Klagenfurt/Österreich 457
Klincy/Russland (Klinzy Клинцы) 358,360f,364,366,368
  Krassnaja-Str. 360
  Puschkinskaja-Str. 360
  Werdlowa-Str. 360
Kniebis-Ruhestein 89
Koblenz 27,34
Köln 51,122,278,295,406
Königsberg (heute: Kaliningrad/Russland) 274,280ff, 406,423,425,487f
Köslin 183
Konskie/Polen 452
Konstanz 17,258,265,272
Kopenhagen/Dänemark 493
Korbach 297
Kornwestheim 23,286
Krakau/Polen (Kraków) 50,55,63f, 77ff,107,445
Kressbronn 264
Künzelsau 258f
Kulmhof (Chelmno/Polen) 197,371
Kursk (Курск) 185
Laibach (heute: Ljubljana/Slowenien) 203
Laichingen 306
Landsberg/Lech 327
Langenburg 11
Laufzorn 173
Lauingen 249
Lautlingen 376
Leipzig 172,297f
Lemgo 176
Leonberg 193,342,353
Leuna 516
Leutkirch 10
Lindau 101
Lissabon (Lisboa/Portugal) 493
Locarno/Schweiz 416
Łódź/Polen (Litzmannstadt) 406
Lublin/Polen 79,196,200ff,444ff, 522
  Alter Flughafen 448
Ludwigsburg 23, 65,79,137,139,141, 182,208f,220,222,227,234,248f, 288,293,298,321,331ff,342,344f, 347f,350ff,369,371,385,479,521, 523,525
  Asperger Str. 333

Ossweil 385
Ludwigshafen 26,44,506f,509f, 514ff
Oppau 26,506,510,514ff
Lüchow 458
Lüneburg 455
Lyon/Frankreich 73
Madrid/Spanien 493
Majdanek 448,522
Mannheim 20,50,522
Marburg 153f,156ff,274,278f,284, 298,459
Markkleeberg 172f
Marschalken-Zimmern 104
Maulbronn 105,390
Mauthausen 192,205,247
Meiningen 430
Melsungen 283
Mennwangen 15
Merseburg 299
Meßkirch 10
Meßstetten 376ff
  Österreicher Str. 379
Metz/Frankreich 101
Metzingen 17,264,327
Mglin/Russland (Мглин) 361
Minsk/Weißrussland (Мінск) 144, 358
Mitau (Jelgava/Lettland) 439,441f
Mittelhof 283
Modrzejowice/Polen 108
Mogilew/Weissrussland, heute Mahiljou (Магілёў) 373
Molsheim 90,97f
Montevideo/Uruguay 210
Moosburg 495f
Moringen 131f
Moskau/Russland (Москва) 358, 444,490
München 7,19,22,125,137,145,149, 154,175f,217,223,230,323,325f, 330,333,355,357,388,406,426,483, 485,487f,490,498,504
  Karlstr. 333
  Schorndorfer Str. 523

Münsingen 324
Münster 274,284,522f
Mulfingen 133
Munster/Frankreich 474
Murg 113
Natzweiler-Struthof 88,91,93,97, 172
Nellingen 257
Neu-Ulm 339
Neuenstadt/Kocher 342
Neuffen 376
  Hohenneuffen 376
Neuhausen 228
Neustadt/Weinstraße 18
Nizza/Frankreich 70
Norden 369
Nürnberg 13,174,286,322,369,457, 481,494,496,506f,518
Nürtingen 239,383ff
Oberbalzheim siehe Balzheim
Oberderdingen 208
Oberehnheim 99
Oberesslingen 238
Oberlenningen 323
Oberndorf 127,390
Oberndorf-Aistaig 95,97,99
Oberursel 186,494,496
Oberweier 94
Ocizla/Kroatien 206
Odumase/Britisch-Westafrika 113
Öhringen 10
Ötlingen 319,336
Offenburg 299
Oranienburg 143
Osnabrück 369
Ostelsheim 40,44
Ostfildern-Nellingen 223
Owen 323,327
Paris/Frankreich 20,33,51,71,73, 101,103,113f,117f,122,292f,295, 412f,416f,420,493
  Place du Panthéon 416
  Rue de Lille 413
Passais/Frankreich 42
Petrikau/Polen (Piotrków) 112

Pilsen/Tschechoslowakei (Plzeň) 79
Pirna-Sonnenstein 193,195
Plaszow/Polen 16
Plauen 299
Plochingen 139
Polozk (Polazk)/Weissrussland) 358
Poniatowa/Polen 193,196,200,202, 448
Posen (heute: Poznań/Polen) 195, 354,357f
Potsdam 293
Pozezdrze/Polen 37
Prag/Tschechoslowakei (Praha) 36, 55,60,79,352
Preußisch Eylau (Bagrationowsk, russisch Багратионовск) 281
Przytyk/Polen 109
Pula/Kroatien 203
Radom/Polen 20,104,106ff,423, 425,452ff
Rastatt 93,96,99,101
Ravensbrück 205
Ravensburg 10,27,49,464,525
Regensburg 139,144
Rennes/Frankreich 69
Reutlingen 8,28f,34,45,131,331f
Rieneck 334,336,338
Riga/Lettland 23,297,309,424,439, 441ff,487
  Kaiserwald 441
  Rumbula 442
Rijeka/Kroatien 203
Risiera di San Sabba/Italien 193, 196,204
Rom (Roma/Italien) 493,496
Rostock 278
Rotenfels 82,92ff
Rotterdam/Niederlande 461,475f
Rottweil 93,99,105,390
Rshew/Russland (Ржев) 358
Rudersberg 82f,90,102
Ruhpolding 335f
Salò/Italien 203
Salzburg/Österreich 172
Sandomierz/Polen 106f

St. Georgen 29
Sboriw/Ukraine (Зборів) 35
Scharnhorst 368
Schirmeck-Vorbruck 82,88ff
Schliersee 333
Schlossberg 132
Schneidemühl 437
Schönbühl 133
Schönthal 113
Schorndorf 24,354f,390
Schwäbisch Gmünd 12
Schwäbisch Hall 15,225,339,376, 384
Schwarmstedt 12f
Schweidnitz 300
Schweinfurt 483ff
Schwenningen 195
Schytomir/Ukraine (Житомир) 39
Sigmaringen 122,125,412
Sindelfingen 266
Smolensk/Russland (Смоленск) 358,368
Sobibor/Polen 201f,371
Spaichingen 390
Speyer 17
Stalingrad/UdSSR (Сталинград) 184f,492
Staraja-Russa/Russland (Старая Русса) 444
Starodub/Russland (Стародуб) 361,371
Stetten am kalten Markt 83,125
Stetten/Remstal 193,206
Stettin (Szczecin/Polen) 437ff
Stockhom/Schweden 493
Straßburg (Strasbourg/Frankreich) 14f,90f,96,99,101,151,171f,178, 461
Strümpfelbach 378
Stuttgart 8,23ff,27ff,50ff,79,82,86, 93,103ff,123,125ff,145,151,194ff, 221,237,244,248,255,260,270,275, 283,286,289,297f,300ff,321,323ff, 345, 350,376,383ff,388,392,396, 398ff,433ff,444,452,457,461,463,

466ff,483f,502,506ff,525
Adolf-Hitler-Str. 134
Lindenspürstr. 125
Plieningerstr. 137
Reinsburgstr. 326
Schickhardtstr. 134
Silberburgstr. 465
Uhlandstr. 305
Bad Cannstatt 44,139,145,336, 342,468
Heslach 319f
Hohenheim 21,151,179,181,400
Möhringen 135,137
Plieningen 129f,319336
Poststr. 336
Sonnenberg 135
Untertürkheim 461,468f,475
Vaihingen 20,113,123
Zuffenhausen 30
Stutthof 371,523
Suhl 427,430
Sulz a.N. 90,97ff
Suwalki/Polen 358
Sytschewka/Russland (eigentlich Sytschowka) (Сычёвка) 358
Theresienstadt (Terezin/Tschechoslowakei) 477
Thorn (Torun/Polen) 437f
Tiefenbach 12
Tomaszów/Polen 109
Toulouse/Frankreich 50,52,55,68ff, 81
Trawniki/Polen 201,448,454
Treblinka/Polen 201f,448
Trient (Trento/Italien) 203
Triest (Trieste/Italien) 196,203ff
Trossingen 311
Tscherwen/Polen 375
Tübingen 56,105,113,125f,128,132, 135ff,172,275f,283f,288,354,355, 376,383,388f,395,398ff
Tunis/Tunesien (تـونس) 496
Überlingen 16
Ulm 7,27,82ff,103,145,194,326,376,

384,464,523
Unterdigisheim 377f
Vaihingen/Enz 106,391
Rohr 136
Veitshöchheim 334
Verden/Aller 368f
Versailles/Frankreich 260,417
Vichy/Frankreich 69,121,287
Villingendorf 93f,99f
Wahlhausen 173
Waiblingen 286,305,390
Waldeck 297
Waldshut-Tiengen 10
Wangen/Allg. 379
Warmbronn 193f
Warschau (Warszawa/Polen) 25, 109,200,358,423,443,445,447ff
Weimar 426
Weisenbach 95
Welish/Russland (Велиж) 358
Welzheim 82ff,100f,246,351f,469
Wackenbach 90
Wendlingen 227,234f
Werl 101
Wilejka (Vilejka)/Weißrussland 358
Wilna (heute: Vilnius/Litauen) 358
Winterlingen 377,379
Witebsk/Weissrussland (Віцебск) 358
Wjasma/Russland (Вязьма) 358
Würzburg 278,334,338f
Wüstenrot 343f
Wuppertal 101
Zakrzówek/Polen 108
Zasenbeck 457f

DEMOKRATIE IST WICHTIG. PUNKT!

Jedes Angebot mit einer eigenen Karte:
ZIELE, METHODIK, ZIELGRUPPE, DAUER, BUNDESLÄNDER, TEILNEHMERZAHL, INSTITUTION, ANZAHL DER REFERENTEN

Bildungsangebote von Gegen Vergessen – Für Demokratie e.V.

19 Veranstaltungsformate für die schulische und außerschulische Bildung.

Mehr Informationen unter: www.gegen-vergessen.de/unsere-angebote.html

Gefördert durch:

Presse- und Informationsamt der Bundesregierung

aufgrund eines Beschlusses des Deutschen Bundestages

Mut zur Erinnerung
Anpassung und Widerstand

Wie eine Spurensuche zu den alten Gymnasien in Heilbronn zu ungewöhnlichen Entdeckungen führte

Joo Peter

140 Seiten, Softcover 11,99 Euro

Time Echo Verlag - Zeitsprünge Stuttgart, 2019

Bestellung im Buchhandel und über contact@joopeter.de